当今比较政治学
世界视角
（第十二版）

［美］小G. 宾厄姆·鲍威尔（G. Bingham Powell, Jr.）
卡雷·W. 斯特罗姆（Kaare W. Strøm）
梅勒妮·马尼恩（Melanie Manion）
拉塞尔·J. 多尔顿（Russell J. Dalton）著

顾肃 吕建高 向青山 译

COMPARATIVE POLITICS TODAY
A WORLD VIEW, 12E

中国人民大学出版社
·北京·

《当今比较政治学（第十二版）》撰稿人

亚哈亚·巴巴，乌斯曼·丹福迪奥大学

侯昌·E. 谢哈比，波士顿大学

韦恩·A. 科尼留斯，加利福尼亚大学圣迭戈分校

拉塞尔·J. 多尔顿，加利福尼亚大学欧文分校

弗朗西斯·哈格比安，哈佛大学

阿让·凯沙瓦齐安，纽约大学

萨德·考塞尔，加利福尼亚大学圣迭戈分校

A. 卡尔·勒万，美利坚大学

梅勒妮·马尼恩，杜克大学

萨布拉塔·K. 米特拉，新加坡国立大学

小 G. 宾厄姆·鲍威尔，罗切斯特大学

蒂莫西·J. 鲍尔，牛津大学圣安东尼学院

托马斯·F. 雷明顿，埃默里大学

罗伯特·J. 罗尔施奈德，堪萨斯大学

理查德·罗斯，格拉斯哥斯特拉斯克莱德大学

弗朗西斯·罗森布鲁斯，耶鲁大学

马丁·A. 沙因，纽约大学

卡雷·W. 斯特罗姆，加利福尼亚大学圣迭戈分校

迈克尔·F. 蒂斯，加利福尼亚大学洛杉矶分校

杰弗里·A. 韦尔登，墨西哥自治技术学院

译者序言

《当今比较政治学：世界视角（第十二版）》是关于当代政治学的一本经典著作和教科书。本书多个版本曾由美国当代著名政治学家阿尔蒙德领衔撰著，数十位各方面的顶级专家也参与了编写。自问世以来，本书多次修订再版，吸引了大批读者。第十二版的主要撰稿人有所变化，但仍然保持了一贯的研究思路、分析框架、比较政治学的方法、论述和叙事风格。

本书运用比较政治学的方法，根据大量的数据、图表和实例，从各国的政策挑战、历史遗产、政治结构、政策过程、政府绩效等方面，深入浅出地对当今世界多个典型国家进行分析和描述，研究其政策输入输出项的运作和互动。本书的前一部分介绍了比较政治学的基本概念、议题、理论和研究方法，详细阐述了重要的政治结构、功能和过程，包括政治文化、各利益团体、政党和其他集聚结构的原因与结果，以及宪法、关键的决策结构和公共政策类型及其结果。后一部分从历史、制度、政治文化、政治体系等方面讲述各国政治的异同，对世界上 11 个主要和典型国家的政治进行了系统的分析，对每一个国家都有详细而深入的讨论。这 11 个国家包括 5 个发达国家（英国、法国、德国、日本和美国），5 个处于不同政治发展层次的发展中国家（巴西、印度、伊朗、墨西哥和尼日利亚），以及俄罗斯。通过这些深入细致的分析，向读者展现出一幅精确的、容易理解的当代世界各国政治图景，为读者理解国家、地区乃至世界的政治打开了一扇方便之门。当然，本书介绍的是西方学者的学术观点，相信读者能够以批判分析的眼光来阅读。

本书涉及众多国家及其文化和政治类型，内容丰富，理论分析深刻，资料涉及面广。要翻译好本书，绝非易事。本书此前翻译出版的第九版中文版的分工是：顾肃翻译从“序言”到第四章的内容，并校对全书译稿，补充整理所有图、表及索引；吕建高和尚剑伟翻译第五章至第七章的内容；向青山翻译第八章至第十一章的内容；吕建高翻译第十二章至第十八章的内容。第十二版对往次版本的内容做了较大的改动和修订，重新构建了第一篇中的理论内容，又在第二篇的国家案例中增加了近年来政治发展的新情况和新分析，增删幅度较大。同时，由顾肃和吕建高完成了第十二版的译文整体修订工作：顾肃修订第一章至第九章，吕建高修订第十章至第十七章。

为准确地翻译好本书，译者付出了很大的努力，错误疏漏在所难免，恳请读者指正并提出宝贵意见。

感谢中国人民大学出版社各位编辑为本书的出版所做的一切努力和辛苦付出。

译者谨识

分析图形的简明指南

我们已经习惯于批判地思考对文本的阅读——例如仔细阅读一本教科书的信息，有时候在阅读时还用荧光笔或下划线来标注重点——但是，我们并不总是以这种方式来思考对图表的“阅读”。我们应当这样思考，因为如果我们仔细地阅读并思考图像和信息图表，它们就能告诉我们许多东西。特别是在所谓的信息时代，我们从电视和互联网获得源源不断的图像流，对你来说重要的是能够分析并理解它们的含义。本简明指南提供关于你将在《当今比较政治学：世界视角》遇到的图表类型的信息，并且提出一些问题来帮助你分析从表格到图表的所有事情。

表格

表格是我们所探讨的图形中“视觉性”最少的。它们由以行列排出的文字信息和/或数字数据所组成。当需要准确的信息以及有必要以有序的排列来确定并（在许多情况下）比较信息时，就经常用到表格。例如，表 6－3 医疗卫生结果整理了许多国家在各种公民卫生方面的数据并且容易做比较。下面是几个指导你分析的问题：

● 本表格的目的是什么？它显示了什么信息？通常有一个标题来表示该表格的意图。

● 列的标题（表格最上一行）提供了什么信息？行是如何标注的？该表格最下面有任何澄清的注释吗？

● 是否显示了时间期段，比如 2016 年 7—12 月？或者是否显示了具体日期的数据，比如 2017 年 1 月 1 日？数据是以一个固定时期内的多重间隔显示的，还是以一个特定的时间点显示的？

● 如果该表格显示有数字数据，那这些数据代表了什么？是以什么单位表示的？在社会服务项目中花费的美元数额？支持英国工党的选民的百分比？人口预期寿命？

● 该表格中所呈现的信息的来源是什么？它是政府信息吗？私人问卷信息？报纸？公司？联合国？个人？该来源可信吗？是当前的吗？该来源是希望从该表格所表达的数据中受益吗？

图表和曲线

图表和曲线以视觉的形式描绘数字数据。最常见的图表类型是沿着水平轴和垂直轴两维来描绘数据。你在本书中将遇到的类型有折线图、饼状图、条状图等。这些类型的视觉图凸显了数据关系：在某个特定的时

表 6－3 医疗卫生结果

政府的努力可以帮助克服低水平经济发展对于公民卫生保健造成的困难。

国家	每 1 000 人拥有医生数	妇女的预期寿命，2015 年	每 1 000 名新生儿的死亡率，2015 年	生育率 2013 年
巴西	1.9（2013）	79	15	1.8
英国	2.8（2010）	83	4	1.9
法国	3.2（2013）	85	4	2.0
德国	3.9（2012）	83	3	1.4
印度	0.7（2012）	70	38	2.5
伊朗	0.9（2005）	77	13	1.9
日本	2.3（2010）	87	2	1.4
墨西哥	2.1（2011）	80	11	2.2
尼日利亚	0.4（2009）	56	69	6.0
俄罗斯	4.3（2006）	76	8	1.5
美国	2.5（2011）	82	6	2.0

资料来源：World Health Organization，http：//apps. who. int/gho/data. 数据下载日期为 2017 年 1 月 19 日。

间点，在一个确定时期内的固定时间间隔中，或者有时候作为一个整体的各个部分。折线图通常显示事物在一段时间内的进展。

饼状图（如图 11－5，2016 年俄罗斯联邦预算明细）显示一个整体（全部政府开支）如何分成它的各个部分（不同类型的政府项目）。条状图比较各个类别的数值，显示它们之间如何以比例相关联。条状图既可以水平地也可以垂直地显示数据。时间线显示一个确定时期中的事件和变化（比如图 7－2 显示的英国 1940 年以来的历任首相和政府）。你在本书中还将遇到描绘制定过程和等级体系的图表（如图 16－3 所示尼日利亚的政府结构）。

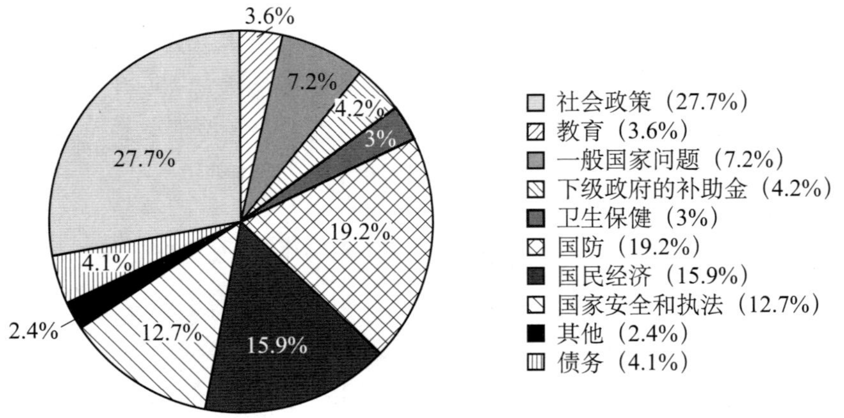

图 11－5 2016 年俄罗斯联邦预算明细

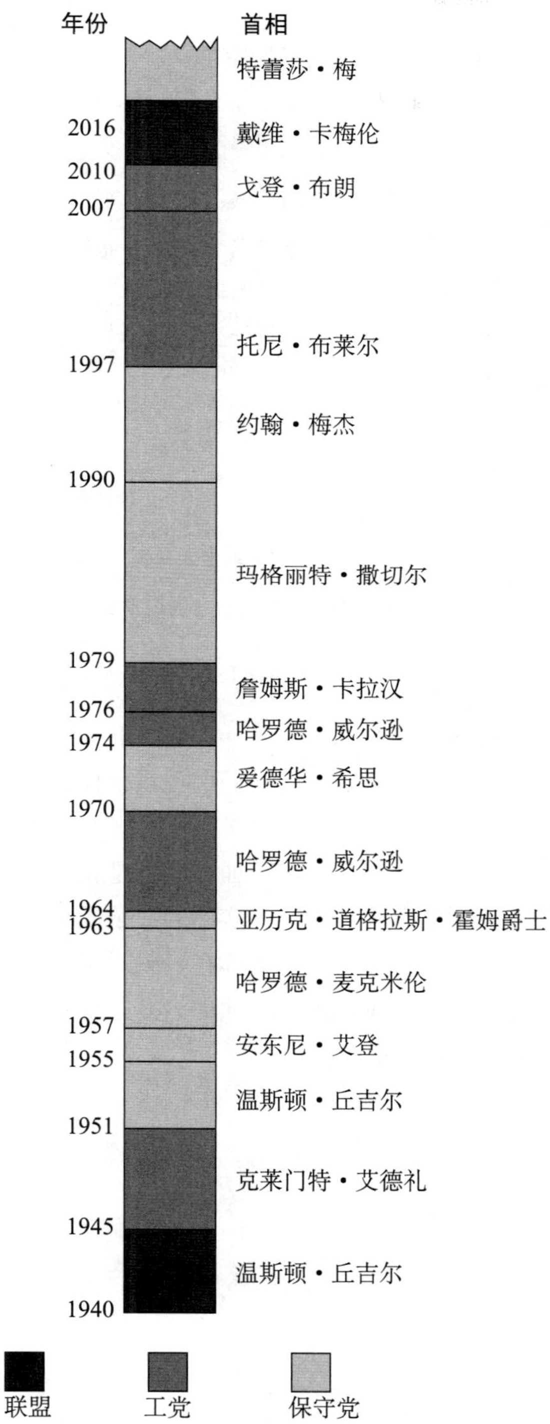

图 7-2 唐宁街的长期和短期任职

英国 1940 年以来的历任首相和政府。

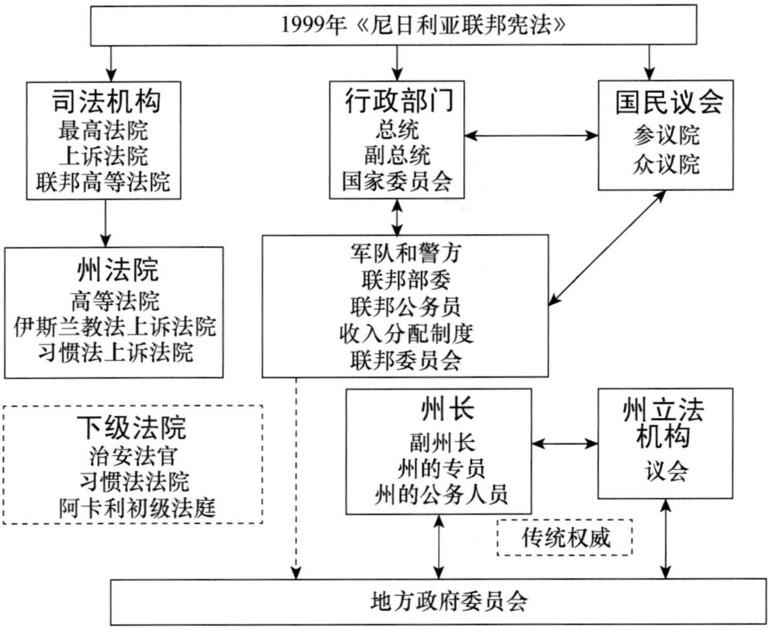

图 16－3　1999 年宪法确立的政府结构

尼日利亚是总统制国家，议会是两院制。

资料来源：United Nations Development Program，Human Development Report 2009.

你关于表格所问的许多问题在分析曲线和图表时也是重要的（见前面）。这里是一些对你有所帮助的问题：

● 在折线图和条状图中，轴是如何标示的？运用符号或颜色来代表不同的群体或单位吗？

● 数据是以一个固定时期内的多重间隔显示的，还是以一个特定的时间点显示的？

● 如果有两套或更多套图形，那它们之间的关系是什么？

● 以视觉表达的信息当中是否存在扭曲？间隔是相等的吗？所显示的面积扭曲了实际的数量或比例了吗？扭曲的内容可能使你第一眼得出不准确的结论，所以，找出扭曲的内容是重要的。

序　言

我们怀着极大的喜悦引荐《当今比较政治学：世界视角（第十二版）》，本书在过去40年里是比较政治学领域最有影响的教科书之一。随着世界相互依存日益加深，学生接触到更多的文化和社群，世界发生的各种事件影响着他们的生活和生涯，比较政治学显得日益重要。作为教科书，《当今比较政治学》理想的情况是适用于这样的课程：将广泛且全面的论题概观与专家们在各自专业领域所写的丰富而高质量的国家研究相结合的课程。

本版《当今比较政治学》继续用阿尔蒙德的概念系统、过程和政策分析框架来教学生们理解政治。本书的早期几个版本开创了对世界政治体系的政治文化、结构、过程和政体运作情况的系统进行比较的教学。后来的几个版本描述了世界巨变——如民主化、倒退、苏联解体、全球化、族群和宗教冲突加剧的威胁以及国际经济衰退——如何形塑了许多国家的政治。所有这些版本都建立在阿尔蒙德所创立的分析框架的坚固理论基础之上，并将其应用于政治学学生们变动着的关注点。

本更新版本的新颖处

《当今比较政治学：世界视角（第十二版）》具有许多新特点：

● 做了重要修改的理论各章（第一章至第六章）引入了应用于国别研究的诸关键概念和理论。更新了数据表和参考资料，系统地涵盖了更多的国家。大量的图表和曲线可以更好地说明各种关系并增强文本。

● 第一、三和六章更透彻地讨论了全球化及其组成部分和结果，以及对民主的挑战。第二章更多地介绍了比较政治学的科学研究方法。

● 将前一版论述利益表达和利益团体的第四章和第五章合并成论述利益表达过程的第四章，向读者提供了改进和整合版本的对利益团体、政党和选举的论述。

● 第六章引入了参考联合国千年发展目标的“政治益品”概念，系统地探讨了政策目标和结果，包括福利、公平、自由和安全等输出项。本章现在包括对政治灭绝、极端政府虐待其本国人的案例的讨论。

● 各章都包含对于主要章节标题重要的学习目标，以及用来强调每章关键议题的复习问题。

● 所有国家研究都做了重要的修订和更新。主要的修改简要总结如下：

• 英国——在2014年的全民公投中，苏格兰投票者否决了其脱离联合王国而成为一个独立国家的提案。2015 年英国选举结果使得保守党成为下院的多数党，该党成立了单一政党组成的政府。这个政府发起了是留在还是脱离欧盟的全民公投。2016 年 6 月，英国以微弱多数票通过了“脱欧”。卡梅伦首相辞职，其保守党同事特蕾莎·梅上台，她任命了一个团队开始进行脱欧谈判。英国经济和政治关系上的巨大变化迫在眉睫。

• 法国——2017 年，法国总统弗朗索瓦·奥朗德的支持率创下历史新低，他决定不再寻求连任。巴黎和其他地方发生的一系列的恐怖主义袭击震撼了法国，导致重大的人员伤亡，提升了对民粹主义的右翼政党国民阵线的支持度。

• 德国——在 2013 年的选举中，选民强烈认可默克尔相当成功的经济政策。但她的政府此前的盟友自由民主党（FDP）失去了议会代表席位。复杂的谈判过程最终导致默克尔领导的基督教民主联盟/基督教社会联盟（CDU/CSU）与德国社会民主党（SPD）组成了大联合政府。该联合政府的各政党在默克尔的领导下成功地进行了合作，但遇到了欧盟危机和处理逃离中东战争的难民的强烈挑战，这是 2017 年选举中的一个重要议题。

• 日本——2012 年的选举加上 2013 年上院选举的加持，让自由民主党重新回到政府——2014 年的下院选举肯定了对安倍晋三担任首相的支持。安倍发起了旨在振兴日本步履蹒跚的经济的重大改革项目。与中国的紧张关系使安倍大胆地在战略上解释宪法对日本军事化的限制。

• 俄罗斯——2012 年，普京第三次当选总统。2016 年杜马选举的结果进一步加强了他的权力，赋予统一俄罗斯党单独通过宪法修正案和一般法律的足够席位。普京如今得到杜马毋庸置疑的支持，无论该立法机构如何不受欢迎。

• 墨西哥——2012 年培尼亚·涅托总统的当选使得曾经占主导地位的革命制度党（PRI）在墨西哥 2000 年民主化的选举之后第一次取得了政权，但这一次该党是处在弱小的位置上进行统治的。该党不具备议会的多数席位，总统非常缺少人望。做每件事都要与反对党谈判。与此同时，活跃的国民大众运用社交媒体迫使其政治人物承担更多责任。

• 巴西——一系列严重的腐败丑闻，加上经济衰退和其他压力强化了这些丑闻的影响，导致对左翼的工人党（PT）2011 年当选的总统罗塞夫的弹劾和定罪。她的总统职位由副总统特梅尔接任，这使得工人党自 2003 年以来首次失去权力，并使其大量的社会项目受到质疑。

• 伊朗——在务实派和改革派的支持下，鲁哈尼于 2013 年当选总统，这标志着与内贾德激进的对外和对内政策的显著分离。鲁哈尼曾许诺利用与西方的核交易为所有伊朗人振兴其经济，但收获不大。持续的经济不振也削弱了民众对核交易的支持。

• 印度——印度一直面临着深化民主和改善其全球背景下的经济的双重挑战。2014 年的大选重重地击败了国大党的联合政府，使得人民党（BJP）及其颇受争议的总理莫迪获得议会中不寻常的绝对多数地位。大选和政府政策肯定了印度民主制度的坚固性。

• 尼日利亚——尼日利亚持续其最长时期的文官统治，在 2015 年的选举后，乔纳森总统下台，布哈里接任，这是该国走过的一个里程碑。这是尼日利亚历史上的第一次作为民主选举的结果，政权从一个政党和平地转交给另一个政党。但是，激化的地区分裂、宗教冲突和大量的腐败使治理变得艰难，民主显得脆弱。

• 美国——2016 年的总统大选导致共和党候选人特朗普出人意料地击败了民主党人希拉里·克林顿。共和党人还保持了其对众议院和参议院的控制，加强了其在州政府中的主导地位。新的特朗普政府也面对着抗议示威，面临着国会中民主党与共和党激烈的政策两极化。

通过以上这些修订、改进和更新，我们相信《当今比较政治学：世界视角（第十二版）》将比以往任何时候都更好地服务于世界各地的学生和老师们。

特　点

本版一开始即解释政府为何存在、政府所承担的功能、政府如何制造了问题及其解决方案。第一章还介绍了当今世界大多数国家所面临的三大挑战：构建共同的认同和社群感，促进经济和社会发展，以及保障民主、人权和公民自由。第二章勾勒了对差异巨大的社会的政治进行比较和解释所需要的概念：政治体系及其环境、结构和功能、政策执行及其结果。结合在一起，这两章阐明了本书所采用的独特的框架。

第三章至第五章详细阐述了重要的政治结构、功能和过程。它们讨论了政治文化、利益团体、政党和政治表达的其他集聚结构的原因与结果，以及宪法和关键的决策结构。民主体制在近几十年史无前例的扩展不只是一项值得庆贺的进展，还是第四章至第五章所讨论的民主代议制对世界越来越多的人口而言变得日益重要的议题。世界许多地区的日益繁荣意味着发展和公共政策的挑战（第一章和第六章）正在变化之中。第六章比较了在与联合国千年发展目标一致的框架内的诸项政策及其结果。这些章节对高度分化环境中的政治过程进行了非常充分的说明。它们为此后各国分章节论述提供了一套理论焦点和经验基准。

虽然战争在全球的发生率和伤亡人数在近几十年里降低了，但是冲突仍然祸害或威胁到阿富汗、“阿拉伯之春”后的中东、南亚、苏丹和非洲的其他部分地区的社会。同时，在诸如气候变化、移民、全球化、流行性疾病、国际恐怖主义和核扩散等领域，世界面临着或新或旧的巨大的挑战。所有这些发展使得理解构成我们政治世界的各不相同的政治体系中政治决定是如何做出的、其结果有可能是什么，显得比以往任何时候都更加重要。

本书的其余部分（第七至第十七章）是对 11 个选出的国家的政治进行的系统分析。在每个案例中，撰写本书的杰出的专家们都以讨论该国目前所面临的政策挑战开始，并从历史的视角对其发展进行分析。然后，每章均运用系统、过程和政策的框架来凸显该国政治的独有特征。对每个国家最近的选举、领导层和政策的变化也进行了讨论。本书的深度国家研究涵盖了世界上 11 个主要地区，包括英国、法国、德国、日本、俄罗斯、墨西哥、巴西、伊朗、印度、尼日利亚、美国。因此，本书包含了世界上大多数有影响力的大国，并且说明了范围广泛的政治可能性、问题和局限性。

致　谢

我们荣幸地感谢许多帮助我们准备这本

《当今比较政治学：世界视角（第十二版）》的人所做出的贡献。我们和合著者希望对为本版做出贡献的许多人表示感谢。Kaare Strøm 感谢 Charles McClean 为其所做的研究助理工作。Frances Rosenbluth 和 Michael Thies 感谢 Yui Margaret Komuro，Kota Matsui 和 Evan Walker-Wells 为关于日本的那一章所做的研究助理工作。Melanie Manion 感谢 Zeren Li 为其所做的研究助理工作。Subrata Mitra 感谢 Rinisha Dutt 和 Taisha Grace Antony 为关于印度的那一章所做的研究助理工作。A. Carl LeVan 感谢 Peter Glover 为关于尼日利亚的那一章所做的研究助理工作。Thad Kousser 感谢 Mona Vakilifathi 为关于美国的那一章所做的研究助理工作。我们要感谢下述人员对本书的精心评论和分析：

路易斯安那州立大学的 Benjamin Acosta，纽约州立大学布法罗校区的 Jacob Kathman，南卡罗来纳大学的 Tobias Lanz，斯佩尔曼学院的 Kasahun Woldemariam。

小 G. 宾厄姆·鲍威尔
卡雷·W. 斯特罗姆
梅勒妮·马尼恩
拉塞尔·J. 多尔顿

目　录

第一篇
PART ONE

导　　论

第一章
比较政治学的挑战与变化

学习目标

1.1 简要描述政治决策的公共和权威的方面
1.2 讨论为非同质的人口建立国家认同上的挑战
1.3 解释经济发展的过程和挑战，并举出各个国家的具体例子
1.4 描述代议制民主的特征以及经济发展与民主化之间的联系
1.5 讨论全球化的正面和负面效应
1.6 列举政府可能帮助其公民的五种方式
1.7 列举政府可能伤害或妨碍其公民的五种方式

今天，我们的生活日益受到全世界政治事件的影响。近几十年里，世界发生了三个将影响我们今后生活的根本性的转型。第一个也是最大的变化是第三波民主化浪潮①。在东西方冷战冲突和第三世界政府主导40年之后，1989年柏林墙的倒塌拓展了早在十年前就开始的新的**民主化**时代。东欧各国的政府几乎在一夜之间垮台，这些国家发展成了新的大多是稳定的民主体制的国家。东亚、非洲和拉丁美洲的其他国家加入了民主的转型，让上亿人享受民主的自由。在20世纪其余的时间里，民主在世界范围内成了比以往任何时候都更加普遍的政府形式，以至于到公元2000年，人类历史上首次实现了大多数国家至少是部分的自由。

紧接着民主化浪潮的，是世界大部分地区缓慢而相对稳定的**社会经济发展**过程。在1980年代，全球1/4人口生活在绝对贫困之中，无法满足日常的饮食和居住需求，遭受疾病的困扰，为生存而挣扎。但是，在此之后，尽管世界人口持续增长，但生活在绝对贫困之中的人口数量每年减少1/100②。2008年，撒哈拉以南非洲地区生活在贫困线以下的人首次不到其总人口的一半。另一项首次发生的进展是，发展中国家的经济产出在2012年达到了全球总产出的一半以上，而十年前只占全球产出的38%③。即使是在西欧和北美发达的工业化民主国家，收入水平和社会条件也在持续改善。如今的世界尽管经历了2008年的全球经济衰退，却仍然比一两个世代之前要富裕得多，社会也更稳定。穷国变富了，而富国没有变穷。

这个社会经济发展过程带来了许多结果。现代化提高了世界人口的受教育程度，提供了可导向较好的职业和有望过较富裕生活的技能和资源。在发达的工业化民主国家，这意味着更多的年轻人获得了大学本科和研究生学位；在发展中的世界，更多的人实现识字和基础教育。如今世界人口的约90%都有读写能力④。尤其是这个过程改变了妇女的条件。在许多发展中国家，妇女以前是二等公民，被排除在经济和政治生活之外。现在更多的妇女有了读写能力，生育率降低了，发展中国家的妇女劳动力市场参与得到了很大的提升。在发达的工业化民主国家，更多的妇女被选任政府职位，在工商业承担高级别的职务。经济发展还改善了世界的医疗卫生，促进了医学科学的巨大进步和更高的人类预期寿命。现代化还加强了我们获得有关世界和我们生活的信息的手段。从尼日利亚在自己手机上观看新闻的出租车司机，到日本每周七天、每天24小时联网的大学生，我们生活在一个新的信息时代。社会发展经常是纷扰不宁的，并且激起各种冲突，但是，它为世界上大部分人口提升了生活质量。而且，这些社会变化使得发达和发展中的社会都更容易扩展民主和公民权利。

改变当今社会的第三种力量是迅速的**全球化**，在此过程中，更多的国家变得更加开放并且相互依存。全球化具有许多面向。面向之一是增加了货物和服务的贸易，这意味

① Samuel Huntington, *The Third Wave of Democracy* (Norman: University of Oklahoma Press, 1991).

② "Global Poverty: A Fall to Cheer," *The Economist*, March 3, 2012.

③ Johan Norberg, *Progress: Ten Reasons to Look Forward to the Future* (London: Oneworld Publications, 2016).

④ Institute for Statistics, *Global Education Digest 2010: Comparing Education Statistics across the World* (Montreal, QC: UNESCO, 2010).

着我们购买的许多产品是中国制造的，我们的许多电话是在印度应答的。全球化降低了许多产品的价格，提高了生活的丰富性，如穷国的人们可以购买西方或日本的技术，北方气候下生活的人可以买到热带水果。全球化也可能意味着许多国家的公民日益共享共同的规范和准则。但是，全球化也有代价。资源外取和本地工作的丧失即属于其在工业化国家的负面结果，移民的迅速增加造成了经济和文化上的紧张关系。在大部分发达的工业化国家，与全球化相伴的是日益增加的社会不平等和日益恶化的就业危机，尤其是对于那些低技能职业的工人。在非西方国家，西方娱乐业和文化的传播有时候与当地的文化和价值观发生冲突，造成亵渎神明、愚笨、粗鲁和物质主义的冒犯。因此，全球化的经济和文化效应给许多国家带来了严重的挑战。有些国家对此做出预防性回应。大部分欧洲国家通过欧盟对全球化的势力做出反应，其方式是创造共同市场经济和一系列超国家的政治机构。然而，欧洲一体化日益面临公众的不满，因为许多公民比其政治领导人感受到的影响更为负面，这些公民认为，其政治领导人与普通选民的忧虑关注点格格不入或者无动于衷。这种不满最突出地反映在英国 2016 年的脱欧公投上，多数英国选民在此事上选择了脱离欧洲联盟。

什么是比较政治?

1.1 简要描述政治决策的公共和权威的方面

当今世界这些变化的一个关键因素是政治——这正是本书的焦点。政治涉及的是人们的决定，政治科学是对这些决定的研究。但是，并非所有的决定都是政治性的，许多社会科学研究的是经济和社会的决定，这些是政治科学家所不感兴趣的。政治科学家研究的是**公共的**和**权威的**决定。公共领域涉及的是超出个人之外的集体的决定，通常涉及如有必要就可以由强力来支持的政府行为。在家庭当中、朋友之间或社会团体中发生的大部分事情都属于私人领域，不受政府控制。在极权社会，公共领域很大，而私人领域则很有限。国家试图主导其人民的生活，甚至侵入家庭生活。与此对比，在某些欠发达国家，私人领域也许几乎把公共领域都挤掉了。许多人不涉入政治，也不受国家首都所做决定的影响。西方民主国家的私人与公共领域的混合比较平衡。然而，这两个领域的边界总是被不断地重新划定，并且可能成为争议的对象。

政治决定也具有权威性。权威意味着做出可预期得到执行和重视的决定的正规权力。政府则是拥有此权力的组织，它们以其社会成员——公民的名义做出具有约束力的决定。政府可以运用说服、劝导或强制力量来保障服从，但正是政府对强制（强力）的控制将其与其他机构区分开来。例如，像教皇那样的宗教权威几乎不拥有什么强制力量。他可以说服但很少强迫天主教会的追随者们。与此对比，政府税收机构，既可以劝说，也可以强迫人们遵守其规则。

政府代表其公民采取的政策行动可以促进或阻碍经济的发展。它们是公民的权利和自由的首要保障者；有时候它们也是这些公民自由权的最大威胁者。政府所采取的行动可扩展或妨碍公民的生活条件。在国际上，不同国家的政府通过像条约这样的协议来展开合作。当国家间发生战争时，通常也是通过其政府行动来进行的。

因此，*政治*意指在特定的人群中和特定的领土内，与公共决定的控制相关的活动，而这种控制有可能由权威的手段来支持。政治涉及这些权威决定的掌握——谁来做这些决定以及出于什么目的来决定。本书探讨采取这些行动并做出影响其国家的各种决定的政府和政治系统的变化。政府的行动总是影响我们的生活。我们的工作由政府规定所安排，我们的房屋是遵循政府的住房法规建造的，公立学校是由政府资助和管理的，我们在政府维护和警察监管的道路上行驶。可以说，政治在许多重要方面影响着我们。因此，研究政治决策是如何做出的以及其后果是什么是很重要的。

我们研究政治的进路基于两条原则。第一条原则由已故的李普塞特（Seymour Martin Lipset）阐明，他经常说，只知道一个国家的人什么国家也不懂。他的理据是，为了理解任何一个国家及其政府，我们需要将其与其他国家相比较，从而了解什么是真正独特的或类似的。例如，所有政府都需要收税；通过比较各国不同的税收系统，我们看到了各种税收政策的优点和局限。我们或许认为，一个国家的条件是其特定的制度安排或其政治历史的结果，但是，我们只能通过将该国与拥有不同体制或历史的其他国家相比较，才能确定这一点。良好的科学包括政治学的特性是进行比较——因而本书才对十多个具有不同社会和政治条件的国家进行了比较。

我们的第二条原则是，为了比较不同的政治系统及其政府，我们需要一个可用来帮助比较看起来明显不同的因素的概念框架。例如，一个人如何将伊朗的神权政府与英国数世纪的民主制度或尼日利亚正在兴起的民主制度相比较？将苹果与橙子进行比较是困难的，但这是能够做到的。本书建立在这样一个理论模式上：在其基本要素上比较治理的过程，并将这些要素联系起来，以描述整体的政治过程。我们借助于一个系统的框架来实现这一点，将在第二章更详细地解释这个框架①。其基本理念是，可以把所有的政治社群视为包含了相互依赖的各部分，并且具有与外部世界的边界（就领土、公民权和资产而言）的政治系统。所有政治系统都需要执行某些功能，它们都具有执行这些功能的一系列结构（政府机构、政党、军队）。但是，哪些结构执行哪些功能以及产生哪些结果，则在各政治系统之间存在很大的差别。

我们生活在一个研究政治的激动人心的时代。冷战的结束创造了一个新的国际秩序，使以前用于国家安全的资源得到了释放，并为在世界范围内更多地投入民主和人权事业打开了大门。然而与此同时，恐怖主义的威胁急剧上升，要求西方国家的政府对新的并不熟悉的安全威胁做出反应。拉丁美洲、东欧、东亚和非洲的民主转型改变了世界，但是，其中一些民主运动遭遇失败或压制，专制的统治者比以往任何时候都更加巧妙地掩饰其控制和压迫。在世界范围内，全球化把不同国家的公民更紧密地结合起来，使得他们更加相互依赖，无论是更好还是更坏。许多社会的人们所面对的议题（如气候

---

① 关于系统分析的导论，参见：Gabriel Almond and G. Bingham Powell，Jr.，*Comparative Politics：A Developmental Approach*（Boston：Little，Brown，1966）.

变化或恐怖主义袭击）都是跨国家的，甚至是全球性的。我们希望，对这些问题的解决部分地取决于不同社会人们做出的政治选择。通过本书我们试图让读者了解政府和政治如何应对这些挑战。

挑战：建立社群

1.2　讨论为非同质的人口建立国家认同上的挑战

今天世界上最重要的政治系统是大约200个不同的现代国家（states）。我们经常更随意地把它们称为国（countries），但将国家与其他政治系统（如市、县或学区）区别开来的是它拥有主权，这是指自决权。主权表现为两种形式：内部主权和外部主权，内部主权意指做出有关社群内部事务（如退休金、教育、基础建设、税收政策等等）的决定的权利，外部主权意指与其他国家（通过协定和国际组织等途径）做出具有约束力的决定的权利。

我们经常认为不同国家的公民具有独特的认同，但事情并非总是如此。一个新国家遇到的第一个（也许是最大的）挑战是以某种共同的认同来建立国族社群。大部分国家的人口并不是同质的，要其逐步获得一种共同的认同感是困难的。构建共同的认同和社群感是重要的，因为在国家、族群或宗教认同上的冲突是政治动乱最具爆炸性的原因，正如我们在伊拉克、原南斯拉夫和苏丹所看到的那样。一个国家如果其公民们不能共享某些共同的纽带和一套共同接受的目标，那就难以在社会、经济或政治上取得进步。

可是，虽然建立社群是一个普遍的挑战，但有些国家比其他国家的处境好得多。例如，日本具有族群上同质的人口、一种共同的语言和长期的国家政治史。日本人绝大多数都拥有佛教和神道教的信仰，海洋将这个国家与其邻国分隔开来。与此相比，尼日利亚是英国殖民统治的一个偶然的、人为的创造，并且不具有共同的前殖民历史。其人口被鲜明地划分成穆斯林和基督徒，基督徒则平等地分成天主教徒和新教徒。那里有250个不同的族群，除了英语以外，还讲许多种地方语言。显然，建立社群的挑战在尼日利亚比在日本要大得多。建立社群的挑战在当今的发展中世界最为突出，那里的现有政治结构比较年轻。但是，欧洲也面临着挑战，表现在俄罗斯与其某些邻国（如乌克兰和格鲁吉亚）有关主权的争议，在巴斯克和苏格兰自决运动，以及整合来自非欧洲国家的移民的努力之中。

建立共同的社群感经常被描述成国族构建过程的一部分。**国族**（nation）这个词经常与**国家**（state）这个词互换使用，比如在联合国（United Nations）这个名称中。但是，严格来说，我们用**国族**意指一群有共同认同的人。这个共同的认同可能是建立在一个共同的语言、历史、种族或文化上的，或者只是建立在这群人在一段时间内占有同一块领土的事实上的。国族可能具有，也可能不具有自己的国家或独立的政府。在某些情况下（比如在日本、法国或瑞典），国族和国家的成员身份之间存在密切的对应关系。认为自己是日本人的大部分人事实上的确生活在日本，大部分生活在日本的人也认同自己是日本人。

在某些情况下，国家是**多国族**的——由多个不同的国族所组成。苏联、南斯拉夫和苏丹是多国族的国家，后来又分离了。在这些案例中，国家比国族大。在其他案例中，国族要比相应的国家大得多，比如在其大部分历史中的德国。有些国族出于政治原因分裂成两个或更多的国家，如现在的朝鲜和1949—1990年的德国。某些宣称是国族的群体却不存在国家，如库尔德人、巴斯克人和泰米尔人。

族群性

族群通常由共同的生理特征、语言、文化或历史来界定，但是，**族群性**不需要具有任何遗传、文化或历史上的客观基础。德国社会学家马克斯·韦伯把族群界定为“由于生理特征或习惯或两者兼有的相似性，或者由于殖民化和移民的记忆而怀有对其共同血统的信念的人群。……是否存在客观的血统关系则并不重要”[①]。在现实中，这样的共同性很少是完美的。在若干世纪里，最初同质的人口有可能与其他人口混杂，虽然文化可能仍然继续。例如，塞尔维亚人、克罗地亚人和居住在波斯尼亚的穆斯林可能认为他们是不同祖先的后代，在生理特征上也不同，尽管在历史上他们经常混杂在一起。

族群多样性是对许多国家严重的挑战，因为各个族群经常要求形成他们自己的独立国家。在许多发展中国家，前殖民政权确定的边界穿越了族群线。1947年，英国从印度撤出，把这个次大陆分成北方的穆斯林地区（巴基斯坦）和南方的印度地区（印度）。最直接的结果是可怕的内部冲突和“族群-宗教”清洗。印度现在仍然有大约1亿穆斯林人口和严重的宗教冲突。与此类似，1960年代末，尼日利亚的伊博族群对尼日利亚的其余地区发动了一场不成功的分离战争，导致大约一百万人死亡。非洲小国卢旺达的图西人和胡图人于1990年代发动了灭绝性的内战，数十万人被屠杀，数百万人为了求生而逃离该国。

越过边界线的移民是族群分化的另一个根源。以前充当奴隶的非洲人在美洲的后裔是世界历史上最大的强制劳动移民的遗产。如今大部分移民是自愿的，如印度、孟加拉国、埃及和巴勒斯坦的人在波斯湾周围的石油酋长国寻求更好的生活；墨西哥和加勒比地区的移民移居美国；土耳其和北非的移民迁居欧洲。当代世界生活在“移民时代”，在规模上可与19世纪后期和20世纪早期的移民相比，当时成百万的欧洲人移民到北美、澳大利亚和阿根廷[②]。全球化和移民看起来注定要增强世界上许多社会的多样性。

本书后面的章节将聚焦11个国家，说明政治决定是如何做出的，政府如何解决其面对的挑战。所有这11个国家都仍然具有重要的少数族群或种族。例如，近期的移民使得以前同质的国家如英国、法国、日本和德国也变得更加多族群化。其他国家如美国长期以来是多族群的，现在变得更加如此。印度和尼日利亚是被殖民化和去殖民化造就的多族群地区。俄罗斯则反映了其历史上帝国的族群多样性。

---

① Max Weber, *Economy and Society*, eds. Guenther Roth and Claus Wittich (Berkeley: University of California Press, 1978), 389.

② Stephen Castles and Mark Miller, *The Age of Migration: International Population Movements in the Modern World* (New York: Guilford, 1994).

语　言

建立社群的另一个挑战也许是语言差别。语言可以是社会分野的一个根源，它可能与族群性相重叠。今天全世界人民大约使用着 5 000 种不同的语言，而语系的数量要少得多。这些语言大部分是由发展中世界的一些较小的部落所使用。只有 200 种语言拥有 100 万以上的使用者，并且只有 8 种语言可以称为世界语言。

英语是最真正的国际语言。接近世界人口 1/3 的人生活在英语作为官方语言之一的国家里。其他国际语言包括西班牙语、阿拉伯语、俄语、葡萄牙语、法语和德语。讲的人最多的语言（尽管有几种方言）是汉语（超过 10 亿人）。拥有最大的国际传播范围的主要语言是前殖民强权国家（英国、法国、西班牙和葡萄牙）的语言。

语言的分隔会产生特别棘手的政治问题。政治体系可以选择忽视其公民的种族、族群或宗教的差别，但是它们不能回避是采纳一种还是数种语言。语言的冲突通常表现在有关教育政策或有关政府使用的语言的争议上。有时候，语言的规制是更具侵入性的，比如在加拿大魁北克，就禁止仅用英文标注的街头标记，并且要求大公司做生意时使用法语。

宗教差别与好战性

各国在其宗教特性上也有不同。在某些国家（如以色列、爱尔兰共和国和巴基斯坦），宗教是其大多数人产生国家认同的基础。伊朗是一个神权政体，宗教权威在那里统治，宗教的律令是该国法典的一部分。在其他社会，如共产主义时期的波兰，宗教可以是政治反对派运动的一个号召缘由。众多拉丁美洲国家于 1970 年代和 1980 年代被军人或独裁统治时，许多牧师接受了一种解放神学，它促请为穷人辩护，并且批评政府的残忍。

各种形式的基督教仍然是当今世界最大和最广泛分布的宗教。大约 1/3 的世界人口属于基督教会，它分为三大群体——罗马天主教、新教（有许多教派）和东正教（例如希腊和俄罗斯的东正教）。在南部欧洲和拉丁美洲天主教是占主导地位的宗教，在其他地方天主教和新教的分布比较平均。尽管传统的新教教派在近几十年里在北美衰落了，但三种形式的新教——原教旨主义、五旬节派和福音派却增长了，拉丁美洲、亚洲和部分非洲地区也是如此。伊斯兰教是第二大宗教，也是增长得最快的宗教。穆斯林占世界人口的 1/5 到 1/4，主要集中在亚洲和非洲。伊斯兰教在中亚获得了复兴，穆斯林在撒哈拉以南非洲地区的传教活动尤为成功。

宗教通常引导其支持者的社会和政治行为。宗教机构承担大众教育和福利事业，特别是在贫穷国家。宗教领导人和权威机构还站在促进和平、废除奴役制和其他束缚及剥削形式的事业的前线。因而宗教信仰可以引导其追随者关注他人，但也可能成为与持有不同信仰的人产生强烈分歧的根源。例如宗教团体经常在婚姻和离婚法律、抚育孩子、性道德、堕胎、妇女解放和宗教仪式的规制等议题上发生争执。宗教社群经常特别感兴趣于教育政策，以便传达他们的理念和伦理观。在这样一些议题上，宗教团体也许相互冲突，也会与比较世俗的团体发生冲突。

宗教原教旨主义大约一个世纪以前得名，当时美国的一些新教牧师聚集起来反对世俗化和对《圣经》权威及其所规定的伦理的抨击，护卫宗教信仰的“基本教义”。这个最初的原教旨主义一般并不与好战性或暴力相关联，类似的运动在所有主要的宗教信仰中都曾兴起，往往是对社会现代化做出的反应。虽然每一种宗教在解释其神圣文本和价值观上都存在分歧，但原教旨主义者倾向于相信其信仰的绝对真理性。其中一些人要求政治生活按照其神圣文本和教义组织起来。

促进经济发展

1.3 解释经济发展的过程和挑战，并举出各个国家的具体例子

不丹设立了发展其国内幸福总值（GNH）水平的国家目标。不丹人的理念是依据生活质量来衡量社会进步，而这里的生活质量是比标准的经济福利指标更加整体性和心理性的术语。该国的佛教传统将其政府项目和研究导向增加社会的幸福，尽管这是一个低收入的国家。

不丹是很不寻常的例子，世界上大部分政治体系的人民都要求其政府促进社会和经济发展。经济和社会发展是重要的国家目标。经济发展意味着人民能够享用新的资源和机会，家长们可以预期他们的孩子过得至少和他们一样好。许多人期盼政府通过促进经济增长和创造就业来改善他们的生活条件，从而提高其收入水平。政府（无论是民主的还是独裁的）的成功经常是以经济的术语来衡量的。

在许多富裕的发达工业化国家，当代的生活标准为大多数公众提供了基本的社会需求（甚至还多上很多）。的确，当前这些国家的政治挑战集中于过去的经济成功产生的问题，比如提高环境质量或管控增长的结果。新的挑战发生在老年人口的医疗和社会保障成本问题上。但是，对世界的大部分地区来说，实质性的基本经济需求仍然存在，政府往往集中于此。

自大约 1980 年以来，经济增长比以往任何类似的时期都更大地改变了许多国家的生活条件。联合国开发计划署（UNDP）把经济福利、预期寿命和教育成就的衡量结合成所谓的人类发展指数（HDI）[①]。该指数显示了世界许多地区自 1980 年以来生活条件的巨大改善（见图 1－1）。东亚和南亚自 1975 年以来取得了重要的改善。例如，1975 年，韩国的生活水平接近许多贫穷的非洲国家，而它现在却是富裕的社会。更加惊人的是其他两个国家的变化。中国的 HDI 从 1975 年的低水平（与博茨瓦纳或斯威士兰相同）改善到 2014 年接近于墨西哥或巴西的水平；印度也经历了类似的上升轨迹。这些统计数字代表了数十亿人生活条件的改善。撒哈拉以南非洲的许多地区生活条件在 21 世纪也有了改善。尽管严重的经济问题仍然存在，这种发展趋势正在改进数以亿计的人民的生活条件，将他们从绝对饥饿和贫困中解救出来，并提供能够以其他方式改善其生活的各种资源。

---

① United Nations Development Program，*Human Development Report* 2015（New York：United Nations，2015）. 还可在 http：//www. undp. org 找到更多的数据和互动的表述。

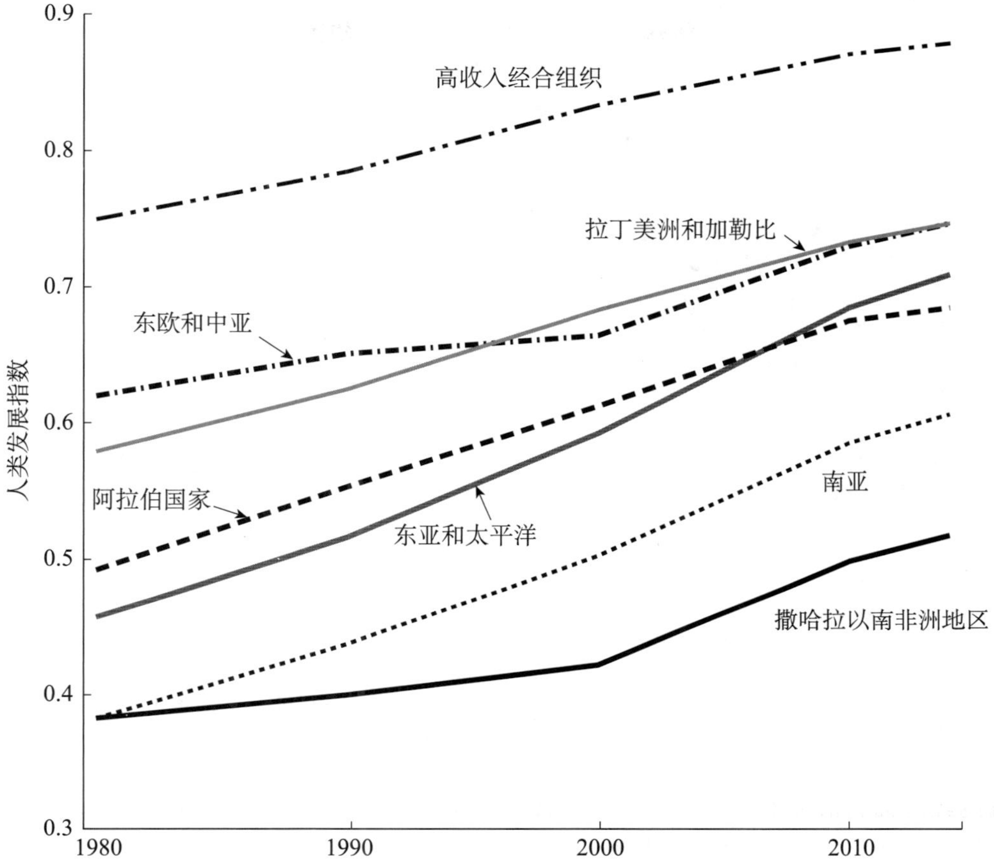

图 1-1　按地区统计的人类发展指数变化

资料来源：United Nations Development Program, *Human Development Report* 2015 (New York: United Nations, 2015).

经济发展的过程通常循着类似的进程。一个因素是劳动力从农业向工业的转变，然后转向拥有庞大的服务业的发达工业化经济。在发达的工业化国家，劳动力中的农业雇员都不到 5%。与此对照，穷国往往有超过 2/3 的劳动力从事农业。此外，随着农民离开他们的农场移居到城市，经济发展通常还与城市化相关联。在正进行快速经济发展的国家，比如中国，移居城市为劳动者创造了新的机会，但也向政府提出了新的经济和社会政策的挑战。

图 1-2 呈现了世界上 100 多个大国在生活水平方面仍然存在巨大差距，显示了富裕程度如何影响基本社会条件。图中横轴是按照人均国民总收入排列的各国，这是对国家富裕程度的一种衡量指标。纵轴显示一国 25 岁以上人口平均受教育的年限。本书讨论的 11 个国家用黑圆点标示。

有两件事情显而易见。第一，也许是最显著的特点是世界各国的生活水平仍然存在巨大差距，包括本书所讨论的那些国家。西方发达工业化民主国家的人均富裕水平大约

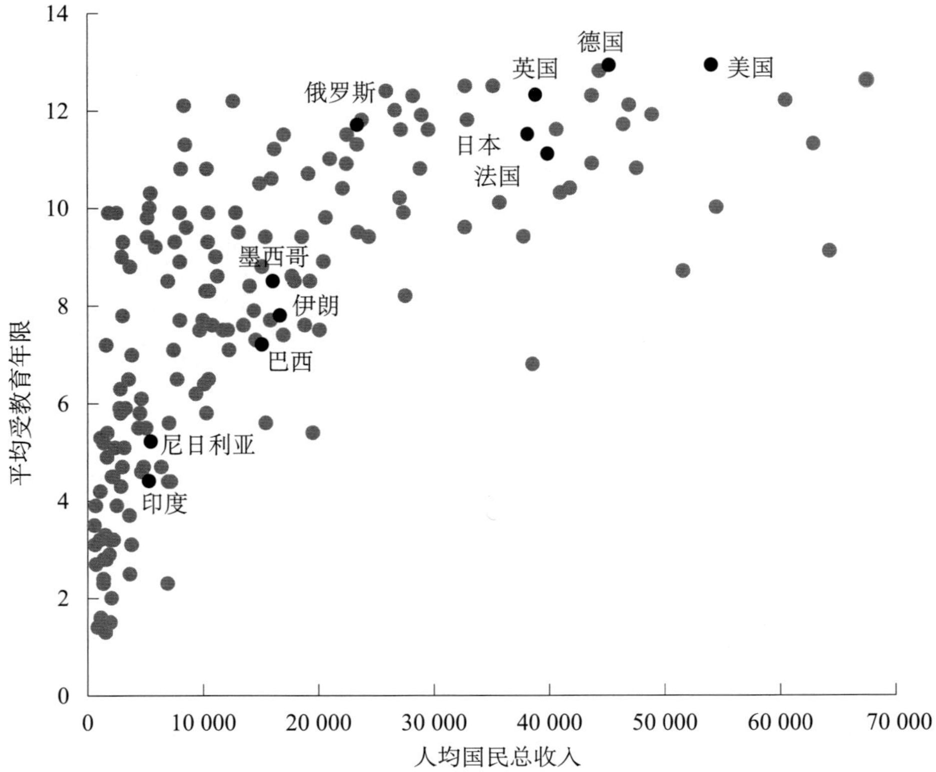

图 1－2　国家富裕程度与受教育年限

经济发展增加了公众的资源和机会，可从上升的教育水平上看出来。

资料来源：数据来自 World Bank Indicators for 2013. 人均国民总收入根据购买力平价计算；受教育年限指的是 25 岁以上的人口。本图依据的是可以取得数据的 172 个国家。

高出尼日利亚 10 倍①。第二，富裕程度是与教育水平强烈相关的。教育与收入之间的联系是如此强烈，以至于联合国将这两项（与其他统计项）结合起来界定人类发展指数。

收入水平和教育还与社会发展的其他衡量指标相关。识字公民最少的国家也拥有最少的收音机和电视机——尽管这些设施并不要求能识字。经济发展也与较好的营养和医疗条件相关联。在经济发达的国家，很少有孩子在婴儿期死亡，疾病的影响也有限。在许多低收入国家，比如墨西哥，生活条件的改善实质性地增加了预期寿命。但是，尼日利亚人平均预期寿命只有不到 53 岁，印度是 68 岁，日本则超过 83 岁。物质生产力、教育、接触传播媒介的程度，与更长寿和更健康的生活是密切相关的。

低收入国家面临的最紧迫的经济发展议题是：如何改善其公民的当下福利，同时又为未来投资。政治领导人和名人，比如博诺（Bono）和安吉丽娜·朱莉（Angelina Jolie）

---

① 国民总收入（GNI）（过去用国民总产值（GNP））是所有居民生产者增加的价值，加上未包含在产品价值中的任何产品税（减去补贴），再加上在国外取得的主要收入的净收益（雇主和财产权收入的补偿）。数值是当前的美元数。但是，这个数字不是将各国货币依照当前兑换率换算而成，而是依据购买力平价（PPP）指数计算，它考虑了一国与另一国价格水平的差异。大部分分析家认为 GNI/PPP 统计法是对生活水平更可比较的衡量。

动员起了这样的公众意识，即这些生活条件上的差距是全球所关注的，是生活在发展中世界的人们、富裕国家及其公民以及像联合国和世界银行这样的国际组织都关注的事情。

经济发展的问题

虽然经济发展能够解决许多问题，但也会带来新的挑战。健康、收入和机会并不是在国家当中平等地分配的，资源和机会的不平等分配有可能激起政治冲突。高的国民收入可能掩盖社会某些群体的严重贫困和机会的缺乏。全国的高增长率也许只有益于特定的地区或社会群体，而将其他群体抛在后面。像美国的“城市内圈”和“铁锈带”，印度的德里或加尔各答的老居民区，许多非洲国家的边远和内陆地区以及巴西贫瘠的东北区，这些萧条不振的地区都饱受贫困和无望的困扰，同时，这些国家的其他部分却经历着经济增长和福利的改善。而且，快速经济增长会增加这样的不平等。

穷国一般比富国有更大的收入不平等。像日本、德国和法国这样的富裕国家的收入分配比中等或低收入国家相对要来得平均。尽管如此，日本最富裕的10%人口的总收入相当于40%最贫穷人口的全部收入。这是富人与穷人生活条件上的巨大差异，但这种差异在较不富裕的国家甚至更大。在中等收入的国家墨西哥，其比值接近3∶1；在巴西，它大于5∶1。研究表明，一个国家的政策事关紧要。印度有意识地致力于缩小不平等。近年，收入不平等在包括美国在内的发达的工业化经济体中加剧。其原因至少部分地与转型进入以服务和信息为基础的经济有关。另外，一定量的收入不平等有助于激励经济的增长①。

各种政策可以缓解发展中社会由经济不平等造成的困境。如果存在机会平等和高度的社会流动性，则不平等也许会随着时间推移而降低，对于年轻世代也许并不显得那么难以忍受。对教育的投入也能减少贫困。在韩国，在发展进程初期的土地改革使得机会平等化。对小学和中学教育、农业输入和农村基础建设（主要是道路和水利）以及劳动密集型工业的投入，在几十年里产生了惊人的成果。因此，某些增长政策可减轻不平等，但这可能很难付诸实践，特别是当实质性的不平等已经存在的时候。

另一个与发展相关的因素是人口增长。随着医疗卫生的改进，生活水平的提高，预期寿命的延长，人口规模也相应地扩大了。这是积极的发展，但人口的快速增长也可能带来新的政策上的挑战。世界人口继续增长，较贫穷国家的增长率高于较富裕国家。2005年，联合国人口司的兹洛特尼克估计：“下一个十年（世界）人口每增加100人，就有97人生活在发展中国家。”② 发展中世界的快速经济增长有可能给这些国家造成严重的负担。

这些预测所产生的关于发展的文献让人喜忧参半。经济学家阿马蒂亚·森警告：“这样的危险，即预见大灾难的悲观主义与

---

① 参见：Angus Deaton, *The Great Escape: Health, Wealth, and the Origins of Inequality* (Princeton, NJ: Princeton University Press, 2013).

② Hania Zlotnik, “Statement to the Thirty-Eighth Session of the Commission on Population and Development,” April 4, 2005.

不屑一顾的自鸣得意之间的对抗，可能会使人们失去对人口问题性质的真正的理解。”① 正如他所指出的，随着新的医疗卫生措施和现代医药降低了死亡率，“现代化”对人口的第一个冲击是使之迅速增长。但是，随着经济的发展，生育率往往会下降。随着教育（特别是女性教育）、卫生和福利的改善，较低生育率的优点显现出来，人口增长率便降了下来。

今天，在许多欧洲国家，本国人口在减少，比如德国、意大利和西班牙，因为生育率低于维持固定的人口规模所需要的水平。这种模式看起来也在日本和部分发展中国家发生。因此，在过去20余年，世界的年人口增长有所下降。例如，印度的人口增长率在1970年代为2.2%，此后开始下降。拉丁美洲达到较高增长的高峰，然后急剧下降。撒哈拉以南非洲地区的出生率仍然相对较高②。

经济增长也可能带来其他的社会问题。例如，发达工业社会正在处理它们工业发展和消费所导致的环境问题。被掠夺的森林、废弃的土地和渔场、被污染的空气和水源、核废料和濒危物种，现在成了它们立法议事日程中的重负。与此同时，某些环境问题在欠发达国家甚至更为突出，那里迅速增长的人口和城市化污染了空气和水源，对卫生条件造成了严重的挑战③。以碳经济为基础的世界经济增长引发了将会影响整个地球的环境变化的问题。因此，一般而言，经济发展改善了公众的生活条件，但在此过程中也带来了政府必须处理的新政策问题。

促进民主、人权和公民自由

1.4 描述代议制民主的特征以及经济发展与民主化之间的联系

民主是大部分当代国家多少都带有诚意和成功地渴望的政府形式。按简略的定义，**民主**是这样一种政治制度，即其中的公民享有一系列基本的政治权利，而且，他们最重要的政治领导人是以自由和公正的方式选举出来的，并且在法治之下负责任。民主从字面上说意指“由人民来统治”。正在改变当代政治体制的民主化的进程包括促进**人权**和扩大自由。

在小型社区，也许有可能让所有的公民聚集在一起，通过像镇厅会议这样的论坛做出政治决定。但是，在现代国家，数百万公民分散居住在广大的领土内，民主主要通过代议制来实现。选举、竞争性政党和代表议会使得某种程度的民主（某种程度的“由人民来统治”）得以实现。代议的民主不是完全的或理想的。但是，参与的公民越多，他们的选择越有影响力，该体制就越是民主的。

与此对比，**威权主义**国家（或专制）政治制度缺少民主的一个或数个界定性特征。威权主义国家可以采取几种形式（见第六章）。在**寡头制**（其字面意义是“少数人统治”）中，少数政治精英剥夺了大多数人的

① Amartya Sen，“Population：Delusion and Reality，” *New York Review of Books*，September 22，1994.

② United Nations，*Human Development Report* 2013，22.

③ Yale Center for Environmental Law and Policy and Center for International Earth Science Information Network，“Environmental Performance Index，” http：//epi. yale. edu/.

政治权利。萨达姆统治下的伊拉克和直到1990年代初还处于种族隔离下的南非，就是明显的例子。其他威权主义国家（比如津巴布韦）则是政党、军队或个人的独裁制。在**极权主义体制**（比如纳粹德国）中，政府以特别严酷和侵扰的方式挤压其公民的权利和隐私。我们将这些不同形式的政府（民主制、军事独裁制等）称为**政体**。

随着社会变得越来越复杂、富有并在技术上更加进步，其民主化的可能性增大了。20世纪前半叶，大部分西方国家变为民主体制。第二次世界大战以后，第二波民主化浪潮（一直延续到1960年代初期）见证了新独立的那些国家（如印度和尼日利亚）和被击败的威权主义政权（如德国和日本）建立了正式的民主体制①。另一轮民主转型始于1974年，包括南欧、东亚、拉丁美洲和一些非洲国家——民主化的“第三波”②。南非种族隔离制度的终结是戏剧性的。“阿拉伯之春”导致数个北非国家的政权更迭，尽管这些大众革命的大部分结果让民主的捍卫者们感到失望。

作为这三波民主化浪潮的一个结果，民主成了全球社会的共同目标。在1970年代，世界上的独立国家只有1/3具有竞争性政党和选举制度。到2015年，几乎2/3的国家具有选举的民主制度，人权和自由也同样扩展到更多的世界人口。然而，这个当代图景并不都是乐观的。威权体制在整体上比民主体制拥有更多的人口，以至于世界人口生活在自由与不自由国家的比例几乎是相等的（40%自由对36%不自由）。

正如普热沃尔斯基（Adam Przeworski）和他的合作者所指出的，选举本身并不使得一个政治体系成为民主的。一个政体要真是民主的，就必须让反对派有可能在选举中获胜，选举的结果即使在违反当政者的意愿时也必须得到尊重③。这并不总会发生。许多国家的专制统治者日益熟练地操纵和控制选举，甚至在选举结果违反其意愿时直接宣布其无效，正如在1993年的尼日利亚所发生的那样④。当第三波民主化浪潮在20世纪末放缓并停止时，专制体制的扩散却未停止。在一项颇有影响力的研究中，什沃利克（Milan Svolik，2012）发现，专制体制在所有国家中约占40%⑤。这些体制大部分都是一党政体，采用最稳定的威权主义形式，许多都是**选举威权主义**的政权，其中反对党被允许在多党选举中竞争，但赢不了对行政机构的控制权。因此，尽管世界上的选举日益增加，但民主国家的数量在过去的10年里却没有增加。

---

① 虽然这些年有许多国家在形式上实现了民主，但它们大部分都迅速堕入威权主义。许多号称是民主体制的国家在其头十年失败了，20世纪60年代和70年代初期另一波“倒退浪潮”也席卷了一些老的民主国家（例如智利、希腊和乌拉圭）。

② Huntington，*The Third Wave*.

③ Przeworski，Adam，Michael E. Alvarez，Jose Antonio Cheibub，and Fernando Limongi. *Democracy and Development：Political Institutions and Well-being in the World 1950—1990*（New York：Cambridge University Press，2000）.

④ 例如，参见：M. Steven Fish. *Democracy Derailed in Russia*（New York：Cambridge University Press，2005）；and Beatriz Magaloni，*Voting for Autocracy*（New York：Cambridge University Press，2006）.

⑤ Milan W. Svolik，*The Politics of Authoritarian Rule*（New York：Cambridge University Press，2012）.

民主化与社会的现代化广泛地联系在一起[①]。经济发展通常通过创造要求政治影响的自主政治团体、扩展公民的政治技能、创造鼓励自治体系的经济复合体来促进民主化。社会现代化还改变了政治的价值观和文化，这又增强了对更具参与性的体系的要求（见第三章）。新的民主体制如果建立在经济发达的社会之上，其持续的可能性也大得多[②]。但是，民主通常既不是一夜之间降临的，也并非对变动中的社会条件做出即刻反应。人们经常要花时间来培育促进民主的条件，创建民主的制度，并教育公众尊重和遵守民主过程的规则。

图1－3例示了一国的社会现代化水平（人均国民总收入在横轴）与民主（世界银行的“声音与责任”指数在纵轴）之间的关系。这两个特征强烈相关。该图显示，在经济欠发达的社会，巩固民主有可能特别困难。但印度是一个明显的反例，其于1947年取得独立之后便实行了民主体制，虽然该国的大部分地区长期以来很贫穷。可见，社会现代化与民主是强相关的，但并不是完全相合的。

在某些发展中国家，民主过程未能产生稳定的制度和有效的公共政策，最终被某种形式的威权主义取代。例如在尼日利亚，军事政变于1966年和1983年两次推翻了民主选出（尽管有很大缺陷）的政府，直到1999年才再度民主化。尼日利亚绝不是个例。根深蒂固的政治领导人经常运用强制手段或武力威胁来维护其政治控制。

民主化也是一个持续进行中的过程。甚至当国家已经采纳了民主制度时，也不能保证它们将授予所有人人权和公民自由。而且，恰当的权利和自由是演变的。民主体制必须在尊重多数人的意愿与保护个人和少数人的权利之间保持平衡。即使当政治统治者真诚地努力促进人权和公民自由时（实际情况并不总是如此），他们也不总在这些权利的性质上观点一致。

传播权利和自由（以及界定权利上的文化差别）的一个好例子是性别议题。西方工业国家的政府会支持保障妇女在社会、工作场所和政治上的平等权的性别政策。的确，改善妇女地位是政治和经济发展的一个最富有成果的方式（见专栏1－1），例如，所采取的方式是改善教育和卫生标准以及稳定生育率。因此，联合国和其他国际组织成了妇女权利的提倡者。但是，影响她们的性别准则和文化价值观经常依文化区域而有所差别。联合国的统计表明，许多发展中国家不愿授予妇女平等权利，限制她们接受教育和对经济及政治的参与[③]。简而言之，扩大人权是今天世界正在进行中的过程，进一步发展的空间还很大。

---

① Christian Welzel, *Freedom Rising: Human Empowerment and the Quest for Emancipation* (Cambridge: Cambridge University Press, 2013); Przeworski et al., *Democracy and Development*; and Seymour Martin Lipset, "Some Social Requisites of Democracy," *American Political Science Review* 53 (September 1959): 69－105.

② 参见：Przeworski et al., 2000.

③ 参见：United Nations, *Human Development Report* 2013, 156.

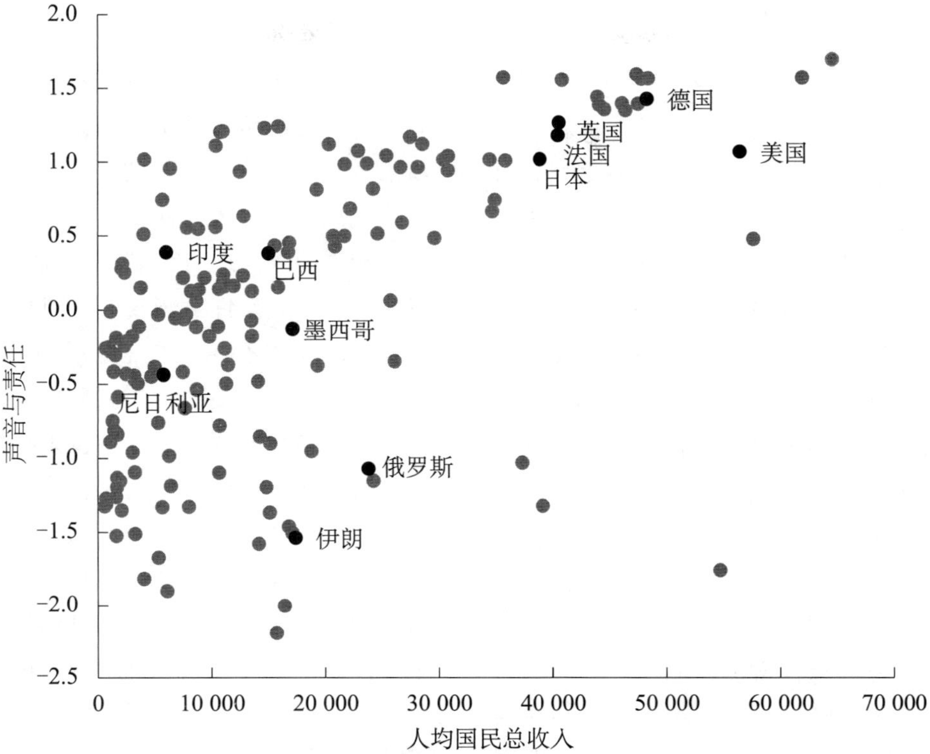

图 1-3　国家富裕与民主发展

富裕状况可增加一个国家成为民主体制的可能性，但这并不是一种完美的关系。

资料来源：数据来自 World Bank Indicators for 2015. 国民总收入以人平均，以购买力平价为基础；以 166 个可以获得数据的国家为基础。

专栏 1-1

妇女与政治发展

如果一个穷国能做一件事来刺激其发展，那它应该做什么呢？在 2006 年召开的联合国第 50 届妇女地位委员会会议开幕式上，联合国副秘书长弗雷谢特（Louise Fréchette）女士宣称，在全球范围内，赋予全球妇女和女孩权利是促进一个国家发展最有效的方式。她指出，研究一再表明，通过给予妇女平等的受教育和工作机会，以及进入社会决策过程的途径，一个国家能够增强其经济的生产率，降低婴儿和母亲的死亡率，并且改善大众的营养和健康状况。之所以会取得这些成果，是因为妇女接受教育并加入劳动力大军会提升家庭的产出，增大孩子将来接受较好教育和受益于医疗卫生的可能性，改善了家庭的环境，提高了妇女和她们家庭的生活质量。

资料来源：数据来自 UN News Centre，2006 年 2 月 27 日。

全球化的效应

1.5 讨论全球化的正面和负面效应

大多数社会科学家都认为，全球化影响着社会经济和政治的发展，但他们可能在其结果是正面还是负面的问题上存在分歧①。对全球化的讨论通常聚焦于经济层面。商品和服务的国际贸易有所增加，为发展中国家的经济基础设施创造了大量投资。货物的生产转移到成本较低或生产效率最高的地方。例如，近年在美国销售的牛仔裤是在十多个国家生产的，美国只保留了一家工厂生产。在中国制造的产品可能是在美国加州设计的，使用的是澳大利亚的原材料、韩国的记忆芯片、在欧洲获得专利的设计元素。然后，这些产品再运往全球客户群。

这样的全球化具有许多正面的经济效应。它降低了许多产品的价格，使得购买这些国际贸易货物的消费者受益。获得新产品也扩大了选择范围。产品的生产国从外国直接投资和增大的就业机会中获益。确实，到工厂工作，获得较好的薪水的诉求是吸引发展中国家数以百万计的人们进入都市地区的磁石，就像 19 世纪欧洲和北美的许多地区发生的那样。因此，一个国家参与全球经济与其经济和民主的发展是正相关的。

与此同时，全球化也有负面效应。资源外流和工作的流失伤害了许多人，经常是富国的体力劳动者，他们经常面对失业这个结果。看起来它还扩大了发达工业国家的不平等，造成工人阶级家庭的就业不稳定。经济全球化对受到国际竞争影响的经济部门施加了降低薪水的压力。在发展中国家，全球化会刺激其迅速城市化，这有许多正面的效应，但也可能压垮城市的基础设施，让许多新来者生活在肮脏艰苦的条件下。城市化也会扰乱现有的社区，使得农村地区失去其最有生产力的人。还有许多例子显示众多公司以血汗工厂为条件盘剥发展中国家的工人。

全球化也有重要的社会和政治效应②。它促进了国际准则的传播。例如，更大地参与国际贸易和投资产生了减少发展中国家经济腐败的压力。全球化还显得有利于改善妇女的社会和经济地位，她们通过参与国际商务及其所代表的社会准则和价值观而获得了权利和责任。同时，生活在更加传统的文化中的许多人也发现全球化所推行的行为态度是自私、卑下的，与他们持有的信念相反。可见全球化具有混合的效应，但总体来看，它对全球经济和人权的传播具有积极的作用，而那些把自己隔离在国际贸易之外的国家一般是受损的。

政府何为

1.6 列举政府可能帮助其公民的五种方式

政府做什么，我们为何需要它？在若干世纪里，政治哲学家们对这些问题展开了辩论。在 17—18 世纪（英国、法国和美国革命的时期），这个辩论的许多内容都是以有关**自然状态**的论证表达的。哲学家们把自然状态设想为人类在没有政府存在时的状况。

---

① Joseph Stiglitz, *Globalization and Its Discontents* (New York: Norton, 2002); and Jagdish Bhagwati, *In Defense of Globalization* (Oxford: Oxford University Press, 2007).

② Wayne Sandholtz and Kendall Stiles, *International Norms and Cycles of Change* (Oxford: Oxford University Press, 2008).

其中一些人也许认为这种情况存在于第一个政府形成之前。无论如何，这些哲学家运用他们关于自然状态的理念来指认一个理想的社会契约（协议），在此基础上社会得以建立。因此，我们经常称他们为社会契约论者。探险旅行的年代，对以前未知大陆的发现、与不熟悉的社会和文化的际遇，都填补了他们的想象。即使在今天，许多政治哲学家仍然认为，通过这样的思想实验来考虑政治干预的结果是有益的。

对自然状态的反思产生很大影响的社会契约论哲学家有：托马斯·霍布斯、约翰·洛克和让-雅克·卢梭。但他们关于自然状态的理念差别很大。霍布斯认为自然状态是无情的、不友好的，是一种一切人反对一切人的永久冲突的状态，是野蛮状态和持续恐惧的根源。关于自然状态他论述道："在这种状态中，没有勤劳工作的地位，因为由此产生的结果是不确定的，因而也不存在对土地的耕作；没有航海，不使用可以从海上进口的商品；没有宽敞的房子……没有艺术；没有书信；没有社会；最糟糕的是，持续的恐惧和暴力死亡的危险，以及人的生活，孤独、贫穷、肮脏、野蛮和短暂。"①

与此对比，在卢梭看来，自然状态代表了人类从优雅走向堕落之前的本性，不存在政府建立之后的种种腐败现象。卢梭指出："人生而自由，但无往不在枷锁之中。"卢梭把政府视为权力和不平等的来源，而这些情况反过来又是人异化和腐败的原因。约翰·洛克的思想对于西方民主国家的发展特别重要。他采取了霍布斯和卢梭之间的立场。洛克没有接受霍布斯关于自然状态的可悲观点，而是把人视为更多地倾向于务实而较少倾向于战争。在霍布斯看来，政府的主要任务是平息骚乱并防止暴力和战争，而洛克则把国家的主要作用视为通过确认和保护财产权和经济交易的规则来促进经济增长。霍布斯认为政府需要成为利维坦（一个仁慈的独裁者，公民向他交出所有的权力），而洛克则喜欢一种有限的政府。

社群与国家的建设

正如这些哲学家所指出的，人们为什么要建立政府并且喜欢在这样一种社会秩序下生活？这有许多理由——部分是因为政府是应对这些社会所面对的挑战的重要手段（见专栏 1-2）。政府的首要目的之一是创建并维护一个使人们感到安全和舒适的社群。政府可以用许多不同的方式建立这样的社群，例如通过教会一种共同的语言，逐步推行共同的准则和价值观，创造共同的神话和象征，培养国家认同。然而，有时这样的行动会造成争议，因为人们在这些准则和价值观上存在分歧。

国家建设活动有助于逐步形成共同的世界观、价值观和期望。运用一个将在第三章详细讨论的概念，即政府可以帮助创造一个共享的**政治文化**。政治文化规定了公众对政治过程及其在政治过程中的作用的期望。政治文化越是为公众所共享，人们就越容易和平共处和从事相互受益的活动。

---

① Thomas Hobbes, *Leviathan*, ed. C. B. Macpherson (New York: Penguin, 1968), 186.

专栏 1－2

美国政府的十大要务

保罗·莱特调查了 450 位历史学家和政治学家，请他们评估美国政府在 20 世纪后半叶最大的成就。他们列举的十大要务如下：

- 第二次世界大战后帮助重建欧洲
- 把选举权扩展到少数族群
- 促进公共住所的平等使用
- 减少疾病
- 减少工作场所的歧视
- 确保食品安全和饮用水安全
- 加强国家公路系统
- 提高美国老年人享有的医疗卫生服务水平
- 减少联邦赤字
- 促进退休事业中的金融安全

资料来源：Paul Light，*Government's Greatest Achievements of the Past Half-Century*（Washington，DC：Brookings Institution，2000），http：//www.brookings.edu/comm/reformwatch/rw02.pdf.

安全与秩序

许多专家认为，只有强大的政府才能为其居民维持社会安全；提供安全、法律和秩序是政府最重要的任务之一。从外部说，安全意味着防卫其他国家的攻击。陆军、海军和空军通常履行这一职能。从内部讲，安全意味着防卫来自本社会其他成员的盗窃和暴力。在大部分社会，提供这种保护是警察的职责所在。

提供安全和秩序是现代政府的一个关键的职能。虽然在世界范围内，政府把它们曾经提供的许多服务私有化了——例如涉及邮政、铁路和通信的服务，但很少有政府（如果有的话）把它们的防卫力量或警察私有化。这表明安全是政府最重要的职能之一。2001 年 9 月 11 日国际恐怖主义对纽约和华盛顿特区的攻击，以及随后对伦敦、马德里、巴黎、柏林和其他城市的攻击，凸显了安全的重要性。

保障权利

托马斯·杰弗逊在《独立宣言》中写到“生命、自由和追求幸福”的重要性时，思考的是更大的现实。政府的首要目标是保护其公民的社会和政治权利，如言论和结社自由，提供保护以防止各种形式的歧视和骚扰。政府还能在保护宗教、种族和其他群体的权利方面扮演关键的角色。人的发展取决于这些权利和自由，而政府能够在保护这些权利中起关键作用。

如我们已经指出的，洛克将财产权视为发展繁荣而守法的社群的另一个关键的因素。如果财产权没有得到有效的保护，人民就不会把他们的资财或精力投入生产过程。如果你是一个企业家，并不相信你可以在某个索取你劳动成果的人（或政府）面前是安全的，那么，你会把自己的时间投入开发企业或扩大农场吗？没有财产权和可以强制执行的契约，人们在贸易和投资上就会犹豫不决。超出维持生存的经济的任何东西都要求有效的财产权和契约。第三世界发展中最大的局限性之一是政府无能力（或不愿意）保障这样的权利。世世代代生活在一块土地上的农民家庭若不能主张其所有权，就会侵蚀其投入并改善土地的积极性和机会。

促进经济效率和增长

经济学家们长期就政府在促进经济发展中的潜在作用进行辩论。当界定并保障了财产权，以及竞争是严格的、信息是自由流动的时，市场是高效的。因此，政府可以通过确立并强制执行有效的财产权，通过便利贸易来促进经济发展。但是，当这些条件不满足时，市场可能会失效，经济可能受挫。有时，政府可以通过纠正这些市场失效的后果来提供帮助①。

政府在提供**公共益品**（public goods）方面可以是特别重要的，比如清新的空气、国防、公园或疾病防治。公共益品有两个基本特征。其一，如果一个人享用它们，就不能拒绝同一个社群中的其他成员也享用它们。这种特性被称为非排他性。其二，一个人享用或消费这些益品并不减少其他任何一个人对其的享用。这被称为非竞争性。以清新的空气为例。一般而言，给一个人提供清新的空气而不给其邻居同时提供，那是不可能的。而且，我对清新空气的享用并不意味着我的邻居对它的享用会有任何的减少。正因如此，人们将不愿支付公共益品的费用，从而导致其供给不足。如果任何人都可以从公园和灯塔中获益，那我（或任何其他人）为何还要自愿为其付费？但是，政府能够介入提供这样的公共益品，比如公路、灯塔、国防和清净的环境，并通过向公民收税来分摊成本。政府也可以控制**外部效应**，当一个经济活动所造成的结果既不是由生产者也不是由使用者承担时，外部效应就产生了。例如，如果其产品的生产者或购买者都不受影响，公司就可能决定无视其生产方法的后果而污染环境。制造污染的工厂、垃圾场、监狱和主要的公路和机场都可能给居住在附近的人们带来巨大的损失。虽然外部效应并不必然是坏的，但有些的确是糟糕的。政府可以提供帮助以保护人们不受这些外部效应的侵害，或者确保其负担是公平分摊的。自然垄断指向了政府可以在促进经济增长和效率上发挥的另一种作用。当效率要求应当只有一个供应商时，自然垄断就出现了。这通常发生的原因是，存在很高的起始成本，或是在不同的供应商之间进行协调的成本极高或很浪费。此时政府可能会介入并成为垄断者，或者严格地控制私人垄断者。例如在19世纪，在许多国家修建全国铁路非常昂贵，而拥有几条平行的铁轨又没有什么好处。因此，许多国家建立了铁路垄断，并且经常由政府来运营。类似地，电信业通常是政府垄断的，正像邮政服务和战略防御产业一样。

政府还可以通过规制来促进经济市场中的公平竞争。例如，政府能够确保所有的工商活动都符合产品标准，并遵守关于工人保护的最低要求。在其他案例中，政府可以控制拥有很大市场份额的公司以确保它们不滥用其市场中的权力优势。这可见于19世纪的铁路垄断，以及近期的技术垄断，比如微软和谷歌公司。在这些例子中，政府如警察一样行动，以制止经济上强大者不公平地利

① 例如，参见：Douglas North，*Institutions*，*Institutional Change*，*and Economic Performance*（Cambridge：Cambridge University Press，1990）；Mancur Olson，“The New Institutional Economics：The Collective Choice Approach to Economic Development，” in *Institutions and Economic Development*，ed. C. Clague（Baltimore：Johns Hopkins University Press，1997）；and S. Knack and P. Keefer，“Institutions and Economic Performance，” *Economics and Politics*，7（1995）：207－229.

用其权力。

社会正义

许多人认为，政府应当通过在公民中对财富和其他资源进行再分配来促进社会正义，资源的公正分配对于有效的公民权和繁荣的经济是必要的①。在许多国家，收入和财产的分配非常不平均，而且，当向上流动性很小或不平等随着时间推移而恶化时，这种状况就会特别棘手。

虽然自由市场以多种方式帮助社会利用其大部分资源，然而，这并不能保证这些生产的成果将以全体人民觉得合理的方式而获得共享。事实上，像全球化这样重要的经济转型所创造的剩余大都会落入少数企业家之手。政府可以从富裕者向贫穷者重新分配资源，以减少不平等。许多私人、宗教和慈善组织以及基金会努力帮助穷人，但他们一般缺少向富人征税或把社会和教育项目扩大到足够帮助所有不利者的能力。政府则拥有此能力，至少在某些情况下是如此。许多税收和福利政策重新分配收入，尽管其益处并不总是达至那些最需要或最值得获得它们的人之手（如见第七章英国的例子）。

一些专家论辩道，政府应该努力使所有公民的条件均等化。其他专家则主张政府的再分配足够做到使机会均等化，然后让个人为他们自己的财富负责。但是，大多数国家都同意政府应该为其公民提供社会安全网络和给予其公民达到某些最低的生活标准的机会。

保护弱者

我们通常依靠政府来保护那些不能为他们自己说话的个人和群体，诸如残疾人、老年人、贫穷者、年幼者或未出生者。例如，对于未出生者，政府能够使他们免于承受经济债务或环境恶化的负担。在近几十年，政府越来越多地保护以下群体：政治上柔弱或无权的，比如儿童和老人，或者体弱、有残疾的，以及非人类的生物——从鲸类、飞禽到树林以及我们自然环境的其他部分。

政府何时成为问题？

1.7 列举政府可能伤害或妨碍其公民的五种方式

政府履行许多政治功能，但是其干涉并不总是受欢迎的或有益的。政府干涉何时以及为何是必要的、可取的，是现代政治最有争议的议题之一。在20世纪，政府的职能在大部分国家都扩大了许多。同时，对许多政府政策的批评也一直在延续，有时候还得到了加强。这样的辩论实际上针对政府的所有活动，特别是政府的经济职能。许多经济学家论辩道，政府一般造成低效率，扼杀创新，使得社会比无政府干预时更贫穷。无政府主义和自由至上主义是两种更广泛地批评现代政府作用的政治和哲学传统。但它们的主要关注点是不同的。自由至上主义者认为，政府的最大问题是对个人自由的侵害，而无政府主义者主要关心政府对社群施加的威胁。

经济低效率

政府能够帮助经济繁荣，但也能扭曲并

---

① Joseph Stiglitz，*The Price of Inequality：How Today's Divided Society Endangers Our Future*（New York：Norton，2012）；and Kate Pickett and Richard Wilkinson，*The Spirit Level：Why Greater Equality Makes Societies Stronger*（New York：Bloomsbury Press，2009）. 不同的视角参见：Deaton，2013.

限制一个国家经济的潜力。例如，穆加贝总统摧毁了津巴布韦的经济，而它曾经是非洲最繁盛的国家。类似的例子存在于许多努力奋斗的经济体中。即使政府官员不主动滥用其权力，经济问题也可能产生。政府的经济控制也可能扭曲贸易的条件，降低人们的生产积极性。当政府实际拥有或管理重要的经济企业时，进一步的低效率也可能产生。这在政府掌握对重要益品的垄断时特别有可能发生，因为垄断一般导致产品供应不足和价格过高。而且，政府主导的工业可能特别会造成低效率和自鸣得意，因为管理者和工人经常比在私人企业工作的人得到更好的就业保护。这样的经验使得发展中国家和发达的工业国家的公民们担忧政府政策潜在的负面经济效应。

政府为私人利益服务

如果政府官员做出有利于他们个人的决定，或者选择可让他们重新当选的政策而不顾这些政策是否最有益于社会，那么社会也有可能受损害。例如，一个地方的市长规划一项将有利于其朋友或支持者的经济发展工程，这些人拥有该地区的一片土地或者将为此工程提供合同。举另一个例子，政府有可能颁布一项有利于其再度当选的特定的政策，尽管它知道其对于国家整体上的负面效应。这种政治上追逐私人利益的行为被称为寻租。租金是政府通过干涉经济而创造的收益——例如，通过颁发垄断的许可证而使企业提高价格，为其创造更多的利润。寻租指的是个人、企业或组织为获得这样的收益而做出的努力。当人们寻求利用政府来为其私人利益服务时，寻租就产生了。

从好处说，寻租是一个人的得益等于另一人的损失的游戏。但是从坏处说，寻租有可能对社会造成很大的净成本，因为政策的选择是为了产生私人利益，而不是为了社会的效率，也因为寻租者可能花费大量的资源来获得这些好处。当用金钱或其他好处来交换影响力时，寻租也可能变成彻头彻尾的腐败（见专栏 1－3）。

专栏 1－3

制止腐败的斗争

如果政治人物将其权力用于他们自己的利益或为支持他们的个人或团体谋利，那会发生什么情况？一个小例子是尼日利亚一个产油区的州长。阿拉米耶西加（Diepreye Alamieye-seigha）州长从公共资金中贪污了数千万美元并在世界各地购置了房产。伦敦警方在他的家里发现了未申报的超过 100 万美元现金。他男扮女装逃回了尼日利亚。让他吃惊的是，他的州议会弹劾了他。2007 年，他认罪，放弃他的财产主张。他被判刑两年，但次日便因为刑满而被释放。2013 年 3 月，他的朋友即总统赦免了他。据估计，非洲因为从上到下各级政府的腐败而损失了高达 1/10 的国民收入和经济。

资料来源：Adam Nossiter，“U. S. Embassy Criticizes Pardons in Nigerian Corruption Cases，” *New York Times*，March 15，2013.

这种政治盘剥在穷国是一个特别严重的问题。当政治监督者如法院和大众传媒过于微弱以至于无法限制政府官员的滥权时，担任政治职位经常是个人致富的一种有效方

式。此外，许多发展中的社会并没有强有力的针对利用政府谋私的准则。相反，人们经常预期政府中的人会利用其权力为他们自己、家庭和邻人谋利。甚至在许多发达的民主社会，公共职位的持有者也被预期会任命他们的支持者担任驻外大使和其他公共职位，尽管公务员规则可能限制诸如此类的做法。担任公职的诱惑是巨大的。虽然有正式的规则、媒体揭露和公民的关注，但很少有哪个地方的政府会在其公职任期结束时不受某个腐败丑闻的影响。用阿克顿勋爵的名言来说，“权力导致腐败，绝对的权力导致绝对的腐败”。

既得利益和惰性

政府机构和项目一旦确立，就难以改变或废止，因为有些人指望它们提供工作、合同或其他恩惠。政府越大、它所提供的好处越吸引人，这样的既得利益就越可能抗拒变革（除非变革意味着更大的好处）。因此，任何政府在维护或扩大政府本身时都将培养一批官员和既得利益者。这些群体有可能成为支持现状的强大力量。

这种情况使得改变政府政策或使之更有效率困难重重。机构和政策一旦确立，就可能存续到远超过其有益期。例如，当西班牙无敌舰队于 1588 年威胁侵略英国时，政府在英格兰西南的兰兹角（Land's End）设置了一个观察哨位。这个观察哨位在该处保留了 4 个世纪，在西班牙的威胁消失之后仍保留了很长时间。在美国，农村电气化局于 1935 年建立，尽管那时候美国已经完成电气化一段时间，它还是存在了将近 60 年，直到 1994 年被并入农村公用事业局。

在建立了包含许多防止政治迅速变革的障碍的政治体系中，这样的惰性特别可能出现。尽管在美国这样的政治体系中，牵制与平衡的设计目的是保障个人权利，但它们也可能保护既得利益者的特权。然而，即使是在牵制机制少得多的政治体系中，也可能强烈地抵制变革。英国是一个突出的例子。直至 1990 年代末，上议院仍代表 200 多年前在工业革命以前主导英国社会的群体（贵族、主教和法官）。只是在最近几年，英国才开始改革其上院，以消除那些反映英国封建的和工业化前的历史特征。

社群的解体

一些批评者辩称政府摧毁了自然的社群。他们认为，政府意味着权力和人们之间的不平等。这些拥有权力的人会腐败，那些没有权力的人也是堕落和异化的。例如，卢梭宣称，只有那些不受政府束缚的人才能形成使他们充分发展其潜力的联合。政府越是变得强大，权力的不平等就越大。通过施加一种建立在强制、等级制和武力威胁基础上的秩序，政府摧毁了自然的社群。其他人论辩道，强大的政府可以创造一个“受庇护者的社会”，人们在其中学会遵从权威，并依靠政府来满足他们的需要。

对基本权利的侵犯与专横

正如政府能够帮助确立许多重要的权利一样，政府也能以最严重的方式运用其权力去侵犯这些权利。政府权力可能的滥用例示了一个困扰了詹姆斯·麦迪逊和美国革命的其他缔造者的困境：创建一个足够强大的政府以进行有效治理，并避免其强大到能损害公民权利之间的紧张关系。他们理解这样的反讽，即为了保护个人免受相互伤害，社会能够创造一个有更多的权力来强迫个人的政府。自由至上主义者尤其关注大政府可能由此导致的对基本自由权的虐待和侵犯。

20 世纪见证了世界范围内众多社会在政治、经济和社会权利上的巨大进步。但与此同时，一些政府以也许是前所未有的规模侵犯基本的人权。上百万的生命在政治迫害下消逝，就是这方面最严重的例子。这样的恐怖不仅发生在纳粹的集中营，也大规模地发生在柬埔寨、伊拉克和卢旺达。在其他许多例子中，政府剥夺了个人和少数族群基本的公民权和人权。

结论：向前看

过去几十年见证了巨大的社会、经济和政治变化。经济发展、生活水准的提升、人权的扩大和民主化，改善了数十亿人的生活机会和生活条件。在世界大部分地区，今天出生的普通孩子可以预期比他或她的父母更长久、更好和更自由的生活——尤其假如她是一个女孩的话。

同时，持续着的社会、经济和政治问题仍然存在。一个领域的进步可以创造新的机会，但也在另一个领域产生新的问题。例如，经济发展有时可能刺激族群冲突，并使政治体系不稳定。经济发展还可能扰乱社会生活。发展的过程在各国间和国家之内是不平衡的。许多人的基本需要仍然严重供应不足。

甚至在富裕的民主国家，一套政策问题解决以后，会出现新的问题。西方民主国家努力解决环境质量、变动中的生活方式、全球化的挑战等问题。更加富裕的、受信息驱动的公民还可能不大愿意信任政党、利益团体、议会和政治人物。成功地应对这些新挑战有可能改善世界人口的生活条件，减少国际冲突，并提升人的自由和机会。

政府和政治在人类事务上起了重要的作用。它们的某些政策改善了其公民的生活，另一些政策则造成了祸害。无论如何，政府及其活动对于我们的政治未来是十分重要的。我们写作本书的目的是考察公民、政策制定者和政府应对他们今天面临着的政策挑战的方式。

复习问题

1. 各国在建立政治社群中的主要挑战是什么？
2. 经济发展的原因和结果是什么？
3. 民主化的原因和结果是什么？
4. 全球化如何作用于经济发展和民主化？
5. 政府活动潜在的积极和消极结果是什么？

关键词

威权主义	族群性	人权
民主	外部效应	国族
民主化	全球化	寡头制
选举威权主义	国民总收入	政治文化

公共益品	寻租	自然状态
政体	社会经济发展	极权主义体制
宗教原教旨主义		

建议阅读材料

Acemoglu, Daron, and James Robinson. *Why Nations Fail: The Origins of Power, Prosperity, and Poverty*. New York: Random House, 2012.

Bhagwati, Jagdish. *In Defense of Globalization*. Oxford: Oxford University Press, 2007.

Castles, Stephen, and Mark Miller. *The Age of Migration: International Population Movements in the Modern World*. 4th ed. New York: Guilford Press, 2009.

Deaton, Angus. *The Great Escape: Health, Wealth, and the Origins of Inequality*. Princeton, NJ: Princeton University Press, 2013.

Horowitz, Donald. *Ethnic Groups in Conflict*. Berkeley: University of California Press, 1985.

Huntington, Samuel. *The Third Wave: Democratization in the Late Twentieth Century*. Norman: University of Oklahoma Press, 1991.

———. *The Clash of Civilizations and the Remaking of World Order*. New York: Simon & Schuster, 1996.

Lijphart, Arend. *Patterns of Democracy*. 2nd ed. New Haven, CT: Yale University Press, 2012.

Morris, Ian. *Why the West Rules—For Now: The Patterns of History, and What They Reveal About the Future*. New York: Farrar, Straus, and Giroux, 2010.

Norberg, Johan. *Progress: Ten Reasons to Look Forward to the Future*. London: Oneworld Publications, 2016.

Przeworski, Adam, Michael E. Alvarez, Jose Antonio Cheibub, and Fernando Limongi. *Democracy and Development: Political Institutions and Well-Being in the World 1950–1990*. New York: Cambridge University Press, 2000.

Sachs, Jeffrey. *The End of Poverty: Economic Possibilities for Our Time*. New York: Penguin, 2005.

Stiglitz, Joseph. *Globalization and Its Discontents*. New York: Norton, 2002.

———. *The Price of Inequality: How Today's Divided Society Endangers Our Future*. New York: Norton, 2012.

United Nations. *World Development Report*. New York: Oxford University Press, annual.

第二章
比较政治系统

学习目标

2.1　解释运用比较方法研究政治的理由，描述、解说和预测的目标

2.2　界定政治系统的组成部分，讨论国内和国际环境能够影响它的方式

2.3　列举六种类型的政治结构，举几个例子来说明为何一个类似的结构在不同国家发挥的功能不同

2.4　讨论俄罗斯政治结构的功能为何在苏联解体后发生了变化

2.5　描述一个政治系统中条件、政策和输出项的作用

美国民主的伟大解说者——法国人托克维尔 1830 年代到美国旅行时，写信给一位朋友解释他关于法国体制和文化的观念如何进入他的著作《论美国的民主》。托克维尔写道："虽然我在自己的书中很少讲到法国，但可以说，我写本书的任何一页时眼前无不呈现法国的情形。"①

我们为什么比较

2.1 解释运用比较方法研究政治的理由，描述、解说和预测的目标

托克维尔告诉我们，我们能够充分理解自己政治系统的唯一方式是将它与其他系统进行比较。把我们的经验与其他国家的经验进行比较，可加深我们对自己政治的理解，并让我们看到更广范围的政治选项。它显示我们自己政治生活的长处和短处。通过把我们带到超出我们所熟知的制度安排和设定，比较分析有助于扩展我们对政治可能性的认识，无论是好是坏。

关于比较方法，托克维尔做出了这样的评论："不做比较，心智就不知道如何运思。"② 托克维尔告诉我们，比较对于所有人的思维是根本性的。它是人文和科学方法包括对政治的科学研究的方法论核心。比较分析有助于我们提出并检验对政治过程如何运作和政治变化何时发生所做的解释。政治学家所运用的比较方法的目标与更精确的科学如物理学中所使用的方法是类似的。但是，政治学家一般不能设计实验这种许多自然科学通向知识的主要路径。我们不能一直控制和操纵政治的制度安排并观察其结果。当面对剧烈地影响许多人的大规模事件时，我们特别地有局限性。例如，研究者们不能也不会要求开展一场战争或社会革命，以便看到它的效应。

但是，我们能够运用比较的方法来描述不同社会中发现的政治事件和体制，并找到它们的原因和结果。2 000 多年前，亚里士多德在他的《政治学》（公元前 350 年）中比较了古希腊城邦的经济和社会结构，以努力确定社会和经济环境如何影响政治体制与政策（见专栏 2 - 1）。现代的政治学家也努力解释不同政治体制的过程和运作的差别。他们比较两党民主与多党民主、议会制与总统制、穷国的民主与富国的民主、新政党系统中的选举与成熟的民主制中的选举。这些和许多其他的比较大大地丰富了我们对政治的理解。

我们如何比较

我们以几种不同的方式研究政治：我们描述它，我们试图解释它，有时我们还尝试去预测它。这些都是科学过程的一部分，尽管随着我们从描述进到解释和预测，任务逐步变得更加艰难。这些任务都可能运用比较的方法。政治研究的第一阶段是描述。如果我们不能描述一个政治过程或事件，我们就真的不能指望理解或解释它，更不要说预测下一步或在类似情况下会发生什么。

描述可能听起来足够容易和直截了当，

---

① Alexis de Tocqueville to Louis de Kergolay, October 18, 1847, in *Alexis de Tocqueville: Selected Letters on Politics and Society*, ed. Roger Boesche (Berkeley: University of California Press, 1985), 191.

② Alexis de Tocqueville to Ernest de Chabrol, October 7, 1831, in *Selected Letters*, 59.

专栏 2-1

亚里士多德图书馆

有历史证据显示，亚里士多德创建了一个图书馆，其中包含对公元前 400—前 300 年地中海世界的诸政治系统的 150 项研究。许多成果可能是他的追随者研究出来的。

虽然亚里士多德的这个有关政体的图书馆中只有《雅典政制》留存了下来，但从留存下来的此类研究资料中可明显地看出，亚里士多德关注对当时存在的各种政治系统的取样，包括“野蛮的”国家，比如利比亚、伊特鲁里亚和罗马：“古代权威机构给了我们‘政体’的卷宗中描述的 70 个或更多国家的名称。它们从黑海的锡诺普到北非的昔兰尼，它们从西地中海的马赛延伸到东部的克利特、罗得斯和塞浦路斯。因此，亚里士多德囊括了殖民地政体和宗主国政体。他的描述涵盖了爱琴海、爱奥尼亚和第勒尼安海沿岸的国家，以及欧洲、亚洲和非洲三个大陆。”

资料来源：Ernest Barker，ed.，*The Politics of Aristotle*（London：Oxford University Press，1977），386.

但事实上往往不是如此。为了描述好政治事件和体制，我们需要使用这样的词汇和语句，听众能够清晰地、以同样的方式理解，并且能够广泛地应用它们。因此，为了描述政治，我们需要一套得到清楚界定和完好理解的概念，即**概念框架**。换言之，我们需要这些概念是**主体间性的**（由不同的主体以相同的方式理解和使用）和普遍的。我们的这套概念框架越是容易理解，它的适用范围就越广，它就越有助于政治学的研究。概念框架通常不是对或错，但它对于我们目前的任务或多或少是有益的。它们可能关注原因和语境，但也可能混淆和模糊之。我们这里使用的概念框架将在本章后面给予更详细的描述。

我们如何解释

当我们能够在我们选定的概念框架的帮助下描述政治时，接下来的任务就是去解释它。我们解释政治现象的意思是寻找它们之间的关系。解释通常意指回答“为什么”的问题。更准确地说，解释政治现象意味着找出现象之间的**因果关系**，指认一个现象是另一个现象的原因或结果①。能够超越描述而做到解释，往往是重要的事情。例如，我们也许感兴趣于民主与国际和平之间的关系（见专栏 2-2）。描述实情能够告诉我们，在当今世界，和平与民主往往相伴随。民主国家大多是（虽然并不总是）和平的，许多和平的国家是民主体制。然而，我们并不充分理解为何是如此。民主国家比其他国家更和平乃是因为它们是民主的，还是说它们是民主的乃是因为它们是和平的，抑或它们也许既是和平的又是民主的乃是因为它们比其他国家更繁荣，或者是因为它们拥有市场经济，或者是因为其公民持有支持民主与和平的价值观（政治文化）？好的解释有助于我们找到这些问题的正确答案。从理想上说，我们要以因果性来解释许多政治关系，以便我们能够说一个政治属性是另一个属性的原因，后者是前者的结果。

① 一些相关的和可替代性的解释概念，参见：Daniel Little，*Varieties of Social Explanation*（Boulder，CO：Westview，1991）.

理论是关于一般政治现象之间因果关系（例如，关于导致民主、战争、选举胜利或福利政策的原因）精确阐述和良好支持的陈述。理论必须是可检验的，一个好的理论是在持续的检验，最好是在一系列证伪它的共同努力之后仍然站得住的理论。**假设**是尚未得到广泛支持的因果解释。换言之，假设是还没有得到充分检验的候选理论。科学理论总是尝试性的；它们随着我们知识的改进而在任何时候都要接受修改或证伪。理论经常在我们以越来越好的数据一次又一次地检验它们时被修改或变得更加准确。一个经受得住检验的理论让我们有信心解释在特定案例或案例组中发生的事情——例如，两个国家之间是和平友好的关系，因为它们是民主的，或者也许是反过来的因果关系（见专栏 2－2）。

专栏 2－2

统计方法

一个名叫“民主和平研究”的当代著名的研究项目例示了统计研究和案例研究的利弊。国际关系学者研究冷战时期的外交史，并且询问民主国家在其外交政策上是否比威权主义和非民主国家更和平。许多学者采取了统计的方法。他们在一个案例中统计每年两个国家之间的互动。在大约半个世纪的外交史上涉及 100 个或更多个国家的一种国家系统中，即使在剔除了许多从未或很少发生外交关系的不相关的国家案例之后，他们仍拥有大量的案例。政治学家本内特和乔治在考察了统计研究以后得出如下结论：统计方法在非伪装的民主体制之间的和平是否存在的问题上取得了重要的进展。一个相当强烈却并非全体一致同意的看法是：(1) 民主的体制总体而言不是较少战争倾向的；(2) 它们相互之间极少发生战争（如果还有的话）；(3) 这种民主体制间的和平模式既适用于战争，也适用于非战争的冲突；(4) 向民主转型的国家比既成的民主国家战争倾向更强烈；(5) 这些相关性不是由最明显的替代性解释所虚假地造成的。尽管从统计研究中获得了许多东西，本内特和乔治在回答“为什么”的问题时却并不很成功。案例研究揭示个别案例之间的因果联系，使得深度的考察成为可能。仔细地重复案例之间的这些因果关系，可强化对这些关系的信念。因此，本内特和乔治的结论是，最好的研究策略是综合运用统计的和案例的研究方法，让每种方法发挥其自身的优势。

资料来源：Andrew Bennett and Alexander George, “An Alliance of Statistical and Case Study Methods: Research on the Interdemocratic Peace,” *Newsletter of the APSA Organized Section in Comparative Politics*, 9, 1 (1998): 6.

政治学家经常在试图理解一个恼人的案例或两三个政治系统之间的有趣差别时发展理论。例如，托克维尔好奇于这样的事实：民主在美国得到广泛的支持，但在其祖国法国却经受着激烈的争议。研究者还经常通过比较不同历史时期的国家来提出关于政治变化的原因和结果的假设。托克维尔通过比较革命前和革命后的法国来提出关于革命的一般理论①。在更近的时期，斯考切波把她有关革命原因的理论建立在法国、俄罗斯的

① Alexis de Tocqueville, *The Old Regime and the French Revolution*, trans. Stuart Gilbert (New York: Doubleday, 1955).

"旧政权"与其革命和革命后的政权相比较的基础之上①。

但是，解释性的假设要成为有用的理论，我们通常需要它不仅解释那些作为其基础的案例，而且解释其他属于同一系统的案例（革命、战争、选举等等）。因此，假设是由许多不同类型的政治**数据**检验的。政治学的研究者把以大数量（大数"n"）的案例和观察事实为基础的研究与以小数量（小数"n"）为基础的研究区分了开来。在大数"n"的研究（特别是当案例数目大于20或30）中，运用统计分析经常是可能的、有益的。这样的研究一般被称为**统计研究**。小数"n"研究通常被称为**案例研究**。许多小数"n"只研究一个案例，其他的则研究两三个或四五个（偶尔会更多）案例。

统计分析让我们考虑同一个时间可能的不同原因，接受其中一些而排除另外一些。大数"n"研究通常拥有足够多数量和种类的案例，使研究者得以考察与每个案例相关的变量间的关系。**变量**是使我们的案例有所区别的特性——比如"宗教遗产"、"联合国生活质量指数排名"或者"人均收入"。因此，大数"n"统计研究让我们对自己的解释更加确定和准确，并找出有可能偶然发生的关系。与此对比，小数"n"研究让调查者深入一个案例，找到它的特殊点，获得客观的细节，并考察因果过程中的每一个联系。它们鼓励我们首先为统计的检验提出有洞见的假设。它们可以让我们比大数"n"研究更好地追踪因果关系（有时称为"原因机制"）的性质。通过这种方式，政治学家有可能不仅可以知道民主体制是否比独裁制更和平，而且可以更准确地知道民主体制的领导人为何按他们实际做的那样行事。大部分研究者都认识到这些方法是相互补充的（再参见专栏2-2）。

近期，政治学家特别关注将因果联系与历史的关联区别开来，关注对因果影响的方向之理解。甚至很强的统计关联性对于这些类型的因果误置也是脆弱的。例如，在一个国家的温和气候与其作为民主体制的地位之间存在强烈的关联性。但是，对多种条件的分析揭示了这是一种"伪"（非因果的）关系，受经济发展的水平与增长和依赖性的历史路径所制约。气候条件的变化对民主没有直接的因果效应。

有时候政治学家可以安排有意的干预，如提高选民投票率的运动，或者为送孩子上学的家长提供现金奖励，还可以观察接近科学实验的局部控制或随机化的情形下的结果②。他们有时发现"自然的实验"，历史在其中提供了实际上是随机差异的条件，比如在类似的人群之间划出人为的政治边界③。一个著名的例子是殖民地划界，将两个部落群体（奇切瓦和通布卡）的各部分进行划分，最终成为不同的国家（马拉维和赞比亚）。在一个国家，这两个群体成了相互猜疑的政治敌对者；而在另一个国家，虽然存

---

① Theda Skocpol, *States and Social Revolutions* (New York: Cambridge University Press, 1979).

② 关于评估反贫困项目的"随机化控制性试验"的诸多例子，参见：Abhijit V. Banerjee and Esther Duflo, *Poor Economics: A Radical Rethinking of the Way to Fight Global Poverty* (New York: Public Affairs, 2012).

③ 更普遍的情况参见：Thad Dunning. *Natural Experiments in the Social Sciences: A Design-Based Approach* (New York: Cambridge University Press, 2012).

在相当大的文化和语言差异，他们却成为密切的政治盟友[1]。这种“自然的实验”有助于显示族群分野成为和不成为政治分野的特定的情境。虽然存在干预和自然实验的想象的运用，仍然有许多政治特性是不能用这些技术来考察或概括的。政治学家往往必须持续地依赖、比较地观察和仔细地分析复杂的统计研究，并且密集地追踪具体案例中的各种联系。

我们如何尝试预测

科学过程中最后一项、也是最具挑战性的任务是预测。预测涉及针对数据检验假设，这些数据是提出这些解释的研究者所不知道的，经常是因为事件还没有发生。一般来说，构想有关尚未发生的事件的预言比解释我们已经知道其结果的事件要困难得多。这既是因为我们不知道我们是否已经涵盖了所有可能影响未来的相关因素，也是因为世界在我们试图理解它时可能正在发生改变。政治的行动者往往从过去的错误中学习，避免同样的错误重复发生。然而，政治学家在描述和解释上改进的同时，在预测的行为上也获得了改进。例如，许多研究者考察经济条件与美国总统选举结果之间的密切关联。当经济条件良好（低通货膨胀和失业率、高增长）时，执政党的候选人会赢；当情况糟糕时，反对党会取胜。这一理论足够强大，使得研究者在考察了大选前几个月的经济条件之后，做出有关选举结果的相当准确和可靠的预测。但是，有时候这样的预测会出错，如 2016 年美国总统选举时发生的那样，当时大部分研究者都预测民主党候选人希拉里·克林顿会轻松地赢过共和党候选人唐纳德·特朗普。她的确赢了大众选票，但差距比预测的小一点，而选票的分布加上选举人团的规则使得特朗普获胜。这样失败的预测意味着需要修改该理论，将附加的因素纳入考量。成功的预测大大地提升了我们对一个理论的信心，也因为其自身的缘故或因提供政策指南而引人入胜。

有一个例子也许可以指出你如何在比较政治学中超出“只是掌握事实”而进行理论化。许多人都知道，富国比穷国更可能成为民主体制，民主和经济发展是强烈相关的（见图 1－4 及对它的讨论）。但是，这种关联存在许多可能的原因。有人提出，这种关系的产生乃是因为民主促进教育和经济发展。另一些人论辩称，随着国家在经济上的发展，其新的中产阶级或新兴的工人阶级更可能要求民主化。还有一些人看到民主和经济发展在世界的某些地区（比如西欧）是普遍的现象，而这两者在中东和非洲往往是稀缺的。这个事实指出，某些文化可能促进或阻碍这两者的发生。

然而，这种关联的因果性质是重要的，其理由既出于科学，也出于政策。促进经济发展和保障民主是我们在第一章讨论的两个重要的政治挑战。普热沃尔斯基和他的合作者考察了 1950—1990 年世界上的民主体制、非民主体制和在两者间转型的体制[2]。他们从其统计分析得出结论，民主和繁荣的这种

---

① Daniel N. Posner，“The Political Salience of Cultural Difference：Why Chewas and Tumbukas Are Allies in Zambia and Adversaries in Malawi，” *American Political Science Review*，98（November 2004）：529－546.

② Adam Przeworski，Michael E. Alvarez，Jose Antonio Cheibub，and Fernando Limongi，*Democracy and Development*：*Political Institutions and Well-Being in the World*，1950－1990（New York：Cambridge University Press，2000）.

关联并不反映地区的历史或民主制度下突出的经济增长。而且，任何发展水平上的国家看起来都能够引进民主体制，虽然经济发达的国家在一定程度上更可能这样做。这些研究者论辩道，这种关系的关键在于经济较差社会中的民主体制具有更大的脆弱性。民主可以容易地引入贫穷社会，但它经常被某种类型的独裁所取代。与此对比，在富裕国家，民主一旦引进以后，往往会存续下去。穷国的这些民主失败导致了发展与民主间强烈的关联。近期，学者们做出更大的努力来理解发展与民主间的长期历史关联，理解推动专制或民主的国际环境的作用①。我们仍然需要理解究竟为什么民主在欠发达社会更加不稳定，包括经济不平等②和文化价值的作用。但是，我们在理解发展与民主的因果关系上取得了进展。

比较分析是一个强大的、万能的工具。它加强了我们描述并理解任何国家的政治过程和政治变化的能力。比较的方法还刺激我们形成有关政治关系的普遍理论。它鼓励并促使我们通过把政治理论与许多机制和背景的经验相对照来检验这些理论。

政治系统：环境与相互依存

2.2 界定政治系统的组成部分，讨论国内和国际环境能够影响它的方式

我们在本书中以讨论政府为始，但政府只是更大的政治系统的一部分。因为**政治系统**是本书的一个主要的组织概念，所以有必要对其进行充分的说明。按照定义，一个**系统具有两种属性**：(1) 它有许多相互依存的部分；(2) 该系统与其环境之间存在边界。

政治系统是一种包含权威公共决策制定的特定类型的社会系统。**政治系统的核心因素是**形成并贯彻一个社会或其中的群体的集体目标的**政府机构（比如立法机构、官僚和法院）**。政府的决定通常是由合法的强制力所支持的，因而政府通常可以强迫其公民服从其决定（我们将在第三章以更大的篇幅讨论合法性）。

政治系统也包括政府运作的社会重要部分。例如，政党或利益团体这样的政治组织是政治系统的重要部分。这样一些组织并不具有强制的权威，除非它们控制了政府。与此类似，大众传媒只间接地影响选举、立法和法律实施。大量机构——从家庭开始，包括社群、教会、学校、公司、基金会和智库——都影响政治态度和公共政策。**政治系统**这个术语意指相关的、互动的机制和机构的整个集合。

我们在本书中比较的政治系统都是些独立的国家。它们反映了今天存在的政治系统的多样性。**国家**是一个特定类型的政治系统。它拥有主权——对一定领土内的全体居民以公认的自决权为基础的独立的合法权威。主权取决于那些拥有做出政治决定的最

---

① 这个文献群已经非常大，鉴于这些关系的重要性和复杂性，这是恰如其分的。例如，参见：Daron Acemoglu, Simon Johnson, James E. Robinson, and Pierre Yared, "Income and Democracy." *American Economic Review*, 98 (June 2008): 808 - 842; and Carles Boix, "Democracy, Development and the International System," *American Political Science Review*, 105 (November 2011): 809 - 828.

② 例如，参见：Carles Boix and Susan C. Stokes, "Endogenous Democratization," *World Politics*, 55 (July 2003): 515 - 549; Daron Acemoglu and James A. Robinson, *Economic Origins of Dictatorship and Democracy* (New York: Cambridge University Press, 2006); and Christian Houle, "Inequality and Democracy," *World Politics*, 61 (October 2009): 589 - 622.

终权利的人。

图 2-1 告诉我们一个存在于国际环境和国内环境中的政治系统。它由这些环境所塑造，并且也努力塑造这些环境。该系统从环境接受**输入项**。其政策制定者试图通过其**政策输出项**来造就它们。在这个相当概要和简明的图中，我们把美国作为核心的行动者，把其他国家——俄罗斯、中国、英国、德国、日本、墨西哥和伊朗——作为环境的例子。

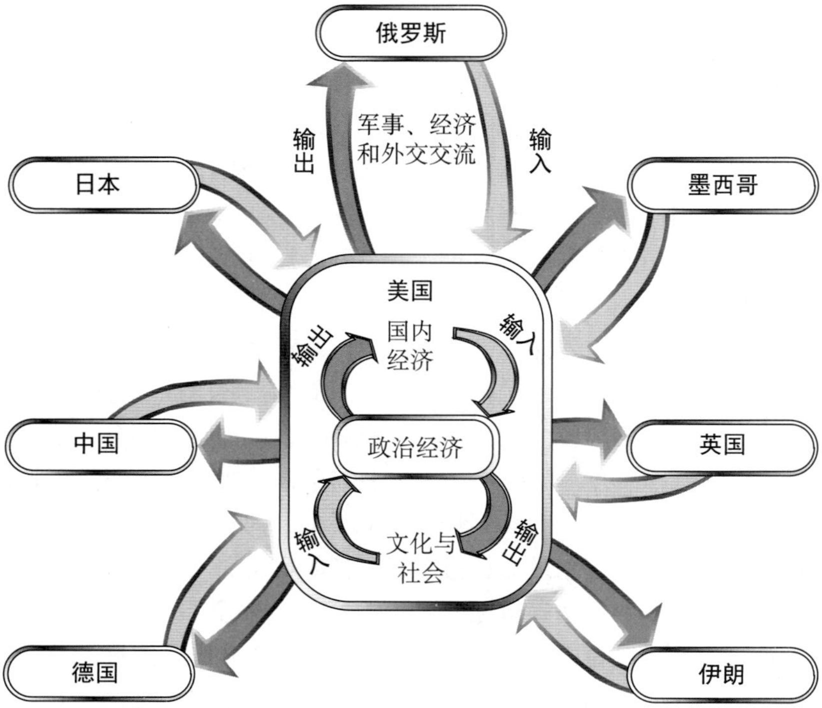

图 2-1 政治系统及其环境

美国的政治系统与国内和国际环境的互动。

国家间的交流可能有许多不同的方式。例如，交流可以是“密集的”或“稀疏的”，美国-加拿大的关系例示了这个关系尺度的密集这一端，因为它们以重要的方式影响了这些国家的许多公民，而美国-尼泊尔的关系则在稀疏那一端。

政治系统间的关系也可以有许多不同的类型。美国与一些国家具有重要的贸易关系，而与其他国家的贸易则较少。一些国家的进口多于出口，而另一些国家的出口多于进口。与诸如北大西洋公约组织国家、日本、韩国、以色列和沙特阿拉伯之类的国家的军事交流，对于美国具有重要意义。

过去几十年里，国家间的相互依存（进口和出口的规模和价值、资本的转移、国际交流、国外旅行和移民的程度）增加了许多。这种增长经常被称为**全球化**。我们或许可以将此过程表达为图 2-1 中美国与其他国家的输入和输出。经济萧条、通货膨胀、保护性关税、国际恐怖主义、战争等诸如此类的因素导致的国际交易和贸易流动上的起伏波动，可能给受影响国家的经济带来灾难。

我们经常把世界设想为由一些具有一定

规模和相邻的领土、其公民具有一致认同的国家组成的混合体。民族是一群人民的集合，他们经常生活在共同的领土内，拥有共同的认同。在**民族国家**中，国族认同与最高政治权威在很大程度上是一致的——国家由拥有共同的国族认同的个人所组成。我们把民族国家看作组织政治系统的自然的方式，并且经常将其视为一个理想。民族自决权（每一个民族如果愿意都有权形成自己的国家的观念）已被载入第一次世界大战结束时签订的《凡尔赛和约》之中。

民族国家经常是组织政治系统的一个可取的方式。然而，民族自决权则是一个比较近代的发明，产生于欧洲中世纪晚期。直到中世纪结束时，欧洲一直由许多很小的政治系统和几个很大的政治系统所构成，它们所拥有的领土并不总是很稳定或连续的。国家也并不总是由具有同样的国族认同的人所组成的。然而渐渐地，一系列欧洲民族国家形成了，1648 年的《威斯特发里亚和约》确定了民族国家作为欧洲政治组织的标准。民族国家因而作为 18 世纪和 19 世纪欧洲主导的政治系统出现。

当美国于 1776 年宣布独立时，大约只有 20 个独立的州。世界上的许多民族由当地的部落和公国所统治（见图 2-2）。世界上的其他大部分人生活在某个四处扩张的帝国，主要是欧洲帝国的殖民地之中。在 19 世纪和 20 世纪早期，国家的数目增加了，主要在拉丁美洲，那里的西班牙和葡萄牙帝国分裂成 20 多个独立的国家。在欧洲，新独立的国家在巴尔干半岛、斯堪的纳维亚半岛和低地国家（荷兰、比利时和卢森堡）出现。

在两次世界大战之间，新国家在北非和中东出现，欧洲随着俄罗斯帝国和奥匈帝国的解体而继续分化。第二次世界大战以后，特别是在印度和巴基斯坦独立之后，新国家开始飞速形成。到 2010 年，126 个新国家加入 1945 年存在的 68 个国家之林。最大的新国家群出现在撒哈拉以南非洲地区。1990 年代产生了 20 多个新国家——大部分是苏联、南斯拉夫和捷克斯洛伐克的后继者。自 2000 年以来，四个国家加入了联合国（最著名的是瑞士，该国由于其严格的中立政策，直至 2002 年还在联合国大门之外），但在过去的十年里，很少产生新独立的国家。

一个政治系统及其内部环境（经济和社会系统及其公民的政治文化）的互动也可用图 2-1 来描述。欧洲并不是偶然地转变成了由一些独特的民族国家组成的集合——确实，新兴民族国家的政府对此做了许多事情。在应对国内和国际的压力时，它们试图在其控制的人们中间逐步灌输一种共同的国家认同。它们经常拙劣地通过推广一种共同的语言、共同的教育系统以及往往还有一种共同的宗教来做到这一点。尽管这个国家建构的过程往往是严酷的、相互冲突的，但它产生了这样一个欧洲，即其中大部分国家的居民具有一种强烈的共同体感。

当今发展中世界的许多社会面临着类似的挑战。特别是在非洲，1950 年代和 1960 年代产生的新独立国家具有很微弱的国家认同。在非洲的许多地方，大规模的国家性的社群在这些地区被欧洲和其他人殖民化之前实际上并不存在。即使是国家性社群存在的那些地方，这些社群也几乎不反映殖民政权（如英国、法国和葡萄牙）在它们所拥有的土地之间划出的边界，在独立之后，许多新国家担负着巨大的国家建构任务。

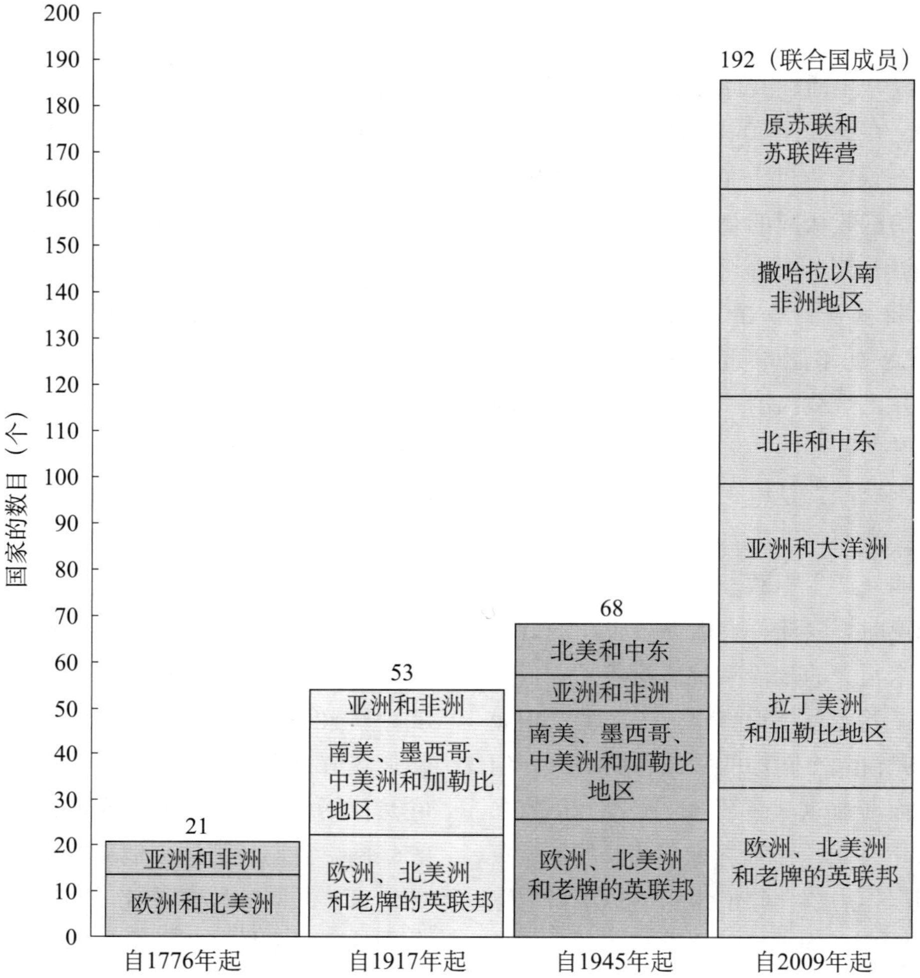

图 2-2　1776 年以来国家的形成

20 世纪产生的大多数国家。

资料来源：For Contemporary Members，Information Office，United Nations. 截至 1945 年的数据取自 Charles Taylor and Michael Hudson，*World Handbook of Political and Social Indicators*（New Haven，CT：Yale University Press，1972），26ff.

与此同时，经济的全球化促进了总体上的繁荣，但也促使某些行业的公司和工作人员提出保护其工作的要求。人口的迁徙以及与全球化相关的观念可能被视为对传统价值观和就业的威胁。各国内部也变得更加相互依存。像 2005 年重创新奥尔良的飓风之类的自然灾害催生了要求全国政府领导重建的呼吁。像 2010 年污染墨西哥湾海域和海岸的石油泄漏的巨大人为灾害，也促使人们要求政府采取行动限制损害环境和经济的行为，防止未来的灾难。地方的议题被认为是整个国家的责任。而且，人们的寿命变得更长。人口老龄化要求政府做更多的事情来改善医疗卫生条件。从输入-输出的角度来看，社会经济的变化改变了选民的政治要求及其所支持的政策类型。

因此，一个新型的社会产生了不同的政策：不同种类和水平的税收、管制模式的变化以及福利消费上的变化。系统-环境方法的优点在于它把我们的注意力导向国家之间和内部发生的事情的**相互依存**。它向我们提供了描述、比较并解释这些互动事件的词汇。

我们若要在政治中做出理智的判断，就需要把政治系统置于其内部和国际的环境之中。我们需要认识到这些环境是如何为政治选择设置限制并提供机会的。这个方法可以防止我们做出草率的、有偏见的政治判断。如果一个国家在自然资源上是贫弱的，同时缺少开发它所需要的能力，那我们就不能责怪它工业产出低或教育和社会服务贫乏。本书第二篇在分章节论述各个国家时，将从讨论当前该国在社会和经济环境上面临的政策挑战开始。

政治系统：结构与功能

2.3　列举六种类型的政治结构，举几个例子来说明为何一个类似的结构在不同国家发挥的功能不同

政府事务涉及很多，从建立并管理学校系统到维护公共秩序、发动战争等。为了开展这些完全不同的活动，政府有一些专门化的**结构**（**我们也可以称为体制或机构**），比如议会、官僚、行政机构和法院。这些结构履行**功能**，这反过来又使政府制定、贯彻并执行其政策。政策反映目标，机构提供实现这些目标的手段。

图 2-3 展示了政治系统内的六类政治结构——政党、利益团体、立法机构、行政机构、官僚和法院。这些是从事政治活动的正式组织。它们存在于大部分当代政治系统中。这个列举不是穷尽性的。某些结构，比如主导性的军事委员会或统治的皇族，只在少数国家中存在。某些结构，比如伊朗的宪法监护委员会（Council of Guardians），就是该政治系统所独有的。

我们也许认为，我们如果理解这些结构如何在一个政治系统中运作，就能把这种洞见应用于任何其他系统。令人遗憾的是，事情并不总是如此。图 2-3 中的六重分类对我们比较政治系统并不会有太大的帮助。问题在于，类似的结构在不同的政治系统中也许具有很不相同的功能。本书所研究的每个国家都包含了一张图，用以显示其某些主要的结构如何相互进行选择和控制。另一张图用以显示它们如何适合政策制定的过程。

图 2-4 显示了我们可以用来比较所有政治系统的政治过程之功能。该图在**“过程功能”**标题下的核心部分列举了任何一种政治系统中制定并实施政策所必需的各种活动（我们在第四、五章将更详细地讨论每个概念）。我们之所以称这些为过程功能，是因为它们在政策制定的过程中起着直接和必要的作用。

- **利益表达**包括个人和团体表达他们的需要与要求。
- **利益集聚**把不同的要求集合成由重要的政治资源所支持的政策建议。
- **政策制定**决定哪些政策建议将成为权威的规则。
- **政策实施**贯彻并强制执行公共政策，**政策裁决**解决有关政策应用的争议。

在政策得以决定之前，政府或社会中的一些个人和团体必须决定他们需要并希望从政治中得到什么。当这些利益得到表达或阐述时，政治过程就开始了。该图左边的许多箭头显示了这些最初的表达。但是，为了使

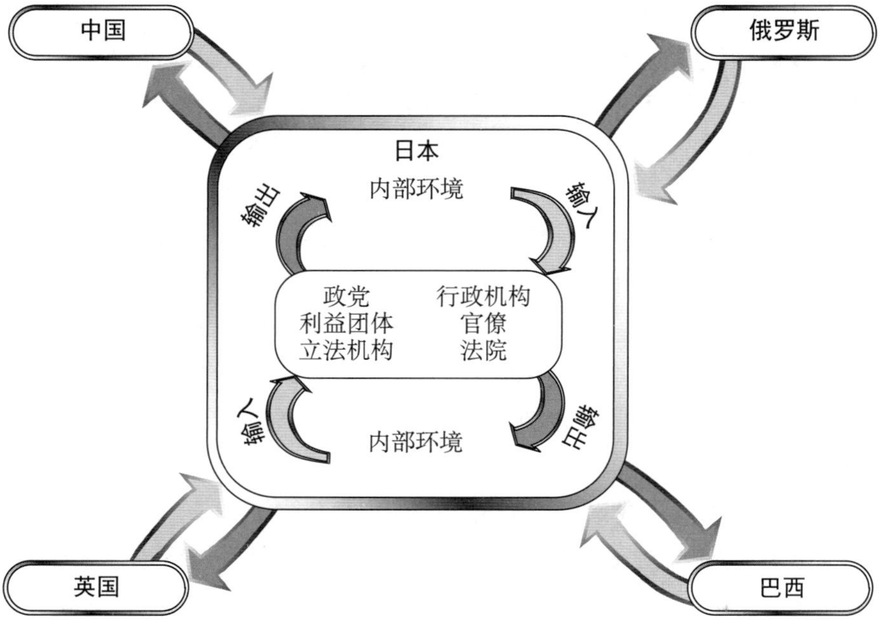

图 2－3　政治系统及其结构

日本政治系统中发挥功能的六类政治结构。

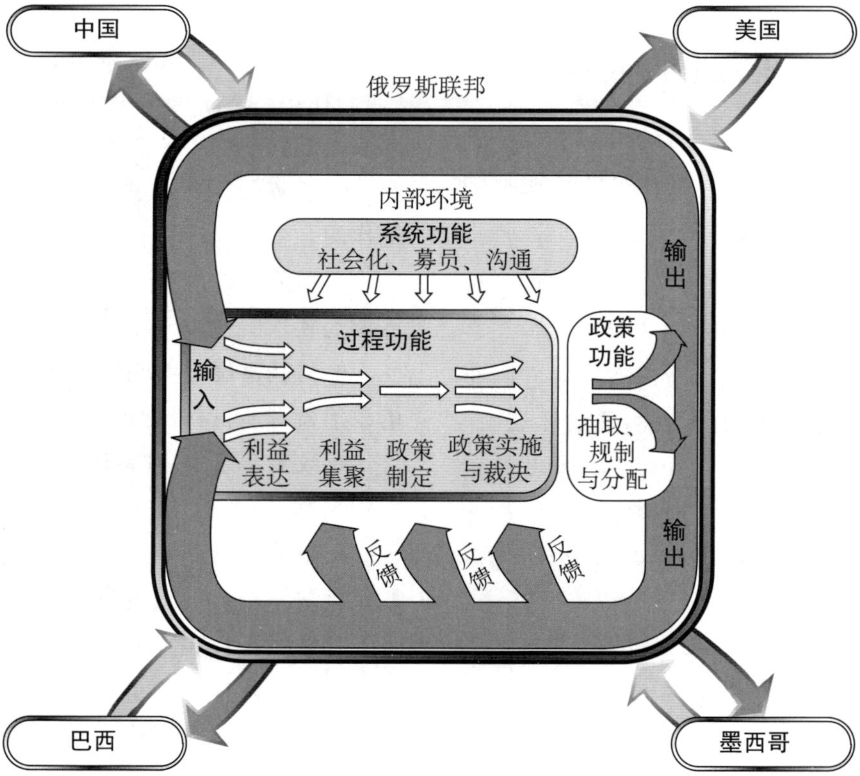

图 2－4　政治系统及其功能

系统、过程和政策功能将输入项转变为输出项。

之有效，这些要求必须被结合（聚集）成能够动员起重要的政治支持的政策选项——比如更高或更低的税收，或者更多或更少的社会保障福利。因此，当过程从利益表达转向利益集聚时，左边的箭头就聚合起来了。然后，政府便考虑不同的政策选项，并在它们之中做出选择。于是，他们的决策必须被执行和实施，如果受到挑战，就必须有某个裁决的过程。任何一项政策都可能影响社会的几个不同的方面，如在实施阶段的三个箭头所反映的那样。

这些过程功能是由政党、立法机构、政治行政机构、官僚和法院等政治结构来行使的。**结构功能方法**强调两点：第一，**在不同的国家，同样的结构可能行使不同的功能**。第二，虽然一个特定的机构（如立法机构）可能与一个特定的功能（如政策制定）有特别的关系，**机构通常并不垄断任何一个功能。总统和州长可能分享政策制定的功能**（在极端的例子中，可能每一方都有否决权），正如高级法院也分享一样（特别是在对法规的合宪性进行司法审查的州当中）。

图 2-4 的上端列出的三个功能（社会化、募员和沟通）并不直接涉及公共政策的制定和实施，但对政治系统具有根本的重要性。我们把这三个功能称为**系统功能**。从长期来看，它们决定该系统是否被维持或改变。例如，军方将能够维持其对政策制定的主导权，还是将被竞争性的政党和立法机构所取代？一种全国社群的意识将会维持，还是将会被新的经验所侵蚀？

这三个系统功能箭头指向政治过程的所有部分，由此可表明它们在支持和渗透政治过程中的关键作用。

- **政治社会化**涉及形成、强化和改变政治文化（社会中具有政治重要性的态度）的家庭、学校、传播媒体、教会和所有各种各样的政治结构（见第三章）。
- **政治募员**指的是为政治活动和政府职位选拔人员。在民主体制下，竞争性选举在政治募员中扮演了主要的角色。在威权主义系统中，募员可能由一个政党所主导，或者由非经选出的宗教领袖所主导。
- **政治沟通**指的是信息流入社会和组成该政治系统的各种结构的过程。实现对信息的控制是大部分威权统治者的一个关键目标。

理解系统功能的**运作**，对于理解政治系统如何对我们于第一章讨论的建立社群、促进经济发展和巩固民主的当代大挑战所做出的反应是至关重要的。

图 2-4 的右边显示了政策过程的结果。政策是政治过程的决定影响社会、经济和文化的方式。它们包括以税收等形式出现的各种资源的**抽取**、行为**规制**以及对人口中各个群体的收益和服务的**分配**。所有这些政治活动的**结果**反映了政策与国内和国际环境互动的方式。有时候，这些结果是公共政策所欲求的结果。但是有时候，政策和社会的复杂性会产生一些非意图的结果。这些结果有可能包括对立法或行政行动的新要求，增加或减少对政治系统和在职官员的支持程度。

一个说明性比较：俄罗斯的政权更迭

2.4 讨论俄罗斯政治结构的功能为何在苏联解体后发生了变化

更好地理解这个构架的一种方式是通过

一个具体的案例。图 2－5 和图 2－6 提供了对俄罗斯政治系统的结构和功能在苏联解体前后的一个简化的图表比较[①]。它们运用我们的比较方法显示该政权在短时期内发生巨大变化的方式。这里的要点是例示我们如何运用政治分析的工具，而不是提供俄罗斯这一案例的细节（这将在第十一章进行深入讨论）。

这两幅图描绘了苏联解体带来的政治系统的主要结构在功能上的变化。这包括两次革命性改变。一次是苏联共产党主导的一党政治系统的终结，苏共曾把这个广大的、多民族的苏联国家整合在一起。另一次是苏联本身分解成 15 个加盟共和国。作为这两次惊人事件的结果，作为旧联盟的核心国家的俄罗斯，成了一个独立的非共产主义国家。

图 2－5 表明政治系统的基本功能在 1985 年是如何起作用的，当时苏联是一个共产主义国家。共产党是主导这个国家的政治机构，监管学校和传媒、艺术和公共组织、经济和法院。因此，该图表中标注“共产党”那一列的所有格子都以深色显示，标注“官僚”的那一列的格子也是如此。虽然社会机构（比如家庭、工作场所、艺术和爱好团体）对社会化、募员和沟通等系统层次的功能具有某些影响，但是，共产党和官僚主导了过程层次的功能。在其监管下，1985 年的大众传媒是共产主义政治社会化和沟通的关键行动者。议会是批准党和官僚做出决定的服从工具。根据法律，在共产党以外，其他政党均不允许存在。仅有的有组织的利益团体是苏共所批准的团体。苏共总书记是这个国家拥有最大权力的官员。

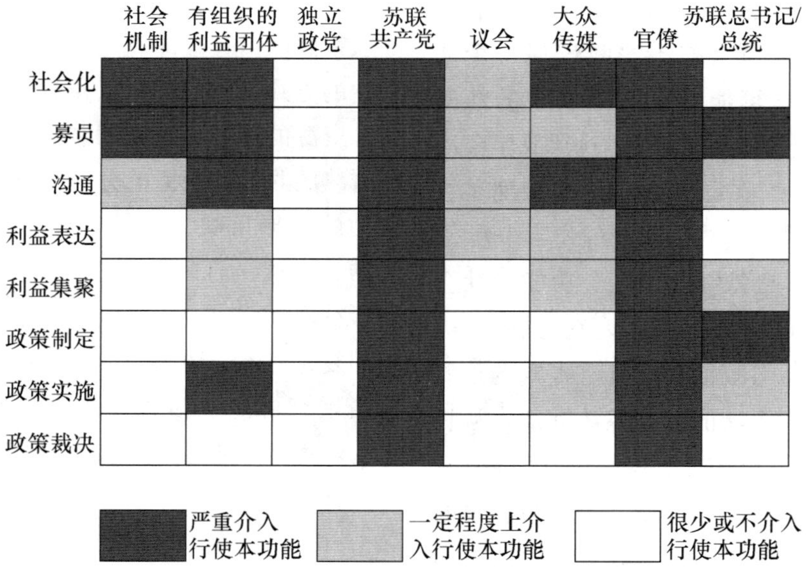

图 2－5　1985 年苏联政治系统

苏联共产党和国家官僚在苏联各个机构的功能发挥中占主导地位。

到 2000 年，该政治系统发生了根本性的变化，如图 2－6 所示。更多的结构在政治过程中起作用，正如更多数量的深色格子所直接显示的那样。特别是议会、独立政党

① 图 2－5 和图 2－6 以及本节的文字由 Thomas Remington 提供。

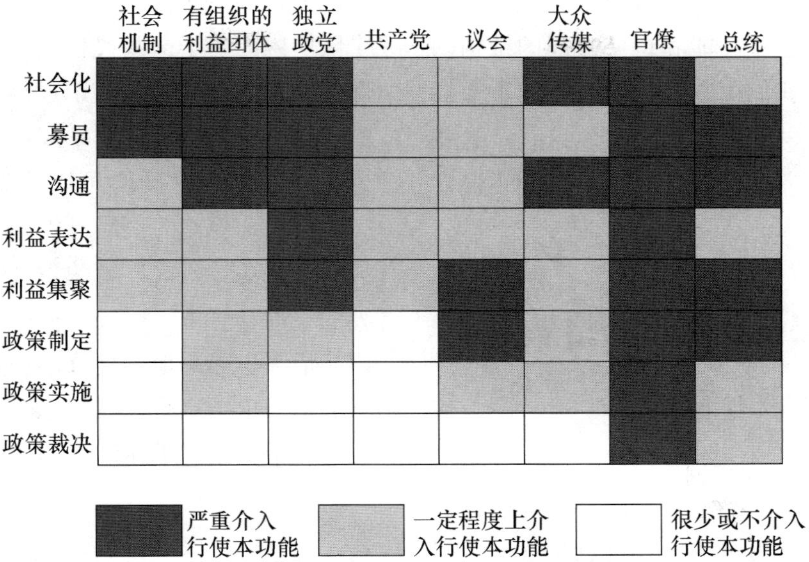

图 2－6　2000 年俄罗斯政治系统

2000 年俄罗斯有更多的结构在政策制定中发挥重要作用。

和地方政府都获得了决策过程中重要的新权力。共产党不再是一个官方的或垄断的政党，其权力大为削弱，并在议会博弈中降低为一个反对党的角色。图 2－6 中共产党那一列中的淡色格子显示其缩小的影响力。国家官僚仍然是该政治系统中的重要元素，尽管它通过接受准商业形式来调整其自身，以适应朝向市场经济的新发展趋势。

总统一职成了新俄罗斯的一个主导的决策机制，如图 2－6 所示。议会虽然相当程度上代表了该国意见的多样性，但其决策和监督职能却受到以下几个方面的削弱：广大的国家官僚的惰性、不能强制他人遵从其法律、与选民之间的联系微弱以及总统拥有的政治权力。不过，议会在利益集聚和政策制定方面发挥的作用要比以前大得多，见图 2－5 与图 2－6 形成的比较。

对图 2－6 的更新还可显示 2000 年以后政党、议会和大众传媒受到总统和国家官僚的侵蚀。这种向威权主义方向的转移，可以从该图中间深色的格子的减少中看出。第十一章将详细讨论这些进一步的发展。

这些简略的比较例示了结构-功能方法的使用。这个方法使得我们可以考察同样的功能如何在不同的国家，或者在同一个国家不同的时间点发挥作用。类似地，我们可以考察同样的结构在时间流动中或在跨越不同的政治系统时的变化。在一个像俄罗斯这样于 1990 年代发生迅速而剧烈转型的国家，这个框架显示了在权力分配上的重要变化。

结构分析与功能分析缺一不可。结构分析告诉我们政党的数量或立法机构的组织方式。它描述行政部门、法院、官僚、大众传媒、利益团体和政治系统的其他结构是如何设置的，并且它们是依据什么规则或准则来运作的。功能分析告诉我们这些机构和组织如何互动而制定并实施政策。当我们比较差异巨大的不同类型的政治系统时，这种分析特别重要。

本书关于各个国家的章节并不呈现图

2－5和图2－6那样的结构功能图式，但每章的核心是对这些功能和行使它们的结构的一系列讨论。我们可以在国家研究的章节标题和本书开头的分析指南中看到这些。这些工具使得比较差异巨大的政治系统的运作方式成为可能。

政策层次：表现和结果

2.5 描述一个政治系统中条件、政策和输出项的作用

这些结构和功能上的差别对我们所分析的不同国家的公民有什么重要意义？这个问题把我们的注意力引向政治系统的**政策层次**。我们把一个政治系统的输出项（它的抽取、分配、规制和符号行动）称为**政策表现**。在这些努力中，我们必须把政府所做的事情与这些努力的实际结果区分开来。政府也许在教育和卫生或国防上开支同样的数目，但却会有不同的结果。政府效率高低或腐败与否对政治有效性起到一定的作用。但是，基础性的文化、经济和技术条件对此也有影响。

美国人在教育上的人均开支比世界上任何其他人都多，但他们的孩子在像数学这样的科目上的表现比那些开支少得多的国家的孩子要差。美国1960年代和1970年代在越南战争中付出了巨额财富和许多生命，苏联在1980年代阿富汗的战争中也是如此。但是，这两个国家都被决意不惜一切代价而抵抗的装备很差的越南/阿富汗军事力量或游击队所困。由于这些代价高昂的失败，美国和苏联都内在地被削弱了。因此，公共政策的结果从来就不是完全掌握在人民及其领导者手中的。立法机构可以投票发起军事冲突，但是，他们的投票或领导者的许诺都不能保证成功。国内环境的条件、大的外部世界的条件和事态，以及简单的机遇，都可能困扰最深思熟虑地设计好的项目和计划。本书的每一项国家研究在结尾时都有对该国表现的讨论，用以描述政策及其结果。

结论

最后，我们必须再回溯评估不同系统的政治。评估是复杂的，因为人们看重不同的事情，并对他们所评估的事情给予不同的强调。为了评估政治系统正在做什么，我们评价每个不同的系统、过程和政策领域的表现和结果。我们还必须注意这些广泛的结果如何影响该社会中的特定的个人和群体，如果我们只考虑国家的一般情况，往往就会忽视这些人。

评估的一个特别重要的问题涉及为未来也为今天的生活而建设。穷国的人民希望存活下去，并减轻今天的痛苦，但也希望为未来而改善他们孩子的状况。所有国家的人民，特别是富国的人民，必须处理过去和现在短视的环境政策带来的污染、自然资源枯竭等问题。

复习问题

1. 一个政治系统的主要环境因素如何影响其运作的方式？
2. 我们为什么不能只是通过描述我们在政治系统中发现的不同结构来比较这

些政治系统？

3. 政策制定时在所有政治系统中行使的功能是什么？

4. 政策的输出和结果之间的差别是什么？

5. 我们如何运用理论来解释政治事件？

关键词

概念框架	利益集聚	政治沟通
因果关系	利益表达	政治募员
分配	主体间性	政治社会化
数据	民族国家	政治系统
抽取	输出	过程功能
功能	表现	规制
全球化	政策裁决	结构-功能方法
政府	政策实施	结构
假设	政策层次	系统功能
输入	政策制定	理论
相互依存	政策输出	变量

建议阅读材料

Boix, Carles, and Susan C. Stokes, eds. *Oxford Handbook of Comparative Politics*. New York: Oxford University Press, 2009.

Brady, Henry E., and David Collier. *Rethinking Social Inquiry: Diverse Tools, Shared Standards*. Lanham, MD: Rowan and Littlefield, 2004.

Collier, David. "The Comparative Method," in *Political Science: The State of the Discipline II*, ed. Ada W. Finifter, 105–119. Washington, DC: American Political Science Association, 1993.

Dogan, Mattei, and Dominique Pelassy. *How to Compare Nations: Strategies in Comparative Politics*. Chatham, NJ: Chatham House, 1990.

Dunning, Thad. *Natural Experiments in the Social Sciences: A Design-Based Approach*. New York: Cambridge University Press, 2012.

Goodin, Robert E. *The Oxford Handbook of Political Science*. New York: Oxford University Press, 2011.

King, Gary, Robert O. Keohane, and Sidney Verba. *Scientific Inference in Qualitative Research*. New York: Cambridge University Press, 1993.

Little, Daniel. *Varieties of Social Explanation: An Introduction to the Philosophy of Social Science*. Boulder, CO: Westview, 1991.

Przeworski, Adam, and Henry Teune. *The Logic of Comparative Social Inquiry*. New York: Wiley, 1970.

第三章
政治文化与政治社会化

学习目标

3.1 描述政治文化的三个层次和显示其独特性的若干因素

3.2 解释一个国家的文化模式如何塑造其政治系统

3.3 讨论文化准则和政治体制如何相互关联

3.4 描述政治社会化的媒介及其在形成政治价值观中的作用

3.5 列举并描述影响当代政治文化的三种势力

你如果到另一个国家旅行，也许会惊奇于那么多在你生活中司空见惯的事情在这里却迥然不同。食物不同，人们的穿着不同，房屋建造和装饰不同，并且社会关系的模式也是不同的（比如他们对陌生人说话方式或排队的方式）。你会观察到社会准则如何规定人们吃什么、怎样穿着、怎样生活，也许甚至还规定人们沿着人行道的哪一边行走。

类似地，每一个国家都有其影响人们如何思考并对政治做出反应的政治准则。为了理解一个国家的政治倾向，可以从公众对政治的态度以及他们在政治系统中的作用——我们所说的一国的**政治文化**——开始。美国人强烈的爱国主义情感、日本人对政治精英的尊重、法国人倾向于抗议，都显示了政治准则如何塑造政治。政治机构发挥功能的方式至少部分地反映了公众的态度、准则和预期。因此，英国人运用他们的宪法制度来维护他们的自由，而同样的制度却曾在南非和北爱尔兰成为压迫的工具。

当一个新的政权形成时，支持的公众可能帮助其形成新的系统，而公众支持的缺失可能削弱新的系统。政治文化的内容是过去30年里发生的向民主转型的一个重要方面，因为新的民主体制需要在其公民中形成民主的取向和行为。一个没有民主主义者的国家是很难维持民主的。

第一章讲述了任何政府的一个主要目标和对一个新政府的特别的挑战，是建立和维持一个政治社群。从部分意义上说，这涉及发展共同的结构和系统（比如一个单一的经济）、共同的政治制度和共同的政治过程。在公众层面，这包括在公众中形成共同的世界观、价值观和预期，这些一同构成了国家的政治文化。因此，研究政治文化有助于我们理解一个政治社群是如何被建立和维系——或者被分解的。

在本章中，我们先描绘政治文化的重要组成部分，然后讨论政治社会化：个体怎样形成其政治态度，以及公民如何集体地形成其政治文化。对此，我们将通过描述当今世界政治中政治文化的主要倾向来得出结论。

描绘政治文化的三个层次

3.1 描述政治文化的三个层次和显示其独特性的若干因素

一个国家的**政治文化**包括其公民在三个层次的取向：政治系统、政治与政策制定过程以及公共政策及其输出（见表3-1）。**系统层次**包括人们如何看待构成政治系统的价值观和组织，即人们是否认同这个国家并接受整个社会系统。过程层次包括对政治规则的预期以及个人与政府的关系。**政策层次**处理公众对于政府的政策预期，即什么应当成为政府的政策目标，它们如何得到实现。

表3-1 政治文化

政治文化包含三个层次，展现不同的政治取向。

政治文化的层次	例子
系统	民族自豪 国家认同 政府合法性
过程	公民角色 政治权利观念
政策	政府角色 政府政策优先性

系统层次

对于政治系统的取向是重要的，因为它们展现的是对政体和国家的基本依附性。如果缺少其公民的支持，任何政治系统都难以维持。

民族自豪感是与国家的情感联系的一个例子。在具有强调爱国主义情感的长期历史的国家（美国是首要的例子）中，民族自豪感看起来最强烈（见图 3－1）。这样一种对认同和国族历史的共同意识经常在政治紧张的时候把人民维系在一起。图 3－1 显示出高水平的自豪感存在于具有很不同的政治、经济系统的国家中，比如加拿大、波兰和土耳其。在大部分国家，绝大多数人对其国族感到自豪。与此对比，民族自豪感在日本和德国是比较低的，作为对二战政权及其暴行的反应，这两个国家都在避免民族主义的情绪。从 1990 年代末和 2000 年代初的调查中可以看出，俄罗斯在过去十年里的复兴很大地提升了民族自豪感的层次，而摩尔多瓦自独立以后连续不断的内斗则标志着其公民中微弱的民族自豪感。

大众**合法性**的评估是稳定的政治系统的另一块基石。人们也许出于不同的理由而赋予一个政府合法性①。在一个传统社会中，合法性也许依赖于统治者的世袭王位或统治者对宗教习惯的承诺。在一个现代民主社会中，合法性可能依赖于选民在竞争性选举中选出精英，以及政府遵守宪法程序。像伊朗这样的神权政体将其合法性建立在对宗教原则的坚持之上。在其他政治文化中，领导者也许把他们的合法性主张建立在他们特殊的智慧或意识形态的基础上，这在民族独立运动中诞生的国家和其他类型的国家中是常见的。合法性预设了一个有关政治系统的广泛政府形式的协议，从而也规定了合法性的标准：君主统治、部落系统、共产主义秩序或民主系统。以这些不同的原则为基础，在十

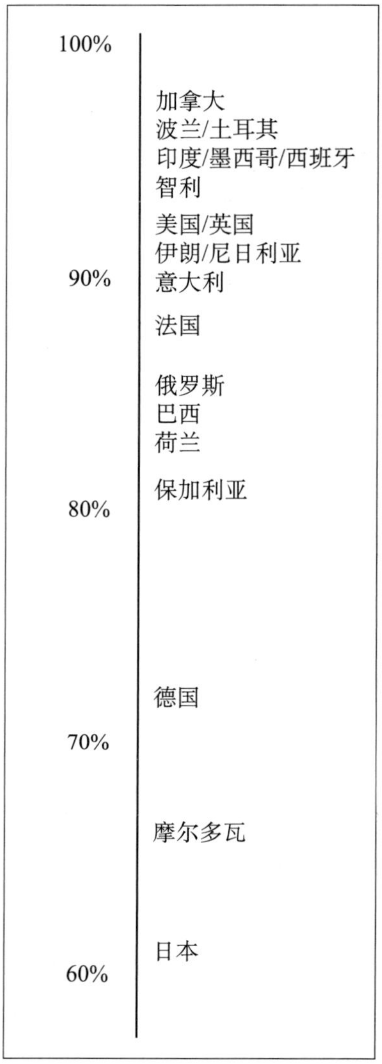

图 3－1　自豪感

民族自豪感在各国间的差别。

资料来源：所选国家相关数据来自 2005—2008 World Values Survey 和 2000—2002 World Values Survey for Nigeria。调查项是“自豪”及“很自豪”的百分比，缺少的数据已排除于百分比的计算外。

① 这个合法性概念及其在不同社会的基础取自马克斯·韦伯。例如，参见：Max Weber，*Basic Concepts in Sociology*，trans. H. P. Secher（New York：Citadel Press，1964），Chapters 5－7.

分殊异的政治系统中的人们仍然能够表达对其政治系统的支持，因为他们运用了不同的合法性标准①。

无论合法性是建立在传统、宗教、选举还是意识形态的基础上，这些合法性的评估反映了公民与政治权威之间的基本理解。公民遵从法律；反过来，政府履行其合法性的条款所规定的义务。只要政府履行其义务，公众就应该给予支持并且恰当地行动。如果违背了合法性（延续线被打破，宪法被颠覆，或者统治的意识形态被忽视），政府可能会遭遇抵抗甚至反叛。一个拥有高合法性的政治系统和政府在执行政策时通常更有效，并且更有可能克服困难和逆势。

在合法性低的系统中，人们经常诉诸暴力或超越政府的行动来追求其目标。当公众围绕政治系统的边界发生争执（如北爱尔兰或克什米尔），拒绝当前有关征募领导者和制定政策的安排（如 2004—2005 年乌克兰人民走向街头要求新的民主选举），或者对领导者完成他们在政治契约中的任务失去信心（如 2011 年和 2013 年，埃及抗议者与政府的斗争）时，合法性就是缺失的。

过程层次

政治文化的第二个层次涉及公众对政治过程所预期的东西。无论你是英国人还是尼日利亚人，你对你的政治系统的制度是怎么想的，你作为一个公民的预期是什么呢？

比较政治学研究的一大进步是近年通过公众意见调查扩大了我们有关发展中社会政治文化的知识，这改变了我们对全球范围内政治文化的理解。研究者以前认为，民主的文化基础实质上仅限于那些已经是民主制的国家，因而进一步民主化的前景是有限的②。他们得出这样的结论，其前提是假设威权主义国家会维持下去，是因为人们容忍甚至支持政府。

然而，随着公众意见调查在发展中国家变得比较普遍，我们的图景改变了。对政治文化的跨国研究记载了甚至在威权主义的国家对民主原则和规范的广泛支持③。民主规范强调自由和参与的过程、多数规则和个人权利以及政治宽容的价值观的重要性。而且，随着更多的国家实现民主化以及其他的政权形式失去其合法性，民主规范扩展到了更多的社会。许多非民主的政府形式不再得到普遍接受。

因此，目前的研究发现，在非洲、东亚和拉丁美洲的许多发展中国家，对民主的支持是广泛的④。“世界价值观调查”（World Values Survey）询问 60 多个国家的应答者

---

① Bruce Gilley, *The Right to Rule: How States Win and Lose Legitimacy* (New York: Columbia University Press, 2009).

② Samuel Huntington, “Will More Countries Become Democratic?” *Political Science Quarterly* 99 (Summer 1984): 193 - 218.

③ Christian Welzel, *Freedom Rising: Human Empowerment and the Quest for Emancipation* (Cambridge: Cambridge University Press, 2013); and Russell Dalton and Christian Welzel, eds., *The Civic Culture Transformed: From Allegiant to Assertive Citizens* (Cambridge: Cambridge University Press, 2014).

④ Ronald Inglehart and Christian Welzel, *Modernization, Cultural Change, and Democracy* (Cambridge: Cambridge University Press, 2005); Russell Dalton and Doh Chull Shin, eds., *Citizens, Democracy, and Markets around the Pacific Rim* (Oxford: Oxford University Press, 2006); and Michael Bratton, Robert Mattes, and E. Gyimah-Boadi, *Public Opinion, Democracy, and Market Reform in Africa* (Cambridge: Cambridge University Press, 2004).

表达他们对民主和两种非民主政权类型（军事统治或一个强人领导的统治）的认可。图3-2显示了偏好民主制、偏好非民主制政权或对本书所讨论的各国持混合观点的百分比①。在既成的民主体制中，人们表达出对民主的压倒性支持，但是即使在这里，一些人对于政权形式态度暧昧，大约1/10的人实际上偏好威权主义的政府形式。在该图所描述的发展中国家，图像是更加混合的。只有小百分比的人选择威权主义而不是民主，俄罗斯的威权主义者比例最高（23%）。然而，在这些发展中国家，相当数量的人对威权主义和民主的评估持平。在图中的6个发展中国家中，只有尼日利亚的多数人明确地偏好民主。例如，在巴西和墨西哥，民主并不是一个积极的象征，喜欢民主甚于专制的公众人数不足一半。民主在这些发展中国家经常得到相对多数的支持，但显然仍需要加强对民主的支持。

而且，我们在以充分的表面价值看待公众意见调查中对民主的支持时，应当采取谨慎的态度。即使当今世界上大多数人看起来赞成民主的政治过程，他们对民主实际如何发挥功能的理解是不同的。例如，许多国家的大多数公民认可的是强调平等、自由选举和自由而反对强人领导统治的民主概念。但在其他一些国家，几乎同样比例的公民在其民主概念中以“法律与秩序”和经济福利取而代之②。

此外，在理论上支持自由和宽容的表述要比当其应用于你的政治反对派时实际上支持这些价值观来得容易。各种文化在应当如何应用这些原则问题上也不同。甚至既成的民主体制经常在保障那些多数人惧怕或不喜欢的群体的充分民主权利上感到不足。况且，民主愿望的广度也与我们过去有关发展中国家的形象迥然不同。这些模式看起来再度肯定了阿马蒂亚·森有关民主是人的基本

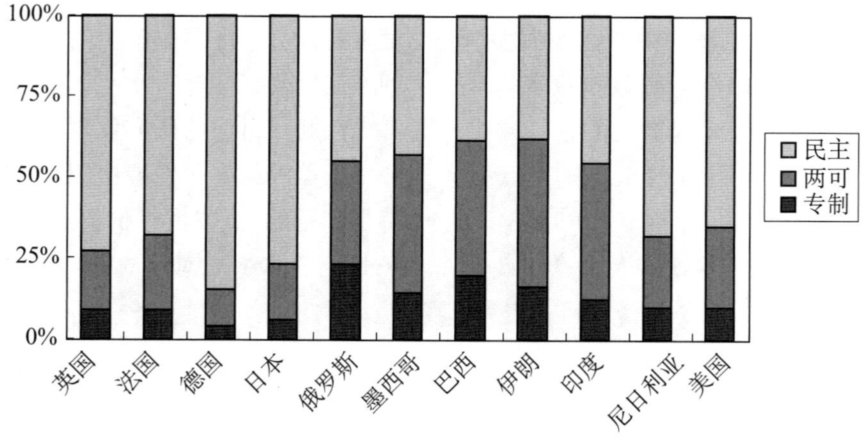

图3-2 民主意向（%）

对民主还是专制的支持广泛存在于各个地区。

资料来源：2000—2002 World Values Survey 和 2005—2008 World Values Survey. 询问应答者有关他们对民主还是威权主义系统（非民主的领导者或军事政权）的支持；“两可”是指那些对两项都同等认可的人。

① 有关世界价值观调查的国家列表，参见项目网站：http：//www. worldvaluessurvey org.

② C. Welzel and A. M. Alvarez，“Enlightening People，” in Dalton and Welzel，62-71.

诉求的主张——许多学者数年前对此还心存疑惑[①]。

政治文化的另一个方面是个人在政治系统中的作用。社会科学家一度认为，发展中国家的人们大多对政治不感兴趣，甚至无意识，因为他们关心的是基本的经济需求，缺少获取政治信息的渠道[②]。近年随着研究记载甚至在意想不到的地方的人们也表现出相当大的政治兴趣，这种图景也淡化了（见专栏 3-1）。民主的扩散和全球交流系统的发展将日益扩大的共享世界与国内和国际政治联系起来。

专栏 3-1

一个小世界

随着广播电台深入乡村，一个人可以及时知道孟买的一次炸弹爆炸，可以跟踪莫斯科的一次政治危机……人们会就超出国家边境的议题站队。独裁者费迪南德·马科斯的妻子是该被处决还是被赦免、卢旺达的种族屠杀是否能够避免，成为人们喝啤酒时讨论的话题，这在非洲历史上是前所未有的。……这种知识的革命使得非洲领导者们难以让人们无视自己有权享有什么，或阻止他们要求变革并为之奋斗。因而在整个非洲大陆到处都是变革的颤音。

资料来源：A Ugandan government official cited in Bruce Gilley, *The Right to Rule*: *How States Win and Lose Legitimacy* (New York: Columbia University Press, 2009), 78.

然而，实际地参与政治往往涉及资源、技能和积极的公民权能的准则，这在许多发展中国家是短缺的。研究发现，工业化、都市化和提升了的生活水平促成了积极的公民权能的文化基础。通过工作、教育和媒体接触现代性塑造了一个人的个人经历，并传递了关于其他社会的准则的信息。它鼓励公民参与、个体间平等的意识、对提升生活水平和增加预期寿命的欲求，以及建立在政策表现基础上的政府合法性。它还经常瓦解人们所熟知的生活方式、传统的合法性基础和限制政治参与的政治制度。此外，科学的世俗化影响可以改变经济和社会系统，这些又重塑了政治文化。这种现代化的趋势在渗入社会（或社会的局部）时，具有强大的影响力。

现代化的过程在全球不均衡地扩散着。近期东亚的经济增长也在改变着政治文化和政治行为。与此对比，现代化在非洲和阿拉伯国家进行得比较缓慢和不确定。这些国家中的一些政治领导人甚至把现代化的原则作为与其国族价值观不一致的东西而予以拒绝。然而，仍然存在有说服力的证据证明：社会和经济现代化发生的地方，也是把政治文化改造到强调个人表达、参与式的价值观和自治的地方。

政策层次

什么是政府的适当角色？如果你询问政治理论家，你将得到范围广泛的答案——从

---

① Amartya Sen, *Development as Freedom* (New York: Knopf, 1999).

② 在本书的前面几个版本中，我们讨论了欠发达国家中闭塞者、国民和参与者之间的区别，并集中讨论闭塞者在欠发达国家中的作用。随着技术和交流的变化在全球的广大范围内散播政治信息和关注，当前的研究使得我们觉得这种分类过于僵硬。

最小政府到涵盖一切的政体。而且你如果旅行至其他国家，也会迅速意识到人们对这个问题的回答有很大的不同。

一个国家的政体活动受到公众有关什么构成了社会之善以及政府在实现这些目标中的角色的看法所影响。应当由政府管理经济，还是应当由私人产权和市场力量引导经济活动？国家应当介入干预社会或道德问题的处理，还是应当遵从最小政府主张的策略？在民主国家当中，在社会主义与以市场为基础的经济体之间关于大政府还是小政府的持续辩论，反映了这些关于政府范围的不同图景。

我们可以借助一个问卷调查的问题来显示政策预期上的差别，这个问题询问：是政府应当负责为每个人提供福利，还是个人负责为自己提供福利（见图 3－3）。问卷得到的回答在观点上差异相当大；超过 3/4 的俄罗斯人认为政府应当负责，相比之下，只有 2/5 的美国人、加拿大人、英国人或法国人持此看法。一般而言，发展中国家和原东欧共产主义国家的人民更倾向于支持大政府角色——反映了他们的社会传统和过去的政治意识形态。在一些西方国家，传统中也包含了大政府角色。然而，总的来看，对政府行为的支持度通常随着国民财富的增加而下降①。

政策预期还包括具体的议题要求。事实上，本书中的每个国家研究都从对该国面临的政策挑战和公众关切的议题的讨论开始。这设定了负责任的政府应当解决的政治议程。

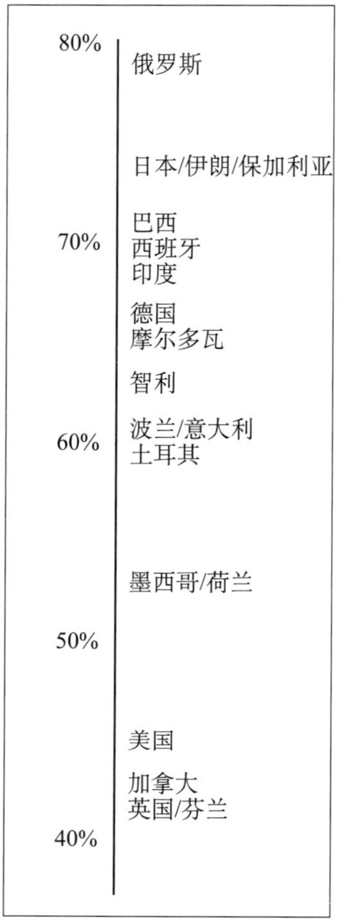

图 3－3 谁来负责?

关于政府负责个人福利的程度，回答在观点上差异很大。

资料来源：所选国家相关数据来自 2005—2008 World Values Survey，缺少的数据已排除于百分比的计算外。

某些政策目标（比如经济福利）几乎受到每个人的重视。而其他政策目标，在国家间可能存在广泛的差别，因为国家的环境和文化传统不同。发展中国家的人们更可能关注政府提供保障公共福利的基本服务。在发达的工业社会，人民往往更关注有关生活质量的目标，如保护自然，甚至还有政府对艺

① Ronald Inglehart，*Modernization and Postmodernization*（Princeton，NJ：Princeton University Press，1997），Chapters 6 and 7.

术的支持①。对政府表现的一个基本衡量尺度是它迎合其公民政策预期的意愿和能力。

还有一些政策预期涉及政府的功能。某些社会更重视政府的政策产出，比如提供福利和安全。另一些社会还强调过程如何发挥功能，这涉及诸如法治和程序公正的价值观。例如，在德国，法治被高度重视；在许多发展中国家，政治关系以个人为基础，依靠法律框架的意愿较小。

共识性或冲突性的政治文化

尽管政治文化是一个国族的共同特征，但其中的价值观和信仰也可能相异。政治文化在公众政策议题上，以及更根本性地在有关合法的政府和政治制度的观点上，有可能是共识性的或冲突性的。在一些社会，公民一般在政治决策的规范和他们的政策期待上看法一致。在其他社会（由于历史、条件或认同上的差别）公民经常在政体的合法性和主要问题的解决方案上存在尖锐的分歧②。

当一个国家在其政治价值观上存在深度分歧而且这些差异长期持续时，就可能产生独特的**政治亚文化**。这些亚文化中的公民也许在某些关键的政治问题（比如国家的边界、政体的性质或正确的意识形态）上持有迥异的观点。他们也许隶属于不同的政党和利益团体，阅读不同的报刊，甚至参加不同的社会俱乐部和体育运动团体。

在一些例子中，历史或社会因素（有时候为野心勃勃的政治领导者所操控）产生了不同的文化轨迹。例如，在世界许多地方，**族群**、**宗教**或语言认同以潜在的重要政治结果塑造公民的价值观③。而且，随着这些团体增强其政治技能和自信，他们也许会表达自己的认同并要求平等对待。事实上，全球化的过程也许实际上突出了这些文化反差④。当政治亚文化与族群、语言或宗教差别重合时（如在北爱尔兰、波斯尼亚和黎巴嫩），分裂可能持续并且具有威胁性。南斯拉夫的解体以及在族群上相区别的地区自治和分裂冲动的动员（例如在苏格兰或者在非洲的分裂运动），都反映了语言、文化和历史记忆对创造并维持族群和国家认同意识的持续性影响。接触其他文化的价值观也可能强化或者威胁一个人的自我形象，这些也许会增加文化紧张。尽管这样的接触或许最终会导致更大的容忍，但并不能保证这样的结果一定会发生。

文化为什么重要?

3.2 解释一个国家的文化模式如何塑造其政治系统

政治文化不解释关于政治的每件事情。即使拥有相似价值观和技能的人，在面对不同情境时也可能表现各异。政治文化（还有政治文化的政治意义）也不是不可改变的。

① Ronald Inglehart, *Culture Shift in Advanced Industrial Societies* (Princeton, NJ: Princeton University Press, 1990).

② 甚至在西方既成的民主体制中，在有关政府的角色、公民的作用和政府被认为的目标上也存在内部的分歧。参见：Ole Borre and Elinor Scarbrough, eds., *The Scope of Government* (Oxford: Oxford University Press, 1995).

③ W. Kymlicka and N. Wayne, eds., *Citizenship in Divided Societies* (Oxford: Oxford University Press, 2000); Donald Horowitz, *Ethnic Groups in Conflict* (Berkeley: University of California Press, 2000).

④ Amy Chua, *World on Fire: How Exporting Free Market Democracy Breeds Ethnic Hatred and Global Instability* (New York: Doubleday, 2003).

然而，文化规范通常缓慢地变化并反映稳定的价值观。因此，政治文化是重要的，主要是因为它蕴含了一个社会的历史、传统和价值观。为了理解一个国家中的大多数人怎样在政治上思考和行动，我们可以从理解他们的政治文化开始。政治文化可以创造共同的政治社群，而这也是政府的目标之一。

此外，文化模式的分布通常与公民期待和支持的政治过程类型相关联。这就是**适合理论**的原则。例如，对民主系统的支持通常在较多参与的政治文化的社会中程度较高。当公众缺乏参与的技能或动机，政府也不鼓励其参与时，威权主义国家更可能持续下去。这些文化规范代表了政治系统的“游戏规则”，并且当公民接受这些规则时，系统运转得较好。当政治结构和政治文化相辅相成时，一个稳定的政治系统就可能出现。

我们可根据一个国家的政治文化和民主发展的关系来例示适合理论的逻辑（见图3-4）。图中横轴展示公众对“解放的价值观”的坚持，这些价值观强调表达自由、宽容、个人自主，这又鼓励公民民主地参与。维泽尔论辩道，这些价值观反映的是我们先前讨论的参与的规范①。纵轴代表以世界银行2011年“声音与责任”指数（用以衡量国家的民主程度）为基础的各个国家的民主发展。这张图中约有100个国家的点，本书主要讨论的国家以大圆点标记。你可以看出，公民价值观与民主的发展是重叠的，虽然不是完全相合。解放的价值观低值的国家在政治结构上也差别很大，因为精英们经常治理的是威权主义国家；像印度这样的一些国家维持了比我们可能预期的更民主的制度。随着公众对解放的价值观的承诺不断增强，民主的体制也更加根深蒂固。

民主体制造就了参与的民主的公众，还是这样一种政治文化导致了民主的政治系统？这两个方面都在起作用。例如，二战刚结束时，德国人不大支持民主，但是，政治制度和政治经验改造了他们下一代的文化②。与此同时，在大萧条和二战的紧张时期，民主在英国延续了下来，至少部分是因为英国公众支持民主过程。重要的结论是，政治文化和政治结构之间通常存在关联性。

除了塑造政治系统的结构外，一个国家的政治文化还会影响政治作风和政策制定的内容。我们已经强调过政治文化的政策因素如何影响政策的内容。同时，研究表明，像社会信任和契约这样的文化因素也会影响到政府的效率和有效性③。

最后，政治文化也可能分裂世界上的国家和地区。塞缪尔·亨廷顿将世界划分为由宗教和文化传统界定的不同的文明④。他预言这些文化差异将会成为21世纪国际冲突的主要根源。然而，其他研究表明，在某些价值观上最殊异的诸文明却在其他价值观上

---

① 参见：Welzel，*Freedom Rising*.

② Kendall Baker，Russell Dalton，and Kai Hildebrandt，*Germany Transformed*（Cambridge，MA：Harvard University Press，1981）.

③ Robert Putnam，*Making Democracy Work*：*Civic Traditions in Modern Italy*（Princeton，NJ：Princeton University Press，1993）；Robert Putnam，*Bowling Alone*：*The Collapse and Revival of American Community*（New York：Simon & Schuster，2000）.

④ Samuel P. Huntington，*The Clash of Civilizations and the Remaking of World Order*（New York：Simon & Schuster，1996）.

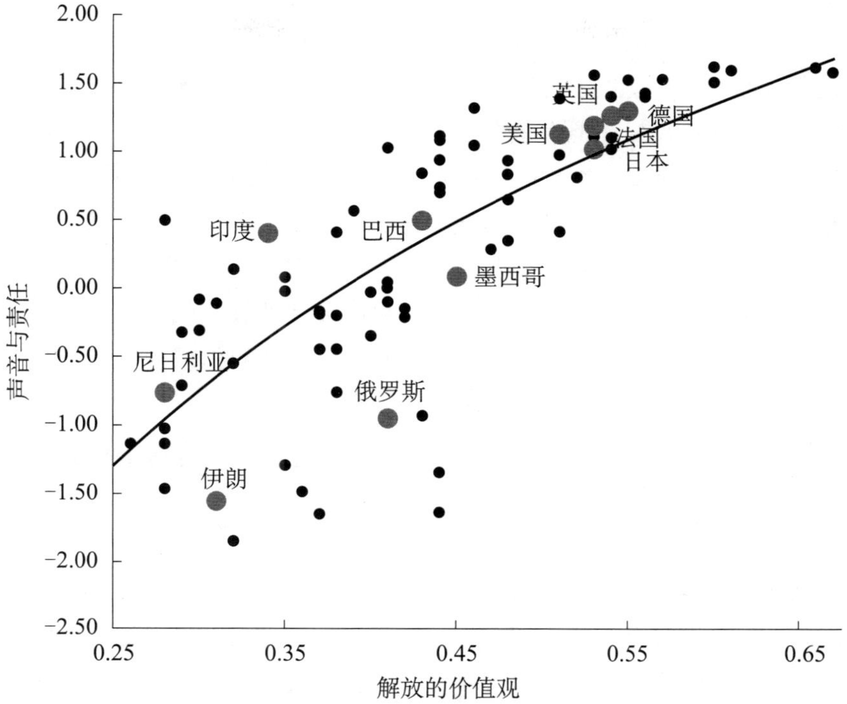

图 3-4　文化重要性

本图显示解放的价值观与民主发展的一致性。

资料来源：本书作者制图；解放的价值观根据 1999—2004 和 2005—2008 World Values Survey 所提的支持表达自由和机会平等的问题来衡量；声音与责任指数 2011 取自世界银行指数数据库。

有类似的观点，包括对民主的支持①。虽然文化可能拥有分裂的力量，但也有潜力随着人民互动和了解他们共享哪些价值观来构建一个共同的政治社群。

政治社会化

3.3　讨论文化准则和政治体制如何相互关联

当人们形成他们的态度和价值观时，政治文化便被维系或改变。**政治社会化**指的是政治价值观形成并从一代人传到下一代人的方式。大部分孩子到青春期时形成了他们的基本政治价值观和行为方式②。这些态度中有一些将会在其一生中演进和变化，而其他态度也许终其一生都将作为其政治自我的一部分保留着。

在任何特定的时期，一个人的政治信仰都是各种情感和态度的结合体。在最深层次，存在一般意义上的认同，诸如民族主义、族群或阶级的自我形象、宗教和意识形态的承诺，以及在一个社会当中基本的权利

① Pippa Norris and Ronald Inglehard. "Islamic Culture and Democracy: Testing the 'Clash of Civilizations' thesis." *Comparative Sociology* 1 (2002): 235-264.

② 参见：Gabriel A. Almond and Sidney Verba, *The Civic Culture* (Princeton, NJ: Princeton University Press, 1963), Chapter 12; M. Kent Jennings, Klaus R. Allerbeck, and Leopold Rosenmayr, "Generations and Families," in Samuel H. Barnes, et al., *Political Action* (Beverly Hills, CA: Sage, 1979), 485-522.

和义务的意识。在中间层次，人们形成对政治和政府机构的态度。最浅层次，还存在对当前事件、政策、议题和个性更直接的观点。所有这些态度都可能改变；但在最深层次的态度通常形成最早、最多次数地得到强化，并且倾向于持续最久。然而，甚至这些态度在不同的情境或不同的领导者之下都可能以不同的方式与政治认同相关联。

关于政治社会化的三个要点值得提及。第一，社会化过程可以通过不同的方式发生。**直接社会化**涉及一个清晰地传播信息、价值观或政治情感的行动者。直接社会化的事例包括学校的公民课程、政府的公共教育项目以及发自利益团体和政党的政治信息运动。**间接社会化**发生于政治观点漫不经心地被我们的经验塑造的时候。例如，儿童通常通过观察其父母、老师和朋友的行为来习得重要的政治价值观。或者，人们也可以通过观察他们周围的政治和社会语境、观察政府做什么以及其他公民如何反应来习得这些价值观。

第二，社会化是一个终身的过程。早期的家庭影响可以创造一个人的原始价值观，但随后的生活经验（逐步涉入新的社会团体或新政党，从国家的一个地方移居到另一个地方，在社会阶梯中提升或下降，为人父母，找到或失去一份工作）也可能改变一个人的政治观点。更加戏剧性的经验（比如定居于一个新国家或遭受一次经济萧条或战争的打击）甚至能够改变最基本的政治态度。这些事件看起来对年轻人产生的影响最大，但是任何年龄段的人们都会受到不同程度的影响。

第三，社会化的类型可以是统一的，也可以是分化的。例如，政府设计公共教育系统以创造一个单一的国家政治文化。一些事件，诸如国际冲突或某个著名公共人物的逝世，有可能同样地影响几乎整个国家。与此对比，一个社会中的亚文化可以有其自身独特的社会化类型。向其成员提供自己的报纸，自己的邻里组织，也许还有他们自己学校的社会团体，可以构建独特的亚文化态度。分化的社会化类型可以在一个国家的成员中间制造政治鸿沟。

政治社会化媒介

3.4 描述政治社会化的媒介及其在形成政治价值观中的作用

我们如何习得政治态度？所有社会的个人都受政治社会化媒介即影响政治态度的个人、组织和机构的影响。其中，有些媒介（如学校的公民课程）是政治知识直接和专门的来源，其他的媒介（如兴趣团体或工作团体）则间接地影响政治社会化。

家 庭

你最早的政治记忆是什么？它也许发生在你是个孩子与父母生活在一起的时候。我们大多数人首先通过家庭来学习政治。例如，家庭对有关权威的态度具有独特的影响。参与家庭的决策可以提高一个孩子的政治能力感，为政治互动提供技能，鼓励作为一个成人积极参与政治系统。相似地，毫无质疑地遵从父母的决定也许会将一个孩子引导到比较消极的政治角色。

家庭还通过为孩子定义一个社会地位来塑造其未来的政治态度：包括确立族群、语言、阶级和宗教的联系，肯定文化的价值观，以及影响工作的强烈愿望。例如，在确立民主体制时，许多人从其父母那里继承了政党忠诚以及其他社会认同。

社会团体与认同

我们的社会特征也塑造了政治取向，因为我们的特征反映了不同的社会需要、经验和社会网络。例如，你的阶层或职业可能影响你的生活机会和政治取向。作为一个例示，英国的工业化创造了一个工人阶层，他们生活在特定的社会，工作在同样的工厂，到访同样的酒吧。这个工人阶层发展了属于它自己的语言、穿着、消遣和娱乐形式，以及它自己的社会组织（比如社会俱乐部、工会和政党）。此外，工会为告知其成员关于时事政治的知识提供了组织基础。类似地，在许多欠发达国家中，乡村农民的生活经验与城市居民的截然不同。通常这些社会分野与政治相关：认同你自己是工人阶层还是农民阶层，会导向与代表这些利益的团体的关联，导致关于政府应当采取什么行动的独特的政治观点。

世界上的宗教是文化和道德价值观的载体，这些通常具有政治的意涵。伟大的宗教领袖把自己视为导师，而且他们的追随者通常试图通过学校教育、布道和宗教服务来塑造孩子们的社会化。在大部分国家，占主导地位的宗教和政府之间存在形式上的联系。在这些事例中，宗教价值观和公众政策经常相互交叠。例如，天主教国家不大可能允许自由堕胎的政策，就像伊斯兰政府强制推行严格的道德准则一样。宗教归属往往是党派倾向的重要根源，并能引导人们做出其他政治选择。

当教会传播有可能与主导政治系统相冲突的价值观时，围绕社会化的斗争可能激化。这些紧张可能采取多种多样的形式：在法国教育系统中世俗与宗教角色的冲突，许多常去教堂的美国人恢复公立学校为宗教祈祷的努力，或者在突尼斯和埃及的原教旨主义者与世俗政府之间的冲突。在这些事例中，宗教团体可能反对国家政策，甚至国家自身①。

此外，性别塑造了社会经验和生活机会，在许多国家，还提供了关于议题兴趣和政治角色的提示。在许多工业化国家，政治中的性别差异缩小了，尽管在许多欠发达国家仍然没有改变②。现代妇女运动鼓励妇女在政治上变得积极，并且改变关于妇女应当如何与政治相关联的社会提示。在自我形象、父母角色以及经济与政治系统的关系中的性别差异的缩小，正在强烈地影响着政治募员、政治参与和公共政策。特别是在发展中国家，改变中的妇女角色也许对社会的现代化和政治价值观的改变产生深远的影响③。

社会认同也经常与种族或族群的成员资格相关联。无论是在美国的非洲裔美国人，还是生活在伦敦的巴基斯坦族裔，抑或是在南非的亚洲生意人，他们的独特性部分地由

---

① 这样的原教旨主义往往是针对关于自然和人的行为的科学观以及伴随着这些观点的自由至上主义的价值观和态度的防卫式反应。原教旨主义的影响不仅可见于伊斯兰国家，而且也可见于基督教国家。广而言之，原教旨主义试图把保守的社会、道德和宗教议题提升到当代政策日程的顶端。

② Pippa Norris and Ronald Inglehart，*Rising Tide*：*Gender Equality and Cultural Change Around the World*（New York：Cambridge University Press，2003）.

③ Martha Nussbaum and Jonathan Glover，eds.，*Women*，*Culture*，*and Development*（New York：Oxford University Press，1995）.

其社会和政治认同来界定。族群和种族取向的团体为这些社群的成员提供了社会提示。在许多例子中，他们的认同创造了塑造其价值观的社会互动网络和生活体验，而特殊的团体则代表了他们在政治过程中的利益，并为政治社会化和教育提供了一个网络。

学　校

学校往往是政治社会化的重要媒介。学校向孩子们传授有关政治和他们在此过程中的角色的知识，向他们提供有关政治机构和关系的信息。学校也可以帮助孩子们形成对政治系统、政治游戏规则、公民的适当角色以及关于政府的期望的态度。学校通常强化孩子们对政治系统的依恋，强化共同的符号（比如旗帜和忠诚宣誓，这些鼓励对该系统的情感依恋）。

当一个新国家成立时，或者当一个革命政权在旧国家掌权时，它通常会立刻利用学校，使之成为以更符合新意识形态的新价值观和符号代替“过时的”价值观和符号的工具。

在一些国家，教育系统不提供统一的政治社会化，而是向不同的团体发送截然不同的信息。例如，一些伊斯兰国家在学校系统中把男孩和女孩隔离开来。即使教育经历是相同的，隔离也导致了不同的经验和期望。而且，教育内容对男孩和女孩往往是不同的。也许最糟糕的事例出现在塔利班统治下的阿富汗，那里年轻的女孩在数年里都被禁止上学。如此对待女孩，严重地限制了她们的生活机会，并促使她们在社会和经济中充当受束缚的角色——这是塔利班系统的目的。新阿富汗政府推翻了这项政策，现在年轻女性被纳入教育系统，但在该国的某些部分仍然对此予以抵制。

教育也影响了人们的政治技能和资源。受过教育的人更能意识到政府对他们生活的影响，并且更多地关注政治①。受过较好教育的人拥有更多可改善他们管理政治能力的思维技能。他们还拥有关于政治过程的更多信息，并参与更广范围的政治活动。

同伴团体

同伴团体包括儿童时代的兴趣团体、友谊小团体、学校和大学联谊会、小工作团体和其他团体，其成员在其中共享密切的个人联系。它们可以多样化到从定期在公园见面的俄罗斯母亲团体、巴西的街头帮派，到一群属于同一个健康俱乐部的华尔街执行官的团体。

同伴团体通过激励其成员共享该团体共同的态度或行为来使之社会化。个人经常遵从该团体的集体智慧或采纳其同伴的观点，因为喜欢或尊敬他们。相似地，一个人对政治感兴趣，也许是因为亲密朋友持此态度，同伴网络的另一个事例是由摇滚乐、T恤衫和蓝色牛仔裤（以及经常是更自由的政治价值观）所符号化的国际青年文化。在许多西方国家的下层青年中生根发芽的“光头党”团体便采纳了同伴互动所强化的政治观点。

利益团体

利益团体、经济团体和类似的组织可以

① 例如，参见：Sidney Verba，Norman H. Nie, and Jae-on Kim，*Participation and Political Equality*（New York：Cambridge University Press，1978）；and Pippa Norris，*Democratic Phoenix*：*Reinventing Political Activism*（New York：Cambridge University Press，2003）.

塑造政治态度。在大多数工业化国家，工会地位的上升改变了政治文化和政治，创造了新的政党，并引领了新的社会福利项目。今天，工会一般都是政治过程的积极参与者，并试图在政治议题上说服其成员。其他职业协会（如农民和农场主、制造商、批发商和零售商、医药界以及律师的团体）也不时地影响现代和现代化中社会的政治态度。这些团体通过护卫其成员的经济和职业利益来确保他们的忠诚。它们也能对非成员提供有价值的政治提示，这些非成员也许认同于团体的利益或政治意识形态。例如，当一个你喜欢（或不喜欢）的团体支持一项公共政策时，这种支持就提供了有关该政策可能内容的信息。

规定一个公民社会的诸团体也是社会化的潜在媒介。这些团体也许包括族群组织、兄弟会、市民协会（如家长-教师协会）以及政策团体（比如付税者协会、妇女团体和环境团体）。这些团体向其成员提供有价值的政治提示，并试图强化独特的社会和政治取向。它们还提供有关学习如何能将小团体内进行的政治选择扩展到政治的背景。

在民主体制中，我们把利益团体视为表达其成员的价值观。但在威权主义国家，它们也可能是政府向其团体成员宣传的媒介。

政　党

政党通常在民主和非民主系统的政治社会化过程中扮演一个重要角色（见第四章）。在民主系统中，政党试图塑造议题优先项，唤醒失去兴趣者，并寻找可动员支持的新议题。政党的代表向公众提供关于现今政治议题的稳定信息流。政党组织定期直接地或通过媒体接触投票者，鼓吹其主张。通过强调并提倡在政治议题上的不同观点，政党将大量特定的议题汇集成为关于国家未来政策的政治话语。公民们可能对涉及个人利益的几项政策的细节知之甚多，但是，要任何人都记得国家可能面对的所有潜在重要的政策决定（可能相互之间以复杂的方式互动），却是难事。在成熟的民主体制中，由政党造就的政治话语使得公民比较容易将他们自己和选举的选项置于各种可能性的替代路径。在成熟的工业化民主社会，大部分公民可以置身于普遍理解的话语之中，比如被指认为“左-右”意识形态谱系中的话语。他们还对各政党的位置普遍认识一致。普通公民、政党支持者和各种类型的专门观察者对于各政党的位置大多认识一致，即使他们对于哪个位置最好这一点存在分歧。在像东欧和亚洲的一些新民主体制，对于政党的位置则较少有一致认识①。此外，每隔几年就举行一次的选举，使得政党得以展示其成就并讨论国家的政治未来。选举可以当作公民教育课程，而政党就是教师。政党构建了组织并规定公民政策偏好的话语，而选民则可以利用选举来规定政策的方向。

党派社会化也可能成为一种分化的力量。在争取支持的努力中，政党领袖可能诉诸阶级、语言、宗教和族群的分野，并让公民更多地意识到这些差异。许多欧洲国家较新的右翼政党强调国族认同和偏见。类似地，印度的国大党试图发展一个全国性的项目和诉求，但其他政党却重视族群和宗教的

① 参见：Russell J. Dalton，David M. Farrell，and Ian McAllister，*Political Parties and Democratic Linkage：How Parties Organize Democracy*（New York：Oxford University Press，2011），特别是 Chapters 4 and 5.

区分。前工业化国家的领导人通常反对竞争性政党，因为他们害怕这样的分化。尽管有时候这是一个真诚的关切，但这也是政府领导者自私自利的想法，并且越来越难以反对当今世界对多党系统的要求。

威权主义政府经常运用单一政党反复灌输国族团结、支持政府和意识形态一致的普遍态度。单一的政党和受控制的大众传媒的结合是强有力的：媒体展示单一的观点，政党活动则通过公民的直接参与来强化这种观点。在一个封闭的环境中，单一政党的政府可以成为很有效的社会化媒体。

大众传媒

大众传媒（报纸、广播电台、电视和杂志）在全球各国积极地使态度和价值观社会化。大众传媒通常是当今政治信息的主要来源。实际上，已经不存在其居民缺少获得关于其他地方的事件信息的手段的偏远地方了。在富裕的国家，公众连接着互联网；在伊朗，房屋上涌现出圆形电视卫星天线；甚至在第三世界远离城市中心的乡村，廉价半导体收音机（甚至是智能手机）也无处不在。

全球大多数人共同分享一件事情：我们坐在电视机前了解世界。电视能够通过吸引视觉和听觉而对广大公众产生强有力的认知和情感上的影响。看电视上的事件（诸如关于政府事务或叙利亚内战的广播）赋予新闻现实感。直接观察世界能形成政治态度。

如今，互联网为那些可以接触它的人提供了另一个强有力的新闻来源①。网络提供了前所未有的接触全球范围信息的途径，特别是在自由媒体传统有限的发展中国家。一个人到世界上的任何一个城市旅行，几乎都能找到网吧或无线上网设施。同时，互联网使个人能够与他人联系，发展社会和政治网络。这也许就是专制政府竭力限制无阻碍联网的原因。

因此，信息渠道成了当代世界一个重要的政治商品。西方民主体制把媒体自由置于首要地位，即使它们不断地抱怨媒体报道的内容。在许多欧洲国家，政府依然管理电视台和广播电台，因为它把媒体看作公共服务。专制政府通常试图控制媒体及其能报道的内容，以及公众的信息渠道。社交媒体的平台为埃及的反政府抗议者提供了交流和组织的方式，当类似的抗议发生于其他威权国家时，政府迅速关闭了互联网渠道。在当代互联网和卫星广播的世界，政府控制信息的传播变得日益困难了。

与政府直接接触

在现代社会，广泛的政府活动让人们频繁地接触各种官僚机构。对美国人的一项调查发现，大约1/3的人在此前的一年里与一名政府官员接触过，与政府的在线互动急剧增加②。公民接触的政府官员范围广泛，从联邦官员到州和地方政府，再到校园董事会和警察。此外，政府以大量其他方式触及我们的生活，从管理公立学校到提供退休金，再到提供社会服务。作为政治系统的一个功

① Pippa Norris and Ronald Inglehart, *Cosmopolitan Communications*: *Cultural Diversity in a Globalized World* (New York: Cambridge University Press, 2009).

② Aaron Smith, Kay Lehman Schlozman, Sidney Verba. and Henry Brady, "The Internet and Civic Engagement," Pew Internet and American Life Project (Washington, DC: Pew Research Center, September 2009) (http: //www. pewinternet. org).

能和政府在社会中的作用，政府涉入我们日常生活的程度，以及我们与政府接触的必要性，在各国有很大的不同。

这些个人经验是社会化强大的媒介，能够强化或削弱通过其他媒介所呈现的形象。政府准时寄出退休金的支票了吗？市政府官员回应公民的投诉了吗？学校有效地教育孩子了吗？失业部门帮助人们找工作了吗？公路得到良好维护了吗？这些都是有关政府运作情况的直接信息来源。无论人们在孩提时所得知的有关该政治系统的信息有多么积极，在日常生活中面对不同现实的公民有可能改变其观点。的确，意识形态与现实间的矛盾被证明是东欧政治系统的一个弱点。

本书中专论各国的章节出于几个理由考察政治社会化的模式。政治社会化的源头往往决定了关于政治所学的内容。如果人们在教堂从朋友那里了解新的事件，那他们听到的信息也许会不同于从依靠工作场所或电视来获得信息的人那里得到的信息。这些不同的社会化媒介的角色及其政治信息所传递的内容也依各国情况而异。此外，一个国家一代接一代地再造其政治文化的能力是使其政治系统永续不衰的一个重要因素。最后，当新的因素加入政治研学的过程时，文化也改变了。因此，社会化提供了能够让一个政治文化延续或改变的反馈机制。

造就当代政治文化的趋势

3.5 列举并描述影响当代政治文化的三种势力

一个政治文化独特地存在于它自己的时间和空间中。公民的态度是由个人的经验和政治社会化的媒介所塑造的。但是，在许多国家的任何一个历史时期，都可能存在改变其文化的诸趋势。我们时代的主流社会趋势既反映了一般的社会发展，又反映了具体的历史事件。

在过去 30 年里，一个主要的新发展是在东欧、东亚和发展中世界的其他成员中朝向民主的趋势。这个**民主化**趋势反映了长期对现代性的回应以及对当前事件的直接反应。现代化逐步侵蚀了非民主意识形态的合法性，而公民的技能和政治资源的发展使他们更多地参与政策制定（至少间接地）的要求显得更加合理。更近一些时期，民主化看起来放缓了，甚至经历了来自国家内和国家间的威权主义势力的抵制。颇具讽刺意味的是，当民主开始在新的民主体制扎根时，西方民主体制中的公民却对政治人物和政治机构日益持怀疑态度。1964 年，3/4 的美国人说他们相信政府；2012 年，只有不足 1/5 的公众这样认为——而且这种萎靡不振状况正扩散到西欧和日本①。与此同时，公众对民主规范和价值观的支持长时期里在大部分西方民主体制中得到了强化。因此，这些公众在这些民主理想得不到实现时，便对政治人物和政党持批判态度。尽管这种犬儒主义是民主政治人物的一个负担，但它促使民主体制继续改善和适应，这最终成为民主的最大力量所在。

近期另一个影响政治文化的主要趋势是向**市场化**的转变——公众日益接受自由市场

---

① Pippa Norris. *Critical Citizens*: *Global Support for Democratic Government* (Oxford: Oxford University Press, 1999); and Russell Dalton, *Democratic Challenges*, *Democratic Choices*: *The Erosion of Political Support in Advanced Industrial Democracies* (Oxford: Oxford University Press, 2004).

和私人利润的激励，而不是政府管制经济。这场运动的一个例子出现在许多西欧国家和美国，始于 1980 年代，那里的经济遭遇了严重的低效率和停滞的问题。英国的玛格丽特·撒切尔和美国的罗纳德·里根在公众支持缩小政府规模的浪潮中取得了权力。公众意见调查显示，这些国家的民众感到政府不应当最终负责个人的福利（见图 3-3）。

正当西欧开始质疑政府在经济中的作用时，东欧的政治变化加强了这个朝向市场化的趋势。计划经济几乎毫无例外地由国有公司和政府机构所控制。政府设定工资和价格，并且指导经济。这些系统的崩溃或被取代为公众支持市场化注入了新的能量。

全球化是影响许多国家政治文化的另一个趋势。日益增加的国际贸易和国际互动趋向于扩散国际体系的总体价值观。因此，随着各国进一步参与全球经济和全球国际体系，某些准则（诸如人权、性别平等和民主价值观）得到了强化①。人民也认识到存在于其他国家的更广泛的机会，这可能促进文化变革和经济变化。同时，全球化在许多国家成了深度分裂的政治议题，新的（有时也有老的）政党呼吁设置移民障碍，防止国际贸易威胁传统的就业。英国公民抵制这些全球化因素的愿望导致 2016 年投票脱离欧盟。但是，皮尤全球态度调查发现世界范围的公民仍对全球化具有广泛的支持，尤其是在那些看起来正在改善生活水平和生活机会的发展中国家②。

结论

显然，政治文化不是一种静态的现象，因而我们对政治文化的理解必须是动态的。它必须包含政治社会化媒介如何交流并解释历史事件和传统价值观。它必须把这些媒介与公众和领导者接触新经验及新思想结合起来。但是，重要的是理解一个国家的政治文化，因为这些文化因素影响公民如何行动、政治过程如何发挥功能，以及政府追求什么样的政策目标。

复习问题

1. 政治文化的三个要素是什么？
2. 政治文化为什么重要？
3. 政治社会化的过程为什么重要？
4. 政治社会化的主要媒介是什么？列举出各种可能的社会化媒介，然后在本书所包含的两个国家间比较其相对重要性。
5. 当代世界政治文化变化的主要趋势是什么？

① Wayne Sandholtz and Mark Gray, "International Integration and National Corruption," *International Organization* 57 (Autumn 2003): 761 - 800; and Mark Gray, Miki Kittilson, and Wayne Sandholtz, "Women and Globalization: A Study of 180 Countries, 1975 - 2000," *International Organization* 60 (Spring 2006): 293 - 333.

② Pew Research Center, Global Attitudes and Trends, "Faith and Skepticism about Trade, Foreign Investment," September 14, 2014.

关键词

政治社会化媒介	全球化	政治文化
适合理论	间接社会化	政治社会化
民主化	合法性	政治亚文化
直接社会化	市场化	

建议阅读材料

Almond, Gabriel A., and Sidney Verba. *The Civic Culture.* Princeton, NJ: Princeton University Press, 1963.

———, eds. *The Civic Culture Revisited.* Boston: Little, Brown, 1980.

Booth, John, and Mitchell A. Seligson. *The Legitimacy Puzzle in Latin America: Political Support and Democracy in Eight Nations.* New York: Cambridge University Press, 2009.

Bratton, Michael, Robert Mattes, and E. Gyimah-Boadi. *Public Opinion, Democracy, and Market Reform in Africa.* Cambridge: Cambridge University Press, 2004.

Dalton, Russell, and Christian Welzel, eds. *The Civic Culture Transformed: From Allegiant to Assertive Citizens.* Cambridge: Cambridge University Press, 2014.

Gilley, Bruce. *The Right to Rule: How States Win and Lose Legitimacy.* New York: Columbia University Press, 2009.

Horowitz, Donald. *Ethnic Groups in Conflict.* Berkeley: University of California Press, 2000.

Inglehart, Ronald, and Pippa Norris. *Sacred and Secular: Religion and Politics Worldwide.* 2nd ed. Cambridge: Cambridge University Press, 2011.

Inglehart, Ronald, and Christian Welzel. *Modernization, Cultural Change, and Democracy: The Human Development Sequence.* New York: Cambridge University Press, 2005.

Inkeles, Alex, and David H. Smith. *Becoming Modern.* Cambridge, MA: Harvard University Press, 1974.

Jennings, M. Kent. "Political Socialization," in *Oxford Handbook of Political Behavior*, ed. Russell Dalton and Hans-Dieter Klingemann, 29–44. Oxford: Oxford University Press, 2007.

Klingemann, Hans Dieter, Dieter Fuchs, and Jan Zielonka, eds. *Democracy and Political Culture in Eastern Europe*. London: Routledge, 2006.

Norris, Pippa, ed. *Critical Citizens: Global Support for Democratic Government*. Oxford: Oxford University Press, 1999.

Norris, Pippa, and Ronald Inglehart. *Rising Tide: Gender Equality and Cultural Change around the World.* New York: Cambridge University Press, 2003.

———. *Cosmopolitan Communications: Cultural Diversity in a Globalized World.* New York: Cambridge University Press, 2009.

Putnam, Robert. *The Beliefs of Politicians.* New Haven, CT: Yale University Press, 1973.

———. *Making Democracy Work: Civic Traditions in Modern Italy.* Princeton, NJ: Princeton University Press, 1993.

Rose, Richard, Christian Haerpfer, and William Mishler. *Testing the Churchill Hypothesis: Democracy and Its Alternatives in Post-Communist Societies.* Baltimore, MD: Johns Hopkins University Press, 2000.

Welzel, Christian. *Freedom Rising: Human Empowerment and the Quest for Emancipation.* Cambridge: Cambridge University Press, 2013.

第四章
利益表达、利益团体与政党

学习目标

4.1 界定利益表达，并提供不同社会利益表达的例子
4.2 解释公民可以参与政治系统的三种方式
4.3 列出四种类型的利益团体并举例说明
4.4 描述公民社会的特点和益处
4.5 识别并描述三种主要利益团体系统，并举例说明每种系统占主导地位的国家
4.6 比较和对比竞争性的与威权主义的政党系统及其在利益集聚中的作用
4.7 讨论选举系统的类型及其与选举竞争模式的关系
4.8 描述不同的政党竞争系统的特征
4.9 比较和对比排他性与包容性威权主义政党系统
4.10 讨论利益表达如何影响政治稳定性

各地的政治统治者都会从其周围的社会接受有关他们所面对的决定的信息。特别是民主政治依靠参与它的公众，并需要个人和团体得以表达其偏好和利益的渠道和论坛。因此，积极的社会和政治生活是民主发展的重要标准。但是，政治参与本身是不够的。公民必须有某些途径来表达其对政府的需要和诉求，并且必须存在将这些利益转变成政策选项的方式。这就是**政治表达**的过程，如第二章所述，它可以分为两个过程功能。第一个功能是**利益表达**，这就是个人、团体和机构如何构想并表达需求和政策偏好。假设政府准备通过一个不正义或不公平的法律，那你如何表达你的不满并试图阻止其立法?或者假设你想敦促市政会就一个影响你邻里的议题采取行动，那你能做什么？这些是我们作为公民经常面对的问题。答案可以有很多并差别很大，取决于具体情境。例如，一个人可以接触一个市政会的成员，或者在一个比较传统的系统中，面见村长或部落首领。或许还可以签署一项请愿，参加游行，在社交媒体发一个信息，或者给一个支持其事业的组织捐款。

随着社会变得更加复杂和政府活动范围的扩大，表达公众利益的方式的数量和种类也成比例地增加。人们在一起工作，表达地方的和全国的需求。社会运动把公众卷入这样一些争议中，从保护生活在亚马孙的土著人的权利到核电力的使用不等。社交媒体平台提供了另一个表达的平台。正式的协会发展到代表劳工、农场主、商人、年长者和其他社会利益。我们将讨论两类涉及利益表达的团体或组织：利益团体和政党。利益团体是寻求影响政治决定，但不推出自身政治职位候选人的团体或组织。在既成的大政治系统中，正规的利益团体是促进政治利益的主要手段。大量强大的利益团体在伦敦、华盛顿特区和东京这样的首都里活动。政党是试图以自身的标签推出政治职位候选人的组织。在民主国家，这通常通过选举来实现。政党也表达利益，但它在利益集聚方面特别重要，这将在下面讨论。

政治表达的第二个功能是**利益集聚**，这是政治资源在政策议题或项目后面整合起来的过程。政治理念和偏好要想转变成政策，就必须将不同的利益、建议和资源汇聚成可以吸引广泛支持的替代愿景或项目。利益汇聚的方式有助于决定满足哪些利益以及允许谁参与。例如，政治人物在制定一项经济政策时，通常需要在农民对农作物的高价期望、消费者的低价和轻税负偏好以及环保主义者对水污染和农药的关注之间进行平衡。利益集聚可以帮助从相互竞争的政策目标中产生一个平衡的政府项目，但也可能产生一堆无人满意的妥协方案。谁在这种平衡行动中取胜，部分程度上取决于政治机制，这是第五章的主题。并且利益集聚的成功也取决于政治技巧和资源，比如选举、竞选基金、政治职位、媒体渠道甚或武装力量。最终，他们在利益集聚上的成功有助于决定政府的稳定性和效率将是怎样的。

利益集聚能以多种方式出现。政治领导人也许具有相当大的个人影响力。在某些社会，族群或宗教团体起了重要的作用，而在一些国家，武装力量发挥了这种功能。像政府机构和恩从网络这样的机制也可能集聚利益。然而，大国通常设立更专业化的组织从事利益集聚。政党就是这样的组织，它们在民主的和许多非民主的系统中集聚利益。每个政党（或其候选人）推行一套政策，并努力建立支持该项目的联盟。在民主制度下，两个或更多的政党相互竞争，以赢得对各自政策选项的支持。在威权主义体制下，执政的政党可能竭力动员公民支持其政策，但这个过程往往是隐蔽的、受控制的、自上而下的，而不是自下而上的。换句话说，在威权主义体制下，政党通过调动利益群体来支持政府，而不是回应公民的要求。

政党可以履行除利益集聚以外的很多不同的职能。例如，政党经常塑造其运行的政治文化。政党招募选民并培训公职的候选人。它们明确表达自身的利益。在一些国家，政党出版杂志或报纸，办自己的电视台，或者经营企业、俱乐部，或开展诸如徒步旅行、集邮等活动。执政的政党还参与制定公共政策并监督这些政策的实施和裁决。然而，政党是特别重要的利益集聚结构，因此，我们将对这个角色予以特别的关注。

公民行动

4.1 界定利益表达，并提供不同社会利益表达的例子

利益表达取决于你作为一个公民有可能做什么。在没有言论自由的国度，表达利益可能是性命攸关的危险赌博。但在大部分社会，人们可以用各种方式提出需求（见表4-1）①。公民参与的大多数共同的形式是在选举中投票。当选举是自由的、有意义的和容易做到的时候，它就使得人们能表达自己的利益，并就在任的政府和未来政策做出集体的选择。但选举通常是呆板的政策工具，因为选民的决定以许多不同的议题为基础，他们可能并不是在所有议题上都与他们所选出的候选人观点一致。而且，在两次选举之间，官员有可能偏离选民的偏好。虽然选举是一种共同的参与形式，但并非每个人都投票。例如，大部分国家无公民权的居民没有资格投票。随着移民在许多比其邻国更富裕或更稳定的国家日益增多，公民权的取得和义务成了重要的议题。

除了选举以外，当父母们着手改善地方学校或者本地居民表达他们有关本地交通的担忧时，人们也可能与其社区的其他人一起工作来满足共同的需要。这些活动通常相当地集中于政策，而这样的团体活动既存在于民主系统也存在于威权系统，尽管威权的体制也许会把表达的途径限于不公开与当局对抗的方式。

某些利益表达涉及与政府的直接接触，例如给一名选举出的官员或者一个公共机构写一封信或电子邮件。一些直接接触可能涉及个人议题，比如一名退伍军人给他的议员写信以帮助其优待福利获得批准，或者一名房主请求市政会成员修补其邻里的街道。这些个人接触的形式广泛存在于政治系统中，包括威权主义系统。其他直接接触包含更广泛的议题，诸如发起运动支持或者阻止新的立法，这在民主体制中经常发生。但是，即使是在威权体制中，公众也经常设法在政策议题上向政府请愿。

利益表达也可能包括**抗议**或其他的抗争行动的形式，如占领公共空间或阻碍公共交通。针对警察暴力的“黑人的命也是命”抗议便是抗议性表达的例子。

① 这个框架取自：Sidney Verba，Norman N. Nie，and Jae-on Kim，*Participation and Political Equality*（New York：Cambridge University Press，1978），Chapter 2.

表 4-1 我们有多积极？

人们参加各种各样的政治活动（报告参与每项活动的应答者的百分比）。 （%）

参与类型	英国	巴西	法国	德国	印度	伊朗	日本	墨西哥	尼日利亚	俄罗斯	美国
在最近全国选举中的投票率	66.1	80.6	55.4	71.5	66.4	60.1	52.7	47.7	43.7	47.9	55.4
对政治感兴趣	44	37	38	62	61	46	66	30	57	33	59
属于环境团体	16	4	15	7	47	10	3	15	23	1	18
签署请愿书	68	44	67	43	21	—	28	18	8	11	60
加入抵制行动	17	5	14	13	19	—	1	3	6	2	16
参与合法的抗议示威	17	16	38	21	23	—	4	10	25	12	14

资料来源：选举投票率数据是最近一次全国立法机构选举登记的公众的百分比，取自 International Institute for Elections and Democracy，下载自 www. idea. org；其他统计数据取自 2010—2014 World Values Survey。英国、法国和伊朗在 2010—2014 年未调查，故使用的是 2005—2009 World Values Survey 的数据。每项调查中有某些参与问题未询问，这些遗漏项的数据在表中以横线表示。

政治消费主义（出于政治理由购买或抵制一个产品）是另一种公民行动形式，至少在民主社会是如此。这样的参与允许个人抗议他们认为是排放污染物、在广告中制造歧视或不公平对待劳工的厂商。例如，有组织地抵制使用童工的做法影响了许多服装制造商的销售和公共形象，导致新的公共政策出台。总之，人们可以采取多种方式表达其利益，每一种方式都有特别的衍生结果。

公民如何参与？

4.2 解释公民可以参与政治系统的三种方式

公民政治参与的数量因活动类型和政治制度的不同而有很大差异。表 4-1 列出了本书所考察的国家中一些常见的参与类型的例子。高频率的政治参与形式反复出现于选举中。在竞选期间，公民说出他们对当前议题的想法，出席会议，给候选人捐款，向民意调查者表达意见，试图劝说他人，最后去投票。由于人们普遍介入选举，以至于它成了利益表达最重要的形式。与此同时，选举还有助于聚集政治利益，招募政治精英，甚至通过竞选过程将政治价值观和偏好社会化（见第二章和第三章）。

美国具有相当低的全民投票参与率：西欧人和几个新民主国家的人比美国人更频繁地投票。然而，正如表 4-1 所示，美国低水平的选举投票率并不简单地反映淡漠的态度。许多国家通过采用自动选民登记（当然这通常依赖准确的全国人口统计），甚至通过要求人们去投票并惩罚那些不去投票的人的方式使投票率大增。巴西和其他几个国家一样，有强迫投票制度，公民参与率的纪录超过 80%。美国人比较感兴趣于选举以外的政治和参与。他们也比大部分国家的公民有更多的投票机会。在美国的一些州，每年可能进行数次选举，而在瑞典，每四年一次在同一个时间举行所有的选举。

公众表达政治利益和影响公共政策的努力还延伸到选举以外。草根政治（人们一起努力解决普遍的问题）是表达政治利益和影响政策的一个很直接的方式。托克维尔把这样的社区团体及其行动视为美国民主的基石。表4-1中把环保团体的成员资格作为公共利益团体活动的一个例子呈现出来。在美国、英国和法国，约1/6的公众属于某个环保团体，但在许多较穷的国家和新民主国家，成员比率较低。但是，这样的团体活动发生在几乎任何一个国家。印度村民们一起合作发展乡村电力，原住民保卫他们的土地权利，就是这样的社群行动的例子。

也许公民行动最明显的形式包括抗议行动，如加入抵制或参加抗议。例如，许多环保主义者采取直接行动（在一个制造污染的大烟囱上悬挂环境旗帜，在议会外面举行群众游行示威，或者抵制污染制造者），以吸引媒体注意和公众对他们事业的兴趣。在许多社会，最寻常的直接行动形式是签署请愿书，尽管请愿表达对政府政策的公开异议在一些新民主体制和威权主义国家不太普遍（见表4-1）。但请愿在某些专制体制下具有长期的传统。大部分西方民主国家的多数人都说自己签署过请愿书。

大约1/6的西方公民说自己参加过抵制行动或参与合法的抗议。抗议活动也几乎以同样的频次发生在某些中等收入的民主体制（如墨西哥和巴西）中。一方面，抗议和直接行动经常被那些感到缺乏合法的政治渠道的个人和团体所运用。1980年代后期东欧的大规模示威游行、“阿拉伯之春”的群众抗议、许多美国城市针对警察开枪行为的抗议行动，都表明弱势者和无权者可以运用这种手段，特别是当他们看到变革的机会的时候。另一方面，抗议行动也越来越多地被西方民主社会的年轻人和接受过良好教育的公民采用，作为以其他手段开展的“正常”政治的延续。但抗议也可能是危险的。随着民主化使政府更加宽容异议、更倾向于保护异议者的权利，抗议一般也会增多①。

在法国，抗议成了政治传统的一部分。1960年代后期，作为大学生抗议行动的一个结果，法国政府几近崩溃。将退休年龄提高到62岁的政策导致2010年的大规模抗议，包括卡车司机故意放慢公路行车速度的“蜗牛行动”。在一个典型的年份，巴黎可能经历由学生、店主、农民、建筑商、政府雇员、环保主义者、妇女团体和其他人群举行的抗议。抗议几乎是全国的政治运动。表4-1显示，法国参加合法的抗议示威的公民人数比本书所讨论的其他各国要多得多（38%）。

公民的参与反映了政治环境，包括政治体制和文化。在政党和竞争选举活跃的国家，许多人都参加选举。在限制这些行动的国家，人们可能为了表达他们的偏好而转向以团体为基础的活动或抗议，但更可能是他们在政治上不积极。正如我们在第三章所指出的，参与的政治文化往往是政治现代化的副产品。

就大部分活动和大部分国家而言，受过较好教育和有较高社会地位的个人更可能参与政治。这些个人倾向于形成鼓励参与的政治态度，比如效能感和公民责任感②。他们还拥有政治上有用的个人资源和技能。技能和信心对于费力的活动尤为重要，比如组织新团体或成为一个组织的领导者。在较容易

① Russell Dalton, Alix van Sickle, and Steve Weldon, “The Individual-Institutional Nexus of Protest Behavior,” *British Journal of Political Science* 40 (2010): 51-73.

② 参见：Verba, Nie, and Kim, *Participation and Political Equality*; and Norris. *Democratic Phoenix*.

的活动比如投票选举中，参与上的不平等较少，对于抗议活动来说，资源不如年纪轻更重要。境况较好的人在政治上更积极的倾向在弱政党组织（比如美国）和弱工人阶级团体（比如工会）的社会表现得更加明显。在具有较强工人阶级政党和工会的国家，较不富裕和资源丰富的公民参与相对较多。

参与的类型很重要，这有几个理由。公民若要影响政府的政策，他们首先就需要表达自己的利益。更广泛的活动选择被认为可以增强公民表达利益并得到关注的能力。而且，人们政治活动的水平和希望参与的方式也不相同。这些参与结果上的差别有可能影响政府的回应。换句话说，在表达利益上比较积极的人更可能让政策制定者解决他们所关注的问题，而这往往会牺牲掉那些较少表达的人的利益。

利益团体

4.3　列出四种类型的利益团体并举例说明

利益表达可以通过个人的投入，也可以比较普遍地通过**利益团体**而发生，这是一些寻求影响政治决定而不以其自身的标签推出公职候选人的团体或组织。利益团体的代表可以参与政治过程，在政府咨询机构里任职，并在议会听证会上作证。换言之，利益团体可以在表达利益的同时也集聚利益，能够参与政策制定，虽然表达在大部分社会是其最重要的功能。利益团体在结构、风格、财务和支持基础上存在差别。我们首先界定四类利益团体：松散的团体、非协作的团体、机构化的团体和协作的团体。这些类型的利益团体因其正式组织水平和主要目标的差别而有所不同。

松散的团体

松散的团体是当许多人对一件激起挫败、失望、胜利或其他强烈情感的事件自发地做出反应时突然形成的团体。这些事件通常稍纵即逝、突然爆发和消退。由于缺少预先的组织或计划，受挫或激动的人们在面对政府行动的新闻、传言或戏剧性事件时，可能会突然走向街头发泄其情绪。尤其是如果有组织的团体不在场或者以前失败过，则一个戏剧性事件或一个新领导人和发言人的出现就可能点燃长期积累的不满，然后它就可能以不可预测和不可控制的方式迅速爆发。松散的抗议可能导致暴力，尽管并不必然如此。

一些政治系统，包括发达国家和发展中国家，经历了频发的暴力和自发的无组织行为①。对政府的政策的愤恨、一名受欢迎的政治领导的死亡或被困、其他灾难事件，都可能刺激公众爆发。例如，当一个政府采取敌视态度，士兵或平民被杀时，通常会发生相当自发的公众游行。历史上作为英国劳资关系的一个特征，自发的罢工（地方工人自发的罢工行动，经常违背全国工会组织的意愿）也在其他欧洲国家发生。

有时，松散的团体是从一个更大的社会群体中抽离出来的，比如种族或族群团体。例如在 2014 年，密苏里州弗格森市（后来在其他各个城市），当一名非洲裔美国青年被一名白人警察枪杀后，少数族群街区的居

① 参见下述中的证据：J. Craig Jenkins and Kurt Schock，"Political Process，International Dependence，and Mass Political Conflict：A Global Analysis of Protest and Rebellion，1973—1978，" *International Journal of Sociology* 33 (2004)：41 - 63.

民发生了抗议和骚乱。这些都是松散团体的行为，因为这些事件没有结构或计划，涉入其中的人们在抗议结束后就散去了。社交媒体使得个人以短信息的方式发起和协调这样的抗议要容易得多。这项技术在 2011 年及其后激发起“阿拉伯之春”抗议行动中起了重要作用。

但是，当一个利益团体确实反映出有组织的积极分子的详细计划时，我们就必须慎言它是个松散的团体。例如，2001 年反对热那亚 G8 峰会的游行示威，以及随后“阻止 G8”的抗议行动，包括 2013 年伦敦“反对资本主义的狂欢”，很大程度上是出于愤慨，但很少是自发的（见专栏 4－1）。

专栏 4－1

对全球化的抨击

2001 年 7 月，数万名抗议者到达热那亚，向 G8 峰会游行示威。数百个不同的团体来此进行抗议，几个比较激进的团体还发动了与警察的抗议行动。许多最激烈的冲突涉及被称为“黑色障碍”（Black Block）的团体，它由几个松散地组织起来的无政府主义和激进的团体组成，其成员穿着黑色商标的衣服，黑色兜帽和防毒面具。与警察的对峙经常以事先设计好的舞蹈形式出现，通过手机进行协调，并由同情的积极分子进行摄像——随后在社交媒体上散布。热那亚的许多其他抗议团体担心“黑色障碍”的激进暴力会分散它们对全球化的关注。类似的暴力行动发生在 2007 年德国、2009 年瑞士、2013 年的伦敦和贝尔法斯特的 G8 峰会期间。这些峰会期间发生的暴力事件让民选政治家的政策成就和非暴力团体的政策目标黯然失色。

非协作的团体

与松散的团体不同，**非协作的团体**是建立在邻里、族群、宗教、职业或者血缘关系的长期共同利益和认同的基础上的。由于这些联系，非协作的团体比松散的团体更具有持续性，虽然它们没有正规的组织或成员资格。在一个大的非协作团体（如少数族群）中的亚团体也许像松散的团体一样行动，如 2014 年弗格森的骚乱、2005 年巴黎的移民骚乱等。在全世界，族群和宗教与职业一样，是能够激发集体活动的强大的认同标志。

两种非协作的团体特别重要。一种是非正式组织起来的族群的、宗教的或职业的大团体，尽管它的成员可能意识到共同的利益。组织这样的团体可能相当困难，因为可能从中获益的人几乎没有组织和贡献的动力。这是因为个人的成本高于他们预期的收益。这常被认为是**集体行动的困境**①。如果成功地赢得了大的集体利益（例如结束歧视立法或者清除水源污染），而这些利益将会被那些没有做出任何努力的人所共享，即所谓搭便车现象。而且，由于一个人的参与几乎不可能化失败为成功，所以该团体的大部分成员可能会往后缩，希望别人做必要的事

① 对这三个问题的研究受到现在已成经典的下述文献的启发：Mancur Olson，*The Logic of Collective Action*（Cambridge，MA：Harvard University Press，1965）；还可参见：Mark Lichbach，*The Rebel's Dilemma*（Ann Arbor：University of Michigan Press，1994）.

情。这是我们在第一章讨论的公共益品问题的一个变体。团体越大，每个人的重要性越低，集体行动就越可能失败。这就是为什么在大部分市场中，生产者（一般很少并且举足轻重）要比消费者（一般数量巨大而个人的重要性低）更有效地组织起来。因此，理解集体行动的困境有助于我们发现为什么一些团体会变得有组织而其他团体却没有。

第二类非协作的团体是小社群团体或族群的亚团体，其成员彼此相互认识。面对面的小团体具有某些重要的优势，在某些政治情形（如地方政治中）是高度有效的。非协作的团体可以从事各种活动，诸如要求额外的学校资助、警察对其邻里提供保护，或者请求税务官为其成员提供优惠待遇。小规模的非协作团体经常通过求助群体或私人关系来开展工作。

机构化的团体

机构化的团体是以具有其他首要政治和社会功能的正式组织为基础。例如，公司、军队、政府机构和教堂通常具有比影响公共政策更重要的目标。而这样的组织往往有指定的团体或办公室，它们肩负着代表其政治利益的特殊责任。这些亚团体可能通过其组织内部的自我选择产生（如军官团或牧师团）。例如，软件公司通常对赢得利润更感兴趣，而不是影响公共政策。但是，某些政治议题（比如对其产品的版权保护，某些政府为了将其产品挡在国门之外而课征的关税）有可能让他们极感兴趣。机构化团体的另一个特征是，个人加入这些组织很少是因为他们想介入政治。因此，很少有人出于政治原因而加入天主教会或其他宗教团体。当然，教会可能在其追随者看重的议题（比如教育、婚姻法、堕胎、人口贩运或全球贫困等）上采取强硬立场。

机构化的利益团体的影响力通常来自其主要组织基础的实力，如其经济资源或技能。政府机构的官僚拥有通往政策制定者的直接通道，能够运用其通道和信息去影响政策。拥有特权通道的公司利益团体也可能以类似的方式行动。在美国，农业游说团体和美国农业部经常联合起来鼓吹农业政策。在大多数社会，政府官僚并不简单地对来自外部的压力做出反应，他们还能作为利益代表的独立力量而行动。

非政府的机构化团体也能参与到政治过程中。例如，在意大利，罗马天主教会对政府具有重要的政治影响。在选举政治中，教堂会要求天主教徒投票支持基督教民主党人。比较隐秘的是，一些神职人员拜访政府官员，表达涉及教会事务的观点。在一些国家，神职人员也扮演类似的角色，他们规定公共政策应当遵循哪些道德，积极地游说政府官员，有时还参与治理过程。

在禁止或至少公开控制政治团体的威权主义政体中，机构化的团体仍然扮演重要的角色。在通常具有较少协作的团体（得到有限的公众支持）的前工业化社会，公司、政党派别、官僚特别是军事团体往往扮演主导的政治角色。

拥有强大资源的利益团体可以轻易地介入利益集聚和利益表达。尤其是机构化的团体，比如官僚机构和军事派别，可以是重要的利益集聚者。的确，官僚在大部分社会发挥了这种功能。尽管建立官僚机构主要是为了贯彻公共政策，但官僚也可以与其他利益团体谈判，甚至为了政策提案而与其结成联盟。政府机构甚至可能被利益团体所“俘虏”，用来提出他们的要求。官僚们经常培养客户支持网络，以扩大其组织或强化其权力。

军队与利益表达

军事组织以其对武力的控制而成为特别重要的机构化的利益团体。大部分国家拥有各种安全保卫力量。除了几个处在和平大国旁边的小国（如爱尔兰和哥斯达黎加）以外，所有国家都拥有武装力量，比如陆军、空军，有时还有海军。许多国家还拥有其他安全力量，比如国家警察或秘密安全力量。军事力量可以轻易地获得强力，往往是颇有效率的组织，在许多情况下还有先进的技术。换言之，他们通常拥有在政治上变得强大的手段，在许多国家，他们涉入利益表达和集聚，有时候还直接参与治理。

在许多稳定的民主国家，武装力量处在文官的控制之下，具有有限的政治作用。但是，它们作为机构化的团体，仍然可以表达利益。例如在美国，国防部和国防工业联合起来为武装力量提供资金。在具有紧急安全任务的国家，比如以色列和韩国，武装力量的政治作用可能特别重要。大多数第三世界国家在独立之后都接受了至少形式上的民主政府。但是，在很多国家，这种文官政府缺乏效率和权威，结果经常导致文官政府解体，并被**军政府**取代。在缺乏强大的宪制传统下，军队是权力的有力竞争者。在20世纪的大多数时间里，许多拉丁美洲国家都有军政府上台又下台，像尼日利亚这样的非洲国家，在1960年代去殖民化以后经历了军事政变的潮流。即使在文官政府统治下，军队也具有相当大的政治影响力，而且常常成为重要的权力竞争者。例如，在巴西1964年政变以前，即使在文官政府统治下，军队在利益集聚中仍扮演着非常重要的角色。在那场干预之后，军队主导了接下来20年的政治生活。在许多其他国家，如土耳其和埃及，长期以来军队都是重要的政治力量。

军队对强力资源的实质垄断使它具有极大的潜在权力。因此，在民主或威权主义政党制度中利益集聚遭遇失败时，军队却可能作为维持有序政府的唯一力量出现。军队还可能为了更多的自我利益而进行干涉，例如，为保护其自主或者预算免受文官的干预，在许多国家（包括尼日利亚），军政府充当了族群政治的工具。即使军队并未直接掌握权力，干预的可能性也经常迫使文官政府密切关注军队的要求。

世界上大约有2/5的国家在一段时间内曾经面临军事政变的图谋，其中，大约又有1/3国家的军事政变至少在一定程度上成功地变更了领导人或政策（见专栏4－2）。然而，只有不到一半的政变主要是由一般的政治议题和公共政策引起的。大多数政变看起来受军人的职业利益所驱动（比如对减少军事支出或减员的威胁所做的反应）。

军队干预之后发生的情况各异。军人可能支持某个平民总统或支配性政党的个人独裁。或者武装部队可能追求制度或意识形态的目标。军队统治者可能会努力创建一种形式的威权社团主义，把组织化团体和国家官僚机构与作为最终裁决者的军队联合起来。它们可能在与商业团体的联盟中实现“防御的”现代化，甚或更为激进的现代化。大部分拉丁美洲版本的威权社团主义都依靠强大的军队力量，而不是一个支配性的威权主义政党。

专栏 4－2

回到营房去？

尼日利亚在许多方面都是影响了许多发展中国家的军事干预的典型代表。尼日利亚于1960年取得独立后，经历了1960年代一次和1970年代末另一次短暂的民主统治时期。在这两种情况下，军队都迅速地介入，然后长时期掌权。1990年代初期，军政府引入导向总统选举的改革，但严格控制选举过程，选民只能在两个政党之间选择，而这两个政党都由政府组建。选举投票率很低，因为很多尼日利亚人对此持怀疑态度。当军队在选举结果宣布之前宣告总统选举无效时，人们的这种怀疑得到了证实，显然是因为获胜的是“错误的”候选人。然后，萨尼·阿巴查（Sani Abacha）将军发动了一场军事政变，禁止所有政治活动。1998年，总统阿巴查突然死于心脏病，改革进程重新启动。1999年的总统选举由前将军和总统（1976—1979年）奥卢塞贡·奥巴桑乔（Olusegun Obasanjo）获胜，他继续实施民主改革。四年以后，他再次当选，于2007年离任。2015年的选举是第一次在任的总统古德勒克·乔纳森（Goodluck Jonathan）败给了取胜的候选人前总统（1983—1985年）穆罕马杜·布哈里（Muhammadu Buhari）。因此，尽管军事干预的原因不同，但尼日利亚在1960—1999年间约有3/4的时间是由军政府统治的。第一次政变由对**伊博族**（Igbo）人的压制和歧视所引起，1983年的政变则是对文官政府的腐败和效率低下做出的反应。1993年阿巴查的政变看起来是由贪婪和个人野心所引起的。与此对比，尼日利亚自1999年以来最长时间的文官政府，由四任来自不同政党的总统所领导。但是，持续的种族和宗教暴力、腐败和权力滥用使得尼日利亚的民主仍显脆弱（见第十六章）。

因此，军队可以发挥许多政治功能，包括利益集聚。军队在利益集聚中的主要局限是，它并非为此功能而设计的。组织军队的主要目的是使其拥有一种高效的命令结构。它的设立并不是为了集聚内部差异、达成妥协、动员公民支持，甚或与军队命令等级制以外的社会团体进行交流。军事政权在国际社会也不具有选举所提供的合法性。因此，军队领导人缺少民选政治人物具有的很多优势。当军队对以前不受欢迎的政治人物滥用权力做出回应时，这些内部局限性可能还不太严重。然而，当军政府需要提出自己的路线并动员对其的支持时，同样的局限就成为一个重大问题。由于这些原因，军政府常常被证明是不稳定的，而且往往被迫与文官分享权力，或者直接从政治中退出。

调查显示，世界上的任何地方都很少有公众支持军政府。也许是因为大部分公民不认为威权主义统治是合法的，在世界范围内，军队现在更可能在幕后而不是通过直接统治来主导权力。在像阿根廷、巴西、智利和乌拉圭这样一些重要的拉丁美洲国家，军人政权被竞争性政党制度所代替。同样的事情发生在许多非洲国家，包括尼日利亚（见第十六章）。

协作的团体

协作的团体是为了明确代表特殊的利益而组织起来的正式志愿者协会。其例子包括工会、商业公会、生产者协会、公民自由团体和族群协会。这些组织具备表述利益和要求的程序，它们通常设有总部、雇用官员和专职人员。它们通常在政策制定过程中代表其成员的利益时非常积极。例如，在美国反复出现的有关医疗保障的辩论中，就存在大规模动员起来的压力团体和游说者（从美国医学协会和医疗保险公司或组织到消费者团体和美国退休人员协会等）寻求影响立法。

协作的利益团体的组织基础赋予它们相较于非协作的团体的优势，其成员资格和技能经常赋予其合法性。例如，工会往往是核心的政治行动者，因为它们代表了大量的工人；同样，商会经常为重要的商业利益发言。职业人员协会（如英国、美国和尼日利亚医学协会或尼日利亚记者联盟）往往具有专业知识和洞见，使得政策制定者在影响其各自职业的议题上听取其意见。

一个协作团体中特别的亚团体由这样一些公民所组成，他们联合起来不是出于共同的经济自我利益，而是出于一系列政治原则中的共同信念或某个政策目标。我们将这些亚团体称为**职业**或**议题**团体。环境保护运动、生命权利团体和持枪权利团体例示了此类协作的团体。在尼日利亚，“转型监督团”推进选举改革，阻止尼日利亚向民主转型期间的选举作弊。这其中的一些议题团体，其成员也许很少直接互动，甚至也不具有共同的社会特征（比如职业或族群特征），但因他们对一个政治组织的支持而联合在一起。某些议题团体，如儿童福利团体或动物权利组织，试图代表那些不能在政治上代表自身的对象而行动。我们称这样的团体为利他主义团体。

许多协作团体都有流动和动态的组织，其领导层和成员频繁更迭。从策略的角度来看，它们采用范围广泛的进路，经常降低传统游说的价值，而偏向于非传统的抗议和直接行动。公民协会代表了公民表达自身政策目标的另一种方式。这样的团体在发达的工业化民主国家得到了扩张，如今正在发展中国家扩散。表 4－1 例示了对某些最重要的经济生产者团体即工会的支持之差别。

总之，一个社会利益可以在许多不同的团体中表现出来。我们可以通过有可能为了有利于工人阶级的成员而采取政治行动的不同团体的例子来说明这一点：

松散的团体：一群工人为反对减薪或裁员而自发地举行罢工或上街游行示威；

非协作的团体：一群居住在同一个社区的工人，请求当地的小企业提供更好的工作条件；

机构化的团体：政府中的劳工部提议更严格的工作安全规定；

协作的团体：一个自愿的工会联合会，如美国的卡车司机工会或者劳联-产联，谈判要求更高的工资或更好的退休待遇。

区分团体的类型是重要的，因为一个团体的性质通常反映了它能动员的资源。最重要的资源之一是机构的结构，它将维持团体的努力直到政府对其做出回应。一个团体的性质也影响其用来获取政治途径的策略。最后，一个特定社会中最积极团体的特征意味着哪些利益更可能在政治系统中被听取，以及哪些利益可能未得到足够的代表。

公民社会

4.4　描述公民社会的特点和益处

利益代表若要良好地工作，重要的是社会的利益团体网络创造一个**公民社会**——公民在这个社会中涉入社会和政治的互动而不受国家控制或约束。这意味着自主的社区团体、志愿者协会和信仰的社群——以及通过大众和社交媒体得以自由交流和获取信息。参与公民社会团体可以将个人社会化，使其拥有宝贵的政治技能和合作关系。人们学习如何组织、表达自己的利益，并与他人一起努力实现共同的目标。他们也学习掌握并有望能评价政治过程本身。因此，一个积极的协作团体的系统能减少松散的或非协作活动的发生，为民主政治的发展提供肥沃的土壤。

公民社会的力量会受现代化、全球化和民主化的影响。现代化通常涉及教育、城市化、公共交流的迅速增长以及物质生活条件的改善。现代化因而产生了这样一个广泛传播的信念，即生活条件可以通过人的行动而改变。它经常促进政治意识、参与和政治能力感的增强，这又鼓励更多样的、以公民为基础的利益表达。与此同时，现代化增加了生活条件和职业的多样性——一个导致大量特殊利益形成的过程。更大的传播报道、更大和更有雄心的政府进一步使政治利益倍增，而这些利益可以由利益团体来组织。因此，现代化一般激化利益团体及其活动的多样性。但是，这个过程也可能不是直截了当地完成的。在某些情况下，现代化可能削弱传统的利益表达方式（比如通过本地首领或网络），然后是更现代的团体（比如妇女协会）可能由于受限制的社会态度而失败。

全球化正在跨越国家边界整合公民社会。例如，西方民主国家的环境团体以专业知识和组织资源帮助发展中国家的环境团体。国家性的团体在国际会议和政策论坛上相聚，社会关系网络以及社交媒体的联系日益成为全球性的①。全球化还增强了国内团体与国际行动者之间的互动②。

成功的民主发展还培育功能良好的公民社会。但是，这个过程绝不是自动完成的。组织大型团体采取集体行动的困难是巨大的。社交媒体和手机的广泛使用有助于协调。可是，组织集体行动的大型团体的问题仍然很大。各个社会在协作活动的程度上差别很大。社会信任的程度是影响社会团体参与的一个因素③。在其他案例中，威权主义政党和官僚可能控制协作的团体，并且堵塞政治的入口管道。民主化中的国家面临的问题是如何在政府曾经压制或控制有组织团体的社会中培育协作的团体生活④。在接近半个世纪的时间里，东欧的各国政府压制自主的利益团体。因此，构建新的、独立的协作团体的过程需要一些时间。民主化要在这些国家取得成功，重要的是造就一个由自主的协作团体组成的社会。

---

① Sidney Tarrow. *The New Transnational Activism* (New York: Cambridge University Press, 2005); and Margaret Keck and Kathryn Sikkink, *Activists Beyond Borders: Advocacy Networks in International Politics* (Ithaca, NY: Cornell University Press, 1998).

② Michal Zurn and Gregor Walter, eds., *Globalizing Interests: Pressure Groups and Denationalization* (Albany: State University of New York Press, 2005); and Keck and Sikkink, *Activists Beyond Borders*.

③ Ronald Inglehart, *Culture Shift in Advanced Industrial Societies* (Princeton, NJ: Princeton University Press, 1990), 34-36.

④ Marc Morjé Howard. *The Weakness of Civil Society in Post-Communist Europe* (New York: Cambridge University Press, 2003); and Russell Dalton, "Civil Society, Social Capital and Democracy," in *Citizens, Democracy, and Markets Around the Pacific Rim*, ed. Russell Dalton and Doh Chull Shin (Oxford: Oxford University Press, 2006).

利益团体系统

4.5 识别并描述三种主要利益团体系统，并举例说明每种系统占主导地位的国家

利益团体与政府政策制定机构之间的关系，是政治过程的另一个重要特征。特别是经济生产者团体经常希望能密切接触政府，政府官员也经常需要保持与它们的合作关系。因此，它们往往形成完好界定的互动网络，我们将此称为利益团体系统。利益团体系统分为三大类：多元主义的、民主合作主义的和受控制的①。

多元主义的利益团体系统

多元主义的利益团体系统具有以下几个有关利益（特别是经济生产者利益）团体如何组织、如何参与政治过程的特征：

- 团体的成员是自愿的和有限的；
- 单一社会利益可以由多元团体所代表；
- 团体通常具有松散的或分权的组织机构；
- 利益团体和政府之间有着明显的区分。

多元主义系统倾向于在政府与私人利益之间划出一条明确的界线，以使政府保持中立，独立于有组织的利益，防止政府规制或控制私人利益。其结果是，在任何特定的政策领域，可能存在许多不同的利益团体争取政府予以关注和采取行动。例如，不仅社会不同部门（诸如劳工、商业和职业利益）存在不同的团体，而且在每个部门内部也可能存在多个工会或商会。这些团体之间为了争取成员和影响力而竞争，并且同时就它们的要求向政府施压。美国和法国是强大的多元利益团体系统的显著的例子。加拿大和新西兰也属于这一类别。在多元主义的利益团体系统中，劳工运动倾向于分化，往往比较弱。图 4－1 显示了低的工会会员比例，大约占全部劳动力的 10%。英国虽然有更多的工会会员（见图 4－1）并且经济协会的协调力更高，但它通常倾向于多元主义，特别是在撒切尔执政时期（1979—1990 年）。日本具有比较混合的系统，其有组织的劳工扮演了温和的角色。

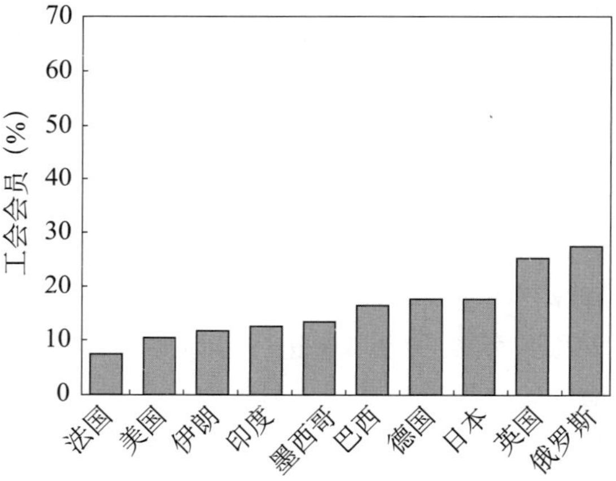

图 4－1　各国工会会员比例

各国工会密度存在广泛的差别，但工会的作用差别更大。

伊朗：2005—2009 World Values Survey，V27：工会会员＝不积极的＋积极的成员

资料来源：International Labor Organization，ILOTSTAT 数据库，参见：http：//www.ilo.org/ilostat. 该图显示工会会员占就业人口的比例。

民主合作主义的利益团体系统

民主合作主义的利益团体系统的特征是

① Philippe Schmitter，“Interest Intermediation and Regime Governability，” in *Organizing Interests in Western Europe*, ed. Suzanne Berger（New York：Cambridge University Press，1981），Chapter 12；and Arend Lijphart，*Patterns of Democracy*（New Haven：Yale University Press，2012），162－170.

更加有组织和机构化的利益代表。

- 一个高峰协会的成员资格通常是强制性的，且几乎是普遍的；
- 这个高峰协会通常代表每一种社会利益；
- 高峰协会是中央集权地组织起来的，并指导其成员的行动；
- 团体经常系统化地涉入政策的制定和实施。

合作主义的利益团体制度能够使劳工团体和商业团体都积极地参与经济政策的制定。它们通常模糊公共组织与私人组织之间的界限，使利益团体介入官方的政策制定，允许政府承认并规制特定的利益团体。这些系统包含了有组织的劳工、商业利益、政党和政府代表之间持续的政治协商。这种合作主义系统将在其他政治制度中扮演不同角色（通常是敌对角色）的组织互相联系在一起。例如，在一个民主合作主义的系统内，可能有一个代表所有主要工业利益的高峰协会，一个多元主义系统也许具有几个不同的自主运作的商业团体。在一个民主合作主义的系统中，高峰协会也是集权组织起来的，而在多元主义的系统中，各团体具有分散的组织结构。

奥地利、芬兰、挪威和瑞典拥有最彻底的合作性利益团体系统。这些国家的特点是工会会员比例很高，大约占就业人口的65%，是图 4－1 中俄罗斯工会会员比例的两倍多。而且，这些国家（如奥地利）具有高度集权和统一的劳工运动。德国虽然工会会员比例处于平等水平，但十分符合民主合作主义的模式（见第九章）。例如，德国工会在许多政府委员会中拥有正式成员席位，拥有通向政策行政当局的特殊渠道，并且通过非正式的影响渠道而具有很大的影响力。这些系统中的利益团体（如工会和商会）经常定期地与政府机构和政党合作规划经济政策。

墨西哥和巴西表现为另一种合作主义政治形式。虽然墨西哥的工会会员比例属中等，但巴西较高（见图 4－1）。然而，这两国的工会和农会是由国家在威权主义政权时期组建的，并仍然保持着与政党或宗教利益的密切联系。通常，这些团体为政党或主导它们的社会机构动员支持力量，并且在它们的政党掌权时与国家紧密联系。在墨西哥和巴西，随着民主化和发展鼓励这些工会农会在政治上更加独立和有影响力，这个系统正在改变（见第十二章和第十三章）。

在高度发达的社会，拥有民主合作主义的利益团体的国家与多元主义国家相比，具有较低的失业率、较高的工业部门工资和政府支出。许多民主合作主义的系统在执行像环境保护等公共政策方面特别有效①。但是，由于这些国家通常较为富裕，社会冲突程度低，就难以确定不同的结果在何种程度上源于合作主义本身，以及民主合作主义是否能够成功地输出他国。因此，当 1960 年代 和 1970 年代将其引进英国时，民主合作主义并没有取得成功。

在许多发达工业化社会，工会会员数量在减少，某些谈判类型变得不那么集权。与此对比，东欧的几个国家正试图发展更加民主的合作主义构架以培育利益团体政治，但

① Lyle Scruggs, "Institutions and Environmental Performance in Seventeen Western Democracies," *British Journal of Political Science* 29 (1999): 1－31.

是，自主的利益团体系统依然欠发展。发展中国家在民主合作主义模式上的经验差别更大①。印度很低的工会会员水平显示了许多发展中的民主体制中普遍存在的一种模式。像工会这样的利益团体往往并不发达，其会员数量也很有限。它们缺少在既成的西方民主社会（无论是多元主义的还是合作主义的模式）所享有的那种影响力。

受控制的利益团体系统

最后，**受控制的利益团体系统**遵循了一个不同的模式。

- 社会的每个部门都有一个单一的团体；
- 成员资格经常是强制性的；
- 每个团体通常是按等级制组织的；
- 团体受政府或其代理人所控制，以便为政府政策动员支持的力量。

最后这一点最重要：团体的存在是为了帮助政府加强对社会的控制。最好的例子是俄罗斯。第十一章讨论在普京总统的统治下如何努力争取对国家的自主权和有效地代表其成员的利益。他们只取得了有限的进步。俄罗斯政府采取措施控制自主的利益表达。这些国家把利益表达局限于可靠的亲政府的领导者。机构化的利益团体，包括官僚体系和武装力量，经常在这些社会的利益系统中扮演突出的角色。

入口管道

为了更有效率，利益团体必须能够通过**政治入口的管道**而达至关键的政策制定者。我们在**合宪的**、合法的入口管道（比如大众传媒、政党、立法机构和法院）与**强制性的**、不合法的入口管道之间做了区分。我们这里合宪的管道指的是人们和政策制定者认为它们对于其生活于其中的政治系统是恰当的，并且与法治是相容的非正式的和正式的管道。合宪的入口管道可以采取多种形式，这些经常可见于民主的和非民主的系统。强制性的管道依靠使用强力和其他违背法治的策略。

个人联系（运用家庭、学校、地方或其他社会联系）是所有社会中接近政治精英的重要手段。英国精英的信息网络往往建立在老同学关系的基础上，这些老同学关系基于伊顿、哈罗或其他“公”学，或者是牛津和剑桥这样的大学。类似地，在日本，东京大学法学院的许多校友拥有政治和官僚中的顶级地位，并且培养个人间的关系。美国总统通常都有一个私人密友圈，一个“智囊团”或“厨房内阁”，这些人通过意识形态和政策倾向以及朋友关系与他们的首领紧密地联系在一起。这样的可以在利益表达和集聚中发挥重要作用的网络，存在于所有的国家。而且，个人联系在穷国是一个特别重要的入口管道，往往是因为缺少替代的管道。许多这样的网络被界定为**恩从关系**（见政党一节）。尽管个人联系经常被代表家庭或地区利益的非协作的团体所利用，但这些联系也服务于其他团体。

大众传媒是民主社会中另一个重要的入口管道。这些传媒能够为利益团体的努力争取支持，带来时间和金钱的奉献，并且鼓励

---

① Howard Wiarda, ed. *Authoritarianism and Corporatism in Latin America—Revisited* (Gainesville: University Press of Florida, 2004); and Julius E. Nyang'Oro and Timothy M. Shaw, *Corporatism in Africa: Comparative Analysis and Practice* (Boulder, CO: Westview Press, 1990).

同情者支持该团体。许多利益团体雇用公共关系专家，购买直接的广告，并寻求媒体中有利的关注。当东欧国家的政府于 1980 年代后期放松对媒体的控制时，媒体的力量便显而易见了。这一行动通过报道政府政策的失败以及与西方生活方式的对比，而大大刺激了政治运动。当被问及 1990 年代波兰的政治变革的原因时，前总统瓦文萨指着电视机说："就是它。"

政党是另一个重要的入口点。民主的政党经常依靠利益团体来得到资金和选民的支持，并以这些利益团体在政府中的代表的身份来行动。某些利益团体极大地强调其跨党派的立场，但其他团体则发展其与政党的密切关系。例如，英国工党中工会的政治权力，在历史上取决于工会制定前后一致的政策立场和动员其成员（他们通常也是党员）支持这些立场的能力。在一些案例中，其他因素限制了政党作为利益代表的角色。例如，具有等级制结构的强意识形态政党，更可能控制附属的利益团体，而不是传达利益团体的要求。分权型的政党组织，如美国的政党组织，在提供入口管道方面也许不如立法者个人那样有帮助。

立法机构是利益团体活动的另一个共同目标（见专栏 4－3）。标准的游说策略包括在立法机构的委员会之前出现并向立法者个人提供信息。在美国，松弛的政党纪律和分散权力的立法系统使得国会议员个人成为利益团体努力的主要目标。政治行动委员会为国会议员个人募集竞选献金，通常以得到某种政治关注作为交换。在德国，议会各个委员会中的政党代表是向内阁和执政党传达要求的重要管道。但在议会系统中，严明的政党纪律经常降低国会议员个人作为入口管道的重要性①。

专栏 4－3

幕后游说

英国的一些啤酒公司运用各种手段支持其工业。例如，该工业向工党议员捐赠资金，这些议员近期投票赞成英国酒馆延长营业时间。他们还向喜欢这项产业的议员提供旅行资助。支持该产业的一批议员组成了"多党议会啤酒团"（APBG）。该团体公开宣布的目标是"促进啤酒之有益健康和享用以及酒馆在英国社会的独特作用"。该议会团体游说降低啤酒税，开展有关政府是否过度管制的听证会，并支持延长酒馆营业时间。该团体在威斯敏斯特发挥了一系列的作用，给予工业头目面见议员和展示其产品的机会。该议员团体还选出一名"年度啤酒饮用者"，此人在他们的年度晚餐中接受奖赏。该议员团体接受啤酒制造商的直接资金支持，该团体的秘书也由该酒业支付工资。

资料来源：数据来自 APBG 网站：http：//www.publications.parliament.uk/pa/cm/cmallparty/register/beer.htm.

政府机构（官僚）也是一个主要的入口管道。在这些机构拥有政策制定的权力或利益是狭窄的、涉及少数公民的地方，这可能是尤为重要的。同情的官僚有可能通过行使

---

① 参见第五章有关议会系统中政党凝聚力的讨论。还可参见：John M. Carey，*Legislative Voting and Accountability*（New York：Cambridge University Press，2009）.

行政裁量权而对一个团体的要求做出回应，或者以让政策制定者接受同情的听证的方式让公众考虑该团体。在非民主的系统中，官僚可以成为一个特别重要的入口管道，因为不存在其他合法的公民入口管道。

抗议示威、罢工和其他引人注目和直接施压的形式可以是合宪性的或强制性的，这取决于其性质和政治系统的规则。在民主社会，游行示威经常争取大众对其事业的支持（或吸引媒体的关注）。在非民主社会，游行示威更加危险。抗议可以补充其他的管道，特别是在赢得大众传媒的关注方面。因此，新德里的医生、日本的农民和德国“灰豹党”（老年人）运用的是一种曾经仅限于穷人和少数族群使用的策略①。

更加公开的强制性管道包括骚乱和使用暴力。罗伯特·格尔在其研究中论辩道，相对剥夺感驱使人们采取攻击性行动②。这些感觉可能激起挫折、不满和愤怒——这可能再导向暴力。如果人们觉得暴力是有道理的，他们的政府是不合法的，而暴力将导致成功，那他们也可能转向暴力。政治暴力活动之间存在重要的差异。例如，自发的骚乱可能表达集体的愤怒和不满（一些人也许在秩序崩溃时为了乐趣或利润而加入骚乱）。近年的研究表明，骚乱者在动机、行为和社会背景方面差别很大③。相对剥夺感是骚乱的一个主要原因，但是，挫败感的释放并不是像通常认为的那样漫无目标。例如，2005年巴黎的骚乱是被两名青少年的偶然死亡所引发的，这点燃了已经存在的爆炸性因素。少数族群的年轻人帮派焚烧了数千辆车、毁坏商店，并且攻击警察。法国总统宣布进入紧急状态。尽管许多大破坏看起来并无有效的指导，但这是引起关注的呼喊。来自移民家庭的年轻人失业率居高不下，并感到社会和经济的歧视正在限制他们的生活机会。

剥夺感也许助燃了不满，而罢工和阻碍行动通常由组织良好的协作的或机构化的团体所发起。在历史上，工会利用总罢工在基本议题上对政府或雇主施加压力。更近期的，一系列漫长的反对全球化的暴力抗议涉及更加激进的团体高度有组织的活动（见专栏4－1）。罢工和阻碍行动的影响差别很大。1989年和1990年东欧的罢工、阻碍行动和游行示威，与此前的菲律宾人民力量运动一样，在反对已经失去合法性的政权方面取得了巨大成功。2004年乌克兰选举作弊之后的总罢工导致向一个新的民主政府的转变，但1980年代韩国学生发起的抵制活动却影响不大。

最后，激进团体有时采用**政治恐怖策略**（包括蓄意暗杀、武装攻击其他团体或政府官员以及大屠杀）。恐怖主义的运用通常反映了改变政治游戏规则或者破坏政治系统的愿望，而不是取得政治入口。大规模的致命暴力可能破坏民主体制，导致公民权利受限甚至军事干涉。例如，民主选出的政府为它1992年在秘鲁和1975年（见第十五章）在

---

① Norris, *Democratic Phoenix*.

② T. Robert Gurr, *Why Men Rebel* (Princeton, NJ: Princeton University Press, 1970).

③ 参见：Pippa Norris, Stefaan Walgrave, and Peter van Aelst, “Does Protest Signify Disaffection? Demonstrators in a Postindustrial Democracy,” in *Political Disaffection in Contemporary Democracies*, ed. Mariano Torcal and Jose Ramón Montero (London: Routledge, 2006), 279－307. 关于骚乱的较老的传统，参见如下的评论：Anthony Oberschall, *Social Conflict and Social Movements* (Englewood Cliffs, NJ: Prentice-Hall, 1973), Chapter 1.

印度对民主机制的镇压辩护，认为这是对恐怖主义的反应。当面对联合起来的民主领导层时，小团体的恐怖主义通常失败①。

利益团体在其入口管道的选择上存在差别。团体策略的形成部分地出自政策制定的结构，部分地出自团体自身的价值观和偏好。拥有大量资源（资金、成员或地位）的团体通常倾向于通过合法的合宪管道来开展工作。拥有有限资源或合法性的团体可能觉得自己必须通过强制性的管道来行动。在民主体制中，团体倾向于合宪性的管道，因为该系统允许范围广泛的团体活动。与此对照，非民主的系统一般限制合宪的管道，这可能激发强制性的活动。

竞争性政党制度与利益集聚

4.6 比较和对比竞争性的与威权主义的政党系统及其在利益集聚中的作用

成功的公共政策取决于有效的利益集聚。利益集聚使政策选项缩小，使公民的要求和需要转变成几个政策选项。在此过程中，许多可能的政策被消除了。保留下来的选项通常得到社会重要方面的支持。正如前面所讨论的，不同的国家集聚利益的结构差别很大。表 4-2 对本书各个代表性国家做了总结。在民主国家，竞争性政党制度在缩小并合并政策偏好项上起了重要作用。通过选举，选民向背后的一些政党表达支持，进而形成立法机构中的政党代表。选举之后，当选的代表在立法机构与会，由此产生进一步的联合和联盟。然而，在有些时候，大多数政策选择会不予考虑——或者是这些政策没有得到任何政党的支持，或者是支持它们的政党在选举中严重受挫。在非竞争性政党制度、军政府和君主政体中，利益集聚的运作方式则不同，但都具有缩小政策选项的类似效果。在某些议题上，当军政府或威权主义政党中的某个派系能够决定政府规划时，利益集聚实际上会决定政策。在其他情形下，立法议会、军事委员会或政党政治局可能会有几个派系，这些派系必须就政策进行协商。

在很多当代政治制度中，政党是利益集聚的主要结构，也可能是利益表达的重要手段。政党是设法把候选人按照其标签放置到相应职位的团体或组织。在任何特定社会当中，可能有一党、两党，或者多达 10 个或 20 个政党。我们把政党的数量和政党之间的关系称为**政党制度**（party system）的属性。**竞争性政党制度**（competitive party system）与非竞争性或**威权主义政党制度**（authoritarian party system）之间存在根本性区别，在竞争性政党制度中，政党主要努力构建选举的支持，而在非竞争性或威权主义政党制度中，执政党举行选举但竭力阻止权力更迭。这种区别并不取决于选举成功的封闭性或者政党的数量。相反，它取决于政党自由缔结的程度和争取公民支持的能力，还取决于这种争取公民支持的竞争是不是赢得政府控制的关键。因此，如果一个政党压倒性地赢得一次选举，或者连续主导了几届选举，只要其他政党可以在选举中自由地挑战它的支配地位，那么这种政党制度就是竞争性的。

① 关于暴力与民主的存续，参见：G. Bingham Powell, Jr., *Contemporary Democracies: Participation, Stability, and Violence* (Cambridge, MA: Harvard University Press, 1982), Chapter 8；还可参见下述论文集的文章：Juan J. Linz and Alfred Stepan, eds., *The Breakdown of Democratic Regimes* (Baltimore: Johns Hopkins University Press, 1978).

表 4-2 当代部分国家实施利益集聚的结构

政党并不是唯一的。

国家	不同主体实施利益集聚的广泛程度				
	恩从网络	协作的团体	竞争性政党	威权主义政党	军事力量
巴西	中等	中等	中等	—	轻
英国	轻	重	重	—	轻
法国	轻	中等	重	—	轻
德国	轻	重	重	—	轻
印度	重	中等	中等	—	轻
伊朗	重	中等	轻	—	中等
日本	中等	重	重	—	轻
墨西哥	中等	中等	中等	—	轻
尼日利亚	重	轻	中等	—	中等
俄罗斯	中等	轻	轻	—	中等
美国	轻	中等	重	—	轻

注：利益集聚实施的广泛程度如表中轻、中等或重所示。具体等级的确定广泛参考了各国不同时代的绩效问题领域。“—”表示该实施主体不存在。作者根据本书有关章节的内容汇编。

竞争性政党在利益集聚中的作用不仅取决于个别政党，而且取决于政党的结构、选举人团、选举法和决策机制。通常情况下，竞争性政党制度中的利益集聚发生在几个不同阶段：在单个政党内部，由政党选出候选人并通过政策提案；进行竞选；选举结束后，与其他政党在立法机构或行政机构内进行协商并建立联盟。

只要选举和代表议会存在，政党就一直在运作，但是现代民主政党大约是从 19 世纪中期开始在欧洲和美国出现的。此后它们融入所有采取自由公正选举和民主政府的社会当中。不同政党的目的和组织各不相同。有些政党具有详尽具体的政策纲领，而有些政党只不过是使其雄心壮志的政客当选（或者甚至是让自己致富）的工具。有些政党是高度结构化的群众组织，而有些则是由其领导人主导的松散的个人扈从团体（见专栏 4-4）。

政党通常根据其能为支持者提供什么而被分为两类。**纲领性**政党在一个政策纲领的基础上争取政治支持，该纲领提出了广泛基础的政策，往往还包含相当多的公共益品成分。相反，**恩从主义**政党则向其支持者提供更具体的益处，往往是以工作、个人恩惠或地方收益的形式。这种政党在很大程度上通过个人联系来运作。在**恩从网络**（patron-client networks）中，某位核心官员或权威人物即**恩主**通过为其**扈从**提供好处（恩惠）以换取他们的忠诚和支持。因此，恩从主义以交换关系为特征，经常在法律之外，往往遮掩在黑箱和社会等级制中，其关系是帮主与走卒的关系。纽约或芝加哥的机器党都类似地受恩惠和忠诚的关系所约束。当代有关恩从关系的研究肇始于对亚洲政治的考察，这样的恩从网络在菲律宾、日本和印度是普遍的。但是，类似的情况在世界的大部分地方都存在。恩从主义通常与贫穷社会相关联，但最新的研究显示，恩从主义可能在事

专栏 4－4

个人扈从党

政党通常是正式的组织，有官员、党员、章程和正式的政策纲领。但有时候，政党可能是围绕某个政治领袖或一个领导人小组建立起来的相当松散的个人扈从运动。个人扈从党在新兴民主政体中尤其普遍。例如，在俄罗斯，总统普京（2000—2008年和2012年至今）就能够组建一个拥有强大个人追随力量的政党（统一俄罗斯党）。但是，甚至在印度和法国也有高度个人扈从化的政党。在印度，印度国大党一直由它最重要的创始人甘地和尼赫鲁家族所掌控。在法国，大多数总统都出自戴高乐主义运动。戴高乐主义运动有很多个名称，但是起初一直受总统戴高乐及其追随者所主导。个人扈从党通常不具有非常明确的政策纲领。它们常常是恩从主义的，有时候则纯粹是实现个人雄心和寻租的工具。

史穆尔·弗拉托-沙伦（Shmuel Flat to-Sharon）提供了一个极端的例子，他是一名出生在波兰、生活在法国的商人。1977年，他因为法国当局欲起诉他贪污而逃到以色列。为了免于被起诉和逃避引渡，他组建了一个一人政党，竞选以色列国民议会议员（Knesset）。弗拉托-沙伦拒绝将自己标识为左翼、右翼或中立人士，但他辩称以色列不应当允许他被引渡。他还承诺所有的以色列家庭都会获得一台免费电视机（这是在电视机变得廉价之前）。他还承诺给他投票的所有人将作为“竞选工作者”获得酬劳。弗拉托-沙伦赢得了两个议会席位，即便他作为该党的唯一候选人而不能占据第二个席位。然而，他后来因为贿选被以色列法庭判处行贿罪，但从未被引渡到法国。

一些个人扈从党似乎除了取笑政治和政客以外再没有其他目的。在丹麦，戏剧演员雅各布·豪高（Jacob Haugaard）几次作为“故意逃避工作者协会”（Association of Deliberate Work Avoiders）候选人竞选公职。1994年，他赢得了丹麦议会的选举。他的竞选纲领包括：对缺乏幽默感的人提供残疾补助金，所有的丹麦自行车道必须顺风而建，提供更慷慨的圣诞礼物，更大力度复兴宜家（IKEA）家具。豪高还承诺给他的投票者提供免费啤酒，并用他的政党从丹麦政府获得的公共基金在选举结束后为其支持者购买了啤酒和热狗。

实上最普遍地存在于中等经济发展水平的国家①。

最初的政党通常是**内部创建**的，其创建人是已在国家议会或其他政治机构中拥有席位的政治人物。这些政党忠于宪法（例如共和政府、普选制度或政教分离），但是在其他方面，它们常常只有笼统的政策纲领和在立法机构之外的微弱组织。它们通常具有形形色色的名称，这些名称关于其政策表述甚少，如英国的辉格党（Whigs）和托利党（Tories）、一些拉丁美洲国家的白党（Blancos）和红党（Colorados）、瑞典的礼帽党（Hats）和便帽党（Caps），或者再如美国的民主党和共和党。

① 参见：Herbert Kitschelt and Daniel M. Kselman, “Economic Development, Democratic Experience and Political Parties' Linkage Strategies,” *Comparative Political Studies* 46, 11（2012）：1453－1484. 关于一个不同的恩从主义观念（作为纲领性政党的几个替代项之一），参见：Susan C. Stokes, Thad Dunning, Marcelo Nazareno, and Valeria Brusco, *Brokers, Voters, and Clientelism: The Puzzle of Distributive Politics*（New York: Cambridge University Press, 2013）.

19 世纪末 20 世纪初，随着民主国家的工业化和城市化，以及随着越来越多的成年人获得投票权，一系列其他类型的政党兴起了。工人阶级的成长导致了社会党、社会民主党、共产党和其他工人党的成立。农民利益通过农民党获得了代表，出现的其他党则代表了宗教团体（如天主教、印度教）、族群或语言上的少数群体的利益。在还未获得独立的国家，寻求国家独立的政党通常会成为一股主导性的力量。所有这些政党通常是**外部创建**的——它们通常先在政府和议会之外组织起来。与先前的竞争者相比，它们通常拥有更为强大的大众成员组织，而且与特殊利益团体也有着（并持续具有）更密切的联系。因此，社会民主党和共产党一般与工会强烈地相关联，而农民党与农民组织、许多基督民主党（至少是天主教的民主党）与梵蒂冈和宗教组织强烈地联系着。

这些政党大多仍然存在，并且已经融入了稳定的社会民主党、保守党、基督民主党、自由党、民族主义党及其他的**政党家族**之中，这些政党通常保持着跨越国家界限的紧密联系。大多数民主国家的政党系统都显示出巨大的稳定性，而且，许多 100 年前已经占据主导地位的政党在今天仍然很重要。然而，在过去数十年里出现了两种重要的新型政党，尤其是在发达的工业化国家。一种是“新左派”（new left）或者绿党，它们于 1960 年代和 1970 年代出现于许多国家，主张国际和平和裁军、环境保护、性别平等和少数族群的权利。它们通常比传统的工人阶级左派政党（例如社会民主党）更加支持不同的生活方式。另一种重要的新型政党是民粹主义右派（populist right），例如意大利的“意大利力量党”和法国的“国民阵线”。这些政党倾向于批判现有的政党和政治领导人，认为它们是精英主义的、腐败的并与公众隔绝的。这些政党关注犯罪问题，支持严格的法律与秩序的政策，但批评被其视作“政治正确”的政府干涉主义。它们不喜欢福利国家有时造成的扭曲，例如使工作变得不具有吸引力、使人依赖福利好处而生活的政策。它们通常支持国家主权和公民权，反对大规模的移民和国际整合。

大多数民主国家的政党制度反映了这些多种多样政党家族的混合。但是，没有任何两个政党制度是完全相同的，也不是所有政党家族在所有国家都有代表。政党制度的多样性反映了人口、经济发展和政治史的差异。它们也取决于选举制度的差异。对此，我们将在下文展开讨论。

选举

4.7 讨论选举系统的类型及其与选举竞争模式的关系

在民主体制中，政党的存亡取决于它们在政治选举中的表现。因此，投票这种简单行为是最重要的政治参与形式之一。选举是使不同利益能够得到平等表达的少数方法之一。然而不幸的是，选举并不总是能够公平地集聚利益。例如，赋予每一位公民一票投票权，未能把不同的人持有的观点程度差别考虑进去。此外，经济和政治科学家已经发现，在任何决策中如果有三个或更多的可选项时，可能不存在一种公平的统计选票方法选出一个最佳结果（一个被称为“阿罗悖论”的问题)①。

投票这种简单行为可能具有深远的意义。选举结果直接或间接地决定谁将管理政府事务和制定公共政策，当政党获得对政府的控制时，一般都会履行其选举承诺②。当左翼政府开始在欧洲掌权时，它们倾向于扩大政府的规模和抱负；保守派政党则通常会减缓政府项目的增长，并促进私营企业的发展。那些想要进行根本性变革或最近一段时间内没有执政的政党发现，当它们最终取得权力时却难以实施它们的纲领。例如，当德国绿党（German Greens）在 1998 年作为联合政府的一部分开始掌权时，它必须对立即关闭德国核电站的承诺进行修正。作为替代，它通过了一项逐步停止使用的方案。它还不得不接受德国军事卷入科索沃的国内冲突，尽管它的政纲批评这样的军事干预。但是总体来说，政党往往努力实施它们的纲领，因而公民通过投票可以影响政策的制定。

然而，政党领导人在集聚利益并进行决策时，常常会陷入政党积极分子与选民具有不同要求的矛盾之中。政党积极分子通常要求的政策比大多数选民需要的政策更为激进，积极分子通常坚持政党的纲领应该得到实施，而普通选民在政府试着妥协并倾听自己政党以外的意见时，通常会更加高兴。人们对民主政体要求政党在内部应该具有怎样的民主程度展开了广泛而持续的争论（见专栏 4－5）。参与式民主的提倡者强烈支持这种理念，一些政党（例如欧洲绿党）也是如此。与此对比，奥地利著名经济学家约瑟夫·A. 熊彼特辩论称，政党之间的充分竞争对于健康的民主至关重要，而政党内的民主与此并不相关，甚至是有害的③。

选举常常还有其他的功能。威权主义者经常操纵选举来使其政府合法化。选举对社会化和塑造公民态度起到一种作用，但与利益表达或利益集聚则没有什么关系。

在大多数民主国家，选民能够自由地选择是否去投票。投票的选择体现了动机的混合④。很多公民努力判断政党的政策承诺。而对于其他公民来说，选举只是对政府表现做简单公决。当时局变得糟糕时，他们投票否决这些无赖；当情况变好时，他们又重新给这些人投票。在其他情形中，选举可能受制于某个强势领导人的领袖魅力或某个弱势领导人的无能。然而，在每种情形下，选举都将这些不同的关注点聚集成一个集体的决定。

---

① 参见：Kenneth Arrow，*Social Choice and Individual Values*（New Haven，CT：Yale University Press，1951）. 关于某些政治意涵的通俗的讨论，参见：William H. Riker，*Liberalism Against Populism*（San Francisco：W. H. Freeman，1982）；and Kenneth A. Shepsle. *Analyzing Politics*：*Rationality*，*Behavior*，*and Institutions*. 2nd ed.（New York：Norton，2010）.

② 表明政党倾向于信守承诺的研究参见：Hans-Dieter Klingemann，Richard Hofferbert，and Ian Budge，eds.，*Parties*，*Policy*，*and Democracy*（Boulder，CO：Westview，1995）；Richard Rose，*Do Parties Make a Difference*?（Chatham，NJ：Chatham House，1984），Chapter 5；Russell J. Dalton，David M. Farrell，and Ian McAllister，*Political Parties and Democratic Linkage*（New York：Oxford University Press，2011）；and Robert Thomson，et al.，“Explaining the Fulfillment of Election Pledges：A Comparative Study on the Impact of Government Institutions.” A paper presented at Annual Meeting of the American Political Science Association，Washington，D. C.，August 29，2014. 但民主政治人物并不总是履行其承诺，正如 Susan Stokes 在其研究拉丁美洲 1980 年代的政党承诺和选举后的改变时所言：Susan C. Stokes，*Mandates and Democracy*：*Neoliberalism by Surprise in Latin America*（New York：Cambridge University Press，2001）.

③ Joseph A. Schumpeter，*Capitalism*，*Socialism*，*and Democracy*（New York：Harper，1943）.

④ 参见：Russell J. Dalton，*Citizen Politics*：*Public Opinion and Political Parties in Advanced Industrial Democracies*，5th ed.（Washington DC：Congressional Quarterly Press，2008）.

专栏 4-5

寡头统治铁律

如果政党不是民主地管理其自身，那它们还能成为民主代表制的主要工具吗？这是研究现代政党制度的学者所关注的一个主要问题。1911年，年轻的德国社会学家罗伯特·米歇尔斯出版了一本关于德国社会党的研究著作。在这本书里，米歇尔斯系统性地阐述了**寡头统治铁律**。该铁律声称，所有的现代组织都倾向于一种寡头制（由少数人统治）而非民主政治。米歇尔斯著名的观察论断是："谁在说组织，谁就是在说寡头制。"他分析出了把组织（如政党）推向寡头制的若干力量。第一种力量是所有大的现代组织中所存在的专门性的需要。寡头制的第二个原因在于如下事实，即大多数的普通组织成员没有时间和资源来追究其领导人的责任，而这些领导人经常渴求强大的领导力。第三个缘由是政党培养的领导人是"靠"政治生活的，而不是"为了"政治。他们利用自己的领导地位来获取财富或权力，这常常对他们的追随者带来损害（在现代术语中，我们会将此自利行为称为**寻租**）。米歇尔斯的研究特别麻烦，因为他是在德国社会党中发现这种倾向的，而他是同情该党的，并且该党被认为是特别强烈地忠于民主理想的。

资料来源：Robert Michels，*Political Parties*（New York：Free Press，1962）.

选举制度

选举进行的规则是影响政党最为重要的结构之一。我们把这些规则称为**选举制度**（electoral system）。它们决定谁能够投票、如何投票和如何统计选票。决定选民的选择如何被转换成选举结果、投票如何转换成席位的规则特别重要。在美国、英国和受英国影响的众多国家（如印度和加拿大），国家被划分成很多不同的选区。在每个选区，比其他候选人获得更多选票的候选人（**简单多数**）将赢得在该区的选举。这种简单的**单一选区相对多数**（single-member district plurality，SMDP）**选举规则**常常被称为"相对多数制"。这是一个赛马术语，因为获胜者只需要领先其他人，而不是赢得绝对多数选票。这种制度在美国看起来很常见，而且显得很自然，但在欧洲大陆或拉丁美洲很少使用。单一选区制的另一个版本是法国和俄罗斯总统选举以及美国部分州中使用的**绝对多数决选**（majority runoff）或**双投**（double-ballot）制。在这种制度中，投票分两个阶段进行，通常两个阶段相隔数周。在第一轮投票中，获得全部选票多数（50%+1票）的人胜选。这样，获胜候选人获得的选票不仅必须比任何其他人要多，而且还需要比其他所有候选人获得的选票总数要多。如果在第一轮没有人获得绝对多数选票，那么只有少数候选人（通常是票数最多的前两位）进入第二轮投票，在这轮投票中获得票数最多的人（简单多数）即当选。

与单一选区制相比，欧洲和拉丁美洲的大多数民主国家使用**比例代表制**（proportional representation，PR）。在这种制度中，国家被分成若干个大选区，每个选区可以选出多名成员。这些选区通常是组成国家的州或省，如德国的16个州，每个选区的席位数量通常与其人口成比例。各个政党在每个选区提供候选人排名名单。一个政党赢得的代表人数取决于它获得选票的总体比例。因此，获得10%票数的政党将被授予约10%的立法席位，尽管没有一种选举制度有着完美的计票比例。有时候，政党必须达到最低数量的门槛（通常是全国范围内的3%～5%）才能获得席位。如果有很多政党竞争，以至于多数政党没有达到这个门槛，那么很多选民就可能得不到代表，1995年俄罗斯发生的情形就是如此，当时有43个政党出现在选票上，其中只有4个政党超过了门槛。事实上，49.5%的投票者所选择的政党未能超过门槛。

为了有效地竞争，政党必须阐述诱人的政策纲领，并提名有吸引力的职务候选人。政党还必须预测并努力对抗其竞争者所提出的纲领。除了采纳竞选纲领和选出候选人以外，政党还试图通过集会、媒体广告、上门游说、社交媒体和其他活动来宣传自己，并动员选民的支持。政党用来形成政策纲领的程序因国家和政党而存在很大差异。在美国，每届总统选举前举行的全国党代表大会（national party convention）都会通过一个政纲，从而正式确认该党的立场。在其他国家，政党具有更常规化的代表大会，高度集中的党组织公布政党纲领（也称为**政纲或宣言**）①。

政党还必须提供职务候选人。在美国，选民通过**初选**（primary elections）直接选出这些候选人。但初选是一种完全开放的选择候选人的形式。在大多数其他具有**单一选区**（single-member district，SMD）选举的国家，则由政党官员选出地方或国家的候选人。在比例代表制选举中，政党为每个选区拟定一份候选人名单。在**名单封闭式比例代表制**（closed-list PR systems）中，选出的代表简单地从按自上到下的顺序排列的名单中抽出，普通选民对政党的候选人没有发言权。与此对比，在**名单开放式比例代表制**（open-list PR systems）中，选民可以将他们的偏好选票投给单个的候选人，这些选票决定哪个候选人将成为该选区的政党代表。

选举竞争模式

在民主政党制度中，选举制度是选举竞争模式的主要决定因素。两种著名的政治学理论有助于我们理解这种关系：迪韦尔热定律和唐斯中间选民结果。**迪韦尔热定律**（Duverger's Law）是政治学中最著名的理论之一，它是以法国政治学家莫里斯·迪韦尔热来命名的②。它表明在选举制度和政党制度之间存在着一种系统性关系，使得单一选区相对多数选举制倾向于在立法机构中产生**两党制**，而比例代表选举制则容易产生多党

① Ian Budge，David Robertson，and Derek Hearl，eds.，*Ideology，Strategy，and Party Change：Spatial Analyses of Post-War Election Programmes in 19 Democracies*（New York：Cambridge University Press，1987）；and Richard Katz and Peter Mair，eds.，*How Parties Organize：Change and Adaptation in Party Organizations in Western Democracies*（Thousand Oaks，CA：Sage，1994）.

② Maurice Duverger，*Political Parties：Their Organization and Activity in the Modern State*，trans. Barbara and Robert North（New York：Wiley，1963）. 还可参见：Gary W. Cox，*Making Votes Count*（Cambridge：Cambridge University Press，1997）. 关于迪韦尔热定律及其适用条件的两项讨论，参见：Robert Moser and Ethan Scheiner，*Electoral Systems and Political Context：How the Effects of Rule Vary across New and Established Democracies*（New York：Cambridge University Press，2012）；and Mala Htun and G. Bingham Powell，eds.，*Political Science，Election Rules and Democratic Governance*（Washington，DC：American Political Science Association，2013）.

制。迪韦尔热在这种规律背后发现了两种机制。他把这两种机制称为*机械效应*和*心理效应*。**机械效应**（mechanical effect）是不同选举制度把选票转换成席位的方式的直接结果。在单一选区制中，政党除非在至少一个选区中获得票数第一，否则就得不到任何代表。因此，在多个选区中投票数排第二、第三或第四的小政党将获得很少或不会获得代表。例如，在英国2015年大选中，联合王国独立党（UKIP）获得了12.9%的选票，但只获得下院（共650个席位）中的一个席位。

心理效应（psychological effect）存在于如下事实之中，即选民和候选人都期望产生机械效应。因此，选民不会投票支持“无希望”的政党和候选人。相反，他们可能会支持第二好（甚至第三好）的政党或候选人，目的是阻止他们极不喜欢的政党获选。小政党的候选人知道选民不会支持他们，因此他们不太愿意参与竞选，捐助者为是否支持他们而考虑再三。为了避免更坏的选举结果而投票支持并非首选的政党或候选人被称为**策略投票**（strategic voting）。迪韦尔热认为，策略投票会有利于大党而不利于小党。在美国的选举中，第三大政党的候选人经常在民意调查中表现良好，直到临近选举日，选民们意识到这些候选人不可能获胜。随后，它们的支持率直线下降。

安东尼·唐斯考察了政党数量对其政策立场的影响。他指出，当两个政党沿着单一的左-右（或其他）政策维度竞争时，它们会倾向于瞄准中间选民，或者叫“趋同”。唐斯设定，政党只对赢得选举感兴趣，每位选民将选择立场与自己的政策偏好最接近的政党。在此类条件下，政党将会适度调整它们的政策，以便赢取中间选民的支持（所谓中间选民，是指对政策立场持中间态度的选民，其他持偏右或偏左立场的选民则数量差不多）。唐斯的贡献被称为**中间选民结果**（median voter result），它适用于两个政党竞选的情况。在此情形下，政党必须努力赢得多数选票，所以把目标对准选民的“中间派”。然而，比例代表制中通常有多个政党，没有哪一个政党会有很大机会赢得多数选票。但政党只需要赢取少得多的支持就能存活下去。因此，在多党制度中，不存在这种类似的中间选民牵引，相反，政党可能在整个政策谱系内扩大其影响力①。其积极的一面是，甚至不处于中间立场的选民也能找到为他们利益发声的政党。其消极的一面是，比较极端主义的政党可能导致政治的不稳定。

图4-2提供了一张比较各种民主国家中政党和选民的“快照”。图中表明，在近期选举民调中，各国政党支持者将该党置于从0到10的左右翼谱系中的位置，其中位置“0”表示左翼（或美国社会中的自由派），位置“10”表示右翼（或美国社会中的保守派）。请注意左翼、右翼、中间派这些词语在不同社会中具有不同含义。图中柱条的高度代表了选民对该党的支持率。图中最上面的两个国家（美国和英国）采用单一选区相对多数选举制，而法国采用绝对多数决选制，墨西哥和日本采用混合制，德国和巴西则采用比例代表制。根据迪韦尔热的理论，美国和英国应该只有两个主要的政党，

① Anthony Downs, *An Economic Theory of Democracy* (New York: Harper & Row, 1957).

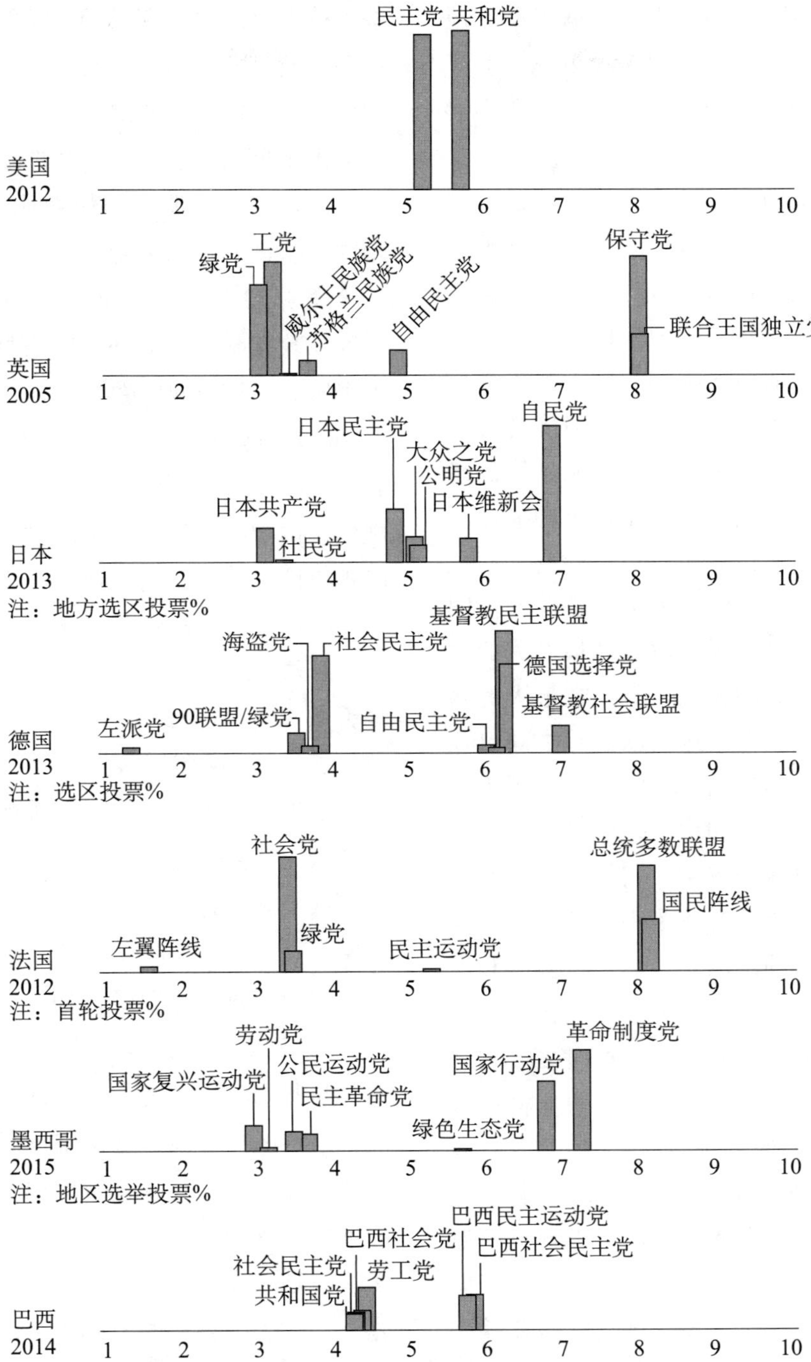

图 4-2　政党在左右谱系中的位置及其在选举中的投票支持率

注：下院代表百分比。政党位置是选民中值在 0～10 谱系中的位置，0 为最左立场，10 为最右立场。

资料来源：The Comparative Study of Electoral Systems（http：//www. cses. org），CSES Modules 2，4. 关于英国的数据：Tim Bale and Paul Webb，"The Conservatives：Their Sweetest Victory，" in Andrew Geddes and Jonathan Tonge，eds.，Britain Votes 2015（Oxford：Oxford University Press，2015），50. The authors thank the directors of the British Election Study for making the data available for their article.

而其他国家则有更多的政党。根据唐斯的理论，我们应该推测出两党制在政策空间上应该是趋向中间和集中的，而多党制的政策会更加分散。

总的来看，图 4-2 同时支持了迪韦尔热和唐斯的理论。图中最上面的国家美国和英国采用单一选区相对多数选举制，仅有两个大党，虽然英国还有一些小党和中型政党。而且，美国的两党都相当接近政策谱系的中间位置。尽管两个政党的一般支持者之间的左右“间隔”要比 20 年前大，但仍然是相当小的。在近期的选举中，英国显得与美国很相似，但在过去十年里，政党之间距离拉开了不少。采用绝对多数决选制的法国有很多政党，在最左翼的政党和最右翼的政党之间存在着很大的距离，甚至在最大的两个政党（社会党和人民运动联盟）之间也存在巨大差距。有两个国家实际上结合了单一选区相对多数选举制和比例代表制。日本的特点是有两个主导的政党，它们在政策空间上相当接近。墨西哥有三个重要的政党，但政党间存在较大的距离。最后，在德国和巴西这两个国家，选举实际上以比例代表制进行（虽然德国有一些单一选区相对多数选举制的特征）。正如迪韦尔热预测的那样，这两个国家比图中的其他国家拥有更多的政党。德国还有极端主义的政党，特别是左翼，正如我们按照唐斯的理论可以预测的那样。然而，这也许还部分地是下述事实所遗留的问题：民主德国直到 1990 年还是共产党统治，左翼意识形态在民众中仍然拥有某些支持者。巴西符合我们的预测，因为它有许多政党（许多小党未在图 4-2 中显示，因为作为我们资料来源的民意调查中未就它们提出询问）。但是，巴西的政党都是相当中立的，因而表明，即使在比例代表制中，趋同或政策节制也可能发生。

表 4-3 呈现了本书中 11 个国家的选举制度和政党制度的另外一些信息。它显示了各个国家中**有效政党数**（effective number of parties）。这种衡量考虑了政党的总体数量和它们在得票比例或立法机构席位上的相对规模。例如，如果有两个政党，这两个政党的规模恰好完全相同，则有效政党数为 2.0。然而，如果一个政党获得 80%的得票率，另一个获得 20%的得票率，则有效的政党总数降为 1.5①。有效政党数可以根据投票或席位计算，正如我们在表 4-3 中所计算的那样。如果迪韦尔热定律是正确的，那么，单一选区相对多数选举制国家中的有效政党数应该低于其他选举制（尤其是比例代表制）国家。表 4-3 表明这在很大程度上能够成立，因为有效政党数最低的 4 个国家中有 3 个国家确实采用了单一选区相对多数选举制。与此同时，印度是个例外。尽管印度采用单一选区相对多数选举制，但是它的有效政党数量却很多。但仔细分析一下就可看出，尽管这个国家的政党数量总体来说很多，但是在大多数选区中只有两个重要的政党②。因此，印度可以帮助我们理解迪韦尔热定律的一个局限性，即尽管单一选区相对

① 有效政党数根据如下方式计算：首先计算各政党占有的席位（或投票）比例，对各个政党的比例进行平方，然后把这些平方后的数相加。最后用 1 除以所有平方相加的和。参见：Markku Laakso and Rein Taagepera，“‘Effective’ Number of Parties：A Measure with Application to West Europe，” *Comparative Political Studies* 12（1979）：3-27.

② Pradeep Chhibber and Kenneth Kollman，*The Formation of National Party Systems*（Princeton，NJ：Princeton University Press，2004）.

多数选举制倾向于维持两个政党，但是这两个政党在全国范围内并不必然是相同的。

表 4-3 也向我们说明了迪韦尔热定律中的机械效应，即计票规则本身的重要性。通过对选民中有效政党数（按得票比例计算）与国家议会中有效政党数（按席位比例计算）进行比较，我们可以看出选举制度是如何帮助大党而削弱小党的。这种偏向存在于所有国家和政党制度当中，因为图表中按席位比例计算出的数字总是低于按得票比例计算出的数字。迪韦尔热定律表明，这种差异在“相对多数制”（单一选区相对多数选举制）中应该比在其他制度中更大。我们的数据表明，这一点在英国和印度能够成立，那里的小党能存活下来，但代表性严重地被压低。与此对比，在尼日利亚和美国，“第三”党首先面临被逐出舞台的艰难时刻。

政府中的竞争性政党

如果某个竞争性政党赢得对立法和行政机关的控制，它将（如果是内部统一的）能够通过并贯彻它的政策。有时，当某个单一政党赢得了多数选票时，这种控制从选举过程中就直接体现出来了。但是在许多国家，选举法都有助于大党获得多数控制权，即使它没有在选民中获得多数支持。这样一来，规则是重要的。

表 4-3　选举与政党有效数（立法机构的下议院）

国家	选举制度	有效政党数—得票比例	有效政党数—席位比例	单个候选人是如何选出的？
巴西	名单开放式比例代表制	9.8	8.69	候选人偏好投票
英国	单一选区相对多数	3.93	2.54	由地方选区协会提名
法国	单一选区绝对多数决选	5.27	2.83	由地方选区协会提名
德国	混合制：单一选区相对多数＋名单封闭式比例代表制	4.81[a,b]	3.51[a,b]	全国党和邦党会议
印度	单一选区相对多数	6.82	3.45	由地方选区协会提名
伊朗	多数选区绝对多数决选	无数据	无数据	必须经宪法监护委员会批准
日本	混合制：单一选区相对多数＋名单封闭式比例代表制	4.12[b]	2.42[b]	全国政党
墨西哥	混合制：单一选区相对多数＋名单封闭式比例代表制	3.16[b]	2.80[b]	由地方选区协会和全国政党提名
尼日利亚	单一选区相对多数	2.62	2.34	由地方选区协会提名
俄罗斯	名单封闭式比例代表制	3.10	2.80	全国政党
美国	单一选区相对多数	2.14	1.96	初选

注：数据取自 2016 年 11 月后最近的国家选举。

a 将 CDU 和 CSU 作为独立的政党计算（见第九章）。

b 以全部选票和全部席位为基础。

资料来源：Arend Lijphart，*Patterns of Democracy*：*Government Forms and Performance in Thirty-Six Countries* (New Haven，CT：Yale University Press，1999). Michael Gallagher，“Election Indices Dataset，” 2015，http：//tcd. ie/Political _ Science/staff/michael _ gallagher/ElSystems/index. php；http：//www. ElectionGuide. org；http：//www. Wikipedia. org.

少于50%的选票就可能转换成50%以上的立法席位。这种“人为的”或“制造出来的”立法多数席位成了采用单一选区相对多数选举制的国家（例如英国）的规则。

例如，1979—2010年，以及在2015年，不管是保守党还是工党，一直在英国下议院中赢得多数席位，即使这两个政党从来没有在任何这些选举中获得选民的多数支持。例如，2005年工党以35%的得票率赢得下议院的多数席位，而在2015年，保守党赢得下议院微弱多数，背后支持它的选民大约为39%。在所有这些选举中，支持英国小党的25%～35%的选民只获得了10%或更少的议会席位。

在其他国家，多党选举没有产生单一政党的绝对多数，但是选举前组成的政党联盟仍然可以使选民对未来政府做出直接选择。在选举前，几个政党组成的联盟可能联合力量，同意协调它们的竞选活动，或者同意它们如果联合起来赢得议会的多数席位，就共同来治理。当这种联盟形成时，如它们在法国和德国很多次（但不是所有）选举中做到的那样，那就几乎像两党制了。选民可以清楚地识别未来的政府，并对现任者提出褒奖或惩罚，如果他们选择这样做的话。因此，通过选择政党，他们有能力通过其政党选择而选定政府政策的方向。

如果选举没有产生一个多数党，而且在选举前也不存在政党联盟，那么，政党及其领袖就必须在选举后协商组建新政府。这在很多多党议会制国家中普遍存在，如荷兰和意大利①。在这些国家，利益不是通过选举集聚的，因为选举并不直接决定谁来统治。相反，利益集聚发生在不同政党就控制行政部门进行的谈判之中，这经常发生在选举之后，但有时也发生在现有的联合政府破裂之时（可见第五章）。

在行政层面而非选举层面的利益集聚可能利弊兼有。一方面，当精英组成的政党联盟决定政府政策时，选民可能觉得政府对他们不负责任，而且，由于利益集聚发生在政治精英中，不同的精英联盟可能是根据不同的议题而组成的。对公民（甚至知识丰富的观察家）而言，这一点可能是令人困惑的。让选民确定政府政策的明确责任可能是困难的，而且有时让选举失利者做出选择似乎也是不公平的。作为制定未来政策或者惩罚对过去做出不良的政策选择负责的政党之工具，选举的价值因这种情形而大打折扣。

另一方面，当所有政党（而不仅仅是选举中获胜的政党）在决策中都有代表时，有可能为少数人的利益带来好处。所有公民都可能在某些问题上持少数人的观点，而且，有些人在很多问题上都属于少数派。如果少数派代表在两次选举之间甚至也能够影响政策，那他们就可能觉得自己获得了更多的政治保护。最后，即使是赢得多数选票的政府通常也不会在所有政策提案上都获得多数支持。因此，当选举中获胜的政党甚至必须就其规划的不同部分进行协商时，这对作为整体的国家而言可能是有益处的。这种协商甚至可能会增加如下可能性，即针对不同问题

① 关于政府联合，可特别参见：Michael Laver and Norman Schofield, *Multiparty Government*: *The Politics of Coalition in Europe* (New York: Oxford University Press, 1990); and Kaare Strøm, Wolfgang C. Müller, and Torbjörn Bergman, eds., *Cabinets and Coalition Bargaining*: *The Democratic Life Cycle in Western Europe* (New York: Oxford University Press, 2008).

的政策会体现各不相同的多数意见。当诸政党必须组成联合政府时，它们所采纳的政策可能因此而更符合选民的需要。然而，这确实使同样的选民在选择他们所要的代表或“赶走无赖”时变得更加困难①。

竞争性政党制度中的合作与冲突

4.8 描述不同的政党竞争系统的特征

竞争性政党制度可以根据政党的数量和它们之间的竞争或合作的模式进行分类。**多数主义两党制**（majoritarian two-party systems）要么仅由两个政党所主导（如在美国），要么有两个主导的政党，而选举法通常总是会让其中一个政党获得议席的多数（如英国）。在**多数联合制**（majority-coalition systems）中，政党往往会组建选举前联盟，这样选民就可以知道哪些政党将试图联合起来组建政府。德国和法国的大多数选举就属于这种类型。纯粹**多党制**（multiparty systems）下的选举法和政党制度，实际上确保了不会有任何一个政党赢得立法会的多数，也不会形成选举前组成联盟的惯例。因此，利益集聚依靠选举后政党进行协商并达成一致后组建的联盟。

政党之间的对抗或极化程度是政党制度的另一个重要特征。在**共识性政党制度**（consensual party system）中，控制多数议席的政党对政策不存在太大的分歧，相互之间以及对政治制度都有合理程度的信任。这通常是政党制度，如图 4-2 顶部所示。谈判可能是激烈的，但很少会有冲突。在**冲突性政党制度**（conflictual party system）中，立法机构由对议题态度相去甚远或彼此以及政治制度激烈对抗的政党主导，比如 1990 年代俄罗斯的政党制度。因此，严重对抗的危险也许会更大。

有些政党制度同时具有共识性和对抗性的特征。在**联合性**（consociational）或**适应性**（accommodative）**政党制度**中，政治领导人寻求通过权力分享、广泛的联合政府以及将敏感的决定权分散给不同的社会团体等方式来弥合严重的社会分裂②。以这种方式，联合性制度能够使深度分裂的国家找到一条和平的民主发展道路。在第二次世界大战后的奥地利和黎巴嫩，相互猜疑和敌对的团体——奥地利的社会主义者和天主教徒、黎巴嫩的基督教徒和穆斯林——制定了一系列这样的联合性安排。奥地利的联合制度取得了很大成功，但黎巴嫩的实验并不那么成功。1975 年后，这个国家便深陷内战。南非在 1990 年代向民主转型中也采用了联合性的实践路径。代表白人少数族群以及黑人多数族群不同部分的政党领导人们通过谈判达成了一项过渡性的权力分享安排。“临时宪法”保证内阁职位向所有赢得 5%以上选票的政党开放。后来，随着民主制度更加牢固，南非放弃了此类权力分享。

因此，联合性实践路径为深度分裂的民主国家提供了希望，但并不能保证长期的稳

① 参见：G. Bingham Powell, Jr., *Elections as Instruments of Democracy* (New Haven, CT: Yale University Press, 2000), Chapters 5-10.

② Arend Lijphart, *Democracy in Plural Societies* (New Haven, CT: Yale University Press, 1977); and Arend Lijphart, *Patterns of Democracy: Government Forms and Performance in Thirty-Six Countries*, 2nd ed. (New Haven, CT: Yale University Press, 2012).

定。正如奥地利和南非所显示的，联合主义也许特别适合作为激烈的冲突或骚乱之后的临时解决方案。但是，**联合主义**意味着政治人物小群体闭门做出许多重要的决策。如果这些政治人物能够比他们各自的支持者更加务实地合作，那么联合主义就可能是一个很好的解决办法。但是，如果政治人物固执己见或者追求自我利益，联合主义就可能失败。

政党数量并不总能就对抗的程度告诉我们许多信息。美国和英国都是比较共识性的多数主义政党体制。它们不是完全的两党制，因为这两个国家都存在小党，尤其是英国。在美国，由于总统候选人的政策纲领不断变化，共识的程度也因选举而不断发生变化。此外，美国政党这种比较松散的凝聚力和政府分化的经常发生导致选举后类似于**共识性多党制**的政党协商。然而，并非所有的多数主义政党制度都是共识性的。1918—1934 年的奥地利是**冲突性多数主义政党制**的。当时社会党与其他政党之间的对抗是如此激烈，以至于 1930 年代中期发生了短暂的内战。近年的乌克兰是冲突性多数主义政党制的另一个例子。

多党制往往在政党间存在较大的政策分歧，但这样的制度并非总是冲突性的。例如，在斯堪的纳维亚和荷兰就有很好的共识性多党制的例子。与此对比，法国（1946—1958 年）、意大利（1945—1992 年）和魏玛共和国（1919—1933 年）都是历史上冲突性多党制的例子，这些国家有强大的共产党为其左翼，保守主义或法西斯主义运动为其右翼。内阁必须从中间党派中形成，而这些党本身在很多议题上是分裂的。这导致了不稳定、政府表现差和公众对民主丧失信心。这些因素导致法兰西第四共和国于 1958 年解体，意大利于 1990 年代出现政府不稳定和公民疏离政治，以及 1930 年代纳粹颠覆了德国的民主制度。新兴的民主体制，尤其是那些被语言或族群分裂的国家，有时面临类似的挑战。中欧和东欧（比如匈牙利）的一些新兴政党体制已经陷入了冲突性的多党竞争模式，但其他一些国家，比如爱沙尼亚和捷克共和国，则很好地实现了向民主体制的和平转型。

因此，尽管政党数量影响政治稳定，但是政党之间的对抗程度更为重要。两党制稳定且具有效率，但是，如果社会出现深度分裂，它们就可能变得很危险。由相对温和的政党组成的多党制常常能带来稳定性和不错的绩效表现，特别是在它们愿意在选举前致力于组建联盟的时候。不组建选举前联盟的多党制更容易出现效率低下，但是有些政党却很好地运行了很长时间。尽管如此，如果各种社会团体和政党出现高度对抗，不管政党数量有多少，政府解体和内战还是会经常发生。当危机发生时，最为关键的因素通常是负责任的政党领导人如何联合起来捍卫民主①。

威权主义政党制度

4.9 比较和对比排他性与包容性威权主义政党系统

威权主义政党制度也能够集聚利益。它们有目的地制定政策规划，并为此动员支持

① Lijphart，*Patterns of Democracy*；G. Bingham Powell，Jr.，*Contemporary Democracies：Participation，Stability，and Violence*（Cambridge，MA：Harvard University Press，1982），Chapters 8 and 10；and Juan J. Linz and Alfred Stepan，eds.，*The Breakdown of Democratic Regimes*（Baltimore：Johns Hopkins University Press，1978）.

力量，但它们是以完全不同于竞争性政党制度的方式来这样做的。在威权主义政党制度中，利益集聚发生在政党内部，或者发生在政党与以下单位的联系交往之中：如工商团体、工会、土地所有者以及官僚和军队内的机构化团体。尽管可能举行选举，但统治者一般会扭曲选举规则以使反对派面对长久的麻烦。

威权主义政党制度可以根据政党内部从上至下的控制程度以及政党对社会其他团体的控制程度来进行划分。一个极端情形是**排他性执政党**（exclusive governing party），它不承认政党以外团体合法的利益集聚。它也不允许出自利益团体、公民或其他政府机构的任何自由活动，更不用说表达反对意见。在最极端的极权主义形式中，它竭力通过最高层制定的政策控制整个社会。它的政策以政治意识形态为基础（如纳粹主义），这些意识形态宣称了解公民的真正利益，而不管公民自己相信什么①。另一个极端是**包容性执政党**（inclusive governing party），这种政党至少承认和接受一些其他团体和组织，但可能会压制那些其认为对自己的控制构成严峻挑战的团体和组织。

排他性执政党

在纯粹的极权社会中，只有一个政党对社会实行自上而下的全面控制，自治的反对党和利益团体并不存在。极权主义一党制可能成为强大的政治动员工具。明确的意识形态提供了合法性和一致性，极权政党常常以这种意识形态的名义渗透并组织社会。历史上最极权主义的执政党有法西斯主义，但也有更加民族主义的政党，如伊拉克萨达姆·侯赛因的复兴党。但是，极权主义很难长久维持。

排他性执政党可能经历比人们通常想象中更多的内部异议。在党内，各个团体可能会团结在它们各自的地区或行业利益的周围，或者置身于不同的政策派别领导人的后面。在所谓的团结阵线之下，权力斗争可能在危机时刻爆发。权力交接危机特别可能产生这样的权力斗争。

并非所有的排他性执政党都是极权主义政党。很多致力于重大社会变革（例如摆脱殖民主义寻求国家独立）的领导人曾经把排他性执政党作为动员群众的工具。但是，想通过组建排他性执政党来实现社会转型是很困难的。权力的诱惑经常会导致寻租和其他滥用权力现象的发生，这种滥权没有受到竞争性民主政治的牵制。例如，一些非洲国家的排他性执政党在控制社会的能力上也很有限。

随着排他性执政党的延续，其中很多党都进入了这样一个阶段，即它们继续维持控制，但较少强调动员。有些政党可能已经蜕变成个人统治和统治者家族及支持者剥削的工具②。最后，如果政党领袖失去对统一意识形态的信仰，就可能很难再维持政党的一致性。

---

① Juan Linz，*Totalitarian and Authoritarian Regimes*（Boulders，CO：Lynne Rienner，2000）；and Amos Perlmutter，*Modern Authoritarianism：A Comparative Institutional Analysis*（New Haven，CT：Yale University Press，1981），esp. 62 - 114.

② 林茨（Juan Linz）把这种政体称为“苏丹式”政权。参见其著作：*Totalitarian and Authoritarian Regimes*，151 - 157；Houchang Chehabi and Juan Linz，ed.，*Sultanistic Regimes*（Baltimore：Johns Hopkins University Press，1998）；and Robert H. Jackson and Carl G. Rosberg，*Personal Rule in Black Africa*（Berkeley：University of California Press，1982）.

包容性执政党

在前工业化国家中，尤其是那些有着显著民族和部落分化的国家，更为成功的威权主义政党是*包容性*政党。包容性政党系统承认社会、文化和经济团体的自治性，并努力与这些团体融合或进行协商，而不是对它们进行控制或改造。比较成功的非洲一党制（如肯尼亚和坦桑尼亚）允许在一个分权化的政党内部围绕个人、派别和民族团体进行利益集聚。

包容性政党系统（比如在墨西哥）有时会被贴上*威权合作主义社团系统*（authoritarian corporatist systems）的标签。就像民主合作主义系统一样，某些威权合作主义系统鼓励组建大型组织化的利益团体，它们能够进行相互协商，也能够与国家进行协商。然而，与民主合作主义系统不同的是，这种威权系统并不直接赋予公民权力。威权合作主义系统压制官方渠道以外的独立抗议和政治活动。政党领导人仅仅允许政党的等级阶梯以内和与其关联的团体有限的自主要求。

包容性威权主义系统可能允许大量的自治性利益集聚。包容性政党通常会竭力把各种社会团体纳入政党的总体保护伞之下，并努力与外部团体和机构进行协商。有些包容性政党曾经企图寻求激进的社会变革。其他一些政党则主要成为利益集聚的场所。很多包容性政党的政府允许其他政党在选举中提供候选人，只要这些反对党候选人没有真正获选的机会。的确，大约自 1980 年代以来，随着自由民主国家数量的不断增多，一个有趣的政治特征是**选举威权主义**（electoral authoritarianism）的发展。这种现象出现在徒有外表的民主机构中，它们为“不激烈批评现有政体或对现有政体不构成挑战的政治反对派、独立媒体和社会组织提供了一定空间”①。长期以来，墨西哥革命制度党就是一个具有选举威权主义特征的包容性执政党的成功例子。

一些包容性威权主义政党能够长久存在的事实并不必然意味着它们是强大的或成功的。在很多国家，这些政党与武装力量和政府官僚机构以一种惴惴不安的不稳定联盟形式共存。在有些国家，政党已经成为掩饰军事政权或个人专政的窗口。这些政党很少能够解决它们国家面临的经济或族群问题。

包容性政党通常是在反对殖民主义的斗争中建立的，随着殖民主义逐渐远去，它们可能会出现内乱。随着独立斗争的记忆消散和领导人死亡或退休，把这些政党紧紧捆在一起的意识形态和经验也变弱了。这些变化使得单一政党模式在许多国家丧失了其合法性。在有些情形下（如在坦桑尼亚），政治领导人通过允许真正的政党竞争而做出了调整。更常见的是，他们诉诸具有不同控制程度的选举威权主义，从而在国内和国际提供一种徒有外表的合法性。在很多情形下，他们则转向了赤裸裸的强力。

利益表达的意义

4.10 讨论利益表达如何影响政治稳定性

利益表达的成功与否最终影响政府是否有能力适应和生存下去。但是，我们如何判

① Larry Diamond, “Thinking about Hybrid Regimes,” *Journal of Democracy* 13 (2002): 26. 还可参见同一期的其他文章。

定这些过程的成败呢？我们也许可以用系统的包容性来评估系统，以此来检验公民代表性的广度：人口中的哪些部分在全国政治的层次上在多大程度被代表了？种族隔离下的南非例示了极端的情况，那里大多数人完全被禁止组织协作的团体。在第三世界，首都各种互相竞争的利益很少包含乡村农民的利益；有时农民组织被残暴地压制，而中层和上层阶级团体却得到关照。即使社会团体是按照其数量来代表的，仍然无法保证它们的利益得到很好的保护。在某些体制中，立法机构是分类代表的，给少数族群、工人和其他类别留有名额。但是，这种“代表性”并不必然使得国会代表这些团体的利益。

有组织的利益团体的发展不能让我们得出每一个团体都得到平等代表的结论。在美国和大部分其他国家，利益的表达通常偏向那些境况更好或较好组织的人群。经常有人指出，美国退休人员协会是一个高度有效的团体，是“年轻纳税人团体”所无法比拟的，而传统的劳动管理竞争使得消费者的代表性不足。小团体也显得较容易代表其目标组织起来。哪里收入和教育水平差距最大，哪里团体包容的偏见也就最大。正如先前指出的，在被推向极端时，那些被排除在过程之外的人有可能从事无组织的活动或者诉诸暴力[①]。甚至在不太极端的案例中，不同层次政治意识的存在意味着每一个利益团体系统都是在某种程度上有偏见的。民主化不仅包括举行竞争性选举，也包括减少利益代表中的偏见。

发达工业化民主国家的利益表达和代表还面临另一个挑战。在美国，也许也在其他既成的民主社会中，协作的团体的参与正在减弱[②]。比如，在过去几十年里，在大部分西方民主社会中，工会会员的数量和正规教会活动的参与率都在走下坡路。这种趋势也许代表了发达国家日增的社会孤立，人们为了享受他们所偏爱的靠椅和喜爱的电视节目而放弃了对社会和政治的介入。但是，我们也可能正在见证公民在如何组织和表达他们的利益上的变化，比如通过松散的网络和社交媒体。甚至在像印度这样的国家，数以百万计的人民正在政治性地使用社交媒体。

结论

利益表达最终影响政府是否有能力适应和生存下去。威权主义利益集聚倾向于产生不能反映公民意见的政治权力结构。在高度分化和深度冲突的社会中，统治者可能会把这种代表性的缺失描述为一种优点。军事政变的领导者们常常通过声称国家去政治化并使国家摆脱其不能承受的冲突，来为自己推翻政党政府进行辩护。同样，威权主义政党的领导人常常声称，他们的国家必须集中所有的能量和资源来实现共同目标，并且认为政党竞争会过于极化。

相比之下，大多数民主的利益表达的支持者认为，容纳相冲突的利益的最好方式在于自由而公平的选举竞争，并由那些获得选民支持的团体展开协商。由此，民主便按照

① 参见：Christian Houle，“Inequality and Democracy：Why Inequality Harms Consolidation but Does Not Affect Democratization,” *World Politics* 61（2009）：589－622.

② Robert Putnam，*Bowling Alone*：*The Collapse and Revival of American Community*（New York：Simon & Schuster，2000）；and Robert Putnam，ed.，*Democracies in Flux*：*The Evolution of Social Capital in Contemporary Society*（Oxford：Oxford University Press，2002）.

人民希望的方式引导决策者的行为。在极化的政治文化中，民主的利益政治由此而孕育着分离和不确定性，公民控制的代价可能看起来很高昂。然而，正如威权主义政府频繁出现的不稳定性所表明的那样，消除极化的表象似乎要比消除其真实情况更容易。无论如何，相互竞争的要求都可能出现，公民的最终结局也许是既无自由，也无稳定。

复习问题

1. 公民行动的不同形式有何差别？
2. 利益团体的主要类型是什么？
3. 为什么很多国家转向军政府？为什么军政府通常都是短命的？
4. 多元主义的、合作主义的和受控制的利益团体系统之间的关键区别是什么？
5. 除了政党，还有哪些机构组织集聚利益？
6. 什么是迪韦尔热定律？迪韦尔热定律暗含了哪两种效应？
7. 什么是中间选民结果？为什么它只与两党制有关？
8. 极权主义政党与其他单一政党制度之间有什么区别？

关键词

松散的团体
协作的团体
威权主义政党系统
政治入口的管道
恩从主义、恩从网络
名单封闭式比例代表制
强制
集体行动的困境
竞争性政党系统
冲突性政党系统
共识性政党系统
联合主义
合宪的
受控制的利益团体系统
合作主义的利益团体系统
双投选举
迪韦尔热定律
有效政党数
选举威权主义
选举制度
排他性执政党
政府机构（官僚）
包容性执政党
利益集聚
利益表达
利益团体
机构化的团体
寡头统治铁律
立法机构
绝对多数决选
多数联合制
多数主义两党制
大众与社交媒体
机械效应
中间选民结果
军政府
多党制
非协作的团体
名单开放式比例代表制
政党制度
个人联系
多元主义的利益团体系统
政党
政治代表
政治恐怖策略
初选
纲领性的
比例代表制
抗议
心理效应
单一选区
单一选区相对多数选举规则
策略投票
两党制

建议阅读材料

Cox, Gary W. *Making Votes Count: Strategic Coordination in the World's Electoral Systems.* Cambridge: Cambridge University Press, 1997.

Dahl, Robert A. *Polyarchy: Participation and Opposition.* New Haven, CT: Yale University Press, 1971.

Dalton, Russell J. *Citizen Politics: Public Opinion and Political Parties in Advanced Industrial Democracies.* 6th ed. Washington, DC: CQ Press, 2013.

Dalton, Russell J., and Martin P. Wattenberg. *Parties without Partisans: Political Change in Advanced Industrial Democracies.* New York: Oxford University Press, 2000.

Decalo, Samuel. *Coups and Army Rule in Africa.* 2nd ed. New Haven, CT: Yale University Press, 1990.

Downs, Anthony. *An Economic Theory of Democracy.* New York: Harper & Row, 1957.

Geddes, Barbara. "What Do We Know about Democratization after Twenty Years?" *Annual Reviews of Political Science* 2 (1999): 115–144.

Hirschman, Albert. *Exit, Voice, and Loyalty.* Cambridge, MA: Harvard University Press, 1970.

Howard, Marc Morjé. *The Weakness of Civil Society in Post-Communist Europe.* New York: Cambridge University Press, 2003.

Laver, Michael, and Norman Schofield. *Multiparty Government.* New York: Oxford University Press, 1990.

Lijphart, Arend. *Electoral Systems and Party Systems.* New York: Oxford University Press, 1994.

———. *Patterns of Democracy: Government Forms and Performance in Thirty-Six Countries.* 2nd ed. New Haven, CT: Yale University Press, 2012.

Maloney, William, and Jan Van Deth. *Civil Society and Activism in Europe: Contextualizing Engagement and Political Orientations.* London: Routledge, 2010.

Michels, Robert. *Political Parties.* New York: Free Press, 1962.

Olson, Mancur. *The Logic of Collective Action.* Cambridge, MA: Harvard University Press, 1965.

Paxton, Pamela, and M. Hughes. *Women, Politics and Power: A Global Perspective.* London: Pine Forge Press, 2007.

Powell, G. Bingham, Jr. *Contemporary Democracies: Participation, Stability, and Violence.* Cambridge, MA: Harvard University Press, 1982.

———. *Elections as Instruments of Democracy.* New Haven, CT: Yale University Press, 2000.

Putnam, Robert D. *Bowling Alone: The Collapse and Revival of American Community.* New York: Simon & Schuster, 2000.

Riker, William H. *Liberalism against Populism.* San Francisco: W. H. Freeman, 1982.

Rootes, Christopher. *Environmental Protest in Western Europe.* Oxford: Oxford University Press, 2007.

Schlozman, Kay Lehman, Sidney Verba, and Henry Brady. *The Unheavenly Chorus: Unequal Political Voice and the Broken Promise of American Democracy.* Princeton, NJ: Princeton University Press, 2012.

Strøm, Kaare, Wolfgang C. Müller, and Torbjörn Bergman, eds. *Cabinets and Coalition Bargaining: The Democratic Life Cycle in Western Europe.* Oxford: Oxford University Press, 2008.

Tarrow, Sidney. *The New Transnational Activism.* New York: Cambridge University Press, 2005.

———. *Power in Movement: Social Movements and Contentious Politics.* 2nd ed. New York: Cambridge University Press, 1998.

Verba, Sidney, Norman H. Nie, and Jae-on Kim. *Participation and Political Equality.* Cambridge: Cambridge University Press, 1978.

Welzel, Christian. *Freedom Rising: Human Empowerment and the Quest for Emancipation.* Cambridge: Cambridge University Press, 2014.

第五章
政府与决策

学习目标

5.1 描述宪法的特征，聚焦于决策规则，并解释英国为何不寻常
5.2 比较和对照民主系统与威权主义系统
5.3 讨论民主政府的总统形式和议会形式，分别以美国和英国为例
5.4 界定政府权力的邦联、联邦和单一制划分
5.5 讨论法院在监督民主中的作用，举出几个国家的例子
5.6 列举解除政治领导人职位的三种方法
5.7 描述政府议会的不同形式、功能和组成部分
5.8 讨论选择行政首脑的方式、他们的权力以及内阁所扮演的角色
5.9 解释马克斯·韦伯关于官僚的定义，描述官僚机构可以采取的形式

在社会科学的课堂上，你也许讨论了一个新国家的政府是如何形成的。这是一种理论实验，但事实上，在过去的数十年里，数十个国家创造了新的治理系统。去殖民化意味着第二次世界大战以后的数十年里产生了许多新独立的国家。更近些时期，在欧洲、拉丁美洲和东亚，军事和其他形式的专制体制垮台了，许多新的政权如今成了民主体制。其他国家则经历了政府体制的重要变革。

这样的政府体制变革往往导致政策制定方式的重要变化。**决策**（policymaking）是政治过程中的关键阶段，在决策过程中，议案变成法律，或者是统治者颁布法令。为了理解一个特定政治系统中的公共政策，我们必须了解决定是如何做出的。权力实际位于何处？它又如何改变公共政策：是通过立法机构中的多数投票还是出自总统的决定？或者说，它是由军事指挥官颁布的法令？抑或它只是独裁者的突发奇想？

本章聚焦于政府中的各种机构——立法机构、主要行政部门、官僚机构和法院，以及这些机构如何颁布公共政策。尽管政党、利益团体和其他行动主体可能在表达和集聚利益上非常活跃，但是大多数的政策议案实际上都由政府官员提出并阐述。利益团体要求减税或者保护濒危物种的要求若无政府官员将其转化成政策，就不可能获得成功。直到其他官员适当地实施这些政策时，它们才可能是有效的。

然而，政府行动并不仅仅朝一个方向流动。政府与公民之间的互动是一个双向过程。它包括来自公民的输入和要求的上行流动，以及来自政府的决策的下行流动（见图 2-3）。

宪法与决策规则

5.1 描述宪法的特征，聚焦于决策规则，并解释英国为何不寻常

政策制定的过程是由宪法规定的，这些过程在宪法之下发生。宪法确定了一个政治系统中决策、权利和权限分配的基本规则。有时，我们使用“宪法”一词来指称设计这些原则的特定文件——例如，美国的开国元勋在 1787 年通过的美国宪法。但是宪法没有必要体现在单一的文件中。实际上，很少有情况是这样的。因此，我们应该将宪法视为一套规则和原则，而不管它是一部特定的成文文件、一套风俗或惯例，或者两者兼有（通常情况即是如此）。即使军事或政党独裁政权也常常会设定程序来提出、审议并通过法令。

成文宪法在以法治为基础的政治制度中尤为重要。这意味着无人可凌驾于法律之上：政府不应当采取未经法律授权的行动，而公民只能因有违反法律的行为才受到惩罚。根据法治要求，宪法在整个法律体系中具有至高无上的地位。

因此，宪法包含一套**决策规则**（decision rules），也就是规定如何做出决策的基本规则。决策就是把社会利益和要求转变成权威的公共决定。宪法确立了这种转变所要遵循的规则。这些规则授权特定的团体或机构提出政策建议。它们也可以授权其他人修订、反对或批准这些提议，或者实施、监督并评判这些提议。

决策规则影响政治活动，因为它们决定了哪些政治资源在影响决定方面是有价值的，以及如何获取和利用这些资源。例如，在像德国这样的联邦和分权系统中，压力团体可能游说政府的立法和行政机构，而且它

可能需要同时在州和联邦层面（也许还在欧盟）表现活跃。相反，如果决定是根据武装力量的指挥官或单一执政党的中央委员会颁布的法令做出的，那么，压力团体就需要对这些关键的决策者施加影响。

即使在民主体制中，决策规则也依政治系统的不同而大相径庭。例如，某些决定是由行政首脑即总统或首相单独做出的。其他一些决定则可能要求议会代表明显多数的支持。最具包容性的投票规则是全体一致同意，这意味着任何一名成员都可以阻止任何一个决定。

作为整体的政府及其组成机构都有决策规则，决策规则可能是简单的，也可能是复杂的。例如，美国国会有很多适用于不同情形的不同决策规则。决策规则或多或少是正式的和明确的。大多数立法机构都有正式的和明确的决策规则，相反，内阁中的各行政部门通常有非正式和灵活的规则。

在大部分现代议会（立法机构）中，有关投票的决策规则是*平等主义*的，这样使得每个成员拥有相同的投票权，简单来说就是一人一票。然而，这种情况在政府部门（各个部委）或者独裁政权中却很少发生。在这些地方，决策都是*等级化*的。每个人都得听从他或她的上级。在纯粹的等级社会中，只有位于最高层的人的投票才有意义。等级制的决策很容易快速应对紧急情况的出现，但却很少考虑到相关的利益或想法。

即使通过平等投票做出决定，决策规则的包容性仍然对结果有重大影响。很多机构（如英国下议院）通过简单多数投票规则运行：在两个选项中进行选择时，获得投票数最多的即胜出。其他议会有时候在一些特别重要的决定中需要更具包容性的规则——例如3/5、2/3甚或3/4的“有效”多数。比如，美国宪法规定，在修改宪法或推翻总统否决时，同时需要国会两院的2/3多数同意。

不同的决策规则具有不同的吸引力。更具包容性的决策规则（例如需要不同机构共同协作制定或者需要50%以上选民支持的规则）能够防止做出草率决定。它们还能防止决策给选民中的众多少数派（可能接近一半）带来不利。同时，更具包容性的规则可以授权少数派反对多数派支持的提案。投票规则越具有包容性（例如，通过的比例接近全体一致同意），决定就越不大可能被通过。不具有包容性的决策规则使得制定一项政策更为容易，但是可能会忽视很多方面的利益。

在民主政体中，决策规则的透明化和稳定性是很重要的。如果决策规则不具有这些特征，公民就不知道该对政府期望什么。而这又可能损害政治合法性，并且使人民不大愿意接受和支持政府的行动。这还可能导致严重的冲突，最终政府可能会解体，并通过武力解决问题。托马斯·杰斐逊在第一部《美国众议院手册》的导言中指出了拥有可预知性决策规则的重要性：“一套坏规则总比没有规则要好。”

制定宪法

制定宪法是一项根本性的政治行动：它创造或改变决策规则。大多数现行宪法都是作为与过去（经常采用暴力手段）——如战争、革命或反对殖民统治——决裂的结果而形成的。新的决策规则是为了适应新的内部或外部权力而做出的。因此，第一次世界大战和第二次世界大战的战败国及其继任国家都通过了新宪法，或者将新的宪法加诸它们。

英国的情形与众不同，它没有一部正式的成文宪法，但拥有一套长期以来已被人们接受且高度发达的习惯和惯例，它们获得重要的普通成文法的支持。这种特征体现了英国渐进、不断累积且（总体来说）平和的政治变革。然而，英国决策规则的重大变化出现在内战或动荡时期，例如，17 世纪权力从国王移交至议会。

或许有关破坏性的剧变与宪法创制之间联系的最大例外是过去 50 年欧盟宪法的和平发展，欧盟不断增长的权力正在改变决策规则，它影响到 28 个国家大约 5.07 亿欧洲人。欧盟缘于摧毁了欧洲大部分地区的第一次世界大战和第二次世界大战的惨痛教训。然而，与欧盟的组建和发展相关的暴力没有发生，2016 年英国脱欧的决定使其规模首次缩小，也没有出现任何暴力。

第二次世界大战以后的几十年见证了很多宪制实验。不仅有战败国，而且有很多新兴国家（如印度和尼日利亚，它们在殖民帝国瓦解后获得了独立）都引入新的政治安排。发展中国家的一些新成员（如尼日利亚）随后数度改变它们的政府形式。在过去的数十年里，全球范围内的民主化趋势、冷战的结束和苏联的解体共同导致了新一轮的宪制设计。近期，东欧、俄罗斯、东亚和非洲的制宪过程重新引发了人们有关如下问题的旧日争论：不同立宪安排的优缺点或者制宪工程的智慧①。

民主与威权主义

5.2 比较和对照民主系统与威权主义系统

决策最重要的区别是民主系统与威权主义系统之间的区别。**民主**（democracy）意味着“人民治理的政府”（government by the people）。在小的政治系统（如地方社区）中，“人民”可以直接享有辩论、决定和实施公共政策的权力。在大型政治系统（如现代国家）中，民主在很大程度上必须通过间接参与决策才能实现。在代议制民主系统中，决策权被授予人民选出的官员。

选举、竞争性政党、自由的大众传媒和代议制议会是使在大型政治系统中某种程度的民治政府成为可能的政治结构。竞争性选举使公民有机会通过自己对关键决策者的选择和反对而对政策施加影响。这种间接民主绝不是完整或理想的。而且，在经济欠发达的社会中，民主机会对受过教育的精英或者居住于政府中心附近的人是有意义的，但对于住在乡村中的普通公民来说相关性不大。而参与的公民越多，公民做出的选择越具有影响力，政治制度也就越民主。

我们把不民主的政治系统称为**威权主义的**或**专制的**系统。威权主义有多种形式。威权主义决策者可以由军事委员会、世袭家族、支配性政党或以其他方式选出。在大部分威权主义系统中，威权的统治者采用民主的言辞来描述他们与公民的关系。在许多情况下，公民事实上被忽视，或者被迫象征性地同意政府的选择。然而，在某些威权主义系统中，决策者通过选择在某种程度上考虑公民的偏好而保有其权位。但这仍然不同于民主的系统，民主制的结构迫使决策者关注公民。而且，由于缺少民主的政治结构（比如自由的媒体或自由而公平的选举），威权

---

① 关于宪法创制的怀疑论观点，参见：James G. March and Johan P. Olsen, *Rediscovering Institutions*: *The Organizational Basis of Politics* (New York: Free Press, 1989), 171-172. 关于更乐观的讨论，参见：Giovanni Sartori, *Comparative Constitutional Engineering* (New York: New York University Press, 1995).

主义的决策者无法很好地掌握有关公民偏好的信息。

政治制度（包括民主制度和威权主义制度）的基本决策规则在以下三个重要方面有所不同：

1. 不同政府机构之间的权力分立；

2. 中央（国家）政府和地方政府（如邦、省或市等）权力的地理分布；

3. 政府权力的限制。

我们将从行政机构和立法机构之间的权力分立开始，按照顺序讨论这三个方面。

政府权力的分立

5.3 讨论民主政府的总统形式和议会形式，分别以美国和英国为例

不同政府机构之间的**权力分立**（separation of powers）理论有着漫长而值得尊敬的历史，至少可以追溯到洛克和孟德斯鸠的著作①。他们坚称，权力分立具有防止非正义的优势，这种非正义可能源自不受牵制的行政或立法机构。麦迪逊和汉密尔顿在《联邦党人文集》② 中对这一理论进行了详细阐述，该文集描述并捍卫了 1787 年美国制宪会议提出的制度安排。

政治理论家依赖两种成功的代议制民主的历史案例（英国和美国），它们创造出了“经典”的权力分立理论。这种理论主张，实际上存在两种代议制民主政府形式：总统制和议会制。

民主的总统制政体（democratic presidential regime）提供了两种相互独立的政府机构——行政机构和立法机构，它们由人民分别选出和授权（见表 5－1 第 3 列）。选出的每个机构都有固定任期，任何一个机构都不能通过普通手段使另一机构失去任职资格，制定法律和批准预算的最终权力在立法机关。不同的总统制授予总统不同的政府任命和决策权。例如，有些总统有权在特定情形下否决立法或者依据行政命令来制定政策③。在美国，立法机构和行政机构（国会和总统）在决策中同时具有巨大而重要的作用。在其他一些民主的总统制（如巴西）中，总统可以拥有众多的宪法权力（其中包括有权通过“紧急状态”法令制定法律），以便于其可以利用这些权力削弱立法机构的作用。但是，制定政策仍然需要在相互独立的行政和立法机构之间进行协调。

议会制政体（parliamentary regimes）使得行政和立法机构相互依存程度更深（见表 5－1 第 2 列）。首先，只有立法机构由直接选举产生。首相及其内阁（行政机构的集体领导层）都产生于立法机构，通常是因为其政党（或多个政党）赢得了立法机构中的多数席位。内阁由首相主持，首相为政府首

① John Locke, *Two Treatises of Government*, ed. Peter Laslett (Cambridge: Cambridge University Press, 1960); and Charles de Secondat, Baron de Montesquieu, *The Spirit of the Laws* (London: Hafner, 1960).

② *The Federalist: A Commentary on the Constitution of the United States* (Washington, DC: National Home Library Foundation, 1937).

③ 关于总统的命令权，参见：John M. Carey and Matthew S. Shugart, *Executive Decree Authority* (New York: Cambridge University Press, 1998)；关于总统权力的更一般性讨论，参见：Matthew S. Shugart and John M. Carey, *Presidents and Assemblies: Constitutional Design and Electoral Dynamics* (Cambridge: Cambridge University Press, 1992); and Scott Mainwaring and Matthew S. Shugart, eds., *Presidentialism and Democracy in Latin America* (New York: Cambridge University Press, 1997).

表 5-1 议会民主制与总统民主制的不同特征

议会民主制与总统民主制在选定和罢免行政首长以及立法的权力上存在差别。

不同特征[a]	议会民主制	总统民主制
行政首长	首相：政府首脑	总统：国家元首和政府首脑
议会的选举	由公民通过竞争性选举选出	由公民通过竞争性选举选出
行政首长的选举	由议会在选举或罢免后选出	由公民通过竞争性选举选出
行政首长在固定任期结束之前卸任?	是，由议会做出：投（不）信任票	否：选出有固定任期
议会在固定任期届满前解散?	是：首相可要求提前选举[b]	否：选出有固定任期
制定法律的权力	仅由议会享有	议会和总统（例如否决）
议会和行政中的政党关系	都由相同的政党控制，步调一致的政党投票	可能由不同的政党控制；政党投票不太一致

a 这些特征规定了纯粹的议会制和总统制类型；正如本文所讨论的那样，很多立宪制度（尤其是在东欧）都带有这两种类型的“混合”特征。

b 在其他方面属于议会制的立宪制度不允许进行提前立法选举。所有议会民主制都规定，立法机构的选举必须在上次选举后间隔一定最大时间进行（3～5 年不等）。

脑，并由其选出其他内阁成员①。首相和内阁一般不具有固定的任职期限。通常情况下，选出的立法机构（议会）具有最长四年或五年的任期，但在任期结束之前可以被解散，再举行新的选举。内阁则可以在任何情况下由立法机构的多数票决定解职。

使得这种制度成为可能的关键特征是首相与议会多数派之间的**信任关系**（confidence relationship）。在议会制中，首相及其内阁必须一直取得议会多数的信任。无论何时，议会多数可以基于任何理由对首相投不信任票，首相和所有其他内阁成员就必须辞职。同时，首相通常有权在任何时候解散议会（从而结束其任期），并要求举行新的选举。议会多数的**罢免权**和首相的**解散权**使得这两个政府机构相互依存。这种结构通过迫使一方接受另一方而在两者之间达成一致。

因此，议会民主制中的首相过着不稳定的政治生活。与总统制中的总统不同，首相可在任何时候被议会多数以任何理由通过投票而罢免。这种情形的发生有两种方式。第一种是议会可以通过一项动议，表达对首相缺乏信任——不信任动议。这一般是议会中的反对派希望首相下台而提出的。第二种是议会否决对首相表示信任的动议——信任动议。信任动议通常是首相自己提出的。

首相提出信任动议，从而将自己的政治生命置于危险之中，这或许看起来不大可能。然而，诡异的是，信任投票可以是首相手中一个强有力的武器。它通常依附于一项首相支持而议会多数不支持的政策提案。通过把信任动议与该提案相联系，首相强迫议会成员在通过提案与解散内阁之间做出选择。这对首相所在政党中持不同意见的议员来说可能是一项特别痛苦的选择。如果他们投票支持提案，就可能使自己的政府失去权

① 避免混淆政府官员的形式头衔与其选举的来源和权力的基础很重要，后者决定了政治制度的类型。例如，德国为议会制，行政事务最高领导人为首相，但是其官职头衔为总理；正如很多议会制一样，德国的国家元首是总统，由联邦议会选出，只拥有很小的决策权（也见表 5-3）。

力，并可能直接面对选民（见专栏 5－1）。因此，掌握在首相手中的信任动议有助于解释议会制中的政党纪律为何往往强于总统制中的政党纪律。

专栏 5－1

英国的信任投票

为了使不受控制的政党党员保持立场一致，英国首相可以诉诸信任动议。通常情况下，仅仅威胁使用信任动议就足够了。但是在 1993 年，保守党首相约翰·梅杰在《马斯特里赫特条约》（Maastricht Treaty）的批准上面临一场议会危机，这项条约旨在扩大欧盟的权力。梅杰只在下议院有微弱多数的支持。自己所在党内的很多“欧盟怀疑论者”反对这项条约。这些保守党反对者中大约有 20 人对条约投了反对票，结果使下议院没有通过《马斯特里赫特条约》。

然而，这场尴尬的挫败之后，梅杰立即就马斯特里赫特政策提出对自己的信任动议。他宣称，如果他在这次投票中失败，就将解散下议院，并主持新的大选。很多保守党持不同意见者担心他们所在的政党在新的大选中失势，也害怕他们自己失去议席。梅杰的信任动议以 339 票对 299 票获得通过，下议院批准了《马斯特里赫特条约》。

由于内阁与议会多数之间相互依存，所以议会民主制就不会出现总统制中常见的**分立政府**。这种分立发生在控制总统职位的政党未能控制立法机构的时候。而在议会制中，行政首脑（首相和内阁）成了议会多数的代表，其政治生命依赖这个多数。在大多数议会制中，内阁在很大程度上由议会成员组成。议会与行政部门之间的冲突发生的可能性比总统制下要小得多。内阁往往支配决策过程，而议会的影响力要比总统宪制下弱很多。

并非所有的民主政体都完全适合划归总统制和议会制这两种类型。有些国家（如法国）常常被界定为混合制，或者说**半总统制**（semipresidential），它有一个总统和总理。在这些民主体制中，总统和立法机构被分别选出（这就如同总统制），但是总统有权解散立法机构（这就如同议会制）。在这些体制中，总统可以任命内阁（这就如同总统制）和首相；首相和内阁又受制于立法机构的罢免（这就如同议会制）。为了实现共同控制，不同国家存在各不相同的制度安排。它们的后果通常受到哪个政党或联盟控制总统职位和立法机构的严重影响。很多东欧和亚洲新兴民主国家的立宪安排就属于这种混合类型。

细阅图 5－1，我们可看到根据行政机构和立法机构之间决策权的分立进行分类的各种政治制度，从集中权力到分散权力不等。图中纵轴代表权力的地理分布，我们将在下一节展开讨论。在威权主义政府（图的左侧）中，行政、立法和司法权力通常是集中的。本书所讨论的国家中伊朗即拥有并非由竞争性选举产生的威权主义政府（但是，伊朗有持某种影响力的选举出的总统，虽然他服从于最高领导人，这将在第十四章讨论）。英国、德国、日本和印度为议会制，这些国家的行政和立法权集中于内阁，而内阁对由民选产生的议会下院负责。在图 5－1 的最右边则为纯粹的总统制，如巴西、墨西哥和美国。处于图中间位置的是混合制，如法国和俄罗斯。

很多政治理论家认为，英国式的议会制是最好的代议制民主政体。这种议会制——它把相对多数投票规则同向议会负责的内阁和首相联系在一起，这个规则通常在议会中产生单一多数政党——能够产生对公众意愿负责的稳定的政府。与此对比，议会制与比例代表制相结合（如两次世界大战期间的法国和德国）似乎更容易出现危机。这种危机之所以发生，乃是因为极端主义大党出现，并且阻止愿意和能够一起合作的政党组成稳定的内阁。然而，斯堪的纳维亚国家的实践证明，如果不同政党之间的意识形态冲突保持适度的话，议会制和比例代表制的结合也可能相当稳定。此外，能够在分化的社会形成占支配地位的议会多数的单一政党，比如1998年以前的北爱尔兰，有时可能威胁到少数团体并加剧冲突①。在比较这两种形式的议会制政府时，人们通常批评美国的总统制会定期产生分立政府，这种政府可能出现僵局或死结。

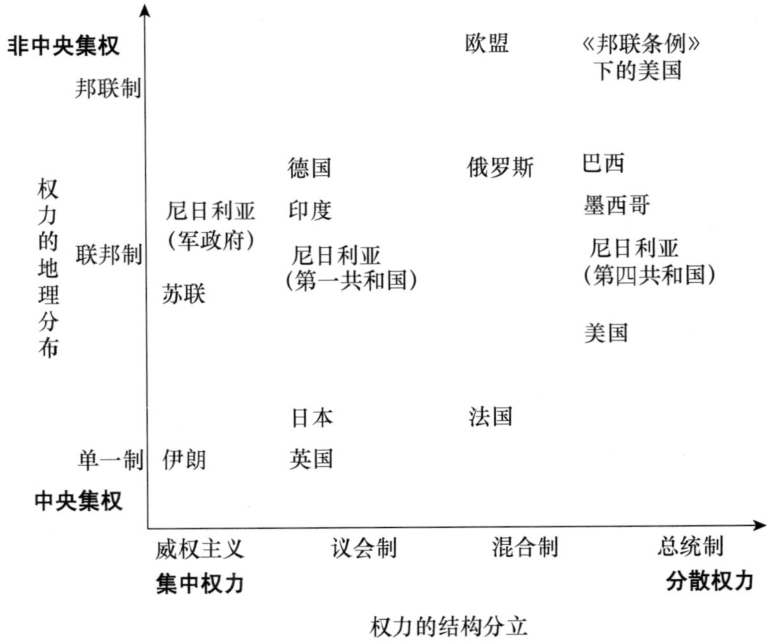

图 5-1　政府权力的分立

政府权力可以沿着地理的或机构的维度（或者两者兼有）而分立。

第三波民主化浪潮再一次引发了人们对议会制和总统制的争论。比例议会制的倡导者坚持认为它提供了一种共识性框架，不同的经济、族群和宗教团体能在这种框架里找

① G. Bingham Powell, Jr., *Contemporary Democracies: Participation, Stability, and Violence* (Cambridge, MA: Harvard University Press, 1982); and Arend Lijphart, *Patterns of Democracy: Government Forms and Performance in Thirty-Six Countries*, 2nd ed. (New Haven, CT: Yale University Press, 2012). 关于北爱尔兰，参见：David McKittrick and David McVea, *Making Sense of the Troubles: The Story of the Conflict in Northern Ireland* (Chicago: Ivan R. Dee. 2002).

到自己的代表，并就他们之间的分歧进行协商。议会制还具有这样的灵活性，即如果人民或立法者不认可行政机构，可以在常规选举的间隔期间变更政府。由于很多转型民主政体深度分裂，议会的比例代表制或许是特别合适的选择。总统制看起来更容易受社会冲突甚至民主解体的影响。这可能是因为在政府分立的情形下，两个代表人民的合法民选机构之间的对抗可能撕裂一个政治系统。或者说，强势的总统可能会利用行政权力压制竞争。

然而，总统制具有拥有重要行政权力的实际优势，它被证明在世界上许多地方都很受欢迎①。甚至在前英帝国统治区（例如尼日利亚）和大多数东欧及苏联的继任国，宪法也规定了强势的总统。总统制政权主导了拉丁美洲一个多世纪。总统制重要的吸引力还在于，它为公民提供了更直接选择行政首长的机会，并对立法机构多数派的权力形成更有效的牵制。

政府权力的地理分布

5.4 界定政府权力的邦联、联邦和单一制划分

政府结构的另一种区分是权力的地理分布：一个极端情形是**邦联制**，另一个极端情形是**单一制**，居于中间的是**联邦制**（federal system）（见图 5-1 纵轴）。《邦联条例》下的美国是邦联制，最终的权力由州享有，中央政府有外交和国防权，但依赖各州的财政及其他支持。根据 1787 年美国宪法，美国政府由邦联制改为联邦制，也就是说，中央和州政府分别享有独立的权力领域，并具有行使它们各自权力的方法。如今，美国、德国、俄罗斯、印度、尼日利亚、墨西哥和巴西都是联邦制，其中央和地方政府在公共政策的特定领域都拥有自主权。英国、法国、日本和伊朗都是单一制，所有权力和权威集中于中央政府。地区和地方政府只能享有中央政府特别授予它们的权力，而且中央政府可以任意改变或撤销这些权力。

世界上大多数国家是单一制。事实上，只有 25 个国家是联邦制，或者说大约 1/8 的国家是联邦制。尽管联邦制国家在数量上相对较少，但它们一般都是大国，在政治上也很重要。因此，联邦制国家占了世界上大约 40%的人口和几近一半的土地。总体来说，一个国家越大且越具有多样性，这个国家就越可能是联邦制。

联邦制具有很多优势。在文化分立的社会中，联邦制或许有助于保护种族、语言或宗教上的少数派，尤其是当它们在地理上比较集中时。它还可以牵制雄心过度膨胀的统治者，从而保护市场和公民自由。而且，联邦制可以允许下级政府（例如邦或州）尝试不同的政策规划。政府也因此可以学习其他人的经验。除此之外，公民可以自由地“用脚投票”，并选择最适合他们偏好的地方政府和政策环境。

尽管联邦制促进了选择和多样性，但它是以牺牲平等为代价的。联邦制允许地方政府推行不同的政策。这样做的影响在于，公

① Donald Horowitz, “Comparing Democratic Systems,” in *The Global Resurgence of Democracy*, ed. Larry Diamond and Mark F. Plattner (Baltimore: Johns Hopkins University Press. 1993), 143-149. 还可参见：Shugart and Carey, *Presidents and Assemblies*.

民可能从不同的州或地方政府获得不同的待遇和福利。与此对比，单一制政府在富裕地区和贫穷地区之间重新分配资源方面，也许处于更有利的地位，如果情况允许的话。

在对邦联、联邦和单一制进行比较时，我们必须对形式上和实际的权力分布进行区分。在单一制中，尽管权力在形式上集中于中央，但地区和地方政府也可以获得中央政府几乎不加挑战的权力。在联邦体制中，中央集权的政党的控制也许可以削弱表面上的地方自治，比如苏联；或者是在事实上，大部分政府财政收入都由中央政府收集，比如尼日利亚（见第十六章）。墨西哥也例示了形式上与实际上的联邦制的差别。直到最近，革命制度党在形式上的联邦制中一直实行中央集权的控制。但是，墨西哥最近的民主化以及以前的反对党赢得总统职位和许多邦的政府，已经导致某种“真正”的联邦制与其形式并驾齐驱（见第十二章）。因此，联邦制和单一制的实际差别可能并没有正规的宪法所规定的那么大。

政府权力的限制

5.5　讨论法院在监督民主中的作用，举出几个国家的例子

与威权主义政体不同，民主政体的特征是权力的行使受到法律或习惯的某种限制。各个政府部门的权力由成文宪法、制定法和习惯来界定与限制，这样的制度被称为**立宪政体**（constitutional regimes）。除了规定的情形之外，公民权利——如公平审判、言论、请愿、出版和集会的自由——受到保护，以免受政府的干预。

在对政府权力的限制上，法院是至关重要的。正如表 5－2 显示的那样，政府可以分成两种极端情形：一种是政府对公民的强制权力受到法院的相对限制，另一种是法院保护公民的权利并且确保政府其他部门恰当地行使其权力。在美国、德国和印度的制度中，高等法院有权判决政府各部门超越宪法规定行使的权力。这种**司法审查**（judicial review）的做法在不同程度上存在于世界上约一半民主国家。但是，由于法官缺乏独立性或者在制约行政权上的无效，司法审查常常被削弱。

表 5－2　对政府权力的司法限制

对立法的司法审查权可见于世界上约一半民主国家，但其有效性程度有差别。

不受限制		受限制
非独立法院	独立法院	司法审查
	英国	美国
伊朗		印度
尼日利亚		德国
		法国
		巴西
		日本
		俄罗斯

其他的立宪制度（如英国）拥有独立的法院，它们保护人民免受法律和法规的不正当实施，但是不能合法地否决议会或政治行政当局。在这些国家，人民的实体权利受到成文法、习惯、自我约束以及政治压力的保护，即使在授予司法审查权的国家，这对法院的效力而言也是至关重要的。在威权主义系统中，决策者通常不允许法院对他们使用和滥用权力施加限制，即使勇敢的法官偶尔

试图做出不利于他们的判决也是如此①。

阿伦·利普哈特描述到，他所考察的36个民主制度中仅有4个具有“强大”的司法审查，包括德国、印度和美国②。印度最高法院与美国最高法院最为相似，它已经成功地宣布国家的许多法律和条例不合宪（见第十五章）。德国宪法法院也通过判决以及政府对这些判决的预期，对国家和州的决策产生重要的影响③。

利普哈特考察的36个民主政体中，大约有1/4具有至少是中等程度的司法审查。在法国和巴西，新的立法即使在生效前，也可能会在法院受到议会反对派成员的挑战，这一过程被称为“抽象的”司法审查。在这36个民主国家中，略超过一半的国家拥有“弱司法审查”，其法院的权力被非常有限的宪制权威（如爱尔兰）或法官所限制，这些法官由于其职业生涯在很大程度上取决于执政党（如日本），因而不是很独立。在剩余的民主国家，法院不享有对立法的司法审查权，尽管它们仍然可能保护个人免受政府未经法律特别授权的权力滥用（见表5-2）④。

在东欧的许多新兴民主国家，司法审查都被规定在宪法之中，但在实践中被证明很难实施。有些国家在限制政府上取得了显著成功，但在其他国家却是失败的。在尼日利亚，法院长期以来在一系列其他方面并不民主的军人政权中保持相当程度的司法独立。但在阿巴查军事独裁时期（1993—1998年），法院显得几乎不受尊重，此时该政权成立了特别军事法庭，对其认为的敌人提起诉讼。而在尼日利亚于1999年再度民主化以后，法院取得了新的权力。

所有的成文宪法都规定了修宪程序。大多数制宪者都意识到，基本决策规则必须具有适应性，因为公民价值观存在潜在的模糊性、无效性和变动性，或者可能出现不可预知的情形。但是，如果修订太容易做出，那就有可能危及重要的宪法保护。因此，许多宪法都包含一些不可修改的条款（例如，美国宪法中授权各州在参议院享有平等代表权的规定）。

修宪程序从复杂到简单千差万别。最简单的情形可能是英国，该国以简单多数通过一个普通的议会法案，就可以修改宪法。美国宪法具有最困难的形式程序，要求参众两院绝大多数的通过和3/4的州批准。在其他一些国家（如丹麦），宪法修正必须经公民投票批准。

总之，宪法可以在不同方面集中或分散政府权力⑤。在做出这样的宪制选择时，有

① Gretchen Helmke and Frances Rosenbluth, “Regimes and the Rule of Law: Judicial Independence in Comparative Perspective,” *Annual Review of Political Science*, 12 (June 2009): 345-366.

② Arend Lijphart, *Patterns of Democracy*, 215.

③ Georg Vanberg, *The Politics of Constitutional Review in Germany* (New York: Cambridge University Press, 2005). 还可参见：Chapter 9.

④ 此外，在英国，与法国、德国和欧盟其他24个成员国一样，欧洲法院提供一定程度的司法审查，以确保国家法律和政府活动符合欧盟条约和法律。

⑤ 近年来决策权的分散和限制的一个重大趋势是独立中央银行的不断增多。中央银行（如美国联邦储备银行）担负着调整货币供应、利率以及很多政府和社会的金融交易的重要任务。在大多数国家，这类银行政策长期由政府某一官僚机构的行政首长所控制。但是在最近20年，很多国家赋予其中央银行极大的独立性，规定它们的主要任务是利用货币政策维持价格稳定、抑制通胀。这种独立性可以消除国内外投资者的疑虑，而且似乎能够抑制通胀，但是却限制了行政首长和内阁对经济政策的选择。

必要进行权衡。或许，任何一个民主和个人自由的支持者都不会为无限独裁者（如托马斯·霍布斯的《利维坦》所描述的那样，见第一章）极度集中的权力辩护。然而，那些集权程度较小的立宪民主政体（如英国的制度）却具有一些重要的优势。它们的政府倾向于实际和高效，而且，依赖多数投票规则，政府往往平等地对待所有公民。没有哪个小团体能够阻止一项获得真正多数支持的决定。与此对比，分散权力的宪法（就像更具包容性的决策规则一样）具有自身的优势。它们更有可能牵制权力的潜在滥用（如多数人的暴政），而且其政策往往随着时间的推移而具有更大的稳定性。

牵制最高决策者

5.6　列举解除政治领导人职位的三种方法

政府面临的挑战之一是控制最高政治领导人，防止他们滥用权力。在很多威权主义系统中，如果最高政治领导人不再受欢迎或者犯下暴行，则常常缺乏合法的和制度化的方式来解除他们的职务。此外，威权主义领导人通常可以在他们觉得需要时修改或者完全无视正式的宪法。民主政体有各种各样的程序来牵制领导人。在议会制中，如果行政长官失去议会多数的支持，他们实际上可以在任何时候由于不信任票而被迫卸任。例如，作为德国总理的社会民主党的赫尔穆特·施密特（Helmut Schmidt）在 1982 年 10 月被基督教民主党的赫尔穆特·科尔（Helmut Kohl）所取代。

民主的总统制介于议会制和威权主义系统之间的某个位置。不同于议会立宪制中的首相，总统有固定的任职期限。大多数总统制规定了总统在任职届满前可以被罢免，但是通常情况下只有在他们犯有严重罪行或其他重大错误时才适用此规定。这种程序被称为**弹劾**（impeachment）。弹劾通常包括三个要素：（1）可弹劾的犯罪行为通常被界定为给公共利益或安全带来极大的危险；（2）惩罚方式为罢免职务（有时附加单独的刑罚）；（3）弹劾案由立法机构裁决，但需要超过普通多数通过，可能在某些方面还会涉及司法机关。弹劾的积极价值在于，它为合法地动员政治权力去对抗威胁宪制或法律秩序的行为提供了一种方式。同时，弹劾的危险在于，它可能被用于纯粹的党派斗争或实现个人目的。

在美国制度中，弹劾程序可被用于针对现任政治人物，甚至是总统（如总统尼克松和克林顿的案件），如果他们的行为远远超越法律限制的话。还没有哪位美国总统被参议院判处有罪从而遭到罢免，尽管这种命运曾经降临到其他联邦官员的头上，例如法官。弹劾与这样一些宪法体制相关，它们都有规定固定任期的权力强大的总统，如美国、巴西、韩国和菲律宾（见专栏 5 - 2）。弹劾规则也被半总统制的宪法所采用（如俄罗斯），甚至在纯粹的议会制中也有弹劾规定。

另一种可以用来罢免不受欢迎的官员的方法是罢免选举，即使他们没有重大罪行。罢免选举在美国的州宪法中很常见，但其他国家很少使用。

从长远来看，民主秩序的最终控制在于定期的竞争性选举。这种获得并定期延长大众授权的需要，是使政治人物回应公民需求的根本制度设计。选举在达到这个目标上具有严重的瑕疵。人们可能难以断定，民选官员何时不胜任、欺诈或者只是不够幸运。决策的复杂性可能会使即便是训练有素的观察家们企图认清成功或失败的责任时也面临困惑。政治议题的多样性也可能使公众在对候选人的选择上陷入困境。或者说，似乎没有哪个选择看上去非常令人满意。然而，尽管选举存在严重的瑕疵，但它能够使每个公民都对决策过程施加某种影响。正因如此，我们把竞争性选举看作最重要的民主结构。

专栏 5-2

拉丁美洲的弹劾

自第三波民主化以来，近 20 名拉丁美洲领导人被迫提前下台。在军事政变曾经比较普遍的地区，如今行政首长的下台更多的是不同政府部门间的冲突的结果。巴西、墨西哥和其他许多有着强势总统的拉丁美洲国家都有弹劾的规则和传统，很多都是效仿美国宪法的规定。例如，巴西具有与美国类似的弹劾程序，但是指控总统和其他高级公务员犯有可弹劾罪行，需要议会下议院 2/3 多数的赞成票。同时，参议院判处罪名成立也需要 2/3 多数的赞成票。当 2016 年巴西总统罗塞夫因被控操纵联邦预算以掩饰该国的经济问题而遭到弹劾时，议会援引了这一条款。

资料来源：Gretchen Helmke，*Institutions on the Edge：The Origins and Consequences of Inter-Branch Crises in Latin America*（New York：Cambridge University Press，2017）.

议会

5.7 描述政府议会的不同形式、功能和组成部分

立法**议会**（assemblies）已经存在了数千年之久。例如，古希腊和古罗马就有议会。实际上，美国和其他众多国家的现代议会的名称就是由罗马元老院（Senate）沿袭而来的。

几乎所有的现代政治系统（包括威权系统）都有议会，名称五花八门，像*参议院*、*议院*（chambers）、*议会*（diets）、*众议院*（houses）等。议会也被称为*“立法机关”*（不管它们在立法中实际起什么作用）或*“国会”*（parliaments）（主要是在议会制中）。重大公共政策，特别是制定法律和全国预算，常常需要它们的正式批准。议会一般由公民投票选出，因此至少在形式上对公民负责。立法议会机构的普遍采用表明，在当代世界中，一个合法政府必须在形式上包含一个公众代议机构。

议会结构

不同议会的规模和组织各不相同，从不足 100 人到超过 3 000 人不等。它们可能由一个议院（这种情形称为*一院*）或两个议院（*两院*）组成。大多数民主体制以及一些威权主义体制都是两院制（两个议院）议会。联邦制通常会同时规定两种代议制形式；通常，其中一个议院中的代表制以公众为基础，另一个议院中的代议制则以地理单位为基础。德国议会的两院制源自联邦主义和分立联邦政府权力的要求。即使在单一制国家（如法国和日本），**两院制**（bicameralism）也是普遍的，但是第二个议院的目的在于对决策进行牵制，而不是代表地方单位。

在大多数两院制中，一个议院占据支配地位，另一个议院（如俄罗斯联邦委员会或法国参议院）只拥有有限的权力来保护地区利益。尽管支配性议院的代表由公民选举产生，但另一个议院的议员有时是由地区政府（如德国）或以其他间接方式选出的。在大多数议会系统中，首相只对侧重于民选的议院负责，因此该议院要比另一个议院在决策中具有更重要的地位（见本章前面关于信任票程序以及专栏 5－1 中的讨论）。

议会在内部组织中运转的方式也会对决策产生重大影响。有两种内部立法组织：政党团体和正式的议会下属单位（议长、委员会等）。在政党势力与下属单位（如委员会）之间常常存在一种反比关系：政党势力越强，委员会就越弱，反之亦然。像大部分议会系统一样，英国的议会成员严格按照政党路线投票，这要比美国国会议员更能保持政党一致性。由于内阁只要可以控制议会多数通常就能保持任职，偏离政党路线就意味着面临政府下台和重新选举的风险。强化政党路线进行投票也意味着委员会不能轻易地做出跨越党派界限的妥协。

在总统制中，总统和立法议员都经单独选举产生，并具有固定的任期。因此，执政党的命运并不直接与立法案的表决联系在一起。而且，总统与立法院党团可能向总统所在的党团提供相冲突的信息，导致党的分裂。由于这两个原因，政党投票在总统制中较少具有一致性，当然这也取决于选举规则是否促进党内的竞争①。

所有议会都设有委员会结构，有些组织安排允许议员进行分工，并专攻特殊的议题领域。没有这些委员会，处理大量的立法事项是不可能的。然而，委员会的重要性各不相同②。在有些立法机构（如美国、日本和德国的立法机构）中，委员会是非常有影响力的。这在一定程度上是因为它们高度专门化，有着与各行政部门相一致的管辖权，并有大量的人力资源。强大的委员会往往有与行政部门相一致的明确立法分工，从而允许对行政活动进行专门监督，而且这些委员会经常让议员一届届地连续得到任命，这样使他们能够积累很多专业知识。它们通常是反对派发挥影响力的场所。与此对比，英国议会中的委员会要弱得多，因为它们的工作人员数量少、受执政党支配，并且每次由一项议案获得任命。因此，它们不能在某个特定政策领域积累专业知识。

议会功能

议会成员必须对他们面对的政策进行商议、辩论和投票。大多数重要的政策和规则在产生法律效力前必须经过审议，而且至少需要获得这些机构在形式上的批准。议会通常还控制着公共开支的决定，预算成为其主要功能之一。此外，有些议会拥有重要的任命权，有些议会可能还充当上诉法院。尽管法律通常需要议会的批准，但在大多数国家，立法实际上是在其他地方（通常是由政治行政机构和官僚高层）规划的。

在决策机构的影响力方面，美国国会处在一个极端，它在法律的规划和制定过程中

---

① John Carey. *Legislative Voting and Accountability* (New York: Cambridge University Press, 2009).

② 关于欧洲议会委员会的调查，参见：Ingvar Mattson and Kaare Strøm, "Parliamentary Committees," in *Parliaments and Majority Rule in Western Europe*, ed. Herbert Döring (New York: St. Martin's Press, 1995), 249－307.

扮演着非常活跃的角色。而另一个极端则是议会扮演很弱的角色。大约处于这两个极端之间的是英国下议院，立法议案有时是由普通议会成员起草或修改的，但公共政策通常是由内阁成员（准确来说，他们是从议会机构的成员中选出）草拟并提议的。典型的议会都会规定一个审议会议正式制定法律，有时也修改法律。

议会不应该被仅仅看作立法机构。所有民主制中的议会都与立法具有重大关系，但并不必然发挥支配性作用。它们的政治重要性不仅建立在立法这一功能上，还建立在它们所履行的其他各种政治功能上。议会可以在招募精英中发挥重要作用，特别是在议会制中，首相和内阁成员通常都曾在议会中履职，度过其政治学徒期。立法委员会的听证和会场辩论可能是利益表达和利益集聚的重要场所，特别是当不存在具有凝聚力的多数党时更是如此。议会中的辩论可能是公共政治信息的一个来源，因此，它有助于促进一般意义上的公民和特殊意义上的精英的社会化。

代表制：镜像和代表偏向

当代立法机构（尤其是在民主系统中的立法机构）特别有价值，因为它们在国家决策过程中代表着公民。然而，对于公民与政府官员之间理想的联系应该是什么样的，答案却并不明确。有些人认为，政府官员应该尽可能地映照公民的特征。这项原则也被称为**镜像或描述性代表制**（mirroring or descriptive representation），人们认为它对潜在的冲突性分立（如种族、阶级、族群、性别、语言，可能还有年龄）具有特别重要的意义。

政治精英，甚至包括通过民主选举产生的立法议会成员，很少能够按照任何标准的社会特征来反映他们所代表的公民。即使在民主国家（如英国和法国），政治领导人也往往具有较高的社会地位，受过不寻常的良好教育，或者是来自较低阶层的向上流动的个人。当然也有例外。在有些国家，工会或左翼政党为经济或教育背景一般的人提供了政治晋升的渠道，这些人通过在工人阶级组织中任职而获得政治技能和经验。在挪威工党长期控制行政机构期间（1935—1981 年），甚至没有一个首相完成过中学教育。但是，这些是非常罕见并正在消失的例子。在大多数当代国家，高层职位中的工人阶级成员数量很少，并且还在继续减少。

在大多数国家，妇女传统上在政治领导职位中的代表很少。尽管在过去 30 年里取得了一些进展，但妇女在政治领导层中的数量仍然很低①。1980 年，妇女在世界范围内占据大约 10%的议会席位。到 2016 年，这一数字增长到两倍多，达到 23%，但仍然很低。即使在民主国家，很少有妇女担任行政首脑的职位，尽管近年变得不是很罕见（见专栏 5-3）。例如，安格拉·默克尔在 2005 年成为德国总理，并在 2009 年和 2013 年再度当选（见第九章）。妇女的地位改进也是不平衡的②。在不少北欧国家，如瑞典，在 2016 年，妇女占立法议员数的 44%，在内

① 关于选举规则的效应包括扩大使用性别指标和比例代表选举，不断增多的关于妇女和少数族群在立法机构中的代表性问题的讨论，参见：Mona Lena Krook and Robert G. Moser，"Electoral Rules and Political Inclusion，" *Perspectives on Politics*，11 (September 2013)，814-818.

② 数据来自：Inter-Parliamentary Union，http：//www.ipu.org，accessed June 21，2010.

阁成员中也占有大致相同的比例。在德国、墨西哥和英国，妇女占 30%的议会席位。但在尼日利亚和伊朗，妇女仍然只占有 10%或更少的议会席位。

专栏 5-3

担任行政首长的妇女

大约从 1970 年开始，妇女在越来越多的国家赢得最高行政职务。近期尽管在非洲担任领导职务的妇女仍然极其罕见，但在欧洲和南北美洲，妇女已经开始进入领导层。欧洲大国中的首位女性领导人是英国首相玛格丽特·撒切尔（1979—1990 年）。她那强势而果敢的领导风格使其成为欧洲 1980 年代最有影响力的政治家之一。特蕾莎·梅是现任英国首相。妇女在其他西欧国家也开始掌权。安格拉·默克尔是德国总理。在挪威，格罗·哈莱姆·布伦特兰（Gro Harlem Brundtland）在 1981—1996 年担任首相职位共约十年时间。在拉丁美洲，女性总统近期在阿根廷、巴西、智利和哥斯达黎加就职。

许多早期女性领导人来自亚洲和中东国家，在这些国家，妇女在公共生活中的作用传统上都是受限的。斯里兰卡的西丽玛沃·班达拉奈克（Sinmavo Bandaranaike）（1960—1965 年和 1970—1977 年）、印度的英迪拉·甘地（Indira Gandhi，1966—1977 年和 1980—1984 年）以及以色列的果尔达·梅厄（Golda Meir，1969—1974 年）是她们中的先驱者。在 1980 年代和 1990 年代，妇女在菲律宾、巴基斯坦、孟加拉国并再一次在斯里兰卡获得了行政权力。在缅甸，诺贝尔和平奖得主昂山素季（Aung San Suu Kyi）赢得了 1990 年的选举，但是军队却阻止她任职并将其软禁；25 年后，她的党赢得压倒性胜利，她被允许担任一个特别设立的政府领导职位。

在亚洲，来自杰出的政治家族，包括印度的甘地家族和巴基斯坦的布托（Bhuttos）家族的成员，经常有助于打破阻挡女性担任行政首长的传统。在有些情形中，她们是重要政治领导人的遗孀或女儿。在欧洲和拉丁美洲，女性领导人更有可能具有独立的政治生涯，她们可以依靠比较强大的妇女团体。

政治精英在年龄层次上也往往代表性不足。在许多国家，40 岁以下的议员（更不用说行政首长）很少见，相反，大量的重要政治人物都超过了正常的退休年龄。在很多国家，大学毕业生——经常是律师，尤其是公务员——拥有过多的代表，而民族、语言和宗教上的少数族群通常代表不足。因此，代表偏向普遍存在并具有渗透性。尽管妇女代表正在逐渐增多，但阶级偏向也在不断加深。

描述性代表制不是招募公共官员所唯一关注的。一位美国参议员无意中表达了镜像（mirroring）的局限性。在为一位被责备为能力平庸的美国最高法院提名人进行辩护时，这位参议员的论辩毫无说服力："虽然他是平庸的，但同样存在很多平庸的法官、民众和律师。他们都有权获得少量的代表，不是吗？"① 大多数人也许不会同意，政府官员应该向广大民众反映他们的工作能力。相反，我们通常希望政治精英是选民的最佳**代理人**。按照这种观点，应该把有能力为公民利益服务的政府官员选出来，而不管他们与选民是否具有共同的背景特征。

---

① Senator Roman Hruska，引自：*Time* magazine March 30，1970.

对政治人物而言，要成为合格的代理人，他们需要与其所代表的公民具有相似的*偏好*，并且具有适当的履职*技能*。在民主国家，政党和选举是使公民们与领导人的偏好保持一致最为重要的机制①。就技能而言，政治和政府的领导者（特别是在当代技术高度发达的社会中）都需要知识和技能，如果不接受教育和培训，这些知识和技能就很难获得。天资聪颖或经验可以在有限程度上替代正规教育。

因此，政府官员比他们所服务的人民更有知识、更聪慧、更有经验，也许还更有教养，这也许是一件好事。正如病人倾向于寻找最有能力的医生而不是最类似于自己的人那样，人们可能会坚持认为，公民应该寻找最合格的官员。按照这种观点，选择政府官员（包括代议决策者）就如同授权给专家。在许多现代民主国家中，公民越来越愿意选择与其没有共同背景特征的人当领导人，这可能是一个有希望的迹象。

与很多其他的政治选择一样，没有一个明确或完美的方法在镜像授权和专家授权之间做出选择。这是一个由来已久的争论，在很多情形下有必要在这两者中进行权衡。不同的机构可能需要不同的考量。例如，大多数人对地方议会镜像的重视程度很可能要高于监督核技术的调控机构。

政治行政官

5.8 讨论选择行政首脑的方式、他们的权力以及内阁所扮演的角色

在现代国家，行政部门是迄今规模最大、最复杂，通常也是最强大的政府部门。用简单的方法描述行政部门并非易事，但从最高层开始却是可取的。一般来说，政府有一位或两位**行政首长**（chief executive），他们通常是位居最大行政部门的最高层的行政官员。这样的首长有多种不同的名称、头衔、职责和权力。他们被称为*总统*、*首相*、*总理*、*秘书长*甚或*领袖*（伊朗）。还有少数的国王，他们仍然拥有真正的权力。众多头衔可能会对我们了解这些官员履行何种职能造成误导，但他们往往是公共政策的主要制定者和执行者。

行政首长的结构

民主政府通常要么有一位单一的行政首长（如总统制），要么有一种由两个职位组成的分离式行政首长，即一位仪式上的国家元首（在正式场合代表国家）和一位更有实权的政府首脑（决定公共政策）。表 5－3 以行政首长的权力对决策的影响为基础对其进行了区分。在左边这一列我们能够看到威权主义制度中的行政首长，他们的权力最终依赖于强制。中间和右边的两列体现的是民主国家的行政首长。中间一列显示行政首长的权力主要依赖他们在立法机构中的党派影响，大多数议会制中的首相就属于这种情形。右边一列表明，行政首长影响立法的能力取决于宪法直接授予他们的权力，而不单单是党派关系。例如，强势的总统可能会否决立法、颁布法令或者提出预算。他们通常拥有内阁成员的任命权和罢免权。

① 在多党制系统中，构建行政与立法机构联盟的过程也起到某种作用。参见：Gary Cox，*Making Votes Count*（New York：Cambridge University Press，1997），Chapter 12；G. Bingham Powell，Jr.，*Elections as Instruments of Democracy*（New Haven，CT：Yale University Press，2000）；and G. Bingham Powell，Jr.，"Ideological Congruence：Illusion or Imperfection，" *Legislative Studies Quarterly*，forthcoming. 大量政治学研究开始探讨选民、立法机构和政府间的一致性是如何形成或破坏的。

顺着这张表格阅读，我们可以发现不同行政首长之间的区别：拥有实际政策决定权的行政首长，只具有纯粹礼仪作用的行政首长，或者同时具有实际和礼仪权力的行政首长。只有当他们在法律法规的制定和执行、预算事务或者重要的政府任命上拥有真正的自由裁量权时，政治行政官才能发挥有效的作用。如果不拥有这些权力，他们就是象征性或礼仪性的。在总统制中，礼仪角色和实际角色几乎总是由同一人（总统）担任，正如我们在表 5－3 最下方所看到的。在议会民主制和一些威权主义制度中，这两个角色在“国家元首”和“政府首脑”之间相分离：前者主要是一种礼仪性的官员，后者负责制定和执行决定。英国、德国、印度和日本的首相（总理）显示在表中第二列上方，而这些国家的礼仪性职务显示在表中右边的中部。

表 5－3 行政首长立法权的基础

行政首长在其立法权的有效性和基础方面存在差别。

威权主义	民主制：党派影响	民主制：宪法权力
有效性		
	英国首相	
	法国总理	
	德国总理	
	印度总理	
	日本内阁总理大臣	
	（俄罗斯总理）	
礼仪性		
		英国女王或国王
		德国总统
		印度总统
		日本天皇
礼仪性和有效性		
伊朗领袖	法国总统	巴西总统
		墨西哥总统
		尼日利亚总统
		俄罗斯总统
		美国总统

这些区别不是绝对的。即使是礼仪性总统，如果出现政党对立，或者通过行使特别宪法权力（或者两者兼而有之，如 1990 年代印度发生的情形），也能施加重要的影响。此外，立法机构中的政党影响对即使是最强势的民主制总统也是有用的。尽管如此，确定立法权力的主要来源通常还是容易的，即使那些形式名称可能会让人产生误解。

一些国家的总统和总理都具有重要作用。他们之间的权力平衡取决于总统的宪法权力和立法机构中的政党分立。俄罗斯宪法赋予总统很大的先例否决和发布政令的权力。总理几乎只是另一个行政管理者，拥有很小的实际权力，但当普京于 2008 年至 2012 年担任总理时，情况有很大的不同。与此对比，法国总统的正式权力要弱得多；如果他的党并不控制立法机构，而立法机构选出了一个可以有效地主导决策的总理，那便会极大地削弱总统的政治影响力。

君主政体在 21 世纪初要比 20 世纪初少很多。一些君主（如沙特阿拉伯国王和一些其他阿拉伯国家君主）仍然行使真正的权力。然而，大多数当代君主只有很小或者没有实际的政治影响。像英国、日本或斯堪的纳维亚皇室这样的君主拥有的主要是礼仪性和象征性的位置，只持有有限的政治权力。他们是国家和民族以及他们历史延续的生命象征。英国女王可以用她的权杖轻拍受封者的肩膀以授予其荣誉或贵族头衔，但这实际上是首相的决定。日本君主在传统上也是威严和尊贵的，而且作为国家象征发挥重要的作用。相比之下，斯堪的纳维亚和低地国家的君主制更为平淡。由于这些皇室家族成员偶尔会使用非常简陋的交通工具，这些王朝有时也被称为“自行车君主制”（bicycle monarchies)。在议会制的民主共和政体中，总统履行议会君主制中国王和女王的职能。因此，德国总统常常在重要的纪念日发表演说，并在选举结束或政府辞职后委任总理。

礼仪性行政首长和实权性行政首长相分离的制度具有很多优势。礼仪性行政首长象征着统一和延续，它可以超越政治。美国总统职位将礼仪职能和实际职能相结合，但面临的风险是，总统可能会利用其礼仪和象征性权力来提升自己的政治权力，或者对政治的介入可能使其成为一个不太有效的象征性或统一性人物。

行政首长的募员

从历史上看，找到有效而合法的方式来选择合适的人物担任最高决策者的角色，对政治秩序和稳定至关重要。募员结构是国家用以选择其最高决策者和行政首长的途径。表 5-4 显示了本书所讨论的那些国家的募员结构。

表 5-4 行政首长的募员

各种类型的政党涉及大部分行政首长的募员。

国家	行政首长结构	募员结构	政府连任频繁程度[a]
巴西	总统	政党和选民	频繁
英国	总理	政党、下议院、选民	极频繁
法国	总统/总理	政党、(议会) 选民	频繁
德国	总理	政党、议院、选民	频繁
印度	总理	政党、下院人民院、选民	频繁（一次中断）
伊朗	领袖、总统	宗教精英	一次
日本	首相	政党、议会、选民	频繁
墨西哥	总统	政党和选民	两次
尼日利亚	总统	政党和选民	频繁
俄罗斯	总统	政党、总统、选民	频繁
美国	总统	政党和选民	极频繁

a “频繁”意为在该政府类型中至少出现过三次连任。

民主体制管控领导层更替中涉及的潜在冲突，并将其限制在选举动员而不是武力上。这是减少严重冲突风险的一项重要成就。在总统制中，政党选出提名候选人，然后全体选民在这些候选人中进行选择。俄罗斯和法国直接选出总统，但是也赋予总理重要角色，总理由总统提名，但是可以被立法机构罢免。墨西哥现在与其他总统制相类似。但是，革命制度党曾控制选举过程达半个世纪之久，以至于选民仅仅是批准该党的总统提名人。直到 2000 年，很多选民仍然对一个非革命制度党总统能够真正赢得权力持怀疑态度。

在总统制和议会制民主中，行政首长的任期都受到直接或间接的限制。在总统制中，限制通常是直接而明确的，即以行政首长的固定任期形式来限制。在议会制中，议会具有最长任期规定，这也间接限制了内阁的任期，因为首相对新的议会多数负责，并可被其罢免。政党扮演的重要角色表明，在行政首长的选择背后亟须动员广泛的政治支持。毫无疑问，政党的经常出现也反映了现代人民主权的合法性：统治者承诺他们的行为将符合被统治者的利益。

表5-4还例示了伊朗非经选举产生的宗教精英所起的作用。威权主义制度很少存在有效的领导人更替程序。高层集中的权力越多，权力从一个人到另一个人的交接就越危险。十分常见的情况是，威权主义领导人不敢放弃权力，只有在领导人死亡或被推翻时才会出现领导人更替。个人的权力交接不是一件简单的事。这些制度不限制现任者的任期，一旦他们巩固了自己支持者的关键性政党职务，他们就很难被剥夺权力。

贫困国家通常表现出较小的稳定性，而且，其政权通常对于克服权力更替的危机表现得经验不足①。尼日利亚经历了1966—1979年军事政变与政府的更迭，此后引入竞争性总统制，但又被1983年的军事政变推翻。军事统治者最终于1999年允许恢复文官政治，自此之后，尼日利亚持续选举了四任文官总统。

稳定或不稳定的军政府在拉丁美洲和中东地区也普遍存在，尽管它们现在更可能与其他团体合作或居于幕后（见第四章）。印度的民主制度是穷国统治的一个例外。印度已经经历了多次的民主政权更替，只在1970年代出现过一次中断（威权主义的紧急状态统治）。

内 阁

在许多政治系统中，**内阁**（cabinet）是最重要的集体决策机构。在议会制中，内阁的组成如果与首相的选举密切相关，它的权力就可能特别大。内阁通常包括行政机构所有重要部门（有时称为“部委”）的领导人（通常称为“部长”）。内阁开会很频繁，经常是一周几次。内阁通常由政府首脑（总统制中为总统，议会制中为首相）领导。首相的领导角色存在差别。在有些议会制中，首相的地位可能只比“所有平等内阁成员中的老大”略高一点，在多党联盟政府的情形中更是如此。由此，首相通常领导联盟中的一个政党，但必须与联盟中的其他政党的领导人协商。在其他一些议会制（如德国）中，宪法授予行政首长很大的权力②。

内阁是如何选出的？在总统制中，选出内阁成员通常是一项总统特权，尽管有时候立法机构（如美国参议院）有权批准或拒绝提名人。总统通常还能按照其意愿解除内阁成员，而最常见的情形是，立法机构解除内阁成员的能力受到严格限制。在议会制中，过程则很不相同，因为首相和内阁需要得到议会多数的信任。因此，内阁的组建取决于议会的选举结果和议会的政党构成。有时，选举直接决定谁将控制议会多数，从而能够组成内阁。故在纯粹两党制中，其中一个政党总能赢得议会多数。这种情形也可能发生在多党制中，这时一个政党获得的席位比所有竞争政党的席位总和还多。当一个政党控制了议会多数时，该党几乎总是单独组建一个*单一政党多数内阁*。

在大多数多党制国家中，典型的选举结

① Adam Przeworski, et al., *Democracy and Development: Political Institutions and Well-Being in the World, 1950-1990* (New York: Cambridge University Press, 2000).

② 参见：Michael Laver and Kenneth A. Shepsle, *Cabinet Ministers and Parliamentary Government* (New York: Cambridge University Press, 1994) 中的相关章节.

果是，没有任何一个政党单独赢得议会多数。选举法在产生立法机构的政党代表时起了重要作用：正如法国社会学家迪韦尔热所指出的，比例代表制通常会产生多党议会。政党数量越多，其中一个政党单独赢得多数的可能性就越小。在这种情况下，最常见的是由几个政党（2个、3个或更多）联合力量组建**联合内阁**（coalition cabinet），所有政党都在其中有自己的代表。有时，各个政党在选举前就预期有这种组建联盟的需要。它们可能达成一项正式的协议，并告知选民，它们如果加起来获得足够多的选票，就将准备共同执政。因此，如果政党联盟中的某个政党看到自己的候选人显得较弱，就可能鼓励各个党的选民支持其所支持的党的候选人。很多德国和法国政府都是以这种方式掌权的（特别参见第九章有关德国政党联盟的讨论）。在这种情形下，选民能够对未来内阁的选择享有直接的发言权，就像他们在两党制中做的那样。

如果没有一个政党或选前联盟通过选举赢得对立法机构的控制，那么，几家政党可能在选举后进行协商以组建新的内阁。在像荷兰和比利时这样的国家，这样的协商经常进行数月，甚至一整年。但是，英国2010年选举之后，只需几天时间就组成了保守党和自由民主党的联合政府（见第七章）。

在议会制中，无论协商是在选举前还是在选举后进行，几个政党就有关内阁的组成通常有很多选项。图5－2例示了这多种可能性。在有些情形中，当一个单一政党决定单独组建一个**少数派内阁**（minority cabinet）时，通常是因为其他政党之间分歧太大，以至于不能提供任何其他选项。但是，对于少数派政府来说，执政党必须不断地与其他政党协商，以便使政策获得通过，甚至是让自己继续执政。在多数联盟中，协商主要在内阁所代表的联盟伙伴中进行。在这两种情形中，首相的权力可能取决于其与其他政党领袖的协商。

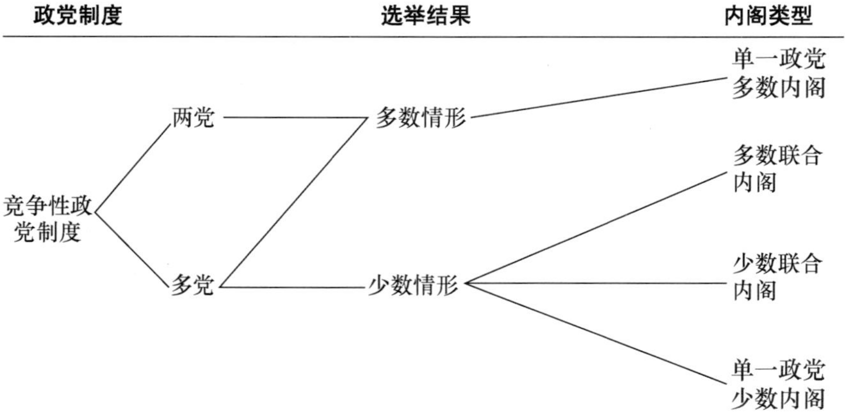

图5－2 议会民主制中的内阁组成

政党制度和选举结果决定了内阁的组成和结果。

这些复杂情况说明了将议会制政府与比例代表制选举相结合所面临的两个问题。由于比例代表制选举很少能产生一个单一的多数政党，它们就不能给选民一个非常明确的选择，即谁将控制行政机构。相反，政党可能在选举后对此秘密做出决定。有时，这种结果是奇怪的，因为刚刚在选举中失去选票的政党却能够通过协商进入执政联盟。第二个问题是，多党组成的内阁有时是不稳定的。例如，自第二次世界大战以来意大利政府平均每年发生一次以上的变动。当然，这些问题并不是议会制和比例代表制必然总会出现的问题。例如，在德国，内阁一直相当稳定，而且选民在选举前一般能得到相当明确的选择项。

行政首长的功能

通常情况下，行政首长是决策中最重要的结构。行政首长通常提出新政策。依靠同立法机构的权力分立和党派平衡，行政首长在这些政策的通过上发挥着重要作用。在总统制中，总统经常享有否决权。因此，行政首长在决策中享有第一和最终发言权。与此对比，在议会制中，行政首长不大可能行使否决权。

行政首长还监督政策的执行，并能要求下级官员对他们的表现负责。行政首长通常还做出关键性的外交政策决定，并提出新的政治动议和项目。缺乏有效行政首长的官僚机构往往执行过去的政策，而不是提出新的政策。如果没有政治上积极进取的部长，官僚机构就可能缺乏活力。

总统、首相、内阁实行一项新的外交或国内政策的决定通常伴随着结构性调整——任命干劲十足的部长、成立内阁特别委员会等。如果行政首长是弱势的并且存在分裂，如有时候发生意大利那样的事情，那么，这种动力就会丧失。随后，动议就传到官僚机构、立法委员会和强大的利益团体，而一般的要求、利益和问题可能会被忽略。在总统和国会分别由不同政党控制的分权制中，即使是强势的总统在实施一项已生效的政策时也可能受到阻碍。而且，如果总统不起作用，议会很少能够弥补空缺。

行政首长还履行重要的制度功能。儿童社会化研究表明，儿童感受到的第一个政治角色往往是最重要的行政首长——总统、首相、国王或女王。在童年早期，倾向于把行政首长视为一种父母式的人物。随着儿童长大成人，他们开始把政治角色与其他角色区分开来，并在各种不同的政治角色中进行区分（见第三章）。行政首长的行为影响着年轻人在整个政治系统中感受到的信任和信心，并将其带到自己的成年阶段。显然，行政首长在任命内阁和其他官员方面的作用也非常重要。行政首长还在沟通、解释新政策并寻求对新政策的支持中发挥重要作用。

官僚机构

5.9　解释马克斯·韦伯关于官僚的定义，描述官僚机构可以采取的形式

现代社会由大型组织主导，这也适用于政府。**官僚机构**（bureaucracies），我们在此指最高行政机构之下的行政机构所有成员，负责执行政府政策。政府官僚机构的规模在20世纪的历史进程中不断扩大。这部分地源于政府的政策责任的扩大和政府的努力。它还可能部分地源于这样一种政府机构的发展趋势，即这些机构一经成立，就一直为了自身的利益而寻求扩张。作为对这种趋势的回应，并作为对政府低效率的担忧的一部分，在许多发达的民主国家近期出现了减少政府预算和精简官僚机构的社会运动（见第六章）。

官僚机构的结构

官僚机构中最重要的官员是经验丰富的专家型顶层**公务员**（civil service）。英国政府大约由100位内阁部长、次长和议会秘书等顶层行政官员组成。这个较小的政治决策者团体监管着大约3 000名常任**高级公务员**（higher civil service）。这些公务员毕生在精英团中度过，从一个部门轮换到另一个部门，目睹政府的不断更迭，而且，随着他们的职位不断晋升，他们也都变成越来越重要的决策者。位居高级公务员之下的是超过50万的庞大的常任公共雇佣人员和普通公务员，他们被安排到大约20个政府部门和大量其他机构中。英国公务员的总人数从1900年的10万人上升到了1979年的70多万人，但该数据在1980年代和1990年代保守党政府执政期间减少，直到如今的50万人。

一个强大的常任高级公务员团队并非英国所独有。在法国，高级公务员队伍中也充满了强大的多面人才，他们能把长期任职、经验和技术知识带到自己的具体工作当中。在美国，很多顶层职位都由总统提名人选而不是由常任公务员担任，但在所有内阁部门仅次于顶层被任命者的关键职位上，仍然是常任公务员。这些人往往都是专家，如军事官员、外交官、医生、科学家、经济学家和工程师，他们在各自的专长领域对政策的制定和执行产生重大影响。位居这些专家和行政管理者之下的是数量庞大的普通政府雇员——邮递人员、教师、福利案件代理人等，这些人负责将政府政策付诸实践。2015年，美国包括联邦、州和地方在内的各种公共雇员达到2 200万，大约占总劳动力的17%。在很多欧洲国家，这一比例更高，在挪威、丹麦和瑞典，这类人员甚至占劳动力的近1/3。

官僚机构的功能

官僚机构在大多数现代社会都有重要意义。原因之一在于，官僚几乎可以单独实施和执行法律法规。当这样做时，他们可以拥有相当程度的自由裁量权。大多数现代立法都是一般性的，只有当行政官员制定这些立法的具体细则并实施时，这些法律才能被有效执行。政策的实施和执行通常取决于官僚们的解释以及他们把政策付诸实践的精神和效力。但是，官僚机构的权力并不局限于实施和执行他人制定的规则。在第四章我们讨论了官僚机构如何表达并集聚利益。农业、劳工、国防、福利和教育之类的部门可能是利益集团中最重要的声音。此外，现代政治制度中的行政机构可以做出大量的裁定。比如，税务部门经常判定公民是否如实上报自己的收入并纳税，这些部门还能做出相应的处罚。尽管公民原则上可以将这些裁定诉至法院，但实际中很少有公民这样做。最后，政治精英（不管是行政官还是议员）的很多决定都基于他们从公共管理中获得的信息。同样，利益团体、政党、工商界精英和公众也依赖这些信息。

官僚机构与绩效

我们通常使用*官僚机构*一词来指称公共行政的所有制度。然而，严格来说，*官僚机构*意指组织这些机构的一种特定的方式。根据德国社会学家马克斯·韦伯的观点，官僚机构具有以下特征：

1. 决策以固定的正式管辖权、条例和法规为基础。

2. 每个职位都需要正式的专业化的教育或培训。

3. 存在一种等级命令结构：一种严格的上下级秩序体系，其中，信息为上行流动，决定为下行流动。

4. 决定依据标准的运行程序做出，这些程序包括广泛的书面记录。

5. 占据行政职位的官员依据绩效获得任命和晋升，并主要以固定职位任期的形式获得保护从而免受政治干预①。

从这个意义上来看，没有哪个组织是完全官僚化的，但是，像税收部门一样，专业军队相当接近官僚化。

官僚机构的这些特征产生了很多可取的效果。它们促进能力提升、连贯一致、公平对待和免于政治控制的自由。试想一下，如果没有官僚机构，生活会是什么样子。在现代官僚机构出现以前，政府官员通常都是一帮糟糕的家伙。他们中有些人的职位是继承而来的，有些人则通过家族或政治关系获得职位。还有一些人花钱买职位，并利用这些职位致富或获得社会地位（或者两者兼有）。他们经常随意地利用自己的权力，帮助朋友和邻居，并使其他人遭受不利。很多人只花很少时间来履行自己的职责。毫无疑问，公职官员经常不称职，对他们的工作不感兴趣，腐败堕落，或者这些情况都有。鉴于规则和记录的缺失，愤愤不平的公众通常很少提出补偿诉求。

但是，"官僚机构"一词所包含的消极意义表明，这些组织也要承担责任。官僚组织可能会变得乏味、畏首畏尾、僵化以及对当事人的需求不够敏感。在很多情况下，官僚们几乎没有动力进行革新和提高效率，甚或努力工作。尽管官僚机构被认为在政治和意识形态上保持中立，但实际上，它们往往受时代主流意识形态的影响，具有党派倾向，或者追求他们自己的机构利益②。很多公民对官僚机构及其效率低下和缺乏回应的习惯愤怒不已。这种沮丧不仅体现在公众定期要求政府改革之中，而且体现在他们的愤世嫉俗之中。

现代威权主义体制感到官僚机构是政府控制的一个必要工具。因此，官僚机构的招募是更大控制模式的一部分。

限制官僚机构的力量包括公众舆论、大众传媒和各种各样的利益团体。在民主体制中，议会和法院也有助于控制官僚机构。立法委员会的听证或司法调查可以使官僚机构的表现与政治欲求保持一致。瑞典发明了**申诉专员**（ombudsman）制度来防止官僚对个人造成伤害或非正义③。这种制度已经被其他国家所效仿，包括英国、德国、阿根廷和新西兰。申诉专员可以调查公民提出的由于政府行为而受到伤害或损害的申诉。申诉专员通常不享有自己的权力，而是向立法机构报告从而寻求救济。他们的案件很少会引起刑事定罪，但是政府官员通常会因使人尴尬的公众关注而改变政策。因此，较之法院诉讼，申诉专员制度提供了一种更迅速有效且成本更低的程序。

在发达的工业化民主国家之外，所有这

①② 参见以下文献的讨论：Julien Freund，*The Sociology of Max Weber*（New York：Random House，1969），234－235.

③ 参见：Christopher Ansell and Jane Gingrich，"Reforming the Administrative State，" in *Democracy Transformed*，ed. Bruce Cain，Russell Dalton，and Susan Scarrow（Oxford：Oxford University Press，2003），164－190.

些对公务员的控制往往不太有效。威权主义制度缺乏很多潜在的控制，如有效选出的政治官员和立法议员、独立的法院、自由的大众传媒和利益团体。因此，威权主义制度尤其容易受官僚主义的效率低下和惰性的影响。而且，在许多发展中国家，大众传媒既不具有独立地位，也没有影响力，很少有公民参与政治，基层政府雇员培训不够，工资微薄——所有这些情形都助长了行贿、强取以及官僚机构的管理不当[①]。

成功的民主体制需要国家议会和行政首长制定的公共政策得到公正有效的实施。民主依赖法治。当执政党从寻求公共工程承包合同的建筑公司收取公款回扣时，民主程序就被寻租的政客破坏了（见第一章，特别是专栏 1－3）。类似地，当税收官员和边境管理部门为放任漏税和偷逃关税的行为而收取贿赂时，民主立法也就遭到了破坏。那些为了自己孩子的教育或为了免疫接种而向老师或卫生官员行贿的公民同时也被剥夺了民主公共政策的好处。这些做法，即我们一般称为腐败（为个人私利而滥用政治权力）的行为，在世界上的穷国中都太普遍了。

法治的失败很难进行系统的研究，但是，对商人、学界人士和分析家进行的有关不同国家的公共官僚机构腐败程度感受的调查提供了某种比较的视野。这些调查结果被整合成腐败感受指数，这项指数按照从 0（高度腐败）到 10（高度廉洁）对大约 100 个国家进行每年一次的评估定级。图 5－3 的纵轴显示了本书所研究的 11 个国家的评定等级。所有这些国家都经历了一定程度的腐败。但是，图 5－3 显示，腐败与贫穷和落后强烈相关[②]。我们比较研究中的富裕民主国家——英国、德国、美国、法国和日本（尽管每个国家都存在臭名昭著的个别腐败的情形）都排在刻度的上半部分。像巴西、印度和墨西哥这样的国家则腐败得多，得分排在刻度的低分区。尼日利亚、俄罗斯和伊朗得分更低。俄罗斯的腐败程度臭名昭著，要比我们预估的中等收入水平相对应的腐败程度更高。伊朗的政权虽然带有神权政治的性质，但被评估为世界上最不透明和最腐败的国家之一。

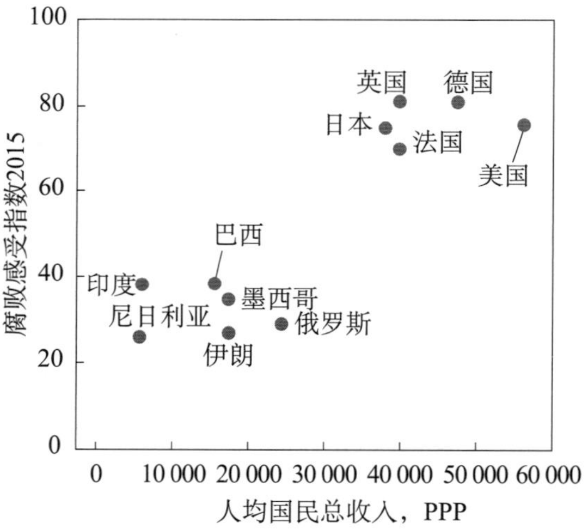

图 5－3　腐败感受与经济发展水平

资料来源：经济发展水平来自 World Development Indicators：http：//data. worldbank. org/data-catalog/world-development-indicators；2015 腐败感受指数来自 Transparency International，http：//www. transparency. org，January 21，2017.

注：高数值意味着低腐败。

官僚机构的弊病（包括效率低下和惰

① 关于发展中国家减少行政腐败所涉及的困难，参见：Robert Klitgard，*Controlling Corruption*（Berkeley：University of California Press，1989）.

② 关于用数据分析解释腐败感受指数，参见：Daniel Treisman，“The Causes of Corruption：A Cross-National Study，”*Journal of Public Economics*，76（June 2000）：399－457. 此书认为较低的经济发展水平、时间短暂的民主接触以及联邦主义是加深腐败感受程度的因素。

性）在全世界广泛存在。这是一个真正的两难困境，因为我们需要官僚机构所提供的组织、劳动分工和专业化。因此，只能减轻它的病理弊病。现代政治领导艺术不仅包括界定和交流合适的目标与政策，而且包括由庞大而复杂的官僚机构来实施这些目标和政策——这就有必要学会如何以及何时对其施压和强制、重组、奖励、教导或受其教导。

结论

总而言之，政府结构影响了政治过程以及政府的强项和弱项。有些政府结构在表达公共偏好时表现较好，另一些政府在执行政策时更加有效。有些政府结构允许更多的辩论和审议，而另一些政府结构则在制定政策方面更加果断。并不存在完美的政府形式，但是，政府组织在它所代表的利益类型、制定公共政策的方法以及公共政策的执行方面存在明显的差别。

复习问题

1. 在决策制定中，更具包容性的决策规则的优势是什么？劣势是什么？
2. 为什么信任关系在议会民主制中如此重要？
3. 宪法安排能用何种方式对决策权进行分散和限制？
4. 反映公民特征的议会代表制有什么优点和缺点？
5. 议会制国家大选结束后是如何组建内阁的？

关键词

议会
威权主义的
专制的
两院制
官僚机构
内阁
行政首长
公务员
联合内阁
邦联系统
信任关系
立宪政体
腐败
决策规则
民主
民主的总统制政体
罢免权
解散权
分立的政府
联邦制
高级公务员
弹劾
司法审查
少数内阁
镜像（描述性代表制）
申诉专员
议会制政体
决策
半总统制
权力分立
单一制

建议阅读材料

Carey, John M. *Legislative Voting and Accountability*. New York: Cambridge University Press, 2009.

Colomer, Josep M. *Political Institutions: Democracy and Social Choice*. New York: Oxford University Press, 2001.

Döring, Herbert, ed. *Parliaments and Majority Rule in Western Europe*. New York: St. Martin's Press, 1995.

Elkins, Zachary, Tom Ginsburg, and James Melton. *The Endurance of National Constitutions*. New York: Cambridge University Press, 2009.

Helmke, Gretchen. *Institutions on the Edge: The Origins and Consequences of Inter-Branch Crises in Latin America*. New York: Cambridge University Press, 2017.

Hicken, Allen. *Building Party Systems in Developing Democracies*. New York: Cambridge University Press, 2009.

Htun, Mala, et al. "Symposium: Between Science and Engineering: Reflections on the APSA Presidential Task Force on Political Science, Electoral Rules and Democratic Governance." *Perspectives on Politics*, 11 (September 2013): 808–840.

Huber, John D. *Rationalizing Parliament*. Cambridge: Cambridge University Press, 1996.

Huber, John D., and Charles R. Shipan. *Deliberate Discretion? The Institutional Foundations of Bureaucratic Autonomy*. New York: Cambridge University Press, 2002.

Laver, Michael, and Norman Schofield. *Multiparty Government: The Politics of Coalition in Europe*. Ann Arbor: University of Michigan Press, 1998.

Lijphart, Arend. *Democracy in Plural Societies*. New Haven, CT: Yale University Press, 1977.

———. *Patterns of Democracy: Government Forms and Performance in Thirty-Six Countries*. 2nd ed. New Haven, CT: Yale University Press, 2012.

Linz, Juan, and Arturo Valenzuela, eds. *The Failure of Presidential Democracy: Comparative Perspectives*. Baltimore: Johns Hopkins University Press, 1994.

Mainwaring, Scott, and Matthew Shugart, eds. *Presidentialism and Democracy in Latin America*. New York: Cambridge University Press, 1997.

North, Douglass. *Institutions, Institutional Change, and Economic Performance*. Cambridge: Cambridge University Press, 1990.

Perez-Linan, Anibal. *Presidential Impeachment and the New Political Instability in Latin America*. New York: Cambridge University Press, 2007.

Powell, G. Bingham, Jr. *Contemporary Democracies: Participation, Stability, and Violence*. Cambridge, MA: Harvard University Press, 1982.

Secondat, Charles de, Baron de Montesquieu. *The Spirit of the Laws*. London: Hafner, 1960.

Shugart, Matthew, and John Carey. *Presidents and Assemblies: Constitutional Design and Electoral Dynamics*. Cambridge: Cambridge University Press, 1992.

Stone-Sweet, Alec. *Governing with Judges: Constitutional Politics in Europe*. Oxford: Oxford University Press, 2002.

Strøm, Kaare. *Minority Government and Majority Rule*. Cambridge: Cambridge University Press, 1990.

Tsebelis, George. *Veto Players: How Political Institutions Work*. Princeton, NJ: Princeton University Press, 2002.

Weber, Max. "Bureaucracy," in *From Max Weber*, ed. H. H. Gerth and C. Wright Mills. New York: Oxford University Press, 1976, 196–244.

第六章
公共政策

学习目标

6.1 区分系统益品、过程益品与政策益品

6.2 界定四种类型的政策行动并讨论它们是如何由一个国家的经济发展水平所规定的

6.3 以不同国家为例，讨论政府的国内政策所寻求的生活质量输出项

6.4 讨论政府政策所涉及的国际经济和安全议题，并解释它们如何为全球化所影响

6.5 提供所需政策输出项之间可能需要的权衡示例

公共政策（public policy）包括政府做出的所有权威的公共决定——政治系统的**政策输出项**（policy outputs）。政策或输出项通常是为了某个目的而选定的，它们意在促进我们称为**政策结果**（policy outcomes）的那些目标之结果。不同的政策在达到决策者所欲求的结果方面也许有或高或低的效率。但是，决策者和公民的价值观和目标影响他们对实际达成的政治结果的评价。既然政治人物与公民经常在**政治益品**（political goods）和价值观上存在分歧，当我们研究公共政策时，牢记这些目标就显得非常重要。

政府及其所作所为

6.1　区分系统益品、过程益品与政策益品

政府做很多事情。关键的一点是，它们提供了一种组织社会力量为国家做出权威判断的方式。这些权威的判断包括关于社会、经济和我们的生活应当如何发挥功能的公共政策。它们做的有些事情是无时间限制的。在罗马帝国时期，防御内部和外部敌人是一项重要的政府职责。今天，大多数社会仍然由政府来监督国家的防卫。在其他方面，政府如今做的有些事情在过去是无法想象的。例如，当今政府需要管制电信和空中交通，这些政策领域直到20世纪才为人所知。

政府提供很多产品和服务，尽管不同国家提供的具体产品和服务千差万别。在大多数社会，政府提供法律执行、道路和邮政服务，在很多国家他们做得更多。在社会主义国家，政府拥有并运营大多数主要的工业，政府拥有的企业生产从军事设备到个人消费品（如衣物和鞋子）的各种物品。在资本主义社会（如美国），大多数消费品由私营部门生产。在大多数欧洲国家，政府生产的产品要比美国多，但远远少于社会主义国家。

政府介入的范围不仅因国家不同而不同，在同一国家也因地区不同而不同。例如，美国的政府机构只雇用极少的人从事开采和制造业，但却雇用比例大得多的人在天然气、水、电力供应等公用事业部门工作。然而，不存在政府不提供任何产品或服务的社会，也不存在所有行业都由政府运营的国家。即使在古巴，部分农业领域是私营的，很多简单的消费服务业也是私营的，如托婴服务行业。

政治目标与政治益品

如果对不同政治系统中的公共政策进行比较和评价，我们就需要考虑推动不同政策的政治目标。正如我们在第一章中讨论过的那样，任何政治系统中的决策者都可能是自利的，为他们自己而不是为发展寻求好处，或者利用社会的分立而不是构建共同体。但是，尤其是在民主社会，选举的关系激励政治人物追求用以满足公民的价值观和志向的政治目标。我们把这些称为“政治益品”。

我们可以围绕本书所使用的三个分析层次——系统、过程和政策来组织政治益品的这个框架（见表6-1）。

在系统层面（system level），政治分析的悠久传统在于强调秩序、可预见性和稳定性。如果环境稳定、透明并具有可预见性，公民就能更加自由且更有目的地行事。我们把这些条件称为*系统益品*（system goods），因为它反映了整个政治系统的功能发挥和有效性。尽管人们通常需要某种变化和新的机会，但大多数人更希望稳定，而不是突然和不可预知的变化。政治不稳定（宪制解体、

频繁的领导更替、暴动、示威游行等）会打乱大多数人的计划，引起公民伤亡，并造成物质破坏。建立并维护包容的政治社群，其成员共享许多价值观并且在出现分歧时尊重不同意见，这有助于维持政治稳定。系统益品不仅与规则性和可预见性（政治系统由此才得以运作）相关，而且与适应挑战和变动中的环境的能力相关。

表 6-1 政治益品

困难的权衡和限制可能包含在获取所欲求的益品的过程中。

政治益品层面	益品类别	内容和例子
系统层面	系统维持	决策过程是定期的、稳定的和可预见的。
	系统适应	系统适应环境的变化和挑战。
过程层面	参与政治输入	决策过程是公开的，并回应多种形式的政治言论和行为。
	服从和支持	公民履行其公民义务（如交税），并遵守公共法律和政策。
	程序正义	法律和政治程序都是有序的和公平的，法律面前人人平等。
	有效性和效率	政治过程具有自己欲求的效果，并且除非必要，它们不会繁杂、花费巨大或横加干涉。
政策层面	福利	公民拥有获得教育和医疗保健等益品的广泛通道。
	安全	政府确保人身和财产安全、公共秩序和国家安全。
	公平	政府政策不歧视来自不同族群、语言或宗教团体的个人；两性得到尊重；保护弱势或处于不利地位的公民。
	自由	公民享有免于过度调控的自由、隐私保护、选择自由并尊重个人自主。

另一类益品与*政治过程*相关——公民参与和自由的政治竞争。根据这种程序视角，民主是好的，威权主义是坏的，这是因为公民在政治过程中被对待的方式，而不是因为（例如）民主产生更好的经济或安全结果。因而民主程序和各种正当程序的权利是*过程益品*(process goods)。过程益品包括参与、服从和程序正义。我们重视参与不仅仅是因为它是回应性政府的一种手段，也是因为参与本身的缘故，因为它能提升公民的能力和尊严。程序正义（由陪审团审判，有人*身保护令*，禁止残酷和非同寻常的惩罚以及被公正而平等地对待）是另一项至关重要的过程价值，没有这项价值，公民将有更多畏惧政府的理由。程序益品还包括有效性和效率。我们偏好那些能够产生预期结果的政治过程。而且，在其他情况相同时，我们特别偏好那些以低成本和较快的方式给予我们这些结果的机构。

第三个关注点是**政策益品**（policy goods)，如经济福利、生活质量、自由和个人安全。大部分人都珍惜他们认为可以改善其生活条件的政策。但是，心怀善意之人并不总能就哪些政策益品是最重要的问题达成共识。政治哲学家们长期以来就公共利益中的政策之内容和重要性开展辩论。在不同的文化和时期，这些益品将优先性赋予不同的需求和意愿。然而，在过去的 200 年里，从美国的《独立宣言》到联合国的千年发展目标等一系列公共文献，表达了增强对扩大的人权的公共支持。专栏 6-1 显示了在 2000 年的高峰会议上 189 个国家正式批准的 8 项千年发展目标。它们反映了关于改善世界范围内的公民生活的含义之共识。这些目标对于我们大多数人来说，看起来是不可反对的——例如，两性平等和赋予妇女权力并不是每个地方都广泛接受的优先选项。可以肯定，批准这些目标并不等于采取具体行动来实现它们——特别是当这些行动可能要求新的政治权衡的时候。

专栏 6-1

千年发展目标

联合国千年发展目标

2000 年，147 个国家的领导人和许多其他国家的官方代表出席了在纽约联合国总部召开的千年峰会。峰会结束时，189 个国家同意支持《联合国千年宣言》，肯定其帮助世界最贫穷的国家到 2015 年改善其公民生活的意愿。从此宣言中导出了一系列具体的目标，即千年发展目标。许多其他国际组织也认同这些目标。它们包括 8 项一般性目标，并提出了监督落实这些目标进展的特定指标。

- 目标 1：消灭极端贫穷和饥饿。
- 目标 2：实现普及初等教育。
- 目标 3：促进两性平等并赋予妇女权力。
- 目标 .4：降低儿童死亡率。
- 目标 5：改善产妇保健。
- 目标 6：防治艾滋病、疟疾和其他疾病。
- 目标 7：确保环境的可持续能力。
- 目标 8：形成促进发展的全球伙伴关系。

千年发展目标代表了（至少是在原则上）一种关于可以被认为是政策益品的政策目标的当代共识。尽管在 2017 年实际情形是，在不少方面未能达到 2000 年提出的雄心勃勃的目标，但进步仍然是很引人注目的。

资料来源：数据取自：http：//mdgs. un. org/unsd/mdg/.

尽管这 8 项目标为许多国家的领导人所接受，但它们掩盖了尖锐的分歧——不仅是有关它们的相对重要性，而且也有关它们影响其他价值观的方式。例如，在 2005 年的一次后续峰会上，在生育控制政策和国家主权间的关系问题上，发生了实质性的争议。当然，这些目标为我们确认第一章和第二章所讨论的重要的政策目标提供了一个出发点：政府所服务的功能和目的以及所面临的挑战。

即使我们同意千年发展目标，也不一定知道当一个目标与另一个目标发生冲突时，该给予这些目标怎样的权重，或者当政策有利于某些群体而有损于其他群体时，该怎么做。例如，我们如何在促进一个人的医疗保健与改进另一个人的教育机会之间做出选择？在这样的棘手案例中，我们大多数人会同意的一个标准是，政府应当公平。问题在于，人们常常对什么是公平产生分歧。在有些情况下，我们认为，**公平**要求所有人都应该得到平等对待（就如同当家庭成员试图分割一个诱人的馅饼时的情形）。在另一些情形下，公平要求个人根据其表现而得到相应对待（就如同给一门大学课程打分时的情形）。然而，在其他情形下，公平意味着人们可以根据他们的需求而得到相应的对待（例如医疗中的情形）。因此，公平意味着在一些情形下的*平等对待*，另一些情形下获取*公正应得*（按照价值或贡献的比例给予奖励），以及其他情形下的*按需求对待*。不同的价值体系（比如意识形态或宗教体系）甚至可能对公平的界定也不同。许多公共政策

（例如，像美国社会保障之类的养老金制度）依赖这些标准的某种组合。围绕这些不同的公平观的辩论从未得出定论。

表 6－1 中得到高度重视的最后一项政策是*自由*。正如无政府主义者、自由至上主义者和其他政府怀疑论者会提醒我们的，公共政策应该促进并保护自由以及基本的人权和政治权利。如果两个政策同样地有效率和公平，那我们会选择更好地尊重公民权利和自由的政策。但是，即使民主社会的公民也并不总是在面对其他政治益品时选择自由。例如，在许多国家，言论自由是一项宪法保障，但是，很多人（甚至民主社会的人）都希望禁止辱骂、亵渎或冒犯类的言论。

在当代世界，政府（在大部分社会）是对其公民自由的最大威胁。因此，自由有时仅仅被视为免于政府调控和侵扰的自由。即使是个人和组织也可能侵犯他人的自由与隐私。在这种情况下，政府干预有可能促进自由。很多反对种族隔离和歧视的立法一般都受这种目的的推动。行动、组织、获取信息和抗议的自由是有效的政治参与必不可少的一部分。它与社会、政治和经济的公平也不无关系。

表 6－1 根据我们对政治系统三个层面的分析，提出了在当今社会受到广泛重视的政治益品的内容目录。当不同的价值相冲突时，并不存在一种简单的办法来断定哪种价值应该居于优先地位。实际上，对自由、公正和效率这些价值的不同偏好把不同的文化、政党和政治哲学区别了开来。一个特定社会或公民群体可能更重视公平而不是自由，另一个社会可能会做出相反的选择，这就如同帕特里克·亨利（Patrick Henry）的著名宣言：“不自由，毋宁死！”

本章聚焦于表 6－1 中的第三类——政策益品。我们首先描述政府从事的各种各样的活动，比如在提供政策益品的各种手段上汲取资源来支持政府。然后我们集中关注本表中的四项政策益品：福利、安全、公平和自由。

公共政策

6.2　界定四种类型的政策行动并讨论它们是如何由一个国家的经济发展水平所规定的

政府的一个方面是公共政策。我们可以根据政府为实现其政策目的而采取的四类政策行动来比较公共政策：

1. **汲取**（extraction）——从国内和国际环境提取货币、商品、人力和服务等资源；

2. **分配**（distribution）——向国家的公民、居民和顾客分配货币、商品和服务；

3. **调控**（regulation）人的行为——利用强制和引导手段导致所期望的行为；

4. **象征性行动**（symbolic actions）——用来劝导公民从事所期望的行为，建设社区或者颂扬模范行为（见第一章）。

各种政治系统具有不同的政策行动特征。有些政府提供大量的产品和服务，但是很少进行调控。在其他地方，政府可能主要从事调控，而大部分产品和服务主要依赖私营部门提供。接下来，我们将从汲取开始分别讨论政策的四种类型。

汲　取

政府在花钱之前，必须具有收集资金和其他资源的方式。所有的政治系统都从它们的环境和居民中*汲取*资源。例如，当社会遇到战争时，年轻人（通常是男性）可能被要求参战。人类学家估计，这种义务在一些狩猎采集阶段的社会中是如此艰巨，以至于大约一半的男性死于战争（托马斯·霍布斯对此不会感到惊奇）。幸好现代国家很少这样吞噬人命，但这种直接的服务汲取在现代国家仍然能够发现，其形式表现为强制性军事服务、陪审团义务或把强迫劳动强加给罪犯。

然而，现代最普遍的资源汲取方式是税收。*税收*是政府从一个政治系统的成员中汲取资金或物品，这些成员并不能从中立即或直接获得好处。与此相关的一种汲取是“社会缴费”和“社会保障”收入，这些通常用作社会保障福利专项资金，例如老年退休金（社会保障金）。税收政策的设计是为了实现很多不同的目标，有时这些目标还相互冲突。一方面，为了给各种公共服务提供资金，政府通常希望尽可能多地获得税收收入。另一方面，政府也不想杀鸡取卵。政府向公民收取的税收越多，他们的工作欲望就越低。如果税收负担变得特别繁重，他们可能竭力逃税甚至直接离开这个国家。

汲取政策中的另一项普遍的权衡是在效率与公平之间。效率意味着以最少的成本汲取最多的税收。公平意味着尽可能以这样一种方式征税，即没有人被不公平地施加税收负担，尤其是收入最低的人也不应该被忽视。在大多数社会，税收和支出制度重新分配财富，以支持不富裕的人。因此，收入所得税通常是累进的，这意味着高收入的公民的纳税税率要高于低收入者。然而，高的累进所得税有可能降低高收入者的工作和投资的积极性，从而降低经济增长的动力。因此，这样的税收通常是低效率的。

个人和公司收入所得税、财产税和对资本利得征税被称为**直接税**（direct taxes），因为它们是直接向个人和公司征收的。如果你在年底交税单或者从你的工资中扣缴了税款，你就是直接交税。工资税往往给中产阶级劳动力阶层带来不利，因为富人收入的一大部分来自股息、利息或资本利得，而退休人员从退休金中获得较大的份额。对工资的高税收也可能损害就业，或者把企业推向“地下经济”（underground economy），在这种经济里人们不上报自己的收入或支出。

间接税（indirect taxes）包括营业税、增值税、消费税和关税。这些税通常包含在顾客购买的产品和服务的价格中。间接税的再分配效果取决于谁付了这些税。由于穷人会把较大比例的收入花费在食品和衣物上，销售税（或增值税）可能是递减税（这意味着穷人比富人支付相对多的税）。因此，许多国家对生活必需品征收的税率较低。相反，向奢侈品征收的间接税可能是累进税，因为穷人很少购买像精品珠宝等奢侈品。行政能力弱的国家往往偏好征收间接税。尤其是在财政记录不准确的政府中，间接税更容易征收。此外，间接税倾向于随着通货膨胀或随着产品成本的增加而提高，这为增加政府收入提供了自然的来源。

除了再分配和效率，税收政策还经常用于促进慈善、节能或自置居所等。例如，很多国家通过按揭利息税款减免政策来激励人们自置居所。几个欧洲国家征收高汽油税，以降低能源消费并鼓励能源效率高的车辆的销售。在法国，汽油成本中60%以上是政府税，这使得汽油价格提升到每加仑 6 美元以上。

鉴于涉及税收的许多困难的议题，以及公众对于高税收不可避免的抵制，如果政府可以从其他来源获得意外收入，那也许就是天降福泽了。拥有大量石油储备或其他重要的自然资源的国家，经常处在这样的情形当中。许多产油国，比如伊朗、俄罗斯和尼日利亚，可以利用其自然资源储备并在国际市场上出售以获取高额利润。但当从容易获得的自然资源中赢得的财富构成了政府收入的很大份额时，其结果就远不能是完全的福祉了。大量政治学文献集中关注所谓**食利者国家**（rentier states）的潜在问题，这些国家的大量收入来自销售石油和其他自然资源[①]。此类文献大部分坚持认为，石油横财会产生阻碍发展和民主的“资源诅咒”。

为什么石油、钻石或铜在可以为公共政策提供资金而无须公民负担赋税时会成为一种“诅咒”呢[②]？普遍的解释是，横财资源的利润能使政府对其公民不负责任。丰富的自然资源使得政府减轻公民的税收负担，这也降低了公民对政治人物的不满。在这种情况下，政府可能会面临更少的公民诉求，但是，政治人物如果不经历这些来自公民的诉求，他们在制定政策时也就不大会把公民纳入考量范围。在威权系统中，以资源为基础的直接收入也可能使得统治者通过施加恩惠（比如补贴产品、服务和贷款）但不赋予其政治权力的方式来收买公民。或者食利者国家的横财可能成为掠夺的威权者诱人的目标，他们利用这些资金压制社会，同时为自己摄取利益。尽管资源诅咒是研究较不发达经济时的普遍想法，横财收入却有可能减缓许多不平等社会再分配中的冲突的强度，给民主带来积极的结果[③]。这种横财看起来在经济发达的民主国家（如加拿大和挪威）也不太成问题。

图 6－1 显示了政府总收入占**国内生产总值**（GDP）的百分比。国内生产总值是指一个国家的居民在一年之内生产的商品和服务的总值。对一般的国家来说，大约 1/4 的 GDP 由政府所汲取，但在有些国家，这一比例要高得多。大部分较发达的民主国家，政府收入主要依靠税收和社会缴费。在德国和法国，社会缴费几乎和税收一样多。

但是，图 6－1 显示，有些政府也从非税收和非捐赠方面取得相当大的收入（图中柱面的顶部），比如行政费、租金和从它们经营的企业取得的收入。在伊朗这个典型的食利者国家（见第十四章），非税收入占了政府收入的 2/3 以上。俄罗斯也拥有丰富的石油和其他自然资源，它严重地依赖非税收入。我们如果有尼日利亚的数据，那就可能显示类似的图像。在一些国家，民主发展并不顺利，尽管依靠非税收入并非是唯一的原因。

不同国家的汲取情况因其总体税收负担和依赖不同税种而表现出不同的特征。法国汲取的税额接近 GDP 的 50％，在图 6－1 所

① 这些文献看起来源于对中东的研究。参见以下文献中的评论：Michael L. Ross，“Does Oil Hinder Democracy?” *World Politics* 53（2001）：325－361；Thad Dunning，*Crude Democracy*：*Natural Resource Wealth and Political Regimes*（New York：Cambridge University Press，2008）. 还可参见：Kiren A. Chaudhry，*The Price of Wealth*：*Economies and Institutions in the Middle East*（Ithaca，NY：Cornell University Press，1997）.

② 尤其参见：Ross，“Does Oil Hinder Democracy?”作者简要总结了在文献中提出的几个因果机制。

③ Dunning，*Crude Democracy*.

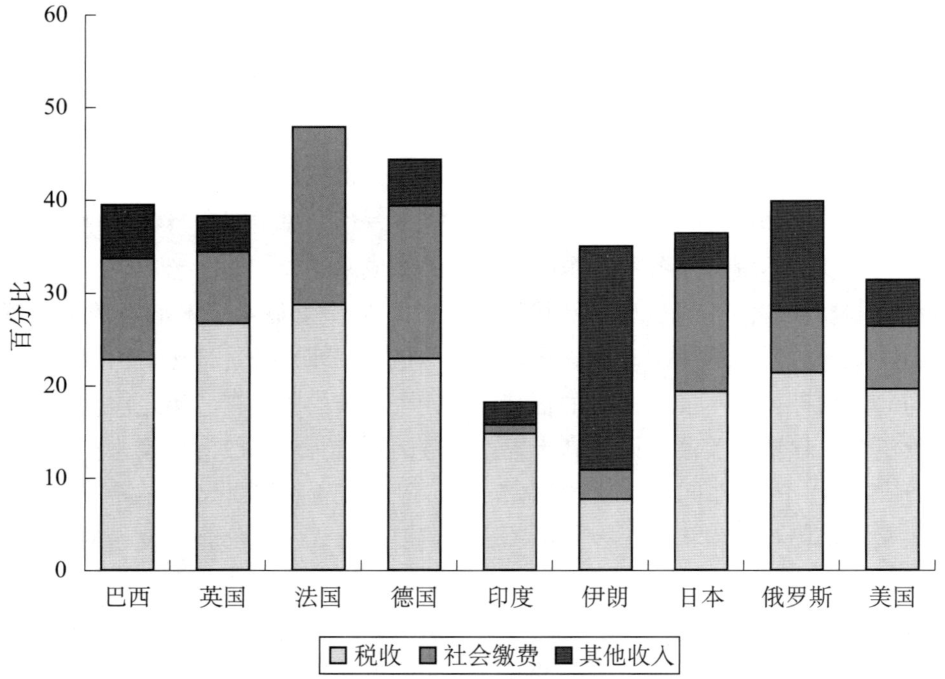

图 6-1　政府总收入占 GDP 的百分比

资料来源：International Monetary Fund，数据下载自：http：//www.imfstatistics.org/GFS，下载日期为 2017 年 1 月 9 日，印度和伊朗下载日期为 2013 年 11 月 21 日。

显示的国家中最高。德国和俄罗斯在 45%左右，英国则位于汲取大约占 GDP 的 40%的先进工业社会之列。美国只汲取大约 GDP 的 30%。作为一个中等收入的发展中国家，巴西拥有很庞大的政府部门，其政府收入状况与英国差不多。印度的政府收入只有 18%。对于高度依赖自然资源横财的那些国家来说，这些比例可能敏感地随着其出口商品的价格而波动。这对于政府及其发展来说，都可能造成额外的问题。

从长远来看，政府的开支不能大于其筹措的资金。政府如果不能平衡账面，而以财政赤字运营，它们就不得不借债。这会给后代纳税人产生必须偿还的债务。即使是富国政府在平衡它们的收支上也臭名昭著，很多政府都是年复一年地依靠财政赤字运营。2015 年，35 个（大多数为高度发达的国家）经济合作与发展组织（OECD）成员国中，只有 5 个成员国例外，其他成员国都有财政预算赤字，平均赤字为 GDP 的 3.2%。美国在 1990 年代末短暂维持了预算平衡，然后又回到财政不平衡。当德国、法国和其他许多欧洲国家决定采用共同货币欧元时，它们也都承诺使各国的财政赤字保持在 GDP 的 3%以下。然而，它们实际上总是不能够履行自己的诺言。自 2008—2009 年的国际金融危机之后，这些国家中的大多数都通过大量借款来支撑紧急支出，以应对世界范围的经济萧条，从而大大增加了国家债务。

近期在一些欧洲国家，特别是希腊，大量长期赤字加上更近期的国际金融危机的压力，威胁到其作为一个国家履行未来金融义务的能力。尽管其他欧洲国家许诺一揽子援助计划，以换取希腊同意大幅度减少开支，但债务危机威胁到所有欧洲国家的金融稳定。2008—2009年的国际金融危机及其后事态造成了许多发展中国家政府类似的经济紧张。随着经济收缩、失业率增加和收入震荡，这场金融危机迅速造成艰难的预算选择，这正是对贸易和金融资本流动的全球化的一种衡量标准。

分　配

分配政策包括将货币、商品、服务、荣誉和机会转移给社会中的个人和群体。一般来说，较之现代政府所做的任何其他事情，这些政策要消耗更多的政府资源并雇用更多的政府官员。分配政策包括支持基础建设、农业和其他各种产业，但最普遍的分配政策形式是社会福利项目。

第一个现代福利国家项目由德国在1880年代引入。为了应对快速的工业化和城市化，德国政府提供了社会保险项目。该项目可以保护工人进入老年期后免受失业、事故、疾病和贫穷的影响。在20世纪，尤其是从1930年代的大萧条到1970年代，大多数工业化国家都采用并大幅拓展这类福利国家政策。随着时间的推移，福利国家的政策扩大到包括更广泛的医疗、残疾优待、公共教育、住房补贴、儿童和儿童保育津贴、退休金和其他的分配政策。

随着发展中国家变得比较富裕，它们也倾向于把更多的资源用于福利国家项目。例如在墨西哥，近期几任总统发起了重要的社会福利提议。巴西"家庭支持项目"（Bolsa Familia）成了世界上最大的有条件现金转移支付项目，也是近期几任行政当局的旗舰。该项目惠及巴西人口的1/4，并且特别是在消除饥饿方面（见第十三章）。

福利国家通常将社会保险项目与社会再分配项目相结合。这种形式一部分带有父权主义特征（强迫人们储存一部分钱用于养老和治疗潜在的疾病），一部分具有罗宾汉式特征（拿富人的钱帮助穷人）。这两种功能的平衡取决于一个国家强调哪个项目以及如何为此划拨资金。并非所有的福利国家都是类似的。即使在先进的工业国家中，一些福利国家的支出也比其他国家大或者提供不同的救济金。所有较富裕的国家都努力救助老年人、残疾人和失业人员，但是，支出方面的差异反映了公民们其政府的优先选择项、社会和经济条件（比如一个国家的年龄结构和失业水平）以及历史经历①。一些国家社会民主党比较频繁地当选执政，这些国家通常具有较大的社会福利国家项目。

在具有恩从主义政党系统的国家，分配的益处经常对准执政党的支持者。这样的政党系统在非洲和欠发达世界的其他地区特别普遍。许多研究表明，政府行政部门系统地将公共雇用和公共支出项目分配给其恩宠者。例如，克莱蒙和波斯纳考察了六个非洲国家的分配政策收益，并表明其中大部分国

---

① 参见：Carles Boix，*Political Parties*，*Growth*，*and Equality*：*Conservative and Social Democratic Economic Strategies in the World Economy*（New York：Cambridge University Press，1998）；Robert Franzese，*Macroeconomic Policies of Developed Democracies*（New York：Cambridge University Press，2002）；Shin-Goo Kang and G. Bingham Powell，Jr.，"Representation and Policy Responsiveness，" *Journal of Politics* 72（October 2010）：1014－1028；Michael D. McDonald and Ian Budge，*Elections*，*Parties*，*Democracy*：*Conferring the Median Mandate*（New York：Oxford University Press，2005）；Harold Wilensky，*Rich Democracies*：*Political Economy*，*Public Policy*，*and Performance*（Berkeley：University of California Press，2002）.

家，当选出一个来自不同族群的总统时，其族群成员往往会从至少一部分政府政策中获得特别的好处①。

一般来说，发达国家将其政府开支的大部分用于卫生、教育和社会保障。法国、德国和日本在这些领域的支出约占预算的 2/3，与之相比，美国只占 1/2。美国通过公共教育强调机会平等，在此领域比大多数欧洲国家更早更多地付出努力。美国的社会保障项目启动较晚，并且在这些领域所做的努力仍然较少。这也许反映了美国作为一个移民国家的传统，移民中很多人到美国时都很贫穷，一直期望通过自己的努力变得富有。

遗憾的是，最需要这些福利项目的国家（比如印度），却在教育和卫生方面支出最少。图 6－2 显示了经济发展水平与公共卫生支出间的关系。发达国家（比如法国、德国和日本）的公共卫生支出为人均 3 700 美元至 4 900 美元。在贫穷的国家，卫生支出以美元绝对值表达则很少——印度人均是 75 美元，尼日利亚人均是 120 美元。虽然这些支出有所增加，但绝对水平仍然很低。这些支出的数字部分是由不同程度的公共政策努力产生的，而穷国的预算要有限得多（私人部门在资助卫生支出中的作用在国家之间也存在很大的差别）。但是，它们更多地为发展中国家与发达国家经济在收入上的巨大差别所决定。穷国因其有限的国民收入和许多紧迫的需求，缺少卫生、教育和社会保障的资源。资源是稀缺的，较低的预期寿命和高出生率意味着相对更少的老年人口。而且，许多人生活在农村地区，那里的失业情况不容易被观察到，年老和体弱者通常通过大家庭接受某些照顾；这些在我们的统计中未予体现。

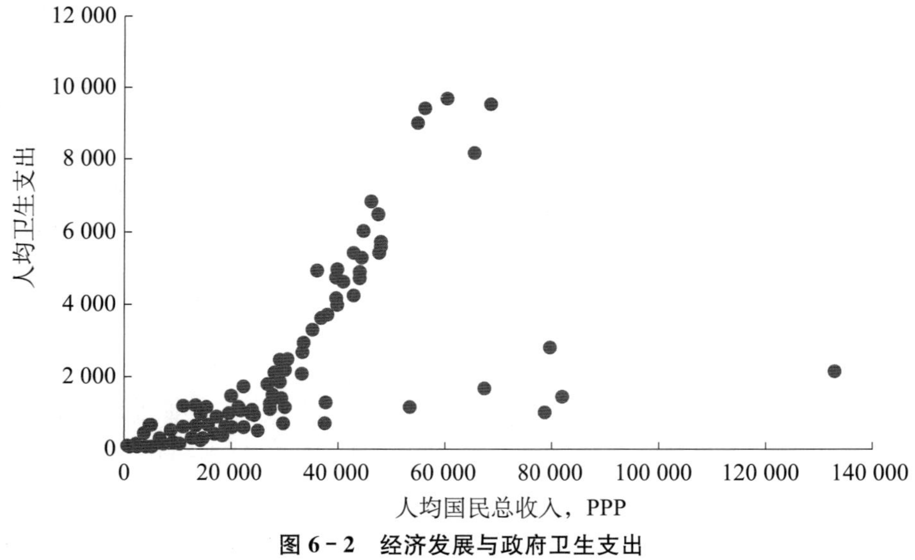

图 6－2　经济发展与政府卫生支出

政府的医疗卫生政策支出很大程度上取决于国家的经济发展水平。

资料来源：World Bank，World Development Indicators，数据下载自：http：//databank. worldbank. org/data，on January 9，2017.

① Eric Kramon and Daniel N. Posner，“Who Benefits from Distributive Politics? How the Outcome One Studies Affects the Answer One Gets，” *Perspectives on Politics* 11（2013）：461－475.

国家的安全支出体现了一种不同的模式。尤其是在欠发达国家，支出因整体经济收入和国际环境的不同而有所差别。一些因国际紧张局势对抗而陷入困境的国家付出了不同寻常的国防努力。印度、伊朗和美国将其政府收入的10%（GDP的4%～6%）以上用于国防。由于其对全球安全做出的承诺和庞大的经济体系，到目前为止美国仍是军事支出绝对数额最大的国家。

对福利国家的挑战 福利国家能带来很多好处。作为这些项目的先驱者，西欧国家实际上已经根除了可怕的贫困，并为它们的公民创建了一个更加“公平的竞争环境”。在福利制度广泛的国家，犯罪率往往比较低，而且，大多数福利项目都受到普通公民的欢迎。当然，福利国家的代价也是高昂的。在大多数工业化民主国家，政府总支出已增长到GDP的一半左右，这导致了对高税收和赤字的政治反对意见。最严重的问题之一是，这些政策正在制造后代赤字的问题。福利项目提供慷慨的福利，但其账单最终要未来世代（你们这一代）去偿还。同时，老年公民正有权获得更多的退休津贴，卫生保健的成本也在大幅增加，与劳动力阶层相比，老年阶层正在不断膨胀。因此，在欧洲和日本，非劳动力人口（因为他们太年轻或太年老）与处于工作年龄段人口的比值在迅速增加。未来，更少的工作人口必将支付更高的税，这样才能维持现有的卫生和福利项目①。

另一个问题是，有些福利国家政策使公民几乎没有工作动力。挪威和瑞典是世界上预期寿命和公共卫生数据最突出的国家。然而，这些国家的劳动者休病假天数每次都是其他欧洲国家的两倍，这些斯堪的纳维亚人领取永久残疾养老金的人数创历史新高。这部分是因为慷慨的病假补助金，部分是因为容易满足领取残疾补助金的条件。但是，这些政策成本高昂，降低了人们工作的积极性。

福利国家面临的这些问题已经促使人们尽力防止支出义务（资格）的进一步增加，同时控制实际产生的福利成本。因此，作为20世纪大部分时间里发达国家特征的福利津贴逐步增加的政策不能再被看作是理所当然的了。

调 控

调控就是对社会中个人和团体的行为实行政治控制。大多数当代政府都充当大的调控角色。我们的文明和礼仪依靠调控。例如，经济生产和贸易依赖政府调控才能确立和保护财产权并履行合同。人们需要规则来保持公路、空中交通和电视广播通信的顺畅。公民和消费者经常需要受到保护，以免受欺诈、胁迫和可憎的外部因素（如有毒的废弃物和污染物）的影响。政府正日益介入产品标准的制定，尤其是制药和食品的标准，以确保这些产品的安全。政府还通过调控来保护公民（尤其是妇女和儿童）免受身体和其他虐待。然而，调控可能为政府官员向公民索取贿赂创造机会（见专栏6-2）。

---

① Laurence J. Kotlikoff and Scott Burns，*The Coming Generational Storm*：*What You Need to Know about America's Economic Future*（Cambridge：Massachusetts Institute of Technology Press，2004）.

专栏 6－2

调控与发展

在北美、日本和西欧这些先进工业国家，调控随着其工业和后工业经济的发展出现了大幅增加。因此，我们很容易想到富国的调控行为比穷国多。但这并不总是正确的。事实上，低收入国家有时比富国的调控更多。在对商业准入和竞争的调控上尤其如此。例如，在很多欠发达国家，成立一家新企业需要获得必要的许可证，这既耗时又费力。这种调控通常主要用来创造租金，政府官员可以利用这些租金满足自己的利益（见第一章）。他们通过赋予垄断地位或其他形式来保护现有企业。很多政治人物期望从这些调控中获利的商人（通常是这些政治人物的家庭成员、朋友或商业伙伴）以回扣或其他好处来表达他们的感激。或者企业经营者给予政治人物或公务员经济好处，从而使自己免受繁杂的调控或在处理他们的申请时避免长期拖延。这种过度调控往往会损害经济生产率，并把外商投资拒之门外。

秘鲁经济学家埃尔南多・德・索托（Hernando de Soto）报道了政府滥用调控的一次亲身体验。作为实验，他在秘鲁的利马注册了一家小型服饰公司，并事先不打算行贿。在他等待自己公司注册期间，政府官员曾不止 10 次要求他行贿。他两次打破自己的规则进行行贿，目的是不被强迫放弃实验。10 个月后，他的工厂终于注册了。在纽约，类似的程序只需 4 个小时。

资料来源：World Bank，*World Development Report* 2005；*A Better Investment Climate for Everyone*（New York：Oxford University Press），Chapter 5；and William Easterly，*The Elusive Quest for Growth：The Economists' Adventures and Misadventures in the Tropics*（Cambridge：Massachusetts Institute of Technology Press，2001），233.

在发达民主国家，政府调控在过去一个世纪里大幅增加。工业化和城市化已经产生诸多交通、卫生和公共秩序问题。工业增长还引起人们对工业安全、劳工剥削和污染的关注。而且，科学发展和人类能够利用并控制自然的观念共同导致对政府行为需求的增加。全球化造成了调控资本、贸易和人力的国际流动的增强的压力。最后，公民价值观的变化导致了对新型调控行为的需求。移民政策、近海石油钻探的安全标准和银行管控成了重要的政策争议。但与此同时，大多数西方社会已经降低了对诸如生育控制、堕胎、离婚、亵渎、猥亵和双方同意的性行为等的调控。

政府用很多方式对公民的生活进行调控。尽管我们经常把调控与法律手段联系起来，但也存在其他调控方式。政府可以通过提供物质或经济利诱，或者通过说服或道德规劝来控制人们的行为。例如，很多政府通过结合使用这几种方法努力减少烟草的使用，包括禁止吸烟，禁止销售烟草或发布烟草广告，征收消费（“罪恶”）税，通过信息宣传使人们相信吸烟有害健康。

虽然全世界范围内的调控政策有很多相似之处，但是，各个国家通常在政策概况上存在巨大差异。例如，调控模式不仅因工业化和城市化而异，也因文化和意识形态价值观而不同。不同的国家努力控制其经济市场的程度不同（这种衡量旨在包含“市场不友好”政策，比如价格控制或不恰当的银行监管，以及对对外贸易和商业发展的过度管制）。虽然资本主义的民主体制（例如英国、美国、德国、法国和日本）一般是对市场竞争（以及自由媒体）最友好的，但是，非民主的体制在政府调控的样态上存在很大的差别。公共政策研究通过询问人类行为的哪些方面受到调控、哪些社会团体受到调控以及哪些制裁被用来强迫公民遵守等问题来描述各种政治系统中的调控差别。

尽管所有现代国家都使用制裁，但它们的使用目的和策略各不相同。然而，调控的一个方面在政治上尤其重要：政府对政治参与和沟通的控制。媒体自由在很大程度上由法律和政治环境所决定。回想前面各章的内容，我们知道民主都要求政治竞争。正如我们所料，威权主义系统控制媒体的程度比民主系统要严格得多。威权政府经常通过禁止政党组织、自愿结社和政治沟通来压制政治竞争。它们经常以监禁、使其失踪和酷刑等方式对待政治反对派。对政府压制的研究发现，非民主的政治机制、战争境况和社会的动荡能最好地诠释公民所遭受的来自政府的对身体、尊严权利的侵害①。

社区建设与象征性输出

第四类输出是象征性政策。政治领导人经常诉求国家历史中体现出来的勇气、智慧和大度慷慨，或者诉求价值观和意识形态，如平等、自由、社区、民主、共产主义、自由主义或宗教传统。或者对将来的成就或奖励做出承诺。政治领导人基于不同的理由诉求这些价值观——例如，为了赢得选举或推行他们的亲民计划。但与此同时，很多象征性诉求和政策都努力构建共同体，例如，提升公众的国家认同、公民自豪感或对政府的信任。

象征性输出还可以改善其他方面的表现：使人们更积极如实地纳税，更忠实地遵守法律，或者接受牺牲、危险和困难。这些诉求在危机时刻可能尤其重要。历史上重要的例证有：伯罗奔尼撒战争期间伯里克利在雅典议会上的演讲，或者深陷大萧条时期罗斯福的演讲，或者第二次世界大战中丘吉尔在英国最黑暗时期的演讲。即使在不甚极端的情形下，象征性政策也很重要。公共建筑、广场、纪念碑、节日游行以及学校中的公民和爱国教育都试图促成公民的政府合法性意识和提升遵守公共政策的意愿。

国内政策结果

6.3　以不同国家为例，讨论政府的国内政策所寻求的生活质量输出项

虽然我们在前面一节描述了不同的政府政策输出项，但它们在提供实际政策益品上的结果却并不总是明确的。汲取、分配、调控和象征性政策如何影响民众的生活？无法预料的经济、国际或社会事件都可能使政治领导人的意图受挫。因此，为了刺激经济发展而获得的税收减免可能因油价上涨而无效。由于无法预料的传染病或医疗成本的上涨，卫生支出的增加可能没有任何效果，或者医疗卫生服务可能无法满足最需要帮助的人。有时政策会带来无意的或不可取的结果，例如，对有困难的社会群体发放补助金可能会导致其他人假装有同样的困境而借以

① Steven C. Poe and C. Neal Tate, "Repression of Human Rights to Personal Integrity in the 1980s: A Global Analysis," *American Political Science Review* 88 (December 1994): 853-872; Steven C. Poe, C. Neal Tate, Linda Camp Keith, "Repression of the Human Right to Personal Integrity Revisited," *International Studies Quarterly* 43 (1999): 291-313; Christian Davenport, *State Repression and the Democratic Peace* (Cambridge: Cambridge University Press, 2007).

获取同样的补助。政策输出代表了政府活动实际产生的结果。因此，为了评估公共政策的效果，我们必须考察实际的政策结果、政府政策及其实施情况。

福利结果

我们从比较本书列举的各国公共福利的不同衡量结果开始。福利可能涉及普通公民的生活水平，而且还涉及其他影响生活质量和生活机会的社会条件。

表 6－2 的第二列报道了经济福利缺陷的衡量结果：每日生活消费低于 2 美元的人口比例，这项指标在表中的 7 个国家可以忽略。尼日利亚和印度问题的严重性尤其令人注目：这两个国家 1/4 或以上的人口每日生活支出不足 2 美元。甚至在过去的十年里，这些人口的比例已经大幅度降低。大多数穷国的政府在国际组织和捐赠者的帮助下努力鼓励经济发展。尽管仍然有很长的路要走，但许多国家在该方面都取得了引人注目的增长。消除极端贫困是联合国千年发展目标清单中的首要目标（见专栏 6－1）。

表中的第三列和第四列显示了可否获得两项重要的公共设施：农村安全饮用水和卫生设施。尽管发达世界的大多数人口可以获得安全饮用水，但在很多发展中国家却不是这么一回事，那里的绝大多数人生活在农村地区。例如，尼日利亚只有 43%的广大农村人口能得到安全的水，当然印度的情况要好得多。大约 1/3 的尼日利亚和印度人口可以获得改进的卫生设施，这是预防疾病的一个重要因素。将巴西的表现与尼日利亚和印度相比，我们可以看到政府政策在某种程度上能够克服低经济发展的障碍。

表 6－2 的最后一列显示了较高经济发展的一个负面结果：污染。作为导致空气污染和全球变暖的一个主要因素，人均二氧化碳排放量在发达经济体中要高得多。最坏的

表 6－2　福利结果

经济发展有助于维持基本的物质和卫生便利，但也有可能破坏环境。

国家	每日支出低于 1.9 美元（PPP）的人口比例（%）（2010 年前后）	可获取安全饮用水的农村人口（%），2014 年	可获取卫生设施的人口比例（%）2014 年	二氧化碳排放量（人均公吨数）2013 年
巴西	5.4	87	82.7	2.5
英国	—	100	99.2	7.1
法国	—	100	98.7	5.1
德国	—	100	99.2	9.2
印度	24.5	92.6	39.5	1.6
伊朗	—	92.1	89.9	8.0
日本	—	100	100	9.8
墨西哥	1.0	92.1	85.1	3.9
尼日利亚	39.2	90.0	29.3	0.6
俄罗斯	—	91.2	72.2	12.5
美国	—	98.2	100	16.4

资料来源：World Bank，*World Development Indicators*，http：//databank.worldbank.org/data，数据下载日期为 2017 年 1 月 10 日。

纪录是由工业化程度最高的国家美国创造的，排在其后（隔得比较远）的是俄罗斯、日本和德国。俄罗斯产生的排放量比我们就其发展水平可能预测到的要高得多。这些国家都采取了管控污染的措施，但远未达到所需要的程度。迄今为止，二氧化碳排放量在尼日利亚、印度或巴西还不是一个问题。但伊朗的人均排放量与某些更加工业化的国家同样高。由于其经济增长和污染控制的双重需要，与伊朗相类似的国家面临着调控政策的艰难选择。

卫生结果在千年发展目标中也占有重要地位（见专栏 6－1）。表 6－3 显示，发达国家平均每 1 000 人约拥有 3 名医生，而在发展中世界只有 1.2 名。尼日利亚例示了贫困带来的苦难，印度的数字也是如此，情况相当糟糕。在尼日利亚，每 1 000 人只拥有 0.4 名医生。尼日利亚出生率非常高，但约有 1/10 的婴儿活不过周岁。尼日利亚人的预期寿命仅为 56 岁（而先进工业国家已经达到 80 岁）。有些较穷的国家比其他国家处理得更为成功，如印度。印度的经济虽然在改善中，但增长速度较慢；印度的预期寿命为 70 岁，婴儿死亡率为 38‰。幸运的是，卫生条件在大多数贫穷国家（包括印度）正在得到改善。

尽管婴儿死亡和营养不良的发生率在发达经济体中要低得多，但这些问题在先进工业国家（如美国）的穷人中仍然很严峻。美国在医疗卫生上的开支占 GDP 的比例在所有国家中是最高的（接近 15%，其中约一半来自公共部门）。但在 2015 年，由于贫穷蔓延、毒品滥用和医疗卫生条件的不平等获取（新政策正在努力予以改变），美国的婴儿死亡率比日本和西欧国家要高得多。正如表 6－3 所显示的，日本的医疗卫生结果是个例外。在本书研究的所有国家中，日本的寿命预期最高，婴儿死亡率最低。不过，日本的低生育率意味着其人口在下降（不考虑净移民，大约 2.1 的生育率才能使国家人口维持在稳定水平）。

表 6－3　医疗卫生结果

政府的努力可以帮助克服低水平经济发展对于公民卫生保健造成的困难。

国家	每 1 000 人拥有医生数	妇女的预期寿命，2015 年	每 1 000 名新生儿的死亡率，2015 年	生育率 2013 年
巴西	1.9（2013）	79	15	1.8
英国	2.8（2010）	83	4	1.9
法国	3.2（2013）	85	4	2.0
德国	3.9（2012）	83	3	1.4
印度	0.7（2012）	70	38	2.5
伊朗	0.9（2005）	77	13	1.9
日本	2.3（2010）	87	2	1.4
墨西哥	2.1（2011）	80	11	2.2
尼日利亚	0.4（2009）	56	69	6.0
俄罗斯	4.3（2006）	76	8	1.5
美国	2.5（2011）	82	6	2.0

资料来源：World Health Organization，http：//apps. who. int/gho/data. 数据下载日期为 2017 年 1 月 19 日。

教育是千年发展目标中强调的另一个政策结果。教育为个人提供了使人们参与政治的技能和资源；这些技能影响着他们在确定职业和改进个人条件上的生活机会。教育对于成功的经济发展和所有通向众多其他福利结果的手段也是必要的。表 6－4 呈现了教育和信息技术的获取情况。在大部分工业化民主国家，高中教育是义务教育，大学教育也是寻常事。在教育结果的高端，法国、德国、日本和英国实际上保证了所有初等和中等教育的学龄儿童都能入学就读，另外，超过一半的大学适龄人口可以接受一定形式的高等教育，比如在俄罗斯。在美国，大学教育甚至更为普遍。尼日利亚只要求 6 岁到 12 岁的孩子上学，只有 10％的适龄人口接受高等教育，到目前为止是这些国家中最差的记录。发展和教育的回报清楚地反映在识字率上：在尼日利亚和印度，约有 1/4 的成年男性和 1/2 的成年女性不具有读写能力。

表 6－4 还突显了信息技术特别是互联网的使用情况。在富裕和教育发达的国家（如日本），大约 80％的人口可以使用互联网。即使在穷国，通信也已经变得方便得多。电视甚至在中等发展水平的国家（如巴西和墨西哥）也得到广泛使用。互联网的使用也迅速增加。墨西哥和巴西 50％以上的人口可以上网。事实上，尼日利亚虽然贫穷，但接近 50％的民众是互联网使用者。在发达国家，大多数成人和很多儿童都拥有手机，甚至在印度和尼日利亚，大约每三人就有一部手机。手机的出现已经使发展中国家农村地区的人口联系变得更为容易，这些地区通常很少有固定电话。

表 6－4　教育、平等与信息

教育的努力、性别政策和发展决定了信息的获取和不平等。

国家	高等教育总入学率，男女学生，2013 年	15 岁及以上人口文盲率，男性/女性，2010 年	女性对男性收入比，2016 年	最富有的 10％人口拥有的财富份额，不同年份	每 100 名居民中的互联网使用者，2015 年
巴西	—	10/10	0.58	42	59
英国	56	—	0.54	25	92
法国	64	—	0.72	27	85
德国	65	—	0.67	22	88
印度	18（2011）	25/49	0.23	29	26
伊朗	66	11/19	0.17	30	44
日本	60（2011）	—	0.51	22	93
墨西哥	30	6/8	0.48	39	57
尼日利亚	10（2011）	28/50	0.57	38	47
俄罗斯	79	—	0.60	32	73
美国	87	—	0.65	30	75

资料来源：World Bank，*World Development Indicators*，http：//databank. worldbank. org/data。数据下载日期为 2017 年 1 月 10 日。关于女性收入的不平等："Global Gender Gap Report 2016"（Geneva：World Economic Forum），http：//reports. weforum. org/global-gender-gap-report-2016/. 数据下载日期为 2017 年 1 月 10 日。

所有这些统计数据揭示了试图改变社会的极大困难——即使在可以获得现代化技术的领域（如读书识字）也是如此。对穷国来说，要将大比例的 GDP 投入教育或卫生是困难的，因为这就必须在其他方面做出牺牲。如果一个国家的大部分生产的努力必须用于养活快速增长的人口，那么，这些努力就会进一步受到限制。即使政府在这些方面的努力很大，也不会在每个小孩身上实现更多的效果，因为资源基数小。而且，在很多穷国，受到良好教育的年轻人常常离开他们的国家，到富国的大城市中寻找工作。虽然有这么多困难以及各国当中仍然存在的个人福利上的巨大差距，但正在取得进展。

公平结果

公平是表 6－1 的框架中讨论的福利结果之一。公平概念因文化和意识形态而异。尽管有这些差别，但促进性别平等和授予妇女权力仍然出现在千年发展目标中，得到了许多国家的认可（见专栏 6－1）。表 6－4 的第二列显示，发展中国家的妇女在识字率上经常是落后的。文化和政策也影响了男性与女性之间的差距，我们在比较巴西和伊朗的两性差距时就可以看出来。男性与女性之间在识字率上的巨大差异在一定程度上向我们展示了妇女的地位和两性公平做得如何。表中的第三列通过展示女性对男性所得收入的比向我们提供了另外的视角。表中该项排名最靠后的两个国家，即伊朗和印度，妇女的收入不足男性的 25%。甚至在较少不平等的国家（如英国、德国、法国、俄罗斯和美国）在人们受雇的工作类型上的差别和薪酬上的歧视意味着妇女只获得大约男性收入的 2/3。显然，实现两性公平还有漫长的路要走。

面对贫困、疾病和社会保障体系的缺乏，穷国中的父母传统上希望生很多孩子，以保证有些孩子能够生存下来，并且将来能给他们养老。在大家庭里，母亲通常很少有机会接受教育或离开家到外面找工作（见表 6－3 和表 6－4）。现代化通常会改善妇女的地位，使她们接受更多的知识，也更能够做出选择，这些选择导致比较健康的人口规模。随着妇女接受教育和（或）变成劳动力，她们认识到小家庭的好处，也更加意识到教育和充分的医疗保健的重要性。性别平等和赋予妇女权力在千年发展目标中的重要地位反映了这些对福利的其他方面以及公平本身的影响。

在对待少数民族、种族和宗教团体上的公平性也是许多国家的一个议题。虽然民主体制一般比威权体制较少侵害少数族群的权利，但是民主的多数人也经常可能残忍地无视他们自己在对待少数团体上的公平性标准。“危急中的少数群体”项目（https：//cidcm.umd.edu/research/minorities-risk-project ）利用专业调查者追踪研究 282 个少数群体的状况。本书包含的 11 个国家的记录显示，在 10 个国家中，至少有一个少数群体遭受“由于主导群体的主流社会习惯而造成的严重贫困和代表性不足”。公共政策或者有意地造成这个问题，或者在克服歧视性习惯上做得不够。这些少数群体包括巴西的非洲裔巴西人、法国的科西嘉人、印度的表列部落、墨西哥的玛雅人、俄罗斯的车臣人和美国的美洲原住民。

专栏 6-3

小额信贷

在很多贫困地区，经济增长的最大障碍之一是很难获得信贷。在先进工业国家，财产所有人（如农民或房屋所有人）通常拥有对其财产公认的权利。他们如果想投资扩大企业或创办新企业，可把这些财产作为抵押进行贷款。穷国的人们很少有这种机会，尤其是贫穷的农民和妇女要获得贷款更难。因此，他们通常不能获得所需的资金来帮助他们渡过难关或者抓住有前景的商业机会。

穆罕默德·尤努斯（Muhammad Yunus）是一位接受美国教育的经济学教授，他注意到，在他的出生国孟加拉国存在这些问题。1974 年，他开始向穷人提供小额贷款，从而帮助他们避免遭受上述情形。他的首笔贷款 27 美元为自掏腰包，借给了 42 个人，其中包括一位制作竹具的妇女，这位妇女通过出售制作的竹具养活了她自己和她的家庭。1976 年，尤努斯建立格莱珉银行（Grameen Bank），向孟加拉国的穷人贷款。此后，这家银行的放贷超过 180 亿美元。为了确保贷款的安全，这家银行设计了一种“团结小组”制度。这个小组每周开一次会，小组成员相互支持并共同努力。从 2006 年 5 月起，格莱珉银行已经给差不多 900 万人发放过贷款，其中 97%是妇女。这些贷款的偿还率为 98%。2006 年，因这些帮助穷人改善生活的努力，穆罕默德·尤努斯及其格莱珉银行获得了诺贝尔和平奖。

对少数群体的不公平对待经常与农村的贫困密切相关。虽然城市和农村在基本卫生设施和收入上的不平等有许多原因，但是，政府政策有可能造成巨大的差别。例如，在很多非洲国家，统治者倾向于照顾城市人口，因为他们想实现国家的现代化和工业化。有时，政治家也会担心，心怀不满的城市人口可能发生暴动，并且推翻政府。基于这些原因，政府会人为地使食品价格保持在低水平，但这损害了农民的利益。政府还倾向于选择有确定目标的政府农业项目（通常是补贴），这些项目有利于特定的农民群体（通常是富人）。这种有确定目标的项目能帮助政府获得政治支持者，但往往也是一种资源浪费。即使在多数选民为贫穷农民的民主国家，政府政策也很少帮助农民。很多选民不信任那些承诺提供广泛公共产品（如医疗和教育）的政治人物，相反会去支持那些承诺提供定向私人产品（如工作和补贴）的政治人物。这些模式支持了恩从主义的政党系统。因此，即使是学校支出也成了一种创造就业而不是教育孩子的手段。在印度，初等教育的教师薪水占经常性开支的 96%。即使如此，教师的缺勤情况仍然非常普遍。当检查人员事先不通知而造访农村学校时，大约有 2/3 的老师缺勤①。

当然，各种类型收入的严重不平等违反了大部分公平标准。希望新的民主政府会导

① Robert H. Bates, *Markets and States in Tropical Africa* (Berkeley: University of California Press, 1981); Philip Keefer and Stuti Khemani, “Why Do the Poor Receive Poor Services?” *Economic and Political Weekly* 28 (February 2004) 935-943; and World Bank, *World Development Report*, *2002*: *Building Institutions for Markets* (Washington, DC: World Bank), 31-32.

向更大的平等，这在历史上成了民主化的驱动力之一。但是，严重的不平等甚至在今天最富裕和最平等的民主体制中依然存在。表6-4的第五列显示了最富有的10%人口拥有的财富份额。在英国和法国，这个最高群体获得全部收入的约1/4；在美国，富人与穷人间的差距要大得多，最高群体获得全部收入的约1/3。经济发展的一个问题是，发展的中间阶段经常与新的财富集中以及新富起来的人（一般是城市中产阶级）和落后者之间的更大差距相关联。这种贫富差距在中等收入水平的国家中仍然是一个特殊的问题，例如在巴西和墨西哥，那里的贫富差距甚至更大（见关于巴西的第十三章）。尼日利亚的不平等程度也很高。一方面，社会和经济条件（如文化水平、职业技能和土地持有）得自历史发展的经验，并继续促成收入的不平等。另一方面，政府的政策可以在减少不平等方面扮演重要的角色，其途径是通过累进（而不是累退）收入政策和再分配的福利政策。关于这种差距存在大量的辩论——它对穷人的不正义有多大，它通过为个人的努力提供激励或通过确立财产权而在多大程度上得到辩护，以及福利国家应该在多大程度上缩小它。

自由结果

好政府的首要目标之一是为其公民提供自由。即使有广泛传播的所谓威权政府有助于社会更有效率的神话，政府的目标仍然是赋权予公民，使之能够掌控自己的生活。我们可以用几种方式衡量个人自由和自由的结果。

专栏6-4

妇女与非正式经济

帕米拉是一名30多岁的印度寡妇，有两个小孩。尽管她来自富裕家庭，但是丈夫的去世迫使她做各种各样的兼职工作。她从当地树林里收集木材，晒干，然后每周两次走5英里路到当地一个市场去卖。在冬天，她在农场上给稻谷脱皮。除了雨季，她还在一个建筑工地干活，她在这里能得到大约印度最低工资一半的薪水。帕米拉的全部收入足够让她把两个孩子送进学校。帕米拉不向她的亲戚们寻求同情或经济支持。“即使在严重的危难时期，我也充满勇气，不向处境屈服，”她说，“我的上帝一直与我在一起。”

妇女在世界劳动者中的比例一直在上升。在大多数非伊斯兰国家，妇女占劳动力的40%或更多。但是，妇女经常在非正式经济中获得低工资。她们一般也逃避税收和调控。例如，在印度和很多非洲国家，超过4/5在农业领域之外工作的妇女是在非正式经济中工作的。她们可能给他人照看孩子，或者制作手工艺品，通常都用于当地消费。许多妇女选择这样的工作，是因为它们在家就能完成，同时还能照顾自己的家庭。但是，还有很多妇女之所以在非正式领域工作，是因为她们在其他地方受到歧视。有些妇女被引诱或被迫进入血汗工厂或色情业，从事艰辛、危险或有辱人格的工作。尽管非正式经济的工作具有灵活性，但是它对恶劣的工作条件也提供很少的保护。

资料来源：William Easterly，*The Elusive Quest for Growth：The Economists' Adventures and Misadventures in the Tropics*（Cambridge：MIT Press，2001），45.

表6－5显示了政治学专家对本书所列国家的政治权利和公民自由的评分等级。*政治权利*指公民参与选择政治领导人的机会——投票权、职位竞选权和类似的权利。公民自由指对自由领域和程序性权利的保护，前者包括言论、出版、集会和宗教自由，后者包括公民陪审团审判和禁止任意的或残酷的对待。自由的层级反映了政府政策，特别是调控政策的结果，但也受社会和经济条件（如社会中的财富、不平等和犯罪）所影响。富裕民主国家在政治权利和公民权利上都有正面的得分。印度、巴西和墨西哥在近年也取得了重大进展，得分紧随其后。在另一个极端，伊朗和最近的俄罗斯极力压制政治权利和公民自由。尼日利亚的得分等级处于中等水平。

当然，这些评分会随着时间的推移而变化。美国的权利和自由自1960年代的民权运动以来有了提升。1990年代，尼日利亚的军政府经常实行残酷镇压，但是自1999年选举产生的平民总统执政以来，情况有了改观，但公民自由仍然是脆弱的。尼日利亚在观察者报告2007年（有争议的）总统和州长选举中存在大量的选举操纵和作弊之后，其得分大幅度下降。2011年的选举比较成功地展示了政治权利，但是，公民自由在2012年评分又降低了，因为持续的大规模腐败和针对恐怖袭击设置的各种限制（见讨论尼日利亚的第十六章）。

政治权利和公民权利之间存在强烈的相关性。没有哪个国家政治参与权利得分高但公民自由分数却很低，也没有哪个国家政治权利得分低但公民自由分数却很高。这表明公民参与、法治和公正程序之间有着紧密的联系。对政府压制情况的研究也发现，民主政治制度与和平及社会秩序条件的存在可以充分解释对政府侵犯公民身体健全权利的限制。威权主义国家和那些卷入国内和国际战争的国家最频繁地侵犯个人的健全权利。

表6－5还报告了每个国家的经济自由水平。如下事实并不总是正确的，即政治自由的国家也促进经济自由，或者反之亦然。例如，墨西哥的经济自由度明显高于巴西和印度，尽管它们的政治自由得分大致相等。即使英国和法国的政治权利和公民自由得分相同，但英国有更高水平的经济自由。尽管如此，从总体上看，政治自由和经济自由往往是协调一致的。

表6－5 政治、经济权利和自由（2016年）

政治权利、公民自由和经济自由是强烈相关的。

国家	政治权利	公民自由	经济自由
巴西	2	2	5.7
英国	1	1	7.8
法国	1	1	6.2
德国	1	1	7.4
印度	2	3	5.6
伊朗	5	6	4.4
日本	1	2	7.3
墨西哥	3	3	6.5
尼日利亚	4	5	5.8
俄罗斯	6	6	5.1
美国	1	1	7.5

注：专家对每个国家的政治权利和公民自由是按照程度1（最高）到7（最低）进行评分的。经济自由按照总体程度从0（低）到10（高）计算得分。

资料来源：经济自由指数来自：the Heritage Foundation and *Wall Street Journal*，http：//www.heritage.org. 数据下载日期为2017年1月10日。

国内安全结果

正如托马斯·霍布斯曾经提醒我们的那样，维护国家法律和秩序、保护人身和财产安全是政府众多的基本职责之一。不履行这些职责，个人、经济和公民生活是不可能的。

高犯罪率主要是大城市的问题，这些地区居住着现代国家的大多数人口。城市犯罪的原因是复杂的。来自本国农村地区或邻近穷国的移民不断涌入大城市，增加了多样性，也可能加剧冲突。在很多发展中国家（如巴西和尼日利亚），城市化进程呈爆炸性发展趋势，这些国家存在严重的贫困和基础设施问题。新移入的城市居民常常发现他们改变了自己的文化，不受欢迎，没有工作，生活环境肮脏而且远离他们原来的家庭和传统社区。此外，收入和财富的不平等、失业和毒品泛滥都是这种公共秩序和安全普遍衰落的原因。犯罪日益全球化，特别是在毒品和人口贩卖领域，也起到了一定的作用。

图 6－3 显示了本书所包含的国家中每 10 万居民中的杀人案的数量。巴西和墨西哥都深深受困于与有组织的犯罪团伙和这些团伙之间的战斗，以及传统上的高犯罪率；这两个国家的每 10 万居民所犯杀人案数量最多。巴西的杀人案比例几乎是美国的 5 倍。尼日利亚和俄罗斯的杀人案比例也比美国高许多。在俄罗斯，由于道德和法律秩序的崩溃，1985—1993 年的犯罪率翻了一番。伊朗和印度的杀人案比例与美国差不多，而其他工业化国家的杀人案比例只是美国的一小部分。日本是这些国家中犯罪率最低的。但是，最近在美国和其他一些国家犯罪率出现了大幅下降。在美国，每 10 万居民中的杀人案数量从 1980 年的峰值 10.2，下降到了 2015 年的 4.9。

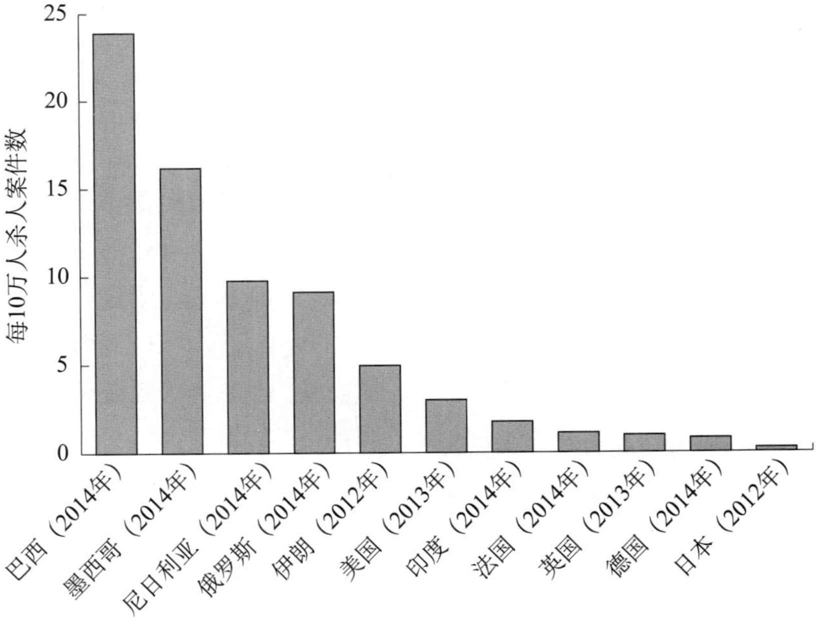

图 6－3　每 10 万人中的杀人案件数

资料来源：United Nations Office on Drug and Crime，http：//www. unodc. org/unodc. 数据下载日期为 2017 年 1 月 10 日。

犯罪率出现下降的原因有多种。其中一个原因是经济条件，犯罪率随经济变得强劲而减少。第二个原因是更严格的执法。这一定程度上体现在警察数量与总人口的比例上，美国警察人数与居民的比例为 1∶350，印度为 1∶820，而尼日利亚为 1∶1 140。在美国，联邦和州政府都通过延长监禁刑期来寻求减少犯罪。较低犯罪率的第三个原因是，达到大多数犯罪责任年龄的年轻人总数在下降。

比个人犯罪更大的对人身安全的威胁是以内战为高潮的剧烈的国内政治冲突。近年来，世界大量媒体的关注点是中东的冲突，但事实上，在非洲冲突更加频繁，也更具有灾难性。很多非洲国家都是从 1960 年左右开始独立的，但是它们的国界线却由殖民权力任意划定。这些国家有着严重的国内团结问题，也一直遭受着长期的内战。1967—1970 年尼日利亚发生的大规模内战导致大约 100 万人丧生，并且偶发的冲突一直持续到现在。

乌普萨拉冲突数据项目（The Uppsala Conflict Data Project）报道了 1989—2012 年发生的 141 次全球武力冲突（按至少导致 25 人战斗死亡来界定）。2012 年，发生 32 次持续冲突，其中有 6 次（在叙利亚、阿富汗、索马里、巴基斯坦、也门和苏丹）冲突引发超过 1 000 人死亡。2012 年的总死亡人数估计超过 35 000 人①。所有这些冲突除了一次以外，都发生在国界线之内，属于内战，尽管有几次冲突因为外国力量介入而被国际化。这样国际化的内战似乎比纯粹的国内战争更具有致命性和破坏性。自 1945 年第二次世界大战结束后，每年发生的内战都多于国家间的冲突（不同国家之间的战争），而且内战导致的伤亡人数也比国家间战争更多。

内战频发的原因有很多。有些内战与种族或宗教冲突有关，或者与分离主义运动相关。但有些内战似乎只是军事领导人之间对可掠夺资源的争夺，如钻石、黄金或石油。一些外部行动主体（如联合国、美国、北约或强大的地区力量）有时也能促使内战结束，但在有些情况下（如安哥拉），外国势力介入会使内战时间持续延长。

联合国在后冷战世界中通过提供维和部队来干预某些冲突，如果冲突各方愿意接受这些调停的话。2016 年末，世界各地共执行 16 项维和任务。更少见的是，联合国以调停者的身份进行干预，如在 1990 年代它对波斯尼亚以及后来对科索沃地区进行的干预，或者当塞拉利昂（西非）的维和任务转化成调停努力后也进行干预。联合国控制国内和国际集体暴力的效果取决于大国之间的共识。

有时候，政府会对人口的种族或政治团体进行致命的攻击。这些攻击可能旨在消除某些群体，并且可能作为内战的一部分或作为政府针对手无寸铁的平民的系统性政策的纯粹表达而出现。当这些攻击的目的是消除根据行为或意识形态而认定的政治敌对者时，它们就被称为*政治灭绝*。当这些攻击的目的是消除种族或宗教团体时，它们就被称为*种族灭绝*。这些恐怖的政策更频繁地（虽然不是仅有的）由非民主的政权所发起，并在国家分裂的条件下发生。尽管很难得到可靠的伤亡人数，但毫无疑问，这些事件固然很少发生，其代价却是高昂的。芭芭拉·哈尔夫指认了世界各地在 1955 年至 2001 年间

① 参见：Lotta Themner and Peter Wallensteen, "Armed Conflict, 1946－2012," *Journal of Peace Research* 50 (2013): 509－521.

发生的 37 起此类事件①。估计发生在柬埔寨、巴基斯坦、印度尼西亚和卢旺达的政治灭绝或种族灭绝导致了高达 100 万人死亡。在过去十年里，学者们开始收集这些单方面致命暴力事件的系统数据，并寻求了解其原因。

国际结果

6.4 讨论政府政策所涉及的国际经济和安全议题，并解释它们如何为全球化所影响

大多数国家都参与各种各样的国际活动。经济、外交、军事和信息活动可能导致繁荣或萧条、战争或和平、世俗化或特定信仰的传播②。全球化日益要求越来越多的国家进行更多的经济、社会和政治互动。各国经济变得更加依赖于国际贸易和资本流动，形成了来自那些优势国家通过贸易来减少限制的强大压力，以及来自那些受到国际竞争损害的国家增加壁垒的强烈的压力。这些相冲突的要求可能是国内冲突的一个重要来源③。而且，世界上的某一地区遭受的重要的经济挫折，比如 2008—2009 年发生在发达国家的金融信贷危机，会波及许多遥远的国度。被波及的工业化经济体进口的物品减少，这就损害到生产国。各国日益需要协调政治行动来调控资本流动并鼓励贸易。如果关键的国家切断它们的关联（如 1930 年代发生的那样），那么，正是全球化造成的相互依赖可能会对所有人造成损害。

对环境的损害也超出了个别国家的边界。例如，排放到大气中的温室气体日益累积，对全球气候稳定造成了威胁。全球化的社会层面也在扩大。人际接触和信息流动（包括电视和互联网的使用）增加了，恰如文化（和经济的）符号（如麦当劳）的呈现之增多一样。这些都对尊重人格完善和性别平等的国际标准带来了压力（见第三章）。然而，尽管个人可能从互联网和麦当劳所提供的机会受益颇多，但这些接触也可能威胁到传统的价值观。像控制移民等议题在许多国家都很突出。

表 6－6 显示了全球化的 KOF 指数，它跟踪了经济、社会和政治等数个衡量指标。具有较高全球化得分的国家，也具有相对于 GDP 较高的贸易和对外直接投资，以及较低的进口壁垒。从社会和政治条件上讲，它们有更多的国际电话沟通和信件，更多的互联网使用者以及在国际组织中更多的成员。我们看到，尤其是自 1990 年以来，全球化在

---

① Barbara Harff, "No Lessons Learned from the Holocaust? Assessing Risks of Genocide and Political Mass Murder since 1955," *American Political Science Review* 97 (2003) 57－73. 更近期的文献参见："Deadly Assaults on Civilians," *Human Security Report* 2012, Chapter 8, published online by Simon Fraser University (2013).

② 彼得·古雷维奇（Peter Gourevitch）在他的著作［*Politics in Hard Times* (Ithaca, NY: Cornell University Press, 1986)］中分析了五个西方工业国家——英国、法国、德国、瑞典和美国——对 1870—1890 年、1930—1940 年和 1975—1985 年三次世界萧条期的政策回应。古雷维奇分析了这些危机如何对各个国家的商业、劳工和农业造成的不同影响，结果发现各国的政治结构和政策都出现了极大变化。1930 年代的世界萧条导致英国的保守回应（"国家式"的政府形式）、美国的中等偏左倾的回应（"新政"）、法国公共政策的极端化和瘫痪（"保守主义"）、瑞典的适度社会民主化的回应以及德国的激进右倾和极端左化的回应，而在德国最终导致民主的解体和纳粹主义的出现。尽管第二次世界大战的原因是复杂的，但是 1930 年代的世界经济大萧条确实助长了英国的反战主义、法国的士气低落和失败主义、美国的孤立主义以及德国的无政府主义和侵略。

③ 尤其参见：Ronald Rogowski, *Commerce and Coalitions: How Trade Affects Domestic Political Alignments* (Princeton, NJ: Princeton University Press, 1989).

大部分国家都增强了。印度和巴西迅速登上了全球舞台，俄罗斯自苏联解体以后也是如此。同时，像法国、德国、英国和美国这样的国家也从较为全球化的基础开始进一步扩大其涉入的贸易、资本和信息的全球流动的参与。在本书所包含的国家中，迄今最强烈抵制全球化的国家是伊朗，该国自 1979 年的伊斯兰革命以来，竭力维持其总体上的经济和社会孤立。因此，虽然全球化对经济和社会一体化施加了强大的激励，政府政策却可能强烈地促进或限制它。

国际交往的另一个代价高昂的不同结果是战争。表 6－7 报告了几乎整个 20 世纪（1900—1995 年）国际和国内的集体暴力给我们研究的 11 个国家造成的死亡人数。这其中几乎都是因国与国之间战争而死亡的平民和军人。在某些案例中，它们包括政府对手无寸铁的平民的屠杀，如德国纳粹（希特勒的国家社会主义党）对欧洲犹太人的屠杀、欧洲和非洲的很多“种族清洗”事件和世界各地的内战。它们也许低估了真正的伤亡人数，特别是在 1946 年以前。而且，战争给平民造成的归入饥饿和疾病的间接代价肯定要比这些数字所估计的大得多①。尽管表中的大多数死亡是由第一次世界大战、第二次世界大战和朝鲜战争造成的，但在 20 世纪的最后几十年，战争死亡人数中超过 3/4 是平民②。

表 6－6　全球化指数的变化（1970—2015 年）

全球化在世界各地都有增强，但政府的政策有可能影响其速率和水平。

国家	1970 年	1980 年	1990 年	2000 年	2010 年	2015 年
巴西	37	43	44	58	59	60
英国	57	67	73	82	85	83
法国	58	65	75	86	84	83
德国	47	58	61	84	81	79
印度	24	25	29	44	52	51
伊朗	25	27	22	35	40	41
日本	35	43	48	61	64	66
墨西哥	43	45	52	60	59	61
尼日利亚	27	38	40	49	61	54
俄罗斯	—	—	39	63	68	66
美国	60	65	71	78	75	75

注：全球化 KOF 指数，以 0～100 评分，由经济、社会和政治的因素构成。

资料来源：Axel Dreher，“Does Globalization Affect Growth? Evidence from a New Index of Globalization，” *Applied Economics* 38，10（2006）：1091－1110，http：//globalization. kof. ethz. ch. 数据下载日期为 2017 年 1 月 19 日。

① 尽管有对个别冲突和政治灭绝的详细研究，它们试图通过将从战前条件预测的死亡率与战时报告的死亡率进行比较来评估这些代价，但这些评估是困难的，在许多案例中并未系统地执行。因此，评估数存在差别。对直接战斗死亡人数的评估要可靠得多，并且越来越如此，但是，甚至这些评估也是有争议的。参见：各种 *Human Security Reports*（published online by Simon Fraser University）以及其中引用的多个来源，尤其是 the International Peace Research Institute（PRIO）和 the Uppsala Conflict Data Programme（UCDP）。

② Ruth Leger Sivard，*World Military and Social Indicators*（Washington，DC：World Priorities，1993），20.

表 6-7　集体暴力中的平民和军队死亡人数（1900—1995 年）

一些国家的公民在 20 世纪国际冲突中付出了惨重的代价。

国家	平民死亡	军人死亡	归类不明死亡	死亡总计
巴西	—	1 000	2 000	3 000
英国	131 000	1 350 000	—	1 481 000
法国	490 000	1 830 000	—	2 320 000
德国	2 232 000	7 150 000	—	9 382 000
印度	889 000	71 000	37 000	997 000
伊朗	120 000	468 000	1 000	589 000
日本	510 000	1 502 000	—	2 012 000
墨西哥	125 000	125 000	10 000	260 000
尼日利亚	1 005 000	1 000 000	6 000	2 011 000
苏联/俄罗斯	12 028 000	11 901 000	96 000	24 025 000
美国	—	524 000	—	524 000
总计	17 530 000	25 922 000	152 000	43 604 000

资料来源：Ruth Leger Sivard，"Wars and War Related Deaths，1900—1995，" *World Military and Social Expenditures 1996*（Washington，DC：World Priorities，1996），18-19. 美国的死亡人数包括朝鲜战争和越南战争死亡人数，数据来源于美国国务院提供的数据及上述报告中两次世界大战的死亡人数。

表 6-7 显示，在 20 世纪的受难史上，苏联/俄罗斯人民是伤亡最为惨重的受害者。第一次世界大战期间俄国人的巨大伤亡摧毁了沙皇政权。沙皇倒台后接着发生了 1917 年的十月革命、内战（1918—1921 年），每一次动乱都夺走了数百万人的生命。第二次世界大战期间苏联的平民和军人死亡人数达到最高，为 1 700 万。总的来说，苏联/俄罗斯在 20 世纪的战争和政治事件中死亡的平民和军人总数超过 2 400 万。

德国在 20 世纪集体暴力中的死亡人数位居第二。第一次世界大战期间德国的死亡人数超过 300 万，主要是军人。第二次世界大战期间，德国有差不多 500 万的军人死亡和 175 万的平民死亡。其他损伤巨大的国家还有日本，其中日本的 200 万死者中包括 50 万平民，这些平民主要居住于广岛和长崎。法国和英国的死亡人数大体相当。

第二次世界大战结束后，最具破坏性的冲突都发生在第三世界。前英国殖民统治的印度分治为印度、巴基斯坦和孟加拉国，在分治过程中，这三个国家内部和它们相互之间发生了大量的致命性冲突。这些冲突导致大约 200 万人（主要是平民）丧生。1990 年左右，冷战的结束见证了东欧和中亚一股不稳定和冲突的浪潮。苏联和南斯拉夫的解体导致残忍的边境战争和脱离性冲突（例如，波斯尼亚和科索沃从前南斯拉夫脱离，车臣从俄罗斯脱离）。这些冲突带来另一波种族屠杀、宗教冲突和不同军事领导人之间的权力斗争。

最近的时期，战争和伤亡人数开始逐步下降。尽管近年目睹了从纽约、巴黎和布鲁塞尔到内罗毕的国际恐怖主义的残暴行为，但是每年造成的伤亡人数并没有多大改变。前面讨论过的内战继续夺取相当一部分人的生命，特别是在撒哈拉以南非洲地区和中东地区，但其代价仍然比国际大战低，未来的发展趋势令人鼓舞。一些研究国际冲突的学生在他们所称的“民主和平”（民主国家之间几乎不会发生战争这一事实）当中看到了希望。这些民主国家也不可能对自己的公民实施种族灭绝或政治灭绝。随着更多的国家变成民主国家，世界也将变得更加和平吗?①国际战争如果有核大国卷入其中，则会更加恐怖，潜在地构成对人类安全的最大威胁。

政治选择的复杂性

6.5 提供所需政策输出项之间可能需要的权衡示例

政治学没有办法把每一份自由转化成每一份安全或福利。我们绝不能计算以人的生命为代价而获得的政治结果所具有的价值。政治决策者通常必须做出这样的转换，但是，作为政治学者，我们只能指向他们愿意做出的价值判断。不同益品的重要性在不同文化和情境中有很大差异。一种宗教信仰或一种政治意识形态可能告诉我们，应该如何用一种价值去换取另一种价值，因此，它能为选择提供一种有秩序的基础。对于那些在可怕的战争、革命和饥荒中被迫采取行动的人而言，这样的计划可能非常宝贵。但是，如果人们无法共享这些根本性的价值观，那么就有可能发生严重的冲突。可悲的是，还没有一种意识形态（就如同还没有一种政治学）能够客观地解决所有这些问题。然而，政府应当为人民自己做决定提供一种渠道，因为这可能是对复杂的政策选择唯一可接受的解决方案。

就政治益品而言，一个铁的事实是，我们不能总是同时全部拥有它们。一项政治制度通常必须权衡（trade off）一种价值来获得另一种价值。把资金花费在教育上就等于放弃将其用于福利的机会，或放弃将其仍留在纳税人手中的机会。政治家还必须决定为未来投资多少而不是今天就花掉多少（例如，当他们决定未来的退休金时）。更为困难的情形在于安全与自由之间的权衡。极端自由会给我们带来一个高度不安全的世界，在这个世界里，强者可能欺凌弱者，集体行动也很困难。然而，如果没有自由，安全可能只比奴役或监禁稍好一点。政治益品之间的权衡并非在所有情形下都是相同的。有时增加自由也能提高安全（例如，因为反对书报审查制度的骚乱将终止）。在有些情形下，教育投资获得的回报可能数倍于健康和福利投资，因为受过良好教育的公民能更好地照顾自己和更有效率地工作。这些都是正面权衡。然而，鱼和熊掌不能兼得。社会科学的一项重要任务在于，发现正面权衡和负面权衡出现的条件。

结论

政府做出权威的公共决策，公民将其视为公共政策。政策产生的结果不可能令所有人满意。即便政策结果充分反映了所需求的目标，决策者内部就政策应当反映什么样的价值观也会存在意见分歧。公民在偏好上也是异质的。在考虑不同的政治系统如何和在多大程度上产生公共政策时，这些价值观的差别是需要谨记于心的。

① Stephen Pinker, *The Better Angels of Our Nature: Why Violence Has Declined* (New York: Viking, 2011).

复习问题

1. 哪些原因可以解释福利国家的增长？
2. 不同税种的优点和缺点是什么？
3. 为什么自然资源的“横财”使得引入或维持民主比较困难？
4. 有些政府倾向于促进政治权利，而另一些政府则倾向于促进公民权利，或者说，公民权利和政治权利倾向于共生共存吗？
5. 在如今的发展中国家，妇女的福利结果是如何变化的？
6. 为什么全球化导致了国家内部的冲突？
7. 在当今世界，何种类型的武装冲突最为普遍？它们导致了哪些问题？

关键词

直接税	间接税	公共政策
分配	政策益品	调控
汲取	政策结果	食利者国家
公平性	政策输出	象征性行动
国内生产总值（GDP）	政治益品	象征性输出

建议阅读材料

Bates, Robert H. *When Things Fell Apart: State Failure in Late-Century Africa*. New York: Cambridge University Press, 2008.

Boix, Carles. *Political Parties, Growth, and Equality: Conservative and Social Democratic Economic Strategies in the World Economy*. New York: Cambridge University Press, 1998.

Castles, Francis G., ed. *The Comparative History of Public Policy*. Cambridge: Polity Press, 1989.

Dahl, Robert. *Democracy and Its Critics*. New Haven, CT: Yale University Press, 1989.

Easterly, William. *The Elusive Quest for Growth: The Economists' Adventures and Misadventures in the Tropics*. Cambridge: Massachusetts Institute of Technology Press, 2001.

Flora, Peter, and Arnold Heidenheimer. *The Development of Welfare States in Europe and America*. New Brunswick, NJ: Transaction Books, 1981.

Franzese, Robert. *Macroeconomic Policies of Developed Democracies*. New York: Cambridge University Press, 2002.

Gourevitch, Peter. *Politics in Hard Times*. Ithaca, NY: Cornell University Press, 1986.

Halperin, Morton H., Joseph T. Siegle, and Michael M. Weinstein. *The Democracy Advantage: How Democracies Promote Prosperity and Peace*. New York: Routledge, 2010.

Lijphart, Arend. *Patterns of Democracy: Government Forms and Performance in Thirty-Six Countries*. New Haven, CT: Yale University Press, 2012.

Linos, Katerina. *The Democratic Foundations of Policy Diffusion: How Health, Family and Employment Laws Spread Across Countries*. New York: Oxford University Press, 2013.

Persson, Torsten, and Guido Tabellini. *The Economic Effects of Constitutions*. Cambridge: Massachusetts Institute of Technology Press, 2003.

Putnam, Robert. *Making Democracy Work: Civic Traditions in Modern Italy*. Princeton, NJ: Princeton University Press, 1993.

Rogowski, Ronald. *Commerce and Coalitions: How Trade Affects Domestic Political Alignments*. Princeton, NJ: Princeton University Press, 1989.

Tsebelis, George. *Veto Players: An Introduction to Institutional Analysis*. Princeton, NJ: Princeton University Press, 2002.

Wilensky, Harold. *Rich Democracies: Political Economy, Public Policy, and Performance*. Berkeley: University of California Press, 2002.

第二篇
PART TWO

国别研究

第七章
英国政治

理查德·罗斯（Richard Rose）

国家概况

联合王国

人口：6 510 万

领土：94 525 平方英里

独立时间：自 12 世纪开始

现行宪法的颁布时间：不成文；部分成文法规，部分习惯法与惯例

国家元首：女王伊丽莎白二世

政府首脑：首相特蕾莎·梅（保守党）

语言：英语，另外约有 60 万人习惯说威尔士语，约有 6 万人习惯说盖尔语，外来移民中，约有 100 万人将一种印度方言作为他们的母语，55 万人讲波兰语

宗教：全国人口普查数据：基督徒 3 870 万，其中绝大多数在名义上属于英国国教会；穆斯林 280 万；印度教徒 90 万；锡克教徒 50 万；犹太教徒 30 万；其他教徒 30 万；无宗教信仰者 1 600 万；调查未答复者 560 万

学习目标

7.1 指出英国当前所面对的由全球化带来的国内和国际的主要挑战

7.2 描述英国政治中的挑战，从福利国家的发展到围绕撒切尔主义的冲突，再到脱离欧盟的全民公投

7.3 指出英国成为一个“多国国家”的方式

7.4 解释英国政府的结构，列举首相、内阁大臣和公务员的职责

7.5 总结关于政府的集体主义与个人主义理论

7.6 列出对英国政治社会化有重要影响的几个方面

7.7 将英国公民参与的政治活动与非政党活动进行比较

7.8 讨论英国通向选举官员与高级公务员的路径

7.9 比较工商利益团体与工会如何与执政党相关联

7.10 讨论多党系统的出现，尽管有票数最多者获胜的选举制度施加的限制

7.11 讨论中央政府与其他公共机构在提供公共服务上的关系

7.12 讨论英国如何征税和支出经费

7.13 指出全球依赖性对英国经济的影响及其政治效应

在一个遍布新民主政体的世界里，英国因其老牌民主政体而与众不同。其政治体制的发展历程有800多年。在中世纪，英格兰国王声称自己还统治法国和爱尔兰。虽然英格兰对法国的统治在15世纪结束了，却获得了对**威尔士**和**苏格兰**的主权。1801年，通过合并英格兰、苏格兰、威尔士和爱尔兰于伦敦**威斯敏斯特**的**议会**权威之下，创建了**联合王国**政府。

与新型民主政体不同，英国是通过演进而不是革命成为民主国家的。民主化曾是一个缓慢的过程。法治确立于17世纪，行政部门对议会负责的原则确立于18世纪。到19世纪中叶，治理机制得以现代化，以应对治理这样一个社会的挑战，它正日益城市化、工业化和普及文化教育，全国范围的政党竞争开始决定对政府的控制。直到20世纪，每一位成年男性和女性的选举权才得到承认。在美国得以选出一名女性总统之前，英国已经有两位女性首相：保守党的玛格丽特·撒切尔和特蕾莎·梅。

在历史上，英国人民从未集合起来正式通过一部成文的宪法。但是，英国议会民主制度的影响力远及印度、澳大利亚、加拿大和美国。正如托克维尔于1831年游历美国时发现民主制的奥秘一样，我们也可以通过考察英国来发现长期代议制政府的更多奥秘。然而，英国模式的局限性从下述事实中显现出来，即其制度未能移植到那些从大英帝国赢得独立的国家，也未能确保**北爱尔兰**的政治稳定。

英国民主体制的演进，与欧洲国家的政体在民主制与非民主制之间转变的历史形成了对比。英国最老的人们一辈子都生活在相同的政治体制中，而最老的德国人却至少先后生活在四部宪法之下——其中两部是民主的宪法，另两部是非民主的宪法。欧洲绝大多数国家从其多变的历史中吸取的教训是，最好通过多国家**欧洲联盟**（下文简称欧盟）中的成员地位来促进和平和繁荣。然而，在成为欧盟成员40年之后，联合王国的大多数人投票批准其脱离欧盟。

目前的政策挑战

7.1 指出英国当前所面对的由全球化带来的国内和国际的主要挑战

现代政府系统的创立改变了但并未消除治理的问题，前后相继的**保守党**、**工党**以及保守党与**自由民主党**的联合政府（从2010年到2015年的五年执政）都面临着这个问题。在2015年5月的英国大选中，由首相卡梅伦领导的保守党赢得了绝对多数席位，而自由民主党的选举失败了，正式的反对党工党则遭受了30多年来最大的挫败。仅仅13个月以后，由于未能获得支持英国留在欧盟中的多数票，卡梅伦辞去**首相**职务。作为其继任者，特蕾莎·梅继承了议会的多数席位，直到2020年5月的下一次大选。除了从其前任继承了许多问题以外，她也继承了从英国退出它于1973年加入的欧洲机构网络的结果中产生的新难题。

英国传统的宪法宗旨是议会至上；这意味着只要它获得下院中多数议员的支持，就可以通过它想要通过的任何法律。随着政策和机构日益相互依赖，这一教科书式的学说如今也处于压力之下。媒体和政党继续集中关注威斯敏斯特的封闭世界所发生的事情，那里是议员、首相和**内阁**开会和工作的地方。然而，英国政府如今面对的主要政治和经济问题是，比如经济管理、外交关系和国家安全等问题，都不能靠英国政府的单边行动来解决。

英镑的上下波动显示了日常事情相互依存的重要性，这些事情从购买食品或汽车到假日消费，再到签订价值上千万或上十亿英镑的商业合同。英镑由官方英格兰银行管理，但由于它是国际货币，首相的声明并不决定它的国际价值。它的外汇汇率很大程度上受政府做出的决定和外币交易市场所影响，而货币投机者在其中扮演着重要角色。自 1997 年以来，英镑对美元的汇率在 1.25 美元到 2.50 美元之间。英国刚刚投票脱离欧盟，英镑的价值就下跌超过 10%。2017 年 1 月伊始，它以 1 英镑换 1.25 美元的交换率进行交易。

当戈登・布朗于 1997 年就任工党政府的财政大臣时，他许诺以稳定的增长模式取代经济繁荣与萧条的反复循环。这一诺言使得他向民众承诺增加医疗卫生、退休金和教育支出，预期这些资金可以由持续经济增长中产生的额外税收来支持。保守党在理论上虽然是反对大政府支出的政党，但它作为反对党并不想因反对大量增加支出而失去选票。在接下来的十年时间里，英国的经济增长速度的确比欧盟的大部分成员国都要高不少，尽管不如美国经济那么高。然而，2008 年国际金融危机导致经济增长的重大挫败，而人口却继续增加，这使得退休金和医疗卫生负担加重。与此同时，虽然布朗担任首相，但他增强了的政治地位却不能阻止他领导的工党在 2010 年的大选中大败。

布朗的继任者、保守党的乔治・奥斯本任财政大臣，他的优先选项是削减政府支出，预期这会促进私营经济的增长。这样做则需要削减在像国防装备等事业上的公共支出，扩大现有资源以满足日益增长的对全国医疗卫生服务的需求，并且提高大学的学费。这一策略确实导致了失业率和通货膨胀率的大幅下降。在饮食服务、医院洗衣和农业等低工资职业的人力短缺由自欧盟国家（如罗马尼亚和保加利亚）招募的工人来填补，对于这些工人来说，英国的低工资对比其本国的标准已经够高了。然而，英国在 2020 年之前脱离欧盟的决定造成了经济的不确定性，威胁到经济增长和税收。其结果是，特蕾莎・梅的新财政大臣菲利普・哈蒙德上任后的第一个行动就是放弃原定的于 2020 年消除支出赤字的目标。

紧随全球化而来的在所有方面的相互依存，其政治意义日益突显出如下问题的尖锐性：英国在世界上的归属何在？从传统上说，其答案是：英国是一个重要的世界大国，它与英联邦国家、美国和欧洲有着密切的联系。第二次世界大战以后，大英帝国变成了英联邦，后者乃是一个遍及五大洲的 53 个主权国家之间的自由联盟。与大英帝国相比，英联邦的名称中没有“不列颠”的前缀。其成员国从赞比亚到牙买加、澳大利亚和孟加拉国，相互之间在财富、文化和对民主的承诺方面都有差别。英联邦没有军事或经济的权力，其外交影响力也不大。当它试图对津巴布韦的独裁者穆加贝施压时，津巴布韦脱离了英联邦。

每一任英国首相都主张一种与美国的特殊关系。自冷战结束后，美国成为无与伦比的全球力量，这使得英美关系对英国更加具有吸引力，而对华盛顿则不太重要。英国维持英国核潜艇力量是以削减常规军事力量为代价的，这些常规力量对在中东、非洲和其

专栏 7－1

如何赢得和失去选举

2017 年 6 月，当首相特蕾莎·梅召集一次未按时间表举行的大选时，她预期她的党会赢得下院增强的多数席位。她还预期将加强她在保守党中的主导地位，该党就英国计划中的于 2019 年 3 月退出欧盟的条件存在分歧。她预测对了一半：保守党获得的选票增加了 5.6%，达到 42.2%，这是自玛格丽特·撒切尔领导该党于 1983 年取得选举胜利以来的最高得票率，保持了其最大党地位。但是，梅失去了党对其的信任。保守党人不是增加了其在议会的微弱边际增量，而是失去了足够多的议会席位，从而失去了绝对多数地位。

反对党工党的得票增加了 9.6%，达到了 40.0%，是自布莱尔领导工党在 2001 年取得大胜以来的最高得票率。两大政党的得票得以增加，是因为其他政党（自由民主党、反欧盟的联合王国独立党、民族主义和绿党）加起来的得票跌至其自 1970 年以来的最低点。

特蕾莎·梅预计关于断绝与欧盟联系的强硬路线会赢得 2016 年欧盟全民公决中支持脱欧的多数人的选票，这一点是正确的。然而，她忽视了数年一定程度的收入停滞给那些勉强度日的人们造成的压力。她因为提议削减退休金而失去了保守党传统支持者的信任。受到挑战后，她逆转了自己的立场，从而损害了她有关其他强硬的、稳定的领导权的主张。

工党通过提出在各种政策方面增加支出（例如大学免学费、保证每年增加退休金）来赢得选票。25 岁以下的选民中 67% 投给了工党，而 65 岁以上的选民有 59% 投给了保守党。工党反对收紧支出的诉求抵消了关于该党领导人杰里米·科尔宾缺少政府工作经验及其长期支持从委内瑞拉到北爱尔兰和巴基斯坦极端主义者的担忧。

由于英国选举议员采取票数最多者获胜的选举制度，下院的 650 个席位不是按照一个政党得票的比例分配的。保守党以 318 个议会席位（49%）而获得超比例代表，工党取得 262 个席位，差不多与其得票率相当，而自由民主党的代表人数严重不足，仅取得 12 个席位，远低于其得票率（7.4%）。

特蕾莎·梅需要北爱尔兰民主统一党 10 名议员的支持来确保议会信任投票中的多数。她还需要防止十几位保守党议员投反对票，这些议员支持一项较温和的脱欧政策，即向欧盟做出一些妥协以换取英国在作为欧盟成员时拥有的相当比例的好处。为了保住首相的位置，梅将需要再次赢得那些从她召集的一次非必要的大选中幸存下来的保守党议员们的信任。

他有争端地区的地面行动是必要的[①]。通过对一项美国提议的行动作为英国力量的展示，英国可以宣称自己仍然是一个全球行动主体，华盛顿也能宣称这是符合国际利益而不只是为了美国国家利益开展的行动。下院的一个多党委员会挑战了继续实施这种政策的观念。它提议，这种特殊关系的观念应当被抛弃。英国应该“在两国利益和价值观相互偏离的议题上对美国少一些恭敬，多一些说不的意愿。”英国公众的多数人同意这一

① 参见：Jonathan Bailey，R. Iron，and H. Strachan，eds.，*British Generals in Blair's Wars*（Ashgate，Farnham，England 2016）.

说法。

经济、社会和技术变革的结合使得英国与欧洲大陆国家的联系更加紧密。欧洲国家如今总体上是英国重要的贸易伙伴。英吉利海峡的海底隧道使得到巴黎的铁路旅行比去英格兰北部或者苏格兰还要近。像福特汽车公司这样的制造商把它们在英国的车间与对面西欧的工厂联结在一起，这与福特公司联结全美工厂的做法如出一辙。随着英语成为欧洲人用于相互交流的第二语言，教育和旅游兴盛了起来。英国人现在发现，在欧洲工作和旅行已经不需要学会外国语言。

联合王国加入了当时的欧洲共同市场（如今为欧盟），1980 年代，撒切尔成功地促成了接纳物品和服务贸易的单一欧洲市场，使之服从欧洲的共同标准。然而，英国的统治者们从未向欧盟的创始国承诺一个日益密切的政治和经济联盟。英国保持英镑作为国家货币，而未采纳多国使用的欧元，并拒绝了欧洲大陆大部分国家采取的免签证旅行制度。从第一次讨论成员资格时起，保守党和工党团体都表示了反对的意见，疑虑所称的益处，并担忧其对议会主权传统的威胁。随着欧盟对英国政策和立法机构产生更大的影响，反对派的规模也增大了，一个新的反对欧盟的政党成立了：**联合王国独立党**（UKIP）。为了安抚这些“欧盟怀疑论者”，首相卡梅伦许诺，如果保守党赢得 2015 年的大选，他就举行一次关于欧盟成员资格的**全民公投**。该党赢了，遂于 2016 年 6 月举行了公投。欧盟怀疑论者坚持认为，只有离开欧盟，英国才能收回对移民和经济的控制权。主张留在欧盟的人们则辩称，脱离欧洲单一市场，将是一个代价高昂的错误。在高投票率的公投中，51.8%的英国人投票支持脱欧①。

特蕾莎·梅为了确保其担任保守党新领袖，宣布了她的政策：“脱欧就意味着脱欧。”这就是说，她许诺要执行脱离欧盟的公投的结果。然而，这使得英国脱离欧洲以后治理英国与欧洲 27 个国家的关系以及其 4 400 万人民的条款是开放的。大的金融和工商利益团体游说政府确保所谓的软脱欧，即英国仍然是单一欧洲市场的成员。但是，欧盟为参与单一市场设置的条件是：接受欧洲劳动力向英国的自由流动及其经济法规。首相梅排除了接受这两项原则的可能性，反对欧盟的大臣们获得了任命，以寻求与美国等国家建立更密切的政治和经济关系。联合王国正式通知欧盟其脱离的意愿，当 24 个月的谈判期限于 2019 年 3 月到期时，它就不再是欧盟成员国。如果英国政府与欧盟之间立场上的冲突得不到解决，那么英国议会将自动重新获得对移民政策的独家控制权，并将失去因成为单一欧洲市场的一部分而获得的经济优势。

历史遗产

7.2 描述英国政治中的挑战，从福利国家的发展到围绕撒切尔主义的冲突，再到脱离欧盟的全民公投

过往的历史限制了今日政府的选择，昔日的遗产可回溯到很久以前。英国政治体制的象征性延续不同寻常。但是，延续性的象征经常掩饰英国生活中的巨大变化。议会曾经是贵族们用来对抗统治的君主以促进其自身利益的一个机构。如今，它是一个由民众

① 关于细节和讨论，参见：“Brexit Special.” *Political Insight* (September 2016)：3 - 29.

选出的机构，由它来决定哪个政党承担政府责任；最后一位具有贵族背景的首相安东尼·艾登勋爵于1957年离职。

英国作为一个福利国家，其保障所有公民不分**阶级**而获得福利的政治根基是由为参加第二次世界大战而形成的所有政党联盟的政府所奠定的。1945年选出的工党政府创立了一项综合性的国民医疗保健制度，并且与其社会主义起源相一致，获取了许多重要产业的所有权。1951—1964年，几任保守党政府因为带来充分就业、低通货膨胀和消费者繁荣而获得了好评。它们还面对这样的挑战，即大众公共福利项目的公共支出快于税收的增长。哈罗德·威尔逊领导下的工党以将经济发展推向前所未有的水平的誓言赢得了1964年的竞选。但是，经济并未获得预期的增长。1967年，政府被迫让英镑贬值，并从国际货币基金组织寻求贷款。工党在1970年的选举中败下阵来。

爱德华·希思领导的保守党政府（1970—1974年）的主要政绩，就是使英国成为欧盟的一员。但是，为了通过控制薪水来限制空前的通货膨胀，希思应付左翼领导的全国矿工联盟（National Union of Mineworkers）的做法使自己陷入下台的危机之中。该联盟举行了罢工，而所要求的提薪幅度超出了政府能够允许的限度。在1974年2月进行的被希思称为"谁统治?"的选举中，保守党和工党的得票均下降。工党领袖哈罗德·威尔逊组建了一届少数党政府，并在同年10月的第二次选举中勉强成为多数党。1976年，詹姆斯·卡拉汉接替威尔逊成为首相。通货膨胀、失业率上升和经济收缩破坏了工党的施政纲领，于是政府又一次向国际货币基金组织借款。工党政府在一次不成功的抑制通货膨胀的努力中采取了货币主义的政策。

当保守党领导人玛格丽特·撒切尔赢得1979年选举时，她成为欧洲大国的第一位女首相。她抛弃了前几任政府对于混合经济的共识性认可，转而支持市场原则。撒切尔还否定了关于政府拥有维护福利的社会责任这一观念，宣称"不存在社会这样一种东西"（见专栏7-2）。尽管宣示市场的优点并抨击大政府，撒切尔并未大幅度削减受民众欢迎的社会项目的支出。

反对党之间的分歧使得撒切尔带领她的政党在选举中获得三连胜。激进左翼分子掌握了工党的控制权之后，工党的四位前内阁大臣于1981年组建了一个中立性质的社会民主党（SDP），并与自由党结成联盟。工党1983年的选举宣言被形容为历史上最长的自杀手记，但是，该党努力在社会民主党之前结束此行为。四年以后，社会民主党与自由党合并组成自由民主党。

在第三届任期内，撒切尔的民意支持率越来越低。1990年10月，对撒切尔不满的保守党议员就党内领导权问题促成了一次表决，撒切尔就此辞职而不是面对被免职。保守党议员推选了一位名望较低的人——约翰·梅杰担任党魁。1992年，梅杰为保守党政府赢得了前所未有的第四次连任。然而数个月后，梅杰以英镑坚挺为基础的经济政策在国外投机者的强压下失败了。尽管经济增长了，但来自保守党内部撒切尔主义支持者的反对损害了梅杰的权威。

在连续四次选举失败之后，工党于1994年选出托尼·布莱尔任党魁（见专栏7-3）。由于反对党保守党不受欢迎，布莱尔领导工党连续三次获得选举胜利，虽然他的党得票率从1997年的43%下降到2005年的35%。

专栏 7-2

撒切尔主义的含义

玛格丽特·撒切尔成功地打破了阶级和性别的机会限制。她是其家庭成员中第一位接受大学教育，并成功地被牛津大学录取的人。她学习化学，后来取得律师资格——两者都主要是男性居多的职业。当她于 1959 年当选为下院议员时，一共只有 25 位女性议员；当她于 1975 年当选为保守党领袖时，她是英国政党的第一位女性领导人；1979 年，她成为英国的第一位女首相。她也是现代英国历史上连续三次赢得大选的政党领导人。

在英国的首相中，玛格丽特·撒切尔也独一无二地以自己的名字命名了一种政治意识形态——**撒切尔主义**。她的核心信念是，市场可以为混合经济福利国家所造成的经济困境提供应对之策。国有企业和市政部门的市建住房卖给了私人所有者。引进了所谓“讲求实际”的方法来管理从医院到博物馆的每样事情。与她的保守党和工党的前任首相的混合经济福利国家哲学相比，她的理念与里根总统的市场导向观念有更多的共同点。

撒切尔只要执政就相信强政府。她随时准备对内阁同僚和公务员“挪手袋”（确立她的个人权威）。地方政府的自治权受到约束。在外交政策上，她强烈反对欧盟对她眼中的英国国家利益的影响。1982 年阿根廷占领南大西洋的英属殖民地马尔维纳斯群岛（Falkland Islands），引发了一场短暂的战争，英军获得胜利。

伴随着撒切尔的离任，英国保守党分裂为两派：其中一派试图进一步推动实施以市场为导向和反对欧盟的措施，即所谓的亲撒切尔派；另一派则认为选民不久就会选择一个较少意识形态色彩的中间路线的项目。她的两位保守党继任者卡梅伦和特蕾莎·梅受到的挑战是：在党内平衡这些相互冲突的观念。

资料来源：参见：Margaret Thatcher，*The Downing Street Years*（New York：Harper Collins，1993）；and Richard Vinen，*Thatcher's Britain*（London：Simon and Schuster，2009）.

布莱尔政府贯彻了工党长期的宪法改革纲领，包括将行政**职责下放**给选举出的苏格兰和威尔士地方议会，建立了权力共享的北爱尔兰政府，并通过了保障个人人权的法律。布莱尔表示他愿意在改善国家资助的医疗和教育服务的努力中引入更多的市场机制，以此来接受撒切尔的原则。这些改革挫伤或激怒了诸多医生、教师和公务员。2006 年，大学老师们举行了第一次全国性的罢工。

国际事务为布莱尔提供了大显身手的更为广阔的舞台。在最初认同民主党克林顿之后，他尽力维持与共和党人小布什总统的亲密工作关系。当布什考虑进行针对伊拉克的战争时，布莱尔未经咨询内阁或议会即向布什保证：“无论如何，我们将与你们在一起。”他告知英国政府首席司法官留意华盛顿，寻找平息工党议员中认为此战非法的反对意见的论据。当战争的结果显现出来之后，布莱尔的声誉在英国比在美国低。2007 年，他辞去首相职务，从事一个在国际公共关系上收入颇丰的工作。

戈登·布朗于 2007 年担任首相后不久，2008 年国际金融危机的负面后果损坏了他作为熟练的经济管理者的声誉。布朗个人魅力的缺乏以及与布莱尔主义议员的内斗带来了选举上的灾难。2010 年 5 月，工党仅获得了 29%的大众选票——该党自 1918 年以来第二低的得票率。

专栏 7-3

工党的目标：赢得选举还是证实一项事业？

在连续四次选举失败之后，工党于 1994 年选出托尼·布莱尔任党魁。因为他的言辞或作风不像典型的工党党员。他曾就读于寄宿学校，并在牛津大学学习法律，他的父母都是保守党党员。他提出以一种模仿克林顿总统的、模糊的第三条道路的哲学代替工党传统的社会主义纲领。他宣示的目的是通过放弃工党传统的论述，支持那些会迎合政治谱系中选民的纲领来赢得对政府的控制。他的主要策略师、前共产主义者彼得·曼德尔森（Peter Mandelson）在 1998 年说，他对人们暴富这件事感到非常放松。如果说，撒切尔主义者通过意识形态来界定他们自己的话，那么，布莱尔主义者则把他们自己界定为这样一位工党领导人的追随者，他抛弃了意识形态的语言并请求选民信任他做卓有成效的事情。

布莱尔的策略成功了；他领导工党从 1997 年开始连续三次赢得选举，他担任首相共 11 年。在他的领导下，许多媒体导向的政治咨询师此前没有或很少具有政府工作经验，如今加入了政府。在他的第一任期，布莱尔享有前所未有的高民意支持率，某种程度上得益于精心策划的发声和曝光机会。但是，在担任首相五年以后，布莱尔认识到媒体导向的治理策略的局限性："在作为反对党时，发声就是现实。在政府的第一任期时，人们曾倾向于相信就是这么回事。但它并不是。发声只是一种意向。"

布莱尔为了选举胜利而公开宣示的牺牲工党传统价值观的意向疏离了左翼工党议员和工会领导人，他们的观点更多地源自激励了工党创始人的马克思，而不是卫理公会。在 2015 年工党败选之后，左翼活动分子们通过选举工党领导人杰里米·科尔宾来表明他们对布莱尔主义的否定。青年科尔宾曾经从事反资本主义、反北约、爱尔兰共和军和托洛茨基主义的事业，他除了反对伊拉克战争，还同情巴基斯坦人。

在 2016 年的工党会议上，科尔宾宣称，他认为资本主义的旧模式已经崩溃，如今正是通过竞选 21 世纪的社会主义来争取选举胜利的时候了。2017 年 6 月大选的结果显示了英国选民对他的信念的想法。

资料来源：参见：Tony Blair, *Tony Blair: A Journey* (London: Hutchinson, 2010); Simon Jenkins, *Thatcher and Sons* (London: Allen Lane, 2006); Tom Bower, *Broken Promises* (London: Faber, 2016); and Committee of Privy Councillors chaired by Sir John Chilcot, "An Enquiry into the Iraq War" (http://www.gov.uk/government/publications, 2016).

保守党在连续三次败选之后，选出了一个中间路线的党魁戴维·卡梅伦，并于 2010 年赢得最多的议会席位，但还不足以构成绝对多数。自由民主党接受了它半个多世纪以来第一次取得的加入政府的机会，英国组建了自第二次世界大战以来的第一个联合政府。卡梅伦担任首相，自由民主党领导人尼古拉斯·克莱格（Nicholas Clegg）任副首相。从一定程度上说，两位领导人会在像改善环境、少数族群权利这样一些议题上，以及在全国医疗服务这样的大众项目上达成一致。自由民主党在改革选举制度的全民公决中所获得的利益，当选民否定变革时变成了无用功。左倾的自由民主党人因为党支持保守党政府而与其疏离。中间派的自由民主党支持者则由于该党接受大幅度增加大学学费

（与其选举前反对增加学费的保证相矛盾）而与其疏远。在2015年的大选中，由于自由党人失去了其2/3的选票和超过5/6的议会席位，保守党赢得了绝对多数的议会席位。

在反对党方面，工党向左转向。2010年，艾德·米利班德（Ed Miliband）在工会的支持下赢得了党魁职位。他竞选时提出克服2008年全球经济衰退所揭示的市场经济的缺陷。这并未吸引中间路线的选民；在2015年的选举中，工党再次获得不足1/3的选票，米利班德立即辞职。长期反对布莱尔和布朗政府政策的科尔宾通过提出一种社会主义的政纲而成为新的党魁，该党上一次支持此纲领还是在1980年代。这让他赢得了该党领导人选举中多数党员的支持，其中许多人都是左倾工会动员起来的新人。然而，超过3/4的工党议员因为担心科尔宾的观点导致该党再次出现十年处于反对党地位的情况，对他投了不信任票。他们否定科尔宾领导权的挑战却在2016年的党员投票中被推翻了。

对于保守党首相特蕾莎·梅来说，反对党工党方面的混乱使得她保持政府领导职位的前景受制于一个前提：保持保守党议员和全国选民的支持。为了维护她被欧盟怀疑论主导的党的团结，她保证优先控制欧洲到英国的移民，而不是获得参与欧洲单一市场的大部分好处。这也吸引了从保守党分离出来的反对移民的联合王国独立党的选民。此外，她还赞扬了保守的、爱国的价值观，批评那些赞扬自由主义观点的人是精英主义，并批评从英国介入全球化经济获得好处的跨国公司。由于工党在最近一次选举中比保守党少得6%的选票，特蕾莎·梅希望通过发起脱欧运动来巩固对她的支持，这一策略给她带来2020年英国大选的胜利。

政治环境：一个君主、多个国族

7.3 指出英国成为一个“多国国家”的方式

英格兰女王伊丽莎白二世是世界上最著名的君主，但并不存在英格兰人的国家这样一个实体。在国际法中，该国的名称是大不列颠及北爱尔兰联合王国。大不列颠被分为英格兰、苏格兰和威尔士。威尔士最独特之处在于，其1/4的人口既说英语，又说一种古老的凯尔特语言——威尔士语。苏格兰曾经是一个独立的王国，1707年后成为不列颠的组成部分。然而，苏格兰人拥有独立的法律、宗教和教育制度。作为联合王国的第四个成员，北爱尔兰由以前曾为阿尔斯特省（Ulster）的9个郡中的6个所组成；其余3个郡属于爱尔兰共和国。在1916年反叛君主之后，一个独立的爱尔兰国家于1921年建立了。

伦敦是政治、金融和文化首都，但并不是英格兰的代表。在2015年大选中，伦敦当选的工党议员数目超过保守党议员，两者比例大约为3∶2，而在英格兰的其余部分，保守党议员数目超过工党议员，两者的比例为2∶1。在2016年的脱欧公投中，伦敦是所有地区中唯一投多数票赞成英国留在欧盟的。与伦敦作为联合王国最繁荣的部分相补充的，是英国的大部分地区的人均收入低于英国的平均数。不到一半的伦敦人口出生于伦敦，该城吸引了英国1/3的移民。

作为对民族主义政党的选举压力做出的反应，工党政府批准将权力下放给苏格兰和威尔士的政府，希望1999年的这些授权可以满足民族主义者的要求。这一策略未获得成功。2007年，**苏格兰民族党**（Scottish National Party，SNP）控制了苏格兰政府。虽然工党继续在威尔士赢得不少席位，但它从未取得该议会的多数。2014年的一项调查发现，苏格兰和威尔士的大多数人认为，他们获得授权的政府应该具有最大的政治影响力，而不是联合王国政府。但事情并非如此[①]。获得授权的议会中的所有政党都利用其当选的地位主张更多的正当权力。自2010年以来，保守党政府从威斯敏斯特下放给它们更多的权力，如今英国政府把权力下放当作一种过程而不是固定的宪法解决方案。

联合王国是一个单一制的国家，因为英国议会是其权力的唯一来源。然而，政党竞争在每个国族中都不同，威斯敏斯特的执政党也不同于一个或数个获得授权的议会中的执政党或联合政府（见表7-1）。

苏格兰民族党的目标是独立。该党不是强调褶裥短裙和风笛等传统的国族象征，而是强调涵盖所有居民的公民价值观，无论他们是出生在苏格兰、英格兰，还是波兰、巴基斯坦。它坚持认为，一个只对苏格兰500万人民负责的政府，会比12倍之多的人民选出的英国政府反应更加灵敏和更有能力（见表7-1）。苏格兰人口足够多，可以像挪威和荷兰这样的斯堪的纳维亚国家做得那样好，甚至更好，这些国家在20世纪赢得独立之前，也曾经是一个更大王国的一部分。统一主义者则辩称，作为联合王国的一部分，苏格兰人拥有更多的好处，也更安全，脱离王国会造成严重的不确定性，并且形成与英格兰的硬边界。

表7-1　2015年选举分国族的结果

2015年按国族统计的政党选票百分比。

	英格兰	苏格兰	威尔士	北爱尔兰	联合王国
保守党	40.9%	14.9%	27.2%	—	36.8%
工党	31.8%	24.3%	36.9%	—	30.4%
联合王国独立党	14.1%	1.6%	13.6%	—	12.6%
自由民主党	8.2%	7.5%	6.5%	—	7.9%
民族党*	—	50.0%	12.1%	91.4%	7.6%
其他**	4.3%	3.3%	3.7%	8.6%	4.7%*

* 苏格兰民族党、民族主义党（威尔士）、北爱尔兰联盟党、民主统一党和北爱尔兰统一党、亲爱尔兰的共和主义新芬党、社会民主工党。

** 其中绿党获得3.8%选票。

资料来源：数据取自 General Election 2015，House of Commons Library Briefing Paper CB7186。

苏格兰民族党政府于2014年9月发起了一次独立公投，英国政府承认苏格兰有权脱离联合王国。在创纪录的投票率下，55%的公民投票支持留在联合王国内，苏格兰民族党宣布，只有当政治环境发生重大变化时，它才会发起另一次公投。在2016年的选举中，该党赢得了负责苏格兰自治政府的第三个任期。因为62%的苏格兰人在脱欧公

① 参见：the symposium on "The Dilemmas of Political Englishness," *Political Studies Review* 14，3（2016）.

投中支持留在欧盟，所以苏格兰议会批准了在联合王国脱离欧盟之前举行另一次独立公投。但联合王国否决了这一提议。

在威尔士，民族主义党实现了对威尔士语的承认，这是一个由人数有限的威尔士少数族群使用的语言，它成了威尔士政府的官方语言之一。其现任首席部长卡文·琼斯（Carwyn Jones）可以流利地讲英语和威尔士语。其议会的选举制是简单多数制与比例代表制的混合，这种选举制度使得工党有时候需要与自由民主党或威尔士民族党（Plaid Cymru）建立联合政府。这种做法之所以能够实现，是因为与一以贯之地强调独立作为其目标的苏格兰民族党不同，威尔士民族党的政纲强调将更多资源用于大众政策和被模糊地描述为“在成员平等的邦联中的自治政府国”的长期目标。它随时准备利用它对一个少数族群的威尔士政府的任何影响力促进其选民的利益，以及更多地使用威尔士语。

北爱尔兰是联合王国中最具有非英国特征的（un-English）部分。在形式上，北爱尔兰是世俗政体，但清教徒与天主教徒之间在国家认同问题上的差别，支配着北爱尔兰的政治。超过一半人口的清教徒，希望北爱尔兰继续成为联合王国的一部分。清教多数派一直控制着位于斯托蒙特的地方自治议会（home-rule Parliament）达半个世纪。天主教少数派许多成员并不支持这一政体，而是希望北爱尔兰脱离联合王国，加入爱尔兰共和国。爱尔兰共和国声称北爱尔兰应该属于它。1972 年，英国政府终止了斯托蒙特的议会，直接负责其事务，包括维护其安全。

1968 年，天主教徒开展抗议歧视的运动，之后示威游行转变成了 1969 年的暴力事件。非法的**“爱尔兰共和军”**（Irish Republican Army，IRA）得以重建，并于 1971 年开展了军事活动，目的是使北爱尔兰脱离联合王国，袭击英国军人并使用恐怖主义炸弹。清教徒组织了非法武装来对此做出回应。英国军方也采取了格杀勿论的政策。自从“北爱问题”（对这个冲突委婉的说法）于 1969 年出现以来，在政治暴力事件中死亡的人数超过 3 500 人。考虑到人口总数的差别，这一数字调整后相当于超过 15 万英国人死于政治暴力，或者相当于超过 75 万美国人死于政治原因。

在数十年的暴力之后，英国和爱尔兰共和国政府分别在伦敦和都柏林为爱尔兰共和军放弃暴力以及北爱尔兰统一党接受新芬党（Sinn Fein）参与一个独特的共享权力形式的政府提出了激励条件。无论北爱尔兰的选举结果如何，所组建的政府必须由两方所共享，一方是代表亲爱尔兰共和国天主教少数派的议员，另一方是代表亲英国清教徒统一派的北爱尔兰统一党人。这被描述为“独特形式的分权非自愿的联合政府”[①]。一个稳定的共享权力的政府最初于 2007 年建立，由坦率的民主统一党的清教徒伊恩·佩斯利博士（Dr. Ian Paisley）担任首席部长，由与爱尔兰共和军关联的新芬政治人物马丁·麦吉尼斯（Martin McGuinness）担任首席副部长。虽有内部摩擦和安全的挑战，但这个多党联合政府在联合王国税收的大量补助下得以延续。然而，该政府在 2017 年初在人员和经济议题上产生分歧，新芬党在 3 月举行

---

① 这是原北爱尔兰行政事务首长 Nigel Hamilton 勋爵的观点，引自：*Public Service Magazine*（February-March 2009）：27.

的一次选举中只比民主统一党少获得一个席位，从而造成了一场危机，这种情况下的默认方案就是联合王国在没有分权议会的前提下控制北爱尔兰的行政管理。

在公民的心目中，联合王国是一个多国族的国家，因为人们在自我描述时并不一致。在英格兰，人们经常把自己描述为英格兰人或英国人，并没有考虑这些术语的不同含义。但这一点就不会发生在联合王国的其他地方。在苏格兰，超过 2/3 的人把自己看成苏格兰人。在威尔士，多数人认同自己是威尔士人。在北爱尔兰，可以把人们分为三类：一些人把自己看成英国人，一些人把自己看成爱尔兰人，还有一些人认同自己是阿尔斯特人。

虽然在联合王国内部关于国族认同并未达成一致，但关于哪个国族人口最多这一点是毫无疑问的。英格兰支配着联合王国，其人口占了联合王国总人口的 84%。相比之下，苏格兰占 8%，威尔士占 5%，北爱尔兰占 3%。在以前的版本中，本章的标题是“英格兰政治”，正如托尼·布莱尔曾说的，“作为英国国会议员，主权在我，而这也是它得以存在的方式”①。

在 2015 年的大选之后，96%的执政的保守党议员代表英格兰选区，89%的工党议员也是如此（见表 7－1）。每个党只有一名议员来自苏格兰。权力下放使得一些英格兰的保守党人对非英格兰议员在威斯敏斯特议会中就仅适用于英格兰的法律进行投票而感到愤愤不平。他们要求只有英格兰议员才有权就仅适用于英格兰的法律进行投票。研究突显了使联合王国成为拥有一个单独英格兰议会的联邦政府系统的困难。英国政府不愿意建立一个像美国或德国一样的联邦制度，因为这样做会造成挑战联合王国议会至上性的实际权力体制。

多种族的英国

在多个世纪里，英国接受了来自欧洲其他地方相对小数量但引人注目的移民。女王伊丽莎白二世也是移民后代，其家族来自德国汉诺威市一个有名望的家庭，1714 年取得英国王位。直到第一次世界大战期间爆发反德情绪为止，皇室家族的姓氏一直是萨克森-科堡-哥达（Saxe-Coburg-Gotha）；1917 年，英王乔治五世通过皇家宣言把家族姓氏改为温莎（Windsor）。

遍及全球的英帝国是多种族的，英联邦也是多种族的。1950 年代以来，求职者从西印度群岛、巴基斯坦、印度、非洲和英联邦的其他地方来到英国。此外，来自澳大利亚、加拿大、美国和欧盟国家的成百上千的学生或工人进出于英国。世界各地的政治动乱使得来自中东和非洲动荡地区的移民以政治难民的身份寻求避难。根据 2011 年的人口统计，英国居民每 8 人中就有 1 人是在外国出生的。自此以后，移民一直以每年高达 30 万的净值在增加。

关于移民问题的讨论由于下述四种不同种类的移民的存在而被混淆了：移民到英国的欧盟其他国家的公民；新英联邦国家的公民（如印度和巴基斯坦）；老英联邦国家的公民（如澳大利亚和加拿大）；被描述为来自非洲和中东纷乱地区的难民，其中一些是

① 引自：John Kampfner and David Wighton，“Reeling in Scotland to Bring England in Step，” *Financial Times*，April 5，1997.

经济移民。波兰人是最大的移民群体，来自其他低收入的东欧国家的公民也很多。来自印度共和国的以印度斯坦人为主的居民是第二大移民群体。根据过往通过的法律，数以十万计的爱尔兰出生的联合王国居民也能获得英国护照。

英国的统计数据还试图统计黑人和少数族群人口。归入这个类别中的人们只有一个共同特征：他们都不是白人。属于这个类别的人口从 1951 年的 7.4 万人，增加到最近一次人口普查的约 800 万人。选举委员会如今发布了关于如何不仅以英语而且还以从阿拉伯语到乌尔都语的 12 种语言进行投票的信息。黑人和少数族群这个类别标签适用于异质的人群组合，他们由文化、种族、语言和民族来进行细分：西印度群岛居民以英语为母语并有基督教传统，但大多数非洲黑人并非如此。来自印度、巴基斯坦和孟加拉国的少数民族分为印度教徒、穆斯林和锡克教徒，大多数人都以英语为第二语言。而来自巴基斯坦和孟加拉国家长统治式地区的移民有着独特的文化。

随着时间的推移，人口的构成也在变化。在英国出生的人中，超过 1/4 的人的母亲是在外国出生的，这正在增加英国出生和接受教育的人口中少数族群的比例。他们的区别在于他们看待自己的方式：64%有加勒比血统的人承认自己是英国人，超过 3/5 的巴基斯坦人、印度人和孟加拉人也是如此。但一些移民后代否认这种融合。

作为对恐怖主义袭击的反应，政府从推进文化多元主义转向了强调移民家庭向英国生活方式的融合。但是，在确定何为英国方式这个问题上遇到了困难。例如，优先项是懂英语、纳税，还是共享世俗的、自由主义的价值观？在英国出生的移民后代自动获得公民身份。他们是否选择接受英国方式，在很大程度上受到家庭、文化和宗教的影响。这也受到他们本地社群的特性的影响——相当多的少数族群生活在其本身就是社区主导群体的地区。

许多移民及其后代正被整合到选举政治中，特别是在他们构成了选民很大比例的选区。在 2015 年的英国大选中，黑人和少数族群选民的 65%投票给了工党，而 23%认可保守党。现在已有数百名选举产生的少数族群议员进入地方政府。保守党和工党都力促少数族群男女候选人的提名。下院的 41 位少数族群议员有着不同的背景（印度、巴基斯坦、西印度群岛、加纳和亚丁），并且有 18 位是女性。从政党属性来看，这些议员中的 23 位属于工党，17 位属于保守党，1 位属于苏格兰民族党①。

公共舆论反对毫无限制的移民，工党和保守党政府都通过了相关法律，试图限制移民数量，不过，这些法律效果有限，难以执行，并且引起了希望雇用移民的工商界和寻求外国学生的教育界的抗议。卡梅伦的保守党政府保证把移民数量减少到每年低于 10 万人。由于净流入移民持续以每年高于此目标三倍的速度增长，特蕾莎·梅政府放弃了移民数量的目标。移民的积累效应是，日益增多的少数族群英国公民拥有非英国公民的父母。这确保英国将保持其今天的特征：白人、黑人和少数族群的社会。

---

① Philip Cowley and Dennis Kavanagh, *The British General Election of* 2015 (Basingstoke, UK: Palgrave Macmillan, 2015), 348.

政府的结构

7.4 解释英国政府的结构，列举首相、内阁大臣和公务员的职责

在英国，*政府*这一术语有着多重含义。人们可能论及女王政府以强调持久的、无党派的特征。人们可能提到保守党或工党政府，以强调党派性，或者提到特蕾莎·梅政府，以强调个人特征。内阁大臣们领导的、由公务员担任职员的各部门，统称白厅（Whitehall），它是伦敦的一条街道，历史上诸多重要政府部门坐落于此。首相办公之处是一所18世纪的房屋——**唐宁街**（Downing Street）10号——这是白厅街旁边的一条狭小街道。议会（parliament）——包括由大选产生的下院和并非由选举产生的上院——位于白厅街的一端。议会这个术语经常被用来当作下院的另一种说法。所有这些机构经常统称*威斯敏斯特*（Westminster），它是伦敦市内的一个辖区，英国政府的主要部门皆坐落于此。由于权力下放，在爱丁堡、卡迪夫和贝尔法斯特还有独立选出的议会（见图7-1）。

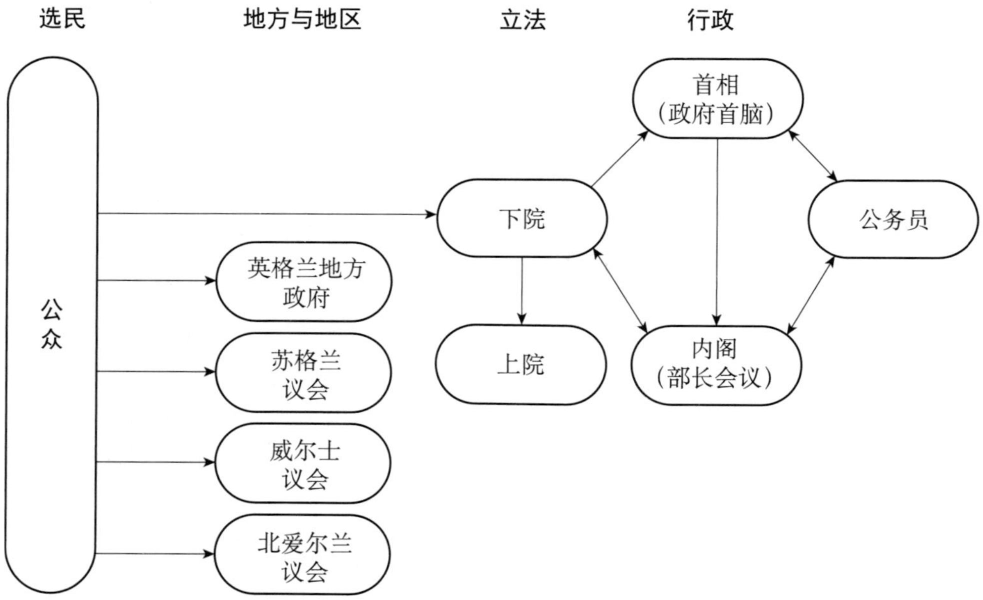

图7-1 民众的影响必须聚焦于威斯敏斯特

英国政府的结构。

对政府的描述经常从其宪法开始。然而，英国从未有过成文宪法。**不成文宪法**（unwritten constitution）是议会法案、法院裁决、习惯和惯例的混合，它们共同构成政治游戏的规则。宪法的模糊性使其具有灵活性，玛格丽特·撒切尔和托尼·布莱尔这样的政治领导人就利用了这一点，以便加强他们自己的权力。用宪法学家格里菲思（J. A. G. Griffith）的话来说就是："宪法就是所发生的事。"①

把美国的成文宪法与英国的不成文宪法进行比较，就可以凸显出不成文宪法的限制

① 引自：Peter Hennessy, "Raw Politics Decide Procedure in Whitehall," *New Statesman*, October 24, 1986: 10.

之少（见表 7 - 2）。对美国宪法的修正必须得到超过半数的州和国会议员的赞同，英国的不成文宪法则可以通过议会多数票来修改，而当下执政的政府通常拥有多数票。政府也可以通过前所未有的行动来修改宪法，并且宣布这样做就是建立新的惯例。因此，美国宪法的政策相关性要比英国宪法大得多。

美国宪法赋予最高法院决定政府可以做什么、不可以做什么的最终权力。相比之下，英国的最终权威是议会。法院无权宣布议会法案违宪，法官仅能过问行政部门是否在其所授权力范围内行动。许多法规都赋予内阁大臣或公共权威广泛的自由裁量权。即使法院判定政府行使权力不当，该判决的效力也可能被随后议会追溯既往地授权该行为的法案所取消。

表 7 - 2 英国宪法与美国宪法

比较不成文宪法与成文宪法。

	英国（不成文宪法）	美国（成文宪法）
起源	中世纪习俗	1787 年制宪会议
形式	不成文，不明确	成文，明确
最高宪法权威	议会多数	最高法院
个人权利法案	借鉴自欧洲	有
修正	议会普通投票，政府无先例的行为	国会和各州超过半数票
政策相关性	低	高

美国宪法的《权利法案》允许任何人通过法院来保障自己的个人权利。英国人的权利不是由成文法来保障，而是由值得信赖的执政者来保障的。认为自己的权利受到侵害的个人必须通过法院获得补偿，其方式是援引《欧洲人权公约》和为了使《欧洲人权公约》在英国生效而通过的 1998 年的《英国人权法案》。

王权（Crown）是英国人用来代替欧洲大陆的国家观念的抽象概念。它把宪法的高贵部分与有效部分结合了起来，前者通过传统与神话使权力变得神圣，后者则使政府的工作得以开展。女王伊丽莎白二世只是礼仪上的国家元首；1952 年以来她一直是英国君主，成了一个传统的象征。王位的继承人是其长子查尔斯王子。女王并不影响被描述为“陛下的政府”的行为。一般情况下她会尊重由首相传达给她的议会的意志。

首相的所言所行

领导一个政府是一项政治事务而非管理任务。首相的突出地位是模糊不清的。位居政府顶层的政治人物远离底层所发生的事情。首相的责任越大，就越没有时间处理具体事务。像总统一样，首相也是“要事先办”原则的囚徒。如下的事情是首相必须做的：

- **赢得选举**：首相也许是有自我利益的，但不可能是自我雇用的。政治人物要成为首相，首先要成为党的领袖。第二次世界大战以来的七位首相（最近是特蕾莎·梅）首次入主唐宁街都是作为其政党在一届议会中的选择，而不是在全国大选中赢得了民众的认可。为了保持在唐宁街的位置，首相必须维持党对其的信任。几乎一半的首相在失去这种信任后辞去了职位——最近的一次是卡梅伦，他发起了英国留在欧盟的公投，而多数保守党人投票选择离开。自 1945 年以来的 19 次选举中，历任首相有 11 次带领执政党胜选，只有 8 次失败。

● **通过媒体开展竞选**：首相并不需要主动吸引公众注意，电台和报社记者的好奇心会主动找上他们。媒体红人是一把双刃剑，因为负面报道会使首相成为众矢之的。首相的人格是相对稳定的，但在任期内，其受欢迎程度却处于变动之中，民意测验的变动幅度有时高达 45%①。

● **政党管理**：要保住首相的位子，政治人物就必须维持党的信任，或者在卡梅伦领导的联合政府的例子中，需要维护两个政党（自由民主党和保守党）的信任。首相任命 1/4 或更多位议员担任政府工作的权力是政党管理的一个重要手段。在分派恩惠时，首相可以利用下列四个标准中的任意一个：（1）个人忠诚（奖赏朋友）；（2）拉拢（通过给予批评者一个职位来使他们支持政府，以便让批评沉默）；（3）代表（例如任命妇女或少数族群的议员）；（4）指导一个政府部门的能力。

● **制定并平衡政策**：作为英国政府首脑，首相要与世界其他政府的首脑打交道。当外交政策与国内政策相冲突时，首相就得在来自“外部”世界与来自其党内和选民的压力之间取得平衡。卡梅伦未能做到这一点，因为他未能在英国保留欧盟成员国的条件与选民洗清这些条件的要求之间取得协调。首相还要在大臣之间取得平衡以制定政策，如有的大臣想花更多的钱以提高自己的民望，而财政大臣则想削减税收来提高其声誉。英国是单一制国家，因为只有一个权威来源，即议会。但是，每个国族的政党竞争是不同的，威斯敏斯特的执政党通常不同于控制苏格兰、威尔士和北爱尔兰的分权政府的政党或政党联盟。

虽然首相这个职位的正式权力是不变的，但各个首相在如何完成自己的工作和对政府的影响力上是不一样的（见图 7－2）。工党首相克莱门特·艾德礼谦逊地鼓励十分资深的大臣们优先考虑以最少的内阁冲突来实现一代工党政策的誓言。当年迈的温斯顿·丘吉尔于 1951 年继艾德礼担任首相时，他专注于外交事务，对国内政策无甚兴趣。其后继者安东尼·艾登也是如此，其后果是灾难性的，他派遣军队控制已被埃及国有化的苏伊士运河，但当他们无法获得美国的支持时，却不得不撤军。哈罗德·麦克米伦在战略上介入少量的国内和国际事务，给大臣们大量机会负责日常事务。亚历克·道格拉斯-霍姆比较软弱，因为他对经济事务所知不多，他资深的内阁同事们对党内以阴谋让他担任这一职位一事感到愤愤不平。

哈罗德·威尔逊与爱德华·希思最初都承诺积极地履行首相职责。然而威尔逊在经济政策上的主要创新并不成功，选民在 1974 年则否决了希思的经济改革方向。威尔逊通过承诺以政治和解来取代资方与工会的对抗，从而再度当选首相。他出人意料地辞职，以避免和解努力的崩溃。詹姆斯·卡拉汉继任首相，也面临难以解决的协调工会的要求与经济局限性的问题。

玛格丽特·撒切尔在很多重大政策方面

① 参见：Richard Rose，*The Prime Minister in a Shrinking World*（Boston：Polity Press，2001），fig. 6.1；and Political Monitor：Satisfaction Ratings 1997-Present（www.ipsos-mori.com/researchpublications）.

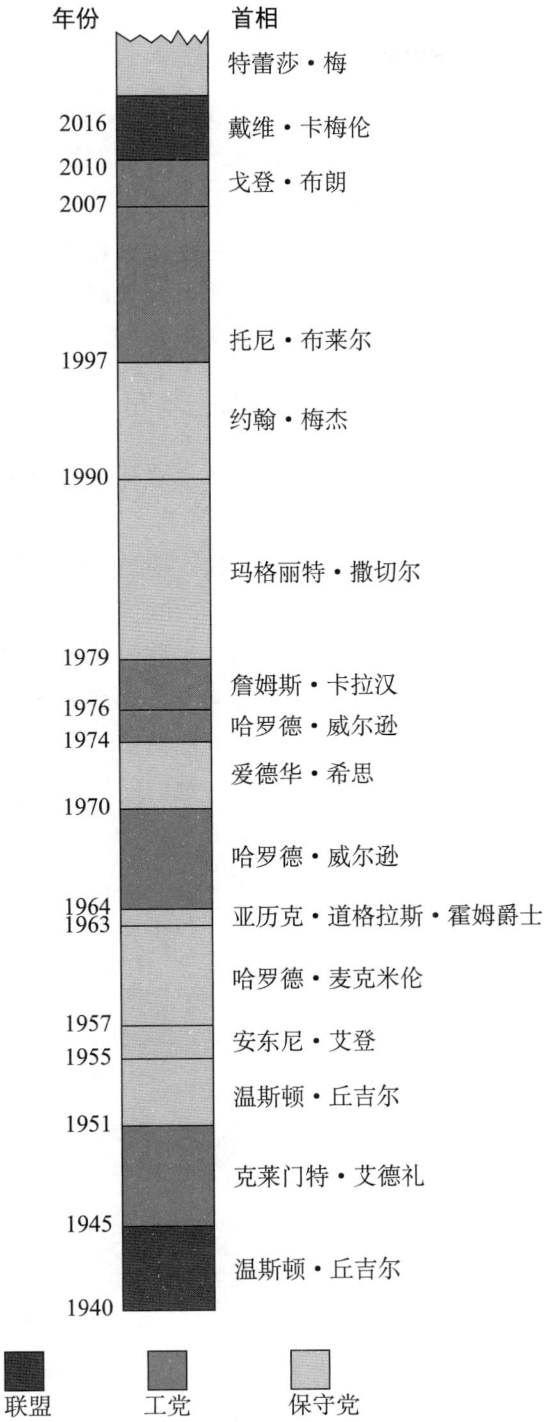

图 7-2　唐宁街的长期和短期任职

英国 1940 年以来的历任首相和政府。

观点都很强硬，并且准备与其内阁同僚的偏好相抵触。同事因其格言“别无选择”(There Is No Alternative) 而给她取了一个外号叫“蒂娜”(TINA)。最终，她的“专横”导致内阁同僚的反抗，造成了她的下台。约翰·梅杰是众人公认的替代者。然而，他的调和方式经常被认为是软弱的象征。内阁大臣们的抨击使得梅杰认为他的内阁同僚们是“坏蛋”。

托尼·布莱尔利用他吸引选民的手法和对大臣恩惠关系的控制，将许多布莱尔主义者安置在内阁中，以保护他自己免受戈登·布朗要他辞职的威胁。在他第三任期中，随着伊拉克战争陷入僵局，他的受欢迎程度下降，选择辞职。戈登·布朗无争议地成为首相。但是，他混合了咄咄逼人、犹豫不决和坏脾气的个性作风使他失去了内阁同僚们的支持。他们向媒体透露负面的消息，但不愿意挑战他继续任职，尽管他们正确地预见到他领导的工党政府将会失败。

戴维·卡梅伦对 2010 年选举非同寻常的结果（保守党取得最多的席位但未获得多数）做出的反应是与尼古拉斯·克莱格领导的自由民主党组建一个联合政府。联合协议的一个效应是强化了卡梅伦将保守党人的形象从右翼向中间派政党转变的努力。这也使得自由民主党显得不太支持中左的政策。该联合政府迅速采取了这样的行动，即否定了首相按其选择的时间召集大选的权利并确定政府就职固定的五年任期（除非首相在议会的信任投票中被击败）。

在保守党内部，卡梅伦成了由于数十个职位被自由民主党占据而未加入政府的保守党议员批评的对象。保守党议员还批评卡梅伦愿意促进适合自由民主党而不是传统支持者的事业，比如同性婚姻的合法化。当卡梅伦于 2015 年大选中出乎意料地赢得绝对多数席位时，他不再需要利用联合政府来安抚右翼欧洲怀疑论议员的要求。

特蕾莎·梅所面对的主要挑战是平衡那些有关**脱欧**意义的相互冲突的观点。内阁同僚们和工商利益团体希望要求保守党政府在移居和移民问题上向欧盟做出让步，以便保留即便英国不再是成员国也可通过参与单一市场获得充分经济收益。与此对比，大部分保守党人反对这样的让步，认为它违反了公投通过脱离欧盟来恢复对经济和移民的完全控制的要求。梅任命的三位处理谈判的大臣——戴维·戴维斯（脱欧）、利安·福克斯（贸易）和鲍利斯·约翰逊（外交）代表了这个群体。作为首相，梅必须决定如何平衡这两种相冲突的观点，同时又不危及她带领保守党在2020年大选中获胜的机会。

被媒体强化的首相职位的个性化使得人们指责英国政府变成了总统制。然而，与美国总统相比，英国首相的正式权力没有那么大，其位子也没有那么稳固（见表7-3）。总统是直接选举的，有确定的四年任期，而首相领导其党的任期不定，如果党的信任下降，就可能失去唐宁街的位子。总统是联邦行政部门毫无疑问的领导，可以毫无顾忌地免除内阁成员职位。与此相比，首相的资深同僚却是其地位的潜在对手，他们在集体对政府政策负责的要求的制约下可能保留在内阁的职位。首相可以动员议会的多数使立法提案很少修改便成为法律，而总统却无权管辖国会。而且，首相处于不分权的政府的顶端，其权力不受法院和成文宪法的限制。

统治阶级：内阁大臣与公务员

根据宪法理论，内阁大臣意味着居于最高层，因为他们在大选中赢得了大部分议员，每天对议会负责，并且定期地对选民负责。他们代表议会中的执政党。与此对比，公务员则意味着随叫随到，也就是说，运用他们积累的知识和政府经验准备详细的政策和立法，这些都是落实大臣们的选举承诺和个人政治优先项所需要的。他们的职业路径也不同：大臣担任职务是为了让任命他们的首相满意，有可能瞬间失去其职位。公务员在白厅各部门任职数十年，为不同政党的大臣们就如何和是否需要践行其观念提供咨询。

表7-3 首相与总统

比较首相和总统的权力及其选择过程。

	英国（首相）	美国（总统）
媒体可见度	高	高
到达最高领导的途径	议会	州长、参议员
挑选方式	党派投票	州一级初选及党团会议
选举方式	议会	全国大选
任期	不定，不稳定	四年，稳定
体制	单一制	联邦制
国内影响	高	可能受到挑战
国际角色	依靠联盟	超级强大
监督	非正式	国会，最高法院

资料来源：Richard Rose，*The Prime Minister in a Shrinking World*（Boston：Polity Press，2001），242.

内阁集体对政府行为负责。由拥有议会最多席位的政党成员所组成，它通常能让议会批准政府的任何一项提案。不是由议会来牵制行政权力，而是内阁促成了沃尔特·巴杰特所描述的“紧密的联盟，行政权与立法权的近乎完美的融合”①。内阁承担责任的惯例要求所有的内阁大臣公开支持政府行动，即使他们私下里并不赞同某一政策，也要克制对其进行公开批评。但是，不愿意承担责任的大臣也许会向媒体透露其观点，而不是辞职。

每位内阁大臣都担当多种政治角色。作为其负责的部门领导，大臣制定政策，就部门内部提出的方案进行选择，并努力避免做出不受欢迎的决定。内阁大臣要对成千上万公务员的行为负责，因为通常情况下这些公务员是代表内阁大臣行动的，包括与白厅签订合同、负责提供公共服务的那些代理机构。另外，内阁大臣还是一个部门的使节，负责与外部交往，包括唐宁街、议会、大众传媒和利益团体。更有甚者，内阁大臣还是有着政治抱负的个人，典型的内阁大臣不是某一学科领域的专家，而是政治领域的专家。

内阁大臣愿意对同僚的议案保持沉默，其交换条件是同僚也要同意其方案。然而大臣之间经常为了稀缺资源而相互竞争，造成了部门之间的冲突。不论出自哪一个政党，国防大臣都会迫切要求增加军费，而财政大臣则会予以反对。内阁大臣在内阁委员会中或者通过最相关的大臣们之间的非正式商谈来解决他们的众多分歧。

作为一个部门的领导，内阁大臣是重要的，因为政府的大多数决定是由各部门做出的（见专栏 7-4），大臣是其部门的发言人。在特蕾莎·梅的内阁中，政治人物个人负责如下部门和职位：

- **脱欧**：脱离欧盟部；国际贸易部
- **经济事务**：财政部；商业与能源部；交通部
- **国际事务**：外交与联邦事务部；国防部；国际发展部
- **联合王国事务**：苏格兰事务部；北爱尔兰事务部；威尔士事务部；环境、食品和农村事务部；地方政府部
- **法律和宪法问题、犯罪和反恐怖主义**：司法部；内政部
- **社会服务**：卫生部；教育与平等部；工作与养老金部；文化、媒体与运动部
- **管理政府事务**：兰开斯特公爵郡大臣；下院领袖；上院领袖；下院党鞭

政府各部门在规模和所影响的各种利益方面差别很大。商业与能源部较之财政部有更多的职员，因为它有影响多种利益的范围广泛的政策。然而，由于财政部负责管理经济和控制公共支出，其拥有更大的政治影响力。财政部聚焦于五大任务：促进经济增长、控制通货膨胀、保持低失业率、收税和政府各部门的支出。由于财政部控制公共支出，在一项法案能够送到议会之前，财政部必须批准法案所要求的额外的公共资金。即便在经济快速增长期，财政部也努力避免可能增加税收的支出承诺，当经济遇到麻烦时，更多的支出会增加预算赤字。用一位资深财政部官员的话说，“财政部代表了现实”②。财政部长的工作在政治上是重要的，因为经济状况影响到选民对执政党的支持。

① Walter Bagehot，*The English Constitution*（London：World's Classics，1955），9.

② Sir Leo Pliatzky，引自：Peter Hennessy，“The Guilt of the Treasury 1000，” *New Statesman*，January 23，1987.

专栏 7-4

为了脱离欧盟而组成的联盟

就程序而言，脱离欧洲联盟（通常叫脱欧）只需要作为英国政府首脑的首相通知欧盟即可，它依据所签署的欧盟条约第 50 条的规定，寻求退出欧盟。2016 年的公投在原则上但并未在实际上解决这个问题。就脱欧的条件达成协议，要求首相梅在其内阁之内组建一个联盟，而且如果可能，还要与欧盟机构和欧盟成员国，以及与其他大陆的重要外国政府（如美国和中国）构建联盟。

在内阁之中，直接负责此议题的有三个部门——脱离欧盟部、国际贸易部以及外交与联邦事务部。在协议中起到重要作用的其他部门是财政部与商业、能源和工业策略部，这些部门需要维护单一市场的优势；内政部，负责移民；环境、食品和农村事务部，一直为英国农民管理欧盟的补贴；司法部门，负责评估和重新撰写成千上万条法律和法规，其中包括参照欧盟成员国条款。苏格兰、北爱尔兰和威尔士的政府负责人运用他们的正式协商权利推进那些考虑到苏格兰和北爱尔兰保留在欧盟的公投多数意见的让步。这每一个机构都代表了包含英国脱欧后不同的优先安排的国内各种利益。

虽然联合王国政府可以单边脱离欧盟，但它不能向欧盟机构提出支配英国与其他国家关系的条件。英国的目标是享有最大的益处，例如在单一市场进行贸易以及在像控制移民等类事务上的最小限制。欧盟的立场目标是让英国在欧盟之外得到的益处比它在欧盟之内时少，以及确保英国继续施加欧盟成员国现在满足和必须满足的当下和未来的条件，并且不参与达成其规则和规定的讨论。与此类似，与华盛顿和北京的谈判将要求满足美国、中国以及英国的利益。

作为首相，特蕾莎·梅在决定英国在与其他国家的后欧盟关系中接受何种条款承担最终的责任。无论她做出何种决定，都需要做出妥协，以确保非英国机构的同意。由于让步将会让一些利益攸关者满意而使另一些人不满意，她必须运用其政治影响力来达成这样一个结果，即使她在内阁、她的党和选民中获得最大的支持，形成最小的反对势力。

资料来源：根据：http：//ukandeu. ac. uk/. 这是 British Economic 和 Social Research Council 主办的网站，提供有关英国在欧盟中的成员资格及其脱离欧盟的学术观点。

急于通过在议会提议一项受欢迎的法案而引起关注的大臣并不能独自完成此事。反对党的批评不如获得政府各部门间政治过程中政治人物和机构的支持来得重要。最新的政策必须考虑其对现有政策可能的影响，这些现行政策可能由几个不同的部门所实施，并且影响到非白厅的公共机构。在一项法案得以提交议会之前，提议它的内阁大臣必须与其他部门的大臣们谈判达成一个协议，其内容是关于一个新举措的诸原则如何影响现有的项目和党的政策，以及将如何实施该举措。谈判是耗费时间的。一个部门往往会在一位大臣手下开始制订一项新提案，而在另一位大臣手下甚至在另一个不同的执政党手下完成。例如，关于是扩建伦敦最大的希斯罗机场，还是给远离人口稠密地带的郊区的几个机场增加跑道，对此的辩论延续了 20 多年。增加新跑道需要再等十年，若建一个新机场就需要更长的时间了。

公务员

尽管政府不制定新法律也可以持续数月，但如果成千上万的公务员不执行法律、不提供公共服务（这些法律和服务是议会所批准的），那政府顷刻之间就会垮台。数量最多的公务员是缺乏判断力的办事员，他们从事着庞大官僚政治的日常事务。只有这些职责得到圆满执行，内阁大臣们才有时间和机会制定新政策。

在白厅的每个部门中，为大臣提供咨询并监督部门工作的数十名资深公务员要比任期短暂的大臣们更多地了解部门的问题。英国最上层的公务员并不承认自己是政治家，因为这个术语具有党派性的含义。不过，他们的工作具有政治性质，因为他们介入政策的提议和咨询。一份寻求招募优秀毕业生担任高级公务员的出版物宣称："你会从一开始就忙于重大政策或资源分配，并在有经验的管理者的指导下，被鼓励提出自己富有建设性的想法，以及做出责任重大的决定。"简言之，最上层的公务员并非不关心政治，他们两党兼顾，无论哪个党派胜选，他们都愿意为之效劳。他们被期望能够像政治家一样思考，以便预测他们的大臣需要什么，以及反对党和媒体会如何反应。

内阁大臣与高级公务员的关系对于指导一个政府部门的工作至关重要。忙碌的政治家没有时间处理细节，他们想要的是能抓住纲要或平抑批评意见的简报。内阁大臣希望高级公务员能对他们的政治观点做出反应，提出建议支持他们的观点以及执政党的观点。公务员喜欢为有明确政治观点的大臣做事，但如果大臣通过表达一些会给部门带来麻烦的不切实际的观点来抢新闻的头版头条，那他们就不喜欢了。正如一位资深公务员所说："仅仅因为大臣说要做某事并不意味着我们可以不顾现实。"①

各党的政府大臣们都要求迅速变革，以满足他们个人广为人知的产生即刻影响的愿望。这就与公务员关于其职责是避免抄近路为政府政策辩护的观点相冲突，像布莱尔为伊拉克战争动员支持力量时所做的那样。政治人物产生即刻影响的愿望，加上每天24小时连轴转的媒体的压力，也与公务员的下述意识相冲突，即要花多长时间才能把对媒体的一项保证变成能够产生实际影响的议会法案。政治人物试图通过让更多的局外人占据政府高级公务员的职位来解决这种冲突，而公务员们则可以选择辞去白厅的工作，在私营或非营利部门往往可寻得较高薪水的工作。

撒切尔政府给白厅带来了一个新现象：首相认为公务员比不上商人，因为公务员不需要"谋"生，意指他们不必获取利润。*管理*成了白厅的行话。工商人士被召集来给大臣和公务员们就实施政策时如何获得更多的货币价值提供咨询。这些变革在此后的政府中得以延续。政府的一些部门被"分出去"变成了独立的公共代理机构，拥有其单独的账号和绩效目标。布莱尔要求公务员向公司学习"每年，几乎是逐月地对自己再投资"，并抱怨"循规蹈矩的规则几乎成了障碍"②。

---

① 引自：David Leppard，"ID Cards Doomed，Say Officials，" *Sunday Times*（London），July 9，2006. 还可参见关于 Sir Robin Butler 的采访："How Not to Run a Country，" *The Spectator*（London），December 11，2004.

② George Parker，"Blair Calls on Companies to Boost Whitehall，" *Financial Times*. June 29. 2010.

保守党和工党大臣们现在身边都有几个在政党或个人关系基础上招募的特别政治顾问。他们通常是自从大学毕业后即在议会或政党内工作的年轻人。被任命的顾问知道如何为他们的大臣赢得良好的声誉，并且避免做出那些会使得大臣在议会或媒体中显得不佳的决定。然而，特别顾问缺少白厅的工作经验。但他们却准备凭借其大臣的权威告知公务员们应该怎么做。当部门政策受到批评时，某些大臣和顾问就准备责备公务员，而不是由他们自己承担责任（见专栏 7-5）。

大臣和高级公务员们准备误导议会和公众。当 1986 年在法庭被指控政府试图为压制一名前情报官员的备忘录而说谎时，内阁办公厅主任罗伯特·阿姆斯特朗把政府的声明描述为一种误导的印象，而不是说谎。他说，政府在讲真话问题上是务实的。用他的继任者、服务于布莱尔政府的安德鲁·特恩布尔的话说："你可以通过不纠正一个错误的解释来不说谎地进行欺骗。"

议会的角色

在许多议会中，议员呈半圆坐着，象征着从左到右差别的程度。与此对比，英国下院是长方形的大厅，其中支持政府的议员坐在一边，属于其他政党的议员则坐在他们的对面，并且预期会沿着政党的路线投票。政府的思维方式可以用一位工党内阁大臣的话

专栏 7-5

白厅的紧张关系

一个新当选的政府充满着雄心勃勃的大臣，他们迫不及待地想为他们自己和政府争得名声，对于改变英国治理的方式也很乐观。然而，重要的改变只能在公务员的协助下才会发生，这些公务员的工作是把选举的保证变成立法，组织新政策的实施，并就应当如何落实新举措培训体制化的职员。高层公务员敏捷的智识和政治技巧在电视连续剧《是，大臣》中得到生动的演示。

公务员体系宣称向政治人物提供一种劳斯莱斯引擎，当选的政府可以操纵它驶向所选择的任何方向。保守党和工党大臣们倾向于把公务员体系视为对他们处理所面对问题（有的容易处理，有的不容易处理）的雄心的一种刹车。公务员们不喜欢大臣们在公开场合批评他们、在私下里威逼他们，这些大臣对于政府如何运作的经验远少于公务员。抱怨之一是，政治过于政治化了，也就是说，大臣们更乐于指望传媒专家提供可以给他们赢得正面标题的政策建议，而不是依靠公务员们指出后在做出政府不能落实的承诺中的错误和风险。

所有政党的大臣与公务员的紧张关系反映了在政府能做什么的问题上长期的结构变化。公务员们缺少管理大型项目的经验，例如在部门安装一个计算机系统，或者支出数十亿英镑用于军事设备或昂贵的基础设施。那些与威斯敏斯特的命运捆绑在一起的大臣对前任的选择对他们的选择范围和选择项造成的束缚几乎没有体察，这些选择项包括缺少资金、人力和时间，以及在威斯敏斯特以外的世界他们做的事与已经完成的事情之间的相互依赖性。

资料来源：参见：Richard Rose and Philip Davies, *Inherance in Public Policy* (New Haven: Yale University Press, 1994); and Richard Rose, "Responsible Party Government in World of Interdepedence," *West European Politics* 37, 2, (2014): 253-269.

来总结："如果你在开会之前不知道选举结果，那就是把民主推行得太远了。"[①] 反对党不能指望改变政府的重要决策，因为它在下院得不到多数票。它接受这种伴随着少数派身份而来的挫败，因为它希望在下次选举中赢得多数。

白厅各部起草议案提交给议会，没有政府的同意，对法律的修正基本上得不到通过。法律被形容为议会的法案，但如果贴上"白厅制造"的标签，则可能更准确。另外，为政府计划厘定预算的是政府而非议会。

政府提议的大部分立法都很受欢迎，以至于反对党不敢投票反对该法案的原则。对于每一项反对党在下院投票反对其原则的政府法案，就有高达三项法案是无激烈争议获得通过的。与美国国会相比，英国议会的软弱显得很突出，因为美国国会两院可以不受白宫干涉地控制自己的程序。而且，美国总统虽然可以要求国会制定法律，但不能决定一个法案的用语或对其投票的结果。

议会的第一个功能是权衡政治声望。议员评估其领导人在下次选举中是能够取得成功，还是遭受失败。首相每周要到下院接受议员半小时的提问，面对党派性很强的听众进行迅速机敏的回答。没有撰稿人备好的发言稿，首相必须表明自己能够掌控议题和反对者。大臣或潜在的大臣也接受议员的评估，议员可以强迫大臣对其负责的事务做出解释或辩护。如果大臣的回答没有说服力，那将会失去政治影响力，甚至被首相撤换。

议会的第二个功能，后排的议员可以要求政府针对某一问题采取一些措施。党鞭要听取后排议员的不满意见，并把他们所关心的事传达给大臣。在走廊、餐厅和下院委员会，后排议员可以告诉大臣有关政府政策的不当之处。如果政府不受欢迎，议员感到在下次选举中有失去席位的危险，那他们会积极地要求有所行动。

公布议题是议会的第三个功能。议员可以利用他们的职位吸引媒体对议题和他们自己的关注。议会里面已经安装了摄像机，机敏的议员可以为媒体提供录像片段。

议会的第四个功能，议员可以检查白厅各部执行公共政策的情况。议员可以写信给大臣，讨论影响到一个选区选民或利益团体的部门责任。议员还可以请求议会派遣监督专员（又称特派员，来源于斯堪的纳维亚）对弊政抱怨进行调查。议员委员会可以通过与公务员和大臣谈话以及从利益团体和专家那里获取证据来详查政策。然而，当委员会从讨论具体问题转到讨论政府政策问题时，就提出了政府内部的信任问题。然后就可能出现委员会沿着政党路线发生分裂，而执政党的议员处于多数派地位。

新当选议员在把自己看成下院 650 名议员的一分子时，面临着许多选项[②]。议员可以决定充当党派的忠诚分子，按党派领袖的决定去投票，不参与政策的商议。希望吸引更多注意的议员可以通过辩论中的突出表现，或者充当利益团体的公认代表，或者以党派中立的方式行动，例如充当一名智者或者以夸夸其谈的形象出现。议员被指望为选区选民的利益说话，但选民也接受当党的政策与地方利益相冲突时，他们的议员不会投票反对党的政策。议员很少担任的角色就是

---

① Eric Varley，引自：A. Michie and S. Hoggart，*The Pact*（London：Quartet Books，1978），13.

② Michael Rush and Philip Giddings，*Parliamentary Socialisation*（Basingstoke，UK：Palgrave Macmillan，2011）.

立法者的角色。

为了避免议员公开的薪水上涨，他们接受了慷慨的费用津贴，包括拥有第二个居所，因为许多议员有时居住在伦敦，有时居住在伦敦以外的选区。媒体于 2009 年泄露的议员的工作费用报账细节显示，议员报销费用包括从清理乡间房屋的壕沟到装修伦敦的公寓（不久就以很高的利润售出）的各项费用。数百名议员宁可缴还某些费用也不会为自己的报账辩解，但只有少数议员被判定在报销费用时进行欺诈。

后排议员不断要求变革，从而使他们的工作更令人关注、更有影响。然而重大变革的权力掌握在政府手中，而不取决于下院。不管反对党议员做何批评，一旦进入政府，党的领导人就有兴趣维持一些安排，这些安排极大地限制了议会影响或阻止大臣行为的权力。

英国议会的另一个议院——**上院**很独特，因为它从一开始就是由世袭贵族组成的，如今，世袭贵族选出他们中的 92 名成员坐在上院；其余的世袭贵族保留其头衔，但在议会中没有席位。超过 5/6 的上院议员都是终身贵族，他们是因为在某一公共领域的成就而被任命的。可能因为以前担任过政府大臣提供公共服务而得到承认，首相可能"快速提拔"一些杰出人士，通过授予他们终身爵位而使其登上大臣级别的位置。被授予爵位的人可以出自工商界、工会或非营利部门，或者是向某个党派捐赠的突出人士。没有哪个党派在上院占有多数席位，不足 1/3 的上院议员是保守党人，1/3 来自工党。超过 1/4 的贵族是不认同于任何党派的中立议员。

政府经常通过上院制定一些相对没有争议的法律，它还把上院当作修改机构用来修正法案。上院议员可以提出具有党派性的政治问题，也可以提出党派中立的问题，比如残疾人或色情问题。上院不能否决法律，但可以修正或者延迟通过政府的一些法案，而且也确实这样做了。将上院转变成按业绩而不是世袭选出的人士组成的议会，使得其成员在投票把议案送回下院让其重新审议时具有更大的信心，如果下院再推翻上院的异议，才能使这些议案变成议会的法案。

虽然所有的党派都认为需要某种类型的第二议院来修改立法，但对此议院的构成和权力如何安排，意见并不一致。改革者们经常主张由民众选举上院议员。但是，如今的政府最终想要的是对上院进行这样的改革，它并不能控制选举的合法性以便挑战政府的立法。类似的，下院议员也不想第二议院与他们的由民众选举出来的独一无二的权力主张相竞争。

在宪法理论中，议会可以让大臣对政府滥用权力的行为负责。在实践中，议会对行政权力滥用的监察起不了什么作用，因为行政机构是由议会中多数党的领导组成的。当政府受到攻击时，执政党中的议员倾向于团结起来为其辩护。通过官方保密法，白厅滥用权力的做法可以不受议会的严格追究。白厅的观点是："需要知道仍然支配着有权知道。"①《信息自由法案》（Freedom of Information Act）弱化了但并未终结白厅网络内部秘密交换意见的行政权力。通常认为，有

① 参见：Colin Bennett，"From the Dark to the Light：The Open Government Debate in Britain，" *Journal of Public Policy* 5，2（1985）：209. 原文为斜体。

关部门政策商议的信息公开后并不利于“公众”利益，因为这样会使政府出现不稳定或者分裂因素。

法院与滥用权力

原则与观点之间正在产生张力：依照原则，民选政府应该做自认为最好的事情；依照法官的观点，政府应该按议会法案所规定的法律规则办事。当法官做出大臣们不喜欢的判决时，这些大臣就会公开抨击法院的判决。法官则回应说他们的执法不应受到抨击。法官认为，如果政府不喜欢这样，政府应该颁布改变该法律的新的议会法案。

2009 年成立的最高法院作为联合王国的最高司法权威，结束了数世纪以来由上院委员会充当最高法院的惯例。最高法院由律师专门委员会任命的院长和 11 名其他法官组成。这是法律上诉的终审法院，审理最初经由英格兰、威尔士和北爱尔兰的法院审理的案件。它也审理部分由苏格兰的法院审理的案件，所适用的法律与联合王国其他地方并无冲突，但苏格兰法院是一个独立的体系。

虽然英国最高法院的名称与美国最高法院的名称相似，其权力却受到很大的限制。它如果认为政府的行为超出了议会法案所授予的权力，那可以宣布政府行为无效，但它不能判定议会法案违宪。议会仍然是最高权威，决定政府能够做什么、不能做什么。1998 年威斯敏斯特议会的《人权法案》允许公民要求英国法院尊重《欧洲人权公约》所保障的权利。

恐怖主义活动对有关个人权利和国家集体利益的传统规范构成了挑战。有时，英国政府武装会采用“非”法方式来处理爱尔兰共和军和非法武装反抗组织的暴力，包括伪造证据以给他们定罪，不过这些罪名后来大多被法院所推翻。但是，政府却迟迟不愿承认犯了错。例如，直到 38 年以后，政府才承认英国军方 1972 年在伦敦德里枪杀 13 名爱尔兰示威者的行为是完全不正当的。作为对 2005 年伦敦“圣战”恐怖炸弹事件的回应，警察准备采用严厉措施对抗可疑分子，包括追捕疑犯时格杀勿论。与此同时，非法移民和虚假寻求庇护者利用英国法律规定的程序来避免自己被引渡。

行政权力的偶然滥用使得一些公务员变得紧张起来，他们相信自己的工作不仅要服务于当今的民选政府，还要保持政府的诚信。这使得公务员有时会泄露官方文件，为的是阻止政府推行他们认为不道德的或不明智的政策。在一个众所周知的案例中，一名国防部官员向下院透露了一些证据，这些证据对政府关于马尔维纳斯群岛战争的声明的准确性提出了质疑。他被控违反了官方保密法而受到审判。法官要求陪审团这样考虑问题：“可以为了国家利益而违背当今政府的政策吗?”陪审团的结论是可以。这名官员被无罪释放①。

作为联盟的政府

国家之舟只有一个舵柄，但每当一个重要的政策决定出来时，许多只手都伸出来要掌握它。政策制定涉及由首相、大臣、公务员主管和政治顾问构成的网络，他们都分享着所谓白厅的“乡村生活”。与华盛顿特区

① Graham Wilson and Anthony Barker, “Whitehall's Disobedient Servants?” *British Journal of Political Science* 27, 2 (1997): 223-246.

环城快道内满是政治家的城市相比，英国的乡村要小得多、亲密得多[1]。但是，政府的扩张促进了专业化，从而使得政策制定者之间的交往越来越少。就一个特定的议题而言，进入核心行政（core exe-cutive）团体进行决策的人数相对较少。然而，这个决策网络内的人员是流动的；卫生或教育的核心网络与农业或国防的核心网络就不是同一班人。

在传统上，政府政策由内阁及其委员会进行辩论和做出决定。半个世纪前，通常每周有两次内阁会议，当大臣之间存在重大的分歧时，就需要开多次会议来达成一个政治协议。托尼·布莱尔把开会频率降低到每周不到一次，并把每次会议时间缩减到一个小时以内。保守党与自由民主党的联合政府在两党领导人及其副手之间协调重要的政策。如果是一党占多数席位，就没有这个必要了。首相可以在大臣面前占尽先机，其方式是以其名义宣布受欢迎的政策，在唐宁街处理欧洲和国际议题，并且花很少时间处理政府各部门的日常活动。

首相是政府里面一位最重要的人物。由于没有成文宪法，有主见的首相就可以挑战现状，使政府焕然一新，如玛格丽特·撒切尔所表现的那样。但如果说首相负责最重要的决策，那么就会引出这样的问题：什么是重要的决策？与唐宁街做出的大部分决策相比，首相没有参与的决策（比如社会保障）数量更多，需要更多的资金，影响到更多人的生活。时间不够是对首相影响力的主要限制。用唐宁街一位官员的话来说就是："就像滑过大面积的薄冰层。你得一直保持快速前进。"[2]

政治文化与合法性

7.5 总结关于政府的集体主义与个人主义理论

政治文化意指国家应该如何治理的价值观和信念。例如，存在这样一个共识，即英国应该有一个对民选议会负责的政府。不仅主要政党持这一观点，而且像苏格兰民族党这样要求独立的政党也持这一观点。

政治文化的价值观为政府能做什么和应做什么设定了限制。无论党派倾向如何，如今绝大多数英国人都认为政府应该提供教育、医疗服务和社会保障。关于言论自由的文化规范禁止书报审查，关于性关系和堕胎的自由法律允许性问题方面很大的选择自由。如今，公共政策领域最重要的限制都是实践性和政治性的。例如，大众政策的公共开支（例如医疗服务）受到经济发展程度的制约，也受到政府是否愿意通过增加赋税或就其使用而收费（如欧洲大陆国家所做的那样）来筹集更多资金的制约。

在此价值观框架内，关于谁应该来治理的问题存在三种不同的传统。政府托管理论（trusteeship theory of government）认为领导人应该积极主动地决定什么是共同的公共利益。这个理论可用如下隽语进行总结："政府的工作就是统治。"政府托管理论经常

---

① Hugh Heclo and Aaron Wildavsky, *The Private Government of Public Money* (London: Macmillan, 1974).

② 伯纳德·英厄姆（Bernard Ingham），玛格丽特·撒切尔的新闻秘书，引自 R. Rose, "British Government: The Job at the Top," in ed. R. Rose, E. Suleiman, *Presidents and Prime Ministers* (Washington, DC: American Enterprise Institute, 1980), 43.

受到执政党的欢迎，因为它为政府我行我素提供了辩护。反对党在处于在野地位时反对这一理论。

关于政府的集体主义理论（collectivist theory of government）认为政府的任务是平衡各个部分之间相互竞争的要求。从这一观点来看，拥护团体或阶级利益的政党比个体选民更具有权威性①。传统的保守党强调社会不同阶级之间的和谐，各方都有自己的责任和回报。对于社会主义者来说，群体政治一直事关促进集体同质的工人阶级的利益。随着英国社会的变迁，政党领导人已经远离自己所代表的集体利益的亲密认同，因为保守党人认识到选举中投票的是个人，而不是企业，而且工人阶级的人们在如何投票问题上意见不一。

关于政府的个人主义理论（individualist theory of government）要求政党应该代表人民，而不是团体利益。在 1980 年代，玛格丽特·撒切尔宣称个人福利应当由每个个人而不是国家负责。她竟然宣布，“不存在社会这样一种东西”。戴维·卡梅伦修改了这个观点，强调他所谓的大社会的重要性，也就是比国家还要广阔的机制。自由民主党也强调个人按照自己的生活方式生活，免受政府对社会行为的规制之自由。

政府的合法性从英国人民愿意履行基本义务（比如缴税和与公共官员合作）当中显示出来。对政府的不满助长了反抗情绪，但反抗通常保持在合法范围内。准备就绪的北爱尔兰组织求助于武装行动来达到政治目的，这使得它成为联合王国中最具有“非英国”特征的部分。

英国人对政府提出许多具体的批评。作为对变动着的精英行为标准的反应，例如议员对于费用的过度要求，以及政治人物争取选票时许诺一件事，一旦当选做的却是相反的事，公民对许多宣称代表他们的公共人物就变得缺乏信任。仅有 1/5 的英国人信任政治人物，也只有 1/4 的人信任自称代表人民声音的新闻记者（见图 7－3）。最受信任的政府官员是那些代表秩序的人：法官和警察。

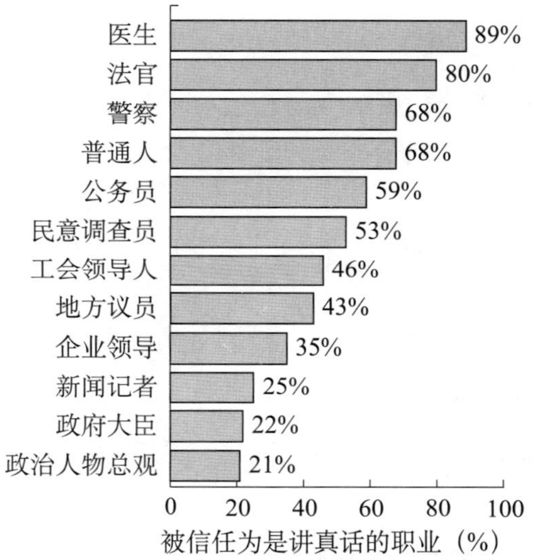

图 7－3 政治人物是最不受信任的社会群体

资料来源：Ipsos MORI Veracity Index 2015 London. 调查时间为 2015 年 12 月 5 日—2016 年 1 月 4 日。

共同的过去的象征，如君主制，有时被认为是合法性的主要决定因素。然而，民意调查显示，女王的政治意义不大；她受欢迎的原因是她不关心政治。君主的受欢迎程度是其政治合法性的结果，而不是原因。在北爱尔兰，少数族群否认英国政府的合法性，女王象征着英国统一主义者和反对王权的爱尔兰共和党人之间的分歧。

习惯和传统似乎是英国政府经久不衰的合法性的主要原因。一项关于人们为什么支持政府的调查发现，最普遍的原因是，“这

① 参见：Samuel H. Beer，*Modern British Politics*，3rd ed.（London：Faber and Faber，1982）.

是我们所知道的最好的政府形式”。温斯顿·丘吉尔在告诉下议院时提出了这一点：“没有人假装民主是完美的或明智的。的确，有人说，民主是最糟糕的政府形式，除了那些不时被尝试过的其他形式。”

政治社会化与参与

7.6 列出对英国政治社会化有重要影响的几个方面

社会化影响参与政治与不参与政治的人们之间的政治分野。既然政治社会化是一个终身学习的过程，那么政党的忠诚就是数十年影响不断积累的结果。但是，任何一个时间点上的选民都是由很不同的环境中社会化的世代所构成的。虽然今天领取养老金的人是在英国实际上存在两党制的年代社会化的，但如今提供给中年选民的选项却是两个或更多的政党。下次大选时，最年轻的选民在托尼·布莱尔 2007 年离开唐宁街时还没有上学。25 岁以下的选民支持工党与支持保守党的比例为 3∶2；65 岁及以上的选民支持保守党与支持工党的比例也与此类似（见表 7－4）。选民中老年人的人数要比年轻人多得多。

表 7－4 选举中的社会差别

在多党制中，没有一个政党在任何一个社会群体中获得多数支持。

	保守党	工党	UKIP*	自由民主党	其他党派
性别					
女性	37%	33%	12%	8%	10%
男性	38%	30%	14%	8%	10%
年龄					
18～24 岁	27%	43%	8%	5%	17%
25～54 岁	35%	38%	11%	6%	10%
55～64 岁	37%	31%	14%	9%	9%
65 岁及以上	47%	23%	17%	8%	5%
社会阶级					
中产阶级，专业人士	45%	26%	8%	12%	9%
下层中产	41%	29%	11%	8%	11%
技术工人	32%	32%	19%	6%	11%
非技术工人，低收入群体	27%	41%	17%	5%	10%
族群团体					
白人	39%	28%	14%	8%	11%
所有非白人	23%	65%	2%	4%	6%
教育					
大学	35%	34%	6%	11%	14%
完整中学	37%	31%	11%	8%	13%
不完整中学	38%	30%	20%	5%	7%

* 联合王国独立党。

资料来源：性别、年龄、社会阶级、族群团体：Ipsos MORI，*How Britain Voted in* 2015. 教育：YouGov，How Britain Really Voted，105，as reported in General Election 2015：House of Commons Library Briefing Paper CB7186，53－54.

家庭与性别

在时间序列上，家庭影响是第一位的，从家庭学到的政治态度会与最初的家庭忠诚联结在一起。然而，社会变革意味着，等到子女进入中年，父母当初传给子女的观点就可能变得不合时宜。例如，在孩提时代获得的宗教认同，比如英格兰国教或天主教，在一个很小部分的人定期进教堂的社会，就不再那么重要了。

儿童可能不知道工党、保守党或者自由民主党代表着什么，但如果是母亲和父亲的党，倒足以产生最初的党派认同。然而，家庭对于选举的影响是有限的，因为超过 1/3 的人不知道他们父母经常会选谁，以及是否选了同一个党派。对于那些知道父母选举情况的人，只有一半的人会做出与父母同样的选择。就选民整体而言，不到 1/3 的人知道父母双方的选举情况，并且他们也选举了同样的党派[①]。

作为成年人，男性与女性享有同样的选举和参与政治的法定权利。男性与女性趋向于拥有类似的政治态度，在政党偏好上的差距只有几个百分点（见表 7-4）。性别角色上的社会化导致政治参与上的差异。从一代到下一代，差异正在减少，变化在发生，但比较缓慢。2015 年，创纪录的 191 名妇女当选为下院议员，比前一次大选增加了 1/3；下院中男性仍然占 71%。特蕾莎·梅 2016 年最初组建的内阁有 8 名女性，而布莱尔的第一个工党内阁有 5 名女性，以及撒切尔 1979 年组建的保守党内阁只有 1 名女性。

教　育

绝大多数人曾一度被认为只适合于最低限度的教育，但这个最低限度却一直在上升。在今天的选民中，年龄最大者在 14 岁时离开了学校，年龄居中者读书读到 17 岁。只有小部分年轻人就读于“公”学，即付费学校，实质上是私立学校[②]。半个世纪前，英国只有很少的大学，如今，有 2/5 的年轻人都接受高等教育。不过，许多在过去 20 年里创立的新教育机构缺乏已有研究型大学的设施。

英国教育的分层曾经意味着教育程度越高的人，就越会支持保守党。今天的情况已不再如此。具有大学学位者投票给保守党或工党的比例没有多少差别。保守党吸引各类教育层次人的支持率差不多一样。教育最大的影响是对联合王国独立党的支持。在支持联合王国独立党的选民中，具有最少教育程度的人要比受过大学教育的人多出 3 倍（见表 7-4）。

教育与政治参与的积极性是密切相关的：受教育的程度越高，从政的机会就越大。下院超过 3/10 的议员上的是付费的私立学校——大约为全国平均水平的 6 倍。超过 3/4 的议员都是大学毕业生。大学的扩展打破了牛津与剑桥一统天下的局面，如今不足 1/6 的议员毕业于这两所高校。诸多高校的毕业生集中于高端的政治职位，这是精英治理社会的一个象征，在这样的社会，接受良好教育的官员取代了依赖出身和家庭的

① 参见：Richard Rose and Ian McAllister，*The Loyalties of Voters*（Newbury Park，CA：Sage，1990），Chapter 3.

② 在英国，“public school”又叫作“independent school”，是独立于国家教育系统之外的、营利性的教育机构。公立学校非政府直接管理，也不接受政府的“教育经费”。——译者注

贵族。

阶　级

阶级在英国显得比较重要，因为英国不像美国、加拿大或北爱尔兰那样存在种族、宗教或语言上差别的政治特征。在历史上，人们一度用阶级来解释党派竞争。保守党被描述为中产阶级政党，工党则被描述为工人阶级政党。

职业是划分阶级最常用的指标。体力劳动者通常被说成是工人阶级，非体力劳动者则被说成是中产阶级。经济的变化使得体力劳动工作减少和中产阶级工作增加。如今，许多像电脑技术员这样的职业，其社会地位已经变得含混不清。当问及英国人是否属于某一社会阶级时，超过一半的人认为自己现在既不是中产阶级，也不是工人阶级，但是政治人物和民意调查者继续使用阶级来描述选民的经济分类。类似地，许多英国选民也抛弃了"左"和"右"的术语。

如今没有哪个政党可以赢得中产阶级、技术工人或非技术体力劳动者的一半选票（见表 7-4）。由于党派的跨阶级诉求，不足 2/5 的选民符合中产阶级选保守党或工人阶级选工党的成见。只有 16 位工党议员具有工人阶级职业背景，也只有 22 名保守党议员就读于传统贵族政治人物的募员基地伊顿和哈罗公学。工党领导人杰里米·科尔宾最初就读于付费的私立学校，但没有大学文凭；而保守党的首相特蕾莎·梅就读于国立综合中学和牛津大学。大多数英国人具有中产阶级与工人阶级的混合属性，他们在文化价值观、种族特性和消费品味上差别很大，与职业无关。

一系列社会和经济上的特性也影响选举。在私营部门工作的人当中，支持保守党的比支持工党的多 17%；在公共部门工作的人当中，支持工党的比支持保守党的多 3%。如今英国工会会员混合了中产阶级教师和其他公共部门的雇员以及半技术体力劳动者。

媒　体

大众传媒对当下发生的事情的关注使它们成为对人们进行再社会化的机构。电视是政治新闻的首要来源。法律禁止为政治人物、政党或政治事业发布广告。在历史上，广播和电视是英国广播公司（BBC）的垄断产品，它寻求教育受众，尊重政治人物。如今已经有了很多电视频道和广播电台。政府控制着电视公司的执照更新事宜，并规定每个观众都得为英国广播公司的非商业节目交付年费，目前大约 200 美元。广播公司努力避免偏向某一党派，因为在一段时间内政府的掌控之权可能在党派之间转移（党派内部的决策权也处于变动之中，这些都会影响公司的收入和经营许可）。

英国新闻界鲜明地分化为少数高质量的报纸（如《泰晤士报》、《卫报》、《每日电讯报》、《独立报》和《金融时报》），所发表的新闻和评论较之大多数美国报纸都更具有智识水平，以及发行量大的小报，它们关注琐屑之事和名人流言（如《太阳报》和《每日镜报》）。《经济学人》是最著名的政治和经济学周刊，它面向全世界发行。除了《每日电讯报》以外，上述高质量报纸的读者属于强烈支持英国保留在欧盟中的少数群体。与此对比，那些发行量巨大的报纸拥有大得多的读者群体，他们数十年来批评欧盟的政策是浪费资源或者与英国的习惯做法不一致。它们敦促其读者（许多人不需要多少敦促）

投票支持脱欧。

互联网和新社交媒体为公众打开了多种多样的信息来源。政府机构、议会和首相办公厅通过网络提供了有关其活动和政策的大量细节。政党利用推特和电子邮件与目标受众交流，议员的电子邮箱里塞满了来自选区和利益团体的交流信件。政治人物很容易发生自己在非正式的电子邮件中表达的观点被泄露给媒体，以及难堪的行为出现在个别视频网站中。

为了积极寻求新闻和读者，记者时刻准备着制造政府丑闻以吸引更多注意，电视主持人则通过播放的节目骚扰议员和大臣以获取名声。为了追求令人难堪的故事，大众媒体从事非法的电话窃听，向警察行贿以获取隐私信息，并且安排精心策划的圈套去揭露议员准备为提供政治门路而受贿或为非正常的性服务付费。这些做法导致记者和腐败的警察入狱。列维森勋爵进行的一项重要研究推荐建立独立的公共机构来调查关于媒体活动的抱怨，这些活动为了追求标题效应而侵犯隐私或者骚扰无辜的人们。媒体反对这样的规定，认为这是对新闻自由的威胁。

任何不受公众欢迎的一方都会认为自己是媒体偏见的牺牲品。大多数议员认为，媒体应该为对政治人物和政党的流行嘲讽负责。但是，民意调查发现，大多数选民认为，政治人物的行为与媒体的行为一样，都要对政治讽刺负责，并且议员们比记者更不受信任（见图 7-3）。

政治参与

7.7　将英国公民参与的政治活动与非政党活动进行比较

选举是人们拥有的直接影响政府的一个机会。年满 18 岁及以上的公民都具有选民资格。大选的投票率从 1950 年势均力敌的选举时高达 84%，下降到 59%。2015 年，选举的白热化提高了投票率，达到 66%。公投的投票率更高。2016 年脱欧的公投投票率高达 72.2%，高于 1992 年以来的任何一次议会选举，苏格兰独立的公投投票率达到 84.6%，高于自采用普选制以来的任何一次议会选举。

虽然英国人参与政治的方式有很多种，但大部分公民只是参与选举，不足 1/5 的人说自己对政治很感兴趣（见图 7-4）。在参加选举的人中，不到一半的人说自己强烈或相当强烈地认同于一个政党。涉及传统形式的政治参与（比如出席政治集会或参加游行示威）的人不超过选民总数的 5%。但是，媒体集中于伦敦中心区意味着那里的一次政治游行将吸引全国的关注。新形式的参与正在出现：1/10 的人在社交媒体讨论政治，超过 1/6 的人在过去一年里签署过一次电子请愿。而且，11%的人说他们出于伦理的理由抵制过产品。

政治募员

7.8　讨论英国通向选举官员与高级公务员的路径

我们可以演绎地或归纳地考察政治募员。演绎路径包括界定所做的工作，然后招募拥有适合该任务技能的个人；这种做法受到管理顾问的欢迎。另一方面，我们可以归纳地考察导致人们介入政治的影响因素，并且询问："鉴于其技能和动机，这些人能够做什么？"历史和机制的限制使得归纳路径更加务实。

在英国，最重要的政治角色是内阁大

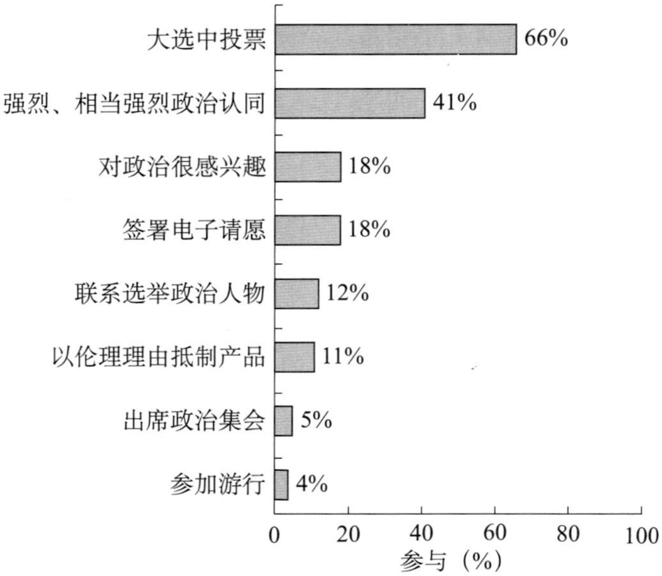

图 7-4　政治参与

资料来源：参见：Audit of political Engagement 13. London：Hansard Society，2016. 全国样本调查结果取自 Ipsos MORI，2015 年 12 月。过去一年参与的多选答案。

臣、高级公务员、党派政治顾问以及风云一时的公众人物，这与华盛顿的圈内人很相似。每个群体都有自己的募员方式。正常途径是，要成为内阁大臣，就得先当选为下院议员。大学毕业后不久，有抱负的从政者通常先做政治助理，然后再做游说者或记者，最后承担议员候选人的角色，此后成为其政党通常会赢的选区的议员。要成为公务员，大学毕业生必须在竞争激烈的准入考试中脱颖而出；职位升迁有赖于工作业绩和上司的赏识。其他人成为大臣和公务员，乃是因为他们在党派政治之外的工商业、社会或职业工作或非营利组织的事业中获得的知识和地位。

传统上，政治领导人在担任政治职位之前已经拥有很高的社会地位和财富。由于如今政治是一个全职的职业，贵族、工商人士或工会领导人不再能指望将他们在其他领域的高地位转变成重要的政治职位。对于所有的政治角色而言，早一些步入政治生涯通常是成功的先决条件，因为要培养起成为政界要人所必需的才能和关系网络需要花不少时间。1/4 的工党议员和 1/8 的保守党议员的事业生涯是担任职业政治人物。地理区域是影响募员的第二要素。大臣、高级公务员和其他公众人物都是在伦敦度过他们的工作生涯的。唐宁街的变化不会招来外地决策者。不像白宫那样，来自芝加哥的总统会接替来自得克萨斯的总统。伦敦与大多数英国人所生活的城镇不一样。在伦敦，决策者的生活与他们所服务的广大公众的生活之间存在隔阂。

议员与内阁大臣

对于有志成为内阁大臣的人来说，成为议员需要被提名为议员候选人，这是由选区政党委员会来做的。候选人不必是其获得提名的选区的居民。因此，一个年轻人有可能从大学出来直接做下院议员或负责政党总部的助理工作，然后在全国寻求一个有望取胜席位的提名。除非其有一个强大的政治恩主，否则发现一个有保证的席位通常要花数年时间。一旦在其党派占多数的选区当选议员，就能指望再度当选，通常任期 10 年或更长时间。对议员而言，人口变动导致选区划分的变化，是比失去选民支持更大的威胁。

下院工作的经验并不能为内阁大臣的工作做好什么准备。议员的主要工作是与人民打交道和评论政府行为。大臣除此之外还要能够处理规划工作，要把一般性的政治原则与其部门所面临的特殊技术性问题结合起来，并在所有待选方案都不称心时做出艰难决策。

任命议员当大臣面临的限制阻止了被任命者在全国范围的游说。首相要把 100 个左右的职位分配给 200 个左右的执政党议员。被选议员不受下列考虑的影响：缺乏议会工作经验、年龄过大、好走政治极端、缺乏个人信任或者对从政没有兴趣。如果议员在议会工作 3 届，那么他或她被任命为资格浅的大臣的机会就较大。少数人没有议会职位但拥有特殊技能或得到首相的信任，也可能被任命为大臣并成为上院议员。

大臣利用工作来学习。通常情况下，议员先当副秘书这样的初级职务，然后升迁到国务大臣，最后才成为内阁成员。然而，处于反对党位置意味着有时候重要的内阁大臣并未担任过哪怕是政府的初级职位。布莱尔的第一个政府职位就是首相，卡梅伦也是如此。在议会任职期间，大臣在某一特定岗位上的平均年限是 2～3 年，此后首相会重组政府，撤销一些大臣职务，把另一些大臣调到不同的部门，去学习一套新的议题和政治兴趣的事务。

英国是全欧洲大臣的调换率最高的国家之一。作为政府重组的结果，调任新职务的大臣通常并没有解决新部门问题的经验。一位才华出众的工党大臣安东尼·克罗斯兰（Anthony Crosland）认为："你得花六个月时间才能恰当地整理出一个头绪，接着花一年时间把部门的大部分事情搞清楚，然后花两年时间才能真正管理整个部门。"①

高级公务员

虽然议员在担任大臣职位时流动频繁，但公务员可以在白厅度过其整个职业生涯。高级公务员的招募并不要求其经过特殊的专业技能或培训。他们是"最优秀的和最聪明的"——一种在历史、文学和语言方面有较高水平的传统要求。公务员委员会测试候选人的内容是：对长篇散文进行概括的能力，使具体事实符合政府规则，从简单的社会统计表中得出结论，在关于政府问题的小组讨论中表现良好。

由于聪明的公务员新手缺乏专业技能，而且需要数十年才能升迁到最高职位，由高级公务员对其进行社会性指导就显得特别重要。这一过程使得公务员群体具有 50 年或更长时间的连续性，因为政府的公务员主管通常是从年轻职员开始做起的，曾经也在前任主管手下做事，而前任主管也经历了 25 年以上的打拼。

在职业生涯中，公务员在从事为大臣服

① 引自：Maurice Kogan, *The Politics of Education* (Harmondsworth, UK: Penguin, 1971), 135.

务和管理政府事务的困难工作中逐渐变成专业人士。正像电视连续剧《是，大臣》(*Yes, Minister*) 所表明的，当他们的本意是“可能”的时候，他们会熟练地说“是”；当他们的本意是“不”的时候，他们会说“在某种程度上”。渐渐地，大臣就倾向于不让公务员指出政府行动计划中的障碍，而是期待着从公务员之外寻找愿意说“可以做”的顾问。

特别政治顾问（SPADs）是党派政治的参与者，他们的工作是为他们所效力的内阁大臣去动员政治上的拥护者。招募他们的基础是他们知道什么。由于其背景是党派政治和媒体，这些顾问给白厅带来的是公务员经常缺乏而大臣又很看重的技能。但因为缺乏先前与公务员打交道的经验，他们经常意识不到惯例习俗和法律义务。被任命的政治人物要花招对大臣们所做的事情做出令其满意的解释，可能会产生事与愿违的结果，并且引发公众争议，特别政治顾问遂被撤销。

某一特定领域（如环境污染或教育）的专家也可以根据他们知道什么而被任命为政治顾问。即使他们没有白厅工作的经验，也能够贡献政府部门通常缺乏的专业知识，他们也可以成为执政党的拥护者。

像大学、银行、教会和工会等机构的大多数领导人并不认为自己是从政者，也不认为自己是公职人员。他们主要关心的是自己的工作领域和职业。但是，当政府行为冒犯到他们的工作时，他们就被卷入政治之中，向大臣们提供咨询并批评影响了他们的政策。

选择性募员

没有什么能比选举更具有选择性地让一个人变成国家首相，让 20 多人成为负责政府部门的大臣。也没有什么比选举更具有代表性，因为选举是每个成人以平等的效果参与政治的机会。

被定义为政治性质的活动领域越广，积极参与到政治之中的人就越多。政府的影响迫使公司董事、电视台台长和大学校长都卷入公共政策的讨论之中。白厅之外组织的领导层给予这些人不受政府干涉的行动自由。然而，公共机构和私人机构的依存度如今变得如此之高，以至于他们迟早要成为此起彼落的公共人物。

组织团体利益

7.9 比较工商利益团体与工会如何与执政党相关联

利益团体定期与政府官员讨论公共政策，希望借此给政府施加压力，促使政府去做他们认为既有利于他们自己的团体又有利于公众利益的事情。它们要求的范围有很大差别，小到盲人团体所关心的事，大到包含工商组织和工会的经济利益。有些团体关注重大目标，而另一些团体则提倡像减少电视暴力这样的目标。

英国最大企业的负责人通常与白厅和各个党派的大臣有直接联系，因为它们的活动对于英国经济意义重大，而无论他们属于哪个党派。例如，英国石油公司的红利是英国投资者收入的主要来源，但它所生产的大多数石油都是在联合王国以外开采的。由于金融服务对英国经济的重大影响，伦敦市宣称其有接触政府的特权，但并非所有此类服务都是积极的，如 2008 年国际金融危机所显示的那样。建筑业可以接近政府，因为房屋建筑对于国民经济很重要，而白厅对土地利用的严格控制影响着房子可以建在何处。

属于工会联盟（Trades Union Congress，TUC）的各个工会组织代表了不同类型的工人，有些是白领，有些是蓝领。工会联盟的大多数成员都附属于工党或否定市场经济基本原则的马克思主义团体。没有哪个工会支持保守党或自由民主党。雇佣模式的变化侵蚀了工会成员的身份，使工会成员从原来主要是煤矿和铁路等工业中的体力劳动者转变成像教师和医疗卫生工作者这样的白领工人。私营企业中只有 1/7 的工人加入了工会组织。与此对比，公共部门中的工人超过一半是工会成员。总的来看，不到 1/4 的劳动力是工会会员。

英国有许多志愿团体和慈善团体，从足球队支持者俱乐部到汽车协会。英国还是许多在国际上十分活跃的非政府组织（NGO）的总部所在地。这些非政府组织不仅给威斯敏斯特施加压力，而且给联合国、国际传媒和全世界的压制性政府施加压力。

与政党不同，工商利益团体不通过竞选来寻求影响，它们也不具备可以提供的选票。这在 2016 年的欧盟公投中突出地显示了出来。大多数工商和银行团体都希望留在欧盟，并且发出了关于英国离开欧盟经济将会发生什么的可怕警告。然而，英国多数的选民还是同意脱离欧盟。

工商利益团体并不正式地与保守党相联系，不过保守党对私营企业的承诺是与工商业的运作意气相投的，工商人士也是该党重要的资金捐助者。这些人士也与依靠私营工商业来增加就业并改善国家增长率和出口的工党政府相联系。

工会自 1900 年成立以来，就已经习惯性地成了工党的一部分，并且是工党资金的主要来源。有些资金用于支持工党议员的办公室，有些资金则用来支持议会外的压力团体，这些团体主张只有少数工党选民持有的左翼观点。工会可以代表其会员以折扣价格增加购买党员的总数。左翼工会领导人利用其资金和工会会员的选举数据库动员对杰里米·科尔宾竞选工党领导人的支持。

党派政治家试图与利益团体保持距离。保守党明白要获得竞选，不仅要赢得富有商人的选票，也要赢得普通公民的选票。托尼·布莱尔把工会的联系视为选举的障碍，因为工会会员是公众中的少数，其中一些人也没有投工党的票。他试图使工党政府表现得对工商界友好一些，并从富裕商人那里获得了大量现金捐赠。然而，这导致工会领导人批评他的政府没有同情心，有一些工会脱离了工党。

要想游说成功，利益团体就必须确定哪些官员在制定公共政策时最重要。当问及最有影响的职位和机构的排序时，利益团体领导人提出：首相高居榜首，内阁大臣第二，媒体第三，高级公务员第四。不足 1%的人认为不担任大臣职位的议员地位最重要。然而，利益团体不希望把太多时间花在唐宁街。它们大多数情况下都与某些政府部门的官员接触，这些政府部门关注的问题与公共利益关系不大，但与这些团体的利益却直接相关。

利益团体想要什么

大多数利益团体追求三个政治目标：对既定政策的同情性管理、获取有关政府政策变更的信息、影响政策的制定和执行。白厅部门愿意听取这样一些团体的意见，它们能够提供有关政府以外所发生情况的信息，在执行政策上进行合作，并支持政府的提议。只要白厅与利益团体的需要有互补性，它们就可以像有共同关切的职业人士一样进行商讨，达成谈判协议。

成员越是对利益团体的目标尽心尽力，团体领导人就越坚定地为联合起来的成员说话。经济、阶级结构和代际生活方式的变化导致的结果是，煤矿业村庄和纺织业城镇的社会资本网络的“密集度”在下降。如今消费者很难组织起来，例如，开福特汽车的人属于一个类别，而不是一个社会团体。个人有着往往是相互冲突的多重身份——例如作为工人，希望得到更高的工资；作为消费者，则希望物价低一些。大众消费的扩展和工会成员的减少改变了这些优先事项之间的平衡。正如一位工会领导人所承认的：“我们的成员同时也是消费者。”①

团体的价值观与整个社会的文化规范越是一致，该团体就越容易使自己的利益与公共利益相等同。代表着孩子或母亲们的**局内人利益团体**（insider interest groups）通常持有与每个政党相一致的价值观。这些局内人通过与白厅部门和平协商来促进其利益。考虑到当今政府的价值观和承担的义务，他们的要求往往被限制在当今短期内政治上可能的范围内②。绿色利益团体面对这样的困境：争取当前政治办不到的根本的环境变革，或者他们能够成为致力于实现渐进式政策变化的局内人。**局外人利益团体**（outsider interest groups）当它们的要求与执政党的要求不一致时，就无法在白厅行得通。它们往往通过媒体来开展活动。对于电视观众来说，这些团体的游行示威似乎证明了其重要性；在实际上，这些游行示威通常是缺乏局内人政治影响力的标志。

平衡利益团体

即使利益团体内部团结起来了，其要求也可能与其他团体的对立要求相冲突。在经济政策上，大臣可以挑拨生产者来对抗消费者，或者挑拨企业家来对抗工会，以此扩大他们选择的范围，并使得他们的政策看起来像“有利于每个人的”折中方案。

白厅公务员发现与联合起来且能履行协议的利益团体打交道，在行政管理上是方便的。对于第二次世界大战后的一代人来说，大臣们信奉这样的合作主义哲学，即把企业、工会和政治代表联合成由三方组成的机构，以讨论像通货膨胀和失业这样有争议的问题。合作主义商讨预设了有关政治优先的共识，并假定每个团体的领导人都能促成他们声称要代表的人们的合作。事实上，工党和保守党政府都发现不容易达成共识，利益团体领导人经常无法管住他们名义上的下属。1979 年，失业和通货膨胀都达到了无法控制的地步。

撒切尔行政当局表明，坚定地致力于独特价值观的政府，可以忽视团体的要求，并提出其自身的政策模式。它以疏远工会和企业团体的方式实现这一点。不是与团体进行协商，而是与工会保持距离，并努力避免涉

① Sir Ken Jackson，引自：Krishna Guha，“Engineers and Electricians Turn Away from Moderate Traditions，” *Financial Times*，July 19，2002.

② 参见：W. A. Maloney，G. Jordan，and A. M. McLaughlin，“Interest Groups and Public Policy：The Insider/Outsider Model Revisited，” *Journal of Public Policy* 14，1 (1994)：17－38.

入工资谈判、商品定价和工商投资决定等事务。

国家超脱的策略强调运用立法来实现目标，因为利益团体不愿意公然对抗议会的法案。法律要求会员投票批准罢工是合法的，以此而弱化了工会通过劳工行动来阻挠政府政策的能力。国有企业的出售把政府对主要企业运行的直接责任转移了出去。工党财政大臣戈登·布朗把货币政策的责任转给了英格兰银行。作为对 2008 年国际金融危机的反应，政府接管了遭遇困境的银行，但其目标是一旦这些银行境况好转，就将其私有化。

国家超脱的策略较少依靠与利益团体的谈判，较多依赖政府的权威。企业和劳工可以自由地做自己想做的事——但只能在政府法律和政策强加的模式以内。大多数工会和一些企业领导人并不喜欢处在政府决策的“圈子外面”。教育和医疗利益团体更不喜欢这样，因为它们的人员雇佣依赖公共资金。

政党制度与选举选择

7.10 讨论多党系统的出现，尽管有票数最多者获胜的选举制度施加的限制

英国政府是**多党制**。每个议会选区选票上的候选人都由党员选定，党员还投票选举党的领导人。首相不是由大众投票选出的，而是作为赢得最多议员的党的领导人而任职的。但是，属于大党的候选人要比代表小党或独立参选的知名人士更容易当选为议员。

选择的多样性

选举使选民有机会在竞争代表下院所划分的 650 个选区之一的议员候选人之间做出简单的选择①。每一个选区内的获胜者是获得相对多数票的**得票最多者获胜**的候选人，即使选票数量并未过半数。在 2015 年的选举中，赢得 2/3 席位的人获得不到一半的选票，而且在英格兰的一个选区，只获得 29%的选票。全国范围内的获胜者就是赢得最多议员的政党。1951 年和 1974 年 2 月，在全国获得最多选票的政党并未获得最多的议会席位；获得全国选票第二名的政党组建了政府。

1945—1970 年，英国实际上是两党制。保守党和工党所得大众选票之和平均为 91%（见图 7－5）。自由党在多数选区都难以派出候选人，更别说赢得选举和议会席位了。在 1974 年的选举中，竞争变成了多党竞争。自由党获得了将近 1/5 的选票，民族党在苏格兰、威尔士和北爱尔兰也有不错的表现。保守党和工党的选票之和减少至 75%。今天的英国是多党制；政党的数量取决于所采用的计量标准以及集中于联合王国的哪个部分。平均来看，一个选区有 6 名候选人竞争选票。

在联合王国的不同国族中，成功地参与竞选的党派数量不等（见表 7－1）。在英格兰是三党——工党、保守党和自由民主党竞争了数十年。2015 年，反对欧盟的联合王国独立党赢得了比自由民主党更多的选票。在苏格兰和威尔士，通常是四党竞争，包括苏格兰民族党和威尔士民族党。在北爱尔兰至少是五党竞争，有两个党代表统一党和新教选民，还有两个党代表爱尔兰共和党人和天主教选民，力量最弱小的党代表跨宗教选民联盟。

① 议员总数在 2020 年大选时减少至 600 名。

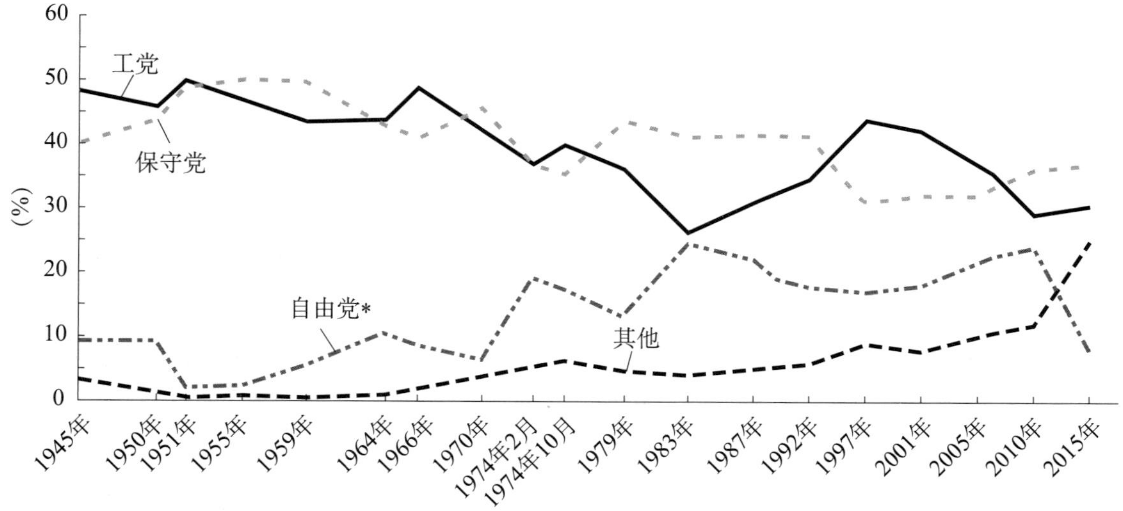

图 7-5　各党选举得票的上下波动

自 1945 年以来大选的得票情况。

* 1945—1979 年为自由党；1983—1987 年为自由党与社会民主党联盟；自此以后以自由民主党著称。

● 最大的两个政党并未垄断选票。在 2015 年大选中，两党得票之和只占总票数的 67%左右（见表 7-1）。自 1935 年以来没有哪个政党的选票过半。

● 下院最大的两个政党经常不是获得选区最多的党。在超过 1/4 的选区里，得票领先的政党既不是工党，也不是保守党。

● 有 6 个以上的政党在下院中一直拥有席位。2015 年，所谓的第三党获得了下院 88 个席位。苏格兰、威尔士和北爱尔兰的民族主义党赢得席位，是因为他们将候选人集中于联合王国的一个地区。

● 选举中的重要转变通常并不涉及在工党与保守党之间转变的个人，而是涉及在投票与弃权者行列之间转变，或者在自由民主党与两个大党之间转变的个人。

下院席位的分配不同于得票比例的分配，因为各党的选举实力在各选区中分布不均（见图 7-6）。2015 年，保守党以 37%的大众得票赢得超过 50%的议会席位，工党以 30%的大众得票赢得 36%的议会席位。与此对比，联合王国独立党以几近分散在全国 13%的选票只赢得 1 个席位；苏格兰民族党获得议会席位的比例远高于其在全国得票的比例，乃是因为它所有的支持力量都集中在英格兰，在那里赢得了半数的选票。而在苏格兰民族党的反对者中分散的选票，使其以苏格兰一半的选票加起来只赢得 3 个席位。

欧洲议会的英国成员都是通过比例代表制选出的。这样产生的结果与大选迥然不同，有效票几乎比英国议会选举增加了一半。在 2014 年的欧洲议会选举中，联合王国独立党以 27%的得票率位居第一，工党以 24%的得票率位居第二，保守党以 23%的得票率位居第三。

自由民主党和联合王国独立党主张采用比例代表制选举下院议员，其理由是这样选举公平，因为这会使一个党在议会的席位比例与其获得大众选票的比例相称。比例代表制可以极大地增加这两党的议会席位，从占

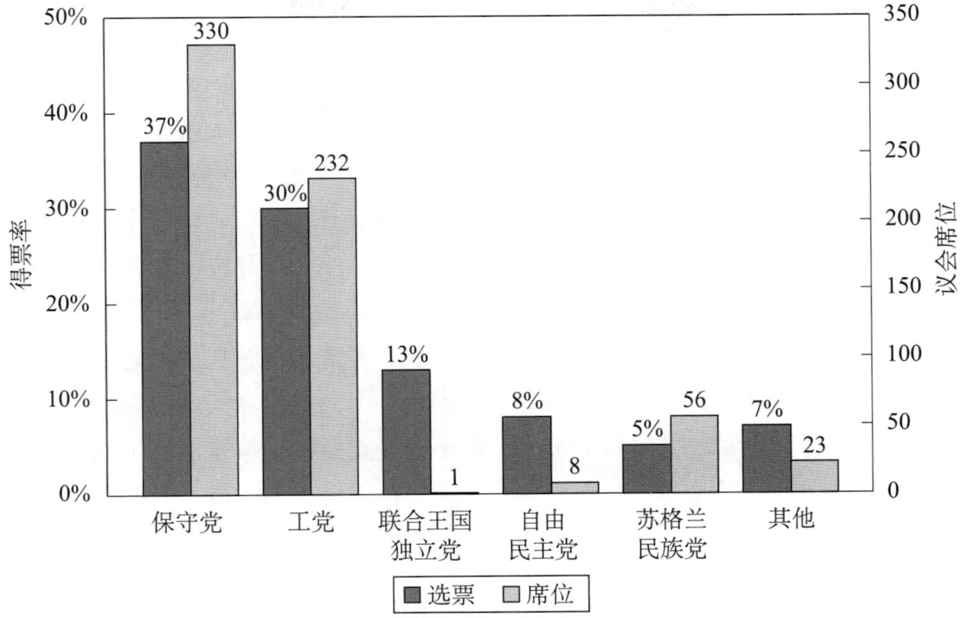

图 7－6　政党的议会席位和得票率

资料来源：数据取自：General Election 2015：House of Commons Library Briefing Paper CB7186.

下院的接近 1%增加到大约 20%。这也可以消除经常用来劝阻人们投票给小党的论据，理由是他们在浪费选票，他们所支持的党很少有机会当选议员。作为 2010 年联合执政的代价，保守党人向自由民主党让步，同意举行关于将选举制度改变成另一选举制度的公投。在这种选举制度里，选民按自己的偏好排序候选人。如果得票第一的候选人没有达到绝对多数，选区中得票最少的候选人就依次被淘汰，投这些人票的选民的第二偏好候选人得以再分配计入选票，直到一名候选人获得绝对多数票。2011 年，在参加投票的人当中，只有 32%的人同意这项选举改革。

票数最多者获胜的选举制度的辩护者认为，比例本身并不是目标。这个选举制度之所以是合理的，是因为它通常使得一个政党获得绝对多数的席位，因而明确地承担对政府的责任。在采用比例代表制的国家，联合政府或少数党政府是常规情况。而且，采用比例代表制意味着创造大得多的来自三个或更多政党的议员组成的多代表选区，以此来代替现有的每个选区只有一名议员的制度。

采用多种选举制度并没有影响到威斯敏斯特议院的组成①。大伦敦的市长是通过排序投票制（alternative vote）选出的，北爱尔兰议会的所有成员都由比例代表制选出。苏格兰议会和威尔士议会采用的是混合选举制度：一些代表经由票数最多者获胜的制度获胜，另一些代表则通过比例代表制选出。

首相不是由民众直接选出，而是大选中赢得最多议会席位的政党的领导人。超过

① 参见：Ministry of Justice，*The Governance of Britain*：*Review of Voting Systems*（London：Stationery Office，2008），Cm7304.

99%的选民所投的选票上的名字是来自其选区的候选人的名字；政党领导人的名字只出现在其所代表的选区的选票上。在过去几十年里，各政党修改了其选择领导人的规则，以回应允许更广泛的参与而不是只由议员组成的选举人团来选择党魁的压力。

政党就像大学，由许多不同的部分组成，属于一个部分的人可能对于其他部分的人所做的事情知之甚少或不感兴趣。这些部分包括：投该党票的选民、每年缴纳党费的少数派选民、在其选区或者地方政府委员会积极行动的少数派党员，以及当选为在议会中代表该党发声的议员。如果该党在议会中占有多数席位，就还要加上第四部分——执政党。无论党的领导人是首相还是反对党首领，他或她都必须维持该党各部分对其的信心，否则其党魁的位子就面临着被取代的危险①。

保守党有一个选举党魁的两阶段程序，该过程历经几个月时间。选票最初由议员在他们提名的候选人中进行初选。选票中得票最多的两名候选人再由全体党员来决选。卡梅伦辞去首相职位后，特蕾莎·梅明显地领先于另外三名挑战者。他们决定退出，这就使她成了无争议的首相，而不是让唐宁街由临时的在职者主持四个月。

2010 年，埃德·米利班德被一个选举人团选举为工党领导人，这个选举人团由议员、选区工党和工会方面各承担 1/3 的选票。然后他以一种新的选举制度取而代之，即党员一人一票；然而，党员应缴纳的党费在工会会员、党的认同者和支持者之间存有差别。在 2015 年一场存在争议的选举中，杰里米·科尔宾当选为工党领导人。他的观点比工党大多数议员都左得多。在大多数工党议员公开表达对他的不信任之后，第二年举行了另一次领导人选举。科尔宾以增加了的党员多数票再度当选。

议员候选人提名由每个选区党的委员会决定，由于大部分议员都是从有保障的席位上返回的，提名就等于选举。竞争提名时，要综合考虑议员的意识形态和个人思想。在提名一个大有胜算的席位时，居住在选区并不是必要条件；本地议员可以更多地接触当地居民，但外地议员（局外人）可以因他的全国性视野和潜力在议会中变得更加重要。在工党的几十个保险的席位中，族群性也是重要的。工党总部为保险的工党选区采取了推出全女性短名单的规则，以努力减少议会工党中的性别差距。卡梅伦积极地推动党的总部对施加短名单的压力，为可获胜的席位提名更多的女性和少数族群候选人。

在绝大多数选区中，保守党和工党候选人首先诉诸他们的党，而较少诉诸他们的个人特质。在像通货膨胀、环境保护和全国医疗服务的支出等议题上，保守党、工党和自由民主党的多数选民往往观点一致。如今，英国政治的主要分歧经常沿着政党路线展开。这在欧盟公投中显著地表现了出来。卡梅伦为了弥补他缺少保守党支持的缺陷，努力创造一个工党和未决定选民的联盟，而脱欧公投取胜乃是因为保守党与联合王国独立党的大多数选民与工党少数选民的联盟。政治议题也可能分裂一个党。将议会的工党两极化之后，科尔宾的支持者现在试图减少分歧，其方式是纪律约束或清除那些优先广泛

---

① Thomas Quinn, *Electing and Ejecting Party Leaders in Britain* (Basingstoke, UK: Palgrave Macmillan, 2012).

地诉诸选民而不是促进左翼事业的议员。

权威的集中与政策的分权执行

7.11　讨论中央政府与其他公共机构在提供公共服务上的关系

联合王国是一个单一制国家，政治权力集中于威斯敏斯特。那里做出的各种决定对所有公共机构都有约束力，包括地方政府。苏格兰、威尔士和北爱尔兰民选机构的权力是由威斯敏斯特的议会法案权威所授予的。它保留了改变这些规则的权力，这表现在北爱尔兰的强迫权力分享、苏格兰和威尔士的权力下放，以及保持对英格兰下属机构的严格控制。白厅集中控制税收和公共支出的程度很高，这在单一制国家中非同寻常，与联邦制的美国相比则是极端中央集权的。

中央集权（centralization）是作为实现**领土正义**（territorial justice）的最佳方式而得到辩护的，领土正义要求高成本的公共服务如养老金、失业救济金和医疗卫生在全国适用统一的标准，无论地方经济资源的差别如何。要做到这一点，中央政府征集的税收就得从富裕地区流向贫困地区，实行再分配。另外，大臣强调说他们要对全国上千万的选民负责，而地方议员只需对本行政区的选民负责。人们并不认为小的就是好的，而是认为全国大范围的选民才更好。用一位左翼法学教授的话说："地方政务委员不必然是政治动物；没有他们，我们一样能够管理。"①

有许多理由解释为什么大臣们不愿意负责提供其部门最初提出的那些服务。大臣们也许希望避免政治干涉的指责，比如征税；容许市场的灵活性，比如国有工业的管理；让合格的专家管理技术性的环境事务；或者把有争议的活动从白厅排除出去，比如释放刑期未定的缓刑罪犯。首相喜欢把精力集中于外交事务和经济管理方面闪光的高端政治。然而，由于低层次服务对于广大选民的生活仍然很重要，大臣们迫于压力还是得做点什么（或者至少得说点什么）以回应媒体关于采取行动的要求，例如当暴雨之后洪水泛滥的时候。

对于普通人来说，当服务落实到地方上的学校、医疗诊所或者家门口的垃圾收集时，政府的行动才最为明显。然而，白厅各部门通常并不亲自执行政策。大多数公共物品和服务都是由白厅以外的机构提供的。而且，5/6 的公共雇员都在白厅以外的机构工作②。这样一来，公共政策的执行就涉及政府内部的政治（见专栏 7－6）。

对民选官员的放权

地方政务会由选举产生，其选举沿着政党路线展开竞争。在两党制的时代，许多城市整代人甚至几代人都是忠实的工党拥护者，但在植被茂密的郊区和农业郡，保守党具有压倒性的优势。如今的自由民主党在地方选举中赢得了很多席位，并且当没有多数党的时候，就会在市政厅产生联合政府。大

---

① J. A. G. Griffith, *Central Department and Local Authorities* (London: George Allen and Unwin, 1966), 542；参见：Simon Jenkins, *Accountable to None*: *The Tory Nationalization of Britain* (Harmondsworth, UK: Penguin, 1996).

② 参见：*Better Government Services*: *Executive Agencies in the 21st Century* (London: Office of Public Service Reforms and the Treasury, 2002).

专栏 7-6

年轻人必须把机构分立的政策整合起来

在选举的时候，各政党对年轻人提出特别的诉求。但是在政府，向年轻人提供公共服务的责任分置于许多不同的部门。中小学通常由地方政府负责。大学独立于政府，但是，它们受制于中央政府的资金压力和规制。各监事会是独立组织的。课外体育和文化活动由一个不同的部门负责。离开学校以后，年轻人通常要找工作，但属于财政部责任的经济条件影响工作是否可以获得。给年轻人培训蓝领或白领工人技能，会受到雇主愿意提供的东西所影响。雇主们抱怨太多的年轻人缺乏良好的基础和实用技能的教育，而政府则抱怨雇主不愿意在培训方面支出足够的经费。

国际比较显示，英国的职业教育通常低于欧洲大陆的标准。政府政策未能达到英国归入未受教育、雇用或培训（NEETS）的年轻人的1/6。对于某些年轻人来说，不立即寻求一份职业可能是安定生活之前的暂时现象。但是，这一群体也最可能做出导向被捕、警察记录甚至被判监禁的行为。

资料来源：参见："NEETS Characteristics, Costs and Policy Responses in Europe"（Dublin: European Foundation, 2012）.

部分地方政务委员都是兼职的，每年为其在政务会花费的时间支付数千到 20 000 英镑。伦敦市长由市民直接选举。保守党和工党市长将其办公室当作推行伦敦和他们自己个人观点的论坛。不过，白厅拒绝给予伦敦以税收和支出方面的独立权，而美国的地方政府都享有这一权力①。

地方政府通常分为郡议会和区议会两个等级，每一等级都负责一些地方服务。或多或少有些地方性质的机构混作一团，它们提供这样一些公共服务，诸如教育、治安保护、垃圾收集、房屋建筑和公共墓地等。总的来说，地方机构的花费约占公共开支总额的 1/5，中央政府的拨款是地方政府收入的最大来源。未设置地方的所得税或销售税，因为中央政府不想让地方当局享有像美国地方政府那样的财政独立性。征收的财产税是对房屋而不是土地征收的，它要受中央政府的控制。内阁大臣们不希望在资助地方服务上太过慷慨，这属于地方政务会而不是大臣们的功劳。

教育例示了中央政府不大愿意信任地方政府。教育是经过议会法案批准的，主要靠中央政府拨款，由两位内阁大臣共同负责。白厅负责学校的部门仅雇用了从事教育工作的人数的 1%。地方政府是学校的主要管理者。对地方政府的不满促使工党和保守党的政府创建独立于地方政府但依靠白厅拨款的城市学院和城市中学。中小学生的成功很大程度上取决于教师在教室里怎么做以及他们的学生如何回应。

非民选机构

提供诸多主要公共服务的执行机构由任命的而非民选的官员来领导。最大的执行机

① 参见：Paul Peterson, "The American Mayor: Elections and Institutions," *Parliamentary Affairs* 53, 4 (2000): 667-679.

构国民医疗服务体系（NHS）并不是一个单一的组织，而是许多有着独立预算的机构（例如医院和医生诊所）的结合。每一个公民都可以免费加入国民医疗服务体系，但医疗卫生服务却不是无成本的。分配给医院、医生和牙医的公共资金必须按中央确立的指导方针和目标来使用。因为中央政府要为医疗费用埋单，财政部作为唯一的买家经常试图削减不断上涨的医疗费用。

英国政府资助了上千个准自主非政府组织（quasi-autonomous nongovernmental organizations/quangos）。所有这类组织都是依照议会法案或行政决定而成立的，其领导人由内阁部长任命，并拨出公共资金资助他们的活动。其中一些机构利用其权力批评政府。例如，预算责任办公室在政府宣布其年度预算之前发布关于经济状况的预报，这个报告通常比财政大臣出于政治便利而提出的“玫瑰色情景”要悲观一些。某些机构在行使其被委托的权力时表现不佳，当这种情况发生时，大臣们就被置于尴尬的地位：要么为它们的过错辩护，要么废除之。

咨询委员会为白厅各部门所负责的项目提供专业知识。负责农业政策的公务员可以向咨询委员会询问他们缺少第一手知识的有关农业生产的详细信息。因为没有行政权力，咨询委员会的运作成本通常很低。利益团体的代表很愿意为这样的委员会服务，因为借此可获得接触白厅的特权和影响他们直接感兴趣的政策的机会。

行政法庭是准司法机构，可以在医疗事故这样的领域做出专业判断，或者处理一些小的索赔案件，比如有关租金受控公寓的租金规定是否公平的争论。大臣们可以利用行政法庭来避免卷入像驱逐移民的决定这样的在政治上有争议的问题。行政法庭通常比正规法院工作更快捷、成本也更低。但是，这种法庭的准司法角色造成了独立审查其程序的要求，以确保其对所有各方都公正。监督多达 70 个行政法庭的任务掌握在行政法庭委员会（Council on Tribunals）这个准自主的非政府组织手中。

从信任到契约

在历史上，政府内部白厅各部门与地方当局和其他公共机构的代表之间的关系达成了以信任为基础的共识性理解。然而，撒切尔政府偏好将公共服务外包给新的公共机构和受法律与财政控制的私营企业。工党政府为接收公共资金的机构设置了数以百计的目标。因此，信任被契约所取代。

政府通过从私营企业购买更多的服务——其范围从经营政府机关的员工食堂到提供监狱服务，来使开支得到控制。然而，政府在成本过度膨胀和未能达成昂贵的信息技术服务的目标方面的经验表明，要么市场未能满足政府的需求，要么公务员不知道如何管理合同，或者两者兼而有之。

订约的政府面临政治上的限制，因为出现问题时，部门大臣必须回答议会的质询。监狱服务就是一个教科书式的例子。作为 1993 年建立起来的独立于白厅的执行机构，面对因犯罪率和判刑政策的改变带来的监狱“需求”的提高，该机构的目标是提供私人化的管理以降低单位成本。然而，当出现越狱或别的问题时，相关内阁大臣就会批评负责监狱服务的主管。作为反驳，监狱服务主管会指责大臣没有按照他们订立的合约内容去做。

每个机构都只对一定数量的政策承担特

定的、小范围的责任，这些机构的扩张有拆分政府的倾向。例如，家长为了使自己的孩子有权享受所有的公共服务，就要与五六家不同的机构进行交涉。托尼·布莱尔建立了“联结型”政府，把相关服务的提供联结起来。对于许多公共机构而言，这一做法像是加强唐宁街权力的手段。事实上，这显示了唐宁街的几个人在决定众多公共服务组织中上百万雇员的行为时在能力上的局限性。

转向市场

在赢得 1945 年选举之后，工党政府抛弃了 1930 年代大萧条以来适用的市场政策。它把许多基础产业都国有化了。有一些企业能继续赢利，而另一些企业则持续亏损且需要国家大量的补贴。在一代人的时间里，英国是混合经济，政府试图直接或间接地影响价格、工资和投资政策。

从 1979 年开始，撒切尔政府推动了许多国有企业和一些行政机构的**私有化**。以低于市场的价格出售廉租房受到住户的欢迎。英国石油、英国航空、英国电信、劳斯莱斯和大量其他国有化的企业也被出售。像铁路这样需要大量政府补助以维持公共服务的企业，在私有化以后继续获得补贴。为私有化辩护的理由如下：经济效益（市场在决定投资、生产和价格方面比公务员做得更好）、政治意识形态（削弱了政府的权力）、服务（私营企业比公务员更以消费者为导向），以及短期财政收入（出售公共资产可以为政府提供数十亿英镑的收入）。

因为许多私有企业影响到公共利益，一些新的监管机构监管电话、煤气、电力和自来水的服务。只要某一行业存在实质性的垄断因素，政府的监管机构就试图鼓励竞争，并且有权使价格增长固定在低于通货膨胀的水平，以鼓励提高效率。尽管政府不再拥有企业，当出现差错时，政府大臣也不能对所发生的事情置若罔闻。当私有化的运输公司负责维护的铁轨上发生了几起伤亡事故时，政府便把该公司收归国有。

2008 年国际金融危机导致政府接管了由于鲁莽投机而受到破产威胁的银行。它还揭露了金融部门的非法活动，这导致对银行和投资公司高达数亿英镑的罚款，在几个案例中，不法分子被投入监狱。一些检举揭发来自美国，联邦机构对一些英国公司为其在大西洋两岸所从事的活动处以罚款。

影响的偶然性

英国政府的理论是中央集权的：条条道路通向唐宁街，首相和财政大臣的家和办公室都在那里。外交部和财政部仅有几步之遥。但事实上，政策的制定发生在许多地方，有一些是在白厅，还有一些则离伦敦很远。机构的划分，可以从横向上分为各部门和行政机构，也可以从纵向上分为中央政府、地方当局和其他提供像教育这样的地方公共服务的实体。

影响力依所处理的问题而异。关于战争与和平的决定由唐宁街的最高层政治军事官员做出。在是否发动伊拉克战争的决定中，布莱尔首相的媒体顾问也深深卷入其中。相反，有关某块土地是否应被用来建房的决定，通常是离伦敦很远的地方当局做出的。

政府内部争议对政策制定的限制要大于执政党与反对党之间分歧的限制。政府的许多分支机构相互牵制，因为公共机构对公共利益的定义经常存在差别。例如，财政部希望保持较低税率，而卫生部则希望得到更多资金，以应对英国人口老龄化带来的成本增加。

政府对经济的影响取决于私营部门如何回应，也取决于议会批准的政策。两者的动机经常指向相反的方向。为应对世界经济的放缓，政府鼓励私营企业增加投资，消费者增加支出，以促进经济增长。然而，经济的不确定性促使工商业和普通家庭谨慎支出，减少而不是增加其债务。

英国公众对于欧盟在国家事务上影响力的反应导致 2016 年公投中的多数人投票赞成脱离欧盟。然而，在英国和其他国家之间还存在大量相互依存的领域。关于英国如何处理与仍留在欧盟中的 27 个欧洲国家间的关系的谈判表明，英国若要在脱欧以后维持同样的贸易水平，就必须接受欧盟对其事务的影响。类似地，与世界其他地方合作伙伴（如美国）的谈判也依赖于外国政府的认可以及英国议会的批准。

政策执行

7.12 讨论英国如何征税和支出经费

公共政策的改变逐渐支持了英国社会的重大变化。自 1951 年以来，婴儿死亡率下降了 4/5 以上。男性和女性的预期寿命增加了 12 年。学校在战后的扩张大大增加了年轻人完成中学教育的比例，超过 2/5 的英国青年继续进入大学和学院接受教育，这些大学和学院在半个世纪以前大多还不存在。

要让公共政策产生收益，政府依靠三大资源：法律、资金和人力。大多数政策都涉及这三大资源，但它们并非以同等的分量起作用。像结婚、离婚这样规制个人行为的政策是法律密集型的，像社会保障这样资助数百万人的举措是资金密集型的，像教育和医疗保健这样的公共服务则是人力密集型和资金密集型的。

法律是政府独享的资源，因为私营企业不能制定有约束力的法律，所订立的合同也只有法院强制执行时才有效力。白厅各部门有权起草法律与规章，它们通常不需要实质性的修正就能得到议会批准。而且，许多法律赋予大臣管理上重要的自由裁量权。例如要求雇主提供“合适的”卫生间设施，而不是用书面规则详细规定洗手间的所有特征。

要执行法律并提供主要的服务，就需要公共雇员。与数百万公共雇员相比，在白厅工作的顶级公务员人数很少。公共雇员的人数因私有化而减少了。不过，大约 1/5 的英国劳动力的工作有赖于公共支出。最大的公共雇主是国民医疗服务体系。

为了满足公共政策支出，英国政府通过税收把几乎 2/5 的国民生产总值征集了起来，并筹借其余的资金。所得税和资产税占总税收的 1/3。标准的所得税率为 20%；当应税额超过每年 60 000 美元时，此比例就跃升至 40%。此外，社会保障税从工资扣除额和雇主的额外捐献中支付。该税种贡献税收总额的 17%。因为没有国家和地方所得税，富裕的英国人缴纳的所得税与美国居民向联邦、州和地方缴纳的所得税和医疗保险扣除额相仿，甚至还低一些。几乎 95%的英国人不支付医疗保险费，相反，政府从其一般税收收入中支付医疗服务的成本。

消费税也很重要。几乎所有商品和服务的出售都要征收 20%的增值税。对汽油、香烟和酒征很重的税。消费税总额占了税收总额的约 2/5。对工商企业征收的税只占全国总税收的 8%。

作为国内生产总值一部分的公共支出大多由长期开放式支出的承诺所决定，政府若撤销这些承诺，必定扰乱医疗卫生、教育和公民退休后的收入。为回应在社会服务上支出更多的人口学压力，它随政府政策选择和GDP规模而波动。当工党政府在一次萧条经济中下野时，公共支出占GDP的49%。2015年，在一段开支削减和经济增长率改善时期之后，这项比例是43%。

总的来看，社会政策占公共支出的约2/3。养老金是最大的部分，其次是医疗服务和一系列帮助许多不同类别的人群（如单亲家长、残疾人和失业者）的社会服务（见图7－7）。在一年的时间里，绝大多数英国家庭至少从其中一项服务中获益，大部分得益于其中的两三个项目。鉴于给数千万人提供服务，滥权的情况会发生；它们成了媒体的头条，因为它们是例外而不是常规。权力集中化意味着当内阁大臣缺乏直接控制的机构（例如医院或地方政府的社会工作部门）曝光了工作失误时，大臣就得向议会和媒体承担责任，并指望其为解决此问题做点什么，或者至少是说点什么。

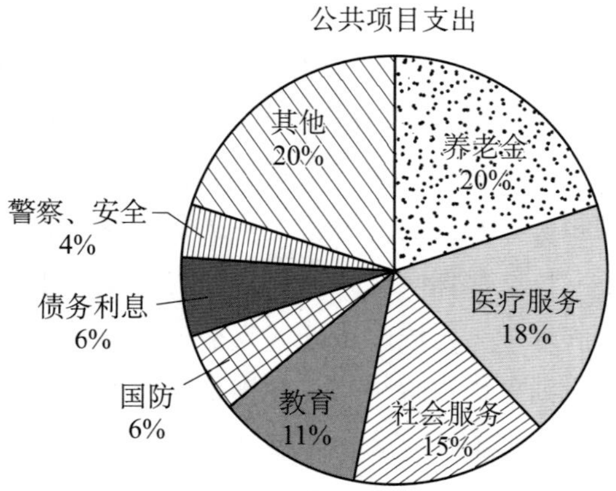

图7－7　分切预算馅饼

资料来源：United Kingdom Government Public Expenditure Statistical Abstract. 2016年数据。

因为公共预算中没有哪个项目贴着“浪费”的标签，任何想大量削减公共支出的政府都必须压缩已有项目——大规模节约开支只有通过压缩广受欢迎的项目才能做到。玛格丽特·撒切尔1979年执政时，“英国社会态度调查”机构发现，公众分为三个大致相等的群体：一些人希望增加支出同时征税更多；一些人希望削减支出，即使这样意味着减少公共服务；处于中间的1/3民众希望维持原状。2015年，“英国社会态度调查”发现，希望税收和支出维持现状的人数与希望增加税收和支出的人数几乎相当，不到1/10的人希望削减税收和支出。

相互依存世界中的政策挑战

7.13　指出全球依赖性对英国经济的影响及其政治效应

半个世纪以前，美国国务卿向英国政府发出了一个大挑战：他说，英国已经失去了帝国，但还没有确定自己在世界上的角色。英国政府的回应是维持像在第二次世界大战中承担的那种领导角色。这一策略被称为“超出自身重量级的拳击”。虽然英国的资产在增加，但其他国家和大陆的资产总和变得比英国大得多。该国经济相较于美国在下降，而中国保持增长。然而，普通英国人并不将他们的生活与其他国家人民的生活进行比较。他们最重要的比较是与他们的过去比。评估按时间发展的变化来看，大部分人民的物质生活条件与他们的父母辈或祖父母辈相比都有了很大的改善。

全球化造成了政策的相互依赖性，这对于经济最为明显。伦敦不只是英国的金融中心，也是世界最重要的金融中心之一。建基于伦敦的机构是货币交易的全球领导者，无论是英镑、美元、欧元，还是日元、人民币。2008年的国际金融危机表明，相互依赖性有其负面效应，因为纽约的雷曼兄弟集团的崩溃对伦敦产生了很大的负面影响。英国是一个贸易大国，它支付进口的食品和产品的能力依靠其出口的收入。伦敦股票交易所是欧洲最大的，那里列出的100家最大的公司，许多都从事全球商务，从石油和药品到香烟和护手霜在内的众多产品。

脱离欧盟旨在结束欧盟对英国经济的影响。然而，有关脱欧条件的谈判表明，脱离并不意味着相互依赖的结束。联合王国政府希望保留作为欧盟成员时英国经济得到的大部分益处。保守党人援引了挪威作为繁荣的非欧盟成员国的例子。但是，为了维持与欧盟国家的贸易，挪威受到许多它不能影响的欧盟法律和法规的约束。欧盟领导人不希望由于给予正在脱欧的国家以特别好处而威胁到其机构间的统一和权威，而这个脱欧中的国家正在免除欧盟施加给其成员国的所有义务。

在联合王国内部，威斯敏斯特议会仍然是最高宪法权威；它对民选议会的授权在政治合法性的主张中引入了相互依赖性。苏格兰民族主义者坚称，通过赢得对苏格兰议会的控制，他们拥有比威斯敏斯特议会更好的为苏格兰人讲话的权利。这一主张由于苏格兰民族党在威斯敏斯特议会中拥有超过9/10的苏格兰席位而得到了加强。英国脱离欧盟为英格兰民族党提出举行第二次苏格兰独立的公投创造了一个机会——只要它觉得自己能够取胜。在威尔士，民族党缺少对其主张的大众支持。在北爱尔兰，爱尔兰共和党人从未承认威斯敏斯特在那里统治的合法权利，在30多年的时间里，爱尔兰共和军用暴力推进其主张。妥协的北爱尔兰行政当局保持了对威斯敏斯特议会权威的正式承认，但它非正式地给予爱尔兰共和党的运动与亲威斯敏斯特的统一党人的合法性以同等的承认。

只要经济在增长，相互依赖就可以是一个“正和的游戏”，因为所有各方都可以享有更多的物质收益，政府也获得税收的增加，以此可用于改善那些境况差的人的经济环境。GDP在兴盛年代增长，直到2008年的世界性萧条为止，当时经济收缩，然后于2010年恢复到平稳但较低的经济增速，随后保持此趋势。失业率从5%上升到2008年国际金融危机后的8%，经过一段经济复苏的时期，到2015年又回到5%的失业率。衡量收入不平等的标准指标基尼系数，自1991年以来维持在相对稳定的数值上，2009年达到峰值。

结论

吊诡的是，政治人物应当有能力做的一件事情——改善政府体制，看起来竟然是所有政党都力所不逮的。当“议会议事录政府审计”在2015年大选后不久请人们评价治理英国的体制时，只有2%的人说它运作得非常好，31%的人说它通常运作尚好但可以小步改进。与此对比，63%的人说政府可以给予相当多的改进或者需要大量改进。

英国人并非在原则上对民主不满，但他们对民主实际如何运作的确有许多保留意见。英国政治人物私下里有时也公开地表达自己的观点。在任职几年以后，他们愿意列举他们所继承的这个制度以及相互依赖的世界之限制条件，以此来解释他们为何未能像其所承诺的那样取得更大的成功。正如一位前保守党大臣在说到其工党继任者时所说的："他们继承了我们的问题和我们的补救措施。"①

复习问题

1. 你会如何描述英国的不成文宪法？
2. 总统与首相有哪些相似点和不同点？
3. 联合王国有多少国族，它们是如何治理的？
4. 你会如何描述在下院占有席位的不同政党？
5. 支持和反对英国采用票数最多者获胜的选举制度的论据是什么？
6. 哪些政策占用公共支出的比例最大，为什么？
7. 2015 年当选的保守党政府面对的主要挑战是什么？
8. 2016 年英国脱离欧盟公投的影响是什么？

关键词

脱欧
内阁
中央集权
阶级
保守党
王权
权力下放
唐宁街
欧洲联盟
票数最多者获胜的选举制度
上院
局内人利益团体
爱尔兰共和军
工党
自由民主党
多党制
北爱尔兰
局外人利益团体
议会
首相
私有化
公投
苏格兰
苏格兰民族党
领土正义
撒切尔主义
联合王国
联合王国独立党（UKIP）
不成文宪法
威尔士
威斯敏斯特

建议阅读材料

Bale, Tim. *The Conservative Party from Thatcher to Cameron*. Oxford: Polity Press, 2011.

Butler, David E., and Gareth Butler. *British Political Facts*. 10th ed. Basingstoke, England: Palgrave Macmillan, 2011.

Cairney, Paul, and Neil McGarvey. *Scottish Politics: An Introduction*. Basingstoke, England: Palgrave Macmillan, 2013.

Celis, Karen, and Sarah Childs, eds., *Gender, Conservatism, and Political Representation*. Colchester: ECPR Press, 2014.

Flinders, Matthew. *Delegated Governance and the British State: Walking without Order*. Oxford: Oxford University Press, 2008.

Geddes, Andrew, and Jonathan Tonge, eds. *Britain Votes*

① Reginald Maudling，引自：David Butler and Michael Pinto Duschinsky，*The British General Election of 1970*（London：Macmillan，1971），62.

2015. Oxford: Oxford University Press, 2015.
Goodwin, Matthew, and Caitlin Milazzo. *UKIP: Inside the Campaign to Redraw the Political Map of Britain*. Oxford: Oxford University Press, 2015.
Grube, Dennis C., and Cosmo Howard, eds. "Is the Westminster System Broken Beyond Repair?" *Governance* 29, 4 (2016): 467–571.
Hood, Christopher. *The Blame Game: Spin, Bureaucracy, and Self-Preservation in Government*. Princeton, NJ: Princeton University Press, 2011.
Jones, Bill. *Dictionary of British Politics*. 2nd rev. ed. Manchester, UK: Manchester University Press, 2010.
Jordan, Grant, and William A. Maloney. *Democracy and Interest Groups*. Basingstoke, UK: Palgrave Macmillan, 2007.
Jowell, Jeffrey, and Dawn Oliver, eds. *The Changing Constitution*. 7th ed. Oxford: Oxford University Press, 2011.
Johns, Rob, and Mitchell, James. *Takeover: Explaining the Extraordinary Rise of the SNP*. London: Biteback Publishing, 2016.
MacShane, Denis. *How Britain Left Europe*. London: I.B. Tauris, 2016.
Page, Edward C. *Politics without Politicians: Bureaucratic Influence in Comparative Perspective*. Oxford: Oxford University Press, 2012.
NatCen Social Research. *British Social Attitudes* 33 (2016). www.bsa.natcen.ac.uk.
Quinn, Thomas. *Electing and Ejecting Party Leaders in Britain*. Basingstoke, UK: Palgrave Macmillan, 2012.
Rallings, Colin, and Michael Thrasher. *British Electoral Facts, 1832–2012*. London: Biteback Publishing, 2012.
Rhodes, R.A.W. *Everyday Life in British Government*. Oxford: Oxford University Press, 2011.
Rose, Richard. *The Prime Minister in a Shrinking World*. Boston: Polity Press, 2001.
———. *Representing Europeans: A Pragmatic Choice*. Updated ed. Oxford: Oxford University Press, 2015.
Social Trends. London: Stationery Office, annual.
Whitaker's Almanack. London: J. Whitaker, annual.
Whiteley, Paul. *Political Participation in Britain*. Basingstoke, UK: Palgrave Macmillan, 2011.
Wilson, David, and Chris Game. *Local Government in the United Kingdom*. 5th ed. Basingstoke, England: Palgrave Macmillan, 2011.

第八章
法国政治

马丁·A. 沙因（Martin A. Schain）

国家概况

法国

人口：6 470 万

领土：211 208 平方英里

独立时间：公元 486 年

现行宪法的颁布时间：1958 年

国家元首：总统埃马纽埃尔·马克龙

政府首脑：总理爱德华·菲利普

语言：100%的居民讲法语还有一些迅速衰退中的方言（普罗旺斯语、布列塔尼语、阿尔萨斯语、科西嘉语、加泰罗尼亚语、巴斯克语、佛兰芒语）

宗教：89.5%的居民信仰罗马天主教，7.5%的居民信仰伊斯兰教，2%的居民信仰新教，1%的居民信仰犹太教

学习目标

8.1 指出法国政府当前面临的五项政策挑战

8.2 简略复述法国第三、第四、第五共和国的历史

8.3 描述法国经济，将其与欧盟其他国家经济相比较

8.4 讨论法国政治制度的治理原则

8.5 描述促成法国政府风格的文化特征

8.6 指出法国政治社会化的媒介，描述它们在近年变化的方式

8.7 讨论法国“政治阶级”的构成和募员

8.8 列举法国三个主要的利益团体，描述它们影响政府的方式

8.9 以法国近代史为例，解释法国的政党制度以及那些阻碍其出现两党制的因素

8.10 比对法国与美国的选举制度

8.11 指出法国的哪些机构有能力牵制法国政府的行动

8.12 讨论法国 1980 年代发生的政府分权

8.13 指出法国作为一个福利国家的成就和缺陷，描述全球化对法国，特别是当其作为一个欧盟成员国时的影响

厌倦于2009年以后的经济衰退和总统有时候的反常行为，法国选民拒绝了中右翼总统尼古拉斯·萨科齐（Nicolas Sarkozy）于2012年5月争取第二任期的努力，选举了一个自称为“正常”的社会党人弗朗索瓦·奥朗德（François Hollande）。一个月后，奥朗德的社会党在国民议会的选举中赢得了多数席位。在任职的第一年，社会党政府通过了一些重要的立法，包括劳动力市场改革和同性婚姻，但未能逆转在萨科齐统治时提出的紧缩政策或失业率的持续上升局面。失业率逐渐上升到20年来的最高水平，公共债务持续增加，经济增长持续下降，总统的受欢迎程度下降到自**第五共和国**于1958年成立以来比任何总统都低的水平。与上届中右翼政府不同，该政府能够在其核心支持者中获得对某些方面紧缩的政治支持，奥朗德的左翼联盟因为预算减少和削减而受到来自左翼的不断批评。随着他自己党内日益增长的反对声音以及在公众舆论中日益减少的支持，奥朗德拒绝在2017年1月的社会党初选中参加竞选。

在2017年4月—5月的总统选举中，主要执政党的候选人都未能进入第二轮和最终的决选。相反，选民被要求在极右翼的候选人玛丽娜·勒庞（Marine Le Pen）与社会党政府前经济部长埃马纽埃尔·马克龙（Emmanuel Macron）之间进行选择。选民以近67%的选票选择了后者。

目前的政策挑战

8.1 指出法国政府当前面临的五项政策挑战

在美国历史上的某个时期，政党制度在基本的社会经济议题上高度分化，相比之下，法国政治则经常显得几乎是风平浪静。自1986年以来的大多数时间，法国人都生活在分立政府[①]（*共处*）之下，这却并未妨碍政府的效率或者削弱制度的合法性。同时，法国选民与美国人关注的一些问题显然是相同的。

2016年，法国公民最担忧失业率、移民（当然比其他欧洲国家要轻得多）、欧洲的未来，以及（在一年半内三次严重的恐怖主义袭击之后）安全和恐怖主义[②]等问题。与过去的年月相比，“郊区”（相当于美国的城市中心区）问题和贫困问题从公共关注中消退了。随着经济保持在停滞状态，法国选民变得越来越悲观（“欧洲最大的悲观主义者”，正如一篇文章所指出的那样）。尽管法国从金融危机中复苏的状况要比希腊、西班牙或意大利都好得多，但法国公众对其自身及其子女的经济未来往往比其不幸的邻国更加感到悲观。2016年的一项重大调查指出，与**欧洲联盟**（EU）的其他国家相比，法国人对欧盟的态度是“直线下降”。在两年内，对欧盟有好感的受访者的比例从54%下降至38%，在欧盟所有国家中下降幅

① 分立政府（divided government），也译为“分掌政府”，通常指行政机构和立法机构由不同政党分别控制的局面。这种局面的出现要求行政权与立法权的分立，两个机构要单独进行选举，因而只有在总统制或半总统制的国家才会出现，比如美国和法兰西第五共和国。——译者注

② 参见：*Eurobarometer* 84（Autumn 2015）：T31.

度最大①。

在 2016 年夏天，法国人还担心身份问题以及大量被认定为穆斯林的人口的挑战。某种程度上受反移民势力增大的选举权力所驱使，海滨城镇（包括尼斯和戛纳）的 30 位市长禁止妇女在海滩上穿着遮盖了胳膊、腿和头发的保守的泳衣——“布基尼”（burkini），这是十多年前在澳大利亚发明的泳衣。尽管该禁令被法国高等行政法院国家行政委员会推翻，但是，该议题激进地分裂了左派，当时社会党总理曼努埃尔·瓦尔斯（Manuel Valls）以世俗主义和妇女权利的名义为该禁令辩护，而社会党总统奥朗德则以宽容的名义反对该禁令。到夏末，布基尼的问题看起来只是在竞选的环境下就多样性和认同问题进行更大的全国讨论的开始。

因此，与整合数量庞大且不断增加的穆斯林人口（欧洲最大）相关联的多元文化主义是法国的重要政策挑战。为了促进公民一体化，政府在 2004 年通过了立法，禁止公立学校的学生穿戴有明显宗教符号的服饰，包括妇女戴的头巾。相比之下，政府许诺的满足这些移民特殊需求的改革大都没有实施。

法国人并不关心当代美国政治核心的许多问题。法国公民对国家的规模不太担心。近期的几任政府已经适度降低了公共支出的水平——应该指出，对此的支持在法国要比在任何其他欧洲国家都要高。几乎没有人支持大规模地削减福利国家项目。在法国，这种福利项目一直比美国更广泛。实际上，调查表明，法国选民愿意为维护这些项目以及国家补贴的社会保障和长假而牺牲许多东西。2016 年，法国的失业率比美国高出约 40%，随着美国失业率的下降，这个差距可能还会增大。然而，法国的贫困率是发达工业民主国家中最低的，不到美国贫困率的一半。

与美国选民不同，法国选民深切关注转基因生物的环境和健康后果。法国公民愿意为减少污染而努力者要比美国人多得多。汽油价格是美国的两倍以上，公共交通网络不断增长的国家补贴并未受到公众舆论的挑战。

最后，尽管在 2001 年 9 月 11 日美国世界贸易中心和五角大楼遭到袭击之后，法国人普遍对美国表示同情，但紧随其后的是反美情绪和对美国政策的不信任明显增加了。当法国率先反对美国在 2003 年发起的推翻萨达姆伊拉克政权的军事行动以后，这种不信任引起了跨大西洋的严重危机。公众舆论和政党的广泛共识支持了法国的反战态度。随着奥巴马政府对更大的多边合作的倾斜政策，这种紧张关系已得到相当大的缓解。

历史回顾

8.2 简略复述法国第三、第四、第五共和国的历史

法国是欧洲最古老的民族国家之一。1789 年攻占巴士底狱后开始了动乱的革命政权时期，十年后**拿破仑·波拿巴**夺取了政权。法国大革命建立了 1791 年的君主立宪制（第一共和国），但第二年君主制（波旁王朝）即被废除。拿破仑雾月十八日政变（1799 年 11 月 10 日）夺取权力以前已经先后颁布了三部宪法，政变三年后又建立了第

① Pew Research Center，*Euroskepticism Beyond Brexit*（Washington. DC：Pew Research Center，2016）.

一帝国。其他欧洲大国结成了由英国领导的联盟，于 1815 年最终迫使拿破仑投降，同时复辟了波旁王朝。1830 年爆发的另一次革命把最后一位波旁王朝皇帝赶下了台，代之以倾向自由派的奥尔良公爵路易·菲利普。

上升的资产阶级（商人阶级）和市民日增的不满导致了 1848 年的另一场法国革命。随后宣布成立第二共和国（1848—1852 年）和实行男性普选制度。然而社会中产阶级与下层阶级的支持者之间的冲突使共和国政府成效不佳。乱世中产生了另一个拿破仑——拿破仑一世的侄子路易·拿破仑。他于 1852 年加冕为拿破仑三世，给法国带来了十多年的稳定。然而他晚年却有几次错误规划的对外冒险行动。他在普法战争（1870 年）中兵败被俘，之后，法国被占领并被迫签订了丧权辱国的停战协议。巴黎的激进主义者随后宣布成立巴黎公社，它于 1871 年维持了两个月，直到被保守政府的武力镇压。巴黎公社结束后的一段时间内，共和主义者与君主主义者之间的斗争导致 1871 年第三共和国的建立。在近代法国史上，第三共和国政权维持的时间最长，它经历了第一次世界大战，直到 1940 年纳粹德国打败并占领法国时才结束。

第二次世界大战使法国遭受严重分裂，它被分为德军占领区和南部“自由的”维希区，马歇尔·贝当（Marshal Pétain）在维希区领导着亲德军的政府。从 1940 年 7 月到 1944 年 8 月，法国政府一直是独裁政府。在**夏尔·戴高乐**将军领导下出现了抵抗运动。在 1942 年底盟军入侵北非和德军占领维希区之后，抵抗运动在力量上不断增强，并得到越来越多的支持。当德军 1944 年被驱逐出巴黎时，戴高乐进驻该城，希望全面的改革会使法国得到人们长期寻求的可行的民主。然而两年未到，他便因不能忍受法国回到传统政党政治而辞去临时政府领导人一职。

事实上，**第四共和国**（1946—1958 年）令人很失望。一届届政府因秩序混乱而垮台——12 年间换了 24 届政府。同时，由于政府的联合范围过于狭小，相同的政党和领导可以参与许多届政府。软弱的领导人极难处理紧张的局势，导致这些紧张局势的首先是冷战，其次是法国在印度支那的战争（1946—1954 年），最后是阿尔及利亚的反殖民主义起义（1954—1962 年）。

当 1958 年内战的威胁超过了阿尔及利亚战争时，一些领导人邀请戴高乐重掌政权，帮助法国建立更强更稳定的制度。戴高乐及其支持者为第五共和国制定了一部新宪法，并于 1958 年由全民公决获准颁布。戴高乐是第四共和国的最后一位总理，并且是新成立的第五共和国的首任总统。

经济与社会

8.3 描述法国经济，将其与欧盟其他国家经济相比较

在地理上，法国地处欧洲大陆，西临大西洋，南靠地中海，在欧洲占有独特位置。2016 年，法国人口总数 6 470 万，约相当于美国人口的 1/5，居住于相当于美国国土面积 1/5 的区域。居住在法国的外籍人口（非法国公民）超过 360 万，其中一半以上来自欧洲以外的国家和地区，绝大多数来自北非和非洲。另外，约有 200 万法国公民是在境外出生的。因此，约 12%的法国人口是在外国出生的，其比例略低于境外出生的美国公

民，但在 2013 年，该比例与其他欧洲大国的比例差不多。

法国的城市化进程比较缓慢，但如今城市化水平相当高。1936 年人口超过 10 万的法国城市只有 16 座，到 2013 年，这样的城市已达 39 座。超过 1/4 的城市人口（几乎占全部人口的 20%）生活在巴黎大都市区。这样的人口集中带来了可怕的问题。在一个行政、经济和文化方面都有着数百年中央集权传统的国家，首都巴黎和法国其他地方在人文资源和物质资源方面都有着巨大差距。巴黎地区的人均收入高出全国平均值的 50% 以上，失业率也比全国平均值低很多；巴黎地区还是外国人最集中居住的地区（是全国平均值的 2 倍），在巴黎地区，富人区与穷人区的分化非常明显。

如今法国的经济发展水平与其他先进工业国不相上下。在人均国内生产总值方面，法国居于世界最富的国家之列，在 2013 年的排名仅次于斯堪的纳维亚国家、美国和德国，与英国相当，高于日本、意大利和欧盟的平均水平（见第一章）。1996—2006 年，法国经济增长率相当于欧盟的平均水平，但其通货膨胀率只略高于欧盟平均水平的一半。然而，2008 年以后直到 2016 年初，经济处于停滞状态，但避免了任何急剧下滑。但随着 2010 年欧元危机的出现，法国经济的命运就与欧洲的其他地区的经济联系在一起了。

法国的失业率与欧盟和美国的平均水平相比仍然较高。2008 年，法国的失业率是 7.8%，这使得法国经历了与某些欧洲穷国类似的问题：青年人长期失业、一些人无家可归和社会服务负担过重。自此之后，随着失业率迅速上升到战后创纪录的高水平，然后持平到 2016 年的略高于 9%，所有这些问题都进一步恶化。

自第二次世界大战结束以后，法国的劳动力变化显著，这一点与其他工业化国家相似。1990 年代，劳动力增加量超过 160 万，其增长趋势仍在继续，而且高于大多数欧洲国家。大多数新生劳动力都是年轻人，而且女性的比例越来越大。自 2000 年以来，法国劳动力的规模增长缓慢，预计在 2016 年以后，会随着人口老龄化而下降。

1954 年，女性占总劳动力的 35%，如今女性占总劳动力的 47%（大约为法国工作年龄妇女的 2/3）。一个多世纪里，法国女性中被雇用（主要在农田、手工商店和工厂劳动）的比例要高于大多数欧洲国家。如今大多数法国女性在经济的服务业从事文职工作。总的来看，从事服务业的劳动者比例从 1938 年的 33%上升到如今的 76%，高于欧盟的平均水平。

与其他欧盟国家相比，法国的农业在经济上更为重要。虽然从事农业的人口比例急剧减少（如今为 3%），农业生产在过去 1/4 世纪里却大量增加。法国是欧盟国家中最大的农业生产者，其耕种面积比其他欧盟国家都大。法国也是从欧盟共同农业政策（EU Common Agriculture Policy）中接受补贴最多的国家。

自 1945 年以来，法国在农业现代化方面做出了巨大努力，例如农场合作、小型农场的合并和技术教育的改进。特别是共同农业政策自 1962—1968 年发展起来后，农场合并的步伐迅速加快。到 2016 年，法国农场的平均面积比除英国、丹麦和卢森堡以外的其他欧洲国家都大。

法国的企业既高度分散又高度集中。即

便在 30 年的结构重组之后，法国 350 万家工商企业中的几乎 2/3 仍然属于个人。像在其他发达工业社会中一样，这一比例在缓慢地增加。在法国一些最先进的工业中，生产是高度集中的。最顶尖的少数公司承担了大部分的就业岗位和企业销售。即使在一些传统产业（如汽车制造、造船和橡胶）中，一半甚至更多的就业岗位和销售都集中于最顶尖的 4 家公司。

自 1990 年代以来，工商业的组织机构发生了重大变化。1980 年代发起、1990 年代欧盟主导的私有化使公有企业数量减少了 75%，公有企业中的工人数减少了 67%。虽然私有化仍在继续，但工业与国家之间的关系仍然密切。因为许多私营企业的经理是以前的高级公务员，有些人在私营企业职位和国家任命的职务中来回移动。另外，超过 20%的普通劳动力在（或为）公务部门工作，这个数字在过去 15 年里增加了 10%，125 万人为教育部工作，其中几乎 80%是教师。

宪法传统

8.4　讨论法国政治制度的治理原则

1958 年宪法是自 1789 年攻占巴士底狱以来的第 16 部宪法。以往的这些宪法所著称于世的不是其成就，而是其不稳定性，其实质是议会制的（见第六章），它建立在这样的原则基础之上：政府如果在议会中不能占多数，那议会就能迫使政府辞职。这样的制度安排产生最佳效果的前提是：存在较少数量的政党，以及制度安排未受到重要政党及其领导人的深度挑战。这些设定并不适用于前四个共和国，至少早期是这样，第五共和国看起来也注定了要遭受同样的命运。

然而，大众直接选举总统职位极大地提高了总统的合法性和政治权威。它也影响了政党制度，因为竞选总统职位主导了政党战略。当**弗朗索瓦·密特朗**赢得 1981 年的总统选举，担任包括法国共产党在内的左翼联合政府的领导人，并且宣布接受第五共和国的制度安排时，这个共和国的命运看起来已经确定了（见图 8－1）。自 1981 年以来，没有一个主要政党（包括激进右翼的国民阵线）挑战过共和国的合法性。

除了宪法本身，有几项原则被广泛地接受，以至于可以把它们视为宪法原则。第一条原则是，法国是单一制的国家："单一且不可分割的"法兰西共和国[①]。第二条原则是，法国是一个世俗的共和国，致力于平等，不承认任何团体在法律面前的特权。这些原则对于法国的民主具有特定的意义，因为 1789 年以后它们屡遭各种非民主体制的侵犯。

自 18 世纪第一共和国以来，当雅各宾党人控制革命的国家议会时，法国国家的特征是高度集中的政治和行政权力。虽然总是有势力倡导政治的权力下放，以及行政权力的分散，法国单一制国家（形式上）仍然是集中统一的。事实上，这意味着国家次级领土单位（市镇、省和大区）几乎没有正式的决策自主权。它们由巴黎做出的政治和行政决定所主导。法国的国家行为和领土的组织都取决于结构良好的行政机构，这使得国家

① 这一表述援引的是 1793 年宪法的第一条，它宣布："法兰西共和国是单一且不可分割的。"第五共和国宪法重申了这一点。

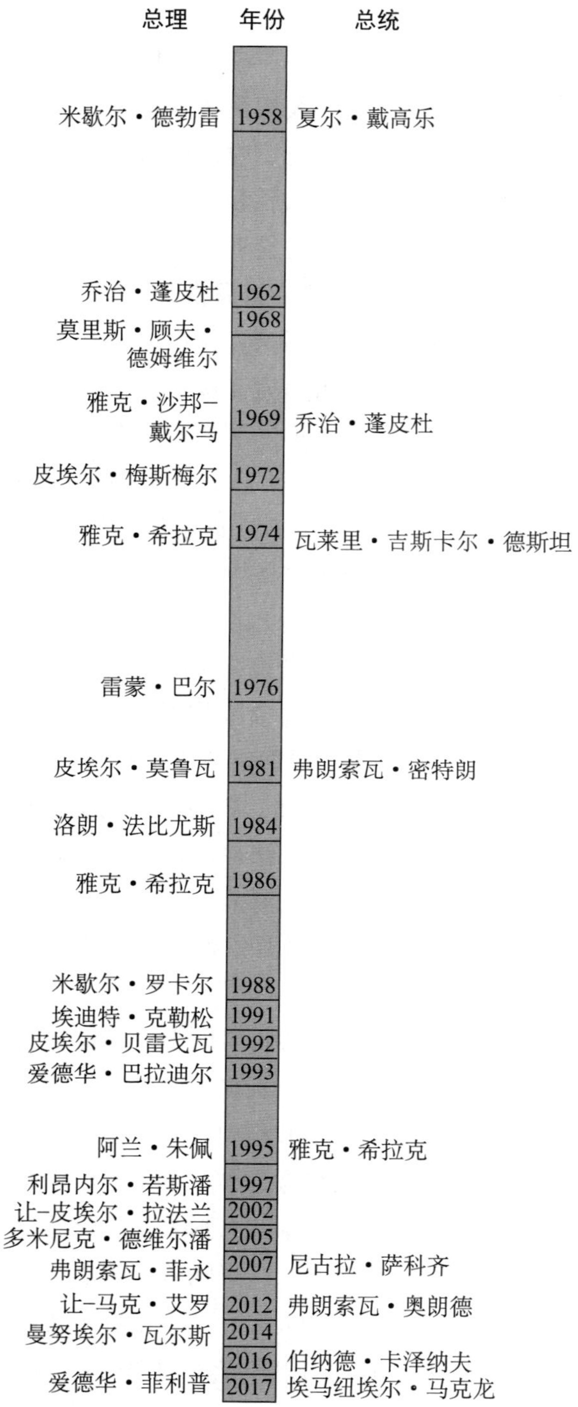

图 8-1 法国行政

1958 年以来的法国总统和总理。

机器在长期的政治不稳定和动荡中发挥作用。1982—1986 年政府部门的加强和地区民选政府的建立分散了一些决策权力。尽管如此，这些政府没有实质性的税收权，并且仍然在很大程度上依赖中央集权对他们几乎所有项目的资助。

第二，*世俗主义*（laïcité）是教会与国家的分离，这与美国的状况截然不同。它源于法国大革命之前和非民主政权时期对于天主教会既定权力激进的反抗。因此，它具有战斗的和意识形态的一面，源于过去两个世纪深刻的历史冲突，但这并没有阻止国家向教会学校提供补贴，以换取国家对其课程教学的许多方面的控制。

法国的法律和传统在承认宗教、种族或民族团体的特殊权利和利益上存有偏见。这在理论上意味着没有认识到“少数族群”或多元文化的权利（如在英国或美国那样）。但实际上，资助特别学校资金和大学为来自较贫穷地区学生入学提供的“积极歧视”项目已经存在了很多年，尽管它们事实上在种族和信仰方面都是中立的。

政治文化

8.5 描述促成法国政府风格的文化特征

政治文化包括与政治体制和政治过程相关联的态度和信念。这些是支配精英和大众行为的设定和准则。在本节中，我们将考察经常超越法国政治多样化体制的政治文化主题。

政治文化的主题

我们得以理解法国政治文化有三种方式：历史的负担呈现的是过去的价值观，抽象和象征确定了一种思考政治的方式，对政府和政治的不信任代表了一种跨越阶级和代际的主导价值。

历史的负担 历史的思考能被证明既是共识的一种联结纽带，也是（像美国内战所表明的那样）达成共识的一种障碍。法国人如此迷恋自己的历史，以至于不断地把过往的种种仇怨凌驾于现实的冲突之上。这种对历史记忆（从法国大革命的意义到第二次世界大战时期维希政权的通敌与抵抗运动之间的分歧）的激情运用，使得政治决策变得纷繁复杂。用戴高乐的话来说，法国“被历史压垮了”。

抽象与象征 在启蒙时代，君主制赋予受教育阶层在很多论题上表达观点的自由，其前提是这些讨论必须是一般而抽象的。用大量的哲学术语来讨论诸多领域的问题，甚至是琐细之事，其冲动几乎从未消减过。抽象的提升反映在赋予象征和仪式的重要性上。作为法国大革命的对立面而战的乡村社区，两百年后仍然对不同的英雄人物表达着崇敬之情①。左派和右派的街头游行发生在巴黎不同的历史街区——左派在巴士底狱，右派在圣女贞德塑像前。此一传统有助于解释，为什么一个被几乎是普遍的由共同的历史经验的崇敬之情结合起来的民族，对其意义却有着相互冲突的解释。

对政府和政治的不信任 法国长期以来在现代社会中处于普遍的犹豫不定之中，这种犹豫不定混杂着对政府的不信任与对政府的高度期待。法国公民在不信任权威的同时渴望着权威，这一点既有赖于个人主义，又有赖于对平等的热情。此一态度产生了自我依赖的个体，他们确信他们的自我认可和自我实现能对自己乃至家人负责。外面的世界（在家庭环境之外操控时局的“他们”、家族公司和村镇）制造着生活的障碍。不过大多数时候，“他们”被等同于政府和国家。

回溯到 18 世纪的历史记忆使得一种潜在的（通常不明显的）不顺从心态变得正当合理。人们认为，强力政府在本性上就是反动政府，即使它“假装”为进步力量。当公民参与公共生活时，他们希望限制政府权威，而不是鼓励变革，即使此种变革已是姗姗来迟。有时这种个人主义会染上无政府主义的色彩。然而，法国人还是相当容易适应官僚制度的规则的。因为行政统治据称会用同一个标准处理所有情况，这就满足了一些人内心怀有的强烈的平等意识，这些人永远感到被政府和享有特权的人所欺骗。

虽然 1789 年革命并未像人们通常认为的那样与过去完全决裂，但它规定了人们对危机和妥协、连续性和变革的一般观点。激进的变革而不是渐进的改良，相互排斥的、激进的意识形态的语言所表达的戏剧性的冲突，这些就是在法国人的心灵极易受影响的历史时刻激励着他们的经验。法国人惯于相信，除非经由巨大的动荡，彻底的变革就不会发生（虽然并不总是如此）。自大革命以来，每个法国成年人都经历了伴随着政治兴奋而来的失望。这一过程有时导致了道德的枯竭和对任何变革可能性的普遍怀疑。

不管产生于国内还是来源于国际冲突，法国的大多数政治危机都导致了宪法危机。每一次的获胜方都会把自己的规范和理念编

① Laurence Wylie, “Social Change at the Grass Roots,” in *In Search of France*, ed. Stanley Hoffmann, Charles Kindleberger, Laurence Wylie, Jesse R. Pitts, Jean-Baptiste Duroselle and François Goguel (Cambridge, MA: Harvard University Press, 1963), 230.

纂成法律，通常编成一个整全的文件。这就解释了为什么宪法从未扮演过根本的、普遍重视的宪章之角色。在第五共和国以前，宪法的规范只能满足政府的某一个部门，并且遭受其他部门的强烈争议。

1958年以后最重要的变化是公众日益接受第五共和国的宪法体制。虽然他们对政府和政治人物越来越不抱希望，但这种接受却变得日益强烈。而且，选民对体制的信任并没有因党派认同而表现出什么重要差别。法国人总是把最大的信任给予跟自己关系最密切的机构，即给予地方官员，而不是政党或全国的代表。例外情况是对于总统的态度（见图8-2）。近年法国人对政府官员的不信任度一直很高，不过对政府的期待也一直保持在高位。

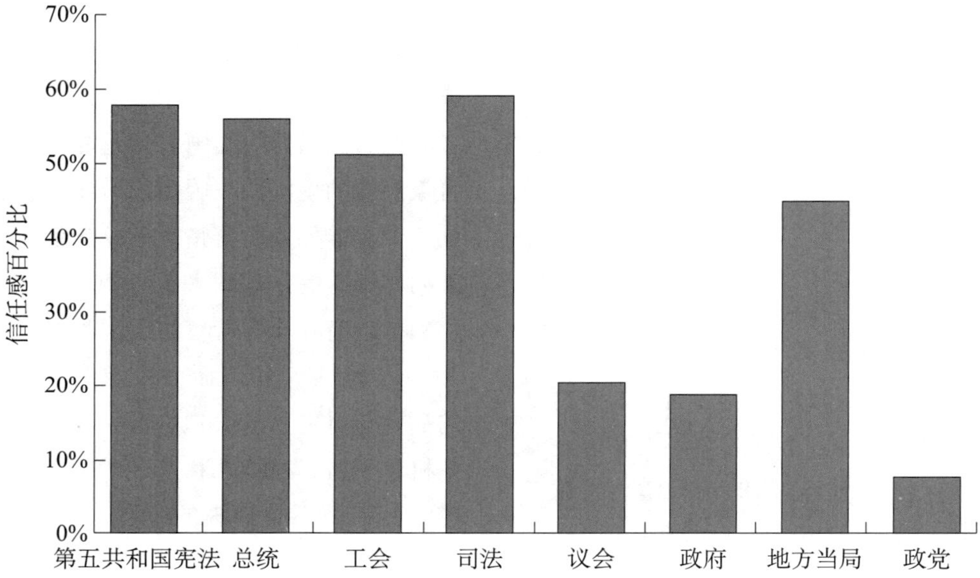

图8-2　对各种政治机构的信任感

人们对当地市长的信任大于对政府、议会和政党的信任。

资料来源：前两列（第五共和国宪法和总统）数据取自：Sofred, *l'Etat de l'opinion* 2001（Paris: Edition du seuli, 2001），81；后两列数据取自：Ronald Hatto, Anne Muxel, and Odette Tomescu, Survey for the CEVPOF and the Institut de recherché de l'ecole militaire (Irsem), released on November 7, 2011；最后四列数据取自：*Eurobarometer* 84 (Autumn 2015): T51-T54.

宗教与反宗教传统

法国既是一个天主教国家（2012年有65%的法国人自认为信奉天主教，而在1974年这一比例高达87%），又是一个教会自身就在考虑"去基督教化"（de-Christianized）的国家。2012年，只有5%的教徒定期去教堂（1974年该比例为21%），87%的教徒或者从未去过教堂，或者只在举行洗礼或婚礼这样的仪式时才偶尔去教堂[①]。

直到20世纪，宗教与世俗之间的相互敌视一直是政治文化的主要特征之一。自1789年大革命以来，此种敌视使得社会和政治生活的每一层面都产生了分裂。时至今

① 这些数字取自：Antoine Hérouard, *Guide* 2013 *de l'Église catholique en France* (Paris: Bayard, 2013).

日，天主教徒与无信仰者之间的政治行为仍然有着重要的差别。

在历史上，法国天主教徒把1789年大革命看成是恶魔的浩劫。相反，教会的敌人在反对天主教的形式与象征时变成了好战分子。这一分裂贯穿于整个19世纪。天主教与反教权论（anticlericalism）之间政治亚文化的差异伴随着第三共和国的建立而进一步加深，当时，好战的世俗主义牢牢地控制了共和国。议会废除了与罗马教廷长达数世纪的契约，驱逐了大部分天主教神职人员，切断了教会与国家的一切纽带，从而使得（用当时惯用的说法）“国家的道德统一体得以重建”。罗马教皇的好战性丝毫不亚于共和国，他把投票赞同1905年政教分离法的每一位代表（国民议会议员）都逐出了教会。与欧洲别的天主教国家一样，在法国政治上右派与左派的差别很大程度上取决于他们对天主教会的态度。

天主教徒与不可知论者之间的分歧缩小了一些，这发生在两次世界大战之间，以及在第二次世界大战期间他们发现自己与对方一起从事抵抗运动之后。1950年代以来，法国和许多其他工业化国家的宗教活动都减少了。如今定期进教堂（每周一次或更多）的法国人不到5%；农民是最严格遵守这一规定的群体，而蓝领工人最不遵守这一规定。除了世俗化趋势之外，在天主教亚文化内部也发生了重要的变化。如今，绝大多数自我认同的天主教徒拒绝接受教会的一些最重要的学说，包括其在堕胎、婚前性行为和神父结婚方面的立场。只有16%被教会承认的天主教徒把教会当成政治生活中的重要角色，天主教不再是一个组织良好、有着共同世界观和共同社会价值观的共同体。从1990年到2010年的20年间，天主教神父减少了一半，甚至普通的仪式活动（受洗礼、坚信礼和教堂婚礼）也持续下降；如今在天主教堂举行婚礼的人只有1990年的一半。但是，自2002年以来，在仍然保持天主教仪式（和年长的）的团体中，存在着朝向政治右翼甚至激进右翼的倾向。2013年通过的反同性婚姻立法，几乎由传统的天主教徒主导。法国的多数私立学校只是名义上的天主教学校，享受国家的资助。有关教会学校的地位问题（这与教会和国家相分离的问题并存）一直没有得到圆满解决。2012年，有10%的小学和31%的中学是私立学校，也比10年前有所减少。

法国犹太人（约有60万，略少于法国人口的1%）一般都良好地融入了法国社会，以至于不可能单谈犹太人的选举。一项研究表明，像别的法国选民一样，犹太人也倾向于按照宗教活动的程度来选择左派或者右派。反犹态度和活动并不普遍，但在过去10年里，攻击犹太人和犹太机构的事例（大部分由大城市混居区的北非青年所为）随着第二次以色列占领区的巴勒斯坦人暴动（2000—2002年）的发生而明显增加，过后又有所下降，但在经济状况恶化时又再度增加。这些事件也与法国都市出现的各种类型的种族冲突以及恐怖主义的激增有关。

法国的清教徒（占总人口的1.7%，而且数量在继续增加）的居住情况整体上有点离群，主要集中在阿尔萨斯、巴黎以及法国中部和东南部一些地区。大约2/3的清教徒属于上层资产阶级。清教徒在高级公职人员中占有很大比重。直到最近，与相同社会经济地位或地区的人相比，他们通常更多地投票给左翼政党。虽然许多清教徒在社会党内地位突出，但他们的选举行为与他们在文化或经济团体中的活动一样，是由宗教以外的因素决定的。

伊斯兰教现在是法国第二大宗教。法国有 400 万～450 万**伊斯兰裔**，其中 2/3 是从伊斯兰国家来的移民或其后裔，代表了欧洲最大的穆斯林社群。但是，法国伊斯兰机构的出现要比其他欧洲国家缓慢，也比较有限。在过去的 10 年里，对宗教身份的肯定增加了，与对伊斯兰国家移民的社会政治动员同时发生（在某种程度上也是这些动员的一部分）。

政府在 2002 年成立了法国穆斯林宗教委员会（French Council of the Muslim Religion），代表伊斯兰教与公共权威进行交涉（犹太教与天主教也有类似的机构）。2011 年的一项调查表明，定期参加清真寺礼拜仪式的**穆斯林**占 25%（远高于天主教徒定期参加宗教活动的比例），其中年轻人的比例较高①。

在此语境下，需要指出的是，调查表明，与其他欧洲国家（比如英国和德国）相比，法国的穆斯林融合得比较好②。他们最强烈的认同是作为法国人，最强烈的担当是“接受国民的习俗”而不是保持独特性（占 78%），并对他们的同伴公民基督教徒和犹太教徒抱有最大的好感。

阶级与地位

对阶级差别的感受形成了一个社会的权力模式和行使权力的方式。与英国人一样，法国人也意识到自己生活在一个阶级分化的社会。但是，由于平等在法国比在英国更受重视，对上层阶级的尊敬远不够普遍，怨恨的敌对情绪广泛存在③。

在法国，意识到自己属于某个社会阶级的人数相对较多。2010 年调查的人中，约有 2/3 宣称自己属于一个社会阶级，比 1966 年高。但是，特定的阶级认同发生了变化。1966 年的大部分应答者自认为属于工人阶级，而 2010 年大部分人自认为属于中产阶级。这种情况并非法国所独有④。如今，阶级认同作为预言法国政治行为的指标成效不佳。2010 年，45% 的工人（远高于其他群体）既不认同左翼，也不认同右翼；年轻的工人最不可能认同左翼。

经济和社会的转型并没有消除工业和社会的冲突。确实，周期性的罢工运动强化了阶级感受和行动热诚。但是，由于初级工人中的移民人数增加，传统的阶级差别被不断增长的种族和族群差别所冲切（crosscut）。

政治社会化

8.6 指出法国政治社会化的媒介，描述它们在近年变化的方式

法国人的政治态度是通过其关于政治制度的经验以及一些重要的机构和中介而形成的。像政治社团这样的中介，可以相当直接

① 参见：IFOP，*Analyse*：1989—2011，*Enquête sur l'émplantation et l'évolution de l'Islam de France*（July 2011）.

② 参见：the Pew Global Attitudes Project，July 6，2006，http：//pewglobal. org/reports.

③ 一项重要的研究发现，1970 年代法国工人自发的阶级意识要强于英国工人。Duncan Gallie，*Social Inequality and Class Radicalism in France and Britain*（London：Cambridge University Press，1983），34. 本节的所有统计数字均取自：Guy Michelet and Michel Simon，“« Le peuple，la crise et la politique，” *La Pensee*. numéro hos série，supplément au no. 368，Fondation Gabriel Péri，2010.

④ 参见：Mike Savage et al.，“A New Model of Social Class? Findings from the BBC's Great British Class Survey Experiment，” *Sociology* 47，2（April 2014）.

地使政治价值观社会化，而像家庭和媒体这样的中介，则以比较间接的方式活动。

家　庭

尤其是最近40年，法国人的家庭生活、家庭成员的角色以及家庭与外界的关系经历了根本的、有时是相互矛盾的变化。如今很少有人谴责未婚同居的观念，2013年，法国通过了认可同性婚姻的立法。在过去的一代人中，法国的结婚率下降了超过30%（达到约为美国结婚率的一半），而以公民结合的形式生活的人口比例持续增长，如今已经接近结婚人数的比例。因而，2006年，有59%的头胎婴儿是婚外儿（1968年这一比例是6%）也不足为奇。然而，这些孩子很少生活在单亲家庭，因为几乎在所有情况下，他们在一岁生日之前都得到了双亲的合法承认，大部分都与双亲生活。在2012年，离婚人数是（大大减少了的）结婚人数的55%，自1976年更有弹性的新离婚法生效以来，离婚率增加了一倍多。法国参议院的一项报告显示，公民结合的分离率远低于离婚率。

立法上的变化只是逐渐减少了在拿破仑法典中就已存在的对已婚女性的法律限制。直到1970年，法律才宣布双亲在实施父母权威方面的绝对平等权。更多已婚女性参加工作（25～49岁的法国成年女性有80%参加工作）影响了家庭在社会化中的角色。在宗教活动、政治利益、选举参与、党派偏好等方面，有工作的女性和不工作的女性之间存在着差别。在其态度取向方面，工作的女性更接近于她们所属的同等环境、阶级或年龄群体的男性，而不是不工作的女性[①]。

虽然家庭的结构、价值观和行为发生了改变，但它仍然是一个将政治价值观代代相传的重要组织。一些研究表明，双亲对其子女的宗教社会化和所做的左或右的政治选择产生了重要的影响。

家庭对于宗教和意识形态取向的社会化所产生的影响，并不意味着后代没有他们自身形成的经验，以及代际间不存在重要的政治差别。因此，政治社会化不仅是家庭经历的结果，也是儿时同伴相处、教育和更大的世界变化的结果。例如，出生在法国的阿尔及利亚裔青年与出生于阿尔及利亚的青年相比，践行其信仰的可能性要低得多[②]。

社团与社会化

如果平等主义运动与个人竞争不在相反的方向起作用，法国人对权威的偏见就可以促进社会群体和协会的发展。法国人对于参与社团生活的暧昧态度，不仅仅是消极的漠不关心，而且反映了他们并不相信合作的价值。一方面，对参与社团生活的法律限制以及共和主义对于群体作为人民与国家之媒介物的敌视传统，助长了这种文化上的暧昧态度。另一方面，国家与地方政府又有资助大量社团（包括工会）的传统。一些社团（并不总是获得资助的相同社团）还享有通向决策权力的特权。

---

① 参见：Janine Mossuz-Lavau，“Nicolas Sarkozy and Women.” *Contemporary French and Francophone Studies* 16，3（2012）：347－356.

② Ronald Inglehart，*Culture Shift*（Princeton，NJ：Princeton University Press，1990），Chapters 1－3 and Table 2.4；Michele Tribalat，*Faire France*（Paris：La Découverte，1995），93－98；and Sylvain Brouard and Vincent Tiberj，*Français comme les autres*?（Paris：Presses de Sciences Po，2006），30－32.

第二次世界大战以后，法国社团成员总体上与其他欧洲国家差不多，但比美国要少。不过，法国的社团成员集中在政治化的社团之中，这些社团加深了已有的社会分化。在法国，一些重要的职业组织（尤其是工会）的成员比其他欧洲国家要少得多。

在过去 20 年里，法国的社团数目大量增加，但成年人加入社团的人数比例相对不变。2008 年的一项调查显示，33％的受访者声称属于一个或多个社团。这一比例在过去 30 年缓慢上升①。

但是，社团成员的格局变化显著。传统的拥护型政治群体、政治化的工会和职业社团在成员数量的绝对值（和比例）上锐减。体育协会、自助团体和新成立的族群社团如今吸引着更多的成员。成员数目通常会依收入、教育和年龄的增大而增加。随着更多中产阶级成员加入社团，工人阶级成员逐渐退出社团。如今工人加入体育社团的比例要比加入工会的比例高。

这些变化在一定程度上反映了法国人关于政治担当和阶级的态度转变。虽然社团生命仍然很强大，但老式的*斗争性*（自愿工作及其所暗含的深切而持久的担当）已完全消失。然而，较新式的非政治的团体正在涌现。平均约 2/3 的志愿者团体定期地参与，并且超过一半的团体成员自愿提供服务。新的法律也带来了变化。1981 年的一项法律使移民群体建立自己的组织成为可能，这促成了数千个大部分属于文化的族群社团的出现。几年后通过的地方分权法鼓励市政当局以公共资金支持组建地方社团，其中一些社团还承担了市政服务。

教 育

共同体保存并传递价值观的最重要的方式之一是通过教育实现的。到 20 世纪下半叶，法国的教育体制一直延续着第一帝国不可出错的风格，仍然是一座气势宏伟的历史纪念碑。拿破仑建立起来的这座大厦融合了各个层次的教育，从初等学校到研究生专业性培养，最后到一个中央集权的机构——帝国大学。这座大厦的任务就是通过统一的计划在不同层次教导国家学说。

随着拿破仑模式的严格军事纪律被后继政权放宽，每个后继政权都发现拿破仑所建立的机制对于传递法国文明（既变化又持久）的价值观是一个方便而协调的工具。因此，中央集权的帝国大学从未被真正拆分过。教育部长所负责的部门雇用超过 100 万名教职工，控制学校的课程和教学方法，掌管学生和教师的选择和晋级标准，决定考试的内容。

通过考试来一步步地晋级不是法国的特例（在日本和其他国家都有类似情况）。法国的独特之处在于相信考试面前人人平等的共享信念。认为教育是解放个人和改良社会的有效武器的观念广为流行，并且得到了官方认可。**中学毕业文凭**（baccalauréat）是学术性中级学校结业的证明书，公立*高中*（lycée）几乎仍然是进入高等教育的唯一途径。这样的体制是为自我激励的中产阶级的孩子们制定的，也最适合并最有利于他们。

尽管 2014 年 88％参加考试的学生获得了中学毕业文凭（超过 1977 年比例数的 3 倍），但是，教育改革只是略微改变了来自

① Frédéric Luczak and Fela Nabli, "Vie Associative: 16 millions d'adhérents en 2008," Rep. 1327 (Paris: Institut National de la Statistique et des Études Économiques, 2010).

不同社会背景的孩子们之间广泛的差别。蓝领和白领工人占劳动力的一半以上，但他们的孩子不足中学毕业文凭候选人的 1/3。2016 年 9 月，法国的一个研究委员会发现，法国的学校是“制造不平等的机器”，这项报告证实了法国学校相较于欧洲其他国家和美国的不佳表现。

然而在第五共和国期间，法国教育体制的结构经历了重大变革，尽管其基本特性仍然未变。到 1945 年时只培养 70 万名学生的中等学校，如今为 550 万名学生提供教学服务。1958—2012 年，高校学生数量从 17 万增加到 230 万。20～24 岁的青年接受高等教育的比例是 39%，比得上任何其他欧洲国家。

1963 年，法国在综合性中学引入了公共核心课程，这改变了早期学术性选拔的制度。其他改革废除了僵化的能力跟踪模式，2015 年的一项改革又容许地方学校拥有约 20%课程的选择权。然而不管是左派还是右派政府通过的改革方案，其实施过程中经常面临着中产阶级父母和左派教师工会的顽强反对。

由于开放式录取的原则，每一个获得中学毕业文凭的人都可以进入大学。然而，如同美国的一些州立大学，法国大学在第一学年末或晚一些时候也会实行非常无情的淘汰制度（尤其是像医学专业的学生）。具有下层阶级背景的学生通常要比其他学生的境遇差。此外，具有这些背景的学生大量超比例地集中于这样一些专业，它们在职业市场上价值最低，失业率也最高。总之，在欧洲法国是大学辍学率（超过 40%）最高的国家之一。

改革大学体制的最雄心勃勃的努力紧随 1968 年的学生反抗之后，并随后于 1970 年代和 1980 年代进行了其他的改革。这些改革试图促进每所大学的自治，让教师、学生和职工参与大学管理，加强不同学科之间的合作。2007 年以后，自治问题再度提上议事日程，此次的目标是让法国大学在欧洲和全球更具竞争力。也许萨科齐政府最重要的改革是提高了大学经费（增加超过 20%），并为私人资助大学科研提供了激励。自 2003 年以来，法国高等教育最具象征性的变化就是为“优先教育区”（通常是在大城市内或近郊的贫困地区学校）的学生制定积极行动计划（“反向歧视”）。一些高等教育的精英机构（如巴黎政治学院）已经与一些贫困学校建立了关系，并为这些学校最优秀的学生制定了特殊的入学条件。虽然这些计划只包含少数学生，前面所引用的报告认为它们从最好的角度看也是低效的，但这些试验却很重要，因为它们代表了把潜在的领导人从移民社区整合进法国体制的首次积极努力（我们将在下文讨论）。

法国高等教育体制的一个额外特点是**高等专业学院**（grandes écoles）与大学的平行体制。它是高等教育的一部分，在大学网络以外发挥功能，其运作规则允许较高的选择度。这些学校包括法国最有声望的高等教育学院。虽然大部分是国立机构，但有一些也是私立的、付学费的。尽管大学的录取人数成倍增加，但这些最负盛名的高等专业学院只是适度地增加了一些学生，他们要经过严格的入学考试①。一个多世纪以来，高等专

① 虽然关于哪些机构符合高等学校的标准尚有争议，但是通过测评后，在大约 140 家有此称号的机构中，只有 15 家或 20 家（招生范围在 2 000～2 500 人）机构被认为是有影响力的名校。

业学院是高级专业精英的培养基地。这些学院为学生们从事工程师、企业管理家和顶级公务员等职业做准备。与大学毕业生相比，高等专业学院毕业的几乎所有学生都能找到工作，并且经常承担责任重大的职位。

社会化与沟通

大众传媒的政治影响往往是由人们对媒体真实度的评价方式决定的，也是由人们是否相信媒体服务或扰乱政治体制的功能决定的。过去，商业公司、政党和政府（法国政府和外国政府）通常支持主流媒体。如今，大部分报纸和杂志为商业公司所拥有，许多公司组成了企业集团，所涉及的业务延伸到其他领域。尽管如此，在法国，国家补贴每一个主要的报纸和新闻期刊。在萨科齐执政期间，补贴增加了一倍。2013 年的一项报告估计，2009—2011 年间国家补贴大众传媒约为 50 亿欧元（66 亿美元）。有趣的是，在这一时期，当右翼执政时，大量的补贴流向了共产主义报纸《人道主义报》和其他几家左翼出版物。

第二次世界大战以来，尽管人口有所增长，但日报的种类和发行量却在下降。读者群的减少（欧洲的普遍现象）可归因于电视、广播和互联网等其他媒体的竞争。

电视取代了所有其他媒体，成为法国和西方其他民主国家政治信息的首要来源①。它日益成为政治力量与个体公民之间的首要媒介，影响到政治的组织和内容。首先，在电视上形象良好的名人如今成了政治的重要组成部分。像别的国家一样，形象和场面是政治活动的重要因素。其次，电视有助于设置政治议题的日程，其方式是在各种政治和社会力量所处理的大量话题、问题和议题中做出选择，并将其放大展现在公众面前。最后，如今的电视为全国的选举活动提供了舞台，很大程度上取代了群众集会和会议。

对各种政治信息来源的信任度在不同的群体中存在差异。例如，青年和店主最相信广播和电视信息，而管理者则相信书面媒体更甚于电视。

1982 年以前，在法国领土上播送节目的所有广播站和电视台都归国家所有，其工作人员由国家任命和付酬。此后，国家垄断的体制逐渐被打破。作为第一步也是非常重要的一步，1980 年代初，社会党政府批准了私人广播电台。这一措施旨在规范和调整已有的上千家非法的私人广播电台。这 1 600 家广播电台不可避免地被一些私营企业家合并，这些企业家为广播电台提供节目，有一些还控制着大量地方广播台。

1982 年的立法还重组了公共电视系统。该法律为政府的沟通提供了新的答辩权利，并在竞选活动期间给所有政党分配自由的时间。不过在之后的数年里，更大的变革都是由电视广播的逐步私有化和全球化过程引起的。如今，法国观众可以收看来自世界各地多达 900 个电视频道（取决于他们选择哪个系统），而 1980 年只有 3 个电视频道，1990 年也只有 30 个电视频道。

互联网以惊人的发展速度挑战了所有其他媒体。法国于 1981 年以电话线连接的计算机服务（Minitel）引领了在线通信，到 1990 年，它已经为 20%的家庭提供了超过

① 这些结果来自：Russell J. Dalton，*Citizen Politics in Western Democracies*，6th ed.（Washington，DC：CQ Press，2014），23.

25 000 项视频服务。然而在 2000 年之后，互联网迅速取代了 Minitel 设备。2000 年，大约 14%的法国人口使用互联网，与此相比，四年以后是 41%，2010 年则达到 69%，仅次于挪威、丹麦、瑞典、英国和德国，但远高于欧洲的平均水平。虽然许多法国家庭的壁橱里还存放着他们的 Minitel 设备，但他们将电脑的互联网服务用于通讯、信息和娱乐。

精英的募员和作风

8.7 讨论法国“政治阶级”的构成和募员

议会成员，民选的市政、部门和地区的官员，某些地方政党领导人和少数全国著名的新闻记者加在一起，被看作法国的**政治阶级**（political class）。他们总数不超过 15 000 人或 20 000 人。大约从 1879 年开始（第三共和国），职业人士（律师、医生和记者）和农场主主导了众议院（现在的国民议会）的会场。绝大多数人都是“地方名流”，他们有丰富的地方管理经验，并因有能力同时拥有地方和议会的职位而获益。

政治募员方式的重大变革发生在第四共和国时期（1946—1958 年），当时职业人士、个体经营者和农场主的比例成了少数。然后，在第五共和国时期，议员中蓝领和白领工人逐渐减少，这部分归因于议会成员的职业化，也部分归因于共产党的衰落。

如今，很多国会议员来自公共部门：2007 年和 2012 年约 1/4 的当选代表出自公务员或教师。虽然大多数高级公务员通常偏爱右翼政党，但 2012 年当选的国民议会议员中超过 40%的成员来自社会党，绝大多数教师也是社会党人。在过去两届国民议会代表中一个惊人的现象是，私营企业管理者和退休人士在增加。在 2012 年的议会中，私营管理者左派的数量甚至多于前一届议会中右派的数量。退休人士的增加无疑反映了法国正式退休的年龄偏小。

比人数更重要的是高级公务员在议会中的政治影响力。一些公务员在竞选议员之前在政治阶层担任过服务，要么曾是内阁成员，要么曾是副部长。因此毫不奇怪，他们往往是内阁职位的候选者。

在法国，高级公务员职位是政治和产业领域顶层职位的培训和招募基地，其数量比西方任何其他民主国家都多。在高级公务员中间，大约有 3 400 人是最重要的行政机构——**五大机构**（grands corps）——的成员，参与政治决策的大约 500 名行政官员，绝大多数都来自这五大机构[①]。顶级公务员的招募范围仍然相当狭窄。各项考试都需要特定的知识和能力，高级公务员的子女在这方面优势明显。其结果是上层官僚形成了一个近乎世袭的阶级。过去为建立更加开放的高级公务员招募制度的努力，收效甚微。

国家行政学院（École Nationale d'Administration）、**高等理工学院**（École Polytechnique）和其他高等专业学院在管理、政治和企业精英的招募方面扮演着重要角色。五大机构（最高层次的行政体系）的所有成员差不多都是直接从国家行政学院和高等理

① 虽然公民、记者和学者都广泛提及五大机构，但法律对这一概念并没有进行定义。有关这些问题可参见：J.-T. Bodiguel and J.-L. Quermonne. *La Haute fonction publique sous la Ve République*（Paris：PUF，1983），12－25，83－94. 此处有关五大机构（精英行政机关）的数据是近似值，以 *Les Echos*，June 20－22，2006 中的一系列文章为基础。

工学院的毕业生中招募的。五大机构的成员与其他高级行政官员的差别在于他们全面的能力和流动性。在任何时候，这些大机构中2/3的人员或者在休假，或者在别的行政机构履行特殊任务，或者被专门安排到有影响力的职位上。

他们还可能成为议会（2012年有34人当选国民议会成员）、地方政府或行政机关的成员而从事政治活动。自1959以来的18位总理中有12人来自某一个大机构，毕业于某所高等专业学院。历届政府部长中出身于五大机构的部长比例少则10%，多则64%（2009年的部长比例）。因此，高等专业学院-五大机构团体虽然人数不多，却产生了很大比例的国家政治精英。

同样的制度在企业顶级管理层的招募中也越来越重要。五大机构的成员可以从公共部门转向私营部门，因为他们可以休假数年，其间还可以保留自己的资格、津贴和回来工作的权利（事实上很少有人再回来做公务员①）。2007年，法国最大的40家公司的执行董事中，有75%毕业于高等专业学院。高等专业学院与五大机构的关系以及政治和企业的关系为影响巨大的精英提供了舞台，并在政府的政治导向的变革中保存了下来。虽然这一制度并非政治上的庞然大物，但其募员的狭小范围有助于保持作风与运作的连续的相似性，也有助于运作者建立一个相当稳定的（有时是僵化的）价值体系。

对于局外人而言，这个严密的网络难以渗透。甚至在1980年代（当时美国和英国企业改组和国有企业私有化促进了一类自由放任的新型商人出现），一个类似的过程对法国新精英的募员也只有非常有限的影响。

性别的重要性

法国政治精英中女性代表的比例在西欧国家中几乎是最低的。女性占了选民的一半多，但只占2012年国民议会议员的26%和参议员的22%。在地方议会中，女性参政的比例要高一些，占了2008年市议员的32%和当选市长的14%，比7年前增加了40%。国民议会中的女性代表也许会在2017年增加，因为马克龙总统强化了一条规则：他的新政党（共和国前进党）的一半候选人将是女性。

与美国相比，法国的政党在规定政治代表的准入条件方面更有影响力。左派一般比右派更致力于招募女性，尽管萨科齐总统成功地招募了女性内阁成员。奥朗德总统确立了任命其内阁成员的平等原则，该原则被马克龙总统坚持。

法国政治界的晋升通常需要深度涉入政党政治，其偏爱专业的从政者和行政官员。然而，只是在近期，女性才开始了这种对政治生涯的长时间投入。**塞格莱娜·罗亚尔**（Ségolène Royal）就是其中一位女性。作为国家行政学院的毕业生和国家政务会（五大机构之一）的成员，罗亚尔还曾是社会党的政府部长、国民议会的议员和法国某个大区的省长。她曾是2007年法国社会党总统候选人（最终竞选失败）。

政府和政党偶尔也会认识到女性代表在民选政治机构中的人数不足问题。在**共和国总统**和总理的共同支持下，国民议会1999

① 参见：*le Figaro*，March 25，2008.

年一致同意通过了一项宪法修正案，规定由“法律决定男女平等享受选民授权、履行选举职责的组织条件”。法律的实施需要更大程度的性别平等，至少在候选人的选择方面是如此。这对于法国政治体制来说是一个意义重大的出发点（该体制之前一直拒绝以平等之名采用定额制），但实际上对代议机构影响不大。

也许法国女性在政治行为方面最重要的变化是其投票的方式。在第四共和国时期，大多数女性一直投票给右翼政党。但是，随着1960年代价值观的改变以及女性进教堂的人数减少，她们的政治倾向从右翼转向了左翼。1986—1997年的每一次全国大选，大多数女性都会投票给左派。但是，2002年女性的投票模式再度改变。在2002年和2007年的两次大选中，大多数女性在总统和立法机构的选举中都支持右翼，即便2007年萨科齐的竞争对手是一位女性。2012年，大多数女性支持左翼，但其比例比男性略低。在某种程度上，这与年长女性更强烈地支持右翼相关，也与年轻女性（和男性）的投票率低有关。另一个相关因素是最年轻人群对左翼的支持度下降。但是，女性对极右翼的支持要比男性少得多①。

利益团体

8.8 列举法国三个主要的利益团体，描述它们影响政府的方式

与许多别的欧洲国家一样，法国政治生活的组织机构被广泛限定在阶级和宗教传统的历史分野之中。因此，利益团体往往与跟自己有组织上联系的政党共享意识形态的承诺。

利益表达

大多数经济社团的实际成员数会因行业和时间的不同而呈现出较大差别，但与其他工业化国家的类似团体相比，法国加入经济社团的人数通常要少很多。2016年，加入工会的工人不超过8%（这是西欧国家近25年以来下降最快的）。大约50%的法国农场主和75%的大工业企业都加入了各自的组织②。从历史来看，许多重要的经济团体在国家的社会或政治史上充满戏剧性的时刻经历过成员扩张。但随着准入条件的标准化，团体的成员人数开始减少，有一些社团的人数由于太少，无法正当地提出其代表权的要求。

许多团体没有财力雇用有能力的职员，或者它们依赖于国家直接或间接的支持。现代利益团体高层职员的出现是新近的现象，只出现在某些社团系统的部门中，比如工商业协会。

利益团体还被意识形态的分化所削弱。那些保护工人、农民、退役军人、学童和消费者的不同的团体，是根据意识形态的偏好而相互区分的。代表上的意识形态差别迫使各个组织竞相争取相同的对象，以便产生自己的代表。因此，甚至既有的利益团体在行为和目标上也表现出某种激进主义，这在西

---

① Janine Mossuz-Levau，“Les Femmes，” In ed. Pascal Perrineau，*Presidentielle* 2007：*Atlas électoral*（Paris：Presses de Sciences Po，2007），75 - 78.

② 这些百分比只是近似值，因为法国的利益团体不是拒绝公布成员人数，就是所公布的成员人数被普遍认为很可疑。因此，通常根据下述数据来评估工会的相对强度，即 High Council for Social Dialogue 出版的社会选举工作委员会和商店管理者候选人的支持百分比。

方其他民主国家是很少见的。对于那些无法使用信息媒介的团体来说，此种策略还变成了一种不错的宣传方式，使自己得以呈现在广大的公众面前。

劳工运动

法国的劳工运动被分化成有不同政治同情态度的全国联盟，虽然历史的经验促使劳工避免与政党保持直接的组织联系①。自1975年以来，工会会员急剧减少，如同大部分工业化国家所发生的那样（见前面的图4-1）。实际上，在1990年代，最年轻的领薪工人就开始逃离工会运动。虽然近年来工会成员减少的趋势有所缓和，但招募年轻工人加入工会的事务也很滞后。另外，1990年代后在各种厂级选举（plant-level elections）中，由非工会团体支持的候选人比已有的工会组织支持的候选人吸引了更多的选票②。事实上，当法国工会运动被进一步固化在工作场所且受到法律更好的保护时，工会就失去了它的成员和（选举上的）支持。

尽管存在这些明显的不足，但发生劳资冲突时，工人（和其他人）仍然很相信工会能保护他们的利益。工人对集体行动的支持以及对罢工运动中工会及其领导人的信任仍然很强烈。的确，在大规模罢工期间，公众对罢工者的支持往往远大于对政府或罢工所针对的雇主们的信任③。不过，过去的30年里，罢工水平已经有所下降，大部分罢工仅限于公共部门。而且，其影响也限于给予事先通知并提供最低服务的要求。

会员的减少并没有促进团结。与美国工人不同，在同一工厂或公司的法国工人可能属于几个不同的工会联盟。其结果是，为了得到更多的会员和支持，各级工会都一直在互相竞争。即使当全国工会同意一致行动时，厂级工会间的相互敌意有时还会成为合作的障碍。

而且，厂级工会组织（大多数长期罢工由此发动）的软弱意味着工会是很难谈判的伙伴。这个层次的工会仍然不能很好地控制罢工手段。工会积极分子很善于鼓动工人，为罢工行动创造前提条件，并在罢工发生后穿线搭桥。但是，工会很难有效地召集和结束罢工。因此，工会严重依赖整体的环境（即他们所说的“社会气候”），以便支持其在谈判桌上的地位。由于在任何时候动员工人的能力是工会具有代表性的重要指标，因此工会代表工人的能力经常遭到质疑。

1982—1983年，左翼政府通过了立法——欧鲁法（Auroux laws）——来巩固厂级工会的地位。通过明确管理上的“协商责任”和保护工人的表达权利，政府希望借此促进集体协商。不过，考虑到其日增的缺陷，工会并没有充分利用该立法带来的潜在好处。该法律重新聚焦于法国工厂的劳资关系，恰恰是工会最薄弱的地方。2008年，萨科齐政府试图削弱最小的（“自治的”）工会

---

① Herrick Chapman，Mark Kesselman，and Martin Schain，*A Century of Organized Labor in France*（New York：St. Martin's Press，1998）.

② Mark Kesselman，“Does the French Labor Movement Have a Future?” in *Chirac's Challenge*，ed. John Keeler and Martin Schain.（New York：St. Martin's Press，1996）. 两个最大的工会联盟在2006年代表大会的报告中肯定说，年龄低于30岁的成员人数少于5%。参见：*Le Monde*，June 12，2006. 近期的结果参见：Michel Noblecourt，“Les syndicats réformistes obtiennent la majorité，”见于：*Le Monde*，March 30，2013.

③ 参见：Martin A. Schain，“French Unions：Myths and Realities，” *Dissent*（Summer 2008）：11-15.

之影响力，通过了否定它们合法“代表”指派权的立法。

最古老、规模最大的工会联盟是**劳工总联合会**（Confédération Générale du Travail，CGT）。自第二次世界大战以来，劳工总联合会与共产党有着密切联系，这两个组织的领导层维持很大程度的重叠。只是由于其自身的传统，加上它是相对有效的劳工组织，劳工总联合会的成员中注册了许多非共产党员。不过到了1990年代，其支配地位消失了，主要是因为它失去的成员和支持比所有其他工会都多。

第二大劳工组织是**法国劳工民主联合会**（Confédération Française Democratique du Travail，CFDT）。作为天主教工会运动的一个分支，法国劳工民主联合会早期关于工人自我管理（工人自治）的号召被吸收进了欧鲁法。该联合会的领导人曾把政府的联盟政策看作CGT的对立立场的选项。而如今的法国劳工民主联合会把自己看成现代资本主义管理层的潜在伙伴。2013年，劳工民主联合会对商店管理者和工厂委员会选举的支持度（26%）与劳工总联合会的支持度相当。

这个向中间立场的转变导致劳工民主联合会内部几个公务员工会之间的分裂，并导致其全国性的对手即统一与民主团结会（Solidaire Unitaire et Democratique，SUD）于1989年成立。统一与民主团结会又于1998年加入了一个更大的号称**十大组织**（G-10）的团体——一个由27个激进的自治公务员工会组成的团体。该会在社会选举中的最佳成果是不足4%的支持率。

第三大劳工联盟**工人力量**（Force Ouvrière，FO）成立于1948年，作为对当时共产党主导劳工总联合会的一种挑战。虽然该工会联盟的成员规模只有前两大联盟的一半，但它在1990年代获得了快速发展，在社会选举中赢得16%的支持率，继续在公务员中产生影响。其中一个最重要和最有影响力的“自治”工会是**国民教育联合会**（Fédération de l'Education Nationale，FEN），这是一个教师工会，如今与其他自治公务员工会合并入全国自治工会联盟（Union Nationale des Syndicats Autonomes，UNSA）。

除了因现有团体的差别而导致的分裂之外，外部的挑战也是存在的。1995年，**国民阵线**组织了几个新的工会。当政府和法院阻止了这些行动时，这个极右政党开始渗透到现有工会之中。

因此，当政府行为遭到强烈反对，从而为工会组织提供了增强其组织力量和支持力度的机会时，工会运动就会比别的时候更易分裂。如同过去一样，大规模的罢工运动助长的是分化和敌视，而不是促进团结。

企业利益团体

第二次世界大战结束以来，大部分贸易协会和雇主组织都保持在一个主导性的、人员优秀的联盟之内，该联盟于1998年更名为**法国企业运动**（Mouvement des Entreprises de France，MEDEF）。然而，不同的利益、相异的经济观念和冲突的意识形态经常妨碍这一全国性组织采取强有力的行动。有时，这种差异妨碍了联盟在与政府或工会谈判中的代表性。不过，法国企业运动平安地度过了社会党于1980年代发起的**国有化**以及社会立法和劳资关系重组的艰难岁月，而没有降低其作为重要利益团体的地位。

由于法国企业运动主要控制在大公司手中，店主和许多小公司老板觉得更加致力于运动的团体可以给他们提供更好的保护①。作为结果，小公司和店主的一系列运动向既定的组织发出了挑战，最终组建了他们自己的右翼团体。

农业利益团体

农业利益的保护具有长期内部斗争的记录。不过在第五共和国时期，**农业工会全国联合会**（Fédération Nationale des Syndicats d'Exploitants Agricoles，FNSEA）是几个农场组织中占统治地位的一个，该联合会还是推动法国农业现代化的有效工具。

1960年代的农业改革立法以及**欧盟共同农业政策**为“专门农业组织的合作”准备了条件，而真正的合作最初只提供给农业工会全国联合会。由于这一特权地位，该联合会资助并控制了农业改革的重要机构，它利用这些手段组织了大量法国农民。在政府的支持下取得了农业领域的支配地位后，该联合会不时地凭借绝大多数农民的支持（虽然农民人数在减少）而与政府政策唱反调②。

近年来，农业工会全国联合会面临的主要挑战来自外部（欧洲和世界市场）而非内部。农业部门反而因丰收而遭受损失。在欧盟的压力下，法国于1992年同意共同农业政策（这是自1960年代以来主导欧洲农业市场的欧盟共同政策）的主要改革方案。1992年的改革削减了大量农业用地，对农户的直接支付取代了一些价格补贴。欧盟在东欧的扩张增加了进一步削减共同农业政策预算的压力。法国（和其他欧洲国家）对进口转基因农产品的强烈反对态度，加剧了世界贸易组织（WTO）内部的紧张关系。

进入方式和行动风格

在法国，有组织的团体利益是通过范围广泛的各种组织表达出来的，这些组织是从软弱而四分五裂的工会运动到组织良好的农业工会全国联合会。总的来说，法国的团体与其他工业化国家团体的不同之处在于它们表达的风格和活动的形式。

在以往的政体里，有组织的利益团体把议会看成进入政治权力中心最便利的方式。在第三共和国与第四共和国时期，议会中高度专门化和有权力的委员会通常只是利益团体的代表机构，这些利益团体经常用自己起草的议案取代政府起草的议案。

1958年改革议会并使之合理化的理由之一，就是试图弱化有组织的利益团体在立法过程中扮演的角色。总的来说，这一目标已经实现。但是，利益团体在规则制定和政策形成过程中的影响并未完全消失。为了增加影响力，如今的团体利用的是条件最好的、团体一直认为最有利的、能直接进入行政部门的途径。有组织的私人利益团体与国家之间必不可少的合作在隶属于行政机构的咨询委员会中制度化了。这些委员会主要由公务员和利益团体代表组成。

不足为奇的是，一些利益团体比其他利益团体更容易进入政府机构。团体代表与公共行政官员之间观点的相似可能是基于共同的观点、共同的社会背景或教育。高级公务

① 新近最引人关注的研究是：Sylvie Guillaume，*Le Petit et moyen patronat dans la nation française*，*de Pinay a Rafferin*，1944－2004（Pessac，France：Presses Universitaires de Bordeaux，2004）。更早的研究有 Henry W. Ehrmann，*Organized Business in France*（Princeton，NJ：Princeton University Press，1957），该书提供了管理层与雇员组织之间相互交往的案例研究，不过现在已经过时了。

② John Keeler，*The Politics of Neocorporatism in France*（New York：Oxford University Press，1987）。

员倾向于在“职业性组织”与“利益团体”之间做出区分，对于前者，他们足够严肃地予以倾听；对于后者，他们应当保持距离。利益团体代表的视角往往反映他们自己的实力以及与国家和政府的不同部门合作的经验。工会代表承认他们依赖社会气候（主要是罢工活动的水平）以便与政府进行有效协商。工商业的代表更依赖于与公务员的联系。农业利益团体则认为它们更多依赖于与省部级别官员的接触[①]。

通往特权管道的倾向，有时被称为**新合作主义**（民主的合作主义——见第四章），在法国仍然弱小（农业和大企业领域除外）。国家与利益团体合作的核心是这样一种观念，即认为国家在规制和界定利益团体的合法性上扮演重要的角色。国家还制定了使合作得以实现的规则。法国政府通过官方的认可和补贴在各个层面强烈影响利益团体间的关系，甚至影响它们的存在。虽然有代表性的组织有无官方认可都可以生存，但只有得到官方的承认才可能进入咨询机构，才有权签订集体协议（这对工会而言尤其重要），才有权获得一定的补贴。因此，官方承认是一个重要工具，保守党和社会党政府都曾利用这一工具来影响利益团体。

法国政府以直接或间接的方式补贴利益团体。以这些方式特别偏爱一些团体，使政府看起来符合新合作主义的标准。但在其他一些方面，法国新合作主义的模式没有其他欧洲国家那么适用。新合作主义的政策制定假设国家行政机构与占支配地位的利益团体（或团体联盟）之间在主要社会经济领域存在密切合作。不过法国案例的引人注目之处在于，此种合作是参差不齐的[②]。

如果新合作主义的模式要求利益团体的领导人控制组织的行动并协调谈判，那么法国利益团体的大规模行动（例如上街游行、“非法”罢工和攻击政府设施）就通常出现团体领导人很难控制的局面。的确，法国的团体抗议比其他工业化国家更有效（至少从消极意义上来说），因为它是团体-政府关系模式的一部分。抗议在范围和强度上都受到限制，不过政府承认这些抗议是利益的有效表达（见专栏 8－1）。

◇ 政党

8.9 以法国近代史为例，解释法国的政党制度以及那些阻碍其出现两党制的因素

与欧洲其他国家相比，法国政党制度以不稳定和弱组织为其特征。在第五共和国出现了强得多的制度，但该制度受到了 2016—2017 年反复无常的选举的挑战。

传统的政党制度

一些选举分析家看到，法国人长期地、似乎不变地划分为两大政治家族，通常被归为“右派”和“左派”。迟至 1962 年，左派在那些左派传统维持其坚固基础一个多世纪的部门仍然最强。1974 年总统竞选和 1978

---

① Frank Wilson, *Interest-Group Politics in France* (New York: Cambridge University Press, 1987), 151, 153, 162, and 164.

② John T. S. Keeler, “Situating France on the Pluralism-Corporatism Continuum,” *Comparative Politics* 17 (January 1985): 229－249. 关于补贴，参见：“Patronat et organizations syndicales: un système a bout de soufflé,” dossier special, *Le Monde*, October 30, 2007.

专栏 8-1

法国的抗议活动

在戴高乐政府的长时期里，最有影响的反抗形式是街头大众抗议，其高潮是 1968 年 5 月和 6 月的“事件”，使得第五共和国动荡不安。共和国存活了下来，但 1968 年成了街头权力的象征，它一直延续到 1980 年代的社会党政府时期。越来越多的人（农民、技工、小商人、卡车司机、医生、医科学生）来到街头抗议即将颁布的法律，这常常是出于对他们自己地位的担忧。示威活动经常导致暴力冲突和近乎骚乱的局面。类似的局面在此后的保守党政府统治下也出现过。大学生和高中生的示威活动迫使 1987 年的大学改革计划中止。1994 年的一项针对“青年”最低工资的征税计划，虽然明显是为了鼓励更多青年就业，但最后因高中生在巴黎和其他大城市的街头抗议而胎死腹中。1995 年，在公务员罢工和大规模游行示威一个月后，希拉克政府放弃了重组国有铁路系统的计划，并修改了一项重组公务员的计划。一年后，罢工的卡车司机从依旧软弱的政府那里赢得了重大让步。2000 年秋季，由卡车司机和出租车司机领导的针对石油和汽油上涨的抗议活动（蔓延到了英国）迫使政府降低了燃油消费税。2006 年，政府通过了建立劳动合同制度（诸多工作合同制度中的一种）的法律，使青年雇工在工作的头两年更容易被解雇，意在鼓励雇主雇用 25 岁以下的青年。该法律至少最初得到所有主要工会和主要左翼政党的支持，但是，经过青年三个月的街头示威和占领学校的斗争，该法律被废除，这些青年原本被认为是新法律的受惠者。2013 年，当新任的**弗朗索瓦·奥朗德**社会党政府提议并通过了使同性婚姻及其收养合法化的法律时，右翼团体组织了一系列反对该法律的大众游行示威。然而这一次，政府立场强硬，六周以后颁行了该法律。有一点不同的是，右翼政党（包括国民阵线）仅给予这些游行示威以有限的支持。

年议会选举时的结盟反映了同样的分裂。但是此后不久，左派占领了以前属于保守党的地盘，以及激进右派渗透进左派的堡垒，改变了传统地理上的选票分布。1981—2002 年，每次立法选举时多数派都在发生变化，如今很少有哪个部门是右派或左派的稳固地盘。

第五共和国的选举制度有助于政治结盟的简单化。在大部分选区，最终决选是两名候选人的对抗，每人通常代表两大阵营之一。一个简单而稳定的划分原本早就能产生两个政党或联盟轮流执政与在野的模式，但这种情况为何没有发生呢？

除了直至 1970 年代末的共产党以及更近期的社会党和**人民运动联盟**（Union for a Popular Movement，UMP），法国政党在组织上大多比较薄弱。法国政党主要是在前工业和前城市化的环境中发展起来的，首先迎合的是中上阶级和后来的中产阶级选民的要求。这些政党最重要而且有时是唯一的职责，是为地方、省和国家政府机关选拔和选举候选人提供一个框架。即使在组织较好的政党中间，全国和地方两个级别的政党组织在导向上都已经碎片化，只在两个级别之间还有一定的联系。

这种政党组织形式之所以能幸存下来，主要是因为选民的支持。一个不相信权威并且希望抵制专制政府的选民团体，很可能对有志于政治改革的政党表示怀疑。就其全部对抗而言，共和主义与反共和主义传统有一个共同点，即都厌恶稳固建立且组织良好的政党。迟至1960年代，登记在册的选民加入政党的不到2%。例如在英国和德国，有些政党成员数过百万，而法国政党的成员数从未达到过这样的水平。组织上的薄弱有助于多党制的持久。

在两党或三党制中，大党通常靠近政治中间立场以便获得稳定性和凝聚力。不过，在极端政党普遍盛行的地方，中间派被政治选择的多样性削弱。在第三共和国和第四共和国时期缺少立场一贯的左派或右派，使得政党没有能力组建稳定的政府。

然而，第五共和国创造了一个新的政治框架，它对所有政党及其相互之间的关系都有着重要的（即使是逐步的、通常不可预见的）影响。政党制的出现，反过来又影响了政治制度实际运作的方式。1970年代，议会党纪的强化对总统和总理强有力的行政领导及政治过程的稳固有重要的意义。主要政党还成了辩论和发展政策选项的主要竞技场。

主要政党仍然支配着议会工作的组织和候选人的挑选，但它们作为拥有大量成员的组织的重要性却大大降低。在2012年的立法机构选举中，两大党得到82%选民的支持，国民阵线和绿党吸引了另外8%的选票。因此，大约10%的选民支持一系列以议题和个人特质为基础的政党，与以前的一些选举相比，比例大大降低了。国民议会中9个党派的代表分为6个议会团体——其中4个团体结盟形成左派多数派（尽管只有社会党拥有多数席位），另外两个团体属于右派反对派。

这种显而易见稳定的制度受到2017年总统和立法机构选举的严重挑战。在总统选举的第一轮投票中，选民对两大执政党的候选人（中间偏右的共和党和偏左的社会党）的支持率只有27%，两人均未能进入最后一轮投票，这导致政党制度的一次历史性危机。

主要政党：右派和中间派

自1983年以来，右派的老牌政党受到了涌现出来的国民阵线的挑战。其结果是，它们如果得不到国民阵线选民的支持，就越来越难以赢得选举；但又不能在国民阵线的支持下进行治理。

共和党　**共和党**（Les Républicains，LR）是戴高乐主义政党最新近和直接的直系后裔。最初的戴高乐主义政党是戴高乐于1958年重掌政权后匆忙组建起来的。早期戴高乐主义政党在几个方面不同于传统的右派保守党。它直接诉诸不同团体、阶级（包括一部分工人阶级）的广泛联盟。政党领导人曾一度把党员发展到数十万。但党员的角色通常局限于参加大众集会和选举时协助党派宣传。该党的一个重要创新是其在议会中的代表在表决政策时遵守严格的纪律。选举上的成功逐渐发展成压倒性胜利（发生在大规模罢工和学生们于**1968年5—6月大游行**之后），戴高乐主义政党在国民议会中占据多数席位。这样的成就在法国共和政体中是首次实现。

在长达16年的时间里（1958—1974年），总统与总理的职位都掌握在戴高乐主义政党手中。1974年，夏尔·戴高乐和乔治·蓬皮杜双双去世后，瓦莱里·德斯坦出任总统，他是一位著名的保守派，但不是戴高乐主义政党成员。1974年以后，戴高乐主义政党的地位大不如前，选民支持率也下降了。

雅克·希拉克将该党重组为大众政党，并重新命名为**保卫共和联盟**（Rally for the Republic，RPR）后，由此逆转了该党的下降趋势。事实上，保卫共和联盟与其前身戴高乐主义政党有很大区别。虽然希拉克经常援用戴高乐主义来鼓励人心，但他避免使用其初期运动中常用的平民主义语言。保卫共和联盟诉诸严格限制的、界限分明的右派支持者，类似于传统而守旧的顾客。其选民代表主要是年老而富裕的选民，也有农场主（如今农场主已成为人民运动联盟的主要选民，见表 8－1）。这些选民最喜欢把自己定义为右派、反左派，积极支持商业学校和教会学校，更喜欢人格魅力而非政治理念，不太支持妇女的堕胎权利（德斯坦政府通过了这一法律）。希拉克统领的政府自封新自由主义，并在 1986—1988 年把以前的一系列国有企业私有化，自此以后，希拉克给了那些担心福利国家挑战的人一颗定心丸。

1980 年代该党的选举水平仍然差不多是稳定的，但只是在较低的水平上（见表 8－2）。即使当 1993 年右派在选举中大获全胜，保守党联盟赢得议会 80%的席位时，保卫共和联盟在第一轮选举中仅以不到 20%的得票率挤走其保守党对手。1997 年，该党的得票率降至 16.8%，高于国民阵线不到 2 个百分点。不过，由于 1997 年估计其有 10 万党员（用欧洲标准来评价相对还比较低），保卫共和联盟仍是法国当时最大的政党。

到 2002 年，保卫共和联盟走过了长期的发展历程，最初它只是被戴高乐主义的“巨头”牢牢掌控并由戴高乐主义的组织话语所限定的政党。1995 年，雅克·希拉克在总统竞选中的获胜原本给了他一个把保卫共和联盟改造为政府党（a party of government）的机会。然而，1995 年夏季之后一系列看似没完没了的政治危机以及 1997 年 6 月立法机构选举中灾难性的失败，反而加大了该党内部及其与合作者之间的分歧。1999 年，当希拉克（仍然是共和国总统）挑选的候选人在党魁的竞选中失利时，他失去了对该党的控制。

2000 年秋，希拉克再次参加 2002 年大选的候选人资格似乎因为戏剧性的新证据而受到损害，这个发生在巴黎政党机构中的重大贪污事件的证据直接牵连到总统（和前巴黎市长）。不过，在 2002 年总统竞选的第二轮选举中与让-玛丽·勒庞（Jean-Marie Le Pen）（国民阵线领导人——见下文）的意外角逐，给了希拉克及其政党新的生命。

希拉克在 2002 年总统竞选第二轮中的大胜为人民运动联盟的组建创造了条件。该联盟是保卫共和联盟新的后继者，2002 年时被称为总统多数联盟（Union for a Presidential Majority）。该党包括来自保卫共和联盟的代表，一些来自**法国民主联盟**（Union for French Democracy，UDF）的代表，还有一些其他右派小党的代表。由于在新的国民议会中占有 60%的席位，人民运动联盟把分裂的右派团体统一在胜选的总统周围。2006 年，希拉克在党内的对手**尼古拉·萨科齐**成为党魁和政府内政部长，并事实上成为 2007 年总统竞选时毫无疑问的本党候选人。

像希拉克一样，萨科齐运用其政党基础赢得了总统，同样如同希拉克，他在成为总统后不久，对党的控制就开始消退。萨科齐在广泛的政党基础上组建其政府，在一些重要的部长位置上安排了有影响的左派人士。

表 8-1　2012 年立法机构选举的投票模式

左派政党获得较多青年和除店主、商人和失业者以外的所有职业人士的支持，而中右派政党则获得较多年长和高收入者的支持。

	社会党/共产党/绿党+其他左派政党（%）	人民运动联盟中间派（%）	极右派政党（%）
性别			
男性	50	33	15
女性	47	40	12
年龄			
18～24 岁	50	31	17
25～34 岁	48	34	17
34～44 岁	53	30	15
45～59 岁	49	32	17
60 岁及以上	44	47	8
职业			
店主、技工、商人	41	42	14
执行官、专家、知识分子	57	34	7
中层管理者	53	31	15
白领	44	30	24
工人	46	29	23
失业者	46	45	7
教育水平			
未受教育	46	31	20
职业教育	47	34	18
高中（学术型）	41	40	18
高等教育	53	39	6
家庭收入（每月欧元）			
1 200	48	32	18
1 200～2 000	50	33	16
2 000～3 000	47	38	14
3 000～4 500	48	38	12
4 500 及以上	49	43	7

资料来源：Ipsos/Logica Business Consulting，*le Monde*，June 12，2012，12.

表 8-2　第五共和国自 1997 年以来的议会选举

自 1997 年以来变动着的政党得票率和议会席位由第一次投票的得票百分比表示。

	1997 年		2002 年		2007 年		2012 年	
登记选民数（百万）	39.2		41.0		43.9		46.1	
弃权者（%）	32.0		35.6		39.6		42.8	
政党席位	**%**	**席位**	**%**	**席位**	**%**	**席位**	**%**	**席位**
法国共产党（PCF）—左翼阵线 2012 年	10.0	37	4.8	21	4.6	18	7.9	10
社会党（PS）	23.7	245	25.3	141	27.7	201	29.2	302
激进左派	1.5	13	—[c]	8	—	7	1.7	13
人民运动联盟（UMP）	—	—	33.3[d]	362[d]	45.5	335[f]	26.2	206
法国民主联盟（RI 及其他中间派）	14.8	109	4.9	22	7.7	4	2.4	25
戴高乐主义者（RPR）	16.8	140	—	—	—	—	—	—
国民阵线	15.1	1	11.3	—	4.7	—	13.8	3
其他	18.7[a]	32[b]	16.3[e]	13	6.3	12[e]	16.4[e]	18[e]

a 包括绿党 6.3%的得票，以及较小的右派和左派运动的得票。
b 包括 8 个生态主义者（绿党）、7 个异议社会党和其他独立代表。
c 激进左派 2002 年和 2007 年的得票包含在社会党的得票中。
d UMP（总统多数联盟——为 2002 年立法机构选举成立的新中右派政党）。
e 包括生态主义者（绿党）和右派及左派的异议者［以及 2002 年的一个极右政党（MNR）］
f 包括附属的独立代表。
资料来源：取自：the Ministry of the Interior 的官方结果，https：//www. interieur. gouv. fr.

尽管这在一段时间里展现了活力和革新的形象，但也削弱了萨科齐在议会基础的影响力，特别是在他的受欢迎度开始下降之后。在 2012 年势均力敌的总统竞选中，萨科齐败给了社会党领导人奥朗德，在随后的立法机构选举中，人民运动联盟也大败于社会党。但是，萨科齐于 2014 年重新获得了对该党的控制权。在一年之内，他又成功地将该党更名为共和党。他后来于 2016 年 8 月辞去党魁职务，为他作为总统候选人参加 2017 年的总统大选做准备（他在此战中失败了）。

在该党 2016 年 11 月第一次开放的初选中，萨科齐输给了弗朗索瓦·菲永，此人曾担任他的政府总理。但是，菲永的候选人地位因司法腐败调查而遭到削弱，他未能进入 2017 年 5 月总统选举的第二轮投票。这是第五共和国历史上第一次中右派的候选人未能成为最终决选者。更重要的是，该党随后以其混乱的领导方式参加了随后的立法机构选举。

然而，马克龙总统任命爱德华·菲利普（Edouard Philippe）担任其第一任总理，后者是共和党人、一个相对不知名的勒阿弗尔市的市长，他在青年时是社会党员。菲利普的任命乃出于这样的算计：将更多共和党的中间派代表带入议会的总统多数党团。

民主运动　这个小而重要的政党成立于 1962 年，当时瓦莱里·吉斯卡尔·德斯坦和其他一些保守派代表反对戴高乐发起的关于总统直选的全民公决。

从那以后，该团体为议会中保守派多数提供了少量补充，德斯坦本人作为长期在企业、银行和公共服务业中享有盛誉的家族之后裔，在戴高乐和蓬皮杜统治时期都担任财政部长，直到 1974 年自己当选总统。他的政党的政治力量来自其在议会中的代表（其中许多代表都是内阁成员），也来自在市和省委员会中担任要职的地方领导人。

为了提升政党的影响力（政党的名称已于 1977 年改为共和党），德斯坦总统选择了右派政党和中间派通常认为适宜的道路：把团体和名人组织成混杂联盟，以便在 1978 年的立法机构选举中支持总统。混杂的结果产生了法国民主联盟。据估计，当法国民主联盟参加 2002 年大选时，它所联合的所有党派的成员数不超过 38 000 人，而且其成员数还在下降。

1981 年之后，法国民主联盟与保卫共和联盟通常在选举时相互合作。由于 1983 年后国民阵线在选民支持率上取得进展，法国民主联盟与保卫共和联盟在第一轮议会选举中挑选了更多的联合候选人，以避免被国民阵线打败。然而，即便是联合作战，它们也无法使自己的得票率超过 45%。虽然如此，但它们还是在 1986 年、1993 年和 2002 年的议会中赢得了多数席位（见图 8-3）。1995 年希拉克胜选后，在总理**阿兰·朱佩**（Alain Juppé）领导下组建的两届政府是一种双重联合：一方面是保卫共和联盟与法国民主联盟内部的派系联合，另一方面是两大联盟之间的联合。2002 年的政府也是一种双重联合，总理让-皮埃尔·拉法兰（任职到 2005 年）是法国民主联盟的老党员。随着法国民主联盟的大部分代表编入人民运动联盟，法国民主联盟作为一个政党基本上失去了其独立影响。

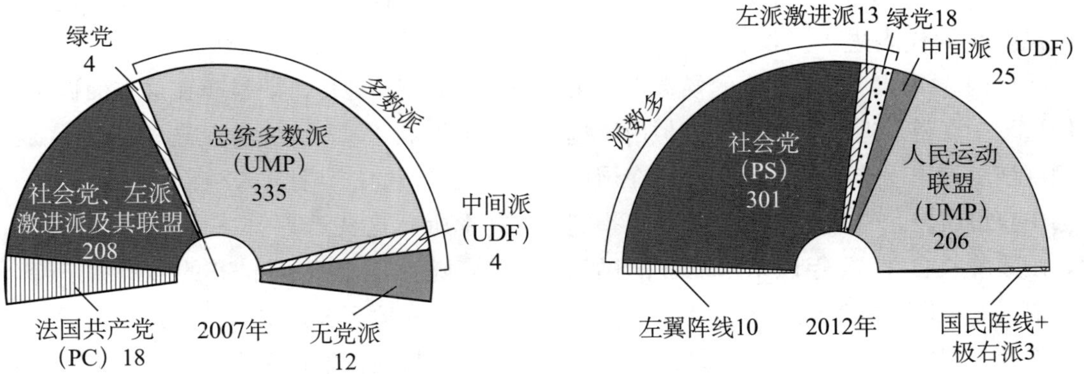

图 8-3　国民议会中的席位分布

2007 年与 2012 年选举之后国民议会中的政治代表。

然而，在弗朗索瓦·贝鲁（François Bayrou）的领导下，法国民主联盟（那些未加入人民运动联盟的代表）看起来作为既成的右派选民中反希拉克/反萨科齐的力量而保留了某些影响。在 2007 年的总统选举第一轮中获得超过 18%的选票，贝鲁试图使法国民主联盟在随后 6 月的立法机构选举中的谈判地位最大化。该党被重新命名为“民主运动”（又称 MoDem）后，被前政要（包括德斯坦）公开指责，最终只当选 3 名代表。在 2008 年和 2010 年的地方和地区选举中，此衰落之势继续，该党在 2012 年的总统和立法机构选举中变得无足轻重。然而，贝鲁与马克龙总统结成了联盟，在 2017 年的新议会选举中因为增加了代表席位而赢得支持。

国民阵线　右派政党的内部分裂部分起因于对国民阵线选民支持率上升的不同反应。1972 年，**让-玛丽·勒庞**创建了国民阵线，在 1980 年代以前，该党相对来说只是一个默默无闻的极右政党。1983 年以前的任何一次大选中，其选民支持率都不超过 1%。但是，在 1984 年的欧洲议会选举中，国民阵线获得了近 10%的选票。

类似地，在 1986 年的议会选举中，国民阵线赢得了接近 10%的选票（大约 270 万张选票，比共产党的得票率还要多）。这些成就确立了该党作为重要政治力量的地位。国民阵线的选票中有 2/3 来自以前支持老牌右派政党的选民，而余下的则来自以前的左派选民（大部分是社会党党员）或者是新选民和以前的弃权者。

得益于 1986 年的比例代表制改革，35 名国民阵线的代表进入了议会。在 1993 年的立法机构选举中，国民阵线的候选人在第一轮选举中获得了近 13%的选票，但由于选举制度恢复到单一选区制，该党未能在国民议会中获得席位。事实上，因为这一选举制度，国民阵线自 1988 年以来未能在国民议会中取得 2 个以上的席位。

然而，国民阵线看起来在发展地方基础网络方面进展良好。1998 年，法国民主联盟 5 个选区的领导正式接受国民阵线的支持，以维持他们选区主席的地位。1995 年，国民阵线第一次在 3 个城市的市政选举中获胜，并且在法国几乎半数的大城镇都获得了代表席位。勒庞在总统竞选中位居第二的能力（在 2002 年总统竞选的第一轮获得 17%的选票）是对整个政治体制相当大的冲击。国民阵线在两个月后立法机构选举中的表现就要差很多（11%的选票），但仍然确证该党（不仅仅是勒庞）是一股政治力量。

有人常把国民阵线比作保护小商人和手工业者利益的运动（布热德运动），该运动曾在 1956 年的立法机构选举中获得 250 万张选票，此后便逐渐退场①。不过，国民阵线在选举和组织上的支持来自大城市，而非小城镇。与布热德不同，国民阵线的支持者是从右派转过来的，它在吸引工人阶级选民（左派的社会基础）方面更为成功。此外，国民阵线在构建组织网络上也远比布热德运动成功，它有数百名各个层级的当选官员，对其他政党的选民也产生了深远的影响。在 1980 年代的*所有*选民中，赞同国民阵线所提议题的人数迅速增加，1999 年中期以后再度增加。而且，该党的竞争力迫使其他政党把国民阵线的议题（比如移民）置于自己政治议程的较高地位。萨科齐在这方面做出的努力证明在 2007 年的总统选举中非常成功。勒庞赢得的选票比 2002 年少了 80 万张，而几乎所有这些选票都去了萨科齐那里。当然，随着 2010 年萨科齐的影响力下降，国民阵线在地区选举中取得了惊人的振兴，正如勒庞将其权力移交给他政治机敏的女儿玛丽娜那样，玛丽娜领导该党投入 2012 年的选举。

玛丽娜·勒庞叹为观止地取得了成功。以 2002 年总统选举第一轮赢得近 18%的选票，她超过了其父的纪录，并以随后立法机构选举中第一轮获得 14%的选票，国民阵线牢固地确立了法国第三党的地位；其他小党

① Stanley Hoffmann，*Le Mouvement Poujade*（Paris：A. Colin，1956）.

都无法接近这种支持程度。而且，近 1/4 的蓝领和白领工人把票投给了国民阵线。类似于一代人以前法国共产党得到的支持，国民阵线获得的选举支持程度与教育和收入成反比。因此，该党现在是对法国政治体制前所未有的一大挑战。

在为 2017 年总统和立法机构选举热身阶段，玛丽娜・勒庞加强了该党的组织。2015 年，在一次绝妙的运作中，她策划将其父排除出了该党。她还使党的意识形态立场远离反犹太主义，聚焦于移民、难民和法国国民身份认同问题，这些让国民阵线更接近那些主导了欧洲人的问题。在 2017 年总统选举第一轮，勒庞为国民阵线创造了新的纪录，获得 21%的选票。尽管她在最后一轮以 31%得票率败选，但她再度创造了对国民阵线支持率的纪录。

左　派

左派受到的挑战出自国民阵线的崛起，也出自后密特朗时期其自身领导力的薄弱。国民阵线从传统上支持左派的工人那里获得了大比例的支持。同时，法国共产党的衰落也使社会党失去了稳定的执政合伙者。

社会党　与其他欧洲国家稳定的社会民主党相比，自 1905 年创立以来，法国**社会党**（PS）几乎从 1905 年开始就缺少实力。缓慢而不平衡的工业化和勉为其难的组织化不仅阻碍了工会的发展，还使社会党失去了工人阶级的强力支持，而其他欧洲工党则从与工会的联合中获得此力量。

与英国工党不同，法国社会党早期未能吸收中产阶级激进分子（相当于英国的自由主义者）。长期以来，社会党纲领妨碍其吸纳中间偏左的中产阶级政党的选民。这个在第五共和国之前成立的政党从未强大到仅靠自身力量就可控制政府。该党的软弱性使其在表现最好时也难以成为第三共和国和第四共和国并不稳定的联合政府的合伙者之一。

1920 年法国共产党的出现有效地夺走了社会党的核心工人阶级支持力量。社会党的大部分工人阶级追随者集中在少数传统产业的地区，例如北部的工业区、圣纳泽尔市周围的造船工业区和利摩日周围的法国中部地区。不过，该党在其他地方还有一些据点——南部的葡萄酒酿造商、反对教权的共和主义信徒，还有生产合作者。公务员（尤其是教师）和依靠固定收入生活者在社会党选民中的比例要远高于其在总人口中的比例。

在第五共和国改变了的环境下，社会党面临着相当多的困难。几次错误的尝试之后，旧的社会党解体了，1969 年成立了密特朗领导下的新社会党。新社会党成功地从不断增长的中产阶级工薪族、专业人士、公务员和扩大中的教师职业中吸纳了新成员，并扭转了其在选举中的下滑趋势。

随着共产党在 1968 年以后的影响力下降，工人大量集合在社会党周围。然后在 1970 年代，法国社会党做了欧洲其他社会党无法做到的事情：它吸收了 1960 年代末一些新社会运动的领导人（包括一些生态主义者和地方主义者），还吸收了非共产党左派小政党的领导人①。

弗朗索瓦・密特朗从 1981 年的选举中

① D. S. Bell and Byron Criddle, *The French Socialist Party: The Emergence of a Party of Government*, 2nd ed. (Oxford: Clarendon, 1988).

获益颇多。随着密特朗成为共和国总统及社会党成为议会多数派（但还有赖于共产党的支持），社会党发现自己处在了一个前所未知的位置——它对此并未做好准备。其后数年的大权独揽影响了该党的形象和前景。1981—1986年的掌权岁月对于各级社会党来说是一个紧张而痛苦的学习过程。在密特朗领导和社会党连任执政之下，随着欧洲统一及全球贸易的竞争规则挑战国家对国有化企业的控制，社会党关于国有化的传统意识形态部分地消解了。其结果是，该党的导向问题成了持续冲突和辩论的话题。

当1988年再次当选任期7年的总统职位时，密特朗得到了法国本土96个省中77个省的支持。社会党拿下了法国西部和东部传统上属于保守派的选区。但是，社会党选举力量在全国范围的这种扩展，意味着该党的议会多数派地位依靠的是那些选民的支持附带更多条件的选区。社会党得益于宗教遵从的弱化、都市化、中产阶级工薪族（技术人员、中层管理者等）的增加和经济领域服务行业的发展，女性大量进入劳动力市场，所有这些都削弱了右派的力量。

然而，权力的腐败也降低了选民对社会党的投票支持率，这些选民正变得比此前更加态度多变。1980年代后期开始的对腐败案的指控、调查和定罪牵连了所有政党。但对社会党而言，此种腐败损害了党的形象，导致选民支持的减弱。此外，不断上升的失业率，甚至社会党选民也越来越感觉到社会党领导层已精力耗尽，在就《马斯特里赫特条约》举行全民公决期间大量社会党的传统选民动员起来反对政府的活动，这些都损害了社会党在1992—1994年的支持率。与1988年相比，社会党在1993年的立法机构选举中失去了1/3的选民。如果说，第五共和国在1980年变得常态化（意指左派和右派随着每次立法机构选举而轮流执政），那么，社会党则在依赖政府权力方面变得与其他执政党一样了。

尽管存在这些境况，社会党领导人**利昂内尔·若斯潘**（Lionel Jospin）在密特朗逝世后显现出惊人的成效。虽然在1995年的总统选举中输给了希拉克，若斯潘在1997年的立法机构选举中共赢得31个多数席位（被称为“*左翼多数派*”），遂担任总理，组建了第一个左派共治政府。该政府通过了一系列重要却带争议的改革方案，包括每周35小时工作制、同居伙伴立法（domestic partnership legislation）以及一条要求女性候选人在竞选公职时享有同等权利的宪法修正案。最终，实施了一些重要的结构性改革，并（在总统的同意下）将总统任期缩短为5年。

虽然政府的声望在下跌，但若斯潘在2002年总统竞选第一轮就被淘汰（得票差距不到1个百分点）却完全出乎意料。这主要是因为社会党的选民改投了左派联盟并不重要的候选人，导致国民阵线的候选人在第二轮选举中与希拉克总统对决。若斯潘很快辞去了党魁之职，在随后的立法机构选举中左派遭到挫败，因为社会党的代表减少了一半。

循着既定的节奏，社会党（及其左派联盟）在两年后重新振作起来，并在2004年的大区选举中取得压倒性胜利。它在缺少全国坚强领导的情况下赢得了对全法国21个大区政府的控制（仅1个大区未赢）。然而，没有强有力的领导，社会党挑选总统候选人参加2007年的竞选等于是在自取灭亡。在这样的境况下，塞格莱娜·罗亚尔早在选前一年半就为获得竞选提名而发起了一场策划周密、资金充足的运动。作为法国大党的第一位女性候选人，罗亚尔是社会党众望所归的政治领导人。毕业于国家行政学院的她，在社会党中的地位不断上升，首先是国民议会议员，然后是几个部的部长，接着是普瓦图-夏朗德大区的省长。她的竞选运动使社会党的成员人数大增至近 20 万。因此，当 2007 年 5 月罗亚尔在总统竞选中败给尼古拉·萨科齐时，她的支持者的失望也更大。

2011 年，社会党似乎再度遇到大麻烦。在社会党总统候选人初选中最有希望的多米尼克·斯特劳斯·卡恩在初选前因受到强奸指控（后来撤诉）于纽约市被捕，因而退出初选。其结果是选区开放，弗朗索瓦·奥朗德最终赢得初选，他是前社会党第一书记、罗亚尔的搭档（见专栏 8-2）。他以"普通人"的形象标榜，在一场势均力敌的竞选中赢了总统萨科齐。社会党在随后的国民议会选举中赢得了决定性的多数席位。相当出人意料地，社会党于 2011 年赢得了参议院的微弱多数，由此便控制了全国三个权力机构。

专栏 8-2

总统弗朗索瓦·奥朗德，一个"普通人"

当他的前任尼古拉斯·萨科齐经常因为作秀风格和混乱的个人生活而被称为"亮闪闪总统"时，弗朗索瓦·奥朗德却喜欢把自己塑造成一个普通人。他辩称，自己会让总统办公室恢复尊严。他将成为普通法国公民可以联系的人。在某种程度上，他反映了自 1968 年以来法国社会演变的方式，这些方式若在美国会显得相当不同寻常。尽管他有四个成年子女，这些子女的母亲曾是前社会党的总统候选人，但是，奥朗德像许多同代人一样，从未正式结婚。在其他方面，他是传统的法国政治人物，深深扎根于地方层级。虽然他担任社会党第一书记达 11 年（直到 2008 年），但他最重要的当选职位是在省一级——蒂勒市长和法国中部科雷兹省的国民议会议长。

在其他方面，他是政治阶级的典型成员。他毕业于最负盛名的高等教育机构，然后进入审计法院（Cour des Comptes）——一块成为法国公私领域精英的晋阶石。像他的许多社会党同代人一样，他的政治生涯始于加入密特朗周围人的群体。他一直靠近权力中心，但从未成为自己做主的主要人物。

然而，在担任总统的第一年，他作为一个普通男人的形象开始褪色，部分原因是所处的并非普通的政治时刻。失业率上升到创纪录的水平，法国处于经济衰退的边缘，增长无望。他的政府因其预算部长在瑞士和新加坡拥有秘密账户的丑闻而被撼动。尽管奥朗德继续保持平静举止，但他似乎被他无法控制的政治风暴包围。此外，正如媒体报道的那样，他结束了一段男女关系又开始了另一段男女关系，他的私生活变得混乱不堪。在任职第一年结束时，奥朗德以第五共和国所有总统中最低的支持率而"拔得头筹"，而这个支持率还在继续下降。

但是，在掌权仅一年后，社会党政府就在政治上受到欧洲持续的、折磨人的经济危机的打击。政府既不能阻止增长的下降，也无法制止失业率的上升，总统的支持率下降到历史最低点。此外，恰恰在其当选一周年的时候，政府因其预算部长在瑞士苏黎世和新加坡拥有秘密账户的大丑闻而被撼动。然而，政府的大多数仍然受益于第五共和国制度的稳定性，从而使得他们直至2016年都在做正确的事情。社会党政府还从人民运动联盟的混乱中得益，后者遭到其自身的深度分歧和丑闻的打击，包括对前总统萨科齐的几项调查。但是，2015年和2016年发生在巴黎的数次恐怖主义袭击使得法国选民感受到不安全和缺少有效的政府控制。到2016年秋，奥朗德的支持率达到第五共和国所有总统中的最低点，社会党注定会在2017年的总统和立法机构选举中败北。确实，其受到党内左派强烈支持的总统候选人贝诺瓦·阿蒙（Benoît Hamon）被证明十分微弱，他只获得了6%的选票，未能进入选举的第二轮。这标志着社会党自2002年以来首度在竞选中进不了第二轮。

法国共产党 直至1970年代末，**法国共产党**（French Communist Party，PCF）还是法国政坛的一支重要力量。它曾是左派中的最大党，拥有比任何其他法国政党都多的党员。尽管事实上除了第二次世界大战（1944—1947年）以后的短暂插曲以外，它在1981年以前一直被拒绝加入全国的联合政府。

在几十年里，共产党在全国和地方范围内的存在不断冲击着政治游戏的规则，并由此冲击着政治体制本身。在第五共和国时期，该党在1978年以前仍然在左派政党中享有最高的选民支持率，尽管落后于右派的戴高乐主义政党。除了全国大选的成功以外，1980年代早期以前的法国共产党在地方选举中也拥有举足轻重的力量。

然而，共产党及其众多同情者组织看似威严的大厦已经被严重地摇撼了，究其原因，首先是密特朗领导下的社会党在1970年代的重新崛起，其次是1990年代国际共产主义受挫和苏联的解体。该党1981年的失败只是其螺旋式选举下跌的开始①。2007年，其总统候选人仅获得2%的选票，而且只获得2%的工人阶级选票。到2012年，该党弱到无法推出自己的总统候选人，而是联合了一群社会党的异议人士，他们于2008年脱离社会党，成立了左翼党（PG），作为左翼阵线的一部分。左翼阵线然后支持左翼党领导人让-吕克·梅朗雄（Jean-Luc Mélenchon）作为总统候选人。梅朗雄在第一轮中表现较好，他以11%的得票率居第四，位居玛丽娜·勒庞之后。

因此，为了赢得选举，共产党越来越依赖与其他左翼小党的联盟、与社会党的持续（通常是困难的）合作，以及党内一些资深市长的个人声望。2010年，失望于党的演变，党“更新”团队的约200名成员集体辞职，使党失去了其最有影响力的领导人，包括许多市长和议员。2012年，左翼阵线议会党团约一半成员是共产党员，但权力的平衡显然是在社会党异议人士那边。

法国共产党的边缘化对法国政党制度有重要的意义。它治愈了自1920年社会党分裂以来导致左派不断衰弱的分离症，但也为此付出了代价——法国工人阶级的政治代表权弱化了。虽然法国共产党的命运反过来增

① 有关共产党投票率下降的分析，参见：Martin Schain，“The French Communist Party：The Seeds of Its Own Decline，” in Peter Katzenstein，*Comparative Theory and Political Experience*，Theodore Lowi，and Sidney Tarrow（Ithaca，NY：Cornell University Press，1990）.

强了法国社会党的选举实力，但自1970年代以来，支持这两个党的工人阶级人数比例却下降了30%，如今工人投右派票的多于投左派的。也许最重要的是，以前可能受共产党激进分子动员的许多年轻工人，现在正被动员投国民阵线的票。

欧洲生态——绿党　现在这个党是作为绿党、生态主义运动和积极分子之间艰难的联盟成立于2008年的。绿党在2009年的欧洲议会选举和2011年的地方选举中表现足够好，以至于2012年与社会党建立了联盟。2014年，随着任命**曼努埃尔·瓦尔斯**（Manuel Valls）担任总理，政府进一步转向中间立场，绿党脱离了联盟。然而，在此后的两年里，该党在此联盟的问题上发生了分裂。2017年，绿党候选人退出了总统竞选，转向支持社会党候选人。

共和国前进党（The Republic Moving Forward，LREM）　该党是作为埃马纽埃尔·马克龙所发起的“运动”于2016年4月成立的，其目的是支持他独立参选法国总统。的确，该运动的名称“前进!”（En March!）的两个首字母与他名字的一致。一年以内，该党宣称有超过30万党员，到2017年2月，选举民调明确地显示，马克龙是两位领先的候选人之一。马克龙在奥朗德政府担任经济部长，于2016年8月辞职。他曾是社会党的党员，直到2009年，他宣布自己是无党派人士。随着总统竞选的进展，他将自己的立场定位在中左，他的政纲支持福利国家的主要方面以及更强烈地介入欧盟事务。在第一轮选举的准备阶段，马克龙得到前社会党总统候选人罗亚尔和前社会党总理瓦尔斯的支持，从而成功地分裂了社会党的领导层。

选举方式

8.10　比对法国与美国的选举制度

虽然法国是个单一制国家，但各个级别的选举却很频繁。超过3.6万个**市镇**（communes）、101个省（郡）和18个大区各自都要选举议会议员。国民议会的议员每5年至少要选举一次，共和国总统每5年也要选举（或者重选）一次（2002年以后是每5年一次，之前是每7年一次）。此外，法国每5年还要选举一次欧洲议会代表。

法国是第一个给予广大民众选举权的欧洲国家，也是第一个证明大众选举并不能排除独裁政府之可能性的欧洲国家。1848年的选举法使所有年满21岁的男性公民享有选举权，然而不到5年的时间这些大众选民就认可了路易·拿破仑的*政变*及其所建立的第二帝国。拿破仑并没有限制这些选民，而是采用现代手段加以控制，其方式是不公正地将选区重新划分，巧妙地把公职赏赐给候选官员，并通过行政等级制度向臣属施加压力。

从第二帝国到第二次世界大战结束期间的选民总数大体保持不变。当1944年规定年满21岁的女性也享有选举权时，选民总数突然增加了1倍多。1974年选民年龄下限降低到18岁之后，又增加了250万选民。到2017年，法国年满18岁、注册为选民的人数量超过4 700万。

选举弃权

第五共和国时期的选举参与经历了重大的变化，与之前的共和国相比波动也更大。全民公决和欧洲议会选举时的弃权者最多，总统竞选时的弃权者最少，其他选举的弃权者则介于两者之间（参见表 8-2）。在 2007 年的总统竞选中，84%的登记选民在第一轮竞选中参与了投票，打破了不断上升的弃权趋势，但参与率在 2012 年又下降到 80%，然后 2017 年下降到 75%①。欧洲议会选举相对来说选民较少，在 2009 年超过 59%的登记选民待在家中（略多于 2004 年）。全民公决方面，2000 年创了一个新纪录：在把总统任期从 7 年缩减为 5 年而举行的（成功的）全民公决中，几乎 70%的登记选民选择放弃投票。

不断增加的弃选似乎与政党制度中一个更大的变革现象相关。自 1970 年代后期以来，选民对所有党派的信任都下降了，弃选最高的情况通常出现在对右派和左派政党都无偏爱的选民身上。不过与美国不同，在法国 90%的登记选民中，个人弃选看起来具有周期性，很少有永久的弃选者②。从这个意义上，可以把选举中的弃权看作一种政治选择（2017 年，64%的弃选者说他们弃权是因为不喜欢任何一个候选人）③。不过，像其他国家一样，在法国，教育程度最低、收入最少的群体及年龄最小和最大的群体较少参加选举。

议会选举投票

在政府延续性方面，法国尝试了很多选举制度和手段，但并未得到比较满意的结果。第五共和国的稳定与国民议会议员的选举方法并无关系，因为这一选举制度与第三共和国最动乱的年月所采用的选举制度在实质上是一样的。

与美国一样，法国的每个选区（577 个选区）也只有一名国民议会议员（代表）。这个议员需要经过两轮选举产生。在第一个选举日，获得多数选票的候选人被选入议会。不过因为有很多候选人竞选，这种情况相对很少发生（2012 年大约 6%）。登记选民的支持率不足 12.5%的候选人将无缘一周后的第二轮选举。其他候选人可以自愿退出，以便支持在政治派别上与自己的党派较为亲密而在选举中更为有利的候选人。例如共产党和社会党（还有最近的绿党）在选举前达成的协议通常让实力较差的候选人在第一轮之后退出。共和党与其他中间偏右政党之间也有过类似的安排。其结果是，通常只有 3 位（最多 4 位）候选人在第二轮竞相角逐，其中票数最多者（简单多数）获胜。

这意味着法国的第一轮选举类似于美国的初选，区别在于法国的初选发生在左派政党联盟的候选人或者中间偏右的政党联盟的候选人中间。对政党来说，建立选举联盟有相当大的压力，因为不结盟的政党在代表性方面处于很大劣势。

在全国选举中，国民阵线多少有些孤立于与中间偏右政党联盟的安排（虽然在地方选举中会好一些）。其结果是，2012 年，由于在第二轮选举中只得到 14%的选民支持，国民阵线只有两名候选人当选。与此相比，

① 请注意（本章所有与选举参与有关的数据都是如此），法国的统计在计算选举参与度时依据的是登记选民，而美国的统计依据的是所有适龄人口。大约有 9%有选举权的法国公民没有登记。因而如果想估算真正的弃权率并与美国的相关记录做比较，这一百分比就必须加到公布的数据中去。

② 参见：Françoise Subileau and Marie-France Toinet，*Les chemins de l'abstention*（Paris：La Découverte，1993）；and Marie-France Toinet，"The Limits of Malaise in France，" in *Chirac's Challenge*，289-291.

③ BVA Survey，« Presidentielle 2017：Décrypter le vote des français，» 7 mai 2017.

左翼阵线从与社会党的选举协议中得到益处：只有1%的得票，却有10名候选人当选。因此毫不奇怪，得票领先的党（或政党联盟）通常在国民议会中当选比按其大众选票计算应得的席位更多的议员。

全民公决投票

1958—1969年，法国选民参加了5次**全民公决**投票（见表8-3）。1958年的公决是批准新的第五共和国宪法，如果投出否决的结果，则可能使国家卷入内战，法国几个月前曾有幸与内战擦肩而过。随后的两次全民公决批准了阿尔及利亚战争的和平解决。1962年，借助全民公决颁布他“自己的”宪法之后不到4年，戴高乐将军要求选民批准一项意义重大的宪法修正案：通过普选直接选举共和国总统。然而，赞同这项公决的结果并未能阻止选民投票反对戴高乐1969年呈递的另一份提案，由此导致了他的辞职。

表8-3　法国总统选举（第二轮）与全民公决

日期	弃权率（%）	胜选票数占比（%）	获胜候选人	失败候选人
总统选举				
1965年12月19日	15.4	54.5	戴高乐（右派）	密特朗（左派）
1969年6月15日	30.9	57.5	蓬皮杜（右派）	波厄（中间派）
1974年5月19日	12.1	50.7	德斯坦（中间派）	密特朗（左派）
1981年5月10日	13.6	52.2	密特朗（左派）	德斯坦（中间派）
1988年5月8日	15.9	54.0	密特朗（左派）	希拉克（右派）
1995年5月7日	20.1	52.6	希拉克（右派）	若斯潘（左派）
2002年6月5日	20.3	82.2	希拉克（右派）	勒庞（极右）
2007年5月10日	16.0	53.1	萨科齐（右派）	罗亚尔（左派）
2012年5月6日	19.6	51.6	奥朗德（左派）	萨科齐（右派）
2017年5月7日	25.5	66.1	马克龙（中左）	勒庞（极右）
	弃权率（%）	赞成票占比（%）	结果	
全民公决				
1958年9月28日	15.1	79.2	宪法获得通过	
1961年1月8日	23.5	75.3	解决阿尔及利亚问题	
1962年4月8日	24.4	90.7	解决阿尔及利亚问题	
1962年10月28日	22.7	61.7	总统直选获通过	
1969年4月18日	19.6	46.7	改革措施未通过	
1972年4月23日	39.5	67.7	批准英国加入共同市场	
1988年11月6日	63.0	80.0	新喀里多尼亚协议	
1992年9月20日	28.9	50.8	《马斯特里赫特条约》	
2000年9月24日	69.7	73.2	缩减总统任期	
2005年5月29日	30.7	45.3	欧盟宪法未通过	

资料来源：内政部关于每一次选举和全民公决的官方数据，参见：http：//www. interieur. gouv. fr/misill/sections/a _ votre _ service/elections/resultats/accueil-resultats/view.

1972 年，乔治·蓬皮杜总统就是否允许英国加入欧洲共同市场（如今的欧盟）一事发起了全民公决。密特朗统治时期的第一次全民公决是在 1988 年，批准一个调和敌对政党关于新喀里多尼亚（太平洋上的一个群岛，曾是法国殖民地）未来的方案，全民公决是该协议的一个前提条件。有 63%的选民没有参与投票，不过调和方案还是获得了通过。当 1992 年就是否批准欧盟的**《马斯特里赫特条约》**举行全民公决时，被调动起来参与投票的选民要多得多，投票结果对于法国未来的政治生活来说具有深远的意义。2000 年的全民公决（把总统任期从 7 年缩减为 5 年）以压倒性优势获得通过（占了投票者的 73%），不过此次全民公决在选民弃权率方面也是最高的，大约有 70% 的选民弃权。

相比之下，2005 年关于欧洲宪法条约的最近一次全民公决吸引了更多选民。如同 1992 年关于《马斯特里赫特条约》的全民公决一样，右派和左派在投票中都出现了严重分裂（虽然右派和左派最大的政党都投了赞成票），而且弃权率相对较低。不过与 1992 年相比，政府的此次冒险遭遇明显的失败，多数人反对批准此条约。当几天后荷兰也拒绝这份文件时，该条约实际上就被废除了。

民意测验显示，选民们肯定全民公决是公众参与的一种形式。在第五共和国最受欢迎的制度创新排行榜上，全民公决仅次于总统直选制度和宪法委员会制度。希拉克总统领导下的新政府的主要行动之一，就是于 1995 年通过了一项宪法修正案，把全民公决的使用范围扩大到社会和经济政策领域。

总统选举中的投票

法国选民把总统竞选列为最重要的选举。1965 年总统选举以后，法国选民在得知（与过去的议会选举不同）全国的、非地方性的结盟处于危急关头，而他们可以利用自己的选票来决定全国议题时，明显得到很大的满足。当人们知道自己的任务是要选举一位拥有强大权力的行政官时，那种认为唯一有用的选票是用来反对政府的传统态度就不再有意义了。因此，总统选举的投票率一般都是所有选举中最高的。

法国总统候选人的提名程序使候选人很容易进入第一轮投票——要远比美国的总统初选容易。所有正儿八经的候选人都会得到一个政党或政党联盟的支持，但在 2012 年的选票上候选人的人数不少于 10 人。迄今为止，还没有哪一位总统候选人（即使是 1965 年的戴高乐）在第一轮就获得胜选所需的绝对多数票。在第一轮投票两个星期之后的第二轮投票中，只有两位实力最强的候选人正面交锋。

由于正式的竞选活动短暂而集中，广播、电视和报纸便给候选人及其评论者大量的时间和空间。在过去五场总统选举中，全国至少有一半的人观看两位总统候选人之间的电视直播辩论（仿照美国总统候选人的辩论，但时间更长、通常更加以政策为导向）。

然而，非正式的竞选活动却漫长而艰难。法国总统任期的确定性意味着，除非总统死亡或辞职，否则就不会出现突然选举首席行政官的情况。其结果是，非正式的选举活动在选举前几年就相当密集了。在很多方面，2012 年的总统竞选早在 2007 年的总统选举之后不久就开始了，2017 年的竞选始于 2015 年。虽然 2017 年的总统选举使所有重要的政党深度分裂，但围绕总统选举的联盟构建也许是自 1968 年以来政党和政党联盟发展的关键因素。总统职位的分量是如此重要，以至于它成了右翼和左翼政党压倒性的任务。它影响了它们的组织、策略和相互间的关系。

与美国一样，选举总统的联盟不同于为了确保政府立法机构多数的联盟。这意味着任何因政党领袖地位而获得提名的总统候选人，必须打动比单个政党更为广泛的选民群体。一旦胜选，候选人就得在政治上与自己出身的政党保持一定的距离。弗朗索瓦·密特朗是第五共和国历史上第一位两次在大众选举中获胜的总统。雅克·希拉克同样获得了两次胜选，但因为总统的任期已经缩短，任职时间少了两年。

政策过程

8.11 指出法国的哪些机构有能力牵制法国政府的行动

就像在其他西欧国家一样，政策过程是由行政部门与大众选出的议会之间的关系来界定的。但是，由于其双首脑的行政系统，法国政策过程比大部分国家都更为复杂。

行政机构

与别的议会政体一样，法国总理统领政府。但与其他议会政体不同的是，法国总统绝不仅仅是名义上的领导人。法国是由大众直接选举总统的 6 个西欧国家之一，这一制度由 1962 年的宪法修正案所确定。大众直选赋予总统主导的政治角色。2000 年 9 月，总统任期从 7 年减少到 5 年（也是由宪法修正案所确定），以与通常的 5 年立法机构任期相一致。

法国宪法赋予总统有限而重要的权力。他可以用两种方式诉诸民众。经政府或议会同意，他可以将某些重要的立法提交选民公决。此外，在咨询了总理和议会领导人之后，他可以解散议会，提请新的议员选举。在对“共和国宪法”构成重大威胁时，总统还可以选择行使紧急状态权力。所有这些权力都被谨慎地使用。例如，紧急状态权力仅行使过一次，解散议会的权力主要由新当选的总统行使，其时总统与立法机构的任期不同（见图 8－4）。除此之外，根据 2015 年 11 月恐怖主义袭击发生以后通过的法律，总统可以宣布紧急状态，由此赋予警察在有限时间内相当大的权力。但是，总统权力的完全运用，靠的不仅仅是宪法条文，更靠这样一个政治事实：1958—1981 年，总统和总理的合法性得自戴高乐主义者中的多数派。总统通过公众直选确保在选民中的合法性，总理由国民议会的多数派间接地获得选民的支持。到了 1981 年，选民放弃右派转而支持左派，不过在接下来的五年里，总统和议会仍然掌控在同一个政治派别手中。

这两个行政职位持有者之间长期的政治密切关系巩固和强化了总统的权力，并且形成了似乎具有持久影响的宪法惯例。自第五共和国建立之初，总统就不仅*正式任命*议会向他推荐的总理（正如第五共和国以前的共和国总统和英格兰女王所做的那样），而且*还选择*总理和其他**内阁**（Cabinet）部长。在某些情况下，总统还会免去总理职位，即使其享有议会多数人的信任。

因此，第五共和国内阁职位和人事上的频繁改组不同于第三共和国和第四共和国的类似改组。在第三、第四共和国，这些改组是对议会支持的变化做出的反应，通常也是为了提前行动（至少是短时间内）来防止政

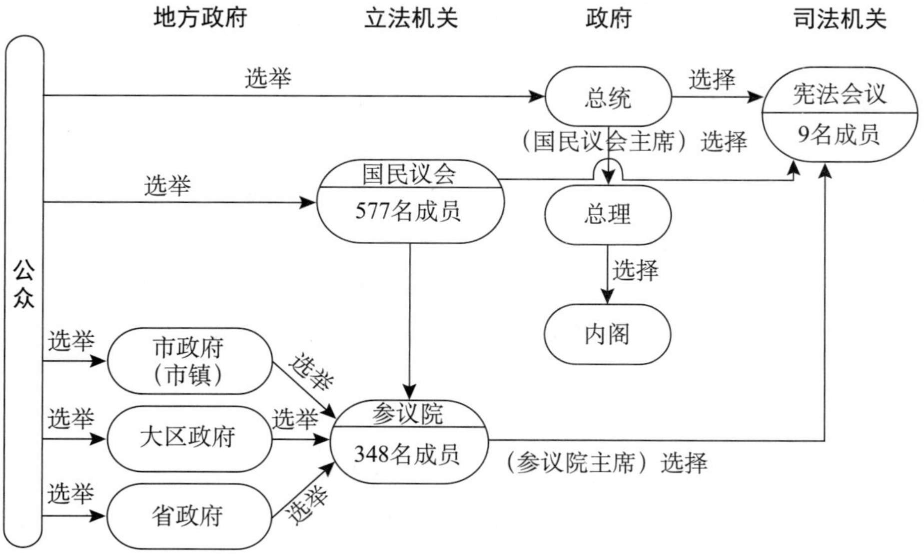

图 8-4 法国政府结构

选举和选择的过程。

府的倒台。在第五共和国，总统或总理（依情况而定）可以自行决定内阁成员的任命或免职。

由于所有的权力都出自总统，1986 年之前总理领导下的政府实质上是一个行政管理机构，尽管宪法规定与此正相反。总理的主要职能是提供执行总统制定的政策所必要的一切指导或资源。政府的首要任务是制定立法提案和提交行政预算。在很多方面，法国政府的地位类似于美国这样的总统制国家的内阁，而不像英国议会制和早期法国共和国议会制下的政府（见图 8-4）。

不管政治环境如何，内阁每周的会议都由总统担任会议主席，被官方称为**部长会议**（Council of Ministers）。这些会议通常不是进行商议和辩论的讨论会，虽然官方宣称内阁的决策和政令来自这些会议，但决策实际上是在别处做出的。

总理在内阁同僚中的作用不仅仅是群龙之首（见图 8-1）。总理的诸多作用之一是利用议会多数为总统的政策服务，因为宪法要求，当议会多数通过了谴责政府的动议或者拒绝了政府的方案时，政府就必须辞职。这一规定使法国区别于美国或墨西哥这样真正的总统制国家。

然而，在所谓的“共处”时期，总统与总理的关系就完全不同。1986—1988 年和 1993—1995 年，保守党多数派控制着议会，而总统则是社会党人；1997—2002 年，左派占有议会多数席位，总统则是保守派成员。在不主张任何独占领域的情况下，总统（前两个共处时期是密特朗，1997—2002 年是希拉克）依照自己对宪法授权的理解，在外交和军事事务中仍然占有重要地位。总理成为行政机构的实际领导人，追逐政府的目标，但是要避免妨害到总统的特权①。

① John T. S. Keeler and Martin A. Schain, "Presidents, Premiers and Models of Democracy in France," in *Chirac's Challenge*, 23-52.

部分是因为共处的经历，如今法国总统的角色与 1986 年以前相比不那么重要了。即使在 1988—1993 年社会党政府执政期间，社会党的总理也要为政府行为的重大选择负主要责任，总统则规定其界限和基调。但是，在与其总理**弗朗索瓦·菲永**之间的关系中，萨科齐总统再度肯定了他的总统特权，这种模式在奥朗德总统与其总理让-马克·艾罗和曼努埃尔·瓦尔斯之间的关系中延续。当奥朗德在政治上变得较弱时，瓦尔斯总理变得较强势。2017 年主要执政党实际上的崩塌预示着马克龙总统领导下的总理要扮演更加复杂的角色。

因此，1990 年代以后，总统与总理的关系比第五共和国初期要复杂得多。权力的平衡随着每一位领导人就职时的政治环境的变化而变化。总理在制定和实施政策决定方面也有一个类似的网络。最重要的方式是所谓的*跨部级会议*，即隶属于各部的高级公务员的定期集会。由总理的个人幕僚主持的这些会议的频率反映了总理办公室的行政和决策权威越来越集中，也反映了在行政机构的日常决策中总理政策网络越来越重要。

自戴高乐政府早期以来，设置国家元首办公室是为了最大程度地发挥总统在提出、制定和多次实施政策方面的能力。就职能而言，爱丽舍宫（法国的白宫）的成员由秘书长和总统幕僚组成，有些类似于美国总统的行政办公厅成员。不过前者的规模要小得多，仅由四五十人组成，另外再加上几百名辅助人员。

他们不仅与总理的僚属一直保持联系，而且直接与个别部长联系。借助这些联系，总统可以提议、阻止、干预和确保自己的政策得到执行。

议　会

立法机关由两个议院组成：国民议会和参议院（见图 8 - 4）。由 577 人组成的**国民议会**由 18 岁以上的全体公民直选产生，任期 5 年。政府任何时间都可以解散议会，只是不能在同一年内解散两次。根据 1958 年的规则，是政府而不是立法机构控制两院的议事程序，并且能够要求给予它想通过的法案以优先性。议会仍然制定法律，但这些法律的范围受到严格限定。在其他民主国家由行政部门提交立法的许多领域，在法国则由议会辩论和批准的法律来规约。

1958 年，常设委员会的数目减少到 6 个，然后到 2008 年增加到 8 个。委员会的规模庞大（超过 70 人），为的是防止高度专业化的国民议会议员控制委员会，并成为部长们的有力对手。每一位议员都只限于属于一个委员会，每个委员会的政党代表按其在国民议会中所占席位的比例安排。近年创建了几个“特别”委员会，国民议会也通过调查委员会来确认自己的独立性。一项新颖的进展是让反对党代表担任几个委员会的主席。

按照宪法，若要解散一个政府，国民议会超过半数的议员必须阐述并通过一项明确的谴责动议。即使通过了谴责动议，政府还是可以顶住辞职的压力：总统可以解散国民议会并召集新的选举。自 1962 年以来，还没有哪一届政府被谴责过，而且从那时起，历届政府在国民议会中都占据有效的（即使并不总是友好的）多数。

尽管议会活动受到诸多限制，但第五共和国的议会在立法上的输出结果还是相当可观的，平均每年大约 100 部法律。这是同时期英国年均立法的 2 倍。虽然政府和议会都可以提交法案，但实际上几乎所有法律都由政府提交。政府实际上控制着两院的议程，而且对于自己希望通过的法案可以要求议会优先审议（见图 8-5）。《宪法》第 44 条使政府有权借助所谓的**限定投票**（blocked vote）强迫议会接受某项法案的全部内容，除非政府同意对其进行修改。近年来，政府利用限定投票在多数派中维持纪律，而不是把行政机构的意志强加给混乱无序的议会。限定投票的利用已成为执政党或执政联盟内部冲突的标志①。

《宪法》第 38 条规定，如果政府“为了完成其计划”而扮演立法者的角色，则议会可以“在一定时间内”放弃其立法职能，将其转让给政府。议会一旦投票同意了内容广泛的授权法，政府就能以所谓**条例**（ordinances）的形式制定法律。1958—1986 年，政府有 22 次利用这一行政立法的可能性——通常是为了制定重要的法律，有时候则纯粹是为了加快立法进程。如今宪法委员会的决定限制了授权法的运用，要求授权法案用明确的语言对行政立法的限度详加说明。

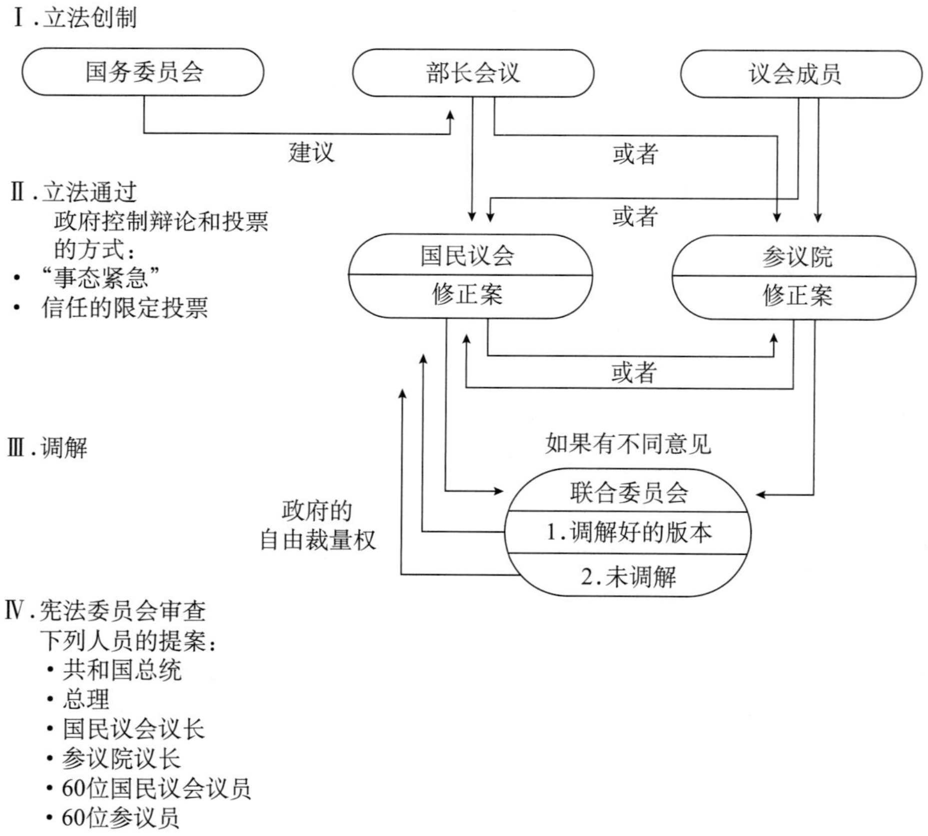

图 8-5 法案如何成为法律

立法过程。

① 有关利用限定投票以及政府利用《宪法》第 49 条第 3 款的少数分析之一，参见：John Huber，“Restrictive Legislative Procedures in France and the United States,” *American Political Science Review* 86，3（September 1992）：675-687. 于贝（Huber）还用这一方法比较了美国国会的类似程序。

宪法的另一条规定给予政府一种独特的手段来确保议会对于政府提交的任何法案的支持。依照《宪法》第 49 条第 3 款的规定，总理可以为提交给国民议会的任何金融法案或处理社会保障立法的法案（或法案的某一部分）以“政府责任”提供担保。在这种情况下，法案自动被“视为获得通过”，不需要进一步的投票，除非议员依照前面讨论的严格要求，在针对政府的**谴责动议**（motion of censure）中获得胜利（这在 1962 年以来从未发生过）。这种动议的胜利有可能导致新的选举。这一条款在它于 2008 年被修正和限制之前，对于保持多数派团结一致或加速立法的进程，是相当重要的。

多年来，增强议会作用的其他手段也多少变得更有效。1970 年代，国民议会设立了与英国（和德国）相类似的每周一次的答询时间，这也是 2008 年的修正案所扩大的程序。2012—2013 年，差不多有 20 000 个书面问题提交给了政府各部门，几乎有 12 000 个问题公布了结果。电视摄像机在会场的出现（从 1974 年开始）增加了公众的兴趣，并记录了政府代表与国民议会议员之间的对话。

通过利用权力来修正法律，议会在过去的几十年里极大地扩大了其在立法过程中的作用。1980 年代平均每年提交的修正案几乎有 5 000 项。自 1990 年以来，每年修正案的数字增加到超过 20 000（2012—2013 年为 26 000 项），与每年立法辩论时间翻倍相一致。最终获得通过的修正案占全部修正案的 1/10，其中约 2/3 是与政府合作的议会委员会提交的。因此，委员会帮助形成立法，而政府几乎放弃了宪法保障的宣布修正案失效的特权。1995 年推行的议会的长会期加强了委员会领导人在立法过程中的作用。2008 年通过的宪法修正案规定委员会报告的立法成为议会决定的基础，从而把议会委员会直接带入了立法程序。

最后，由于法国公民普遍支持他们选出的议员，议会的作用得到了增强。自 1970 年代以来，组织较好的政党一方面强化了议员作为团体成员的角色，另一方面多少削弱了其作为独立行动者能够为狭隘的局部利益而影响立法的角色。然而，议员个人在其选区中仍然有可观的追随者。此一模式被强化了，因为 2013 年超过 80%的国民议会议员在地方政府任职，他们大多数是市议员或市长。也有很多是省议员或大区议员，还有一些既是市议员又是省或大区议员。

国民议会与**参议院**（Senate）共享立法权。参议院（“上院”）的 348 位成员是从 101 个省级选区间接选举出来的，任期 6 年（依照 2003 年通过的新制度，每 3 年选举一半成员）。选举这些议员的是一个约由 15 万人组成的选举团，其成员包括市（95%）、省和大区的议员。农村选区的代表超出其人口比例。参议院有权创制法律，并且必须审阅国民议会通过的所有法案。如果两院对审议中的立法意见不一，政府可以任命一个联合委员会去解决分歧。如果两院的意见无法调解，政府可以向国民议会重新提交法案（可以是原法案，也可以是参议院修改的新法案），以便进行决定性投票（第 45 条）。因此，与美国不同的是，法国的两院在权力或影响力方面都不相等（见图 8-4）。

2011 年，参议院由左派多数派所控制，这在第五共和国是第一次，但右派在 2014 年再度控制了参议院。社会党是参议院中的第二大团体（仅次于共和党），这是社会党在地方层级拥有强大根基的结果。共产党也出于同样的原因在参议院有较多的代表。虽然参议院往往在社会性上是保守的，但对传统共和主义自由的坚决捍卫，以及对煽动潜在的反议会情绪的抵触立场，平衡了这种保守倾向。

在正常的立法过程中，参议院只是一个可以延缓由政府同意、国民议会通过的法律的弱机构。但是，在少数情况下与参议院达成一致是必需的。最重要的是，任何宪法修正案都需要参议员简单多数或 3/5 多数的同意（《宪法》第 89 条）。

一些意义重大的立法（比如事关核打击能力，涉及严重叛国罪的军事法庭组织，以及省级代表制度的改革），虽有参议院的异议，但也得到了颁布。然而，1981 年以前，参议院与国民议会的关系相对和谐。与参议院在立法上的真正冲突发生在 1981—1986 年社会党执政期间，当时许多重要法案都在参议院反对的情况下获得通过。2015 年，两个事关处理恐怖主义和恐怖分子的修正案由于参议院的反对而被奥朗德政府否弃。上院在修改社会党多数派在国民议会通过的综合性地方分权法时也扮演了积极角色。戴高乐主义政党和社会党批评参议院是一个非代表性的团体，并提议对其改革。虽然通过了其成员构成和选举方式上的一些小的修改，但所有这些有关参议院的改革提案都未获得通过。

牵制与平衡

法国没有司法审查的传统。像其他大陆法系国家一样，议会的主权意味着立法机关有最后决定权。在第五共和国以前，法国对其政治当局的行为之合宪性没有司法制约。最初设计**宪法委员会**主要是作为一种保障来预防立法机构侵蚀宪法对议会特权进行的限制。

国民议会和参议院议长各自挑选 3 人作为宪法委员会成员，共和国总统挑选另外 3 人成为宪法委员会成员，任期 9 年（不得更换）。1974 年以前，只有那些提名宪法委员会成员的人，另外再加上总理，才有权向委员会要求宪法审查。1974 年的一项宪法修正案使得 60 位国民议会议员或者 60 位参议员可以联名向宪法委员会提交法律。自此之后，反对党（有时候是多数派成员）上诉宪法委员会就成为法国立法过程中的常规特征。

在 1971 年的一个具有里程碑意义的决定中，宪法委员会宣布了一项在议会以绝对多数票获得通过的法律违宪，该法律授权行政首长可宣布任何他们认为有可能从事违法活动的社团为非法。依照该委员会的决定，任何事先授权的要求都与结社自由相违背，这种自由是“由共和国法律所认可并在宪法序言中庄严重申的基本原则”之一。援引序言极大地扩展了宪法的范围，因为序言包含了“国家主权原则”、“忠于《人权宣言》”和从第四共和国宪法扩展来的权利法案等措辞。由于将广义的司法审查观念引入宪法，委员会的该项决定被尊称为美国最高法院在*马伯里诉麦迪逊案*（*Marbury v. Madison*）[①]中的判决之法国版（见专栏 8-3）。

无论是保守派还是社会党成为反对党，通常都会要求宪法委员会审查重要的（有时

① 马伯里诉麦迪逊案是美国历史上的重要案件，对该案件的审理使法院从此具有了司法审查权，即法院有权判决议会通过的法案或总统行为是否违宪。——译者注

也有不重要的）立法。在某一年，议会通过的法律中被提交委员会审查的多达28%。令人吃惊的高比例的上诉案的判决结果是宣布为违宪（2012年为70%）。很少有判决宣布整部法规违宪，而那些宣布立法的某些部分（有时是不重要的部分）违宪的判决，实际上要求议会以可接受的方式修改法律条文。宪法委员会的判决具有相当重要的影响，有时会改变政府的短期（偶尔是长期）目标①。

专栏8-3

法国与美国的司法审查

司法审查已成为法国立法程序的一部分，但在一些重要方面与美国的司法审查还有相当大的差别。虽然如今公民有权就某些宪法问题向宪法委员会提出上诉，但直接的通道仍然有限。与美国的最高法院不同，法国的宪法委员会是在法律公布前对其进行考量。自1981年以来，事实上对宪法的所有挑战都来自立法申请（legislative petition），而该程序在美国并不存在。时间因素妨碍了广泛慎思的可能性：裁决必须在1个月内做出，或者紧急情况下在8天内做出。这的确是快速的司法，但其裁决不能像其他国家的宪法法院做出的裁决那样去解释。反对的意见从不公之于众。2008年以来，存在适用涉及“优先宪法问题”的上诉法院案件的程序，对其的决定或者由国务委员会或者由法国最高上诉法院来做出。2010年以来，提请这一上诉程序的频率越来越高。

舆论对宪法委员会的活动大多持赞同态度（见图8-2），这激励着委员会进一步扩大其权力。这些努力在2008年获得了部分成功，因为一项修正案使委员会在司法系统中扮演着一个角色。在案件中如果被告声称法律侵犯了宪法保障他的“权利和自由”，则这样的案件可以上诉宪法委员会。在此之前，对类似上诉进行调查的机构或者是上诉法院，或者是**国务委员会**（Council of State）。这些规定于2010年3月生效，在3个月内的两个案件中被援引。2012—2013年有29个这样的案件。

于是，司法上诉和对决策进行司法制约的发展强化了资格相当老的国务委员会的作用，该委员会的当前形式可上溯到1799年。如今，政府在向议会提交法案之前，会就所有这些法案向国务委员会进行广泛咨询，而政府的政令和规章在颁布之前也总要经过委员会的咨询。委员会还针对宪法条文的解释提供建议，虽然其建议不具有约束力，但其颇高的威望使得人们很少忽视这些建议。

与宪法委员会不同，当公民个人和组织团体向政府提出索赔要求时，国务委员会为个人和团体提供帮助。委员会的司法部门——要么担任上诉法院，要么担任初审法院——是行政法院这一等级系统中的顶点。一旦委员会发现官员的行为缺乏法律根据，不管该官员是内阁部长还是小镇镇长，委员会都会宣布这些行为违法，并要求赔偿原告受害者的损失。

① 关于宪法委员会的最佳英文著作（尽管现已过时）是：Alec Stone，*The Birth of Judicial Politics in France*（New York：Oxford University Press，1992）.

国家与地方的关系

8.12 讨论法国 1980 年代发生的政府分权

法国被划分为 101 个**省**（departments，包括 4 个海外省），每个省的面积相当于美国的郡，由**省长**（prefect）负责行政工作，还有一个直选的省委员会。1955 年以后，这些省被编入超大城市所属的**大区**（regions）和海外大区。2016 年，大区的数量减少到 13 个，海外大区减至 5 个。1986 年以来，每个大区有民选的议会和议长，以及任命的区行政首长（除了省长以外）（见图 8-6）。法国有 50 多万名选举出来的市政议员，4 000 名省议员和 2 000 名大区代表。2010 年通过的法律减少了省和大区的代表的数量，到 2014 年初总共是 3 000 名；同时增加了省和大区议员的数量，还重新称呼他们为“地区议员”（ternitorial concilors）。

中央集权留给人们的印象更多地体现在形式和法律上，而不是实践上。实践和政治上的现实情况总是更加复杂。虽然法国以中央集权而著称，但经常被忽视的是政治地方主义削弱了中央决策的力度（见专栏 8-4）。

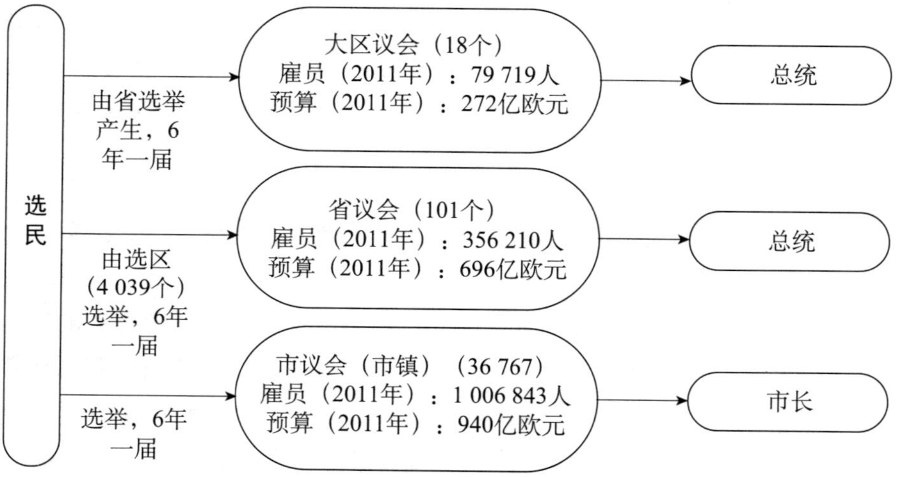

图 8-6　法国的地方政府

它们是如何选出的。

资料来源：Ministère de l'Intérieur，DGCL，http：//www.dgcl.interieur.gouv.fr/.

专栏 8-4

地方政府的政治持久力

法国地方政府政治重要性的表现之一是地方行政单元的持久力。即便在近年合并后，也仍然有 36 551 个市镇（基本地方行政单位），每个市镇都有市长和市议会，这些市镇的数目几乎是欧共体六个创始国和英国的市镇数目之总和，而这种情况绝非偶然。法国大约有 33 000 个市镇的居民少于 2 000 人，而其中 22 000 个市镇的居民少于 500 人。然而最值得注意的是，自 1851 年以来法国市镇的数目仅减少了 400 个。因此，不同于任何其他工业化国家，法国城市人口的集中基本上没有带来乡镇与村落的合并。

1982—1986年左派政府发起的地方分权的过程，无疑是这一时期通过的最重要、最有效的改革。该项改革以中央和地方权力长期的连锁关系的系统和之前的改革模式为基础。改革改变了地方政府形式上的角色，但其最大的变化是它将地方政府以前非正式的权力正规化了。

这些权力基于地方政府与行政首长之间以及和中央各部的地方服务机构之间相互依赖的体制。传统上，中央各部的官员有在地方上执行法律、法规和规定的正式权力。但是，为了促进地方接受中央政府的权威，并为使地方行政管理有效运作而提供信息，他们需要与得到选民信任的地方当选官员进行合作。反过来，地方官员也需要资源和行政管理上的援助，以帮助他们的选民并信守其政治承诺。像任何以长期互动和功能交叉控制为基础的关系一样，谁控制谁的问题并不总是一目了然的。市政当局的自治权和依赖于关系的权力，都是以市长在政治和行政网络中人际交往的范围为条件的，并且因市长通过**身兼多职**（cumul des mandats）（同时占据几个民选职位）建立起的与国家决策的联系而得到了强化。自2000年以来，法国禁止国民议会议员担任地方行政职务，包括大城市的市长。2014年，这一禁令扩大到所有市长职位（2017年生效）。

地方分权的立法把省和大区行政首长的大部分正式权力都转交给了省议会和大区议会的民选议长。1986年3月，大区议会举行了第一次选举（实行比例代表制），大区行政首长对地方政府决策形式上的批准权被取消了，这大有利于地方官员的决策。省议会选出的议长如今是省级首要行政官员，控制全省官僚的是这些议长，而不是省长。

那么，中央官僚机构在控制地方事务方面还有什么作用呢？省长失去的权威可能是最大的。他们如今的作用似乎仅限于安全问题（法律和秩序），推动政府的产业政策以及协调省级政府官僚之间的关系。

在财政方面，国家借以影响地方政府决策的主要机制（财政依赖和标准）有所减弱，但并未完全消除。尤其是在市镇一级，地方税收（由国家征收）仅能提供40%的年度预算。地方接受经济援助的代价是被迫服从由国家制定的标准。在国家仍然保有决策权的领域（警察、教育、大部分社会福利、社会安全保障和大量工程建设），行政上的自由裁量权和中央政府的控制仍然是重要的。

1980年代的地方分权与身兼多职的制度相结合，使得地方官员扩大此前以比较有限的方式做的事情：将影响力与私人钱财相交换，把佣金导向党的资金运作，把公共职位充当私用。导向腐败的压力也导致了更昂贵的政治竞选，以及这个国家经常难以划分的公私领域的界限，人们经常在这两个领域之间轻易地移动。

表现与展望

8.13 指出法国作为一个福利国家的成就和缺陷，描述全球化对法国，特别是当其作为一个欧盟成员国时的影响

民主国家的整体表现可以用它们分配经济发展利益的承诺和能力进行衡量。这往往与国家征税和规约私营部门的能力相关。

福利国家

法国在全体公民之间分配战后的繁荣与

兴旺带来的利益方面表现中等。在收入和财富方面，法国的贫富差距没有别的欧洲国家大。1976—1981年收入差距大大缩小，社会党执政期间差距再次缩小。但随后的财政紧缩措施，尤其是政府降低工资政策的成功贯彻，再一次扩大了收入差距。

长期失业人口的出现增加了新的贫困人口，他们主要集中于所受培训不足、不能适应迅速发展的劳动力市场的人群。与过去不同，大部分最低收入者不再是老人、退休人员和从事边缘工作的一家之主。尤其是1990年代以来，失业的是年纪较轻者，其中很多人长期失业，特别是年轻的单亲父母。在过去的10年中，青年的失业率一直是全国平均失业率的2倍。

由于高收入可以带来财富积累，故财富聚集现象比陡峭的收入金字塔更加引人注目。1970年代10%最富裕的人控制着全法国35%～50%的财富，而10%最贫穷的人拥有的财富不超过5%。1990年代，在社会党政府执政10年以后，估计10%最富裕的家庭拥有全国50%的财富，20%最富裕的家庭拥有全国67%的财富。在2007—2011年的金融危机期间，收入不平等略有增大，但与美国和英国相比，仍然较低①。

2013年，国家征得的总税收（占GDP的百分比）在欧洲是最高的，但个人所得税要比任何其他大国都低得多。法国的特殊之处在于其税收的分配。间接税（例如增值税和消费税）的比例远高于其他工业化国家。间接税不仅提高了物价，而且大大加重了穷人的负担。1986年（社会党执政5年之后），法国间接税收入的比例与1980年相同，至今仍然与此相仿（大约81%）。此外，法国在公司所得税上是“欧洲冠军”，比欧元区平均水平高35%以上，但在2016年为33%，比美国的40%低不少。

法国的国家福利在社会项目上的支出高于大多数其他欧洲民主国家，而且比美国高出许多。第二次世界大战后建立起来并在不断扩展的完整的医疗和社会保障体系，以及一系列帮助老年人、大家庭、残障者和其他类似群体的项目，花去了大量的公共预算（见表8-4）。失业救济方面，就业培训项目加上住房补贴的总花费占了公共预算的一半，其中的3/4由雇主和雇员分担。

法国福利国家的成效最明显地表现为其较低的贫困率（低于德国，而且远低于英国和美国）。法国还保持着高质量的医疗和公共服务。福利项目的高支出缓冲了2008—2009年金融危机的最坏影响。美国许多特设的刺激性支出，在法国已经被纳入其福利国家的诸功能之中。

与其他欧洲国家（例如英国）相比，近年来法国的福利国家项目减少的幅度较小，即便算上2003年减少退休金一事。医疗保障体系覆盖的人数的确有所增加，但自1995年以来，对这些项目的财政支出一直是政府关切的中心（见表8-4）。虽然1984年以来社会福利项目支出占国民生产总值（GNP）的比重一直比较稳定，但前后几任政府做了减少预算赤字的努力，以符合欧洲共同货币的标准。预算赤字尽管自2010年以来减少了一半，达到GDP的3.4%，但仍然高于欧盟的增长与稳定协议所要求的3%。预算赤字也比欧元区平均2.1%的水平高出不少。

① 参见：OECD income distribution and poverty database：www.oecd.org/els/social/inequality.

随着法国和欧洲转入减少赤字的下一个阶段，如今看起来明确的是，将会适度削减福利国家项目的支出，比如家庭分配项目（见图 8－7）。

表 8－4　福利国家的支出

法国在政府支出占 GDP 的比例上和社会服务项目上排名较高。

	政府总支出占 GDP 的百分比[a]（2013 年）	政府部门就业占社会总就业的百分比[a]（2013 年）	国家社会项目支出占 GDP 的百分比（2014 年）	国家医疗支出占 GDP 的百分比	
				1990 年	2015 年
英国	45.5	23.5	21.7	4.9	7.7
法国	57.1	19.8	31.9	6.4	8.7
德国	44.3	15.4*	25.8	6.3	9.4
意大利	50.9	17.3	28.6	6.1	6.8
西班牙	44.3	17.1	26.8	5.1	6.3
瑞典	53.3	28.1	28.1	7.4	9.3
美国	37.7	14.6*	19.2	4.8	8.4

资料来源：OECD data：http：//www.oecd.org/perm/publicemploymentkeyfigures，http：//stats.oecd.org//index.aspx，and http：//www.oecd.org/els/social/expenditure.

a 所有层级的政府

* 2009 年

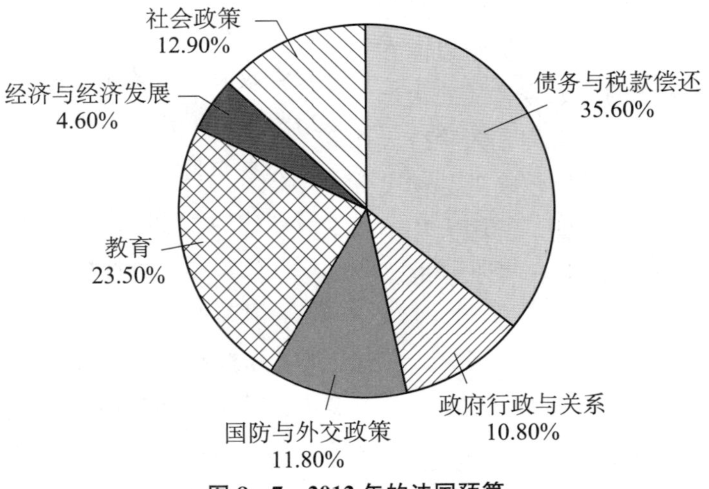

图 8－7　2012 年的法国预算

公共资金如何支出。

资料来源：Ministry of Finance，Projet de loi de finances，2013，*Tableau de comparaison，à structure 2013，par mission et programme，des crédits proposés pour 2013 à ceux votés pour 2012*.

此外，在福利方面还存在一些重要的差距，这与移民的影响相关。研究表明，法国在获取服务和医疗保健方面还存在严重的不平等。1980 年以来，这些不平等进一步加剧，即使是在医疗保健服务方面的财政困难被克服之后①。随着移民人口变成了少数族

① Victor Rodwin，et al.，*Universal Health Insurance in France：How Sustainable？*（Washington，DC：Embassy of France，2006），187.

群，高失业率、社会问题和无家可归者问题迫使社会项目进一步扩展，而用于资助这些项目的税收基础却在不断削弱。其结果，1999 年，作为反对“社会排斥”运动的一部分，法国的社会党政府颁布了建立普遍的医疗保险制度的法律，这一经过经济能力调查的、以税收为资助的并且目标明确的医疗保险项目，代表了对法国以就业为基础的社会保险传统的超越。

作为对 2005 年法国大城市郊区骚乱的反应，政府发誓要增加这些“移民”区域的社会支出，并增加青年的就业和教育机会——“郊区的马歇尔计划”。然而，这些承诺拖延到了 2007 年总统和立法选举之后，而且一直拖延着，主要原因是金融危机。像巴黎、里昂和马赛等大城市的“郊区”是老的工业和制造中心，早在一个多世纪以前在城市中心之外发展起来的。如今，随着大烟囱几乎消失不见，以及本土法国工人阶级人数的减少，这些区域聚集着比较晚近的移民及其子女的多样化群体。因此，法国人称为郊区的地方，大约与美国的所谓“城市内圈”相仿。

公共部门与管制

在其他西欧国家属于私人经营的行业，在法国长期以来由政府经营。在 1930 年代几次国有化浪潮和第二次世界大战结束之后，政府拥有并经营着下列行业的全部或一部分：铁路、能源生产（采矿、电力、核能）、电信（广播与电视）、空中和海上运输、航空工业、85%的银行存款、40%的保险金、1/3 的汽车工业和 1/3 的建筑业。除此以外，还有国家长期垄断的邮政服务、电话、电报、烟草、火柴制造和各种不太重要的行业。

1970 年代，公有企业大约占国民生产总值的 11%。像公务员一样直接由国家付薪的人员占总就业人口的 15%，占所有工薪阶层的 27%（农业劳动力除外），他们或者是领薪工人，或者是合同工。他们的收入接近于社会总薪金的 1/3。

1981—1982 年第一届左派政府延续了第二次世界大战以后开始的国有化进程。它们完成了银行业的国有化，并将法国许多最大的公司扩大为国有。但是，1982 年以后，社会党政府开始转向部分私有化，部分原因是努力阻止大量资本外流并筹集资金，部分是因为来自欧盟的符合确保竞争的指令之压力。1986—1988 年执政的保守派政府延续了这一趋势，实质性地减少了国有化部门。但是，其雄心勃勃的**私有化**方案仅实施一年就中止了（当时只完成了 40%），1987 年的股市暴跌是其部分原因①。这样，被国有化的公司有一部分（不是全部）又回到私人持股者手中。然而，无论是私有化的公司还是由国家控制的公司都与几年前的情况大为不同。实现资本重组、结构调整和现代化，它们在很大程度上成了 1988 年法国工业机器

① 其结果是，由国家间接付薪的工人数量减少。不过，由国家直接付薪的劳动力（政府雇员）在比例上依然保持在 23%左右，大约比美国、德国与意大利高 1/3，但低于斯堪的纳维亚国家。参见：Ministère de la decentralisation et de la function publique，*Rapport annuel de la function publique*. Paris：2014.

的前沿阵地①。由于欧盟的竞争政策以及全球化趋势，私有化是一个持续的过程。法国在法航和法国电信（France Télécom）只持有少数股权，关于出售剩余的少数国家垄断企业（尤其是铁路、天然气和电力）的讨论仍在继续。

私有化浪潮之后的 1997 年，直接或间接从法国政府领取工资的工薪阶层的比例减少到大约 22%，此后也大致维持在这个水平上。尽管与美国相比，这一比例仍然很高，但与别的欧洲国家差别不大。例如，2005 年，有 1/5 的法国公民拿的是国家薪俸，而瑞典、英国和意大利的公民中的比例也与此类似（见表 8-4）。

就法国企业的实际运作而言，由社会党政府开始并延续到保守派政府的撤销经济管制的举措，其重要性也许更甚于私有化。撤销对股市、银行系统、电信和价格的管制，从根本上改变了公私企业的经营方式。严格的预算、欧盟的压力和政企分离意味着真正减少对产业的资助，迫使处境困难的行业制定合理化的计划并且削减人员。其结果是，与 1981 年社会党执政之前相比，国家对产业进行干预与管理的分量降低了。国有化和所有权的问题已变得老生常谈，取而代之的是在全球竞争的背景下如何进行控制和管理等更微妙的问题。

在其他领域，国家管制的分量在过去的年月里也发生了变化。1970 年代法国完全承认了离婚权和堕胎权，由此扩大了公民的个人权利。社会党政府执政的 1980 年代废除了死刑，被控犯罪的人获得了更多权利，未经审判的拘留要经过新程序的审查。经过激烈的辩论之后，议会于 1994 年废止了从拿破仑时代沿用至今的旧刑法，人们普遍认为新刑法表达了政界在犯罪和惩罚问题上的共识。而且如今法国的个人权利必须符合欧洲法院的决定。最后，为了与《马斯特里赫特条约》相一致，居住在法国的欧盟侨民的公民权利在 1990 年代有所增加。2006 年，法国法律确认了刑事案件中无罪推定的原则。自 2010 年以来，宪法委员会可强制执行个人权利。

在另外一些领域，国家管制的分量反而有所增加。最明显的一个例子就是环境控制。从 1990 年代开始，法国政府在影响环境的个人行为的管制方面做出了初步而重要的努力。例如对吸烟的初步限制早在 1980 年代后期就已付诸实施，随后这一限制进一步扩大。到 2007 年，大部分公共场所都已禁止吸烟——后来禁烟场所进一步扩大到餐馆和酒吧。最后，2013 年，议会通过了规定当选官员报告其个人财产和收入的立法，在此之前这还是相当隐私的事情。

为了应对移民政治问题，特别是在 1993 年之后，法国加大了对所有外籍居民的监管力度，削弱了个人权利。2004 年，法国开始规范学校着装；2011 年，通过了一项立法，对在所有公共场所穿着的服装进行管理。

结论：法国、欧洲与全球化

近几十年来，主导法国政治的主要关注点发生了很大变化。1980 年代社会党和共产

---

① 国有化以后，这些公司仍然掌握在相同的人手中，新近私有化的公司都没有更换主管经理。参见：Michel Bauer, "The Politics of State-Directed Privatization: The Case of France 1986 - 1988," *West European Politics* 11, 4 (October 1988): 59.

党的联合政府曾许诺与资本主义“决裂”，左派与右派之间的意识形态似乎也有天壤之别。而如今，没有任何一个主要政党（包括国民阵线）主张激烈的社会和政治体制变革。像美国一样，法国的政党（除国民阵线以外）在做出承诺时也尽可能含糊其词而富有弹性。在社会主义的实验和随后比较温和的保守派反应之后，各政党在处理法国正在发生的金融危机问题上显得缺少新的理念。从烟囱经济（smokestack economy）中转型出来是艰难而痛苦的，而始于2008年的国际金融危机只是在缓慢地消退。像在美国一样，朝向撤销管制的趋势被逆转了。

以新的冲突为基础的政治分裂正在产生。的确，与过去相比，21世纪初的问题可能更加深奥难测而令人防不胜防。政治的要害之处已不再是探寻政权的性质，而是更加强烈地关注政治共同体的性质。从1986年到现在，在很多方面这一转变已经显而易见。

移民问题已让位于族群共识的问题，尤其是从北非来的移民儿童。与过去的大多数移民社群不同，如今的移民社群更不情愿将所有法国文化价值观视为自己的。这反过来又导致对公民归化和整合进法国社会的规则，以及对（最终）探究成为法国人意味着什么的质疑。这些认同问题被2015年本土恐怖分子煽动的一系列事件所强化。国民阵线在1980年代曾就不断紧张的族群问题表达过自己的政治观点，借此动员选民，并使自己建立在种族呼吁基础之上的支持力量得到加强。部分归因于国民阵线作用的不断增强，族群意识和差异问题在法国变得越来越严重，而且已经改变了法国政治的语境。

1980年代，冷战和欧洲分裂是法国外交、国防和（一定程度上）国内政策的基础。

苏联解体、东欧剧变正好与欧盟国家重新开始欧洲扩张与整合的进程同时发生，而法国正是该进程中的领导者。在第五共和国时期，欧盟的成员资格规定了政策的几乎每一个方面，并为经济扩张和重组提供了背景条件①。

在1980年代早期担任总统之始，弗朗索瓦·密特朗对欧洲共同市场的现有结构表示满意，但体会到了其不足之后，他越发认识到联邦主义的某些形式（某种联邦主义者的结局）是必要的，因为它有助于西欧更有效地利用其丰富的资源。于是在密特朗担任总统期间，法国一直支持欧洲的扩张和进一步整合，这包括努力扩大欧洲机构的权力并建立欧洲货币和政治的联盟。法国对欧洲统一货币的承诺产生了削减公共开支的计划，而许多法国公民强烈抵制这些计划。

法国的国界不仅向其他国家的产品开放，而且逐渐向其他国家的公民和价值观开放（2001年以后，所有欧盟国家公民都有权在法国大多数地方选举中进行投票和竞选公职），而这加重了法国人对国家认同更加普遍的不安。事实上，界定和控制国际移民的努力缓慢地转到欧盟层面。欧洲化和全球化既加强了法国，也使其政策过程复杂化。法国与其邻国和世界之间经济、社会机构的整合逐渐减少了法国政府在重大决策中独立行动的情形。欧盟为农业现代化支付了大比例的资金。其结果便产生了减少欧盟共同农业政策支出的压力。随着欧盟于2004年的扩

① 参见：Pascal Perrineau and Luc Rouban，*Politics in France and Europe*（New York：Palgrave Macmillan，2009）.

张以及更多拥有大农业领域的东欧国家的加入，这些压力进一步增大。1992 年以来，补贴逐渐从价格支持（这鼓励更多的生产）转向直接支持农场收入。

在一个贸易正在日益全球化的世界，法国公司表现不错。《福布斯》报告 2015 年世界 500 个最大的工业集团中，31 个位于法国。法国在这个名录中的公司数量处于第四位，居于美国、日本和中国之后，但位列所有其他欧洲国家之前。

2005 年对《欧盟宪法条约》的拒绝反映了人们对欧洲发展的两个方面深深的疑问。第一，欧洲的扩张，尤其是土耳其的准备加盟，增加了人们对法国认同和欧洲认同的怀疑，中间偏右的选民表现得尤其明显。第二，欧盟不断强化的规约权力及其对这种权力无约束的运用，深深困扰着法国选民。法国公共舆论曾强烈地支持欧盟。但是，到了 2013 年，公众对欧盟机构和政策的信任达到了历史的低点，比大部分其他欧盟主要国家都低，甚至低于像意大利这样不得不接受欧盟施加的严格举措的国家。随着法国开始 2016 年的总统选举，对欧盟支持率的降低，英国脱欧投票的加速，都成了支持国民阵线的重要议题。

不过，本章呈现了一个强大、稳定和相对开放的政治系统的故事。政治稳定性的关键仍然是政党系统，这在过去十年里变得日益变动不居。扰乱政党系统的势力是如今所有欧盟成员国所面对的重要挑战：扩大中的欧盟与独立的世界的身份认同问题，选民对政府和政治人物日增的怀疑态度，以及各个政府看起来缺少在一个更加全球化的世界里控制事态的手段。

复习问题

1. 在第五共和国政府体制中最重要的机构是哪些？
2. 比较法国与德国的立法过程。
3. 你会如何描述法国体制中总统与总理的关系？
4. 比较法国宪法委员会与其他欧洲国家的宪法法院的作用。
5. 身份认同问题如何在法国政治生活中变得十分重要？
6. 比较法国与美国的福利国家制度。

关键词

中学毕业文凭
限定投票
拿破仑·波拿巴
内阁
欧盟共同农业政策
市镇
法国劳工民主联合会（CFDT）
劳工总联合会（CGT）
1958 年宪法
宪法委员会
部长会议
国务委员会
身兼多职
夏尔·戴高乐
1968 年 5—6 月学生游行示威
省
国家行政学院
高等理工学院
欧盟（EU）
国民教育联合会（FEN）
农业工会全国联合会（FNSEA）
第五共和国

工人力量
第四共和国
法国共产党（PCF）
十大组织
高等专业学院
大机构
弗朗索瓦·奥朗德
伊斯兰
利昂内尔·若斯潘
阿兰·朱佩
世俗主义
让-玛丽·勒庞
玛丽娜·勒庞
共和党
《马斯特里赫特条约》
弗朗索瓦·密特朗
民主运动（MoDem）
谴责动议
法国企业运动（MEDEF）
穆斯林
国民议会
国民阵线（FN）
国有化
新合作主义
法令
政治阶级
省长
共和国总统
总理
私有化
保卫共和联盟（RPR）
全民公决
大区
塞格莱娜·罗亚尔
尼古拉·萨科齐
参议院
社会党（PS）
法国民主联盟（UDF）
人民运动联盟（UMP）
曼努埃尔·瓦尔斯

建议阅读材料

Bleich, Erik. *Race Politics in Britain and France: Ideas and Policymaking since the 1960s*. Cambridge: Cambridge University Press, 2003.

Bowen, John. *Why the French Don't Like Headscarves: Islam, the State and Public Space*. Princeton, NJ: Princeton University Press, 2007.

Chapman, Herrick, Mark Kesselman, and Martin Schain. *A Century of Organized Labor in France*. New York: St. Martin's Press, 1998.

Culpepper, Pepper D., Peter Hall, and Bruno Palier. *Changing France: The Politics That Markets Make*. Basingstoke, UK: Palgrave, 2006.

Gordon, Philip, and Sophie Meunier. *The French Challenge*. Washington, DC: Brookings Institution Press, 2001.

Keeler, John T. S., and Martin A. Schain, eds. *Chirac's Challenge: Liberation, Europeanization, and Malaise in France*. New York: St. Martin's Press, 1996.

Lewis-Beck, Michael, Richard Nadeau, and Ēric Bélanger, *French Presidential Elections*. New York: Palgrave, 2012.

Mandel, Maud S. *Muslims and Jews in France: History of a Conflict*. Princeton, NJ: Princeton University Press, 2014.

Muxell, Anne. *Politics in Private: Love and Convictions in the French Political Consciousness*. New York: Palgrave, 2014.

Perrineau, Pascal, and Luc Rouban. *Politics in France and Europe*. New York: Palgrave Macmillan, 2009.

Schain, Martin. *The Politics of Immigration in France, Britain and the United States: A Comparative Analysis*. 2nd ed. New York: Palgrave Macmillan, 2012.

Schmidt, Vivien A. *From State to Market: The Transformation of Business and Government*. New York: Cambridge University Press, 1996.

Stone, Alec. *The Birth of Judicial Politics in France: The Constitutional Council in Comparative Perspective*. New York: Oxford University Press, 1992.

第九章
德国政治

拉塞尔·J. 多尔顿（Russell J. Dalton）
罗伯特·罗尔施奈德（Robert Rohrschneider）

国家概况

德国

人口：8 080 万
领土：137 803 平方英里
独立时间：1871 年
现行宪法的颁布时间：1949 年
国家元首：弗兰克-瓦尔特·施泰因迈尔
政府首脑：总理安格拉·默克尔
语言：德语
宗教：新教徒 34%、罗马天主教徒 34%、穆斯林 4%、无宗教信仰者或其他 28%

学习目标

9.1 指出德国政府当前所面对的经济和政治挑战
9.2 讨论德国的历史经验是否对第三帝国的兴起起了作用
9.3 比较和对比民主德国和联邦德国在统一前后的各种条件
9.4 描述德国统一后社会体系的五个主要方面
9.5 描述德国联邦政府的结构
9.6 讨论统一后初期联邦德国与其东部政治文化的差别
9.7 指出德国政治社会化的主要来源
9.8 比较过去在民主德国与联邦德国被鼓励成为政治积极分子的方式
9.9 描述成为德国政治精英一员的漫长道路如何影响他们的行为
9.10 讨论德国利益团体的组成和政治影响
9.11 解释强化政党在德国政治系统中作用的诸因素
9.12 列举在联邦议院中有多个政党代表的好处和局限性
9.13 描述德国联邦决策过程中的主要行动者
9.14 指出政府的主要政策输出项以及政府资金的主要来源
9.15 讨论德国持续面对的三项突出的政策挑战

德国政治可以为民主的性质提供许多洞见。这个国家的历史不时被某些现代史上最恶劣的事件所打断：两次世界大战、希特勒、纳粹国家以及虐犹大屠杀。德国经历了三次向民主的转变：魏玛共和国、联邦共和国的建立，以及1990年的两德统一。而且，当前的政府必须解决欧洲一体化的重大挑战、其经济的竞争力、免受恐怖主义的威胁、对外关系和社会凝聚力——这些也是当代许多其他民主国家所面临的议题。正如其他国家一样，德国如今是一个现代的、富裕的和成功的民主国家。因此，德国的经验显示了民主体制在当前全球环境下表现出的最好和最坏的榜样。

目前的政策挑战

9.1 指出德国政府当前所面对的经济和政治挑战

德国人在读日报或看喜欢的电视节目时，所关注的政治问题是什么呢？柏林决策者们所关注的政治问题又是什么呢？当询问公民们2016年最重要的问题时，他们指出最重要的几项议题是：难民的整合、**欧元**危机、养老金、恐怖主义和经济议题。

经济问题是政策辩论不断发生的源泉。当2008年的经济衰退削弱了欧洲的国际贸易和消费时，产生了新的经济压力。欧盟机构的弱势意味着各个欧元区国家通过自身的预算时很少考虑共同货币。虽有2010年的反弹，增长率却在缓慢下降。经济衰退结束了欧盟财政框架大范围的改革计划，并为其经济带来了新问题。德国面临着也许是比近几十年任何时候都要大的经济不确定性。联合其他欧盟成员国强化银行和信贷系统，阻止南欧的政府拖欠债务，造成了新的经济代价以及德国公众日增的怀疑。共同的欧洲货币有助于德国的出口经济，但人们在德国应当为保护欧元走多远的问题上意见不一。随着衰退的加深，德国经济比其邻国增长得较多，但其未来的经济前景仍是不确定的。

但是，自2015年以来，经济议题一直被难民的涌入问题所遮掩。2015年夏，来自叙利亚、伊拉克、阿富汗和其他中东国家的难民开始涌入南部欧洲，他们寻求人身和经济的安全。随着这些移民向北移动，总理安吉拉·默克尔（Angela Merkel）几乎单方面开放边界，德国人提供了对难民的“欢迎文化”（Willkommenskultur）。2015年，大约有100万难民流入，这种流动在2016—2017年一直持续。难民看到了在德国过上更好生活的希望，但他们缺乏德国语言技能、西方价值观、公民身份文件，在许多情况下，他们的财务资源花费在来欧洲的路上。德国是异乡，掌握政府程序和寻求就业都很困难——更不要说在难民营中的生活了。而且，到2015年底，随着移民的社会和经济成本日益彰显，“欢迎文化”也在淡出。高度可见的犯罪行为和恐怖主义事件都加深了消极情绪。每次恐怖事件在德国或附近的国家发生，公众的担忧就急剧上升。德国吸收了难民中最大的份额，这将是对国家及其公民持续的政策挑战。

难民的经历突显了德国在成为多元文化国家过程中的挣扎。德国有相当规模的外国出生人口，这是由于其1960年代和1970年代的外国劳工项目，当时经济蓬勃发展，大量的所谓外来工人（许多来自土耳其）被邀请来加强德国的劳动力。在1990年代，大量涌入来自巴尔干冲突地区的难民、寻求庇护者和来自东欧的德国血统人士，扩大了这部分人口。如今是新的更大的难民潮，他们来自饱受战争的国家，通常拥有截然不同的文化、宗教和经济背景。一些经济学家认为移民对于德国经济和未来的增长是必要的。德国改革了国籍法和其他公共政策，以适应这一新现实。然而，过去将外国出生的工人和较早的移民潮的子女们整合起来的努力，仅取得了部分成功。一个在很近期内还只由白人和基督徒构成的社会正在努力适应这种新情况，由于历史原因，这是特别困难的事情。

社会服务是政策辩论的另一个领域。养老金、医疗和其他社会福利支出螺旋式上升，但对如何管理这些开支却众说纷纭。随着德国人口的老龄化，可以预期社会福利体系的需求也不断增加。新难民加剧了一个已经日益严重的问题。很少有经济学家相信当前的社会福利制度可以持续到将来，尤其是德国不仅要在全球经济体制中竞争，还要致力于改善东部德国的状况。

德国还面临着自 1990 年**德意志联邦共和国**（FRG，联邦德国）与**德意志民主共和国**（GDR，民主德国）统一后出现的经济和社会问题。由于东部的经济基础远远落后于联邦德国，东部的经济竭力在全球化的经济体系中竞争，其公民们也带来了不同的生活价值观。自正式统一以来，东部人的生活条件得到了显著的改善。随着东部人被整合到联邦德国的社会、经济和政治体系中，他们的生活质量已提高到接近西部的水平。这两个区域间的经济差距也变小了，尽管尚未达到完全的平等。但是，那些在民主德国长大的人，仍然存在与过去的心理联系。分析人士将其描述为“心灵中的墙”，用以反映分隔东方与西方的柏林墙形象。对于众多社会和政治的价值观而言，东部与西部之间明显的差距仍然影响着公共政策的制定。

外交政策是公共辩论的另一个来源。**欧盟**是 28 个欧洲国家的联盟，它在其成员国之间协调政策。欧盟的决定越来越与经济运作、公共政策和德国人的日常生活相关联。欧盟议题（例如保护欧元和处理一些欧盟国家的预算问题）正在就德国与欧盟的关系以及与其他欧盟国家的紧张关系而形成内部分裂。其他国家希望德国能够为欧盟的需求做出超比例的贡献，而许多德国人则抵制把支付的税款用于其他国家。英国计划退出欧盟也将重塑联盟内部的政治关系以及未来的欧盟政策。这些辩论也是在欧洲一体化问题上挑战默克尔总理的极右政党“德国选择党”（AfD）兴起的一个根源。

联邦共和国是当今世界最成功也最有生气的民主国家之一。它实质性地改善了本国公民的生活质量，强化了民主制度，建立了一个安全的国家，它还是国际社会的一个重要成员。但是，过去十年的政策负担和对未来政策共识的缺乏，意味着近期的政府虽管控了当前的政策挑战，却未采取决定性行动彻底解决它们。

历史遗产

9.2 讨论德国的历史经验是否对第三帝国的兴起起了作用

德国的历史经验与大多数其他欧洲民主国家大不相同。使欧洲其他国家走向现代化的社会和政治力量很晚才来到德国，并且产生了较不确定的结果。当 19 世纪大多数国家都已确定国界时，德国领土仍然被数十个政治实体所分割。虽然大多数欧洲国家形成了占主导地位的民族文化，德国却还在承受着宗教、地域和经济上的巨大分裂。工业化通常是欧洲现代化背后的推动力量，但德国的工业化姗姗来迟，而且未能将封建贵族旧秩序清除殆尽。甚至直到现在，德国的历史也代表了一个艰难而漫长的国家建构历程。

德意志第二帝国

经过一系列军事和外交的胜利，普鲁士首相奥托·冯·俾斯麦扩大了普鲁士的疆土，并于1871年利用普法战争建立了统一的德意志第二帝国①。该帝国是一个威权主义国家，民主仅仅是其外表装饰。政治权力来自君主——**皇帝**，而政府有时会镇压潜在的敌对团体，尤其是罗马天主教会和社会民主党。政府对其公民的要求很简单：缴税、服军役、闭嘴。

在这一时期，中央政府鼓励国家的发展。工业化最终得以进行，德国在国际事务中的影响力也上升了。然而，工业化的力量不足以使社会和政治体制变得现代化和自由化，经济和政治力量仍然集中在官僚和传统贵族精英手中。威权主义国家的力量十分强大，足以抵制软弱的中产阶级的民主要求。国家是至高无上的，它的需要优先于个人和社会的需要。

政府领导阶层的失败，再加上公众盲目的服从，使德国卷入了第一次世界大战（1914—1918年）。战争使德国变成一片荒芜。几乎300万德国军民丧生，经济处于崩溃边缘，帝国政府由于自身统治的无能而解体。战争以德国的失败和筋疲力尽而结束。

魏玛共和国

1919年，民选的制宪会议建立了新的民主政体——**魏玛共和国**。宪法赋予全体公民包括妇女选举权，并保障基本的人权。掌握政权的是直选的议会和总统，政党也成为合法的政治行动者。虽然姗姗来迟，但德国人总算第一次体验到了真正的民主。

然而从一开始，魏玛政府就被严重的问题所困扰。在结束第一次世界大战的《凡尔赛和约》中，德国失去了所有海外殖民地及在欧洲的大面积领土。和约还使德国承担了战争的道德罪责以及战后向胜利的协约国赔款的财政费用。一系列极端的暴动威胁着新的政治体制。战时的破坏和赔款带来了持续的经济问题，最终导致了1923年的经济灾难。在不到一年的时间里，通货膨胀率难以想象地高达百分之两百六十亿！具有讽刺意味的是，虽然德皇政府造成了这些问题，但它却并未因此受到责备。相反，许多人批评帝国的后继民主政体——魏玛共和国。

致命的一击来自1929年的大萧条。大萧条给德国造成的冲击比大多数其他欧洲国家或美国都要大。几乎1/3的工人失业，公众因政府无力应付危机而灰心丧气。政治紧张关系日益加剧，议会民主开始崩坏。**阿道夫·希特勒**及其**国家社会主义德国工人党（纳粹党）**是主要的受益者。该党的得票率从1928年的仅仅2%上升到1930年的18%，再上升到1932年11月的33%。其他非民主的政党也获得当选；结果，民主的捍卫者成

---

① 德意志第一帝国成立于19世纪，由查理曼帝国分裂而形成。

了议会中的少数派。

民主制度的机制越来越功能失常或者被避开。为了恢复政治秩序，总统保罗·冯·兴登堡做了最后努力，他于 1933 年 1 月任命希特勒担任魏玛共和国总理。这一决定却敲响了民主制的丧钟。

魏玛共和国的失败因素颇多①。民主取决于行政精英和军队精英，而这些精英渴望的通常是旧式的威权政体。精英对共和国的批评激发了公众的类似情绪。年轻的共和国随后面临着一系列严重的经济和政治危机。这些危机进一步削弱了公众对魏玛共和国的支持，这又导致左翼和极右政党的上升，最终为希特勒的极权主义和国家主义诉求打开了大门。该政治制度在体制上的弱点助长了魏玛共和国政治上的软弱性。最后，大多数德国人完全低估了希特勒的野心、意图和政治手段。这种低估也许是魏玛共和国最大的失败。

第三帝国

纳粹的掌权反映了残忍行为与关注合法程序的奇异结合。希特勒要求于 1933 年 3 月举行新的选举，随即打压反对党。虽然纳粹未能获得绝对多数选票，但他们利用自己在议会中的主导地位制定法律，赋予希特勒独裁者的权力。民主体制被**第三帝国**新的威权主义“领袖国家”所取代。

掌控权力后，希特勒采取了极端主义政策。有可能挑战政府的社会和政治团体要么被摧毁，由纳粹分子所接管，要么被拉拢接受纳粹政权。警察国家的权力日益膨胀，扫清了反对力量。对犹太人和其他少数族群的迫害变得越来越凶残。大规模的公共工程项目减少了失业，却也为战时经济构建了基础建设。政府违反《凡尔赛和约》扩军备战，帝国的扩张主义外交政策向国际和平提出了挑战。

希特勒无限的政治野心最终使欧洲陷入了 1939 年开始的第二次世界大战。经过最初的胜利之后，从 1942 年开始的一系列军事失败导致第三帝国在 1945 年 5 月完全崩溃。在这次战争中，全世界共有 6 000 万人丧生，其中有 600 万欧洲犹太人被纳粹有计划的种族灭绝运动杀害（见专栏 9－1）②。德国处在全面毁灭之中；它的工业和运输系统被摧毁，城市成为一片废墟，数百万人无家可归，食物也短缺不足。希特勒关于德意志新帝国的宏伟计划，换来的是德国在瓦格纳《诸神的黄昏》中的毁灭。

专栏 9－1

第三帝国的恐怖

希特勒的重要信念之一是日耳曼种族的优越性，以及他对犹太人和其他非亚利安人的仇视。某些德国人赞同他的观点，但随着对犹太人的压迫于 1930 年代的强化，该政权走得远

① Karl Dietrich Bracher, *The German Dictatorship* (New York: Praeger, 1970); Martin Broszat, *Hitler and the Collapse of Weimar Germany* (New York: St. Martin's Press, 1987).

② Raul Hilberg, *The Destruction of the European Jews*, 3rd ed. (New York: Holmes and Meier, 2003); and Deborah Dwork and Robert Jan van Pelt, *Holocaust: A History* (New York: Norton, 2002).

超出公众的预期。

当德国的战争预期于 1940 年代开始消退时，第三帝国着手一项在德占领土上消灭所有犹太人的绝密计划。在整个欧洲建立了数十座集中营和由德国最大的公司运作的劳动营。犹太人被围捕并用火车送往这些集中营。在奥斯威辛（Auschwitz）、特雷布林卡（Treblinka）、贝尔根-贝尔森（Bergen-Belsen）和其他地方的集中营中，第三帝国残忍地消灭了 600 万欧洲犹太人。但不只是犹太人，同性恋者、共产党人、吉卜赛人、耶和华见证人和帝国的其他“敌人”也同样被关押。

到了今天，学者们仍然要追问：一个拥有丰富的文学、科学和艺术传统，拥有世界上受到最好教育的公民的国家，何以发生这样的事情。这有可能在其他现代社会中发生吗?

占领时期

战后德国在政治上的分裂开始于外国军队进入德国领土。第二次世界大战结束时，西方盟国（美国、英国和法国）控制了德国西部地区，苏联占领了德国东部地区。这原本只是过渡期的分裂，但西方与苏联之间越来越大的摩擦使德国东西部地区的局势越来越紧张。

在西部地区，盟军政府开始了去纳粹化项目，把纳粹官员和同情者从权力职位上清除出去。占领当局准许成立新的政党，民主政治制度开始发展起来。当局还按照资本主义路线重组经济体制。1948 年的货币和市场经济改革使西部地区恢复了活力，却也加深了东西部地区间的分裂。

东部地区的政治变革之路却很不相同，新的**统一社会党**（SED）是苏联人控制其政治过程的工具。由于认为资本主义要对第三帝国负责，苏联人试图摧毁资本主义制度并代之以新的社会主义秩序。到了 1948 年，东部地区实质上是苏联政治经济体制的复制品。

随着占领区之间政治差距的扩大，西方盟国倾向于在西部建立一个独立的德国。在莱茵河畔一个小小的大学城波恩，德国人建立了一个新的民主体制。1948 年议会委员会起草了一部过渡时期的宪法，一直使用至整个德国重新统一。1949 年 5 月，西部地区的各州政府一致同意了**《基本法》**（Basic Law），由此成立了**德意志联邦共和国**（FRG）（下文简称联邦德国）。

这些事态的发展令苏联人极为担忧。例如，苏联于 1948 年封锁柏林，部分原因就是试图终止西部独立德国的建立（虽然这样做事实上坚定了西部地区独立的决心）。一旦明确了联邦德国将走自己的道路之后，在东部建立独立德国的准备就开始了。联邦德国成立一周后，东部的人民代表大会批准了一份宪法草案。1949 年 10 月 7 日，**德意志民主共和国**（GDR）成立（下文简称民主德国）。如同德国早期历史一样，一个分裂的国家走上了不同的道路，而这些道路的汇合要花 40 多年的时间。

遵循两条道路

9.3　比较和对比民主德国和联邦德国在统一前后的各种条件

虽然选择了不同的道路（或者说替它们选择了这些道路），但两个德国在成立之初面临着许多同样的挑战（见图 9－1）。国界两边的经济状况都是一片荒凉。联邦德国的失业率居高不下，平均工资非常低。1950年，几乎2/3的联邦德国公众感到自己在战前的状况要比现时好，严重的经济困难仍然很普遍。民主德国的情况更加糟糕。

在应对这种经济挑战方面，联邦德国获得了显著成功。依靠基督教民主联盟（Christian Democratic Union，CDU）（简称基民盟）倡导的自由企业制度，国家经历了持续而空前的经济增长。1950年代早期的国民收入就达到了战前水平，而经济增长才刚刚开始。在之后的20年里，人均财富几乎增加了3倍，每小时平均工资增加了近5倍，平均收入增加了近7倍。大部分经济指标显示，西部的公众比其整个历史上的任何时候都要富裕好几倍。这一显著的经济增长被称为**经济奇迹**。

战后民主德国的经济奇迹几乎同样让人印象深刻。其经济体制基于农业集体化、工业国有化和计划集中化①。1950—1970年，工业生产和人均国民收入增长了近5倍。虽然落后于更富裕的西部亲戚，但民主德国是社会主义国家繁荣的典范。

国家建构的问题是另一个挑战。联邦德国最初被当成临时国家，直到两个德国重新统一为止。在联邦德国的阴影下，民主德国努力发展自己的认同，同时又承诺最终会重新统一。另外，即便在1949年以后，占领当局还保留了干涉两个德国的权力。因此，这两个国家都为确定其认同（作为独立的国家还是一个大德国的部分）和收回国家主权而努力。

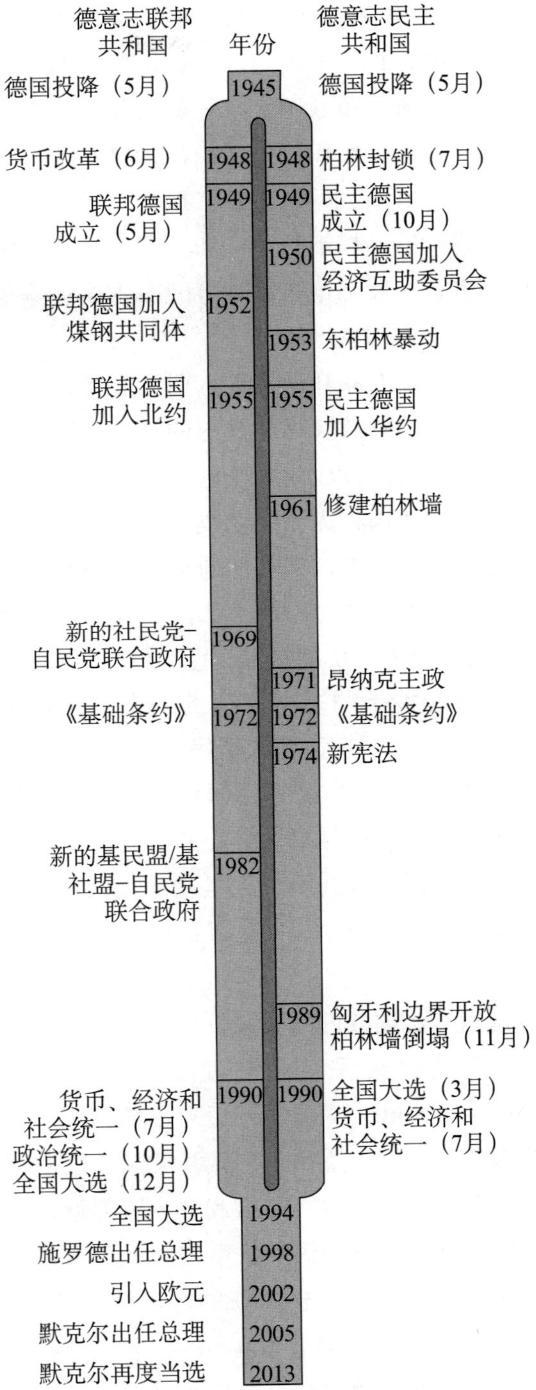

图9-1　战后德国的两条道路

1949年以来联邦德国与民主德国的历史。

① Gregory Sandford, *From Hitler to Ulbricht*, 1945—1946 (Princeton, NJ: Princeton University Press, 1983).

联邦德国的首任总理**康拉德·阿登纳**（Konrad Adenauer）将联邦德国融入西方联盟，以此推动重获国家主权的历程。如果联邦德国在国际组织的框架内活动，则西方联盟会给予其更大的自主权。例如，经济的复苏是借助欧洲煤钢共同体和欧洲经济共同体的帮助，而联邦德国军事上的军备重整是在北约组织内部发生的。

为了反对联邦德国加入西方联盟，民主德国的共产党政权呼吁德国的统一。但同时它又把自身建设成为一个独立的德国。1952年，民主德国将边界线变成了防御工事，从而限制了西部进入东部的通道，也限制了东部人去西部的能力。民主德国加入了苏联经济阵营（经济互助委员会，COMECON），它也是华沙条约军事联盟的一个创始成员国。1954年，苏联承认了民主德国的主权。随着1961年8月民主德国修建柏林墙，德国事实上和象征性的分裂也被固化了。东部与西部之间的界线不仅仅是物理上的，它更标志着两个独立德国的正式存在。

社会民主党经过1969年选举执政联邦德国后，德国的内部关系发生了戏剧性的变化。新的社会民主党总理威利·勃兰特（Willy Brandt）采取了亲近东部的政策（**东方政策**），承认战后的政治现状并与东欧国家（包括民主德国）寻求和解。联邦德国与苏联和波兰签署条约解决第二次世界大战遗留下来的分歧，并建立新的经济政治纽带。勃兰特因这一作为获得了1971年的诺贝尔和平奖，两个德国在第二年通过了《基础条约》（Basic Agreement），正式确定它们的关系是一个民族内部的两个国家。

对于民主德国来说，东方政策可以说有利有弊。联邦德国承认了民主德国，从而使后者合法化，两方的关系也变得正常化。但是，经济与社会交往增大了西方的价值观和生活方式的传播，许多民主德国的政治人物担心这会破坏他们封闭的体制。1989年最终爆发的剧变证实了他们的担心。

两个德国和解以后，双方在此后20年的大部分时间里都在满足自己的内部需求。随着1970年代中期全球经济问题的增大，社会民主党的赫尔穆特·施密特（Helmut Schmidt）出任总理，减缓了改革步伐并减少了政府开支。尚未实现的改革和再次出现的经济困境一直持续到1980年代。1982年基民盟诱使自由民主党（Free Democratic Party，FDP）组建新政府，由基民盟的领导人**赫尔穆特·科尔**（Helmut Kohl）出任总理。科尔在经济条件上进行了引人注目的改革，科尔的联盟还赢得了1983年和1987年的选举。

1970年代后期开始的世界范围的经济衰退也给民主德国的经济带来了损害。民主德国的产品在国际市场上的竞争力下降，与联邦德国之间的贸易逆差越来越大。而且，国家基础建设投资的长期延误在不断恶化的公路系统、不断老化的住宅和陈旧的通信系统中体现出来。虽然民主德国的人民经常听到有关国家经济增长的政府报告，但其生活水平证明官方所说的跟实际情况有很大差别。能够到联邦德国旅行的民主德国公民，强化了这种印象。

1980年代后期，民主德国的政府官员对民主德国日益强盛的变革之风感到担忧。苏联总统米哈伊尔·戈尔巴乔夫的改革与公开性的改良主义政策看起来破坏了民主德国体制的支柱（见第十一章）。在某一时刻，民主德国的官方报纸甚至审查关于苏联的新闻，以便淡化戈尔巴乔夫改革的影响。事实上，民主德国所受的政治变革方面的刺激不是来自内部，而是来自其他东欧国家所发生的事件。

1989年初，共产主义开始出现分裂。波兰共产党政府接受了一系列民主化改革，匈牙利共产党也认可了民主和市场的改革。然后匈牙利的国界向中立的奥地利开放，民主德国度假的民众潮流开始涌入联邦德国。民主德国的民众“用脚来投票”。在接下来的6个月里，有近2%的民主德国人移民联邦德国。人口的迁移还刺激了抗议民主德国政权的大规模示威活动。

戈尔巴乔夫在事件的演变上起着关键作用。他鼓励民主德国的领导层实行内部改革，并提醒他们说“拖延耽搁的人将受到生活的惩罚”。没有苏联军队和意识形态的支持，旧的民主德国体制的结束就是不可避免的。迅速升级的公众抗议使政府的压力越来越大，人口向西部的继续迁移导致民主德国经济近于停滞。政府无力统治，仅能苟延残喘，艰难地应付着一次又一次的危机。11月初，政府和统一社会党政治局双双辞职。1989年11月9日傍晚，民主德国的一位官员宣布开放东西柏林之间的边界，在曾经的柏林墙无人区，柏林东部与西部的民众一起欢呼庆祝。

开放柏林墙带来的兴奋消退过后，民主德国的人民就得应对“下一步如何”的问题。民主德国政府原本尝试了损害控制的策略，任命新的领导以获取公众的支持。然而，国家实力和经济活力都已遭受重创。在10月反对民主德国政府时高唱“我们是人民”的抗议者，再次高唱“我们是一国人民”。显而易见，社会稳定的唯一途径就是与联邦德国统一，而德国的迅速统一便由此开始。

1990年3月，民主德国举行了1932年以来第一次真正的选举。基督教民主党的东部分支所加入的德国联盟（Alliance for Germany）赢得了对政府的控制权。赫尔穆特·科尔和新的民主德国领导人洛塔尔·德梅齐埃（Lothar de Maizière）都力促德国统一。7月1日的一份两德条约使两国统一了货币，并在实质上统一于一个经济。1990年10月3日，经历了40多年的分裂后，两个德国的发展道路重新聚集在一起（见图9-1）。

统一条款的大部分都是西部提出的。东部居民不无讽刺地说，旧政体所遗留下来的唯一痕迹，就是从民主德国延续下来的一条法律：当交通灯为红色时，汽车可以右转行驶。除此以外，西部地区的政治结构、利益团体、政治党派和经济社会体制都直接输出到东部地区。

人们曾认为统一是实现梦想的钥匙，但在接下来的几年里，现实情况有时候像噩梦。随着民主德国的解体，东部经济也崩溃了。有时候东部的失业率比大萧条最坏时还高。统一的负担使西部出现通货膨胀和税率上升，削弱了西部的经济。因统一带来的社会紧张影响了东部每个人的生活。科尔的政党联盟在1994年末的全国大选中仅获得极微弱的多数。

到1998年，情况有了巨大的改善，但经济处境仍然艰难，必要的改革仍未完成。德国人投票选举由**格哈德·施罗德**（Gerhard Schröder）领导的社会民主党和绿党（Die Grünen）联盟执掌政府。新的执政联盟在应对国家主要政策挑战方面取得了一些进步（例如税收体制的重要改革和对东部地区的持续投资），并且以微弱的优势赢得了2002年的选举。

巨大的政治压力迫使施罗德于2005年提前举行了选举。社会民主党和基民盟/基社盟（基督教社会联盟）获得了同样多的选票。默克尔最终说服无施罗德的社会民主党加入基民盟/基社盟，组成了一个大联盟。这两个政党为其执政联盟努力坚持了四年，没有发起任何新的重要改革。然后于2008年受到衰退的打击。这些事件，加上默克尔的受欢迎程度，促使选民于2009年转向右翼，选出了新的基民盟/基社盟-自民党的执政联盟。

2008年经济衰退以后德国面临的政策问题的不确定性导致2013年选举的复杂结果。默克尔总理与社会民主党协商了一个新的联盟协议。她继续担任总理，而社会民主党则分担内阁和副总理的职位。这仍然是默克尔的行政当局，尤其是她在欧盟政策和移民政策上的决定规定了政府的性质。公众大多积极地支持她的行动，但是，对于移民潮的影响和放缓经济条件的担忧使得她（和基民盟/基社盟）在2017年选举中的前景相当不可预测。

社会力量

9.4 描述德国统一后社会体系的五个主要方面

统一后的德国是欧盟最大的国家。它有大约8 100万人口，其中6 800万人住在西部，1 300万人住在东部，它身处欧洲的心脏地带。德国经济也是欧洲第一。合并后的德国领土依欧洲标准看也很大，虽然与美国相比要小得多（略小于蒙大拿州）。本节描述存在于联邦共和国内部的某些社会分化。

经 济

战后德国东西部地区经济增长的速度不同，并且走了不同的道路。1980年代中期，联邦德国的生活水平处于世界领先水平。相比较而言，民主德国人口的平均生活水平却只有联邦德国的一半。在民主德国，基本生活必需品的定价并不高，但大多数消费品的价格却很高，而所谓的奢侈品（彩色电视机、洗衣机和汽车）则是普通家庭望尘莫及的。1985年，大约1/3的民主德国居民没有自家的浴室。民主德国的居民按东欧标准来说生活得很舒适，不过按西欧标准来说就差得远了。

德国的统一意味着这两个不同经济体的合并：富裕的西部居民与贫穷的东部亲戚的合并，联邦德国高度发展而技术先进的工业与民主德国陈旧而生锈的工厂的合并。

在统一过程中，从政者声称东部地区将在数年内出现新的经济奇迹。事实证明这一主张过于乐观。在重建东部的经济基础建设和鼓励投资方面，政府承担的角色任重而道远。起初，只有联邦德国的大量社会支付（大约每年1 000亿美元）维持着东部的生活水平。当东部的经济条件改善了以后，专家预测，真正的平等将需要数十年的发展。即使在25年以后，东部的失业率仍然比西部高出许多。东西部之间持续的经济差距成为新德国社会和政治分化的症结所在。

德国经济最初是因为2008年的衰退而挣扎。但经济很快反弹，因为其出口导向的经济迅速从欧盟其他国家经历的经济困境中复苏。失业率很低，德国的联邦预算在2015年实际还有盈余——这是自1969年以来的第一次。但经济近期开始随着全球经济的放缓而变慢。而且，2016 年英国决定脱离欧盟的公投可能（事实上的确发生了）限制德国公司进入一个重要的市场。此外，欧盟内部的政治紧张关系是对经济的进一步限制。所有这些造成了有关未来欧洲经济竞争框架的不确定性，在决策者和公众舆论中也加深了对德国经济的担忧。

宗 教

历史上，天主教徒与新教徒在德国政治中存在严重分歧。战后联邦德国使这种分歧有所缓和，这部分是因为天主教徒和新教徒在人数上差不多，部分是因为精英们有意识地努力避免过去的宗教冲突。世俗化也逐渐淡化了公众的宗教涉入。东部的共产党政府则严格限制教会的政治和社会角色。

德国的统一改变了新联邦共和国宗教上的平衡。天主教徒占了西部居民的 2/5，却不足东部居民的 1/10。更引人注目的是，大多数东部居民声称自己无宗教信仰。于是，德国统一后的新教徒在人数上就略多于天主教徒。此外，还有一个较小的穆斯林群体，约占人口的 4%。在基于宗教的议题（例如堕胎）上，更多的新教徒与世俗选民可以改变德国公众的政策偏好，并且重塑选举联盟。

性 别

性别角色是社会分化的另一来源。过去的人们用三 K——*小孩*（Kinder）、*教堂*（Kirche）与*厨房*（Küche）——来界定女性的角色，而政治与工作则是男性的事情。缩小这些差异的努力成败参半。联邦德国的《基本法》保障两性的平等权，不过支持这一保障的立法还不充分。文化规范方面的变化进行得比较缓慢，跨国调查显示，德国西部的男性比一般欧洲男性更倾向于沙文主义，而德国西部的女性则感到不如其他欧洲女性那样自由①。

民主德国的宪法也保障了两性的平等权，统一之后，东部的妇女失去了其中一些权利和福利。例如，1993 年，宪法法院在解决两边堕胎法的条文冲突时，实质上依照联邦德国更严格的标准做出判决。民主德国为有工作的母亲提供儿童养育津贴，而联邦德国没有延续这一政策。统一后，东部地区女性的更大期待使性别问题在联邦德国的议事日程中占有更高位置。1990 年代，政府在工作歧视与女性权利方面制定了新法律。综合来看，大多数东部地区的女性认为她们现在的状况比旧政权时代要好，因为她们获得了比民主德国生活时更多的益处。默克尔担任总理后，进一步推进了性别规范和政策的变革。

少数族群

德国不断增加的国外少数族群人口造成了新的社会分化②。当 1960 年代联邦德国面临严重的劳动力短缺问题时，从土耳其、意大利、西班牙、希腊和其他欠发达国家招来数百万工人。德国从政者与公众认为这只是

① Eva Kolinsky，*Women in Contemporary Germany*（New York：Berg，1993）；Pippa Norris and Ronald Inglehart，*Rising Tide：Gender Equality and Cultural Change around the World*（New York：Cambridge University Press，2003）.

② Ruud Koopmans，et al.，*Contested Citizenship*（Minneapolis：University of Minnesota Press，2005）；Richard Alba，Peter Schmidt，and Martina Wasmer，eds.，*Germans or Foreigners*?（New York：Palgrave Macmillan，2003）.

暂时的状况，而且他们称呼外国人为**外来工人**（guest workers）。大多数这样的外来工人工作了很长时间，获得了工作技能和个人存款，然后回到了故乡。

然而，奇怪的事情发生了：德国需要的只是工人，而实际招来的却是完整的人。许多城市都出现了面向外来工人的文化中心。一些外来工人选择留在联邦德国，而且最终也把家人带来一起住。外国人不但为工厂装配线带来了新的劳动力，而且也带来了新的生活方式。但这些新居民的整合是不完全的。

德国努力解决建成多元文化社会所面临的问题，只是解决办法仍未确定。联邦德国于1993年修改了《基本法》中有关政治避难的条款（使其更接近美国的移民政策），在反对暴力方面采取了更果断的行动，并且动员了德国社会有宽容心的多数人。2000年，政府修改了国籍法，以便更好地把国外出生的居民整合到德国社会之中。对公民进行自由归化的努力与教育新公民德国语言、文化和政治规范的项目是联系在一起的。然而，德国本土居民与穆斯林移民之间的分歧似乎正在变大。

2015年开始的大量难民涌入形成了新的维度。新移民到来时，没有工作和预先存在的支持网络。这个移民潮最初主导了社会项目，造成了移民与本地居民群体间的紧张关系。把这些新移民整合提升到早期外来工人的水平，将是非常困难的。因此，解决与少数族群永久居民（约占人口的6%）相关的问题，是一个持续的挑战。

地方主义

地方主义是社会和政治分化的一个潜在因素。德国分为16个州，西部有10个州，东部新设6个州，包括柏林这个城市州（city-state）。许多州都有自己独特的历史传统和社会结构。说话的语言风格和习惯用语将东西部地区的居民区分了开来。

由于西部与东部之间的差别，国家的统一极大地扩大了州与州之间在文化、经济与政治上的差异。在做政治决定时，东部居民仍然援引他们独特的传统和经验，就像西部居民有自己的传统一样。因而，地方性的考量是社会和政治的重要因素。

社会和经济的分权性质强化了这些地方差异。经济和文化中心散布于全国各地，而不是集中于某一个全国中心。存在十多个经济中心，包括法兰克福、科隆、德累斯顿、杜塞尔多夫、慕尼黑、莱比锡和汉堡。大众传媒围绕地方市场而组织起来，甚至相互竞争的“全国性”剧场也有好几个。

这些不同的社会特征（经济的、宗教的、性别的、民族的和地方主义的）出于各种理由而与政治相关。它们确定了不同的社会利益，例如工人阶级与中产阶级相互冲突的经济需求，通常借助于政策辩论表达出来。社会团体还是政治和社会认同的来源，把个人与利益团体和政治党派联结在一起。例如，选举模式就典型地体现出不同团体在政党支持方面的差别。因而在德国社会，确定团体之间的重要差别就为理解政治过程提供了基础。

政府的机构与结构

9.5　描述德国联邦政府的结构

当议会委员会于1948年第一次在波恩开会时，与会成员面临着一个令人望而却步的任务。他们必须为新的民主的德国设计一个新的政治结构，并避免导致魏玛共和国崩溃的那些问题。如果他们失败，其结果可能会像德国民主制上一次的崩溃一样可怕。

《基本法》是政治工程的一个杰出的例子——建构一个政治体制以实现特定的目标：

- 发展一个稳定而民主的政治体制。
- 在政治机构中保留一些历史延续性(这意味着政府的议会制度)。
- 再造一个联邦政府结构。
- 避免导致魏玛民主制崩溃的制度上的缺陷。
- 针对极端主义与反体制力量建立制度性的限制。

这些设计师建立了一个议会民主制度，该制度使公众参与其中，鼓励精英承担政治责任，分散政治权力并且限制极端分子的影响。

《基本法》被认为是临时的，直至两个德国统一时为止。事实上，1990 年民主德国的崩溃导致其融入联邦德国。当德国于 1990 年 10 月 3 日统一时，意味着《基本法》将其权威延伸到东部各州。于是，统一后德国的政府根据《基本法》而运作。本节描述这一体制的重要机构和程序。

联邦体制

分配政治权力并在政治体制中实现牵制与平衡的方式之一是通过联邦政府结构。《基本法》建立了欧洲少有的联邦政治体制(见图 9－2)。政治权力在联邦政府与 16 个州政府之间进行划分。联邦政府在许多政策领域承担首要的政策责任，而各州在教育、文化、法律执行和地方规划方面享有管辖权。在其他一些政策领域，联邦政府与州政府共同承担责任，虽然联邦法律享有优先权。另外，在《基本法》没有明确划归联邦政府的领域，各州可以进行立法。

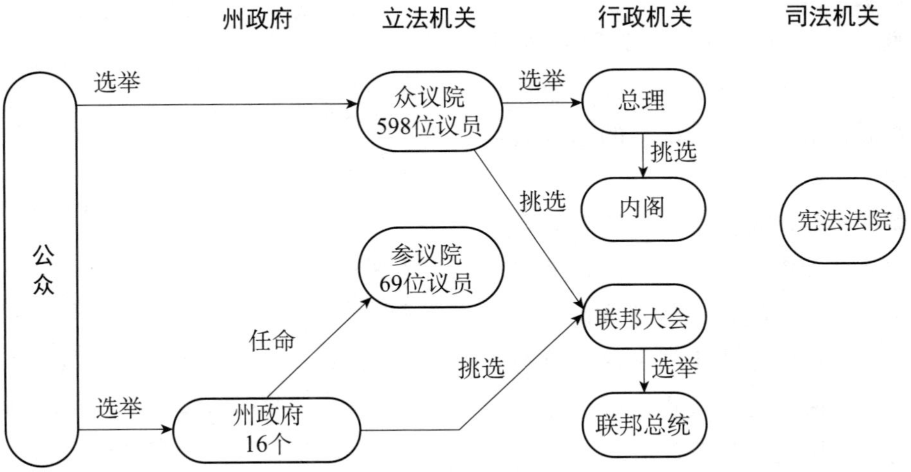

图 9－2 德国联邦政府的结构

德国把联邦制与议会体制和宪法法院相融合。

州政府的立法机关实行一院制，通常称为*州议会*(Landtag)，由普选产生。控制州议会的政党或政党联盟挑选一位部长会议主席(minister president)出任州政府首脑。联邦制的一个重要特征是，执政联盟可以在各州间存在广泛差别，包括打断全国政治正常政党路线的组合。这就为政党合作的实验开了方便之门，有时候这种合作具有全国性的意义。

联邦政府是政策立法的主要来源。各州主要负责政策的行政管理，执行联邦政府制定的大多数国内法和各州自己的法律。州政府还监管地方政府的运作。在联邦共和国内部，除了联邦总理以外，部长会议主席是最有权势的政府官员之一。

联邦参议院是两院制联邦立法机关中的一个议院，其成员完全由州政府任命的代表组成。州政府官员还参与选举联邦总统和主要联邦法院的法官。因此，此种联邦体制利用州政府的权力来平衡联邦政府的权力，以此实现政治分权。

议会政府

联邦政府是两院制议会：由大众选举的众议院是首要立法机关，参议院则是州政府在联邦的代表机关。

众议院（Bundestag） **众议院**由至少598位议员组成，他们是唯一由德国公众直选的全国性政府官员①。众议员的选举通常每四年一届。

众议院的主要职责是立法，所有联邦法律都必须得到众议院的批准。不过，大多数法律最初由行政部门提议。像其他现代议会一样，德国的众议院主要审议和修改政府的立法议案。众议院的另一大重要职能是选举作为行政部门首脑的联邦总理。

众议院以几种不同的方式成为公众辩论的论坛。众议院全体会议在议院讨论立法。辩论时间按各党派团体的规模进行分配，党派领袖和普通议员通常都会参加。众议院对会议进行电视转播，包括在网络上的播放，以扩大其政策辩论的受众②。

众议院还审查政府行为。最通常的监督方法是从英国下院借鉴而来的“质询时间”（question hour）。议员个人可以向政府部长呈递书面问题，所提问题可以是很大的政策问题，也可以是某个选民的特殊需要。政府代表在质询时间回答这些提问，议员可以同时提出进一步的问题。在2009—2013年任期内，众议院议员提出的口头和书面问题超过25 000个。反对党通常最大限度地利用这些监督机会。执政党的普通成员也利用这些方法来使自己的观点广为人知。

众议院有一套可以增强其立法和监督角色的强有力的委员会。这些委员会提供专门知识以平衡各联邦机构的政策经验，并在其专门领域举行调查听证会。由于反对党在这些委员会中占有相应比例的主席职位，因而进一步增强了委员会的监督功能，这是一种在民主制立法机关中罕见的模式。请愿委员会也充当了公民投诉政府的监督者角色，它每年收到数千件诉求。

总的来看，众议院的监督力量相当强，特别是对一个议会体制中的立法而言。立法委员会可以收集必要的信息来理解和询问政府决策者。众议院议员可以利用质询时间和其他方式使政治问题引起关注，并对政府提出异议。众议院还经常借助投票促使政府修改立法提案以便获得通过。

参议院（Bundesrat） 议会第二院**参议院**反映了德国的联邦体制。州政府任命参议

① 2002年，众议院议员数量减少了（之前为656人）。这是重划选区以便平衡各选区选民数量的结果。

② 众议院的网址是：http：//www.bundestag.de.

院的 69 位议员代表各州的利益。各州通常任命州内阁成员在参议院兼职，该议院便成为各州官员的永久议会。各州在参议院的席位大约与其人口比例相当，人口最少的州有 3 个席位，人口最多的州则有 6 个席位。各州代表团根据州政府的指示，以团体的方式投票。

参议院的角色是代表各州的利益。其方式是审议立法、辩论政府政策以及在联邦政府与州政府之间共享信息。它必须批准直接影响本州利益的立法的相关部分。因此，参议院是德国联邦体制的重要组成部分。

德国议会比大部分其他欧洲议会体制拥有更大的政治影响力。众议院比通常的议会享有更大的自主权。尤其是如果加上参议院，德国议会在修改政府提案和监督政府方面享有相当大的独立性和机会。通过增强议会权力，《基本法》试图建立制约行政权力的机制。经验表明，德国的政治体制实现了这一目标。

联邦总理与内阁

联邦共和国有两套行政机构，但《基本法》很大地赋予了**联邦总理**作为行政机关首脑的正式权力。与总统不同，联邦总理主导了政治过程，通过权力的人格化象征着联邦政府。总理在政治体制中扮演核心角色，因而一些观察家把德国体制描述为“总理民主制”。

众议院选举领导联邦政府的总理。因而总理代表了众议院的多数，在政府立法提案方面通常可以获得多数的支持。总理通常领导自己的政党，指导政党的策略并在选举中统筹指挥。每一位总理还会在任职期间显示自己独特的个性。施罗德是一位有较强个性的实干家；默克尔在决策时更偏向咨询与合作风格，但仍然可以形成政府的路线方针。

总理权威的另一个来源是其对内阁的控制。联邦政府由 14 个部门组成，每个部门都由一名部长领导。内阁部长在形式上由联邦总统任命或免职，但推荐人则是总理（不需要众议院的同意）。《基本法》还赋予总理决定内阁部长人数和职责的权力。

联邦政府的职责可用《基本法》中描述的三个原则来概括。第一个原则是*总理原则*。这一原则意味着总理决定政府政策，由总理发布的正式政策指令对内阁和部长有法律上的约束力。因而与英国内阁分担责任的体制相比，德国内阁在决策过程中形式上隶属于总理。

第二个原则是*部长自主原则*。这一原则使部长有权管理部门内部工作而不受内阁干涉，只要部门政策符合政府的指导方针。部长有责任监督部门活动，指导部门决策的制定，并在其权限内监管政策的执行。

第三个原则是*内阁原则*。这一原则主张当各部门之间在就权限或预算问题发生冲突时，应该由内阁来解决冲突。

联邦政府的实际工作比《基本法》所罗列的常规形式更加不固定。在每一次选举之后建立多党联盟时，政府部门在党派之间如何分配便成为主要问题。虽然有《基本法》的形式限制，但内阁成员在政策方面仍然显示了很高的独立性。部长之所以获得任命，是因为他们在政策领域的专业知识，事实上，部长更多地被看作部门的首脑而非总理的代理人，他们在政治上成功的标准是看其是否代表部门的利益。

于是，内阁就成为联邦政府事务的情报交换所（clearinghouse）。特定的部长呈交其部门发起的政策提案，希望得到政府批准。总理则确定政府项目，这些项目反映了内阁共识，而且为了保持共识需要依靠内阁的协商与妥协。

联邦总统

《基本法》把**联邦总统**规定为主要是礼节性的职位。总统的职责包括会见国家元首、出席政府的会议、出国访问等类似工作①。为了将此职位与选举政治相隔离，总统由联邦大会（Federal Convention）选出，联邦大会由所有众议院议员和相等人数的州议会代表组成。一旦当选，总统就要保持超越党派政治的姿态。

总统有限的政治作用并不意味着在任者不能参与政治过程。总统任命政府和军事官员，签署条约和法律，并且有特赦权。不过在这些案例中，总理必须副署（countersign）这些动议。总统还负责向众议院提名总理；如果政府法案在不信任投票中失利，总统还可以解散议会。在这两种情况下，《基本法》都限制了总统独立行动的能力。

在总统是否必须允准政府的特定要求方面，宪法的规定存在含糊性，这一点可能意义更大。法律先例尚不清楚总统是否拥有否决立法、拒绝总理推荐的内阁成员任命甚至拒绝解散众议院的要求的宪法权力。分析人士把这些含糊之处看作装在《基本法》牵制与平衡的选举体制中的一个安全阀。

联邦总统的职位在政治上还有超出《基本法》条文的重要性。一位积极而活跃的总统可以通过自己的言论和公共活动影响政治氛围，总统是可以公正地声称超越政治并且可以把国家的眼光扩大到日常关切之外的唯一政治人物。弗兰克-瓦尔特·施泰因迈尔（Frank-Walter Steinmeier）于2017年当选为总统。施泰因迈尔是前社会民主党领导人，担任基民盟/基社盟-社民党联合政府的副总理和外交部长，是2009年社会民主党的总理候选人，然后担任欧洲安全与合作组织的主席。他过去的经验使得他特别地了解并感兴趣于德国的国际关系。

司法体制

审理刑事案件和大多数法律纠纷的普通法院被整合进统一的体制之中。各州管理地方法院和州法院，最高的普通法院即联邦法院（Federal Court of Justice）是全国性法院。所有法院都适用同样的全国法典。

第二系列的行政法院审理特殊领域的案件。有的处理对政府机关的行政控诉，有的处理税收问题，有的处理涉及社会项目的主张，有的处理劳资纠纷。像司法体制的其他部分一样，这些特殊法院在各州和联邦都设有机构。

《基本法》确立了司法的第三个部分，即独立的**宪法法院**（Constitutional Court）。该法院对法律进行合宪性审查，调解各级政府之间的纠纷，捍卫宪法和民主秩序②。这是德国法律体制的一个创新，因为它使《基本法》高于其他一切法律。这还意味着限制议会的决策权和对下级法院审判的司法干

---

① Ludger Helms, "Keeping Weimar at Bay: The German Federal Presidency Since 1949," *German Politics and Society* 16 (Summer 1998): 50－68.

② Donald Kommers and Russell Miller, *The Constitutional Jurisprudence of the Federal Republic of Germany*, 3rd ed. (Durham, NC: Duke University Press, 2012).

涉。由于宪法法院如此重要，因此其 16 位成员由众议院和参议院挑选，各出一半人数，每届任期 12 年。宪法法院对政府潜在的越权行为提供了另一个制约机制，并且为公民的权利提供了额外的保障。

权力分立

《基本法》旨在避免权力集中于任何人或机构手中。设计者希望分散政治权力，使得极端分子或反民主分子不能推翻体制；权力将来自一个达成共识的程序。政府的每一个机构在自己的领域内都有强大的权力，但把意志强加到其他机构的能力受到限制。

例如，总理没有解散立法机关并召集新的选举的权力，而这通常存在于议会体制之中。同样重要的是，《基本法》限制了立法机关对总理的控制。在议会体制中，立法机关通常可以通过简单多数票免除行政长官的职位。然而，在魏玛共和国时期，极端主义政党欲通过反对在任总理来摇撼民主体制。为了应对议会欲免除总理的情形，《基本法》创设了**建设性不信任投票**（constructive no-confidence vote）①。众议院若要免除总理，就得有多数赞同一位继任者。这样就保证了政府的连续性，并且保证新总理上台之初可以获得多数支持。它还使免除现任总理变得更加困难。反对党不能只表示与政府意见相左，还必须有多数同意替代者。建设性不信任投票只试用了两次——而且只有一次获得成功。1982 年，多数票同意由新总理赫尔穆特·科尔取代总理施密特。

宪法法院是对政府行为的另一大制约，它在保障公民权利和捍卫宪法方面承担着重要角色。联邦与州政府之间权力与政策责任的分配是政治过程的另一大节制力量。即使是强有力的两院制立法机关，也要确保在制定公共政策之前，多方利益必须达成一致。

联邦制度是分散权力的另一种方式，以使得任何一个政治机构都不能支配政治过程。

与英国、荷兰或瑞典这样的单一制度相比，这一复杂结构分散了政治权力。然而，民主经常是一个复杂的过程。领导者们有效地运用这一权力共享、牵制与平衡的制度发展了德国的民主政体。

重塑政治文化

9.6 讨论统一后初期联邦德国与其东部政治文化的差别

想一想第二次世界大战结束时普通德国人是如何看待政治的。德国历史难以培养良好的民主公民。皇权统治下的政府希望人民服从而不是积极参与政治，这种作风培养了政治上不宽容的情感。魏玛共和国这一短暂插曲对于改变这些价值观无甚助益。而魏玛共和国的两极化、分裂和十足的暴力却教导人们回避政治，不积极参与政治。而且民主政体以失败告终，代之以国家社会主义。然后，第三帝国在不宽容、威权主义的体制下培养了另一代人。

由于这一历史遗产，人们普遍担心联邦德国缺乏民主的政治文化，因而容易遇到导致魏玛共和国崩溃的同样问题。战后在联邦德国的民意调查显示出的公共舆论上的消极

① 第二种不信任投票允许总理把不信任条款附加到政府的法律议案之中。如果众议院废除方案，总理可以请求总统召集新的众议院选举。科尔和施罗德分别在 1983 年和 2005 年利用这一方法召集了提前选举。

形象，也许同样可适用于民主德国[①]。联邦德国的人在政治上相互疏远，接受权威，并且支持纳粹意识形态的许多因素；反犹情绪也司空见惯。

也许比经济奇迹更让人吃惊的是联邦德国政治文化在略长于一代人的时间内就实现了转型。政府在大规模的政治再教育项目中动员了学校、媒体和政治组织。公民群体自身也在变化——威权主义政权下成长起来的老一代逐渐被战后民主时代培养的新一代所取代。经济发展的成就和政治体制相对稳定的运作也改变了公众的政治观念。这些努力创造了与联邦共和国的民主制度和进程更融洽的新政治文化。

1990 年统一之后，德国面临着另一个严重的文化问题。民主德国的政治教育的努力是密集而广泛的，它们的目的是培养一种全面的“社会主义人格”[②]。年轻人培养出了与同龄人之间的集体主义认同、对民主德国及其社会主义同胞的热爱、对统一社会党的接受，以及对历史和社会的马克思列宁主义的理解。

德国的统一意味着这两种不同政治文化的融合，而起初这种融合的结果并不稳定。而且，导致德国统一的政治变革事件可能重塑了甚至长期持有的政治信念。

于是，国家统一带来了新的问题：联邦共和国能同化在关于政治和社会应如何运作方面可能有不同信念的 1 600 万新公民吗？下面几节将讨论德国政治文化的关键要素及其演变历程。

政治共同体的走向

在德国实现政治统一以前很久，共同的历史、文化、疆土和语言形成了单一德国共同体的意识。即便德国人在政治边界问题上存在分歧，德国也是席勒、歌德、贝多芬和瓦格纳的故乡。尽管有社会和政治上的差异，但单一的人（Volk）的意象把德国人联系在一起。

然而，之前的政体都未能建立与德国的社会认同相对应的共同的政治认同。后继政治体制都是短命的王朝，也未能就德国政治的性质与目标达成普遍共识。战后的联邦德国面临着同样的挑战：在一个分裂而战败的国家建立一个政治共同体。

1950 年代早期，大部分联邦德国的公众认同先前政体的象征和领袖[③]。大多数人认为，第二帝国或希特勒战前的帝国代表了德国历史上的黄金时期。相当数量的少数族群赞成恢复君主制或建立一党制的国家。几乎半数人相信如果不是因为第二次世界大战，希特勒可以成为德国最伟大的政治家之一。

在其后的 20 年里，与早先政权的情感纽带逐步淡化，与新制度和联邦共和国领导人的联系稳步增强。1951—1964 年，相信众议员代表公众利益的公民人数增加了一倍；公众由崇拜之前政权的领袖变为尊敬联邦共和国的总理。到了 1970 年代，绝大多数公

---

① Anna Merritt and Richard Merritt, *Public Opinion in Occupied Germany* (Urbana: University of Illinois Press, 1970); and Ralf Dahrendorf, *Society and Democracy in Germany* (New York: Doubleday, 1967).

② Christiane Lemke, “Political Socialization and the ‘Micromilieu,’” in *The Quality of Life in the German Democratic Republic*, ed. Marilyn Rueschemeyer and Christiane Lemke (New York: M. E. Scharpe, 1989).

③ Gabriel Almond and Sidney Verba, *The Civic Culture* (Princeton, NJ: Princeton University Press, 1962); and David Conradt, “Changing German Political Culture,” in *The Civic Culture Revisited*, ed. Gabriel Almond and Sidney Verba (Boston: Little Brown, 1980).

众认为现在是德国历史的黄金时期——战后经济奇迹仍在继续。联邦德国在政治上变得更加宽容，反犹情绪大大弱化。公众表现出对新政治体制日益增长的尊重①。

当联邦德国的人开始接受联邦共和国的制度和象征时，一些触及公民政治精神的东西却正在失去。联邦德国是一个暂时的实体，“德国”意味着统一的国家。联邦德国的公民认为自己是德国人、联邦德国的民众，还是两者兼具？另外，第三帝国的创伤在联邦德国民众的心灵上烙下了深深的伤疤，使公民们不愿表达自己的民族自豪感或对德意志民族的认同感。由于这一政治上的耻辱，联邦德国缺少许多在其他国家随处可见的情感上的国族象征。政治性的节假日或纪念活动很少，人们也很少听到国歌，甚至联邦德国成立的周年纪念也很少引起公众注意。这一遗产意味着，即便是今天的德国人，也不愿意公开表达自己的民族自豪感（见专栏 9－2）。

专栏 9－2

德国人会自豪吗？

谁能想象法国总统、英国首相（或者任何其他国家的领导人）会拒绝承认自己以国家为傲呢？但这种表达方式在德国却有争议，因为一些人仍然会把国家主义的表达与第三帝国极端的国家主义表达联系起来。于是，当 2001 年基民盟总书记宣称“我因自己是德国人而自豪”时，引发了有关国家主义的激烈争论。社会民主党-绿党内阁的一位绿党成员回应说，这种表达显露了右翼光头党的心态。总统约翰内斯·劳（Johannes Rau）为了回避这个问题，表示说一个人可以因自己是德国人而“高兴”或“感激”，而不应该是“自豪”。接着，总理施罗德加入了论战，他说：“我以人民的成就和我们的民主文化而自豪……在此意义上，我是一位以德国而自豪的爱国者。”很难想象这种论战会发生在华盛顿或者巴黎。

资料来源：*Economist*，March 24，2001，62.

寻求国家认同的问题也存在于民主德国。民主德国声称代表德国历史的“非法西斯主义”部分，而把联邦德国说成是第三帝国的后继者。大多数分析人士认为，民主德国由于在政治和社会方面的成就，至少培养了一种顺从地忠诚于政权的意识。然而，一旦社会主义受挫，民主德国独特的政治认同的基础也会消失。

国家的统一开启了德国对国家政治认同的寻求最终得以解决的过程。国家统一的庆典和指定 10 月 3 日为国庆日，最终让德国人有了举行庆祝的积极政治经验。联邦德国和民主德国的公民在形成国家情感纽带上还犹豫不决，但这种情感纽带在过去几年里有了增强，地区间的差距也缩小了（见图 9－3）。差不多所有德国人都同意他们国界的范围，这在百年来还是第一次。如今的德国是一个单一的国家，一个民主、自由、展望未来的

① Conradt，“Changing German Political Culture，” 229－231；and Kendall Baker，Russell Dalton，and Kai Hildebrandt，*Germany Transformed：Political Culture and the New Politics*（Cambridge，MA：Harvard University Press，1981）.

国家。

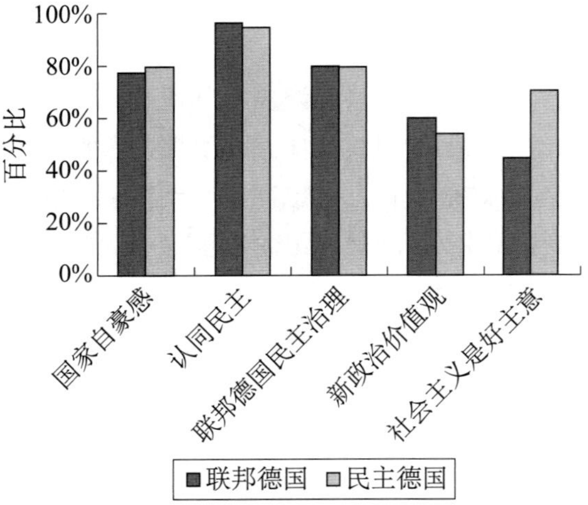

图 9-3　联邦德国与民主德国的政治

自统一以后，价值观上的差距缩小了许多，除了民主德国的人仍然持有的“社会主义是好主意但执行得不好”这个信念。

资料来源：2013 World Values Survey in Germany; 2010 ALLBUS for socialism question.

朝着民主进程的导向

政治文化的第二个重要因素涉及公民对政治过程和政府体制的态度。在联邦德国成立之初，民主政治的规则（多数决定、少数派权利、个人自由和多元辩论）并不符合公民的经验。为了打破这一模式，政治领导层构建了一种使民主程序正规化的体制。通过鼓励和期待公民参与及决策过程公开化，公众不断接触新的政治体制，由此逐渐熟悉了民主规范。政治领导层提供了民主环境下进行竞争的通常是积极的范例。其结果，在支持民主政治体制方面逐渐形成了一种普遍共识。到 1960 年代中期，公众几乎一致同意民主制是最好的政府形式。更重要的是，联邦德国的公众越来越信赖民主程序——多党制、冲突管理、少数派权利和代议制政府①。

在联邦德国，一些政治事件不时地检验着公众对民主价值的信赖程度。例如，1970 年代，一小群极端分子试图通过恐怖主义活动来颠覆现行体制②。1980 年代早期，科尔政府面临着无政府主义和激进的生态主义群体发起的一系列暴力行动。近年来，国际恐怖分子和“圣战主义”极端分子又威胁着德国。不过，在这些例子中，基本的结论是，政治体制及其基本程序可以应付政治极端分子的突击而毫发无损地保存下来，而公众在民主进程中不会失去信念。

民主德国政府的宣传也强调民主信条。1989 年的公众反叛之所以如此迅速地发展，原因之一是公民不再支持该政权的原则，虽然生活在斯塔西（民主德国秘密警察）警察国家之下的他们在公开表达这种情感时可能有所犹豫。随着柏林墙的倒塌而席卷民主德国的大变革至少使人们相信，民主是政治改革之路。1990 年的一项民意调查发现，联邦德国和民主德国的公众都普遍支持民主的基本信条③。

当然，对民主制的真正检验发生在现实的世界。一些研究指出，民主德国的居民对

① Conradt, "Changing German Political Culture."

② Gerald Braunthal, *Political Loyalty and Public Service in West Germany* (Amherst: University of Massachusetts Press, 1990).

③ Russell Dalton, "Communists and Democrats: Democratic Attitudes in the Two Germanies," *British Journal of Political Science* 24 (1994): 469-493.

民主的最初理解是有限的，或者至少不同于联邦德国的居民的理解①。不过，1989 年的民主德国的居民明显比 1945 年的德国人更加支持民主。更加需要的不是改造民主德国文化的这个方面，而是把民主德国的居民对民主的支持转化为对民主过程及其实际力量和缺点的深刻而丰富的理解。如今，国家统一 20 多年以后，民主德国的居民担任了总理和总统，民主原则看来正在渗入联邦德国与民主德国的政治文化之中。

社会的价值观与新政治

文化转型的另一个方面涉及国家社会经济成就带来的公共价值观的转变。一旦联邦德国满足了长期的社会和经济需求，公众的关切就扩大到了一系列新的社会目标。新议题（如环境、女权和扩大公民参与）吸引了公众的注意。

罗纳德·英格尔哈特（Ronald Inglehart）用改变联邦德国居民的价值走向这样的术语来解释这些政治发展②。他认为，一个人的价值优先排序反映了此人成年之前早期占优势的家庭和社会环境。在第二次世界大战后的转型期间，被社会化的长辈们经历了不稳定的经济政治环境，因而依然强调经济安全、法律和秩序、宗教价值和强有力的国防（虽然半个世纪以来经济与政治取得了长足的发展）。相反，由于年轻人成长在民主而富裕的国家，他们的关注点已经变成了**新政治**（New Politics）价值观。这些新价值观强调自我表达、个人自由、社会平等、自我实现和生活质量。

这些新价值观代表了嵌置于联邦共和国社会主流文化之中的“第二文化”。这些价值观在民主德国的居民那里发展较为缓慢，但自统一以来，差距缩小了（见图 9－3）。公众对新政治问题的兴趣逐渐扩展到年轻支持者以外，并且建立了更广泛的基础。

一个国家、两种人民？

民主德国与联邦德国的公民共享一份共同的德国遗产，但 40 年的分裂产生了文化差异，如今这些差异再度融进了单一国家的文化之中。

因为有这些不同的经验，联邦德国与民主德国的居民在许多政治信条方面的广泛相似之处便让人感到惊奇。民主德国与联邦德国的居民都支持民主体制以及民主规范和制度（见图 9－3）。起初，民主德国的居民对民主程序的实际成效持比较批判的态度，因为他们觉得这个制度并不代表他们的利益。但正如图 9－3 所显示的，这种差距缩小了许多。于是，联邦共和国第二次民主转型的特征便是在基本政治和经济价值方面达成一致，这与第二次世界大战刚结束时的情况明显不同。

不过两个地区在文化规范的其他方面的

① Richard Hofferbert and Hans-Dieter Klingemann, “Democracy and Its Discontents in Post-wall Germany,” *International Political Science Review* 22 (2001): 363－378; and Robert Rohrschneider, *Learning Democracy* (New York: Oxford University Press, 1999).

② Ronald Inglehart, *Cultural Shift in Advanced Industrial Societies* (Princeton, NJ: Princeton University Press, 1990); Kendall Baker, Russell Dalton, and Kai Hildebrandt, *Germany Transformed* (Cambridge: Harvard University Press, 1981).

确不同①。例如，联邦德国与民主德国的居民虽然都赞同民主制的信条，但在如何将这些理念转化为现实政治方面却较难达成一致。对于在民主德国封闭体制下成长起来的公民来说，联邦德国政治开放的、有时是对抗的风格是一个重要的调节机制。另外，与联邦德国的居民相比，民主德国的居民赞同政府在提供社会服务和指导社会发展方面发挥更广泛的作用。

起初，民主德国和联邦德国之间在地区认同方面也存在很大的差别。随着时间的流逝和统一后的艰难调整，以前在民主德国生活的居民中产生了对其某些方面的怀旧情绪。民主德国的居民不想回到共产主义或社会主义，但很多人怀念从前缓慢而更可预见的生活方式。他们对于昔日的很多标志（从卫星牌汽车到贴着民主德国标签的消费品）都有着怀旧般的渴望。2003 年流行的电影《再见，列宁!》是这种情绪的一种显示（对德国这段历史感兴趣的学生可以看看这部不错的电影）。这可以解释民主德国的居民仍然保留的“社会主义是好主意但执行得不好”这个信念（见图 9-3）。这一民主德国与联邦德国的差距自 1990 年代早期以来几乎没有什么改变。

德国人分享着共同的语言、文化和历史，以及一系列共同的终极政治目标。也许最显著的模式是近期公共意见调查所发现的民主德国-联邦德国间的分歧与 1990 年代早期相比正在缩小。国家在融合这两种文化方面的成功，将强烈地影响新德国的进程。

政治学习与政治沟通

9.7 指出德国政治社会化的主要来源

如果像许多政治专家所认为的那样，合适的政治文化有助于政治体制的延续，那么，一个国家就需要形成并维持这些态度。这一过程被称为*政治社会化*（见第三章）。研究者通常把政治社会化看成政治体制持续性的来源，一代人把主导的政治规范传给下一代。然而在德国，过去半个世纪的社会化挑战改变了从第三帝国和民主德国继承而来的文化。

家庭影响

儿童在年幼时，学习的来源与其父母相比要少许多（通常指形成基本价值观时的主要影响）。家庭讨论可以是获取政治信息的重要渠道，也是儿童将父母态度内化于心的方式之一。孩提时期获得的基本价值观经常会持续到成年。

战后初期，家庭社会化在两德都未能顺利进行。许多家长并不与子女讨论政治，因为害怕子女会问：“爸爸，你在希特勒统治下做了什么呢?”随着联邦德国的政治体制开始扎根，家庭社会化的潜力也稳步增加。政治讨论在联邦德国越来越频繁，家庭有关政治的对话也成了寻常事。而且，在联邦德国的体制下成长的年轻父母会终生持守民主规范。

家庭在民主德国的社会化进程中也扮演了重要的角色②。家庭纽带在民主德国尤为紧密，大多数年轻人都自称与父母有同样的

① Russell Dalton and Steven Weldon, “Germans Dividied? Political Culture in a United Germany,” *German Politics* 19 (2010): 9-23; David Conradt, “The Civic Culture and Unified Germany,” *German Politics* 24 (2015): 249-270.

② Christiane Lemke, “Political Socialization and the ‘Micromilieu.’”

政治观点。就人们公开讨论自己的信念而言，家庭是少有的环境，是可以免于他人监督的私人空间。在家庭环境中，人们可以赞美（或质疑）国家。但在统一之后，各代人在政治经验上差别很大，可以推测，他们的期望也是如此。

尽管家庭的社会化作用日益增强，但在民主德国和联邦德国，在政治价值观方面通常都存在代沟。德国千禧年一代人比他们的父母更向往自由，也更偏好非经济的目标，对他们在政治过程中的作用态度更积极，并且更可能挑战主导的社会规范①。民主德国的青年也是时代的产物，如今生活在联邦共和国新的民主与资本主义体制之下。在民主德国时期，顺从是一种命令，想象一下，民主德国的父母在看到子女过着嘻哈、朋克或哥特摇滚的生活时会做何感想。许多德国青年的价值观和目标正在发生改变，这经常使他们与长辈发生冲突。

教　育

随着20世纪末公众增强对联邦共和国政治体制的支持，公民教育的内容从强调民主价值转变到对民主过程之动力的理解，这些动力包括利益代表、冲突解决、少数派权利和公民影响的方式。当前的体制试图为学生成年后成为政治参与者做好准备。

民主德国的学校体制在政治教育方面也扮演着重要的角色，虽然其教育内容大不相同。学校试图培养社会主义人格，包括忠于共产主义原则、热爱民主德国和参与国家举办的活动。

社会分层　德国教育体制的另一个重要方面是其在社会分层上的结果。中等学校体制有三条不同的路径。第一条路径提供普通教育，通常偏向职业教育和工人阶级职业。第二条路径结合了职业教育和学术教育。这种教育方案培养出来的大多数毕业生从事低层中产阶级职业。第三条路径主要是高级中学（一种学术性高中）的学术教育，为大学教育做准备。

为不同的教育路径选择学生强化了社会内部的地位差异。经过4～6年的初等教育后，学校根据学生的学习成绩、家长的偏好和老师的评价指导学生选择一种教育路径。在如此年幼之时，家庭影响仍然是儿童发展的重要因素。因此，大多数选择学术路径的儿童来自中产阶级家庭，而大多数选择职业教育路径的学生来自工人阶级家庭。设想一下你未来上大学的机会在你10岁时就已被决定的情形。

明显的差别使三条路径相互分离。学生进入不同的学校，因而不同路径之间的社会接触非常少。三条教育路径的课程设置差别很大，学生一旦被安排到某一种类型后，就很难再转到其他类型。高级中学的财政资助较多，教师素质也最高。从高级中学毕业的每一位学生都能保证进入大学学习，而大学是免学费的。

改革者付出了大量努力去缓和教育体制的阶级偏见。一些州设有单一的、综合性的中等学校，招生对象面向所有学生，但只有约10%的中学生在这类学校学习。民主德国采用不同的综合中学教育体制，向所有学生开放，社会分层较轻。然而，国家的统一使联邦德国路径差别的教育体制普遍扩展到了

---

① Meredith Watts et al., *Contemporary German Youth and Their Elders* (New York: Greenwood, 1989).

民主德国，但民主德国却没有对联邦德国的教育体制进行改革，以便缓和社会偏见，并给所有人提供更多机会。

改革者在扩大大学入学渠道上取得了较大的成功。1950 年代早期只有 6%的适龄青年在高校就读，如今这一比例约达到 30%。联邦德国的教育体制保留着精英特色，虽然它现在已经没有那么明显。

大众传媒

德国的大众传媒历史悠久——世界上最早的报纸和电视服务都诞生在德国。联邦共和国大众传媒发展的目的是避免纳粹宣传的经验，并且帮助形成新的民主政治文化①。联邦德国开创了新的新闻行业传统：遵守民主规范、客观性和政治中立。

德国媒体是高度地区化的。德国缺乏英国或法国那样的全国性报刊，每一地区或大城市都有一种或多种主要在本地发行的报纸。在数百种日报中，只有少数报纸（例如《法兰克福汇报》、《世界报》、《南德意志报》、《法兰克福评论报》和《每日镜报》）拥有全国范围的读者。高质量的报纸大量关注国内和国际报道，尽管发行量最大的报纸《图片报》借助煽情故事扩大销量。

联邦共和国的电子媒体也是地方分散的。州或地区层级的公营公司掌管公共电视和无线广播网络。这些公共广播网络仍然是德国的主要电视频道来源。公共电视网络花大力气制作政治节目；大约 1/3 的节目涉及社会和政治议题。为了确保不受商业压力的影响，公共媒体的资金主要来自收音机和电视机用户所缴的税。新的有线和卫星电视技术大大扩展了获得私营台和外国广播的渠道。与近期的历史相比，如今有线电视用户可以观看大量社会、文化、政治和体育类的节目，这在以前是难以想象的。许多分析人士认为，这些新媒体扩大了市民的选择和信息的多样性，但另一些分析人士担心德国广播电视观看习惯的质量会因此而有所降低。

互联网也是日益增长的政治信息来源。相当比例的公众，尤其是年轻和受过较好教育的人群，利用互联网阅读新闻，在选举期间浏览政党网站，并在脸书（Facebook）或其德国对应平台 VZ-Gruppe 上分享这些信息。为了赶新媒体的浪潮，默克尔每周在德语播客上介绍政府面对的议题，德国议会开始播放立法会议的视频。在每次选举中，互联网是日益增大的重要信息来源。

民意调查显示，德国人很爱看大众传媒提供的政治信息。2013 年，“德国纵向选举研究”的一项调查发现，95%的公众声称从一个主要新闻网络节目中获得选举信息，84%的人利用报纸新闻，48%的公众利用互联网上的新闻来源（在千禧年一代中达到 63%）②。如此高的媒体使用率表明德国人是专心的媒体用户，对政治事件也所知颇多。

公民参与

9.8 比较过去在民主德国与联邦德国被鼓励成为政治积极分子的方式

联邦德国刚建立时，历史确实无助于公众广泛参与政治。重构政治文化的最后一步就是公民参与政治过程——使他们进入并参

① Peter Humphreys, *Media and Media Policy in Germany*, rev. ed. (New York: Berg, 1994).

② German Longitudinal Election Study, http://gles.eu/wordpress/english/.

与政治。

联邦德国从一开始就鼓励人们积极投入政治，民主程序鼓励许多人至少是参与选举。一些全国性选举的投票率高达90%。联邦德国的民众变得充分了解政治体制，并且对政治事务产生了兴趣。有了长久的民主体验后，人们开始把政治参与内化为自己的角色。大多数联邦德国人认为，他们的参与可以影响政治过程——人们相信民主制是行之有效的。

公众变动的政治规范导致公众参与的稳步增长。1950年代，几乎2/3的联邦德国人从不讨论政治；如今大约3/4的公众声称自己经常讨论政治。也许提高参与水平的最好例子是公民行动团体的增加。对特定议题感兴趣的公民组成团体以表达自己的要求并影响决策者。家长组织起来进行学校改革，纳税人抱怨政府所提供的服务，居民抗议本地的环境状况。有争议的行动形式（抗议和政治消费主义）也扩大了。德国年轻人日益将互联网用作一种政治工具。

民主德国的体制也鼓励政治参与，但人们只能以增强国家忠诚的方式活动。例如，选举为共产党领导人提供了对公众进行政治教育的机会。人们被期望参与政府批准的联盟、社会团体（例如自由德国青年联盟或者德国妇女联盟）和准公共机构（例如家长-教师组织）。

尽管出自很不同的经验，民主德国的人和联邦德国的人的社会化模式却都是高度政治参与型的（见图9-4）。全国性选举中的投票水平在欧洲民主国家中是最高的。在2013年的众议院选举中，约72%的联邦德国居民和几近68%的民主德国居民参与了投票。用美国标准来说，这样的投票率是非常高的，不过与1980年代联邦德国几乎90%的投票率相比，已经有所下降。高投票率部分反映了选举是公民的一项义务这样的信念。另外，选举制度也鼓励全民参与投票，选举都在人们不工作的周日举行，政府及时更新选民登记表，投票过程也简单——最多投两次票。

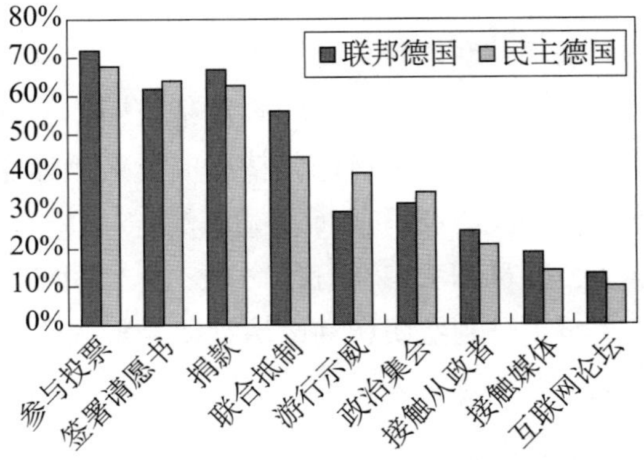

图9-4　德国东西部地区的政治参与

联邦德国的居民比民主德国的居民的政治积极性略高，尽管差距在逐步缩小。

资料来源：2014 ALLBUS Study；投票率取自2013年选举的政府统计数据。

2014年的一项调查显示了民主德国的居民与联邦德国的居民的参与模式（见图9-4）①。大约2/3的联邦德国与民主德国的公众表示在一份请愿书上签过字，以及给政治事业捐过款。大约一半的人出于政治、伦理或环保的理由联合抵制过某个产品——环境敏感性在德国相当强。两个地区大约1/3的人参加过政治集会或游行示威。1/5的人直接接触过政治人物。较少但比例日增的人在政治上活跃于网络。这些比较中有两件事值得注意。首先，德国人的参与如今超越了选举

① Oscar Gabriel et al., *Political Participation in France and Germany*, ECPR Studies in European Political Science (Colchester, UK: University of Essex, 2012).

政治的界线，扩展到包括直接行动方式和有争议的行动形式。其次，曾经引人注目的民主德国与联邦德国间的参与差距相当大地缩小到几近持平。总之，以前的政治旁观者变成了政治过程的积极参与者。

精英层面的政治①

9.9 描述成为德国政治精英一员的漫长道路如何影响他们的行为

联邦共和国是代议民主制。这意味着在公众之上有一个数千人的政治精英团体管理着政治体制的实际运作。精英成员（例如党派领袖和议会议员）通过选举直接对公众负责。公务员和法官实行任命制，至少间接对公民负责。利益团体和政治社团领导人作为特定委托群体的代表参与政治。虽然在政治上有影响的精英群体很容易识别，但他们并不是同一类型的权力精英。相反，联邦共和国的精英们代表着德国社会的多种利益。如同公众一样，政治精英之间在政策偏好方面也经常存在诸多差别。

德国在精英募员方面不同于美国政治的一个特点是在进入顶级精英阶层之前有一个很长的见习期。竞选全国甚至州一级政治职位的候选人通常有长期政党工作的背景，并且有地方工作的经历。类似地，高级公务员几乎在成年后的所有时间里为政府工作。总理默克尔的传记故事并不常见，因为她并没有遵循在政党和政治职位中长期工作的典型模式（见专栏 9－3）。

专栏 9－3

非典型的总理

作为德国总理，安格拉·默克尔拥有最不可思议的传记故事。她出生于 1954 年的联邦德国，1 岁时父亲（一位左翼新教牧师）携全家搬到了民主德国。像许多民主德国的青年一样，默克尔成为共青团和自由德国青年联盟成员。1989 年，她获得了东柏林科学院物理学博士学位。在 1989 年民主德国开始垮台以前，默克尔一直从事科学研究工作。她首先加入了民主觉醒组织（Democratic Awakening），然后加入了基民盟，并于 1990 年当选为众议员。她在基民盟中的地位迅速上升，1991—1994 年担任妇女与青年部部长，1994—1998 年担任环境部部长。2000 年，默克尔成为基民盟主席。经过 2005 年的选举，默克尔成为领导德国联邦政府的第一位女性和原民主德国的公民。2016 年《福布斯》杂志全球最有影响力的 100 位女性排名中，默克尔总理位列第一。她在 2017 年秋的选举中竞选第四任总理。

很长的见习期意味着政治精英大权在握之前有丰富的经验。国家一级的从政者在州或地方一起工作时就相互熟识，公务员们在长期职业生涯中经常交换任职。这些经历在精英的相互影响中形成了信任感和责任感。例如，总理内阁通常吸收那些在州政府或联邦政府有丰富工作经验的政党精英。1960 年代以来，直到默克尔任职之前的总理都担任

① Wilhelm Bürklin et al.，*Eliten in Deutschland*（Opladen，Germany：Leske and Budrich，1997）.

过所在州的部长会议主席。顶级工商领袖或公众人物很少能利用自己政治以外的成功来快速谋取政治实权职位。这也促进了精英政治的凝聚力。

由于代表了不同的政治选区，精英们在许多政策的优先性方面有所不同。例如，出身工会的社会民主党精英和官员更可能强调更大的社会和经济平等、社会安全和整合外国人的需要①。教会的领导者强调道德与宗教原则，基民盟/基社盟和工商业代表通常持有独特的经济立场。绿党活动家有自己的替代议程。这种代表方式使精英在制定决策时能反映民众的声音，团体与政府之间的直接联系被认为是让团体利益得到更直接的表达。

利益团体

9.10　讨论德国利益团体的组成和政治影响

利益团体是德国政治过程不可或缺的一部分，其必要性甚至甚于美国。一些特殊的利益团体在其作风和有效性上可能有所不同，但利益团体被普遍当作政治过程的必要参与者而受到欢迎。

利益团体加入不同的政府委员会和机构，如管理公共广播和电视的机构。有些团体接受政府的财政或管理上的支持，帮助它们实施与政策相关的活动，如管理医院或者监控环境状况。联邦行政法规要求，在制定新政策时，部门官员要与新政策可能影响到的相关利益团体进行接触。这些接触确保政府可以从这些团体的专业知识中获益。

在一些事例中，利益团体的活动模式近似于政府行为。例如，当政府在钢铁行业中探索结构改革时，它把相关产业的利益团体代表召集起来讨论并协商一个共同方案。团体高层职员们试图就必要的改革达成共识，然后将协议付诸实施，有时则加上政府的官方批准。类似的活动也在其他政策部门发生，而这样的合作在美国是法律所禁止的。

政府与利益团体之间的这种合作被称为**新合作主义**，其一般模式有如下特征（还可见第四章）②：

- 社会利益被安排进了事实上带有强迫性的组织之中。
- 单个社团代表各自社会领域。
- 社团具有等级结构。
- 政府承认社团的正式代表地位。
- 社团可以直接参与政策过程。

这一新合作主义模式巩固了利益团体在政策过程中的角色。在与利益团体进行商议时，政府觉得自己正在回应公众要求，这些利益团体的成员依靠组织来表达自己的观点。相关社团与政府在讨论和协商中达成政策决定，然后，所达成的一致协定由政府付诸实施。因而主要利益团体的代表就是政策过程的重要参与者。新合作主义的关系还缓和了政治冲突，例如，在新合作主义体制下，罢工规模和政治争斗都有所下降。

新合作主义的另一个优点是它带来了高效政府，相关利益团体可以在没有公共辩论和党派冲突的压力下协商政策。不过，高效

---

① Rohrschneider, *Learning Democracy*.

② Volker Berghahn and Detlev Karsten, *Industrial Relations in West Germany* (New York: Berg, 1989); and Claus Offe, "The Attribution of Political Status to Interest Groups," in *Organizing Interests in Western Europe*, ed. Suzanne Berger (New York: Cambridge University Press, 1981), 123 - 158.

政府并不必然就是最好的政府，尤其是在民主国家。决定是在不属于政府决策代表机构的会议团体或咨询委员会中达到的。“相关的”利益团体牵涉其中。

但是，还有另一种新合作主义的观点。它假定所有相关利益都已组织起来，而且只有组织好的利益才是相关的。影响全体公众的决定通常由非官方的协商做出，因为民主选举的代表机构（州政府和众议院）被搁置一边，而利益团体直接与政府机构打交道。因此，利益团体在选举政治中并不很活跃，因为它们都集中力量直接与政府机构接触。有些学者认为，全球化的经济力量和欧盟的政策影响正在削弱新合作主义的模式[①]。

利益团体有许多种类和规模。本节描述了代表主要社会经济力量的大社团。这些社团通常有一个全国性的组织代表其成员发言，它被称为**顶级社团**（peak association）。

工商业

两大主要组织代表企业和工业的利益。**德国工业联盟**（BDI）是由 35 个独立工业团体结合起来的顶级社团。该联盟的成员团体几乎代表了每一个大工业公司，形成了统一阵线，针对与自己利益相关的问题与官方进行协商。

德国雇主协会总会（BDA）甚至包括更多的企业组织。差不多德国的每一个大雇主或中等规模的雇主都附属于总会的 68 个雇主和职业社团中的一个。

这两大组织的成员有重叠的部分，但在政治过程中扮演着不同角色。德国工业联盟在全国政治议题上代表企业。其高级职员参与政府咨询委员会和规划团体，把企业的意见转达给政府官员和议会代表。相比之下，德国雇主协会总会代表企业处理社会保障、劳工立法和社会服务等问题。它还提名企业代表加入各种政府委员会，其范围覆盖媒体监管委员会到社会保障委员会。总会下的各个雇主社团与工会就雇佣合同进行协商。

企业利益与基督教民主党和保守派政治人物有着长期紧密联系的历史。公司及其顶级管理层为基督教民主党提供大量财政支持，许多众议员与企业也有牢固的纽带。社会民主党和基督教民主党还欣然接受工商业利益团体在政策过程中的合法作用。

劳　工

德国工会联盟（DGB）是把八大独立工会（范围从金属制造和建筑工业到化学工业和邮政系统）并入一个组织结构之中的顶级社团[②]。德国工会联盟代表的工人超过 600 万（大约为 2014 年劳动力的 14%）。但是，工会会员数量有所下降，如今，加入工会的劳动者只有不足 1/3。工会会员包括许多产业工人，甚至更大比例的政府雇员。

德国工会联盟与社会民主党有紧密的联系，虽然两个组织之间并没有正式的制度联结。社会民主党的多数众议员都是过去或现在的工会会员，大约有 1/10 还担任过工会高管。工会联盟代表在政府会议团体和众议院委员会中代表劳工的利益。工会联盟的庞大成员数量还使工会成为选举运动的支持力

① Herbert Kitschelt and Wolfgang Streeck, eds. *Germany: Beyond the Stable State* (London: Routledge, 2003).

② Kathleen Thelen, *Union in Parts: Labor Politics in Postwar Germany* (Ithaca, NY: Cornell University Press, 1991).

量，并使工会选票成为社会民主党选举基础的重要部分。

虽然有不同的利益，企业和工会却显示了不平常的合作能力。经济奇迹之所以可能，是因为劳资双方都含蓄地同意经济发展处于最优先地位，双方都从中获益。在联邦共和国，罢工和停工所损失的工作时间一直比大多数其他西欧国家都要少。尽管会员人数在减少，但工会仍然是政治进程中的一个重要部分。

这种合作被企业和工会代表共同加入政府委员会和规划团体的做法所促进。劳资间的合作还扩展到工业决策领域，其方式是通过**劳资协同经营制度**（Mitbestimmung），即一种要求大公司董事会的半数成员从雇员中选出的联邦政策。1951 年，该制度最先应用在煤炭和钢铁工业，1976 年经过修改后它被扩大到其他领域的大公司。一般来说，该制度成功地培养了更好的劳资关系，进而促进了经济的发展。社会民主党也支持劳资协同经营制度，因为该制度把民主原则引入经济体制之中。

宗教利益

宗教团体是第三大有组织的利益团体。德国教会不像美国教会那样与政治相分离，而是与政府有着紧密的联系。教会服从国家统治，作为回报，政府给予它们正式代表权和支持。

教会的资金来源主要是政府征收的教会税。政府在雇员的所得税中附加一项额外收费（约 10%），再把这部分钱转给雇员所在的教会。从原则上说，纳税人可以拒绝缴纳该项税款，但社会规范并不提倡这样做。

教会也可以接受政府资金支持其私立学校、医院、社会项目和救穷济困事业。教会经常直接参与政治过程。受任命的教会成员定期参与处理教育、社会服务和家庭事务的政府规划委员会。教会还依法加入公用广播和电视网络的监察委员会。神职人员偶尔也担任众议员或者州政府官员。

政府给予天主教会和新教会同样的代表权，但两大教会的政治风格并不一样。天主教会与基督教民主党有着紧密的联系，而且默认地鼓励教会成员支持基督教民主党及其保守政策。在与社会或道德问题相关的立法方面，天主教僧侣会毫不犹豫地游说政府，而且经常在决策中扮演重要的角色。

新教共同体是一个松散的联合体，主要是遍布德国的路德教派。新教参与政治的方式因牧师、主教及各自会众的偏爱而有所差别。虽然西部的新教会看似偏爱社会民主党，但它们并不热衷于党派政治。新教团体还利用其在政府委员会的正式代表或作为个别游说组织从事活动。

新教会在民主德国扮演了重要的政治角色，因为它们是独立于国家的少数组织之一。在教堂里，人们可以自由讨论当代社会和道德问题。随着民主德国 1989 年革命聚集力量，许多教会成了反对派的集会爆点。宗教不是民众的麻醉剂，而成了变革的动力之一。

联邦德国与民主德国进教堂的人数不断减少。如今大约 1/10 的联邦德国居民自称没有宗教信仰，民主德国则有一半的居民如此。德国社会的逐渐世俗化意味着教会的民众基础（以及由此产生的政治影响力）将继续受到侵蚀。

德国正在发展的穆斯林群体代表了新的宗教利益。这些群体在德国到处建清真寺，但经常受到当地人的抵制。与天主教会和新教会一样，清真寺也接受政府的税收支持。一些激进分子要求学校讲授《古兰经》，而且由他们来提供非德语教学。随着更多的外国定居者变成德国公民，这一群体越来越成为政治过程积极的参与者。

社会运动领域

20 世纪后半叶，新的公民团体出现，代表着特殊的公民利益。这些新组织挑战着工商业、劳工、宗教、农业和其他既定的社会经济利益团体，关注的重点是德国面临的生活方式和生活质量问题①。环保团体是这一运动最常见的部分。伴随着 1970 年代环保团体的发展，反核团体在核能区附近雨后春笋般地迅速出现，地方环保行动团体数量迅速增加，并且建立了新的全国性组织。

妇女运动是生机勃勃的社会的另一部分。该运动在提高女性地位方面采取了二元策略：改变女性意识和改革法律。多种地方层级的社团和自助团体促进了女性的个人发展，而其他组织则聚焦于国家决策。

这些团体有其独特的议题利益和自身的组织，但它们又是被称为“社会运动社群”共同发展的组成部分。除了新政治团体以外，它还包括“灰豹党”（Grey Panthers），代表各种年长者、人权团体和公共利益团体。其成员通常出自有着相同社会基础的人：青年、受过良好教育的人、中产阶级市民。例如，环保团体不具有既成利益团体的影响力，虽然它们的成员总数已经超过正式党员数。这些团体还更倾向于使用非常规的政治策略，例如抗议和示威。它们是在传统的政党和官僚的政治变革之外动员和表达公民利益的新媒介。

政党政府

9.11 解释强化政党在德国政治系统中作用的诸因素

德国的政党值得特别强调，因为它们在政治过程中的参与地位特别重要。一些观察者把政治体制形容为党享、党治、党有的政治（government for the parties，by the parties，and of the parties）。

德国的《基本法》是独特的，因为它特别涉及了政党（美国宪法却没有涉及）。由于德意志帝国和第三帝国压制政党，故《基本法》保障政党的合法性及其存在的权利，只要政党接受民主政治的原则。政党被称为代议民主制的首要团体。它们在公众和政府之间扮演中介，为公民的政策输入提供一种工具。《基本法》还给政党指定了额外的教育职责，要求政党“参与人民政治意志的形成”。换句话说，政党不仅要反映民意，而且要引导民意。

政党在政治过程中的中心地位体现在若干方面。在众议院选举中并不存在允许公众挑选政党代表的直接初选，而是由政党全体成员任命的政党官员或委员会小团体提名地区候选人。州政党会议挑选政党名单上的候选人。因此，政党领导层可以挑选名单候选人并安排其在名单上的排序。这一权力可用来奖励政党的忠实拥护者和惩戒政党的异议人士；在政党名单中靠前的排名事实上确保了当选，而靠后的排名意味着进入众议院的机会很小。

政党还支配着选举过程。大多数选民认为候选人只是政党代表，而不是自主的政治

① Ruud Koopmans，*Democracy from Below*（Boulder，CO：Westview Press，1995）.

人物。甚至选区候选人的胜选也首先是因为其政党关系。众议院、各州和欧洲选举的竞选经费都由政府提供，政党根据自己赢得的选票获得公共资金。政府为一定量的竞选宣传提供免费电视广播时间，这些竞选宣传分配给政党，而不是候选的个人。政府对政党的资助会延续到选举期间，以帮助政党履行《基本法》中规定的信息和教育职责。

一旦选举完成，政党转而组建政府。由于没有哪个政党获得多数，获得多数票的一群政党就得协商组建联合政府。这样的协商通常会在选举之前做出，但有时也会等到选票统计出来之后。

在众议院内，政党也是主要的行动力量。众议院是围绕党团（Fraktionen）而不是议员个人组织起来的。重要的立法职位和委员会任命都限制在*党团*成员之中。*党团*的规模决定其在立法委员会中的代表权，决定其享有的委员会主席数，并决定其是否参与立法机关的执行机构。政府提供的立法和行政资金分配到*党团*而非个体议员手中。

由于这些因素，政党在众议院中的凝聚力就特别强。政党会在重要立法之前召开党团会议，以决定本党的立场，而且大部分立法投票都遵循严格的政党路线。这部分是议会体制的结果，部分是政党对政治过程具有普遍影响的标志。作为这些因素的一个结果，德国的政党在政治过程的构建中发挥了很大的作用。代议民主制的运作主要通过和依靠政党作为联结选民与政府决定之间的工具。

政党制度

9.12 列举在联邦议院中有多个政党代表的好处和局限性

第二次世界大战以后，西方联盟在德国西部建立了民主的、竞争性的新政党制度。联盟批准了一系列去纳粹化并且遵循民主程序的政党。《基本法》要求政党拥护联邦德国的宪法规则和民主秩序。由于这些规定，联邦德国建立了一个强大的竞争性政党政治制度，这是民主秩序的支柱。早期的选举集中在保守的基督教民主党和左派社会民主党之间的竞争，小党派通常维持着权力的平衡。从1970年代的两个半政党制度开始，随着新政治议题的出现以及统一重塑了选举格局，政党数量也增多了。如今，德国有一个争取选民支持的健全的多党制度。

政 党

战后联邦德国**基督教民主联盟**（CDU）的成立标志着与德国政党传统的决裂。基民盟是由天主教徒和新教徒、工商人士和工会会员、保守派和自由派人士共同组建的。它代表的不是狭隘的特殊利益，而是希望获得广大社会成员的支持以便执掌政府权力。该党试图按照基督教和人道主义的路线重建联邦德国。首任党魁康拉德·阿登纳（Konrad Adenauer）把基民盟发展成为有保守倾向的人民党（*Volkspartei*），这与魏玛共和国时期四分五裂的、意识形态性质的政党完全不同。这一策略获得了成功，仅仅十年，基民盟就成为最大的党，在普选中获得了40%～50%的选票，它至今仍然是德国主要的保守派政党（见图9-5）。

基民盟在除巴伐利亚以外的各个州都有分部，而在巴伐利亚则与**基督教社会联盟**（CSU）结成同盟，后者的政治哲学比前者更保守一些。这两大政党在全国政治中通常作为一个政党（基民盟/基社盟）发挥功能，在众议院形成单一的议会党团，在全国选举中一起参加竞选。

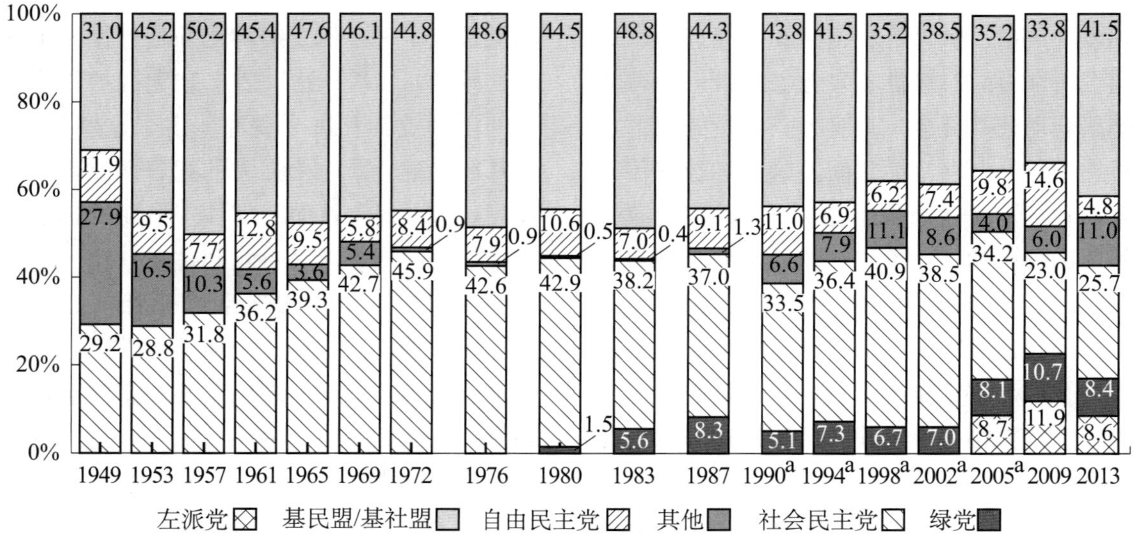

图 9－5　政党选票分配

多党制中基民盟/基社盟和社会民主党是两个最大的党，加上一些变动中的小党。

a 1990—2013 年的选票比例结合了联邦德国与民主德国的数据。

战后联邦德国的**社会民主党**（SPD）的创建延续了魏玛共和国时期社会民主党的路线——一个主要代表工会和工人阶级利益的社会党。战后初期，社会民主党信奉严格的马克思主义理论，一贯反对阿登纳倾向西方的外交政策。随着时间的推移，该党在这两个政策领域的立场均弱化。这个新的取向导致其获得温和派选民和中产阶级日益增大的支持——最终参与全国政府。

在政党制度形成时的许多小党中，**自由民主党**（FDP）是最重要的。起初的自由民主党是私营企业的坚决拥护者，其支持力量来自中产阶级新教徒和农场主。它在议会中持有足够数量的席位使其在组建联合政府中起到了关键的作用。这也赋予自由民主党与其小的规模不相称的大的政治角色。该党的经济政策使其成为基民盟/基社盟的天然盟友，尽管其自由派的外交和社会纲领经常使其立场更接近社会民主党。

绿党照字面理解是一个不同颜色的政党①。该党成立于 1980 年，把地方上环保和其他抗议团体组合起了一个松散的联盟。该党提出了既成的政党未道出的一系列新政治议题：反对核能、重建军事政策、确保环境保护、支持女性权利和多元文化主义。该党在创立之初就与既成的政党明显地相区别，以致一位绿党领导人曾称其为“反政党的党”（antiparty party）。

作为德国于 1990 年统一的一个结果，政党制度进一步改变。当民主德国垮台时，执政的政党（统一社会党，SED）与民主德国政权一起垮台。该党成员急剧减少，地方党组织自行解散。全能的党突然间显得无力了。为了避免党完全解体并在即将到来的民主选举中进行竞争，该党更名为**民主社会主义党**（Party of Democratic Socialism，PDS）。

① Margit Mayer and John Ely，eds.，*The German Greens*（Philadelphia：Temple University Press，1998）.

该党成了民主德国公民的代表，特别是那些由于统一造成经济和社会损失的人的一个代表。2005年，该党联合了联邦德国的左翼势力，并于2007年再更名为**左派党**（Die Linke）。

最后，2013年，一个新政党出现在选举舞台上。**德国选择党**（AfD）对德国与欧盟的关系和欧盟实施的许多政策持批评态度。它的反欧盟言论在许多选民中得到回响，它几乎赢得了可以取得众议院席位的5%的选票。即便未获得席位，它的得票比例也可能使得中右的基民盟/基社盟-自民党政府失去连任的机会。如果该党延续其态势（民调预测，它有可能在2017年的选举以后进入众议院），则可能为那些批评政府移民和欧洲政策的人提供一个集会爆点。

选举史

基民盟/基社盟在1950年代的选举实力使该党得以控制政府，正如表9-1所显示，最初是总理阿登纳，其次是路德维希·艾哈德（Ludwing Erhard）和库尔特·格奥尔格·基辛格（Kurt Georg Kiesinger）的政府。因此，联邦共和国在基督教民主党的政策指引下成形，该党规定了其国内政策和国际联系。在每次选举中，小党的数量都在减少，基民盟/基社盟的实力看起来在增强。

表9-1　联合政府的组成

联邦共和国执政党和总理列表。

成立日期	变更来源	联合党派*	总理
1949年9月	选举	CDU/CSU，FDP，DP	阿登纳（CDU）
1953年10月	选举	CDU/CSU，FDP，DP，G	阿登纳（CDU）
1957年10月	选举	CDU/CSU，DP	阿登纳（CDU）
1961年11月	选举	CDU/CSU，FDP	阿登纳（CDU）
1963年10月	总理退休	CDU/CSU，FDP	艾哈德（CDU）
1965年10月	选举	CDU/CSU，FDP	艾哈德（CDU）
1966年12月	联盟改变	CDU/CSU，SPD	基辛格（CDU）
1969年10月	选举	SPD，FDP	勃兰特（SPD）
1972年12月	选举	SPD，FDP	勃兰特（SPD）
1974年5月	总理退休	SPD，FDP	施密特（SPD）
1976年12月	选举	SPD，FDP	施密特（SPD）
1980年11月	选举	SPD，FDP	施密特（SPD）
1982年10月	建设性不信任投票	CDU/CSU，FDP	科尔（CDU）
1983年3月	选举	CDU/CSU，FDP	科尔（CDU）
1987年1月	选举	CDU/CSU，FDP	科尔（CDU）
1990年12月	选举	CDU/CSU，FDP	科尔（CDU）
1994年10月	选举	CDU/CSU，FDP	科尔（CDU）
1998年9月	选举	SPD，Greens	施罗德（SPD）

续前表

成立日期	变更来源	联合党派*	总理
2002年9月	选举	SPD，Greens	施罗德（SPD）
2005年9月	选举	CDU/CSU，SPD	默克尔（CDU/CSU）
2009年9月	选举	CDU/CSU，FDP	默克尔（CDU/CSU）
2013年9月	选举	CDU/CSU，SPD	默克尔（CDU/CSU）

* CDU——基督教民主联盟，CSU——基督教社会联盟，DP——德国党，FDP——自由民主党，G——全德国被驱逐者和流离失所者阵营联合会，SPD——社会民主党。

社会民主党在早期选举中的较差表现在党内产生了扩大选举基础的压力。1959年在哥德斯堡举行的政党会议上，社会民主党宣布放弃马克思主义经济政策，基本上转向了国内与国际政策的中间路线。该党继续代表工人阶级的利益，但由于不再打着意识形态的旗号，它希望吸引中产阶级新的支持。社会民主党把自己变成了可以与基督教民主党相抗衡的进步的兼收并蓄的党。

社会民主党于1966年组成大联合政府，最终实现了突破性进展，当时执政的基民盟/基社盟失去了其联盟伙伴自由民主党的支持。通过与基民盟/基社盟共掌政权，社会民主党减少了公众对该党的诚信和治理能力的疑虑。由于在解决国家问题时扮演了积极的角色，社会民主党在政治上的支持力量也有所增强。1969年选举过后，组建了新的社会民主党-自由民主党联合政府，由社会民主党的威利·勃兰特出任总理。在勃兰特政府颁布了一系列雄心勃勃的新政策后，经济上的衰退导致1974年赫尔穆特·施密特接替勃兰特出任总理。经过1976年和1980年的选举，社会民主党仍然掌控政府，不过那几年的日子并不好过。

由于衰退的经济，1980年代早期是社会民主党主导的政府的艰难时期。1982年，通过第一次成功举行的建设性不信任投票，基督教民主党与自由民主党组建了新的保守派政府，并选举赫尔穆特·科尔担任总理。公众对科尔政策的支持使执政联盟在1983年和1987年的选举中再次掌权。

处于反对党地位的社会民主党再一次陷入认同危机。在某次选举中，社会民主党试图争取中间派选民的支持，在另一次选举中又转而求助左派选民——但这两个策略均未奏效。该党意识到需要变革和现代化，但无法决定向哪个方向变革更好。而且，该党的一个新的挑战者走上了竞选舞台。

绿党在1983年赢得了第一个众议院席位，成为1950年代以来进入议会的第一个新政党。该党为别样的政治观点积极从事活动，同时为政治体制的惯常程序添加了一点色彩和自发性。绿党众议员的典型装束是牛仔裤加运动衫，而不是已有政党的传统职业装。绿党内部结构上的松散性和开放性与已有政党结构上的等级制和官僚化形成鲜明对比。虽然分析人士最初关注的是绿党在政治体制中的影响，但如今大多数分析人士都赞同说绿党使以前被忽视的政治观点引起了人们必要的注意。

1989年民主德国的垮台为德国提供了一次历史性的机遇，并将人们的关注点从科尔政府的众多缺陷转移开。当其他人带着疑虑或不确定性旁观这些事态时，科尔坚信两个德国更紧密联系的想法。因而当1990年3月民主德国的选举变成支持德国统一的全民公决时，基督教民主党便因早先致力于德国统一而赢得了选举。科尔在1990年的众议院选举中赢得了胜利。

对于1989—1990年民主德国的一系列事件，也许没有谁（大概除了共产党以外）比社会民主党更感到惊讶。当科尔向鼓掌欢呼的民主德国群众说德国是两德共同的*祖国*时，社会民主党及其总理候选人奥斯卡·拉丰丹（Oscar Lafontaine）只能静默地站在一旁。社会民主党在1990年全国大选时的糟糕表现，反映了该党既不能领导也不能跟上国家统一的进程。类似地，为了强调反对联邦德国对民主德国的主导，在1990年的选举中，西部绿党拒绝与东部绿党形成选举联盟。东部的绿党以独立的名称和操作平台赢得了足够选票进入新的众议院，但西部的绿党则未能赢得任何席位，与众议院无缘。

统一社会党转变成为民主社会主义党，代表那些反对德国统一的经济与社会路线的人参加竞选。在1990年的众议院选举中，民主社会主义党赢得东部选票的11%，但只赢得全国选票的2%。在1994年和1998年的选举中，该党赢得了一些众议院席位，但在2002年的选举中却没能越过选票门槛，尽管作为复杂的德国选举法的结果，它仍由两名议员代表。

与此同时，科尔的政府艰难地应对统一带来的政策问题。德国在改善东部条件和建设一个稳定的新社会方面取得了切实的成就。但是，现实远未达到科尔选举时所宣布的乐观目标。税收增加，社会服务预算枯竭，东部的改善缓慢。在1994年的选举中，执政的基民盟/基社盟-自民党联盟失去了一些席位，但科尔仍然通过与自民党的联盟占有微弱多数。

到1998年选举时，16年执政积累的怨气和统一带来的特殊挑战都转嫁到了基督教民主党和科尔头上。社会民主党挑选温和的格哈德·施罗德担任总理候选人以挑战科尔。社会民主党的得票有所增加，从而与绿党组建了新的联合政府。科尔与基民盟/基社盟在选举中遭遇惨败，尤其是在东部各州。该执政联盟在选举中的失败成了对科尔的非难，于是他辞去了党领导人的职位。

施罗德政府采取中间路线，平衡联合政府内部中间派和左派的观点。例如，政府允许德国军队在科索沃和阿富汗扮演积极角色，同时又下令逐步淘汰核电力。在2002年的选举期间，施罗德反对美国对伊拉克的政策，从而赢得了左派选民的支持。许多专家认为他的福利政策改革促进了经济复苏。由基社盟主席埃德蒙·施托伊贝尔（Edmund Stoiber）领导的基民盟/基社盟得票率与社会民主党相同，在众议院取得几乎一样多的席位（见图9-6）。但社会民主党领导的执政联盟保持了对政府的控制。

在政府中，绿党努力在非常规政策与新的管理职责之间进行平衡——并逐渐放弃了其非常规的作风。例如，虽然该党有和平主义传统，却支持对科索沃的军事干预，该党支持降低最高税率的赋税改革，作为新环境税的交换条件。

2000年代中期，经济在社会民主党-绿党行政当局的领导下艰难挣扎，部分因为系统的问题，部分因为德国统一积累的代价。一些人批评政府在经济改革方面做得太多，而另一些人则批评做得太少。由于经济停滞和公众的不满剧增，施罗德下了一大赌注，召集于2005年提前举行选举。基民盟/基社盟挑选了**安格拉·默克尔**作为其总理候选人

（见专栏 9-3）。选举结果是基民盟/基社盟与社会民主党的最终选票旗鼓相当。

经过数周的协商，基民盟/基社盟同意与其主要对手社会民主党（没有施罗德）结成大联盟。这类似于美国民主党和共和党共掌政府——非常奇特的政治同盟组合。政府职位和内阁职位由两大政党分享。这两大政党在政治哲学方面的差异限制了政策变革。

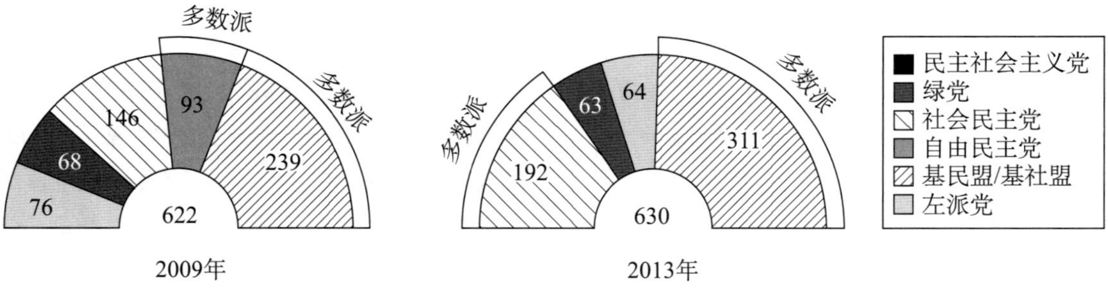

图 9-6　2009 年和 2013 年众议院的席位分配

2013 年的选举产生了左派与右派之间的僵局，于是组成了一个大联盟。

2005 年的选举也使政党的联盟发生了变化。一位前社会民主党总理候选人拉丰丹把西部的左派利益团体与东部的民主社会主义党联合了起来。这个新政党的支持力量来自从施罗德政府觉醒的西部左派和东部民主社会主义党的选民。他们几乎是民社党之前选民的两倍，并且获得了超过 50 个众议院席位。2007 年，这两个政党正式合并为*左派党*（Die Linke）①。

2008 年的经济衰退强烈地影响了选民对执政党的感受。许多左派人士批评了该党在施罗德及其与基民盟/基社盟合作领导下进行的经济改革。相反，当全球经济衰退影响德国时，默克尔作为政治领导人的技巧显而易见。她谨慎地实施稳定经济和促进就业的刺激计划。她还成功地把许多经济方面的指责转移给国际势力和她的合作伙伴社会民主党。社会民主党对于选民为何要在 2009 年的选举中支持它缺乏明确的信息，因而遭受在整个联邦德国历史上最低的得票率。其中许多自由派选票投给了左派党或绿党。2009 年的保守情绪把自由民主党推向了其在联邦德国历史上最好的表现，并在与基民盟/基社盟的执政联盟中占有一席之地，默克尔则继续担任总理。

欧洲持续的经济挑战和不稳定的国际环境为 2013 年的选举提供了背景。该党的总理候选人佩尔·施泰因布吕克（Peer Steinbrück）进行了一场无果的竞选，它未能说服选民，社会民主党提供了一个针对默克尔的可行的替代者。通过 2∶1 的差距，公众希望默克尔继续担任总理，但是他们在支持哪个政党来实现这一目标问题上出现了分歧。

默克尔和作为选举中的最大党出现的基民盟/基社盟，拥有近一半的议会席位。然而，当自由民主党未能赢得任何众议院席位时，这就结束了现任的执政联盟。从 2009 年到 2013 年得票的大量减少部分地反映了自由民主党 2009 年首次取得的非同寻常的

① David Patton, *Out of the East* (Albany: State University of New York Press, 2011).

成功——部分出自其领导无能。随后是旷日持久的联盟谈判时期，谈判是在如果情况得不到解决就召集新的选举的威胁下进行的。最终基民盟/基社盟和社会民主党同意续约其前期的大联盟，这是社会民主党领导层经由其党员批准的一个协议。从某种意义上说，这次选举并没有决定德国未来的政策航向，因为两个主要竞争对手都成了政府的一部分。

2013 年的大选之后，社会民主党立即就在大联盟中制定了许多政策。它确立了最低工资标准，将某些工人的退休年龄从 67 岁降到 63 岁。联盟成员静默地抱怨社会民主党领导的政策提案，因为它看起来像是社会民主党而不是基民盟/基社盟赢得了 2013 年的选举。他们还担心社会民主党政策将把整个联盟（包括基民盟/基社盟）转移得离议程中心太远。

然而到 2015 年，注意力已经从国内政策转向国际舞台。当希腊极左翼联盟（SYRIZA）于 2015 年初接管了其政府时，与希腊的谈判在财务救助问题上变得白热化了。根据国际外交的标准，谈判经常变得紧张起来。例如，一些希腊的纸媒把默克尔总理描绘成希特勒。德国政府最终支持于 2015 年夏获得通过的第三个财务救助计划。

欧元危机暂时得到缓解，但并没有解决。作为欧盟最大的经济体，德国被视为富裕国家的领头羊。经济困难的国家向德国寻求解决方案，但经常责怪它提倡严格的紧缩政策。默克尔总理在这些谈判中扮演被动的角色，让强硬的财务部部长沃尔夫冈·朔伊布勒（Wolfgang Schäuble）担任主角。在大多数情况下，德国公众支持德国政府——它不希望资源从德国转移到希腊和其他国家。

然而，默克尔总理在这个联盟期间达成的最重要的决定是她在德国暂停实施欧洲庇护规则。这意味着成千上万的难民（他们已经在途中）可以进入德国。公众对艾伦·库尔迪（Alan Kurdi，其尸体于 9 月初冲上了地中海的海岸）命运的反应是支持她的决定。许多德国人最初志愿在“欢迎中心”服务，以帮助安置移民。但是，临时开放边境的政策几乎立即受到了来自其自身队伍（巴伐利亚的基社盟）的批评。几个欧洲国家的政府也批评这项决定。同时，随着整合的困难变得更加明显，德国公民对移民的涌入持更加批评的态度。一个新政党——德国选择党，诉诸这些情感，并在 2016 年几个州的选举中表现出色。

默克尔作为大联盟的总理面临的挑战是在国内和国际领域提供统一的政策。随着德国越来越受其他国家事件的影响，国际议题也成了国内问题。挑战就是让这样一些选民们感到满意，他们经常持有并不容易与老党的政策相耦合的有关国际问题的政治观点。

2017 年 9 月举行的众议院选举的特点是让作为基民盟的总理候选人安吉拉·默克尔与作为社会民主党的候选人马丁·舒尔茨（Martin Shultz）进行对决。选举前的民意调查表明，这两个大党各自都无法获得多数席位。因此，一个联合政府的建立以及德国政治的未来方向将取决于这些联盟的谈判。

选举的作用

当德国政党在选举中竞争时，它们是在一个不寻常的选举制度内工作的。联邦共和国在设计选举制度时有两个目标。一个目标是建立**比例代表制**，以政党在普选中所占票数比例为基础分配立法席位。如果某政党获得10%的普选票数，它将获得10%的众议院席位。另一个目标是建立像在英国和美国那样的单一选区制。人们认为该制度可以避免魏玛政党制度的分散性，确保一个选区与其代表之间的某种责任。

为了实现这两个目标，德意志联邦共和国建立了混合选举制度。选票的一部分是公民选举一位代表其选区的候选人，每个选区得票最多者进入议会。

选票的另一部分是选民给政党投票。这一部分选票在全国范围内累加起来，决定每个政党的普选票数的比例，由此决定它在众议院的总代表数。一个政党首先安排其各个选区获胜的候选人。如果该党仍然有席位可填补，则按照该州党组织在选举前排列的候选人名单分配给该党。众议院一半议员是当选的选区代表，另一半则是政党代表①。

比例代表制的一个例外是5%条款。该条款要求政党至少赢得5%的全国选票（或者3个选区席位）才有资格按政党排列的名单分配席位②。该法律旨在抑制小的极端党派的代表权，正是这些极端党派导致了魏玛共和国的灭亡。但在实践中，5%条款阻碍了所有小党的发展，减少了在众议院拥有代表的政党数量——有时候可能阻碍长期的执政党（如自民党）进入议会。

这一混合制度有几个结果。政党列名单制度使政党领导人可以通过安排名单上的人员来在很大程度上影响进入议会的人选。比例代表制还为小党派保障了公平的代表权。例如，绿党2013年仅有一位候选人由直接选举胜出，但该党根据其在全国的得票比例获得了额外的62个众议院席位。与此对比，英国仅以选区为基础的选举制度则歧视小党派；在2010年，英国自由民主党赢得23%的全国选票，而其在议会中的席位却不足9%。德国的两票制还影响到竞选运动的策略。虽然大多数选民把两张选票都投给了同一个政党，那些小党派却鼓励大党派的支持者把第二张选票“借”给自己。由于其混合的特征，德国的选举制度有时被描述为建立选举制度方面理想的妥协③。

选举关联

民主选举是关于组建未来政府的政策选择，而德国有很多政党和政策方案可供选择。想象一下，如果在美国众议院除了两大主要政党以外，还有一些共产主义者或环保主义者，那么情况会有什么不同。在民主国家，政党的一个重要作用就是代表利益，这在德国选举中尤其明显。

社会团体的投票模式反映了政党之间意识形态和政策上的差别。虽然选举中的社会差别已不断缩小，但2013年的投票模式仍然反映了德国社会和政治的传统分歧（见表9-2）④。

① 如果某个政党在一个州赢得的选区席位比按照第二部分选票的比例应得席位要多，则允许该政党保留额外席位，而众议院的规模便因此而扩大。在宪法挑战之后，这一程序于2011年做了修订。2013年，众议院实际成员是630人。

② 赢得至少3个选区席位的政党还可以分享比例代表制的席位分配。1994年和1998年，民主社会主义党在东柏林赢得了4个席位。但在2002年，该党仅获得2个选区席位。

③ Matthew Shugart and Martin Wattenberg, eds., *Mixed-Member Electoral Systems* (Oxford: Oxford University Press, 2001). 另见本书第五章。

④ 有关之前选举投票模式的研究，参见：Russell Dalton and Willy Jou, "Is There a Single German Party System?" *German Politics and Society* 28 (2010): 34-52.

表 9-2 2013 年的选举联盟

投票模式显示了基民盟/基社盟的保守主义社会基础以及社会民主党、绿党和左派党的自由主义基础。

	基民盟/基社盟（%）	社会民主党（%）	绿党（%）	左派党（%）	自由民主党（%）	德国选择党（%）	其他（%）
选举结果	41.5	25.7	8.4	8.6	4.8	4.7	6.1
地区							
西部地区	42	27	9	6	5	4	6
东部地区	39	17	5	23	3	6	7
就业状况							
就业	40	26	10	8	5	5	7
失业	22	25	10	21	2	7	13
退休	48	29	5	9	4	4	1
职业							
个体经营者	48	15	10	7	10	6	4
取薪雇员	41	26	10	8	5	5	5
公务员	44	25	13	5	6	5	2
蓝领工人	38	30	5	11	3	5	8
教育							
初等教育	46	30	4	7	3	3	7
普通中学教育	43	25	6	10	4	6	6
高中毕业考试	39	24	12	8	5	5	7
高等教育	37	23	15	9	7	5	4
年龄							
30 岁以下	34	24	11	8	5	6	12
30～44 岁	41	22	10	8	5	5	9
45～59 岁	39	27	10	9	5	5	5
60 岁及以上	49	28	5	8	5	4	1
性别							
男性	39	27	8	8	4	6	7
女性	44	24	10	8	5	4	6

注：由于取近似值，一些百分比的总和可能不是 100%。

资料来源：地区数据来自选举统计；社会团体信息来自：2013 Bundestagswahl exit poll，Forschungsgruppe Wahlen.

基民盟/基社盟的选举联盟吸引了社会上保守派的选票，在年长者、退休者和中产阶级群体（特别是个体经营者）中有较多支持力量。其他的研究表明，天主教徒和经常做礼拜的人也超比例地支持该党。

社会民主党的选民基础与基民盟/基社盟的选民基础形成了对比：虽然中产阶级是社会民主党的主要选民，但其超比例的选民来自蓝领工人。在某些方面，社会民主党因为传统选民基础（蓝领工人）规模减小，又未能确立新的政治认同以吸引特定选民群体，因此该党的日子并不好过。

绿党的选举基础主要来自支持新政治运动的团体：中产阶级、受过良好教育者和城市选民。尽管绿党到2010年已经成立30年了，但它仍然诉诸年轻人，特别是受大学教育的青年。

左派党也有独特的选民基础。该党首先是东部取向的政党，它2013年选票的大多数来自东部。该党的左派根基也表现在其诉诸蓝领工人和失业者。该党代表那些对德国统一后的经济和政治路线感到失望的选民。

自民党的选民包括高比例的中产阶级，主要是白领雇员和个体经营者。当绿党吸引受过良好教育的自由派年轻人时，自民党吸引超比例的年纪轻、受过较好教育的保守派人士。但是，受其他政党从左和右两方面挤压，自民党缺乏明确的认同，这可解释其于2013年选举中的失败。

2013年新的竞争者是德国选择党。该党对欧盟政策和德国贡献于欧盟的代价的批评是其诉诸选民的基础。它还诉诸那些反对移民涌入的人们。这种立场在拥有固定收入的退休者、东部人口和某些青年当中得到了响应。德国选择党的选民基础显示出它从左派和右派政党那里争夺支持者。

这些大党之间社会团体的差别总体上在逐渐缩小，因为较少选民以阶级、宗教或其他标准为基础做出选举决定。相反，较多选民在其议题观点或候选人评价的基础上做出决定。不过，政党的意识形态和支持者网络仍然反映着这些传统的团体基础，因而这些团体也一直影响着政党。

决策过程

9.13 描述德国联邦决策过程中的主要行动者

决策过程可以从社会任一部分开始——利益团体、政治领导人、公民个人或者政府官员。这些行动者在制定公共政策时相互影响，因而很难追溯任何政策观念的起源。而且一旦提出新政策，其他利益团体和政治行动者都会积极参与修改、支持或反对该政策。

政策参与者之间相互影响的方式依政策议题而异。一些团体热衷于劳工问题，就会利用最有利于实现其目标的影响途径。另一些团体可能试图影响国防政策，并且利用不同的影响途径。这种差别使得把决策描述为单一的过程变得困难了，尽管制定政策的制度框架在所有政策领域都是相对统一的。

欧盟日增的重要性也改变了成员国的决策过程①。如今，布鲁塞尔做出的政策经常优先于德国的立法，在许多领域德国政府通过的法律必须符合欧盟的标准。欧洲法院也有权推翻德国政府通过的法律。因而，决策不再仅仅是国内的政治过程。

本节描述政策过程的各个阶段，并阐明德国政府机构之间的权力平衡。

政策提议

大多数议题都通过行政机构达至政策议程。其原因之一是，内阁和各部门管理政府事务。它们负责编制预算、制定税收提案、执行既定政策和从事政府其他日常活动。议会民主制的本质进一步增强了总理和内阁的

① Vivien Schmitt, *The Futures of European Capitalism* (Oxford: Oxford University Press, 2002); and Alec Stone Sweet, Wayne Sandholtz, and Neil Fligstein, eds., *The Institutionalization of Europe* (Oxford: Oxford University Press, 2001).

决策影响力。对于政府和多数众议员来说，总理是政策的首要发言人。在演讲、访谈和正式宣布政策时，总理为政府设定政策议程。总理和内阁有责任提议新立法，以实现政府的政策承诺。利益团体认识到了行政机构的重要性，并且在制定新立法时通常与联邦各部门（而不是众议员）进行合作。

行政机构的支配地位意味着众议院审议的立法大约有2/3是由内阁提议的。30位众议员可以联名提交法案，但只有20%的立法提案是以这种方式提交的。众议院自己的提案中大多数涉及的是个别议员的法案或者小议题。州政府也可以向众议院提交立法议案，但它们不常这样做。

内阁在制定政府政策方案时一般遵循一致同意的决策原则。部长们提交他们预期将得到内阁支持的立法提案。而总理在确保此种共识中起到了关键作用。总理办公室协调各部门草拟的法律提案。如果总理觉得某项法案与政府宣布的目标相冲突，就会要求撤销该法案或者将其退回原部门再研究和修改。如果两个部门间就政策问题发生冲突，总理可以调解争端。或者部门间的协商也可以解决分歧。只有在极端情况下，总理才无法解决这类问题；当出现这种僵局时，政策冲突将由整个内阁解决。

总理在内阁审议中也起到了重要作用。总理是一个支点，平衡相互冲突的利益，达成作为整体的政府可以支持的妥协方案。这一领导地位赋予总理在与内阁成员进行协商时实质性的影响力。内阁多数成员反对总理的情况极少发生。当总理与内阁就立法提案达成一致时，他们就在立法过程中处于支配地位。由于内阁还代表众议院多数，内阁的大部分提案最终都变成了法律。在第15届众议院期间（2002—2005年），几乎90%的政府提案都变成了法律；相比较而言，众议员上交的提案只有40%变成了法律。由于《基本法》的条款限制了众议院在财政问题上的权力，政府的立法地位便得到进一步提高。议会可以修改或修正大多数立法提案。但是，它不能更改内阁立法提案的支出或征税标准。若无财政部长和内阁的同意，议会甚至不能重新分配预算开支。

立法政策

当内阁同意某项立法提案时，政府就将该提案递交给参议院进行审查（见图9-7）。收到参议院的审查意见后，内阁可能修改议案，然后再将政府提案正式递交给众议院。该法案便进入第一次宣读，即将其列入众议院议程，并指派给合适的委员会审议。

众议院的许多工作都由这些专门委员会负责。委员会的构成基本遵循联邦部门的划分，如交通、国防、劳工或农业等。委员会完全可能审查并修改法案的内容。决策过程欧盟化的另一个标志是委员会必须考虑所提议的法案是否符合欧盟的指导原则（如果相关的话）。委员会评估提案，与利益团体进行商议，然后把一份修改过的提案交给众议院全体会议。虽然研究人员比较少，但委员会也可组织调查听证会。政府和利益团体代表就悬而未决的立法来作证，委员会成员在被指派的政策领域通常也具有专业知识。大多数委员会都举行闭门会议。因此，这种委员会制度使得立法在上交众议院会议之前，委员会有机会坦率讨论提案并在各党派间进行协商。

当委员会上报某项法案时，众议院全体会议对法案进行审查并讨论修改意见。不过在此过程的这一阶段，不同的政治立场已经形成。执政党领导人参与了该立法的制定。各政党召开党团会议决定其官方立场。在议会对法案进行第二次和第三次宣读期间，对法案的重大修改一般比较少；政府通常在自己的提案经委员会上报后得以获得通过。

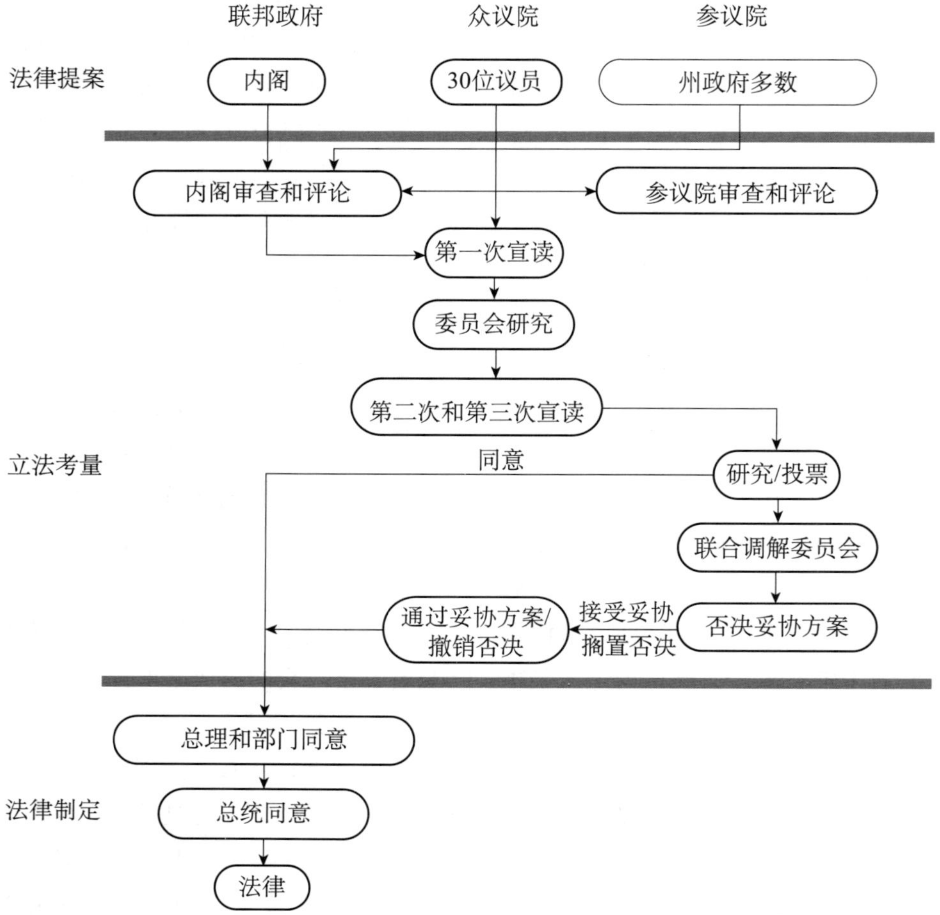

图 9-7 立法过程

该图描述了新法律从提案到通过的各个步骤。

因此，众议院就政府提案的价值进行的辩论通常只是象征性的。获胜的政党解释新立法的价值并宣传它们对支持者付出的努力。反对党则会把自己的反对理由公开记录在案。虽然这些辩论很少影响到投票结果，但却是众议院信息功能的一个重要部分。

一个法案经众议院通过后再转到参议院，后者在政策过程中代表州政府的利益。参议院的许多工作也由专门委员会完成，委员会就法案的政策内容及其涉及各州的行政问题进行审查。在州政府与联邦政府享有同等权力或者执行联邦政策的领域，参议院与众议院享有同等立法权。在这些领域，参议院的同意是法案变成法律的必要条件。在不直接关涉各州的政策领域（如国防或外交），参议院对法律的同意就不是必要的。从历史上来看，大约 2/3 的法律提案需要参议院的同意，但近期的改革意味着只有约30%～40%的立法将需要参议院同意①。

参议院的选举程序给予较小的州超比例的权重；只代表总人口1/3的州却控制着参议院一半的选票。因而参议院无法宣称其与经比例代表和直接选举的众议院具有同等普遍的合法性。参议院的选举制度还可能助长州郡的地方主义。由于州作为团体进行选举，它们就会从州的角度而不是国家利益或党派立场看待政策。众议院与参议院不同的选举基础使政策上的某些紧张关系成为立法过程不可避免的一部分。

通常，不同的政党联盟控制众议院和参议院。从某个意义上说，这一分化增强了立法机关的权力，因为联邦政府得与参议院里的反对党进行协商。不过，分化的政府也妨碍了在诸多领域必要的新立法。

如果参议院同意某项法案，便会把议案转给总理署名。如果参议院反对众议院的法案，两大机构的代表就会形成一个联合调解委员会，力图解决分歧。联合调解委员会将其建议呈递给两大立法机关寻求同意。如果提案关涉州政府，参议院可以投绝对否决票(absolute veto)以阻止法案变成法律。在其余的政策领域，参议院就只能投搁置否决票(suspensive veto)。如果众议院同意某项议案，就可以不顾参议院的搁置否决而把提案转交给总理。立法过程的最后一步是由联邦总统颁布法律。

这一立法过程有几个重要的特点。一方面，行政机构在立法过程中无所不在。政府把提案呈递给众议院之后，联邦部长为支持法案而展开工作。部门代表在众议院和参议院的委员会面前作证，表述他们的立场。内阁部长则对委员会成员和有影响的议会成员进行游说。部长还可以提出修正案或者就政策进行协商妥协，以解决议会审议期间产生的问题。政府代表还可以参加众议院和参议院之间的联合调解委员会会议，而其他非议会成员都不能参加此种会议。在大多数议会体制中，行政部门都很重要。

另一方面，虽然行政机构扮演如此重要的角色，但德国议会还是比大多数议会立法机关享有更大的自主权。从某些方面来看，它是当代民主国家中最强大的议会之一。委员会的结构赋予议会所有党派影响政策的手段。政府频繁做出妥协并接受立法机关提出的修正案。议会两院经常反映不同的政党联盟和不同的政治利益团体，因而政府必须把这些考虑在内。

众议院与参议院立法权的共享产生了诸多政治结果。州政府领导者可以通过对决策的影响使法律适应地方和地区的需要。这一权力分立还在此牵制与平衡的体制中提供了另一种制约。由于州政府有强大的权力，某个领导人或团体通过强压全国政府来控制政治过程的可能性就比较小。

于是，立法过程反映了两大机构的自主权和设计者在设计联邦共和国体制时所追求的牵制与平衡。与欧洲其他议会体制相比，德国体制使相互冲突的利益得到更多的表达，而且可能更需要进行妥协才能颁布新的法律。

---

① 2006年的宪法改革改变了参议院的立法角色。州在一些政策领域获得了更大的自主权，作为交换，在行政性提案的通过方面，参议院的同意不再成为必要条件。

政策的行政管理

作为政治权力分立的另一个尝试，《基本法》把大多数国内政策的实施责任归于州政府。州承担管理责任的一个证据是，州雇用的公务员比联邦和地方政府的公务员总和还要多。

由于这一行政职责的委派，联邦法律通常颇为详细，以确保法律的实际运用与政府的目的相符合。联邦机构还可以监督州机构，在出现争论时，联邦机构可以运用制裁手段或者请求司法审查。

虽然受联邦政府监督，但州在应用大多数联邦法律时仍然保有自由裁量权。这部分是因为联邦政府缺乏资源去密切跟踪州政府的行动。联邦对州的控制还需要参议院的支持，而州的权利主张能获得参议院的同情。政治权力的这一地方分权为该政治体制提供了额外的灵活性。

司法审查

像美国一样，德国法律也要接受司法审查。宪法法院可以评估法律的合宪性，并宣布违反《基本法》的法律无效。

涉宪议题可以通过三种方式提交到法院。第一，公民个人如果觉得政府行为侵犯了其宪法权利，可以直接向法院上诉。宪法法院超过 90%的案件都来自公民投诉。而且公民上诉案件时不需要支付诉讼费，也不需要请律师。因此，宪法法院就像监诉官，确保普通公民的基本权利可以得到《基本法》和法院的保护。

此外，宪法法院还根据“具体”和“抽象”的司法审查原则审理案件。具体的司法审查涉及引起合宪性问题的现实法院案件，由下级法院提交给宪法法院。在抽象的司法审查中，法院把立法作为一个法律原则进行判决，无须涉及一个实际的案件。联邦政府、州政府或者 1/3 的众议员可以提请对某项法律进行司法审查。未能在立法过程中阻止某项法案成为法律的团体有时会运用这一程序。在过去的 20 年里，宪法法院平均每年受理的此类案件 2～3 起①。抽象的司法审查扩大了对《基本法》的合宪性保护，这使法院直接进入政策过程，并可能使法院成为另一个决策机构而将其政治化。

近年来，欧洲法院（ECJ）做出的潜在的司法审查为德国和其他欧盟国家的决策提供了一个新的维度②。上诉的人可以向他们认为违反了欧盟政策的德国立法提出挑战。每年有数百部德国法律受到司法审查，而且欧洲法院的审查预期也影响到议会的立法过程。

政策表现

9.14 指出政府的主要政策输出项以及政府资金的主要来源

德国面临着许多与欧洲其他民主国家一样的政策议题：应对当前的经济衰退及其政治后果，在全球经济体制中竞争，整合新的难民和移民，处理多元文化主义的问题，以及在变动的世界制定外交政策路线。本节描述德国当前的政策规划，然后讨论它当前面临的政策挑战。

① Kommers and Miller, *The Constitutional Jurisprudence*.

② Karen Alter, *Establishing the Supremacy of European Law* (Oxford: Oxford University Press, 2001).

联邦共和国的政策记录

对于听惯了政治家责骂美国“大政府”的美国人来说，德国政府的规模赋予“大政府”这一术语更大的含义。在过去的半个世纪里，德国政府在公共支出和新的政策责任方面规模都有所扩大。如今，德国政府支出几乎占了经济总体的一半，而政府管理涉及经济与社会的许多领域。德国比美国更可能考虑政府解决社会需求的责任和支持政府的政策活动。全部公共支出（联邦、州、地方和社会保障制度）从 1950 年的不足 150 亿欧元增加到 1975 年的 2 690 亿欧元，再增加到 2014 年统一德国的 12 390 亿欧元，相当于国内生产总值的 45%。与此相比，美国的公共支出占总体支出的 38%。

德国的公共支出有很多不同的项目。社会保障项目是公共支出的最大部分，不过，该项目是由独立于政府常规预算的保险项目来管理的。

另外，《基本法》在三级政府之间分派政策责任。地方当局提供公用事业服务（电力、煤气和自来水），管理医院和公共娱乐场所，并管理青年和社会救助项目。州管理教育、文化政策、公共安全以及司法管辖。联邦政府的责任包括外交政策和国防、交通和通信。因此，公共支出相当均等地分配给三级政府。2014 年，联邦预算的份额占 27%，州政府支出占 27%，地方政府支出占 17.5%，其余部分大多出自社会保险支出。

图 9－8 显示地方、州和联邦政府的公共支出以及社会保险支出。仅社会项目这一项的公共支出在 2011 年就占公共总支出的 56%——高于所有其他政府项目的总和。强制性的社会保险制度包括全国范围的医疗保健、意外保险、失业补助和退休津贴。其他项目向贫困者和无力养活自己的个人提供资助。额外的项目把经济奇迹产生的利益散播给大众，而不管大众是否需要。例如，政府为有孩子的家庭提供资助，并且为一般薪金收入者提供特殊的免税储蓄项目。失业项目是获得津贴范围的典型例子（见专栏 9－4）。在联邦德国早期的许多时间里，从政者争先恐后地扩大这种项目的覆盖面和津贴数。自 1980 年代以来，政府试图削减社会项目，但福利国家的基本结构一直持续着。

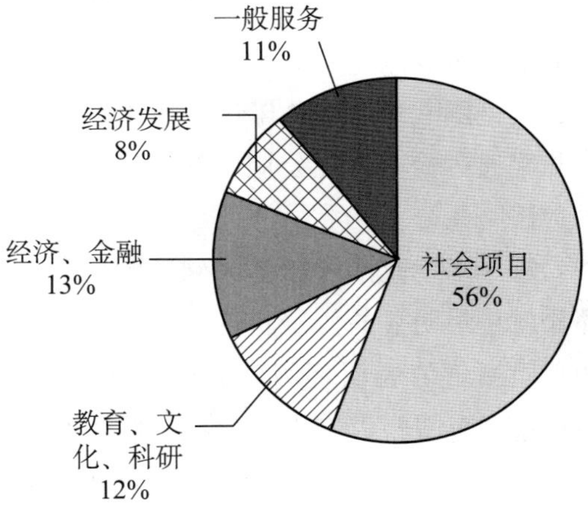

图 9－8　2011 年公共总支出的分配

公共支出的最大份额是各种社会项目，其次是教育。

资料来源：数据取自：*Statistisches Jahrbuch für die Bundesrepublik Deutschland* 2015（Berlin：Statistiches Bundesamt，2015），258。数字表示 2011 年占公共总支出的百分比。

国家统一为这个制度带来了额外的考验。失业、福利和医疗补贴为东部地区提供了社会的基本需求品，而这些需求超出了财政收入。2008 年经济的衰退进一步增加了失业和其他的社会需求。这些社会项目的存在使得德国渡过了 2008 年的衰退，与美国相比，衰退对德国公民的生活条件影响较小。德国人一般同意这些项目需要改革，以使其在财政上更可管控，但他们对于具体的改革

专栏 9-4

德国的失业津贴

失业工人最长可在两年（取决于其年龄）内获得的保障金可以支付其正常开支的 67%（未婚或者无子女的失业工人可获得 60%）。此后将以降低的比率继续领取失业补助，时间长短则取决于其资源。政府支付失业者个人缴纳的社会保险金，而且政府劳工部门会帮助失业工人寻找新的工作，或者获得新工作所需的培训。如果工人在其他城市找到工作，该项目会部分补贴其交通和搬迁费用。这些津贴比美国的典型津贴要丰厚得多，这也可能增加德国为保护失业者而付出的劳动力成本。

方案却意见不一。

联邦政府还参与了一些别的政策活动。例如，教育、文化和科研活动是三级政府共同关心的重要问题，大约占了公共总支出的 1/10（见图 9-8）。联邦政府还深度介入通信和交通运输，管理公用电视和广播，并且负责铁路系统。

近年来，政策议程扩大到新的议题，而环保就是最明显的例子。近几十年来的空气和水质测量值表明环境已获得切实的改善，而且德国有着规模宏大的资源回收项目。绿点系统（the Green Dot system）回收了大约 80%用于商业包装的废弃瓶，而美国的该项回收只有 20%。2011 年日本福岛核反应堆事故发生后，默克尔总理逆转了她的立场，重新启动逐步淘汰核电厂的项目，这是红-绿党政府十年前采纳的计划。政府的刺激措施也使得德国在发展光电和风能方面居于全球领先地位。

国防和外交关系是政府的另一项重要活动。联邦德国的经济和安全体系在历史上是以国际的相互依存为基础的。联邦共和国的经济严重依赖货物和服务的出口。如今出口占其国内生产总值的几近一半，这个比例高于大部分其他工业化国家。因此，德国的欧盟成员国地位成了其经济政策的基石。联邦德国是欧盟的创始国之一，并且从欧盟获益颇多。自由进入广阔的欧洲市场是德国经济奇迹的必要条件，而且仍然有利于联邦共和国出口导向的经济。德国同意统一货币，以换取法国和英国支持德国统一。如今面临欧元危机，德国正为这一决定的后果而艰难搏斗。参与欧盟决策给了联邦共和国一个在跨国范围内影响欧洲政治进程的机会，但它也受到欧洲其他国家经济条件的影响。

联邦共和国还通过加入北约组织整合到西方军事联盟之中。在欧洲国家中，联邦共和国为北约组织贡献了最多的人力和财力，德国公众也支持北约联盟。在后冷战时代最初降低军费后，德国每年的国防支出约为 250 亿欧元，不足公共支出的 3%。

公共支出显示了政府的政策努力，但这些支出的实际结果比较难以评估。从政策表现的多数指标来看，联邦共和国在实现政策目标方面还是比较成功的。生活水平有了明显提高，健康统计也显示了类似的进步。即使在能源和环境这样的新政策领域，政府也取得了实际的进步。这些政策进步通过公众意见反映了出来（见图 9-9）。2011 年，大多数西部居民对可能与政府表现相关的大部分生活方面表示满意，这些方面包括住房、生活水平、工作和收入。东部居民对自己生活的评价要低于西部居民，但仍然表示比刚刚统一后的几年有明显的改善。

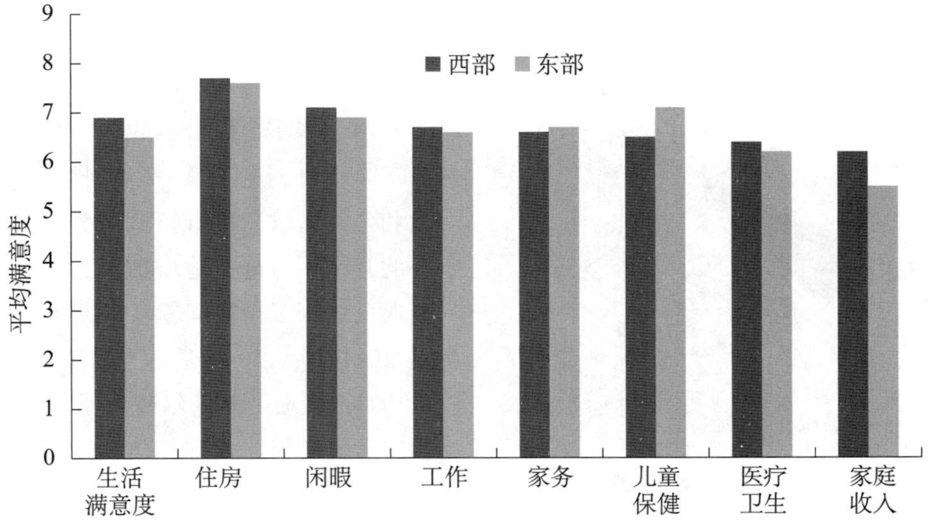

图 9-9　生活领域的满意度

在生活条件的满意度方面，西部居民略高于东部居民。

资料来源：数据取自：Statistisches Bundesamt，ed.，*Datenreport* 2011（Berlin：Bundeszentrale für Politische Bildung，2011），377.

支付费用

当然，政府项目的慷慨补助不是由于政府的馈赠。个人和公司的纳税支持了这些项目。因此，政府的大量开支不可避免地意味着与政府的财政收入相当，这些收入是政府项目的真正来源。

三种不同类型的政府收入为公共政策项目提供了大部分资金①。医疗保健、失业、残障、退休和其他社会保障基金首先靠雇主和雇员的缴费来自我筹资。对这些项目的缴费是公共收入的最大来源，超过了全部公共资金的1/3（见图 9-10）。对退休金项目的缴费占了工人每月总收入的约 20%，医疗保险占了约 17%，失业津贴占 3%。各种保险缴费分为工人缴纳和雇主缴纳部分。

公共收入的第二个重要来源是直接税收，即政府直接征收且支付给政府部门的税收。公共收入的最大部分之一来自个人所得税，该项收入由联邦、州和地方政府共享。个人所得税的税率随着收入水平的提高而相应增加，最低为 14%，而针对高收入纳税人的税率则高达 45%（加上为了助益东部而收的团结附加费）。即便是近年来实行了税率改革后，德国的税率仍然比美国要高出很多。公司利润的税率要低于个人所得税，为的是鼓励企业为长足发展把利润用于再投资，尽管来自公司税的公共税收份额在近年增长了许多。

政府收入的第三大主要来源是间接税。间接税以收入的使用为基础，而不是以工资和利润为基础。最常见且税款最多的间接税

① Martin Seeleib-Kaiser，"Welfare State Reform and Social Policy，" in Stephen Padgett et al.，eds，*Development in German Politics*，4th ed.（London：Palgrave Macmillan，2014）.

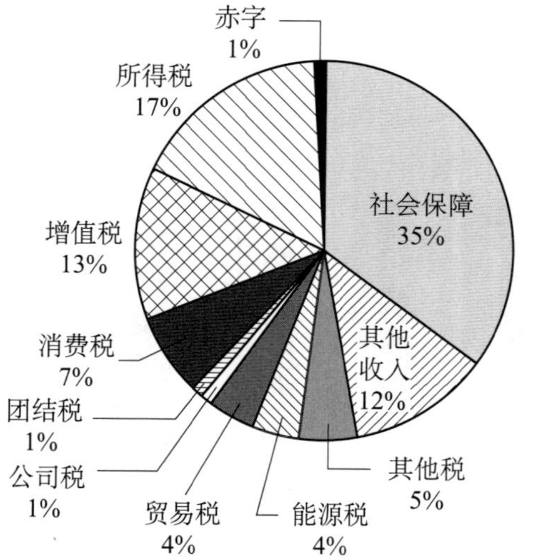

图 9-10　2011 年公共收入的来源

公共支出由直接税、间接税、各种费以及赤字支出共同提供资金。

资料来源：数据取自：*Statistisches Jahrbuch für die Bundesrepublik Deutschland*（Berlin：Statistiches Bundesant，2015），259，267. 这些数字表示 2015 年政府收入各种来源的百分比。

是**增值税**（value-added tax）——加于制造过程和增加产品价值的每个环节的税种。增值税的标准税率是大多数商品征收 19%，而像食品这样的基本日用品征收 7%。其他间接税包括海关扣税、酒税、烟税和使用能源的绿色收税。

总体来说，间接税占了全部公共收入的约 2/5。间接税（作为政府收入迅速增加的秘密之一）通常“隐含”在商品的价格之中，而不是直接显现的税种。在这种方式中，人们注意不到自己每次购买商品时都在纳税，决策者也比较容易在不引起公众反对的情况下提高间接税。不过，间接税是累退的，它们给低收入家庭带来了更重的负担，因为这些家庭的大部分收入都要用于消费。

普通德国人显然要花很大财力为范围广泛的公共政策项目提供资金，相比较而言，美国的税收水平显得比较有节制。中产阶级家庭要将其收入的约 45%用于支付税收和社会保障缴费，相比较而言，美国人的相关比例约为 25%。

即便有这些不同的收入来源，历史上公共支出也多次超过公共收入。为了填补这一赤字，政府制定了另一个“收入”来源（贷款和公共借款）以维持其服务水平。国家统一的开销不可避免地增加了大量赤字，而大衰退又加剧了预算问题。2008 年的公共赤字是 40 亿欧元，然后又于 2009 年爆增到 1 010 亿欧元。默克尔政府承诺减少德国的赤字，2015 年联邦政府实际上还有少量预算盈余。

德国的纳税人似乎为公共资金做出了过多的贡献，而且德国人并不比其他民族更热心于纳税。但问题不在于公民纳了多少税，而在于公民纳的税有多少价值回报。除了常规的政府活动以外，德国人还得到针对疾病、失业和残障的保护；政府退休金项目提供了适于生活的退休收入。而且，大多数公众期望政府在为社会及其公民提供必需品方面承担积极的角色。

应对政策挑战

9.15　讨论德国持续面对的三项突出的政策挑战

最近十年是联邦共和国进行大规模政策变革和创新的时期，因为它为适应新的国内和国际政策环境做出了调整。虽然政府在很多领域都面临政策需要，但我们只讨论四个主要的问题。第一个问题是解决德国统一所产生的遗留问题。第二个问题是解决来自中东和其他发展中国家的难民问题。第三个问题是改革德国的经济和社会体制。第四个问题是为德国确定新的国际角色。

统一问题

当代德国面临的一些主要政策挑战源于两德的统一。1989 年 11 月革命的一个后果是民主德国经济和社会体制的崩溃。国家的统一表明了需要重建东部经济，以及衰败中的经济基础设施和过时的制造设备。政府和私人投资者支出了大量资金，从重建东部的公路和铁路系统到升级其经济基础设施，再到将首都从波恩迁到柏林。

起初东部地区的高失业率使联邦共和国的社会福利项目捉襟见肘。东部的失业工人领取失业补助、再培训津贴和搬迁补贴，却不需要事先为这些社会保险制度缴纳资金。联邦共和国还承担了东部居民的退休金和医疗保险津贴。即便是今天，大约有 4%的国内生产总值转到了东部地区。

经济取得了发展。当前东部地区的经济增长率经常超过西部。然而，东部与西部的差距仍然很大。东部的失业率仍然高于西部；即使在多年的投资之后，东部的生产率仍然明显落后于西部。虽然东部的生活水平自 1990 年代初期以来得到迅速改善，却仍然大大低于西部的生活水平。而且，即使东部经济以西部 2 倍的速率增长，达到完全的平等也还需要数十年的时间。

德国统一还带来了经济以外的挑战。例如，东部的许多地区成了环保主义者的噩梦：从工厂排出而未加处理的有毒废弃物被倒入河里，发电厂排放的废气污染了空气，许多城市缺少污水处理厂。矫正民主德国的环境遗留问题需要大量政府资金。国家统一加剧了有关经济发展与环境保护之间权衡的政治辩论。

因此，虽然 1990 年以来情况有了实际的进步，但西部与东部之间的政策差距依然存在。同时，德国人在所得税方面仍然要缴纳额外的“团结附加费”，用作东部地区重建资金的一部分。实现跨区域的生活条件平等仍然是国家的目标，但这一目标需要持续投入资源，而且要花上数十年才能实现。

难民潮

在德国向逃离叙利亚冲突地区的难民和其他发展中国家的难民开放边界以后，大约 100 万难民在 2015 年进入德国。这就相当于美国在一年内接受 400 万难民。随着各个社区在足球场、未使用的建筑和其他地方建立临时营地时，这种难民的大量涌入使其社会体制不堪重负。为这样大量的移民人口提供生活必需品，在后勤保障和经济上都是挑战。此外，预计此后数年，每年都将新增 50 万以上的难民——预计总数达 300 万。这就给联邦共和国造成了新的长期挑战。

难民们往往面临可怕的环境。他们看到了在德国较好的生活前景，但他们缺少德国的语言技能和公民身份文件，在许多情况下，他们的财务资源花费在来欧洲的路上。在临时营地的生活是严酷的。即使有社会服务的帮助，融入德国社会的过程也将是长期而艰难的，尤其是考虑到联邦共和国在给早期来自土耳其和东欧的移民提供平等生活机会上的艰难努力。

起初，全德国的各社区欢迎载着难民的汽车或火车。默克尔总理认为，这是一个国家应当从事的人道主义事业，她试图说服其他欧盟国家分担这些努力。但是，随着经济代价变得显而易见，大众的支持开始消退。有一项估计计算出每个难民第一年接受的福利超过 20 000 美元。这样的项目可能需要十年甚至更长的时间，才能让一个人达到经济上自给的技能水平。高度可见的犯罪行为和恐怖主义事件加深了一些德国人的负面情绪。每次恐怖主义事件在德国或周边国家发生，公众的担忧就急剧上升。德国的性别平等规范经常与来自非西方国家移民的价值观相冲突。因此，2016 年的公共舆论调查显示，移民问题在全国问题列表中位居前列，德国人对移民的接受度下降了。

双方对目前的状况都不满意。在处理德国其他政策需求时，成功地整合这些移民，将至少是下一个十年里持续的政治议题。

改革福利国家

由于经济和社会项目尽力做出调整，以适应新的全球经济体制，当代德国面临着一系列新的问题。例如，近期政府做出努力来限制劳动力成本，以确保德国产品在国际市场中的竞争力。但是，诸多自由派的社会服务项目的慷慨福利需要雇员和雇主的大量贡献，其费用在急速增加。其他一些规定阻碍了新工作和临时就业岗位的产生。新近一份报告声称，一些德国公司身陷政府官僚网络的泥潭之中；它们必须为政府部门提供 62 个不同的数据集，为 78 份社会保险报告归档，另外提供 60 种表格用于税收，而所需遵守的劳动法条款多达 111 条。

一个相关问题是德国社会服务项目在经济上的可行性问题。人口的迅速老龄化意味着医疗保健与退休津贴的需求将不断增加，但为社会保险项目做贡献的就业工人却在减少。例如，1950 年代大约 4 个就业者养 1 个退休人员，到 2010 年，约 2 个就业者养 1 个退休人员。人口统计学上的类似问题也发生在德国的其他社会项目中。随着人口的老龄化，医疗保健费用也相应增加。

2000 年代中期，施罗德政府实施了被称为“2010 年议程”的改革项目，以解决这些问题。一些改革措施通过简化雇佣规则来改革劳动力市场，减少非工资劳动力成本（nonwage labor costs），并改革失业制度。另一些改革降低退休和医疗保健制度的津贴。还有一些改革则调整税收制度。

这些改革举措无疑有助于自 2005 年开始的经济改善。但 2008 年的全球经济衰退逆转了这一趋势。失业率再次上升，经济停滞。新的基民盟/基社盟-自民党政府不得不应对这些问题，首先通过小规模的刺激计划，其次是转向政府紧缩开支。而且，欧元区的信贷危机造成了新的经济挑战，这就要求德国为一个稳定基金做贡献，并进而放缓欧洲的经济复苏。当下的经济优先项排在长期经济改革之前，部分是因为公民和精英在哪些政策最可取的问题上意见不一。为了保护经济和鼓励未来的经济增长，最终将需要进行重大的福利国家改革。然而，作为 2013 年选举之后参与执政联盟的一种让步，社会民主党要求逆转早期的某些项目削减。虽然难民涌入带来的社会服务需求仅增加政府的需求，但从短期看他们无疑可以为老龄化的劳动力增加活力。当前的政府不大可能颁布解决这些问题的新改革措施。

结论：新的世界角色

联邦共和国在国际政治中的角色与其在北约和欧盟的参与度联系在一起。自 1989 年以来，这两方面的关系都在发生改变。

德国的军事和战略角色是由这些协议和变动着的国际环境规定的。德国不再单独聚焦于北约成员国和西方抵御俄罗斯的威胁，而是在国际上扮演更积极的角色。它希望成为欧洲和平的倡导者，发挥其作为东西方联结的桥梁作用。德国还在北约以外地区的国际争端中承担了更大的责任，尽管其军事力量是相当小的。1993年，联邦共和国向前南斯拉夫派遣了军队，这就改变了德国外交政策的路线。2010年，德国军队在12个国家执行国际维持和平的任务，虽然许多公民仍然对这些行动持怀疑态度。联邦共和国在与盟国合作的框架内逐步采取更加独立的外交政策。

联邦共和国与欧盟的关系也在改变中①。德国在人口和国民生产总值方面都多于欧盟其他成员国。德国是欧盟的坚定倡导者，但这有时候令西方其他成员国感到不安。例如，德国曾经推动欧盟东扩，而其他国家则主张较慢的进程。2007年的《里斯本条约》深化了欧盟对德国和其他成员国的影响，并增强了布鲁塞尔做决定的重要性。此外，动荡的国际环境意指德国的未来更清楚地与其邻国们的未来联系在一起，而这却不是其自身可以单独控制的。所有这些都意味着，一方面，德国的福祉日益取决于其邻居们的福祉和全球的环境。

另一方面，可以从德国对2010年债务危机或在英国脱离欧盟以后的果断反应中看出，德国也很可能在全球事务中更加独立地行事。随着欧洲进入一个对其解决共同问题的能力踌躇不定的时期，德国显然将在世界舞台上作为一个自信的国家采取行动。这种新建立的自信（这比什么都好）代表着新的国家认同——不忘它的过去，但在应对日增的全球挑战时作为一个主权国家而信心满怀。

复习问题

1. 1945年和1989年的民主转型在哪些方面是类似的，在哪些方面是不同的？
2. 联邦共和国《基本法》制定者的目标是什么，为这每一个目标创立了哪些机构和程序？
3. 联邦德国和民主德国实现了完全的社会和政治的统一了吗？
4. 德国的比例代表制（有多个当选的政党）强化还是弱化了民主进程？
5. 从德国范围广泛的社会服务项目中产生的收益和问题是什么？

关键词

康拉德·阿登纳	众议院	德国雇主协会总会（BDA）
德国选择党（AfD）	基督教民主联盟（CDU）	宪法法院
《基本法》	基督教社会联盟（CSU）	建设性不信任投票
参议院	劳资协同经营制度	左派党

① Maria Cowles, Thomas Risse, and James Caporaso, eds., *Transforming Europe* (Ithaca. NY: Cornell University Press, 2001).

经济奇迹	绿党	东方政策
欧盟（EU）	外来工人	民主社会主义党（PDS）
欧元	阿道夫·希特勒	顶级社团
联邦总理	皇帝	比例代表制（PR）
联邦总统	赫尔穆特·科尔	格哈德·施罗德
德意志联邦共和国（FRG）	安格拉·默克尔	社会民主党（SPD）
德国工业联盟（BDI）	国家社会主义德国工人党（纳粹党）	统一社会党（SED）
自由民主党（FDP）		第三帝国
德意志民主共和国（GDR）	新合作主义	增值税（VAT）
德国工会联盟（DGB）	新政治	魏玛共和国

建议阅读材料

Anderson, Jeffrey, and Eric Langenbacher, eds. *From the Bonn to the Berlin Republic*. New York: Berghahn Press, 2010.

Crawford, Beverly. *Power and German Foreign Policy*. New York: Palgrave, 2007.

Dalton, Russell. *Politics in Germany: The Online Edition*. http://www.socsci.uci.edu/~rdalton/Pgermany.htm, 2014.

Fulbrook, Mary. *Anatomy of a Dictatorship: Inside the GDR, 1949–1989*. New York: Oxford University Press, 1995.

———. *History of Germany, 1918–2000*. Oxford: Blackwell, 2002.

Gabriel, Oscar, Silke Keil, and Eric Kerrouche, eds. *Political Participation in France and Germany*. Colchester, UK: ECPR Press, 2012.

Green, Simon, and Willy Paterson, eds. *Governance in Contemporary Germany*. Cambridge: Cambridge University Press, 2005.

Hough, Dan, and Emil Kirchner. "Germany at 60: Stability and Success, Problems and Challenges." *German Politics* 19, 1 (March 2010).

Kershaw, Ian. *Hitler: A Biography*. New York: Norton, 2008.

Kolinsky, Eva, and Hildegard Maria Nickel. *Reinventing Gender: Women in Eastern Germany since Unification*. London: Routledge, 2002.

Kommers, Donald, and Russell Miller. *Constitutional Jurisprudence of the Federal Republic*. 3rd ed. Durham, NC: Duke University Press, 2012.

Krisch, Henry. *The German Democratic Republic*. Boulder, CO: Westview Press, 1985.

Langenbacher, Eric, ed. *The Merkel Republic*. New York: Berghahn Press, 2015.

Less, Charles. *Party Politics in Germany*. London: Palgrave Macmillan, 2005.

Orlow, Dietrich. *A History of Modern Germany*. 7th ed. London: Routledge, 2011.

Padgett, Stephen. *Organizing Democracy in Eastern Germany*. Cambridge: Cambridge University Press, 2000.

Padgett, Stephen, William Patterson, and Gordon Smith, eds. *Developments in German Politics*. 4th ed. London: Palgrave Macmillan, 2014.

Rohrschneider, Robert. *Learning Democracy*. New York: Oxford University Press, 1999.

Sinn, Gerlinde, and Hans-Werner Sinn. *Jumpstart*. Cambridge: Massachusetts Institute of Technology Press, 1992.

Sinn, Hans-Werner. *Can Germany Be Saved?* Cambridge: Massachusetts Institute of Technology Press, 2007.

Spielvogel, Jackson. *Hitler and Nazi Germany*. 7th ed. London: Routledge, 2013.

Streeck, Wolfgang. *Re-Forming Capitalism*. Oxford: Oxford University Press, 2009.

Turner, Henry. *Germany from Partition to Unification*. New Haven, CT: Yale University Press, 1992.

第十章
日本政治

弗朗西斯·麦考尔·罗森布鲁斯（Frances McCall Rosenbluth）
迈克尔·F. 蒂斯（Michael F. Thies）

国家概况

日本

人口：1.263 亿
领土：145 882 平方英里
独立时间：公元前 660 年
现行宪法的颁布时间：1947 年
国家元首：明仁天皇
政府首脑：首相安倍晋三
语言：日语
宗教：神道教与佛教 84%、其他 16%（包括基督教徒 2%）

学习目标

10.1 指出日本政府目前面临的三大挑战
10.2 简单讨论日本的政治史以及它与外部世界经常变化的关系
10.3 解释"和平条款"以及第二次世界大战后为现代日本奠定基础的发展
10.4 描述日本的社会条件并关注人口、性别平等、财富和安全
10.5 解释日本全国政府和地方政府的结构
10.6 讨论日本文化对一致性和等级制度的强调
10.7 指出日本政治社会化的主要来源以及最近日本政治文化的变化
10.8 从投票率、党派倾向和年龄人口统计等方面介绍日本的选民参与
10.9 解释日本参众两院的选举制度
10.10 讨论日本的主要政党及其选举历史
10.11 指出日本三个主要的利益团体并描述它们与政党的关系
10.12 总结日本国会的政策制定过程
10.13 讨论日本最近的国内外政策

日本是东亚民主制存续时间最长的国家，也是世界上最富有的国家之一。它在第二次世界大战中遭到毁灭性破坏后出现的惊人般的复苏引发了地区内外的钦佩和模仿。然而，最近几十年，日本经济势头疲软，而中国经济则遥遥领先，已经取代日本成为仅次于美国的世界第二大经济体。1990 年以来，日本经济长期处于通货紧缩的边缘，人口不断减少，此时，日本面临的挑战比战后任何时期都更为严峻。本章提供了对日本政治的全面考察，既阐明了游戏规则，又描述了游戏参与者的态度和资源，同时对日本目前的政策挑战及其未来前景做出评估。

目前的政策挑战

10.1 指出日本政府目前面临的三大挑战

在第二次世界大战期间遭到毁灭性打击之后，日本在接下来两代人的时间里飞速发展，成为世界第二大经济体。而且，按照某些标准衡量，日本也是世界上人均最富有的经济体。非常引人注目的是，这种快速增长并没有造成不平等的加剧。所谓的日本的“经济奇迹”在 1990 年结束了，从此以后，日本经历了一次又一次的经济衰退，经济状况越来越糟糕。1980 年代末，随着股市和房地产泡沫的破裂，银行业出现了危机，结果造成无法收回的贷款单堆积如山。通货紧缩、失业和破产等数十年来闻所未闻的所有事情导致日本经济陷入困境，并冲击着国民的心灵。连续几任日本政府在扭转经济颓势方面都收效甚微。在 21 世纪之初，日本经济出现了缓慢却是可持续的复苏迹象，结果被 2008—2009 年期间爆发的国际金融危机再次打回原形。当时的首相**安倍晋三**（Minister Shinzō Abe）的经济刺激计划——被起了个绰号**“安倍经济学”**（Abenomics）——使日本民众对经济持续复苏有了新的希望。然而，要想长期释放经济生产力，就需要对一些长期受保护的经济部门放松管制，而政府是否愿意并有能力追求这样的改变，目前尚无定论。

日本的经济困境因一颗人口定时炸弹——快速的人口老龄化和人口锐减——而加剧（见图 10－1）。人口的中位数年龄是 47 岁，但 65 岁及以上人口的比例已经达到 27.45%，这两项数据都是世界上最高的。日本政府预计后一项数据将在 2050 年几乎上升到 39%[①]。这种人口统计学上的变化不仅体现了较低的出生率，而且缩小了劳动力的相对规模，挤压了政府税收收入，并大幅度增加了养老金和医疗保障支出[②]。

在过去的十年里，日本政府一直在以下两者之间举棋不定：一方面，努力放松对经济的管制；另一方面，努力缓解对那些依赖政府保护的团体的担忧，一旦市场自由化，这些团体将会遭受损失。政府的严重干预以

① Japan, Ministry of Internal Affairs and Communications, Statistics Bureau. *Japan Statistical Yearbook 2016*. http: //www.stat.go.jp/english/data/nenkan/1431-02.htm. 另一方面，儿童的数量在不断减少，如今，15 岁以下的儿童仅占人口总数的 13%，这一数据预计在 2050 年会降到 10%，而且，那时的人口总数要比现在少得多。

② 欧洲人口也在快速步入老龄化（中位数年龄是 42 岁），尽管速度仍然比较慢。在发达的工业化国家，美国因持续的（或者更准确地说是“再生的”）年轻化（中位数年龄是 38 岁）而成为局外人，原因在于它的移民人口要大得多，而且出生率更高；参见：“Half a Billion Americans?” *The Economist*, August 24, 2002, 20－22.

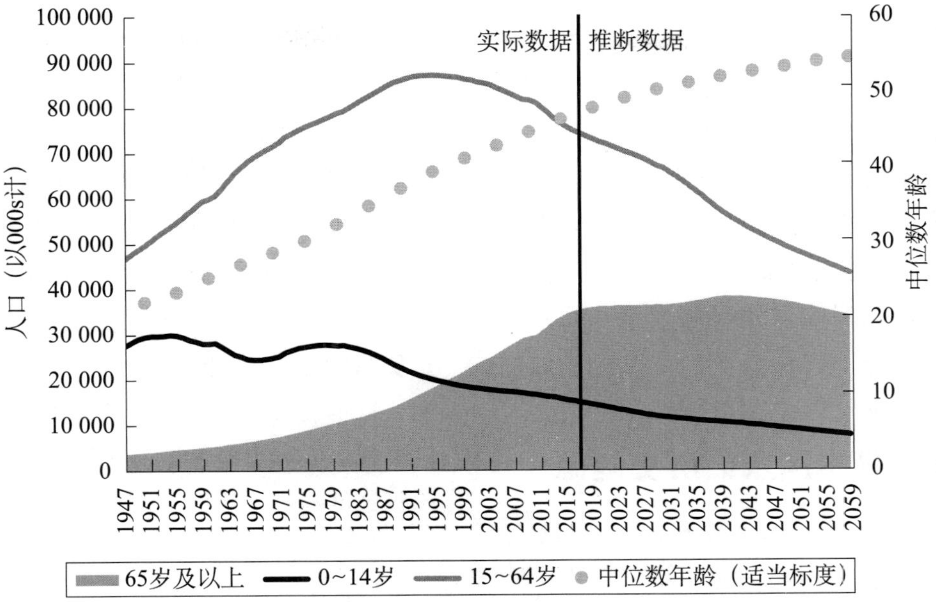

图 10－1　日本的人口老龄化

日本的人口正在老龄化且日益减少，并对经济、政治和政策产生了巨大影响。

注：1. 历史数据来源是：Ministry of Internal Affairs and Communications，Statistics Bureau，“Results of Population Estimates，” http：//www. stat. go. jp/english/data/jinsui/2. htm，accessed September 9，2016.

2. Department of Population Dynamics Research，National Institute of Population and Social Security Research，“Population Projections for Japan，” January 2012，http：//www. ipss. go. jp/site-ad/index _ english/esuikei/gh2401e. asp.

3. 2010 年以前的中位数年龄数据来源是：https：//knoema. com/atlas/Japan/topics/Demographics/Age/Median-age-of-population.

及诸多经济部门在政府的支持下相互勾结，被国内外批评人士视为发生贸易摩擦和经济衰退的原因。然而，诸如取消这些安排、解散那些依靠政府维持运营的低效公司并允许扩大竞争这样的政策决定说得容易做起来难。即便从长远来看放松管制可能有助于日本经济，但在短期内会造成巨大的经济破坏。那些将要受到伤害的人具有强烈的动机来展示自己的政治影响力，从而预先阻止改革的推进。因此，政府不断拖延和妥协，结果只能看着问题越来越严重且不断增加。最近，日本已经决定同其他 11 个环太平洋国家一道参与跨太平洋伙伴关系（TPP）协定——旨在形成一份全面的地区自由贸易协议。然而，由于特朗普政府已经让美国退出跨太平洋伙伴关系协定，这种努力在多大程度上是成功的尚不明朗。

日本增加工作人口的办法之一是增加移民的数量，尤其是那些来自世界各地最贫穷地区的非技术工人。对任何国家而言，大规模增加移民都具有经济上和文化上的破坏性。最近，移民问题已经成为西欧和美国选举中的焦点，可以说也是英国脱欧而举行全民公投中最为重要的关注点。但是，对于日本这样的国家来说——它与世隔绝长达 250 多年（1600—1853 年）之久，且此后一直有着高度的贸易保护主义壁垒——移民经验的缺乏很可能为政府的协商创造一个更为棘手的政策雷区。可以理解的是，日本人不太愿意为了劳动力复兴而放弃一个相对同质且具有社会“可读性”行为准则的社会具有的优势——例如，他们将安全的夜间街道归因于这些准则。

本章以日本走过的历史道路、公众对日本文化的印象，以及引导和约束政治行为的政治制度为背景，通过对事物如何运作提供竞争性的解释来分析日本的政治。现在，我们开始为战后日本政治经济发展设定历史舞台。

现代日本国家的历史起源

10.2 简单讨论日本的政治史以及它与外部世界经常变化的关系

日本的第一批原住民很可能是来自亚洲大陆的采集狩猎者。大约从公元前 11 000 年开始传入了一种新的文化，即*绳文文化*（Jōmon）。考古发现的史前古器物表明，大约从公元前 300 年开始，绳文文化发生了一次非常突然的转变，这很可能是入侵或者亚洲大陆族群取道朝鲜半岛来到日本的移民潮造成的结果。这种新的文化被称为*弥生文化*（Yayoi），它以青铜和铁（包括兵器）的使用以及水稻农业的发展为特征。到公元 3 世纪，从九州岛南部到四国岛和本州岛的大部地区都居住着弥生时代的人民。在古坟（Kofun）时代（公元 300—710 年），最强大的大和部落最终取得了日本大部分地方的政治控制权。日本朝廷提倡佛教，开始用汉字书写历史、制定章程、颁布法典。在公元 794 年，日本首都从奈良迁到京都，后者在接下来长达千年的时间里一直作为帝国朝廷所在地。然而，朝廷缺乏有效的集权化军事系统，武士集团（后来被称为武士阶级）逐渐开始夺取更多的权力。在接下来的几个世纪里，随着权力分散到相互竞争的（通常是通过战争）武士家族手中，京都帝国朝廷的政治控制衰落了。

日本的中世纪（大约是 1185—1600 年）是一个持续动乱和战争频繁的时代。1600 年，**德川家族**（Tokugawa clan）取得了卓越成就并实现了相当程度的国家统一。从 1600 年到 1868 年，德川家族从江户（也就是现在的东京）开始统治。在德川统治时期，日本社会的封建结构具备了僵化而系统的形式。儒家思想为这一时期形成的僵化的阶级制度提供了依据。德川政府还关闭了日本与外部世界联系的大门。

经过了 250 多年的孤立之后，一位美国海军将领**马修·C. 佩里准将**（Commodore Matthew C. Perry）于 1853 年带领一只小舰队驶入现在的东京湾。佩里转交了美国总统米勒德·菲尔莫尔（Millard Fillmore）的一封信，要求德川政府开放日本港口与美国进行贸易。佩里的舰队如此轻易就威吓到日本政府，暴露出了德川政权的软弱，这就是与外界影响长期隔绝的代价。这一行为使地方领主们大胆脱离了德川家族，并且“恢复”了天皇的权力。正如这次转型所称谓的那样，**明治维新**（Meiji Restoration）（1868 年）就是以年轻的明治天皇来命名的，明治天皇在名义上是最高的政治和宗教领袖。实际上，新的政权几乎没有赋予天皇真正的权力。推翻德川政权的武士阶级利用天皇制度作为国家统一的象征，以期进一步实现他们自己的政治目标。这些目标导致日本政治权力实现了前所未有的中央集权化。他们以土地为基础建立了一套国家税收制度，取消了武士薪俸制度。在明治时期，日本政府的主要目标是，通过促进工业发展以及废除日本突然结束孤立状态时被强加的“不平等条约”，从而赶上西方帝国主义国家①。

虽然新的执政寡头（oligarchs）并无意进行任何大规模的政治民主化，但他们确实还是制定了一部宪法，并规定立法机构由民选产生。政府成立了**国会**（Diet），这是一个两院制立法机构，效仿了欧洲议会民主制模式。但国会并不控制内阁。相反，执政寡头通过挑选首相和政府各官僚机构的部长而成功地控制了内阁决策。尽管如此，1889 年宪法规定，国会有能力拒绝某些政府行为（尤其是预算），因此，内阁在很多问题上不得不与新兴的政党讨价还价。久而久之，政党能够不断扩大影响力，从而变得难以驾驭。

战前的日本在 1918—1932 年期间达到了民主的最高峰，这一时期也因**“大正民主”**（Taisho Democracy）而闻名。（大正天皇于 1912 年继承其父明治天皇之位。）在这几十年里，内阁由控制国会的政党支配。其余的执政寡头感到有必要从政党领袖中间挑选首相，以便获得国会的合作。在整个 1920 年代，政党控制内阁成为一种常态。

截至 1932 年，普遍的政治腐败和军队的野心勃勃削弱了公众对政党的支持。首相犬养毅（Tsuyoshi Inukai）被极端民族主义者刺杀后，军队在几乎没有遭到公开反对的情况下接管了政府。平民政府的终结带来的是军费开支的急剧增加，尤其是在 1937 年之后，当时，日本军队发动了对中国的全面战争。作为对日本入侵中国的回应，美国政府封锁了日本的石油运输，但日本海军的回应不仅是在 1941 年偷袭美国珍珠港，而且还攻击美国在东南亚的石油来源。

美国不愿意参加第二次世界大战的愿望因珍珠港事件破灭了。美国在物质和人力上投入大量资源来对抗日本军队。太平洋战争的转折点出现在 1942 年 6 月的中途岛之战，它发生于太平洋中部一个地理位置无足轻重但战略地位意义重大的环礁。海军上将山本五十六（Yamamoto）的强大海上部队被美国轰炸机摧毁，日本海军再也没有从这次失败中完全恢复过来。日本军队继续战斗，但成功的机会越来越小。1945 年 8 月，美国总统哈里·杜鲁门做出一个备受争议的决定，也就是，使用核武器轰炸日本的工业城市广岛和长崎；这次轰炸在两个城市分别杀害了 15 万和 7.5 万平民。第二次世界大战的太平洋战区造成 108 504 名美国士兵死亡，两倍于记录的失踪人数。日本损失了 200 万士兵，此外还有大约 300 万平民在美国空袭中丧生，约占 1939 年人口的 3.5%。据估计，中国在战争中丧生的人数在 1 000 万至 2 000 万之间，约占人口的 3%～6%。直到 1945 年 8 月日本投降，军队在政治中的作用才消失，平民民主才得以蓬勃发展②。

占领时期

10.3 解释“和平条款”以及第二次世界大战后为现代日本奠定基础的发展

盟军占领日本（Allied Occupation of Japan）在美国**道格拉斯·麦克阿瑟将军**

① Akira Iriye，*Pacific Estrangement*（Cambridge，MA：Harvard University Press，1972）.

② 有关日本现代史更为全面的讨论，参见：Peter Duus，*The Rise of Modern Japan*（Boston：Houghton Mifflin，1976）；and Mikiso Hane，*Modern Japan*：*A Historical Survey*（Boulder，CO：Westview，1986）.

(General Douglas MacArthur）的指挥下由**盟军最高统帅**（Supreme Commander for the Allied Powers，SCAP）负责执行。它的最初目标是实现日本的非军事化和民主化——使日本不能也不愿意再次发动战争。它有效遣散了陆军和海军，并将战后仍然滞留在国外的330万日军遣送回国。它还采取广泛措施清除传统精英及其权力基础。在“东京战犯审判”中，25人被判为甲级战犯，7人被判死刑，其他人被判长期监禁。另有20万人被定为战争共犯而被清除出政界、商界和传媒界。拥有和协调战时*财阀*集团的控股公司被视为非法，从而迫使对大部分工业经济的所有权控制被分解和去中央化①。

一项更为根本的政治改革尝试涉及一部新宪法的实施。在拒绝日本政府的草案（即保留日本天皇的主权并允许国会限制个人自由）之后②，盟军最高统帅提出了自己的草案，其中增加了大量对个人自由、社会平等和性别平等的保障。

或许，日本宪法中最有名的条款是**第9条**（Article 9），即“和平条款”，该条规定，日本声明放弃发动战争甚或维持军事能力的权利（见专栏10-1）。保守派政府和法院对该条款做出了灵活的解释，以便（至少）允许保留防御能力。在1960年代，公共舆论压倒性地推翻了任何可能废除第9条的宪法修正案。然而，随着能记住战争创伤的人口比例逐渐减少，以及日本从战后地缘政治的躯壳中浮现出来，并参与国际维和行动，甚至在2004年初向伊拉克派遣军队，情形已经开始发生改变。

专栏10-1

日本宪法第9条

第9条：放弃战争

1. 日本国民衷心谋求基于正义和秩序的国际和平，永远放弃以国家主权发动的战争和武力威胁，或者利用武力作为解决国际争端的手段。

2. 为达到前项目标，永不保持陆、海、空军和其他战争力量，不承认国家的交战权。

土地改革是占领时期的另一个重要目标，也可以认为是该时期最大的成就之一。日本投降时，70%的农民要么完全是佃户，要么至少得租一些土地来增补收入③。盟军最高统帅的许多官员认为，贫困是1930年代左翼激进主义和军国主义得以发展的重要因素。建立广泛的土地所有权意在减弱这些倾向。

盟军最高统帅还发起了独立的工会运动，使之免受政府和企业的干扰。新宪法第28条和1945年《工会法》都保障罢工和集体协商的权利，并规定了全国和县市级劳动

① Kazuo Kawai, *Japan's American Interlude* (Chicago: University of Chicago Press, 1960), 22-24; Hans H. Baerwald, *The Purge of Japanese Leaders Under the Occupation* (Berkeley: University of California Press, 1959), 97; and T. A. Bisson, *Zaibatsu Dissolution in Japan* (Berkeley: University of California Press, 1954), 97-104.

② Supreme Commander for the Allied Powers, Government Section, *Political Reorientation of Japan*, vol. 1 (Washington, DC: U. S. Government Printing Office, 1949), 98-109.

③ Hane, *Modern Japan*, 347-348.

关系委员会。

苏联在东欧和朝鲜影响力的巩固，使美国国务院相信，日本应该成为“抗击共产主义的堡垒”，并成为美国新的“遏制主义”新政策的重要环节①。为此，盟军最高统帅与日本政府合作，打击劳工骚乱。计划中的大罢工被否决，商业组织在与工会打交道时占据上风，反垄断措施也被放松。现在，美国将日本视为太平洋地区的盟友，将其目标转向了经济稳定和增长。

1951 年 9 月，日本在旧金山与除苏联以外的所有同盟国共同签订了一份和平条约②，正式结束了对日本战后的占领，并让出日本的战后自主权。与此同时，还签订了**《美日安保条约》**（U. S. -Japan Mutual Security Treaty)。该条约允许美国在日本驻军，并继续占领冲绳岛作为军事基地，这是冷战时期美国反共产主义“遏制策略”的重要环节。在占领结束之际——这受益于朝鲜战争形势的好转——日本经济已经恢复并足以达到战前水平，政治体制平稳运行，日本再次成为主权国家，并即将开启本国历史上的一段非凡时期。

社会条件

10.4 描述日本的社会条件并关注人口、性别平等、财富和安全

日本人口世界排名第 11 位，达到了 1.263 亿，但它的总数正在不断减少。（最近，它被墨西哥超越而从第 10 位降到第 11 位，在接下来的十年里，日本人口很可能会被菲律宾、越南和埃及超越。）日本（每一千人）的粗略死亡率为 9.51，而出生率仅有 7.93。移民人数太少，以至于无法填补差额，因此，日本人口以每年 0.16%的速度在下降。日本有数百万人生活在群岛上，面积大约是美国加利福尼亚州的 90%，可耕种土地仅占该地区面积的 12%。这导致 2/3 的人口涌入城市地区，主要集中在连接东京和关西地区（包括大阪、京都和神户）的走廊地带。93.5%的人口生活在城市，作为大都市的东京有 3 800 万人口，是世界上最大的城市，尽管中国的上海（3 400 万人口）和印度尼西亚的雅加达（3 000 万人口）正在快速迎头赶上③。

日本的自然资源非常有限，因此，它的战后经济发展取决于原材料进口和制成品出口。日本是世界上最富有的国家之一，日本公民享受着高质量的生活。日本人的识字率为 100%，贫困极为罕见。日本人有理由对战后时期的收入平等分配感到自豪，超过 90%的日本人自认为属于中产阶级。然而，在过去的 25 年里，日本的人均收入降到世界第 27 位——在经济合作与发展组织的 35 个成员国中排名第 18 位，仅高于韩国④。不平等也在加剧，在七国集团的主要经济体中，日本如今比除英国和美国之外的所有其他国家更为不平等，日本与意大利大致相

① John Lewis Gaddis，*Strategies of Containment：A Critical Appraisal of Postwar American National Security Policy*（Oxford：Oxford University Press，1982），75.

② 有关北海道北部四个小“千岛群岛”岛屿的争端——苏联战后将这几个小岛吞并，而苏联之后的俄罗斯仍然控制着这些小岛——仍然制约着两国关系的正常化。

③ 数据来自 2015 年的预估。*CIA World Factbook*，available at http：//www. cia. gov/library/publications/the-world-factbook/geos/ja. html，accessed August 20，2016.

④ World Economic Outlook Database，April 2016，International Monetary Fund. https：//www. imf. org/external/pubs/ft/weo/2016/02/weodata/index. aspx Database updated on April 12，2016. Accessed April 14，2016. 数据按购买力平价调整。

当，这在很大程度上是因为日本的社会福利有限①。

与世界上很多其他国家相比，日本缺乏诸多其他的社会分化。99%的人口都属于日本民族，几乎不存在任何重大的宗教、语言或地区差异。日本还是200万“外国”居民的家园（其中包括家人已经在日本生活了好几代但其本人还没有成为日本公民的那些人），对于一个如此庞大且富裕的经济体而言，这实在是非常小的人口数字。

与其他城市化和发展水平相当的国家相比，日本极为良好的社会秩序——体现在邻里之间的警惕与配合——使其犯罪率很低。很多日本人反对增加移民，这在某种程度上是因为他们——错误地——认为外国人要对确实出现的很多犯罪负责，而且，他们担心更大程度的多元化将威胁社会秩序。毫无疑问，大量移民的涌入会对日本社会造成影响——对任何社会都是如此——但没有证据表明它会必然变得更糟。实际上，当非法移民受到不可否认的经济动机驱动但又因政治禁令而被迫转入地下时，一条更为自由的合法移民途径有助于减少可能发生的滥用行为②。

政治机构

10.5 解释日本全国政府和地方政府的结构

战后日本政治最重要的事件从一开始就走在正确的道路上，即1947年颁布了战后宪法。该宪法第一次将主权赋予人民，规定首相和内阁向民主选举产生的立法机构负责，扩大妇女投票权，确立了一整套个人自由和权利。

两院制国会

日本的政府体制是议会制、两院制和单一制（见图10-2）。该宪法第41条详细规定议会，也就是日本国会（the National Diet），“是最高国家权力机关，是国家唯一的立法机关”。因此，根本不存在独立选举产生的总统来分享国会的决策权。国会由两个立法议院组成：**众议院**（House of Representatives）（**下院**）（Shuugiin—the Lower House）和**参议院**（House of Councillors）（**上院**）（Sangiin—the Upper House）。某项法案要变成法律必须得到两院一致通过，但有两项重要的例外情形：众议院独自通过预算和批准条约。在这些领域，上院可以提供意见或相反的建议，但不能强迫下院关注（这是宪法第59条和第60条的规定）。然而，对于其他所有的法律，下院都必须考虑上院的偏好，除非下院能召集2/3的多数推翻上院的否决。因此，日本的上院是全世界最强大的上院之一。

1956—1989年，有一个政党（自民党）总是拥有国会两院的多数席位，因此，“写在纸上的”强大的两院制似乎从来都不重要。尽管如此，1994年以来，新的选举规则实际上已经导致各种小党激增，大党要想拥有立法多数地位必须与这些小党合作。既然政府不再指望控制国会两院，一直隐含在

① 这些国家按照基尼指数、税后收入和转移支付进行排名。*OECD*，“Income Distribution and Poverty：By Country—Inequality，” http：//stats. oecd. org/#，accessed August 20，2016.

② Lieba Faier，*Intimate Encounters*：*Filipina Women and the Remaking of Rural Japan*（Berkeley：University of California Press，2009）.

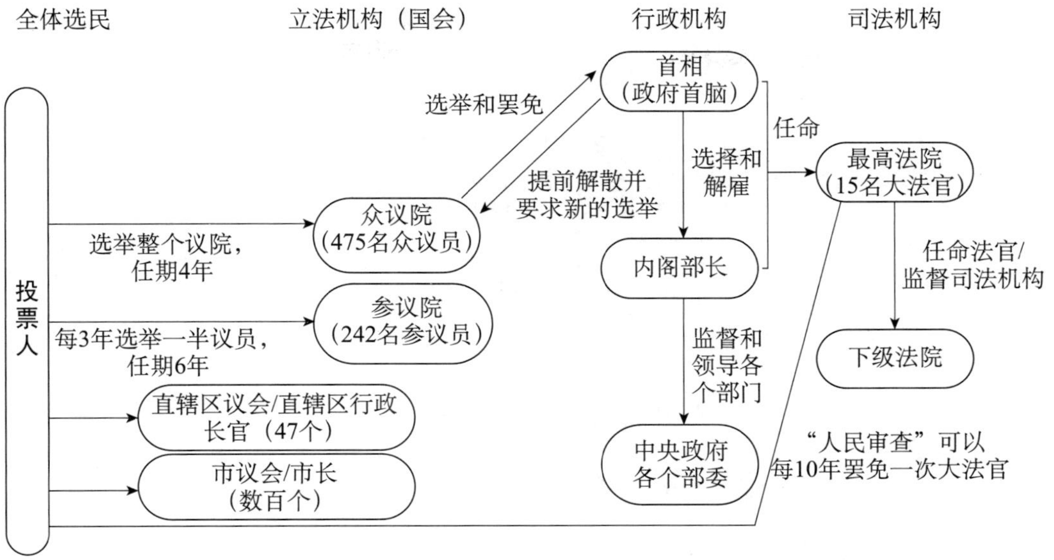

图 10－2　日本的政府结构

日本是一种两院制、议会制和单一制的政府体制。

宪法中的两院制具有的真正重要性已经显现出来[①]。

如同所有的议会制一样，新议会在选举之后必须做的第一件事是选择一名议员（通常是下院最大政党的领袖）担任首相。上院可以自己提名人选，但宪法第 67 条规定，下院的选择优先。然后，新任首相任命内阁，至少一半成员必须是国会议员（宪法第 68 条——实践中，几乎所有成员都是议员）。这些被任命者领导内阁级别的各个部门和机构，它们组成了中央政府的官僚机构。从 1955 年到 1993 年，再从 1996 年到 2009 年，自民党领袖都赢得首相职位。在 1990 年代中期有 3 位非自民党首相，2009—2012 年期间有日本民主党（DPJ）三位首相。2012 年 12 月以来，自民党领袖安倍晋三再次担任最高职位（见图 10－3）。

从传统上看，日本首相在内阁中发挥着"同等优先"的作用，管理着政党和派系之间的竞争，但很少在决策过程中挺身而出。在自民党长期统治时期，首相和内阁基本上是等待政策动议从"基层"涌现出来。政党内部的专家委员会与相关官僚机构合作撰写草案，然后向上呈交给政党和官僚统治集团，直到这些草案来到内阁，而内阁则是领导各个部长（同时也是资深政党领袖和官僚机构首领）的最高机构。在 1990 年代末，新的内阁法律增加了首相官邸以一种自上而下的方式提出政策建议的权力和资源。**小泉纯一郎**（Jun'ichiro Koizumi）（2001—2006 年）是享受这些扩充性权力的第一位首相，并有力地利用了这些权力。当然，尽管自下而上的方法缓慢且谨慎，但它通常意味着，任何进入内阁的提案都得到所有重要利益相

① Michael F. Thies and Yuki Yanai, "Governance with a Twist: How Bicameralism Affects Japanese Law-making," in *Japan Decides 2012: The Japanese General Election*, ed. Robert Pekkanen, Steven R. Reed, and Ethan Scheiner (London: Palgrave, 2013), 225－244.

政党缩写：Komeito or NK：公明党/新公明党；CP：保守党；DPJ：日本民主党；DSP：民社党；JNP：日本新党；JRP：日本复兴党；LDP：自民党；NPH：先驱新党；PNP：国民新党；SDF：社会民主联盟；SDP：社会民主党。

图 10－3 1991 年以来的日本政府

在经历了 25 年的联合执政转型后，自民党又要回来长期执政了吗？

关者的支持，一旦这些提案作为内阁议案被正式提出的话，就很容易获得通过而成为法律。被既得利益团体反对的议案从未进入正式提案阶段。如今，首相拥有更大的权力来开展活动，并向国会提交政策动议。然而，缺乏事先达成共识也意味着更多的提案可能遇到强烈的反对（有些反对甚至来自执政党内部），可能需要被修改或遭到拒绝。尽管如此，新的首相特权有助于形成一种截然不同的领导风格和更加公开的政策审议过程①。

从形式上看，日本首相（类似于所有议会制国家的首相）是因为国会下院的投票而获得他们的职位，但就所有的实际目的而言，他们都是为自己所属党派的利益服务的。自民党作为执政党长达38年的竞选历经了15位不同的首相来来回回。自民党于1993年首次失去权力以来的20年时间里，有14个人（总是男性）担任过首相，其中，2006—2013年间，这一数字就惊人地达到了7人！在所有这些人中，只有1人被国会正式免职（1993年宫泽喜一因为自民党的分裂而被免职）。小泉纯一郎在其声望最高的时候退休。所有其他首相都是在出现以下情形时被替代：自己所属的政党败选（如2009年的麻生太郎和2012年的野田佳彦），或者更常见的情形是，政党对在任首相的不得人心感到绝望并决定尝试由其他人来担任政党领袖。

地方政府

日本在行政区划上被分为47个**直辖区**（prefectures），每个直辖区选举自己的行政长官和立法机构。国家数百个市也选举自己的市长和市议会。然而，日本并不是联邦制国家。所有地方政府的权力都由中央政府授予，也可被中央政府取消或者否决。对直辖区政府和市政府的授权是广泛的，地方政府的支出大约占所有政府总支出的2/3。然而，以下这一点是有趣的：地方政府所征税收只占总税收的1/3。因此，平均起来，地方政府一半的预算都由负责制定全国年度预算的众议院酌情分配②。

最近，日本政府通过相邻城市的行政合并组建了一些更大的地方单位。为了对都市化选民具有吸引力，自民党的领导层似乎已经决定通过将小城市市长们排除在外的方式来减少他们的游说权力③。在1999年，日本有3 232个市、町和村，它们的平均人口达到36 387人；到了2010年，都市区的总数下降到1 730个，平均人口则上升到69 067人。在此期间，人口不到1万的町的数量从1 537个减少到只有457个。政府计划继续推动合并，直到都市区的总数降到1 000为止。与此同时，一些措施被采取来授予地方政府更多的财政和管理上的自主权。截至2016年，权力下放仍然非常有限。

尽管如此，地方政治至关重要。地方民众对国家政策决定的不满往往导致选举产生民粹主义或进步主义的直辖区行政长官或市长。这些官员会大声表达选民的不满，从而可能成为中央政府的肉中之刺。在某些情况下，这种不满是在向控制中央政府的执政党或执政联盟发出如下信号：政策变化的政治

① Margarita Estévez-Abe, Takako Hikotani, and Toshio Nagahisa, "Japan's New Executive Leadership: How Electoral Rules Make Japanese Security Policy," in *Japan and the World: Japan's Contemporary Geopolitical Challenges*, ed. Masaru Kohno and Frances Rosenbluth, CEAS Occasional Publications, vol. 2 (New Haven, CT: Yale University Council on East Asian Studies, 2009), 251-288.

② Home Affairs Ministry, *Chiho zaisei no shikumi to sono unei jitai* (Tokyo: Home Affairs Ministry, 1987)；还可参见：Hiromitsu Ishi, *The Japanese Tax System* (Oxford: Oxford University Press, 1989), 11.

③ Yusaku Horiuchi, Jun Saito, and Kyohei Yamada, "Removing Boundaries, Losing Connections: Electoral Consequences of Local Government Reform in Japan," *Journal of East Asian Studies* 15, 1 (2015): 99-125. DOI: 10.5555/1598-2408-15.1.99.

审慎性。毕竟，选举“抗议候选人”（protest candidate）担任城市或直辖区官员的选民可能会在下次全国大选中做出同样的选择。因此，中央政府及时了解地方政治动向是明智之举。有关这种机制之重要性的一个著名例证出现在 1970 年，当时，自民党控制的国会在环境政策上进行了重大变革，通过了一系列由进步地方政府支持的反污染措施，而这些地方政府正是利用污染问题击败了当地的自民党现任官员。多年以来，地方政府对种种国家政策表示不满，其范围包括从兴建机场到公共工程项目再到废物处理问题，尤其是（最臭名昭著的）由在冲绳驻扎的美军军事设施带来的负担①。这些反对并没有迫使中央政府变革政策，但中央政府对地方抱怨置之不理也非明智之举。

司法机构

从表面上看，日本的法律制度享有与美国法院同样程度的司法独立，这种独立性受到宪法保障（宪法第 76～81 条）。但是，司法独立似乎并不是日本的现实。政治对法院的支配与操控源自政府有能力利用任命权和官僚机制避免法院做出不利于政府利益的判决。内阁直接任命最高法院的 15 名大法官，并通过最高法院的行政机构间接帮助决定所有下级法院的人事任命。在一名法官晋升到最高法院之后的首次大选中，选民们有机会拒绝新的被任命者。此后，法官们还将进一步受制于每 10 年一次的普选，但这一点基本上是无关紧要的，因为没有一个法官的任期能有那么长——大部分法官都是在 70 岁强制退休年龄之前的几年内得到任命。事实上，没有出现过任何一位最高法院大法官曾经被选民们罢免。

司法机构的一项重要作用在于制止国家对个人自由和权利强加不合理的限制。另一项作用在于裁决不同政府部门之间的争端。牵制与平衡——由独立选举产生的立法部门和行政部门共享政治权力，或者联邦政府与州级政府之间的冲突——导致宪法冲突，法院必须作为裁判者予以介入。然而，这项作用的重要性在单一制的议会制国家（如日本）要比在联邦制的总统制国家（如美国）低得多。更少的牵制与平衡意味着法院调停的冲突更少。如果有一个机构——国会——拥有所有的立法权，建立强大宪法法院的必要性就会大大降低。就此而言，日本更像是英国，而不是像美国。

有两个例证表明自民党的长期执政是如何让法院从属于政治的。第一，最高法院不仅始终支持自民党的如下立场：宪法第 9 条允许维持武装力量用于自卫，而且始终支持政府对自卫的界定。反对者声称——地区法院的法官在一些案例中也曾判定——**日本自卫队**（Self-Defense Forces，SDF）违宪，札幌地区法院在 1973 年就做出了这样的判决。同一年札幌高等法院推翻了该判决。最高法院于 1982 年拒绝受理该案的上诉，从而有效地支持了自民党的立场。无独有偶，判决政府败诉的地区法院的法官看到了自己的职业前景变得一片黯然②。

---

① “The Day of the Governors,” *The Economist*, June 16, 2001, 41-42.

② John Owen Haley, *Authority without Power: Law and the Japanese Paradox* (New York: Oxford University Press, 1991), 189; and J. Mark Ramseyer and Frances Rosenbluth, *Japan's Political Marketplace* (Cambridge, MA: Harvard University Press 1993), 162.

第二，地区法院经常判定，在众议院选举中**代表名额分配不公**（malapportionment）（也就是，每个国会议员所代表的选民总数存在跨地区差异）变得如此严重，以至于违背了宪法。由于自民党始终从代表比例过多的农村地区赢得大量支持，因此，强迫重新分配众议院席位将不利于自民党。最高法院经常威胁干预此事——如果代表名额分配不公问题得不到解决的话——尽管如此，最高法院也没有针对重新分配议席制定严格的规则。最重要的是，最高法院并未宣布任何选举结果无效。在 2012 年 12 月举行大选之前，最高法院再次警告，如果缺乏更为彻底的重划选区，接下来的选举将处于“一种违宪状态”。选举如期进行，没有出现任何改变。有一些地区法院宣称某些具体的选举结果无效，但它们并没有要求举行新的选举。

政治文化与议题分歧

10.6　讨论日本文化对一致性和等级制度的强调

日本的大部分政治行为都可归因于日本文化。在 1980 年代，大众媒体发明了一个新术语来研究日本文化的独特性，即*日本性*（Nihonjinron）或“日本理论”。日本人喜欢把自己看成群体价值大于个人需要和欲求的民族。他们努力工作，尤其是为了共同事业而工作，他们怀疑那些寻求展示特殊才能或天赋能力的人（“枪打出头鸟”）。他们认为自己是等级分明的，而且能意识到自己的地位。他们相信自己只要有可能就会力图避免冲突，而且他们偏爱于通过仲裁解决争端，而非直接或充满对抗地诉诸法庭，从这一点来看，日本人不同于西方人。

然而，从社会科学的观点来看，日本人的循规蹈矩并不神秘。社会等级支配着大多数日本人之间的关系，日本人从很小的时候就知道“融洽相处”才能获得成功。小学生和中学生在学校都要公开排名，因此，每个人都知道所有其他人在任何特定的科目上是表现优异还是糟糕，接下来他们能够上什么样的学校取决于他们的考试成绩。众所周知，大学入学考试非常难，这也是晚上“补习学校”产业蓬勃发展的原因。一个人进入什么样的大学很大程度上决定了他/她毕业后能得到什么样的工作。这或许可以从另一个方面解释如下令人困惑的现象，即为什么有这么多东京大学的学生（他们很可能是这个国家最聪明的学生）在四年中把大部分时间都花在社交和体育俱乐部中度过美好时光。他们已经越过了找到一份好工作所面临的最为重要的障碍：只要进入东京大学，就已经表明了他们的能力。几十年来，日本中央政府的大部分官员都是东京大学的毕业生，紧随其后的是京都大学和一些其他精英大学的毕业生。

某个人一旦被一家公司录用，放弃现有工作并到其他某个地方去寻找另一份工作是很难的。日本传统的“终身就业”制度和以资历为基础的工资报酬意味着，工人必须与同事融洽相处并让上司感到满意。下班后与老板出去喝酒是表明忠诚与承诺的一种方式。并不令人感到惊奇的是，在日本，工作满意度往往要比美国和英国更低。有一部分工人被困于不合适的工作之中，他们是为了维持昂贵的生活而坚持工作，因为让他们在其他地方重新开始实在是太难了。日本人将这些人称为*“窗口凝视者”*（madogiwazoku），但该术语并不是指带有窗户的高层管理者办公室。在日本，身处边缘意味着已被淘汰出局①。

“融洽相处”并不是日本人自古以来的特征。快速回顾日本丰富多彩的历史（其中包括1335—1600年期间长达数百年的内战和无休止的政治动荡），非常自负的武士们为了便利而改变忠诚（即使在战争中也是如此）②，以及低种姓因封建等级制度的压迫而经常爆发的暴力摩擦③，所有这些应该足以消除有关日本传统和价值最为浪漫的说法。在过去的几个世纪里，日本文化发生了巨大变化，有时这种变化非常迅速，如果认为日本文化在未来不会再发生变化，这种想法是幼稚的。日本经济的长期衰退已经影响了整整一代人，与战后繁荣时期的中产阶级相比，这代人对待一般意义上的生活和特别意义上的前景都不太乐观。除了用重要的方式改变文化外，没有别的办法。

而且，“融洽相处”的重要性在现代日本并没有抑制对政府的异议或不满。正如在任何国家都可能被期望的那样，民意调查体现了普遍的不满，而且不仅仅是因为1990年代末期糟糕的经济环境。图10-4表明，公民对不同机构的信任度是不同的，但对政治家甚至是公务员的信任度一直很低。

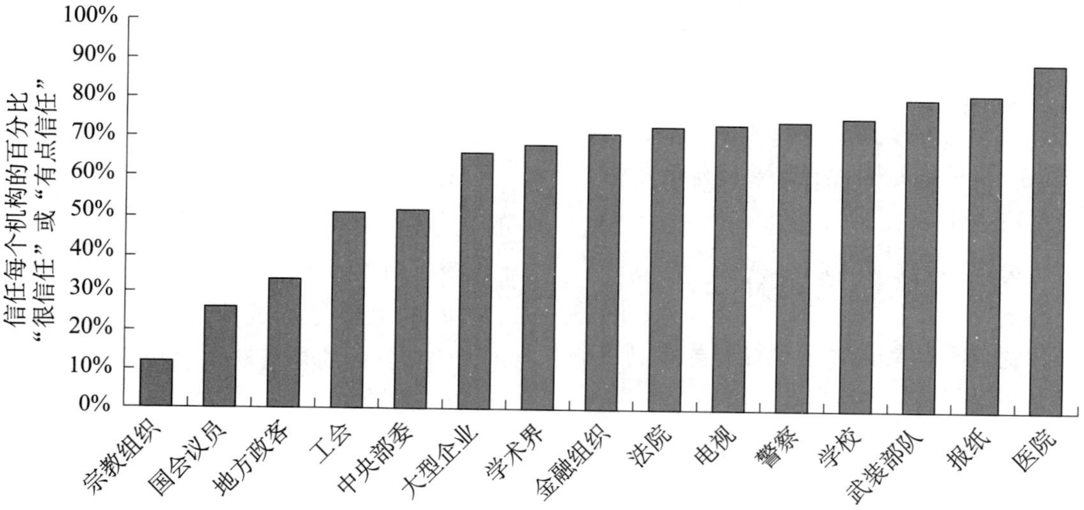

图10-4 对不同社会机构的信任感

日本公民对宗教组织或政治家几乎没有任何信任，但对警察、武装部队和学校的信任度很高。相对于电视，他们更信任报纸。

资料来源：数据来自：Japan General Social Surveys，“Tenth International Comparative Survey on Values and Behavioral Patterns”(2015)，The JGSS Research Center，Osaka University of Commerce，http：//jgss. daishodai. ac. jp/surveys/sur _variables _index. html#T，accessed August 15，2016.

① Michael Hechter and Satoshi Kanazawa，“Group Solidarity and Social Order in Japan，” *Journal of Theoretical Politics* 5，4 (1993)：455-493；and Toshio Yamagishi，“Trust as a Form of Social Intelligence，” in *Trust in Society*，ed. Karen Cook (New York：Russell Sage，2001)，121-147.

② Thomas Conlan，*State of War*：*The Violent Order of Fourteenth-Century Japan* (Ann Arbor，MI：Center for Japanese Studies，University of Michigan，2004).

③ Pierre Souyri，*The World Turned Upside Down*：*Medieval Japanese Society* (New York：Columbia University Press，2003).

妇女：居家与工作

当今日本强调社会等级与秩序的一个表现就是战后性别角色出现了断断续续的变化。虽然女性的机会有所增加，但其在日本政治和工作中的发展前景仍然受到限制。“贤妻良母”（*ryosaikenbo*）的传统角色几乎没有因不断发展的社会价值和法律规定而改变①。

日本宪法是世界上最性别友好型的宪法之一。宪法第14条规定：“全体国民在法律面前一律平等，在政治、经济以及社会的关系中，都不得因人种、信仰、性别、社会身份以及门第而受到歧视。”尽管这是对性别平等的一种明确声明（美国妇女一直在追求这种平等但未能得到）②，但很多日本妇女认为，性别平等在实践中滞后了。全职女性工人挣的钱通常要比男性少26.6%，与之相比，经济合作与发展组织的平均差距是15.5%（美国的差距是17.9%）③。根据2012年的民意调查，超过一半的日本人（男性多于女性，老年人多于年轻人）认为，妻子应该待在家里。这样的看法给那些结婚和生育之后仍具有事业心的妇女带来了巨大的社会压力。并不令人感到惊奇的是，越来越多的女性通过推迟婚姻来回应这种压力。日本女性的平均结婚年龄从1970年的24.2岁增加到如今的29.3岁。到50岁仍未结婚的女性比例也在增加，1975年是3%，到2010年已超过10%。

虽然宪法包含了保障女性享有平等权利的条文，但司法机构却并不积极执行这些权利。2006年6月，国会修改**《平等就业机会法》**（Equal Employment Opportunity Law），以便禁止工作中的性别歧视。法律通过之初确实导致女性大量涌入有偿劳动力市场。但在2006年法律修改以前，没有任何措施可以阻止基于外貌等因素的歧视性招聘行为，而且“无形障碍”随处可见，多半难以逾越。

因此，女性的就业机会在范围和持续时间方面都不充分。人们普遍希望女性从学校毕业后所找的工作仅仅是结婚和抚养小孩的过渡（见图10-5）。很少有机会存在稳定的就业，因此，大多数女性按部就班也就不足为奇了。绝大多数女性一旦成为母亲后就辞去了她们的工作④，只有不到1/4的女性生育一年半以后会重新找工作⑤。

政府在帮助女性进入职场或政界方面的作用甚微。日本的社会福利远不及欧洲那样丰富，而且，很难找到帮助女性平衡家庭和

---

① Sharon Sievers, “Feminist Criticism in Japan Politics in the 1880s: The Experience of Kishida Toshiko,” *Signs* 6, 4 (1981): 602-616.

② 1972年，美国国会通过了一项与美国宪法同样措辞的《平等权利修正案》，禁止性别歧视。修正案以失败而告终，因为只有35个州批准了《平等权利修正案》——比宪法修正所需要的38个州批准少了3个州。

③ http://www.oecd.org/gender/data/genderwage-gap.htm, accessed August 20, 2016. 经济合作与发展组织每年都会跟踪成员国的这些数据。在所有经济合作与发展组织国家中，只有韩国的性别工资差距比较大，达到了36.6%。世界经济论坛的性别平等项目将日本排在144个国家（在这些国家，可以获得与性别相关的经济、政治和社会平等的数据）中的第111位。参见：http://www3.weforum.org/docs/GGGR16/WEF_Global_Gender_Gap_Report_2016.pdf (page 211).

④ Anna Cock, “Where Men Are Men and Still Born to Rule,” *Sunday Telegraph*, March 26, 2006.

⑤ Mari Yamaguchi, “Japanese Government Report Urges Job Training and Business Money for Working Mothers,” Associated Press Newswires, June 9, 2006.

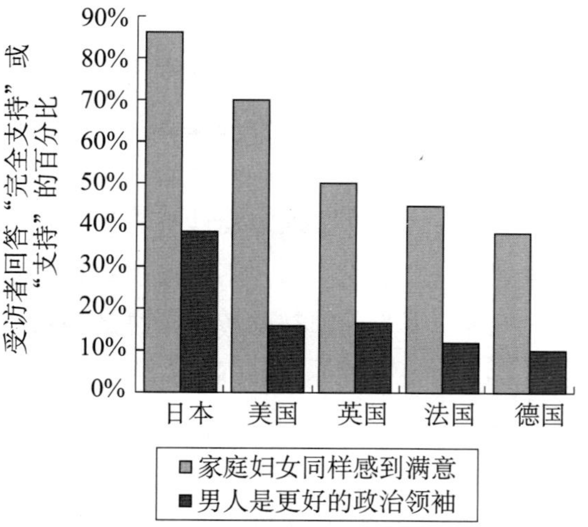

图 10－5　日本传统性别角色的持久性

相对于西方人而言，更多的日本人认为，“做一个家庭主妇与为报酬而工作一样令人满意”，而且“男人比女人更适合做政治领袖”。

资料来源：World Values Survey Wave 6 2010—2014 OFFICIAL AGGREGATE v. 20150418. World Values Survey Association（www. worldvaluessurvey. org）. Aggregate File Producer：Asep/JDS，Madrid SPAIN. http：//www. worldvaluessurvey. org/WVSOnline. jsp，accessed July 24，2016. Used with permission.

事业的托儿或养老服务①。尽管如此，女性却更加努力去获得并保住自己的工作，而不是待在家里生孩子。结果导致具有灾难性的低生育率，它加剧了人口的快速老龄化。毫无疑问，这样的人口危机是日本政府在随后几十年将要面临的最为紧迫的问题。

政府中的女性代表仍然是工业化民主国家中最低的——目前，在 473 个下院议席中，只有 44 席（占 9.3%）为女性拥有。在 2009 年，这一数字曾达到 11.3%的最高峰值。女性在上院的表现稍微好些，在 242 席中占有 50 席（占 20.7%）。2016 年，东京选举产生了首位女性市长（见专栏 10－2）

两种趋势可以改善日本社会中的女性地位。第一种是人口趋势。尽管日本公民很长寿，但出生率下降得如此厉害，以至于日本人口已经开始减少。日本劳动力减少的速度更快。阻止这一趋势并预先防止经济产出下滑最简单的方法就是赋予女性在有偿劳动力中具有更加平等的地位。这样做将要求（并产生）文化态度和期望的改变，而且，这样做并不容易，也并非无人反对②。唯一的替代选择就是允许更多的移民，但这种解决办法很可能在日本得到的支持会更少。

第二种趋势是，日本经济中终身雇佣制的减少意味着日本雇主更倾向于雇用和提拔男性而不是女性的理由越来越少。只要公司希望在整个职业生涯中留住员工，投资于女性人力资本的预期成本就会使雇主不愿意给女性平等的就业机会，因为女性可能会因为抚养孩子而中断职业生涯。随着公司缩短对所有员工的隐性合同承诺，它们将把男性和女性视为更平等的投资机会和风险。

族群同质性与移民

日本的政治行为与经济成功还得（至少部分地）归因于族群与文化上的同质性。这种同质性被认为使日本能够以统一的方式专注于国家目标——最重要的目标就是经济发展。但日本并不完全是同质的，几个确实存在的少数族群面临严重的歧视。在第二次世界大战之后的大部分时间里，*韩国侨民*（Zainichi）（生活在日本的居民）是日本最

① Leonard Schoppa，*Race for the Exits：The Unraveling of Japan's System of Social Protection*（Ithaca：Cornell University Press，2008）. 首相安倍晋三的“女性经济学”不过是装点门面的托儿设施扩建和一些象征性的内阁任命。

② 直到 1960 年代，美国人对待职业母亲的态度也是非常消极的，并从职业母亲本人的家人和同事开始才逐渐变得更加可以接受。参见：Ronald Rindfuss，Karin Brewster，and Andrea Kavee，“Women，Work，and Children：Behavioral and Attitudinal Change in the United States，” *Population and Development Review* 9（1996）：457－482.

专栏 10－2

东京首位女性市长

2016年7月31日，小池百合子（Yuriko Koike）当选为东京首位女性市长。她在这次高投票率的选举（就市长竞选而言是如此）中令人印象深刻地以44%的选票获胜，并以100万票的优势在这场三方参与竞选的选举中领先最接近她的对手。

在小池百合子所属的**自民党**中，不是每个人都对她的候选人资格如此热情高涨。实际上，自民党正式公开支持的是一位男性候选人增田宽也（Hiroya Masuda），他被小池百合子彻底击败。小池百合子受益于选民们对自民党的前市长舛添要一（Yōichi Masuzoe）的愤怒，后者被发现将纳税人的钱用于奢侈的商务旅行和疯狂购物。小池百合子还轻松地击败了反对派候选人、人权律师鸟越俊太郎（Shuntaro Torigoe），他因性骚扰指控而名誉扫地。

尽管如此，不要指望小池百合子的当选预示着女性在日本政治或社会中的机会能有彻底的改变。如果女性选择竞选公职，她们和男性一样有可能会当选，但是，愿意将自己的一生奉献给政策制定和全天候政治活动的女性非常罕见。与普通的日本女性不同，小池百合子将整个成年生活都致力于追求自己的事业，她在进入政界之前从一位电视主持人开始。她离了婚，没有孩子，选民们本来希望她全心全意地照顾孩子。直到有关家庭工作的规范赋予两性之间更平等的责任，日本女性竞选公职的人数才会显著增加。

大的永久少数族群。他们在战时被带到日本做劳工，直到今天仍然受到不公正的待遇。一些韩国侨民加入了日本国籍（并非出生在日本就是日本公民），或多或少地完全融入了日本社会。那些没有加入日本国籍的韩国侨民没有选举权，也不能担任政府职位，而且，私营部门劳动力中的歧视是被公认的。尽管如此，1992年以来，那些拒绝日本公民资格要求的人（包括直到最近还要求使用日本名字的那些人）不再需要指纹采样，并被要求携带外国人登记身份证明。然而，随着时间的推移，*韩国侨民*的人口数量从1945年的200万下降到如今的53万，他们现在已经被65万中国人所超越，其中大部分中国人都是在最近来到日本。

阿伊努人（Ainu）是日本的一个土著少数族群，随着边界被现在自称为日本民族的那些人扩大后，阿伊努人被赶到日本岛的北部地区。据估计，现今幸存下来的阿伊努人不足17 000人，大多居住在北海道最北端。**部落民**（Burakumin）在种族上虽然是日本人，但他们是封建社会被排斥阶层的后代，这些阶层从事着被佛教精英们认为不纯洁的工作。对这个群体成员的就业和住房的歧视依然存在，尽管这是不合法的。为了得到政府和社会更好的对待，部落民解放联盟（Buraku Liberation League）展开了坚决的斗争。据估计，日本有300万部落民，他们主要生活在日本西部，尽管政府的官方预估要低得多，只有不到100万[①]。

---

① Leslie D. Alldritt，“The Burakumin：The Complicity of Japanese Buddhism in Oppression and an Opportunity for Liberation，” *Journal of Buddhist Ethics* 7（July 2000）；and Ian Neary，*The Buraku Issue and Modern Japan：The Career of Matsumoto Jiichiro*（New York：Routledge，2010）.

总有一天，日本社会将接纳足够数量的移民——他们对政府服务和自己的文化价值提出新的要求——从而演变成一个文化更加多元、多民族的社会。地方政府和中央政府早已在医疗保健福利、获得住房和教育甚至用日语以外的语言制作行政文件这样相对简单的问题上都遇到了障碍，更不用说入籍和诸如投票权那样的公民权利了，但是，正因为对现状具有高度的舒适感，许多日本人拒绝向新来者敞开大门。

政治社会化

10.7 指出日本政治社会化的主要来源以及最近日本政治文化的变化

日本政治发生的背景是一套广泛共享且涉及日本公民到底意味着什么的社会规范。在这一部分，我们将考察与政治相关的价值的缘起与影响。

家 庭

政治社会化开始于家庭，在家庭中，价值观由上一代传递给下一代。传统上，日本人生活在一个数代同堂的大家庭中，在这样的家庭，当老一辈逐渐变老时，他们将由长子的媳妇（或者长女，如果没有儿子的话）负责照料。随着日本日益城市化，更年轻的一代人已经搬到大城市生活，在这里，他们生活在自己的小核心家庭，而老人则不成比例地仍然生活在更小的城镇，农村的老年人口越来越不成比例。2000 年，日本通过了新的长期医疗保险立法，根据该立法，政府在支持享受公共补贴的养老院中的老人方面承担了更大的责任①。并不令人感到惊奇的是，年轻的女性强烈支持这项立法。然而，日本社会的老龄化进程是如此迅速，以至于公共基础设施无法容纳，养老院的床位严重短缺。

日本人的价值观正在一代又一代地发生着变化，但是，即使在大城市里，女性通常都会工作到孩子出生，在最小的孩子上幼儿园之前居家照料，然后又回到劳动力市场寻找兼职工作。这使得日本女性的劳动力市场参与率构成了一个“M”型：在 20 岁初开始上升，一旦结婚就开始下降，在孩子上学后再次攀升。尽管如此，“M”型的第二个驼峰通常是兼职工作，因为这允许母亲能够在孩子放学之前回到家中。考虑到女性会因抚养孩子而回避或放弃自己的事业，以下情形也就不足为奇了：家庭在对女儿进行社会化教育时，不但要她们做好工作的准备，而且要她们做好婚姻的准备。

教 育

日本的中小学生在数学和科学的国际性考试排行榜上一直名列前茅，远远胜过美国的同龄学生。60%的日本高中生放学后会参加“补习班”（*juku*）的课程补习，以期提高竞争力，考上更好的学校②。日本人之所以对考试有这么严重的焦虑，是因为日本顶

① Yumi Hashizume, "Releasing from the Oppression: Caregiving for the Elderly Parents of Japanese Working Women," *Qualitative Health Research* 20 (2010): 830 - 844.

② Steve Bossy, "Academic Pressure and Impact on Japanese Students," *McGill Journal of Higher Education* 35, 1 (2000), 79 - 81; and Keiko Hirao, "Privatized Education Market and Maternal Employment in Japan," in *Political Economy of Low Fertility: Japan in Comparative Perspective*, ed. Frances Rosenbluth (Stanford, CA: Stanford University Press, 2007), 170 - 197.

级公司会不成比例地从顶级大学招聘人才，也因为很多这样的工作职位都是终生受聘，因此，就读于哪所学校就显得极为重要了。

日本的教育制度在传授基本技能方面获得了很高的评价，但大学系统的状况令人惋惜。入学考试非常困难，学生们拼命学习，目的就是进入最有名望的学府。然而，一旦被录取，作为大学生的他们再好好学习就成了例外而非常规。在日本经济高速增长时期，大企业乃至自吹自擂的中央政府各部委似乎也偏爱这种方式。入学考试会把聪明勤奋的学生挑选出来，这样一来，他们就不会被大学时代教育的自由理念所宠坏。经过 4 年的喘息之后，他们会奔向新的（对精英而言也是终身的）雇主，并开始接受大学期间未曾接触的具体工作的必要培训。

1990 年以来，经济停滞已经意味着，在过去的几代人中首次出现职位空缺少于高校毕业生数，政府、公司和大学都开始重新思考这种教育模式的可行性。大学之间的竞争越来越多地关注学生的教育价值，而不是仅仅关注高考成绩带来的声望。尤其是，政府致力于深层的自我反省，即现有教育制度培养出来的学生是否有足够的创造力在新的世界高科技经济中获得成功。另一个问题是，青年人中的高失业率使许多学生因沮丧而辍学①。

从日本邻国的观点来看，一个更紧迫的问题涉及教育的早期阶段，特别是日本在太平洋战争（1937—1945 年）中的角色是如何呈现在政府批准的历史教科书中的。中国政府和韩国政府不断抗议称，日本政府和人民对日本军队在亚洲的掠夺没有足够的忏悔，而且，日本教科书仍然是争论的焦点。就其影响日本人对待外交政策的态度而言，这显然是一个（可以说不完全的）教育效果影响政治社会化的重要领域。

大众传媒

与美国媒体相比，日本媒体在公共生活中扮演着引人注目的角色。大部分日本人通过传统渠道阅读新闻。电视、收音机和最显著的印刷报纸继续超越互联网而成为日本消费者的新闻来源。虽然起步较晚，但日本互联网的普及率已跻身世界前列，在 2014 年达到了 86%。在经济发达国家，日本的社交媒体使用率相对较低，日本人对于线上分享他们的想法似乎感到非常不舒服，除非是匿名的。脸书的受欢迎程度在日本要比在美国低得多。有趣的是，使用笔名的日本推特用户的比例达到了 75%——这是美国的两倍之多②。

很少有日本家庭没有多功能电视，许多家庭都像美国家庭一样有光缆或卫星电视接口，可以连接大量相同的电视频道。政治评论在日本是广受欢迎的消遣，尤其是在周末，各政党代表会就时下问题彼此对峙，或者接受采访以寻求新契机。尽管日本人偏爱电视新闻，但报纸的读者群居全世界首位，而且，日本的报纸具有全国影响力，与之相比，美国报纸主要是地区性的。日本排名前

① Mary Brinton, "Trouble in Paradise: Institutions in the Japanese Economy and the Youth Labor Market," in *The Economic Sociology of Capitalism*, ed. Victor Nee and Richard Swedberg (Princeton, NJ: Princeton University Press, 2005), 419 - 444.

② Ministry of Internal Affairs and Communications, http://www.soumu.go.jp/johotsusintokei/whitepaper/ja/h26/html/nc143120.html, 2014, accessed August 20, 2016.

三的报纸的总发行量已经超过了 2 000 万户，实际上，它们是世界上发行量最大的三家报纸。尽管如此，普通报纸的发行量即使在日本也在下降，从 2000 年的 4 740 万份（每个家庭有 1.13 份报纸）降到 2015 年的 4 420 万份（每个家庭有 0.8 份）①。毫无疑问，日本人口的快速老龄化延缓了从印刷到像素的转变，因为随着年龄的增长，报纸的读者在增加，而互联网的使用在下降②。

日本的三大主要报纸涵盖了一系列政治领域。尽管如此，有些观察人士对日本资深媒体的独立性表示怀疑，因为“媒体俱乐部”制度似乎需要通过交换内部信息来换取顺从。政府机构和政党在自己的办公场所为“媒体俱乐部”提供住房，不同新闻媒体的记者在这里都有自己的办公桌，出席新闻发布会，每天撰写新闻报告。媒体记者知道，如果报道了有关政府或政党官员的负面消息，他们就可能被赶出“媒体俱乐部”，并可能面临自我审查的结局。尽管如此，媒体组织几乎总是有独立的记者和新闻机构，他们专门从事调查性报道，而让普通的“媒体俱乐部”记者顺利地搜集常规信息。一旦某个调查机构将丑闻公之于众，“媒体俱乐部”的记者就可以自由地放弃他们的礼貌性克制。至少自 1980 年代*利库路特*事件（Recruit case）以来，媒体对每一次政治丑闻所做的耸人听闻且无情的报道都是由这些每周发行的通俗小报予以牵头的，这对于美国水门事件后从事新闻调查的老手或者为英国咄咄逼人的新闻界提供赞助的赞助商而言都是非常熟悉的。

政治参与和投票行为

10.8 从投票率、党派倾向和年龄人口统计等方面介绍日本的选民参与

按照国际标准，日本普通民众的政治参与程度比较低。图 10－6 表明，尽管几乎所有的适龄选民在他们的一生中至少已经参加过一次投票，而且，几乎每 5 个人中就有 3 个人宣称参加过邻里协会或志愿者组织或者签署过请愿书，但其他形式的参与不是太普遍。与政党相关的活动（特别是党员身份）尤为罕见。大多数参与活动（投票除外）似乎在地方层面更多。

在日本，投票不是强制性的。第二次世界大战后，随着成人普选时代的来临，选民投票率从一开始就处于高位，在 1958 年达到 77%的最高峰。但从此以后，投票率一直持续下降，尽管偶尔会出现正增长。在最近 2014 年的选举中，投票率跌至历史最低点，只有 52.7%③。最近的选举见证了投票率和政党命运发生的巨大变化。在 2005 年的众议院选举中，67.5%的投票率对自民党产生了巨大影响，紧随其后的 2009 年选举的投票率高达 69.3%，一种更大的影响从自民党*转向*了日本民主党。到了 2012 年，日本民主党非常不受欢迎。尽管如此，2009 年的选民中有数百万人选择在 2012 年弃权，而不是回归支持自民党，这使得当年的选举投票

---

① Nihon Shinbun Kyokai，http：//www.pressnet.or.jp/data/circulation/circulation01.php，accessed August 20，2016.

② http：//www.nippon.com/en/features/h00084/，accessed August 20，2016.

③ 所有数据都是下院选举的数据。上院选举的投票率更低。

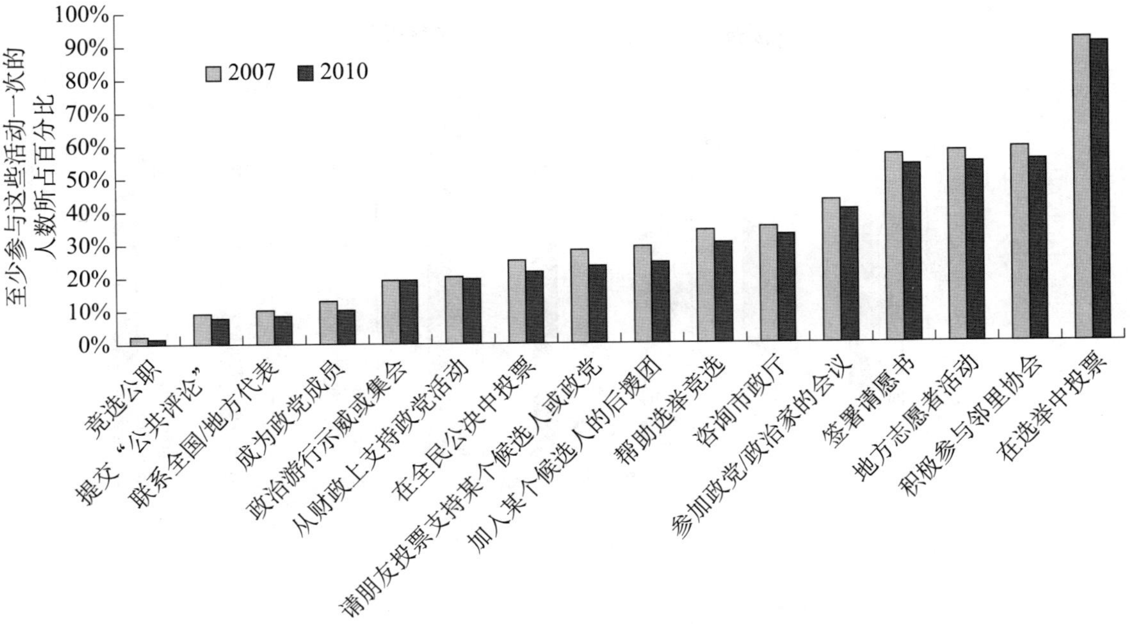

图 10-6　日本的政治参与形式

日本人更可能参与"公民政治"活动，而不是党派活动。

资料来源：数据来自：Waseda University/*Yomiuri Shimbun* Joint Survey，"Public Opinion Survey on Japanese Social Expectations and Elections，" http：//www. waseda. jp/fpse/gcoe/wcasi/WCASI07-2nd _en _Ver1. pdf（table 15 on p. 21），and http：//www. waseda. jp/fpse/gcoe/wcasi/wC10POST _codebook _Ver1. pdf（table 9 on p. 15），accessed May 5，2013.

率骤降到 59.3%。然而，2009 年日本民主党所有那些弃权选民造成的结果却是自民党的另一项重大胜利，我们将在下一部分对此展开讨论①。2012 年模式在 2014 年再次出现——甚至出现了更多的弃权者，因为对自民党不满的选民选择待在家里，而不是去支持任何其他政党。

越是年轻的日本公民对政治越不感兴趣，中年人对政治最感兴趣。图 10-7 表明，20 多岁的年轻人对最简单的政治参与形式持最漫不经心的态度，只有不到 1/5 的人回答投票是公民的义务。六七十岁的公民（也就是出生在第二次世界大战之前或期间的那些人）觉得自己有义务去投票。这些简要介绍无法告诉我们，如今 60 多岁的人在 40 年前的感受是否和当下 20 多岁的人的感受相同。尽管如此，我们有充分的理由相信，当今年轻人的相对自满与其说是青春的体现，不如说是时代潮流的反映。过去 20 年经济的萎靡不振以及年轻人对自己是否错过经济奇迹存在的不确定性使得他们对长辈们的食言感到焦虑甚至是怨恨。如果这些感觉没有渗透到政治态度中，那才令人惊讶。

① Steven R. Reed，Ethan Scheiner，Daniel M. Smith，and Michael F. Thies，"The 2012 Election Results：The LDP Wins Big by Default，" in *Japan Decides 2012*：*The Japanese General Election*，ed. Robert Pekkanen，Steven R. Reed，and Ethan Scheiner（London：Palgrave，2013），34-47.

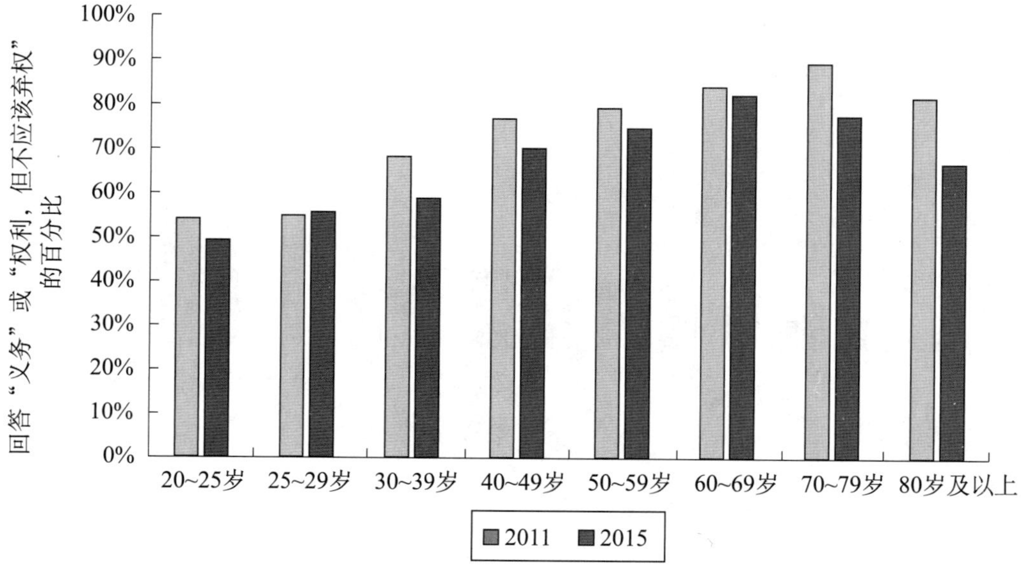

图 10－7 投票是义务还是权利？

越是年轻的日本公民越是觉得投票不是义不容辞的责任，但与 2011 年相比，所有年龄段的人认为投票是一项义务的程度都在下降。

资料来源：Akarui Senkyo Suishin Kyokai，“Dai 47 kai shuugiin giin sousenkyo zenkoku ishiki chosa [National Public Opinion Survey for the 47th General Election to the House of Representatives],” 2015，http：//www. akaruisenkyo. or. jp/wp/wp-content/uploads/2011/10/47syuishikicyosa-1. pdf，28，accessed August 15，2016；Akarui Senkyo Suishin Kyokai，“Dai 22 kai sangiin giin tsujo-senkyo no jittai. [The 22nd House of Councillors Election],” 2011，http：//www. akaruisenkyo. or. jp/wp/wp-content/uploads/2012/07/22sangaiyo. pdf，40，accessed August 15，2016.

选举制度与选举竞争

10.9 解释日本参众两院的选举制度

选举规则决定了政客之间竞选公职的性质。诸如选区的规模和位置、待选席位的数量以及竞选者的人数和党派背景这样的细节决定着政客们必须如何行为才能赢得选举。当然，同样重要的是选民利益的特殊结构以及允许或禁止何种竞选活动的规则。由于选民们关注的是政客一旦当选后会做些什么，因此，选举规则对于政策来说也有着深远的意义。

日本国会两院采用了不同的选举规则（见表 10－1）。女性在 1946 年被授予选举权，因此，如今所有年满 18 周岁的公民都可以在全国和地方选举中投票（见专栏 10－3）①。权力更大的众议院的选举规则在 1994 年发生了变化，根据新规则已经举行了 6 次大选。多年来，参议院的选举规则也被改变了两次，但不如众议院那样明显。

众议院

当选的众议院议员的任期是 4 年，但是，就像大多数议会制一样，任期通常会提前结束，因为首相可能在任何时候解散议会并召集新的选举。从长期占据执政地位的自民党手中夺得权力数月之后，七党联合政府于 1994 年 1 月对下院选举规则进行了重新

① 投票年龄在 1946 年被降到 20 周岁，然后在 2016 年降到 18 周岁。

表 10-1　日本国会参众两院的选举规则

	众议院（下院）475 名议员，任期 4 年		参议院（上院）242 名议员，任期 6 年	
	选区层	名单层	选区层	名单层
选举规则	简单多数制	名单封闭式比例代表制	单记不可让渡投票制	名单开放式比例代表制
席位数	295*	180	73/73†	48/48†
选区数	295*	11	45‡	1
选区席位数范围	—	6～29	1～6	—
选区平均席位数	1	16.4	1.55	48

* 在 2014 年大选之前是 300，后来作为对不合理分配的微调而降到 295。

† 每 3 年选举产生一半的上院议员。

‡ 在 2016 年之前，为了与直辖区的总数保持一致，该选区数一直都是 47。2016 年，直辖区内 4 个人口不足的选区被合并成两个选区（就像德岛县与高知县合并一样，鸟取县与岛根县也合二为一）。

专栏 10-3

日本最年轻的选民

2016 年新的立法将选举权延伸到 240 万 18 岁和 19 岁的年轻人，正好赶上参加 7 月份举行的国会上院议员选举。和前辈们一样，多数新的选民在 2016 年支持执政的自民党，这在很大程度上是因为首相安倍晋三承诺要促进经济发展和就业。

各个政党量身定制了不同的社交媒体信息和活动，以期吸引这些青少年选民，但收效甚微——只有 45.5%的青少年选民在选举日当天出现，与之相比，这次上院选举的整体投票率是 54.7%。

有趣的是，18 岁青少年的投票率是 51.2%，而只有 39.7%的 19 岁青少年参加投票。有一种解释似乎是，大多数 18 岁的青少年在选举之前仍然处于高中学习阶段，他们接受了老师提供的选民教育和“动员投票”活动，相反，19 岁的青少年更可能是已经毕业后一年，无法参加以学校为基础的政治社会化活动。关注以下情形将会非常有趣：今年 18 岁的青少年在未来选举中的参与程度是否继续高于比他们稍微大一点的青少年，或者说学校早期努力的影响是否会随着时间推移而逐渐减弱。

资料来源：以日本时事通讯社 2016 年 7 月 13 日的新闻为基础，http://newsonjapan.com/html/newsdesk/article/116908.php，accessed August 20，2016.

调整①。目前，众议院有 475 名议员，其中，295 人在（所谓的）同等规模的**单一选区**（single-member districts，SMDs）按照简单多数规则选举产生，另外的 180 人根据**比例代表制**从 11 个地区性选区中选举产生。每个选民投两次票：一次投给单一选区的候

① 有关选举制度为什么改变以及如何改变的更多信息，参见：Steven R. Reed and Michael F. Thies，“The Causes of Electoral Reform in Japan，” in *Mixed-Member Electoral System：The Best of Both Worlds?*，ed. Matthew Soberg Shugart and Martin P. Wattenberg（New York：Oxford University Press，2001），152-172.

选人，另一次投给实行比例代表制地区的政党。候选人可以在单一选区内参选，*也*可以在更大的地区出现在相关的政党选举制候选人名单中，因此，在单一选区选举中未获成功的候选人可能被政党选举制候选人名单所“拯救”。日本媒体很快将这些政客戏称为“起死回生的僵尸”，因为他们似乎又获得了再生，尽管他们的选区已不复存在，日本选民非常不喜欢这种新的选举规则。

这种双层选举制度似乎产生了两种截然不同的党派竞争模式。在大多数 295 个由单一选区产生的议席中，竞选归根到底是在两个有望成功的候选人之间进行，通常这两个候选人都来自全国范围内相同的两个政党。在 2009 年的选举中，日本民主党和自民党共计赢得（当时）300 个单一选区议席中的 285 席（占 95%）。两党在 2012 年选举中赢得的席位数略微有所下降，占总数的 91%，这主要是因为在关西地区出现了一个强大的第三党，该党在好几个单一选区胜出或排名第二。2014 年，两党的席位总数继续下降到 88%，因为日本民主党在 295 个选区中仅参加 187 个选区的争夺。与之相比，比例代表制的选举规则确保了一些小党继续活下来，即使它们在单一选区中已经逐渐消失。最重要的这些小党是自民党的联合伙伴，如新公明党、日本共产党以及位于关西的政党，现在被称为“创新党”。另一个重要的差别在于，尽管比例代表制确保了选票的变化完全按比例转化成席位的变化，但我们在单一选区中看到了更多的波动。请记住，简单多数规则意味着，某个选区获得最多选票的候选人当选。她比第二名多 1 票还是 10 万票都没有关系。因此，如果某个政党成功地将很多势均力敌的败选转化成势均力敌的胜选（反之亦然），那么，全国范围内党派选票的微小变化可能被放大为惊人的席位变化。这种“助强效应”（booster effect）在英国和加拿大众所周知，而且在日本也出现了。与之相比，在美国，尽管采用了单一选区和简单多数规则，但如此夸张的席位摇摆极为罕见，原因在于，尽管总体选民的划分相当均匀，但几乎没有几个国会选区出现势均力敌的情形——不公正的党派选区重划通常足以保护大多数现任议员不受党派负面浪潮的影响。

参议院

日本的上院有 242 名议员，其中 146 名由直辖区的各个选区选举产生，另外 96 名在全国范围内通过比例代表制选举产生。上院议员的固定任期为 6 年，每 3 年从各层中选举产生一半的议员（也就是，分别为 73 名议员和 48 名议员）。每个选民再次拥有两张选票：一张选票在直辖区的各个选区投给候选人个人，另一张选票在全国实行比例代表制的选区投给某个政党。与下院选举制度不同的是，上院候选人不能同时在两个层级参与竞选。

在 2016 年之前，上院选举的选区就是全国 47 个直辖区。在每 3 年一次的半议院选举中，每个直辖区至少选举产生 1 名议员（在人口最密集的选区可以多达 6 名议员）。随着日本人口的不断城市化，席位的重新分配在所难免——农村地区会失去一些议员，而城市地区则会相应增加议员。然而，当某些农村直辖区的人口变得如此不足，以至于每 3 年即使选举产生 1 名议员都意味着，相对于拥挤的城市直辖区而言，它们的代表比例过高，此时，这样的席位重新分配已经达到了极限。最后，在2016年选举之前，政府决定重新划分一些选区边界，而不是通过继续增加城市选区的席位从而扩大上院的整体规模，这就意味着结束直辖区边界与选区之间的对等关系。4个人口严重不足的直辖区被合并成两个选区，多出的两个议席被重新分配给城市选区。所以，选区的总数现在是45个。这减少了最严重的代表名额分配不公，但要完全消除这种不公需要未来实施更全面的区划制度改革。

在目前的45个选区中有32个选区只选举产生1名议员，有4个选区拥有2席，5个选区拥有3席，3个选区拥有4席，还有1个选区（东京）可以选举产生6名议员。在32个单一选区和4个双选区中，每个政党仅提名1名候选人。因此，在这些选区，选民可以基于党派归属做出选择。与之相比，在拥有3个或3个以上待选席位的9个选区，大党会选择派出两名或更多的候选人，这迫使选民要找到某种办法来区分来自同一政党但又彼此相互直接竞争的候选人。比例代表制这一层采用了开放式候选人名单，这就意味着，选民们可以直接投票给政党，或者相反，他们可以支持政党名单上某个具体的候选人。每个政党获得的比例代表制席位份额与其比例代表制得票份额（政党候选人获得的政党投票加上偏好投票）相一致，政党名单上的哪个候选人事实上当选这个问题通过计算每个候选人获得的投票的总数来回答。然而，尽管在政党内部选择偏好投票，但选民们往往遵循政党指示。2016年，75%的选民没有选择偏好投票，相反只是简单地把票投给某个政党。

竞选活动

如果按照国际标准来衡量，控制日本竞选活动的规则相对严格。下院的竞选时间非常短——只有10天。候选人能够募集并支出多少钱以及哪些费用是被允许的都会受到限制。电视和广播广告受到严格控制。候选人可以分发数量有限的海报和传单，而且禁止上门拉票。每个候选人可以使用一辆竞选车，他/她必须独立支付大部分工作人员的费用。所有这些限制对于挑战者而言尤其令人讨厌；现任议员在知名度和信息传播方面具有天然优势。在竞选活动开始之前，现任议员能够利用公职人员的身份与选民交流。挑战者必须迎头赶上，但是，如果大多数竞选模式都受到如此严格的限制，那是很困难的。

当选举制度在1994年被改变时，这些竞选规定大部分被保留下来。尽管如此，一个重要的改变是引入了公共筹资。如今，每位候选人都有一项竞选预算。这在民主世界非常普遍，其目的在于减少为了筹集竞选资金而进行腐败的诱惑。2013年4月，国会采取了另一项期待已久的措施并放松对候选人使用竞选网站的限制。在以前，政治家被允许拥有网站，但在竞选期间不能修改这些网站。在过去十年里，日本选举的党派（而非个人主义）倾向日益明显，这使得很多这些限制显得不合时宜，因此，看到这些限制开始被废除也就不足为奇了①。

① Steven R. Reed，Ethan Scheiner，and Michael F. Thies，"The End of LDP Dominance and the Rise of Party-Oriented Politics in Japan," *Journal of Japanese Studies* 38，2（2012）：357－380.

日本政党制度

10.10 讨论日本的主要政党及其选举历史

战后日本政党制度的历史可以被分成三个阶段。第一阶段持续了整个占领时期及随后数年，这是一个相当不稳定的阶段，其间没有哪个政党或政党联盟持久执政。这一阶段的特点是新政党的出现、旧政党的解体、政党分裂和政党合并。第二阶段开始于1955年，此时（通过合并）组建了自民党及其接下来40年的主要对手日本社会党（JSP）。较小的共产党（JCP）使“1955年体制”更加完善。从1955年到1993年，自民党持续赢得立法多数地位，其人数大约是日本社会党的两倍。第二阶段见证了两个中间派政党的形成：一是**民主社会党**（Democratic Socialist Party，DSP），它是1960年脱离日本社会党后成立的政党；二是**公明党**（Clean Government Party，Komeito），它是日本唯一的宗教性政党，该党于1967年首次赢得下院席位。在接下来的几十年里，日本共产党和这些新的政党从两大主要政党手中夺得了一些席位，但从未赢得足够的席位使自民党失去国会的多数地位。

第三阶段始于1993年自民党的分裂，随后的选举制度改革使政党制度的其余部分不断发生变化。这一阶段目睹了两党制断断续续地形成。尽管一些小党因比例代表制层面的选举而幸存下来，但单一选区都受两大主要政党支配。1994年12月，公明党、民主社会党以及从自民党分裂出来的几个党派合并成立了**新进党**（NFP）。新进党在1995年上院和1996年下院的选举中表现突出，每次选举在比例代表制层面的得票数甚至超过了自民党。然而，1997年末，新进党因政策分歧和领导层争斗而垮台。就在1996年选举之前，**日本民主党**（Democratic Party of Japan，DPJ）成立，并在新进党于一年后解散时吸收了它的大部分成员。日本民主党将自己确立为新政党体制的支柱。图10-8显示了多年来自民党的支持图景，并与该党在每次选举中的主要竞争对手进行了比较。

在整个第三阶段的大部分时间里，自民党保持着最大政党的地位，但它都是联合执政，简单地说，首先是与日本社会党联合执政，1998年以来又与公明党联合执政。2009年，日本民主党赢得下院的绝对多数地位，并直接控制了政府。这也是首次出现其他政党赢得的席位数超过自民党。然而，日本民主党作为执政党的时间仅持续了3年。2012年12月，自民党卷土重来并恢复了最高执政地位。自民党在2014年连续第二次击败日本民主党，巩固了该党的强势回归。尽管对日本民主党不再抱有幻想的部分选民回到自民党的阵营，但仍有数百万选民待在家中。在过去的两次选举中，几乎所有增加的弃权选民都是2009年选择日本民主党的选民①。

自民党

自民党的核心一直是一个中间偏右亲资本主义和亲西方的政党。然而，为了取得立法多数地位，1950年代末和1960年代初以

① Ethan Scheiner, Daniel M. Smith, and Michael F. Thies, “The 2014 Japanese Election Results: The Opposition Cooperates from Fails to Inspire,” in *Japan Decides 2014: The Japanese General Election*, ed. Robert Pekkanen, Steven R. Reed, and Ethan Scheiner (London: Palgrave, 2016), 22-38.

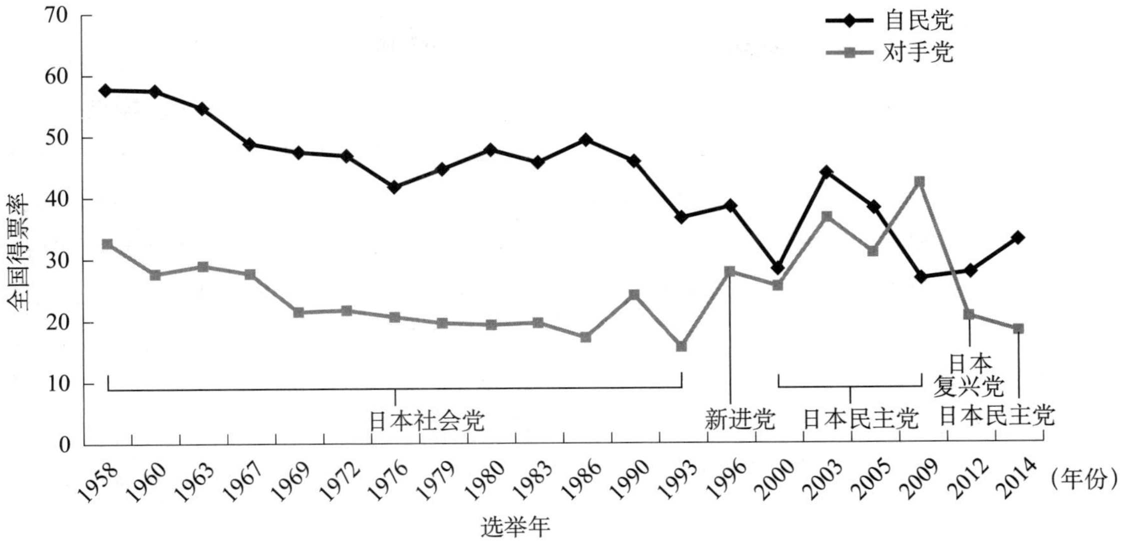

图 10-8　自民党及其主要对手党的全国得票率（1958—2014 年）

在 1960 年代中期，自民党失去了多数选民的支持，但它仍然执政，因为反对派直到 2000 年后才开始协调。2012 年以来，自民党再次执政，因为反对派的协调再次出现了动摇。

注：1958—1993 年期间，政党候选人获得所有选票的比例。1996—2014 年期间，政党在比例代表制层面的得票比例。

来，自民党扩大了自己的支持基础，不仅包括大型企业的利益，而且包括经济中效率低下的非贸易部门（如农业、建筑业和零售业）的组织化利益。自民党从大公司和商业联合会那里筹集了大量的竞选资金，作为回报，它不仅制定了诸多投资友好型政策，而且奉行一种为促进经济发展的出口铺平道路的外交政策。与此同时，自民党用能够产生高额利润的调控和贸易限制来回报农民和小企业主的选民，保护这些部门不受自由市场的全面影响。资本主义的捍卫者也是保护主义调控的源头。

伴随着经济的巨大发展，日本的人口结构也发生了根本性的变化。第二次世界大战后日本快速的城市化和工业化进程削减了自民党关键支持者群体的规模，具体言之，就是农业工人和小零售商①。新的城市阶层的兴起以及工业化带来的城市破坏（例如，污染和过度拥挤）加剧了人们对自民党的不满，该党的立法多数地位稳步下降。尽管如此，由于选举代表名额分配的严重不公、更为有效的提名策略以及继续控制政府的财权，自民党保住了自己的立法多数地位。在 2009 年选举蒙羞之后，自民党遭受了一系列叛逃。随后，自民党一直在等待时机，几乎是机械地阻挠日本民主党的政策，尤其是在 2010 年 7 月夺回民主党在上院的多数席位之后更是如此。由于民主党陷入困境并遭受内部分裂，民主党政府为了通过立法不得不向自民党寻求帮助。通过这种方式，自民党重新赢得很多选民的信任并树立自己天生是政府政党的声誉。自民党在 2012 年和 2014 年的下院选举中获胜正式证明了这一点，由于在 2013 年和 2016 年赢得上院选举半数席

① Michael F. Thies, "When Will Pork Leave the Farm? Institutional Bias in Japan and the United States," *Legislative Studies Quarterly* 23, 4 (November 1998): 467 - 492.

位，自民党自1989年以来首次重新实现一党在参众两院都保持多数地位。

日本民主党

日本民主党是以搅局者的身份开始自己的生命。它于1996年下院选举之前的几个星期成立，是在新的选举制度下成立的第一个政党，是由前自民党的叛逃者、前日本社会党的叛逃者和一些小党组成的联合政党。日本民主党在2005年遭到一次挫折，但在2007年上院选举中击败自民党后，又在2009年下院选举中惊人地赢得480个议席中的308席，从而使得自民党的119席显得相形见绌。然后，也就是在3年后，它几乎不可能在2012年的选举中成为第二大党。自民党在2014年12月的决定性胜利使得更多的日本民主党成员加入其他小党（或者退出），而不是留下来共同面对失败。日本民主党奉行的“民主中间路线”的哲学理念很受公众欢迎，但正是自民党提出宽松的货币和财政政策来提振摇摇欲坠的经济。一旦自民党采取民主党最可能的政策立场，民主党也就无处可去了。

如今，日本民主党仍是日本最大的反对党，但即使它在2016年初合并了两个更小的团体后，民主党在下院和上院拥有的席位也分别只有自民党的1/3和1/2。日本民主党在执政期间是不幸的，当时，地震、海啸与核泄漏的三重灾难考验着政府的应对能力和公众对政府的信任。日本民主党仍然没有从缺乏经验的名声中恢复过来，很多民主党原来的成员都通过加入或组建新的小党而使自己与该党保持距离。

公明党（新公明党）

公明党是一个被称为**创价学会**（Soka Gakkai）的世俗佛教组织的政治分支，它从1950年代开始就在地方选举中支持候选人。公明党于1964年首次出现在上院，随后于1965年出现在下院。随着战后日本经历了快速的城市化，创价学会和公明党在城市地区发展壮大。地方创价学会团体是政党组织的社区基础。它们提供经费、志愿者劳动力以及忠诚且积极的选民。公明党在城市地区的支持者具有高度的组织化和集中化，这允许其实现议席份额的最大化。公明党的纲领以“人道社会主义”为基础。它反对修改宪法第9条，但近年来逐渐支持美日联盟。尽管如此，公明党与创价学会的关系阻止了该党将自己的支持基础延伸到创价学会的信徒之外。由于无法发展，公明党专注于在很多选区与其他中间派政党展开协同行动。

公明党于1993年作为七党联合政府的一部分首次尝试执政，然后，在与新进党（NFP）合并失败之后以“新公明党”的身份再度出现。新公明党与自民党建立了伙伴关系，后者在1998—2009年期间执掌大权。两大政党在选举层面通力合作，公明党动员它的选民（主要是城市选民）支持自民党的选区候选人，作为回报，自民党在比例代表制层面的选举中支持公明党。选举合作在2009年政府选举失败后幸存下来，两党的合作团队于2012年再次夺回执政权。在它们结盟的过程中，新公明党和自民党在日本的大部分外交政策和国内经济政策上都形成了一致意见。但是，在两党的选举纲领中明显存在一个分歧领域，那就是宪法改革问题。自民党首相安倍晋三始终呼吁修改宪法第9条，从而明确支持日本的集体自卫权，而新公明党则继续反对宪法修正①。

“第三势力”政党

自从1994年选举制度改革以来，日本的政党制度沿着双轨制发展：在单一选区层面是两党制，在比例代表制层面是多党制。一群小党来来往往，接收自民党或民主党的避难者，这些人出于某种原因对自己所属的政党不满。

尽管这些政党规模不大，但轻易选择退出的存在给执政党带来了严峻挑战。安倍晋三的“安倍经济学”之所以偏向的是胡萝卜（货币宽松政策），而不是大棒（税收改革，市场开放），正是因为他自己的成员能够如此轻易地威胁脱离政党——如果他尽力怂恿不受欢迎的立法投票的话。只要这些选举规则仍然有效，这种短期取向的脆弱性很可能就是日本民主治理中的一大缺陷。

尽管2012年和2014年选举的主要结果读起来很相似——自民党和新公明党处于绝对多数地位，日本民主党被轻松击败——但两次选举之间的主要区别与“第三势力”政党有关。2012年，它们真的是一股强大的力量——它们赢得35%的比例代表制选票和17%的席位，它们在选票上的出现使得反自民党选票如此微不足道，以至于自民党最终多赢得了100个以上的席位，相反，如果反对党之间进行更好的协调，自民党是会失去这些席位的。与之相比，2014年，“第三势力”政党退步了，只赢得20.5%的选票和9.4%的席位。2014年选举之后，四个主要的“第三势力”政党中有三个解散了，如今，只有位于大阪的日本创新党（JIP）（该党是日本复兴党的女儿党）幸存下来②。2016年3月，日本创新党与日本民主党合并成立了民主党。尽管如此，较之现在新的共同党派成员，以前的日本创新党成员在最为重要的经济自由化和宪法改革问题上更接近自民党的立场。

老的左派政党

1955—1993年，自民党的主要对手是**日本社会党**（Japan Socialist Party，JSP）——该党后来又被重新命名为社会民主党。它的政治家没有受到战时军国主义的玷污，而且，该党通过捍卫宪法第9条来迎合战后日本强烈的和平主义情绪。社会主义者的大部分支持来自战后蓬勃发展的劳工运动，但是，随着日本经济的发展和制造业劳动力的减少，日本社会党的支持也下降了。在1989年的上院选举中，日本社会党来势汹涌，击败了自民党，并在那次选举中赢得最多的待选席位。但是，那次胜利被证明是最后的喘息。在1993年的选举中，日本社会党（当时已改称社会民主党）失去了一半的下院席位（从136席降到70席），因为选民们急切地抓住机会投票支持从自民党脱离出来的党派。截至2017年，日本社会党或者说社会

---

① George Erhardt, Axel Klein, Levi McLaughlin, and Steven R. Reed, eds., *Komeito: Politics and Religion in Japan* (Berkeley, CA: Institute of East Asian Studies, 2014).

② Robert J. Pekkanen and Steven R. Reed. "From Third Force to Third Party: Duverger's Revenge?" in *Japan Decides 2014: The Japanese General Election*, ed. Robert Pekkanen, Steven R. Reed, and Ethan Scheiner (London: Palgrave, 2016), 62-71.

民主党几乎已经不复存在，它们在每个议院仅拥有 2 个席位。

在意识形态谱系最左端的是**日本共产党**（Japan Communist Party，JCP）。该党成立于 1922 年，在战前时期被迫转入地下活动，当时，很多共产党领袖因激进主义而被监禁。盟军最高统帅于 1945 年使日本共产党合法化，但它最初只能获得少量的选票。日本共产党的纲领是反对帝国主义、反对资本主义和反对军国主义。自 1994 年选举改革引入单一选区以来，日本共产党仅于 2014 年赢得过一个选区席位，但它在每次选举中都能赢得一些比例代表制层面的席位（2014 年赢得 20 席）。该党在 2014 年的表现是新的选举制度以来取得的最好结果。对于那些不满自民党但又对其他任何政党不感兴趣的选民而言，日本共产党一直是一种"安全抗议"的选择。2014 年，日本共产党从以下事实中受益匪浅：在很多选区甚至没有任何其他政党提名候选人来挑战自民党。日本共产党没有赢得任何席位，但它作为唯一的反对声音备受公众瞩目，这有助于它在比例代表制层面的选举，因为那些反对自民党但又不是共产党的选民更可能选择弃权。低投票率的选举总是有利于那些最有能力动员选民去投票的政党（主要是共产党和新公明党，如今在新公明党的帮助下自民党也是如此），2014 年选举是有史以来大选投票率最低的一次。

政党支持模式

除了选票总数之外，我们感兴趣的是*哪些*选民支持各个政党。表 10－2 显示了五个最大政党所获政党支持的崩溃，相关数据取自 2013 年上院选举之后不久进行的民意调查。政党支持的总体分布位于最上面一行，我们可以将被调查者所在不同组别的支持率与基准进行比较。当然，首先要注意的是，自民党到目前为止仍是日本的首选政党——所有受访者中几乎有一半选择自民党而不是任何其他政党。自民党的支持率在各个不同组别的选民中非常一致，尽管它在农民、个体经营者以及受过高中教育的选民中做得更好些，而在中产阶级、白领工人和具有研究生学位的选民中表现得不太好。或许令人惊奇的是，对男性和女性的影响几乎没有任何差别。唯一需要注意的性别差异在于，女性比男性更可能支持自民党的联合伙伴新公明党或日本共产党，而不太可能偏好日本民主党或日本复兴党。

但是，民意调查结果的其他方面提供了如下想法：对自民党的支持可能更多的是由于缺乏有吸引力的选择，而不是因为真正的关爱。值得注意的是，由年轻的受访者、白领工人、教育程度最高的选民所构成的组别要比普通选民更可能支持日本共产党和突然崛起的日本复兴党，一个位于城市地区的、新自由主义的民族主义政党。2009 年，日本民主党之所以获得政权，是因为它的受欢迎程度在所有自民党的批评者中具有压倒性的优势，与之不同的是，在 2013 年进行这项民意调查时，甚至是在今天，反自民党的支持被高度碎片化，而且，很多选民是在默认的情况下选择了自民党。

最近，日本选举的一项重要变化是，自民党开始转向城市选民，毕竟，这些选民的数量在日本是最多的。日本前首相小泉纯一郎（2001—2006 年）在就任时就下定决心要重新配置自民党的支持基础，他的推断是，只要自民党对落后的、缺乏竞争力的经济部

表 10－2　“你最喜欢哪个政党?”按百分比回答

	自民党	日本民主党	日本共产党	日本复兴党	新公明党	其他	不知道
所有选民	49.7%	13.0%	7.4%	8.6%	7.4%	11.0%	2.8%
年龄							
20～29 岁	48.1	8.1	10.4	12.6	5.2	11.9	3.7
40～59 岁	45.9	11.5	6.4	8.9	9.6	13.7	4.1
60 岁及以上	51.8	14.7	7.2	7.7	6.9	9.6	2.1
教育							
高中或以下	52.6	14.1	6.4	7.3	8.6	8.3	2.7
大学	45.8	10.0	9.5	9.0	8.5	12.4	5.0
学士学位	47.3	12.8	8.2	11.1	3.3	16.0	1.2
研究生学位	33.3	14.3	9.5	9.5	4.8	23.8	4.8
职业							
白领	43.0	13.2	8.9	9.8	7.7	13.2	4.3
工人	48.0	9.9	8.1	11.7	8.8	11.4	2.2
农民	59.1	11.4	9.1	6.8	2.3	11.4	0.0
个体经营者	56.1	14.0	0.0	3.5	5.3	19.3	1.8
性别							
男性	49.3	15.1	6.8	10.0	5.5	11.8	1.5
女性	50.3	10.6	8.0	7.0	9.7	10.1	4.4

资料来源：Comparative Study of Electoral Systems Survey，Japan，July-August 2013，conducted by Nippon Research Center（Member of Gallup International Association）（n=1937，但该表计算了实际响应的百分比，其中 n=1128）. 所有各行加起来总百分比为 100%。

门和农民等利益团体心存感激，它就会注定在全球化的世界里缓慢衰败。因此，他提倡的政策（尤其是放松经济管制）使得自民党在城市更具有竞争力，但却打破了该党在农村的垄断地位①。自 2012 年 12 月重新担任首相以来，尤其是在 2014 年 12 月选举之后，安倍晋三选择农业部门的自由化作为具有优先地位的关键政策②。并不令人感到惊奇的是，过去十年的选举在农村和城市选区都显得更加不稳定，自民党和民主党都在努力为异质化公众找到最佳的政策平台。

最近的选举

2009 年 9 月 11 日被认为是某件大事的开端。在经历了近 40 年由自民党一党统治，以及随后 20 年的政治僵局和经济停滞之后，

① Reed，et al.，“The End of LDP Dominance.”

② Patricia L. Maclachlan and Kay Shimizu，“The Kantei vs. the LDP：Agricultural Reform，the Organized Vote，and the 2014 Election，” in *Japan Decides 2014：The Japanese General Election*，ed. Robert Pekkanen，Steven R. Reed，and Ethan Scheiner（London：Palgrave，2016），170－182.

日本民主党以惊人的压倒性优势胜选（获得480个席位中的309席），而自民党及其联合执政伙伴新公明党几乎净损失了200个席位。这是自1955年以来首次出现自民党之外的任何一个政党赢得立法多数地位，人们的如下期望非常高，即日本民主党将推动政治经济改革，尤其注重减少最近经济不平等的增加。很多人都把经济不平等增加的责任推给自民党领导的经济自由化努力。

然而，日本民主党的执政并不成功。该党的第一位首相**鸠山由纪夫**（Yukio Hatoyama）轻率地承诺要减少美国驻冲绳的军队，当美国拒绝重新谈判从而迫使他食言时，他耻辱地辞职了。他的继任者**菅直人**（Naoto Kan）无力处理由鸠山由纪夫及其盟友**小泽一郎**（Ichiro Ozawa）煽动的内乱。3月11日的地震、海啸与核泄漏灾难使得菅直人本来有机会展示自己在危机时期的强大领导力，但与之相反的是，他犹豫了，这在很大程度上是因为小泽一郎的阴谋诡计，以及自民党不愿合作提供救灾资金，除非菅直人承诺辞职。最后，**野田佳彦**（Yoshihiko Noda）面临着处理灾后重建与核危机的艰巨任务，同时还要努力平衡财政账目。当小泽一郎把自己政治生命的赌注押在提高全国消费税上时，他领导了一场分裂日本民主党的叛乱，与此同时，自民党再次提供上院所需的选票，以此换取新的选举。野田佳彦按时辞职并要求举行新的选举。

在2012年的选举中，日本民主党被彻底击败。虽然在2009年赢得308个席位，但日本民主党在进入2012年选举时仅有230名议员（这主要是因为小泽一郎领导的脱党行动），最后只幸存下来57个席位（在单一选区中的300个席位中仅获得27席）。日本民主党在比例代表制层面获得的选票位居第三，仅次于自民党与日本复兴党。自民党并没有在2012年赢得压倒性胜利，原因在于，尽管自民党很受欢迎，但由于日本民主党与一群新兴政党瓜分了反自民党的选票，所以，这种欢迎是以一种默认的方式体现的①。

自民党的胜利使得安倍晋三再次就任首相职位。早在2006—2007年，安倍晋三作为深受喜爱的小泉纯一郎的直接继任者是失败的，这在某种程度上是因为他优先考虑不受欢迎的民族主义主题，其中包括宪法修订、爱国主义教育和外交自信。在自民党于2007年上院选举中败给日本民主党后，安倍晋三被迫辞去首相职位。因此，五年后，当安倍晋三于2012年选举之前不久赢得自民党领导人争夺时，这是令人感到惊奇的，而且，同样令人惊讶的是，他在竞选中（谨慎地）避开了民族主义主题，转而专注于支持经济复苏。他的计划——很快被称为“安倍经济学”——由他自称的“三支箭”构成：宽松的货币政策、财政刺激和经济结构性改革（例如，自由化）。头两支箭意味着，结束近20年的通货紧缩以刺激企业投资和消费者支出。第三支箭的直接目标是放开高度受保护的行业——其中包括农业——这些行业内的现任官员和组织化利益团体长期以来一直是支持自民党的中坚力量。考虑到再过几个月（2013年7月）就有机会重新夺回上院多数席位，安倍晋三开始淡化第三支箭的作用，从而避免激怒既得利益者，但是，在

① Reed, et al.,“The 2012 Election Results.”

确保这次选举胜利后（选民投票率创下了历史新低），他要求授权进行改革，并加入跨太平洋伙伴关系协定贸易谈判，这些谈判将要求整个经济范围内的关税削减和市场自由化。

在经济发展又停滞了一年之后，安倍晋三开始面对来自自民党内部对“安倍经济学”的反对。2014年年中，日本经济再次陷入衰退，人们要求推迟原定的提高国家消费税的计划，尽管该税收对于解决日本位居世界前列的政府债务负担是必要的，显然，这是安倍晋三不愿意做出的一项决定。而且，安倍内阁的两位女性成员因违反选举法而被迫辞职——这在一定程度上削弱了她们所获任命的象征意义。此时，安倍晋三如何回应呢？几乎让每一个人感到惊奇的是，他（在2014年11月18日）解散了国会，并要求提前组织选举。他这样做的正当理由是，让选民有机会对推迟消费税上调表示支持（或是反对），同时通过全民公投来决定“安倍经济学”是否应该继续下去。从战术上讲，这是一个聪明的举动。反对党对选举完全毫无准备——在2012年惨败之后，它们需要设计选举宣言，这些宣言提供针对自民党的替代性政策愿景，寻找大量新的候选人，并找到一种比2012年更好的办法进行内部协调。但是，由于没有想到安倍在距离大选还有两年的时间会冒失去下院绝对多数控制权的风险而提前组织选择，因此，它们根本没有准备好。与之相比，自民党要做的就是再次认同它的现任官员。结果，自民党与公明党的联合捍卫了那种绝对多数地位，甚至还多赢得一个席位。自民党内部对安倍晋三的反对之声被制止了（毕竟，对“安倍经济学”的授权无疑就是对安倍的授权!），虽然反对党的协调与巩固确实比可能的预期做得更好，但它还是未能激发人们的如下信心：存在可行的替代自民党的治理方案。进一步证明选民缺乏热情的是选民投票率以52.7%再次刷新了最低纪录（“打破”了先前于2012年创下的低点）。

利益团体

10.11 指出日本三个主要的利益团体并描述它们与政党的关系

在所有民主国家，组织良好且能相对轻松协调自身行动的团体要比那些组织不太好的团体更能促进团体自己的利益。在日本，这些利益团体中最重要的是大企业、农民，有时候也包括小零售商和小制造业者。然而，与其他工业化国家不同，工会相对比较软弱且不起作用[①]。在所有利益团体中，最不成功的是那些分散的利益团体，尤其是消费者，他们承担了政府因支持以前的团体所带来的负担。大企业、小制造业者和零售商以及农民在自民党统治时期都得到了蓬勃发展，而且，在当时的大部分时间内，这些团体的利益不存在直接冲突。1980年代中期，随着日本经济的全球化，这种情形开始发生改变，而且，自民党组织化利益联盟的瓦解是该党最终下台的一个重要原因。

大企业

日本的公司在战后繁荣发展，这在一定

---

① T. J. Pempel and Keiichi Tsunekawa，“Corporatism Without Labor? The Japanese Anomaly,” in *Trends toward Corporatist Intermediation*，ed. Philippe C. Schmitter and Gerhard Lehmbruch（London：Sage，1979），231－270.

程度上归功于一个支持生产者、支持经济发展的保守派政党的长期执政以及企业与政府之间的密切联系。像索尼、丰田、三菱和松下这样的公司不仅在经济市场上占据主导地位，而且在世界各地也是家喻户晓。政府通过防止外企竞争、组建和维持科研联盟以及大规模补贴和税收激励来帮助许多这样的公司。在被称为**经连会**（keiretsu）的工业集团中，大公司彼此经常联系在一起。美国声称，经连会成员公司之间的交叉持股和纵向融合构成了非正式贸易壁垒，依照日本反垄断法的规定应予以禁止。

在过去，大企业除了接受自民党对落后、低效部门（例如农民和小零售商）的关心之外，几乎别无选择，因为自民党是唯一明确致力于企业利益的政党。然而，自1993年自民党分裂以来，该领域包括了一些新的政党，这些政党也具有类似的支持企业发展的纲领，从而允许企业自1950年代以来首次可以为防止损失而两面下注。大企业更偏爱中间偏右的政党（如自民党），而不是与工会相关联的中间偏左的政党（如日本民主党）。尽管如此，日本新选举政治的多数主义模型在中间形成了一个强大的重心，它不会对企业造成威胁。大企业很乐意支持任何政党，只要它们维持稳定的投资和贸易环境。

中小企业

虽然从表面上看，大公司似乎控制着日本经济，但这并不完全正确。中小企业雇用了2/3的日本劳动力①。在制造业和零售业中，这些组织良好的公司在追求自己的政治目标方面取得了巨大的成功。它们从战后时期自民党的政策中获得大量支持。作为报答，这些部门成为竞选资金的良好来源，或许，更为重要的是，它们为自民党候选人提供了稳定的选票和竞选支持。

小制造业者享受了种种税收减免和直接补贴。而且，财政政策为小企业提供了信贷机会，即便这样会损害大企业的利益。在零售部门，小公司得到保护，避免使其与更大的公司展开竞争，而这些大公司原本会威胁小公司的生存。几十年来，声名狼藉的《大店法》（Large Scale Retail Store Law）通过限制规模更大、效率更高的零售商进入，从而保护"家庭经营"的小零售店。竞争的减少使小零售商仍然有利可图，即便他们变得越来越没有竞争力。效率低下的小型银行得到类似政策的扶持②。

最近，政府已经取消了很多这样的保护性措施。《大店法》的作用被严重削弱，而且，财政部已经允许一些无力偿债的银行破产。在这之前的几十年里，政府一直在发放补贴，设计利润填充型（profit-padding）调控保护措施，以期确保这种情况再也不会发生。尽管有些自由化的努力是在选举改革之前进行的，但自1994年以来，自由化进程在加速，尤其是在金融部门③。在过去的15

① Japan Small Business Research Institute, "2009 White Paper on Small and Medium Enterprises in Japan,"（Tokyo, 2012）, available in English at http：//www. chusho. meti. go. jp/pamflet/hakusyo/h21/h21 _1/2009hakusho _eng. pdf.

② Frances McCall Rosenbluth, *Financial Politics in Contemporary Japan*（Ithaca, NY：Cornell University Press, 1989）.

③ Leonard J. Schoppa, *Bargaining with Japan：What American Pressure Can and Cannot Do*（New York：Columbia University Press, 1997）; and Ross D. Schaap, *The Electoral Determinants of Regulatory Change：Explaining Japan's 'Big Bang' Financial Liberalization*（unpublished Ph. D. diss., University of California, Los Angeles, 2002）.

年里，金融系统的“大爆炸”（big bang）改革已经降低了该领域的进入（和退出）壁垒，从而迫使更大的竞争、更低的价格以及更好地为消费者服务。

农 业

农业利益团体在政治层面组织良好，而且，它们长期以来一直是一个至关重要且在地理上集中的投票集团。大多数农民属于地方农业合作社，这些合作社的全国高峰组织农业协同组合联合会（Nogyo Kyodo Kumiai）或称日本农协联盟（Nokyo）为了农民的利益与政府讨价还价①。日本农协联盟执行很多准政府性质的任务，所实施的许多项目在其他国家都由政府机构直接控制。日本农协联盟的地方办事处是农业投入（例如肥料、农药和机械）的唯一供应商，也是农产品的垄断性买家（然后再转售），还是农业社区的保险人和银行。所有这些角色都得到政府的认可。这种自主程度充分说明了农业在政治游说方面的有效性。

几十年来，农民一直是自民党选票的重要来源。虽然农村选民数量因战后城市化进程而陡然减少，但先前选举制度下的选区因代表名额分配不公让农民受益匪浅。作为对选举支持的回报，农民获得价值支持、最低税收以及紧俏进口产品的关税和限额保护。

在过去的20年里，农村游说团体的影响力急剧下降。1994年选举改革严重削弱（尽管没有消除）有利于农村选区的代表名额分配不公。1990年代中期的改革强化了内阁与首相的地位，但以牺牲执政党内部掌握政策话语权群体的利益为代价，这些群体本来一直有能力在自由化改革开始之前就将之扼杀。当首相小泉纯一郎呼吁“改革不存在任何神圣不可侵犯的东西”时，他的目标就是将自民党重新打造成一个以城市为中心的政党。他将邮政储蓄系统私有化，这对农村地区而言是一次特别的打击②，他减少对地方政府的补贴，作为交换，他将税收权力下放，这同样使农村地区陷入困境。自民党很快意识到，它还不能将农村选票视为理所当然。很多农民放弃了自民党不断增加的市场倾向，转而支持日本民主党对社会保障和经济赔偿的承诺。因此，尽管自民党在2005年获得了压倒性胜利，但它实际上失去了农村地区的席位。在2007年的上院选举中，日本民主党在农村选区彻底击败了自民党，并在2009年的下院选举中进一步占领农村地区③。

然而，在2012年日本民主党彻底垮台之际，自民党再次于2012年和2013年在农村选区卷土重来，尽管以下事实依然存在：安倍继续追求的改革将给农村带来痛苦。他在2013年上院选举之后立即加入了跨太平洋伙伴关系协定（TPP）的贸易自由化条约，而且，在2014年以压倒性优势赢得下院选举之后的几天之内，他的内阁就宣布了改革农业合作社制度、私有化、削弱日本农协联盟对农业投入和资金的控制以及对农业产出的支配等计划。日本农协联盟的会员数因城市化进程和农村人口老龄化而不断减

① Kent E. Calder, *Crisis and Compensation* (Princeton, NJ: Princeton University Press, 1988), Chapter 5.

② Patricia L. Maclachlan, *The People's Post Office: The History and Politics of the Japanese Postal System, 1871—2010* (Cambridge, MA: Harvard East Asian Monographs, 2011).

③ Reed, et al., “The End of LDP Dominance,” 357 - 380.

少，同时，该联盟遭到很多全职农民的抛弃，因为这些农民更偏爱政府巩固农场和注重出口市场的计划，由此可见，日本农协联盟正处于衰落之中，而且迟早可能会成为日本政治中的一个次要角色。有趣的是，除了日本民主党计划在其执政的短暂时间内以直接收入支持的方式来补偿农村改革的受害者之外，没有任何政党认为吸引农村选票是合适的，即使自民党已经通过其政策变化敞开了大门。在 2014 年的选举中，不满的农村选民所能寻求的最佳抗议形式就是支持日本共产党——该党绝不是一个优先考虑农业保护主义的政党。显然，安倍已经正确地预测到，农村选民别无选择——事实上，自民党可以将他们视为理所当然，或者至少可以理所当然地认为他们不会投票支持任何其他人。

有组织的劳工

由于日本工会的组织基础是工作场所而非职业、行业或经济部门，因此，它们就被称为**企业工会**（enterprise unions）。一个公司非管理层的所有雇员都是该公司的工会成员。某个行业内部不同竞争性公司的员工（例如，丰田汽车公司的工人和日产汽车公司的工人）之间的联系要比任何其他工业化民主国家弱得多。并不令人感到惊奇的是，这种组织方式缓和了公司内部管理层与劳工之间的紧张关系（有人认为其代价是牺牲了工人的福利）①。合作型劳资关系并没有导致工会与政府保持同样友好的关系。从传统上看，主要工会联盟与历任自民党政府之间都有过敌对关系，但收效甚微。而且，在过去的几十年里，日本的工会化水平在下降，整个西欧和北美的情形也是如此。如今，不到 18%的日本工人是工会会员。

在政党制度改革之前，公共部门的工会与日本社会党关系密切，而私人部门的工会则支持民社党。1989 年，17 个公共部门的工会和 21 个私人部门的工会共同组建了**工会联盟**（Rengo），也就是日本工会联合会。截至 2015 年，工会联盟宣称有 680 万会员，占所有工会工人的 69%②。如今，它已经成为民主党的重要支持基础，尽管新选举规则的中间派压力使民主党无法像过去日本社会党那样维护劳工的利益。

决策过程

10.12 总结日本国会的政策制定过程

日本是议会民主制国家，国会两院都实行直接选举，首相和内阁由下院选出，并对下院负责（见图 10－2）。在实践中，如同所有的议会一样，日本国会倾向于将立法提案权留给内阁，自己则保留在合适的情况下通过、拒绝或修改这些提案的权利。内阁反过来将大部分立法的起草任务（包括从调控到预算的方方面面）委托给官僚机构的政策专家。内阁部长在最广泛的意义上对起草过程进行监督，但大部分专业知识存在于（以及大部分行为也发生在）政府各个部委和机构中的下设司局和部门。

① Dore, *British Factory-Japanese Factory*.

② Ministry of Health, Labour, and Welfare, *Basic Survey on Labour Unions*, http://www.mhlw.go.jp/english/database/db-l/labour_unions.html, 2014; and Japanese Trade Union Confederation, "Trade Union Data," http://www.jtuc-rengo.org/about/trade_union_data.html, accessed August 11, 2016.

基本问题：议案如何成为法律

国会两院议员都可以提交议案，而且他们也经常这么做。但这些提案很少有希望获得通过而成为法律。这些“议员议案”几乎都是为了讨好提案人所在选区的选民，在此，提案本身才是重点。因此，新立法的典型路径如下：政府某个部委在其权限范围内针对某种政策变化起草立法，然后将议案提交内阁。内阁可以退回、拒绝或以任何它希望的方式修改议案。当内阁满意时，它就会把该议案提交到国会。然后，国会可以对议案做它想做的任何事情。大多数议案都被委托给特定的委员会，但委员会的权力很弱小——从委员会避开或者撤销某项议案只需要少数人的签名。普通立法必须得到两院的一致通过，除非下院能召集 2/3 的多数推翻上院的反对意见。如果议案涉及年度预算或者待批准的条约，就只需得到下院的通过；上院最多可以延期 30 天通过，但无权阻止该议案成为法律。对所有其他的立法草案而言，如果两个议院意见不一，它们可以在一个联合“会议”委员会中解决分歧，但这不是必需的，而且很少发生。更常见的情形是，议案在两院之间来回流动，直到它们达成一致或者议案被搁置。

国会通过的任何议案都会成为国家的法律。不存在一个单独选举产生的总统可以否决国会的行动，而且国会的法律可以取代任何与之冲突的地方法律。最高法院可以宣布某项法律违宪，但正如我们先前所解释的那样，这种情况极为罕见。

整个过程的最后一步是政策实施。国会有权通过立法，但它将新规则的实施和执行授权给官僚机构。事实上，法律条文经常是含糊不清，以至于官僚们除了机械照搬国会法令之外，还必须做更多其他的工作。实际上，这对于大多数国家而言都是实情。立法者并非在每个政策领域都是专家，他们不能预见新法可能适用的每一种场合。因此，官僚们被赋予了资源和自由裁量权，据此，他们可以做出日常的决定和裁判，而这对于执行国会通过的法律是必要的。

到下一次选举时，整个立法循环就算完成了。选民们可能会对国会、内阁和政府机构的进展情况有所了解，但他们对政策的最佳看法是在实施阶段。他们赞同亲眼所见且正在执行的政策吗？他们相信自己会过得更好还是更坏呢？选民们会做出这些判断，然后在下一次选举时通过保留或替代现任议员和政党的方式来奖励或惩罚他们。

政策表现

10.13　讨论日本最近的国内外政策

自民党的长期执政建立在一系列成功政策的基础之上，这些成功带来了社会、经济和地缘政治的稳定。经济发展迅速增加了实际收入，提高了日本社会各阶层的富裕程度。除了私人经济利益之外，民主制度还慢慢灌输了各种各样的公民权利——包括言论自由和出版自由——这些权利限制了政府干涉个人自由的实践能力。日本政府提供了高水平的法律和秩序，并以自己是工业化国家中犯罪率最低的几个国家之一而自豪。虽然有时候被人批评过于强调循规蹈矩而轻视创新，但日本的教育政策培养的学生是全世界训练有素的劳动力群体之一。

因此，出现以下情形也就不足为奇了：自 1990 年代初以来，对日本产生严重影响的经济低迷以及由此带来的各种社会问题与一种更为动荡的政治局面相伴而生。历任政府都未能重启经济增长，而且，就经济萧条而言，由于有些国家要比其他国家承受更大的代价，因此，不平等状况被进一步恶化。事实证明，在日本经济停滞不前的情况下，极简主义的福利制度——这种制度在经济增长、就业稳定、家庭可以提供儿童保育和老人护理的时候从来都不是真正的问题——对于日益老龄化和不断减少的劳动力而言是不充分的。

安全与外交政策

第二次世界大战结束以来，日本的安全与外交政策集中于维持和美国的密切关系。由于在讨价还价中处于弱势，日本一直是美国大多数外交政策决定的接受方。随着时间的推移，对于美国在东亚的防御承诺，日本支付的费用比例越来越大。如今，驻扎在日本本土的 4 万名美国士兵的所有开支由日本支付 50%①。这一点在南方较小的直辖区冲绳县尤其备受争议，在这里驻扎着美国 2/3 的士兵，而且，将近 20%的土地必须租给美国用于军事设施。有些租地非常靠近人口中心地区。冲绳人还要承受噪声、污染，有时甚至是危险的军事事故和美国士兵犯下的暴力犯罪带来的冲击。为了回应他们的抗议，

专栏 10－4

集体安全与宪法修正

美国在 1946 年坚持基于宪法第 9 条来维护世界和平，防止日本再次成为军事化国家，然而，冷战紧随日本战败之后来得如此迅速，以至于美国几乎在墨汁未干之际就尽力彻底改变自己在日本军事角色问题上的立场。在宪法的支持下，首相吉田茂（1946—1947 年；1948—1954 年）将国防开支保持在较低水平，并将大量资源注入经济复兴和发展。此后，历届日本政府都采纳了吉田茂首相的基本立场：尽可能少地为美日同盟做出贡献，但要尽可能多地在必要的情况下维持两国关系的稳定。

随着日本经济的发展，就美国不断向日本施压并要求其为自身国防做出更多贡献而言，宪法第 9 条被证明是一道脆弱的屏障。即使将国防预算限制在国内生产总值 1%左右的水平，日本政府还是建成了世界上第八大军事强国。冷战结束后，美国希望日本发挥更大的作用：发展和保持日本与美国军队的互通性，包括当美国军队在该地区行动的过程中受到攻击时，日本军队愿意提供援助。日本军队这种新的作用被称为“集体防卫”，它要求修改《美日安保条约》。2014 年 12 月，即使面对可疑的公众支持、喧闹的街头抗议以及来自反对党的激烈斗争，安倍还是推动国会通过了授权立法。

有些日本人担心，安倍的鹰派观点（以及他目前对国会近乎绝对多数的控制）会迅速导致宪法第 9 条的废除、日本的重新军事化以及亚洲战争危险的增加。但是，民意调查持续表明，绝大多数日本人实际上更偏向与美国结盟的务实做法，并通过重新解释宪法使之成为可能，而不是直接修改宪法。

资料来源：Council on Foreign Relations，http://blogs.cfr.org/asia/2016/08/01/japanese-public-opinion-on-constitutional-revision-in-2016/，accessed August 20，2016.

---

① Joseph P. Keddell，Jr.，*The Politics of Defense in Japan*（Armonk，NY：Sharpe，1993），173－205.

美国和日本于1996年一致同意将部分军队迁往关岛，同时关闭普天间海军陆战队航空基地，并将其活动转移到该县的其他地区。2009—2010年，此时转移计划仍未实现，新当选的日本民主党首相鸠山由纪夫承诺就上述一致意见进行重新谈判，以期进一步减少美国军队的足迹，并赋予冲绳县公民更大的权利来使用自己的土地。当美国拒绝修改先前达成的交易时，蒙羞的鸠山由纪夫被迫辞职。这并没有使抗议活动停止下来，这些抗议已经使转移计划几乎陷入停顿，因为冲绳人要求从根本上减少美国军队的存在，而不是仅仅进行内部转移。

在过去十年里，日本自己在东北亚地区的邻居变得更加不稳定。从2006年开始，朝鲜向日本或经过日本发射了一系列（非武装）导弹。截至2009年，朝鲜已经发展了自己的首个核武器。自2012年领导层换届以来，朝鲜的武力威胁进一步升级，其中包括威胁袭击美国驻日本的基地。2016年8月，日本防卫大臣下令日本自卫队时刻保持警惕状态，随时准备击落朝鲜的导弹。

福利政策：医疗保健和养老金

日本的医疗保健通过政府管理的单一付款人计划实现全员覆盖。该计划要求所有个人根据收入水平支付医疗保险费。服务标准低于人们常见的美国私人系统的标准，但医疗保险的范围确保了人们可以广泛获得基本的医疗服务。尽管经历了多次失败，但日本医疗保健制度的优势十分明显。婴儿死亡率（每1 000名活产婴儿中有2名婴儿死亡）在工业化国家中位居第四低的水平（仅次于卢森堡、冰岛和芬兰），日本女性的预期寿命高达87岁，位居世界第一，日本男性的预期寿命排名第四，达到了80.5岁，最近被瑞士和列支敦士登所超越。日本是在医疗保健支出占国民生产总值比例（8%）较小的情况下做到了这一点，与之相比，美国、法国、德国和英国的相应比例分别达到了15.7%、11%、10.4%和8.4%[①]。

在养老金政策方面，日本政府一直不太积极。公共和私人养老金都显得不足。在1970年代早期，随着福利成为一个突出的问题，自民党着手制定一项建设先进福利制度的计划。然而，1973年的石油危机阻碍了新福利计划的制定，结果使得这项政治策略胎死腹中。尽管如此，随着日本社会进入老龄化，总的福利支出在持续增加。图10-9显示了日本2016财政年度各类别支出占总支出账户的比例。缓慢的经济增长（因减少税收）扩大了政府的预算赤字，它的影响实际上超过了持续的福利项目。

日本社会的老龄化加剧了生活福利的成本，增加了扩大此类项目的政治愿望。1950年，只有4.9%的日本人超过65岁。到了2010年，这一比例达到了27.5%，而且，人口预测结果表明，该比例到2060年将达到40%（见图10-1）。日本政府近年来增加了医疗福利的共同支付，以期增加收入并减少服务的过度使用。由于政府要努力跟上人口统计学上的变化，这些变化增加了需要援助的人数，因此，像这样减少现有福利可能会变得更加普遍。

---

① 资料来源：World Health Organization National Health Account database（www.who.int/nha/en）supplemented by country data. 需要注意的是，有关这些数据的最近更新可在世界卫生组织国家卫生账户（NHA）网站上查阅，www.who.int/nha/en/。

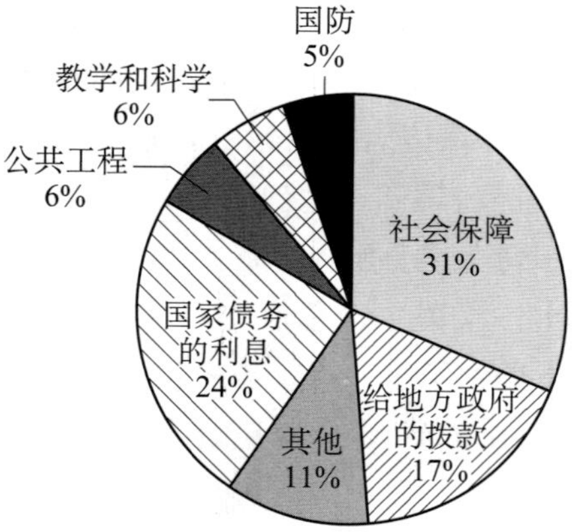

图 10-9 日本 2016 财政年度的总支出账户

中央政府转移支付给个人和地方政府的支出总计构成国家预算的一半，国家债务支付的利息耗尽了所剩预算的一半。

能源政策

确保获得可靠的廉价能源是日本最高国家安全优先事项之一。2010 年，日本超过 80%的总能源消耗来自进口的化石燃料，但是，自 2012 年以来，这一比例甚至飙升得更高，达到了 91%。如今，日本是世界上第三大石油进口国（几乎所有进口都来自中东），第二大煤炭进口国（主要来自澳大利亚）和最大的天然气进口国（大部分来自东南亚）①。2011 年 3 月的地震和海啸之后出现的福岛核反应堆熔毁导致政府关闭了所有剩余的核电生产，这加剧了日本对外国资源的需求。

在 2011 年“三重灾难”之前，日本一直是世界上第三大核能消费者，仅次于美国和法国。日本商界一直在推动核能的发展，并以此作为控制能源成本的方式，同时减少对进口的依赖并控制温室气体排放。自民党 2009 年的政党宣言体现了这种热情，并指出日本的总能源消耗对核能的依赖到 2030 年将增加至 40%。做到这一点并不容易。在日本完成核反应堆的选址与建造一直是一项持续的挑战，这在某种程度上是因为广岛和长崎的恐怖缔造了一个庞大而持久的反核联盟。日本政府与地区电力公司合作，将核电站建在经济萧条地区，这些地区愿意承担地震多发国家的核电风险，以此换取工作机会与可观的资金转移支付。

福岛核电站反应堆爆炸带来的灾难也严重摧毁了日本对核能脆弱的接受。当时，日本民主党政府关闭了日本所有的核反应堆并等候检查，政府还承诺到 2030 年代废除核能。此时，作为反对党的自民党则显得更加模棱两可，但也承诺“建立不需要依赖核能的社会经济结构”，该党反过来许诺将关注其他形式的可再生能源，如风能、太阳能和地热能②。然而，虽然自民党现在重新掌权，但政府在实现这一雄心抱负方面做得很少。政府于 2012 年短暂重启了 2 个核反应堆，但很快再次关闭，尽管政府宣布了自己的意图，但日本所有的 48 座核电站目前都处于停运状态。此时此刻，日本必须解决自己的能源困境，即如何平衡核能风险与地缘政治的脆弱性以及依赖化石燃料导致的环境退化之间的关系③。

经济自由化

自 1990 年**资产价格泡沫**（asset price bubbles）（股票和土地）破裂以来，日本经

① U. S. Energy Information Administration, Department of Energy. “Japan: International Energy Data and Analysis,” https://www.eia.gov/beta/international/analysis.cfm?iso=JPN#note, 2015, accessed August 11, 2016.

② 2012 LDP manifesto, http://special.jimin.jp/political_promise/.

③ Daniel P. Aldrich, “Post-Crisis Japanese Nuclear Policy: From Top-Down Directives to Bottom-Up Activism,” *Asia Pacific Issues*, Vol. 103 (Honolulu, HI: East-West Center, 2012).

济一直处于低迷状态。日本世界一流的银行业因堆积如山的不良贷款而难以继续维系。财政枯竭了，随之而来的是投资和未来发展动力的丧失。政府用公共工程支出来刺激经济发展付出的努力更加令人绝望，这样做的结果只会加重国家债务，是在用混凝土和“绝路桥”掩盖整个当下形势。经济学家呼吁放松管制——停止补贴，开放市场，允许效率低下的公司倒闭，允许企业家创新。“大爆炸”金融改革就是这么做的——它们消除了市场部门（如零售业）与投资银行、保险和证券行业之间的人为障碍。几十年来，银行首次被允许破产，如果它们经营不善的话。最著名的自由化倡导者是首相小泉纯一郎（2001—2006 年），然而，大多数经济学家一致认为，尽管小泉纯一郎的言辞很高调，而且，他为变革而进行的政治斗争也很壮观，但他离任后仍有许多工作要做。小泉纯一郎的继任者们无论是来自自民党，还是来自日本民主党，他们在很大程度上都受制于国会——即使他们想尝试大胆的改革，也无法获得通过。自小泉纯一郎时代以来，最大的政策成就之一是消费税的提高，这项成就由首相野田佳彦于 2012 年进行推动，但他付出了失去首相职位的代价。由于经济持续低迷，现任首相安倍晋三已经两次推迟了进一步提高消费税的计划。

考虑到自民党对受保护经济部门的选举依赖，我们就不难理解为什么日本在这么长时间里都未能放松对经济的管制。无论是哪一届日本政府放开任何市场，此举都会招致相关利害关系人（如农民、小零售商或者邮件管理员）的愤怒。好的政策并不总是能导致好的政治。日本民主党在 2007 年和 2009 年的选举中之所以能够击败自民党，就是因为它同情放松管制政策的“受害者”并呼吁建立更慷慨的福利制度。然而，一旦掌权后，该党就遭遇了支付项目费用的问题。

在 2012 年的选举竞选中，注定失败的日本民主党政府宣布，如果它再次当选，就打算加入跨太平洋伙伴关系协定的区域自由贸易协议谈判。自民党在竞选时反对跨太平洋伙伴关系协定，并从根本上向农民做出承诺，他们依然会得到保护。就在两个月后，新的自民党首相安倍晋三宣布，他打算加入跨太平洋伙伴关系协定。他说，他会要求将五个“神圣的”行业（大米、糖类、小麦、猪牛肉和奶制品）从谈判桌上移除，但跨太平洋伙伴关系协定的主旨是达成一项全面协议。跨太平洋伙伴关系协定的谈判花了两年多时间才完成，但面对美国贸易保护主义的急剧转向，该协定仍未获批准。考虑到自民党在传统上一直依赖农村的政治支持，安倍决定加入跨太平洋伙伴关系协定是令人感到惊奇的，但安倍明智地预见到，农村的选票不会旁落。他看上去似乎是正确的——在 2013 年和 2016 年上院选举以及 2014 年下院选举中，农村选区高票支持自民党。

总结：关于日本政治的思考

截至 1980 年代末，在经历了近 40 年的一党统治之后，日本政治在接下来的 20 多年里变得更加难以预测。联合政府的更迭，自民党短暂地在 1993—1994 年期间，甚至更不光彩地在 2009—2012 年期间退居在野党地位，这些都让政治观察变得更加引人注目。自 2012 年 12 月至 2016 年 7 月获得一系列选举胜利以来，自民党在过去超过 1/4 世纪的时间里首次独立控制国会两院。实际上，自民党与新公明党的持续联盟以及少数脱离原有党派后成立的小党表现出的同情可能为安倍实现其长期以来的雄心抱负（也就是，自1947年宪法颁布以来首次修改宪法）提供了必要的绝对多数。但原始数据可能具有欺骗性。召集这个联盟来将任何有意义的政策改变付诸实践实际上是说起来容易做起来难，更不用说修改宪法了。国会两院选举制度中比例代表制层面的选举使得政党纪律具有挑战性，更不用说跨党联盟的纪律，因为来自那些注定会在经济改革中遭受损失的选区的成员面临着一个可行的选择，那就是，脱离现有政党并组建新的政党。这种结构上的细微差别给政府应对政策挑战（这些挑战源自长期的经济停滞）的能力增添了沉重的负担，目前，日本经济已经有近30年没有出现任何显著的增长。政府也没有采取充分措施来应对快速老龄化社会存在的不可避免的代价。日本迫切需要或者通过更大的性别平等和更多的移民来增加劳动力，或者在部分程度上通过教育改革进而以某种方式大幅度提高劳动生产率，它很可能需要在各方面取得进展。但这些都是难以做出的政治决定，多年来，没有一届日本政府在彼此团结、享有控制权或充满勇气的情况下认真解决这些问题。看上去占据主导地位的安倍联合政府现在能否做到这一点仍有待观察。

对学习日本政治的学生而言，好消息是，日本不再是一个具有潜规则和玄妙模式的神秘国家。理解任何其他地方的政治所采用的手段同样适用于日本情境：选举规则如何激励政治家？选民如何在候选人与政党之间做出选择？选举民主的短期激励如何削弱政府解决经济发展与子孙后代福祉之长期需要的能力？目前，自民党重新完全控制了国会，但它并非无懈可击。如果反自由主义的顽固分子屈服于脱党并成立新政党（它们为选举制度中比例代表制层面的选举所固有）的诱惑，或者说如果选民对等待“安倍经济学”的成功失去耐心，反对党可能很快就会有另一个执政的机会。但它们需要找到一个有吸引力的替代信息（而不仅仅是一个成功实施精简版“安倍经济学”的不可信的承诺），该信息将反自民党力量团结起来，并足以抵消比例代表制层面选举存在的分裂压力。

复习问题

1. 在近40年的一党统治之后，为什么日本的选举政治在最近变得如此不稳定，以至于一个政党以压倒性的优势获胜，随后另一个政党也以压倒性的优势获胜等？
2. 2006—2012年，为什么没有一位日本首相的任期能够超过一年？
3. 日本战后经济保护主义的政治基础是什么？它是如何发生改变的？
4. 日本不断变化的经济形势是如何影响政治文化的？
5. 日本如何能够“解决”其社会老龄化问题？它必须做什么来治标，又能够做什么来治本？最后，政治将允许什么？你期望它将做什么？

关键词

安倍晋三	鸠山由纪夫	日本农协联盟
安倍经济学	参议院（上院）	小泽一郎
阿伊努人	众议院（下院）	马修·C. 佩里准将
盟军占领日本	日本共产党（JCP）	直辖区
第 9 条	日本社会党（JSP）	比例代表制（PR）
资本价格泡沫	菅直人	工会联盟
部落民	经连会	日本自卫队
公明党（Komeito）	小泉纯一郎	单一选区（SMDs）
日本民主党（DPJ）	自民党（LDP）	创价协会
民主社会党（DSP）	道格拉斯·麦克阿瑟将军	盟军最高统帅（SCAP）
国会	代表名额分配不公	大正民主
企业工会	明治维新	德川家族
《平等就业机会法》	野田佳彦	《美日安保条约》

建议阅读材料

Erhardt, George, Axel Klein, Levi McLaughlin, and Steven R. Reed, eds. *Komeito: Politics and Religion in Japan.* Berkeley, CA: Institute of East Asian Studies, 2014.

Estevez-Abe, Margarita. *Welfare Capitalism in Postwar Japan.* New York: Cambridge University Press, 2008.

Lipscy, Phillip, and Kenji Kushida, eds. *Japan under the DPJ: The Politics of Transition and Governance.* Washington, DC: Brookings Institution Press, 2013.

Pekkanen, Robert J., Steven R. Reed, and Ethan Scheiner, eds., *Japan Decides 2014: The Japanese General Election.* London: Palgrave, 2016.

Rosenbluth, Frances McCall, and Michael F. Thies. *Japan Transformed: Political Change and Economic Restructuring.* Princeton, NJ: Princeton University Press, 2010.

Samuels, Richard. *3/11: Disaster and Change in Japan.* Ithaca, NY: Cornell University Press, 2013.

Scheiner, Ethan. *Democracy without Competition in Japan: Opposition Failure in a One-Party Dominant State.* New York: Cambridge University Press, 2006.

Schoppa, Leonard. *Race for the Exits: The Unraveling of Japan's System of Social Protection.* Ithaca, NY: Cornell University Press, 2008.

Smith, Sheila. *Intimate Rivals: Japanese Domestic Politics and a Rising China.* New York: Columbia University Press, 2014.

Souyri, Pierre. *The World Turned Upside Down: Medieval Japanese Society.* New York: Columbia University Press, 2003.

第十一章

俄罗斯政治

托马斯·F. 雷明顿（Thomas F. Remington）

国家概况

俄罗斯

人口：1.468亿
领土：661.1万平方英里
独立时间：1991年
现行宪法的颁布时间：1993年
国家元首：总统弗拉基米尔·弗拉基米罗维奇·普京
政府首脑：总理德米特里·阿纳托利耶维奇·梅德韦杰夫
语言：俄语、少数族群的其他语言
宗教：俄罗斯东正教（74%）、其他的基督教（2%）、伊斯兰教（7%）、佛教（0.6%）、犹太教（1%）、其他宗教或非宗教（15%）

学习目标

11.1 讨论俄罗斯的“资源诅咒”和不断变化的人口统计数据形成的挑战以及解决这些挑战的三大主要障碍

11.2 描述俄罗斯总统的权力及其与其他政府部门的关系

11.3 讨论俄罗斯当今政治文化中的矛盾之处，关注民主与传统价值之间的冲突

11.4 解释俄罗斯政治社会化过程中宣传运动、教育体制、宗教和媒体的作用

11.5 描述俄罗斯政治中的直接和间接参与途径

11.6 讨论并举例具体说明后苏联时期俄罗斯利益团体的形成与活动

11.7 考察“权力党”在最近选举中的崛起

11.8 描述当代俄罗斯政治和经济结构调整之间的相互作用

11.9 简单描述俄罗斯实现法治的路径和障碍

11.10 讨论俄罗斯面临的两难国际关系

2012年5月7日，**弗拉基米尔·弗拉基米罗维奇·普京**宣誓就职俄罗斯联邦总统。2000—2008年，普京已经担任过两届总统（见专栏11-1）。随后，普京退出总统职位——遵守了宪法禁止总统连任超过两届的规定——并在**德米特里·阿纳托利耶维奇·梅德韦杰夫**担任总统期间担任总理，任期四年。再次当选为总统之后，普京立即任命梅德韦杰夫担任总理。

在梅德韦杰夫担任总统、普京担任总理的四年过渡时期，普京仍然掌控权力。有些人期望两者之间存在某种竞争，但没有出现这种情形。从形式上看，总统享有巨大的权力。梅德韦杰夫本来可以利用他作为总统的正式权力建立一个独立的权力基础，但他没有选择这样做。政权在从普京到梅德韦杰夫、然后又从梅德韦杰夫到普京的交替过程中保持了稳定。

专栏11-1

弗拉基米尔·普京

弗拉基米尔·弗拉基米罗维奇·普京于1952年10月7日出生于列宁格勒（自1991年起该城市改称圣彼得堡）。1970年，普京进入列宁格勒州立大学专攻民法。1975年毕业后，普京为克格勃工作并首先被分配到反情报部门，然后又被分配到对外情报部门。由于精通德语，普京于1985年被派往民主德国。在1990年柏林墙倒塌之后，普京又回到列宁格勒，并受雇于克格勃在一所大学工作。当他以前的一名教授索布恰克（Anatolii Sobchak）于1991年成为列宁格勒市的市长后，普京就转投他那儿工作了。

1996年，普京在叶利钦总统的班底中谋得职位。他晋升得非常迅速。1998年，叶利钦任命普京为联邦安全局局长（联邦安全局的前身是克格勃）。1999年3月，普京成为俄罗斯联邦安全委员会秘书长。同年8月，他被叶利钦任命为总理。由于果断地处理了车臣军事行动，普京的民众支持率剧增。1999年12月31日，叶利钦辞职，普京成为代理总统。随后，普京参与总统竞选并于2000年3月26日赢得绝对多数的选票。2004年普京再次参选并获胜。2008—2012年，普京退出总统职位，并在德米特里·梅德韦杰夫担任总统期间担任总理，2012年，普京再次担任总统。

普京塑造了一个强硬、果断、脚踏实地的领导人形象。总的来说，普京一般不外露情绪，表现得温文尔雅，偶尔也会允许自己用嘲讽的语言来表达某种观点。大多时候，他表现出一种和蔼且轻松的风范。他经常参与户外活动。普京在与他人打交道时沉着且谨慎。尽管普京似乎对公共政治的相互迁就感到不舒服，但他擅长处理普通市民可以直接提出问题和诉求的现场直播节目。他善于用清晰易懂的语言解释复杂的问题。会见过普京的外国商界人士和政界领袖在离开时都对他对政策细节的掌握印象深刻。

目前的政策挑战

11.1 讨论俄罗斯的“资源诅咒”和不断变化的人口统计数据形成的挑战以及解决这些挑战的三大主要障碍

俄罗斯最大的政策挑战在于，必须降低对自然资源出口的依赖。普京总统本人也反复提到这一点。俄罗斯的财富随着世界石油价格的涨跌而起伏不定。在普京担任总统的前两个任期内，俄罗斯经济保持了稳定的高增长率。之所以出现这样的结果，在某种程度上是因为对普京的领导地位充满信心。而更重要的原因在于，世界石油价格开始大幅度上涨，并在2008年之前始终保持在高位。作为石油、天然气和其他自然资源的重要出口国，俄罗斯受益于此：2000—2008年，真正的收入翻了三倍。在1990年代（这期间，俄罗斯经历了从社会主义经济体制向以市场为导向的资本主义经济体制的转型）出现十年严酷的经济紧缩和社会混乱之后，俄罗斯在2000年代前十年经历了经济复苏期。俄罗斯从向世界开放经济中获益，因为资本投资进入俄罗斯，同时原材料出口也为俄罗斯带来了巨大收入。

然而，当2008年全球范围内的金融危机爆发时，俄罗斯依赖自然资源出口获得的收入急剧下降。资本逃离这个国家（股票市场在不到一年的时间里失去了2/3的价值），负债累累的俄罗斯公司难以履行它们的义务。随着全球石油和天然气价格跌至峰值水平的1/3，俄罗斯预算收入大幅度下降，联邦预算陷入严重赤字。消费者需求下降，影响了俄罗斯的制造商。俄罗斯的经济萎缩比任何其他大国都要严重——它2009年的国内生产总值就几乎下降了8%，而且直到2010年才开始慢慢复苏。政府在2000年代经济繁荣时期留存的财政储备使这个国家免于遭受经济衰退造成的诸多最严重的影响。政府为濒临倒闭的银行、工业企业、失业救济和养老金提供了数千亿卢布。因此，很多俄罗斯人摆脱了贫困，国家也避免了大规模的金融动荡。然而，俄罗斯在2010—2012年期间经历了短暂的经济复苏之后，在2013年经济增长再次下跌，并于2015年出现负增长。世界石油和天然气价格的下降以及西方的经济制裁给俄罗斯经济造成严重的不良影响。

俄罗斯的领导人和专家十分清楚“资源诅咒”（resource curse）的危险。“资源诅咒”就是如下一种理念：在那些依赖自然资源获得收入的国家，领导人避免对人们的技能和知识进行投资。最终，这些社会的经济和政治发展水平要比资源匮乏的国家更低。中东那些盛产石油的国家通常被援引为例证。然而，尽管普京总统及其政府经常呼吁经济多样化与创新，但他们显然缺乏有效的政策工具来实现这样的多样化与创新。这体现了俄罗斯历史中反复出现的一种困境：重大改革需要国家政治领导人持续行使大量的权力来克服行政和社会团体对变革的阻力。为了实现他们的目标，现代化的统治者通常会将权力集中在自己手中，从而削弱了对国家之外的创业计划的激励举措，而这些计划是能够推动经济持续增长的。

在2009年9月发表的一篇广为讨论的文章中，总统梅德韦杰夫公开抨击俄罗斯目前的经济结构是“原始的”，因为它依赖自然资源生产，依赖其“长期存在的腐败，依赖其过时的习惯（如相信国家解决我们的问题、相信外国、相信某种‘万能主义’、相信一切，唯独不相信我们自己)”。他注意到，“我们大多数企业的能源效率和劳动生产率低得令人感到羞耻”，他还补充到，真正的悲剧在于，大多数人、管理者和国家官员似乎并不特别担心这种情况①。尽管措辞强硬，但梅德韦杰夫发现自己除了痛斥这些问题之外无能为力。

俄罗斯面临的另一项严重的政策挑战是其人口危机。在苏联解体以来的大多数年份里，死亡人口超过出生人口。人口迁入（尤其是来自中亚）在一定程度上弥补了自然人口的损失，但也带来了其他困难。出生时的预期寿命很低，特别是男性，尽管在过去十年里预期寿命已经增加（男性预期寿命是 65 岁，与印度和巴基斯坦大致相同）。在遥远的北方和远东地区，有大量人口外流到气候较暖的地区，这危及在苏联时期建成的一些偏远城市的可持续性。地理流动性存在的障碍，如远距离、高交通成本、流动性差的住房市场，进一步加剧了不同地区之间生活标准的巨大差异。有些地区欣欣向荣，而有些地区则是深陷贫困和停滞的泥沼。

俄罗斯的领导人尽管承认本国所面临问题的严重性，但却无法克服解决这些问题的过程中遇到的障碍。以下三个方面尤其被证明是绊脚石：国家官员抵制任何削弱其权力的改革；广阔无垠的疆域阻碍了控制和协调官僚活动的努力；苏联遗留下来的发展模式将资源主要集中于大型国有企业，这些企业通常位于偏远的艰苦地区，它们几乎不可能转变为在全球市场具有竞争力的资本主义公司。综合来看，这些因素严重阻碍了政治和经济的改革。

当代宪法秩序

11.2　描述俄罗斯总统的权力及其与其他政府部门的关系

在俄罗斯，尽管政治权力的行使受到不成文规范和理解的指导至少与受到宪法明确规定的指导一样多，但理解政府的正式结构依然很重要。宪法体现了一些形式上的民主原则，但这些原则如何运用于实践却存在很多模糊之处。

总　统

叶利钦的宪法将总统制和议会制的因素相结合。（见图 11－1 有关俄罗斯宪法结构的示意图。）尽管宪法规定行政、立法和司法机关分立，规定中央和地方各级政府之间的联邦权力划分，但它仍然授予总统广泛的权力。总统由直选产生，任期六年，而且连续任期不能超过两届。总统任命总理领导政府。但是政府要继续掌权，必须获得议会的信任。尽管宪法没有规定总统是行政部门的首脑，但他实际上就是如此，因为他有权任命总理和政府的其他官员，有权颁布具有法律效力的**总统法令**（presidential decrees）。（颁布法令的权力在某种程度上是受到限制的，因为所颁布的法令不能违反现有法律，并可能会被立法所取代。）

自 1993 年宪法被通过以来，一些非正式的做法逐渐控制了中央权力的行使。例如，总统和政府分担行政责任。政府受总理

① President Dmitry Medvedev, “Rossiia, vpered! [Go, Russia!],” as published on the presidential website http://kremlin.ru on September 10, 2009.

领导，主要负责经济和社会政策。总统直接监督政府各部委以及与武装力量、执法和国家安全有关的机构，这些机构也被称为“力量部门”（force ministries）。它们包括外交部、国防部、内务部（该部控制正规警察和安全部队）、联邦安全局（FSB，以前称为克格勃）以及其他的一些安全和情报机构。总统及其幕僚制定外交和国内领域的总体政策，政府提出实施这些政策的具体建议和规则。实际上，政府向总统负责，而不是向议会负责。通常的模式是，政府的支持基础在于总统，而不是议会中政党的特定联盟。

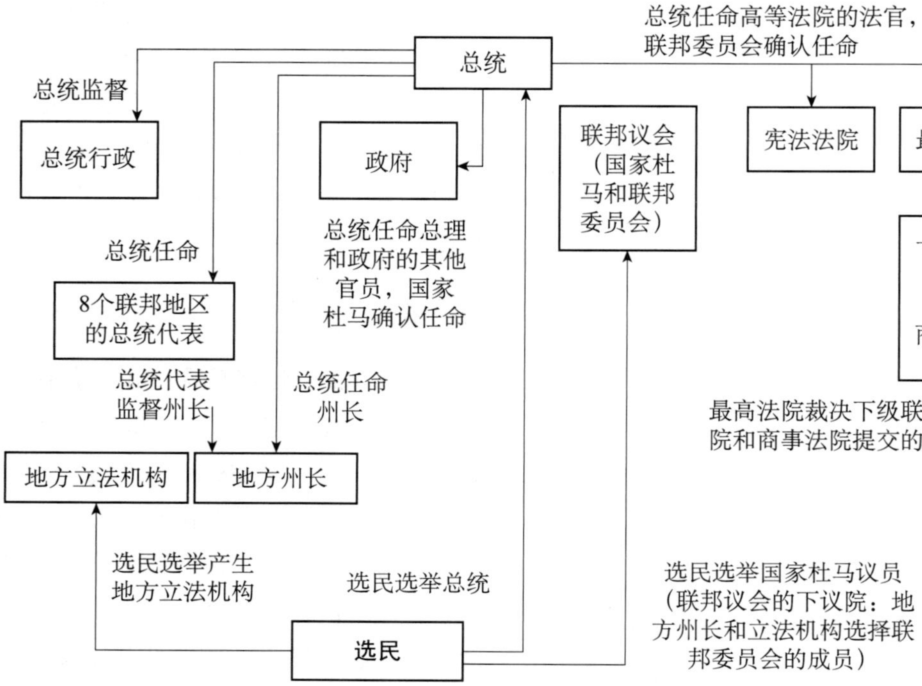

图 11-1　俄罗斯的政府结构

政府的三个部门和国家的三个层次构成了俄罗斯政府。

虽然整个体制明显向总统倾斜，但议会确实具有某种独立行动的可能性。然而，它行使权力的能力取决于议会中被代表的政治力量构成和多数派的凝聚力。任何议案要成为法律必须获得议会的同意。总统对总理的提名必须获得国家杜马（议会的下议院）的确认。如果国家杜马连续三次投票拒绝同意总统的提名，总统必须解散杜马并组织新的选举。同样，国家杜马也可以投票否决对政府的信任。如果不信任动议被提出两次，总统必须或者解散议会，或者解散政府。在叶利钦总统的任期内，杜马可以反对叶利钦的一些立法动议。然而，自 2003 年以来，它在很大程度上只是一个橡皮图章。宪法允许总统、政府和议会之间存在各种各样的关系类型，这取决于总统支配政治制度的程度。

除了这些权力之外，总统作为宪法规定的“国家元首”、“宪法的捍卫者”和武装力量的总司令，还拥有其他大量正式和非正式的权力。他监督庞大的总统行政管理机构，该机构负责监督联邦政府并密切关注地方政府。从非正式意义上说，总统行政管理机构还要发展与议会、法院、大型企业、媒体、政党和主要利益团体的关系。

总统还要监督很多官方和半官方的监督与咨询委员会，这些委员会都是由总统利用其法令颁布权创建并受其管理的。其中之一就是**安全委员会**（Security Council），它的主席由总统担任。除了总统之外，安全委员会还由一个常务秘书长、权力部门和其他与安全相关的机构的首脑、总理、议会两院的议长组成。安全委员会的权力是广泛的，但又是模糊的。普京有选择地利用该委员会提出的政策建议，这些建议不仅涉及外交和国防政策问题，而且涉及与行政部门组织有关的一些代表性问题。而且，普京甚至会利用该委员会就公共道德问题发表意见①。

另一个突出的咨询机构是**国家委员会**（State Council），它由地方政府的首脑组成，因此与联邦委员会是并行的。还有另一个机构是**公众院**（Public Chamber），它由 168 名来自市政组织、职业组织、艺术组织和其他非政府组织的代表成员组成。公众院的目的是审议公共政策问题，就有关悬而未决的政策问题向议会和政府提供建议，以及在社会与国家之间建立联系。像国家委员会一样，它是一个总统可以随意咨询的准议会审议机构。所有这三个机构都复制了议会的某些审议和代表功能，因此，它们削弱了议会的作用。无论是在叶利钦时期还是在普京时期，它们都表现出一种趋势，即总统可以创建和解散那些直接对他负责的新机构。这些临时的机构不仅可以提供政策建议和信息反馈，而且对总统在政治上制衡那些宪法规定的机构（如议会）非常有用。它们有助于确保总统在政治体系中具有支配地位，但是，它们也破坏了其他宪法机构的权威。

政 府

*政府*指的是行政部门的高级政策领导阶层，它由总理、多位副总理、各个部委和国家机构的领导组成。它负责制定国家政策的主要路线（尤其是经济和社会领域的政策）并监督其实施。（总统监督外交和国家安全政策的制定与执行。）就此而言，政府相当于西方议会制下的内阁。但是，与大多数议会制相比，俄罗斯政府的组成并不直接取决于议会中的政党构成。实际上，政治力量在杜马中的分布和政府中的政治平衡之间几乎不存在任何关系。政府的所有成员几乎都是职业经理人和管理者，而不是政党政治家。总体上说，政府不是一个政党政府，但它体现了总统关于如何衡量诸如个人忠诚、职业能力以及在选择内阁部长时主要官僚派系的相对力量等因素的考虑。尽管人们对如下理念反复展开讨论，即在杜马中占据多数地位的政党应该有权任命政府首脑，但是，没有一个总统愿意实现这一模式。毫无疑问，他们担心这样会削弱自己在治理过程中的行动自由。在普京总统时期，政府首脑明显从属于总统。

议 会

议会（也称联邦会议）是两院制。下议院被称为**国家杜马**（the State Duma），上议院

---

① 2013 年 4 月，安全委员会主席指示他的下属“在精神伦理领域提出加强国家安全的建议”。安全委员会的代表们无法确定主席在想什么，但他们认为这可能与反对同性婚姻有关。具体参见：Taissiia Bekbulatova，Lvan Safronov，and Maksim Lvanov，“Na strazhe dukhovnoi bezopasnosti，” *Kommersant*，April 25，2013.

被称为**联邦委员会**（the Federation Council）。立法首先由国家杜马提出。正如图 11－2 所示，一旦某个议案在国家杜马获得通过，它就会被提交给联邦委员会审议。联邦委员会的审议结果只能是通过或拒绝，或者在拒绝的同时要求成立一个协议委员会（该委员会由议会两院的成员组成）来消除分歧。如果国家杜马拒绝上议院提议的修改，它可以在获得 2/3 票数的情况下推翻联邦委员会的意见，并直接将议案提交总统签署。

当议案在议会获得通过后，它就会被提交给总统。如果总统拒绝签署，该议案就会被返回给国家杜马。国家杜马可以在获得简单绝对多数的情况下通过一份议案修正案，但该修正案必须体现总统的反对意见。或者，国家杜马可以推翻总统的否决，但必须获得 2/3 的多数票。如果总统的修正案被接受，联邦委员会也必须在获得简单多数票的情况下通过议案，如果联邦委员会选择推翻总统的修正案，它必须获得 2/3 的多数票。国家杜马很少（自 2000 年以来从未）推翻总统的否决；比较常见的是它推翻联邦委员会的意见。在某些情况下，国家杜马可以在接受总统提议的修正案后通过曾经被总统拒绝的议案。自 2003 年以来，总统对国家杜马的控制是如此强硬，以至于总统和议会之间几乎不存在分歧或者分歧微不足道。

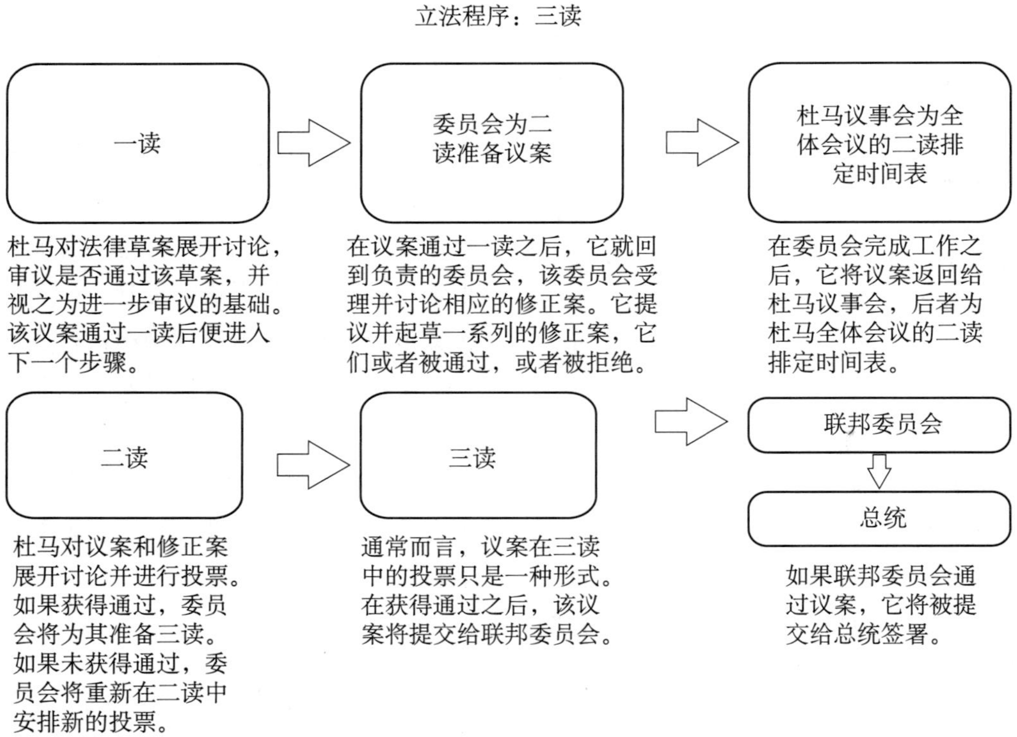

图 11－2　立法过程：议案如何成为法律

每名议员都被分配到一个常设立法委员会中。提交杜马的议案根据主要议题的内容被分配给各个常设委员会。这些委员会收集和审查拟议的修正案，然后将议案连同委员会的建议一并报告给议院全体会议投票表决。议案要通过三个投票阶段，其中第三阶段是正式批准经由二读通过的修正案。

联邦委员会被设计为联邦主义的一个工具，因为联邦的每个成员单位都有两个代表席位，这就如同美国的参议院一样。因此，与人口比较密集的地区相比，那些人口较少的少数民族地区就有较多的代表。联邦委员会拥有重要的正式权力。除了对国家杜马通过的议案发挥作用之外，它还批准总统对高等法院的提名，如最高法院和宪法法院。联邦委员会必须批准颁布戒严法或国家紧急状态的总统法令以及任何改变领土边界的法案。它必须审议涉及税收、预算、金融政策、条约、海关和宣战的任何立法。然而，宪法还规定，在每个地区的两名联邦委员会成员中必须有一名成员代表立法部门，而另一名成员必须代表行政部门。事实证明，很难找到一种办法使这种要求与直接选举代表的原则相协调。

行政与立法的关系

在 1990 年代，总统和议会之间的关系总是闹得很僵。1993 年和 1995 年选举产生的头两个国家杜马都由共产党和其他的左翼派系控制，它们对叶利钦总统及其政府政策充满敌意。在经济政策和私有化领域尤其如此。在其他问题上（如联邦关系问题），国家杜马和总统通常能达成一致——有时还会共同应对联邦委员会的抵制，因为该委员会的成员总是寻求保护地方特权。

在 1999 年选举产生的国家杜马中，大部分议员都支持政府。普京总统及其政府在国家杜马中建立了可靠的支持基础，它们主要来自由四个中立政治派系组成的联盟。2003 年选举使总统在国家杜马中获得更广泛的支持，使统一俄罗斯党获得压倒性的多数，这就意味着，总统不需要付出太多的努力和杜马讨价还价，就能赢得后者对其政策的支持。同样，2007 年 12 月选举产生的第五届国家杜马和 2011 年 12 月选举产生的第六届国家杜马都由统一俄罗斯党控制，并对普京和梅德韦杰夫团队继续给予忠诚的支持。在 2016 年选举产生的国家杜马中，统一俄罗斯党占据了 3/4 以上的席位。

尽管多数党内部的投票纪律水平类似于威斯敏斯特议会的风格（这也是可靠地支持政府计划的举措），但杜马和政府之间的关系却有所不同。在威斯敏斯特类型的背景下，议会和政府拥有相互抵消的权力。如果政府失去在议会的多数地位，它就必须在新的选举中面对选民。议会的多数成员更喜欢尽可能长时间地占据自己的席位，因此，他们都会投票支持政府的提议，以避免议会解散和新的选举。出于同样的原因，政府通常也不愿意面对议会议员的抵制和失去多数地位的可能性。因此，政府和多数党议员相互依赖。在俄罗斯，议会议员几乎没有支配性政党（统一俄罗斯党）之外的政治资源，该政党受控于总统和政府。政党的议会议员无法与行政抗衡。藐视政党纪律的议员可能会被开除（从而失去他或她的席位），因此，议员几乎没有任何其他的选择。然而，在未来，如果社会中政治力量的结盟出现重大变化，这就可能导致行政权和立法权之间存在一种截然不同的关系。

司法机构和法律执行

在法律体系中，主要的制度性参与者是检察院（procuracy）、法院（司法机构）和律师。每一种参与者在后共产主义时期都经历了重大改变。

检察院 从传统上看，俄罗斯的法律体系赋予检察院大量的权力，它被认为是法律体系中最具有威望的部门。检察院类似于美国联邦和州的起诉检察官制度，但前者承担更广泛的责任，它是一个由检察总长领导的中央化等级机构的组织。检察院负责打击官僚机构中的犯罪、腐败和权力滥用。它寻求确保所有的国家官员和公共组织遵守法律。它负责调查刑事指控，将案件起诉至法院。检察院在传统上就是对国家官员滥用权力的主要约束。但是，由于有效监督庞大的国家官僚机构会有很多困难，检察院在承担配置给它的广泛责任时显得力不从心。尽管检察院名义上独立于行政，但总统任命检察总长（经由联邦委员会确认），并且非正式地监督任何政治上的重大案件。

司法机构 与检察院在传统上对俄罗斯造成的影响相比，法院一直相对软弱。主审法官通常是法律职业中最没有经验和收入最低的成员，而且在面对外部的政治和行政压力时也是最为弱势的群体。尽管国家官员总是将司法独立原则挂在嘴边，但是，他们又经常在实践中通过指示法官如何对政治上的敏感案件做出判决，从而违反司法独立原则，这种行为被称为**电话司法**（telephone justice）。与此同时，自苏联解体以来的很多改革旨在使司法行政更有效率，有些改革还增加了被告在刑事案件中的权利。例如，在1990年代，好几个地区都在重大刑事案件中尝试性地引入陪审团审判，从此以后，这种审判模式就被推广到全国的重大刑事案件中。采用陪审团制度的目的是让司法制度更具对抗性，以便使控辩双方在法庭上具有同等地位，法官成为他们之间的中立裁判者①。在一些受到高度关注的案件中，如果陪审团认为检察院的起诉无法令人信服，他们就认定被告无罪。

俄罗斯的司法机构是一种单一制的等级结构。具有普遍管辖权的所有法院都是联邦法院。除了具有普遍管辖权的联邦法院之外，还有其他专门类型的法院——其中包括**商事法院**（arbitrazhnye sudy）、民族共和国的宪法法院、地方市级法院（相当于治安法官）和军事法院。大多数刑事审判都在具有普遍管辖权的区级和市级法院举行，它们对大部分刑事诉讼享有初审管辖权。高级法院（包括地区法院和共和国法院）审理来自下级法院的上诉案件，它们对某些案件也享有初审管辖权。在具有普遍管辖权的法院中，位于等级结构最高层的是俄罗斯最高法院，它审理下级法院移交的某些案件，也会就司法问题向下级法院发出指示。最高法院无权挑战法律以及立法和行政部门其他官方行为的合宪性。宪法将上述权力授予了宪法法院。根据宪法规定，最高法院的法官由总统任命，并经由联邦委员会确认。

商事法院形成了一种独立的等级制度，它们负责审理公司之间或者公司与政府之间的民事纠纷案件。最高法院不仅监督商事法院，而且监督普通联邦法院系统。

司法部监督整个法院系统，并满足其物质和行政需求。然而，司法部对法律体系的影响是有限的，因为它缺乏对检察院的任何直接权威。

律师 在刑事和民事问题上代表公民和

① 一次莫斯科陪审团审判的生动描述，可以参见：Peter Baker and Susan Glasser, *Kremlin Rising: Vladimir Putin's Russia and the End of Revolution* (New York: Scribner, 2005), 231－250.

组织的代理人被称为辩护律师（advokaty）。他们类似于英国的出庭律师和美国的诉讼律师。随着市场经济的发展，他们的作用大幅拓展。他们一直依赖自己的自治协会享有某种程度的自主权，通过这些协会，他们选举官员并管理新执业者的准入。最近几年，辩护律师的地位和知名度显著提升。私人律师事务所剧增。律师职业之所以具有吸引力，是因为它为人们挣取高收入提供了机会。很多律师因为承办受到高度关注的案件而成为名人。

宪法法院 在后共产主义的俄罗斯法律体系中，最为重要的改革之一是建立法院对政府官方行为实施宪法审查。**宪法法院**（Constitutional Court）在很多领域都有权解释宪法。它对与议会程序相关的数个争议问题做出了判定。它推翻了俄罗斯的一些民族共和国通过的法律，废除了《俄罗斯刑法典》限制个人权利的某些条款。2013 年，宪法法院做出了一项重大判决，即允许选民个人抗议他们的选区滥用选举法的行为（法院先前已经判定，只有候选人和政党才有权在所谓的选举舞弊案件中享有上诉的权利）。通常而言，在个人与国家当局之间的争论中，法院总是做出有利于个人的解释，进而再次确认个人法定权利的范围。它始终捍卫联邦宪法对地区政府的主权地位。

然而，在涉及总统权威领域的案件中，法院通常听从总统的意见。在 1990 年代，首批且最为重要的判决之一涉及一组共产党议员针对叶利钦总统颁布向车臣宣战的法令而提出的挑战。法院判定，总统有权利用自己的宪法权力（颁布具有法律效力的法令）来发动战争。在其他被指控不太强烈的问题上，法院确立了对总统权威的法定限制。例如，法院判定，在议会推翻总统的否决后，叶利钦不能拒绝签署法律。

中央政府与地区

随着苏联的解体，很多俄罗斯人担心，俄罗斯也将瓦解成一块块独立的领地。俄罗斯的领土完整的确受到严重的威胁。在叶利钦总统时期，中央政府授予地方政府广泛的自主权以换取政治上的支持。叶利钦的步伐迈得如此之大，以至于和多个地区签署了一系列双边协议，从而使联邦政府和已签署协议的地方政府各自的权利与责任法制化。然而，在普京总统时期，联邦政策的钟摆大幅摆向中央集权。

人口因素是俄罗斯没有走向解体的原因之一。俄罗斯 80%的人口是俄罗斯族。任何一个少数民族的人口比例都没有超过总人口的 4%（最大的少数民族是鞑靼人，人口大约有 530 万，而俄罗斯的人口总数是 1.46 亿）。后苏联时期的俄罗斯重建民族共同体受益于俄罗斯长达千年的国家历史。然而，在 1991 年之前，俄国从未被认为是一个民族国家：在沙皇统治时期，它是个多民族的帝国；在苏联统治时期，它是一个社会主义共和国的联邦同盟。几个世纪以来，国家的民族政策也是不断改变的。在某些时候，俄国大量承认自治的种族和民族共同体，并容忍它们之间的文化差异。但在另一些时候，俄国又对非俄罗斯族群体施加压力，迫使它们接受俄罗斯文化。

在苏维埃政权下，俄罗斯被正式确立为一个联邦共和国。与苏联相比，俄罗斯（它是前者最大的组成部分）只有部分组成成员属于正式承认和代表特定少数民族的种族/

民族区域①。其余的都是纯粹的行政单位，它们的人口主要是俄罗斯族。非俄罗斯族的种族/民族区域按照面积和地位被归类为自治共和国、自治省和民族区。在很多这些地方，土著族群仅占人口的少数。截至 2016 年，俄罗斯由 85 个构成性区域单位组成，它们被官方称为“联邦的主体”。它们代表了 6 个不同类型的单位。共和国、自治区（除了一个自治区之外，其他的自治区都位于其他单位内）和一个自治州为少数民族提供正式的政治代表，州（省）、边疆区（领土）和三个具有联邦地位的城市（莫斯科、圣彼得堡以及 2014 年之后的塞瓦斯托波尔）被当作没有特别宪法地位的普通行政区划来对待。

普京总统所寻求的集权化措施之一是，将较小的民族区合并到周围较大的单位之中。在大多数情况下，较小的民族区都很贫困，希望通过成为统一领土的一部分而享有更好的生活水平②。随着民族区成为联邦的一个组成单位，合并者也减少了互惠权和政治上的发言权③。然而，自 2000 年代中期最初的合并浪潮以来，再也没有出现更多的合并。

各个民族共和国小心翼翼地守卫着自己的特殊地位。1990—1992 年，所有的共和国都通过了主权宣言，还有两个共和国试图宣称完全或部分独立于俄罗斯。然而，只有**车臣共和国**（the Chechen Republic）诉诸武装力量来支持自己的主张。车臣共和国是位于黑海和里海之间、北高加索山区的一个以伊斯兰教为主的民族共和国。1991 年，车臣共和国总统宣布从俄罗斯联邦独立出来。俄罗斯拒绝承认这一行为，但起初并没有打算武力镇压。然而，当两者之间的协商失败后，1994 年 12 月，俄罗斯的军队直接对车臣共和国发起攻击，其首都格罗兹尼（Grozny）遭受毁灭性的轰炸。这迫使成千上万的车臣和俄罗斯居民背井离乡，并导致了一场长期的破坏性战争。1996 年夏天，战争停止，但在 1999 年再次爆发。截至 2000 年初，联邦军队已经控制了车臣大部分地区，但是，车臣的游击队继续对联邦军队实施伏击和自杀性攻击。

在 1990 年代中期，一种宗教激进主义取代了民族独立，成为车臣叛乱运动的指导意识形态。车臣游击队诉诸恐怖主义袭击（其中包括自杀式恐怖主义），以北高加索地区和莫斯科的平民为目标。最令人震惊的一次事件发生在 2004 年 9 月，当时，他们占领了车臣附近贝斯兰（Beslan）镇的一所学校（见专栏 11-2）。对很多车臣人而言，联邦军队用来镇压暴动的残酷手段激起了他们对联邦政府的继续仇恨，这反过来又促使恐怖分子招募新的成员。随着时间的推移，在拉姆赞·卡德罗夫（Ramzan Kadyrov）总统的统治下，车臣的秩序得以恢复，格罗兹尼的大部分地区得以重建。但是，袭击与报复

① 关于苏联的民族政策，可以参见：Terry Martin，*The Affirmative Action Empire*：*Nations and Nationalism in the Soviet Union*，1923—1939（Ithaca，NY：Cornell University Press，2001）.

② Julia Kusznir，“Russian Territorial Reform：A Centralist Project That Could End Up Fostering Decentralization?” *Russian Analytical Digest* 43（June 17，2008）：8-10，http：//www.files.ethz.ch/isn/56388/Russian_Analytical_Digest_43.pdf.

③ J. Paul Goode，“The Push for Regional Enlargement in Putin's Russia，” *Post-Soviet Affairs* 20，3（July-September 2004）：219-257.

继续时而出现，尤其是在那些靠近车臣的民族共和国。在整个北高加索地区，失业和社会混乱都非常严重，这为因宗教而引发的暴力行为创造了有利条件，这些暴力有时甚至会蔓延到北高加索地区和俄罗斯本身的边境之外①。

专栏 11－2

贝斯兰

在整个俄罗斯，9月1日是每年学校开学的第一天。孩子们通常在父母的陪伴下来到学校，并带着鲜花献给老师。由车臣军事头目巴萨耶夫（Shamil Basaev）组织的一个团体选择于2004年9月1日实施其可怕的袭击。一组全副武装的激进分子袭击了紧邻车臣的北奥塞梯（North Ossetia）共和国小镇贝斯兰的一所学校。他们劫持了1 000名学校儿童、父母和老师作为人质。恐怖分子将被劫持人群集中在学校的体育馆，并在里面安装了炸药从而防止任何营救行动。恐怖分子不允许将水和食物运往学校。释放人质的协商未能获得成功。

在被围困的第三天，校内一枚炸弹突然爆炸。在随后的混乱中，很多孩子和成人拼命逃跑。恐怖分子朝他们射击。联邦军队对学校展开了猛攻，试图营救正在逃跑的人质并击杀恐怖分子。恐怖分子安装的很多炸弹都爆炸了。最终，大约有350名人质死亡，大多数恐怖分子也丧生其中。

媒体对这件事展开了广泛报道。贝斯兰悲剧对俄罗斯民族意识产生了更大的影响，这类似于美国的“9·11”事件。尽管先前也有很多与车臣恐怖分子密切相关的袭击，但没有一次袭击导致这么多的无辜生命丧生。

普京宣称这些恐怖分子是国际恐怖主义运动的一部分，旨在瓦解俄罗斯本身，并避免将这次事件与俄罗斯的车臣政策相联系。为了回应这场危机，普京要求采取措施加强国内安全。他还要求强化行政权的中央化，其中包括取消州长的直接选举。大多数观察人士认为，不管怎么说，普京本来就想做出这些变化，贝斯兰悲剧只是为他提供了实施这些变化的一个政治借口。贝斯兰是一场悲剧，它表明始于车臣的这场叛乱已经拓展到整个北高加索地区。

幸运的是，车臣是一个例外的情形。就其他的民族共和国而言，莫斯科与它们达成了调和协议，承认这些共和国一定程度的自主权，以换取其接受俄罗斯的主权。所有22个民族共和国都正式享有决定自己国家权力形式的宪法权利，只要它们的决定与联邦法律不相矛盾。在很多情况下，共和国领导人都围绕民族团结和本土民族群体的文化自主来建立个人的权力基础。他们通常会利用这种权力在自己的辖区范围内建立个人独裁。莫斯科容忍这样的政治机器，只要它们的领导人保持忠诚并维持稳定。

普京总统再次明确宣称联邦政府对地方的权威。2000年联邦委员会的改革只是朝这个方向努力的一个步骤。另一个步骤是普京在2000年5月13日颁布总统法令创建7个（后来又扩展到8个）新的“联邦地区”。他向每个地区任命一名总统特别代表，由其监

① 关于车臣战争，参见：Daniel Treisman，*The Return*：*Russia's Journey from Gorbachev to Medvedev*（New York：Free Press，2011）.

督该地区范围内地方政府的行动。这场改革试图加强中央对地区联邦机构活动的控制。在过去，联邦机构的地方派出部门总是受到强大的州长的影响。

还有一个非常重要的措施是废除州长（包括民族共和国的总统）由直接普选产生。在2005年之前，地方行政长官由直接普选产生。然而，从2005年到2012年，由总统任命州长。毫无疑问，普京希望被任命的州长能够更负责任、更有效率，但是，这场改革被证明具有诸多缺陷，因为被任命的州长在所在地区拥有的政治权威不如民选州长。因此，2012年，普京又在俄罗斯恢复州长的直接选举制，但这一次的特点在于，总统可以控制选举结果并可以解雇民选州长。

在地区政府层次之下的是那些被认为享有自治权的单位，如市和其他的地方政府。地方自治权被大幅扩展到很多单位，如城市地区、农村地区以及一些小部落，结果使得地方自治单位的总数达到2.2万个。从原则上说，地方自治应该允许地方政府在住房、公用设施和社会服务等方面享有充分的政策制定自主权（这也能减少联邦政府在提供这些服务时的负担）。然而，法律并没有为这些地方性实体规定固定的、独立的税收来源。因此，它们的预算收入在很大程度上都要依赖地区政府。对它们来说，地区政府拒绝允许地方政府行使自己任何重要的权力。在很多情况下，地区首府的市长就是地区州长的政治对手。莫斯科和圣彼得堡是例外，因为它们像共和国和地区一样具有联邦地区主体的地位。在其他地方，市政府必须和上级的地区政府讨价还价来分享权力。而且，2000年代的中央集权化趋势已经延伸到地方政府，因为越来越多的地方已经由任命的市长或城市管理者替代了民选市长。

俄罗斯后共产主义时期的宪法安排给权力的任意行使留有相当大的余地。叶利钦和普京对他们的总统命令都采取了广义的解释，尽管普京总统反复呼吁坚持法治，但他也继续严重依赖非正式权力的通常做法。下级行政部门（尤其在地区层面）对待自己的权力采取的是同样扩张性的观点。尽管俄罗斯离法治理想还有很长的路要走，但后共产主义政权允许组织化社会团体之间的竞争与协商，这要比共产主义政权更为开放得多。允许讨论和批评的范围要比苏联时期广泛得多，利益表达和聚集也更为开放得多。与此同时，任何组织化的政权反对派很可能遭到政治压制。

在共产主义政权瓦解之后最初确立的宪法安排的实际运行取决于国家和社会的力量平衡。普京总统已经重创了组织化政治反对派的元气，但他接受有限的公民自主活动，只要这种活动不会侵犯他的权力。在这种体制下，选举定期举行。执政当局对电视和广播进行控制，尽管他们允许印刷媒体和互联网媒体享有更大的自由。企业在追求自己的经济利益时被赋予足够的支配权，但是，它们不能资助对当局发起的政治挑战。社会组织可以提交政策建议予以讨论。但是，选举不是决定谁来治理或者政府将执行何种政策的手段：执政当局几乎不允许选举产生意外的结果。21世纪头十年的权力中央集权化与其说它为当局提供了一种控制官僚机构的有效方式，不如说它有效地将政治反对派排除在外。

在不改变宪法正式规则的情况下，叶利钦和普京对总统权力的使用截然不同。叶利钦的统治不具有稳定性，甚至有些冲动，但他尊重对权力的某些限制：他不压制媒体批评，他容忍政治反对派[①]。面对反对派所领导的议会，叶利钦愿意与对手达成妥协从而颁布立法。尽管如此，叶利钦依赖一小群备受青睐的**寡头**（oligarchs）（他们是与政府保持密切联系的商业巨头）的支持，并允许他们积累巨额财富和施加内幕影响。同样，叶利钦允许地方性巨头肆无忌惮地藐视联邦当局，因为他发现容纳他们要比同他们做斗争成本要低得多。在叶利钦执政时期，国家能力的丧失说明了政治体制过度集中的一个危险：一旦总统不能有效地指挥政府部门，权力就会转移到其他权力中心。

当普京上任时，他承诺要扭转国家政治控制和责任的崩溃。普京公开宣称要建立一种以尊重法治为基础的体制。

后苏联时期俄罗斯的政治文化

11.3 讨论俄罗斯当今政治文化中的矛盾之处，关注民主与传统价值之间的冲突

俄罗斯的政治文化是如下诸多因素的产物：长达数世纪之久的专制统治、20 世纪的战争、教育和生活水准迅速但不稳定的改善、不断接触西方政治生活标准、政权对教育和通信的控制等。由此产生的当代政治文化是一套矛盾的价值观，即一种坚定的民主价值核心信念总是与如下坚定信念相伴随——强大国家的重要性以及对大多数现有国家机构的深度不信任。大约 3/4 的人认为，俄罗斯应该是一个民主国家[②]。绝大多数人还认为，政党竞争与选举在理论上是有益的。与此同时，大多数人承认国家需要一位有能力的总统的坚定领导，同时称赞普京恢复了国家秩序。很多人认为西方民主是俄罗斯最好的选择，同时大约同样多的人认为回归苏联体制是俄罗斯最好的选择（28%对 27%）[③]。短期影响和长期影响都能塑造俄罗斯人关于政治的看法。

一般来说，俄罗斯人是根据政权提供稳定、繁荣和安全的能力对其做出判断的。很多俄罗斯人无法原谅戈尔巴乔夫和叶利钦，因为他们所追求的政策导致苏联解体、普遍的贫困、少数人以不择手段的方式聚敛巨大财富，以及国家失去其作为世界超级大国的地位。有些人甚至认为，民主和市场经济的理想代表了沿着西方路线重塑俄罗斯的努力是错误且充满恶意的。因此，恢复俄罗斯国家的权力和威望就成了判断政权价值的标准。

对民主的评估还包括它有能力让个人在物质层面受益。在最近的一次民意调查中，当被问到就他们个人而言什么自由最为重要时，超过一半的受访者将“在生病、失业或贫困的情况下受国家保护的自由”以及“购买我想要的东西之自由”列为最重要的自由；只有 13%和 10%的人分别将“为竞争性政党投票的权利”和“参与政治示威的权利”列为最重要的自由[④]。46%的人认为选择工作的自由对他们个人而言非常重要，只有 30%的人认为宗教自由对自己很重要，而

① Timothy J. Colton, *Yeltsin: A Life* (New York: Basic Books, 2008).

② Henry E. Hale, "The Myth of Mass Russian Support for Autocracy: The Public Opinion Foundations of a Hybrid Regime," *Europe-Asia Studies* 63, 8 (October 2011): 1364.

③ Viktor Khamraev, "Rossiiane vidiat vokrug demokratiiu," *Kommersant*, March 20, 2012.

④ Levada Center, May 26, 2010, http://www.levada.ru/press/2010052618.html, accessed May 30, 2010.

38%的人认为获得财产（如不动产和汽车）的自由很重要。

这种对待民主的实用主义观点有助于解释为什么很多俄罗斯人称赞普京对民主的加强。很多人并不认为“自由”和“秩序”是必要的敌人，相反，他们承认自由只有在一个有秩序的社会中才有可能实现。但是，如果被迫在自由与秩序之间进行选择，俄罗斯人对两者的支持率相当平均。基于广泛的民意调查，政治学家亨利·黑尔（Henry Hale）提出，俄罗斯支持“委任式民主”（delegative democracy）。也就是说，他们需要一个拥有大量权力来处理本国问题的强大领导，该领导可以被罢免，经由选举产生，并尊重反对派的权利①。

如果我们考虑塑造俄罗斯政治文化的那些长期力量和最近的历史影响，我们就能够理解这些竞争性的影响因素了。

1980年代后期和1990年代早期的改革增加了人们的预期，即一旦摆脱共产主义，俄罗斯将迎来生活水平的重大提高。然而，旧政权垮台之后的生活水平急剧下降消解了任何这样的信念：改变原来的政治和经济体制可以使这个国家一夜回春。俄罗斯人还普遍认为，考虑到俄罗斯的历史发展，它必须采取一种独特的政府形式。

而且，俄罗斯人倾向于认为，政治秩序是脆弱的，外部世界充满敌意，这是执政当局努力提倡的一种观点。长期以来，俄罗斯人被灌输这种观点，即国家内部凝聚力的削弱会招致外部势力的掠夺，俄罗斯历史上的很多事件都证实了这种信念。普京的领导层认为，反对独裁的民众起义会引发无序、暴力甚至内战。很多俄罗斯人对此表示同意。在2015年，当被问到他们对国家最大的担心是什么时，俄罗斯人最常见的选择是将战争、内战和种族间冲突作为仅次于通货膨胀的三大威胁②。

民意调查还表明，公民对现有的大多数政治机构没有什么信心，然而，他们对总统和教会却充满足够的信心，如图11－3所示。公民对民选机构（如议会）的信心很低，对政党的信心最低。绝大多数俄罗斯人相信，他们未能获得保护从而免受国家的任意对待：只有1/4的人认为，在面对警察、法院、税务机关和其他国家机构滥用权力时，他们感受到了某种程度的保护③。

对国家实力的关心也体现在公众对普京总统所取得的政绩持有的看法。当被问到弗拉基米尔·普京作为总统取得哪些成就时，受访者对他恢复俄罗斯国际地位和国内秩序的努力给予最高的评价。

因此，政治文化融合了矛盾的元素。俄罗斯人确实重视民主权利，但经验告诉他们，在民主的旗帜下，政治家可能会滥用他们的权力来损害国家统一和社会福祉。俄罗斯人还觉得自己无力影响国家政策。难怪像普京这样的领导人可以获得如此广泛的支持，尽管俄罗斯人对后苏联时期的政治制度普遍表示不信任。俄罗斯人认为，在经过了漫长的社会和政治崩溃之后，是普京恢复了秩序。正如理查德·罗斯（Richard Rose）

---

① Hale, “The Myth of Mass Russian Support,” 1357－1375.

② Fond obshchestvennogo mneniia, http://fom.ru/Nastroeniya/12101, accessed August 24, 2016.

③ Polit.ru, June 25, 2010. 有趣的是，那些最有可能报告自己受到保护从而免受任意对待的人是妇女、受教育程度更低的个人以及低收入群体。

及其同事们争论的那样，俄罗斯人之所以普遍支持普京政权，不是因为他们认为这种政权是完美的，而是因为这种政权提高了人们的经济福利，而且，他们几乎看不到改变这种政权的可能性①。

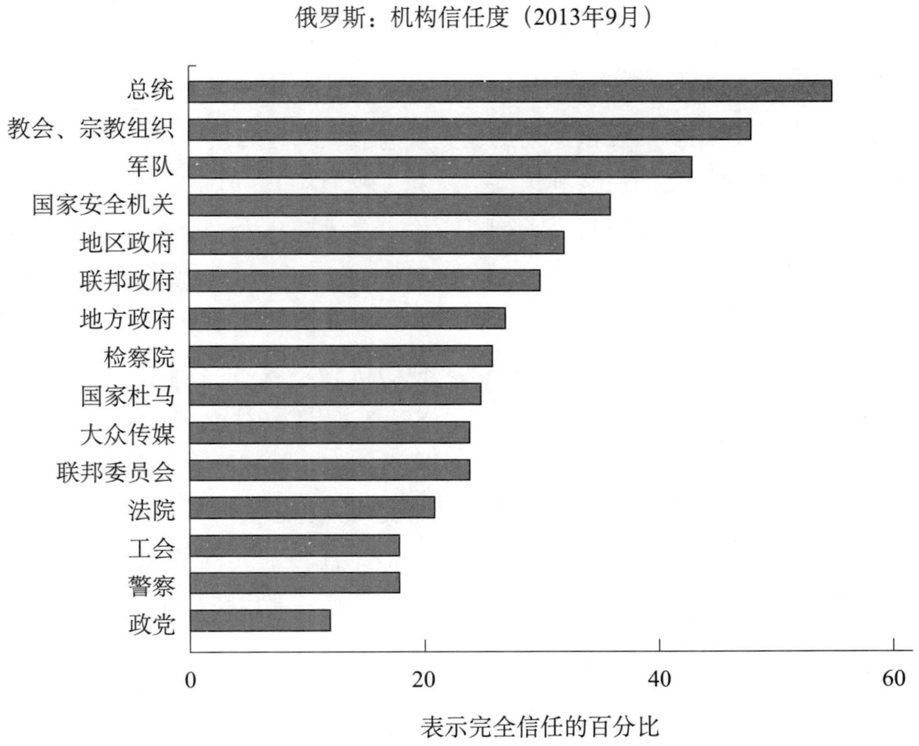

图 11－3 政治信任

普京总统和俄罗斯东正教是最值得高度信任的机构。

资料来源：Levada Center，http：//archive. is/tsYcV＃selection-353. 0-2538. 0，accessed August 23，2016.

民意调查还显示，在对如下理念的支持上与过去存在相当的连续性，即国家应该确保社会繁荣和公民的物质安全。大约一半的人更喜欢以国家计划和分配为基础的经济，而只有 36%的人偏爱以私有财产为基础的经济②。与西欧或者美国的居民相比，俄罗斯人更愿意相信，国家要提供公正的道德和社会秩序，正义与其被理解为法律面前的平等，不如被理解为社会平等。这种模式反映了俄罗斯政治文化中传统的国家和社会观念具有的持久影响。尽管如此，几乎没有人支持重建苏联式统治或者回归到一种军事独裁统治。

政治文化也受到影响迟缓但持久的因素的影响，其中包括代际承继、教育水平的提高、数字通信技术以及与外部世界的接触。这些变化都是相辅相成的，因为与他们的父母相比，新一代年轻人受到的是

① Richard Rose，William Mishler，and Neil Munro，*Popular Support for an Undemocratic Regime：The Changing Views of Russians*（Cambridge：Cambridge University Press，2011).

② Khamraev，"Rossiiane vidiat vokrug demokratiiu."

完全不同的影响。

政治社会化

11.4 解释俄罗斯政治社会化过程中宣传运动、教育体制、宗教和媒体的作用

如今，俄罗斯教育强调要热爱俄罗斯的民族遗产和对国家的忠诚。爱国主义和民族自豪感是俄罗斯努力在国家边界内树立一种新的国家共同体意识的关键要素。

俄罗斯政府正在努力将对俄罗斯的过去更为一致和统一的理解纳入学校教育之中。敦促为学校制定统一且各方一致认可的历史教科书，以展现沙皇时期、苏联时期和后苏联时期的统一概念。该教科书将强调国家在抵御内外敌人方面的重要性，不否定苏联的过去，而是为俄罗斯人民在每个时代取得的成就而自豪。自由主义者反对的理由是，该教科书将会助长威权主义价值观。

在政治社会化过程中，当局也求助于东正教的支持。他们将教会视为增强爱国主义、民族自豪感和伦理价值的一个重要盟友。反过来，东正教也寻求保护其作为俄罗斯国教的传统地位，进而使其能够阻止其他的基督教教派在俄罗斯传教。教会希望发挥更广泛的作用，但政权一直小心翼翼地承认在俄罗斯拥有长期追随者的其他宗教（如伊斯兰教、佛教和犹太教）的权利，也没有将东正教变成国教。最近，一门叫作“宗教文化与伦理的基本原理”的新课程被引入学校四五年级的课程体系。父母可在六个不同的课程版本（东正教、伊斯兰教、佛教、犹太教、世界宗教或世俗伦理）中选择，这取决于使用哪一本教材。根据俄教育部的统计，到目前为止，需求数量最大的是世俗伦理教材，只有 20% 的家庭选择东正教版本的教材①。

教会日益增长的影响力引发了许多知识分子的强烈反对，他们批评教会对自由价值观的敌意（教会领袖强烈反对自由民主原则和人权原则）。但是，随着俄罗斯向全球资本主义体系开放，也有很多人（不管他们是否信仰宗教）开始谴责社会传统道德的堕落，以及消费主义和物质主义的无情崛起。他们认为，教会与国家有着长期的合作历史，它是恢复社会传统道德价值的一种方式。例如，政权领导人和教会领袖都会经常谴责西方容忍同性关系。2013 年制定了一部禁止“宣传非传统性关系”的法律，2015 年，又有一部旨在禁止“任何公开表达非传统性关系”的法律在国家杜马被提出来。这样的法律得到公众的广泛支持，而且允许政权将自己与传统社会价值联系在一起并攻击自由主义和西方。

在 1990 年代，政权总的来说是尊重媒体自由的。在普京总统时期，当局开始对媒体（尤其是电视）设置限制。尽管如此，当局还是利用媒体来建立民众对其外交和国内政策的支持。普京执政时期的总体政治路线是，俄罗斯既反对共产主义，又反对不受约束的寡头资本主义，它要恢复俄罗斯政治历史的最佳传统。这些传统总体而言是赞成民主的，但又坚持认为，俄罗斯必须以自己的方式实现民主。

对媒体系统的控制是分层的。几乎每个

---

① “Shkol’niki Rossii predpochli izuchat’ svetskuiu etiku,” *Vedomosti*，February 24，2010；Polit. ru，March 26，2010.

人都能看到电视，到目前为止，电视是人们最为重要的消息来源[①]。因此，它受到当局最为严格的控制，关于能报道什么和不能报道什么，当局都要对主要电视节目的编辑们进行定期指导。纸媒被赋予更多的自由，但是，它们所涉及的人群要小得多，因此，它们没有引起当局的直接关注。面向全国的商业报纸，如《生意人报》（*Kommersant*）和《商业日报》（*Vedomosti*），会刊载一些关于公共事务的深度文章，并经常发表对政府进行批评的社论。在大多数情况下，地区性报纸受地区政府的严格控制。

相对而言，互联网一直不受直接控制，但当局对服务提供商的限制越来越多[②]。互联网的使用增长非常迅速。超过一半的成年人口每天都会上网。社交媒体网站（包括把博客和社交网络结合起来的平台）备受欢迎，尤其在年轻的都市人中更是如此。2011年末和2012年初，社交媒体在动员激进分子大规模游行示威来反对选举舞弊的过程中发挥了关键性作用。

社交媒体的影响可见于某些博主的突然成名之中。例证之一是有一位名为阿列克谢·纳瓦尔尼（Aleksei Naval'nyi）的律师，他因在博客上发表关于政府腐败的文章而赢得大量的线上追随者。当他将具有支配地位的统一俄罗斯党称为"小偷和骗子政党"时，这个短语迅速风靡起来。在线搜索短语"小偷和骗子政党"就会直接跳出统一俄罗斯党的名称。2013年，阿列克谢·纳瓦尔尼竞选莫斯科市长，并赢得相当数量的选票。作为回应，政权对他提出了一系列诉讼[③]。政权还迫使一些在线出版物关闭或自行审查。通常，政权会安排一位友好的商人购买重要的媒体资产，以期使该媒体的编辑方针与政权保持一致。

尽管当局想对媒体自由设定限制，但还是采取了防御性战略，因为他们希望限制反对派接触媒体的机会。他们还指导主要媒体机构如何报道政治新闻，并组织大规模的国际宣传机器推广俄罗斯在海外的积极形象。主流媒体对国内和国际新闻的报道严重倾向于支持该政权的政策立场。

因此，尽管俄罗斯的政治社会化更少地受制于国家的直接控制，但当局还是继续通过学校和通信媒体来树立对国家及其领导人的忠诚、对未来的信心和对政权国内外政策的支持。

政治参与

11.5 描述俄罗斯政治中的直接和间接参与途径

在民主制度下，公民参与公共生活的途径有两种：一是直接的政治参与形式，如选举、为候选人拉票、收集请愿签名、游行示

① 86%的公众将电视作为重要的消息来源；只有33%的人引用网络出版和23%的人引用社交媒体。具体参见：Levada Center survey，July 2016，http：//www.levada.ru/2016/08/12/14111/.

② 2012年通过的一部法律要求互联网服务提供商关闭任何因非法内容而违法的网站。尽管法律的支持者争辩道，该法律对于打击儿童色情和其他社会危害行为具有必要性；但反对者提醒道，法律的用语是如此足够宽泛，以至于它能被用来屏蔽任何政治上有争议的网站。具体参见：Human Rights Watch，"Laws of Attrition：Crackdown on Russia's Civil Society after Putin's Return to the Presidency"（New York：Human Rights Watch，2013），available at http：//www.hrw.org/report/2013/04/24/laws-attrition/crackdown-russia-civil-society-after-putins-return-presidency，accessed May 7，2013.

③ Masha Gessen，"Alexe Navalny's Very Strange Form of Freedom，" *New Yorker*，January 15，2016，http：//www.newyorker.com/news/news-desk/alexey-navalnys-very-strange-form-of-freedom.

威和游说官员等；二是间接的参与形式，如拥有公民团体和志愿协会的成员资格。这两种参与形式都影响政府的品质。通过集体行动，公民向政策制定者表达他们需要政府做什么。通过这些参与途径，积极分子们会跻身领导岗位。然而，尽管民主制度下的公民在法律面前是平等的，但不同群体的参与水平因资源、机会和动机等方面的差异而存在很大的不同。比较富裕和受过良好教育的人在各地均超比例地参与政治生活，在有些社会，这种不均衡要比其他社会大得多。如果一个地方财富和收入的严重不平等分配加大了穷人与富人之间政治表达权上的差距，民主本身就会面临危险。

社会资本的重要性

长期以来，志愿者社团的健康结构被认为是民主的重要组成部分。参与公民生活建立了社会资本——信任与义务的互惠关系，这种关系有助于促进公民之间的集体行动。在社会资本充足的地方，人们彼此视对方为平等主体，而不是社会等级制度下的成员。他们更愿意以造福社会的方式展开合作，并通过分担使政府负责和有效的重负来提高政府的品质①。例如，如果人们觉得自己与政府的距离较近，对政府的不信任度较低，那么，政府和公民之间就会合作，进而提高治理质量。人们也更愿意纳税，结果政府就会有更多的收入用于公共产品开支——政治家就没有更多的能力和动力将之纳入自己的腰包。资本主义和民主政府都取决于公民为了共同利益而合作的能力。

然而，与西方欧洲社会相比，俄罗斯的社会资本在历史上一直很匮乏，参与公民活动极度地受到限制。而且，一般来说，国家和社会因为相互不信任和猜疑而彼此分离。国家当局通常置身于社会之外，但又高于社会之上，它设法从社会中汲取自己所需要的资源，但又不承担与之相关的义务关系。

将政治精英与普通公民相联系的那些中介社团的弱点扩大了国家与社会之间被感知的距离。因此，尽管俄罗斯人参与选举投票的比例相对较高，但是，他们参与组织化政治活动的程度很低。民意调查显示，大多数人认为他们参与政治活动是徒劳的，他们对通过自己的参与而影响政府政策几乎没有任何信心。尽管在1980年代后期和1990年代初期存在一种强烈的政治参与（当时，解除了对政治表达和结社的控制），但在1990年代后期，政治参与出现了大幅度衰退。

在当代俄罗斯，志愿者社团的成员比例非常低。只有很小比例的人群（不到8%）参与组织化的志愿者公共活动②。很多人纯粹是名义上的社团成员。例如，绝大部分俄罗斯东正教信徒并不是某个教堂的成员，他们只是偶尔去教堂。工会成员的情形也是如此。大多数工人是工会的注册会员，但作为会员，他们往往又不太活跃。

尽管相当数量的少数人口，主要是受过教育的城市群体，对政治表现出积极的兴趣，但大多数俄罗斯人对政治“完全不感兴

① Robert D. Putnam, *Making Democracy Work: Civic Traditions in Modern Italy* (Princeton, NJ: Princeton University Press, 1993).

② I. Mersiianova, “Sotsial'naia baza rossiiskogo grazhdanskogo obshchestva,” in E. S. Petrenko, ed., *Grazhdanskoe obshchestvo sovremennoi Rossii. Sotsiologicheskie zarisovki s natury* (Moscow, Institute Fonda Obshchestvennoe mnenie, 2008), 131.

趣”（20%）或者“不感兴趣的程度超过感兴趣的程度”（39%）①。国家杜马选举的投票率一直稳步下降（从 2007 年的 63.7%到 2011 年的 60.1%，再到 2016 年的 47.8%）。

而且，俄罗斯人珍惜自己不参与政治的权利。如今，较低的政治参与水平体现了对政治制度较低的信任度和以下普遍观点，即普通个人对政府几乎没有影响力。在 2003 年的杜马选举中，4.7%的选民通过在党派选票上的“全部反对”复选框中打钩来表达他们对所提供选项的不满。但是，当局担心这种表达不满的方式太具吸引力，于是就在后来的选举中取消了该选项。

精英招募

精英招募指的是社会中人们可以获得那些具有影响力且承担相应责任的职位所遵循的制度化程序。精英招募与政治参与具有紧密的联系，因为人们正是通过参与社会活动才承担领导角色、学会公民技能（如组织和说服）、发展朋友和支持者网络，并对追求政治事业表示感兴趣。

如今，当代俄罗斯的政治精英由多种职业类型构成：有的是通过国家官僚体制逐步晋升，有的则是通过其他渠道进入政坛，如选举政治或商业。有时，地方活动家在非政府组织工作之后将会进入政界，但这样的情形比较罕见②。

如今，大多数培育政治精英的学校的功能类似于培训公务员的专业机构，并接受总统行政的监督。为了确保胜任且政治上可靠的干部不仅可以被招募到国家官僚机构任职，而且甚至可以被招募到大型公司的管理岗位任职，当局正在努力使官员的遴选和培训制度化。

如今的政治精英招募渠道是多元的。很多成员原来在联邦和地区行政机构任职。普京严重依赖警察（常规警察和安全部门）和军队作为其高层任命的人员来源③。他还求助于 1990 年代与其在圣彼得堡有密切工作关系的同事，例证之一就是总理梅德韦杰夫。自 1990 年以来，梅德韦杰夫与普京就一直有着密切的工作关系，当时，他是普京的顾问，而普京是副市长。然后，1999 年，梅德韦杰夫随普京来到莫斯科，当时，普京已是叶利钦总统行政班子的副主任。普京授予梅德韦杰夫更广泛的权责，首先是作为总统行政班子的负责人，然后是作为政府第一副主席。这种密切的主从关系模式是俄罗斯精英招募的共同特征，在这种模式下，一个处于上升阶段的政治人物每次在迈向更高的事业阶梯时总是将自己“团队”的成员带在身边。这样做的结果之一是在敌对的附庸团体（有时也称为“帮派”）之间形成竞争。就俄罗斯的情形而言，以下两个帮派之间一直存在着持续的幕后竞争，而且这两派都由普京的伙伴组成：一派与安全部门密切相关，另一派的成员具有法律或学术背景，他们相对而言具有更自由化的特征。

在转型的最初几年，很多保守派官僚发现利用政治关系赚钱的方法，并迅速致富。

① Maksim Ivanov, “Televidenie ostalos'v glavnoi roli,” *Kommersant*, April 5, 2011.

② 有这样一个例子，可以参见：Sarah Lindemann-Komarova, “How a Siberian Mom Took on Politics as Usual in Russia and Won,” *the Nation*, https://www.thenation.com/article/how-a-siberian-mom-took-on-politics-as-usual-in-russia-and-won/.

③ Ogla Kryshtanovskaya and Stephen White, “Putin's Militocracy,” *Post-Soviet Affairs* 19, 4 (2003): 289-306.

如建立了很多新的企业，其中包括好几个首批成立的商业银行。内幕人士充分利用他们的关系轻而易举地获得营业执照、办公场所和独家经销合同。有些人（以低廉的价格）购买了正在进行私有化改制的国有企业的控股权——几年后，这些投资者就成了百万富翁。

如今的商业精英仍然与国家紧密相连，这不仅是因为国家官员把商业限制得很紧，而且是因为商业可以为官员们提供物质和政治收益。在有些情况下，官僚派系紧密围绕在诸如石油或天然气这样一些特定的企业和行业周围。企业需要执照、许可证、合同、免税和来自政府的其他优惠。反过来，政治官员需要企业为他们的竞选、政治支持、正面的媒体报道和其他益处提供财政捐款。很多企业和政府官员之间密切的关系造成了普遍的腐败。在 1990 年代，一小群超级富有的企业家——“寡头”——充分利用自己与叶利钦政府的联系控制了俄罗斯某些最有价值的公司。他们的贪婪激起了公众的强烈反应，这使得普京对他们中的部分人进行压制并摧毁他们的商业帝国具有了政治上的可行性。与此同时，在普京政权时期，另一批不同的企业界大亨——有时也被称为“普京的朋友”——受益于与普京的关系，获得对一些重要的国家或商业资产的控制权。通常，他们利用自己的内部职位聚集财富并阻止竞争，而不是提高公司的生产力。

利益表达：国家主义、社团主义和多元主义

11.6 讨论并举例具体说明后苏联时期俄罗斯利益团体的形成与活动

俄罗斯过去 20 年的政治和经济变化对社会利益的组织方式产生了重大的影响。不同系列的利益协会得到了充分的发展。然而，利益表达的模式不仅体现了过渡时期所形成的财富和权力的巨大差异，而且体现了国家控制对社会的重大影响。有些组织对政策制定发挥巨大的影响，而另一些组织则几乎无能为力。俄罗斯的利益团体系统体现了三种主要利益团体体系的要素——受控制的、新社团主义、多元主义。尽管如此，在普京执政时期，国家控制成为政权与社会团体之关系的支配性模式。

公开化（glasnost）使受国家控制的利益表达模式倍感不适，它掀起了自由表达的一股浪潮。这反过来又促使新的团体形成，并提出自己的政治要求。如今，很难想象公开化对苏联社会的影响有多么深远。几乎在一夜之间，它打开了闸门，令人震惊的事实、观念、被披露的秘闻、重新评价、丑闻和引起轰动的事件像一股巨大的洪流涌入。在放松党对言论的控制从而鼓励人们自由公开地发言与写作的同时，政权也放弃了对那些走得太远而原本能够控制的政治表达的控制。

当人们表达自己内心的需求和不满时，其他人可能意识到自己拥有同样的信念和价值，并决定与他们同心协力，有时就会形成新的、非官方的组织。因此，公开化的结果之一是产生了参与“非正式”（也就是未经许可和不受控制的）公共社团的浪潮。如果当局尽力限制或禁止这样的团体，它们会产生更多的挫折感和抗议。各种各样的社团出现了，其中包括试图恢复沙皇统治的极端民族主义团体以及很多共和国的民族主义运动。1986 年发生在切尔诺贝利（Chernobyl）的核反应堆爆炸事件对促进环境抗议的形成

具有重大的影响，这与白俄罗斯和乌克兰的民族主义情绪密切相关①。1980 年代末和 1990 年代初是利益团体多元主义的全盛期，因为共产党对利益表达的控制崩溃了。

消除国家对生产性资产的控制导致了新的利益形成，其中包括那些在市场经济中占有一定份额的利益。如今，可以组建不同的团体来代表不同的利益，通过竞争获得影响力和资源，并界定自己的议程。目前，载入名册的非政府组织的总数超过了 30 万，尽管只有不到 40%的组织能够发挥作用②。尽管如此，参与非政府组织活动的公民总数非常少；那些为数不多的参与者通常都活跃在多个组织中。

有些非政府组织是旧政权时期被认可的社团（如官方工会）的继承者。通常而言，这些团体依靠它们所继承的组织财产，继续寻求成为国家“内幕人”的机会。其他的团体在公开化时期及其之后纷纷涌现，但是，为了获得会议场所和媒体的关注，它们必须与地方当局合作。

如今，俄罗斯对待非政府组织的方法是将压制与拉拢相结合。也就是说，愿意接受政治对其自主性进行限制的团体才被允许运营。那些寻求自己独立于政权之地位的团体很难生存，尤其是当它们的活动涉及人权保障、选举自由和其他被政权认为具有政治意义的事业时更是如此。新的立法规定，接受外国资助的团体必须注册为“外国代理人”，这个术语在俄语和英语中都具有贬义。一些致力于捍卫人权和监督选举的团体因接受外国资助而面临被起诉的威胁，原因在于它们拒绝承认自己是“外国代理人”。即使是信誉良好且独立从事民意研究的勒瓦达中心（Levada Center）——本章所援引的大部分调查数据都来源于该中心——也被告知需重新登记为“外国代理人”，因为它是根据与外国公司签订的合同从事调查研究的。

政权还奖励那些愿意按其规则行事的非政府组织。公众院就是一个很好的例子。它是一个由国家运营的咨询机构，机构成员都是政权友好型非政府组织的代表。公众院一直小心翼翼地避免正面挑战政权，但它确实在某种程度上充当公众与当局之间的沟通渠道。很多地区已经建立了类似的组织。另一个明确例证是通过申请程序为非政府组织提供“总统拨款”（2016 年总计约 7 000 万美元）。然而，遴选程序不透明，大部分资金最终流向了总部位于莫斯科的组织，这些组织与克里姆林宫的关系密切③。

有关利益团体与政府关系的系统既不完全是社团主义的，也不完全是受控制的。多元主义要素依然存在。但是，随着政权压缩自主活动的范围，利益表达变得更加受控制了。

让我们考虑三个社团的例子：**俄罗斯工业家和企业家联盟**（RUIE）、**俄罗斯士兵母亲委员会联盟**、**俄罗斯独立工会联合会**（FITUR）。它们体现了不同的组织和影响策略，以及与国家的不同关系。

俄罗斯工业家和企业家联盟

先前的大多数国有化工业公司现在都被

① Jane I. Dawson, *Eco-nationalism: Anti-Nuclear Activism and National Identity in Russia, Lithuania, and Ukraine* (Durham, NC: Duke University Press, 1996).

② Sergei Sergei Konovalov, "Grazhdan razlozhili na atomu," *Nezavisimaia gazeta*, December 21, 2011.

③ Nikolaus von Twickel, "Kremlin Earmarks $350M to Friendly NGOs," *Moscow Times*, March 9, 2011.

全部或者部分私有化了。大多数工业公司参与竞争性市场和越来越全球化的经济环境。在社会主义政权下，管理者只是被告知要完成计划，根本不管其成本或质量。利润并不是一个相关的考虑因素①。如今，大多数管理者都寻求利润的最大化，并增加公司的价值。尽管很多公司仍然要求补贴和国家保护，但越来越多的公司需要的是一种环境，在这种环境下，法律和合同被国家强制执行，调控是合理且实在的，税收是公平（且较低）的，对外贸易障碍是被最小化的。这些变化在代表俄罗斯大企业的协会的政治利益中是显而易见的，这些协会代表的是俄罗斯大企业即俄罗斯工业家和企业家联盟。俄罗斯工业家和企业家联盟是俄罗斯最强大的组织化利益团体。它的成员既来自原来的国有工业公司（现在大部分都是私有的或半私有的），也来自新的私营公司和集团公司。

1990年代初，俄罗斯工业家和企业家联盟努力展开游说的目的在于赢得国家继续对工业公司的支持，但是，随着时间的推移，它已经成为市场体系中大企业的主导性声音。俄罗斯工业家和企业家联盟帮助协调劳资双方的协议，它也是政府和议会政策咨询的来源。所有的大型工业企业都加入了俄罗斯工业家和企业家联盟，并通过该联盟进行游说。当然，如果相关问题仅涉及个别公司，这些公司仍然会寻求单独影响政策。

随着时间的流逝，俄罗斯工业家和企业家联盟的作用因为国家当局提供的机会和设定的限制而有所改变。它扩大了自己与政府合作起草立法的内部能力。在大量的政策问题上，如税法、养老金政策、破产立法、证券市场的调控以及俄罗斯加入世界贸易组织的条件，俄罗斯工业家和企业家联盟都非常积极并具有影响力。在大多数情况下，该联盟都是在幕后为自己的利益游说，但是，如果它觉得自己的声音被忽视，那么它有时也会更加公开地施加压力。

然而，作为大企业集体声音的代表，俄罗斯工业家和企业家联盟的权力具有明显的局限性。当政权于2003年7月开始摧毁尤科斯（Yukos）石油公司的行动时（见专栏11-3），俄罗斯工业家和企业家联盟只是温和地表示关切。显然，该联盟的成员是害怕得罪政权而选择不为尤科斯石油公司总裁米哈伊尔·霍多尔科夫斯基（Mikhail Khodorkovsky）辩护，也不对使用警察方法来摧毁俄罗斯最大的石油公司之一表示抗议。相反，它承诺要履行自己的纳税义务，并在帮助国家反贫困的过程中多做贡献。如果大企业采取一种强烈的联合态度，它们或许能够影响国家政策。但是，每个个体公司都希望和政府保持友好关系并担心政府的报复，这削弱了大企业采取联合行动的能力。

俄罗斯士兵母亲委员会联盟

苏联政权资助了数个官方的妇女组织，但是，这些组织主要是为宣传服务。在公开化时期，大量的非官方妇女组织迅速崛起。其中一个这样的团体就是俄罗斯士兵母亲委员会联盟。它成立于1989年春天，当时，大约有300名妇女在莫斯科集会抗议终止军事征兵中的学生延缓项目。紧随她们抗议而

① 在一种所有价格都由国家设定的体制中，任何情况下都不存在有意义的利润措施。实际上，相对价格在几十年中央计划累积效应的影响下被严重扭曲。缺乏精准的经济成本措施是俄罗斯经济结构调整如此缓慢的重要原因之一。

专栏 11-3

米哈伊尔·霍多尔科夫斯基及尤科斯事件

到目前为止，在普京时期，最广为人知的插曲之一是国家收购强大的私人石油公司尤科斯，并对其总裁米哈伊尔·霍多尔科夫斯基提起刑事指控。在 2003 年 10 月对霍多尔科夫斯基实施逮捕时，他是俄罗斯后共产主义时期最富有的新工业巨头。他的事业开始于 1980 年代后期，当时，他开了一家银行。后来，在政府对尤科斯石油公司进行私有化的过程中，他以极低的价格获得该公司 80% 的股份。起初，霍多尔科夫斯基寻求通过剥离公司资产来榨取公司的最大利润。但他很快改变了自己的商业战略，并着手投资提高公司的生产能力。他使尤科斯石油公司成为俄罗斯最具活力的公司。由于他提高了公司的效率和透明度，公司的股票价格上涨，随之而来的是霍多尔科夫斯基自己的净资产增加。在 2002 年的顶峰时期，公司的资产大约是 200 亿美元，其中霍多尔科夫斯基拥有将近 80 亿美元。

为了改善自己的公众形象，霍多尔科夫斯基创建了一个基金会，并发起了数项慈善动议。他招聘了一些知名的国际人士到自己的基金会董事会任职。他在俄罗斯政坛表现积极，为很多政党提供资金，并赞助数个杜马议员的选举竞选。批评者指控他试图控制议会，甚至指控他试图改变宪法从而将俄罗斯改成议会制。还有传言说他试图谋求总统职位。

到了 2003 年春天，政府认为，霍多尔科夫斯基和尤科斯石油公司太过于独立了。通过采取一系列的行动，霍多尔科夫斯基及其好几个同事被逮捕并被指控犯有欺诈、贪污和逃税等罪名。2003 年 12 月，政府起诉公司拖欠数十亿美元的税款，并冻结了公司的银行账户。当尤科斯石油公司无法全额缴纳税款时，政府扣押了公司的主要资产，并将其拍卖给了另一个公司，3 天后，该公司又将其卖给了国有石油公司俄罗斯石油公司（Rosneft）。2004 年 5 月，霍多尔科夫斯基被判处 9 年有期徒刑，并被监禁在西伯利亚的监狱营。2006 年，公司被迫宣告破产。2010 年，在霍多尔科夫斯基被指控的新罪名宣告成立之后，他的刑期被延长到 2017 年。

在 2013 年 12 月 20 日，也是索契奥运会之前不久，作为纪念 1993 年宪法 20 周年而进行大量特赦的一部分，普京总统将霍多尔科夫斯基从监狱中释放出来。

来的是戈尔巴乔夫将苏联军队从长达 10 年之久的阿富汗战争中撤离，在阿富汗，超过 13 000 名的苏联军人在痛苦且让人士气低落的战争中丧生。为了回应士兵母亲委员会联盟的行动，戈尔巴乔夫同意恢复学生延缓项目。从此以后，士兵母亲委员会联盟的运动就不断高涨，结果在几百个城市都形成了该联盟的分部。士兵母亲委员会联盟的关注点在某种程度上有所扩大，但仍然主要集中在军事服务问题。士兵母亲委员会联盟向军方施加压力，敦促其结束对入伍新兵强加的苦役，这种苦役每年都会导致几百名士兵死亡（很多情况下都是自杀）。该联盟还就年轻人如何避免被征入伍提供建议①。

---

① 《俄罗斯联邦宪法》第 59 条规定，如果达到征兵年龄的年轻人是一个有良知的反战者，他可以做出替代选择，而不是必然被应征到军队服役。规定这种权利如何行使的立法最终于 2002 年获得通过。

1994—1996 年以及 1999—2000 年在车臣出现的大规模敌对行动促使士兵母亲委员会联盟开展了新一轮活动。它帮助家庭寻找那些在行动中失踪或者被车臣反政府武装俘虏的士兵。它派遣代表团到车臣去协商释放战俘，为死者提供合适的安葬。它收集关于战争实际规模及其伤亡人员的信息。它还继续游说要善待新兵。到 1990 年代，士兵母亲委员会联盟已成为俄罗斯最具规模、最受尊敬的公民团体之一。它可以号召成千上万的积极志愿者为联盟工作。这些志愿者到医院去看望受伤的士兵，帮助军方确定伤亡人数。这场运动最重要的价值之一是其成员作为母亲在捍卫孩子们的利益时享有的道德权威。这一立场使得反对者很难将之描绘为不爱国。

士兵母亲委员会联盟不仅发挥一种公共政治作用（例如，它通过游说实现关于有良知的拒服兵役者选择替代公民服务的法律自由化，它为结束残忍地对待军人而斗争①），而且作为服务提供者发挥作用。士兵母亲委员会联盟付出的努力都是在帮助军人及其家庭处理各种问题。它自愿与国防部进行合作，帮助改善武装部队现役人员的生活。它一直小心翼翼地不反对服兵役或倡导反战主义。

尽管士兵母亲委员会联盟在俄罗斯享有稳定的公众支持基础和广泛的国际认可度，但它受到的政治压制越来越多。随着时间的推移，仍然保持积极活动的地方分部越来越少。

俄罗斯独立工会联合会

俄罗斯独立工会联合会是苏联时期官方工会联合会的继任者。然而，与俄罗斯工业家和企业家联盟不同的是，它自身对后共产主义环境适应得非常糟糕，尽管它从原来的苏联工会组织中继承了大量的组织化资源。在苏联时期，实际上每个被雇用者都属于一个工会。所有的分工会和地区工会组织都是一个单一劳动联合会的组成部分，该联合会被称为“全苏工会中央理事会”。随着旧政权的瓦解，一些会员工会宣告独立，而另一些工会则作为代表特定工人团体利益的独立机构迅速崛起。尽管如此，原有官方工会组织的核心以俄罗斯独立工会联合会的形式保留了下来。到目前为止，它仍然是俄罗斯最大的工会联合会。所有有组织的工人中大约95%都属于某些工会，这些工会至少在形式上是俄罗斯独立工会联合会的成员。独立的工会要小得多。然而，与大企业相比，劳工运动是碎片化的，它无法有效地动员工人采取集体行动。多达一半的企业的工人根本不属于任何工会②。

俄罗斯独立工会联合会从其苏联的前任组织那里继承了宝贵的不动产资产，其中包括成千上万的办公楼、旅馆、疗养院、医院和儿童度假营。它还有权收取工人为国家社会保险基金提供的捐款。多年以来，对这种基金的控制能够使官方工会获得巨额创收财产。这些资产和收入来源使官方工会的领导人在争取会员时享有巨大优势。但是，俄罗

① 士兵母亲委员会联盟的主席预计，每年大约有 3 500 名军人因为“各种各样的事故和自杀”丧失生命。*RFE/RL Newsline*，February 14，2008.

② Polit. ru，June 18，2009.

斯独立工会联合会不再对地区和分工会会员实施集中控制。因此，内部不团结是俄罗斯独立工会联合会作为组织具有相对劣势的另一个重要原因。独立工会联合会的大部分努力都消耗在同独立工会的斗争上，其目的在于赢得代表工人同雇主进行集体谈判的垄断地位，而不是消耗在联合其他的工会进而普遍捍卫工人的利益上。据官方说法，俄罗斯独立工会联合会支持一种“社会伙伴”的概念，参与与雇主协会和政府就工资和社会福利进行的三方谈判。尽管如此，三方委员会很大程度上是形式上的，真正的社会政策由政府制定，并有来自企业的某些投入①。

俄罗斯独立工会联合会的效率低下还体现为隶属工会的工人在 1990 年代对劳动和社会条件的严重恶化反应迟缓。失业率上升到 13%（考虑到共产主义政权时期失业率基本上是未知的，该失业率是非常高的），即使在受雇工人中，拖欠工资的现象也很普遍。民意调查发现，在 1990 年代的任何一年，所有工人中有 3/4 都至少有一次被延迟支付工资②。罢工是存在的，尤其是老师的罢工，但考虑到经济形势的严峻程度，这些罢工可能比人们的期望要少得多。即使存在劳动抗议，但多数情况下，这些抗议实际上不是由工会组织的，而是由州长组织的，他们的目的在于向中央政府施加压力从而获得更多的拨款③。

工会为什么如此力量微弱呢？原因之一在于，很多工人依赖他们所工作的企业来获得社会福利和有保障的就业④。另一个原因是，俄罗斯独立工会联合会的领导层与政府当局之间存在密切的关系。因此，工会很难发起抗议。工人普遍认为工会没有代表他们的利益。尽管这种情形似乎支持企业和国家的利益，但实际上，国家高级领导人对俄罗斯独立工会联合会的组织不力感到不安；这就意味着，企业和国家都没有一个值得信赖的谈判伙伴来处理与劳动相关的问题。因此，国家担心一旦出现危机，劳工的不满情绪可能会扩散并成为爆炸性事件，从而破坏国家稳定。

新的利益部门

转型以来，围绕新型主体利益出现了很多新的协会。银行家、政治顾问、房地产经纪人、小城市市长、大城市市长、法官、律师、审计师、电视广播公司以及大量其他的专业和职业团体都成立了自己的协会来寻求有利的政策或制定专业标准。环境团体、妇女组织、人权活动家和很多其他的事业型团体相继成立。这些团体中的大多数都是在特定的地方层面运作，只有很少数是全国性的。最广为人知的运动之一是汽车车主运

① 关于工会和三方委员会，可以参见：Sarah Ashwin and Simon Clarke, *Russian Trade Unions and Industrial Relations in Transition* (New York and Houndsmills, Basingstoke, Hampshire, UK: Palgrave Ma cmillan, 2003).

② Richard Rose, "New Russia Barometer VI: After the Presidential Election," Studies in Public Policy no. 272 (Glasgow: Center for the Study of Public Policy, University of Strathclyde, 1996), 6; and Richard Rose, "Getting Things Done in an Anti-Modern Society: Social Capital Networks in Russia," Social Capital Initiative Working Paper no. 6 (Washington, DC: World Bank, 1998), 15.

③ Graeme B. Robertson, "Strikes and Labor Organizations in Hybrid Regimes," *American Political Science Review* 101, 4 (2007): 781 - 798.

④ 在困难的时期，俄罗斯企业往往不会裁员，而是缩短工作时间并取消奖金。工人可能仍然会领取工资，同时会在非正式部门找工作。除此之外，工人的养老金和医疗福利会被保留。

动，他们在一些城市成立了自己的组织来抗议“贵宾们”滥用特权（例如，在他们的汽车顶部安装闪烁蓝光的灯，以期避开交通堵塞）①。

社会媒体的兴起和社会利益的多元化使很多组织有可能形成。有些组织能够发起抗议，更多的组织通过政治程序进行游说从而捍卫自己的利益。就像很多其他国家一样，利益组织倾向于支持受过良好教育和人脉更广的那些人。俄罗斯政府宣称支持强大的社会。然而，事实上，它使各个协会越来越难以自由运作。

支配性政党体制

11.7 考察“权力党”在最近选举中的崛起

在大多数国家，政党是执行利益集聚——源自社会的大量需求被汇集和筛选成少数政策选择的过程——这项关键任务最为重要的机构。在民主国家，政党如何很好地集聚利益、界定选择、使政治家承担责任至关重要。在俄罗斯，政党制度很大程度上已经停止发挥利益集聚的作用。相反，它的作用在于动员公众和政治精英支持现任统治者。因此，俄罗斯的政党制度既没有为选民提供有意义的政策选择，又没有使政治官员担负责任。

尽管俄罗斯的政党制度在1990年代是不固定且分立的，但在2000年代却出现了一种明显的结构，在这种结构中，统一俄罗斯党占据了支配地位，而其他政党则微不足道。出现这种支配性政党体制的原因是双重的。首先在1990年代，政党没有固定于特定的社会利益或协会，因此，选民们对政党几乎没有附属感。其次，政权压制政治竞争，并建立单一的支配性政党在选举和立法中代表政权利益。

俄罗斯人将那种代表统治精英的利益并行使近乎垄断权力的政党称为**“权力党”**(party of power)。对政治家而言，政党是事业发展的一种工具，但对选民而言，它是国家的选举门面。在1990年代，曾经几次出现短暂地尝试组建权力党，但在2000年代，统一俄罗斯党成为毋庸置疑的权力党。与此同时，克里姆林宫在不同程度上施加对其他政党的影响，并决定这些政党各自发挥什么样的政治作用。如果拒绝按照克里姆林宫设定的规则发挥作用，这些政党就会发现自己实际上无法运行。克里姆林宫利用统一俄罗斯党和其他政党实现对国家杜马和地区立法机构的控制，将政治竞争引向安全通道，并操纵有雄心壮志的政治家的职业生涯——但自己并不受制于自由选举。

选举与政党发展

表11-1显示了自2003年以来党派选举的正式结果。统一俄罗斯党在政党体制中具有首要地位，而体制内的其他“反对党”处于边缘地位。在2003—2016年的四次杜马会议中，相同的四个政党每次都会出现，而没有一个外部政党能够成功地跨越选举门槛。在2016年当选的国家杜马中，统一俄罗斯党因其在单一选区选举中的强势表现而赢得3/4的席位。

① 关于社会运动，可以参见：Samuel A. Greene，*Moscow in Movement*：*Power and Opposition in Putin's Russia*（Stanford，CA：Stanford University Press，2014）。

表 11-1　自 2003 年以来杜马选举中的党派投票结果　(%)

政党	2003 年	2007 年	2011 年	2016 年
统一俄罗斯党	38.2	64.3	49.3	54.19
公正俄罗斯党	—	7.7	13.25	6.23
俄罗斯自由民主党	11.6	8.1	11.68	13.14
祖国党	9.2	—	—	1.51
俄罗斯爱国者党	—	—	0.97	0.59
俄罗斯联邦共产党	12.8	11.5	19.2	13.34
农业党	3.6	2.3	—	—
未能达到 5%门槛的其他政党	11.1	2.1	5.6	11
反对所有党派	4.7	—	—	—

2003 年之后，“反对所有党派”的选项被取消了。
资料来源：Compiled by author from reports of Central Electoral Commission. 参见：http：//cikrf. ru.

图 11-4 显示了在 2011 年和 2016 年选举之后，选举结果是如何转换成国家杜马议席向不同政党派系分配的情况的。尽管一些附属于小党的代表们赢得杜马席位，但他们的政党不可能形成议会派系。在过去的 25 年里，政党体制已经从一个由很多支持率不高的政党组成的政党体制演变成一个威权主义的支配性政党体制①。

从多党制到支配性政党体制

在戈尔巴乔夫执政时期，随着苏联和俄罗斯共和国议会选举改革的发展，多党制应运而生。在 1989 年和 1990 年的选举中，具有民主倾向的政治家联合起来击败了共产党的官员，而且，一旦当选，他们就在议会组建了立法核心小组。在这里，他们要同共产主义、民族主义和农业团体做斗争。这些议会派系构成了 1993 年 12 月议会选举的政党核心。

去极化与政党体制　1980 年代晚期和 1990 年代早期的选举竞争围绕两极展开，一极与叶利钦、推动民主的力量以及市场经济相关，另一极为维护旧制度而斗争，它以经济的国家所有权和控制为基础。其他政党将自己界定为与这两极有关。例如，日里诺夫斯基（Vladimir Zhirinovsky）领导的民族主义政党**俄罗斯自由民主党**（Liberal Democratic Party of Russia，LDPR）声称要为民主主义者和共产主义者提供一种替代选择，它迎合了仇外心理、威权主义和帝国怀旧。该党在 1993 年的选举中以出乎意料的强劲表现传达了一种信号，即公众对叶利钦的经

① Ora John Reuter and Thomas F. Remington，“Dominant Party Regimes and the Commitment Problem：The Case of United Russia.” *Comparative Political Studies* 42，4（2009）：501-526.

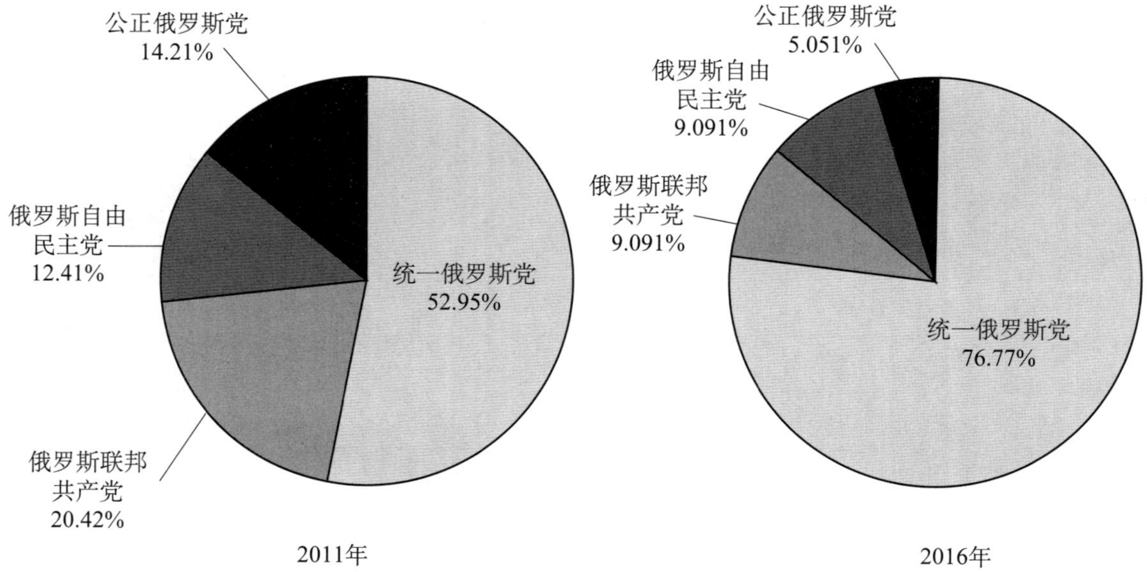

图 11-4　国家杜马中的主要政党席位份额

在 2016 年当选的第七届国家杜马中，统一俄罗斯党的席位数增加到总席位数的 3/4 以上。超过一半的席位是在单一选区获得的。

资料来源：Compiled by author from reports of State Duma.

济改革普遍不满。从此以后，日里诺夫斯基成为政界一个持久性的人物。

在政党谱系中，左派（国家主义者和社会主义者）一极的主要支柱是共产主义者——**俄罗斯联邦共产党**（Communist Party of the Russian Federation，CPRF），它是原来执政的苏联共产党的继承者，它支持共产主义和民族主义原则的融合。

政党谱系另一端的亲市场派和亲民主派有好几个政党，它们的机会自 1990 年代以来大幅度减少。其中的一个政党是*亚博卢党*（Yabloko）。亚博卢党始终捍卫民主原则和经济中的社会民主政策，它反对叶利钦和普京推行的一些政策，这些政策试图取消国家对经济的大部分支持和控制。在国家杜马中，该党不再具有代表性，而且该党努力在地区立法机构中赢得一些席位。

从 1990 年代早期到中期的选举不仅体现了民主主义者和共产主义者之间的极化，而且往往产生一种支离破碎的政党领域。在 1993 年和 1995 年的杜马选举中，亲民主的政党和共产党都不能赢得明显的多数，尽管民主党处于少数派，而共产党、民族党及其同盟获得了多数席位。除了某些政党（如俄罗斯联邦共产党、俄罗斯自由民主党和亚博卢党）之外，大多数政党根基不深，它们往往是在选举开始前不久突然出现的。很多政党寻求避免采取一种明确的纲领性立场，相反，它们主张自己是“中间派”（centrists）和实用主义者，它们在民主党和共产党对立的两极之间游走。

总统选举对政党发展的促进作用往往没有议会选举那么大，因为它们更多地以候选人的品格为中心。当叶利钦在 1996 年竞选连任时，他最初的支持率只有个位数（他甚至考虑会在某个时候放弃竞选），但是，他最终团结自己的力量并成功地说服了选民，这次选举就是在他和重回共产主义之间做出选择。叶利钦在竞选期间表现出的活力、他向选民做出的大量承诺以及他对媒体的控制都使得他的受欢迎程度激增，并打败了其共产党对手根纳季·久加诺夫（Gennady Ziuganov）①。尽管如此，竞选还是给叶利钦带来了损害。不久以后，叶利钦就做了一次重大的心脏手术，在他第二任期的大部分时间里，他的健康状况都很糟糕。

建立权力党　1999年选举的主导问题是：谁会继任叶利钦成为总统。为了保护自己的工作，很多联邦和地区的官员都想团结在一个新的“权力党”周围。1999年夏末，一批克里姆林宫的幕后战略家推动了一场被称为“团结”的运动。他们想建立一个选举集团，全国的政府官员能够在杜马选举中团结在这个集团周围。他们还试图使之成为服务普京的政治工具，此时，叶利钦已经任命普京为总理并指定他为自己的继任者。让普京感到便利的是，在团结运动开始以及普京被任命之后的数天内，车臣的反叛者向邻近地区达吉斯坦（Dagestan）发动了袭击。对居民楼的轰炸（车臣的恐怖分子受到官方谴责）也出现在莫斯科和其他城市。普京果断地决定用军事行动打击车臣的游击队，这使普京和团结运动的受欢迎程度获得了大幅提升。直到8月底才成立的团结党在12月的党派投票中获得了23%的选票。

2000年的总统选举因为叶利钦总统的辞职而提前举行。根据宪法规定，如果总统提前离职，总理自动继任总统，但是，新的选举必须在3个月内举行。因此，总统选举被安排在2000年3月26日。提前举行的选举使领先的现任者普京具有更大的优势，因为他可以充分利用自己的受欢迎程度和国家实现连续性的希望。普京依赖各级官员的支持，依赖向选民展示“总统”形象的媒体竞选，同时选民担心改变选举结果只会使生活更糟。而且，他的对手非常缺乏政治影响力。一些杰出的政治家也非常谨慎地选择不与普京竞争。普京的战略运行得极为成功：他在第一轮就赢得了绝对多数（见表11-2提供的2000—2012年总统选举的结果）。

2003年和2004年的选举　在普京的领导下，作为转型时期之标志的共产主义者与民主主义者之间的意识形态分立几乎消失了。政坛受制于总统及其支持者。亲普京的忠诚政党团结党（Unity）在合并了对手党祖国党（Fatherland）之后重新命名为统一俄罗斯党。在政党谱系中，统一俄罗斯党几乎获得了一种垄断地位，从而使其他政党边缘化。选举法的一系列变化使得除少数政党之外的其他政党在选举中的竞争日益困难，同时，克里姆林宫积极努力向地区州长和大型企业施加压力，使其支持统一俄罗斯党。

统一俄罗斯党逐步开始作为一个庞大的政治机器而运作，它给支持者分配政治利益和物质利益，垄断决策，向立法会议派送大量的可靠的议员。统一俄罗斯党几乎在每一个地区立法机构都占据多数地位，而且绝大多数的州长都是该党成员。在一些地区和地方议会中，反对党控制了某些议席，有时也会赢得市长竞选。但是，由于同总统行政关

① Stephen White, Richard Rose, and Ian McAllister, *How Russia Votes* (Chatham, NJ: Chatham House, 1997), 241-270.

系密切，而且似乎不受限制地获得媒体和组织资源，统一俄罗斯党在政治体制中占据的位置类似于墨西哥革命制度党（PRI）在其长期执政期间所处的位置，或者类似于竞争性威权主义体制中其他支配性政党的位置。

表 11-2　2000 年代的俄罗斯总统选举

在每一次竞选中，普京或者梅德韦杰夫都能在第一轮以巨大的优势胜出。（%）

	2000 年	2004 年	2008 年	2012 年
弗拉基米尔·普京	52.9	71.3	—	63.6
根纳季·久加诺夫（CPRF）	29.2	—	17.7	17.8
弗拉基米尔·日里诺夫斯基（LDPR）	2.7	—	9.3	6.2
格里戈里·雅夫林斯基（Yabloko）	5.8	—	—	—
尼古拉·哈里托诺夫（CPRF）	—	13.7	—	—
德米特里·梅德韦杰夫	—	—	70.2	—
安德烈·博格丹诺夫（俄罗斯民主党）	—	—	1.3	—
米哈伊尔·普罗霍罗夫（独立人士）	—	—	—	7.89
谢尔盖·米罗诺夫（公正俄罗斯党）	—	—	—	3.85
其他	6.5	10.7	—	—
反对所有候选人	1.8	3.4	—	—

注："反对所有候选人"这一选项在 2008 年和 2012 年的选票上被取消。

克里姆林宫成功地使统一俄罗斯党成为支配性政党在 2003 年议会选举中得到了生动的体现。统一俄罗斯党赢得了 38%的党派投票并获得了 2/3 的杜马议席。共产党失去了将近一半的选票份额，民主党的情况更为糟糕。在党派选票上首次出现没有任何民主政党赢得席位。选举结果反映了普京消除任何重要的政治反对派的努力。统一俄罗斯党这种令人印象深刻的表现确保了普京连任总统。2004 年 3 月的竞选是一边倒的胜利。普京轻松地赢得了 71.3%的选票，而他的共产党对手只赢得不到 14%的选票。

在 2007 年的杜马选举中，统一俄罗斯党的支配地位再次得到巩固。在选举前不久，普京宣称他将排在政党名单之首（尽管他说自己不会入党，他也不打算获得杜马席位）①。这表明，即使普京总统卸任后，他仍然打算利用政党作为自己的权力基础。尽管克里姆林宫又成立了一个权力党（被称为公正俄罗斯党），将其作为一种机制来吸收政党谱系中左派的某些选票，同时为那些无法加入统一俄罗斯党的某些政治家提供一种替代路径，但统一俄罗斯党压倒性的成功从来毋庸置疑，而且它继续赢得了 64.3% 的选票。

同样，在 2008 年的总统选举中，为了确保预期的结果，他们将国家预算中的资金

① 在统一俄罗斯党代表名单上总共有 108 名候选人拒绝获得议会的席位。这些候选人被称为"火车头"，他们只是用来吸引选票的，该党获胜后，他们无意在杜马中任职。

投入梅德韦杰夫的竞选活动，对梅德韦杰夫进行超比例的新闻报道。梅德韦杰夫共赢得超过70%的选票——这只比普京在2004年被报道获得的选票大约低了1%。

2011—2012年选举周期以及2016年杜马选举　在2011年12月举行的议会选举中，还是相同的四个政党进入议会。统一俄罗斯党的官方选票份额略微有所下降，而其他政党的选票份额则有所上升。尽管如此，该党的支配地位，总的来说仍然是安全的。

在2012年3月举行的总统选举中，普京又回到选票上，就像久加诺夫（CPRF）和日里诺夫斯基（LDPR）一样。公正俄罗斯党的领袖谢尔盖·米罗诺夫（Sergei Mironov）这一次也参与竞选。还有一位新来的参选者，他就是亿万富翁米哈伊尔·普罗霍罗夫（Mikhail Prokhorov）（除了其他身份之外，他还是新泽西网队的老板）。他提出一项广泛支持商业发展的政治纲领，但他从没有直接批评过普京，这使得人们怀疑，当局之所以允许他参选，目的就是转移选民对其他候选人的支持。最后，官方结果显示，他赢得将近8%的选票，普京赢得63.6%的选票。

但在2011年12月的杜马选举和2012年3月的总统选举之后，全国各地引发了抗议。抗议者的要求集中在两个主要问题上：公平选举和普京离任。令人感到惊奇的是，当局并没有侵扰游行示威者。有些观察人士满怀希望地谈到，这是在迈向一种更自由、更开放的政治体制。

然而，自2012年上半年以来，抗议运动平息了。在重新就任总统后，普京明确表示，他对和反对派进行对话没有任何兴趣。

当局小心翼翼地确保2011—2012年期间令人尴尬的抗议运动不会在2016年杜马选举之后再次出现。他们采取了一种双管齐下的策略，既确保统一俄罗斯党赢得选举，又不会引发任何抗议运动。他们指示地方当局要事先控制好选票和媒体的进入，以便确保统一俄罗斯党在竞选中占据主导地位。他们还努力动员统一俄罗斯党的支持者，例如，向工厂工人、政府雇员、学生以及其他可控的团体施加压力来投票支持统一俄罗斯党，并且开车将他们一起送到投票点[①]。这种策略获得了成功。尽管投票率降到了50%以下，而且统一俄罗斯党赢得的选票数比2011年少了400万张，但正如它在杜马中的席位总数增加一样，统一俄罗斯党的得票比例增加了。

执政当局似乎固守支配性政党体制之模式，并继续利用统一俄罗斯党来确保自己获得国家杜马和地区立法机构的支持。只要统一俄罗斯党是支配性政党，执政当局的目标就是使其对所有的社会阶层而不是特定的社会部门具有广泛的吸引力。因此，作为对投票的一种影响因素，社会结构变得越来越不重要，而选民们在一般意义上对执政当局的态度以及特别意义上对普京的态度已经成为投票偏好最为重要的预测器。

统一俄罗斯党得到社会各阶层的广泛支持，并呈现出一种非程序性的形象。它的主要吸引力与普京密切相关。该党的社会基根相对较浅。普京和克里姆林宫的其他官员与

---

① 有关工作场所的动员，可以参见：Timothy Frye，Ora John Reuter，and David Szakonyi，"Political Machines at Work：Voter Mobilization and Electoral Subversion in the Workplace，" *World Politics* 66，2（April 2014）：195－228.

统一俄罗斯党保持了一定的距离，他们期望该党支持现有政权，但又不能赋予其太多影响政策的机会。最能说明这一问题的是，普京从未加入统一俄罗斯党。

俄罗斯和资源诅咒

11.8 描述当代俄罗斯政治和经济结构调整之间的相互作用

俄罗斯经济在很大程度上受制于国家控制，但也以市场竞争因素为特征。与苏联时期相比，俄罗斯经济更加融入全球经济，但国家社会主义和计划体制的遗产继续发挥着强大的影响力。而且，俄罗斯严重依赖原材料出口，尤其是石油和天然气。

计划经济的转型

俄罗斯的后共产主义转型是极为痛苦的，因为随着苏联解体，俄罗斯必须重构它的*政治*和*经济*制度。迈向市场经济为某些人提供了机会，但给更多的人带来的是苦难。民主化使政治体制向以下群体——这些群体可以组织起来为自己争取排他性经济利益——的影响力开放。当计划经济被打破后，在苏联政权时期享有安全生计的很多人因为通货膨胀和失业而破产。只有少数人利用创业机会或者利用他们与政府的关系积聚了大量财富。普京起初之所以如此受欢迎，原因之一在于，人们称赞他恢复了经济繁荣并打击一些通过不正当手段积累巨额财富的企业界大亨。

稳定 1990年代早期，俄罗斯追求两套重大的经济改革：宏观经济稳定和私有化。稳定逐渐被称为**休克疗法**（shock therapy），这项计划的目的在于防止本国的金融风暴。这就要求一套令人痛苦的财政与货币规章制度来削减政府开支和减少货币供应。这种结构性改革总是在短期内降低大部分人口的生活水平。

这些改革并没有被完全实施。原因之一就是，那些受益于经济开放和国有资产私有化早期措施的人利用自己有机会接触当局的特权来锁定自己的利益并反对任何扩大竞争的后续措施。例如，有些官员获得垄断企业的所有权，然后努力将潜在的竞争对手逐出市场。一些州的官员（他们受益于向进出口商颁发许可证或颁发经营许可证而收取“费用”）和企业家（他们的公司在行业市场内具有支配地位）也是如此①。一种完全竞争的市场体系和一个让所有参与者公平竞争的环境将威胁他们从其特权地位中受益的能力。

从共产主义到资本主义 苏联的经济增长模式关注的是大型企业的批量生产。这就意味着，很多地方政府都完全依赖某个单一雇主的经济运作状况。就像俄罗斯幅员辽阔给改革带来的难度一样，苏联致力于将大量资源用于军事生产进一步导致了俄罗斯的改革任务复杂化，因为很多工业都建立在远离主要人口和交通枢纽的地区。在俄罗斯这样一个大国，重建破败的基础设施之成本高得惊人。

经济稳定计划开始于1992年1月2日，当时，政府废除了大部分的价格控制、增加税收并大幅削减政府开支。几乎与此同时，

① Joel S. Hellman, “Winners Take All: The Politics of Partial Reform in Postcommunist Transitions,” *World Politics* 50, 1 (1998): 203-234.

这项计划的反对意见开始形成。经济学家和政治家都有自己的立场。休克疗法计划很容易成为批评的对象，虽然批评者对替代选择应该是什么无法达成共识。现在司空见惯的说法是，这项计划“完全是休克的，但没有任何疗法”。

通过削减政府开支、让价格上涨和增加税收，稳定计划旨在建立某些激励机制让生产者增加产量并寻找市场新的增长点。但是，俄罗斯的生产者起初并没有通过提高生产力做出回应。结果，人们遭受购买力急剧锐减之苦。人们忍受着饥饿，银行存款不复存在，经济陷入长期低迷。具有政治因素的公司可以通过获得政府的廉价信贷和生产订单而幸免于难，这抑制了提高生产力的任何动机。因迫切需要增加营业收入，政府大量地从国际货币基金组织借债，并以灾难性的高利率发行国债。国际货币基金组织的贷款是有附加条件的，即政府要保证进一步削减开支并加强税收征管，这导致经济的进一步衰退。共产主义者和民族主义者通过将政府描述为恶毒的西方帝国主义的傀儡而赢得公众的支持。

私有化 稳定计划之后不久就迎来了国有企业大规模的**私有化**（privatization）。与休克疗法计划相比，私有化受到公众的广泛支持，至少一开始是这样。私有化将国有企业的合法所有权转让给私营业主。在适当的条件下，生产性资产的私人所有权对社会是有效的，因为在一个竞争性的环境下，所有人都会受到某种动机的激励，即将财产创造收益的能力最大化。根据私有化计划，每个俄罗斯公民都会收到一张面值 1 万卢布（当时大约值 30 美元）的代金券。人们可以自由地买卖代金券，但是，它们只能被用于收购私有化企业的股份或者投资于私有化企业的共有基金股份。这项计划寻求确保人人可以立即成为财产所有人。从政治意义上说，该计划的目的旨在通过让公民从市场转型的结果中获得利益，从而为经济改革提供支持。从经济意义上说，政府希望私有化因建立有意义的财产权利而最终促进生产力的提高。这项计划开始于 1992 年 10 月，它将高达 1.48 亿的私有化代金券分配给公民。截至 1994 年 6 月 30 日这项计划结束之际，从理论上说，大约有 4 000 万公民已经成为股权持有者。但是，这些股权通常没有任何价值，因为公司不用支付红利，股东也不享有公司的任何投票权。

私有化的下一阶段是将国有企业的大部分剩余股份拍卖成现金。这一阶段以一系列可耻的私下交易为标志，在这些交易中，少数俄罗斯最富有的企业大亨们拥有的银行以较低的协议价获得了该国某些最有利可图的石油、天然气和冶金公司的所有权。在这些安排中，最臭名昭著的当数**债转股**（loans for shares）计划。这项计划由一小群与政府有密切联系的商业巨头于 1995 年提出，他们说服叶利钦拍卖几个大型国有公司股份中控制一揽子交易的管理权来换取政府贷款。如果政府不能在一年时间内偿还贷款，股份就要归提供贷款的银行所有。正如预料的那样，政府拖欠了贷款，结果导致少量的寡头们获得了俄罗斯一些最有价值公司的所有权[①]。

① 基于对很多参与者的采访，关于“债转股”计划最杰出的报告来自：Chrystia Freeland，*Sale of the Century*：*Russia's Wild Ride from Communism to Capitalism*（New York：Crown，2000），169－189.

私有化的后果 从表面上看，私有化是个巨大的成功。截至1996年，私有化公司创造了大约90%的工业产值，而且，大约2/3的大型和中型企业已经被私有化①。然而，实际上，所有权的真正转移远不如看上去的那样令人印象深刻。首先，突出的模式是让经理们收购他们所经营管理公司的大量股份。因此，很多公司的管理现状并没有改变。而且，很多名义上的私营公司继续与国家支持保持着紧密的联系，如廉价的国家补贴性贷款和信贷②。

私有化听任大量肆无忌惮的精明商人通过各种各样的财政计划来损害公众利益。有些投资基金承诺的回报率简直令人难以置信。很多人因为投资那些破产或被证明是简单非法传销的投资基金而失去所有的储蓄。私有化是在市场经济的制度框架准备就绪之前进行的。股票、债权和商品市场的规模较小，而且调控不力。市场经济的法律基础逐渐形成，但这只是在大部分经济已经私有化之后才出现的。就1990年代的大部分时间而言，经济缺乏流动性意味着企业不能及时支付工资和缴税，彼此之间只能进行易货贸易。

政府陷入了一种债务陷阱。由于无力履行义务，政府日益依赖贷款。当贷方发现政府不能很好地履行义务时，他们就会提出更高的利率要求，结果导致陷阱进一步加深。最终，泡沫破裂。1998年8月，政府宣布延期偿还债务，并让卢布对美元的价值贬值。卢布在一夜之间贬值2/3，信贷枯竭③。投资者持有的政府债券几乎一文不值。货币价值暴跌带来的影响波及整个经济。卢布的急剧贬值使得出口更具竞争性，并给国内生产者带来动力，但同时也大大降低了人们的生活水平。

正如表11-3显示的那样，俄罗斯的经济产出在1999年开始复苏之前连续十年下降。世界石油和天然气价格在2000年代的上涨给俄罗斯经济带来1999—2008年长达十年的稳定增长。随着经济的复苏，企业得以还清拖欠的工资和税款。反过来，这些税款允许政府履行自己的义务，进而导致消费者对工业产品需求的上升，等等。直到2009年，俄罗斯所有阶层的人口和国家大部分地区的生活水平都有所提高。然后，国际金融危机严厉打击了俄罗斯，它的经济萎缩了近8%。2014—2015年，俄罗斯经济再次开始萎缩，当时，世界石油、天然气和其他商品的价格急剧下跌。

表11-3 国内生产总值的年度增长率和物价通胀率

年份	国内生产总值的增长率（年度百分比）	通胀率（消费者价格指数年度增长百分比）
1991	−5.05	
1992	−14.53	
1993	−8.67	874.62
1994	−12.57	307.63

① Joseph R. Blasi, Maya Kroumova, and Douglas Kruse, *Kremlin Capitalism: Privatizing the Russian Economy* (Ithaca, NY: Cornell University Press, 1997), 50.

② Blasi, Kroumova, and Kruse, *Kremlin Capitalism*; Michael McFaul, "State Power, Institutional Change, and the Politics of Privatization in Russia," *World Politics* 47 (1995): 210-243.

③ Thane Gustafson, *Capitalism Russian-Style* (Cambridge: Cambridge University Press, 1999), 2-3, 94-95.

续前表

年份	国内生产总值的增长率（年度百分比）	通胀率（消费者价格指数年度增长百分比）
1995	−4.14	197.47
1996	−3.60	47.74
1997	1.40	14.77
1998	−5.30	27.67
1999	6.40	85.74
2000	10.00	20.78
2001	5.09	21.46
2002	4.74	15.79
2003	7.30	13.68
2004	7.18	10.86
2005	6.38	12.68
2006	8.15	9.69
2007	8.54	8.99
2008	5.25	14.11
2009	−7.82	11.67
2010	4.50	6.84
2011	4.26	8.43
2012	3.52	5.08
2013	1.28	6.78
2014	0.71	7.81
2015	−3.73	15.53

资料来源：World Bank，World Development Indicators，http：//databank.worldbank.org/data/reports.aspx?source=world-development-indicators.

俄罗斯对国际经济条件具有的高度脆弱性归因于如下事实：银行系统、工业结构或者创业的制度环境都没有进行实质性的全面改革。在2008年爆发全球性金融危机时，俄罗斯的经济是脆弱的，因为它依赖自然资源的出口，这在普京执政时期进一步加深。自2015年起，一半以上的中央政府收入以及2/3的俄罗斯出口价值都来自石油和天然气①。因此，全球能源价格下跌对俄罗斯经济造成严重打击。俄罗斯允许卢布贬值，这有助于国内工业，但大部分出口商预计，经济增长在可预见的未来仍然会保持在低位。

社会条件 1990年代，生活水平大幅下降。少量人变得富有，有些家庭适度地改变了自己的命运。然而，大多数人的生活水平因为失业、收入滞后、拖欠工资和退休金而下降。2000年代，工资和收入恢复了，但因2013年开始的经济衰退又再次下降。2016年的实际收入水平与2006年持平。

无论是在1990年代的经济衰退期，还是

① World Bank，"The Long Road to Recovery，" Russian Economic Reports no.35（Moscow：World Bank，April 2016），http：//www.worldbank.org/en/news/press-release/2016/04/06/russia-economic-report-35，accessed August 26，2016.

在2000年代的经济复苏期，收入不平等都在急剧增加。不平等的增加是由很多原因导致的。在1990年代，出现不平等的原因在于，工资增加低于价格通胀、失业率大幅上升、养老金和其他社会援助制度的恶化以及巨额财富集中在少数人手中。自2000年以来，贫困和失业显著减少，养老金水平不断提高。然而，工资水平存在巨大差距（例如，同一行业和同一地区的两个工人可能领取的工资截然不同，这取决于他们所在的公司），诸如能源和金融行业的经理们拥有极高的收入，不同地区的经济增长率不同，普京政权时期采取统一所得税（13%），并取消了遗产税，所有的这一切都是导致不平等加剧的原因。

因此，由于政府政策和目前的经济趋势，经济繁荣对收入分配上端那些人的有利程度远大于位于收入分配下端的那些人。而且，财富不平等远胜于收入不平等。《瑞士信贷全球财富报告》显示，到目前为止俄罗斯是世界上财富集中程度最高的国家：1%最富有的人拥有超过本国70%的财富①。

不平等的继续加剧和缺少一个不断壮大的中产阶级引起了俄罗斯领导人的关注。在2008年2月8日向国务委员会（state council）发表的演说中，普京总统宣称目前的收入不平等"绝对无法接受"，应该被降到较为适中的程度；他号召采取措施壮大中产阶级。他宣称，中产阶级所占的人口比例截至2020年应该达到60%甚至是70%②。然而，政权并没有执行扩大私营部门规模的政策，而且，2011—2012年爆发政治抗议浪潮之后，政权对发展中产阶级的兴趣大大减弱。

就转型期的社会效果而言，一个特别令人困惑的方面在于公共卫生水平逐步降低。国家转型后，死亡率急剧上升，对男性而言尤其如此。在俄罗斯，男性的预期寿命相当于贫困和发展中国家的水平（在俄罗斯，男性出生时的预期寿命是65岁，大致与巴基斯坦、玻利维亚和菲律宾保持相同水平）。尽管最近几年预期寿命有所增加，但男性和女性之间的死亡率差异仍旧很大（按照世界标准），这一般被归因于男性滥用酒精和烟草的比率非常高。其他的人口指标同样令人沮丧。艾滋病和其他传染性疾病的感染率以及谋杀、自杀、吸毒、酗酒的比率都较高。

俄罗斯领导人认为，人口危机对本国的国家安全构成重大威胁，这不仅是因为在某些地区存在着劳动力的日益短缺（专家认为，在俄罗斯有800万到1 000万非法移民），而且还因为军队无法招募足够健康的年轻男性。自1991年以来，由于死亡人口超过出生人口，而且移民总数并没有抵消两者的差数，因此，俄罗斯的人口总数减少了200万。来自原苏联其他国家的移民缓解了俄罗斯的人口下降趋势。人口统计专家预计，到2050年，俄罗斯的总人口减量将超过1/3。普京总统号召要采取一系列措施提高出生率、降低死亡率，并鼓励移民。这些措施已经有助于出生率的适度提高。

让国家走向一条自我持续的经济发展之路（在这条路上，工人和投资者对他们的法律权利充满信心）要求对国家和经济的关系进行全面改革。苏联利用中央计划来指引企

① Credit Suisse Research Institute，*Global Wealth Databook* 2015，Table 6-5，p. 149.

② 引自普京2008年2月8日向国务委员会扩大会议发表的演说，"On the Strategy of Development of Russia to 2020，" president. Kremlin. ru/text/appears/2008/02/159528. shtml.

业生产什么和如何利用资源。大部分经济面向的是重工业和国防生产，政府部委直接管理每个经济部门。为了刺激增长，后共产主义国家必须发展一种截然不同的国家与经济关系。它必须制定明确的经济活动规则，调控市场，执行法律，提供公共产品和服务，促进竞争。改变国家官僚机构的结构和国家官员的态度是一项艰巨任务。

政府意识到，靠出口石油和天然气取得的收入存在重大危险，它会对经济造成通货膨胀的压力。基于这种原因，与其他某些盛产石油的国家一样，俄罗斯也建立了一种“稳定基金”，当油价上升到一个设定的阈值上限时，该基金将部分因世界能源高价而产生的收入从流通中去除。当 2008 年国际金融危机爆发时，这种财政缓冲允许政府能够在收入下降和社会支出义务上升的情况下弥补赤字。当时，政府大量支用基金存量用以补贴大型企业和银行。而且，自 2013 年以来一直如此操作。如果油价仍然处于低位，政府将无法补足稳定基金的原有存量。

图 11-5 显示了 2016 年按政策类别划分的联邦预算支出明细。社会支出占据了国家预算的 1/4 之多，随着人口的老龄化，这种支出很可能在接下来的数年中继续增加。军事和执法支出大约占预算的 1/3，工农业补贴（“经济政策”）另外占 15%①。教育和卫生保健支出合计共占预算的 6.6%。债务还本付息和对下级政府的转移支付占另外的约 8%。政府在经济不景气的情况下面临以下两者之间的艰难权衡：一是希望加强军事和执法能力，二是需要维持社会稳定。

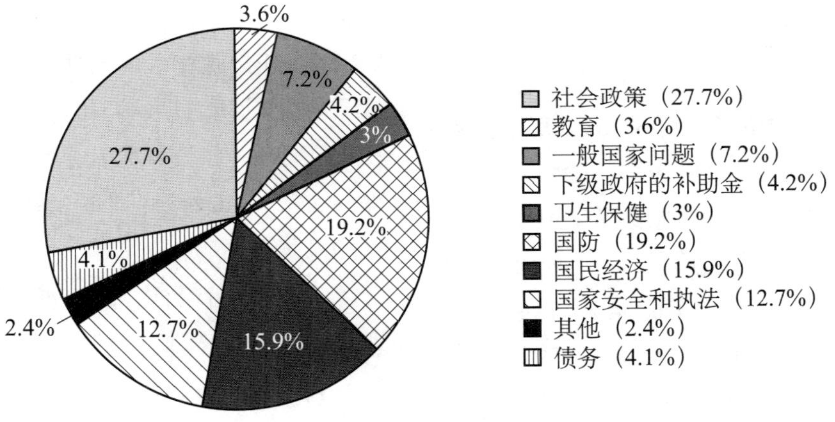

图 11-5　2016 年俄罗斯国家预算明细

资料来源：Vedomosti，October 8，2015.

迈向法治？

11.9　简单描述俄罗斯实现法治的路径和障碍

尽管俄罗斯的法律和制度体现了对法治的正式承诺，但俄罗斯的统治者和公民有时以一种破坏法治的方式行事。

依法治理的国家

戈尔巴乔夫改革最为重要的目标之一就

① 很多人认为，公布的预算低估了实际的军事开支，有些军事开支被隐藏在其他的预算类别中。

是使苏联成为一个**法治国家**（law-governed state，俄语为 pravovoe gosudarstvo），而不是一个当局出于政治目的操控法律的国家。自 1991 年以来，俄罗斯领导人一直反复宣称，国家必须尊重法律对政治的优先地位，即使在他们采取行动严重违反宪法、侵犯司法部门应有的独立时也是如此。将法律置于政治之上所面临的困难恰好证明了统治者习惯于利用法律制度作为一种统治工具。

为法治而斗争早在戈尔巴乔夫之前就开始了。在斯大林死后，他的继任者采取重大措施来减少政治对法律的利用。国家当局利用法律制度为政治目的服务仍在继续。20 世纪 90 年代的改革在某种程度上朝着使司法机构独立于执政当局的方向发展，但在 21 世纪，对法律制度的政治控制加强了。

法治的障碍

除了继续滥用法律服务政治目的之外，法院和执法系统中的腐败和赋予秘密警察局的广泛自由裁量权也是法治之路的阻碍。

在后苏联国家，秘密警察局继续自主运行。在苏联时期，主要负责维持国内安全的机构被称为克格勃（国家安全委员会）。克格勃行使广泛的权力，其中包括负责国内和对外情报。自 1991 年以来，它的功能被几个机构瓜分。国内主要的安全机构被称为联邦安全局（FSB）。尽管安全机构的结构和任务发生了变化，但它们从未经历彻底的人员清洗。苏联时期安全部门的任何成员或其合作者都未因侵犯公民权利而受到指控。与东欧相比，这里不存在对官员过去与秘密警察合作的记录进行审查。这是苏联解体后俄罗斯仍未将其共产主义的历史抛诸脑后的几种方式之一。

秘密警察局被认为是更专业、更廉洁的国家机构之一。然而，尽管被分配了新的任务（如与国际毒品走私和恐怖主义做斗争），但它们仍然专注于维护国家的政治生活。

有时，法律制度也会被用来迫使私营公司以较低的协议价出售，然后由一家亲政权的国有企业予以接管。例如，国家利用逃税和盗窃指控来迫使尤科斯石油公司破产，以便使该公司利润最大的部分以较低的价格卖给国有的俄罗斯石油公司。这些不受欢迎的强制收购被称为*“打劫”*（reiderstvo）。

腐败 法治的另一个障碍是腐败。在苏联之后，腐败增加。2010 年 5 月的一次民意调查发现，55%的受访者同意如下说法：“与官员打交道的每个人都会支付贿赂”，尽管 79%的受访者表示自己在过去的一年里并没有行贿①。执法（尤其是交通警察）、卫生保健、教育和政府注册办公室被认为是最糟糕的麻烦制造者。

为了减少官员腐败，政权已经通过立法要求官员申报他们的收入和财产。尽管如此，到目前为止，大多数观察人士认为，政权付出的努力对于减少腐败几乎没有产生任何效果。例如，国家杜马的议员通常会在收入和财产申报到期时提出离婚，从而避免报告已登记在配偶名下的资产②。

腐败对经济发展造成了严重的拖累，这既是因为它使资源偏离了公众需要，也是因

① Polit. ru，May 13，2010.

② Polit. ru，April 26，2013.

为它削弱了人们投资生产活动的意愿[1]。而且，大多数腐败都与有组织的犯罪联系在一起，它贿赂政府官员以寻求保护并驱逐那些合法的企业。

很多俄罗斯人认为腐败无法根除。然而，对腐败的比较研究表明，可以通过改变公众和政府的预期来改变腐败文化[2]。关键在于政治领导人要付出重大努力来打击腐败，并支持对腐败问题进行制度改革和持续关注的承诺。

自1990年代早期以来，俄罗斯进行了大量改革，例如，采用陪审团审判和建立宪法法院，这都有可能加强司法机构对政治压力和腐败的独立性。然而，执政当局习惯性地出于政治目的利用检察院和法院以及腐败带来的强大腐蚀性影响都会继续破坏法律制度的完整性。从长远来看，走向法治的运动将会要求权力充分分散在国家和社会的各个团体与组织之中，从而使私人和国家利益都不足以强大到让法律服从自己的目的，同时，政治精英自己也要尊重法律。

俄罗斯和国际社会

11.10 讨论俄罗斯面临的两难国际关系

俄罗斯长达千年之久的扩张、战争和国家控制社会的历史留下了专制统治的遗产与保卫国家边界的偏好。苏联解体要求俄罗斯重建其政治制度、经济体制、民族认同以及同外部世界的关系。在苏联时期，国家的宣传部门利用资本主义和社会主义之间的国际斗争的形象来证明自己对社会的控制和拥有庞大的军事设施具有正当性。国家领导人现在也认识到，只有通过与世界经济的紧密联系才有望使俄罗斯实现繁荣。然而，为了维护稳定并防止自己的权力受到威胁，他们还希望对政治体制保持强有力的控制。

戈尔巴乔夫、叶利钦和普京都宣称，俄罗斯融入发达的民主社会对其而言具有战略上的重要地位。戈尔巴乔夫为了改善与西方的关系而愿意放任整个东欧共产主义政权的垮台。作为发展与美国和欧洲密切关系的必要条件，叶利钦接受东欧国家加入北大西洋公约组织。普京反复强调，他认为俄罗斯加入世界贸易组织对俄罗斯长远的经济成功至关重要。

与此同时，俄罗斯并不接受国际法的约束。它增强自己在几个原苏联加盟共和国的军事力量，从而迫使它们成为俄罗斯的附属国。

2014年，克里米亚并入俄罗斯。克里米亚半岛在历史上在很长时间内都是俄罗斯国家的一部分，而且绝大多数人口都是俄罗斯人，但是，在1954年，赫鲁晓夫正式宣告克里米亚是乌克兰的一个自治区。2014年2月，当亲莫斯科的乌克兰总统被公众起义赶下台并由一位亲欧洲的总统取而代之时，普京迅速采取行动，控制了克里米亚政府。俄罗斯的做法违反了1994年签署的协议，该协议承诺尊重乌克兰的现有边境。在控制克里米亚之后，俄罗斯立即组织了一次全

① Joel S. Hellman, Geraint Jones, and Daniel Kaufmann, "Seize the State, Seize the Day: State Capture, Corruption, and Influence in Transition," Policy Research Working Paper no. 2444 (Washington, DC: World Bank Institute, 2000).

② Susan Rose-Ackerman, *Corruption and Government: Causes, Consequences and Reform* (Cambridge: Cambridge University Press, 1999), 159-174.

民公决，根据官方报道，96.7%的投票者支持克里米亚并入俄罗斯。随后，俄罗斯正式将克里米亚纳入俄罗斯联邦（克里米亚和黑海港口城市塞瓦斯托波尔都被添加进来）。美国和欧盟通过对俄罗斯强加经济制裁来回应克里米亚并入俄罗斯。这些制裁包括限制俄罗斯银行在国际市场上获得长期贷款的能力以及限制俄罗斯能源公司在海外收购技术的能力。一些政府高层人士在西方的资产也被冻结。

俄罗斯对乌克兰东部省份的亲俄派叛军也给予实质性的支持。分离主义者正在寻求从乌克兰独立出来，他们事实上已经控制了两个地区（顿涅茨克和卢甘斯克），并宣称它们是独立的共和国。2014 年 7 月，在叛军使用俄罗斯导弹击落一架飞越乌克兰东部的民用飞机后，俄罗斯对叛乱的军事支持在某种程度上减少了。尽管如此，分离主义者与乌克兰政府之间的小规模战斗继续进行，政治解决的前景依然渺茫。

俄罗斯的领导人承认，他们不能退回到孤立和自给自足的状态。他们也意识到俄罗斯面临的严重弱点，即人口下降、基础设施老化、依赖移民劳工，以及国家收入过度依赖自然资源。因此，尽管他们寻求在原苏联地区的支配地位，但他们也不想让俄罗斯复兴后成为两极世界中美国的敌人；他们更愿意接受俄罗斯是多极世界中的几个重要力量之一。然而，俄罗斯政权对西方采取了一种防御和敌对立场，并宣称西方正在密谋阻止俄罗斯获得其作为世界强国应有的地位。普京一直努力推动与中国的良好关系，并将俄罗斯塑造为亚太地区的一个重要力量。然而，俄罗斯工业的弱势意味着，它只能向潜在的投资者提供获取自然资源的机会。俄罗斯人从西伯利亚和远东地区向外移民也使俄罗斯更加依赖移民劳动力，尤其是来自中国的劳动力。

结论

俄罗斯广袤的疆土、薄弱的行政能力以及国家控制社会的传统使其领导人在可预见的未来很可能将主要目标界定为从国内和国际两个层面强化国家实力。苏联的解体损害了国家的执法、保护公民和提供基本社会服务的能力。在 2000 年代，有利的经济条件使得俄罗斯能够恢复自己的国内外实力，但是，最近的国际金融危机表明俄罗斯易受国际金融和能源市场趋势的影响。从长远来看，自我维持的经济发展需要法治和有效的制度来表达和聚集社会利益。后共产主义时期俄罗斯的生存能力最终将取决于它的制度在一个全球化且相互依存的世界里如何回应和适应俄罗斯公民的需求。普京确立政治体制的首要目的是维护国家的政治稳定并捍卫统治者的权力。然而，同之前的苏联政权一样，普京政权可能发现，专注于维护稳定会使得政权很难适应通过政治和经济制度改革来应对不断变化的世界挑战。

复习问题

1. 叶利钦的“休克疗法”计划如何导致了 1993 年的宪法危机？
2. 1992—1993 年的宪法斗争对 1993 年宪法的特征有何影响？
3. 普京总统如何着手强化中央政府对地区政府的权力？他以这种方式改变权

力平衡的理由何在？

4. 普京政权对待社会的方法是什么？

5. 俄罗斯人对民主的看法充满矛盾。如何解释这些态度？

6. 何谓“权力党”？统一俄罗斯党是一个权力党吗？

7. 在俄罗斯，法治面临的主要障碍是什么？克服这些障碍需要对政治制度进行哪些改变？

关键词

车臣（车臣共和国）
商事法院
俄罗斯自由民主党
债转股
梅德韦杰夫
休克疗法
权力党
总统法令
私有化
士兵母亲委员会联盟
公众院
普京
俄罗斯工业家和企业家联盟
安全委员会
公开化
国家委员会
国家杜马
统一俄罗斯党
检察院
俄罗斯联邦共产党
宪法法院
联邦委员会
俄罗斯独立工会联合会
寡头
法治国家
电话司法

建议阅读材料

Aslund, Anders. *Russia's Capitalist Revolution: Why Market Reform Succeeded and Democracy Failed*. Washington, DC: Peterson Institute for International Economics, 2007.

Colton, Timothy J. *Yeltsin: A Life*. New York: Basic Books, 2008.

Fish, M. Stephen. *Democracy Derailed in Russia: The Failure of Open Politics*. Cambridge: Cambridge University Press, 2005.

Greene, Samuel A. *Moscow in Movement: Power and Opposition in Putin's Russia*. Stanford, CA: Stanford University Press, 2014.

Hale, Henry. *Patronal Politics: Eurasian Regime Dynamics in Comparative Perspective*. New York: Cambridge University Press, 2015.

Hill, Fiona, and Clifford G. Gaddy. *Mr. Putin: Operative in the Kremlin*. Washington, DC: Brookings Institution Press, 2015.

McFaul, Michael. *Russia's Unfinished Revolution: Political Change from Gorbachev to Putin*. Ithaca, NY: Cornell University Press, 2001.

Treisman, Daniel. *The Return: Russia's Journey from Gorbachev to Medvedev*. New York: Free Press, 2011.

Zygar, Mikhail. *All the Kremlin's Men: Inside the Court of Vladimir Putin*. New York: Public Affairs, 2016.

第十二章
墨西哥政治

韦恩·A. 科尼留斯（Wayne A. Cornelius）
杰弗里·A. 韦尔登（Jeffrey A. Weldon）

国家概况

墨西哥

人口：1.195亿（2010年）
领土：76.1602万平方英里
独立时间：1810年
现行宪法的颁布时间：1917年
国家元首：总统恩里克·培尼亚·涅托
政府首脑：总统恩里克·培尼亚·涅托
语言：西班牙语、玛雅语、那瓦特语、萨巴特克语和很多其他的地区性本土语言。
宗教：罗马天主教（85%）、非天主教（10%）、非宗教（5%）

学习目标

12.1 列举墨西哥目前面临的最为严重的经济、社会和政治挑战

12.2 讨论墨西哥的历史，关注教会与国家的关系以及20世纪的社会动荡

12.3 描述墨西哥人与其政治制度之间的矛盾关系

12.4 讨论墨西哥政治社会化的主要来源以及它们是如何改变的

12.5 讨论最近墨西哥选举中参与率提高的原因

12.6 描述墨西哥的政府部门及其经历的变化

12.7 讨论墨西哥的政治招募，关注技术官僚的兴衰

12.8 解释墨西哥利益团体（特别是有组织的劳工和商业团体）的作用，涉及社团主义和恩庇侍从结构

12.9 讨论自1990年代以来墨西哥选举制度改革影响政党的方式

12.10 描述墨西哥政策的影响，关注经济增长、贫困、收入分配、人权、法治、环境和国际关系

2014年9月26日的晚上，43名就读于墨西哥贫困且暴力横行的格雷罗（Guerrero）州阿约兹纳帕（Ayotzinapa）小镇一所师范学院的学生出发前往墨西哥城参加抗议游行。学生们需要交通工具，按照他们的习惯，他们在伊瓜拉市（Lguala）附近强行征用了一辆商用公共汽车。公交公司对这种手法司空见惯，汽车司机非常配合。但是，这一次学生们永远不会到达目的地。根据墨西哥政府的报道，伊瓜拉市地方警察在市长的命令下拦住了他们的汽车。警察把学生交给一个臭名昭著的贩毒走私团伙，市长和他的妻子与该团伙有着很深的联系。在政府的报道中，学生们被绑架、施以酷刑并杀害。据称，他们的尸体被送到一个垃圾填埋场，并在那里被焚烧，然后骨灰被倒入附近的一条河里。

美洲人权委员会（Inter-American Commission on Human Rights）召集的一个专家小组对所发生事情的官方报道提出了质疑。在墨西哥政府的邀请下，专家们展开了自己的调查，他们得出结论：这43名学生事实上并没有在一个垃圾堆里被焚化，他们应该仍然被认为是"失踪"了。专家小组发现，有证据表明，被政府逮捕的100名嫌疑人中，有很多人遭到刑讯逼供。与此案相关的法庭证据受到了不当处理。最后，专家小组发现的证据表明，联邦安全部队在2014年9月26日至27日的事件中扮演了更重要的角色，这与联邦当局坚称当晚的犯罪只是当地事件的说法相反。绑架学生的动机尚未确定，但专家小组推测，这些学生无意中霸占了一辆装满毒品的公共汽车。外部专家无法继续证实这一观点，因为墨西哥政府拒绝让专家接触关键证人。墨西哥历史学家恩里克·克鲁兹（Enrique Krauze）给出了一种更为简单的解释：学生们可能已经被杀害，原因仅在于他们的抗议活动令人讨厌，而且对毒品生意不利①。

尽管涉毒团伙进行大规模杀戮在墨西哥并不少见，但阿约兹纳帕犯罪活动的猖獗、来自贫困家庭的学生成为犯罪目标的事实、所揭露的官员和警察腐败的复杂网络以及种种掩盖迹象激起了墨西哥几代人未曾见过的公愤。在社交媒体的推动下，近50万抗议者占据了墨西哥城中心，并封锁了主要高速公路。总统**恩里克·培尼亚·涅托**的信誉受到严重损害，他的政府希望将重点放在雄心勃勃的一揽子经济和教育改革上，但这一切都由于系统腐败、权力滥用和面对新证据的无能为力而黯然失色。墨西哥人已经对所有的主要政党持深度怀疑态度，他们痛苦地谈论道：很多人都认为这个国家正在恶化成一个失败的毒品国家。

就在两年前，选民们投票让培尼亚·涅托的政党**革命制度党**（Partido Revolucionario Institucional，PRI）在12年之后再次掌权，在这12年里都是由国家行动党（Partido Acción Nacional，PAN）拥有总统职位。从战术上讲，革命制度党通过推出一位年轻、有吸引力的总统候选人而成功地重新掌权，这位候选人将自己塑造成"新革命制度党"——一个连续执政了70年的现代化政党——的旗手。但是，这真的是被剥夺了先前独裁与腐败标志的"新革命制度党"，还是旧党的复归？革命制度党的复兴是12年

① Enrique Krauze, "Mexico's Barbarous Tragedy," *New York Times*, November 10, 2014.

民主政治实验的结束，还是仅仅为“正常的”民主政府更替？在一个自2000年以来已在选举规则和治理透明度方面发生巨大变化的政治体制中，在诸如脸书和推特这样的社交媒体平台的力量日益强大且对政客和官僚行为的公共监督仍在继续的国家里，革命制度党能够实现有效治理并获得公众支持吗？

阿约兹纳帕发生的43人悲剧标志着，自1990年代以来，墨西哥在向正常运转的民主体制转型过程中取得了多大——和多小——的成就。这场悲剧发生的城市和州受左派反对党民主革命党（Partido de la Revolución Democrática，PRD）的治理，但联邦政府犹豫不决的反应严重破坏了“新革命制度党”的伪装。对学生失踪长达两年的调查没有对他们的最终命运得出明确结论，但却对联邦官员和安全部门工作人员的共谋提出重大质疑，而且，即使这个具体的犯罪不存在可疑之处，但一个腐败和有罪不罚的体系受到质疑，然而，没有一个政党成功地挑战这样的体系。尽管如此，公众对该事件表示愤怒的强烈程度和持续时间表明，传统上对政治领导人罪行的冷嘲热讽正在让位于一个希望（实际上是要求）问责的新时代。

目前的政策挑战

12.1 列举墨西哥目前面临的最为严重的经济、社会和政治挑战

如今，墨西哥面临严峻的社会和经济问题：经济增长乏力，经济发展创造的就业职位太少，以至于无法满足每年进入劳动力市场的年轻人的需求（尽管劳动力的增长率现在因更低的出生率而呈现下降的趋势）；教育制度迫切需要现代化；贫困人口不断增长，有近一半的墨西哥人仍然生活在官方的贫困线之下；极为不平等的收入分配；富裕、城市化、经济现代化的北部和中部各州与贫穷、农村、高度本土化的南部各州之间存在巨大的发展鸿沟；因全球变暖而严重恶化的环境问题；几乎不发挥作用的刑事司法制度经常侵犯公民的人权，并因毒品买卖而受到严重腐化。革命制度党之所以在2000年对墨西哥政治制度失去控制力，很大程度上是因为它未能有效地处理这些问题。在2000—2012年执政的民主“反对派”能够以稍微更大的成功处理这些问题。

不是所有的问题都来自墨西哥国内。作为一个发展中国家，墨西哥不得不更多地直接应对全球经济系统；它必须追赶它的国际贸易伙伴和竞争对手。在全球市场中，中国作为一个主要竞争对手的崛起对墨西哥产生了重大影响。中国已经替代墨西哥成为第二大美国市场的制成品出口国。

唐纳德·特朗普当选美国总统给墨西哥带来了新的经济挑战。在竞选期间，特朗普要求对**北美自由贸易协定**（North America Free Trade Agreement，NAFTA）彻底进行重新谈判——否则的话，就完全废除该协定。作为总统，特朗普命令沿着西南部边境建造一堵新墙，并威胁要通过对墨西哥进口商品征收高额关税或对移民汇款（在美国工作的墨西哥人向其在墨西哥的家属汇款）进行征税来迫使墨西哥为此买单。他向福特汽车和通用汽车施加压力并迫使其取消在墨西哥的重大投资计划。所有这些变化将墨西哥货币比索的价值拉到历史最低水平，这使得墨西哥人的进口消费品变得更加昂贵。而且，特朗普给金融市场带来的不确定性威胁

着要继续降低墨西哥本已非常疲弱的经济增长率。

如果想要提高经济增长率的话，培尼亚·涅托当选之后因实施宪法修改而启动的公立教育系统改革仍然是一项紧迫的优先事项。制定2013年宪法修正案旨在打破全国教师工会的权力，长期担任该工会主席的埃尔芭·埃斯特·戈迪略在2013年被监禁，被指控的罪名是挪用工会资金。改革的内容包括建立学校质量评估体系以及教师聘用与考核的新程序。但是，这些改革并没有被完全落实，因为它们遭到教师工会的持续抵制。

2013年的立法改革强化了政府对电信部门的调控，这些改革得到墨西哥三个主要政党的支持。立法要求墨西哥美洲电信公司（América Mốvil）——在墨西哥占据支配地位的电话公司——与其他手机运营商共享其基础设施，并大幅度降低向这些运营商收取的接入网络的费用。这些变化大幅度减少了墨西哥美洲电信公司的盈利收益，该公司的领导是卡洛斯·斯利姆（Carlos Slim），世界上最富有的人之一。多年来，他的公司一直因提供昂贵且不可靠的服务而受到墨西哥公众的鄙视，但它仍然控制着70%的手机服务和65%的陆上线路。需要采取进一步的反垄断措施来增加竞争，遏制电话服务和电视的垄断力量，目前，电视受两家主要的网络公司控制。

墨西哥必须恢复其能源部门（石油、电和天然气）的活力，可采取的方式或者是增加政府的支出，或者是允许更多的外国直接投资。石油行业（它在1938年被国有化）的完全私有化在政治上仍然是被禁止的。然而，随着油田的枯竭，石油产量已从2004年的峰值直线下降，必须采取一些措施来阻止石油产量的持续下降。墨西哥石油公司（PEMEX，政府对石油的垄断）既没有资金，又缺乏所需的技术专长，从而无法开采更难获取的深水油田以及陆上页岩油和天然气。墨西哥能源工业的衰落对公共财政产生了巨大的影响，因为联邦政府严重依赖石油出口收入。面对这些挑战，2012年执政的新革命制度党政府提议，外国公司应该被允许与墨西哥石油公司在石油和天然气勘探方面开展合作，并且利润共享——这是一个重大的历史背离。

毒品走私及其衍生的犯罪活动仍然是墨西哥面临的最为重要的挑战。国家行动党总统**费利佩·卡尔德隆**政府对毒贩发动了全面的战争，在2012年卡尔德隆执政的最后一年，这方面的努力就耗费了250亿美元。这一努力引发了一系列暴力事件，造成6万多人丧生，其中包括毒贩和卷入交火的无辜公民。与毒品相关的杀人案件在2011年达到顶峰，由毒贩们（毒枭）实施的勒索、绑架、燃料盗窃和其他非法交易也有所增加，他们发现这些活动要比向美国运输毒品获利更多。联邦政府面临的持续挑战在于以如下方式执行国家禁毒战略：进一步减少暴力，有效打击相关形式的有组织犯罪，同时保护无辜平民的人权。

在政治方面，需要对选举规则进行额外的修改，以便让各个政党购买选票和超过竞选支出的法定限制变得更为困难。2014年制定的墨西哥宪法的一个重大变化在于，国会议员、州的立法者和市长有可能连续连任。这应该使他们对选民而不仅仅是他们所属的政党更具有回应性，并承担更多的责任。但是，就巩固一个完全的民主制度而言，这些改变可能远不如迅速传播如下理念更为重要：在墨西哥各级政府的治理中，主要政党之间的政权更迭不仅是可取的，而且是可实现的。

从 1997 年革命制度党失去对议会下议院的多数控制开始，经过近 20 年普遍的民主实践和民主理念之后，再让时光倒流是不可能的，无论革命制度党的传统主义者多么希望这样做。公众对权力滥用、镇压游行示威者和系统性官员腐败的容忍已在显著降低，这一点因如下两项事实而得以证实：一是涅托政府对阿约兹纳帕 43 名学生失踪案的调查不当引发的骚乱；二是政府的一名主要承包商为涅托的妻子建造了一栋价值数百万美元的房子这一消息被披露。最近的“透明度”改革使得记录政府官员和机构的违法行为和不良表现变得更加容易。在选举期间“把流氓赶出去”显然是一个在墨西哥已经流行的想法。

历史回顾

12.2 讨论墨西哥的历史，关注教会与国家的关系以及 20 世纪的社会动荡

在科尔特斯于 1519 年登陆并开始西班牙对墨西哥的征服之前很久，这块土地上存在着大量的原住民文明。其中，尤卡坦（Yucatán）半岛的玛雅（Mayan）和中央高原的托尔特克（Toltec）发展了最为复杂的政治和经济组织。然而，在西班牙人到达之前，这两种文明已经衰微。规模更小的原住民社会，或者被入侵者带来的疾病大量毁灭，或者被利剑击败。随后，西班牙国王将土地和土著劳动力赠予殖民者，这进一步孤立了农村的土著人口，并加深了对他们的剥削。

土著地区的自然减员、近亲结婚和文化渗透的综合影响使那些在文化上被认同为原住民的墨西哥人口比例锐减。根据 2015 年全国人口普查的数据，21.5%的墨西哥人自认为是原住民，但只有 6.5%的人说一种土著语言。土著少数民族提醒人们，在 20 世纪的墨西哥，仍有数百万人被不平衡的发展抛在后面。墨西哥原住民主要集中在农村地区，超过 60%的人生活在那儿。他们的社区，政府将之归类为本国经济最低迷以及相关服务被剥夺的地区，主要位于南部和中部的一些州内，前者包括瓦哈卡州（Oaxaca）、尤卡坦州（Yucatán）、恰帕斯州（Chiapas）、金塔纳罗奥州（Quintana Roo）、格雷罗州（Guerrero），后者如伊达尔戈州（Hidalgo）和普埃布拉州（Puebla）。

西班牙的征服确立了罗马天主教成为墨西哥一个拥有很大权力的机构。教士们以福音使团的形式加入西班牙的入侵队伍之中，以便将当地土著人转变成天主教徒，个别教士还在 1810—1811 年的墨西哥独立战争中发挥了关键作用。在墨西哥独立后的时期，天主教会和中央政府之间的制度性对立有时已经转换成公开的对抗，所涉及的问题包括教会财富、教育政策、公立学校教材的内容，以及教会采取的政治激进主义。1857 年和 1917 年宪法正式确立了教会和国家之间的分离，并界定了它们各自的领域。宪法的规定通过将教会的财产国有化而大幅度削弱教会的权力和财富，其中包括教堂建筑和大型农业用地。

最近几年，天主教中心等级阶层——这是拉丁美洲最保守的等级阶层之一——已经对涉及离婚、堕胎和同性婚姻的社会自由政

策感到愤怒不已，即使他们在许多其他问题上与政府进行合作。罗马天主教会仍然拥有广泛的公共支持。2014 年的一项全国调查发现，56%的墨西哥人认为，罗马天主教会的领袖对墨西哥的事态发展产生了“良好”影响①。但是，自认为是罗马天主教徒的墨西哥人所占的比例从 1950 年的 98%下降到如今的大约 85%，而且，这些人中大部分都不积极奉行宗教要求。教会不再限制政府在任何重大问题上的行动。例如，来自罗马天主教会的反对并没有阻止墨西哥城的立法议会在 2007 年将堕胎合法化以及在 2009 年赞成同性婚姻。

革命及其后果

1910 年墨西哥爆发的全国内战通常被认为是第一次伟大的“社会革命”，它在 20 世纪早期让全世界感到震惊。然而，墨西哥的动乱源自本国统治阶级内部。这场革命开始并不是普通公众反对顽固的独裁者波菲里奥·迪亚斯或反对剥削他们的地方雇主和地主的自发起义。尽管成千上万的工人和农民最终参与了内战，但大多数革命领导权来自墨西哥更年青一代的中产阶级和上流阶层，他们不再着迷于老龄化的独裁者及其集团长达 35 年且日益严厉的统治。在弗朗西斯科·马德罗（Francisco I. Madero）的领导下，这些自由派的中产阶级改革者们致力于政治体制的开放，并为自己在资本主义经济中创造新的机会，他们对资本主义经济的基本特征没有发起挑战。

当然，工人和农民中间也累积了某些严重的不满。一旦反抗迪亚斯的起义爆发，那些呼吁弱势群众利益的领导人就会迫使中央政府接受他们的主张。埃米利亚诺·萨帕塔在莫雷洛斯州（Morelos）领导了一场农民运动；他们下定决心重新收回在波菲里奥时期被农村贵族因实施诡计而夺去的土地。在北方，潘科·维拉（Pancho Villa）领导了一支由失业工人、小地主和家畜饲养者组成的军队，他们的主要利益诉求是稳定的就业。由于不同的革命领导人都试图攫取对中央政府的控制，由迪亚斯建立并执行的政治秩序分化成军阀混战，这些军阀都是一些强大的地区帮派，他们受革命领袖（政治和军事强人）的领导，追求的目标是增加自己的个人财富和社会地位，而不是领导一场真正的社会革命。

这场革命的头十年产生了一部非常进步的新宪法，它取代了 1857 年宪法。1917 年宪法确立了国家对所有自然资源享有控制权的基本原则，教会从属于国家，政府有权对土地进行再分配，而且，宪法规定的劳工权利是连美国的劳工运动也未曾实现的。然而，等到大部分这些宪法规定开始被执行时，将近 20 年的时间已经过去了。

1920 年代，中央政府通过指派地方权力经纪人的方式着手取消或削弱最强大且思想独立的地方领袖，这些经纪人也被称为地方*政治头子*（caciques）。实际上，这些地方政治头子都已成为中央政府的附庸，他们支持中央政府的政策并维持政府对其所辖社区人口的控制。1920 年代末，真正受公众欢迎的领导人（如萨帕塔和维拉）被暗杀，控制权被后革命时期新的精英所攫取，他们致力于

① Pew Research Global Attitudes Project, “Mexican President Peña Nieto’s Ratings Slip with Economic Reform,” Pew Research Center, Washington DC, August 26, 2014, 6.

遣散群众并建立中央政府的领导权。波菲里奥的农村贵族被削弱了，但并没有被消除；他们的继承人仍然在全国很多地方控制着大量的财产和其他形式的财富。

1930年代，精英控制得以维持，但是，这是墨西哥一个大规模的社会和政治动荡时期。在**拉萨罗·卡德纳斯**总统任职期间（1934—1940年），农民和城市工人首次成功地要求得到土地和提高工资；实际上，卡德纳斯积极地鼓励他们这么做。结果出现了一股前所未有的罢工、示威游行以及要求分割大片农村地产的请愿浪潮。卡德纳斯政府还将其前任们自1915年（当年墨西哥的土地改革计划正式启动）以来所征用土地的两倍之多用于再分配。到1940年，该国的土地使用权制度从根本上得以改变，进而打破了传统大庄园的支配地位，产生了大量的小农阶层（*ejidatarios*）（超过了150万人），他们根据土地改革计划获得相应的土地。1938年，当卡德纳斯政府将在墨西哥运营的美国和英国所有的石油公司收归国有时，墨西哥的外交关系甚至被中断。

墨西哥的政治制度在卡德纳斯时期实现了根本性重塑。总统制成为政治体制中的主要制度，在宪法规定有限的6年任期且不可能连任的情况下，总统发挥了广泛的影响力；军队被排除在公开的政治竞争之外，并转型成为政权的几个制度性支柱之一；由政府资助的农民和劳工组织所构成的复杂网络为官方政党提供了群众基础，并利用多层次的恩庇侍从制发挥大量的政治与经济控制功能。

到了1940年，更大比例的墨西哥人口在名义上被融入全国政治制度之中，这主要是因为他们具有了由卡德纳斯所创建的农民和工人组织的成员资格。尽管如此，真正的制度民主化并非由这种“政治参与”的巨大扩张所引起。尽管相对于先前的庄园主和工厂老板而言，工人阶级团体对其在政府资助组织中的代表确实拥有了更多的控制力，但他们在卡德纳斯之后对公共政策和政府优先事项的影响微不足道。

政党霸权统治的时代

由拉萨罗·卡德纳斯所塑造的政治制度被证明具有明显的持久性。从1940年代到1980年代末期，墨西哥的官方政党/政府机构是拉丁美洲最为稳定的政权（见专栏12－1）。它以坚韧著称，能适应新的形势，统治精英对政治竞争的基本规则达成高度一致，似乎具有无限的能力来拉拢执政党内外的持不同政见者。

专栏 12－1

自1940年以来墨西哥的总统及其政党

1940—1946年	曼努埃尔·阿维拉·卡马乔（革命制度党）
1946—1952年	米格尔·阿莱曼（革命制度党）
1952—1958年	阿道夫·鲁伊斯·科尔蒂内斯（革命制度党）
1958—1964年	阿道夫·洛佩斯·马特奥斯（革命制度党）
1964—1970年	古斯塔沃·迪亚斯·奥尔达斯（革命制度党）

1970—1976 年	路易斯·埃切维里亚（革命制度党）
1976—1982 年	何塞·洛佩斯·波蒂略（革命制度党）
1982—1988 年	米格尔·德·拉·马德里（革命制度党）
1988—1994 年	卡洛斯·萨利纳斯·德·戈塔里（革命制度党）
1994—2000 年	埃内斯托·塞迪略（革命制度党）
2000—2006 年	维森特·福克斯（国家行动党）
2006—2012 年	费利佩·卡尔德隆（国家行动党）
2012—2018 年	恩里克·培尼亚·涅托（革命制度党）

随着苏联共产党在 1991 年的下台，墨西哥的革命制度党成为世界上连续执政时间最长的政党。自 1929 年“正式的”政党建立以来，政治暗杀和武装起义被拒绝作为所有权力竞争者通向总统职位的路径。在执政党总统提名过程中，尽管有少量失意的有志之士谋求党外候选人资格（如在 1929 年、1940 年、1946 年、1952 年和 1988 年的选举中），但即使是这些分裂运动中最受广泛支持的人也因政府设计的投票舞弊和恐吓而被成功遏制。

1970 年代早期，当总统古斯塔沃·迪亚斯·奥尔达斯在 1968 年奥运会前夕血腥镇压墨西哥城的学生抗议运动之后，人们对体制的稳定性表示担忧。学生大屠杀标志着一场“污秽战争”的开始，在这场战争中，军队和警方被认为未经审判就对 700 多名所谓的“国家敌人”执行死刑。当时，很多分析人士提出，墨西哥正在进入一个制度危机时期，这需要对政治安排和经济发展战略进行根本性改革。

1970 年代后期，大量石油和天然气资源的发现给现任政权带来了生机。即使没有重大的结构性改革，表面上看起来无限的石油比索供应也换来了民众和精英阶层的继续支持。政府的操纵空间因 1982 年 8 月石油繁荣景象的崩溃而被迅速消除，这归因于以下两者的结合：不利的国际经济环境（如油价下降、利率上升、美国经济衰退）和财政上不负责任的国内政策。绝大多数墨西哥人的实际工资和生活标准直线下降，政府致力于一场痛苦的社会经济结构调整，其中包括政府自身拥有和经营的部门急剧收缩。

1980 年代的经济危机对墨西哥的政治制度造成了巨大压力。在 1988 年 7 月的全国选举中，革命制度党在总统和议会竞选中遭受了前所未有的失败。正式归属于革命制度党总统候选人**卡洛斯·萨利纳斯·德·戈塔里**的选票份额比 1982 年大选革命制度党总统候选人米格尔·德·拉·马德里低出 20 多个百分点。备受尊重的前总统拉萨罗·卡德纳斯的儿子小卡德纳斯是一位前革命制度党人，他领导一个由少数左派和民族主义政党匆忙组成的联盟，并正式赢得了 31.1%的总统选举投票，这远远超过先前的反对党候选人，但又很可能比他事实上获得的选票少得多。一个削弱的革命制度党代表团仍然控制着议会，但总统的政党已经失去了批准宪法修正案所需要的2/3多数。

作为一名哈佛大学毕业的技术官僚，卡洛斯·萨利纳斯为步履蹒跚的革命制度党体制注入了新的活力。他强大的总统领导形象及其成就（尤其是推翻腐败的工会首领、通货膨胀大幅下降以及提升政府对底层需求回应能力的新型反贫困和市政工程计划）足以重建对革命制度党的选举支持，并掩饰执政的政治精英内部的分裂。萨利纳斯将墨西哥经济对国际贸易和投资开放，并将几百个效率低下的国有公司私有化。尽管在萨利纳斯执政时期政治自由化的进程缓慢且不平衡，而且远远落后于影响深远的自由市场经济改革的步伐，但墨西哥似乎正在不可阻挡地于1994年迈向另一个革命制度党全国政府的权力交接。

1994年元旦，在墨西哥最欠发达且政治上最落后的恰帕斯州爆发的那场“后现代”农民起义粉碎了近似经济现代性和政治必然性的幻想。大约2000名装备原始但纪律严明的原住民反叛者控制了4个独立的城市，并向中央政府宣战。这种情形自1938年以来还从未发生过。这些贫穷的土著居民在恰帕斯州拿起武器反抗国家这一举动表明，数百万墨西哥人已经被经济现代性和国际主义的浪潮所抛弃。

在恰帕斯起义爆发之后不到3个月的时间，萨利纳斯总统精心挑选的继任者路易斯·多纳尔多·科洛西奥在蒂华纳（Tijuana）参加竞选时被暗杀。萨利纳斯最后一次充分行使总统的意志，把自己亲自挑选的另一位继任者经济学家兼技术官僚埃内斯托·塞迪略强加给革命制度党，从而取代被暗杀的科洛西奥。1994年8月，在一次高投票率的选举中，反对党被彻底击败，当时大多数独立观察员判断这是墨西哥后革命历史上最为干净的一次选举。革命制度党不仅继续控制着总统职位（尽管只获得投票总数48.8%的多数票），还在联邦议会中保持足够的多数。

革命制度党支配地位的终结

执政党在1994年8月的选举中给人留下印象深刻的表现所引起的稳定恢复的表象是短暂的。1994年12月，萨帕塔叛乱者在恰帕斯州的一次无关紧要的军事活动立即引起国外和国内短期投资者对价值过高的比索发起持续的冒险攻击，从而打开了经济和政治困境的潘多拉盒子。一场货币和金融的流动性危机迅速演化成一场大规模的资本斗争和严重的经济衰退。

到了1990年代后期，革命制度党似乎再次处于一种加速分解状态。党内分裂比1930年代中期以来的任何时候都更深。1997年议会选举结果对革命制度党而言是一次令人震惊的挫折，它失去了300个单一选区中的112个。自1929年以来，革命制度党不得不首次将众议院（议会下议院）的控制权交给由四个反对党组成的联盟。革命制度党也失去了在参议院的2/3多数，批准宪法修正案要求有2/3多数通过。

在2000年的选举中，选民们因两次被政府欺骗而感到愤怒，第一次是在1977—1981年的石油繁荣时期，第二次是萨利纳斯任职总统时期（1988—1994年），在这期间，政府创造了一种对繁荣和未来无限经济收益的幻想。在过去71年的时间里，选民们首次彻底拒绝了革命制度党的总统候选人，转而支持**维森特·福克斯**，他是可口可乐公司一位特立独行的前行政主管，代表**国家行动党**参与竞选。

2006年总统选举的特征体现为有三个强大的候选人和全体选民的深度分立。2002—2005年期间担任革命制度党主席的罗伯托·

马德拉索赢得该党的总统提名。然而，党内对他的候选人资格持强烈的反对意见。在1990年代中期担任国家行动党主席的费利佩·卡尔德隆通过三次系列地区初选赢得本党2006年总统候选人提名。**民主革命党**则选择2000—2005期间担任墨西哥城市长的**安德烈斯·曼努埃尔·洛佩斯·奥夫拉多尔**作为该党2006年的总统候选人。

在一场极其具有负面影响的竞选之后，2006年7月2日的选举结果是如此接近，以至于洛佩斯·奥夫拉多尔和卡尔德隆都宣布胜选。经过正式计票之后，联邦选举委员会（IFE）宣布卡尔德隆以0.58%的优势胜出，或者说，在近4 200万张所投选票中多得24.4万张选票。洛佩斯·奥夫拉多尔立即主张存在选举欺诈，这是由国家行动党、革命制度党、联邦选举委员会和商界联合起来精心安排的欺诈。为了向选举法庭施压并由其命令进行完全重新计票，民主革命党发起了一场公民不服从运动，造成了墨西哥城的交通堵塞。部分重新计票以及随后一些争议选区的取消使得大约只有1.4万张选票转给洛佩斯·奥夫拉多尔。尽管如此，洛佩斯·奥夫拉多尔拒绝承认卡尔德隆的胜选。

选举结果将墨西哥分成两个阵营，国家行动党赢得北方的大部分州，民主革命党赢得南方除两个州之外的其他州。革命制度党的马德拉索则未赢得任何一个州。更重要的是，就长期影响而言，2006年选举为2007年制定的新一轮选举法改革奠定了基础，其目的是避免再次出现有争议的总统选举。

革命制度党的回归

革命制度党在颇具灾难性的2006年总统选举中仅排名第三，而且，它的议会代表团在下议院的占比降到约1/5，在这之后，该党似乎正在退回到自己的地区性大本营。尽管如此，在接下来的州长选举中，革命制度党重新夺回了先前输给反对党的那些州。截至2010年，由于经济增长放缓，而且公众对卡尔德隆总统针对毒贩发起的攻击性暴力战争表示不满，此时，革命制度党已处于有利地位，并做好充分准备在2012年重新夺回总统职位。

在2012年总统大选中，民主革命党再次提名洛佩斯·奥夫拉多尔作为总统候选人。这一次，洛佩斯·奥夫拉多尔将自己展现为一个更温和、更值得信赖的候选人，与2006年激进的煽动者形象大不相同。国家行动党选择了约瑟菲娜·瓦奎兹·莫塔，她是前两届国家行动党政府的教育部部长和社会发展部部长，也是主要政党中第一位被提名为总统候选人的女性。革命制度党则选择前墨西哥州州长恩里克·培尼亚·涅托作为候选人，该州环绕在墨西哥城周围，是所有州中人口最多的州。他还得到墨西哥绿色生态党（PVEM）和绿党的提名，它们在2006年也是作为革命制度党的联盟伙伴参与竞选。

早在2005年，培尼亚·涅托就被墨西哥最大的电视网络巨头特来维萨（Televisa）培养为总统候选人。特来维萨的摄像机和附属的八卦杂志密切关注这位最近丧偶的州长的罗曼史以及其最终与该电视网络的一位肥皂剧明星的婚姻。培尼亚·涅托的选举竞选以自己担任州长时取得的成就为基础。他还请求选民再次信任革命制度党：一个“有经验”的政党，一个“知道如何治理”的政党。

总统候选人的两次电视辩论对竞选产生了重大影响。竞选一开始，培尼亚·涅托就在民意调查中处于领先地位，但是，民主革命党的洛佩斯·奥夫拉多尔在第一次电视辩论中的表现超出预期，在这之后，全国民意调查显示，培尼亚·涅托仅领先洛佩斯·奥夫拉多尔4个百分点。最终，培尼亚·涅托令人吃惊地以近6.8个百分点的优势击败洛佩斯·奥夫拉多尔，国家行动党的瓦奎兹·莫塔刚刚赢得超过1/4的选票（见表12-1)。革命制度党赢得对20个州政府的控制权——这是在2006年失去所有州之后的一次非同寻常的反弹。这样的结果延续了1990年代后期确立的趋势，即各个政党在州的层面交替掌权。如今，有些州拥有两党制（如革命制度党和国家行动党或者革命制度党和民主革命党），其他州则体现了在全国层面运行的三党制。

表12-1 2012年总统选举结果

革命制度党从六年前排名第三的失利中恢复过来并夺回2012年的总统职位，而执政的国家行动党却跌到第三名。

候选人	选票	有效选票的百分比
恩里克·培尼亚·涅托（PRI-PVEM）	19 158 592	39.2
安德烈斯·曼努埃尔·洛佩斯·奥夫拉多尔（PRD-PT-MC）	15 848 827	32.4
约瑟菲娜·瓦奎兹·莫塔（PAN）	12 732 630	26
加布里埃尔·夸德里·德拉托瑞（新联盟党）	1 146 085	2.3
非注册候选人	20 625	0.0
无效选票	1 236 857	
总计	50 143 616	100.0

资料来源：Instituto Nacional Electoral（www.ine.mx).

因此，墨西哥开始了革命制度党在国家层面进行治理的第二次历程。尽管赢得了总统职位，但革命制度党和墨西哥绿色生态党联盟并未赢得众议院或参议院的多数席位。培尼亚·涅托缺乏对议会的多数控制，这迫使他在所有的立法中都要与反对党领袖进行协商。自1995年开始有系统的民意调查以来，他在所有新当选的墨西哥总统中以最低的公众支持率就职。截至2017年1月，只有15%的墨西哥人认可他的工作表现——这是自1995年以来所有总统中的最低支持率。培尼亚·涅托的总统职位受到以下因素的影响而动摇：阿约兹纳帕的学生失踪，涉及总统夫人的金融丑闻，披露他的法学院论文涉嫌多处抄袭，以及他于2016年美国总统竞选期间在墨西哥城招待唐纳德·特朗普的灾难性政治决定。墨西哥人对“新革命制度党”明显不再抱有任何幻想。

政治文化

12.3 描述墨西哥人与其政治制度之间的矛盾关系

从历史上看，公众对墨西哥政治制度的支持有三个来源：政权的革命起源、政府在促进经济发展过程中的作用，以及政府自卡德纳斯时代以来给相当比例的墨西哥人口分配具体物质利益过程中的表现。1910年革命的官方解释强调符号（或者说神话），如社会正义、民主、民族团结需要、现有政权的公众起源。政府对这些符号的认同因那些附属于官方政党的大众媒体、公立学校和群众组织而得到持续强化。多年来，政党所设计的选举诉求明确地将其候选人与土地改革和其他受人尊崇的革命理想、诸如萨帕塔和卡德纳斯这样的民族英雄，以及国旗紧密相连。革命制度党的标志以同样的安排适宜地与国旗保持同样的颜色。

然而，相对来说，很少有墨西哥人将其对政治制度的支持首先建立在其革命起源或符号输出项之上。对大多数人而言，符号因特殊的物质回报而得到补充：被非法占有的地皮或土地所有权、学校、低成本的医疗保健、农业产品价格扶持、政府补贴型食物和其他消费品以及公共部门的就业机会。40多年来，个人从官方的党政机构获得某种物质“利益”或者希望在未来可能获得这样的利益确保了政治制度赢得相当高的公众支持率。

即使是现在，墨西哥人的民主概念仍然强调经济和社会产出，而不是程序自由，所有政党的选举战略都体现了政治文化的这个因素。例如，在2006年的选举中，很多选民被民主革命党候选人洛佩斯·奥夫拉多尔出任墨西哥城市长期间取得的成就所吸引，他不仅建设广为关注的公共工程，而且每月向老年公民提供补助。国家行动党候选人卡尔德隆承诺通过一项大规模救助计划（Oportunidades）来减少社会不平等现象，这是一项已经让500万低收入家庭受益的联邦福利计划。在2012年的选举中，国家行动党候选人瓦奎兹·莫塔以自己作为卡尔德隆总统的社会发展部部长同贫困做斗争的记录为基础参与竞选。革命制度党的培尼亚·涅托强调他作为墨西哥州州长时创建公共工程项目方面取得的成就，例如吹捧他的政府建造的篮球场数量。

尽管不同于革命制度党传统的**购买选票**（vote buying）——用个人层面的物质回报来换取选票，如几袋水泥、学校用品、玉米粉和其他家庭用品等——但这种竞选策略显然与低收入人群产生了共鸣，因为他们的民主理念在很大程度上仍然是分配式的。在2016年中期选举前夕，培尼亚·涅托政府向低收入的墨西哥人免费发放了970万台24英寸的数字电视，声称这些礼物是政府努力将国家转向数字广播的一部分。在最近的选举中，调查数据显示，大部分选民宣称遇到过买票行为，尽管这样的行为根据选举法是非法的。

就购买选票而言，私人物品比公共物品（例如，市政工程）更为重要，因为隶属于所有三大主要政党的政府都在联邦和地方层面建立了可以被操纵来获取政治利益的反贫困权利保障计划。这些计划为学生提供以需求为基础的奖学金，提供获得预防性医疗保健的机会，以及为老年人提供热早餐。2007年实施的选举改革严重限制了候选人接触大众媒体的机会，同时也控制了他们竞选广告的内容，这使得候选人通过说服来影响选民变得更加困难（见专栏12-2）。在新的选举规则下，他们的动机是更直接地购买更多的选票，例如，承诺通过权利保障计划提供（或威胁拒绝）福利。

从历史上看，大多数墨西哥人容忍政府腐败，并将其视为汲取体制利益或应对警察骚扰必须付出的代价。但是，洛佩斯·波蒂略政府和萨利纳斯政府不受控制的腐败现象大幅度降低了这种容忍度，而且，1990 年代与毒品相关的腐败急剧上升（并延伸到最高层次的政府官僚机构和国家安全机构）使很多墨西哥人颇为愤怒。他们担心自己的政府已经被*毒枭政客*（也就是那些与腐败警察和毒枭勾结的公共官员）所接管。福克斯政府和卡尔德隆政府对于彻底根除政府和警察腐败的迟钝反应是国家行动党在执政 12 年之后公众极为愤怒的根源之一，尽管他们独立于革命制度党统治时期所建立的腐败结构。

1980 年代以来，尽管在选举制度中存在更多的竞争，但普通的墨西哥人对政治的认知参与度相对较低。例如，在 2006 年竞争激烈的总统选举竞选开始之际，在一场全国民意调查中，有 2/3 的受访者表示对政治几乎没有或者根本没有任何兴趣，55%的人表示他们很少或根本不与他人讨论政治①。尽管如此，在过去的三次全国选举中，墨西哥人已经表明自己对短期的竞选激励因素具有敏感性，如总统候选人的辩论、电视广告和新闻报道。实际上，相对于美国和其他既定民主国家的选民而言，墨西哥人更容易受那些有说服力的竞选诉求的影响。

大多数对竞选激励的曝光都是通过大众媒体进行的，而媒体曝光一直是近期选举中投票参与率的一个强有力的预测因素。在 2012 年，竞选效果非常明显，尽管新的选举法调控禁止否定性广告，而且，竞选期限要比以前的总统选举短得多（整整 90 天）。革命制度党的培尼亚·涅托从竞选开始到结束失去了 2/3 的优势。而且，与美国选民相比，更多的墨西哥人会在竞选期间改变自己的政党认同。尽管这样的改变可能表明缺乏一套稳定的核心政治信念，但这也表明，墨西哥人正在密切关注政治竞争者提供的选择，至少在竞争激烈的全国选举竞选中是这样。

大众政治社会化

12.4 讨论墨西哥政治社会化的主要来源以及它们是如何改变的

墨西哥人是如何形成自己对待政治体制的态度的呢？除了家庭以外，学校和天主教教会也是墨西哥人成年之前政治学习的重要来源。包括教会附属学校和世俗私立学校在内的所有学校必须接受政府批准的课程，并使用由联邦教育部编写的同一套免费教科书。尽管私立学校对官方课程的遵守通常是有名无实的，但对教科书内容的控制为政府提供了一种工具，从而实现儿童对统一政治价值观的社会化。

在革命制度党统治时期，以学校为基础的政治学习强调后革命政府所取得的社会和经济进步。总统被描述为一个全能的权威人物，他的主要功能是维持国家秩序。因此，自 1970 年代中期以来，尽管墨西哥人目睹了总统领导权出现很多令人震惊的失败，但很多人继续表达对强总统制政府的偏好。然而，大规模的公立教育增加了对政党政治和糟糕的政府表现的批评力度。更高层次的教育也与强烈支持持不同政见者的权利和其他民主自由紧密相连。

天主教教会是影响墨西哥政治行为的另一个重要价值来源。最近几十年，由教会办

① Alejandro Moreno, "Who is the Mexican Voter?," in Roderic A. Camp, ed., *The Oxford Handbook of Mexican Politics* (New York: Oxford University Press, 2012), 579.

的私立学校激增。与世俗的私立学校一道，它们共同为大量中产阶级和上层阶级家庭的孩子提供教育。教会学校和教士们批评反对教权的法律与政策，促进个人能动性（而不是政府行为），宣传反对堕胎和同性婚姻。他们还强调公共生活中需要基督教的道德行为。

作为成年人，墨西哥人从自己与政府公职人员和警察的私人冲突中了解政治。他们还从参与地方以社区为基础的组织以及寻求集体利益或政府对申诉救济的公众运动中学习政治。自 1968 年以来，墨西哥公众运动的激增给人留下了深刻的印象，当时，学生抗议运动被暴力镇压。这股新的公众运动浪潮的催化剂包括附属于政府的工会的强盗作风、1980 年代革命制度党在国家和地方选举中公然增加的投票欺诈行为、环境灾难以及对社会底层和中产阶级具有负面影响的新自由主义经济政策的执行。

尽管大部分公众运动在范围和利益关注方面都具有地方化特征，但仍有一些运动的规模扩大到包括来自很多不同州的成千上万的墨西哥人。公民联盟（它是由数百个非政府组织、独立的工会和公众运动所组成的一个联合体）动员了几万名墨西哥公民和几百名外国观察家严格审查自 1994 年以来的每次全国选举行为，并对选举中的不正当行为发布相关报告。然而，非政府组织主要集中在墨西哥城的市区，墨西哥将近 30%的非政府组织都在这里登记注册。相比之下，在恰帕斯州登记注册的比例只有 0.3%。

在过去的 70 年里，革命制度党的政府机构系统地利用大众传媒作为政治社会化的媒介。尽管政府通常并不直接审查媒体，但如果媒体批评政府或者提出使总统处于严重尴尬境地的调查性报告，它将面临巨额经济处罚。在国家行动党执政的两届政府期间，大众传媒可以更为公开地批评政府表现。很多报纸和新闻杂志保留了他们对革命制度党的政党偏见，并大力批评总统和其他的国家行动党的官员。独立的媒体继续它们对行政部门的严格审查，而且高度批判它们认为的议会的不胜任和无效率。

印刷媒体只能覆盖很少量的墨西哥人口。不到一半的成人阅读报纸，即使是墨西哥城最大的报纸，发行量也不到 10 万份。大多数墨西哥人从电视或者与家人和朋友的交谈中获得政治信息。直到最近，电视实际上被一家巨大的私人公司特莱维萨所垄断，该公司与革命制度党的政府机构保持着众所周知的密切工作关系，并总是捍卫现任总统的表现。萨利纳斯政府私有化计划的结果之一就是打破特拉维萨事实上的垄断地位。墨西哥城先前一家由政府所有的电视频道已经迅速成长为一个网络竞争对手阿兹特克（TV Azteca），特莱维萨自身也通过更多地报道对手的声音而调整竞争策略。

培尼亚·涅托政府完成的首批改革之一进一步削弱了电视行业的双头垄断，打击了墨西哥电话公司（Telmex）在电话通信领域的支配性地位，这家公司为墨西哥最富有的卡洛斯·斯利姆（Carlos Slim）所拥有。政府成立了一个新的联邦电信委员会，该委员会比先前的调控机构具有更多的权威和更大的自主权。在未达到一定年限之前，党派政客和业内人士都被禁止担任联邦电信委员会的委员。法律增加了对媒体巨头反竞争行为的制裁。它禁止新闻节目以新闻内容为幌子进行政府宣传。它还确保所有墨西哥人都能通过联邦公共事业公司的光纤网络接入宽带网，光纤网在政府的监管下由公共或私人利益团体（但不包括电信业）运营。而且，联邦竞争委员会的地位得以加强，并在消除反竞争行为和市场集中行为的过程中具有更大的自主性。

社交媒体越来越成为政治社会化的一个重要媒介。截至 2015 年，78.6%的墨西哥家庭拥有一部手机，尽管只有 1/3 的家庭能连接互联网。在 2011 年的一次全国调查中，14%的墨西哥人有机会使用社交媒体平台，如脸书或推特。在墨西哥，使用社交媒体与社会经济地位密切相关，最大的使用人群来自城市中产阶级和年轻人。墨西哥政党开始利用社交媒体来联系它们的追随者，但是，调查研究发现，社交媒体在传统的选民动员方面不如动员公民参加反对腐败、暴力、侵犯人权、有罪不罚（政府官员缺乏责任）、特定政治候选人的游行示威更为有效①。

使用社交媒体的墨西哥人更有独立思想，在主要政党中更缺乏根基。他们更有可能感觉到政治上的有效性——也就是相信通过投票可以实现改变。正如在专栏 12－2 中讨论的那样，社交媒体在 2012 年的总统竞选中发挥了重要的作用，它被用来动员墨西哥城的学生抗议者起来反对革命制度党的候选人及其可察觉到的大众媒体盟友。而且，社交媒体在组织针对 2014 年格雷罗州学生大屠杀的全国抗议运动中发挥了关键的作用。总而言之，社交媒体似乎正在塑造新一代墨西哥人，他们不被传统的选举政治所束缚，在投票方面更有主见，对政府的要求也更高。

如今，滥用职权的行为经常可以通过社交媒体予以曝光。例如，在 2012 年，墨西哥联邦消费者保护局（PROFECO，墨西哥的消费者保护机构）局长的女儿要求她父亲的亲信关闭一家餐馆，原因是这家餐馆拒绝提供她要的那张餐桌，这次事件直接通过推特被披露出来，结果迫使墨西哥联邦消费者保护局局长辞职。在韦拉克鲁斯（Veracruz），当联邦政府官员在讨论操纵联邦反贫困项目“机会计划”（Oportunidades）的资金来资助本州的革命制度党候选人时被录了下来，这些录音被上传到 YouTube 视频网站上，很快，这些不法官员就被停职。目前还没有证据表明，社交媒体正在影响墨西哥的选举结果或促进选民参与，但非常明确的是，它们影响了年轻人对政治制度的看法。

专栏 12－2

正在崛起的社交媒体权力：“#YoSoy132”运动

2012 年 5 月 11 日，在一所私立耶稣会大学墨西哥城伊比利亚美洲大学（Universidad Iberoamericana）向学生发表例行竞选演讲之后，革命制度党总统候选人恩里克·培尼亚·涅托发现大学的出口被学生从里面堵住了。他们在抗议这位前州长的专制作风以及墨西哥最大的

① Alejandro Moreno and Karla Yuritizi Mendizábal, “El uso de las redes sociales y el comportamiento político en México,” in Helcimara and Alejandro Moreno, eds., *El votante latinoamericano* (Mexico City: Centro de Estudios Sociales y de Opinión Pública, 2015), 293－320.

电视网络特莱维萨和其他全国媒体对候选人的偏袒。总统候选人被阻滞的消息通过社交媒体（尤其是推特）实时传播。

“#YoSoy132”运动就这样开始了。它的名称取自伊比利亚美洲大学 131 个学生的一段视频，这些学生通过推特和脸书将视频上传到 YouTube 网站，确认自己的姓名、学号和专业并宣称他们支持抗议。（“#YoSoy132”运动的意思是“我是第 132 位”。）这场运动的与众不同之处在于，大多数组织者都来自中上阶层的家庭。而且，人们关注的焦点不是政党，而是选举过程，尤其是全国电子媒体的作用。

有些观察员认为，这场抗议运动可能是墨西哥“阿拉伯之春”的前兆，但是，学生们并不指望推翻政府，甚至对推翻似乎是不可避免的结果（恩里克·培尼亚·涅托当选）并不特别感兴趣。有些学生反对选择涅托作为革命制度党的候选人，但大部分学生抗议的是他们所认为的媒体对总统竞选的控制。例如，主要网络拒绝电视转播第一场总统辩论。选举法并没有规定它们这样做，选举当局不能强迫新闻报道。在被施加了大量的压力之后，这些网络确实电视转播了第二场电视辩论。学生们组织了另一场辩论并于 6 月 20 日现场直播。除涅托之外，所有主要的候选人都参与了辩论。

在“#YoSoy132”抗议开始一周后，来自墨西哥自治技术学院（the Instituto Tecnológico Autónomo de México，ITAM）和蒙特雷科技大学（the Instituto Tecnológico de Monterrey）的学生组成了一条人链，横穿墨西哥自治技术学院校园，跨越高速公路大桥，一直来到特莱维萨的演播室。这场抗议运动完全通过脸书和推特进行组织。在几个星期之内，来自墨西哥国立自治大学（墨西哥最大的公立大学）和其他公立大学的学生也加入了这场运动。这使得这场抗议运动的总人数越来越多，但是，公立大学的学生们利用他们的多数优势，呼吁列出一份与民主革命党相关的左派要求标准清单，这使得革命制度党更容易将其视为纯粹的党派要求。选举之后，“#YoSoy132”运动的学生们封锁了特莱维萨的演播室，并向联邦选举法庭总部进军，此前该法庭批准培尼亚·涅托当选并驳回了媒体操纵的指控。

政治参与

12.5 讨论最近墨西哥选举中参与率提高的原因

从传统上看，墨西哥的大多数政治参与有两种广泛的类型：（1）正式活动，如投票和参加竞选集会；（2）向政府官员请愿或与之接触从而影响某种公共物品或服务的分配。根据法律规定，投票在墨西哥是强制性的，尽管对不投票行为并不存在任何民事处罚。有时，在接受某些公共服务时要求提供证据表明参与了近期大多数的选举投票。人们之所以参加竞选集会，主要是因为这种参加可能获得一种特殊的物质回报（如一顿免费的午餐、一张抽奖票或者一件 T 恤），或者是因为不参加这种集会可能要付出某些个人经济成本。有些人（尤其是来自农村地区的人）经常出售他们的选票以换取地方官员提供的施舍物。

1994 年以来，墨西哥经历了政治参与的爆炸式发展，这不仅体现为几乎不间断的各种公民运动抗议活动，而且体现为联邦选举的投票率急剧上升。登记选民的投票率从 1988 年总统选举中的 49%上升到 1991 年中期选举的 61%，到 1994 年的总统选举更是上升到 78%。在 2012 年的总统选举中，超过 5 000 万墨西哥人参与投票，投票率高达 63%（见图 12－1）。遗憾的是，与 1988 年之前的选举参与率进行有效比较是不可能的，因为 1988 年的总统选举是首次将合理准确的投票率数据公之于众。在先前所有的全国选举中，政府都会夸大投票率统计结果，从而试图使墨西哥人和外面的世界相信墨西哥已经成功地以令人印象深刻的方式使自己重新合法化。

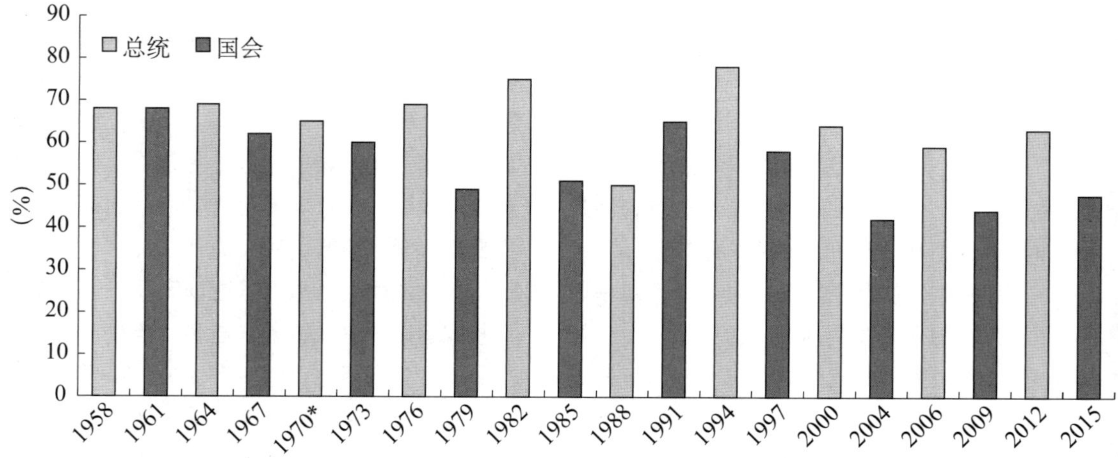

图 12－1 登记选民在全国选举中的投票率（1958—2015 年）

从 1991 年开始，选民投票率反映的是选民参与的真实水平，而不是政府的虚报。

*从 1970 年开始，法定投票年龄从 21 岁降到 18 岁。

资料来源：Comisión Federal Electoral for 1958—1988；from Instituto Federal Electoral for 1991—2015.

只要选举政治仍然像 1988 年以来那样具有竞争性以及潜在的选民继续相信选举制度的安全性，我们就可以进一步期望墨西哥逐渐迈向一种真正的参与性政治文化。在 2010 年的全国选举中，由国家行动党和民主革命党派出联合候选人来阻止革命制度党获胜的所有五个州的选民投票率都有所增加。尽管国家行动党和民主革命党没有联合参加 2012 年的总统竞选，但我们可以合理地预期，这样的左右派联盟通过提高竞争力将会在未来的选举中产生更强烈的投票动机。

教育程度的提高对于推动选民参与也是至关重要的（在墨西哥，实际参与投票的选民的受教育程度普遍高于不投票的选民），更多地参与非政治社区组织同样如此。参与这样的组织可以增加社会资本——也就是，那些能够让人们更加有效地共同行动以追求共同目标的社会网络、规范和信任。研究表明，积极参与社区活动并因此与邻里相互联系的墨西哥人更可能参与政治。

政治结构和制度

12.6 描述墨西哥的政府部门及其经历的变化

长期以来，墨西哥的政治体制拒绝简单的分类。在 1950 年代和 1960 年代，有些美国政治学家将墨西哥政权描述为一党制民主，它正在演变成“真正的”民主（就像美国和西欧践行的民主那样）。他们承认某些缺陷，但是，根据这些分析人士的意见，墨西哥的政治发展的确是不完整的。当政府在1968年和1971年屠杀学生抗议者之后，大多数分析人士将墨西哥体制描述为威权主义，但是，即使这种归类也受制于某种限制性条件。

在1990年代以前，墨西哥似乎属于一种发展迅速的部分自由、部分威权的混合体制，它与古典的体制类型学不相一致。诸如"选择性民主"、"强硬民主"、"*民主独裁*"（democradura，是西班牙语"民主"与"独裁"的缩写形式）、"现代化威权政体"等标签都被适用于这样的体制。这些标签的特点体现为某种程度上的竞争性选举（尽管并不必然是公平和诚实的），它们使政府更致力于维持政治稳定和劳动纪律，而不是扩大民主自由、保护人权或者调和阶级冲突。

在1994年，墨西哥的选举法被修改，以期极大地加强并赋予联邦选举委员会更大的自主权，联邦选举由该委员会负责组织并实施。革命制度党及其政府代表被拒绝给予在联邦选举委员会决策理事会中的多数地位。如今，联邦选举委员会的成员由众议院2/3以上的投票选举产生，任期9年。由于没有一个政党能够控制下议院60%以上的席位，联邦选举委员会的委员就由所有政党达成共识后选举产生。

为了对选举争端做出裁决，新的独立选举法庭制度被建立，而且，为了调查可疑的违反选举法的行为，成立了一个特别检察官办公室。修改后的联邦选举法将范围广泛的选举违法行为界定为选举犯罪，而这些行为在先前是不被起诉的。独立的公民观察员对投票和计票的监督得到正式承认，国外选举观察员的存在被合法化。在试点选区由联邦选举委员会和私人组织进行投票后民意调查以及对实际投票进行"迅速计票"得到授权。可以进行照片识别的新的高科技选民凭证被分发到所有的选区。总的来说，这些创新代表了在提高选举安全性、专业性和公平性方面取得的重大进步。

2007年，为了在选举竞争中追求更大的公平，改革者们采取强有力的措施来控制竞选广告的内容，并限制为了选举而使用大众媒体。各个政党、政党候选人和组织化利益团体不再购买广播和电视广告。相反，所有的政治广告时间现在都由联邦选举当局集中分配，这些"免费媒体"广告的排位按照严格的公式分配给各个政党。否定性竞选广告（即使这些广告是真实的）被禁止，政府对公共项目的宣传也被禁止，因为这些宣传在过去总是在宣扬执政党的候选人。如今，联邦选举当局决定哪些广告是在诋毁他人，哪些广告不是。改革还将总统选举和中期选举的竞选时间分别缩短为90天和60天。

2014年，联邦选举委员会被重新命名为**国家选举研究所**（National Electoral Institute，INE），这体现了选举行政的国家化，该机构的委员人数从8个增加到11个。如今，是由国家选举研究所而不是州立法机构来选择州选举委员会的成员。国家选举研究所还承担了很多原来由州履行的职能，如重划选区和审计竞选开支。这项改革旨在打破州长对本州选举机构的控制。选举争端现在由32个州选举法院负责处理，法院的法官由联邦参议院选举产生并获得2/3多数通过。

另一项改革强化了如下可能性：收集到足够签名的独立候选人可以竞选公职，无须得到任何政党的同意（这样的独立候选人在2015年赢得重要的新莱昂州的州长职位）。同样包括在内的是更严格的审计规则，旨在控制法律所允许的竞选开支。如今，如果有证据表明竞选开支超支，选举法院可以判定选举结果无效，而不仅仅是对违反竞选开支限制的政党处以罚款。

在1997年至2016年的全国选举中，几乎没有证据表明存在系统性欺诈。国家选举研究所以一种非政党的方式控制着大部分选举过程。例如，所有的选举工作人员都是从选民登记名单中随机选取，这与美国挑选陪审员的方式基本相同。操纵选举的其他关键来源是贿选和竞选超支。这两种行为都是不合法的，但很难监管。在墨西哥，政治设计问题不再是政权过渡，而是如何改善已经在位的民主制度，特别是消除本国某些地区仍然支持地方层面滥用权力的腐败结构。

从书面形式上看，墨西哥的政府结构与美国颇为相似：总统制、三个自主的政府部门（立法、行政和司法）相互牵制与平衡、州和市拥有相当自主权的联邦制（见图12－2）。然而，直到1990年代后期，墨西哥的政府体制实际上严重偏离美国模式。决策被高度中央集权化。总统的权威在运作过程中相对而言几乎没有受到限制，它完全支配着立法和司法部门。最高法院的大法官由总统任命并由革命制度党控制的参议院的简单多数确认。每一名新上任的总统都要替换大多数大法官，这使得法官成为行政部门的代理人。

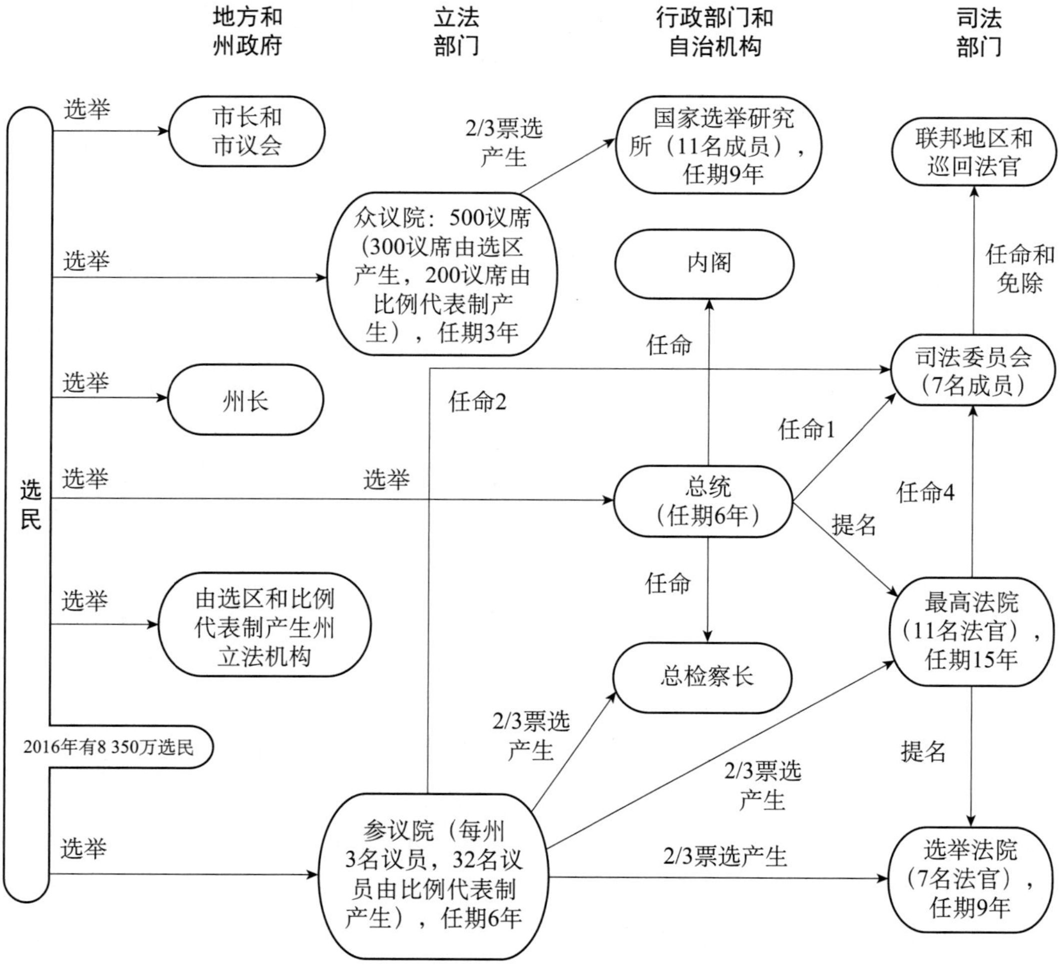

图12－2　墨西哥联邦政府结构

直到 1997 年，执政的革命制度党继续控制联邦立法机构的两院。反对党的成员可以大声地批评政府及其政策，但是，对于由总统提出并得到其所属政党在议会支持的议案，他们的反对几乎不会影响最后立法的通过。州的法院和立法机构通常体现了州长的偏好，而很多州长本身又是由现任总统亲自挑选的。自 1997 年以来，政府在议会的任何一个院或者两院都失去了多数地位。墨西哥最近的三位总统被迫定期游说议会并与之协商，从而达到通过立法的目的。

联邦主义：一把双刃剑

尽管 1917 年宪法和其他法典将政府的联邦主义结构奉为神圣，并强调*自治市自由*（municipio libre，即能够控制自己事务的自由自治市观念），但墨西哥的政治体制实际上通常是以一种最好被归类为**政治中央集权主义**（political centralism）的方式发挥作用。

从 1920 年代一直到萨利纳斯总统任职期间，大多数政策领域的决策权都集中在联邦层面，这种情形是持续存在的。对选举的准备、实施和批准的控制（革命后于 1918 年首次颁布的选举法将这些活动完全授予自治市和州）也移交给属于联邦政府机构一部分的其他部门或者受联邦权力控制的州级实体。高度的政治中央集权主义被认为是构成墨西哥长期政治稳定之基础的主要因素之一，尽管州和地方层面的研究已经表明，中央的政治控制远不如通常所假定的那样彻底。

墨西哥由 31 个州和墨西哥城组成。每个州又被分成很多**市镇**（municipios），也就是那些在规模和政府功能上大致等同于美国县政府的政治行政单位。在全国所有的 2 438个市镇中，每个市镇都由一个市政厅或政务委员会进行治理，它们受市镇最高负责人（*市长*）领导。市镇官员每 3 年选举一次。在墨西哥每个相邻层次的政府中，下级政府总比上级政府更为软弱、更不自主、更为贫穷。直至 1980 年代，联邦政府筹集的财政收入远远超过公共收入总额的 90%——这是拉丁美洲最高程度的财政中央集权化之一。如今，州政府的开支超过了收入总额的一半，但这主要是因为联邦收入分成给各州提供了更多的预算。在塞迪略总统执政时期，联邦宪法被修改，旨在提高地方政府筹集自己收入的能力，同时也努力将公立教育和医疗保健的决策权从联邦政府转移到各州。

在分立政府的情形下，各州要求并从联邦立法者那里获得更大的收入分成。但是，州长本身代表的是深化“新联邦主义”的潜在障碍。州长保留对联邦政府转移而来的所有资源的控制力。州级选举的民主化步伐未能跟上联邦选举。自 1990 年代以来，所有政党的州长都试图严格控制地方候选人的遴选和州的选举机构，他们通常利用州政府的资源来确保执政党的胜利。

2015 年，作为培尼亚·涅托政府实施的“财政纪律”改革的一部分，议会被赋予对州和市政府能够承担多少债务的控制权。这项措施旨在遏制如下趋势：各州州长在任期的最后阶段债台高筑，以期通过举债摆脱困境。尽管如此，相对而言，对州长从州政府项目中攫取资金的能力几乎没有牵制。例如，2016 年，一位现任州长（革命制度党人）和一位前州长（国家行动党人）消失得无影无踪，而不是去面对敲诈和洗钱的指控。

与以前相比，墨西哥市政府如今通过与州政府进行收入分成而获得更多的资源。最近几十年，地方层面的选举竞争大大增加，但是，政府分立在很多方面对城市政务委员会的表现产生负面影响。还有证据表明，如果州和市镇受不同政党控制，就会弱化政府对有组织犯罪的打击，进而导致相互竞争的贩毒集团之间爆发更多的暴力事件以及墨西哥境内毒品销售的增加①。

因此，在墨西哥，更弱的中央控制如今可能是一把双刃剑。一方面，它并不必然等同于更多的选举民主、更好的治理和更大的公共安全。另一方面，有些政策改变可能会在全国政党或议会中因抵制而受阻，但有时却可以在地方层面通过行动予以实现。最近的一项例证是同性婚姻得到法律承认，它首先获得墨西哥城议会的批准，然后通过最高法院的判决而合法于整个国家（见“政府绩效：保护人权”部分）。

立法部门

墨西哥的政治体制通常被描述为总统制或者以总统为中心。这些特征是基于一个支配性政党政权下所观察的行为，在这种政权下，政党的制度规则胜过正式的宪法规则。仔细考察墨西哥宪法可以发现，在拉丁美洲中，墨西哥总统更受宪法的制约，而议会是强大的，有时甚至对其他政府部门具有支配性权力。非正式与正式制度之间的差异正是革命制度党政府的历史。

联邦议会有两个议院：一个是由 128 名成员组成的上议院（参议院），另一个是由 500 名成员组成的下议院（众议院）。两个议院都采用一种混合成员制，其中有些成员通过单一选区的多数投票选举产生，而另一些成员则通过补偿性比例代表制从封闭的政党名单中选举产生。目前参议院的选举规则可以追溯到 1996 年，它要求在所有 32 个州进行多数选举，其中，每个政党都可以提名两名参议院候选人。赢得多数的政党从参议院候选人名单中推举两名候选人。位居第二的政党将名单上的第一位候选人送到上议院。而且，32 名参议员通过比例代表制从全国的封闭名单中选举产生，因此，每个政党只要至少赢得全国有效选票的 3%就可以按照它所占的比例份额推选在 32 名参议员名单中的比例份额。这些规则防止任何政党赢得参议院 2/3 以上的席位，特殊情形除外（如某个政党在每个州都排名第一，而且赢得 2/3 以上的全国选票）。

对于众议院而言，300 个议员通过单一选区的多数投票产生，另外 200 个议员则在 5 个地区性封闭名单中通过比例代表制选举产生。每个政党只要至少赢得全国有效选票的 3%就有权在满足某些限制条件的情况下按比例获得代表名单中的比例份额。首先，任何政党都不能拥有 300 个以上的总席位，这就限制了最大的政党也无法满足宪法改革所要求的 2/3 多数。其次，任何政党的席位总数不能超过全国选票份额的 8%。这就意味着，为了赢得众议院的多数，某个政党必须赢得 42%以上的选票，以及对排名第二的政党拥有充分的边际优势（通常大约是 4 个百分点），以便赢得足够的多数选区。性别

① Viridiana Rios, “How Government Coordination Controlled Organized Crime: The Case of Mexico's Cocaine Markets,” *Journal of Conflict Resolution* (2015): 1-22, doi: 10.1177/0022002715587052.

配额制要求参众两院在选区候选人和名单候选人之间保持平等。相同性别的选区候选人人数不能超过一半，而且，封闭的政党比例代表制名单必须在男性和女性之间相互交替。

混合席位制直接影响政党制度。一般而言，相对多数制导致两党制，因为选民发现在两个主要政党之间协调选票要比将选票“浪费”在第三党的候选人身上更好。比例代表制往往产生多党制，因为投给较大的少数党的选票不会被浪费。在墨西哥，混合席位制已经产生了一种三党制，其中，大部分地区现在是两党制（尊重相对多数票制的趋势），但从全国层面来看，选票分给了 3 个主要的集团。在墨西哥第 63 届立法会（2015—2018 年）中，众议院具有最大代表性的三个政党是：革命制度党（42%的席位）、国家行动党（22%的席位）和民主革命党（12%的席位）。较低的门槛也允许某些小党获得众议院的代表席位，其中在第 63 届议会中就有 5 个小党赢得席位（见表 12 - 2）。

表 12 - 2　议会的政党构成

	通过多数票制赢得的席位	通过比例代表制赢得的席位	席位总数	所占百分比
众议院				
革命制度党[a]	160	48	208	41.6
国家行动党	56	53	109	21.8
民主革命党	33	27	60	12
墨西哥绿色生态党[a]	24	18	42	8.4
国家复兴运动党	15	21	36	7.2
公民运动党	10	14	24	4.8
新联盟党	1	10	11	2.2
社会汇合党（PES）	0	9	9	1.8
独立人士[b]	1	0	1	0.2
总计	300	200	500	100.0
参议院[c]				
革命制度党	43	11	54	42.2
国家行动党	29	9	38	29.7
民主革命党	16	6	22	17.2
墨西哥绿色生态党	5	2	7	5.5
劳动党	3	2	5	3.9
公民运动党	0	1	1	0.8
新联盟党	0	1	1	0.8
总计	96	32	128	100.0

a 截至 2016 年 8 月 25 日的政党成员资格。
b 作为独立人士当选。
c 截至 2013 年 4 月 30 日的政党成员资格。

混合席位制使两院多数的产生变得复杂。从在众议院确立有关最大超比例代表8%的规则以来，任何政党都不能获得多数席位。参议院规则在2000年的选举中首次全面生效。如果排名第一和排名第二的政党之间的竞选势均力敌，多数政党也不太可能在参议院出现。这就意味着，总统所属的政党几乎不可能在议会中拥有多数地位，从而创造了一种分立政府的局面。

像美国宪法一样，1917年墨西哥宪法首先列出的是立法部门。除了少数例外情形，议会的主要责任是制定几乎所有的公共政策。总统只对土地改革问题（征用法令）和国际贸易中的关税与配额（如果情势发生变更的话，他可以单方面调整关税和配额）享有合宪判定权。所有的常规立法必须以同样的方式经参众两院批准，并提交总统公布。总统必须在30天以内公布法案或者将其返回给原来的议院（见专栏12-3）。

专栏 12-3

在墨西哥议案如何成为法律

● 联邦众议员、参议员、总统或州立法机构可以提出议案。所有关于国家财政收入的议案，不管发起人是谁，都必须由众议院提起。因此，总统的年度经济计划要送交众议院。然而，参议员可以在众议院直接提出财政收入立法。所有其他的立法或者由众议院启动，或者由参议院启动。联邦官僚机构帮助总统准备所提出的行政议案。

● 所有议案都得提交相关委员会。众议院有56个委员会，参议院有33个委员会。这些委员会在向全体议员报告之前会修改大部分立法（在众议院达到73%，在参议院达到66%）。联邦官僚机构通常将有关待定立法的评论提交给相关委员会。立法者并不被要求听从这些意见。

● 委员会报告的所有立法要经全体议员投票。议院可以修改来自各个委员会的立法：31%的立法经众议院全体议员修改，31%的立法经参议院全体议员修改。如果某项议案被第一个议院批准，就被提交给另一个议院予以批准。

● 在第二个议院中，议案提交给相关委员会。常规立法通常无须修改就可以向全体议员报告。重要的议案通常要经委员会修改。如果第二个议院的全体议员未修改就通过议案，它就被提交给总统；如果议案被修改，它就被返回给第一个议院予以批准。在最后的文本被确定之前，议案在每个议院可以审议两次。

● 总统必须在30天之内签署或否决议案。如果总统既不否决、又不公布议案，提出该议案的参议院或众议院的议长可以命令公布议案。联邦官僚机构通常向总统建议是否签署或否决议案。如果总统否决议案，它就被送交给第一个议院予以重新审议。如果第一个议院以2/3的票决拒绝否决，它就被送交给另一个议院。如果第二个议院也以2/3的票决拒绝否决，总统必须公布法律。

● 宪法修正案遵循同样的路径，但它们必须由每个议院出席会议的议员以2/3的票决通过。总统不能否决宪法修正案。在最后的版本得以批准后，议案被送交各个州立法机构，此时，必须有一半以上的州表示同意（其中包括墨西哥城，也就是说，32个州立法机构中必须有17个批准该议案）。到目前为止，还没有一个宪法修正案被州拒绝。

● 年度拨款议案只能由众议院审议。总统在9月8日之前将拨款议案提交给众议院。众议院必须在11月15日之前经修改或未经修改而批准议案。如果总统否决议案，众议院可以以简单多数票决接受他的建议或者以2/3票决表示拒绝。参议院从不审议拨款议案。

备注：统计数据来自第62届立法会（2012—2015年）。

总统的否决可能采取两种形式：一种是常规否决，在这种否决中，总统表达他对某项议案的拒绝；另一种是纠正性否决，在这种否决中，总统要求国会修改议案，原因通常是文本存在技术性错误。在任何一种情况下，议会都可以通过重新获得2/3的投票而坚持原来的议案文本，之后，总统必须公布立法。如果是纠正性否决，议会通常按要求修改议案并随后提交给总统予以公布。福克斯总统和卡尔德隆总统在任职的12年期间共否决了27项议案。在2016年，培尼亚·涅托否决了一项已经被革命制度党联盟在议会批准的议案——这是自1969年以来由革命制度党总统做出的第一次否决。

两个议院都拥有某些排他性权力和专有领域。众议院精通财政立法。所有的税收议案必须源自众议院。众议院首先通过收入和税收立法，然后将其提交给参议院批准。然而，只有众议院才能批准拨款立法。这使众议院对联邦公共行政具有非凡的影响力。同样，众议院对预算监督享有排他性权力，并批准公共账目。

参议院享有监督外交事务的排他性权力。参议院有权监督外交事务，它基于多数投票规则批准总统提交的条约。参议院同样根据多数票决批准总统任命的大使和领事。参议院还有权罢免州长，解散州的立法机构。宪法允许参议院推翻州政府，如果它意识到州不再能够保障国内安全的话。这要求参议院投票，然后总统提出一份3个候选人的名单，参议院基于2/3票决从中推选临时州长。在革命制度党总统的推动下，参议院在20世纪罢免了很多州长，尽管通常是出于政治原因而不是安全动机。

最近几年，联邦众议员和参议员表现出高度的政党纪律。例如，在第57届议会（1997—2000年）的最后两年，革命制度党议员对政党议案的集体投票率平均高达99.6%。2003年以后（此时，由国家行动党拥有总统职位），国家行动党议员在98%以上的时间内都是集体投票，这几乎与革命制度党的纪律水平相当。当革命制度党于2012年重新赢得总统职位时，该党的纪律性又恢复到2000年之前的水平（在第62届议会期间达到99.6%）。尽管政党纪律的这些波动似乎并不大，但它们对公共政策产生了重大影响。在重大政策的投票上，议会中的政党团结一致，而且总统所属的政党最有凝聚力。

墨西哥高度的政党纪律有两个主要来源。首先，禁止众议员和参议员的连续连任。这几乎排除了代表对选民所负的责任。选民既不能因为良好的表现而奖赏立法者，也不能因为糟糕的代表性而惩罚他们。既然联邦立法者不被要求从选民那儿寻求指示，他们就从其他地方寻求指导，政党领袖更愿意提供这种指导。

其次，每个政党的提名程序相对封闭，政党领导层通常直接选择候选人。这进一步使立法者专注于政党领导层，因为没有政党精英的支持，他们的政治前途将变得黯淡无光。寻求连任的候选人必须与最初提名他们的政党保持同党，除非他们在任期过半之前改变党籍。一般来说，每个政党都是作为一个集团在议会投票，这就建立了某些激励机制使各个政党的领袖互相对议案展开协商，而不是允许普通党员在委员会中妥协。总之，这些制度创造了一个高度中央集权化的立法部门。

2018 年当选的联邦议员获得直接连任的可能性被再次提出。众议员最多可以连任四届，而参议员可以连任两届。在过去 89 年的时间里首次出现如下情形：所有议员在 2021 年将受到全体选民的直接评估。议员们的行为是否会有显著改变或者说政党纪律是否会下降都有待观察。

行政部门

尽管行政部门享有宪法规定的有限权力，但没有人对如下事实表示异议：在 20 世纪的绝大部分时间内，总统是墨西哥具有支配地位的政治行动者。除了相当适度的宪法权力之外，墨西哥总统拥有广泛的不成文但却得到普遍承认的“超宪法”权力，这些权力在传统上确保了总统对本国所有其他政治机构的支配地位。墨西哥人使用*总统制*（presidencialismo）这一术语意味着，各种（正式的和非正式的）权力都不同寻常地集中在总统手中，并且意指任职者经常滥用这些权力以追求个人的和政治的目的。

就具有全国政治意义的任何问题而言，联邦司法机构将寻求现任总统的指导。直到最近，最高法院从未判定在总统的命令下所做出的决定或颁布的立法违宪，议会也从来没有挑战过总统对联邦司法机构的任命。总统享有使州长、市长和议会议员就职或解职的非正式权力。1929—1994 年，总统还作为官方政党的“最高元首”发挥作用，他选择领导人，命令议会中革命制度党的代表接受自己的立法建议，设计政党的内部治理，对革命制度党的州长和议会候选人强加自己的个人选择，最为重要的是，他控制着本党下一任总统提名人的选择权。

缺失一种严格且全面阐述的政治意识形态使墨西哥总统采用一种实用主义的灵活计划和治理方式成为可能。所谓的墨西哥革命意识形态，充其量只是一套具有松散联系的目标或符号。唯一被审慎遵守的“革命”意识形态是宪法规定的总统职位不连任原则，即总统受限于唯一的 6 年任期。

在革命制度党第一个长达 70 年的全国统治期间，有 3 个因素促成了强大的总统制。首先，总统所属的政党必须在议会两院中拥有多数地位。在**分治政府**（divided government）下，议会中拥有多数地位的反对派不可能遵循总统的命令。其次，议会中多数派政党必须具有高度的政党纪律。最后，总统必须是其所属政党的领袖。1930 年代，前两个因素已经就位，但是，纪律严明的政党带来的所有利益为政党领袖普鲁塔尔科·埃利亚斯·卡列斯（Plutarco Elías Calles）而不是总统所享有。在卡德纳斯沿着权威路线（该权威直接导向他本人）重组官方政党之后，强大的总统制最终得以实现。

行政与立法的关系

在墨西哥，行政与立法关系的动力过去常常取决于总统的超宪法权力。先前归纳的 3 个关键因素的运作（统一政府、执政党高度的政党纪律、承认总统作为事实上的政党领袖）解释了一个顺从的议会。如今，既然第一个和第三个因素不复存在。行政与立法的关系将遵循宪法规范而不是政党规范，墨西哥要么享受，要么遭受权力分立造成共和制的日常冲突。

通过比较特定议会时期的产出率水平，我们可以评估行政部门在适用前面所列的各种超宪法条件时对立法部门的影响，以及总统所属的政党在众议院的相对实力（见表 12－3）。在第 54 届立法会期间（1988—1991 年），革命制度党仅拥有众议院 52%的微弱多数。尽管只是这样的微弱多数，但 98.6%的行政部门的公共议案获得批准。在第 54 届议会期间批准的 110 项议案中，几乎 2/3 的议案源自行政部门。

表 12－3 总统所属政党的影响力和行政议案

如今，总统启动的立法要比议会议员少得多，而且，更少的总统议案获得批准。

议会	总统所属政党	来自总统所属政党的众议员所占百分比	总统提案占所有新议案的百分比	总统提案占所有被批准议案的百分比	总统提案被批准的百分比
第 54 届（1988—1991 年）	革命制度党	52	22.8	65.1	98.6
第 55 届（1991—1994 年）	革命制度党	63	42.4	62.6	98.5
第 56 届（1994—1997 年）	革命制度党	60	33.8	74.2	98.9
第 57 届（1997—2000 年）	革命制度党	48	10.1	31.0	90.0
第 58 届（2000—2003 年）	国家行动党	41	6.8	23.7	89.9
第 59 届（2003—2006 年）	国家行动党	30	2.8	8.6	73.2
第 60 届（2006—2009 年）	国家行动党	41	2.2	10.4	70.4
第 61 届（2009—2012 年）	国家行动党	29	1.5	6.6	77.0
第 62 届（2012—2015 年）	革命制度党	43[b]	2.0	11.2	96.2
第 63 届（2015— ）[a]	革命制度党	42[c]	1.7	10.2	60.7

a 第 63 届立法会的数据截止日期为 2016 年 6 月 22 日。

b 与选举联盟墨西哥绿色生态党的共同占比总计 48.2%；与立法联盟墨西哥绿色生态党和新联盟党的共同占比总计 50.2%。

c 与选举联盟墨西哥绿色生态党的共同占比总计 49.7%；与立法联盟墨西哥绿色生态党、新联盟党和社会汇合党的共同占比总计 53.3%。

资料来源：*Diario de los Debates and the Gaceta Parlamentaria* of the Chamber of Deputies.

在第 57 届立法会期间（1997—2000 年），分治政府自 1928 年以来首次出现。革命制度党在众议院仅仅拥有大约 48%的议席，而国家行动党和民主革命党各自拥有大约 1/4 的席位。因此，超宪法权力的第一个条件（统一政府）消除了。在分治政府下，90%的总统提案获得批准，与上一届立法会相比下降了 9 个百分点。自 1928 年以来，众议院批准的绝大多数议案都源自行政部门。在第 57 届议会期间，这种趋势被突然颠倒过来：只有31%的议案由行政部门提起，而将近60%的议案是由议员们提交的。

当第58届立法会于2000年召集开会时，超宪法的总统制结束了。第一个条件（统一政府）仍未满足。福克斯总统所属的国家行动党在众议院仅拥有41%的议席。福克斯也没有被认为是政党领袖。在2000—2003年任职期间，福克斯将近90%的提案都得到批准。然而，福克斯提交议会的几乎每一项议案都至少在一个议院被大幅修改。在以前，还没有更高比例的行政议案或者被委员会或者被全体议员如此修改。

墨西哥的第一位“反对派”总统福克斯与议会的关系非常紧张，在议会，反对党联合起来占据了多数控制地位。2004年秋季，众议院的反对派联盟修改了福克斯的联邦拨款议案，减少或取消了大量的联邦计划，增加了革命制度党和民主革命党占支配地位的各州的政治拨款经费。福克斯否决了拨款议案，这是自1933年以来总统首次对预算投否决票。众议院对这次否决表示异议并向最高法院提起诉讼，宣称总统并不具有否决预算的宪法权力。最高法院延缓了总统所反对的支出计划，并在后来判定预算否决实际上是合宪的。

第二位“反对派”总统费利佩·卡尔德隆拥有第60届立法会（2006—2009年）的立法多数，其中，国家行动党占据了41%的席位。然而，这并不足以确保立法成功，因为他的提案在本届议会只有70.4%获得批准。虽然存在分治政府，但卡尔德隆还是享受了立法成功，这是通过与革命制度党互投赞成票的“滚木”立法予以实现的。例如，卡尔德隆及其国家行动党赢得税收改革和能源改革的重大胜利，前者通过创设两种新的税种予以实现，后者则为石油化工领域和其他附属于油气开采业务的私人投资敞开大门。

培尼亚·涅托总统开始自己的任期时拥有众议院43%的席位，但是，通过与墨西哥绿色生态党和新联盟党的联合，他能够支配251张选票——这是可能发挥作用的最小的多数优势。培尼亚·涅托通过与三个最大政党的领导人签署一份影响广泛的协议来回应分治政府带来的挑战。这份**“墨西哥盟约”**（Pacto por México）包含了95项具体的改革提议，其范围从全民医疗保健到司法制度改革、能源和金融部门改革、税收改革以及选举规则的重大改变（允许议员连任）等。这些提议是当选总统与两个主要反对党领袖之间秘密协商的结果，并由培尼亚·涅托在宣誓就职当天首次公开。在前两任国家行动党总统执政时期，革命制度党阻止了这些改革中的大部分；如今，政党领袖们别无选择，只能继续前进。因此，墨西哥进入了一个行政立法关系更加不稳定的时代，在这个时代，决心追求自己议程的总统们可能会在必要的情况下通过策略击败本党的议会代表团。

招募政治精英

12.7 讨论墨西哥的政治招募，关注技术官僚的兴衰

至少自波菲里奥时期以来，墨西哥的政治精英就已经主要从中产阶级中招募。1910年革命并没有将政治精英向大量来自农民或城市劳动者背景的人开放。这种开放直到1930年代卡德纳斯的**六年任期**（sexenio）才出现，然后主要是针对地方和州的精英，

而不是全国精英。甚至自 2000 年竞争性民主出现以来，几乎没有工人阶级出身的政治家被任命到全国行政部门和司法部门的重要岗位上。

在革命制度党于 2000 年失去总统职位之前由该党支配的最后三届政府中，全国政治精英主要从*首都人*（capitalinos，即那些在墨西哥城出生或长大的人）中招募。作为进入全国政治精英之门票的研究生教育，尤其是国外名牌大学以及诸如经济学和公共管理等学科的教育，变得更为重要。由马德里、萨利纳斯和塞迪略总统任命的一半以上的内阁成员都是**技术官僚**（técnicos），他们研究经济学或者公共管理，而且，那些在大学阶段接受这些学科训练的人中，有一半以上是在美国接受教育的。

1990 年代，由技术官僚出身的总统和内阁部长负责的经济政策的崩溃使得此类墨西哥官员在公众和政党领袖眼中名誉扫地。值得注意的是，1996 年召开的革命制度党全国大会要求本党未来的总统提名人具备先前任职于民选职位的经历，从而将大部分技术官僚从总统继任人选中去除。相对而言，几乎没有正式的技术官僚进入维森特·福克斯政府的内阁，这位总统偏爱那些具有非政府部门工作经验的人。福克斯政府高层的 52 名被任命者有将近一半的人先前不具有任何公共部门的任职经历。在福克斯政府中，具有私营部门任职经历的人数远远高于自 1929 年以来革命制度党的任何一届政府。福克斯还打破了其革命制度党前辈们的惯常做法，招募了更多来自墨西哥城以外的高层官员。给人印象最为深刻的是，福克斯政府最初被任命的 52 名高层官员中有 75%的人不具有明显的政党隶属关系。

在专业背景方面，费利佩·卡尔德隆在某种程度上就是革命制度党前任技术官僚型总统的翻版。卡尔德隆显然具有一套技术官僚的技能；他甚至拥有哈佛大学的硕士学位。然而，与最近的 5 位革命制度党总统相比，卡尔德隆具有政党政治和民选职位的丰富经验。他自己的经济内阁也是由技术官僚支配，这些官僚都拥有美国大学的博士学位。

革命制度党的下一任总统恩里克·培尼亚·涅托是墨西哥州前州长，他拥有法律学位。他的内阁将技术官僚崛起之前与之后的内阁特征结合在一起。他的内阁大臣的年龄中位数是 52.9 岁，比卡尔德隆第一任期的政府内阁成员大 10 岁。涅托政府内阁中的律师人数翻了一倍，更少的内阁成员拥有国际大学学位。尽管如此，培尼亚·涅托的经济内阁成员中有人获得麻省理工学院、耶鲁大学和宾夕法尼亚大学的博士学位。

自 1970 年代以来，亲属关系作为政治权力高层职位获得者的一个共同特征变得更为重要。这些人越来越多地出身于政治上的名门家族，它们已经产生了州长、内阁部长、联邦议员甚至是总统。家族关系可以使一个有雄心抱负的政治领袖比对手具有更强大的优势。这些政治家族之间的联系日益紧密：自 1930 年代以来，超过 1/3 的高级政府官员和政治家都与其他官员有联系①。政治家族的重要性在墨西哥民主时期并没有下降——实际上，它们的重要性可能在上升。

① Roderic A. Camp, *The Metamorphosis of Leadership in a Democratic Mexico*（New York: Oxford University Press, 2010).

最近的革命制度党总统培尼亚·涅托就出身墨西哥州阿特拉科穆尔科市（Atlacomulco）的一个强大的政治家族。

亲属关系和个人背景日益同质化的其他指数所具有的重要性越来越促使某些观察员担心，墨西哥的政治精英正在变得更加封闭和近亲繁殖。尽管它的社会基础实际上可能正在缩减，但墨西哥现代化的政治精英仍然表现出巨大的流动性。官员每 6 年一次的大规模换届就是明证。这种因素有助于解释，墨西哥政权为什么没有像革命后的其他国家（如苏联）那样成为一种老人政治。实际上，墨西哥内阁成员和总统候选人的中位数年龄一直在下降。在最近的 6 年任期中，大部分总统都是 30 多岁或者 40 岁刚出头。费利佩·卡尔德隆和恩里克·培尼亚·涅托当选总统时分别只有 44 岁和 46 岁，这足以证明这种趋势。

利益代表和政治控制

12.8 解释墨西哥利益团体（特别是有组织的劳工和商业团体）的作用，涉及社团主义和恩庇侍从结构

在墨西哥的总统制下，重要的公共政策往往是在总统顾问的核心集团启动和确定后才被提交给公众讨论。因此，大部分有效的利益代表出现在联邦官僚机构的上层。在西方民主国家中集聚和表达利益的机构（如执政党和工会等）实际上在墨西哥的体制下服务于其他目的：限制公民对政府要求的范围、动员选民支持政权、帮助实现政权在其他国家眼中的合法化、向杰出的个人和团体分配就业机会和物质奖励。例如，革命制度党对公共政策决策显然不具有任何独立的影响力，反对党也不具有这样的影响力，除非它们控制着州和地方政府。

从 1930 年代后期一直到革命制度党在 2000 年的失败，墨西哥始终存在一种利益代表的**社团主义**（corporatist）制度，在这种制度下，每个公民和社会领域都被期望通过国家“许可”的单一组织形式与国家保持联系，以便组织和代表相应的社会群体（如农民、城市工会工人、商人、老师等）。官方政党本身被分成三个部门（sectors）：劳工部门（代表城市工会工人）、农民部门（主要是*农村的农民*——也就是那些通过土地改革计划获得土地的农民）和公众部门（一个包罗万象的部门，它代表的是政府雇员、城市服务人员和小企业主的利益）。

大量强大的组织化利益团体（如商业精英和天主教教会）从来没有在革命制度党内被正式代表。这些团体往往在总统和内阁层面直接与政府精英联系。它们并不需要革命制度党将其偏好公之于众。它们在行政部门还有一些高层代表，可以依赖他们去表达自己的利益。除此之外，商界被组织成几个政府特许的联合会。自卡德纳斯政府以来，除少数工商业者之外，全国所有其他的工商业者都被依法要求加入这些雇主组织之一，从而开辟路径将商业利益输送到一些控制良好的网点。这些联合会仍然存在，但是，最高法院在 1999 年判定，强制要求加入这些联合会是违宪的。在培尼亚·涅托政府期间，商业部门影响政府政策的局限性变得显而易见，这推动了一项重大的税收改革，尽管这项改革遭到商业组织的反对。

由于在墨西哥体制下执政党和国家立法机构不能有效地集聚利益，向政府寻求某种回报的个人和团体通常设法绕过他们在革命

制度党部门组织和议会中的名义代表，通过与政府官僚机构的私人接触来满足他们的需要。这些**恩庇侍从关系**（patron-client relationships）将社会划分成离散的、无交互的垂直领域，它们是政权的支柱。例如，在下层，参加工会的城镇职工与非工会城镇职工相分离，就像农村农民与小型私营地主和无地农业工人相分离一样。基于恩庇侍从网络的利益集聚有助于革命制度党政权，它将公众需求碎化成小规模的、高度个人化或地方化的要求，这些要求可以逐个被满足或拒绝。这种制度将负担强加给潜在的受益人，并由其识别和培养政府官僚机构中“正确”的庇护人。

利益代表的社团主义制度因最近的经济和政治危机而被大大削弱。如今，革命制度党内的大多数利益代表都是以地域为基础的。革命制度党的部门组织拥有的权力要比以前小得多，这在一定程度上是因为它们与墨西哥的社会现实不太相关。例如，农民部门因城市工业发展而衰退。截至 2015 年，只有 11%的墨西哥人仍受雇于农业部门，而 25%的人受雇于制造业和建筑行业，62%的人则从事服务业和零售贸易。部门组织对决策的影响因培尼亚·涅托总统的“墨西哥盟约”改革而被进一步削弱。例如，教师现在的任命与评估由一个新的联邦自治机构——国家教育评估研究院负责实施，而不再是教师工会。教师工会仍然很强大，但它现在不是简单地支持革命制度党政府，而是以政府政策让步的形式收取因工会支持所产生的费用。

在一些由国家行动党和民主革命党治理的州，它们采取了更加温和、更加“现代化”的侍从主义战略。但是，在解决一些高度突出的公共问题时取得的有限成功也会破坏其建立一种新型国家和社会关系的努力。例如，2004 年，失望的选民在北部重要的边境城市蒂华纳（Tijuana）将三届任期期满的国家行动党驱逐下台，并正式任命一位因腐败和威权主义而闻名的革命制度党传统政治家就任市长职位。他迅速着手恢复其前任国家行动党人努力废除的社团主义网络。

政党

12.9 讨论自 1990 年代以来墨西哥选举制度改革影响政党的方式

在 20 世纪头几十年，墨西哥政治领导人创建了世界上执政时间持续最长的政党。如今，竞争激烈的四党制就是在试图创建一个更可信的反对党来对抗该党的过程中产生的。

革命制度党

革命制度党由普鲁塔尔科·埃利亚斯·卡列斯总统于 1929 年创建，其目的在于作为一种机制来减少公职竞争者之间的暴力冲突和强化中央政府的权力，它以牺牲 1910—1920 年革命后十年地方和州层面的政治机器为代价。1920—1929 年，共发生了四次重大的叛乱，它们通过这些次国家政治机器来反对墨西哥最高行政机构。

半个多世纪以来，执政党作为一项机制在解决冲突、吸纳新出现的利益团体进入体制、通过选举程序使政权合法化等方面给人留下了高效率的深刻印象。官方政党的潜在背叛者因政府操纵选举规则而被阻吓，这实际上使得任何持不同政见的派系都不可能退出政党并赢得选举。有时，持不同政见者运动确实会出现，但是，在新卡德纳斯联盟参与角逐1988年选举之前，没有任何一个分离出去的总统候选人（按照官方统计）能够获得16%以上的选票。

官方政党从一开始就是政府本身（尤其是总统职位）的一个附属品。它从来不是一个真正独立的政治竞争舞台。少量在全国具有强大影响力的政党领袖，如菲德尔·贝拉斯克斯，他在1997年去世之前一直是革命制度党附属劳工运动的元老，偶尔会限制政府行动。但是，官方政党本身从来没有确定过政府经济和社会政策的基本方向。实际上，之所以出现1980年代后期以来政党团结和政党纪律的腐蚀以及革命制度党自1995年开始在州层面的选举中溃败进而在2000年失去总统职位，关键的原因之一在于，政党本身不能与由联邦政府技术官僚制定的不受欢迎的紧缩政策保持距离。

从传统上看，革命制度党实际上享有无限的机会获得政府资金来资助自己的竞选。没有人知道革命制度党事实上从政府财库中抽取了多少经费，因为墨西哥没有法律要求报告竞选的收入和支出。1993—1994年的联邦选举法改革为竞选收入和支出规定了最低公开报告要求，这也是墨西哥首次针对个人和企业向选举竞选捐赠设定限制。

这些改革因1996年议会通过的另一轮选举法改革而得以巩固，这一轮改革将每个政党获得的私人捐赠总额限定为不超过所有政党获得的常规公共资助总额的10%，任何个人的捐赠都不能超过常规公共资助总额的0.05%。2007年的改革进一步将私人资助降低到不超过每一个政党获得公共资助总额的10%。这些改革大幅增加了对所有政党的公共资助。法律还增加了一项新的禁令，即禁止使用公共资源和项目使任何政党或竞选活动受益。然而，竞选资金的滥用并没有消失。在2000年的总统选举之后，联邦内部审计员发现，政府所有的石油公司（墨西哥国家石油公司）向石油工人工会提供了1.4亿美元的贷款，该工会是革命制度党附属的最为重要的两个工会之一。随后，这些资金被捐赠给革命制度党候选人弗朗西斯科·拉瓦斯蒂达用于竞选活动。

从历史上看，革命制度党最有力的竞争优势是它有能力在相对不受惩罚的情况下进行选举舞弊。大量的技术被采用：填满投票箱；取消反对党监票人资格；在最后时刻将投票点重新安排到只有革命制度党支持者才知道的场所；操纵选民登记名单，填补一些不存在或不住在住所的革命制度党人，以及（或者）剔除那些可能投票支持反对党的人；向革命制度党支持者分发多个投票凭证；购买、“租用”或者没收反对派选民的凭证，通常会给予一定的物质回报；组织用卡车或货车运送革命制度党支持者的飞行大队到数个投票站投票；等等。

而且，直到1996年，革命制度党在所有控制计票和认证的州与联邦政府实体中都拥有多数代表。革命制度党可以依赖这些机构操纵计数器，从而有利于自己的候选人，或者当对反对派的票数失去控制时，宣布不利于本党的选举结果无效。向革命制度党的数列（column）增加选票而不是将反对党的选票从中拿走是最为常见的选举形式。在某些农村选区，这种行为导致的选举结果是，记入革命制度党候选人的选票总数超过登记选民的总人数，或者甚至超过最近人口普查所预估的成人总数。在努力塑造1994年全国选举的国内和国际公信力时，萨利纳斯政府引进了大量重要的保障措施反对选举欺诈，随后各届政府实施的改革进一步降低了革命制度党操控选举的能力。

在过去的 30 年里，革命制度党所宣称的选票份额一直在下降，但是，直到 1990 年代中期，这种选票流失都是渐进的，而且没有威胁到该党对总统和州长职位的控制（见图 12－3）。然而，在 1980 年代和 1990 年代，墨西哥的选举变得更具有竞争性。随着时间的推移，那些经常将 98%甚至 100%的选票投给革命制度党候选人的选区已经消失。在 2006 年之前的 4 次联邦选举中，革命制度党在年长的选民、教育程度较低者和低收入人群中的表现最好。多元化的工会会员也对该党表示忠诚。然而，一般意义上的社团投票不再是革命制度党一种可依赖的支持来源。在全国选举中，革命制度党面临一个选民支持率的上限，大约是 35%，而且，扩大自身的选民基础是一项挑战。

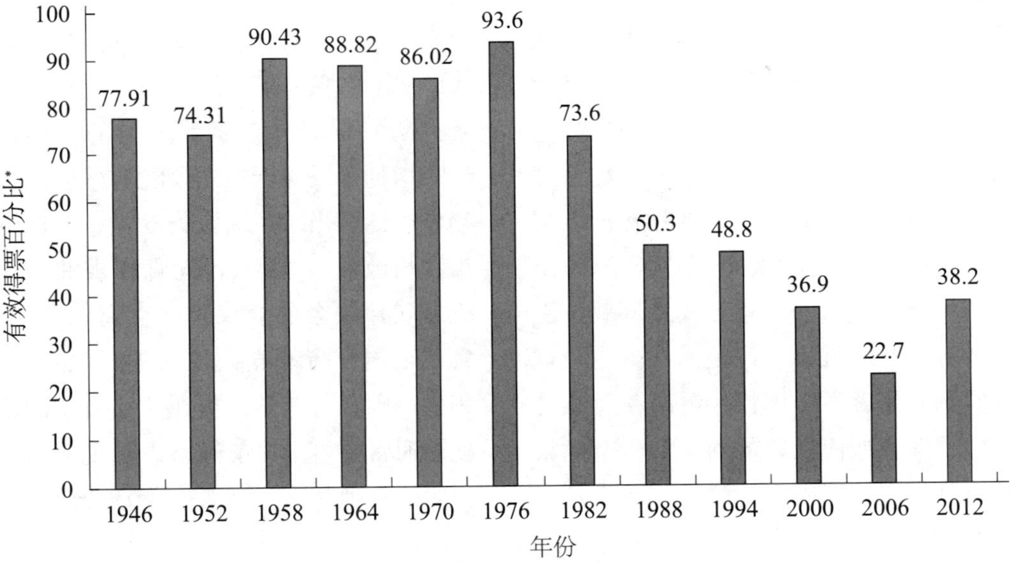

图 12－3　革命制度党总统候选人的支持率（1946—2012 年）

在 2012 年革命制度党触底反弹之前，由于选举竞争性加剧和选举透明度增加，该党得票份额连续下降。

*百分比基准包括无效投票和那些投给独立候选人的选票。

注：实际上，1976 年革命制度党候选人何塞·洛佩斯·波蒂略的竞选几乎没有竞争对手，因为国家行动党没有提名候选人。唯一其他的重要候选人是代表共产党的瓦伦丁·坎帕，但该党没有合法登记参加 1976 年大选。超过 5%的选票被宣布无效。

资料来源：Comisión Federal Electoral，1946—1988；and Instituto Nacional Electoral，1994—2012.

革命制度党作为一个得票机器的效能长期以来一直在下降的另一个关键原因是，墨西哥人口大规模地从农村迁移到城市地区。1950 年，57%的人口生活在与世隔绝的农村社区，且这些社区的居民不到 2 500 人；截至 2015 年，只有 23%的墨西哥人生活在这些地方。在 10 万或者更多住户的城市（几乎一半的墨西哥人口目前居住在这些城市），革命制度党的影响明显更弱。在最近的选举中，墨西哥城成了革命制度党一个特殊的灾难区。1997—2012年，革命制度党以较大差数失去了墨西哥城的4次市长竞选。2012年，它仅在墨西哥城市长竞选中赢得20.1%的投票（民主革命党联盟的得票率为65%），而且，它在首都立法机构40个议席中一无所获。

即使在农村地区，革命制度党先前的安全选票也在继续削弱。革命制度党最忠诚的农村选民——那些在1930年代通过联邦政府土地改革计划获得土地的村社农民——相继死去，而且，数百万乡下人（campesinos）已经永久移民到美国，他们在传统上都投票支持革命制度党的候选人。尽管革命制度党在农村地区获得的选票份额仍然比任何其他政党都要高，但1982—2012年，革命制度党候选人在农村选区的平均得票大幅下降。

在2000年总统选举败选之后，革命制度党不得不将自己从一个官方政党（基于现任优势的一个政治机器）调整为在野党。革命制度党的立法者不得不首次解决在没有总统领导的情况下如何投票的问题。整个党派不得不将其意识形态界定为政党，而不是一个权力工具。在2006年总统选举崩溃后（此次选举由国家行动党的费利佩·卡尔德隆胜出），革命制度党候选人排名第三，革命制度党稳步重建自己的权力。截至2012年，它已经从反对党手中赢回了8个州。在2015年中期选举中，革命制度党在议会中赢得一席之地，但在2016年的州选举中，遭到严重逆转，失去了自己已经持续控制将近80年的四个州的州长职位。因此，革命制度党试图重新成为墨西哥执政党的努力与墨西哥选民日益增加的权力交替倾向相冲突，这使得各级当权者因表现不佳而受到惩罚。

国家行动党

国家行动党建立于1939年，主要是为了回应拉萨罗·卡德纳斯总统执政时期公共政策的左倾现象，尤其是他支持社会主义公立教育政策。该党的奠基人包括杰出的天主教知识分子，他们拥护早期的基督教民主意识形态。从传统上看，国家行动党反对政府对教会活动的限制以及教会抵制的公共政策（如法定堕胎和同性婚姻）。国家行动党的主要支持者主要是来自城市的中产阶级，但它也吸引来自具有社会保守性的农民和城市工人阶级的选票。

从1964年（当时，原始的比例代表制形式增加了反对派在众议院的存在）至1990年代中期（当时，国家行动党正在治理很多市和州政府），国家行动党代表的关注点一直是联邦议会的众议院（直到1991年才有第一个国家行动党人选入参议院）。在这些年里，国家行动党议员在开始自己的议会任期时通常是打击先前选举中出现的选举欺诈行为。在他们稳定下来后就开始提议立法。在萨利纳斯年代之前，这些提案几乎总是在提出阶段就被众议院驳回，但多年以后，大多数国家行动党的立法提案都被联邦行政采用，并在再次向国会提出后获得批准。

后来被革命制度党政府所采纳的国家行动党理念包括：在议会两院中增加比例代表制、自主地选举法院和选举机构、固定的投票凭证、增加市的自主性、增加最高法院的自主和权威、增加墨西哥城的自治、与各州分享联邦收入、社会保障制度、全国消费者保护机构，以及与雇员分享利润的自由化。

国家行动党的地区堡垒包括北部和中西部的各个州。1989年，国家行动党赢得下加利福尼亚（Baja California）这个至关重要的州的州长职位，并在1995年保留对这个职位的控制，因而完成了一项任何其他反对党以前都没有完成的任务：将权力从一个民选的反对派州长让渡给另一个民选反对派州长。最终，墨西哥几乎所有的20个最大城市都由国家行动党负责治理，墨西哥城是明显的例外。

尽管经典的左右意识形态区分在墨西哥没有像在很多其他国家那样有用，但国家行动党可以被归类为中间偏右的政党，并具有基督教社会主义（它覆盖的政策范围广泛，从中偏左的劳动问题到中偏右的堕胎问题）的强大因素，而且对贸易、市政权力下放和普遍民主化持传统的自由主义态度。国家行动党在意识形态谱系中的相对位置很大程度上取决于革命制度党的定位，后者的钟摆或者明显摆向国家行动党偏左的位置（如在1970年代），或者摆向国家行动党偏右的位置（如同1988—2000年的情形）。

在第57届立法会期间（1997—2000年），唱名表决将国家行动党置于政治谱系的中心和革命制度党的左翼。尽管他们的政党具有国家主义和民粹主义背景，但革命制度党的议员发现自己只能站在国家行动党偏右的立场投票，因为他们必须支持革命制度党总统的新自由主义经济政策和紧缩措施。2001—2012年，在国家行动党两任总统任职期间，该党的议会议员一般是站在革命制度党偏右的立场投票。国家行动党的议员必须支持本党总统的紧缩计划，而革命制度党的议员则自由地为自己的良心和选民投票，而不是寻求总统的指示。当革命制度党在2012—2018年重新执政后，唱名表决表明革命制度党及其立法盟友，包括墨西哥绿色生态党和新联盟党（教师工会的政党）以及福音派教会政党社会汇合党，持有右派立场。如今，国家行动党已经回到意识形态谱系的中心。

国家行动党一直努力建立一种强大的基层组织。但是，自1970年代中期以来，该党已经被分裂成温和进步派和激进新保守派，它们争夺控制国家机器，一旦自己掌权，就开始实施对反对派成员的清洗。相对于新国家行动主义而言，福克斯总统的意识形态更接近温和进步派。这有助于国家行动党在2000年获得对总统职位的控制权，它吸引了多元化意识形态的选民团体，这些选民联合起来的主要目的就是将革命制度党赶下台。

如今，无论是国家行动党还是左派的民主革命党都展现出包罗万象的特征，这是由革命制度党选民不再支持该党以及其竞争对手通过吸引这些“游离”（delinked）选民来扩大自己选区的愿望所推动的。国家行动党正在从2012年总统选举的失败中重建。国家行动党在2016年州长选举中的骄人战绩鼓舞着本党成员，他们希望自己的总统候选人能在未来的竞选中具有竞争力。

左派反对党

在1988年之前，墨西哥左派引发了一批政党的出现，如社会主义人民党（PPS），几十年来，该党一直作为社会主义者和其他中间偏左的政治家的总部，他们愿意与政府合作，甚至愿意支持革命制度党的总统候选人从而换取自己在议会的一个议席。更为独立的左派——也就是那些不愿意公开与执政党合作者——传统上由墨西哥共产党（PCM）代表。在拉萨罗·卡德纳斯总统任职期间，共产主义者被允许合法参与选举竞争，但是，他们的政党随后被宣布为非法，并且直到1979年才重新赢回合法的代表地位，当时，该党的议会候选人赢得5%的选票。在1980年代的大部分时间，甚至是在面对墨西哥自1910年革命以来最严重的经济危机时期，尽管一系列的政党合并试图减少左派选票的分化，但左派政党还是在选举中失去了优势。这些政党受制于持续的内部争论（主要由个人对抗和较小程度上的意识形态分歧所致）和无法完成有效的基层组织工作。

左派在1988年恢复活力的关键因素是革命制度党领导层的内部分裂，这是自1950年代早期以来最为严重的一次分裂。1986年8月，全国大量杰出的革命制度党知名人士（他们都是该党中偏左翼的成员）在党内发起了一场被称为当前民主（Corriente Democrática，CD）的持不同政见者运动。这场运动批评米格尔·德·拉·马德里总统的“新自由主义”经济结构调整计划，并寻求革命制度党重新承诺致力于传统的经济民族主义和社会正义原则。最为紧迫的是，这场运动的支持者要求革命制度党从消除作为确定政党总统候选人机制的*指定权*（dedazo，即将离任总统的单方面选择权）开始，进行自上而下的民主化。当前民主运动的改革要求遭到革命制度党领导层的断然拒绝，1987年10月，这场运动的领导者正式与革命制度党分裂。

面对革命制度党内部的失败，卡德纳斯接受了墨西哥真正革命党（PARM）的总统提名，该党是一个由另一组持不同政见的革命制度党人于1954年创建的保守民族主义政党。后来，4个其他的左派政党加入墨西哥真正革命党，并组成一个称为全国民主党（FDN）的联盟，该联盟提名卡德纳斯作为它们的候选人角逐1988年的总统选举。然而，就在1988年选举之后不久，左派内部长期存在的意识形态和个人分歧再次被重申，到了1991年中期选举举行的时候，大部分卡德纳斯1988年的联盟伙伴都已经分道扬镳，结果使新组建的民主革命党（PRD）成为左派的首要旗手。即使在民主革命党内部，人们对诸如政党内部治理的民主程度以及与政府的交往战略（例如，在某些问题上是对话与合作还是永久对抗）这样的问题也存在严重分歧。

在1990年代早期，左派的问题并不都是由自身造成的。在萨利纳斯任期内，政府无意认真对待与卡德纳斯左派的协商。萨利纳斯也表示更愿意承认国家行动党的选举胜利，而不是民主革命党所宣称的胜利。当民主革命党在城市选举中的胜利被承认时，它所控制的市政府受到了革命制度党州长的惩罚，而且资源严重匮乏。民主革命党的激进分子和革命制度党的地方领袖之间的冲突充满仇恨，数百名民主革命党积极分子在该党成立后的头五年被谋杀。就民主革命党与政府的关系而言，塞迪略总统开启了新的篇章，他承认库瓦赫特莫克·卡德纳斯在1997年墨西哥城市长竞选中压倒性的胜利。1998—2006年期间，民主革命党赢得7个州的州长职位并重新夺回墨西哥城市长的职位。在大部分这些胜选中，民主革命党的候选人都是革命制度党的背叛者，他们在革命制度党的提名中被忽视。

民主革命党在某些问题上继续采取比革命制度党偏左的政策立场，但它与最近大多数政府政策的区别在于程度、步调以及人们付出多大的努力来改善这些政策的社会成本等问题，而不是这些政策的基本方向。然而，在第58届立法会期间（2000—2003年），民主革命党在某些政策问题上采取了更为激进的立场。民主革命党提出的议案合在一起就相当于是对墨西哥政治制度的全面重组，旨在削弱总统职位。一旦洛佩斯·奥夫拉多尔成为有希望的总统候选人，民主革命党就会放弃自己提出的削弱联邦行政机构的提案。

在民主革命党早期的岁月里，它在动员先前未做承诺的选民时表现糟糕。民主革命党保留了很多城市工人阶级选民，从传统上看，这些选民支持独立的左派政党，但是，它在与公众运动（这些运动是在革命制度党附属社团组织之外发展的）建立联系时不太成功。民主革命党与农村地区的联系也未充分发展，而且，该党受墨西哥城的政治家和知识分子支配，在他们眼里，首都之外的地区几乎不存在。这种趋势在 2006 年和 2012 年的选举中被彻底改变，尤其是在 2012 年选举中受奥夫拉多尔领导的民主革命党被证明在动员农村选民时更有效得多。

在 2012 年的选举中，洛佩斯·奥夫拉多尔不再强调左派议程，而是更多地集中于批评国家行动党领导的联邦政府和培尼亚·涅托领导的墨西哥州政府的腐败问题。但是，墨西哥的政治左派仍然在掌管民主革命党官僚机构的温和派与洛佩斯·奥夫拉多尔派系的激进纯粹主义者之间存在分立。一般来说，温和派支持墨西哥盟约并推动与国家行动党的选举联盟。支持洛佩斯·奥夫拉多尔的派系则更加顽固，反对与革命制度党在立法问题或者与国家行动党在选举联盟问题上的大多数合作。

洛佩斯·奥夫拉多尔在 2012 年的选举之后辞职退出民主革命党，并组建新的政党**国家复兴运动党**（Movimiento Regeneración Nacional，MORENA）。国家复兴运动党参与了 2015 年的中期选举，赢得 8.3%的全国选票，而民主革命党赢得 10.8%的选票。从短期来看，左派选票的分散让革命制度党受益了。例如，在 2015 年塔巴斯科州（Tabasco）的选举中，革命制度党赢得了左派倾向的地区，因为民主革命党和国家复兴运动党平分了左派选票。在第 63 届立法会期间（2015—2018 年），国家复兴运动党是最左翼的政党，而民主革命党则偏向中间，靠近国家行动党。在 2018 年的总统选举时，在洛佩斯·奥夫拉多尔及其新的政党领导下，左派的选择要比 2012 年选举更加强烈得多。民主革命党可能不得不满足于成为其他政党的低级联盟伙伴。

墨西哥政党社会基础的转变

各个政党政治支持的社会基础在最近三次总统选举中发生了重大变化。2006 年之前，革命制度党最可靠的基础是农村选民。它对女性选民和老龄选民也做得相对较好。2006 年，民主革命党的洛佩斯·奥夫拉多尔在农村选民中做得最好，革命制度党的马德拉佐（Madrazo）在这些选民中仅排名第三，甚至落后于国家行动党的卡尔德隆。像 2000 年一样，2006 年国家行动党在城市选民中表现最好，但民主革命党在城市选民投票中却领先于革命制度党。2012 年，革命制度党候选人赢得城市和农村地区的双丰收，剩余的农村选票几乎由国家行动党和民主革命党均分。民主革命党再次在城市选民中胜过国家行动党（见表 12-4）。

2000 年的选举中存在相当大的性别差异，在男性选民中，国家行动党表现得尤为出色，而在女性选民中，革命制度党做得相对更好。2006 年，民主革命党以较小差数的优势赢得男性选票，而卡尔德隆在女性选票中的表现则更为出色。在两种情况下，女性往往都支持那个似乎对经济稳定威胁不大的候选人。2012年，性别差异再次变得非常明显。革命制度党和民主革命党的候选人在男性选民中几乎势均力敌，但革命制度党的培尼亚·涅托在女性选民中的优势几乎达到2∶1，这或许是受他的肥皂剧明星妻子的影响。

在最近三次的总统选举中，国家行动党在30岁以下选民中表现最好，而革命制度党则受到老龄选民的偏爱。这很可能是因为这部分老龄选民记住了在革命制度党执政时风调雨顺的年代里所实现的社会收益和经济增长。2000年，革命制度党在教育程度较低的选民中表现更好，他们赢得初中以下教育水平的选民的选票。在教育水平较高的选民中，国家行动党表现最好。2006年，教育在决定投票时的重要性不大。卡尔德隆在所有教育层次的选民中获得的选票都最多，洛佩斯·奥夫拉多尔排名第二。在受过高等教育的选民中，洛佩斯·奥夫拉多尔表现得相对较好，因为他得到公立大学学生的强烈支持。2012年，革命制度党候选人再次在只有小学教育水平的选民中赢得决定性胜利，而洛佩斯·奥夫拉多尔得到了具有高中和大学教育水平的选民支持。

表12-4 政党选择的人口统计

在2012年的总统选举中，各个政党的支持者因其生活地区、性别、年龄、教育和意识形态的不同而不同。复兴后的革命制度党在几乎所有的人口统计群体中都表现得非常好。

	国家行动党（%）	革命制度党（%）	民主革命党（%）	其他（%）
地区类型				
城市	26	37	34	3
农村	26	44	29	1
性别				
男性	25	37	36	2
女性	27	41	30	2
年龄				
18～29	23	36	37	4
30～49	27	41	30	2
50+	28	40	30	2
教育				
文盲或小学	24	48	26	2
中学	28	33	37	2
大学	29	29	39	3
意识形态				
左派	11	20	67	2
中间派	23	40	32	5
右派	36	50	13	1

资料来源：Nationwide exit poll conducted by *Reforma* newspaper (Mexico City), July 1, 2012.

在2006年和2012年，民主革命党在穷人和较低收入的中产阶级中表现最好。国家行动党在高收入选民中做得更好，这些选民被该党支持商业发展的纲领所吸引并害怕洛佩斯·奥夫拉多尔的民粹主义。然而，一般来说，在墨西哥最近的选举中，社会阶级并不是预测选民选择的一个明显指标，尽管国家行动党和民主革命党的候选人在2006年都明确诉求阶级利益。

在墨西哥，左右派意识形态差异以复杂的方式映射到党派的选择上。当墨西哥选民被要求自我认同为“保守主义者”还是“自由主义者”时，那些认为自己是保守主义者的人似乎是在表达对威权主义治理的偏爱，这些选民都会不成比例地支持革命制度党。例如，在2000年和2006年，民调发现，绝大多数“右派”选民是革命制度党人，而只有少量自认为是“左派”的选民支持革命制度党。随着选民在意识形态方面从右派转向左派，民主革命党和国家行动党的党派之争也在加剧，而且大多数独立选民都将自己定位在中间派。就堕胎和同性婚姻这样的社会问题而言，国家行动党和革命制度党的支持者都显得更为保守，而民主革命党的支持者和独立人士往往更为自由。

政府绩效

12.10 描述墨西哥政策的影响，关注经济增长、贫困、收入分配、人权、法治、环境和国际关系

对于国家在促进墨西哥自1940年以来经济发展所具有的重要性，人们几乎没有争论。基础设施领域（道路、堤坝、电信、电气化）大量的公共投资以及由国家财政部和其他政府发展银行大量提供给私营部门的慷慨且廉价的信贷使更高比例的资本积累成为可能，鼓励国内企业家和外国公司更高水平的投资，从而允许墨西哥发展一种多元化的生产能力，这在拉丁美洲仅次于巴西而排名第二。

从1940年到1970年代，对于国家在经济中的作用盛行一种强大的精英共识。国家通过限制公众的消费需求和财富再分配促进私人资本积累，保护资本主义制度；它确立发展规则；它作为本国最大的企业家、雇主和投资资本来源参与发展过程。国家是这种混合经济的“负责人”（指导力量），它设定广泛的优先领域，并将（公共和私人）投资引入战略性部门。

因此，从1950年代中期到1970年代中期，出现了备受吹捧的经济持续增长的“墨西哥奇迹”，它的年增长率达6%～7%，而且通货膨胀率很低（1955—1972年每年只有5%）。作为墨西哥国家石油公司（它是全国石油的垄断者）唯一的所有人，政府对经济发展过程中至关重要的石油和天然气部门负责。在石油繁荣期（1978—1981年）结束之际，石油收入推动了每年超过8%的经济增长，这是世界最高的经济增长率之一。国民生产总值从1980年的人均2 130美元增加到2015年的人均9 517美元，从而使墨西哥位于世界银行所公布的半工业化或“中度发达”国家名单的前列。

事后看来，正是这种令人印象深刻的经济发展行为以及革命制度党政府在1970年代和1980年代资助经济发展的方式遭到了严厉的批评。从米格尔·阿莱曼总统时期（1946—1952年）一直到现在，除了一两个总统之外，所有总统都在反思私营部门的如下观点：墨西哥必须首先创造财富，然后再来担心财富的再分配。这种信念表明，政府将迅速被其无法满足的公众需求所淹没。然而，截至1970年代早期，有令人信服的证据证明，在迈向现代工业化国家的驱动下，相当比例的墨西哥人口被丢弃。

墨西哥革命后各届政府的政策和投资偏好在很大程度上导致本国高度的不平等发展。至少，从1940年以来所追求的公共政策并不能抵消私人市场力量所产生的财富聚集效应。有确凿的证据表明，有些政府的投资和政策实际上强化了这些效应。例如，在1940年之后的大部分时间里，政府税收和信贷政策的运行主要是有利于本国最富有的农业综合企业家和工业企业家。截至2014年，40%最贫困的墨西哥家庭仅拥有可支配收入的14%，而20%最富有的家庭却拥有可支配收入的52%。2008—2014年，收入不平等确实在缩小，但仅仅是稍微略有缩小（收入不平等的基尼系数从0.483下降到0.470）。

在墨西哥最近的四位总统执政时期，政府采用的是一种**新自由主义经济发展模式**（neoliberal economic development model），该模式强调有必要赋予市场力量更为自由的发展空间。这种“受技术官僚影响的自由市场革命”的主要目标在于吸引更多的私人投资（尤其是外国资本），从而提高墨西哥的经济增长率。新自由主义政策通过大规模的私有化计划以及向私人投资开放几乎所有的经济部门（其中包括那些先前保留给国家所有的部门）来大幅度削减公共经济部门。这种发展模式只是增强了先前经济政策的财富聚集效应。

贫困率一直居高不下。截至2014年，5 530万墨西哥人（占全国总人口的46.2%）生活在官方的贫困水平以下，有9.5%的墨西哥人正生活在“极度”贫困中。如果不是因为大规模的国际移民，贫困率可能会更高：大约有1/10出生于墨西哥且如今仍然健在的墨西哥人去了美国生活。

这并不是说，发展过程带来的某些收益没有惠及穷人。1950—1980年，绝对意义上的贫困率下降了。中产阶级约占人口的29%。1960—2015年，成人文盲率从占成人人口的35%下降到5.5%，完整的小学教育已成为常态（截至2015年，墨西哥成人的学校教育时间平均达到9.6年），每1 000个活产婴儿中的死亡数从78个下降到12个，平均预期寿命从55岁上升到75岁。显然，很多墨西哥人的生活质量已经得到改善，甚至在那些与世隔绝的农村地区也是如此。但是，严重的性别差异仍然存在。例如，在3～5岁的女孩中，只有53%的人去上学，与之相比，男孩的比例却高达63%。

而且，从经济机会和社会福利的每一项指标来看，墨西哥各地区之间以及城乡之间存在着巨大差异。贫困、失业和就业不足以压倒性的多数集中在农村地区，涉及的人口至少占据了被归类为极端贫困人口的70%。2015年，90%的墨西哥城市住宅居民所居住的房子都有排水系统连接，但只有不到一半的农村人口生活在这样的房子里。社会福利的地区间差异同样非常明显。例如，2015年，墨西哥城的文盲率是1.5%，而在一些贫困的南部州（如恰帕斯州、格雷罗州、瓦哈卡州），文盲率的范围在13%到15%之间。这种极端的地区不平等模式在过去几十年里没有出现根本性改变。

在墨西哥的国内和国际债务经历前所未有的高涨之后，1982年爆发的经济危机使得政府不可能保持对社会福利的充分支持。到了1986年，债务还本付息消耗了联邦政府预算总额的一半以上，这就十分有必要大幅削减健康、教育、消费者补贴和创业公共投资等方面的支出。社会福利的人均支出下降到了1974年的水平，实际工资下降了2/3。

家庭收入再次因 1995—1996 年的比索贬值危机和 2008—2009 年冲击墨西哥的国际金融危机（当时，这场危机造成墨西哥经济缩减了近 5%）而遭受重创。

墨西哥从经济大萧条中复苏的速度比美国更快，但随后的经济增长令人失望，尽管培尼亚·涅托总统有着雄心勃勃的经济改革计划。自他就任以来，每年的国民生产总值人均增长率平均不到 3%。这种疲软的经济表现在某种程度上是同样的全球经济力量导致的结果，这些力量在同一时期也抑制了欧洲、亚洲和美国的经济增长，但它在墨西哥还体现为政府缺乏商业信心。2013 年，一些大型公司宣布进行“资本投资罢工”，以此来报复培尼亚·涅托政府实施的重大税收改革，因为这些改革削减了企业的利润。

政府对持续贫困与收入不平等引发的社会紧张局势表示担忧，这种担忧体现在过去五届政府对“标志性”社会福利计划的重大支出上。紧随全国团结计划的是国家对生活困难的母亲补助计划、机会计划——现在也被称为社会福利计划、农村直接支付计划和老龄公民计划。所有这些动议的目的都是努力为成百万的低收入墨西哥人构建一个最低限度的安全网，因为他们在北美自由贸易协定的影响下成为新自由主义经济政策和贸易自由化的短期“失败者”。这些计划关注的焦点是向一般意义上的低收入墨西哥人、特殊意义上的农村穷人和老龄公民提供福利。截至 2015 年，27%的所有墨西哥家庭都收到来自联邦政府或州政府通过这些计划支付的现金。然而，这些精心设计的定向**权利计划**（entitlement programs）并不足以弥补因新自由主义经济政策导致的实际工资下降或停滞、数百万就业机会消失以及大多数消费者补贴削减所造成的结构性贫困。

在墨西哥，社会保障只为那些领薪人士提供健康保险，而失业者、自我创业者和很多农村工人被排除在这项制度之外。福克斯政府制定了一项新的被称为**全民健康保险**（Seguro Popular）的医疗保健计划，其目的在于为那些社会保障部（Social Security Institute）的健康计划所没有覆盖到的人们提供健康服务。全民健康保险计划要求受益人报名参加该计划，并支付相对可以承受的保险费。最穷的墨西哥人（底层的 20%）不需要支付保险费。全民健康保险计划的目标是在 2013 年之前实现全民健康保险的覆盖。尽管这个目标尚未实现，但取得的进展令人印象深刻。墨西哥人从公共部门组织获得健康保健的百分比翻了一番，从 2000 年的 40%增加到 2015 年的 82%以上。而且，这种扩大的覆盖范围并不局限于城市人口。截至 2015 年，85%的土著墨西哥人（他们绝大部分集中在农村地区）已经被公共医疗保健所覆盖。

为了减少贫困和收入不平等，墨西哥的计税基数必须被扩大。2013 年，墨西哥的税收总额占国内生产总值的百分比在 34 个经济合作与发展组织国家中垫底。所得税和利润税仅从 1985 年占国内生产总值的 3.4%增加到 2014 年的 5.8%。逃税不仅使国家丧失了大量资源，而且极大地加剧了社会不平等，因为逃税率在靠工资为生的蓝领和白领（他们的税收是通过工资扣减予以支付）中是最低的（估计为 15%），而在那些因拥有财产和企业以及因专业活动获得大部分收入的墨西哥人中是最高的（77%～80%）①。培尼亚·涅托总统在竞选时承诺推进全面税收改革，这种改革将增加大量的新收入。由议会于 2013 年制定的一揽子税收改革大幅度提高了中产阶级的所得税税率，堵住了企业所得税的一些重大漏洞，并对高热量软饮料和零食征收消费税。

随着世界油价的暴跌（从 2014 年 6 月到 12 月下跌了近 50%），税收改革具有更为迫切的必要性。油价的急剧下跌是由全球石油需求减少造成的，另一个原因是美国的石油产量增加了 70%。联邦政府的收入因此大幅度下降，比索的价值被削弱，这使得墨西哥人购买进口产品变得更加艰难。培尼亚·涅托政府在 2013—2014 年期间的能源部门改革通过与国有的墨西哥国家石油公司（PEMEX）签署“风险合作合同”而将油气行业向外国公司开放，从而允许私人主体参与石油勘探与钻井。这是一个重大的变化，推翻了革命制度党内部和左派政党多年来的反对意见。尽管如此，由于油价的暴跌，这些合同带来的收入比预期少得多，从而迫使政府削减开支并通过大规模举债来维持政府运转。截至 2016 年，石油收入给联邦预算提供的资金不足 20%，与之相比，这一比例在油价处于巅峰时期达到了 40%。

保护人权

在墨西哥，侵犯人权已经是几代人所面临的一个严重问题，包括法外处决、强制失踪、酷刑和针对记者的暴力行为。1968 年，警察基于最高政府的命令采取行动，在墨西哥城屠杀了数百名学生抗议者，这引起了国际社会对墨西哥人权问题的关注。但是，侵犯人权的行为在农村地区长期存在，自费利佩·卡尔德隆政府在 2006 年全面发动“向毒品宣战”以来，全国有数千名平民在士兵和联邦警察以打击有组织犯罪为借口开展行动的过程中丧生或失踪。由于联邦政府越来越依赖军队实现反毒品战争的胜利，军事人员侵犯人权的情形已经变得更为普遍。2006—2015 年，针对军队的侵犯人权行为，大约有 9 000 起诉讼被提起。

出现侵犯人权的行为通常也是墨西哥刑事司法系统日常运作的结果。联合国酷刑问题特别报告员将酷刑描述为“在墨西哥普遍存在”，酷刑是警察用来对被拘留的嫌疑人实施惩罚和逼供的系统行为，而且警察这样做时不需要接受任何惩罚[②]。自 1990 年以来，墨西哥已经成立了一个国家人权委员会，该委员会与一些国际组织（如联合国人权事务高级专员）开展合作，调查涉嫌严重侵犯人权的行为并公布调查结果。但是，发布报告并没有转化成在起诉那些侵犯人权行为责任人方面取得可衡量的进展。例如，官方记录表明，2007—2015 年有超过 25 500 人失踪，但这期间没有一个人因强制失踪而被定罪[③]。

① John Bailey, *The Politics of Crime in Mexico*: *Democratic Governance in a Security Trap* (Boulder, CO: First-Forum Press/Lynne Rienner Publishers, 2014), 41.

② United Nations, General Assembly, Human Rights Council, “Report of the Special Rapporteur on Torture, Juan E. Méndez, Addendum: Mission to Mexico,” A_HRC_26_36_Add. 1_ENG, December 29, 2014, 18.

③ Human Rights Watch, “World Report 2016: Mexico-Events of 2015,” http: //www. hrw. org/world-report/2016/country-chapters/mexico. 也可参见：Human Rights Watch, “Mexico's National Human Rights Commission: A Critical Assessment,” February 12, 2008, https: //www. hrw. org/report/2008/12/mexicos-national-human-rights-commission/critical-assessment.

2014年格雷罗州阿约兹纳帕小镇43名大学生的强制失踪并可能被杀害一事值得关注，它引起了国际新闻媒体的报道和国际人权组织的审查。美洲人权委员会对这次事件的调查尤为重要，因为它的调查结果与墨西哥政府对这件事情的陈述以及谁应该负责的结论相矛盾。尽管政府指控100多人涉嫌参与这次事件，但截至2016年，没有任何人被定罪，而且，官员们在遗体中只发现了43名学生中的两名学生。

根据国际保护记者委员会的排名，对记者而言，墨西哥是世界上第8大危险的国家，2000—2016年，有109名记者被杀害。绝大多数的受害者是在小城市工作的报社记者，他们当时正在调查腐败事件或其他政治问题。有些记者成为毒品走私组织的目标。直到2006—2012年费利佩·卡尔德隆担任总统期间，联邦当局都不会追究此类案件，起诉更是罕见。正在被记者们调查的涉嫌腐败的公共官员一直在充分利用墨西哥丰富的诽谤法律起诉这些记者，要求获得巨额经济赔偿。

对同性恋人群的敌意和歧视一直以来在墨西哥都非常广泛，但争取同性恋权利运动的成功是最近墨西哥人权记录中的闪光点之一。2009年，墨西哥城立法议会承认同性婚姻的合法化，并从2010年起执行，这使得墨西哥城成为拉丁美洲最早的两个承认同性婚姻合法的主要城市之一，另一个城市是阿根廷的布宜诺斯艾利斯（Buenos Aires）。墨西哥的联邦制使得同性恋的倡导者有机会在地方层面寻求政策改变。在墨西哥，家庭法由31个州和墨西哥城共同执行。

当左派的进步派系民主革命党赢得2006年墨西哥城的市长选举甚至当民主革命党的全国领袖奥夫拉多尔和卡尔德隆总统的国家行动党政府反对同性婚姻时，婚姻平等运动也都充分利用了它们创造的政治机会。墨西哥城的改革在最高法院受到挑战，但法院判定，同性婚姻和同性夫妇收养儿童都是合宪的。而且，最高法院命令所有的州都要承认在首都订立婚约的同性婚姻，从而使得所有的彩虹族墨西哥人可以间接获得婚姻。

民意调查显示，墨西哥人在这个问题上的意见几乎各占一半。培尼亚·涅托总统提议进行宪法改革并将最高法院的判决编纂成法典，结果失败了，原因是遭到革命制度党内部的反对。2016年，一个保守主义福音派教会政党社会汇合党提出了一项宪法修正案，以期废除同性婚姻和同性收养，从而使同性恋权利的立法斗争仍将继续。

建立法治

尤其自1990年代中期以来，墨西哥政府表现最为糟糕的领域是法治和安全。在最近的全国民意调查中，80%的墨西哥人认为犯罪是本国最严重的问题。从最贫穷的城市工人到中产阶级的专业人士再到最富有的商业巨头，他们对政府似乎完全不能有效处理街头犯罪（如持械抢劫、盗窃、绑架、强奸和凶杀）以及与贩毒集团有关的暴力感到震惊和愤怒。这种大规模的绩效失灵与刑事司法系统几乎无法运转密切相关。墨西哥面临着广泛的法治挑战，包括司法部门的软弱、大量的腐败、缺乏透明与责任以及侵犯人权。所有这一切都对公众信心造成了损害。

街头犯罪（如抢劫、殴打、盗窃）在1990年代翻了一倍，并一直顽固地维持在高位。官方的犯罪统计数据因普遍漏报而低估了这个问题的严重性。公民对抓捕并惩罚行凶者的预期较低，而且担心招致罪犯或警方的报复，因此，截至2016年，在墨西哥发生的犯罪中只有7%向当局做了报告。墨西哥人的低预期有其现实的基础：在所有的犯罪嫌疑人中，只有不到5%的人被判入狱。调查显示，墨西哥是世界上免于处罚率（犯罪但不受惩罚）第二高的国家，仅次于菲律宾。

塞迪略总统开始通过确保司法机构的独立来解决司法系统的问题。1994年12月，也就是他就任总统后的第一个月，他更换了除两人之外的所有最高法院的现任大法官，并将最高法院的规模从24名大法官缩减到11名大法官。法官的任期从6年（这与总统的6年任期保持一致）调整为固定的15年，但增加了一项要求，即他们应该经由参议院2/3多数的确认。最后，塞迪略的改革扩大了最高法院的司法审查权，明确授权最高法院可以判定议会的法案和其他的联邦政府行为违宪。

2008年，在卡尔德隆总统执政时期，一项重大的刑事司法制度改革启动，并规定在全国范围内执行的最后截止日期是2016年。宪法修正案要求墨西哥所有的州从传统的"纠问制"（以文件记录为基础的司法制度）转向"对抗制"（以口头辩论为基础，它与美国运行的制度相类似）。在原来的制度中，法官们在自己私密的办公室审查以书面陈述形式提供证据。这造成了长时间的延迟（通常多达数年之久），在这期间，被告却被关在监狱里。在很多案件中，检察官篡改证据、严刑逼供并公开索贿。刑事司法制度对穷人具有严重偏见，且他们负担不起法律代理的费用。在新的口头审理（oral trial）制度中，证据将以录音录像形式记录后提交公开的法庭程序。每个案件都由三名法官组成的合议庭而不是由一名法官组成的独任庭负责审理，因而增加了腐败的成本和可查明性，减少了延迟审理并巩固了被告和犯罪受害人的正当程序权利。在被证明有罪之前，被告首次被认为是清白的，推翻了传统的假定。检察官和法官还可以适用辩诉交易和缓刑制度。这些变化有望加快法庭程序，提升公众对刑事司法制度的信心，减少有组织犯罪影响审理结果的机会①。

2008年改革为新制度在全国的执行设定的最后截止日期为2016年6月18日，该最后期限已经到了。人们的预期是培尼亚·涅托总统可能会取消2008年改革，但与之相反，培尼亚·涅托总统积极推行新的制度，并将联邦资助各州执行该制度的经费翻了一倍之多。独立专家们预计，新的刑事司法制度需要长达一代人的时间才能生根，这就要求逐步提高对法官、检察官、公共辩护人和警察的培训水平。然而，仅用了8年的时间，就已经取得令人印象深刻的进步，有数千万墨西哥人获得他们先前缺乏的法律权利和保护。建立公民对刑事司法制度充满信心的长期过程已经开始。

就普通公民而言，最为重要的事情是将自己从对个人安全问题的持续关注中解放出来，也就是，如何避免成为暴力犯罪的受害人。有组织犯罪（尤其是毒品走私）的激增是公众日益担忧安全问题的一个主要原因。

① 参见：Nancy Cortés，Kimberly Heinle，Octavio Rodríguez Ferreira，and David A. Shirk，"The State of Judicial Sector Reform in Mexico，" Justice in Mexico Project，University of San Diego，Policy Brief，July 25，2016.

1990 年代，墨西哥成为哥伦比亚的非法毒品进入美国市场的一个越来越重要的通道。如今，墨西哥贩毒集团既生产又销售毒品，特别是从偏远地区种植的罂粟中提取的冰毒和海洛因。仅在 2014 年，墨西哥的罂粟产量就预计增加了 50%，满足了美国急剧增加的需求。在美国，对滥用镇痛药的打击使得养成处方药瘾变得更加昂贵，从而导致滥用者以更便宜的墨西哥海洛因取而代之。而且，贩毒集团的业务已经变得多样化，包括绑架、抢劫、向当地商人和市政府勒索钱财。在贩毒集团控制的地区，毒品贩子迫使市长支付一定比例的政府预算如今已是司空见惯，这些预算大部分来自联邦政府通过州长的拨款。反对贩毒团伙的市长、前市长和市长候选人都会成为他们的目标；2006—2015 年，有 81 人被杀害①。

在毒品走私集中的那些州，谋杀和其他暴力犯罪的比例也很高，这与贩毒集团的运作以及联邦政府向贩毒分子宣战有关。如图 12 - 4 所示，在卡尔德隆总统宣布向毒贩全面开战之后，谋杀率急剧上升。2006—2015 年，超过 8 万人在毒品战争中被杀害。2011 年，谋杀率处于最高峰，死亡人数达到 27 213 人。毒品走私也在很大程度上助长了警察、检察官、法官和军事人员的腐败。在诸如米却肯和格雷罗这样的州，**毒品暴力**(narco-violence) 普遍存在，公民组建了自卫团体（治安民兵）来保护自己。联邦政府已经采取行动，将一些公民民兵纳入当地安全部队，以帮助遏制毒品走私。生活在那些最受影响地区之外的墨西哥人也会面临风险：与有组织犯罪相关的谋杀自 2007 年以来在墨西哥的地理分布变得更加分散。据统计，每个小时就会有一个墨西哥人死于与有组织犯罪相关的暴力。

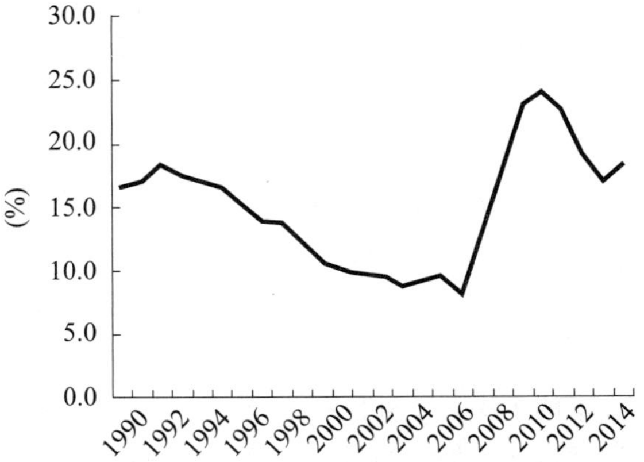

图 12 - 4　1995—2015 年墨西哥的谋杀率（以 10 万人为单位）

墨西哥的谋杀率在 2006 年之后急剧攀升，当时，费利佩·卡尔德隆总统宣布向毒品走私全面开战，彻底改变了 30 年来暴力活动下降的趋势。

资料来源：The Justice in Mexico Project，University of San Diego，2016.

费利佩·卡尔德隆在 2006 年向毒贩宣战以来，政府的主要战略变成“斩首行动”(decapitation)——逮捕主要贩毒集团的头目。但是，铲除最高领袖使得控制毒品走私的挑战变得更加糟糕，因为这样做的结果是将大型的贩毒集团分裂成更小的甚至是更为暴力的贩毒团伙，它们相互争夺地盘，并将敌对领袖的家庭成员锁定为攻击目标。2006 年，有 5 个大型贩毒集团；但到了 2015 年，政府要同 9 个主要组织和 43 个更小些的贩毒团伙做斗争。抓捕墨西哥最臭名昭著的大毒枭华金·古斯曼·洛埃拉——绰号“矮子”(El Chapo)——被认为是对墨西哥最大的锡那罗亚 (Sinaloa) 贩毒集团的严重打

① Kimberly Heinle，Ostavio Rodríguez Ferreira，and David A. Shirk，*Drug Violence in Mexico*：*Data and Analysis through 2015* (San Diego，CA：Justice in Mexico Project，University of San Diego，April 2016)，23，Figure 15.

击。但是，“矮子”很快被属下所取代，而且，他于 2015 年通过一条精心修建的逃生隧道从墨西哥最安全的联邦监狱逃脱，这将培尼亚·涅托政府推向了极为尴尬的境地。（他被抓捕了 3 次，目前正在等待被引渡到美国。）

墨西哥的最近两届政府在缉毒行动中大量使用军队力量。这种“军事化”战略带来的结果是增加了军事人员实施侵犯人权行为的频率，因为他们没有受过国内警务训练。毒贩与军人之间的枪战已经变得非常普遍。无辜的平民经常被困在交火现场，很多嫌疑犯通过法外处决的方式被杀害。数据分析显示，军队干预毒品战争实际上增加了暴力或者说至少没有采取任何措施来遏制暴力①。

只要美国对非法毒品的需求仍然旺盛，墨西哥的毒品暴力造成的祸害就永远不会显著减轻。即使像特朗普总统命令的那样，沿着美墨边界建造一堵新墙也不可能严重阻碍流动。据估计，美国每年消费的海洛因总量（这些海洛因绝大部分来自墨西哥）可以装满 1 800～2 000 个行李箱，仅靠一堵墙是没有办法阻止它们流动的②。因此，毒品滥用的治疗与预防计划、某些毒品的合法化、采取其他措施减少美国方面的毒贩市场可能比其他任何方法更为有效。自 2015 年以来，墨西哥政府一直在推动个别毒品合法化的国际讨论。联邦最高法院已经判定，墨西哥人基于医疗目的享有种植和使用大麻毒品的宪法权利，培尼亚·涅托总统在议会提出一项议案指出，拥有少量毒品具有合法性。

一般来说，在墨西哥建立法治需要采取一种积极的方法来确保对民选官员和警察的问责。培尼亚·涅托政府建立了一种“全国反腐败系统”，该系统由联邦官僚和公民顾问负责运行，他们通过参议院 2/3 投票选举产生，任期 5 年。“全国反腐败系统”比先前的反腐败机制更为自主，它可以对调查和起诉提出建议。为了增加有关官员不当行为的信息流通，政府已经实施了各种各样的“透明度改革”，它们都以福克斯总统于 2001 年签署的《信息自由法案》为基础。这些改革包括成立一个类似于美国问责总署（the U. S. General Accountability Office）的独立机构，负责对政府项目进行审计，以确保这些项目实际上正在实现预期目标，如减少贫困。为了巩固于 2016 年实施的新口头审理制度，需要对律师、法官和其他刑事司法人员的培训进行大量投资。最后，犯罪和暴力的社会经济根源必须通过更为有效的创业计划和促进教育的改革予以消除。

环境挑战

从 2007 年到 2012 年，环境可持续发展首次成为墨西哥国家发展规划的五个支柱之一。从此以后，墨西哥将自己定位为应对气候变化的全球领导者。2012 年，墨西哥议会制定了一部气候变化法律，强制要求在 2020 年和 2050 年之前将二氧化碳排放量分别减少 30%和 50%。法律还规定，截至 2024 年，35%的国家电力要来自可再生资源（目前的比例仅略超过 3%），它强制要求本国最大的污染企业必须提供排放报告。

---

① Valeria Espinosa and Donald B. Rubin, “Did the Military Interventions in the Mexican Drug War Increase Violence?” *The American Statistician*, 59 (2015), 17-27.

② Kirk Semple, “Mexico Grapples with a Surge in Violence,” *New York Times*, December 13, 2016.

卡尔德隆政府还制定新的计划来提高家庭能源效率，如可持续用电计划、全国家用电器设备更换计划、绿色抵押贷款计划等。2014年，政府引入了碳税和碳信用交易体系。这些重大措施远远超越美国和大多数其他发达国家做出的承诺，为应对气候变化做出具有国际意义的重要贡献：在世界上最大温室气体排放国家中，墨西哥排名第13位。

然而，批评人士仍然怀疑政府是否有能力执行其雄心勃勃的环境立法，他们指出，迄今为止，对环境项目提供的资金是不充分的。执行问题已经阻碍了很多不同项目的实施，例如，因森林砍伐所造成的政府减排项目。该项目可追溯到福克斯总统任期期间（2000—2006年），其目的是为农民提供财政激励以保护原始森林，而不是砍伐原始森林，具体方式是向拯救树木或者在不破坏环境的情况下收获树木的农民支付报酬。尽管如此，畜牧业和农业仍是森林砍伐的主要原因，政府为支持这些经济活动提供的补贴鼓励将自然生态系统转变为农作物和牧场。

同样，政府对农业、渔业和人居活动使用电力和燃料的补贴严重阻碍了可持续发展。这些补贴扭曲了价格信号，造成了资源的过度使用，并阻碍了有效技术的采用。能源补贴对富人的回报胜过穷人。例如，为农业抽水灌溉提供的电力补贴以压倒性优势让10%的最富有的墨西哥人受益，而且89%的居民用电补贴也被这些人所攫取①。

政府试图使墨西哥更能适应全球气候变化的努力似乎正在受到全球变暖趋势所产生后果的强烈影响。飓风、大规模长期干旱以及其他气候异常造成的破坏正在加剧，而且控制空气污染已经变得更加困难。例如，墨西哥城的空气污染（几十年来一直是世界上雾霾最严重的都市区域之一）在2000年代大幅度减少。这是通过一场共同筹划的运动予以实现的，旨在控制企业、公共交通和私人汽车的排放，其中包括一项要求私人汽车驾驶员只能在一周某些特定的日子里驾驶自己汽车的计划。但是，墨西哥城在减少空气污染方面取得的大部分成果因近年来全球变暖而付诸东流。创纪录的高温使得某些污染物更快地进入墨西哥城2 000万居民所呼吸的空气中，化学反应的速度也加快了。这带来了更频繁的健康咨询和新一轮限制汽车的使用。汽车变得更清洁了，但数量也更多了，在墨西哥城市区预计有550万辆汽车。

墨西哥的环境问题并没有因为北美自由贸易协定而出现明显恶化，这与贸易协定颁布时人们的普遍担忧相反，即墨西哥将成为美国高污染公司（它们会将工厂迁往墨西哥）的避难所。北美自由贸易协定包括一项环境保护的附件，实际上在该协定实施的第一个10年，因工业生产导致的污染在墨西哥的下降幅度比在美国的下降幅度更大。这种意料之外的结果似乎体现了如下事实：就墨西哥方面而言，北美自由贸易协定鼓励对劳动密集型制造业组装工厂的投资，这些工厂产生的污染要比资本密集型制造业（如水泥、造纸和碱金属生产）更少，实际上，在北美自由贸易协定期间，墨西哥的这些制造业已经下降。不管怎么说，美国公司的选址决策没有受到污染控制成本的显著影响，而且，这些成本太小，并不足以成为决定性因素。

① OECD Environmental Performance Reviews：Mexico 2013（Paris：OECD Publishing，March 12，2013）.

国际挑战

自独立以来，墨西哥的政治和公共政策一直受到与美国毗邻的地缘影响。实际上，这种相邻关系使得美国在墨西哥的影响非常大。有很多因素导致了这种关系，尤其是两国之间长达 1989 英里的陆地边界，以及美国经济发展需要墨西哥大量供应矿产、劳动力和其他资源。墨西哥是美国第三大最重要的进口石油来源国，提供了石油进口总量的 8%。美墨相邻的地理位置使墨西哥成为吸引美国私人投资的一个重要场所，而北美自由贸易协定又增强了这种吸引力。到目前为止，美国是墨西哥主要的出口市场，80%以上的墨西哥出口销往美国。然而，与美国的相邻关系是一把双刃剑。作为世界上最大的非法毒品市场，美国使墨西哥控制毒品走私并预防其腐败公共官员和警察的努力变得极为复杂。

19 世纪中期，当美国在墨西哥北部推行领土和经济扩张几乎没有遇到任何抵抗时，墨西哥作为一个国家的主权受到了直接威胁。从对西班牙的独立战争中胜利并长期饱受政治不稳定的困扰，墨西哥非常容易受到来自北部的入侵。通过在 1845 年兼并得克萨斯并挑起 1846—1848 年的美墨战争，美国占领了墨西哥一半的国家领土，其中包括在得克萨斯饱受争议的土地，目前加利福尼亚州、内华达州和犹他州的所有土地，新墨西哥州和亚利桑那州的大部分土地，以及科罗拉多州和怀俄明州的部分土地。

这种大规模的领土占领以及后来延伸至整个 1920 年代对“革命的”墨西哥政治进行的多次军事干预和插手所留下的伤疤一直没有愈合。即使在今天，普通的墨西哥人仍然怀疑，美国对墨西哥的剩余领土、石油甚至是人力资源都有自己的企图，这就是向外国私人投资开放国有石油工业仍然备受争议的原因。失去的领土被计入美国地区，它们已经成为 21 世纪墨西哥移民工人的主要接受方。这种劳动力移民也主要是由美国鼓动的。从 1880 年代开始，美国的农场主、铁路公司和矿业公司在美国政府的鼓励下，将劳动力招聘人员派遣到墨西哥的北部和中部地区，并从那儿带回很多发展经济以及建设西南部和中西部交通运输系统所需的工人。

到了 1920 年代末，墨西哥和美国的经济完全相互交织在一起，以至于经济大萧条的影响迅速波及墨西哥，进而导致其失业率上升以及出口收入和国民生产总值直线下降。随着经济萧条的缓解，为了回应这些经济冲击，墨西哥尽力降低自己对美国作为白银和其他出口品市场的依赖。这种努力以失败而告终。在 1940 年之后，墨西哥甚至更加严重地依赖美国私人资本为其工业化进程提供的资金支持。

在第二次世界大战期间，美国遭受了严重的劳动力短缺。为了满足劳动力需求，美国基于所谓的*墨西哥劳工计划*（bracero）从墨西哥输入了大量的短期合同工。1942—1964 年，这项计划总共将 400 多万墨西哥人带到美国从事季节性农业生产。在墨西哥劳工计划终止之后，去美国的移民仍在继续，而且大多数新来者都是非法进入的（见专栏 12-4）。

非法移民已经成为美墨关系中最具争议的问题。2016 年，预计生活在美国的 1 100 万无证移民中有 59%来自墨西哥。大量证据表明，这些移民对美国经济的最终影响是积极的。而且，人口预测显示，美国要想保持经济增长，就必须有更多而不是更少的移民劳动力；为了供养本地出生的老龄化人口，必须依靠这些移民为社会保障和医疗保险做出贡献。尽管如此，2015—2016 年，共和党总统候选人特朗普把“不受控制”的墨西哥移民问题作为自己竞选的标志性议题。作为总统，他命令国土安全部针对在美国工作的数百万非法移民发起大规模的驱逐行动，为了切断未来的流动，他命令沿着长达 1 989 英里的美墨边境的大部分地区建造一堵高达 50 英尺且“不可穿越”的墙。特朗普承诺要迫使墨西哥为修建这堵墙买单，具体方式或许是对在美墨西哥工人寄给本国亲人的汇款征税。汇款收入急剧下降具有的潜在影响令墨西哥政府和数百万依靠汇款为生的低收入墨西哥家庭深感担忧。移民汇款的总额在 2016 年达到 290 亿美元，这是墨西哥仅次于石油出口的第二大外汇收入来源，而且，随着最近油价的暴跌，它们甚至变得更为重要。

专栏 12-4

渴望进入：墨西哥人秘密移民到美国

每年都有成千上万的墨西哥人踏上前往美国的危险之旅。他们被那儿的工作所吸引，而这些工作在墨西哥不存在或者墨西哥支付的薪水并不足以供养他们的家庭，或者他们希望能与已经在美国生活的家人团聚。大多数移民要向非法移民偷运人（coyote）——职业人贩子——支付 3 000 到 5 000 美元不等，然后，这些人贩子会帮助他们躲避美国边境巡逻队的检查。大部分这些费用都是由美国的亲戚帮助贷款所得——这些债务需要他们在美国工作 4 个多月来偿还。

自 1994 年以来，对于没有合法入境证件的墨西哥人而言，美国政府已经大幅度提高了进入美国的成本和风险。在 2016 财政年度，美国内政事务花费在边境安全和移民执法活动上的开支几乎达到 200 亿美元。边境巡逻队的规模已经增加了 4 倍多。将近 700 英里的新围栏已经沿着美墨边境被建造起来。非法移民偷运人提高了他们的报价，这一方面是与美国加强了边境防御有关，另一方面是因为他们要带领客户穿越美国西南部日益偏远且又威胁生命的沙漠和山区。自 1995 年以来，超过 8 500 名移民在企图越境时丧生，这使得美墨边境成为世界上最致命的陆地边境。

自经济大萧条削弱了美国对劳动力的需求以来，几乎没有更多的墨西哥人踏上这样危险的旅程，这一方面是因为如下持续存在的信念：在美国很难找到工作，另一方面是担心在去往边境的路上被有组织的犯罪团伙绑架或杀害。尽管如此，在 2016 财政年度，有 19.3 万墨西哥人试图非法移民，而且，这仅仅是被美国边境巡逻队抓获的人数。实地调查研究发现，尽管边境戒备森严，但大多数试图进入美国的移民都能在不被发现的情况下成功进入，而且，即使他们第一次被逮捕，每 10 个人中也有 9 个人能够最终进入美国。他们不仅被已经在美国生活的亲戚所吸引，而且被如下希望所吸引：如果能在美国找到工作，所挣的工资是墨西哥工资的很多倍。

资料来源：Interview by Mexican Migration Field Research and Training Program，University of California，San Diego，February 2008. Used with permission.

具有讽刺意味的是，在墨西哥非法入境人数降至 1970 年代初以来的最低水平之际，墨西哥移民成为美国的一个热点问题。据估计，在经济大萧条之后，墨西哥和美国之间的净移民人数已经降为零，截至 2016 年，也就是经济从萧条中复苏后的第 6 年，向北流动并没有出现反弹。移民的低迷期很可能会继续，这在某种程度上是因为墨西哥的人口变化。总和生育率（每名妇女的平均子女数）从 1960 年的 7.3 人降到 2014 年的 2.3 人，主要原因是政府努力控制人口以及教育水平的提高。如今，生育率的急剧下降正体现为越来越少量的年轻人进入劳动力市场。在 15～20 年之内，墨西哥不会再像 1880 年代以来那样大规模向美国出口劳动力，相反，墨西哥可能会停止向美国出口剩余劳动力。

墨西哥政治制度的国际环境因 1993 年签署北美自由贸易协定而得到根本改变。该协定已经成为扩大美墨贸易和私人投资的关键机制。在北美自由贸易协定的头 20 年，双边贸易额翻了 5 倍。最近几年，墨西哥成为美国最大的 3 个贸易伙伴之一（仅次于加拿大和中国）。每天有近 15 亿美元的贸易往来穿梭于美墨边境。在墨西哥和美国，有数百万人的就业依赖这种贸易。墨西哥的经济增长速度没有像北美自由贸易协定支持者所期望的那样快，但北美自由贸易协定使得某些制造业部门（如汽车、汽车零件、电力机械、航空宇宙等）实现了强劲增长。随着墨西哥成为美国农业的最大市场，墨西哥的小农场主面临着更为激烈的竞争。根据北美自由贸易协定，墨西哥已经成为总部位于美国的跨国公司首选的投资地点之一。最近几年，墨西哥 55%的外商直接投资总额都来自美国，而且，墨西哥出口的制成品有一半是由美国公司的子公司生产的。这些公司雇用的墨西哥工人超过 130 万。

在美国，北美自由贸易协定从一开始就存在政治上的争议。反对者争辩道，它会导致大量的美国工人失业，即使有些人未被解雇，但他们的工资会被降低。其他人则争辩道，墨西哥农业和其他部门与北美自由贸易协定相关的混乱将引发新一轮无证移民去美国的浪潮。在 2015—2016 年美国选举周期内，很多这些长达 22 年之久的主张被左右两派的总统候选人反复引用，并作为对自由贸易协定进行全面攻击的一部分。特朗普警告道，如果墨西哥拒绝就该条约彻底重新谈判的话，他会让美国“在一刹那间”退出北美自由贸易协定。（实际上，特朗普总统无法靠自己终止，或者甚至是重新谈判；贸易协定是议会通过颁布立法的形式予以签署的。）

来自学术研究的证据表明，北美自由贸易协定对美墨边境的双边都产生了赢家和输家。主张美国工人会失去大量的工作过于夸张。例如，有研究已经表明，在美国劳动力市场，每年大约只有 5%的“工作流失”（工人被解雇，不得不寻找新的工作），这可以用美墨贸易的扩大予以解释。实际上，美国工人拥有的 600 多万份工作依赖对墨西哥的出口；如果废止北美自由贸易协定，这些工作将会处于危险之中。例如，通过使企业建立区域一体化生产流程，北美自由贸易协定可能会为美国汽车行业保留数十万个工作岗位。输入是双向的：美国从墨西哥进口的产品中，有 40%原产于美国。对美国工人工资的影响一直高度不均。在北美自由贸易协定涉及的弱势制造业领域，工资增长一直较慢，而且，在特定地区的某些行业（例如，鞋类和纺织行业）中，蓝领工人的实际工资遭受大幅度下降。尽管如此，美国工人的工资并没有全面下降，甚至对于受影响很大的少数美国工人而言，技术变革和工会衰落等因素似乎比北美自由贸易协定对他们的困境造成的影响更大。

北美自由贸易协定对宏观经济的最终影响无论是在墨西哥还是在美国和加拿大都是积极的。尽管如此，它对墨西哥的经济增长和减贫的影响一直不大。北美自由贸易协定并没有降低美国和墨西哥之间的收入差距。墨西哥的国内生产总值在增长，但美国国内生产总值的增长速度要快得多。如今，美国每年的人均国内生产总值是墨西哥的 6 倍之多。墨西哥的小时工资标准比美国低 85%。而且，北美自由贸易协定的好处主要集中在建有跨国公司工厂的那些城市，而绝大多数的剩余劳动力仍然在农村。这就是北美自由贸易协定未能减少墨西哥向美国移民的重要原因，这一点也与美墨两国对该协定的支持者做出的预测相反。

墨西哥政治的未来

自 2000 年以来，墨西哥举行了两次关键的全国选举。第一次选举结束了一个根深蒂固的“官方政党”长达 70 年的统治，迎来了由反对党持续治理的 12 年。第二次选举结束反对党统治的经历并让革命制度党重新获得行政权。从 1980 年代末开始出现的多党制在很大程度上得以巩固，如今，有 4 个主要政党在全国选举中参与竞争。墨西哥人现在似乎对各级政府的权力交替之理念感到非常满意。截至 2016 年，只有 5 个州至少一次都没有经历过从一个政党的执政转向另一个政党。

如今，墨西哥的联邦选举与拉丁美洲几乎任何其他国家一样民主和透明。几次选举法改革浪潮结束了过去常见的大多数形式的选举欺诈，贿选除外。对所有政党的竞选活动进行极其慷慨的公开资助使竞争环境变得公平。选民们现在可以在不同政党中做出明确的选择，而这些政党都体现了各自不同的一系列政策选择。在 2016 年各州的选举中，现任政党被赶下台的情形比比皆是，通常都是因为受到腐败指控。随着 2014 年和 2018 年分别开始的市长和议会议员可以连选连任，立法者和地方行政官员对选民的回应应该会变得更加积极。负责选举的国家机构作为民主的监护人已经取得良好的记录。

尽管如此，自 2000 年以来的每一次总统选举之后，墨西哥的知识分子和政治精英都会争论，本国是否已经成功地实现向一个有效运作的民主制度转型，或者在本国被视为一个“巩固的”民主国家之前是否需要政治结构的深度改革和政治文化的改变。

然而，几乎毫无争论的是，就选举透明度甚至是个人自由而言，墨西哥目前应该被归类为民主国家，最近在承认同性恋墨西哥人权利方面取得的进展就是一个明证。当然，人权在墨西哥的很多地区都处于危险之中，但极为恶劣的人权侵犯行为如今很可能会引起国际社会的关注，并受到重要的人权组织的严肃调查。虽然在分治政府下行政部门和立法部门之间总是争论不休，但墨西哥的民主政治体制目前毫无疑问是拉丁美洲运行最佳的体制之一，例如，它更接近于智利和哥斯达黎加，而不是巴西或委内瑞拉。尽管与毒品有关的暴力活动水平很高，但墨西哥并没有像美国保守派批评人士警告的那样，它正面临着成为“失败的毒品国家”的严重危险。政府日常功能全面崩溃的可能性几乎不存在。长期以来，军队一直处于平民政府的严格控制之下，军事政变几乎不可能发生。

墨西哥面临着严重的经济和社会挑战，

尤其是提高经济增长率、减少贫困和收入不平等以及实现公立教育现代化。这个国家的人口很年轻（中位数年龄是 26 岁），最年轻一代的墨西哥人需要更好的教育结构。最近，石油出口收入的下降已经影响了政府克服这些挑战的能力，但只要有明智的政策，而且没有新的外部经济的严重冲击，这些挑战似乎是可控的。最近在扩大收入再分配/权利计划以及向绝大多数墨西哥人提供基本医疗保健方面取得的进展充分说明了哪些事情是可以做的。

革命制度党政府机构作为一个运行良好的政治机器运转了 71 年，在行政部门保持着绝对的权力，而且在此期间的大部分时间里拥有对议会的绝对控制权。分治政府的来临结束了墨西哥政治粗暴的威权主义时代。2012 年，大多数墨西哥人投票支持革命制度党的总统候选人，但并没有把票投给革命制度党占多数的议会。如今，在墨西哥大部分地区运行的两党制、三党制或四党制使分治政府在可预见的未来很可能会继续下去，至少在国家层面是这样。

然而，墨西哥会回到机器政治模式吗？在这种模式中，某些传统的政治行为（如贿选）被宽恕，腐败可能盛行，权力滥用再次成为家常便饭且不受惩罚。存在着某种基础支持如下乐观主义：这不会是墨西哥的政治未来。现在，一个运行良好的美国式“信息自由”系统可以确保公众从政府机构获取信息，该系统可以用来打击轻微的腐败。政府的机密性大大降低，甚至在某些安全问题上也是如此。政党与议会领袖之间的争斗如今也是公开可见的。墨西哥人可以在电视上看到这些！社交媒体平台在公布不法行为、迫使政府惩罚应当承担责任的官员方面被证明非常有用。最近的例证是特朗普 2016 年访问墨西哥城而引发的骚乱直接导致培尼亚·涅托政府财政部部长的辞职，因为是他极力邀请了特朗普。公众的愤怒主要通过社交媒体来传播。

所有这一切已经改变了墨西哥人看待自己政府的方式，并赋予他们一种“公民权力”感。最近的选举表明，选民们愿意罢免那些表现不佳和腐败的政客，不管他们来自哪个政党。同其他地方的选民一样，墨西哥人对所有政党都持怀疑态度，而且，即使他们对政府政策并不存在严重分歧，他们也可能对现任政党感到厌倦。在国家行动党治理 12 年之后出现的“现任疲劳”有助于推动革命制度党在 2012 年重新掌权，也可能会导致该党在 2018 年被赶下台。

结论

如今，墨西哥任何一个赢得权力的政党面临的挑战都是如何在这种高度透明、选举竞争激烈的环境中发挥作用，而不是诉诸包括官员自肥在内的旧方式。在贩毒集团及其附属团伙活动集中的地区，（控制州和地方警察力量的）民选官员和贩毒分子很容易结成联盟，从而引发新一轮的腐败爆发。随着贩毒集团的业务不断拓展并逐步多样化、在地方层面追求政治权力并将反对他们的市长作为攻击目标，侵犯人权的行为变得更加普遍。尽管如此，自 2008 年以来，刑事司法制度改革取得令人印象深刻的进展。如果得以巩固，这些改革应该能减少腐败的机会，同时提高公民对刑事司法制度的信任。制衡性压力源于墨西哥靠近贪婪的美国非法毒品市场，这加剧了毒贩之间的暴力竞争，并诱使小农场主种植罂粟。

因此，对墨西哥的民主化进程必须给予一个“不完整”的等级。不能完全排除回归过去威权主义统治的可能性。但是，如下因素有助于降低这种可能性：强大且透明的选举制度，墨西哥深度融入全球经济，教育水平的提高，诸如社交媒体这样的新生力量增强了公民的政治效能感并提高了他们对政府表现的期望。在墨西哥的很多地方，有组织犯罪仍然是对普通公民的一个重大威胁，但它不太可能破坏国家政治体制的稳定。政党将因未能遏制毒品暴力（以及解决其他公共问题）而承担责任，从而使各级政府的权力更迭成为常态。这可能是阿约兹纳帕 43 名失踪学生留下的长期遗产以及他们在墨西哥社会引起的非同寻常的反响。

复习问题

1. 哪些因素可以解释 2000—2016 年墨西哥政党偏好的转变？就公众偏好的改变而言，哪些政党受益，哪些政党受损？
2. 自 1996 年以来实施的选举改革成功遏制选举欺诈和增加选举竞争性了吗？哪些进一步的改革能够提高选举透明度、竞争性和选民参与率？
3. 禁止联邦立法者和市长直接连任对政府绩效有何影响？一旦 2018 年后连任机会重新恢复，这种情形将如何改变？
4. 墨西哥政治体制中更大的联邦主义的好处和坏处是什么？如何减少权力下放的意外结果？
5. 持续的贫困和社会经济不平等在多大程度上又以何种方式影响如今墨西哥民主的功能发挥？在减少这样的不平等时，何种政策最为有效？
6. 在墨西哥，政府处理公共安全威胁（如毒品走私）的表现如何影响政治态度和行为？
7. 全球化、美国的毒品交易以及移民到美国给墨西哥的政治制度和美墨关系带来哪些挑战？

关键词

地方政治头子
费利佩·卡尔德隆
拉萨罗·卡德纳斯
社团主义
分治政府
恩里克·培尼亚·涅托
权利计划
维森特·福克斯
革命制度党
国家复兴运动党
市镇
毒品暴力
国家选举研究所
新自由主义经济发展模式
北美自由贸易协定
墨西哥盟约
国家行动党
购买选票
民主革命党
恩庇侍从关系
政治中央集权主义
总统制
卡洛斯·萨利纳斯·德·戈塔里
全民健康保险
六年任期
技术官僚
洛佩斯·奥夫拉多尔

建议阅读材料

Bailey, John. *The Politics of Crime in Mexico: Democratic Governance in a Security Trap*. Boulder, CO: FirstForumPress/Lynne Rienner, 2014.

Camp, Roderic A., ed. *The Oxford Handbook of Mexican Politics*. New York: Oxford University Press, 2012.

Centeno, Miguel Angel. *Democracy within Reason: Technocratic Revolution in Mexico*. 2nd ed. University Park: Pennsylvania State University Press, 1997.

Domínguez, Jorge I., Chappell Lawson, and Alejandro Moreno, eds. *Consolidating Mexico's Democracy: The 2006 Presidential Campaign in Comparative Perspective*. Baltimore, MD: Johns Hopkins University Press, 2009.

Edmonds-Poli, Emily, and David A. Shirk. *Contemporary Mexican Politics*. 2nd ed. Lanham, MD: Rowman & Littlefield, 2012.

Eisenstadt, Todd A. *Courting Democracy in Mexico: Party Strategies and Electoral Institutions*. Cambridge: Cambridge University Press, 2004.

Greene, Kenneth F. *Why Dominant Parties Lose: Mexico's Democratization in Comparative Perspective*. New York: Cambridge University Press, 2007.

Cleary, Matthew R. *The Sources of Democratic Responsiveness in Mexico*. Notre Dame, IN: University of Notre Dame Press, 2010.

Cornelius, Wayne A., and David A. Shirk, eds. *Reforming the Administration of Justice in Mexico*. Notre Dame, IN: University of Notre Dame Press, 2007.

Diez, Jordi. *The Politics of Gay Marriage in Latin America: Argentina, Chile, and Mexico*. New York: Cambridge University Press, 2015.

Lawson, Chappell. *Building the Fourth Estate: Democratization and the Rise of a Free Press in Mexico*. Berkeley: University of California Press, 2002.

Magaloni, Beatriz. *Voting for Autocracy: Hegemonic Party Survival and Its Demise in Mexico*. Cambridge: Cambridge University Press, 2006.

Mossige, Dag. *Mexico's Left: The Paradox of the PRD*. Boulder, CO: Lynne Rienner, 2013.

Shirk, David A. *Mexico's New Politics: The PAN and Democratic Change*. Boulder, CO: Lynne Rienner, 2005.

第十三章
巴西政治

弗朗西斯·哈格比安（Frances Hagopian）
蒂莫西·J. 鲍尔（Timothy J. Power）

国家概况

巴西

人口：2.06 亿
领土：328.7612 万平方英里
独立时间：1822 年
现行宪法的颁布时间：1988 年
国家元首：总统米歇尔·特梅尔
政府首脑：总统米歇尔·特梅尔
语言：葡萄牙语
宗教：罗马天主教（57%）、新教（28%）

学习目标

13.1 指出巴西政府目前面临的五大挑战
13.2 讨论巴西的民主之路
13.3 描述政府在巴西经济中的作用
13.4 描述巴西政府的部门以及这些部门之间的牵制与平衡
13.5 讨论宗教、性别和种族运动与巴西政治文化的关系
13.6 指出巴西政治社会化的主要来源
13.7 描述个人参与巴西政治过程的方式
13.8 讨论利益团体组织和影响巴西政治的变化方式
13.9 讨论政党动态和巴西的选举制度
13.10 描述巴西立法机构引入和审议法律的方式
13.11 列举巴西最近的五大公共政策变化并描述它们的影响
13.12 指出巴西在国际上表现突出的四种方式

2016年8月，两组抗议者在位于巴西利亚市中心的国民议会大楼前顶着毒辣的阳光日复一日地进行对峙。一组是众多身穿红色服装的积极分子，红色是**劳工党**（Workers' Party，PT）的颜色，该党自2003年以来一直控制着巴西总统职位。另一组穿着代表国家颜色的绿色和黄色服装，高呼反劳工党的口号，并要求总统迪尔玛·罗塞夫（Dilma Rousseff）下台。尽管被骑警隔开，但这两组抗议者仍然试图影响国会内的81名参议员，他们在历史性的总统弹劾案审判中担任陪审员。在8月最后一天的中午，参议院以压倒性的投票宣判罗塞夫有罪并将其赶下台。

这次投票多少有点虎头蛇尾，因为根据巴西法律，自2016年4月弹劾程序开始以来，罗塞夫就已经被停止总统职位，米歇尔·特梅尔（Michel Temer，公开站在支持亲弹劾的一方）在数月之前就已经建立了新政府，这是自2003年以来首次没有劳工党或者任何其他左派政党的政府。对劳工党而言，由于罗塞夫再次当选总统的时间还不到两年，而且，她的当选是拉丁美洲最大且最具影响力的进步党连续四次胜选，所以，她的下台是一颗难以下咽的药丸。很多劳工党的领导人强烈谴责这次弹劾就是一场骗局（一场国会政变），并声称巴西强大的精英们操纵了宪法，以便取代他们在投票站不可能击败的政党。

尽管民意调查显示大约有65%的巴西人支持对罗塞夫的弹劾，但相对而言很少有选民因对总统具体的法律指控而持这种立场（这些指控包括对复杂的联邦预算法律的技术性违反）。更多的人想罢免总统的原因在于，当时的政府、政党和国有石油公司“巴西石油”正在被大规模的腐败丑闻笼罩。还有其他人希望她下台，因为巴西的经济处在1930年代以来最严重的衰退期，并在罗塞夫第二任期头两年，跌幅超过7%。就好像这两次危机（这很可能是巴西现代民主中最具挑战性的两个时期）还不够一样，在寨卡病毒（Zika virus）引发健康危机的背景下举办2016年奥运会的压力加剧了这些危机。

2016年9月，在多重交错的危机中，76岁高龄的米歇尔·特梅尔——他来自中间派的巴西民主运动党（PMDB）——夺取了总统职位。在特梅尔就职后的第一天，他就任命了一个全部由男性和白人组成的内阁。尽管国会对他有好感，但普通巴西民众却不这样认为：民意调查显示，他获得的公众支持率并不比他被罢免的前任高。

目前的政策挑战

13.1 指出巴西政府目前面临的五大挑战

巴西人享有一种共同的身份感，效忠政府和政治共同体。巴西没有严重的宗教冲突，也没有较大的少数语言民族，地区与中央政府之间的最后一次武装冲突要追溯到1932年。然而，从政治上说，如今的巴西比最近几十年里任何其他时候都更为极化，它面临如下的紧迫挑战：重振经济发展、消除腐败盛行的政治体制和强化民主治理。严重的经济衰退和破碎的政治体制使得政府越来越难以维持进步的社会政策，保持可持续发展的势头，消除在提供教育、公共安全、住房、交通和服务过程中累积的赤字。

在当下经济衰退之前的十年里，很多巴西人已经富裕起来了，对他们而言，2013 年开始的低迷期令人震惊。在路易斯·伊纳西奥·卢拉·达席尔瓦政府时期（2003—2010 年），经济增长是健康的，平均每年超过 4%。通货膨胀得到控制，公共债务在减少，而且巴西提前偿还了外国贷款。巴西很快从 2009 年的全球经济衰退中恢复过来，并出现令人印象深刻的反弹，2010 年的经济增长率高达 7.5%，这是巴西 1986 年以来的最佳表现。由于能源、矿产和丰富的农业资源，巴西在全球商品热潮中乘势而上，并于 2012 年超过英国，成为世界上第六大经济体。与过去急剧增长不同的是，1999—2009 年，最穷的 10%的巴西人的收入增长率几乎是最富的 10%的巴西人的 4 倍，这在很大程度上减少了贫困和不平等。巴西似乎正在崛起，并因此在国际新闻媒体上得到赞扬。

然而，中国经济的减速（中国是巴西最大的贸易伙伴）以及由此导致的国际商品价格下降改变了巴西的前景。在罗塞夫竞选连任的 2014 年，经济增长率仅为可怜的 0.1%。随后在 2015 年出现了令人惊叹的 −3.8%的大幅收缩，在 2016 年又出现 3% 的负增长。年平均失业率达到 10%。最令人担忧的是如下事实：自 1994 年以来得以控制的通货膨胀再次成为一个威胁。2015 年，年度通货膨胀达到 10.7%，这是过去 20 年里最高的比率。这迫使中央银行提高利率，从而使巴西成为世界上 26 个主要经济体中利率最高的国家。高利率和税率可能会扼杀私营和公共部门的投资，而这些投资是更新国家老化且支离破碎的基础设施所迫切需要的。复苏之路还意味着大幅度削减国家的财政支出，尤其是养老金的支付。基础设施薄弱和劳动力技能低下构成了提高生产力和持续创造就业的结构性障碍。

事实上，通货膨胀上升和经济增长放缓来得不是时候，因为巴西政府现在必须应对一种令人生畏的政策议程。在过去 20 年里，历届政府都成功地扩大了医疗保健和教育的覆盖面。但是，巴西人现在寻求的是获得更好的机会并享受更高质量的服务。穷人所依赖的公共卫生保健系统长期以来资金不足且效率低下，在国际学生能力评估计划（PISA）中，巴西学生的数学、科学和阅读技巧得分几乎在参加该国际测试项目的 65 个国家中排名垫底。2013 年发生的一波公众抗议浪潮也使人们注意到本国城市之间公共交通系统（该系统成本太高，提供的服务太少）的不充分性以及它们所服务的社区的不稳定性。

让很多社区感到困扰的是高犯罪率、暴力和毒品走私。巴西是第二大非法毒品消费国（仅次于美国）。尽管里约热内卢市政府在 2016 年夏季奥运会之前采取了引人注目的措施，派遣安全部队驱逐毒贩，并安抚市内一些最危险的贫民窟，但公共安全的明显缺失继续困扰里约热内卢和其他城市。谋杀率（每年超过 40 000 例）高得让人无法接受，针对妇女和儿童的暴力司空见惯，司法系统不堪重负。警察为了逼供经常对贫穷的犯罪嫌疑人实施酷刑，而且，警方将法外处决掩盖为对危险罪犯的枪杀。

尽管收入不平等在过去 20 年里有所减少，但巴西社会仍基于地区、种族和性别进行分层。最近几年，无地工人的流动加剧了农民的耕地短缺。巴西人越来越开始理解，他们的国家要面临非洲裔更多的经济和社会融入，这些人几乎占据了巴西总人口的将近一半，而且他们在历史上一直遭受种族歧视并缺乏教育和就业机会。最近颁布的联邦大学录取的积极行动政策就是朝那个方面努力迈出的一步。

保护环境且满足能源需求也值得关注。汽车使用量的增加以及多年来不太严格的控制已经损害了空气和水的质量。最近几年，巴西在阻止亚马孙地区滥砍滥伐方面已经取得进步，但是，土地利用因牧牛和种植大豆而面临越来越大的压力。干旱有所恶化。巴西似乎因如下原因而实现能源的自给自足：大规模的水资源和世界上最大的水电站，世界领先的生物燃料行业，国有石油巨头巴西石油在 2006 年和 2008 年分别发现了大量的大西洋油田。但是，随着更多的巴西人买车而对石油需求的激增，国内炼油能力不足，开发深海油田的步伐比预期更慢，这些因素迫使巴西进口外国汽油甚至是乙醇。

从 2013 年的抗议运动开始持续到 2016 年的弹劾危机，普通公民也一直在呼吁早该发生的政治改革。人们普遍认为，腐败和失灵的政治体制阻碍了政府的发展。连续不断的腐败丑闻助长了腐败政客依然逍遥法外的广泛认知。对国会、政党和政治家的信任处于历史的最低点。巴西人习惯抱怨他们的政党，但最近几年的抗议浪潮表明人们将更为彻底地拒绝“政治如常”（politics as usual）。如今，首要的议题是改革资助选举竞选活动的方式，一场有关代表与选民之间分裂关系的严肃公共辩论已经开始。劳工党倾向于名单封闭式比例代表制，它可以增强政治家对其政党领袖的责任；而另一些政党则支持单一选区制，它可以强化个人议员与选民之间的关系。

经过十年的政治和社会融入之后，数百万新晋巴西公民如今都在质疑公共政策的质量。人们公开问道，政治体制是否能维持经济增长、减少贫困、提高公共服务质量、确保人身安全、改善过去的不正义行为、使国家走上可持续发展道路、清除政府腐败。为了理解巴西新兴的批判性公民，我们必须首先理解导致巴西目前政策挑战的经济、社会和政治条件。

历史回顾

13.2 讨论巴西的民主之路

巴西具有政治秩序和几十年竞争性政府的遗产，但是，真正的民主相对而言是最近的事情。巴西于 1822 年从葡萄牙独立出来，但它不像西班牙统治下的美洲国家那样通过起义而独立，而是因为葡萄牙君主儿子的许可才独立。在长达 70 年的时间里，巴西都是作为一个拥有强大中央权力的“帝国”来治理。这种统治避免了领土支离破碎，并在新的世界里提供了特定程度的政治稳定。

巴西在 1889 年（也就是奴隶制度被最终废除的后一年）成为共和国。当心怀不满的军队和农业精英们各自撤回他们的支持时，帝国突然迅速垮台。军方希望以致力于“秩序和进步”（这一格言仍然镶嵌在巴西的国旗上）的强大中央政府替代帝国。然而，到了1891年，支持去中央化的平民精英们夺取了控制权。他们制定了一部宪法，授权各州享有甚至比美国联邦制更大的自由，而且，巴西的联邦主义正是从美国联邦制中吸取的灵感。“旧共和国”（人们就是这么称呼它的）受制于地区寡头。绝大多数巴西人缺少实际的法律权利或者具有公民资格的社会经济条件。

1930年，劳资纠纷和年轻军官们的抗议、世界经济大萧条、巴西咖啡经济危机、地区竞争等因素的结合推翻了旧共和国并引发了一场“革命”，结果将来自南部的政治家热图利奥·瓦加斯（Getúlio Vargas）推上总统职位。瓦加斯迅速以牺牲各州利益为代价来巩固中央政府，并增强官僚自主权。1937年，意大利法西斯的政治命令给瓦加斯留下了深刻的印象，他违背了举行选举的承诺，并在他所谓的*新国家*（Estado Nôvo）政权下行使独裁权力。

战后民主

1945年，随着轴心国的失败，瓦加斯极不情愿地恢复了民主。政治体制向更广泛的政治参与和竞争开放。很多新的选民（尤其是来自南部和东南部城市地区的选民）通过与民粹主义领袖、政党和劳动机构的松散联合而成为政治体制的一部分。民粹主义政治家名义上宣称代表城市中产阶级和工人阶级的利益。但实际上，城市下层阶级被严格控制，城市非正规部门的工人没有机会获得卫生保健、养老金和很多公民的法定权利。农村的穷人（大约占人口的70%）完全被排除在政治生活之外。任何政党都不代表他们的利益，他们不被允许组织农村工会，大多数农村工人因目不识丁而无法参加投票。

在接下来的20年里，几个政党在全国层面就权力的归属展开竞争，尽管政治领导们仍然施加很大的地方控制力。国家繁荣了，尤其是在1950年代后期，当时，周密地部署了有形的基础设施建设。外国汽车厂落户圣保罗，新的首都巴西利亚在内地建立。

1960年代早期，巴西的政治体制开始出现紧张迹象。随着众议院（Chamber of Deputies）的政党数增加到13个以及小党数量激增，国会的效率低下，任何总统都不能依赖一种稳定的支持基础。精英们因农民联盟的动员、民粹主义**巴西工党**（Brazilian Labor Party，PTB）的发展以及1961年在总统雅尼奥·奎德罗斯不太可信的辞职后夺取总统职位的若昂·古拉特发表的左派言论而受到威胁（见图13－1）。在1963年和1964年初，由于存在高通货膨胀和经济停滞，古拉特主张在农村进行革命性变革。军官们逐渐将左派运动视为国家安全和经济稳定的威胁，同时也是颠覆性意识形态的滋生地，因此，他们夺取了权力并扩大自己在政府和政治中的作用。

军方介入

1964年4月，巴西军方罢黜了古拉特总统，并接过权力的缰绳。为了解决通货膨胀问题、吸引外资和刺激经济发展，军方将经济决策集中于行政部门，并为该部门配备军官和平民技术官僚（也就是经济学家、工程师和专业管理者）等员工。在掌权一年之后，军方废除了现有的政党制度，取消了未来州长、州府所在市市长和“国家安全”地区所在市市长的选举。

年份	如何上台	总统
1945	选举	尤里科 · 杜特拉(PSD/PTB)
1951	选举	热图利奥 · 瓦加斯(PTB/PSD)
1954	（总统被杀后）继任	若昂 · 卡费 · 菲略(PSP)
1956	选举	儒塞利诺 · 库比契克(PSD/PTB)
1961	选举	雅尼奥 · 奎德罗斯(UDN/PDC/PL/PTN)
1961	（总统辞职后）继任	若昂 · 古拉特(PTB)
1964	政变	温贝托 · 卡斯特洛 · 布朗库
1967	军方继任	阿图尔 · 科斯塔 · 伊 · 席尔瓦
1969	军方继任	埃米利奥 · 加拉斯塔苏 · 梅迪西
1974	军方继任	埃内斯托 · 盖泽尔
1978	军方继任	若昂 · 菲格雷多
1985	（总统去世后）间接选举继任	若泽 · 萨尔内(PFL/PMDB)
1990	选举	费尔南多 · 科洛尔 · 德 · 梅洛(PRN)
1992	（总统被弹劾后）继任	伊塔马尔 · 佛朗哥（无党派人士）
1995	选举	费尔南多 · 恩里克 · 卡多佐(PSDB)
1999	连任	费尔南多 · 恩里克 · 卡多佐(PSDB)
2003	选举	路易斯 · 伊纳西奥 · 卢拉 · 达 · 席尔瓦(PT)
2007	连任	路易斯 · 伊纳西奥 · 卢拉 · 达 · 席尔瓦(PT)
2011	选举	迪尔玛 · 罗塞夫(PT)
2015	连任	迪尔玛 · 罗塞夫(PT)
2016	（总统被弹劾后）继任	米歇尔 · 特梅尔(PMDB)

图 13－1　1945 年以来巴西的历届政府

巴西的政府受平民总统的领导长达 30 年，除了 3 位总统之外，所有其他总统都由选举直接产生。1998 年以来，总统被允许连任。

当采取“强硬路线”的军队派系在1967年上台时，政权变成了粗暴性镇压，尤其是镇压劳工和学生运动。它终止了人身保护令并实行了戒严状态。像同时期拉丁美洲其他军人政权一样，它使（真正的和想象的）敌人受制于任意拘留、刑讯、流亡甚至是死刑。尽管如此，如果以人均为基础进行计算，巴西的死亡和失踪人数要比阿根廷、智利和乌拉圭的军事独裁时期低得多，而且，1974年之后就几乎没有出现过权力滥用的情形。此外，与其他独裁政权不同的是，巴西军方没有完全拒绝选举和代表制度。它建立了一个被称为国家革新联盟（National Renovating Alliance，ARENA）的亲政府政党和一个被称为巴西民主运动（Brazilian Democratic Movement，MDB）的官方反对派。它允许这些政党参加全国和州立法机构以及大多数市政府的选举。在整个军人统治期间，除了两次短暂的休会之外，国会一直在开会。当然，国家革新联盟由于操纵选举法而几乎可以确保胜利，根据1967年宪法的规定，立法者被剥夺了有意义的权力。然而，合法性面纱、两党制和选举最终为巴西1980年代特殊的民主化之路创造了条件。

政治自由化开始于军方内部。1974年初，新的采取“温和路线”的军方总统埃内斯托·盖泽尔（Ernesto Geisel）将军示意，他将通过减少对新闻界的审查、允许比较自由的观点表达、允许稍微更自由的选举而“放宽”军人统治。盖泽尔希望，更多的政治自由可以牵制军方强硬路线派的权力，更多的竞争性选举可以提高选举投票率并提升政权的合法性。尽管在1968—1974年的“巴西奇迹”期间，巴西的经济增长率达到了创纪录的两位数，但反对派巴西民主运动在1974年的选举中赢得参议院22个空缺席位中的16席。这次令人震惊的胜利很大程度上是因为一场有效的媒体竞选活动，这场运动不仅抗议不断加剧的社会不平等，而且包括日益发展的城市中产阶级要求的更大的自由、进入大众传媒和更高的教育。尽管军方政权随后限制政党进入电视媒体并任命了1/3的参议员，以便确保它在国会的优势，但定期举行的选举还是允许政权的反对派进行动员并向政府施压，从而保持政治的开放进程。

因此，政权的政治开放允许1970年代出现一个生气勃勃的社会。天主教会和几个精英利益部门（其中包括媒体、律师协会和商会）表达它们对军人威权主义的重大保留。随着政治空间的开放，非精英团体，或者是被压制的团体（如劳工运动），或者是先前无组织的团体（如妇女运动），都迫切需要更大的政治自由。

恢复民主

军人政权最终于1985年3月终结。由于不断上升的通货膨胀和失业率以及公众对军方普遍感到失望，它的很多平民支持者放弃了军方执政。政权的支持者和反对者共同协商一系列政治交易来加速转型。平民反对派领袖坦克雷多·内维斯（Tancredo Neves）在由精英官员组成的“选举人团”选举中当选总统。在他过早地去世之后，当选副总统、前亲军方政党主席若泽·萨尔内（José Sarney）宣誓就职总统。1985年，选举权被扩展到不识字的成年人，随后在1986年举行了国会选举。

1988年颁布了一部新的宪法，它废止了

很多威权主义法律，确保了人们的基本政治和社会权利。到了 1989 年（当时是巴西人自 1960 年以来首次走向投票站投票选举总统），大多数观察人士认为巴西已经建立了民主政权。

经济和社会

13.3 描述政府在巴西经济中的作用

在过去的 80 年里，像其他任何国家的经历一样，巴西也经历了同样巨大的社会经济转型。这种转型是从一个具有农业殖民地和奴隶社会明显印记的国家转型为 21 世纪最突出的"新兴经济体"之一。尽管这次转型在很大程度上由国家精心策划，但在最近几十年，国内对国家应该走多远展开了辩论。在卡多佐（Cardoso）执政时期（1995—2002 年），巴西的主要目标是稳定经济：相应减少国家的影响力并允许市场力量发挥更大的作用。在劳工党执政时期（2003—2016 年），钟摆又转向国家的干预，尤其是关于再分配的社会政策。巴西面临的挑战是在以下两种截然不同的战略之间找到"最佳平衡点"：如何在消除饥饿、文盲和其他痛苦的不平等痕迹的同时保持经济增长。

经　济

在 1930 年之前，巴西的经济和社会由种植农业构成。沿东北部海岸大规模的蔗糖庄园一直到 1800 年代都深深依赖奴隶苦役。1850 年代早期，750 万巴西人口中有超过 1/4 的人是奴隶。在蔗糖经济衰退之后，东南部的咖啡种植者变得经济上富有了、政治上强大了。

当底层人民因 1929 年 10 月股票市场崩溃而放弃咖啡经济时，像当时拉丁美洲很多其他国家一样，巴西也引导了一次工业化浪潮。它保护新兴产业市场、对能源提供补贴、调控汇率以使进口工业品更加便宜，以及控制劳动力。这种模式被称为"进口替代工业化"，它创造了 1950 年代的经济增长，但是，1960 年代早期，当投资下降和通货膨胀上升时，这种模式要承受相当的压力。

在军人统治时期，国家继续促进工业化。长期以来，巴西军方一直梦想开发本国巨大的自然资源，以期让巴西跨入大国行列。与邻国所追求的自由市场经济实验潮流相反的是，巴西军政府增加国家的收入基础，控制工资和价格，并在能源和交通部门经营数百家利润可观的公用事业企业。它还在诸如汽车和石化这样一些需要较大资本投资和复杂技术的部门吸引了大量的外国投资。1968—1974 年，由于经济的年平均增长率达到了 11%，巴西的国民生产总值翻了一番。但是，经济增长结出的果实并没有惠及大多数人口。

增长率最终在 1974 年减慢。由于大部分能源需求依赖进口石油，当阿拉伯石油禁运和石油输出国组织（OPEC）的生产减产而导致油价飞涨时，巴西便遭到严重的冲击。军人统治者从国外借款来维持经济增长和支付账单。随着油价继续攀升、利率上涨以及全球经济衰退，巴西关闭出口市场，这种战略往往产生事与愿违的结果。

巴西的负债戏剧性地改变了本国的经济前景。1985—1989 年，对债务利息和本金的支付平均高达巴西出口收入的 43%，债务的利息支付在 1985 年超过了国民生产总值的 4%。偿还债务使巴西在 1980 年代的大部分时间内陷入严重的经济衰退。年通货膨胀率猛增到4位数。

到了1990年代早期，严重负债的生产者国家模式已经变得不具有可持续性。政府开始取消贸易保护，放松价格管制，并在1993年与债权国再次协商债务条款。巴西顽固的通货膨胀最终因1994年一场被称为**雷亚尔计划**（Real Plan）（以巴西新采用的货币名称来命名）的改革而下降。就在雷亚尔计划实施之前的那一年，*月*通货膨胀率平均为39%，而在该计划实施之后，*年*通货膨胀率降到个位数。政府还实现了调控外国投资的法律自由化和很多国有企业的私有化，以期加速新的经济增长。1996—2000年，巴西吸引的年平均投资额为210亿美元。在此期间，唯一获得更多外国投资的新兴市场是中国。官僚体制改革使联邦政府能够减少它的工资发放总额，政府在一定程度上控制了社会保障义务。但是，其他公共部门的改革却停滞不前，进而危及货币改革、外国投资和私有化带来的利益。当1997年亚洲爆发金融危机时，巴西政府不得不将雷亚尔贬值。

随后，巴西的经济表现得以改善。虽然总统卢拉让自己的政府致力于控制开支并履行巴西偿还国际债务的义务，但稳定的经济增长还是得到了保证。结果给人留下了深刻的印象。在卢拉的第二任期，通货膨胀率平均每年为5%。卢拉政府还对公共部门工作人员的养老金制度进行改革，使退休要求更为严格并减少收益。总之，政府创造了相当于国内生产总值4.25%的基本财政盈余，自动超过了国际货币基金组织（IMF）所建议的相当于国内生产总值3.75%的预算盈余目标。政府的节省允许其提前偿还外国公共债务。

十年来，巴西通过出口石油、大豆、铁矿石和其他商品（主要是向经济增长的中国出口）而大发横财。截至2013年，中国已经超过美国成为巴西最重要的贸易伙伴。2004—2008年，巴西每年的平均经济增长率为4.8%，2010年的经济增长率高达7.5%，随后在2012年降到0.9%。在这些年里，消费者的购买力猛增，最低工资的实际价值在2003—2013年几乎翻了一倍。

在2013年经济衰退开始之前，巴西似乎正走在迈向能源超级大国的路上。其世界领先的生物燃料行业成功地从甘蔗中提炼出酒精燃料；如今，所有的轻型车辆都使用乙醇或者乙醇混合物（纯汽油不再销售）。仅伊泰普（Itaipu）大坝就提供了全国17%的用电。国有石油巨头巴西石油为了回应市场，在1990年代实现现代化并扩大业务范围。该公司利用创新性钻井技术在2006年和2008年发现了大规模的深海大西洋油田。这些发现带来的兴奋使得巴西石油成为世界上第二大能源公司（仅次于埃克森石油公司）和按照市场价值计算的第七大公司。然而，国内对新发现油田的开采并不能满足激增的需求，这迫使巴西进口外国汽油甚至是乙醇来满足其能源需求。巴西石油还遇到很多问题，批评人士指出，这些问题是由政府利用这家能源巨头来推动国内工业发展导致的，因为政府要求它从巴西公司购买船舶、石油平台和其他设备，并以低于市场的价格销售进口汽油。而且，公司内部大量的腐败丑闻在2014年被揭露，导致巴西石油的价值出现灾难性下降——从2010年高峰期约3 000亿美元降到2016年的300亿美元。2017年，巴西石油成为美国养老基金提起的标的额高达980亿美元集体诉讼的目标，它们声称，由于巴西石油的声誉受损而使它们遭受了巨大损失。

社会：现代化却不平等

巴西经济的快速增长从根本上改变了巴西社会。1940 年，68%的人口生活在农村地区。如今，大约只有 15%的巴西人留在农村，有 27 个大都市地区的居民人口超过 100 万。更大的圣保罗市（2 100 万居民）和里约热内卢市（1 300 万居民）的人口比很多拉丁美洲国家的人口还要多。大约 1/6 的劳动力从事农业，1/3 的劳动力从事工业和建筑业，其余劳动力则受雇于商业、政府和服务业。农业工人不再主要是佃农和租赁人，他们是在世界上最现代化和最具生产力的农场工作并领取薪水的劳动者。除此之外，女性在过去 40 年里大批进入劳动力市场。1970—2014 年，女性参与劳动力的比例从 18%上升到 57%①。

巴西人有更多的机会接触现代化的通信手段。2014 年，97%的家庭至少拥有一台电视，55%的家庭安装了宽带网络。2014 年，超过 90%的家庭以某种形式拥有一部（固定或移动）电话，与之相比，2001 年这一比例只有 59%。事实上，这一部门的所有发展都集中在移动电话领域，它使日常生活发生了革命性的变化。在 10 岁以上的巴西人口中，超过 78%的人至少拥有一部个人用的手机。

社会的现代化是不完全的，不管它有多么真实。成人文盲率占人口的 10%。尽管从 2013 年起巴西人的平均上学年限达到 7.7 年，但很多人都留级，而且没有读完小学。有将近一半的劳动力缴费纳入社会保障体系。1/4 在非正式部门工作的劳动者和另外 1/4 的个体经营者没有签过字的工作卡片，也就没有权利享有 1988 年宪法规定的很多对工人的保护。

确实，长期以来，巴西一直是世界上最不平等的国家之一。1990 年代，随着经济的稳定发展，不平等开始减缓，并在 2003—2013 年的十年时间里因再分配社会政策而进一步减缓（见图 13-2）。最富有的 10%的巴西人占有的收入份额下降了 31%，与之相反，最贫穷的 1/5 的巴西人占有的收入份额上涨了 27%。尽管如此，个人、社会阶层和地理区域之间的不平等仍然存在，这是数世纪以来不平衡发展的结果。根据惯例，巴西有 5 个地区：（1）东北部；（2）北部；（3）东南部；（4）南部；（5）中西部。2012 年，由 9 个州组成的东北部一贫如洗而且受干旱困扰，它们创造的国内生产总值只占 14%，但人口却占巴西总人口的 28%，其中包括一半以上的*联邦现金转移受益人*。而且，该地区有近 20%的人是文盲，这一比例高于本国更发达地区的 3 倍以上。由巴西亚马孙地区组成的北部和中西部（巴西有待开发的地区）相对来说要比沿岸地区人口更少、发展更慢。东南部地区（包括圣保罗州、米纳斯吉拉斯州和里约热内卢州）拥有全国人口的 42%且有 54%的人受过大学教育，他们创造了 55%的国家经济活动和财富。

---

① IBGE, "Anuário Estatístico do Brasil 1976" (Rio de Janeiro: Fundação IBGE), 62; and "Crescimento da mulher no mercado de trabalho pode ter se esgotado," *O Globo*, March 11, 2016.

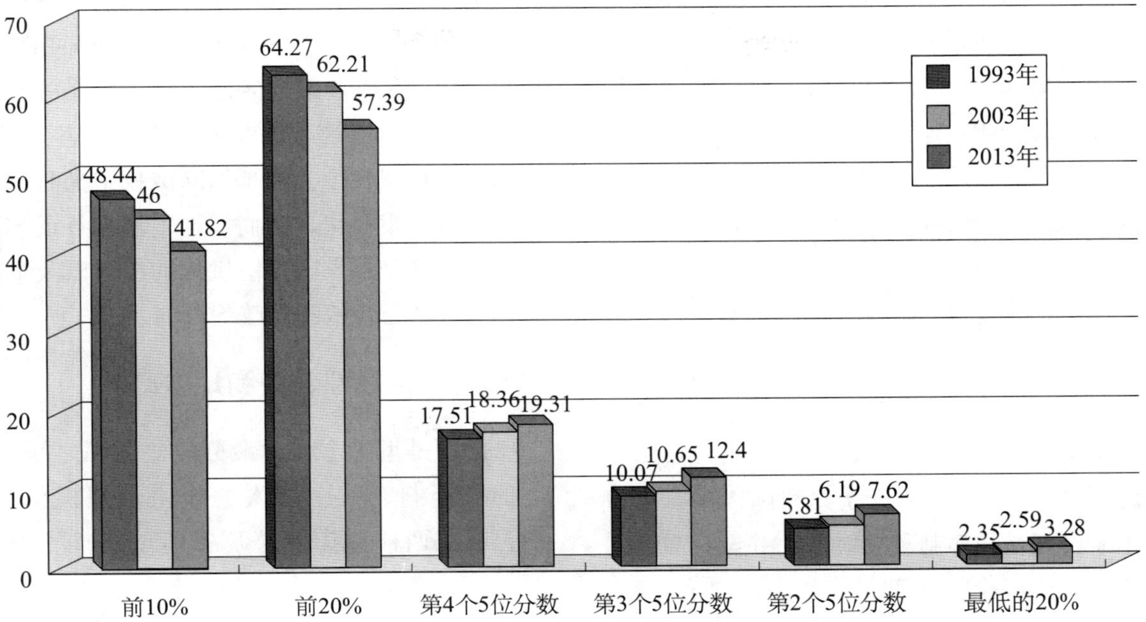

图 13-2　收入不平等

在 20 年的时间里，巴西的收入不平等减少了，但生活机会仍然极不平衡。

资料来源：World Bank，Development Research Group.

巴西社会不仅根据阶级和地区进行分层，而且还根据肤色进行分层。**非裔后代**（Afro-descendants）占巴西北部人口的 74%、占东北部地区人口的 69%、占中西部地区人口的 56%、占东南部地区人口的 44%、占南部地区人口的约 21%和总人口的大约一半。巴西的非裔后代超过 1 亿人，是世界上黑人人口第二大国家，仅次于尼日利亚。非裔后代的贫困人口比例非常高，经常受到警方的粗暴对待，而且在公共和私人生活中的晋升明显受阻。他们成为文盲的可能性是其他人的 2 倍多，他们挣得的收入远远低于其白人同行：2013 年，非裔后代的平均薪水只有白人工人的 57%（十年前该比例为 48%）①。在过去的十年里，尽管巴西在学校出勤率和上大学机会方面取得长足的进步，但 20～22 岁的非裔后代中只有 53%的人完成相当于高中的学业（与之相比，白人的这一比例高达 71%）②。而且，种族歧视延伸到司法制度。在暴力犯罪案件中，非裔后代的被告比白人被告更可能遭到审前羁押、依赖公共辩护人、被宣判有罪和受到严厉惩罚。

像非裔后代人口一样，巴西的印第安人从葡萄牙殖民主义时代以来一直处于严重不利的地位。葡萄牙定居者及其后代贪求印第安人的劳动力和土地，最近又觊觎印第安人土地上的木材和矿物。他们还通过各种各样的计划使印第安人融入巴西社会，从而真正

① IBGE，"Principais destaques da evolução do mercado de trabalho nas regiões metropolitanas abrangidas pela pesquisa：Recife，Salvador，Belo Horizonte，Rio de Janeiro，São Paulo e Porto Alegre：2003—2013，" 255.

② "Negros e pardos tem 10 anos de atraso na educação，" *Exame*，December 4，2015.

威胁印第安文化的存在。直到 1988 年，印第安人的集体权利才获得宪法承认。与非裔血统的庞大人口相比，只有 25 万巴西人属于印第安群体，他们主要位于亚马孙地区。

政府机构和结构

13.4 描述巴西政府的部门以及这些部门之间的牵制与平衡

巴西有着强大的世袭主义遗产，这是一种由强大的中央集权制国家来统治社会的传统制度。自 1889 年建立共和国以来，巴西国家一直是联邦制和总统制，并设行政、立法和司法三个政府部门。然而，权力分配、对州和政府权威的限制以及政策如何制定与执行都会随着政权的更迭和宪法的修改而发生重大变化。

非民主政府将决策集中在联邦行政机构并扩大州的权力。作为对威权主义的回应，平民精英们试图将政府管理下放并限制中央的权力。1988 年宪法的制定者的目标是不受限制地行使州权力。为了消除威权主义时期过度的中央集权化，他们加强了地方各级政府的财政基础、全国立法机构的权力以及个人和集体的公民权利与政治权利。

联邦主义：联邦、州和地方政府

巴西是世界上权力最分散的联邦之一。它的联邦制有三个层次的自主治理机构：（1）在巴西被称为*联邦政府*（Union）的中央政府；（2）州政府；（3）被称为*市政府*的地方政府，它们大致相当于美国的县（见图 13－3）。

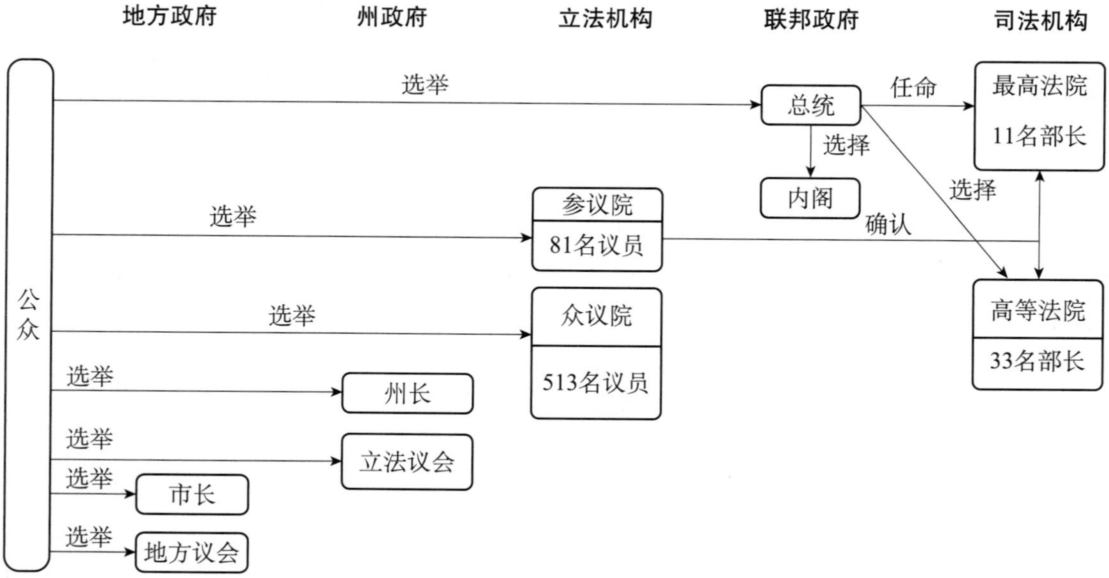

图 13－3 巴西政府的结构

巴西的联邦、州和地方政府共享收入和责任。

巴西的 26 个州和 1 个联邦地区（巴西利亚联邦区）都选举州长、副州长和一院制州立法机构（被称为立法议会）的代表，他们的任期都是 4 年。巴西 5 570 个*市*由民选的市长、副市长和9～21名代表组成的地方议会（超过100万居民的市的地方议会实际上更大）进行治理。

1964—1985年期间的军人政权控制着巴西利亚的开支，但随着民主化进程的重新推进，地方各级政府获得财政自主权。1988年宪法规定，21.5%的所得税和工业产品税应该返还给各州，22.5%则要返还给市政府，而且没有任何附带条件。这种自动转账导致州和地方政府的支出在1990年代出现大幅度增加。

2000年5月，卡多佐政府通过**《财政责任法》**（Fiscal Responsibility Law，FRL），它严格设定了所有各级政府的支出限度，并禁止中央政府对地方各级政府的债务再供资金。该法还强化了1995年一部法律的规定，将所有州政府的薪水总额限定在州收入总额的60%以下。在《财政责任法》生效之后，州和市政府占有的政府支出总额下降了。尽管这部法律的目的是限制州长的支出习惯，但它明确禁止所有民选行政人员向受其控制的金融机构借款。由此可见，迪尔玛·罗塞夫在2016年被弹劾的原因就在于她利用了两家联邦银行的信贷额度来弥补预算不足。

行政部门

总统既是国家元首，也是政府首脑。总统和副总统同时由选举产生，任期4年（见图13-3）。自1998年以来，他们可以直接连任一次。总统享有大量的立法权，其中包括有权颁布紧急状态法令、有权指定国会优先审议某些法案，从而迫使它们直接排在立法议程的前列。最近几年，这些权力很少被使用；通过普通程序（而不是“紧急请愿程序”）提交并由行政部门启动的法案比例从19%增加到39%①。

巴西总统享有启动预算立法的排他性权利。与美国不同的是，从传统上看，国会通过的预算只是支出授权：最终由总统来决定哪些预算条款事实上被支出。1989—2014年，这种自由裁量权赋予巴西总统在与国会的关系中享有巨大的讨价还价的能力。尽管如此，在2015年罗塞夫政府的政治危机时期，国会修改了宪法来执行美国式的强制性支出模式。这种改革使得未来的巴西总统享有更少的“大棒加胡萝卜”，并以此来影响国会议员；罗塞夫让总统职位比她想象中的更弱。

立法部门

巴西国会由两院组成，它们形成了一种“平衡的两院制”，其中，一个议院不能明显地支配另一个议院。两个议院都可以提出立法，它们共同享有审查国家预算的权力。

上议院（参议院）共有81名议员，每个州和联邦区各有3名参议员。参议员交错任职8年，参议院每4年举行一次选举，轮流更换1/3和2/3的议员。

下议院（众议院）由来自26个州和联邦区的513名代表组成。众议员任期4年。尽管各州代表数量的分配取决于该州的人口比例，但是，宪法规定每州最少8名、最多70名众议员。这就意味着，很多人口数量偏少的州有过多的代表，而最大的（圣保罗）州的代表人数就会少于它严格按照比例代表制所应该配备的代表人数。尽管民主国家通

---

① Marcus André Melo，“Crisis and Integrity in Brazil，” *Journal of Democracy* 27，2（April 2016）：59.

常都会在众议院中让人口稀少的地区享有过高的代表比例，以便捍卫所有联邦单位的利益（就像美国的参议院一样），但巴西下议院的这种代表名额分配不公确属罕见。

即使在强大的总统制下，国会也享有重要的权力。它可以提出立法、修改预算、批准或拒绝紧急状态法、推翻总统的否决。它还可以举行公共听证，传唤政府部长到国会来回答质询。

此外，在得到众议院和参议院 1/3 议员同意的情况下，国会可以建立**议会调查委员会**（Parliamentary Commissions of Inquiry，CPIs）。议会调查委员会已经调查过国有企业的金融管理和对公共伦理的严重违反，其中包括 2005 年的丑闻，这次丑闻涉及前总统卢拉的助理，他在国会重要投票前后实施了一项向联邦议员支付报酬的计划。后来，这次调查（也就是所谓的“巨大月度支付”丑闻）被提交最高法院，并导致劳工党的领袖们在 2012 年被判定犯有重罪。议会调查委员会拥有广泛的权力，其中包括推翻银行保密制度或者强迫知名证人作证等权力，它们是国会行动最引人注目的形式之一。

司法机构

司法机构由联邦最高法院、高等法院、五个联邦地区上诉法院、劳工法院、选举法院、军事法院和州法院组成。宪法规定了司法部门进入（通过竞争性考试）、晋升（根据资历和操守）以及在 70 岁或 30 年任职之后强制退休的标准。**联邦最高法院**（Supremo Tribunal Federal，STF）（也称宪法法院）的 11 名大法官或者说“部长”（ministers）由总统任命。这些大法官需要得到参议院批准，高等（民事）法院的 33 位部长也是如此（见图 13－3）。

选举法院构成了联邦司法系统的一个子系统。**高等选举法院**（Tribunal Superior Eleitoral，TSE）成立于 1932 年，目的是抑制旧共和国猖獗的选举欺诈行为。如今，各级选举法院会对各种不同的领域做出判决，其中涉及政党登记、当选国会议员的授权、候选人资格的可采性、计票程序甚至是调整这些领域的立法的合宪性。

劳工法院建立于 1943 年。作为曾经解决劳资纠纷的主要场所，如今，高等和地区劳工法院裁判私营部门工人与雇主、公共部门工人与政府行政管理机构之间的争端，如果他们不能通过集体协商达成一致的话。

独立的军事司法制度也被保留在 1988 年宪法之中，但是，它的受案范围自独裁时期以来一直被缩减。当时，军事法院对平民危害“国家安全”犯罪享有审判管辖权，如今，联邦和州的军事法院主要审理军事警察实施的犯罪，这些军事警察负责街头巡逻（民警的职责仅限于调查）。目前，军事警察对平民所犯下的故意杀人罪由民事法官和陪审团审理。普通的州法院负责执行州的宪法和法律。

尽管联邦法院的案卷量已经超负荷，而且案件经常被拖延，但如今的法院确实比以往任何时候都更为强大。1988 年宪法特别增强了司法权，扩大了个人权利，增加了向联邦司法机构各级法院起诉的机会。法院的权力和独立性还因有保障的预算、专业化任命程序和法官的稳定任期而得到提升。因此，法官们享有充分的独立性，甚至可以独立于他们的上司。他们的自主权在洗车行动（Lava Jato）丑闻（见专栏 13－1）及其相关调查和起诉中得到明显的体现。

专栏 13-1

洗车行动：改变巴西的丑闻

2014 年 3 月，在南部巴拉那州（Paraná）的州府库里蒂巴（Curitiba），一个由检察官组成的特别工作组开始调查一起似乎以巴西利亚一家洗车场为据点的洗钱计划。两年多以后，洗车行动调查揭发了一场史无前例的腐败计划。前总统和州长们受到牵连，联邦法官和调查人员处于公众关注的中心，建筑巨头、银行家和国会议员被送进监狱，整个国家彻底被动摇。

这场“地震”开始于调查人员发现国有石油公司巴西石油的一场大规模回扣计划；串通一气的承包商向中间商和政客支付回扣，以换取被夸大的合同。政客们利用这些贿赂中饱私囊，并为他们自己和他们所在政党的选举竞选活动提供资金。之所以披露如此多的信息，是因为调查人员能够利用一种辩诉交易法来减轻被告的刑期，如果他们被确定为同谋者的话。仅一名高级线人就牵连出来自所有政党的 74 名人员，其中包括前劳工党总统。前众议院议长爱德华多·库尼亚（Eduardo Cunha）于 2016 年 10 月被拘押，他有一个瑞士银行账户，受贿金额可能高达 4 000 万美元。

腐败给财政和经济带来了巨大损失。仅巴西石油就不得不冲销与贿赂相关的 20 亿美元的成本，并大幅度削减投资，进而损害了供应商的利益。巴西人认为，腐败已经使国家陷入了严重的经济衰退，并在 2016 年将腐败视为国家要面对的最为重要的问题。以下这种观点带来的附带损害可能会更糟糕：在私营部门、国家和政治阶层的最高层普遍存在腐败，而且十分盛行。拥有自己“贿赂”部门的那些公司受到公众鄙视；作为官僚机构中的“卓越岛”（islands of excellence）而出名的国有企业（如巴西石油）受到玷污；政治家已经失去他们所代表的那些人的信任。投票弹劾迪尔玛·罗塞夫的 40 名国会议员因各种罪行被起诉；还有 15 名议员正在接受调查。劳工党付出了惨重的代价。劳工党曾经被认为是一个廉洁的政党，但现在却被视为腐败的象征，该党已经失去一半的国会代表团和数百名市长，它在 2016 年的市政选举中遭受了打击。与之相比，很多巴西人非常尊重公共检察官和法官，尽管有其他人认为这些非民选公共官员的行为是有问题的，他们当中有些人将非法窃听的内容泄露给新闻媒体。

对政府权威的限制

巴西的 1988 年宪法开头的几段歌颂了主权、公民资格、人的尊严和政治多元主义等原则。从实质上看，宪法扩大了个人权利和社会权利，并禁止对少数族群的歧视。它还授权政党、工会和公民社团诉诸法律手段对抗其他社会行动者的行为，并允许它们挑战立法和行政裁决的合宪性。个人权利不可侵犯，规定国家联邦形式、权力分立，以及直接、秘密、普遍、常规定期投票的条款不得修改。宪法修正案的成功通过需要参众两院在两个不同的时间分别获得 3/5 的赞成票。

每一层法院系统都被授予司法审查权。从传统上看，巴西的法院有权基于个案审查立法。如今，法院可能会采取一种更为积极的倾向。联邦最高法院负责审查立法的合宪性，审理总统和国会议员的普通犯罪。独立的最高选举法院裁定选举法的合宪性。

1988 年宪法规定，**公诉机关**（Ministério Público，MP）正式独立于政府的行政和司法部门，它是对政府的另一种制约。与监察专员办公室相类似，公诉机关负责捍卫公民和全体社会的宪法利益、保护环境、保护消费者、保障少数人的权利、监督联邦和州层面的公共行政。如果侵犯了任何集体权利或者国家的艺术和文化自主权，它可以将任何人或实体诉至法院。它的年度预算高达近 20 亿美元。它有 11 000 多名雇员，都是通过公务员考试合格后录取，他们的独立性因终身任职而得以保障。最近，在打击政治腐败的斗争中，联邦警察（Federal Police，PF）和公诉机关的检察官一起承担了更为重要的角色。

除此之外，两个审计法院在监督公共支出方面发挥了关键作用。**联邦审计法院**（Tribunal de Contas）虽然是正式的政府立法部门的一部分（其 9 名成员中有 6 名是由国会任命的），但更像是一个监督行政支出的独立机构。该法院享有广泛的监督权，它甚至可以调查国会的账户。联邦审计法院的成员和公诉机关的成员一样都有工作任期。2001 年 4 月，行政部门依法成立了**联邦总审计长**（Controladoria-Geral da União，CGU），旨在执行 2000 年通过的《财政责任法》。联邦总审计长向总统报告工作，它负责保护公共资源、监督公共审计、开展反腐败活动、担任联邦政府内的监察专员。

政治文化

13.5 讨论宗教、性别和种族运动与巴西政治文化的关系

巴西社会受精英支配，这是长达数世纪之久的社会经济不平等模式带来的结果。尽管普遍的法律适用于所有公民，但这些法律没有被平等地执行。正如一位著名的巴西人类学家所言，法律面前的社会分化意味着，“大人物”高高在上，他们超越法律的管辖，但是，人民大众却受制于法律并成为它的受害者。“大人物”可能对“人民”说：“你知道你在和谁说话吗？”①

社 会

在 1960 年代和 1970 年代的军人政权时期，普通公民聚集在促进社会团结的独立组织内，以便请求政府提供更好的服务，并反对威权主义统治。在基层天主教徒、妇女、非裔后代、环保主义者和邻里协会等新型社会运动中，动员的力度急剧增加。有人主张，这些新型社会运动通过推动女性、宗教工作者和那些加入参与式民主规范的贫民窟居民的社会化而导致政治文化的民主化。自民主转型以来，这些组织的成员人数已经增加，它们所培育的参与文化也在增强。

宗教和政治文化 巴西主要是一个天主教国家，它拥有世界上最大数量的天主教徒。然而，从传统上看，巴西宗教遵守的程度比较低。与很多其他天主教占支配地位的拉丁美洲国家不同的是，巴西天主教会在教育制度或者选举中没有发挥重大的影响作用。在 1964 年军事政变之前，教会具有一种保守倾向，通常支持国家和占主导地位的精英。

1964 年以后，巴西天主教会赢得“世界上最进步的教会之一”的美誉。大部分统治

① Roberto Da Matta，*Carnavais*，*Malandros e Heróis*：*Para uma Sociologia do Dilema Brasileiro*（Rio de Janeiro：Zahar，1978）.

集团与教区神父、修女和普通信徒（他们有助于组织劳工运动）共享一种致力于穷人福祉并为社会正义而奋斗的“大众化”教会的愿景。在军人执政期间，教会成为威权主义统治的一个重要且有效的对手。它为受到国家镇压的不同信仰的受害者及其家人提供了安全的避难所。1970 年代末，它为罢工工人提供庇护。**解放神学**（liberation theology）在 1970 年代赢得广泛支持，正如福音书所提示的那样，该神学劝诫信徒拥抱穷人。即使在今天，天主教会团体仍在帮助组织社会运动中发挥积极的作用，以期捍卫教区贫穷居民的物质和道德利益。

然而，来自其他宗教的竞争将天主教会的注意力重新集中到保持信徒的忠诚上。就在 1970 年代，大约 90％的巴西人仍然宣称信奉天主教（尽管很多人还信仰非洲后裔的宗教），与之相反，如今只有 3/5 的巴西人自认为是天主教徒。五旬节派新教已经在那些更贫穷、文化程度更低、寻求信仰治愈和个人救赎的人群中取得了进展。2013 年的一次调查显示，有 28％的被调查者将自己描述为福音派和五旬节派基督徒。在 2010 年的人口普查中，少量人认为自己是唯灵派或者是非裔巴西人和东方宗教的信徒（有 8％的人宣称自己是无神论者）[①]。五旬节派的影响正在选举舞台上显现出来，诸如社会基督教党（PSC）和巴西共和党（PRB）这样的政党在冲锋陷阵。2016 年，跨党派的*福音派核心小组*（Bancada Evangélica）（或者说，新教核心会议）在国会拥有 87 名众议员和 3 名参议员，占国家立法机构的 15％左右。这种核心会议的目标包括捍卫保守主义道德立场（例如，有关堕胎和婚姻平等的立场）以及通过对五旬节派教会日益发展的媒体力量表示友好的立法。

性别关系 作为一个拉丁美洲国家，巴西并没有免受*大男子主义*（machismo）（一种具有攻击性和阳刚之气的男性化形式）的文化影响。大男子主义在女性中的对应词是*玛利亚主义*（marianismo），这是对圣母玛利亚的狂热崇拜，她认为，拉丁美洲的女性比男性更具有道德优越性，而且女性是维持家庭的重要力量。在整个拉丁美洲，这些传统的形象和女性的自我形象导致了她们的政治保守主义。从传统上看，巴西女性对右派候选人的投票总数远大于男性。

在军人独裁统治期间，女性对政治的倾向开始改变。对中产阶级和上层阶级来说，政治机会是教育和职业机会的必然结果。中学毕业的女生比例从 1950 年的差不多 10％增到 1980 年的近 50％。到 1980 年代初民主转型的时候，巴西大学注册入学的女生多于男生。对穷人而言，军方紧缩的经济政策有助于削弱父权行为。随着最低工资的价值下降以及充分的社会服务和城市基础设施的缺失，妇女们发现，履行她们被赋予的保障家庭和社会福利的女性角色越来越困难。作为妻子和母亲，她们在争取医疗保健和卫生的社区斗争中发挥了领导作用。

在 1970 年代中期的政治自由化期间，女性运动得以形成。政权起初视女性运动与政治无关，并允许它们拥有比劳工运动更大的政治空间。巴西的女性运动变成拉丁美洲最强大的运动之一。女性运动迫使政治家们

① Instituto Brasileiro de Geografia e Estatística，“Censo Demográfico 2010，” http：//www.ibge.gov.br，accessed July 21，2013.

正视原来被视为私人领域的诸多问题，如生育权、对女性的暴力和儿童照管。

最近的几项政策发展意味着公众对性别和政治的态度发生了变化。政党将女性运动的很多利益关注纳入自己的政党规划。宪法用平等和共享权力的观念替代家庭父权观念（它将更大的权力归于作为已婚夫妇领导的男性）。为了打击对女性的暴力行为，市政府建立了警察分局，并完全配备女性警官来处理有关强奸和家庭暴力的投诉。1991 年，男性在“捍卫自己荣誉的正当防卫”中谋杀妻子免除罪责的法律被废除。由于受到来自女性主义的压力，12 个以上的公立医院引进了（对强奸行为受害人）合法的堕胎服务。2001 年，巴西国会批准了一项新的民事法典，授权男女婚姻平等，儿童在权利和义务方面平等，而不管他们的出生情况。在美洲人权法院判定巴西政府没有采取有效措施对家庭暴力的犯罪者起诉和定罪之后，国会于 2006 年通过了具有里程碑意义的《玛丽亚·达·本哈家庭暴力法》(Maria da Penha Law on Domestic and Family Violence)，它是以巴西最著名的家庭暴力受害者的名字来命名的。在 5 年时间内，成百上千的案件依据该法被起诉。最后，在 2013 年，参议院批准了一项议案，将怀孕前 3 个月的堕胎合法化（本来仅在先天无脑畸形、强奸和母亲有生命危险的情形下才允许堕胎）。当母亲的健康面临危险时，有 68%的巴西人支持堕胎权，与之相比，美国人的支持率是 80%，墨西哥人的支持率只有 51%①。

引起这些变化的原因是男性和女性的态度都发生了改变。接受中等和高等教育以及工作经历使得女性更可能表达对政治的兴趣、希望投票、关心选举竞选、支持某个政党（尤其是左派政党）。总的来说，巴西人对女性担任公职持赞成态度，2010 年，在第一轮总统选举投票中有 2/3 的选票投给了两位女性候选人迪尔玛·罗塞夫和玛丽娜·席尔瓦（Marina Silva）。性别角色的观念改变也引发了一场关于同性婚姻的全国性辩论。2011 年，最高法院在一次具有里程碑意义的裁决中判定，同性夫妇在法律上享有与同居异性伴侣一样的权利，其中包括领养机会、养老金和健康福利、继承权以及共同财产所有权。2013 年实现了完全的婚姻平等，当时，国家司法委员会命令每个州的公证机构为同性恋者举行婚礼。巴西成为继阿根廷和乌拉圭之后第三个承认这项权利的拉美国家。2014 年，公众意见调查显示，46%的巴西人支持婚姻平等，与之相比，美国和加拿大的支持率分别是 56%和 71%②。

种族和种族政治 直到最近，很少有巴西人承认，巴西存在“种族问题”。几十年来，他们相信官方神话：与美国受困于偏执和种族相关的暴力相比，巴西有一种“种族民主”。根据吉尔伯托·弗雷尔（Gilberto Freyre）的经典论断，即非洲奴隶在巴西受到的待遇不像在北美那么残酷，而且种族界限是不固定的③。因此，许多巴西人认为，他们的国家在种族和文化上比其他多种族社

① Maria Fernanda Boidi and Margarita Corral, “Public Opinion and Abortion Rights in the Americas,” *Americas Barometer: Topical Brief* (Nashville, TN: Vanderbilt University, June 17, 2013), http://www.AmericasBarometer.org.

② Arturo Maldonado, “Same-Sex Marriage Resonates Most with Young People in the Americas,” *AmericasBarometer: Topical Brief* (Nashville, TN: Vanderbilt University, June 2, 2015), http://www.AmericasBarometer.org.

③ Gilberto Freyre, *The Masters and the Slaves* (New York: Knopf, 1946).

会更具有包容性。从这种分析推断，他们还认为，处境不利不是基于种族而是基于阶级。这样的信念使得非裔巴西人的社会运动很难招募新的成员和获得政治支持。巴西只有在1980年代的民主转型期才看到黑人政治组织与候选人的迅猛发展。

尽管存在“种族民主”这样的神话，但是在巴西，种族偏见无处不在，而且不像很多人所认为的那样微妙。2001年，在南非举行反种族主义世界大会之前，巴西政府进行了一项具有里程碑意义的自我研究，揭示了在社会指标方面存在的重大种族差异。研究报告建议采用配额制度来扩大非裔学生进入公立大学的机会。不久之后，里约热内卢和巴伊亚两个州政府宣布，它们将在自己的州立大学为非裔后代保留40%的入学名额。外交部（伊塔马拉蒂宫）也启动了一场积极行动计划，支持非裔后代准备公务员招考。2012年，罗塞夫总统签署了一项影响广泛的《社会配额法》，该法要求联邦公立大学按照州的种族构成比例，为公立中学和非裔学生预留一半的录取名额。

配额制度立即在法院受到挑战，尤其是受到中上层阶级的欧洲裔巴西人的挑战，他们主张这是逆向歧视。即使最高法院在2014年全体一致判定以种族为基础的配额制具有合宪性之后，这项政策仍然备受争议。配额制在穷人中很受欢迎，不管他们来自哪个种族，但在富人中却不是这样。总的来说，在2010年被调查的巴西人中有2/3的人赞成以下观点，即公立大学为非裔后代保留录取名额是公平的（45%的人表示“强烈”支持）。尽管如此，也有18%的人表示强烈反对。那些反对者都受过良好的教育，更加富有，也更可能是白人①。配额制出现了两极分化，但种族不平等话题现在已经直接提上了全国议事日程。

巴西人有多民主?

社会的扩张、新的亚文化的出现和其他因素的结合意味着巴西全国政治文化发生了明显变化吗？尤其是，有任何证据表明巴西正在发展一种更民主的政治文化吗？

一方面，巴西人比以往任何时候都更不能容忍威权主义。1970年代早期，总的来说，公众接受军方在政治中的作用。到了1980年代后期，巴西人明确表达了对民主而不是独裁的偏爱。自此以后，越来越多的人支持如下信念：民主是最好的政府形式（见图13-4）。巴西人还拒绝在拉丁美洲其他地方具有吸引力的公民投票式民主的变体形式：绝大多数人不同意由人民直接治理（而不是通过民选代表治理），限制反对党的声音，以及不同意多数派意见的那些人代表的就是一种国家威胁。而且，他们强烈支持政府的牵制与平衡；绝大多数人反对总统在国家面临困难时期关闭国会和最高法院。

另一方面，如果巴西人如今更致力于民主，那么，他们对政客、政党和民主机构更为不信任。在2014年进行的一次全国调查中，只有21%的巴西人认为他们信任国会，只有12%的人表示信任政党。对政治机构的信任度远低于天主教会（62%）、新教教会

① Amy Erica Smith, “Who Supports Affirmative Action in Brazil?,” *Americas Barometer Insights*: *2010*, No. 49 (Nashville, TN: Vanderbilt University), http://www.AmericasBarometer.org.

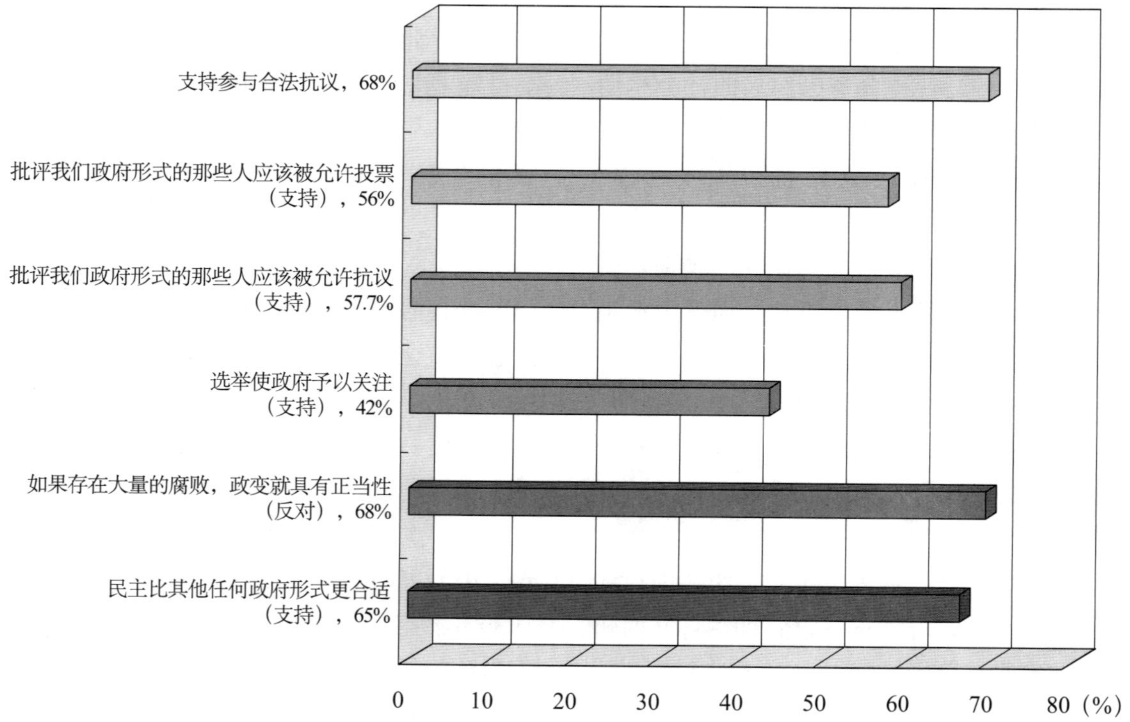

图 13-4　一种民主政治文化（2014 年）

巴西人表现出对代议制自由民主的强烈支持。

资料来源：Latin American Public Opinion Project (available at www. vanderbilt. edu/lapop).

（59%）或者军队（60%）①。

普通巴西人的不耐烦似乎不是针对这些机构，而是针对任职于这些机构的政客们。尤其是，对腐败的容忍（特别是在具有历史意义的洗车行动丑闻之后）（见专栏 13-1）已经降到新的低谷。2015 年末，一次民意测验显示，普通公民将腐败视为国家所面临的最为严重的问题，考虑到巴西当时处于自 1930 年代以来最严重经济衰退时期的最低谷，这个结果令人惊讶。尽管在过去 20 年里从未出现超过 9%的公民在调查中公开点名批评腐败问题，但在 2015 年，有 34%的受访者将腐败视为最严重的国家问题，紧随其后的是医疗保健（16%）、失业（10%），教育和公共安全各有 8%②。巴西人还要求更好的服务和更具有回应性的公共政策。一种正在兴起的怀疑主义文化可以被视为加强民主结构的积极因素。

总而言之，几乎没有疑问的是，在过去 25 年里，巴西的政治文化已经发生了变化。一般来说，巴西人已经对等级制度更为怀疑，更无法容忍腐败，更支持民主。但是，这种转型是不完全的。除了为社会的民主化做出贡献的宗教、女性主义和种族团体外，没有参加这些团体的其他公民也以更为传统

① National 2014 survey of Brazil by the Latin American Public Opinion Project，http：//www. vanderbilt. edu/lapop.

② "Pela primeira vez，corrupção é vista como o maior problema do País，diz Datafolha，" *Folha de São Paulo*，November 29，2014.

的方式实现社会化。

政治学习

13.6　指出巴西政治社会化的主要来源

大多数国家存在一种共识，即大量的政治学习发生在诸如学校、家庭、教会和社区团体这样一些关键的社会机构内。从传统上看，在巴西，头两个机构只是很弱的政治社会化媒介。巴西的学校师资配备匮乏，学生入学不足，直到最近，大部分人口待在学校不超过3年级。而且，在党派偏见极其弱化的情境下，家庭一般不会传递政治忠诚。

近年来，教育的发展在很大程度上重塑了公民对人际信任、社会等级、犯罪控制和腐败的看法。尤其在最近几十年，宗教、邻里和工厂协会已经成为政治社会化更为重要的来源。据报道，在这些社会网络和邻里情境网络和协会中展开的政治讨论还有助于形成政治意见，尤其是在选举竞选期间。

大众传媒

政治学家一般认为，诸如大众传媒这样的机构已经取代政党和其他传统机构来塑造政治文化、政治态度甚至是投票倾向。他们尤其相信，这一点在巴西这样的国家（在这些国家，政党不具有深厚的选民基础）是真实的。考虑到受教育程度水平低，如下情形也就不足为奇了：97%的人表明他们会定期看电视，但是，只有25%的人每天读报纸①。

电视影响巴西人的政治态度，首先，它通过免费时间表（horário gratuito，即为各个政党留出免费的电视时间来宣传自己的候选人和选举信息）将政治送入巴西人的家庭。而且，候选人的免费电视时间、电视辩论和电视新闻对选民观念的影响程度仅次于与家人和朋友的交谈。

电视台和广播站的所有权高度集中。强大的环球网络（世界上最大的网络之一）拥有全国最多的观众数，尽管巴西电视系统（STB）和记录网（Record Network）在最近几年一直获得发展。大多数观察人士认为，传媒（尤其是环球网络）在成功地促进1989年总统候选人费尔南多·科洛尔·德·梅洛和1994年总统候选人费尔南多·恩里克·卡多佐胜选的过程中发挥了强大的作用，两人都是在各自的选举中击败了卢拉。在这期间，环球网络被认为对劳工党有敌意，这在一定程度上是因为其创始人罗伯特·马里奥持强烈的反左派观点。在马里奥去世和卢拉上台（两者都发生在2003年）之后，网络对劳工党的报道变得更为中立，而且持续了很多年。尽管如此，在罗塞夫总统任期的最后几年里，环球网络和一些其他的主流媒体集团，尤其是《瞭望》（*Veja*）杂志（一本新闻周刊杂志，发行量超过100万份，备受上层阶级的欢迎）被指控有反对劳工党的偏见式报道。

国家政策促进了媒体的政治化。通信部因希望获得电视台和电台的政治支持而向其颁发执照，从此变得臭名昭著。政治家在自

① 来自2010年1—3月针对639个市中12 000名受访者实施的市场研究。参见：Secretaria de Comunicação da Presidência da República，“Hábitos de Informação e Formação de Opinição da População Brasileira”（Brasília：Governo Federal，2010），http：//www. secom. gov. br.

己的家乡州仍然利用传媒帝国来影响地方电视、电台以及他们所有或控制的重要报纸。尽管这些传统媒体力量的支柱仍然在巴西非常重要，但替代媒体和社交媒体的迅速崛起可能会逐渐侵蚀它们的相关性（见专栏 13－2）。

专栏 13－2

巴西：社交媒体的熔炉

2016 年，巴西大约有 1.4 亿独特的网络用户，从而使其位列世界上绝对网络用户数量的第 4 位。这些*网民*（internautas）（在巴西这样称呼）如今已经超过全国 2/3 以上的人口，这种渗透率甚至比一些欧洲国家还要高，如意大利。2015 年，普通巴西人每天花在网络上的时间（平均 5 小时）首次超过看电视的时间（平均 4 个半小时）①。

1/3 的巴西人有自己的脸书账户，巴西是推特的第二大市场国家。超过 95%的巴西网络用户有 WhatsApp 应用程序账号。在这样一个总是珍惜家庭和友谊、积极对话和娱乐满满的社会中，巴西人沉迷于社交媒体是可以理解的。就像其他地方的互联网用户一样，巴西人使用社交媒体平台来保持联系并分享文化表达。然而，最近，巴西互联网还被用于政治讨论，从而使社交媒体成为 2015—2016 年弹劾迪尔玛·罗塞夫总统的一个非常重要的辩论平台。与美国情形极为相似的是，互联网用户访问和传播那些能证实其信念的内容，即使那些内容所含的信息不可靠甚至是错误的。社交媒体平台以及在线报纸的评论区通常给人留下一种政治极化的印象，这种印象在面对面的互动中不是那么明显。

巴西政府努力建构一种法律框架来管理网络文化的爆炸式发展。2014 年通过了一项进步法律《公民权利互联网框架》（the Civil Rights Framework For the Internet），旨在保护隐私权和表达自由，蒂姆·伯纳斯-李爵士（Sir Tim Berners-Lee，英国万维网的发明者）在该网存在 25 年之际将上述法律描述为“巴西和全球网络用户可能的最好生日礼物”②。尽管如此，调控并非没有任何争议。巴西法官曾多次关闭 WhatsApp 应用程序，理由是该程序允许加密信息，而这些信息无法被警方调查人员破译，结果导致与脸书首席执行官马克·扎克伯格（Mark Zuckerberg）的公开争吵，因为脸书拥有 WhatsApp 的消息传递应用程序。这些应用程序的关闭引发公众的强烈抗议：在巴西，暂停一个社交媒体平台就像国家停电一样具有破坏性。

政治招募和政治参与

13.7　描述个人参与巴西政治过程的方式

从传统上看，巴西的政治受精英阶层支配。如今，政治更加向来自不同教育和阶级背景的代表们开放，2002 年卢拉的当选证实了这一点，尽管家庭关系和精英网络仍然具有影响力。

---

① Secretaria de Comunicação da Presidência da República, *Pesquisa Brasileira de Mídia*, 2015, http://www.secom.gov.br, accessed October 24, 2016.

② “The Net Closes: Brazil’s Magna Carta for the Web,” *The Economist*, March 29, 2014.

精英层面的政治

精英招募 在精英阶层中，传统上的招募仅发生在很少的政治家族集团。典型的情形是，成功的政治家都来自拥有土地的家族，在学校攻读法律，数次担任民选的地方议员和州议员并最终担任联邦议员，通过参加州内阁或者成为州立法议会主席来建立自己的权力基础。

在军人政权时期，中产阶级和中上层阶级的机会结构得以改善。技术证书和能力成为晋升的一种更广泛适用的标准，尤其是在国家内阁、联邦和州官僚机构和公营公司。总的来说，"技术专家"都在一些名牌大学接受过工程学和经济学教育。自从回归民主以来，政治家在政治和社会服务部门发挥了更大的作用。

巴西国会高档俱乐部的门槛在多大程度上保持开放呢？在竞选连任时，巴西的现任议员要比很多拉丁美洲国家的议员更具有优势，但要比美国议员弱得多。2014 年，议员流动率（也就是没有在上一届议会获得席位的议员所占的百分比）是 44%。大约只有 1/4 的议员任职连续超过两个任期，但如果他们选择再次竞选的话，这些议员们都非常善于保住自己的席位。2014 年，有 76%的众议院议员寻求连任；在这些议员中，赢得连任的比例高达 74%①。国会议员政治经历的水平和类型沿着各自的政党标签而存在很大差别，这体现了他们的政党与权力的亲近程度。

与其他几个采取有效配额立法和其他积极行动措施的拉丁美洲国家相比，巴西女性出现在公职中的比例低得惊人。在 2014 年选举产生的联邦议员中，女性仅占 10%，尽管 1997 年立法要求各个政党将 30%的候选人资格留给有志向进入国会的女性。各个政党通常未能满足这项法定要求，他们也没有因自己的不作为而受到惩罚。而且，由于选举制度没有提供党内候选人排名（这实际上确保了候选人名单中排名最高的候选人当选），因此，女性候选人的增加并没有直接转化为女议员比例的增加。这样产生的结果是，就立法机构的性别平等而言，巴西在世界范围内排在第 120 名，在拉丁美洲排名倒数第 2。

尽管巴西选举产生了第一位女性总统，但在最高行政部门的决策岗位、司法系统和外交使团中，女性的代表名额也不足。在整个总统任职期间（1995—2002 年），卡多佐仅任命了 2 位女性担任内阁职务。2007 年，卢拉政府的内阁部长只有 14%是女性，与之相比，拉丁美洲的平均比例达到 24%。在迪尔玛·罗塞夫总统的第二任政府中，1/5 的部长（包括内阁部门以及具有部长级地位的秘书处和办公室的领导）由女性担任，但特梅尔总统的内阁没有一位女性成员，这种情形自 1970 年代中期军方统治巴西以来从未出现过。2000 年，巴西历史上首次任命女性任职联邦最高法院（如今，联邦最高法院有两名女性大法官，其中包括首席大法官），尽管通过担任法官所要求的公共考试的候选人中有 29% 是女性。在外交部门，只有

---

① "Apenas 1/4 dos deputados que tentaram reeleição ficam fora da Câmara," UOL Eleições, October 6, 2014, https://eleicoes.uol.com.br/2014/noticias/2014/10/06/so-14-dos-deputados-que-tentaram-novo-mandato-nao-sao-reeleitos-na-camara.htm, accessed November 12, 2016.

23%的外交官和12%的大使是女性。

2013年，只有43名议员和2名参议员（不足国会议员的8%）自称是非裔后代，这符合联合国种族劣势问题特别报告员对“几乎全是白人的政治权力走廊”的描述①。作为审慎地努力开放精英政治招募程序的一部分，卢拉任命了4位非裔后代任职于他的内阁，任命了本国第一位非裔后代担任联邦最高法院法官。联邦最高法院和司法部已经引入雇佣员工的种族配额制。

精英取向 通常而言，巴西的精英不是根据经济、宗教和种族路线进行划分的。1990年代，大多数军事和商界领袖、公共行政官员和新闻媒体从业者都将自己视为意识形态取向的“中间派”②。可以预见到，精英们要比挣取最低薪水的受访者较少专注于失业、医疗保健和毒品。尽管如此，他们最关心的还是教育和收入集中度。

大众层面的政治

在军人政权的后半段时间里，巴西人开始与社会团体发生联系，这在以前从来没有出现过。镇压的缓和以及来自正式政治制度和政党的真正代表性的缺失有助于新的社会运动蓬勃发展。随着巴西民主化进程的推进，公民协会渗透到政治领域，导致它们积极参与投票、抗议和政治运动。

公民政治 除了前面讨论的女性运动和基层教会团体之外，在军方独裁统治时期出现的最为重要的新型社会运动是邻里协会。这些协会的数量数以千计，它们在独裁统治末期是所有社会运动中最明显的政治运动。邻里协会要求（通常都能获得成功）州调控它们社区的房地产公司、州的产品和服务。仅在位于南部的阿雷格里港市（Porto Alegre），540家邻里协会和51家住房合作社在十年内迅速出现③。

1990年代早期，大约只有1/3的巴西人不属于某个志愿协会，1/5的巴西人加入3个或者更多的协会。很多这样的协会都不具有正式的政治性质。大量的协会都是专业协会（8.6%）或者社会运动（8.7%）的成员，这些比例远远高于拉丁美洲的其他国家。2012年（也就是2013年6月爆发大规模抗议的前一年）3月—4月，由拉丁美洲民意项目（LAPOP）实施的调查显示，有15.4%的受访者签署了请愿书，有10.8%的受访者利用诸如推特或脸书这样的社交媒体平台来传播政治信息。同样的调查还发现，26%的巴西人在过去一年里参加了邻里或社区协会，另有63%的人参加教会或宗教组织④。

通过采取各种各样的战略，如参与政府、争取国际盟友和从事直接行动，公民们围绕各种各样的身份、单独议题、政治和社会权利组织各种运动。当军事发展项目威胁到巴西数个原住民部落的生存时，这些部落在1980年代几乎组织了50个公民团体，它们大部分集中在北部，其中有23个在亚马

① “Participação de mulheres e minorias poderá ser tema da reforma política,” Agência Senado, July 18, 2013, http://www.senad.gov.br.

② Amaury de Souza and Bolívar Lamounier, *As Elites Brasileiras e a Modernização do Setor Público: Um Debate* (São Paulo: IDESP/Sumaré, 1992).

③ Gianpaolo Baiocchi, “Participation, Activism, and Politics: The Porto Alegre Experiment and Deliberative Democratic Theory,” *Politics and Society* 29 (March 2001): 55.

④ 参见：http://www.vanderbilt.edu/lapop/brazil/Brazil_Tech_Info_2012_W_03.12.13.pdf.

孙州[①]。它们的努力赢得了对印第安土地和印第安民族集体权利的宪法保护，考虑到巴西印第安人口的数量如此之少以及他们分散在不同的部落之中，这项成就给人留下了深刻的印象。

保护环境的公民团体在争取国际盟友方面卓有成效。地方和地区环境组织在1980年代末动员起来影响新的宪法以及1992年在里约热内卢举行联合国环境与发展大会。巴西的环境运动在控制杀虫剂、核废料及生产、氯氟碳的排放等领域取得了重大成就。亚马孙地区环境问题的行动是由原住民团体和橡胶采集者推动的。利用直接对抗战术，他们有效地影响了国际贷款人（如世界银行）将环境保护确立为援助的条件之一[②]。

直接对抗战术也被**农村无地工人运动**（Movement of Landless Rural Workers, MST）所采用。该组织的口号是“土地改革：依法还是无序”。在这种口号下，农村无地工人运动中的无地家庭有效地取得政府所有或非生产性私人土地的使用机会。农村无地工人运动还向正式的政治体制施加压力（如向法院寻求土地的法定所有权），并实施一种破坏性的、有时甚至颇为壮观的抗议。它的参与者在多达20个州占领了联邦和州政府大楼与道路。一般来说，巴西人对如下情形都能深表同情：在不实施暴力行为的情况下，将侵占土地作为消除饥饿和苦难的合法战术。尽管人们因农村暴力谴责政府（而不仅仅是地主和农村无地工人运动）并支持将土地改革纳入联邦政府的职权范围，但他们还是普遍认为，土地侵占对土地改革谈判具有消极影响并削弱了民主[③]。

如今，或许最为重要的公民政治参与途径是通过非政府组织。作为一种世界范围内的现象，非政府组织是私人团体，它们通常资金充足、制度化设计良好，而且承担很多公共职能。它们可以帮助实施卫生保健，研究国民养老金制度私有化的方式，迫切要求非裔后代的公民权利，监督政府遵守环境协议。巴西的非政府组织是该国蓬勃发展的非营利部门的一部分。在所有29万个注册非政府组织和慈善基金会中，至少有一半成立于2000年之后。有将近1/3的这些组织开展活动的领域集中在以权利为基础的发展方式[④]。

大众政治参与 如今，巴西人参与政治的绝对数量令人吃惊，尤其是与20世纪早期相比更是如此，当时，只有不到5%的成人在总统选举中投票。1960年，只有1/3的投票适龄人口出去参加总统选举投票。由于1985年授予文盲选举权以及1988年授予16岁的公民选举权，因此，在1989年的总统选举中，有4/5的成人参与投票。这样的高投票率一直延续至今。

① Carlos Frederico Marés de Souza, Jr., “On Brazil and its Indians,” in Donna Lee Van Cott, ed., *Indigenous Peoples and Democracy in Latin America* (New York: Inter-American Dialogue/St. Martin's Press, 1994), 218-221, 230-231.

② Kathryn Hochstetler and Margaret E. Keck, *Greening Brazil: Environmentalism in State and Society* (Durham, NC: Duke University Press, 2007), 165-166.

③ February 2006 poll, IBOPE Opinião, http://www.ibope.com.br, accessed August 7, 2006.

④ Instituto Brasileiro de Geografia e Estatistica, “Perfil das Fundações Privadas e Associações sem Fins Lucrativos em 2010,” (Rio de Janeiro: Fundação IBGE), http://www.ibge.gov.br.

如今，巴西人是拉丁美洲最具有参与性的公民之一，他们参与投票和加入公民组织的比例很高，他们参加抗议的比例几乎是拉丁美洲国家平均数的两倍。2014 年，有 79%的合格选民参与总统选举投票（在美国，只有刚刚超过 58%的适龄人口参与 2012 年总统选举投票），而且，在 2016 年 10 月举行的中期市政选举中，投票率达到令人印象深刻的 82%。尽管在巴西投票是强制性的，而且对不遵守规定也存在潜在处罚，但这些规定很少被执行。尽管如此，巴西的参与率仍然高于其他要求强制投票的国家。与世界各地的发达和新兴民主国家相比，巴西人在以下方面仍处于相对较高的水平：对政治表现出兴趣、签署请愿书、参与社区活动和政治竞选、参加政党和邻里协会会议（见图 13－5）。在 2013 年的抗议浪潮中，有数百万巴西人走上街头。在圣保罗的一次民意调查中，受访者对抗议者的支持率（77%）高于 1984 年支持直接选举（71%）或者 1992 年倡导弹劾科洛尔总统（43%）的比例——这是巴西前两次最重要的抗议浪潮所涉及的主题。2014 年，只有不到 5%的巴西人报告说参加过罢工或者停工斗争，另有 16%的人参加过邻里协会的会议。

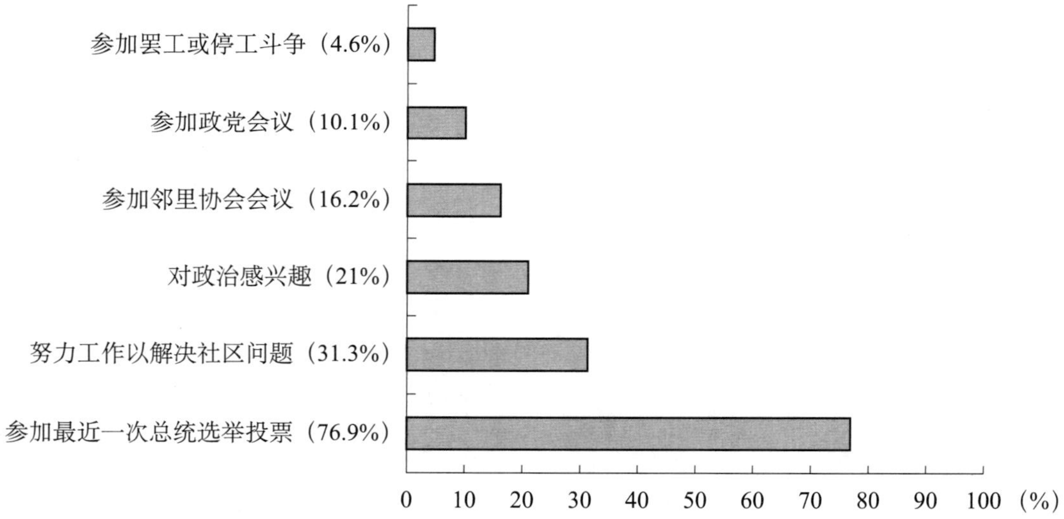

图 13－5 巴西的政治参与（2014 年）

巴西人参与投票、参加邻里和政党会议以及进行抗议的比例都很高。

资料来源：Latin American Public Opinion Project（available at www. vanderbilt. edu/lapop）.

撇开这些引人注目的群众动员事例不谈，自 1990 年代以来，地方层面最为重要的公民政治参与形式之一是通过**参与式预算**（participatory budgeting，PB）。参与式预算是一个过程，在此过程中，成千上万的公民在立法预算周期开始之前组织一系列公开集会，以便确定优先开支项目。当选代表就预算内容与州的官僚展开协商，并监督前一年的开支和投资重点项目。其理念是，分配公共资源份额时要体现公民优先事项，而不是由臭名昭著的侍从主义政治体制下的政治标准来界定。在阿雷格里港市，20%的市政预算在 1994 年用于向 98%的城市居民提供自来水和污水系统。参与式预算获得来自国际机构的高度评价，因为它提高了预算过程的透明度并建立了良好的治理机构。具有民主精神的学生也对其表示赞赏，因为它鼓励公众参与（尤其是在穷人中间）、强化社会，并最终提升巴西的民主程度。尽管如此，这些机构并没有随着时间的推移而在全国范围内具有同等有效性。

参与式预算机构只是众多其他委员会、会议和公民参与场所的一种。健康委员会基于制定和执行卫生政策的法律授权将州的代表、服务提供者和人口代表聚集在一起。截至 2002 年，这样的委员会已在 98％的巴西城市中配置到位。社区组织也有权否决城市的总体规划。如今，地方委员会已经遍布整个巴西，几乎存在于每一个城市，但它们的效力截然不同。在大城市和南方的都市区，这些委员会最为积极和忙碌，它们选举自己的领导人并定期举行会议，而在更加遥远的北方小城镇，这些委员会并不积极和忙碌[①]。

这些公民团体增加了政府透明度以及公众对公共政策的投入。尽管如此，正如我们接下来看到的那样，与长期存在的利益团体和政党这样的渠道相比，公民团体是否有助于更广泛和更知情的政治参与，这一点到目前为止尚不清楚。

利益团体

13.8　讨论利益团体组织和影响巴西政治的变化方式

从传统上看，在巴西，政治利益的组织和代表不同于那些自由民主国家，在这些国家，多元化的志愿团体是利益团体活动的基本单位。而在巴西，利益团体受到一种在瓦加斯时代被称为**社团主义**（corporatism）制度的国家控制[②]。根据社团主义法律的规定（该法仿效意大利法西斯的劳工法），利益团体是根据经济关系界定的，它们得到国家的承认和资助，并在它们的活动领域内被授予一种法定代表垄断权。但是，作为回报，工会放弃了它们独立于政府的地位。

建立独立的新利益团体以及旧利益团体从威权主义社会控制的工具转向民主社会的压力团体与过去 25 年巴西政治中的任何变化一样重要。最重要的利益团体是工会、商业协会和农业协会。

工　会

在社团主义时代，与国家当局合作的工会开始得到认可，建立了工资制定和劳资纠纷解决制度，并为会员提供福利和社会服务。但是，在军方统治下，劳动组织受到束缚，它们的民选领导被废除，有时还被监禁，罢工在长达十年的时间内被残忍镇压。

在军人统治时期，巴西工会内部的变化开始瓦解社团主义结构。1970 年代，新的一代工会领导人摒弃了与政府代表妥协的旧策略。相反，这些新的激进分子对国家采取更加激进的立场，而且，他们在普通员工的支持下对雇主也采取同样的立场。在这些领导人中，最为著名的当数卢拉。作为 1970 年代末期圣伯纳多（Sço Bernardo）金属工人工会的主席，他领导了现代社会最引人注目

① Carla Almeida, Euzeneia Carlos, and Rafaed da Silva, "Efetividade da participação nos conselhos municipais de assistência social do Brasil," Opinião Pública 22, 2 (August 2016), 279－280.

② 这里所说的社团主义不同于第四章所描述的民主社团制度，后者假定在政府和利益团体之间存在一种民主关系。

的罢工。

随着向民主的过渡，劳方分别在1986年、1987年和1989年组织了大罢工。劳方还成功地游说在宪法中体现他们的利益。宪法第8条授予工会结社自由。公共雇员获得组建工会的权利，工人的罢工权得到保障。取消组建工会的限制导致工会组织激增，尤其在农业工人中更是如此。2011年，预计有17.2%的劳动力加入工会组织，这一比例略低于2006年18.6%的最高纪录①。

自1980年代中期以来，工会一直试图通过中央组织——如**全国统一工会**（Central Única dos Trabalhadores，CUT）——来维护会员的利益，这使其社团主义前身相形见绌。全国统一工会的大部分力量来自金属工人工会（包括汽车工人在内）、白领工人和公共部门工作人员；从地理上看，它集中于东南部的工业核心地带。这些中央组织主张工会独立于国家权力，他们愿意在一段时间内放弃国家的资助和保护，以换取在公司层面与雇主和雇主协会进行集体谈判的权利。劳工游说团体**工会间议会咨询部**（Departamento Intersindical de Assessoria Parlamentar，DIAP）是巴西利亚最有影响力的游说团体之一。2016年，众议院有47个席位组成的跨党派"集团"代表工会，这是比20个政党代表团更大的党团会议。中产阶级工会（尤其是那些公共部门的工会）在推进国家改革的战役中占据中心地位。

工会利用卢拉领导下的友好政府来游说建立一种新的工会结构，这让人想起欧洲风格的新社团主义（见第四章），这种结构恢复了国家在劳资关系中的角色。它们努力的成果是2008年通过一部法律，2010年通过一项行政法令来授权承认中央组织的法律地位，并创建一个（由国家、雇主和工人代表组成的）三方劳动关系委员会。与传统社团主义不同的是，新的框架允许更大的多元主义并鼓励工会竞争，最具有"代表性"的工会（那些在各个地区和经济部门拥有最大数量会员的工会），得到的回报不仅是在劳动关系委员会上有更大的势力进而在影响政策方面具有更大的权重，而且通过更大份额的**工会税**（Imposto Sindical）享有更多资源②。

商业协会

商业协会也被正式组成国家工商联合会。在独裁统治时期，私营部门的精英在不稳定的经济环境下支持1964年政变，他们可以非正式地接触总统、内阁首脑以及国有企业和银行的负责人。当企业家们发现自己的机会在1970年代被独裁政权阻碍时，他们开始相信，减少国家权力很有必要。

自1985年以来，商业界领袖一直在从事选举竞选、游说和集体谈判。像劳工一样，企业家也试图影响1987—1988年的全国制宪会议。尽管如此，商业团体在制宪会议过程中的很多关键问题上都输给了工会。1988年宪法严格限制外国投资，但却承认大量的劳动权利和特权（尽管对外国投资的限制在1995年被取消）。宪法还规定120天的带薪产假、陪产假、带薪休假和被称为第13

---

① IBGE，PNAD，2011.

② Mario Henrique Ladosky，"A Nova Estrutura Sindical no Brasil，" *Revista da ABET* 14，1（January-June 2015），115－116，131.

个月工资的补贴。即使那些赞许加强工人权利的人也承认，宪法对雇主和国家强加了繁重的财政负担。

商业组织最初仅在微弱的程度上代表商业利益，尤其相对于工会而言更是如此，原因在于，商界在改革其制约性社团主义结构时比较缓慢。然而，自 1990 年代以来，商界已经迎头赶上，建立了新的组织，并将其社团主义协会变成利益团体，从而更好地促进和保护经济利益。商界还将自己的游说努力从行政部门转向立法部门。例如，强大的全国商业联合会（CNI）成立了一个立法事务顾问团，负责在商业机构中传播有关立法议程的信息①。最强大的商业联合会——尤其是巨大的**圣保罗州工业联合会**（Federation of Industries of the State of São Paulo，FIESP）——它代表了 10 万家公司，雇用的员工达到 200 万人②——已经赢得优惠的贸易和养老金政策，但在获得更低的企业税方面收效甚微。

巴西的经济精英们并不主要依赖右派的一两个政党来捍卫自己的利益（在一些其他国家，人们可能确实这么做）。他们两面下注，而且几乎总是支持单个的候选人而不是整个政党③。很多重要的企业家（尤其是那些农业综合企业和其他出口导向型经济部门的企业家）对于在 1990 年代支持右派的社会民主党（PSDB）政府和在 2003 年之后支持左派的劳工党（PT）政府感到同样舒适。当迪尔玛·罗塞夫在 2013 年之后陷入经济困境时，这些企业家在很大程度上放弃了她，并在 2016 年对米歇尔·特梅尔的新政府提供强大的支持。这种行为在一定程度上是机会主义的，但也是实用主义的：巴西的商业精英们在赔钱的时候会对政治非常感兴趣。

农业精英

从传统上看，地主协会是巴西最强大的协会。全国的农村社会仍然独立于国家。农业精英们还有一个部门联合会网络（如制糖工业联合会），它们属于官方的利益代表系统。这些协会的代表在负责监督公共政策的国家机构理事会任职，例如，任职于糖和酒精研究所，该所帮助设计了巴西的生物燃料计划。

在制宪会议对土地改革进行辩论期间，全国农业联合会和独立的激进右翼团体农村民主联盟（UDR）都对国会展开游说。大地主们组织公共集会和游行示威，在媒体上发起一场反对改革的运动，并在农村地区制造大量暴力事件，以期挫败一项本来旨在制定全国土地改革计划的宪法修正案。这个问题被退回由各州立法机构自行解决，在州的立法机构，农业精英们的权力似乎已经静悄悄地扼杀了土地改革的法案，至少在 1990 年

---

① Eli Diniz，"Empresariado，Estado y Políticas Públicas en Brasil：Nuevas Tendencias en el Umbral del Nuevo Milenio，" in *Política Brasileña Contemporánea：De Collor A Lula en Años de Transformación*，ed. Vicente Palermo（Buenos Aires：Instituto Di Tella/Siglo XXI，2003），462－463.

② Peter R. Kingstone，*Crafting Coalitions for Reform：Business Preferences，Political Institutions，and Neoliberal Reform in Brazil*（University Park：Pennsylvania State University Press，1999），111－148.

③ Scott Mainwaring，Rachel Meneguello，and Timothy J. Power，"Conservative Parties，Democracy，and Economic Reform in Contemporary Brazil，" in Kevin J. Middlebrook，ed.，*Conservative Parties，the Right，and Democracy in Latin America*（Baltimore，MD：Johns Hopkins University Press，2000），216－217.

代中期的失地运动迫使其再次回到政治议程之前是如此。

从此以后，地主们通过“农村党团会议”（Bancada Ruralista）——更正式的称谓是**农业和畜牧生产议会阵线**（Frente Parlamentar de Agropecuária，FPA）——在立法机构获得有效代表。2016年，该党团会议的规模达到拥有40％的众议院席位和1/4的参议院席位[①]。在2012年颁布的新《森林法》中，农业和畜牧生产议会阵线有效地保护了大地主们的权利。2013年，农业和畜牧生产议会阵线提出一项宪法修正案，将划定受保护土著居民土地的权力从总统移交国会。在最近几年，农业和畜牧生产议会阵线促使国会制定立法来延缓对被侵占财产的审查（这是征用的前提条件），加速对被征用土地的补偿，对征用设定了更为严格的规模和生产力门槛，并将土地侵占视为一种“重罪和恐怖主义行动”[②]。

考虑到巴西的工业发展，农村游说集团令人印象深刻的力量似乎令人惊讶，但它反映的是农业部门的一种转型：从追求狭隘家庭利益的传统土地所有者转向追求多种需求的现代化复杂农业综合企业。这些新的需求范围从生物伦理和基础设施到财政、金融甚至是外交政策，尤其是国际贸易。这种冗长的政策议程需要现代形式的游说。而且，国会中的代表名额分配不均总是放大农村利益的力量，因为国会偏向支持农业州。

军　队

反常的是，如今，军队是巴西效率最低的利益团体之一。在1985年退出政府之后，它与世界上其他大多数军队相比，保留了更多的特权，而且，它承认平民对军队开支、武器采购和内部事务的控制享有的监督权更少。

尽管如此，军队似乎越来越不能捍卫自己的利益了。1990年代早期，费尔南多·科洛尔·德·梅洛将军事开支从1990年的水平（预算的20.5％）大大削减到刚刚超过14％[③]。1989年，国防总开支占国内生产总值的2.7％，到1992年急剧下降，仅占1.5％[④]。军人的薪水下降、设备老化，士气也低落。在过去的20年里，这种情形几乎没有发生变化。2015年，巴西在武装力量上的开支仍然仅占国内生产总值的1.4％，与之相比，中国达到2％，印度是2.4％，俄罗斯则高达5％。

由于军事声望和预算一直在减弱，武装部队影响国家政策（该政策涉及国家安全主张）的能力也在下降。几十年来，军队的组织、训练和意识形态都受到冷战的影响。随着重新民主化，军队尽力将其使命重新定位为对外防御，尤其是对巴西北部边境和亚马孙地区自然资源的防御。由于担心“亚马孙地区的国际化”，它不仅修建了军用飞机跑道、要塞、前哨站和道路，而且确定了农业

---

① 参见：http：//www.fpagropecuaria.org.br，accessed October 27，2016.

② Patricia M. Rodriguez，“The Participatory Effectiveness of Land-Related Movements in Brazil，Ecuador，and Chile：1990—2004”（Ph. D. diss.，University of Notre Dame，2009），116－119.

③ Wendy Hunter，*Eroding Military Influence in Brazil*：*Politicians Against Soldiers*（Chapel Hill：University of North Carolina Press，1997），112－113.

④ “The SIPRI Military Expenditure Database，” Stockholm International Peace Research Institute，https：//sipri.org/databases/milex，accessed December 5，2013.

和殖民项目。军方顶住了来自国内和国际的压力，不仅拒绝沿着委内瑞拉边境为雅诺玛米印第安人（Yanomami Indians）保留一片连续不断的土地，而且拒绝外部援助，如果这种援助的条件是需要外国监督环境保护工作的话。尽管如此，巴西政府最终为雅诺玛米人保留了 9 400 万公顷的土地，留下了没有资金的殖民项目，并改变了该国反对以国家遵守环境标准为条件提供援助的立场。

军方也未能阻止卡多佐和卢拉政府提出的各种人权倡议，特别是那些重提 1964—1985 年军事政权时期的酷刑和政治犯失踪事件的倡议。1979 年通过的《大赦法》（Amnesty law）赦免了 1964 年政变后犯下的所有政治性质的罪行，其中包括军官实施的侵犯人权行为和左翼游击队拿起武器反抗独裁的暴力行为。结果，巴西既没有（像阿根廷那样）对军官实施审判，也没有（像秘鲁和智利那样）在民主过渡后立即成立“真相委员会”。尽管如此，1995 年，卡多佐政府正式承认巴西政府对 1964 年之后的侵犯人权行为负责。这使得国家对先前的政治犯以及谋杀和失踪案件中的幸存者进行赔偿具有了法律上的可能性。

卢拉政府走得更远，不仅扩大了赔款计划，而且对 1960 年代离开岗位加入左翼反对派的军官给予死后赦免。与此同时，人权活跃分子抓紧时间努力加大对过去虐待行为的调查力度，他们多次提起诉讼，声称 1979 年的《大赦法》没有保护施虐者。尽管最高法院在 2010 年 4 月支持《大赦法》并判定酷刑实际上是法律规定的一种“政治犯罪”，但法院还是强烈建议，按照真相委员会的提议全面披露秘密军事文件，全面公开过去的罪行。

2011 年，在迪尔玛·罗塞夫宣誓就任总统几周之后（她在 22 岁时曾受到安全部门的严刑拷打并在军事镇压中失去许多朋友），她就着手处理**转型正义**（transitional justice）问题并将之视为一项个人事业。2012 年 5 月，在一场激动人心的仪式上，一个拥有调查权但没有惩罚权的真相委员会正式成立。在仪式上，罗塞夫总统的四位在世前任都象征性地站在她的两边，这是一个强烈的信号，即转型正义不仅仅是单个政府的政策，而是巴西国家的一项长期目标。该委员会于 2014 年 12 月提交最终报告，它进一步超越自己的法定授权并建议对那些被认定为反人类罪的犯罪行为负责人进行刑事、民事和行政审判，同时主张废除 1979 年的大赦（但国会要求真相委员会遵守大赦）。尽管该委员会在其工作的公开性、包容性和自主性方面获得很高的评价①，但它的报告并未导致对政府官员的起诉或任何重大改变。

在巴西，公民团体的剧增以及独立于国家的自治利益团体的强化削弱了武断的国家权力和威权主义的根本基础。在接下来的部分，我们将考察代议制民主制度。

政党和选举

13.9 讨论政党动态和巴西的选举制度

从传统上看，巴西的政党是短暂的，缺少凝聚力和纪律性，而且，政党制度高度碎片化。直到最近，大多数政党是就庇护主义展开竞争，也就是说，通过地方老板提供选

① Kathryn Sikkik and Bridget Marchesi, “Nothing but the Truth,” *Foreign Affairs*, February 26, 2015.

择性利益作为选票的交换条件。几乎没有一个政党提出自己的意识形态或者甚至是政府方案。政治家可以不受任何惩罚地经常改变党籍，这削弱了他们的责任感。并不令人感到奇怪的是，政党并没有在选民中形成深厚的基础，选民们也经常是在不同的选举中将选票投给不同的政党。

如今，很多政治家和分析人士宣称，巴西很多治理问题的核心在于政党力量微弱。但是，其他人则争辩道，1990年代，政党制度稳定了，政党纪律提高了，各政党在一系列政策问题上形成了鲜明的意识形态取向和立场[①]。每个人都同意，一个真正不同的政党（劳工党）首先因2005年的贿选计划案、随后又因2014年开始的洗车行动丑闻而蒙羞。在巴西，真正负责任的政党难得一见。

庇护主义和人格主义的历史张力

从传统上看，巴西的政党是精英支配式的，主要围绕人格而不是特定的问题所建立。20世纪早期，当其他拉丁美洲国家的精英们正在自己的队伍中组织竞争时，巴西各州的精英们已经垄断了省级权力。州的寡头政治得到强大的地方老板的支持——他们通常是最大的地主，拥有自己的自卫队，控制地方司法官员，引导他们的追随者去投票，并告诉他们给哪个候选人投票。作为将选票投给州的精英的交换，地方老板获得了自己的市政当局之路、就业和其他资源。就老板本人而言，他获得在自己管辖范围内任命所有重要职位的排他性权利所衍生出来的权力。这种传统的庇护主义制度被称为**上校制度**（coronelismo）。对这些上校而言，他们的上一辈曾经担任国民警卫队的地方司令职位。

战后的政党制度沿着亲瓦加斯路线和反瓦加斯路线而分立。瓦加斯的支持者建立了精英式的社会民主党（Social Democratic Party，PSD）和以群众为基础的巴西工党。瓦加斯的反对者加入全国民主联盟。巴西工党支持一种模糊的民族主义和民粹主义纲领。但是，一般来说，这些政党缺乏一种指导性的意识形态。政党组织代表了受州和地方政治家领导的庇护关系网的松散结合。当人们从农村移居城市时，地方政治老板利用控制公职人员的任命和以城市为基础的政治机器来镇守权力。选民总数的增加以及国家对新调控和分配领域的扩张使得庇护主义一如既往地普遍存在。

1965年，巴西军方将多党制转变成一种两党制（拥护政府的政党和反对党）。两党制的运作时间并不长。但是，当选民们在1974年开始更加认同反对党时，军方加大了在农业信贷、低收入住房和基本卫生项目上的开支[②]。1979年，军方还放松了对建立政党的限制，以便分裂正在蓬勃发展的巴西民主运动。国家革新联盟的领导人建立了民主社会党（PDS），巴西民主运动的领袖则建立了**巴西民主运动党**（Party of the Brazilian Democratic Movement，PMDB）。其他较小的政党则由反对派内部的竞争势力组建而成。在转向民主化之后，巴西的共产党获得

① 参见：Timothy J. Power，"Optimism，Pessimism，and Coalitional Presidentialism：Debating the Institutional Design of Brazilian Democracy，" *Bulletin of Latin American Research* 29，1（January 2010）：18－33.

② Barry Ames，*Political Survival：Politicians and Public Policy in Latin America*（Berkeley：University of California Press，1987），204－206.

了合法地位，更多的政党被建立起来。

巴西当代政党制度

如今的政党制度广泛代表了各种不同的意识形态立场。左派政党在 1986 年仅赢得 9%的立法议席，但 2014 年其在国会的占比却达到 32.4%。中间派和右派政党成员则分别赢得 24.8%和 42.8%的国会议席（见图 13 - 6）。

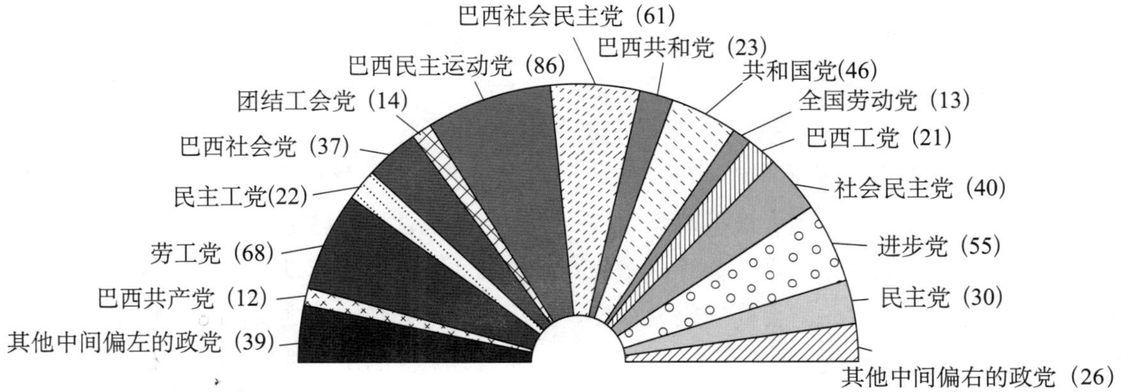

左派政党

其他中间偏左的政党（Other Left）　巴西共产党（PCdoB）

劳工党（PT）　民主工党（PDT）

巴西社会党（PSB）　团结工会党（SD）

中间派政党

巴西民主运动党（PMDB）　巴西社会民主党（PSDB）

右派政党

巴西共和党（PRB）　共和国党（PR）

全国劳动党（PTN）　巴西工党（PTB）

社会民主党（PSD）　进步党（PP）

民主党（DEM）　其他中间偏右的政党（Other Right）

图 13 - 6　巴西国会中的政党代表（2016 年 10 月）

巴西意识形态多元化的多党制在很大程度上代表了社会，但它使得在国会形成执政联盟势在必行。

巴西的政党制度仍然是世界上最分裂的政党制度之一，尽管改革者努力减少国会中具有代表资格的政党数量。以下尝试因小党在最高法院提起的诉讼而失败：各个政党要想发挥国会党团会议的作用，接受公众对政党活动的资助，并在 2006 年大选后的竞选活动期间拥有免费的电视时间，就需要满足所设立的一个 5%的门槛。结果，2007 年，有 20 个政党进入国会，如果按照被否决的法律标准，只有 7 个政党符合条件。目前，对有资格成为立法代表所需要的得票百分比没有设定最低要求，因此，2014 年赢得国会议席的政党多达 28 个。

尽管很多政党参与立法选举竞争，但自 1994 年以来的 6 次总统选举的争夺基本上都是在劳工党和巴西社会民主党之间展开。1994—2014 年的 6 次选举中，这两个政党联合持有的国会席位数一直徘徊在 30%左右，与之相反，在第一轮总统选举投票中，劳工党和巴西社会民主党候选人共同获得的选票份额却在70%到90%之间。为了应对这样一个高度分裂的国会，劳工党和巴西社会民主党的典型做法是建立多党联盟内阁，参与组阁的政党规模从8个到12个不等。

左派政党

尽管迪尔玛·罗塞夫在2016年被罢免，但最重要的左派政党仍然是劳工党。劳工党成立于1980年，它在巴西的政治领域起初被认为是一场以劳动为基础的运动和一个真正不同的政党。劳工党的代表根据政党路线投票，不会转投其他政党，也不会答应做庇护利益的经纪人。该党的国会代表很大程度上由知识分子和工人组成。然而，截至2002年，该党已经超越其原来的政党基础（如圣保罗工业工会、农村失地工人运动和天主教积极分子）而迈向政治中心。这个更为温和的劳工党在2002年选举卢拉当总统，简单地说，该党也是国会最大的政党。它的成功主要来自总统选举，因为劳工党在2006年、2010年和2014年都赢得了总统职位。

每10个劳工党党员中有3个自认为是激进分子。2003年，卢拉决定邀请中间派和右派政党的成员加入自己的内阁，继续保守主义金融政策，采取一种不受欢迎的社会保障改革，一些左派政党的积极分子和国会议员对此表示不满。一些资深成员公开反对总统，因此，他们被迅速开除党籍。2005年，劳工党代表团略有减少，当时，贿选丑闻开始曝光。尽管如此，卢拉在第二任期取得的经济成功以及他本人在当时受到的普遍欢迎帮助他推动自己亲手挑选的继任者迪尔玛·罗塞夫在2010年轻松获胜。2014年，罗塞夫以非常微小的优势赢得连任，劳工党赢得68个众议院席位和27个有争议的参议院议席中的2席，此外还有5个州长职位（见表13-1）。

劳工党的声誉因2005年的贿选事件和2014年的洗车行动丑闻而受到玷污。一些劳工党的杰出人物（包括前总统和政党的财务主管）被逮捕并被宣判犯有贿赂、敲诈勒索和违反竞选财务法等罪名。迪尔玛·罗塞夫在党内几乎没有任何个人权威，当卢拉本人在2015年开始接受洗车行动小组调查时，劳工党似乎失去了方向。在罗塞夫任职的最后两年，认为自己是劳工党支持者的巴西人的总数减少了一半以上。2016年的市政选举仅在罗塞夫被弹劾之后的8周内举行，它见证了劳工党的市长总数从630位急剧下降到256位。如今，该党将面临一个长期的重建过程。

2005年，激进的劳工党叛离者组建了社会主义和自由党（PSOL）。该党支持在政党方针上实施重大变革，其中包括大幅降低利率。2014年，它在众议院只赢得6个议席。其他的左派政党包括**巴西社会党**（Brazilian Socialist Party，PSB）和**民主工党**（Democratic Labor Party，PDT），前者在2014年赢得34个国会议席和3个州长职位，后者则是国会最大的十个政党之一。尽管两个政党在过去都支持劳工党的总统候选人，但在2014年之后，它们逐渐疏远了命运多舛的罗塞夫政府。

中间派政党

位于政治谱系中间的是巴西民主运动党。巴西民主运动党是巴西最大的政党，它有66名众议员、18名参议员和7名州长。该党没有明确的意识形态，它是由政治上司管理的一个地区性党支部的松散联盟。自再民主化进程以来，巴西民主运动党一直是每届巴西政府的一个联合伙伴，它在2015—2016年脱离劳工党是罗塞夫遭到弹劾的一个重要因素。在2016年罗塞夫被罢免后继任总统职位的米歇尔·特梅尔是巴西民主运动党的资深人士，该党从2001—2016年一直受其领导。特梅尔内阁的第二大政党是**巴西社会民主党**（Party of Brazilian Social Democracy，PSDB），它在1988年脱离巴西民主运动党。巴西社会民主党由几个备受尊重的巴西民主运动党的领袖（其中包括卡多佐）所建立，它开始是作为一个中间偏左的政党。然而，当该党于1995—2002年执政时，它提出了一项市场改革议程，从而转向右派。1998年，巴西社会民主党获得史上最好的选举结果，它成为第二大国会代表团、当选最多数量的州长并赢得总统选举。如今，它是国会的第三大政党，有5个州受巴西社会民主党的州长领导。自1989年以来，大多数巴西社会民主党的总统候选人都是圣保罗州的重要政治人物，该党自1994年以来就不间断地控制着圣保罗州州政府。2016年，巴西社会民主党还选举商人若昂·多利亚（João Doria）担任圣保罗市市长。作为市长，多利亚掌管着巴西第三大预算，仅次于联邦政府预算和圣保罗州预算。

表13-1　2014年选举结果

在一个高度分裂的体制中，5个最大的政党控制了3/4的州长职位，但拥有的国会议席只有一半。

政党[a]	众议院		参议院[b]		国会[c]		州长
	数量	%	数量	%	数量	%	数量
劳工党	68	13.3	2	7.4	80	13.5	5
巴西民主运动党	66	12.9	5	18.5	84	14.1	7
巴西社会民主党	54	10.5	4	14.8	64	10.8	5
进步党	38	7.4	1	3.7	43	7.2	1
社会民主党	36	7.0	2	7.4	39	6.6	2
巴西社会党	34	6.6	3	11.1	41	6.9	3
共和国党	34	6.6	1	3.7	38	6.4	0
巴西工党	25	4.9	2	7.4	28	4.7	0
巴西共和党	21	4.1	0	0.0	22	3.7	0
民主党	21	4.1	3	11.1	26	4.4	0
民主工党	19	3.7	4	14.8	27	4.5	2
团结工会党	15	2.9	0	0.0	16	2.7	0
社会基督教党	13	2.5	0	0.0	13	2.2	0
社会秩序共和党	11	2.1	0	0.0	12	2.0	1
人民社会主义党	10	1.9	0	0.0	10	1.7	0
巴西共产党	10	1.9	0	0.0	11	1.9	1

续前表

政党	众议院		参议院		国会		州长
	数量	%	数量	%	数量	%	数量
其他政党[d]	38	7.4	0	0.0	40	6.7	0
合计	**513**	**100**	**27**	**100**	**594**	**100**	**27**

a 本表仅显示那些在 2014 年至少赢得众议院 10 个议席的政党。

b 参议院选举是交错进行的，在 2014 年只有 1/3 的议席（也就是 81 个议席中的 27 席）用来角逐。

c 总的国会代表团由所有参议员（81 名，包括 2010 年补充的 54 席和 2014 年不参加连任竞选的议席）组成，再加上所有当选的众议员。

d PV（绿党）、PSOL（社会主义和自由党）、PTC（基督教工党）、PRTB（巴西劳工复兴党）、PTdoB（巴西劳工党）、PRP（进步共和党）、PHS（人文团结党）、PSL（社会自由党）、PTN（全国劳动党）、PMN（全国动员党）、PEN（全国生态党）和 PSDC（基督教社会民主党）。

资料来源：Tribunal Superior Eleitoral（available at www. tse. gov. br）.

右派政党

巴西政治谱系中最突出的右派政党是**民主党**（Democrats，DEM）。该党在 2007 年之前叫作自由阵线党（PFL），它由民主社会党——该党是前军人政权的支持者——的背叛者于 1985 年建立。在卡多佐政府时期，民主党人担任副总统，而且，自 1994 年以来，该党几乎在所有的选举中都与巴西社会民主党结盟。2010 年，民主党仅当选了两个州的州长，但它仍是国会的第四大代表团，拥有 51 个议席。在卢拉-罗塞夫年代，资深的民主党高层领导对劳工党提出了最激烈的反对意见。尽管如此，民主党的一个派系在圣保罗市前市长吉尔伯托·卡萨布（Gilberto Kassab）的组织下于 2011 年脱离民主党，并组建新的**社会民主党**。尽管社会民主党的创建者们出身于保守主义，但它还是暗中支持罗塞夫总统，并于 2013 年正式进入她的联盟。2016 年之后，卡萨布及其政党仍留在米歇尔·特梅尔的内阁之中。

另一个重要的保守主义政党是**进步党**（Progressive Party，PP），它是一个支持商业和经济改革的政党，也根源于民主社会党。其他的右派政党包括巴西工党和**共和国党**（Party of Republic，PR）。紧随 1979 年政党改革法而重建的巴西工党发现，本党在过去几年里拥有的立法议席份额稳步下滑到 5%以下。共和国党源自自由党（该党曾经是一个支持商业发展的政党，后来它与劳工党政府联盟并饱受腐败丑闻之苦）和右派的重建国家秩序党（PRONA）的合并。右派的其他几个小党仍然存在，其中包括某些极端保守主义政党。右派政党反对土地改革和堕胎法的自由化，往往采取一种强烈的“法律和秩序”立场。尽管自由阵线党/民主党在意识形态方面具有一致性，而且长期与巴西社会民主党结盟，但更小的中间偏右的政党都是政治上的机会主义政党，如进步党、巴西工党和共和国党，它们在最近几年既支持（巴西社会民主党的）卡多佐政府，又支持（劳工党的）卢拉政府。很能说明问题的是，涉及 2005 年贿选丑闻的大部分立法者都是这 3 个政党的成员，2014 年之后，有些政党再次卷入从巴西国家石油公司的合同中攫取竞选资金的事件。

社会分裂和投票

近年来，巴西最重要的社会分裂是地区性的。巴西有两个选区：一个位于东南部和南部的大都市地区，它更有党纲意识，更可能基于党纲给候选人投票；另一个则位于东北部和中西部地区更小的、更贫穷的、工业化程度更低的而且主要是农村地区的各个县城，它主要为有影响力的人物投票，以换取庇护。这些贫穷和受教育程度不高的偏远地区的居民一般来说投票给右派候选人。那些受教育程度和收入较高的选民支持中间偏左的巴西社会民主党，尤其是左派的劳工党，年轻的选民也是如此。

这种分野在 2002 年具有分水岭意义的大选中依然可见，正是那次大选开始将卢拉推上权力宝座，但是，2006 年大选体现了新的投票模式，这些模式在 2010 年的大选中继续适用。迪尔玛·罗塞夫在城市贫困社区和非都市县城获得几乎一致的选票（分别是 52%和 50%）。与之前的趋势相反，东北部的选民以 2∶1 的优势支持劳工党领导人（见表 13－2）。而且，随着劳工党因腐败丑闻的曝光而失去中上阶层的选票，罗塞夫巩固了只有小学教育程度的选民和收入水平不足最低工资标准两倍的选民对自己的支持。除此之外，2010 年出现了一种新的宗教分裂，劳工党领导人在天主教徒和不认同任何宗教的人群中的民调结果要好于在五旬节派新教徒中的民调结果，对后者而言，堕胎问题在竞选活动的最后几天显得尤为突出。

选举制度

巴西采用了三种不同的选举制度。总统、州长和市长（该市至少有 20 万选民）通过多数票决选产生。如果任何候选人在第一轮都没有赢得 50%的选票，那么就会在得票最多的两个候选人之间举行决选投票。参议员和不到 20 万选民城市的市长由另一种被称为“简单多数票当选”的制度选举产生。他们只需要得票最多即可当选就职，这种情况不会出现决选投票。

联邦和州的众议员以及地方议员由第三种制度选举产生，即多成员选区的**名单开放式比例代表制**（open-list proportional representation，OLPR）。每个选区可以选举产生 1 名以上的代表。在联邦和州的选举中，议员们代表的是整个州，并从中获得选票。选民们则是从几个政党所列名单中任选一位候选人。每个政党成员名单所包括的候选人可以多达所需填补议席数的 1.5 倍。这种制度的运作和地方议会选举相同，但市即为选区的情况除外，在这种情况下，每个政党可以提名的候选人可以多达所需填补议席数的 3 倍。

根据比例代表制，在立法机构或地方议会中授予每个政党的议席总数取决于该党候选人总得票数的比例。在大多数根据比例代表制授予议席的选举制度中，候选人名单往往是“封闭”的。政党领袖决定政党选票上候选人名单的顺序。他们通过将候选人放在政党名单的前列来确保那些忠诚的议员和需要担任内阁部长的议员能够当选。他们还可以轻易地惩罚那些在国会关键投票中背叛的议员，惩罚的方式是将该议员放在政党选票靠后的位置，以至于他几乎不太可能再次当选。与之相比，根据巴西的名单开放式比例代表制，由选民决定的政党名单中的那一位候选人将在立法机构代表该政党。

表 13-2　2014 年巴西总统投票的社会基础*

在迪尔玛·罗塞夫成功的连任竞选中，她受益于由其前任卢拉所建立的弱势选民联盟。

	迪尔玛·罗塞夫（劳工党）	埃希奥·内维斯（巴西社会民主党）	空白票/无效票	不知道	选民比例
性别					
男性	42	48	6	4	48
女性	44	42	7	4	52
年龄					
16～24 岁	38	47	9	6	16
25～34 岁	44	43	8	5	23
35～44 岁	45	44	6	5	20
45～59 岁	44	44	6	6	24
60 岁及以上	42	46	4	7	17
教育					
小学	53	36	4	7	38
中学	40	47	8	5	42
大学	31	57	8	4	19
地区					
北部	51	40	5	4	8
中西部	33	57	4	6	7
东北部	61	29	5	5	27
东南部	35	50	8	6	44
南部	34	53	6	7	15
县的类型					
首府和都市地区	42	44	8	6	39
内陆地区	44	45	5	6	61
家庭收入（最低工资的倍数）					
不到 2 倍	53	35	6	6	42
2～5 倍	39	50	6	6	37
5～10 倍	31	58	8	4	11
10 倍以上	30	64	3	2	5
宗教					
天主教	46	44	5	5	60
五旬节派新教	39	44	5	4	21

续前表

	迪尔玛·罗塞夫(劳工党)	埃希奥·内维斯(巴西社会民主党)	空白票/无效票	不知道	选民比例
宗教					
主流新教	36	45	4	6	6
卡迪斯主义者/巫师	31	60	7	2	3
所有选民	51	41	4	4	100

*来自全国范围内 9 081 份成人样本所体现的第二轮总统选举中的投票意图，误差率为 2%。表中的所有数据均为百分比。

资料来源：DataFolha，October 14 and 15，2014（下载地址：http：//datafolha. folha. uol. com. br/）.

批评家们声称，由于政党领袖对谁会当选几乎没有控制力，因此，他们无法在立法机构中强制执行政党纪律。名单开放式比例代表制还鼓励政治人物与本党的其他成员而不是其他政党的对手展开竞争，并奖励能给选民带来好处而不是坚持政党纲领的那些人。尽管劳工党、巴西社会民主党和其他政党都有相当程度的纪律性并以政治纲领为导向，但选举制度的这些特征使得政府很难通过立法和关键性政策改革，如果立法者不能从国库中获得大量好处来奖励各自选民的话。

巴西国会中和选民中的政党

从传统上看，巴西的政党一直没有凝聚力；也就是说，政党代表在关键问题上不能持有同样的立场。政党纪律或者说政党领袖在立法机构强制要求按照政党路线投票的能力也很弱。根据传统的智慧，大多数政党在立法机构的代表进行投票时都会打破党派界限，以期服务于各自州的利益、某个特定的利益团体，甚或是它们自己的事业。将政党计划置于一旁转而为各个州和地区谋取资助资源会强化人格主义、庇护主义和地方主义，并削弱政党的身份和责任。

如今，巴西政党仍然不如拉丁美洲其他国家政党的纪律性强。尽管如此，政党纪律也比有时所报道的更强。当众议院的政党领袖在点名投票之前宣布某项立场时，绝大多数议员会遵循领袖的意见。2003—2006 年的立法机构，七大政党的成员在 88%的时间内都是投票支持正式的政党立场；劳工党是最具纪律性的政党，对政党路线的平均支持率达到 94%①。

巴西的政治家们也经常改变党籍，这不是因为他们与政党之间存在哲学层面上的差异，而是因为通过加入他们认为将赢得下一次选举的政党团体来增加自己个人的胜选希望。在 2002 年当选的众议院议员中，有 192 名众议员（占下议院议员总数的 37%）在 2003—2007 年立法会议期间改变了党籍②。通常，政治人物都会放弃反对党而加入联合政府，以便有直接的机会来获取联邦资源。尽管如此，2007 年最高选举法院判定，国会议席属于政党，而不是属于政治家个人。随

① Fabiano Santos and Márcio Grijó Vilarouca，“From FHC to Lula：Changes and Continuity in Political Institutions and Impact upon the Political Reform Debate，” in Peter R. Kingstone and Timothy J. Power，eds.，*Democratic Brazil Revisited*（Pittsburgh，PA：University of Pittsburgh Press，2008），79.

② Carlos Ranulfo Melo and Geralda Luiza de Miranda，“Migrações e partidos no governo Lula，” paper presented to the Brazilian Political Science Association，Campinas，Sço Paulo，Brazil，July 26－29，2006.

后，政党身份转换迅速放缓，如果某个政党的一位联邦众议员转投其他政党，则该党会选择一位候补成员来替代那位不忠诚的议员。改变政党身份的那些人利用了法律漏洞来维持自己的流动性，数以百计的案件悬而未决①。

表面的政党忠诚是很多但不是所有巴西政党的苦恼。左派政党唤起了本党精英成员的强烈忠诚，它们的国会代表团比右派政党的同行更可能保持对政党立场的忠诚。而且，如今的国会议员似乎要比十年前更加珍惜他们的政党标签，他们也更愿意将更大的权力让与本党的国会领袖。1988 年，所有调查受访者中的 2/3 认为，改变党籍的国会议员不应该失去她的席位②，但是，到 2013 年，有 67%的人认为，她因改变党籍而应该失去席位。而且，同意如下观点的立法者所占的比例从 2005 年的 51%上升到 2013 年的 62%：“政党应该驱逐投票反对政党命令的国会议员。”③

巴西政党被认为是弱政党的原因还在于，它们缺乏深厚的选民基础，当然，劳工党是例外。2015 年，在接受调查的选民中只有 1/4 的人认同现有众多政党中的任何一个。这些选民中有一半的人认同劳工党（占所有受访者的 12%）。任何其他政党都无法接近这个水平：接下来被经常提及的政党是巴西社会民主党（5%）和巴西民主运动党（4%）。如果不是劳工党的存在，政党身份在巴西选民中几乎察觉不到。

政党和选民之间的关系可能正在发生变化。如今，巴西的政治家和政党仍然控制着很多公共部门的就业机会并分配公共工程项目和社会服务，从而报答政治上忠诚的选区和个人。但是，新的法律使得国家恩惠性工作更加稀少，限制国会个别议员通过修改预算来发起专项拨款，并禁止购买选票。裙带政治也变得不那么有用了，因为政府项目直接向穷人提供社会援助，不需要任何政治干预。公众对庇护主义和政治领袖控制政党的惯例所表现出来的容忍正在明显消失。未来政党竞争的不仅是恩惠关系，还包括政党的工作表现。

政策制定过程

13.10 描述巴西立法机构引入和审议法律的方式

在巴西，政策的制定和执行或者通过立法过程，或者通过内阁和官僚机构。尽管自 1988 年以来立法机构的地位和力量都有所提高，但行政部门仍然支配着政策制定过程。

立法过程

法律可以由参众两院的任何议员、总统、最高法院的部长、总检察长或者公民提议制定。通过公民动议启动立法程序需要达到全国选民的 1%，同时至少在 5 个州代表不少于 0.3%的选民。对非由国会提起的议案展开的辩论开始于众议院。以这种方式通过的第一部法律是由天主教活动分子在 1999 年提起的一项法案，它规定购买选票是一种犯罪行为，应该受到失去议席的惩罚。2010

① 改变政党身份的那些人或者宣称他们的政党已经改变了自己的意识形态，或者宣称政党领袖一直在迫害他们（这两者都是可以接受的放弃某个政党的法定原因）。只有几十起这样的案例发生在国会，大多数是出现在州和地方立法机构。

② Scott Mainwaring，“Politicians，Parties，and Electoral Systems：Brazil in Comparative Perspective，” *Comparative Politics* 24，1 (October 1991)：33，36.

③ 2005 年和 2013 年的数据来自 Timothy J. Power 和 Cesar Zucco，Jr. 组织的巴西立法调查，具体参见：http：//dvn. iq. harvard. edu/dvn/dv/zucco.

年，一场反对选举腐败的运动收集了160万份签名，迫使国会通过了一项被称为《清白记录法》（the Clean Record Law）的法案，该法案禁止任何被判有罪的候选人获得选票。

由国会某个议员提交的议案可以在任何一个议院中提出（见图13－7）。如果该项议案是在众议院提出的，它首先由**众议院理事会**（Mesa Directiva，由众议院议长、2位副总统和4位秘书组成）进行审查，该理事会的组成体现了国会中的政党力量。例如，众议院议长通常来自最大的政党。另一个重要的领导机构是**领导人团**（College of Leaders）。它的20多名成员包括：议院中多数派和少数派的正式领导人、立法“集团”（两个或更多政党的联合）的领导人，以及拥有5名以上议员的所有政党的领导人。领导人团代表众议院理事会组织立法议程。委员会主席设定议程的自由要远远小于美国国会中的同行。

一旦某项议案获得众议院领导层的通过，它将被提交给适当的立法委员会进行审查。目前，众议院有21个常设委员会，参议院有11个，另外还有3个由参众两院议员组成的联合委员会（联邦预算委员会、气候变化委员会、由巴西代表团组成的南方共同市场议会委员会）。所有被提议的立法首先由司法委员会审查其合宪性。如果该项立法通过审查，它就会被提交给在该领域具有管辖权的一个或多个委员会。例如，一项经济议案将由经济委员会和财政委员会进行审查。

如果三个委员会都批准了某项议案，它将被直接提交给参议院进行审查。如果该议案只有两个委员会予以批准或者它没有获得任何一个委员会的批准，它将再次面对众议院的全体议员。一旦在众议院获得通过，它必须同样由参议院司法和经济委员会予以审查。如果该项议案获得参议院全体会议的批准，它将被提交给总统，然后由总统将其签署成法律或者全部或部分予以否决。推翻总统的否决需要参众两院绝对多数的通过。由参议院提起的某项议案也必须获得众议院的通过。行政部门提起的两种最为重要类型的议案（拨款和紧急措施）须由立法机构联合会议讨论如何处理（再次参见图13－7）。宪法改革议案必须获得同一个立法机构在两次不同时期的超多数通过（也就是国会两院的3/5多数）。1992—2006年，宪法总共有93次修正。

总统立法权

在民主治理的头20年里，巴西总统通过各种各样的特权控制着立法过程。根据宪法规定，只有总统才能提起如下法案：确定武装力量的规模、创造公共部门的就业机会、重组内阁、决定公共雇员的工资水平以及最为关键的是引入拨款法案。在同一年中，由总统提交国会的每10部法案中有9部获得通过，与之相比，由国会提起的每10部法案中只有不到2部获得通过[①]。在劳工党政府时期，总统的立法权变弱了；由众议员向众议院提交的法案所占份额的比例从卡多佐时期的38%增加到两位劳工党总统时期合计在一起的81%。2015年，所有非预算法案的2/3不是由罗塞夫提起的，而是由立

① Argelina Cheibub Figueiredo and Fernando Limongi, *Executivo e Legislativo na nova ordem constitucional* (Rio de Janeiro: FGV, 1999), 105.

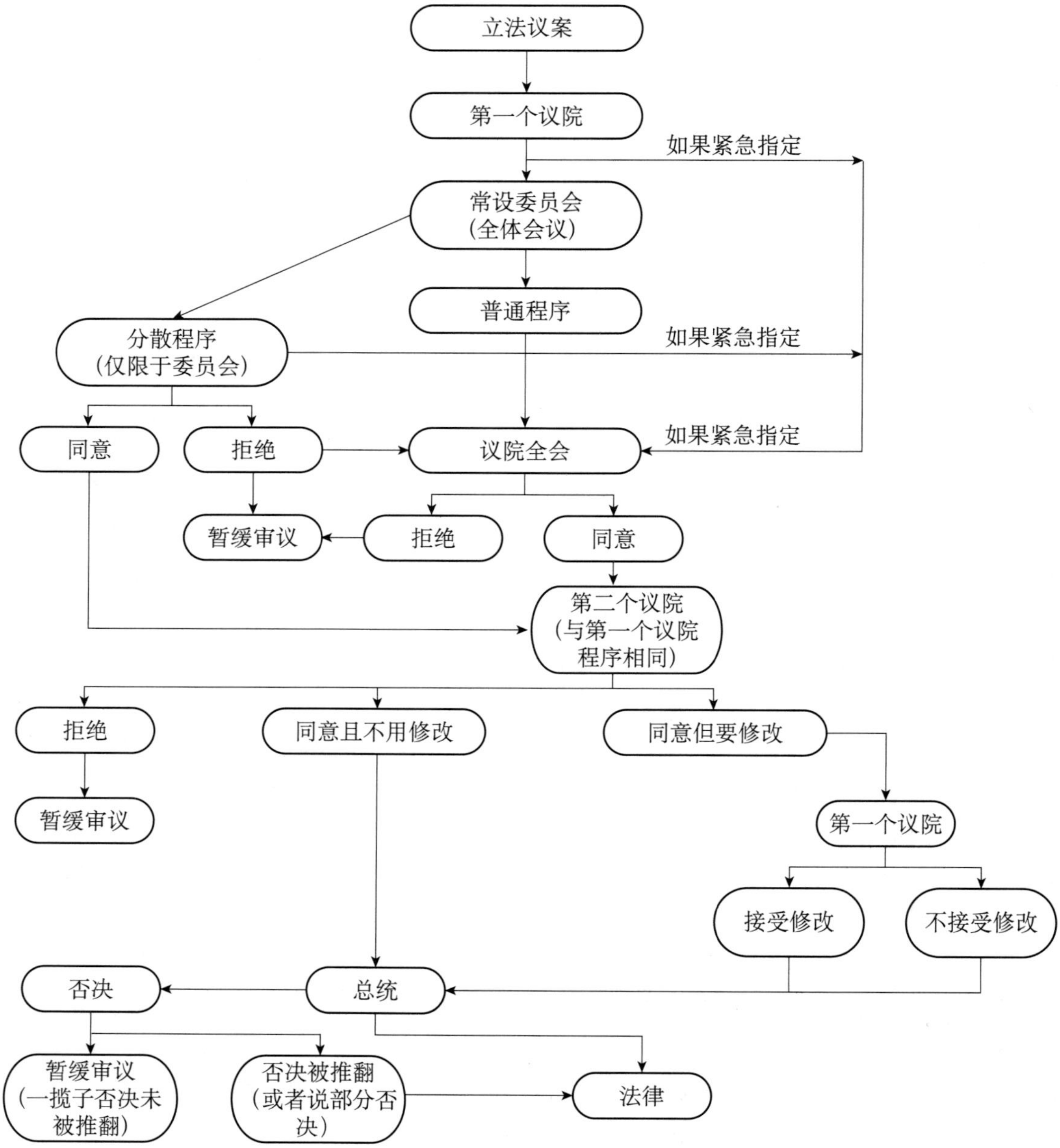

图 13-7　巴西的立法过程

在巴西，国会和总统都可以启动立法，审议立法的过程在参众两院是相同的。

资料来源：Based on Paolo Ricci，“A produção legislativa de iniciativa parlamentar no Congresso：diferenças e similaridades entre a Câmara dos Deputados e o Senado Federal，” in *O Senado Federal Brasileiro no Pós-Constituinte*，ed. Leany Lemos（Brasilia：Unilegis，2008），271.

法者提起的[1]。

巴西总统还可以制定**临时措施**（provisional measures），这些措施一经发布立即生效。1988年宪法的制定者们试图在特殊情况下经由国会同意后临时执行这些措施，但总统经常因可疑的原因而依赖这些“紧急状态”措施。而且，他们通过重新颁布国会没有立即审议的法令来规避获得国会批准的要求。在十几年的时间里，4位总统共颁布了619项法令，但重新颁布的法令却达到了5 491项。为了寻求限制总统权力，国会在2001年对宪法进行了修正，以期限制总统只能重新颁布一次已经失效的法令。然而，国会同意将颁布之日起45天内还没有发挥作用的任何措施列入首要议程，结果使得总统能够通过颁布更多的法令来主导立法议程。而且，总统的法令几乎没有被拒绝过，因为它们已经生效，国会很难消除这些法令带来的政策影响。

除了那些总统享有排他性权力的领域之外，总统还可以要求国会对所提议立法采取“紧急”行动，从而在根本上改变立法议程。在国会的存在期内，总统可以指定100多项立法为紧急立法。最后，总统可以诉求完全否决（一揽子否决）或部分否决（单项否决）国会立法，国会几乎不太可能推翻总统的否决。

内阁和官僚机构

政策制定过程的第三个关键层次是官僚机构。巴西的官僚机构在传统上就充满了任人唯亲。除了国家发展银行和外交部这些明显的例外情形之外，从联邦政府的最高层面到州和地方政府的最低层面的任命都是为了政治利益。

1990年代末期的行政改革以及将州政府的工资总额限定在净收入的60%以内使减少公共雇员名单和提高州的服务效率取得了有效进展。这些改革在1991—2001年几乎将公务员队伍缩减了20%，确立了一种择优录用新成员的制度，并将基层官僚机构中政党成员的占比降至最低水平[2]。它还提高了质量。2007年，美洲开发银行（Inter-American Development Bank）将巴西的官僚机构归类为“以业绩为基础”的官僚机构，并将其独立性和根据业绩进行任命排在拉丁美洲首位[3]，随后的评估发现，拥有更大能力和自主权的部委和机构——它们是巴西国家的“优质群岛”（archipelagos of excellence）——比以往任何时候都更多[4]。

近年来，尽管一些高度敬业、才华横溢的公务员的专业素养有所提高，但在劳工党政府时期，联邦公务员队伍再次壮大，其中，中央官僚机构的增长率为22%，半国营

---

① Melo, “Crisis and Integrity in Brazil,” 59.

② Merilee Grindle, *Jobs for the Boys* (Cambridge, MA: Harvard University Press, 2012), 383; Daniel Gingerich, *Political Institutions and Party-Directed Corruption in South America: Stealing for the Team* (Cambridge: Cambridge University Press, 2013), 247.

③ Koldo Echebarría and Juan Carlos Cortázar, “Public Administration and Public Employment Reform in Latin America,” in Eduardo Lora, ed., *The State of State Reform in Latin America* (Washington, DC/Palo Alto, CA: Inter-American Development Bank/Stanford University Press, 2007), 138 - 139, 150 - 151.

④ Katherine Bersch, Sérgio Praça, and Matthew M. Taylor, “State Capacity and Bureaucratic Autonomy *within* National States: Mapping the Archipelago of Excellence in Brazil” (paper presented at the Princeton-Oxford State Building Workshop, Oxford University, May 17 - 18, 2013).

部门的增长率则达到50%。而且，高层官僚的任命（特别是内阁的任命）仍然受制于由支离破碎的多党制造成的变幻莫测。从传统上看，在任命内阁成员时，总统们一直在技术能力的需求与在国会建立党派和地区政治支持的相互激励机制之间取得平衡。因此，财政部、中央银行和一些专业技术机构的人员任命典型地以业绩为基础。但是，大多数部委和联邦机构的任命通常是执政联盟中各个政党之间讨价还价的对象。在罗塞夫总统领导的政府中，11个不同的政党瓜分39个内阁职位，每个政党都对各自相关的部委做出重要的党派任命。

考虑到预算压力，特梅尔总统取消了13个内阁级别的职位，并对剩下的部委进行责任重组。例如，社会保障的管理工作从劳动部转移到财政部——这是一个明确的信号，表明养老金福利正在被削减。

政策绩效

13.11 列举巴西最近的五大公共政策变化并描述它们的影响

巴西的政策绩效在历史上就是不平衡的。在20世纪后半叶，国家有效地调动资源促进经济增长与发展。但是，国家在提供基本的社会福利、改善种族不平等和打击犯罪方面又令人遗憾地显得无法胜任。

经过几十年的缓慢发展之后，政府自1990年代中期以来在经济改革、更为有效地提供社会服务、更好地分配经济增长的成果、减少机会和法律不平等等方面都取得了长足的进步。2000年代中期，商品繁荣催生了更具包容性的社会政策，为底层人民提供了更慷慨的社会福利，并使更多的人有机会接受中等和高等教育。然而，即使在2013年开始经济衰退之前，政府仍然要面对一项尚未完成的议程——改革税收，解决失控的养老金成本，提高教育质量，提供适当的住房和医疗保健，打击与毒品有关的犯罪和其他犯罪。经济萎缩意味着公共政策的失败，而公共财政面临的巨大压力预示着未来的艰难时期。

经济记录

几十年来，巴西政策最引人注目的成功是经济增长。国家调控经济活动、确定工资和价格、发放农业信贷、限制进口和控制外汇交易，因此，在民主和军人政权30多年的时间里，巴西经济的年增长率达到7%。1985年之后，经济增长速度放缓，每年平均不到3%，原因在于国际环境不太有利。相对于1960年代和1970年代，外国投资和贸易机会减少了。1980年代（整个拉丁美洲称之为“失去的10年”），偿还军政府所欠外债的巨额利息严重制约了政府促进经济增长和社会服务的能力，生活水准下降了。

巴西历届政府最引人注目的经济败笔在于它们无力控制通货膨胀。尽管军人政权直接全力应对通货膨胀（1964年通胀率高达90%），但在1967年之后，它认为通货膨胀率在20%的范围以内是可以接受的，并将所有的重点放在经济发展上。毫无疑问，不断上涨的世界油价和利率导致巴西通货膨胀率增加了3倍，并达到4位数。但是，在1980年代末和1990年代初，飙升的政府预算赤字（包括州政府的预算赤字）也是如此。在平民统治的头10年，通货膨胀平均每年超过1 000%，它更为常见的是按月而不是按年进行统计。不断上升的通货膨胀率极大地削弱了穷人的购买力。在1994年伊塔马尔·佛朗哥引入雷亚尔计划之前，似乎没有一个政府能够遏制这种趋势。在那之后，最低工资的真正价值才开始恢复。

1990年代早期，贸易保护被取消，一些国有钢铁公司被出售。但在其他方面，改革陷入停顿。学者们主张，迫切需要的经济改革因太多的“否决者”（那些必须同意政策的任何改变的个人和集体行为者，如行政部门成员、国会领袖、州长和政党领袖）而放慢进程。巴西经济的自由化进程要比智利、墨西哥、秘鲁和阿根廷更为缓慢。改革步伐在卡多佐政府时期（1995—2002年）得以提速。在卡多佐就任总统的第一年，国会通过宪法修正案，打破了国家对天然气、电信和石油工业的垄断，消除了基于宪法而对外国投资的歧视。这些立法上的胜利迅速推动了很多国有公司的私有化。随后又对国有部门进行了其他改革，这些改革被认为对减轻国家财政负担至关重要。行政改革对于精简前10年因任人唯亲而膨胀的公共行政机构至关重要；如果不这样做，私人部门的工作人员除了被证实腐败之外，不能以任何理由被解雇。养老金改革也是保持经济稳定的关键所在，因为社会保障制度因在职工作人员和退休人员之间的比例（2∶1）而不堪重负，尤其是退休的时间安排取决于工作年限而不是年龄（实际上，公共部门的工作人员可能在50岁就可以退休）。这些改革是在严重的金融危机已经导致货币贬值并耗费大量时间和政治资本之后才得以通过的。

正如前面讨论的那样，卡多佐政府在改革联邦政府和地方各级政府（州政府和市政府）之间的财政关系方面也非常成功。在1980年代末和1990年代，挥霍无度的州和地方政府欠下了惊人的债务。这种开支的绝大部分被用于政治赞助。在拖了几年改革后腿并向巴西利亚施压要求延期偿还州政府债务之后，各州州长和国会代表团最终同意将国有银行私有化，限制州雇员人数，并偿还联邦政府的债务。

与这些成功的改革相比，卡多佐在解除金融和劳动力市场管制方面进展不大。财政改革和公共部门工作人员的养老金改革的任务留给了卢拉。2003年，政府抓紧推进养老金改革法案，该法案提高了公务人员的退休年龄，要求养老金领取者重新向养老金系统缴纳费用，基于工人年龄和工作年限重新调整福利，并对收入最高者设定了上限。

巴西和任何其他拉丁美洲国家（或许甚至是任何发展中国家）具有同样的汲取能力。2012年，巴西的总税收负担（税收收入占国内生产总值的百分比）是36.3%①。最近几年，公共部门收入中由对商业活动和利润、金融交易和燃料等征收“捐款”所占的份额大幅度增加。这些捐款被存入不同的基金，然后被用于社会保障、教育和道路等特定用途（见图13-8）。值得注意的是，这些收入并不包括在惠及州和市政府的收入分成公式之中。个人和企业所得税由联邦政府负责征收，但要与州和市政府进行分摊，这种税收占2013年联邦税收的1/3以上。由巴西27个州和5 570个市征收的额外税收——前者如**商品和服务流通税**（tax on the circulation of goods and services，ICMS），后者如城市财产税——占据了整个公共部门收入的1/5。

① “Carga tributária bate recorde e atinge 36.27%,” *O Globo*, March 4, 2013, gl.globo.com.

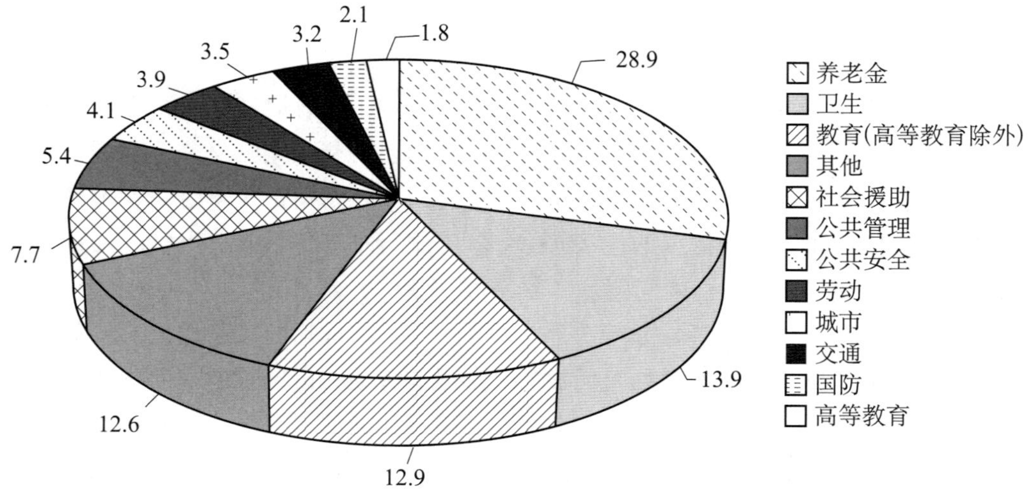

图 13-8 按职能划分的主要开支

巴西增加了卫生与教育的开支，但与州的养老金投入相比，这些开支就相形见绌了。

资料来源：World Bank, *Retaking the Path to Inclusion, Growth, and Sustainability: Brazil Systematic Country Diagnostic* (June, 2016), xlvi.

社会福利绩效

多年来，巴西各届政府在社会政策领域的记录都令人失望。很多社会政策设计得很糟糕，执行效率低下。2000 年代中期，联邦政府每年在公立大学（全国最好的大学）上的花费超过 100 亿美元——这些大学不收取任何学费。理论上这样的政策使每个人获得免费教育成为可能，但在实践中，它资助的是中上层阶级甚至是上层阶级子女的高等教育，但他们本身就能支付得起这样的费用。2010 年，教育部每向初等教育投入 1 美元，就要向大学和实验室投入 6.5 美元。巴西的社会政策也没有达到应有的效果，因为官员任命和资源分配建立在政治庇护主义而不是功绩的基础之上。庇护主义被援引为“医疗保健再分配改革最引人注目的障碍”①。

20 年来，巴西的社会政策取得了重大进展。成人识字率从 82%增加到 91%，婴儿死亡率从 45‰大幅下降到 16‰，贫困率从 15%急剧下降到 3.4%（见表 13-3）。这种成功至少在某种程度上归因于行政权力下放和更为有效的目标资金配置。这也是卡多佐、卢拉和罗塞夫总统自 1995 年以来对社会政策给予优先重视的结果。卡多佐政府对社会服务的供给予以重组并将权力下放。但它也留下了很多亟待解决的问题。

劳工党政府在社会福利方面取得的进步令人印象深刻。卢拉优先考虑的重点是完全消除巴西 15% 挨饿人口的饥饿问题，他实施了一项被称为“零饥饿”的社会计划。由这位儿时亲自经历饥饿的第一位巴西总统所启动的计划具有的象征意义是巨大的，但它并不足以使这项计划获得成功。从早期的失误中吸取教训之后，卢拉政府将几项有条件现金资助（CCT）计划和其他的一些社会福

---

① Kurt Weyland, *Democracy without Equity: Failure of Reform in Brazil* (Pittsburgh, PA: University of Pittsburgh Press, 1996), 182.

利计划合并成一项被称为**家庭补助金**（Bolsa Família）的单一旗舰社会计划，如今，这项计划已经覆盖1/4的巴西人口，并成为世界上最大的有条件现金资助计划。

表13-3 公共政策和社会福利收益

在最近由巴西社会民主党和劳工党领导的政府下，巴西实现了经济增长和福利改善。

	科洛尔-佛朗哥 1990—1994年	卡多佐 1995—2002年	卢拉 2003—2010年	罗塞夫 2011—2015年
经济				
增长率[a]（%）	1.24	2.31	4.06	1.01
通货膨胀率[b]（%）	1 321.28	9.24	5.79	7.07
最低月平均工资[c]（美元）	128.02	134.61	197.57	263.45
收入不平等——基尼系数[d]	0.600	0.598	0.558	0.529
福利				
最低识字率[e]（%）	82.0	84.0	90.3	92.6
15～17岁儿童初中就读百分比[f]（%）	20.42	42.05	54.01	61.51
婴儿死亡率[g]（‰）	45.1	30.1	25.1	15.6
极端贫困百分比[h]（%）	15.0	10.0	6.0	4.0

a 国内生产总值的平均年度百分比变化。

b 消费者价格指数的平均年度增长比。

c 每届政府实际每月平均最低工资，以当地货币为固定单位，基于2016年8月汇率兑换成美元。

d 基于每届政府获得的最新数据：1993年、2002年、2010年和2013年。

e 基于每届政府最后一年15岁及以上人口获得的数据：1993年、2002年、2009年和2015年。

f 基于每届政府最后一年获得的数据：1993年、2002年、2009年和2014年。

g 1991年、2000年、2006年和2011年的数据。

h 基于每届政府最后一年获得的数据：1993年、2002年、2009年和2013年。

资料来源：World Bank，World Development Indicators；Instituto de Pesquisa Econōmica Aplicada（IPEA）；Instituto Brasileiro de Geografia e Estatistica（IBGE）.

家庭补助金计划的实施与更慷慨的最低工资政策（其他政府福利也与这些政策相挂钩）相结合，从而改善穷人的生活，创造一个所谓的“新中产阶级”。2003—2013年，巴西经济整体增长了30%，实际家庭收入却增长了惊人的87%，结果产生真正的向上流动。在卢拉胜选之后的10年里，新中产阶级（主要由月收入为600～2 600美元的家庭组成）占巴西人口的比例从38%增长到56%①。

尽管如此，罗塞夫政府最后两年（2014—2016年）灾难性的经济衰退破坏了这些成果。2015年，收入不平等的基尼系数在19年时间里首次出现增长。主要原因不是因为社会政策的改变（福利在经济衰退期间没有受到影响），而是因为失业率的急剧上升，并在2016年达到自2004年以来首次出现的两位数。生活在极端贫困中的人口比例也从3.6%增加到4%。

教育 卡多佐政府继承了一项令人沮丧的教育制度。1988—1993年，政府的教育开支占总支出的百分比一直在下降。巴西的平

① Paul Kiernan, “Brazil's Economic Crisis Stalls Rise of Middle Class,” *Wall Street Journal*, November 10, 2015, A10.

均学龄仅为 3.8 年。65%的儿童没有读完小学，对读完小学的人而言，也只有 3%的人能够在正常的 8 年之内完成学业。大部分人考试不及格并被迫留级好几年。平均来说，学生们读完小学的时间是 11.2 年。只有 1%的巴西人口进入大学，这和 1960 年代的比例相同①。

卡多佐政府在 1998 年将教育开支增加到国内生产总值的 5.2%。最重要的是，它重新分配教育资源以支持小学教育，并通过**基础教育教学维持与发展基金会**（Fund for the Maintenance and Development of Basic Education and Teaching）来减少地区性的不平等。该基金会特别指定了一定比例的联邦资金用于小学教育，确定了一年级到八年级每个学生开支的最低全国标准，并要求联邦政府为那些贫穷而无法满足最低标准的各州弥补空缺。1998—2000 年，每个学生的年度支出在全国范围内增加了近 50%，但在更贫穷的东北部和北部则分别增加了 117.5%和 90%②。法律还鼓励大幅增加教师的薪水。1994—2001 年，小学生的总数从 3 110 万增加到 3 530 万，增加了 13.5%。中学生的注册人数的增长更为显著，从 440 万增加到 840 万，增加了 90%。2007 年，一项后续计划（FUNDEB）将资助项目扩大到包括高中教育，增加的支出将由州和市新的共付额在一定程度上予以承担。

中等教育得到了快速发展，1990 年，中学相关年龄团体的注册率只有 38%，但到了 2000 年已实现所有中学生全员注册。换句话说，2010 年，25 岁及以上的巴西人接受学校教育的平均时间达到了 7.2 年，而 1995 年只有 4.6 年③。教育的发展在很大程度上导致了经济学家所说的“技能溢价”的下降，从而提高了工资的公平性，减少了不平等④。

自 1990 年代中期以来，高等教育的规模也在显著扩大。1996—2004 年，私营部门的增长超过 150%，私人机构提供了超过2/3 的可用大学场所。申请联邦奖学金项目——PROUNI（“每个人都可以获得大学教育”）——获得的资助使得那些经济上处于弱势地位的学生能够支付得起上大学的费用。除此之外，联邦政府投资了大约 9 亿美元来扩建联邦大学的办学场所，同时使本国职业学校的总数翻了一倍之多。

卫生 公共卫生的供给构成了一项重大挑战。1988 年宪法授权一种单一且标准统一的卫生系统来替代先前的卫生系统，后者只涉及在正式部门工作的工人。自 1988 年以来，尽管每个公民都有权在公立或契约式私立场所获得医疗，但实际上，进入医疗保健系统的机会是不均等的，这个领域的政策结果最初是令人失望的。

1990 年代中期，医疗保健的行政权力下

① Pablo Guedes，“O future é a educação，” *Exame*，October 8，1997，10.

② Sōnia M. Draibe，“Federal Leverage in a Decentralized System：Education Reform in Brazil，” in Robert R. Kaufman and Joan M. Nelson，eds.，*Crucial Needs*，*Weak Incentives*：*Social Sector Reform*，*Democratization*，*and Globalization in Latin America*（Washington，DC：Woodrow Wilson Center Press，2004），395 - 402.

③ World Bank，*Retaking the Path to Inclusion*，*Growth*，*and Sustainability*：*Brazil Systematic Country Diagnostic*（Washington，DC：World Bank，June 2016），159.

④ Naercio Menezes Filho and Charles Kirschbaum，“Educação e desigualdade no Brasil，” in Marta Arretche，ed.，Trajetórias das Desigualdades：*Como o Brasil Mudo nos Últimos Cinquenta Anos*（Sço Paulo：Unesp，2015）.

放到地方政府和联邦支出的增加使得巴西医疗保健的质量得以提高。1998年，初级医疗保健的机会大幅度提高，当时，联邦向各州和各市的医疗保健转移支付增加了3倍。2001年的宪法修正案规定各级政府有义务增加卫生支出的专项拨款①。人均卫生支出从1995年的473美元增加到2008年的772美元。2008年，在所有寻求医疗保健的人当中，有93%的人得到了治疗，诊所的服务人员从1981年到2008年大约增加了450%②。

这些变化改善了医疗部门的政策产品。出生时的预期寿命从1991年的67岁增加到2010年的73.4岁。巴西的婴儿死亡率（每1 000个活产婴儿中不到1岁之前死亡的婴儿总数）从1990年的48‰下降到2003年的33‰，而且，到2010年再次急剧下降到15.6‰。这使其远远在所要求的2015年截止日期之前完成了联合国千年发展目标。而且，巴西现在已经将一些其他的发展中国家甩在身后，如印度和尼日利亚（这两国的儿童死亡率分别是47‰和78‰），同时，它也拉近了与墨西哥和俄罗斯的距离（它们的儿童死亡率分别是13‰和10‰）。而且，无法获得公共卫生的人口比例也从1990年的30%大幅度下降到2010年的21%。巴西政府还因其艾滋病病毒/艾滋病预防战略获得国际赞誉。

种族平等 卡多佐政府不仅在一些政府部门而且在高等教育系统推动种族配额制，以期增强多样性。采用配额制一直饱受争议。即使配额制受到公众支持，但要填补为非裔后代预留的配额也并非一件容易的事情。2010年，巴西利亚大学成为第一所为非裔后代预留20%配额的联邦大学已经有五年多了，但在参加大学入学考试的所有考生中申请巴西利亚大学的黑人和混血考生仅占18.6%。

为了表明一种崭新的优先发展战略，卢拉在2003年建立了促进种族平等特别秘书处（Special Secretariat for the Promotion of Racial Equality）。2010年6月，经过10年的公共辩论之后，国会最终通过了具有里程碑意义的**《种族平等法》**（Racial Equality Statute）。该法规定了种族不平等、种族歧视和（基于种族自我认同的）“黑人人口”的法定含义。与很多其他法案一样，《种族平等法》要求在学校教授非裔巴西人的历史与文化，禁止雇佣歧视，命令政府采取措施预防警察对非裔后代实施暴力，并在每个政府机构内建立一个反种族歧视申诉专员办公室。尽管如此，由于参议院的反对，所有强制性配额——包括在电视广播和政党提名中提出的种族配额——都被排除在该法的最终版本之外。尽管活动人士对最终法案的淡化感到遗憾，但他们仍然认为，这项立法是朝着承认种族不平等迈出的重要一步。

犯罪、法律和公民自由

经济剥夺、政府对“社会问题”的回应不充分以及吸毒人数激增加剧了犯罪率的上升。在民意调查中，毒品和犯罪通常被公众列为国家面临的最为紧迫的三大问题之一。

① Marta Arretche, “Toward a Unified and More Equitable System: Health Reform in Brazil,” in Kaufman and Nelson, *Crucial Needs*, *Weak Incentives*, 178 - 179.

② Jairnilson Paim, Claudia Travassos, Celia Almeida, Ligia Bahia, and James Mackinko. “The Brazilian Health System: History, Advances, and Challenges,” *Lancet* 377 (2011): 1781, 1793.

很多社区都受毒枭控制，或许没有任何一个其他地方受毒枭控制像里约热内卢那样明显，在这里，估计有1万名全副武装的战斗人员。在警方看来，巴西多达70%～80%的暴力犯罪或许都与本国非法毒品交易有关，在这些交易中，估计有20万巴西人受到雇用。自1980年代中期以来，谋杀率翻了一番；在2003年达到了顶峰，每10万人中就有29人被杀，这大约是美国谋杀率的5倍。根据联合国的统计数据，在所有非战争状态的国家中，因使用枪械而导致的凶杀率当属巴西最高——超过了70%。对此，富人雇用私人保镖加以应对。2010年，全国的私人保镖达到170万，超过警察总数的2倍。穷人通常是依赖自己手中的法律，但据报道，仍有数百人被处私刑或被暴徒杀害。

巴西政府在减少犯罪方面的失败在更广泛的意义上是厉行法治失败的一部分。对农民、农村工人及其支持者的暴力行为广泛存在，而且这些施暴者实际上都逍遥法外。根据天主教教会农村土地委员会的统计，仅在2012年，巴西就发生了1 364起土地冲突案件，结果导致295起死亡威胁、165起人身伤害、34起针对农民和农村工人的谋杀①。这些冲突很少会被定罪，如果考虑到发生土地冲突的很多地区（尤其是在北部和东北部地区）没有法官或公诉人也就不足为奇了。5 000名联邦警察的特工（他们负责侦查有关腐败、走私和侵犯人权的犯罪）有大部分远在巴西利亚。很多警察局局长都是州长的政治任命者，他们并不拥有法律所要求的法学学位。

甚至更显眼的是，国家不能控制自己军队和警察力量的暴力行为（见专栏13-3）。警官本人也加入杀人小组。国家的民事警察（他们负责进行调查）为自己常规使用非法的调查方法进行辩护，并认为法治是实现社会控制的一种障碍。国家的军事警察（他们负责巡逻和预防犯罪）被报道公然实施侵犯人权行为，其中包括从速从简处决疑犯。在巴西，军队和警察镇压罪犯臭名昭著。破旧的监狱系统已经不堪重负，共有55万犯人被监禁（将近一半在圣保罗）：监禁率（每10万人中的囚犯）在20年时间里增加了290%，从1992年每10万人中的74人增加到2012年的288人，这一比例是人口增长率的10倍之多。只有柬埔寨和萨尔瓦多的监狱人口增长率比巴西快。在被监禁的人群中，非裔后代的比例过高：2012年，非裔后代占总人口的比例为51%，但其囚犯的比例却高达61%；更深肤色的巴西人（他们被称为*pretos*）占囚犯总数的17%，但仅占总人口的8%②。巴西警察在制度层面获得的报酬过低（在下层，警务人员只能获得最低工资），而且缺少训练。

1990年代，卡多佐政府设立了一个负责捍卫人权的内阁级秘书处，启动了一项国家人权行动计划，并将酷刑犯罪从一种轻罪提升到一种可判高达16年监禁的重罪。该政府还将所有的权利侵犯行为定为联邦犯罪行为，从而剥夺了州的民事和军事警察力量的调查管辖权。卢拉于2003年建立了全国保

① “Conflitos no Campo Brasil 2012,” Comissão Pastoral da Terra，http：//www.cptnacional.org.br.

② Michèle Lamont，Graziella Morzes Silva，Jessica S. Welburn，Joshua Guetzkow，Nissim Mizrachi，Hanna Herzog，and Elisa Reis，*Getting Respect*：*Responding to Stigma and Discrimination in the United States*，*Brazil and Israel*（Princeton，NJ：Princeton University Press，2016），130.

护人权捍卫者协调机构，它由政府官员和社会的代表组成。2004 年，政府启动了一项电话热线服务，人们可以利用该热线报告滥用权力的行为。2016 年，特梅尔总统撤销了人权秘书处的内阁地位，并使其职能隶属于司法与公民事务部。

犯罪和公共安全领域的政策改革因联邦主义而变得复杂。从传统上看，对穿制服的警察的控制权一直掌握在各州州长手中，总统（他们需要这些州长的政治支持）私下里尊重这种特权。因此，通过中央集权（例如，在联邦层面建立一个公共安全部）使公共安全合理化的建议未被采纳。显然，在巴西控制暴力和实现正义之前还有很多事情要做。

专栏 13－3

暴力、毒品和警察改革

暴力在巴西社会非常普遍。仅 2015 年，超过 5.8 万人被谋杀，这一数字相当于 1960—1975 年之间美国在越南战争中的死亡人员的总数。这个问题在里约热内卢尤为严重，在这里，毒贩团伙在 1980 年代控制了该市 800 个贫民窟，涉及全市居住人口的 20%。三大贩毒集团——红色命令（Red Command）、兄弟会（Amigos dos Amigos）和第三命令（Third Command）——不仅彼此争斗，而且要与联防队做斗争。联防队是由前警察、消防员和监狱看守组成的民兵组织，这些民兵组织也敲诈当地企业，并和居民争夺地盘。凶杀率在 1990 年代达到顶峰，每 10 万人中就有 80 多人被杀害，这使得里约热内卢成为世界上最暴力的城市之一。

国家首先采取的方式是以残暴的武力回应。军事警察特别行动营（BOPE）是一支受过镇压叛乱和城市战争训练的精锐部队，他们作为军事占领者进入了贫民窟，也经常出现严重侵犯人权的行为，如酷刑和即决处决。警方辩解称，之所以出现这些杀害行为，是因为犯罪嫌疑人拒捕，但这种说法可信度不高。1990 年代末期，政府甚至还向那些与所谓的“罪犯”进行交火的警官们颁发“见义勇为奖”，从而在经济上给予奖励。2005—2013 年，共发生了 17 392 起凶杀案和 4 707 起警察杀人案。当里约热内卢于 2009 年赢得 2016 年夏季奥运会的主办权时，它的领导人准备改变路线。

为了夺回先前由武装犯罪集团控制的地区，并通过减少枪战和致命性暴力来改善贫民窟的安全状况，州政府在 2008 年实施了一项雄心勃勃的警察改革计划，这次改革建立了新的警察单位——**警察平定小组**（Police Pacification Units）——负责进入贫民窟并永久巡逻。与军事警察特别行动营不同的是，警察平定小组会预先警告居民他们何时进入（以此鼓励毒贩安静地从后门离开），而且，一旦他们在社区立足，他们就会永久留守在那儿。这次改革还建立了一项奖金制度，将对警察行动营的奖励转为对减少暴力死亡、汽车盗窃和街头抢劫的奖励。自 2008 年以来，警察平定小组作为一种“就近”巡逻形式被引入 100 多个贫民窟。

总的来说，凶杀率下降了，但这在一定程度上也归功于经济机会和社会包容。据分析，警察平定小组本身可能对减少贫民窟居民之间的凶杀影响甚微，尤其在更为贫穷、教育程度更低的社区更是如此，但它们确实显著降低了警察杀人的比例，降幅达到 60%。然而，消息并非全是好消息。自 2011 年以来，在执行任务中被杀害的警察人数却翻了一倍，因为贩毒分子采取了对抗警察平定小组的战略。而且，资源的严重短缺使得在被平定的社区维持警力异常艰难，也不可能将警察平定小组派往城市北部和西部的其他部分地区，在那里，犯罪集团和贩毒分子已经开始重新组织。只要毒品交易还有利可图，就很难想象和平如何能够真正降临里约热内卢的贫困地区。

资料来源：Based on Beatriz Magaloni, Edgar Franco, and Vanessa Melo, "Killing in the Slums: An Impact Evaluation of Police Reform in Rio de Janeiro," Stanford University Center for Democracy, Development, and the Rule of Law Working Paper, December 2015.

国际关系

13.12 指出巴西在国际上表现突出的四种方式

长期以来，巴西一直拥有职业化的外交服务，但直到卡多佐政府时期，它才开始作为国际和地区事务的一个重要角色进入世界舞台。卡多佐（尤其是卢拉）实现了巴西外交政策的"总统化"，他们不知疲倦地行走于世界各国，与世界各国领导人举行峰会，并在总体上提升巴西的国际形象（见专栏13-2）。巴西与其他国家在核不扩散、环境保护（特别是落实里约热内卢环发大会环保文件和《京都议定书》）、促进人权和女性权利、减少毒品走私等方面展开合作。在卢拉执政时期（2003—2010年），外交政策的焦点是缩小富国和穷国之间的鸿沟，促进各民族之间的平等，实现国际制度民主化。卢拉成为发展中国家在世界舞台上的一个重要代言人，积极支持被称为金砖国家（2009年由巴西、俄罗斯、印度和中国发起的一项协商机制，2011年南非加入）的新兴大国之间更深程度的政策协调。尽管巴西本身仅占世界生产总值的3%，但作为金砖国家的创始国，它现在是这个占全球产出30%的集团的一个主要声音。

卢拉政府因履行巴西的对外义务而在国际金融界享有良好声誉。然而，受劳工党领导的卢拉政府和迪尔玛·罗塞夫政府还与拉丁美洲越来越多的左翼政府建立了良好关系，其中包括委内瑞拉的乌戈·查韦斯、玻利维亚的埃沃·莫拉莱斯和厄瓜多尔的拉斐尔·科雷亚，这些总统的领导都备受争议。劳工党政府还维持着与古巴的热情友好关系。尽管有时会因为没有公开反对邻国对公民自由的侵蚀而受到批评，但卢拉和罗塞夫争辩道，巴西只是坚持自己不干涉他国内政的传统。

特梅尔总统迅速采取行动，淡化巴西外交政策南南层面的重要性，并与主要西方大国建立更友好的关系。与此同时，他要比他的劳工党前任们更愿意公开反对委内瑞拉对民主的侵蚀。玻利维亚、古巴、厄瓜多尔和委内瑞拉政府对特梅尔在结束巴西长达近14年的劳工党政府中扮演的角色表示不满，它们宣称，特梅尔是通过违宪手段攫取了政权。2016年9月，也就是在罗塞夫被弹劾之后的几天内，特梅尔在联合国大会上发表开幕演讲（在传统上是授予巴西国家的一种荣誉），有5个拉丁美洲国家的大使离会以示抗议。

外贸与开放出口市场是国际关系的优先事项。巴西是南美地区贸易集团**南方共同市场**的创始成员国。南方共同市场由巴西、阿根廷、乌拉圭和巴拉圭成立于1991年，其中巴西约占创始成员国国内生产总值总和的

70%。南方共同市场对成员国之间95%的商品交易都免收关税，它建立了一个由2.2亿人组成的市场，GDP高达1.3万亿美元，在南方共同市场成立后的头6年里，它的地区贸易增加总量超过了400%。该贸易集团后来新增了两个成员，分别是委内瑞拉（2012年）和玻利维亚（2015年），而且，它的准成员还包括智利、哥伦比亚、厄瓜多尔、圭亚那和苏里南。卢拉政府还寻求建立南美国家更广泛的政治联系，并最终代替南方共同市场和更早的安第斯国家共同体（CAN）。这些努力促使在2008年建立了**南美洲国家联盟**（Union of South American Nations）。

由于巴西强调把南美经济一体化置于所有其他优先事项之上，因此，它在建立**美洲自由贸易区**（Free Trade Area of the Americas，FTAA）的多边谈判中故意一拖再拖。美洲自由贸易区于1994年启动，目标是在2005年之前缔结一项协议。美国、墨西哥和智利都支持加快美洲自由贸易区的进程，而委内瑞拉及其左翼联盟反对和美国进行任何进一步的融合。谈判期间，巴西主张，只有当美国为巴西的农业出口提供公平的市场准入机会时，它才会在知识产权、金融调控和市场准入方面做出让步并签署协议。由于在农业和知识产权问题上陷入僵局，同时考虑到2000年之后上台的几个左倾政府放弃谈判，美洲自由贸易区进程于2005年在阿根廷举行的那场喧闹的峰会之后宣告瓦解。

美洲自由贸易区解体以来，巴西一直通过其他方式敦促美国取消农业补贴。它通过世界贸易组织推动全球贸易改革，并与许多较小的非洲国家联合起来，发起了一场旨在结束富裕国家农业补贴的运动（欧盟也向其农民支付了价值数十亿美元的价格支持）。

作为世界上领土、人口和经济活动最大的国家之一，巴西渴望成为联合国安理会（UNSC）常任理事国。在加入由德国、日本和印度组成的所谓的四国联盟后，巴西提议扩大联合国安理会的规模，从而“体现21世纪新的力量平衡”，具体方式是增加6个不享有否决权的常任理事国席位，其中4席分配给上述4个国家，另外2席分配给来自非洲的2个国家。尽管这项提议得到英国和法国的支持，但它仍因非洲联盟内部的分裂、中国反对日本的加入以及美国反对在此时扩大安理会的规模而处于摇摆不定的状态。巴西一直通过高调的海外行动来支持其成为联合国安理会成员的理由，例如，巴西自2004年以来就领导联合国海地稳定特派团（MINUSTAH）。

专栏 13-4

巴西和体育盛事：这些努力真的值吗？

2014—2016年，巴西作为两项体育盛事的主办国成为全球瞩目的焦点。在2014年6—7月期间，第20届国际足联世界杯足球赛在巴西的12个城市举行。两年后，里约热内卢主办了第31届夏季奥运会。卢拉政府庆祝自己赢得这些赛事的主办权，这是在巴西近年来以商品驱动实现繁荣达到顶峰时获得的。

考虑到与体育盛事相关且众所周知的头疼问题（大多数主办国都会遇到成本超支，同时还要努力满足一套困难的最后期限要求），有一些巴西人开始质疑争取这些赛事的必要性。然而，卢拉总统明确表示，这些赛事是提升国家知名度的一种方式。他当时的总统办公室主任也是后来的总统迪尔玛·罗塞夫则将这些体育盛事看作是对巴西破旧且不充分的基础设施进行快速巨额投资的一种方式，而且，巴西实力强大的建筑公司也非常乐意支持她。州长和市长们都受到体育盛事如何将巴塞罗那和悉尼转变成国际城市的影响，他们对未来几十年可能会促进旅游业增长的“遗产”规划兴奋不已。

最后，体育盛事的批评者和支持者都看到自己的某些预测得以证实。成本超过预算，有些工程要么拖到最后一刻（例如，里约热内卢新增的一条地铁线拖到奥运会开幕前几天才开始运营，它耗费了奥运会 1/4 的预算），要么就干脆脱轨（例如，贝洛哈里桑塔为 2014 年世界杯新建的机场航站楼直到 2017 年才开放使用）。里约热内卢的地方活动人士抱怨道，奥运会建设使贫困居民离开了家园，并在最不需要的地方建立了新的基础设施。尽管如此，2016 年 8 月奥运会的举办出人意料地顺利，成功的开幕式和闭幕式为这个深陷腐败丑闻、陷入经济衰退和总统被弹劾的国家带来了一些急需的正面新闻。所有相关人士都应汲取的教训是，巴西在 2009 年赢得奥运会主办权时的雄心勃勃几乎完全不同于 2016 年该国所面临的四面楚歌。

结论：未来前景

从 2013 年的情况来看，尽管巴西人走上街头抗议各种各样的政策问题，但巴西的前景依旧相对光明，而且肯定比 20 年前的情形更有希望。这个国家大体上躲过了 2008 年和 2009 年的全球经济衰退，成为一个能源超级大国，扩大了医疗保健、教育和扶贫项目的覆盖范围，并提升了其质量。这些积极的发展部分是由于商品价格的好运气。政府绩效也得以改善。总统、行政部门工作人员、国会议员和司法机构已经稳步克服了该国政治制度为使政策制定顺利进行所设置的许多障碍。以增强凝聚力和纪律性为标志的政党开始通过向选民提供真正的政策选择和意识形态替代而在选民中扎根。

进步似乎是真实且渐增的。1990 年代，卡多佐抑制了通货膨胀，开始推行国家改革，结果留下一份经济稳定的遗产。2000 年代，卢拉保留了卡多佐的动议，同时扩大社会安全网并巩固他的社会包容遗产。排序（sequencing）不可能不是这样——只有在价格稳定和国家能力的支持下，进步的社会政策才有可能——但这些共识性目标给了巴西一个 16 年的经济改革周期和不断提升的人类发展。罗塞夫总统毫不含糊地接受了保持经济稳定和促进社会包容的挑战，但最终还是屈服了。巴西的总统们可能会挺过一场重大的腐败丑闻，或者是一次瘫痪的经济收缩，但很难想象一位领导人能同时在上述两种情形下幸存下来。

如今，在几十年来最严重的经济衰退和政治危机中，巴西几年前的光明前景与未来的重大挑战将很难实现调和。中国（作为巴西重要的贸易伙伴）经济的低迷加剧了巴西政府预算赤字和信贷引发的消费激增对通货膨胀的影响。信贷紧缩导致经济增长急剧下降，失业率相应上升。为了走出困境，巴西必须大幅度削减预算，其中包括慷慨的公共养老金系统的预算。尽管如此，围绕经济调整的政治共识几乎很难达成。由于罗塞夫总统被弹劾的痛苦挥之不去，巴西的政治体制一如既往地存在两极分化。而且，这起令人惊叹的腐败丑闻对公众支持政府产生了一种腐蚀性影响。考虑到同时发生的几次危机和一位未经选举产生的总统，巴西似乎将不可避免地被迫推迟对人力资本的投资，升级本国破碎的基础设施，并进行公共安全改革。为了恢复可持续增长和减少不平等，巴西将不得不以某种方式重新启动这一议程。

巴西能够崛起迎接这些挑战吗？正如其最近的成功是政治的产物一样，巴西的未来前景也取决于其政治家的治理能力。越来越老练的选民和被动员起来的公民可能会要求他们这样做。

复习问题

1. 巴西军方在为自己长达 21 年之久的统治辩解时称这是必要的，因为平民政府太过软弱，以至于无法保持巴西经济稳定并刺激经济增长。民主政府在 1990 年代和 2000 年代最显著的经济成就是什么？这些成就是如何发生的？
2. 尽管军方在近 30 年前让出权力，但独裁的伤疤仍然存在。巴西是如何处理过去威权主义政权遗产的？
3. 巴西人往往不太信任国会和政党，但是，他们的政治参与率很高。如何解释这种悖论？
4. 巴西的选举制度如何影响政府颁布政策的能力？
5. 巴西总统总的来说支配着政策过程。他们采用何种治理策略和宪法手段来做到这一点？
6. 如何解释劳工党（一个有着激进政治提议历史的左翼政党）在 2015 年之前的选举和治理的成功？又如何解释在那之后的衰败？
7. 巴西支持和反对种族配额的理由是什么？巴西的种族关系不同于美国的种族关系吗？如果是这样，有何不同？
8. 从历史上看，巴西的社会政策效率低下且向穷人倾斜，但在最近几年，在健康和教育等领域的政策产出得到明显改善。哪些新的计划和资助方案有助于使上述情形成为可能？
9. 尽管中国经济在增长，而且商品价格强劲，但巴西看起来似乎也能够维持经济稳定并促进社会包容。健全的经济管理是否需要放慢收入再分配和社会支出的步伐？
10. 作为金砖国家之一，巴西正在恢复其在世界政治中的重要地位，但它是通过在国际经济市场和政治制度中采取行动而不是通过军事力量来这样做的。巴西采取了什么样的外交行动？这有可能实现它的目标吗？

关键词

非裔后代	基础教育教学维持与发展基金会	进步党
家庭补助金	工会税	PROUNI（每个人都可以获得大学教育）
巴西工党	解放神学	临时措施
巴西社会党	南方共同市场	《种族平等法》
全国统一工会	众议院理事会	雷亚尔计划

领导人团
联邦总审计长
上校制度
社团主义
民主工党
民主党
工会间议会咨询部
圣保罗州工业联合会
《财政责任法》
农业和畜牧生产议会阵线
公诉机关
农村无地工人运动
名单开放式比例代表制
议会调查委员会
参与式预算
巴西社会民主党
巴西民主运动党
共和国党
劳工党
社会民主党
联邦最高法院
商品和服务流通税
转型正义
联邦审计法院
高等选举法院
警察平定小组
南美洲国家联盟
美洲自由贸易区

建议阅读材料

Alston, Lee J., Marcus André Melo, Bernardo Mueller, and Carlos Pereira. *Brazil in Transition: Beliefs, Leadership, and Institutional Change*. Princeton: Princeton University Press, 2016.

Avritzer, Leonardo. *Participatory Institutions in Democratic Brazil*. Washington, DC: Woodrow Wilson Center Press, 2009.

Baer, Werner. *The Brazilian Economy: Growth and Development*. 7th ed. Boulder, CO: Lynne Rienner, 2013.

Bailey, Stanley R. *Legacies of Race: Identities, Attitudes, and Politics in Brazil*. Stanford, CA: Stanford University Press, 2009.

Brainard, Lael, and Leonardo Martínez-Díaz, eds. *Brazil as an Economic Superpower? Understanding Brazil's Role in a Changing Economy*. Washington, DC: Brookings Institution Press, 2009.

Cardoso, Fernando Henrique. *The Accidental President of Brazil: A Memoir*. New York: Perseus Books, 2007.

Castro, Fábio de, Kees Koonings, and Marianne Wiesebron, eds., *Brazil under Lula: A Country in Transformation*. London: Palgrave, 2014.

Cepaluni, Gabriel, and Tullo Vigevani. *Brazilian Foreign Policy in Changing Times: The Quest for Autonomy from Sarney to Lula*. New York: Lexington Books, 2012.

Gómez Bruera, Hernán F. *Lula, The Workers' Party and the Governability Dilemma in Brazil*. New York: Routledge, 2013.

Hochstetler, Kathryn, and Margaret E. Keck. *Greening Brazil: Environmental Activism in State and Society*. Durham, NC: Duke University Press, 2007.

Holston, James. *Insurgent Citizenship: Disjunctions of Democracy and Modernity in Brazil*. Princeton, NJ: Princeton University Press, 2009.

Hunter, Wendy. *The Transformation of the Workers' Party in Brazil, 1989–2009*. Cambridge: Cambridge University Press, 2010.

Kingstone, Peter R., and Timothy J. Power, eds. *Democratic Brazil Divided*. Pittsburgh, PA: University of Pittsburgh Press, 2017.

Love, Joseph L., and Werner Baer, eds. *Brazil under Lula: Economy, Politics, and Society under the Worker-President*. New York: Palgrave Macmillan, 2009.

Montero, Alfred. *Brazil: A Reversal of Fortune*. New York: Polity Press, 2014.

Power, Timothy J., and Matthew M. Taylor, eds. *Corruption and Democracy in Brazil: The Struggle for Accountability*. Notre Dame, IN: University of Notre Dame Press, 2011.

Roett, Riordan. *The New Brazil*. Washington, DC: Brookings Institution Press, 2010.

Schneider, Ben Ross, ed. *New Order and Progress: Development and Democracy in Brazil*. New York: Oxford University Press, 2016.

Taylor, Matthew M. *Judging Policy: Courts and Policy Reform in Democratic Brazil*. Stanford, CA: Stanford University Press, 2008.

第十四章
伊朗政治

阿让·凯沙瓦齐安（Arang Keshavarzian）
H. E. 谢哈比（H. E. Chehabi）

国家概况

伊朗

人口：7 900 万（2016 年的预估数据）
领土：63.629 6 万平方英里
独立时间：公元前 550 年
现行宪法的颁布时间：1979 年（1989 年修正）
国家元首：最高领袖阿里·哈梅内伊
政府首脑：总统哈桑·鲁哈尼
语言：波斯语、阿塞拜疆语、库尔德语、阿拉伯语和各种地方性语言
宗教：什叶派穆斯林（90%）、逊尼派穆斯林（10%）、非穆斯林（不到 1%）

学习目标

14.1　指出伊朗目前面临的五项内部挑战
14.2　讨论伊朗政治和宗教领袖的相互影响
14.3　描述和区分伊朗的指定职位和民选职位
14.4　讨论影响伊朗选举的政党和派系
14.5　指出伊朗政治文化的五个关键特征
14.6　描述伊朗实现国家统一的机制如何（也包含异议的成分）
14.7　描述伊朗人成为政治精英成员的过程
14.8　讨论伊朗政治中庇护主义和利益团体的作用
14.9　总结政策制定过程，关注与工作目的经常背道而驰的团体
14.10　比较和对照伊朗最近与国内和国际问题相关的政策的结果

伊朗伊斯兰共和国是世界上唯一的**神权政体**（theocracy）国家，在这种政府形式中，理想的情形是，所有法律都以宗教为基础并表达神①的意志，神职人员行使最高权力。尽管伊斯兰法总是在伊斯兰国家被不同程度地适用，但它又几乎总是得到某种非宗教习惯法的补充。而且，从传统上看，不同的苏丹、沙赫、酋长以及 20 世纪以来的总统或总理都在伊斯兰世界行使政治权力。真正的神权政体极为罕见。尽管**乌里玛**（ulema，伊斯兰世界都这样称呼宗教学者）有时对背离伊斯兰道路的统治者表示不满，但他们几乎从不渴望直接行使权力（如今在伊朗，他们正是这样做的）。因此，伊朗目前的神权政体制度是对穆斯林传统的决裂，完全不是一种伊斯兰保守主义的体现。

在一场将穷人和中产阶级、宗教人士和世俗人士联合起来的人民革命推翻**巴列维**（Mohammad-Reza Shah Pahlavi，他是1941—1979 年的伊朗国王，也是该国古代君主制的最后统治者）之后的几个月，伊朗伊斯兰共和国于 1979 年建立。**鲁霍拉·霍梅尼**——占据伊朗多数地位的“十二伊玛目”什叶派（Twelver Shiite）社区一位魅力超凡的牧师领袖——领导了 1979 年革命和后君主制政府。在他更早期的作品中，霍梅尼基于宗教理由反对民主。他争辩道，主权只属于神。按照乌里玛的解释和适用，神法——也被称为**沙里亚法**（**shari'a**）优先于人类立法者制定的法律。尽管霍梅尼偏爱神职人员权威统治，但君主制灭亡后建立的政权融合了多元化革命联盟的理想，其中包括自由民族主义者、左翼分子和世俗的伊斯兰教主义者（在他们的想象中，宗教统治仅赋予神职人员象征性权威）。因此，宪法将一些政治职位奉为神圣，以期保护伊斯兰原则和一些共和原则，特别是**领袖**（Leader）。结果，总统、议会和地方选举为公民提供了机会来选举主张不同政策的候选人。在一个以否定民主为基础的政权下出现有限的民主行为和制度仅是在伊朗所发现的众多悖论之一。

在当前的千年里，这个受到限制的政治舞台已经导致了一场寻求利用投票箱来使政体更加多元化和负责任的改革运动的出现和消亡。作为回应，一场民粹主义的反运动出现了，这场运动支持再分配，同时要求加强军队和安全机构的权力。最后，**哈桑·鲁哈尼**（Hassan Rouhani）在 2013 年 6 月的选举中获胜——他的竞选口号专注于温和理念，这标志着伊朗希望在国内和外交政策上转向一种更务实、更依赖技术专家来治国的方法，以期解决经济不振、对抗性国际关系、持续呼吁国家做出更大回应等问题。2017 年 5 月，鲁哈尼以大约 20 个百分点的优势击败了阿里·哈梅内伊的亲密伙伴而再次当选。理解这些政治动态及其发展是本章的任务之一。

目前的政策挑战

14.1 指出伊朗目前面临的五项内部挑战

美国人习惯在报纸和晚间新闻报道中提到伊朗。这可以追溯到 1979 年革命，那场革命推翻了与美国结盟的伊朗国王，并占领

① 这里指的是真主安拉。——译者注

了美国驻德黑兰大使馆，除了一些例外情形，美国人质在这儿被关押了一年多（1979—1981年）。最近几年，绝大部分相关的讨论和分析集中在伊朗的核能计划上，美国政府宣称那些核能用于军事目的。这导致伊朗和美国之间长达十年之久的对抗，其中包括通过国际组织进行谈判，双方公开发出战争威胁，对伊朗实施有史以来强加给任何一个国家最为全面的制裁。2015年夏天，伊朗和五个联合国安理会常任理事国加上德国协商签署了一份协议，该协议被官方称为《联合全面行动计划》（Joint Comprehensive Plan of Action，JCPOA），通常简称为“伊核协议”（Iran Deal）。这份多边协议限制了伊朗的核项目，并且扩大了国际监督的范围，以此换取解除强加给伊朗的部分经济制裁并允许它重新融入国际体系。战争的鼓声和围绕外交美德的辩论掩盖了两国国内政治同样充满活力和高风险的游戏。

伊朗统治者面临一个根本性困境：如何协调霍梅尼及其亲信的要求（建立一个与他们所理解的伊斯兰教相一致的政治、社会和经济秩序）与共和政府的原则（这些原则确保公民代表和公民责任）。协调这些原则并非易事。不仅“神的主权”、人民主权和国家利益存在冲突，而且伊斯兰共和国政策的成功与失败也会导致新的社会和政治参与者根据自己对伊斯兰教和良好政府的解释而产生新的预期。

在伊斯兰共和国的头10年里，随着政府没收革命前原有精英的大部分财产，财富的再分配确实发生过。新的领导阶层大部分出身卑微或者主要来自中产阶级，他们采取的政策改善了最贫困者的生活状况。例如，新的政权大量投资农村发展，其中包括医疗、女性教育和基础设施。然而，革命后的现实远远没有达到理想的预期，贫困、不平等和就业不充分继续成为主要的民怨。因为伊朗拥有世界上第二大石油和天然气储备，伊朗人民期望政府能够改善普通伊朗人的生活状况，建立长远和可持续发展的基础。尽管如此，将自然财富转换成经济生产力和多样化经营被证明是困难的。

为了给快速增加的劳动力提供就业机会，需要增加经济产品或许是政府面临的最大挑战。尽管政府在降低出生率方面做得非常成功，但更低人口增长率的影响需要很多年才能感受到。即使在最好的情形下，每年为进入劳动力市场的80万男女劳动者提供就业也是相当困难的。而且，国际制裁的影响、各种形式的经济管理不善以及伊朗反企业家精神的态度都使得形势变得更糟。尽管达成了核协议，但地区冲突以及伊朗和美国之间持续的紧张关系继续阻碍国内和国外投资。与此同时，大规模发展的教育制度意味着，很多获得学位的年轻人同时也是失业者，这增加了他们的挫折感和不满程度。这种不满已经造成大量的人才流失。

一项新的挑战涉及一些伊朗的少数族裔对现状的不满，尤其是那些主要的逊尼派人，如库尔德人和俾路支人①。受复杂的地缘政治和地区竞争的刺激，周边国家的宗派紧张局势正在加剧，在这种情况下，让这些公民融入一个由官方界定为信奉“十二伊玛目”什叶派的国家框架变得越来越难。

① Sonia Ghaffari，“Baluchestan's Rising Militancy，” *Middle East Report* 250（Spring 2009）：40－43.

腐败使得不平等更加难以接受。这是政客们争论并被媒体广泛报道的一种现象。由于很多伊朗人要努力寻找有收入的工作并使收支平衡，一种新的精英阶层应运而生，他们利用自己与那些控制获得硬通货、进口许可证、国家合同和私有化计划的官员之间的个人关系攫取财富。

由于所有这些因素，伊斯兰革命所承诺的一个更加公正和更加道德的社会对很多伊朗人来说显得有些空泛，他们当中有一半人是如此年轻，以至于无法回忆由沙赫造成的腐败、政治镇压和不平等。因此，神权政体的政府模式严重缺乏合法性。尽管很多人可能仍然是虔诚的，但乌里玛对他们的顺从和尊重不再享有支配权。而且，信奉伊斯兰教的穆斯林和思想家正在向新的方向发展伊斯兰教，采取的方式是质疑乌里玛的统治权以及揭露神职人员对文本和观点的不同解读。

这些社会动态和紧张局势对政权提出了挑战，与此同时，政治机构也面临着来自自身内部的巨大威胁。几乎就在伊斯兰共和国成立之际，宗教和世俗伊斯兰主义者联盟内部就出现了派别和裂痕。1980年代，与伊拉克的战争、来自世俗团体的挑战、霍梅尼的超凡魅力和精明的政治手腕帮助实现了这个国家领导层的统一。尽管如此，随着战争的结束、霍梅尼的去世，新的社会和知识分子运动的发展要求更大的包容和调和，政治精英之间的争论开始变得激烈。在政权的第二个十年结束之际，政治精英被广泛地分成两个阵营：一个阵营希望强化共和制度和公众参与，另一个阵营则希望强化领袖职位并限制多元主义。

2009年6月，总统选举结果被宣布之后，精英冲突和社会不满渐渐消失。根据官方统计，**马哈茂德·艾哈迈迪-内贾德**赢得62%的选票，**米尔-侯赛因·穆萨维**以不到34%的得票率落后。投票率高达惊人的85%——没有任何候选人或观察员对这个数字提出质疑。就像2005年一样，马哈茂德·艾哈迈迪-内贾德将伊斯兰共和国核心机构的支持者编制在一起，如领袖（阿里·哈梅内伊）办公室和**伊斯兰革命卫队**（Islamic Revolutionary Guard Corp，IRGC）的将军，以及被其再分配、民族主义和宗教道德主义的民粹主义信息所鼓动的城市中产阶级和中下等阶级。然而，艾哈迈迪-内贾德的胜选不仅受到改革派候选人和政治领导人——包括两位前总统**阿里·阿克巴尔·哈什米·拉夫桑贾尼**和**穆罕默德·哈塔米**——的挑战，而且受到加入所谓的**绿色运动**（Green Movement）的各种各样的伊朗人的挑战（见专栏14-1）。当结果被宣布时，伊朗经历了自1979年以来规模最大、持续时间最长的抗议运动。安全部门对绿色运动的领导人和支持者使用暴力和恐吓来使他们不再发表不同意见。尽管如此，社会和精英之间的紧张关系依然存在。通过采用大规模的暴力和恐吓来回应绿色运动，艾哈迈迪-内贾德政府及其政权支柱疏远了那些负责社会管理和运行的社会选民。此外，他们激怒了伊斯兰共和国政治精英中的核心成员，其中包括过去的总统和部长。最后，当他努力寻求为自己及盟友获得更大的独立地位时，他和领袖之间出现了冲突，保守主义内部的分歧日益扩大。

专栏 14－1

绿色运动：自 2009 年以来的不同色度

在 2009 年总统选举期间，前总理米尔-侯赛因·穆萨维的团队采纳绿色作为他们的颜色。绿色与伊斯兰教尤其是与先知（*seyyeds*）——也就是自称伊斯兰教创始人穆罕默德后裔之人——相关联。因此，穆萨维是一个先知，他使虔诚的伊朗人想起他敬神的血统。除此之外，在伊朗的文化和文学中，绿色象征着春天、再生和快乐。因此，绿色使世俗的伊朗人想起穆萨维的改革派政纲及其与艾哈迈迪-内贾德决裂之事。穆萨维的支持者通过分发绿色海报、腕带、气球、旗帜和其他竞选材料来公开表示他们的政治忠诚。在 6 月 13 日宣布选举结果时，大量的伊朗人质疑选举程序中的违规行为并对选举结果提出挑战。绿色成为所有挑战艾哈迈迪-内贾德连任之人的统一象征。在集会和其他形式的公民不服从运动中，伊朗人问“我的选票在哪儿”，并要求举行新的选举，这是对总统甚至是领袖的权威发起的挑战。就这样，伊朗的“绿色运动”开始了。

谁是伊朗所谓的“绿色人”？考虑到选举后的严厉镇压，人们很难系统地分析绿色运动支持者的社会背景。尽管如此，最活跃的支持者似乎是那些城里人，受过良好教育、年龄不过 40 岁、投票支持穆萨维或者另一个改革派候选人迈赫迪·卡鲁比的那些人。有时，这场绿色运动被称为一场“中产阶级运动”。从某种程度上说，这确是事实，因为产业工人阶级的成员、农民和年长的伊朗人没有大规模参加这些抗议活动。尽管如此，记住以下这一点是非常重要的：城里人、文化人以及职业男性和女性构成当代伊朗社会的重要组成部分。

绿色运动的要求与集会权、更大的政府透明度和新闻自由相关联。尽管最初关注的是选举及其直接结果，但该运动参与者的愿望已经开始出现分歧。有些绿色人要求强化伊斯兰共和国的共和制度和原则；另有一些人则呼吁取消领袖职位并彻底推翻这个政权。因此，更精确的说法是绿色的不同色度。尽管很多这样的批评和愿望在当今伊朗引起共鸣，但伊朗政权对绿色运动领导人和组织的严厉镇压严重打击了这场运动。

尽管如此，在 2013 年总统竞选时，一些绿色运动的支持者再次出现。虽然运动的要求和期望变得温和，参加 2009 年选举的一些人也没有在 2013 年投票，但很多绿色人投票支持哈桑·鲁哈尼（见专栏 14－4）。他们保留着象征性的绿色腕带，高呼穆萨维的名字与口号，纪念 2009—2010 年在暴力冲突中丧失生命的那些人。尽管鲁哈尼的官方口号是“温和”，而且竞选时选择紫色作为其颜色，但在他的集会和最后的胜选中都有一种明显的鲜绿色调。

资料来源：Kaveh Ehsani，Arang Keshavarzian，and Norma Claire Moruzzi，“Tehran，June 2009，” *Middle East Report Online*，June 28，2009；and Mohammad Ali Kadivar，“A New Oppositional Politics：The Campaign Participants in Iran's 2013 Presidential Election，” *Jadaliyya*，June 22，2013，http：//www.jadaliyya.com/pages/index/12383/a-new-oppositional-politics _ the-campaign-participa.

这些事件为 2013 年的总统选举奠定了基础。中间派候选人哈桑·鲁哈尼击败了一大批更为保守的候选人。尽管鲁哈尼受益于实用主义政权内部人士和绿色运动幸存人士之间的协调，从而获得由精英资源所支持的群众基础，但分立的保守主义者内部也在争斗，而且领袖似乎对团结自己最忠诚的支持者不感兴趣，也无能为力。自就任以来，鲁哈尼主要的成功目标和主张一直是通过谈判来解决围绕这个国家核项目而产生的国际危机，这场危机导致伊朗销售石油、进口商品和吸引投资的能力受到限制。在实现这一目标之后，鲁哈尼在获得领袖批准的情况下努力将这种外交成就转化为伊朗人民经济和社会福利的改善。做到这一点被证明是很难的，原因如下：很多国际制裁仍然有效，伊朗内部的既得利益团体得到发展并从制裁经济中获利，伊朗、美国和地区层面（如以色列、沙特阿拉伯）反对美伊和解的人士继续试图破坏“伊核协议”。

历史遗产

14.2 讨论伊朗政治和宗教领袖的相互影响

与日本一样，伊朗是几个从未被欧洲人殖民的非西方国家之一。伊朗的边境不是由殖民国家人为划定的，而是由伊朗国王和邻国统治者之间历史性的力量平衡所确定的。伊朗的国家传统超过 25 个世纪之久，但是，目前的伊朗国家由萨非王朝（Safavid dynasty）在 16 世纪早期建立。该王朝最为持久的影响是建立了**“十二伊玛目”什叶派**作为官方的国家宗教，并使原来为**逊尼派**的大多数伊朗人加入什叶派。从历史上看，伊拉克的圣城是该伊斯兰教分支的摇篮，但是，随着伊朗强大什叶派国家的建立，伊朗成了什叶派的政治中心。

“十二伊玛目”什叶派

逊尼派（他们大约构成了所有穆斯林的 90%）和什叶派之间的分裂是在伊斯兰教奠基人先知穆罕默德（Prophet Muhammad）去世之后才发生的。穆罕默德不仅是一个新的宗教的奠基人，而且是一位政治领导人，因此，在他于公元 632 年去世之后，新生的穆斯林社会必须寻找一位领导人。少数信徒（他们后来逐渐被称为*什叶派教徒*）认为，先知的后代是其唯一合法的继承人。什叶派教徒称这些世袭继承人为先知*伊玛目*（Imams）。

绝大多数人认为，第十二代伊玛目是最后的伊玛目，它也因此得名。根据这些什叶派教徒的观点，第十二代伊玛目在公元 874 年还是一个孩子的时候就从人们的视线中消失了，但他并没有死。作为一个像弥赛亚那样的人物，他还活着［非常像犹太教传统的以利亚（Elijah）］，并将在时间的尽头出现，建立公正的统治。因此，在第十二代伊玛目从公众的视线中消失之际，“十二伊玛目”什叶派的政治思想就面临一种困境。对信徒共同体行使合法统治权的唯一主体并不具有身体上的存在，而且，没有人知道他将何时现身。随着萨非王朝于 16 世纪建立“十二伊玛目”什叶派国家，无法获得一个真正合法的统治者成了现实中存在的问题。在缺少第十二代伊玛目的情况下，谁在实践中享有统治的权力呢？大多数乌里玛愿意将这种权力授予世俗的统治者沙赫，只要他们根据伊斯兰教实施公正的统治。然而，在 17 世纪末，少数乌里玛又争辩道，为了使沙赫的统治具有合法性，他必须拥有乌里玛的明确支持。在萨非王朝于1722年灭亡之后，伊朗饱受内战之苦。这就允许了乌里玛将自己确立为一种独立于国家的制度。因此，信徒们的什一税被越来越多地直接支付给乌里玛，从而确保了他们财政上的独立性。而且，“十二伊玛目”什叶派的中心圣城纳杰夫（Najaf）位于奥斯曼时代的伊拉克，它不受伊朗世俗政权的控制。因此，从19世纪开始，与逊尼派相比，乌里玛在伊朗具有更为突出的社会、政治和宗教地位。如果没有这种遗产，他们在1970年代建立一种神权政体几乎是不可想象的。

就某些方面而言，乌里玛的作用和功能类似于基督教国家的牧师。然而，尽管什叶派的乌里玛形成了一种松散的等级制度，但他们并没有像罗马天主教教会那样以一种金字塔式的结构进行组织。他们没有类似于教皇的职位，任何一个领导人都不能以某种方式界定对所有其他人产生约束力的教义。因此，乌里玛在有关政治有时甚至是更小的宗教问题上往往彼此持不同意见。正如我们所见，这种状况并没有随着伊斯兰国家的建立而结束。

一个多民族国家

伊朗人口由大量不同的族群组成，这些族群根据语言来界定。讲波斯语的人是最大的族群，他们大约占总人口的一半，其他重要的族群包括阿塞拜疆人、土耳其人、库尔德人、卢尔人、俾路支人、阿拉伯人和土库曼人。从历史上看，这种民族多样性并没有带来政治问题，主要原因有三个：首先，伊朗最大的非波斯人口是阿塞拜疆人和土耳其人，他们与波斯人信奉同样的宗教，而且他们在这个国家的精英阶层中一直很突出。其次，波斯语的文化声望是如此之高，以至于说非波斯语之人都接受它作为官方语言的地位。最后，伊朗这个国家是根据地域而不是民族来进行界定的，从这个意义上说，“伊朗人”意味着来自伊朗这片土地，它是里海与波斯湾之间这个区域的古老称谓。

在以民族为基础进行界定的欧洲民族主义的影响下，革命前的伊朗精英们将伊朗界定为一个波斯语国家，忽视了它的民族多样性。在革命后，“十二伊玛目”什叶派在领导人的眼中逐步成为这个国家的决定性特征。这就意味着，在最近的伊朗历史中，两种关于伊朗身份构成的理念一直在此消彼长：一种理念忽视了非波斯语公民的文化特性，另一种理念则将非“十二伊玛目”什叶派教徒边缘化，逊尼派是被边缘化的最大群体（大约占10%）。除此之外，这些语言和宗教分立被少数族群政治化了，因为他们缺乏获得国家资源的途径，在一个生活着大多数库尔德人、俾路支人、阿拉伯人和土库曼人的国家的边缘地带，他们的社会经济机会更少。

宪法制度

伊朗位于北部的俄罗斯帝国和南部的大英帝国之间，这使它作为一个独立的国家能够在欧洲帝国主义鼎盛时期幸存下来。两个帝国都允许伊朗在它们各自的领域发挥中立缓冲区作用。尽管如此，受过教育的伊朗人还是意识到本国主权的脆弱性。随着他们在

19世纪对欧洲的了解更为深入，他们更加清楚地知道自己的落后。只要伊朗不如欧洲发达，它在面对帝国主义侵略时将永远处于弱势地位。因此，“追赶西方”成了伊朗知识和政治精英的主要目标。他们相信，法治是欧洲处于优势地位的秘密，但相反的是，专制统治在伊朗非常盛行。

20世纪早期，很多政治上活跃的乌里玛、商人和具有西方教育背景的知识分子都共同持如下观点：君主的权力需要受到限制。1905年，对本国治理方式的广泛不满导致了一场公众运动，并最终在1906年沙赫执政时期强行制定了一部宪法。根据这部宪法的规定，沙赫只有同议会达成一致才能任命总理，政府要向议会负责。这些独特的欧洲观念受到保守派乌里玛的批判，因为这与伊斯兰教格格不入，但是，支持宪法的乌里玛却找到办法并根据伊斯兰条款为它们进行辩护。最为著名的是，阿亚图拉·穆罕默德-侯赛因·纳耶尼争辩道，一个专制的沙赫侵犯了第十二代伊玛目的权利，也侵犯了人民的权利，相反，人民统治侵犯的仅仅是第十二代伊玛目的权利。他的结论是，尽管两种政府形式都不理想，但后者的恶性程度更低，因此，它比前者更为可取①。这种论辩暗含了一种新颖的观念，即只要第十二代伊玛目选择隐身，信徒们本人就是他的代理人。这种巧妙的诠释将什叶派教义的核心信念和现代化的宪法统治观念相调和，它是1979年革命者在着手建立伊斯兰国家时不能忽视的一种遗产。

巴列维君主政体

尽管如此，1906年宪法并没有带来人们所希望的进步。在1907年的一份秘密协议中，英国和俄国将伊朗分成两个势力范围。1909年，俄国占领了伊朗北部的大部分地区。在第一次世界大战期间（1914—1918年），交战国反复侵犯伊朗的中立国地位，并在伊朗的领土上彼此开战，给伊朗人民带来了深重的灾难。在这场战争结束时，地方军阀正在挑战中央政府在周边地区的权威。

1921年，一场政变结束了旧体制的统治。军官礼萨·汗（Reza Khan）不失时机地立即拓展政府对叛乱省份的控制，并启动了一项雄心勃勃的现代化计划来发展和集中国家权力。1925年，他推翻了当时的执政王朝，并要求议会宣布自己以礼萨·沙赫·巴列维（Reza Shah Pahlavi）的身份成为新的统治者。从行加冕礼到1941年随着盟军侵占伊朗而被英国人驱逐，他始终作为独裁者进行统治，尽管他在自己的任期内让宪法正式生效。起初，礼萨·汗获得大多数神职人员的支持。但是，1930年代，礼萨·汗实施的改革不仅削弱了乌里玛作为法官、学校教师以及房契、出生证和结婚证的管理者所发挥的社会职能，而且试图西化伊朗人的日常文化，如禁止女性用面纱遮盖，在这之后，他同乌里玛的关系恶化了。随着礼萨·汗的流亡，政治被再次开放。他年仅21岁的儿子兼继承人**穆罕默德-礼萨·沙赫·巴列维**还没有权威继续其父的方式。伊朗的历届政权见表14-1。

① Abdul-Hadi Hairi, *Shiism and Constitutionalism in Iran* (Leiden: Brill, 1977).

表 14-1 伊朗的历届政权

年份	国家元首	总统	总理
1941	沙赫：穆罕默德-礼萨·巴列维	—	各种内阁
1951	—	—	穆罕默德·摩萨台 (1951—1953年)
—	—	—	各种内阁
1965	—	—	阿米尔·阿巴斯·胡韦达
1977	—	—	贾姆希德·阿穆泽加尔
1979	领袖：鲁霍拉·霍梅尼	—	迈赫迪·巴扎尔甘
1980	—	阿伯尔哈桑·巴尼萨德尔	穆罕默德-阿里·拉贾伊
1981	—	穆罕默德-阿里·拉贾伊，阿里·哈梅内伊	米尔-侯赛因·穆萨维
1989	阿里·哈梅内伊	阿里·阿克巴尔·哈什米·拉夫桑贾尼	职位被废除
1997	—	穆罕默德·哈塔米	
2005	—	马哈茂德·艾哈迈迪-内贾德	
2013	—	哈桑·鲁哈尼	

1941—1953年，伊朗的政治体系包括三个主要阵营：第一个阵营是亲西方的保守主义权势集团（其中包括沙赫和地主），他们得到大多数乌里玛心照不宣的支持；第二个阵营是亲苏联的**人民党**（Tudeh Party），他们拥有产业工人们的支持；第三个阵营是中立的民族阵线（National Front），它的目的是在伊朗建立全面的法治并巩固伊朗在国际上的地位。正如民族阵线所理解的那样，在专业人士和商人的支持下，伊朗国家主权因英国通过它所有的盎格鲁-伊朗石油公司（AIOC）对伊朗石油资源的控制而受到损害。伊朗政府对该公司没有发言权，更加没有权力查阅公司的账簿。1945—1950年，盎格鲁-伊朗石油公司的总净利润在扣除高额的英国税收、特许权使用费和被夸大的折旧价格后仍然高达2.5亿英镑，而与此同时，支付给伊朗的石油特许权使用费仅仅只有9 000万英镑①。

民族阵线的领导人**穆罕默德·摩萨台**主张将伊朗的石油工业国有化。这一点在1951年3月得以实现，之后不久，摩萨台被议会选为总理。随后伊朗政府和英国政府之间关于解决石油争端的谈判没有获得成功。因此，英国人开始密谋推翻摩萨台政权，在美国中央情报局（CIA）的帮助下，他们的阴谋在1953年8月得逞②。

---

① Nikki R. Keddie, *Modern Iran: Roots and Results of Revolution* (New Haven, CT: Yale University Press, 2003), 123.

② Mark Gasiorowski, "The 1953 *Coup d'Etat* in Iran," *International Journal of Middle East Studies* 19, (1987): 261-286; and Ervand Abrahamian, *The Coup: 1953, the CIA, and the Roots of Modern U.S.-Iranian Relations* (New York: The New Press, 2013).

随着巴列维王朝的第二任统治者越来越坚持自己的立场并完全控制这个新兴的**食利者国家**，伊朗的政治体制又回归王室专制统治。在稳定的石油收入和美国的支持下，沙赫在 1963 年启动了“白色革命”的改革计划，其中包括土地改革和授予妇女选举权。1950 年代，沙赫已经获得神职阶层的支持，但到了 1960 年代早期，他的专制统治和西化政策引起宗教传统主义者的愤怒。这些宗教传统主义者在 1963 年 6 月进行暴动，从而支持乌里玛中一个新的反对派成员鲁霍拉·霍梅尼。这些暴动被政府血腥镇压，霍梅尼被逮捕和流放。他最终定居在伊拉克的纳杰夫市。他在那里一直定居到 1978 年 10 月，当时，他被萨达姆·侯赛因驱逐出境，随后在巴黎寻求避难一直到 1979 年 2 月 1 日胜利返回伊朗。

在 1963 年之前，对王室专制统治的反对是以 1906 年宪法的名义实施的，两位巴列维沙赫都被批评不尊重宪法。自由选举是反对派的主要诉求。然而，在 1963 年之后，沙赫的反对者（他们被迫不断地转向地下或国外）对以和平方式实现宪制统治感到绝望并变得非常激进。宪法本身逐渐丧失合法性。沙赫的反对者要求废除君主制，并用一种新的政权取而代之。由于沙赫对世俗社会及反对派的镇压，清真寺和宗教社会成为人们能够直抒己见的唯一场所。这样一来，尽管国家有自己的世俗主义政策，但宗教仍成为一股更为突出的政治力量。

尽管沙赫政权在国内日益受到挑战，但总的来说，它继续赢得了西方尤其是美国的支持。由于沙赫的统治因美国中央情报局的直接干预而成为可能，所以，反对派将其视为美国的傀儡，他的政策旨在让美国而不是伊朗受益。因此，从逻辑上看，对沙赫的反对必然要求反对美国和以色列，而且，沙赫和以色列还签订了一份战略联盟协议，以期对抗泛阿拉伯国家和反君主制国家，如埃及、伊拉克和叙利亚。更近的研究表明，在 1970 年代初沙赫政权的鼎盛时期，他实际上成功地操纵了美国政策制定者从而实现自己的目的，而远远不是受美国操纵①。

尽管伊朗的首次革命没有产生一个以法治为基础的国家，但在其存续的 70 年里，伊朗还是成功地获得了现代民族国家的外部特征。政府取得使用武力的垄断权；引入了统一法典；发展了一支有效的公务员队伍，其中包括将国家令状延伸到偏远省份的领土管理；确保国家边境的安全。国家建设完成之后，1979 年革命后建立的伊斯兰国家成为一个伊斯兰共和国。

伊斯兰革命

1977 年，吉米·卡特当选美国总统，美国的外交政策开始强调美国联盟对人权的尊重②。而公众全然不知情的情况是，沙赫患了晚期癌症。由于美国的支持可能不再被认为理所当然，为了确保将权力顺利过渡给继承人，在这个时候，沙赫开始对伊朗的政治体制的某些方面进行自由化改革，辞退长期

① 参见：Roham Alvandi，“Nixon，Kissinger，and the Shah：The Origins of Iranian Primacy in the Persian Gulf，” *Diplomatic History* 36（2012）：337－372.

② Richard W. Cottam，*Iran and the United States：A Cold War Case Study*（Pittsburgh，PA：University of Pittsburgh Press，1988），156－169.

存在的顾问和亲信。尽管如此，很多持异议且表达不满的社会团体充分利用这场自由化进程来推动更大的改革。从 1977 年末到 1979 年初，更大的自由化要求像滚雪球似的转化成要求废除君主制。这个反对联盟由知识分子、大学和高中的学生与老师、市场商人、政治上积极的牧师和神学院学生、产业工人，以及在最后阶段加入的国家公务人员和白领工人组成①。因反对政权的专制统治、腐败以及与美国和以色列的结盟而展开的公众运动将诸如 1906 年宪法的自由派信徒、马克思列宁主义的左派分子和**伊斯兰教主义者**（Islamists）等不同的意识形态派系联合起来。这些派系由民主主义者（他们对伊斯兰教的解读确定无疑是自由且非强制的）、左派分子（他们强调伊斯兰教中的平等主义）和霍梅尼的直接追随者（他们捍卫受神职人员监督的伊斯兰国家）组成。这些积极分子组织了大量的会议、游行和罢工，他们以非常和平的方式分发反政权宣传手册②。沙赫在武力镇压运动和对其做出迟来的让步这两者之间摇摆不定。结果，积极分子在 1978 年变得更为激进，并最终在 1979 年 1 月驱逐了沙赫及其家人③。

在革命起义的过程中以及沙赫家族离开之后不久，霍梅尼的追随者是组织最好且最为团结的力量。他们迅速将自己联盟中的非神权主义倾向排除在核心之外。霍梅尼及其追随者的组织力量因他们有机会获得独立的收入来源而得以提升，因为传统上严守教规的什叶派教徒将他们的什一税直接支付给了乌里玛。1970 年，霍梅尼恢复了“十二伊玛目”什叶派思想的张力，它要求对政府进行神权监督并得出一种合乎逻辑的结论。在一篇名为《伊斯兰政府》的专题论文中，霍梅尼争辩道，真主已经将他的法律揭示给人类，这不是为了在第十二代伊玛目现身之前对这些法律表示忽视，而是为了在此时此地适用这些法律。霍梅尼进一步阐述道，最适合于根据神法进行统治的人是那些最了解神法的人，也就是那些乌里玛。这项原则逐渐被称为**法基赫的监护**（velayat-e faqih），它可以更恰当地被翻译成“法理学家的监护”④（见专栏 14-2）。

专栏 14-2

法基赫的监护

法基赫的监护（伊朗神权宪法的关键）可以更恰当地被翻译成“法理学家的监护”。阿亚图拉·鲁霍拉·霍梅尼于 1970 年流亡伊拉克时对此进行了描述。霍梅尼争辩道，既然真主已经揭示了穆斯林生活和组织社会的法律，那么，穆斯林就应该在实践中适用这些法律，

---

① Ahmad Ashraf and Ali Banuazizi, “The State, Classes, and Modes of Mobilization in the Iranian Revolution,” *State, Culture, and Society* 1 (1985): 3-39.

② Misagh Parsa, *Social Origins of the Iranian Revolution* (New Brunswick, NJ: Rutgers University Press, 1989).

③ 具有讽刺意味的是，甚至连沙赫本人都相信美国和英国的无限威力：在其被驱逐之后，沙赫谴责这些国家策划了自己的灭亡。

④ Ruhollah Khomeini, “Islamic Government,” in *Islam and Revolution: Writings and Declarations of Imam Khomeini*, trans. and annotated by Hamid Algar (Berkeley, CA: Mizan, 1981).

而不是仅仅在理论上对它们进行争论。他写道，最能胜任监督这些法律在国家中的适用之人是那些最了解这些法律的人（也就是，那些专门研究法理学的神职人员）。因此，他得出结论，这样一个神职人员必须是国家元首。1979 年，这项原则被载入《伊朗伊斯兰共和国宪法》，霍梅尼本人也成为执政的法理学家，并从此以后被称为“领袖”。伊朗历史中首次实现了宗教和世俗权威的融合。法基赫的监护并不具有强大的经文基础，大多数“十二伊玛目”什叶派神职人员并不同意这项原则，他们认为，神职人员的权力局限于指导信徒并为统治者提供建议。

革命结束后，霍梅尼的追随者将这项原则庄严地载入伊朗 1979 年新宪法。尽管如此，为了尊重先前存在的宪法传统并安抚参与革命的很多非伊斯兰教主义者和温和的伊斯兰教主义者，宪法保留了由普选产生的议会。沙赫被民选的总统取代。因此，伊斯兰共和国诞生了一种混合的政治体制，它受“十二伊玛目”什叶派的政治原则以及西方人民主权和权力分立观念的双重影响①。

从 1979 年到 1981 年 6 月，世俗的温和派、左派分子、温和的伊斯兰教主义者，以及直接受霍梅尼启迪的激进伊斯兰教主义者都参与权力的争夺。随着时间推移，法基赫的监护的支持者和反对者之间的对抗变得更难以平息且更具暴力性。实际上，革命者在对抗中被杀害的人数远远多于沙赫努力镇压革命群众运动中死亡的人数。到了 1981 年夏天，霍梅尼的支持者取得了有利地位，并开始制定所有公共生活领域的伊斯兰法。当时，与邻国伊拉克那场继续存在的战争助长了他们对所有反对派的镇压。

两伊战争（1980—1988 年）

在革命之后不久，霍梅尼开始要求推翻伊拉克总统萨达姆·侯赛因。萨达姆被激怒并于 1980 年 9 月攻打伊朗。战争状态持续到 1988 年，并在僵持中结束。

伊朗官方将这场战争称为“被强加的战争”或者“神圣的防御”，它成了一个重要的分水岭，和革命一样对伊朗社会产生了深远影响。超过 200 万伊朗人被动员参战，其中大约有 25 万人丧生、50 多万人受伤。战争允许革命政权在面对外国入侵时通过主张民族团结而巩固它对权力的持有。战争成为镇压持不同政见者和公共辩论的一种手段。冲突造就了“战争一代”的年轻人，较之革命对他们的影响，前线经历对他们的影响同样深远。目前，这些士兵和军官中有很多都已在 50 岁和 60 岁开外，有些人正在要求对政治享有更大的发言权。尽管这代人处于象征意义上的强大地位，但他们并没有被任何一位政治家或政治潮流所统一。这些老兵的目的在于要求更多的“社会秩序”以及国家在考虑下层阶级的利益时发挥更大的作用，因为这些下层阶级的成员以高比例的数量自愿参与战争并在战争中丧生。

① 参见：H. E. Chehabi, “The Political Regime of the Islamic Republic of Iran in Comparative Perspective,” *Government and Opposition* 36 (2001): 48 - 70.

伊斯兰共和国机构

14.3 描述和区分伊朗的指定职位和民选职位

在伊朗伊斯兰共和国的政治体系内，有两种类型的机构共存：指定职位和民选职位。这种二元主义体现了宪法试图实现神圣主权和人民主权之间的综合。伊朗的体制结构因存在**平行权力中心**（parallel power center）而进一步复杂化，革命者创建这些中心机构的目的在于补充传统国家机构的活动，这些机构之间存在责任重叠（见图 14－1）。

领　袖

伊斯兰共和国的最高权威是**领袖**（Leader），他根据法基赫的监护的神权原则将宗教权威和世俗权威结合起来。这种立场是为霍梅尼本人特制的，他既是乌里玛的高级成员，又是魅力十足的政治领袖。为了实现对他的继任，《宪法》规定了一个由民选产生的**领导专家大会**（Assembly of Leadership Experts），它由乌里玛组成，并由这些成员从最博学的乌里玛中选择领袖。然而，截至 1989 年，没有一个乌里玛拥有必要的学识来分享他的神权统治观念。结果，在 1989 年 4 月，霍梅尼任命了一个委员会来修正宪法，从而放宽领袖职位的宗教要求。霍梅尼死于 1989 年 6 月 3 日。领导专家大会选择**阿里·哈梅内伊**成为新的领袖，他担任总统已有 8 年之久，但仍是一个低级的神职人员。与前任不同的是（前任避免与政治派系直接结盟并维持其调解人和仲裁者的地位），哈梅内伊公开支持强硬的保守派系，这些派系自 2000 年代初期以来就一直支配着国家机构。这在 2009 年大选后得到最为显著的体现，当时，哈梅内伊明确支持艾哈迈迪－内贾德，并给绿色运动贴上叛国的标签。

领袖制定国家的总体政策。他还任命某些关键人物，如司法机构的首长、**宪法监护委员会**（Council of Guardians）一半以上的成员、**权宜委员会**（Expediency Council）的成员、全国电台和电视台广播垄断公司的董事长与伊斯兰革命卫队（IRGC）的司令官。领袖还在制定伊朗外交政策议程和方法时发挥关键作用。这些权力通常是在与其他官员和亲信协商后行使，但是，这个过程既不透明，也不必然达成一致意见。他还监督大量**半国营经济基金会**（parastatal economic foundations）和组织，它们是在革命后征用的先前属于经济精英的公司的基础上建立而成的。据说，这些组织都以慈善为本，并具有诸如继承权被剥夺人员和战争受伤人员基金会或者烈士基金会这样的名称。实际上，它们都是一些重要的控股公司，这些公司受益于国家资源和补贴，同时无须向民选政府负责或者受其调控。霍梅尼正是利用这些“非营利”组织作为一种手段来分配恩惠给予权①。领袖职位有独立的资源和收入来源，它们被用来维护其宗教权威和魅力，以期培育和保护那些确切身份和法律地位尚不明确的支持者群体。在日常言语中，他们通

① 参见：Suzanne Maloney，“Agents or Obstacles? Parastatal Foundations and Challenges for Iranian Development，” in Parvin Alizadeh，ed.，*The Economy of Iran*：*Dilemmas of an Islamic State*，（London：I. B. Tauris，2000），145－176；and Ali Saeidi，“The Accountability of Para-Governmental Organizations（Bonyads）：The Case of Iranian Foundations，” *Iranian Studies* 37（2004）：479－498.

常被称为“便衣人”或“真主党人”，他们经常干扰和破坏政府官员、知识分子和文化人士的演讲和公共活动。最近几年，霍梅尼的孙子、国会议员和演员都被这些义务警察所称的保护伊斯兰教和领袖尊严的行为羞辱过。

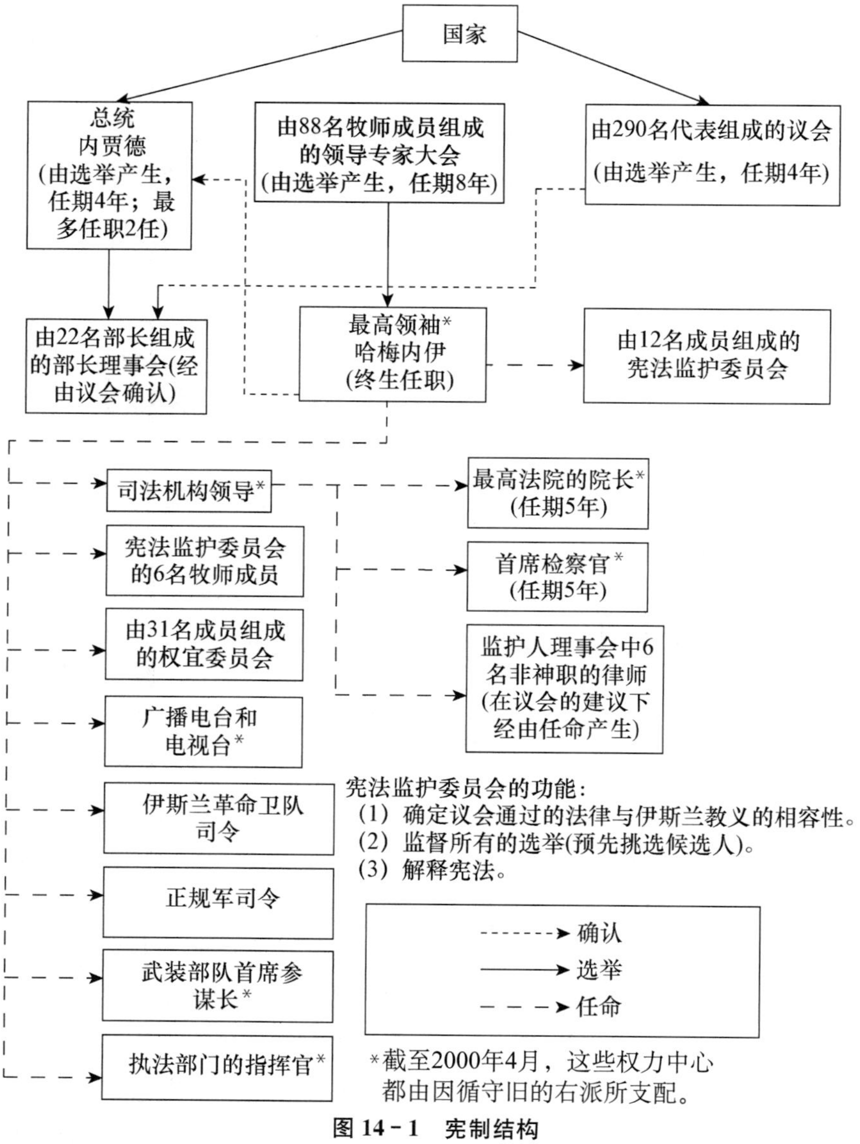

图 14-1　宪制结构

伊朗正式的政治权力来自平行权力中心。

资料来源：Wilfried Buchta, *Who Rules Iran? The Structure of Power in the Islamic Republic* (Washington, DC: Washington Institute for Near East Policy, 2000). © Wilfried Buchta, Rabat 2000. Used with permission.

从理论上说，由 88 名成员（每 8 年经由普选产生）组成的领导专家大会比领袖更为强大。它选举产生领袖，如果领袖不再履行他的职责或者被证明不胜任他的职位，领导专家大会可以罢免领袖。然而，领导专家大会的候选人资格受制于宪法监护委员会的批准，而宪法监护委员会的成员又由领袖选择，这样一来，领袖就在实践中保持着至高无上的地位。说到这儿，目前的领导专家大会在 2016 年经由选举产生，任期 8 年，它能够选择哈梅内伊的继任者。

总 统

总统每 4 年经由普选产生。他必须是“十二伊玛目”什叶派男性教徒。大量的女性仍努力成为总统候选人，但总是以失败而告终。直到 1989 年，总统职位在很大程度上都是仪式性的。政府行政部门受议会选择的总理领导。1989 年的宪法修正废除了总理职位，总统成为行政首长。总统领导行政部门（保留给领袖的事务除外），获得立法机构批准后将议案签署成法律，经由议会同意后任命内阁成员和省长。议会可以弹劾总统，在这一点上，领袖也可以罢免总统。总统不必是神职人员，但在 1981—2005 年期间，三位不同的乌里玛成员赢得总统职位，并且每人都连续两届任职，这体现了乌里玛团体在伊斯兰共和国的霸权地位。2005 年 6 月，马哈茂德·艾哈迈迪-内贾德——一名世俗的（也就是非乌里玛的）伊斯兰教主义者，他得到伊斯兰革命卫队和巴斯基（Basij）民兵组织的支持——的当选可能预示着“战争一代”要在部分程度上替代神职人员，这一代人是革命后政体和社会的产物。尽管如此，2013 年神职人员再次成为总统。

议 会

伊朗伊斯兰议会（Majles，后文简称“伊朗议会”）实行一院制，由 290 名普选产生的议员组成，任期 4 年。议员们必须是穆斯林信徒，但是，宪法规定了 5 名议会议员分别代表基督教教徒（3 名）、犹太教教徒（1 名）和琐罗亚斯德教教徒（1 名）。

伊朗议会享有法律制定权，但是，立法产品必须不能违反宪法或伊斯兰教义，这一点由宪法监护委员会决定（我们将随后予以讨论）。它有权审查国家事务，批准或拒绝总统的内阁任命，要求部长们承担责任并使他们受不信任票的影响。令人感兴趣的是，即使是保守主义者占据支配地位的第七届、第八届和第九届伊朗议会也经常运用这些权力来挑战艾哈迈迪-内贾德内阁的选择和部长。鲁哈尼还发现，他提名的一些部长未能获得选票。

霍梅尼在关于伊斯兰政府的专题论文中指出，议会几乎不具有任何重要性，他论辩道，伊斯兰教已经针对大多数问题制定了法律。立法议会的任务就是为伊斯兰法理学没有涉及的一些小问题制定规则和条例。尽管如此，自 1979 年以来，伊朗议会表现出了惊人的活力和主动性。其中之一就是，传统的伊斯兰法汇编被证明不足以实现治理现代化国家的目的，这就要求议会来填补某些漏洞。而且，立法议员对国家事务展开了颇具活力的辩论，他们要求政府官员承担责任，其中领袖职位被排除在外。

在伊斯兰共和国的第一届议会中，几乎一半的议员都是神职人员。在沙赫的控制下，自由选举没有出现，因此，几乎没有人因具有足够的知名度而被选入议会。其结果是，在很多地方，选民们选择地方神职人员。但是，随着时间的推移，伊朗议会中神职人员的比例在下降，这一点可见表 14-2。此外，自 1980 年以来，每一届立法机构都有女性议员（见表 14-2），尽管这些数据根据国际标准都非常低。

表 14-2 谁在议会？

女性的人数在增加，神职人员的总数在减少。

	女性议员	神职议员	议员总数
第一届伊斯兰议会（1980—1984 年）	4	131	263
第二届伊斯兰议会（1984—1988 年）	4	122	269
第三届伊斯兰议会（1988—1992 年）	4	77	267
第四届伊斯兰议会（1992—1996 年）	9	65	270
第五届伊斯兰议会（1996—2000 年）	10	53	274
第六届伊斯兰议会（2000—2004 年）	13	35	278
第七届伊斯兰议会（2004—2008 年）	12	42	281
第八届伊斯兰议会（2008—2012 年）	13	44	285
第九届伊斯兰议会（2012—2016 年）	9	27*	290
第十届伊斯兰议会（2016 年至今）	17	16	290

* 该数据来自：http：//www. tabnak. ir/fa/news/242818/（accessed May 14，2013）.

尽管如此，政治体制的两大特征严重制约了伊朗议会的立法作用。首先，很多政策、规则和条例都由非民选的专业化机构制定；其次，伊朗议会的所有议案都受制于宪法监护委员会的否决权。在伊斯兰共和国的统治下，伊朗议会已经成为一个讨论政策、表达提议和考虑某些国家官员被审议的场所①。

宪法监护委员会

为了预先阻止国家的伊斯兰性质可能出现的任何意义上的妥协，1979 年宪法建立了一个完全独立的机构，以确保立法与伊斯兰教义的一致性，该机构就是宪法监护委员会。宪法监护委员会由 6 名乌里玛成员和 6 名非神职的穆斯林律师组成。乌里玛由领袖任命，律师则由司法机构首长（他本人又由领袖任命）提名但须经议会批准。法律与伊斯兰教义的相容性仅仅由 6 名乌里玛成员决定，它们与宪法的相容性则由整个委员会决定。多年来，宪法监护委员会驳回了大量的议案，因为它将这些议案解释为违反宪法和（或）伊斯兰法。

宪法监护委员会还监督领导专家大会、总统班底和议会的选举。它将宪法的这项规定解释为表示它可以审核候选人的资格。它利用这种自我授予的权力并通过不允许那些持不同观点的候选人参与竞选来限制公民在选举中的选择。2003 年，当伊朗议会通过一项法律剥夺宪法监护委员会的这些权力时，后者宣称这项法律与宪法相背离也就不足为奇了。

① Bahman Baktiari, *Parliamentary Politics in Revolutionary Iran: The Institutionalization of Factional Politics* (Gainesville: Florida University Press, 1996).

权宜委员会

在伊斯兰共和国中，伊朗议会和宪法监护委员会之间的分歧是特有的，结果导致立法层面的僵持。若出现旷日持久的僵局，霍梅尼就会成为最终的裁判者，因为所有涉及的当事人都会尊重他的意见。1988年，霍梅尼建立了一个新的集体机构负责在这样的情况下做出裁判，该机构被贴切地称为“决定何谓政权利益的委员会”，这是在无意中承认，相对于政治上的权宜之计而言，与伊斯兰教义保持一致目前已处于次要地位。实际上，伊朗官方文件将该机构的名称用英语翻译成“权宜委员会”。它的存在因1989年宪法修正而被固定下来。

领袖直接任命该机构30多名成员，他们主要从高级政府官员、关键的内阁成员和军队首长、宪法监护委员会中的乌里玛成员、因个人威望而被选择的乌里玛中产生。除了裁判伊朗议会和宪法监护委员会之间的冲突之外，权宜委员会还享有宪法授予的对领袖制定整体国家政策的建议权。

宪　法

正如我们的讨论所表明的那样，伊斯兰共和国经选举产生的职位的权力（尤其是总统班底和议会）受非经选举产生的机构的系统性限制。无可否认的是，领袖由经选举产生的机构（领导专家大会）选择，但是，他的任期不受限制，这使他成为一个享有巨大权力的领导人，而且无法基于任何目的和意图将之废除。通过任命司法机构的首长以及警方、军队和**伊斯兰革命卫队**的负责人，领袖控制了国家的强制机构。

当自由化的改革派在1990年代末赢得一系列选举时，总统和议会的有限权力令人吃惊地公开化。随着1997年和2001年**穆罕默德·哈塔米**的当选，他们赢得对总统职位的控制，并于2000年获得对议会的控制。尽管如此，领袖哈梅内伊还是公开支持反对改革的保守派，他还选择这些保守主义者担任司法机构首长和宪法监护委员会的成员。当被司法机构提名来填补宪法监护委员会空缺席位的律师们在2001年未能获得改革派议会的批准时，领袖完全拒绝安排改革派总统**哈塔米**（他刚刚以77.9%的得票率而成功连任）的宣誓就职仪式。最后，律师们在没有获得议会多数支持的情况下就任，领袖也随后表示同意总统宣誓就职。这些非经选举产生的机构一直是所有总统的眼中钉，其中包括民粹主义的保守派总统艾哈迈迪-内贾德和当下实用主义的温和派总统鲁哈尼。

尽管改革派努力以法律手段寻求变革，但他们最终会遭到领袖、宪法监护委员会和司法机构利用宪法授予的权力从中作乱。这一事实还是表明，这部宪法即使不是自由的和民主的，那至少是透明的；它不需要违反宪法条款就可以防止民主治理。

公民权利的情形同样如此。尽管言论和结社自由以及人的安全得到保障，但它们通常受到“在伊斯兰教义的准则之内”这一条款的限制。它使当局享有很大的余地来剥夺这些权利。同样的情形也发生在公民平等上。信奉基督教、犹太教和琐罗亚斯德教的伊朗人得到某种程度上的法律承认，并可以自由地实践他们的宗教信仰。然而，伊朗最大的非穆斯林少数民族（巴哈伊信仰的拥护者）被认为是异教徒并在制度上受到歧视。例如，直到今天，他们都不可以上大学。即使是占据总人口大约10％的逊尼派穆斯林也在行政部门受到制度性歧视。正如伊朗一位流亡的杰出人权律师所言，在伊斯兰共和国，“神职人员的权利与非神职人员的权利不平等、‘十二伊玛目’什叶派教徒的权利与非‘十二伊玛目’什叶派教徒的权利不平等、什叶派教徒的权利与逊尼派教徒的权利不平等、穆斯林的权利与非穆斯林的权利不平等、‘被承认的宗教少数民族’的权利与其他‘少数民族’的权利不平等、男性的权利与女性的权利不平等”①。在整个伊朗宪法和法律体系中可以发现对公民法律平等的明确否认，这一点与很多其他第三世界政权所使用的普适主义语言形成鲜明对比。

平行权力中心

当革命者于1979年接管国家时，他们继承了一种行政官僚体制，该体制所致力的新意识形态连他们自己都无法相信。由于对清洗国家机构中他们所认为的反革命分子表示不满，他们建立了新的国家机构，这些机构与确立已久的旧机构在权限上部分重叠。基本的构思是，原来的机构或多或少地像往常一样经营业务，而新的机构则是积极追求实现和捍卫新的伊斯兰秩序。具体的例证包括“建设圣战”（the Construction Jihad），它与农业部处于平行地位，并将年轻人送到农村地区，以便帮助他们自我成长。最重要的例证当属伊斯兰革命卫队。它的原初功能是捍卫革命，但经过一段时间之后，它就发展成为一支平行的军队，甚至建立了空军和海军，还在监狱设置了自己的部门②。

由于霍梅尼及其追随者在1980年代中期巩固了自己的统治地位，他们试图合并国家和革命组织。然而，这些努力绝大部分没有获得成功，革命组织仍然非常活跃。1990年代末，随着某些国家机构受改革派控制之后，保守主义者在领袖办公室的支持下建立了新的平行机构。因此，当信息部（也被称为秘密警察）的人员配置主要由改革派成员组成时，司法机构（其首长由领袖任命）也开始建立类似的秘密警察（它们甚至拥有关押政治犯的监狱系统）。这些平行权力中心使决策变得极为复杂。

选举和政党

14.4 讨论影响伊朗选举的政党和派系

1906—1979年之间，选举几乎不具有真正的竞争性。在大多数时间都是专制的情况下，政党在伊朗政治中从未发挥过重要作用，可能的例外情形是信奉共产主义的人民党（Tudeh party）。但是，1983年人民党被解散，它的领导人因为充当苏联间谍而被监禁。

1963年，沙赫赋予女性投票权并可以竞选公职。在实践中，这一行动并没有太大的意义，因为在他统治的剩余时间里没有出现过自由选举，但它确实建立了某些不能被破坏的标准。尽管大多数乌里玛在1963年强烈反对将投票权延伸至女性，但女性在革命过程中的动员是如此重要，以至于根本不可能剥夺她们的投票权。

---

① Abdol-Karim Lahiji，“Moruri bar vaz'-e hoquqi-ye Iranian-e gheyr-e mosalman，” *Iran Nameh* 19（2001）：1379－1380. 使用已得到授权。有关对女性的法律歧视，可以参见本章后面部分对性别关系的讨论。

② Mehran Kamrava and Houchang Hassan-Yari，“Suspended Equilibrium in Iran's Political System，” *Muslim World* 94（October 2004）：495－524.

革命后的政党与派系主义统治

尽管伊朗建立了大量的政党，但多数政党都是某个人政治抱负的工具，它们缺乏任何基层组织。此外，政治、联盟和这些派系的成员资格往往具有很大的流动性，这使得明确预测或解释政治家和政治组织的行动与立场变得非常困难。既然缺乏强大的政党，杂志、报纸和网站作为讨论、阐释和传播意识形态选择的工具越来越发挥着关键性作用。

1979 年初，霍梅尼的一批忠诚追随者，其中包括后来的总统拉夫桑贾尼和领袖哈梅内伊，建立了一个新的政党（伊斯兰共和党）致力于实现他们关于伊斯兰国家的构想。尽管如此，很多围绕不同经济、社会和外交政策议程的派系迅速在伊斯兰共和党内部定型。由于**派系斗争**（factionalism）已经导致政党的功能失调，拉夫桑贾尼和哈梅内伊在 1987 年 6 月写给霍梅尼的一封信中宣布解散伊斯兰共和党。然而，派系斗争的根本原因并没有消失。有些政权核心人物主张，国家应更多地干预经济，他们的理由是，伊斯兰教是社会正义的宗教，因此，伊斯兰政府必须关注穷人的利益。另有人争辩道，伊斯兰教保护私有财产的神圣性，因此，只要每个人都遵守伊斯兰法理学为经济活动行为所确立的规则，采取更多的自由放任政策就能做到秩序井然。当伊斯兰共和国的领导们努力克服因伊斯兰教义转换成一种政治意识形态（该意识形态能为所有问题的解决提供指导）所产生的问题时，伊斯兰原则可能导致产生不同的政策选择这一点将变得非常明显。1987 年，议会议长拉夫桑贾尼承认，在伊斯兰共和国有“两个强大的派系”，他同时补充道：“从根本上说，它们代表了两个无组织的政党。实际上，当它们描述自己所持的立场时，它们就是两个政党，而不是两个派系。”① 在 1988 年，紧张关系逐渐公开化，当时，随着某些不太保守的成员（其中包括未来的总统穆罕默德·哈塔米）离开并建立牧师武装协会（Association of Militant Clerics），神职人员武装社团（Society of Militant Clergy）（一个赞成法基赫的监护的团体）便一分为二。

当政府官员求助于霍梅尼在诸如土地改革这样的政策方面打破派系僵局时，他通常总是力劝各方展开合作或妥协。但是，如果被施加压力，霍梅尼往往会站出来反对保守主义者。在霍梅尼于 1989 年去世之后，伊斯兰共和国的领导层没有高级别的乌里玛以及不同乌里玛之间存在观点上的对抗，这一事实使得很多政策分歧仍未得到解决。这些分歧为政治制度开辟了途径并成为选举竞争的基础，因为不同的候选人为了从日益多元化的社会和不断分化的选民中寻求选票就会支持对立的观点。这种因素使伊朗选举颇为辛酸，在其他非民主国家的选举中，这种情形是不存在的。

意识形态差异成为三个广泛且有时难以驾驭的政治精英群体中派系政治的基础：保守主义者、实用主义者和改革派。保守主义者是一些牧师和非神职的政治家，他们赞成更为严格的社会规则（如公共场所的性别隔离），要求以牺牲民选机构为代价而授予领

① Asghar Schirazi, *The Constitution of Iran: Politics and the State in the Islamic Republic* (London: I. B. Tauris, 1998), 134.

袖更大的权威，同时支持更为自由的、以市场为导向的经济政策。

实用主义者包括拉夫桑贾尼和1990年代受雇于政府部门的很多技术专家，他们对社会问题更为温和，支持经济自由化以及国有公司和半国营公司的私有化。西方媒体通常将这些政治家描绘成“温和派”。而且，他们淡化支持输出革命并在美伊关系上表现出某种更愿意和解的态度。正如他们的名称所示，他们或者与保守主义者结盟，或者与改革派结盟，这由不同的问题决定。

改革派出现在1990年代。该团体的很多核心成员都被认为是激进分子，或者是一些比较年轻的伊斯兰主义革命者和牧师，他们受到左派和反帝国主义政治的影响。1980年代，他们要求国家增加对经济的控制，从而确保更大的社会正义，他们还积极支持中东地区的伊斯兰斗争。1990年代，很多1980年代的激进分子改变了想法，让自己的观点变得温和，并开始自我定位为“改革主义者”。他们的演变过程有很多原因。其中之一是，1992年，他们被排除在议会之外，这使得人们认识到公平选举和政治多元主义的重要性。而且，东欧剧变和苏联解体削弱了社会和政治组织的国家中心主义方法具有的合法地位。与此同时，一群穆斯林知识分子（他们当中有些人是乌里玛）既挑战传统的宗教法理学方法——这种方法导致乌里玛的盛行和过时法规的存续——又挑战宗教的意识形态化，它导致信仰丧失和极权政府的出现。这样的话，改革主义者明确挑战了伊朗的保守主义派系。这种更为自由的宗教方法在伊斯兰改革主义者和迄今为止尚未参加政治的社会团体之间建立了一种尝试性联系，这提高了1990年代末的选举参与率，并在随后帮助推动了2009年的绿色运动。

改革主义者的崛起以及保守主义者似乎没有能力赢得选举令激进分子感到不安，他们觉得，伊斯兰共和国已经违背了它的革命理想。他们组建了一个新的派系，自称“保守派支持者”（principlist）①。在2005年和2009年，他们是马哈茂德·艾哈迈迪-内贾德最忠实的支持者，后者提供了一个忠诚于领袖和安全机构、宗教虔诚、伊朗民族主义以及有时与宗教正统相冲突的民粹主义对话的折中平台。

在2013年的竞选中，实用主义者哈桑·鲁哈尼明确支持改革主义事业，反对保守主义者和保守派的支持者。实用主义者和改革主义者极为罕见地建立了明确的联盟，并且就在投票前几天，改革派候选人退出竞选，转而支持鲁哈尼。重要的是，这次结盟导致并维持鲁哈尼的支持者在2016年议会选举中占据上风，最后的结果是喜忧参半。尽管保守主义候选人在某些地区胜出，而且很多高调的改革主义者被禁止参选，但高度公开的强硬派人士和一些最坚定的伊核协议批判者都失去了他们的席位②。

总统选举

1980年1月，伊朗举行了本国有史以来

① Walter Posch, “The End of a Beautiful Friendship? Mahmoud Ahmadinejad and the Principlists,” in H. E. Chehabi, Farhad Khosrokhavar, and Clement Therme, eds., Iran and the Challenges of the 21st Century: Essays in Honor of Mohammad-Reza Djalili, (Costa Mesa, CA: Mazda, 2013), 50-78.

② Farideh Farhi, “The Day Tehran Shook,” Middle East Report Online, March 17, 2016; and Farideh Farhi, “The Profound Meaning of Iran's Election,” Lobe Log Foreign Policy, February 29, 2016.

的第一次总统选举，结果导致一位非神职的伊斯兰教主义者阿伯尔哈桑·巴尼萨德尔获得胜利。但是，巴尼萨德尔遭到议会弹劾，并在1981年6月被霍梅尼罢免。两个月后，他的更为顽固的继任者及其总理在一次炸弹袭击中身亡。随后的四次选举都取得预期结果，因为霍梅尼的亲密伙伴（阿里·哈梅内伊在1981年和1985年，阿里·阿克巴尔·哈什米·拉夫桑贾尼在1989年和1993年）轻易地战胜了对手。结果导致参与率持续下降，这一点可以参见图14－2。

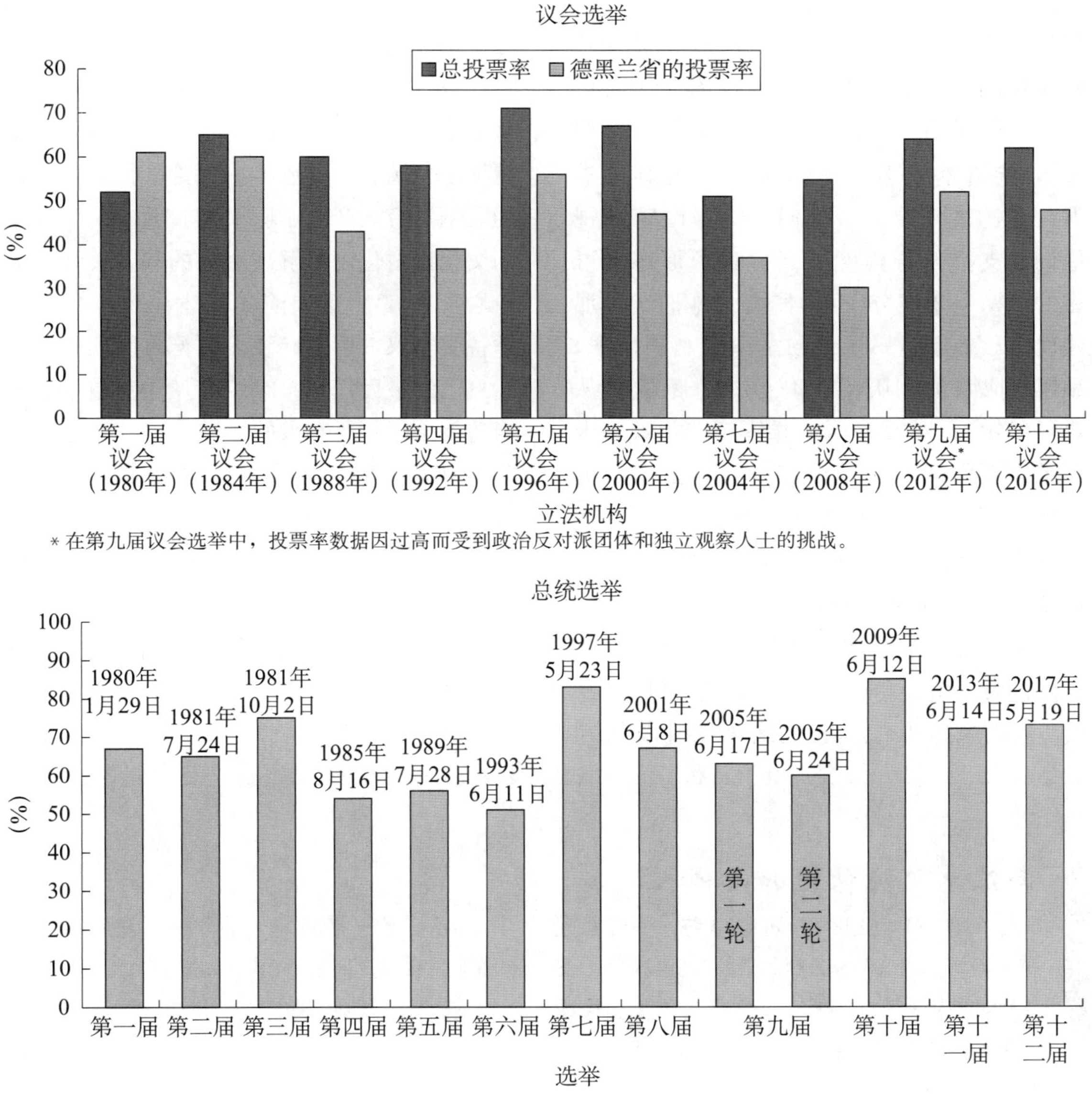

图14－2　选举参与

议会和总统选举中投票率的波动。

资料来源：Compiled by Arang Keshavarzian. Used with permission.

这种模式看起来在1997年重演。保守主义神职人员兼议会议长阿里-阿克巴尔·

纳特克·努里得到大多数政府和政治上积极的乌里玛的认可（其中包括领袖）。大多数观察家希望他能够胜选。然而，事与愿违的是，穆罕默德·哈塔米（一位在1992年保守主义者控制议会后作为文化部部长辞职的温和派神职人员）通过深入大学生和新生世俗社会的积极成员而展开了一场有效的现代化竞选，这些成员中有很多人都是政府昂贵的教育和社会政策的产物。他赢得了压倒性的胜利。作为一个“无取胜希望者”，哈塔米吸引了所有被政权羞辱过的人：受过教育的人（他们认为，国家歧视他们并支持教育程度不高但意识形态上可靠的伊斯兰激进分子）、妇女（她们憎恨那些使自己处于从属地位的法律限制和歧视）和年轻人（他们厌倦于被公共道德监护人每天侵扰）。对所有这些群体而言，哈塔米都承诺更大的文化开放和个人自由以及更透明和负责任的政府。尽管他的改革在1999年受到保守主义者的阻挠，但他还是在2001年轻易获得连任。

2005年的总统选举中没有一个正式的政府候选人，这种情形自1981年以来还是首次。哈塔米的3个盟友、4个保守主义者和拉夫桑贾尼竞选需由投票产生的最高职位。由于没有任何候选人赢得多数选票，只能举行第二轮决选，结果在拉夫桑贾尼和德黑兰市民粹主义市长马哈茂德·艾哈迈迪-内贾德之间展开了较量。两轮选举的参与率大约是60%，它低于先前的两次选举。尽管存在如下毫无根据的指控，即伊斯兰革命卫队和巴斯基民兵组织的指挥官非法敦促军队为内贾德投票，或许甚至让他们努力塞满投票箱从而增加他在第一轮的选票份额，但他还是赢得了一场意外的胜利。无论如何，内贾德的政纲对穷人产生了吸引力，而哈塔米时期的文化自由化没有解决穷人的利益关切（见专栏14-3）。正如前文所述，2009年的选举备受争议，但却导致内贾德再次获胜并开始自己的最后任期。2013年哈桑·鲁哈尼的当选结果得到所有人的接受。2013年选举与2005年截然相反，保守派推选了几位候选人，实用主义者和改革主义者团结在最终胜选者的背后。在2017年的总统选举中，他们保留了这种联合，并赢得一次重要的连任，击败了明显与领袖和保守派系结盟的候选人（见专栏14-4）。

专栏14-3

两位总统的传记和两代人

伊朗21世纪的头两位总统——穆罕默德·哈塔米（1997—2005年）和马哈茂德·艾哈迈迪-内贾德（2005—2013年）体现了伊朗政治精英变化的面貌，即从年长的一代人（他们诞生于反对沙赫的斗争和革命）转变成更年轻的一代人（他们受后革命时代事件的重大影响）。而且，哈塔米和内贾德之间的社会经济背景差异是显著的。

哈塔米于1943年出生于一个著名的牧师和地主家庭。他是一位在库姆（Qom）神学院接受教育的牧师，并在一所世俗大学获得哲学学士学位。他撰写了几本哲学著作，精通阿拉伯语，了解一些德语和英语。在革命之后，他成为伊朗文化和伊斯兰指导部部长（1982—1992年），该部负责调控和审查各种形式的媒体与出版物。在这里，他因支持言论和出版自由而闻名。哈塔米能够为自己的文化活动开拓某些空间，因为他不仅与霍梅尼及其儿子保持密切联系，而且与后来支持其总统职位的记者和学生保持密切联系。尽管如此，在强硬的保守主义者施加的压力不断增加之后，哈塔米被迫于 1992 年辞职，并在他成功竞选总统之前一直出任伊朗国家图书馆馆长。

内贾德于 1956 年出生于一个铁匠家庭，在年轻时搬到德黑兰。他被革命前世俗教育制度所造就，主攻工程学。他作为伊斯兰革命卫队的成员参与了两伊战争。后来，他在担任新成立的阿尔达比勒（Ardabil）省省长期间（1993—1996 年）表现非常出色。1997 年，内贾德从一所科技大学获得博士学位，并继续在那里教学。2003 年，他成为新的由年轻政治家组成的保守主义派系（它被称为伊朗伊斯兰建设者联盟）的一员，该派系在德黑兰市议会选举中大获全胜，内贾德被选为市长。

将这些完全不同的概况和观点结合在一起的是，两个人都以压倒性优势当选总统——被击败的对手都是原有当权派支持的候选人。有趣的是，现任总统哈桑·鲁哈尼代表的是前任总统们的一种综合体现。鲁哈尼出生于 1948 年，他是一位神职人员，革命前在德黑兰大学学习，并在 1979 年之后到苏格兰深造。他崇尚法治并在国家的外交政策和军事安全机构中步步高升。尽管他在竞选期间与改革主义者建立了联盟，但他将自己定位为中间派，并小心翼翼地不疏远任何派系或机构。

资料来源：Wilfried Buchta，*Who Rules Iran? The Structure of Power in the Islamic Republic*（Washington，DC：Washington Institute for Near East Policy，2000），30；http：//www. bbc. co. uk/persian/iran/story/2005/08/050801 _ pm-mv-khatami-profile. shtml. Used with permission.

专栏 14－4

2017 年总统选举

2017 年 5 月 19 日，伊朗伊斯兰共和国举行了第十二次总统选举。由于超过 1 600 名候选人被宪法监护委员会禁止参与竞选，选举最终变成现任总统哈桑·鲁哈尼与保守主义牧师易卜拉欣·莱希（Ebrahim Raisi）之间的争夺。有 73%的伊朗人去投票站投票，鲁哈尼赢得超过 57%的选票，而莱希的得票率为 38%。这一结果在很多方面并不显著。最近的四位总统都赢得第二任连任。而且，如果全国选举中的投票率很高，温和派和改革派的候选人往往做得更好（2009 年的选举是这种趋势的一个明显例外）。在 2013 年参加竞选时，鲁哈尼的主要承诺是，与美国和国际社会协商解决有关伊朗核计划的冲突，以期结束强加给本国的制裁。他实现了自己的竞选承诺，伊核协议在伊朗人中备受欢迎。

然而，在选举前夕，这些成就足以让鲁哈尼赢得选举，更不用说以如此轰动的方式获胜，这并不是一个必然的结论。例如，很多人猜测，选民要么不出来投票，要么就会投票反对鲁哈尼，因为承诺的伊核协议后的和平红利未能实现。高失业率、经济增长乏力和社会不平等继续影响着各个不同阶层的伊朗人。另一个对鲁哈尼竞选不利的因素似乎是，自 2009 年以来，保守主义派系（在伊朗他们被称为保守派支持者）能够首次呈现某种程度的统一战线并团结在易卜拉欣·莱希周围，莱希原是一位检察官和法官，最近，他被领袖任命为富有的伊玛目礼萨基金会（Imam Reza foundation）的监护人。莱希直到选举前几个月才在很大程度上被很多伊朗人知晓，当时，他被提到可能成为哈梅内伊的继任者。与安全机构和领袖办公室紧密联合的伊斯兰革命卫队成员和媒体机构明确表示，他们支持莱希的竞选。

鲁哈尼如何克服这些挑战呢？他的竞选保留与改革主义者和更为中间派的政治名流之间的广泛联合，其中包括哈塔米总统以及与哈什米·拉夫桑贾尼政府相关联的政治家。尽管鲁哈尼本人与伊朗政权的外交政策和安全部门中持实用主义观点的重要人物具有最密切的联系，但他的竞选强调将保护社会和政治权利作为一种与绿色运动支持者对话的方式。而且，莱希的背景——他是 1988 年负责处决3 000～5 000名政治犯的委员会中的一名成员——都有据可查，这引起了社会各阶层的关注。这种背景也使得鲁哈尼的竞选团队让选举出现两极分化，他们争辩道，如果莱希胜出，那又会回到黑暗的过去。与此同时，莱希的竞选尽力强调鲁哈尼政府没有能力解决经济短板，尤其是不平等和腐败问题，但是，他们既没有能力提出一个明确的替代方案，又没有能力说服人们相信，莱希本人的背景能让他处于更好的位置来承担这项任务。最后，当莱希只能团结保守主义者而别无他法时，鲁哈尼却成功地动员了更广泛的选民来到投票站，或者表达对现任总统的支持，或者只是来反对莱希。

有关 2017 年选举的更多讨论，请参见：

Seyedamir Hosein Mahdavi and Naghmeh Sohrabi, "What Does the 2017 Presidential Election in Iran Tell Us About the State of the Islamic Republic of Iran," *Middle East Brief*, Crown Center for Middle East Studies, Brandeis University Center" Crown for Middle East Studies, Brandeis University, Middle East Brief 109 (May 2017). (http://www.brandeis.edu/crown/publications/meb/meb109.html).

Arang Keshavarzian and Naghmeh Sohrabi, "Lesson Learned (and Ignored): Iran's 2017 Election in Context," *Middle Report Online*, May 26, 2017; http://www.merip.org/mero/mero052617-0.

议会选举

为了议会选举的目的，伊朗被分成多成员选区，最大的选区是德黑兰，它有 30 名议会成员。每个选民可以写下的候选人数量与该选区在议会中的议席相等。每个选区得票最多者当选，只要他们获得至少 25%的总选票数。如果某个选区通过 25%选票分界线的候选人数少于席位数，第二轮选举将从进入决赛者中决定剩余的议会成员。在第二轮选举中，候选人的总数是需填补席位数的两倍。在缺乏组织化政党的情况下，候选人资格往往需要得到大量不同政治、宗教和文化团体的认可。议会成员的任职率很低，通常只有不到一半的议员能保住席位。这种因素使得从选举结果中推断不同政治团体相对受欢迎程度的准确数字比较困难。

在 1980 年的第一次立法选举中，一些摩萨台主义（Mossadeghist）和地区主义候选人被选入议会。然而，自 1984 年以来，只有那些明确致力于法基赫的监护的候选人才被允许参与竞选。激进分子构成了伊朗第二届议会（1984—1988 年）和第三届议会（1988—1992 年）的多数。在霍梅尼去世之后，保守主义者占据支配地位的宪法监护委员会硬将候选人资格的审查权归于自己，并继续宣布大多数激进分子的候选人资格无效。结果导致保守主义者控制了第四届（1992—1996 年）和第五届议会（1996—2000 年），拉夫桑贾尼的实用主义支持者构成了少数派。然而，随着穆罕默德·哈塔米在 1997 年的总统选举中令人惊奇地胜出，一批创纪录的改革主义者成为候选人。因为宪法监护委员会对这些候选人不甚了解，所以他们在 2000 年被允许参加职位竞选。他们在选举中大获全胜，赢得大约 70%的选票。

对 2004 年的议会选举而言，宪法监护委员会拒绝承认大约 2 000 名改革派候选人的资格，其中包括大约 80 名现任议会议员。这一点是史无前例的，很多改革派人士和社团号召抵制选举。尽管参与率下降了，但 50%的人仍然走向了投票站。在主要城市之外的很多地区，投票者对候选人的判断不是基于他们的意识形态，而是基于他们在促进选民利益时能够做什么（或者说已经做了什么）。图 14－2 表明，官方的投票率数据是波动的，而且在首都非常低。然而，尽管宪法监护委员会在最近三次议会选举中审查出了数量不成比例的改革派候选人，但参与率仍徘徊在 60%左右。尽管保守主义者和保守派支持者在第八届和第九届议会中赢得绝大多数席位，但他们之间很快就出现了新的分立；很多保守派支持者开始直言不讳地批判艾哈迈迪-内贾德的经济政策，并声称无视领袖的愿望。鲁哈尼政府（和伊核协议）的支持者在第十届议会中拥有微弱优势，这有望在政策和议程上减少对抗性。尽管如此，认为总统和议会之间会达成一致意见是鲁莽的。

地方选举

1979 年宪法规定，地方政府议会要由选举产生，但这些规定直到 1999 年才首次付诸实施，当时，伊朗人选举产生了市、镇和村议会。改革主义者赢得对大多数地方议会的控制，其中包括德黑兰。随着保守主义者对改革派阵营的不断侵扰，选民们突然变得十分冷漠。投票逐渐被很多人认为徒劳无功，因为权力最终取决于非经选举产生的机构。在 2003 年的第二次地方选举中，德黑兰只有 15%的合格选民（大部分是保守主义者）费心去投票，尽管这是伊朗历史上最自由的选举。宪法监护委员会没有审查候选人资格，即使是公开宣称的世俗主义者也被允许参与竞选。其结果是，为大约 15%的总人口提供住处的国家首都实现了由清一色保守主义者组成的市议会，该议会所选举的市长（马哈茂德·艾哈迈迪-内贾德）在两年后利用他的职位作为跳板成功地赢得了总统选举。尽管如此，在全国的其他地方，竞选更多地集中在具体的问题上，因此，参与率会更高，这充分证明了公民参与的程度相对较高①。2006 年 12 月举行了第三次地方选举，参与率急剧升高，总统内贾德的支持者只赢得少数席位。就好像是为了指责他在经济管理上的不称职，他的支持者仅赢得德黑兰市议会 15 席中的 3 席。2010 年，为了与总统选举保持一致，议会投票将市选举延迟到 2013 年。这些选举产生的议会由来自各种不同政治立场和倾向的成员组成；在亚兹德（Yazd），一位琐罗亚斯德教的教徒（Zoroastrian）首次当选市议会议员，这创造了历史。伊朗的经验更加清楚地告诉我们，权力下放和地方治理的建立并不必然会带来更大

① Kian Tajbakhsh, "Political Decentralization and the Creation of Local Government in Iran: Consolidation or Transformation of the Theocratic State?" *Social Research* 67 (2000): 377－404.

的民主或参与性城市规划[①]。

政治文化

14.5 指出伊朗政治文化的五个关键特征

在很大程度上，伊朗的政治文化源自它在国际体系中的地位。伊朗作为一个名义上的主权国家在帝国主义年代中幸存下来，但是，这种独立并未阻止外在力量（主要是英国和俄罗斯）干涉伊朗内政并控制其经济[②]。由于伊朗是国际社会中一个长期存在的成员，所以，伊朗人往往更愿意将自己和西方占主导地位的国家进行比较，而不是其他的第三世界国家。尽管如此，将他们国家形式上的独立地位转变成真正的主权地位总是政治上自觉的伊朗人的一个关键的利益关注。

外国干涉伊朗内政的结果之一是，伊朗人倾向于相信阴谋并根据阴谋理论（也就是，这些理论意图证明，政治受制于某些小团体的恶意和阴谋诡计，而这些团体的目的和价值又与社会的其他部分严重对立）解释政治[③]。这就是政权和某些公民对2009年总统选举之后的事件做出的反应。在法院案例、报纸文章、周五祈祷布道和领袖的演讲中，所有的抗议都不予考虑。游行示威者被描述为美国、欧洲和以色列特务机关的马前卒，绿色运动被描述为一个受外国启发的团体，该团体在效仿东欧和中亚推翻政权的革命。从历史上看，相信阴谋作为一种动力在中东其他国家也非常普遍[④]。但是，就伊朗的情形而言，这些理论的可信性因如下事实而得以提高，即伊朗实际上是阴谋的受害者，比如说，1953年，美国和英国政府与伊朗保守主义者密谋安排沙赫作为本国的统治者正式就职。1979年扣押美国人质为什么在当时如此受大众欢迎，其主要原因就在于，通过允许伊朗人占据大多数人所认为的所有阴谋的中心——美国大使馆，它就象征性地结束了外国干预伊朗内政的年代。

体系层面

伊朗的国家边界和国家地位不是欧洲殖民主义的遗产，这有助于解释为什么现代化政体在伊朗人中享有巨大的历史合法性。尽管他们存在民族的多样性，但具有不同母语的伊朗人彼此共同生活已有几百年之久。由巴列维王朝的沙赫所传播的伊朗民族主义拥有古代波斯的辉煌盛况和持续长达2 500年之久的“民族”历史的自豪感。这种历史被解释为授予伊朗人一种内在的高贵，这一点是邻国的人民和国家所无法比拟的。

这种强烈的民族自豪感在革命中得以幸存，但却改变了它的外表。现在，尽管伊朗

---

① Azam Khatam and Arang Keshavarzian,“Decentralization and Ambiguities of Local Politics in Tehran,” Governing Megacities in MENA and Aisa, Middle East Institute, January 14, 2016, http://www.mei.edu/content/map/decentralization-and-ambiguities-local-politics-tehran.

② 在第一次世界大战之前，西方人认为伊朗和其他非西方且名义上的主权国家是“半文明”国家，这些国家具有国际社会正式成员的某些但并不是所有的属性。具体参见：Gerrit Gong, *The Standard of “Civilization” in International Society* (Cambridge: Cambridge University Press, 1984).

③ Houchang E. Chehabi, “The Paranoid Style in Iranian Historiography,” in Touraj Atabaki, ed., *Iran in the 20th Century: Historiography and Political Culture* (London: I. B. Tauris, 2009), 155-176, 294-303.

④ 参见：L. Carl Brown, *International Politics and the Middle East* (Princeton, NJ: Princeton University Press, 1984), 233-252.

前伊斯兰时期的辉煌不像以往强调得那么多，但是，新的当权者及其支持者都将伊朗视为伊斯兰世界反对西方统治的先锋。这种立场将伊斯兰教的承诺与伊朗民族主义融合在一起。尽管如此，近年来，巴列维式的族群波斯民族主义已经在那些不再着迷于神权统治的伊朗人中东山再起，在与宗教领袖的竞争中，艾哈迈迪-内贾德巧妙地运用了这一点。

出于同样的原因，族群民族主义已经在伊朗非波斯人口中变得更为强大。这一点在主要由逊尼派组成的库尔德人中尤为明显，他们不仅憎恨库尔德地区的贫困，而且憎恨基于宗派理由的歧视。从理论上说，没有任何理由可以解释，为什么这种新的族群自信不应该与强烈的伊朗公民民族主义情感保持一致，不过，那将取决于中央政府如何进行管理。压制性措施很可能削弱种族边缘地区对伊朗国家的认同感。改革主义者往往对地区文化更为温和；因此，在 2016 年，一些大学开设了库尔德人和阿塞拜疆人的语言和文化课程。

政府巩固其合法性的一种由来已久的方式是诉诸爱国主义情感。在伊朗，政府最近希望让伊朗人团结起来的问题是发展核技术。伊朗领导人坚持主张伊朗有“权利”发展核能源，这种坚持已经在普通伊朗人（甚至是那些反对伊斯兰统治的很多伊朗人）中达成共识。事实上，由于美国人、欧洲人、中国人，甚至是印度人和巴基斯坦人都拥有核武器，很多人就会问，伊朗人为什么不应该也拥有核武器？

过程层面

伊斯兰革命导致的一个不容置疑的结果是参与政治的公民总数急剧增加。在整个 1978 年，上百万涌上街头并要求沙赫离开的伊朗人在革命结束之后拒绝仅仅成为神权国家的臣民。同样的情形不适用于那些反对革命或者反对最终由革命产生的伊斯兰国家的人。很多移民和那些仍然处于落后状态的人往往认为牧师武装协会和神职人员武装社团差不多。哈塔米牢记在心的正是这些被动的伊斯兰共和国臣民，当时，他反复声称自己希望成为所有伊朗人的总统。自新的政权建立以来，上述臣民首次参与选举，从而导致选举参与率创了新高。他们中很多人抵制 2004 年和 2005 年的选举，他们认为自己参与选举并没有使伊朗更接近一种更为共和、更少神权的政府形式。然而，在 2009 年，基于穆萨维精明的竞选团队并结合对艾哈迈迪-内贾德政策的强烈感情，有 85%的伊朗人被鼓励参与投票。在选举舞弊和对抗议者的极端镇压之后，很多伊朗人和西方学者都认为，伊朗人不会对选举制度有足够的信任进而去参加投票。尽管如此，因选举竞选以及实用主义组织与改革主义组织之间的合作而打开的政治空间在 2013 年的总统选举和 2016 年的议会选举中又将大量的选民拉回投票箱，即使有些选民确实抵制选举，另一些选民带着极大的怀疑参与投票。72%的投票率不像 2009 年选举投票率那么高，但是，与过去的选举和世界平均水平相比，它仍然给人留下了深刻印象。鲁哈尼政府曾援引这种选举参与率来为自己在伊朗核项目谈判中的立场正名。

伊朗政治文化的另一个重要特征是极端的个人主义和缺少信任。大多数观察家将此归因于伊朗专制统治的历史悠久，它从来没有发展一种使生活具有可预见性，并使之受规则而不是个人关系治理的法治状态。前述阴谋信念加重了这种信任的缺失。政治对手往往彼此指控对方与外国力量结盟。这使得妥协（它对协商政治是必要的）变得非常困难，因为一个人不可能与“卖国贼”进行妥协或协商。各个派系领导人的革命资历同样强大，这一事实导致那些仍忠诚于法基赫的监护的政治领导人在某种程度上的相互容忍。但是，即使是现在，质疑制度本身或者质疑霍梅尼决定的持不同政见者总是被指控听命于外国势力（解读为敌对势力）。这种相信阴谋论倾向最持久的受害者是宗教少数派，尤其是巴哈伊教徒（Baha'is），他们被广泛认为是“犹太复国主义”的代理人。这种指控受如下事实的激发，即巴哈伊信仰的世界中心位于以色列，但这只是一个历史性的意外。

不信任不仅渗透于政治精英阶层，在公民之间也非常明显。世界价值观调查（World Values Survey）的结果表明，伊朗人和土耳其人一样不信任政府（见图 14－3）[1]。由于电视频道由国家运营，而且大多数媒体归国家所有或者受国家严格监控，对这些机构较低水平的信任程度也表明对政府信任的缺失。与此同时，对清真寺相对较高水平的信任程度应该慎重解释。正如我们很快看到的那样，清真寺完全不是一个同质的实体，它并不必然体现一种特定的政治议程或文化。

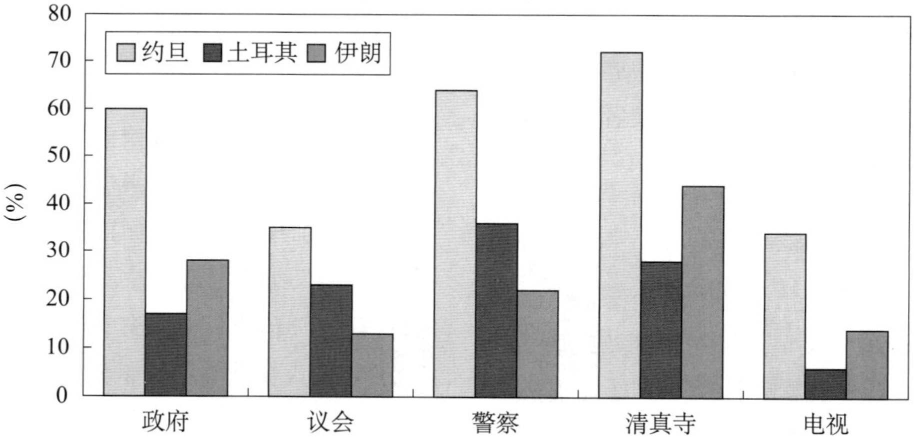

图 14－3　公民信任

伊朗与约旦和土耳其的比较。

资料来源：2005—2006 World Values Survey. Used with permission.

这种个人主义和缺少信任的情况是缺乏真正的政党以及确实存在的少数几个政党经历持续分裂的根本原因。尽管伊朗人都哀叹他们没有能力合作，但正是这种“无能力”避免了伊朗在 1980 年代成为一个极权主义国家。如果乌里玛具有罗马天

① Mansoor Moaddel and Taghi Azadarmaki, "The Worldviews of Islamic Publics: The Case of Egypt, Iran, and Jordan," in Ronald Ingelhart, ed., *Human Values and Social Change: Findings From the Values Survey* (Leiden: Brill, 2003), 81.

主教教会的纪律和中央集权组织，他们的统治很可能会变得更加极权化和整体化，而且，派系主义和牵制与平衡绝不可能被制度化。

伊朗政治文化中盛行的个人主义和阴谋论产生的最后一个结果是定期出现魅力型领导人。这些领导人体现了国民渴望克服现有秩序以及所有问题的根源，即帝国主义者和专制统治者。穆罕默德·摩萨台、阿亚图拉·鲁霍拉·霍梅尼，甚至（在更低程度上）包括穆罕默德·哈塔米和马哈茂德·艾哈迈迪-内贾德都是这种趋势的典型例证。有人论辩道，“十二伊玛目”什叶派及其对第十二代伊玛目的期望预示着伊朗人倾向于将他们的希望寄予一个魅力型的救世主人物。

政策层面

考虑到伊朗国家的大部分收入来自石油这样一个事实，伊朗人总是倾向于期望国家为每个人提供福利和物质财富并缩小贫富差距。换句话说，他们需要属于自己的石油财富份额。沙赫政权之所以在某种程度上出现合法性的丧失，原因就在于，人们认为，没有足够的财富惠及更贫困的阶层。

在伊朗，腐败盛行，反腐败是所有政治派别的伊朗人的共同愿望。它的持续存在被归咎于政权，政权因此丧失了某种合法性，就如同1960年代和1970年代的巴列维政权一样。

伊朗当代政治文化一个值得注意的特征是，它怀疑工业部门的私营企业。从礼萨·沙赫统治时期开始，国家在工业发展中发挥着主要作用。在礼萨·沙赫的儿子执政时期，这种国家主义得到新兴资产阶级的补充，他们在相当程度上有助于伊朗1960年代和1970年代的工业化进程。但是，资本家与沙赫及其亲属保持密切联系，与外国公司（这些公司的活动仅仅因为它们是外国公司而遭到怀疑）展开合作，而且，资产阶级中的有些人本身就是宗教少数派的成员。结果，伊斯兰教主义者和开展革命运动的左派分子都反对他们和他们所代表的经济发展模式，并称他们为剥削者。这种反对派的遗产在伊朗宪法中体现得很明显，该宪法严格限制海外投资。

革命者所宣传的民粹主义加剧了对炫耀性消费和大规模私有经济活动的反对。这并没有影响富裕的集市商人，他们主要从事贸易而不是生产。商人活动的直接可见度不如实业家的活动，因为商人只需要带上一部手机并坐在集市某个小商店的一张桌子后面就可以完成价值数百万的交易。与之相比，实业家的工厂和办公室吸引的是直接关注①。对实业家的普遍不信任意味着，公民期望国家成为发展和提高生活水准的主要推动者。艾哈迈迪-内贾德在任职期间调动了这种情绪，从而突出了他与“普通”伊朗人及其需求和价值的密切联系。鲁哈尼指出，一系列备受瞩目的腐败案件涉及内贾德的亲信或者发生在他的任内，这表明，他对普通伊朗人的关心只是花言巧语，而且，自私自利的团体不断增多，并从与政治精英的裙带关系和制裁制度中获利。

因此，尽管很多伊朗人期望国家消除贫

① 这一推理路线依据的是：Azadeh Kian-Thiébaut，“Entrepreneurs privés：entre développement statocentique et démocratisation politique，” in *Les Cahiers de l'Orient* 60（2000）：65－92.

困和失业，但还是有其他人希望国家提供一种环境，从而使个人的聪明才智和创造力得到充分发挥。在伊朗社会中，集体主义和个人主义是共存的，这种情形导致的结果是，伊朗的政治文化充满高度的冲突性。公民基于政权的本质而被严格分离，很多人（尤其是接受更多教育的人）认为伊斯兰神权政治（如果不是伊斯兰共和国的话）是一种不合时宜的政府形式。

政治社会化

14.6 描述伊朗实现国家统一的机制如何(也包含异议的成分)

公民的政治社会化是一个过程，该过程由国家机构自上推动，同时又由社会实践自下推动。在伊朗，国家控制的机构（如教育系统、电视和军队）在社会中传播很多基本的政治规范，并建立一种框架来论辩它们的含义。与此同时，通过家庭、邻里和社会团体成员的日常行为，伊朗人协商、挑战，有时甚至破坏这些规范。

如同在许多革命后和殖民后的政权中那样，在伊朗，国家认可的政治社会化的目的在于实现国家统一，掩盖政治、民族和社会经济差异。在巴列维的君主统治时期，国家统一在建立一个现代化的、工业化的、西化的社会使命下得以捍卫。根据这一设想，国家被展现为一种世俗的、无阶级的、完全是波斯人的身份。例如，学校以官方的波斯语言教育整个伊朗人口，这是一种让大量说阿塞拜疆语、库尔德语和阿拉伯语的人疏远各自地方和民族忠诚的关键方法。在伊斯兰革命时期，更大的经济平等、民族融合和宗教遵守的要求严重质疑国家同质性观念以及伊朗国家已经接受这种自我形象的认识。在伊斯兰共和国统治时期，官方对话和规范性议程的内容发生了变化。尽管如此，社会化的方法和绝大多数精英仍希望限制公民投入并忽视社会的多元性，这些仍然与革命前的政权非常类似。

教育体系

学校系统是培育年轻伊朗人成为良好伊斯兰公民的主要社会化媒介。学校系统也是被新的政权伊斯兰化的首批机构之一。政府改变了学校课程，使其包括大量的宗教研习、关于伊斯兰革命的年度课程和更多的阿拉伯语言必修课。与此同时，重新编写的教科书提供了经国家批准的伊朗史，它突出强调神职人员在所有“公众起义”中的作用，抹杀或扭曲非宗教力量（如自由派的民族主义者或左派政党）发挥的任何作用，并将巴列维君主政体（及其所有君主）描述成具有持续的压迫性和非道德性。

教科书还描述了国家的家庭形象。革命前的教科书显示，伊朗女性可以揭开面纱，家人可以围着一张餐桌就餐，儿童可以使用非阿拉伯和非宗教的姓名。与之不同的是，革命后的教科书描述道，所有女性必须蒙着面纱（甚至包括在家中），家人必须围着地板上一张摆好的餐桌盘腿而坐，儿童必须使用伊斯兰姓名[①]。学校儿童还通过背诵赞扬霍梅尼及其政权之伟大的歌曲和诗歌来接受革命学说，同时谴责以色列和“帝国主义

① Peter Chelkowski and Hamid Dabashi，*Staging a Revolution*：*The Art of Persuasion in the Islamic Republic of Iran*（New York：New York University Press，1999），130－31.

者”（通常主要是指美国）。

起初，当局强调中小学在培育忠诚的且被动员的支持者方面发挥的作用。然而，一组伊斯兰激进分子和学者也在带头通过审查大学的老师和课程而“清洗”具有“反革命”因素的大学。这场“文化革命”的领导者就是现在所谓的文化革命最高委员会。由于认为大学校园是反政权激进主义的中心，因此，“文化革命”将所有大学关闭了3年（1980—1983年），并努力发展大学和宗教神学院之间的联系。当大学被再次开放时，严格的入学要求（其中包括宗教考试）被确立，以便使那些政权认为更能支持其雄心抱负的人获得更多机会。除此之外，所有大学都为战争老兵以及在革命和两伊战争中殉难者的亲属分配了特别指标。

政权还建立了一些机构，负责培养一批新的技术专家和老师来政府部门与大学工作。国内培养的工程师、科学家、经济学家和其他专业人士对于确保伊斯兰共和国的独立以及承受住美国孤立伊朗的企图都至关重要。例如，建立了伊玛目萨迪克大学（Imam Sudiq University）（具有讽刺意味的是，该大学位于一所前商业学校的校园内，该学校与哈佛商学院有隶属关系）来培养技术专家。大学系统另一个新的方面是建立了“伊斯兰开放大学”，这是一种非营利性的私立大学系统，它在全国范围内（其中包括一些小城镇）拥有大约400个独立的校园。这种大学是给生活在主要人口中心之外的伊朗人提供高等教育，它也为那些没有通过精英国立大学具有高度竞争性的入学考试的学生或者那些家人不让他们前往大城市学习的学生提供机会。

伊斯兰共和国改变了高等教育的内容，以期促进诸如“伊斯兰经济学”和“伊斯兰科学”这样一些领域发展，并以这种方式来对抗有些人理解的西方学术界那种根本扭曲且反伊斯兰的性质。多年来，政权还支持建立亲政权的志愿者组织（**巴斯基民兵组织**），以便监督学生和老师的政治活动，并动员学生在校园内组织一些支持政权的活动①。

这个伊斯兰共和国在努力从“革命儿童”中培养顺从且忠诚的公民方面似乎远不够成功。许多披露政府滥用权力和不称职的调查记者、改革最坚定的支持者以及新兴世俗社会（如艺术组织和女性非政府组织）都是学校系统和后“文化革命”时期高等教育机构的产物。实际上，革命后在国家努力控制的大学里，随处可见学生们创办政治杂志和发表宣言、组织挑战政权的讨论、藐视和嘲弄社会习俗以及国家有关性别关系的政策。1999年、2003年和2009年的大规模学生游行示威表明，政权无力在没有强迫的情况下全面管理这种政治化空间。

军队和退伍军人

军队征兵也是实现国家统一的一种根本机制，至少对年轻人是这样。长期以来，与伊拉克战争的经历强化了人们共享基础训练以及与军事官僚相互配合的经验。战争是一个关键的历史时刻，它对大量的伊朗男性及其家庭产生了重大影响。8年战争期间，有400万～500万伊朗人在武装部队服役，因

① Saeid Golkar, *Captive Society: The Basij and Social Control in Iran* (New York: Columbia University Press, 2015).

此，相当比例的伊朗家庭直接受其影响①。各种各样的公共纪念活动和战争壁画以及电影院和小说中的故事都有助于培育“战争一代”与其之前和之后那代人之间的情感。

尽管如此，从政治上说，战争已经造成了分裂，部分统治集团对如下事实表示质疑，即在 1982 年伊拉克军队被赶出伊朗领土之后还继续这场战争②。而且，伊朗军队包括伊斯兰革命卫队和巴斯基民兵组织，它们已经成为非同寻常的机构，政治影响力也在不断增加。这些后来成立的机构接受领袖的直接监督，并在 2009 年初被融入一个单一等级体系中。在 2004 年的议会选举中，超过 100 名前革命卫队成员赢得议席；2005 年，艾哈迈迪-内贾德（他本人就是前伊斯兰革命卫队成员）为一些其他成员进入自己的内阁铺平了道路。自 1990 年代以来，尤其是当艾哈迈迪-内贾德就任总统职位以来，伊斯兰革命卫队的政治相关性表明，它在建设工程、制造业（包括在石油部门）、通信、贸易和银行业的重大作用与日俱增。这在很大程度上有助于解释为什么伊斯兰革命卫队的领导层在 2009 年公开支持现任领导人，以及对 2015 年的伊核协议和更大外国经济竞争的前景的支持表现得不温不火。

宗教和宗教机构

尽管大多数伊朗人认为自己笃信宗教并将宗教事务和实践视为生活的重要方面，但来自世界价值观调查项目的结果体现了一种更为微妙的观点③。图 14－4 表明，很多伊朗人认为宗教在生活中非常重要，他们都参加宗教服务，但他们的参与率要低于约旦和埃及的公民。而且，尽管被调查的伊朗人经常将自己描述为“首先是一个穆斯林”，而并非“首先是一个民族主义者”，但大约有 1/3 的伊朗人将民族主义放在第一位，这远远高于埃及或者约旦。

尽管存在这些综合性的结论，但在伊斯兰共和国时期，宗教和宗教实践所发挥的作用与其说是统一的，不如说是分裂的。从表面上看，宗教渗透到日常生活之中。官方的讲话和声明都充满了宗教表达与引用，日历中随处可见宗教假期，宗教遵守通常是公开且有目共睹的。什叶派伊斯兰教在官方对话以及作为控制谁能够获得国家高级职位的一种手段发挥着某种核心作用。星期五祈祷会（Friday congregational prayers）和宗教周年纪念活动都是国家调控的事件，它们将各界人士聚集在附近的公共空间。就好像为了强调德黑兰大学不再是世俗界反对伊斯兰政权的中心一样，德黑兰官方的星期五祈祷会被安排在校园内曾经的足球场上举行。在这样的场合下，政府官员都要进行布道，他们会情绪激昂地将宗教和道德问题以及当下紧迫的政治问题组合在一起。

在公开举行这些大规模的宗教集会时，国家有意识地试图动员公民支持政权，同时也传递政治信息。人们熟知且具有象征意义的殉教和自我牺牲的什叶派语言在这些事件以及国有的电台和电视台中占据首要地位，正如第三代伊玛目所例证的那样，这种语言

① Kaveh Ehsani, “Islam, Modernity, and National Identity,” *Middle East Insight* 11 (1995), 51.

② Farideh Farhi, “The Antinomies of Iran's War Generation,” in Lawrence C. Potter and Gary G. Sick, eds., *Iran, Iraq and the Legacies of War* (New York: Palgrave Macmillan, 2004), 101－120.

③ Moaddel and Azadarmaki, “The Worldviews of Islamic Publics.”

是以正义为名，并勇敢地对抗那些篡夺无辜者和忠诚者权利的大国。

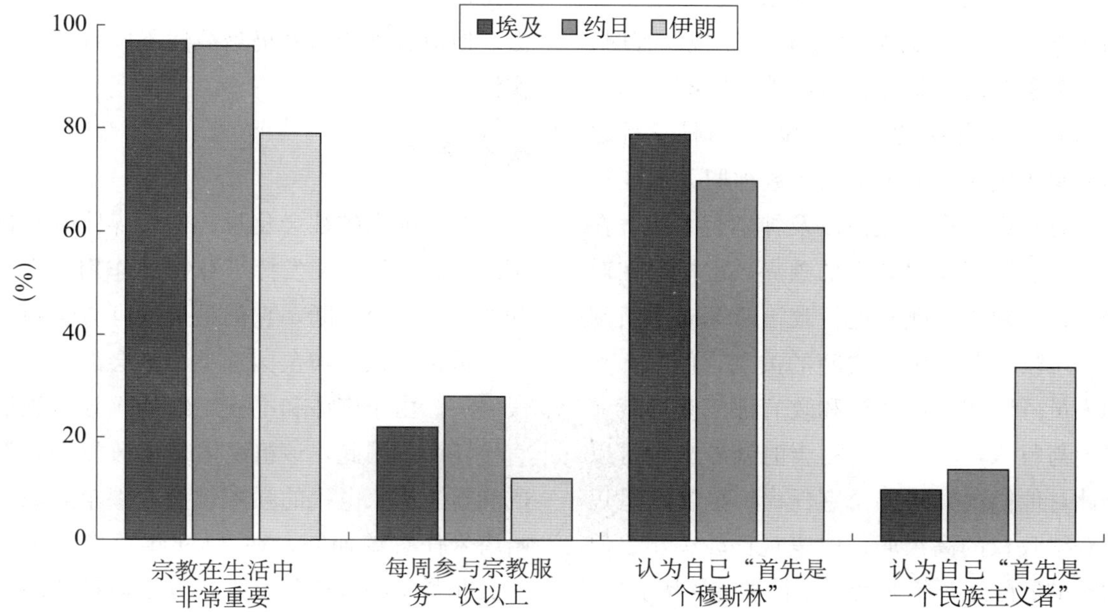

图 14－4　宗教信仰和实践

资料来源：Mansoor Moaddel and Taghi Azadarmaki, "The Worldviews of Islamic Publics: The Case of Egypt, Iran, and Jordan," in *Human Values and Social Change: Findings From the Values Survey*, ed. Ronald Inglehart (Leiden: Brill, 2003), 75. Used with permission.

尽管如此，垄断组成某种宗教的符号、解释和短暂信念绝非易事。多年来，这个伊斯兰共和国一直难以控制政治精英层的成员和神职人员，更不用说公民的心灵了。由于缺少一位什叶派的"教皇"，伊朗的神权国家绝不可能充分地在伊朗强加一种被政治化的什叶派伊斯兰教观点，更不用说在整个什叶派世界了。随着霍梅尼的逝世以及任命哈梅内伊接任，对伊斯兰政府的含义和宗教在公共生活中的作用出现了根本分歧。例如，"改革主义者"政治派系强调宪法和革命的共和特征。与之相比，保守主义者突出神权权威和民意监督权的中心地位。与此同时，非神职的宗教知识分子如阿卜杜勒-卡里姆·索鲁什（Abdol-Karim Soroush）和牧师如哈桑·埃什克瓦里（Hasan Eshkevari）要求重新构建真主、个人和政治权威（它明确挑战目前解释法基赫的监护所依赖的基本假定）之间的关系。这些论辩不仅渗透在大学、神学院和杂志的知识环境之中，而且也开始影响有关宗教和政治关系更为公开的讨论，并与普通伊朗人的哲学和政治辩论产生共鸣①。

就更为组织化的层面而言，宗教遵守总是具有地方化特色。大量的临近街坊以及以公会为基础的《古兰经》阅读小组都迎合具有不同地区、民族和阶级背景的男人和女人

① Ahmad Sadri, "The Varieties of Religious Reform: Public Intelligentsia in Iran," in Ramin Jahanbegloo, ed., *Iran: Between Tradition and Modernity* (Lanham, MD: Lexington Books, 2004), 117－128.

的精神需求。这些非正式的集会充当了宗教实践活动基层的和独立的论坛，它们逃脱了那些隶属于政权的神职人员的注视。有时，逃避观察者的注意容易形成神权国家与库姆（Qom）和马什哈德（Mashhad）市神学院之间的紧张关系。由于绝大多数神职人员在历史上总是设法回避政治以及神学院系统，在历史上总是保持财政上的独立，霍梅尼在对神职人员领导的政府进行政治改革时重新阐述了“教会”和国家之间的关系。例如，神职人员可以在司法系统和政府部门获得就业机会与收入，星期五祈祷会的领导人也可以如此，他们由领袖办公室任命。尽管乌里玛在获得政权的高级职位时表现比较突出，但国家的实际运行绝非受制于神学院的毕业生，在过去的25年里，他们的影响一直在下降。标志之一是神职人员在议会的总数下降了。在第一届伊朗议会中，几乎一半的议会成员都是神职人员，但到了1990年代末，议会成员中神职人员的比例不足20%（见表14-1）。

对绝大多数仍留在神学院教学、研究和解释宗教文本的神职人员而言，政权实际上一直具有侵扰性。德黑兰当局尽力通过设置课程和确定在库姆使用的课本来监控神学院的教学。除此之外，领袖会利用他的职位和基金来支持那些被认为是“激进的”并赞同政权对伊斯兰教义解释的神学院与老师。但是，随着伊斯兰革命卫队在2005年之后（尤其是在2009年之后）获得支配地位，亲政权的神职人员发现自己如今越来越被边缘化，他们与艾哈迈迪-内贾德支持者的关系日益疏远。作为2009年选举中最直言不讳的竞争对手，迈赫迪·卡鲁比本人就是一位神职人员。霍梅尼的孙子哈桑·霍梅尼对改革主义派系的支持众所周知，以至于他经常受到强硬派组织和公民的质问和对抗。其结果是，尽管宗教和神学院都被融入国家宪法，但清真寺和国家仍是截然不同且分裂的实体。

大众传媒

在伊朗人的社会化过程中，媒体既发挥了统一的作用，又发挥了分裂的作用。广播和电视由国家垄断，它们是传播官方学说以及动员伊朗人参与全国选举和集会的重要手段之一。由于广播和电视组织的领导由领袖直接任命，因此，该组织体现了政权保守派的利益。国家电视的强烈偏见在穆罕默德·哈塔米任总统期间、在2009年总统选举之后、在紧张的核谈判及其余波之后都体现得非常明显，当时，新闻广播或者忽视或者歪曲很多激烈的政治辩论。

在最近几年，由于卫星电视的不断发展和卫星电视接收器变得更加便宜，来自海外和外国新闻媒体（如美国有线电视新闻网和英国广播公司）的反政权波斯语节目为观众提供了更大的多样化选择。作为回应，国家反复尝试干扰频道，并规定私人使用卫星接收器是违法行为，尽管法律并没有被一贯适用。卫星接收器在主要城市甚至是小城镇的屋顶上随处可见。

在革命后的伊朗，印刷媒体是最多样化的媒体形式。在革命的头十年，报纸和杂志在它们的新闻报道中变得越来越统一。但是，随着政权开始变得更加巩固，精英竞争在霍梅尼去世之后变得更为开放，大量的独立报纸和杂志出现了并在日益增加。这些出版物体现了具体的思想流派以及来自左派和右派知识分子、政权中更为共和和更为威权派系的批判性观点。一个繁荣的非国家媒体和蓬勃发展的调查性新闻业构成了哈塔米在1997年令人意外胜选的基础，并在他的第一个任期内巩固了改革主义者运动的巨大声望。自2000年威权主义者强烈抵制改革主义者运动以来，由保守主义者控制的司法机构取缔了这种新闻中最充满活力的部分。尽管新闻已经失去了某些光彩，而且面临地方性审查和经济问题，但政府的批判者（他们当中的很多人是革命体制的一部分）和很多撰写批判性文章的记者将问责、公民社会和参与等政治语言呈现给伊朗的受教育者、城里人和年轻人。在这样做时，这些报纸不仅反映而且制造了执政当局之间的深度裂痕。

目前，记者已经转向互联网并通过网络报纸或者如雨后春笋般涌现的博客和社交媒体平台（如脸书和电报）来发表自己的评论。如今，波斯语已成为互联网和“博客空间”中使用的最为广泛的语言之一。政治家、持不同政见者、记者、诗人、学生、伊朗境内外的其他人都使用博客来做任何事情，如表达意见、记录发生的事件和侵犯人权的行为等。记者和报纸编辑（他们中有些人已经被监禁或受到人身攻击）已经成为很多年轻人眼中新的政治英雄。看到这一点后，伊斯兰革命卫队投资招募博主并建立媒体门户网站，尽管他们在2016年的一次会议中得出结论，他们对伊朗人如何看待他们和派系竞争几乎没有任何影响力。

家庭和社会团体

政治社会化不仅发生在公共领域，而且发生在私人领域。在更加威权主义的情境中，情形尤其如此。在伊朗，无论是在君主政体下，还是在伊斯兰共和国，家庭一直是相对自由的场所，人们在家中可以通过叙述国家非官方版本的历史而讨论政治，或者与家人和朋友辩论目前发生的事件。尽管父权制（有时是母权制）确实禁止在家中进行无拘无束的辩论，但是，关键政治事件的回忆和意义（如1953年政变、1979年革命或者绿色运动）就是在这些场景中被传递的。通过复述早期的故事或者猜测故事背后的阴谋，年长的家庭成员向家中更年轻的一代灌输一种政治回忆和文化，它们与学校教科书和官方言论中所包含的官方故事不相一致。

随着更多的伊朗人完成高中学业并就读大学，家庭动态似乎已经发生了变化。现在，年轻的男性和女性都具有某种权威，因为他们是家庭中毕业于高中和大学的第一代人。他们通过解释不同政治派系之间的差异来向自己的亲属诠释政治，并将校园政治带回家中。当人们在地方面包店的外面等待刚出炉的新鲜面包、在报亭仔细阅读报纸的头条新闻或者乘坐公共交通时，都会出现这样的讨论。这些惯常的抵制行为阻止了国家对政治的全面控制，但是，与此同时，它们又无法对政权力量发起挑战。

总而言之，在伊斯兰共和国时期，政治社会化已经从国家的专属领域转向反精英和民众意见相互争夺之地。在革命早期以革命伊斯兰教（它们曾经在学校的课本中被教授，在星期五祈祷会和报纸版面中被讲述）的名义提出的团结和动员思想已经在1980年代让位于更大的多元主义以及由很多阅读这些学校课本、撰写这些报纸文章的本人提出的有趣争论。如今，政权面临的挑战，或者是考虑和代表多元主义对话，或者是强加单一的团结之声。它们在这方面的*判断和能力*将决定伊朗是迈向更民主的政治还是威权主义。

招募政治精英

14.7　描述伊朗人成为政治精英成员的过程

何种人在治理伊朗？在沙赫统治时期，少数能够向君主证明个人忠诚且受过教育的世俗伊朗人有机会获得政治职位。很多政府部门的部长都来自地主家庭并就读于西方的高中和大学①。尽管如此，沙赫还是要确保防止具有强大魅力或独立支持基础的潜在竞争者出现。这种政策产生了一个高度依赖性的核心集团，它的成员不愿意挑战沙赫的权威，更喜欢审查信息和意见以免冒犯君主陛下。当1977年和1978年的叛乱与政治挑战像滚雪球似的演变成革命时，政治精英的这种被动性和依赖性阻碍了沙赫以一种及时且果断的方式采取行动②。

在伊斯兰共和国时期，就更广泛的意义而言，人格主义也发挥着重要作用。在早期的年代里，政治精英来自不同的背景，但是，他们最根本的凭证是其革命血统。那些能够证明积极参与伊斯兰革命的人（尤其是与霍梅尼及其学生相关联的各种团体）将这种过去的经历转换成在政府部门、半国营经济基金会、伊斯兰革命卫队和其他各种享受国家拨款的机构内获得职位。因此，在革命后直接掌权的新的政治精英都更为年轻和更少怀有都市情结。他们更多地具有中产阶级和中下阶级背景，主要来自各个省而不是首都。

总的来说，自革命以来，国家已经扩张了。从1976年到1986年，公共部门雇员的总数翻了一番之多，超过所有被雇用伊朗人总数的30%。1980年代，所有新的就业机会中有4/5都在公共部门③。这种扩张出于很多原因，其中包括战争的需要、国家领导的经济发展计划、自上而下重构社会并使之伊斯兰化的革命议程。

起初，被招募的国家神职人员在纳杰夫和库姆的神学院接受培训，霍梅尼及其学生于1960年代和1970年代就在此任教。培养这些新的法官和部长的主要神学院是库姆的菲伊齐耶（Fayziyeh）神学院。随着时间的推移，库姆的哈卡尼（Haqqani）神学院的重要性日益凸显，这在某种程度上是因为它的很多毕业生是坚定的保守主义者，他们控制着司法机构、宪法监护委员会和安全机构。神学院院长阿亚图拉·穆罕默德-塔奇·梅斯巴·亚兹迪（Ayatollah Mohammad-Taqi Mesbah Yazdi）是伊斯兰共和国重要的强硬派牧师，他主张废除共和成分。

非神职的议会议员和部长往往来自教育和军事机构。很多人就读于新的伊斯兰化大学。1990年代，智囊团与研究中心在招募和培养政治精英时具有重要地位。控制第六届议会并支持哈塔米总统的很多改革主义者都来自战略研究中心。这些精英成员通常都太年轻了，以至于缺乏重要的革命资历，但是，他们在这些大学和机构的研究赋予了他们技术诀窍、知识凭证以及有机会进入各种政府和国家机构的社会网络。

很多新的精英都来自伊斯兰革命卫队和

---

① Marvin Zonis, *The Political Elite of Iran* (Princeton, NJ: Princeton University Press, 1971).

② Khosrow Fatemi, "Leadership by Distrust: The Shah's *Modus Operandi*," *Middle East Journal* 36 (1982): 48-61.

③ Mehran Kamrava, *The Modern Middle East: A Political History Since the First World War* (Berkeley: University of California Press, 2005), 261.

巴斯基民兵组织。总统艾哈迈迪-内贾德、德黑兰市市长穆罕默德-巴克尔·卡利巴夫（Mohammad-Baqer Qalibaf）和很多部长都曾是这些部队的军人或者为与伊斯兰革命卫队有关联的研究机构工作过。值得注意的是，正规军、海军和空军对政治没有太大的影响。这种不断增加的政治军事化是伊朗现代化历程中出现的一种新现象。在邻国巴基斯坦、土耳其和伊拉克，它们都曾发生过大量的军事政变并且政府受将军领导，与之不同的是，在整个 20 世纪，伊朗的政治集团绝大多数都是平民。

亲属关系通常被用来获取政治和经济权力。很多政府官员的儿子和兄弟（极少数的情况下包括女儿和姐妹）都利用他们的家庭关系获得进入国家机构的机会。通常来说，他们的社会关系都被用作寻租（获得补助性的硬通货、进口特别许可证或者获得补贴性贷款）和个人致富的手段。除此之外，婚姻被视为巩固政治联盟和建立望族之间联系的一种强有力的方式。然而，值得注意的是，政治人物或神职人员的子女并不当然获得政治权力或者免于国家惩罚。霍梅尼的儿子没有代替他的父亲，哈什米·拉夫桑贾尼的孩子们则被囚禁。

利益表达和集聚

14.8 讨论伊朗政治中庇护主义和利益团体的作用

在伊斯兰共和国时期，选举政治和威权主义权力的混合产生了多样化且具有竞争性的利益表达和集聚形式。最制度化的形式是定期的总统、议会和地方选举。最不制度化但却很可能是最为盛行和有效的形式是利用人格纽带和恩从关系。因此，在伊斯兰共和国时期，代议制是高度碎片化的、易变的且有争议的，尽管它不完全是多元化的、竞争性的和民主的。

利益表达和集聚的非制度形式

在当代伊朗，利益集聚的主要手段是庇护主义和巩固政治人物与公民之间通过恩从网络建立的关系。考虑到国家有机会从世界石油市场获得外部收入来源，伊朗的政治人物用政治忠诚和支持来换取诸如补贴、硬通货、转包合同和稳定的政府工作这样一些资源。这种互惠互利（patronage）制度可能采取一种非常直接的形式，通过这种形式，议会议员、政府部长或官僚可以将这些资源发放给亲属、同学和来自同一个城市或省份的老乡。如果有特别的机会接近领袖办公室、国有银行和经济基金会的强权派人物，会使侍从们受益匪浅，同时确保他们对政治制度的依赖，如果不是忠诚的话。既然恩从关系以庇护人向侍从提供益品（goods）为基础，如果庇护人失去了权力，他的侍从也必然如此。这种政治集聚形式削弱了制度公正和任人唯贤之主张的威信，而这种主张正是平等公民资格和参与背后的根本原则。

政府以一种非定向的方式大量分发作为一种社会福利网的补贴，以确保人们的忠诚与顺从。截至 2010 年，食物和药品以每年大约 20 亿美元的标准补贴，而且尤其让城市的穷人受益。与之相比，汽油和电力补贴（这种补贴将每加仑汽油的价格控制在 40 美分以下）采取累退方式，因为它有利于拥有汽车、住宅和电气设备的中产阶级以及上层阶级。2010 年的补贴改革废除或者降低了特定商品（如汽油、小麦和水）的补贴，但随着价格上涨又会通过向公民发放现金补贴来帮助他们。

利益表达和集聚的制度形式：选举

选举是正规化的政治事件，但是，它们不提供完全的多元主义，也不必然包括权力和政策的改变，因为代议制机构的权力非常有限。选举的作用首先更多地表现为政权合法性的一种行为表现和衡量，其次才作为公民通过选择具有具体政策立场的不同候选人从而实现利益表达的一种手段。因此，即使在不太具有竞争性的选举中，人们讨论更多的是选举投票率，而不是候选人。过去10次总统选举和10次议会选举的平均投票率大约是60%。

尽管如此，1997年、2005年、2009年和2013年的总统选举表明，在某些特定的情况下，选举可能正是利益表达的时机，它提供了有关公民偏好的信息。在1997年，政权候选人显然是阿里-阿克巴尔·纳特克·努里（Ali-Akbar Nateq Nuri），他是在任的议会议长，也是领袖的亲信。然而，在某种程度上由于新兴的世俗社会和其本人在政府中的低调形象，穆罕默德·哈塔米（作为一个“无取胜希望者”和非政权候选人）大获全胜并令人吃惊地获得70%的投票。在2005年，马哈茂德·艾哈迈迪-内贾德也以某种类似的方式（尽管具有截然不同的政治议程和意义）让很多学者大跌眼镜，他击败了作为伊斯兰共和国建立以来的顶梁柱之一的阿里·阿克巴尔·哈什米·拉夫桑贾尼。这些出人意料的结果表明，尽管选举具有局限性，但选民能够表达他们的观点，这些偏好具有重大的影响，即使它们有悖于执政当局的愿望。2009年的选举暴露了政治集团、神职人员和整个社会内部的分立。领袖和保守派不是通过政治论坛和辩论来处理这些争议，而是将之变成一个安全问题，并寻求压制社会中很大一部分人甚至是政权下政治集团的利益和观点。在2013年，政权寻求“操纵”选举，同时又表明理解与公然操纵选举相关的风险和成本。宪法监护委员会审查候选人资格，但政府各部委和安全部门没有阻止公众对鲁哈尼的支持或者篡改结果。

正如前述，鉴于政党组织的软弱，政党并不发挥重要作用。竞争权力和影响力的派系并没有形成一个明确界定的政党体系，从而将之作为一套机制来代表和聚集选民利益。政党和政治协会（如战斗神职人员协会或者伊朗伊斯兰参与阵线）都由政治精英组成，他们在选举期间十分积极。然而，直到现在，他们都不能以直接和正式的公民联系来维持政党纪律。

机构化的集团和职业组织

尽管政党不太发达，但以国家组织为基础的团体具有更多的社团身份和更大的政策制定能力，这极其类似于受控制的利益团体制度。伊斯兰革命卫队和志愿者动员队（巴斯基民兵组织）——分别由12万和9万男性组成——是两个最为重要的国家武器①。它们直接在不同的政策制定领域代表国家利益，尽管它们建立的目的是动员对政权的支持。这些表面上的军事和安全力量还通过它们的附属业务在经济中发挥作用，这包括大

① 具体的数字来自：Wilfried Buchta，*Who Rules Iran? The Structure of Power in the Islamic Republic*（Washington，DC：Washington Institute for Near East Policy，2000），68.

型的建设工程和所谓的进口消费品。自 2003 年的地方议会选举以来，伊斯兰革命卫队和巴斯基民兵组织在政治中发挥了一种更为明显的作用。它们中大量的高级官员都参加地方职位、议会乃至总统职位竞选。最后，他们直接和领袖联络，因此，他们有能力对政策施加影响，并在议会监督之外协调行动。

伊朗确实有很多协会代表劳方、商业、专业团体和工业部门的利益。尽管如此，诸如劳动之家或者伊朗商业、工业和矿业议事会和其他的组织与其说是代表具体利益和影响决策的工具，还不如说是政府官员管理这些企业实体的一种手段。当公共部门和私营部门的产业工人寻求建立独立的协会时，当局会采取法律手段反对他们，或者更糟的是，使用暴力恐吓和压制他们。

在反对沙赫的斗争过程中和在他被推翻之后的岁月里，邻里委员会和行业协会在整个伊朗迅速发展起来，并在革命和战争年代里作为基层动议来解决普通公民的需求。随着时间的推移，它们被融入恩从关系系统，如今，它们或者只是国家官员的附属物，或者是国家向社会渗透的工具①。因此，利益团体和政府官员之间不存在明确的分离。而且，自革命以来，政府鼓励工人、商人和学生在大学、工厂及同业公会内建立伊斯兰协会，并将其作为这些团体集聚利益的主要手段。

1990 年代，出现了大量真正代表社会阶层的自治协会，它们在很大程度上被革命政权排除在核心集团之外。例如，各种各样世俗的和伊斯兰改革主义信仰的妇女组织成立了，它们开始主动寻求改变歧视性的法律、提供服务、提高有关女性问题的普遍意识。最为著名的当数 2003 年诺贝尔和平奖获得者**希林·伊巴迪**（Shirin Ebadi）。她是沙赫统治时期第一位女性法官，但是，在革命之后，当妇女被禁止担任那项职位时，她失去了工作。伊巴迪积极参与大量的法律组织，声援并捍卫妇女、儿童和政治上持不同政见者的权利。与此同时，学生和世俗的知识分子充分利用这些机会来建立协会与创建出版物，这些协会与出版物思想独立并代表了非传统的政治远见。这些组织是改革主义运动的支柱，同时也是国家机器中保守主义的镇压对象。如今，很多这些组织的领导人都因压制而被迫退出或者流亡在外，甚至安全部门将妇女运动和女性主义描述为从内部瓦解伊斯兰共和国和伊斯兰教的阴谋。

非协会式社会团体

有很多社会阶层没有独立的协会来聚集和代表它们的利益。在历史上和政治上重要且没有社团代表的社会团体中，集市商人值得关注。

以历史悠久的露天集市为基础的集市商人（他们的范围从零售商和代理商到批发商，甚至包括国际贸易商）在不同的政治事件中发挥着中心作用，这些事件包括从宪法革命（1905—1911 年）到石油国有化运动（1951—1953 年），再到伊斯兰革命。尽管就社会经济地位、政治信仰和经济立场而言，集市商人之间存在重大区别，但他们还是因为界定明确且充满活力的有形集市空间而形成了一种团结精神，这确保了社会嵌入式的交叉关系。他们的政治影响力因其经

① Assef Bayat, *Street Politics: Poor People's Movements in Iran* (New York: Columbia University Press, 1997).

济力量和与乌里玛的亲密关系而得到提高。自革命以来，集市经济利益因国家对经济的支配而受到威胁，尽管集市利益的同质性已经被新的政权指定的亲霍梅尼的集市家族所破坏①。

两伊战争的退伍老兵、战争中牺牲者（他们被称为“烈士”）的家属和那些战争中的伤残者是一支庞大的且政治上重要的社会团体。它们表面上由不同的组织所代表，如烈士基金会、继承权丧失者基金会、伊斯兰共和国信徒协会和战俘总部。但是，这些组织被证明无力充分解决很多成员的日常需求。它们已经抛弃了自己向战争老兵及其家属提供服务的原初使命。国家也通过制定各种各样的积极行动计划（其范围从更多的高等教育机会到优先预订机票）以及为老兵、老兵和烈士亲属提供消费品补贴等方式支持这批重要的选民，目的就是提高他们的社会经济地位。然而，在设法解决该社会团体的需求并阻止挑战方面，这些措施的运作并不总是很充分。有些杰出的战争老兵和前伊斯兰革命卫队成员与改革主义派系结成同盟，并要求更多的政治参与和自由。另有人指控政权背弃自我牺牲和正义的战时原则。对战后大部分时期而言，有些战争老兵不停地在抱怨，对战争的回忆和对战争一代的牺牲的尊重已经逐渐消失，与此同时，老兵和烈士亲属也没有获得充足的生活费用。一些极端保守的报纸、某些致力于战争电影制作的电影制片人，以及一个被称为真主安萨尔（Ansar-e Hezbollah）团体中毅然同道德、政治和经济腐败做斗争的坦率人士（他们是真主党的坚定拥护者）都允许这种立场得以表达。

游行示威和公众抗议

鉴于机构利益代表和集聚的封闭性，很多社会团体和政治极端派系都转向通过公民不服从来表达它们的不满。对构成 1978 年和 1979 年革命之组成部分的游行示威和罢工相对清晰的回忆成了工人、学生、妇女活动家和城市穷人利用公共集体行动实现自己主张的一种范例。例如，在整个 1990 年代，产业工人都在抗议私有化政策、国有工厂的出售和拖欠他们的工资。引人注目的策略之一是让工人堵塞连接德黑兰和工业卫星城市卡拉杰（Karaj）的主要高速公路。有些时候，这些抗议者阻止将国有工厂出售给那些他们怀疑将计划裁减工人的私人商业利益团体。最近，教师、公交车司机、甘蔗工人和政府养老金受领者在议会大厦前面进行抗议，以便引起议员们关注他们不充分的收入。妇女团体也不断地组织起来抗议宪法所规定的男性偏见。民族政治团体（尤其是两伊边境的库尔德和阿拉伯激进主义分子）直言不讳地要求将更多的财富和地方权力分配给他们所在的省。

尽管如此，最引人注目的抗议来自大学并由学生充当先锋。在 1999 年、2003 年和 2009 年的夏天，学生组织举行静坐和游行示威，以抗议政府所采取的威权主义措施。他们不仅抗议关闭一家颇具知名度的改革派报纸，而且抗议对一位质疑神权统治的直言不讳的知识分子判刑。这些抗议起初将基地设

① Arang Keshavarzian, “Regime Loyalty and Bazaari Representation under the Islamic Republic of Iran: Dilemmas of the Society of Islamic Coalition,” *International Journal of Middle East Studies* 41 (May 2009): 224－246.

在德黑兰大学，但它们迅速蔓延到其他的城市和大学校园，并持续好几天。由于几乎得不到改革派政党和其他社会团体的支持或保护，警察部队、志愿者队伍（巴斯基民兵组织）和便衣警察暴力镇压了游行示威者并阻止了这场运动进一步升级。

尽管这些抗议和其他的事件都表明，伊朗社会在面对政府政策时并不完全是被动的，但这些不同的团体无力联合或协调它们的地方化组织能力体现了当代伊朗势不可当的社会原子化进程。鉴于恩从关系无处不在以及伊朗人之间缺乏信任，集体行动和建立联盟尤为困难。而且，这些非制度化的政治形式体现了制度化政治的效率相对缺失和很多伊朗人所表现出来的信念，即他们的政治声音不会被聆听，除非采取这种形式。

政策制定

14.9　总结政策制定过程，关注与工作目的经常背道而驰的团体

国家政策由大量的机构制定，有些机构在宪法中明确规定，有些机构则没有。鉴于政治制度的混合性质，重叠、复制甚至是对立都大量存在，而且，如下情形并不罕见：不同的决策机构为不同的目的而工作且建立共识是一个缓慢和不完整的过程。

宪法规定的国家机构

与神权政体（在这种政体下，任何国家政策都不应该与伊斯兰教相矛盾）相称的是，决定什么与伊斯兰教义相抵触、什么与伊斯兰教义不相抵触的那些人在政策制定过程中享有一种支配性的发言权。这样的人首先是领袖。第一位领袖鲁霍拉·霍梅尼在多种场合下都利用他的权力并通过颁布宗教法令，也称*法特瓦*（fatwas），来决定国家政策。在有些情况下，这些宗教法令打破了既定的宗教传统，考虑到霍梅尼的领导魅力，这一点也就不足为奇了（见专栏14-5）。

由于伊朗议会和宪法监护委员会之间存在僵局，这通常使得霍梅尼干预国家政策的制定具有了必要性。1988年，为了避免瘫痪，霍梅尼修正了自己法基赫的监护原则，并颁布了一项法令，授权国家（具体由领袖予以体现）有权推翻宗教法律，如果那样做是有利的话。他断言，这种“法理学家的绝对统治”（法基赫的绝对法理权威）是“最为重要的神圣戒律，它优先于所有其他的衍生性神圣戒律……甚至优先于祈祷文、禁食和麦加朝圣”[①]。1989年修订的宪法将这种学说的重新解释奉为神圣。

毫无疑问，大多数传统的穆斯林和大多数乌里玛成员都因宗教从属于国家理性而感到震惊。伊斯兰国家的全部目的恰恰与此完全相反。而且，除了霍梅尼之外，任何人都无法想象能够侥幸逃脱蔑视宗教的罪责，即使这样做是对国家有利的，因此，在霍梅尼去世之前不久，他授予新成立的权宜委员会对领袖援引绝对权威提出建议的权力。就任总统期间（1981—1989年），哈梅内伊一直是保守主义派系的成员，但是，作为领袖，他最初试图给人留下置身事外的印象。然

① Quoted in Said Amir Arjomand, *The Turban for the Crown: The Islamic Revolution in Iran* (New York: Oxford University Press, 1988), 182.

而，随着哈塔米在 1997 年就任总统之后，他放弃了所有的中立伪装，并成为保守主义者的实际领导人，这些保守主义者都竭尽所能地阻碍当选官员的改革热情。

专栏 14-5

作为一种治理工具的法特瓦

领袖鲁霍拉·霍梅尼利用法特瓦来证明他所追求的政策具有正当性。最早的例证之一是他对鱼子酱的裁决。根据什叶派（和犹太教）饮食法的规定，只有长有鱼鳞的鱼才能食用。然而，鲟鱼没有鱼鳞，因此，从传统上看，鲟鱼的肉及其延伸意义上的鱼卵（鱼子酱）是不允许吃的。但是，鱼子酱是伊朗的主要出口品之一，因此，这个问题被重新修正。一个特别任命的国家委员会得出结论，鲟鱼实际上确实长有鱼鳞，但是，这种鱼鳞具有一种奇特的形状。注意到这种发现之后，霍梅尼于 1983 年颁布了一项法特瓦，宣称鱼子酱可以食用。1988 年，他通过授权下国际象棋而打破其他历史悠久的法律传统，前提是不就结果下任何赌注，因为打赌和赌博是被伊斯兰教义禁止的。他还通过放宽有关音乐和电视节目的规定使共和国早期沉闷的文化生活自由化。

资料来源：Asghar Schirazi，*The Constitution of Iran：Politics and the State in the Islamic Republic*（London：I. B. Tauris，1998），67－68.

权宜委员会是决定国家最重要政策的机构。旧体制开始对艾哈迈迪-内贾德总统的民粹主义政策表示担忧，这些政策不仅威胁国内现状，而且威胁伊朗的安全①。2005 年，时任权宜委员会主席的正是阿里·阿克巴尔·哈什米·拉夫桑贾尼，他设法从领袖那里得到一份书信，授权权宜委员会对所有政府 3 个部门享有广泛的监督权。自 2005 年以来，即使总统班底和议会都由保守主义者和保守派支持者控制，但制度性牵制与平衡的结合以及国内派系的争端限制了艾哈迈迪-内贾德及其支持者进行全面改革的能力，尽管他利用自己的行政权力将国家资金直接拨给关键的支持者。

在 1988 年宪法修订过程中，几年前成立的一个机构（国家安全委员会）被补充到官方的体制结构之中。它的成员包括政府 3 个部门的首脑、最高军事指挥官、外交部部长、信息部（也就是情报部）部长和其他一些由领袖任命的知名人士。国家安全委员会是制定外交和安全政策事务的全国最高决策机构。在旷日持久的核危机与谈判期间，国家安全委员会是以下两者之间进行辩论的关键场所：一是反对与美国要求终止核项目进行妥协的那些人，二是寻求通过谈判路径来承认伊朗核项目的合法性以及削弱制裁制度的那些人。最后，国家安全委员会在伊朗内部利益相关者和许多派系代表之间建立共识方面发挥了关键作用。

宪法监护委员会在制定政策方面并不发挥直接作用，但是，它的 6 名非神职成员在议会开会期间列席会议，他们有时会试图与富有同情心的议员合作提出立法。就议会本身而言，作为一个政策制定机构，它在很大

① 实际上，内贾德所隶属的一股思潮认为第十二代伊玛目的回归即将来临。这种救世主式的期望使他脱离了大多数其他的伊斯兰共和国领导人，而且还可能成为摩擦的来源。

程度上被前述非经由选举产生的机构所削弱。向议会提交的立法议案或者来自内阁，或者至少来自25名议会成员。尽管历届议会都尽力建立某些框架来执行经济政策、修改刑事和民事法典，但是它们的大多数活动仍受宪法监护委员会的约束。

政府行政部门和议会对国家政策具有某种影响力的领域包括：确定国家预算、提供和规制社会与福利服务、应对领土管理（其中包括重新划定省级边界）。例如，从1980年代中期开始，西北部城市阿尔达比勒（Ardabil）的议会成员为建立一个以他们的城市为中心的新省份而到处活动。由于在两伊战争中阿尔达比勒市死亡的年轻人总数与该城市的人口极不相称，因此，该市人民在1988年战争结束之后以更大的热情利用烈士牺牲的道德杠杆来重复他们的要求。所有的公民协会都在动员这种要求，议员在议会内也表达了这种要求。最终，哈什米·拉夫桑贾尼政府在议会引入一项为成立新的省份做准备的议案。这项议案引起了激烈辩论，并在1993年初以秘密投票的方式获得通过[①]。

领袖的广泛权力以及诸如宪法监护委员会、权宜委员会和国家安全委员会这样一些非经选举产生的决策机构的存在严重限制了民选官员（如总统、由总统任命并经议会批准的个体内阁成员和议会本身）的决策作用。因此，人民主权受到严重破坏。

宪法未规定的国家机构

宪法未明确提及的委员会以及为制定特定领域的国家政策而建立的委员会都进一步限制了民选官员的作用。在这些委员会中，最显著的当数文化革命最高委员会，它是基于霍梅尼1986年的命令而建立的，旨在持续1980年代“文化革命”期间所启动的清除大学校园中左派分子和世俗分子的政策。它的任务包括：确定国家在文化、教育和研究领域的政策，“传播和强化伊斯兰文化在所有社会领域的影响力”。它凌驾于议会之上的地位可见于如下事实：宪法监护委员会有时会否决立法，其根据在于这种立法与文化革命最高委员会所制定的政策相冲突，而该委员会是得到领袖批准的。

权力中心和政策协调的难处

鉴于多元和平行权力中心的存在，政策通常不被协调，因为有些国家机构独立于相关政府部门制定和执行它们自己的政策。这些机构包括司法机构，它不是将自己局限于执行法律，而是将法律掌握在自己手中。同样，革命卫队继续自己对持不同政见者的斗争，而且追求一种独立于外交部甚至是国家安全委员会的外交政策。最后，许多宗教机构和名流（他们通常由领袖任命）也发表声明并行使与政府政策相抵触的权力。例如，2016年8月，圣城马什哈德（Mashhad）星期五祈祷会的领袖宣布，在伊朗的第二大城市将不会再有任何音乐会。这与伊朗文化、与伊斯兰指导部和市议会的政策相冲突。尽管这次宣布在城市内外引起了公愤，但音乐会在短期内还是被推迟了。

这些不一致性产生的影响形成了派系斗争，当时，改革主义者和保守主义者之间的争论将意识形态特征添加到很多国家机构发

---

① 具体的细节可以参见：H. E. Chehabi，“Ardabil Becomes a Province：Center-Periphery Relations in the Islamic Republic of Iran，” *International Journal of Middle East Studies* 29（May 1997）：235－253.

散的、界定不清楚的和重叠的权能上。很多例证可以说明这一点。

在哈塔米执政时期，负责审查并颁发报纸和杂志许可证的伊朗文化与伊斯兰指导部采取了一种更为自由的政策，从而开创了一段媒体自由和多元化的时期。但是，受领袖保守主义同盟领导的司法机构却利用它的权力关闭报纸，并指控和监禁那些使保守主义者不悦的改革派记者与编辑。对每一家被关闭的报纸而言，文化部都会颁发一个新的许可证，该报纸将会以一个新的名义出现[①]。但是，到了 2000 年，最具批判性的声音都被司法机构及其同盟以武装力量压制下去。在鲁哈尼执政时期，有关新闻媒体的斗争同样在文化部和司法机构之间继续，其中包括一系列关于音乐会许可证的争论。

另一个例证来自安全机构。1998 年底，也就是革命卫队司令官威胁使用暴力镇压政权反对派之后的 6 个月，大量反对派的政治家、记者和作家都在所谓的“连环谋杀案”中被杀害。哈塔米坚持进行调查并说服哈梅内伊表示同意。事情的结果很快水落石出，这些谋杀是由信息部的成员负责执行的。这导致对该部门的一次清洗，这次清洗是在总统和议会的授权下进行的[②]。尽管随后信息部对持不同政见者更为容忍、对法律更为尊重，但革命卫队和司法机构建立了它们自己的类似情报组织（这些组织都有自己的检察官和监狱），以追求压制持不同政见者的保守主义议程[③]。如果鲁哈尼政府想要让政策制定更连贯、更有效、更公正，这是它必须要面对的几项遗产之一。伊斯兰革命卫队继续逮捕活跃分子、记者、学术研究人员和商人（他们当中有些人具有双重国籍），表明鲁哈尼在这方面已经失败了。

决策机构的多样性导致经常出现不一致性，有时甚至瘫痪。从积极的方面说，这种不一致性已经阻止了政治体制变成极权主义，因为不同国家机构相互重叠的活动领域使得公共生活的集中控制不太可能。

经济决策

在后革命年代，最具争议的主题之一是经济决策。从一开始，伊斯兰共和国的创始人以及政府部门和半官方组织中新的精英阶层对促进经济发展的最好方式就存在根本性分歧。起初，那些更为支持以国家为中心的发展方式的人通过议会、政府部门和诸如“建设圣战”这样的机构控制决策过程。1980 年代，国家在硬通货的配给供应、消费品的价格设定以及利用公共金融系统为经济关键部门提供贷款等方面发挥着至关重要的作用。当时，之所以出现国家控制，很大程度上是因为如下原因：战争的需要，有必要重新分配那些众多被迫流放的实业家的资产，利用国家就业和资源来解决不平等问题

---

① 就内部说明而言，可以参见：Elaine Sciolino，*Persian Mirrors*：*The Elusive Face of Iran*（New York：Free Press，2000），248 - 260.

② 具体细节可以参见：Buchta，*Who Rules Iran*? 156 - 170.

③ 这种权力中心的多元化如何影响个人，可见扎赫蒂（Dariush Zahedi）的故事，他是一位伊朗裔美国政治学家，他在最近一个夏天因为自己的研究访问伊朗时会见了持不同政见者。他被信息部逮捕并被监禁两个月，随后他被告知，就信息部而言，他是无辜的。他一离开监狱就立即被革命卫队的情报机构再次逮捕，又被单独监禁两个月，而且受到类似于前监狱看守们的审讯，只是尊重的语气更少了。最后，当美国学者公开他的苦难后，通过大量伊朗外交家的干预，扎赫蒂被释放并返回美国。

并确保新政权的社会基础，以及国际投资逐渐停止的事实。

1980年代末，更为强调私营部门和市场机制的自由主义发展方式开始支配决策领域。它受到两伊战争的结局和苏联解体后新自由主义发展议程在全球崛起的鼓舞。然而，重新改变经济政策发展方向的主要动力是低油价，它导致政府预算不足以及经济在资本投资和经济增长方面表现不佳（见本章后文的讨论）。因此，拉夫桑贾尼和哈塔米政府都尽力通过出售国有资产、取消贸易限制、鼓励私人和外国投资等方式来重构伊朗经济。这些政策产生了混合性的结果。伊朗要使其贸易体制自由化，就目前来看，政府部门和采购委员会所发挥的作用都不太明显。而且，私有银行和工业部门利用相关激励因素出口产品。尽管如此，对经济的放松管制也带来了艰难险阻，并因此遭到反对。一方面，很多国家雇员和那些依赖国家补贴的人受到经济不安全性和通货膨胀的重大影响。另一方面，政府试图启动的经济改革对经济巨头和庞大的经济基金会的既得利益提出了挑战，这些基金会控制着伊朗大量的商业、工业和农业部门，它们在很大程度上不向议会、中央银行和发展决策机构负责。哈塔米和改革主义者在经济中引入更大的透明和竞争的努力受制于经济基金会和半国营组织获得资源与占领市场的自主性及特权地位。因此，有关改革经济、发展生产力或者提高出口直接投资的任何努力必须设法解决这些组织所控制的平行经济面临的不平等和不一致性。

在艾哈迈迪-内贾德执政时期，随着2000年代石油价格的上升，经济决策将以下两者结合在一起：一是民粹主义的再分配言论和高度宣传的各种形式的政府拨款，二是国有公司及其职能的同时私有化[①]。尽管社会正义的语言和打击“腐败分子”的目的是巩固支持的社会基础，但制造业的私有化和建设合同的分配的目的则是回报艾哈迈迪-内贾德的核心同盟。例如，石油和天然气部门以及通信部门的关键合同都由附属于伊斯兰革命卫队的公司获得。几十年来，一直都存在国内争论和来自贷款机构（国际货币基金组织和世界银行）的国际压力，让伊朗减少其大量的能源和消费者补贴，但是，具有讽刺意味的是，正是艾哈迈迪-内贾德于2010年采取了第一批具体的步骤来取消作为社会福利网的补贴。因此，这些受到国际货币基金组织称赞的政策存在着加剧社会不平等的威胁，并产生了一个新的经济寡头阶层，就像在俄罗斯发生的情形一样。鲁哈尼承诺要利用伊核协议作为一种机制来为所有伊朗人振兴经济。然而，到目前为止，几乎没有制裁被取消，能扩大国内生产、创造就业和增加出口那样的外国投资一直都不太多。油价下跌和持续的全球经济衰退增加了伊朗的经济低迷。这种情形体现在2016年的一次民意调查中，该调查发现，74%的伊朗人回应道，自从伊核协议以来，他们的生活条件并没有得到改善[②]。这反过来导致伊核协议的支持率从2015年8月的76%下降到2016年的63%。

① Kaveh Ehsani, “Survival through Dispossession: Privatization of Public Goods in the Islamic Republic,” *Middle East Report* 250 (Spring 2009): 26 - 33.

② Nancy Gallagher, Ebrahim Mohseni, and Clay Ramsay, “Iranian Public Opinion, One Year after the Nuclear Deal,” Center for International and Security Studies at Maryland Report, University of Maryland, July 2016.

政策结果

14.10 比较和对照伊朗最近与国内和国际问题相关的政策的结果

作为一种后革命政权，伊斯兰共和国治下的人口有着很高的期望，这在过去 40 年里经历了重大变化。政策和政策结果都受到这些要求和转型的影响，然而，影响的方式通常是意想不到且相互矛盾的。

传播进步与繁荣

革命者的主要抱怨在于，沙赫的政策不能让绝大多数伊朗人受益。尽管伊斯兰共和国的各届政府总的来说对受教育的中上层阶级的利益漠不关心，但它们还是尽力采纳一些能改善穷人生活状况的政策。

考虑到政治体制所强加的限制，国家教育制度非常良好，这一点令人吃惊。伊朗的学生在国际科学奥林匹克竞赛中经常赢得奖牌，识字率不断上升，截至 2012 年，男性的识字率达到 89%，女性达到 81%，15～24 岁年龄段的那些人达到 96%[①]。因此，在分析伊朗核计划时，除了地缘政治逻辑以及伊朗政治家和安全部门的担忧之外，还应考虑伊朗庞大的科学人才储备以及技术开发方面的既得利益。

在 1980 年代实行鼓励生育政策之后，政府意识到出生率必须要下降，并启动多层面的出生控制政策。不论是在城市还是在农村，各种形式的计划生育咨询和避孕措施都被广泛供应和补助；各地的诊所都为男性和女性提供免费的绝育手术。国家积极鼓励每对夫妇“只生育两个孩子，无论是男孩还是女孩”。在整个伊朗，与他们父辈一代相比，每对夫妇实际上生育的孩子确实更少。生育率的急剧下降使哈梅内伊在 2012 年指出，伊朗的人口控制政策一直都是“错误的”，很多项目被中止了。这种反转是否会改变伊朗人的人口行为尚不清楚。但是，伊朗人口目前的增长率大约是 1%，是中东最低的人口增长率之一。

卫生保健是另一个获得重大进步的领域。雇用护理人员的小型诊所为很多农村提供服务，而且医生也较为充足。尽管医疗护理的质量可能并不总是很高，但它强调预防，公众的可获取性是相当可观的，即使与富裕的西方国家相比也是如此。农村的这些社会和经济发展计划非常成功，这在一定程度上是因为它们受地方社会而不是来自遥远城市地区的专家领导，后者典型地对地方需求或者地方的社会和文化条件不甚了解[②]。农村的大多数努力已经得到改善。如今，铺平的道路将所有城市和很多农村连接起来，而且，很多农村都有了清洁的饮用水和电。

尽管伊朗努力建立一个依赖石油收入提供资金的福利国家，但大多数伊朗人还是要为收支平衡而努力。从某种程度上说，这是因为中产阶级得到巨大发展，随之，公众的预期提高。现在，文盲和贫苦农民的子女们都渴望过上一种中产阶级的生活，他们希望

① United Nations Statistics Division.

② Ervand Abrahamian, “Why the Islamic Republic Has Survived,” *Middle East Report* 250 (Spring 2009): 10-16; Homa Hoodfar, “Activism under the Radar: Volunteer Women Health Workers in Iran,” *Middle East Report* 250 (Spring 2009): 56-60; and Eric Hooglund, “Thirty Years of Islamic Revolution in Rural Iran,” *Middle East Report* 250 (Spring 2009): 34-39.

每天吃肉、将孩子送到好的学校接受教育、拥有体面的住房。表 14－3 将伊朗 2012 年某些基本的人类发展指数与一些类似国家进行了比较。

表 14－3 伊朗与其他发展中国家的比较

国家	人口	预期寿命	城市人口（%）	15 岁以上成人识字率（%）	预期受教育年限（年）	至少受过中等教育的男女比例	按 PPP 计算的人均国民总收入*
伊朗	75 611 800	73.2	69.2	85.0	14.4	0.664	$10 695
土耳其	74 508 800	74.2	72.5	90.8	6.5	0.580	$13 710
埃及	83 958 400	73.5	43.6	72.0	12.1	0.732	$5 401
巴基斯坦	179 951 100	65.7	36.5	54.9	7.3	0.502	$2 566
印度	1 258 351 000	65.8	31.6	62.8	10.7	0.528	$3 285
墨西哥	116 146 800	77.1	78.4	93.1	13.7	0.901	$12 947
尼日利亚	166 629 400	52.3	50.3	61.3	9.0	n. a.	$2 102

* PPP，2005 年不变的国际美元计算的购买力平价。

资料来源：UNDP，*Human Development Report*（New York：United Nations Development Programme，2013）.

向公众提供的基础服务相当成功。显然，30 多年稳定的石油收入产生了影响。伊朗的指数在很多方面更接近于土耳其，而不是埃及或巴基斯坦。然而，很多伊朗人都不愿意认为这是政府的功劳，而是将其归因于一个拥有大量石油收入的国家之自然发展的结果。人们经常争辩道，如果具有更好的规划、更为称职的管理并接受萨达姆·侯赛因于 1982 年提出的结束两伊战争，目前的形势可能要更好。而且，伊朗整体宏观经济的表现已经落后于拉丁美洲或东亚新兴的发展中国家。人均增长率也无法与中国和印度这样的新兴经济力量保持同步①。实际上，伊朗的增长指数反复无常，并在 1980 年代由于战争、国际制裁、高出生率和有缺陷的经济政策而经历了一个持续的经济萧条期。自 1990 年代早期以来，尽管人均国内生产总值得到逐步改善（这在很大程度上是因为石油价格的上涨），但失业仍是年轻人的首要担忧，经济增长率几乎不足以吸收人口的增长②。美国及其盟友强加给伊朗的国际制裁因限制伊朗出口石油、吸引外国投资和引进国外关键技术的能力而导致伊朗经济状况恶化。伊朗人目睹了里亚尔的迅速贬值以及购买进口食物与药品或者资助海外旅游与教育的能力急剧下降。

社会的伊斯兰化

政府政策的另一个动机是欲求击退世俗主义，并在人口中传播伊斯兰道德价值。自 1980 年代早期以来，除了非穆斯林少数民族之外，饮酒是被禁止的，戴面纱在公共场所

① Massoud Karshenas and Hassan Hakimian，"Oil，Economic Diversification，and the Democratic Process in Iran，" *Iranian Studies* 38，1（March 2005）：67－90.

② Djavad Salehi-Isfahani，"Iranian Youth in Times of Economic Crisis" Working Paper no. 3（Dubai Initiative，Dubai School of Government and Belfer Center for Science and International Affairs，Harvard Kennedy School，September 2010）.

被强制执行，国家在理论上致力于使无关男女之间的联系最小化，教育的宗教内容被大幅拓展，对通奸者、同性恋者和其他宗教道德的冒犯者实施严厉可怕的身体惩罚①。正如国家所解释的那样，神法也允许死刑。在2015年，伊朗所执行的死刑总数（多于977人）位居世界第二，超过巴基斯坦（326人）、沙特阿拉伯（多于158人）和美国（28人）。很多被执行死刑的人都被指控为“走私犯”，他们因毒品指控而被执行死刑。尽管到目前为止还没有采取具体的步骤，但在过去的几十年里，国会议员和司法机构的首长公开要求废除因毒品犯罪的死刑处罚。

从表面上看，社会的伊斯兰化是一种成功。妇女在公共场合要遮盖她们的头发，人们总的来说要比革命前更熟悉宗教原则，国家有了更多的清真寺，星期五祈祷会在城镇和城市都照常进行，伊朗航空公司（国有航空公司）的所有航班都从祈祷开始。即使是最好的酒店也不提供饮酒服务，甚至对外国客人也是如此。然而，在表象的背后，情形显得更为复杂。因贫困而导致的卖淫大量存在。200多万伊朗人吸毒。贩卖违禁品盛行，这通常得到了治安部队的默许，他们也将从中获得一定的回扣。由于教育周期变得更长和结婚年龄的延长，年轻人较之其父母一代更可能进行婚前性行为，至少在德黑兰是如此。腐败几乎存在于各级层面，从一个小官员（他只有收受贿赂才履行自己的职责）一直到高层领导的亲属们（他们通过控制经济生活而使自己暴富）都会腐败。

所有这一切都不应该被解释为意指伊朗人已经变得不再信奉宗教了。但是，随着神职人员对宗教生活的影响力下降，宗教实践变得更为私人化。一项研究在比较1975年和2001年收集的数据后表明，尽管个人笃信宗教的程度（如祈祷的频率）具有相对的持续性，但组织化宗教的参与（例如，参加星期五祈祷会）已经减少，这体现了对国家支持的公共宗教实践活动的矛盾心理越来越强烈②。

伊朗人的伊斯兰教义总是带有反神权的压力，因为信徒们总是批评神职人员的贪婪和虚伪。乌里玛在伊斯兰共和国对权力的假定为这种趋势提供了一种新的刺激因素。出租车司机不愿意为神职人员停车，很多神职人员已习惯于在公众场合穿平民服装。外国观察员通常对人们在德黑兰大街上看到戴头巾的神职人员这么少而感到吃惊。

反神权主义的崛起导致某些更深思熟虑的什叶派神职人员重新审视教会和国家之间的关系，并主张将两者分离。他们之所以这样做，不是因为他们倡导世俗主义，而是出于对乌里玛集体声誉的担忧。在伊斯兰世界，教会和国家分离的倡导者几乎总是世俗主义者。在伊朗，首次出现了对两者分离的宗教论证，其根据在于，强加于人的宗教危及人的精神性③。人们甚至可能想知道，至少在2005年和2009年总统选举中投票支持

① Mehrangis Kar, “*Shari'a* Law in Iran,” in Paul Marshall, ed., *Radical Islam's Rules: The Worldwide Spread of Extreme Shari'a Law* (Lanham, MD: Rowman & Littlefield, 2005), 41-64.

② Abdolmohammad Kazemipur and Ali Rezaei, “Religious Life under Theocracy: The Case of Iran,” *Journal for the Scientific Study of Religion* 42, 3 (2003): 347-361.

③ 参见：Mahmoud Sadri, “Sacral Defense of Secularism: Dissident Political Theology in Iran,” in Negin Nabavi, ed., *Intellectual Trends in Twentieth-Century Iran* (Gainesville: University Press of Florida, 2003), 180-192.

马哈茂德·艾哈迈迪-内贾德的某些虔诚信徒这样做是否为了谴责乌里玛，实际上，很多乌里玛（如2005年败选的候选人拉夫桑贾尼）已经成为国家统治阶级的成员，他们已经被权力腐蚀。而且，在任职期间，艾哈迈迪-内贾德经常面临来自传统宗教机构的坚定批评，因为他有时对什叶派教义的理解是非正统的，是救世主式的。在2013年的总统选举中，唯一参选的神职人员却赢得首轮胜利，这真是伊朗政治中普遍存在的讽刺之一。

性别关系

伊斯兰教主义者在革命之前针对沙赫政权提出的重要责难之一是，西方生活方式的推行将妇女变成了性对象，而且，一般来说，它易于导致道德腐败和性堕落。因此，必须努力重新安排性别关系并将之作为真正的伊斯兰立足点。

从世俗的观点来看，在巴列维君主政权时期，妇女的法律地位得以改善——妇女有权投票、成为法官、申请离婚、获得对子女的监护。在革命之后，缩小性别差异的大部分立法被废除。根据1981年制定的伊斯兰刑法典，该法典实行的报复法（“以牙还牙”）明确规定，女性获得的抚恤金只有男性的一半，从这个意义上说，女性的生命价值是男性的一半①。在实践中，这就意味着，如果一个男人杀害另一个男人，受害人的亲属或者要求依法处决凶手，或者接受一份法律确定的抚恤金。但是，如果一个男人杀害一个女人，只有当她的亲属支付男人一半的抚恤金，才能要求对凶手依法处决。出于同样的原因，在法庭上，一个男人的证词相当于两个女人的证词。在有些案例（如通奸和谋杀）中，女人的证词根本不被考虑。一个男人可以轻易地和他的妻子离婚，而女人原则上只有在例外的情形下才能提起离婚诉讼。一夫多妻制得到法律的承认。如果到国外旅游，妻子需要得到丈夫的正式同意，而后者可以随意离开国家。一个伊朗男人的外国妻子可以轻易地获得伊朗公民资格，而一个伊朗女人却不能为自己的外国丈夫以及和该丈夫所生的孩子获得伊朗公民资格②。

除了这些对妇女权利的法律限制之外，伊斯兰共和国还实施各种形式的特别歧视。在伊斯兰共和国早期，大学的很多研究领域（如农学、采矿工程）对女性学生封闭，其所基于的假设是，这些领域对女性而言过于艰难。女性的运动受到严格限制，因为女性运动员所穿的服装与她们的面纱不相协调。对男性和女性的这种区别对待完全违反了《公民权利和政治权利国际公约》（International Convention on Civil and Political Rights），该国际公约禁止宗教和性别歧视。伊朗在1975年批准了上述国际公约，并在政权改变后仍保留其成员国地位。但是，从神权政体的观点来看，神法显然取代了国际法所设定的义务。

---

① Mahmud Abbasi, *Qanun-e Mojazat-e Eslami* [Islamic Penal Code] (Tehran: Hoquqi, 2002), 108.

② 随着“圣战”组织在阿富汗获得胜利，由于伊朗政府热衷于将阿富汗难民遣返阿富汗，成千上万的伊朗妇女（她们在伊朗与阿富汗难民结婚）被当局告知，她们面临的选择是，或者与她们的丈夫离婚，或者随她们的丈夫回阿富汗。在鲁哈尼执政时期，有新的呼声要求修改伊朗具有歧视性的国籍法。参见：Semira Nikou, “Iran's Discriminatory Nationality Law,” *The Iran Primer*, United States Institute of Peace, February 4, 2015; and Narges Bajoghli, “Iran's Unfair Nationality Law,” *MERIP Blog*, November 9, 2015.

尽管存在这些法律限制，但是，自严格的伊斯兰法开始被强制实施以来，伊朗妇女不断增加她们对公共生活的参与和在公共领域的存在感①。与此同时，她们也在挑战父权制的逻辑基础。这种看似矛盾的发展有很多原因。妇女广泛参与1978年反沙赫的群众游行示威使得如下情形不可能发生：一旦革命结束，她们对公共事务的兴趣就会终止。在两伊战争期间，数百万的男人到前线服役，这种形势迫使很多妇女去做迄今为止一直由男人完成的工作。很多妇女成为家庭中主要的养家糊口之人。而且，对由革命所唤醒的中产阶级生活方式的渴望和经济的缓慢增长都意味着，妇女通过工作来不断地补充其丈夫的收入。考虑到在公共领域被严格执行的有关遮盖面纱和两性互动的规则，更为传统的妇女对进入公共领域尤其感到放心。此外，更为传统的男性则不太愿意让他们的妻子、女儿或姐妹外出工作。因此，对非传统女性具有冒犯性和制约性的那些限制对严守宗教教规的妇女产生了一种解放作用，毕竟，绝大多数的女性人口由这些妇女组成。

对女性在社会中的作用所持的反传统态度体现在世界价值观调查的比较结果之中。例如，尽管只有4%的埃及人和12%的约旦人不同意如下观点，即“婚姻已经成为一种过时的制度”，但被调查的伊朗人中有17%对此表示同意②。多数被调查的伊朗人不同意如下主张，即“为了具有满足感，女性需要生孩子”，相比之下，只有12%的埃及人和9%的约旦人对此表示反对③。最后，40%的伊朗人同意如下观点，即“一位工作的母亲完全可以像一位不工作的母亲一样培育和孩子们的亲密关系”，这一比例是被调查的埃及人和约旦人的2倍④。因此，尽管政权起初努力主张女性在家庭和社会中的一种传统形象与作用，但伊朗的男性和女性似乎对女性持有一种不太狭隘的观点。

如今，到伊朗的参观者可以随处遇到这样的伊朗女性；她们是政府机构的雇员、在办公室工作、在商店销售商品、参加奥运会并赢得奖牌、拥有并经营自己的生意。最引人注目的是，如今大学学生机构的成员60%以上都由女性构成。对学生所能研究内容的限制在整个1990年代已经被逐渐取消，直到不存在任何限制为止。在波斯文学中，对诗歌的传统强调已经让位于小说创作的迅速发展，而且，大多数小说家都是女性。在体育运动中，时任总统哈什米·拉夫桑贾尼的一个女儿在1990年代初期对妇女体育运动产生了个人兴趣。她利用父亲的影响力建立了一项制度，在该制度中，妇女根据国际规则并在通常的运动装备下展开竞争，但是，她们运动的场所不允许男性进入。这种变化导致更多的妇女成为教练员、裁判员、护理人

① Mehrangiz Kar, “Women's Political Rights after the Islamic Revolution,” in Lloyd Ridgeon, ed., *Religion and Politics in Modern Iran: A Reader* (London: I. B. Tauris, 2005), 253-278.

② Moaddel and Azadarmaki, “The Worldviews of Islamic Publics,” 77.

③ Moaddel and Azadarmaki, “The Worldviews of Islamic Publics,” 78. 有45%的伊朗人对这种观点表示同意，而对此表示同意的埃及人和约旦人则分别达到88%和89%。

④ Moaddel and Azadarmaki, “The Worldviews of Islamic Publics,” 79.

员和国家体育官员[①]。即使是对戴面纱政策的执行，目前也不如以往那样严格，被强硬分子称为“面纱戴得不当”的头部部分覆盖已经广为流行。霍梅尼的孙女在一次与美国记者的访谈中抱怨了国家在这方面的干涉[②]。

妇女对公共生活的不断参与和治理社会的法律制度之间日益扩大的鸿沟以及这种差异所引起的各种不同意见的辩论已经对伊朗的伊斯兰教义本身产生了影响。鉴于不可能从世俗的观点批评任何事态，女权主义者根据伊斯兰法来表达她们的观点。这导致“伊斯兰女权主义”的出现，它得到真正严守教规的伊斯兰妇女和没有其他方式表达自己需求的世俗妇女的支持。鉴于伊朗人一般来说会继续笃信宗教，正如有证据加以证明的那样，伊斯兰女权主义在提升普通妇女的性别意识方面比世俗女权主义更为有效。这些伊斯兰女权主义者得到一些富有同情心的神职人员的审慎支持，后者通过提出规避的方法或者甚至建议选择性阅读相关的经典章节和法律原则而帮助前者对歧视性政策或法律提出异议。这样就取得了一些很小的进展。以离婚为例，根据伊斯兰法，婚姻是一项契约，它的条款必须得到丈夫和妻子的自由同意。一位女性总是有权要求她的婚姻契约包括一项让她有权提起离婚诉讼的条款，但是，该项条款必须被增加到国家所制定的标准契约之中。几乎没有新郎表示接受这样的条款。然而，自 1980 年代初期以来，标准契约包含的这项条款所表达的意思在于，为了让女性不享有离婚的权利，新娘和新郎必须要求去除该条款的规定，对此，如今很少有受过教育的女性会表示同意。

基于女性在高等教育中的更大成功和如下事实，即绝大多数伊朗吸毒者都是男性，再加上国内持续发生对妇女的暴力侵犯导致希林·伊巴迪（一位代表女性斗争并偶尔成功的妇女）不无讽刺地表示：伊朗存在的不是“女性问题”，而是“男性问题”。

外交政策

与法国、俄罗斯和古巴的革命者一样，伊朗的伊斯兰革命者也将自己视为包括其他国家在内的巨大革命浪潮的先锋。1979 年宪法的前言规定，军队和伊斯兰革命卫队的作用并不仅仅局限于“保卫国家边疆的安全”，而同时包括“在世界范围内努力传播神法统治”。设法解决以下两者之间的内在紧张关系必须面对巨大的挑战：一方面，从意识形态层面致力于帮助推翻或削弱其他的政府；另一方面，处理与这些政府的日常关系。

从 1990 年代初开始，“国家利益”而不是“出口革命”逐渐支配了外交政策议程。最好的例证是，在苏联解体之后的战争中，伊朗审慎地支持基督教信仰的亚美尼亚同伊斯兰信仰（主要是什叶派）的阿塞拜疆发生冲突。但是，正如世界上其他地方一样，人们对国家利益由什么构成几乎无法达成共识。在伊朗，很多人争辩道，伊朗的国家利益要求它巩固与其他伊斯兰世界的联系。

---

① 具体的细节可以参见：*The International Encyclopedia of Women and Sport*（New York：Macmillan，2001），“Iran，”586－587。有关一位西方记者的目击证人描述，可以参见：Geraldine Brooks，“Muslim Women's Games，” in *Nine Parts of Desire*：*The Hidden World of Islamic Women*（New York：Anchor Books，1995），201－211.

② 当被问到她是否“希望在公开场合扔掉头上的面纱时”，她回答道：“你希望宣告我的死刑吗?”参见：*International Herald Tribune*，April 3，2003，2.

最终，伊斯兰共和国的外交政策受到“第三世界主义者”欲求逃避西方世界霸权主义的驱动。按照伊朗领导人的说法，西方霸权主义被认为是一种“世界傲慢”。在它同“世界傲慢”做斗争的过程中，伊朗也在寻求联盟，这些联盟可以根据三个同心圆被概念化。最外层的圆圈由第三世界国家组成，中间的圆圈由伊斯兰国家和运动组成，最内层的圆圈则由西方和南亚国家（如黎巴嫩、伊拉克、巴林、阿富汗和巴基斯坦）的什叶派教徒组成。

伊朗的地区外交政策具有与人员和货物流动相关的经济层面的因素。如今，伊朗与中东和其他亚洲国家的货物与服务贸易额比以往更大。之所以这样，某种程度上是受到东亚国家经济增长的驱动，它体现了伊朗领导人希望加入世界经济，而不是像巴列维王朝那样依赖西方经济。除此之外，伊朗已经与迪拜的转口经济建立了商业关系，并形成了与伊拉克和阿富汗的战争经济。与这种贸易同等重要的是，武器、毒品和人口被贩卖到伊朗或者从伊朗或通过伊朗流出。周边国家的冲突也导致伊朗成为世界上最大难民人口的家园之一。另外，普通的伊朗公民已经转向新的旅游和朝圣目的地。鉴于到西欧和北美的旅游签证被限制严格，迪拜、土耳其、中国、马来西亚和印度尼西亚是目前伊朗度假者和朝圣者不断前往的地方，不出意外的话也会在旅途中遇上伊朗的商人和政治家。因此，与巴列维王朝时期相比，当代伊朗经济和社会的一体化程度要高得多，而且与地区动态紧密相连。

很多第三世界国家因同情而支持 1979 年革命。然而，强硬派伊斯兰教主义者随后取得的胜利打击了非伊斯兰国家对伊朗的支持。最近几年，总统艾哈迈迪-内贾德对美国（该国被第三世界的很多人认为是一个傲慢的霸权主义国家）的蔑视使得伊朗在很多国家备受欢迎，尤其是在有着强烈民粹主义运动的拉丁美洲国家。因此，与诸如委内瑞拉、厄瓜多尔、玻利维亚甚至巴西这些国家的政治合作与贸易得到长足发展。

就逊尼派伊斯兰教主义者而言，他们在支持革命伊朗这个问题上产生了分歧。由于*伊斯兰*共和国的*什叶派*性质变得更加明显，也由于霍梅尼拒绝接受萨达姆·侯赛因提出的结束两伊战争的要求，大多数逊尼派伊斯兰教主义者对伊朗感到厌恶。这种自我失和受到沙特阿拉伯的鼓动，因为该国逊尼派伊斯兰教的瓦哈比（Wahhabi）版本与什叶派教义是敌对的。

这使得“十二伊玛目”什叶派成为伊朗传播革命的努力取得些许成功的唯一团体。1980 年代初期黎巴嫩真主党的建立就是由伊朗促成的，伊朗继续从财政上支持该党及其社会福利活动。伊朗还赞助在国内建立伊拉克伊斯兰革命最高委员会。具有讽刺意味的是，因美国 2003 年干预而导致萨达姆·侯赛因政权垮台后，该党在伊拉克逐渐发挥了重要作用，这导致“十二伊玛目”什叶派成为伊拉克政治上占据支配地位的群体，同时使得逊尼派被边缘化。在伊拉克和叙利亚内战中——在叙利亚，与伊朗关系密切的政权打击的主要是受泛逊尼派伊斯兰政府和组织支持的逊尼派叛乱——什叶派的优势地位加剧了整个伊斯兰世界派系之间的紧张关系。伊朗明确支持伊拉克和叙利亚政权，并提供建议、武器和人力资源。它继续支持黎巴嫩真主党，而且有迹象表明伊朗正在帮助也门的胡塞（Houthi）武装。这使得伊斯兰共和国与大多数伊斯兰国家不和。在回应伊朗对黎巴嫩、叙利亚、伊拉克和也门的介入时，沙特阿拉伯对也门进行了军事干预，并发起了重大的外交攻势，以遏制中东地区“什叶派新月的幽灵”，这甚至导致伊朗的长期盟友（如苏丹）都切断了与德黑兰的联系。

尽管萨达姆·侯赛因在伊拉克的倒台增加了伊朗在中东地区的影响力，但也影响了伊朗的国内政治。伊拉克北部半独立的库尔德人政权的巩固使伊朗的库尔德人变得更有胆量，他们中有些人现在将上述库尔德人政权称为自己或者效仿或者加入的一种替代伊朗的方式。同样，伊朗胡泽斯坦省（Khuzestan）的阿拉伯人——直到现在他们都忠诚于伊朗国家，因为他们大部分是什叶派教徒——可能对自己的归属关系变得不那么确定，因为他们的亲属在伊拉克进行统治。伊朗所有的少数民族都居住在与邻国接壤的地区。直到 1990 年代，这一点都关系不大，因为他们在对面邻国也是少数派。但是，伊拉克事件和苏联解体——解体后成立的独立国家阿塞拜疆吸引了伊朗的阿塞拜疆人——改变了这种形势。如今，伊朗和邻国的关系与国内民族政治不可分割地交织在一起。

就伊朗与西方和苏联集团的关系而言，早期的伊斯兰共和国奉行的格言是“既不偏向东，也不偏向西”。在沙赫执政时期，伊朗是美国的盟友，但在革命之后，它加入了不结盟运动。然而实际上，和很多其他第三世界“不结盟”国家一样，伊朗的外交政策与其说是反苏联的，不如说是反西方的。就伊斯兰共和国而言，这种立场体现了革命者对西方（它支持遭人憎恨的沙赫政权）的不信任，以及对与苏联（它在 1979 年 12 月对邻国阿富汗的侵占是一个需要不断提醒的告诫）地理接壤的不信任。然而，伊斯兰共和国如今维持了与俄罗斯热情友好的关系，这两个国家是叙利亚内战中支持巴沙尔·阿萨德（Bashar al-Assad）的战略伙伴。

自从美国为了回应伊朗 1979 年扣押其外交官作为人质而断交以来，伊朗一直没有与美国恢复外交关系。伊朗人因政府与西方的敌对而付出了沉重的代价。在与伊拉克战争的最后阶段，大多数西方力量都慎重地支持伊拉克一方。美国维持对伊朗的经济制裁。例如，伊朗航空公司因为禁运而很难购买足够数量的现代化客机和能满足需要的老客机零部件。其结果是，“伊朗民用航空部门遭受着世界上最高事故率之苦”①。在霍梅尼去世之后，拉夫桑贾尼和哈塔米总统都尽力缓解伊朗的外交孤立。伊朗与阿拉伯国家（它们大多数都在战争中支持伊拉克）的关系得以改善，而且，伊朗还努力修补其与欧洲和日本的关系。1990 年代，欧盟启动了一项与伊朗展开“关键对话”的政策，该政策对伊朗做出一些让步，以换取它在人权领域的改善。在哈塔米执政时期，政府的政策确实变得不太高压，但是，由于非民选机构具有全面的控制力，这些自由化措施没有一个能够被制度化。

在 2001 年“9·11”事件后的一段时间

① Najmedin Meshkati, “Iran's Nuclear Brinkmanship, the U. S. Unilateralism, and a Mounting International Crisis: Can Civil Aviation Industry Provide a Breakthrough?” *Iran News*, July 26, 2004, 14.

里，伊朗发现自己被美国扶持的阿富汗和伊拉克政府以及美国在其北部和南部国家的军队与军事基地所包围。这在一定程度上解释了艾哈迈迪-内贾德政府反西方的好战性。

目前，伊朗外交与西方关系所面临的主要问题是伊朗的核计划。自沙赫时期以来，伊朗各届政府都宣称，它们对发展核武器不感兴趣。政府的官方路线是，所有大规模杀伤性武器都与伊斯兰伦理相违背，霍梅尼和哈梅内伊都颁布了这方面的教令。伊朗是《不扩散核武器条约》（Nuclear Nonproliferation Treaty）的签署国，该条约第四条授予签署国基于和平目的“研究、发展、生产和利用”核技术时享有“不可剥夺的权利”。以此为基础，伊朗政府实施了大量的计划来发展自给自足的核工业，它们采取的方式是控制燃料循环过程，在该过程中，铀元素被浓缩从而产生动力反应堆所需的燃料。西方国家担心，这种知识将允许伊朗生产高度浓缩的铀元素或钚元素，它们可以被用来生产核武器。这种担心具有某种合理性的原因在于，伊朗研制了可以安装核弹头的远程导弹以及某些核设施和实验一直被保密这一事实。为了减轻西方的恐惧，哈塔米政府同意与法国、德国和英国进行谈判，同时暂停浓缩计划并允许国际观察员享有更大的机会进入伊朗的核设施。当这些谈判失败时，伊朗在 2004 年恢复了铀浓缩计划。考虑到艾哈迈迪-内贾德总统对西方和以色列恶毒的口头攻击，更不用说他对大屠杀真实性的质疑，伊朗政府的如下主张遭到西方的广泛怀疑：伊朗的核计划完全出于和平目的。**国际原子能组织**（International Atomic Energy Agency，IAEA）的观察员定期访问伊朗的设施，并没有发现证据表明伊朗已经将它的核技术转向军事目的，但是，在国际原子能组织或者西方政府看来，伊朗政府的合作似乎并不令人满意。这导致美国、欧盟和联合国安理会对伊朗实施更为严厉的制裁。

这些制裁已经伤害到伊朗的私营部门，并使普通伊朗人的生活更为艰难，他们获得（从机械到药物等）进口商品的机会更为有限，在出口商品和出国旅游方面面临更大的障碍。普通伊朗人还遭受里亚尔价值迅速下降之苦，这加剧了本来已经很高的通胀率以及艾哈迈迪-内贾德总统第二任期期间取消补贴带来的困难。尽管如此，相对较高的油价使政府能够承受住压力，使伊斯兰革命卫队和政权内部人士（他们有机会获得硬通货和其他关键资源）制造垄断。然而，自从被强加国际制裁以来，伊朗生产和出口石油的能力大幅度下降，因此，伊朗不得不通过代价高昂的方法来绕过这些限制。外贸在很大程度上重新导向亚洲国家，尤其是中国。2008 年，中国超过德国成为伊朗最大的贸易伙伴。因此，西方对伊朗的制裁产生了一个矛盾的结果：通过促使伊朗寻求替代贸易伙伴而使其外交政策抱负全球化①。

尽管如此，制裁还是带来了伤害，导致伊朗政府在 2006 年开始与 P5＋1 国家（五个联合国安理会常任理事国加上德国）进行

① Thierry Kellner，“Iran's Asian Strategy：The Importance of Economic Ties，” in H. E. Chehabi，Farhacl Khosrokhavar and Clément Therme，eds.，*Iran and the Challenges of the 21st Century：Essays in Honour of Mohammad-Reza Djalili*（Costa Mesa，CA：Mazda，2013），245 - 265.

谈判，直到2013年可能达成协议的总体框架才变得清晰起来。由于保守派和改革派都致力于减轻伊朗的压力，鲁哈尼政府在2015年7月14日通过了《联合全面行动计划》，该行动计划对伊朗的核项目设定了严格限制，作为交换，与核项目相关的制裁要逐步解除。国际原子能组织证实，伊朗已经履行了协议义务，但自从与核项目不相关的制裁（这些制裁的原因是侵犯人权和支持恐怖主义）持续生效以来，协议对伊朗经济的影响非常有限。和平红利的局限性，再加上唐纳德·特朗普当选总统和美国回归一种对抗性姿态，已经导致反伊核协议的强硬派声音变得更大。尽管鲁哈尼在2017年胜选后获得新的授权，但他及其内阁将不得不应对国内外的反对派。

结论

20世纪的伊朗政治是混乱的。它开始于一场旨在寻求让君主政体更负责任的宪治运动，结束于一场努力使神权政体更具有共和性的改革运动。在这两者之间，民族主义的、宗教的、世俗的和马克思主义的意识形态都为自己的追随者展开竞争，尽管社会关系是基于现代化进程得以重构的。巴列维君主政权承诺将伊朗带入一个现代化的工业年代，由于它在实现自己承诺的过程中成功与失败并存，因此，沙赫政权被一场革命推翻，建立了一个融入神职人员的共和国。

为了实现革命者的很多目标，伊斯兰共和国建立了一套令人费解的机构和组织，它们彼此相互竞争，有时还基于交叉目的进行运作。共和国政权不断地与美国、以色列和一些地区力量产生冲突。它为很多公民提供了社会福利，这在无意中日益导致受过教育的、城市的、个人主义的社会对现存体制的挑战。很多领导人都承认，“经济病了”和“社会病态”玷污了社会各个阶层。争论无处不在，有时甚至在国家官员之间公开化。伊斯兰共和国是一种限制参与和争论的威权主义政权，但是，由于它诞生于一场群众革命，所以它维持了一种公共参与和了解的规范。

面临如此众多挑战和矛盾的一个政权如何能够幸存几乎40年？它发生重大变化的可能性有多大？具有讽刺意味的是，在伊朗，同样的制度既产生冲突性利益，又允许一定程度的多元主义，这也有助于政权的生存并提高政权容忍反对意见的能力①。国家的碎片化性质允许差异的出现和持续存在，但是，正是这种碎片化阻止了利益集聚和动态社会的要求。因此，尽管很多伊斯兰共和国的奠基人要求对之进行根本性大变革或者甚至已经叛离政权，但是，他们没有重建政权的影响力。实际上，政权继续拥有强大的强制机构，因石油收入而在财政上具有偿付能力，并得到一些公民的同情，这些公民要么认同伊斯兰教意识形态，要么被国际社会削弱伊朗的努力所拒绝。如今，伊朗的精英政治就是派系政治，它并不完全代表伊朗的多元化人口。尽管如此，针对具体政策、指定纲领和未来展望进行的辩论被公开化，而

① Arang Keshavarzian, “Contestation without Democracy: Elite Fragmentation in Iran,” in Marsha Pripstein Posusney and Michelle Penner Angrist, eds., *Authoritarianism in the Middle East: Regimes and Resistance* (Boulder, CO: Lynne Rienner, 2005), 63-88.

且，尽管暴力和强制持续存在，但也开始出现一种政治文化，该文化接受某些差异，理解建立联盟的必要性，承认一个派系不能根除另一个派系。

与此同时，无数的恩从网络，再加上一个安全机构和一种个人主义的政治文化，共同建立了一个在社会各个层面都有分立的碎片化国家。企业和协会利益界定不明，并遭到个人主义的破坏，甚至是意识形态相同的团体也经常为了获得资产而彼此争斗。目前所构建的国家与社会关系不仅阻碍了公民与统治者之间的协调与信任，而且最终阻止了公共审议的出现和共识的达成。这种模式让一些外国的外交家和记者感到困惑与沮丧，他们期望伊朗政治由领袖在狭义上进行界定和管理。然而，哈梅内伊缺乏绝对的政治垄断，精英们也不太愿意设计诸如新闻自由和公平选举产生强大民选机构这样的制度，这阻碍了在诸如伊朗核项目谈判或者其在地区事务中的地位等问题上形成统一立场的能力。

伊斯兰共和国所面临的问题使人们重新开始对伊朗宗教和政治之间的适当关系进行辩论。比修改伊斯兰法有过之而无不及的是，一些改革派伊斯兰教徒正在质疑，就伊斯兰教而言，宗教法是否与具有超凡性的伦理或个人经验同样重要。这些改革者将目前伊斯兰教的治理专注于伊斯兰法的权威源于乌里玛在穆斯林社会中的杰出地位，他们指出，乌里玛毕竟只是一些法律学者。

正如我们在本章一开始所说，伊朗是伊斯兰教主义者能够行使政治权力的第一个国家。他们所面临的问题、他们所释放出来的力量、他们从社会中所引发的反响都可能对世界其他地方的政治伊斯兰具有深远的意义。然而，在实践中，伊朗的经验仅对其他地方的伊斯兰教主义者具有有限的相关性。伊斯兰共和国的统治者和被统治者与其说是受一种静态的宗教教义和统一的政治伊斯兰模式所影响，不如说是为伊朗的历史轨迹、社会经济条件、文化结构和地缘政治背景所影响。

复习问题

1. 伊朗制度结构中的共和因素如何与伊斯兰因素相互作用？它们的相对重要性会随着时间变化而改变吗？
2. 伊朗革命前的宪法遗产如何影响它目前的政治？
3. 神权政治的字面含义是指“神的政府”。既然神不能直接统治，那么，神圣政府理念是如何在伊朗的实践中实现的？
4. 作为派系政治的精英政治指的是什么？这些派系是什么？什么问题导致精英分立？他们的竞争是如何管理的？
5. 哪些社会团体参与了 1978 年和 1979 年革命？为什么？导致推翻巴列维君主政体和支持阿亚图拉·霍梅尼的因素是什么？
6. 伊斯兰共和国的缔造者们寻求建立一个由伊斯兰公民组成的伊斯兰社会。他们是如何做到的？他们在多大程度上是成功的？

关键词

马哈茂德·艾哈迈迪-内贾德	伊斯兰革命卫队	平行权力中心
领导专家大会	伊斯兰教主义者	半国营经济基金会
巴斯基民兵组织	阿里·哈梅内伊	食利者国家
宪法监护委员会	穆罕默德·哈塔米	哈桑·鲁哈尼
希林·伊巴迪	鲁霍拉·霍梅尼	沙里亚法
权宜委员会	领袖	逊尼派
派系斗争	伊朗伊斯兰议会	神权政体
绿色运动	穆罕默德·摩萨台	人民党
阿里·阿克巴尔·哈什米·拉夫桑贾尼	米尔-侯赛因·穆萨维	国际原子能组织
穆罕默德-礼萨·沙赫·巴列维	“十二伊玛目”什叶派	乌里玛
法基赫的监护		

建议阅读材料

Abrahamian, Ervand. *A History of Modern Iran*. Cambridge: Cambridge University Press, 2008.

Adelkhah, Fariba. *Being Modern in Iran*. New York: Columbia University Press, 2000.

Amir Arjomand, Saïd. *After Khomeini: Iran under His Successors*. New York: Oxford University Press, 2009.

Asadi, Houshang. *Letters to My Torturer: Love, Revolution, and Imprisonment in Iran*. Oxford: Oneworld, 2010.

Atabaki, Touraj. *Azerbaijan: Ethnicity and Autonomy in Twentieth-Century Iran*. London: British Academic Press, 1993.

Azimi, Fakhreddin. *Iran: The Crisis of Democracy, 1941–1953*. New York: St. Martin's Press, 1989.

Bayat, Assef. *Making Islam Democratic: Social Movements and the Post-Islamist Turn*. Stanford, CA: Stanford University Press, 2007.

Chehabi, H. E. "Religion and Politics in Iran: How Theocratic Is the Islamic Republic?" *Daedalus* 120 (Summer 1991): 69–91.

Gasiorowski, Mark. *U.S. Foreign Policy and the Shah: Building a Client State in Iran*. Ithaca, NY: Cornell University Press, 1991.

Gheissari, Ali, ed. *Contemporary Iran: Economy, Society, Politics*. New York: Oxford University Press, 2009.

Keshavarzian, Arang. *Bazaar and State in Iran: The Politics of the Tehran Marketplace*. Cambridge: Cambridge University Press, 2007.

Kurzman, Charles. *The Unthinkable Revolution in Iran*. Cambridge, MA: Harvard University Press, 2004.

Martin, Vanessa. *Islam and Modernism: The Persian Revolution of 1906*. London: I. B. Tauris, 1988.

Moin, Baqer. *Khomeini: Life of the Ayatollah*. London: I. B. Tauris, 1999.

Moslem, Mehdi. *Factional Politics in Post-Revolutionary Iran*. Syracuse, NY: Syracuse University Press, 2002.

Mottahedeh, Roy. *The Mantle of the Prophet: Religion and Politics in Iran*. Oxford: Oneworld, 2000.

Paidar, Parvin. *Women and the Political Process in Twentieth-Century Iran*. Cambridge: Cambridge University Press, 1995.

Sanasarian, Eliz. *Religious Minorities in Iran*. Cambridge: Cambridge University Press, 2000.

Tajbakhsh, Kian. "Political Decentralization and the Creation of Local Government in Iran: Consolidation or Transformation of the Theocratic State?" *Social Research* 67 (2000): 377–404.

Vahdat, Farzin. *God and Juggernaut: Iran's Intellectual Encounter with Modernity*. Syracuse, NY: Syracuse University Press, 2002.

第十五章
印度政治

萨布拉塔·K. 米特拉（Subrata K. Mitra）

国家概况

印度

人口：12.82亿（2015年）

领土：328.7263万平方公里

以购买力平价表示的人均国内生产总值（当前国际美元）：6 088.6（2015年）

独立时间：1947年

现行宪法的颁布时间：1950年

国家元首：总统普拉纳布·慕克吉

政府首脑：总理纳伦德拉·莫迪

官方语言：英语、印地语（41%人口的母语）、孟加拉语、泰卢固语、马拉地语、泰米尔语、乌尔都语、古吉拉特语、马拉雅拉姆语、埃纳德语、奥里雅语、旁遮普语、阿萨姆语、克什米尔语、信德语、梵语（需要注意的是，印度有24种语言，说每一种语言的人都达到100万甚至更多）

宗教：印度教（79.8%）、伊斯兰教（14.2%）、基督教（2.3%）、锡克教（1.7%）、佛教（0.7%）、耆那教（0.4%）、其他宗教（0.7%）（2011年）

表列种姓：占人口总数的16.6%（2011年）

表列部落：占人口总数的8.6%（2011年）

学习目标

15.1 讨论印度不断提升的国际形象及其崛起带来的挑战

15.2 描述现代印度的创建并将其演变与南亚其他国家相比较

15.3 指出印度社会的组成部分并讨论它们如何分裂国家认同

15.4 比较印度与美国和英国的政治体系

15.5 区分印度联邦与各邦拥有的权力

15.6 描述印度代表特殊利益的组织类型及其参与方式

15.7 讨论印度全国和地区政党的组成和影响

15.8 列举莫里斯-琼斯（Morris-Jones）关于印度政治的三个惯用语并讨论它们在政治文化中的相互作用

15.9 讨论印度全国和地方选举中选民投票率的增加以及公民参与的其他政治活动

15.10 评估印度不同社会团体在政治机构中的代表性

15.11 总结印度经济的波动、政府的回应和结果当代印度不再是落后和经济停滞的代名词。虽然成片的不发达地区和大规模的贫困依然存在，但自从1991年经济自由化以来，已经出现了很大的发展。1998年的核试验以及政府总理纳伦德拉·莫迪富有活力的外交政策为印度的国际形象增添了新的品质。印度稳步融入全球市场经济，低通货膨胀和令人印象深刻的经济增长让这个国家成为外国直接投资的一个重要目的地。无处不在的手机、新的高速公路、首都城市的天桥、外国公司和购物中心都显示印度出现了一个不断增加的中产阶级。全球工商界的领袖们是到孟买、班加罗尔、海德拉巴和钦奈的常客——这些印度城市因其新的国际机场而与国际商业中心直接相连。印度首都新德里经常招待全球工商界的首脑和世界领袖。

这些高科技实力的象征标志着可持续增长的腾飞吗？繁荣和经济增长是在印度整个社会和不同地区蔓延，还是局限于特权阶层，从而产生不满情绪，削弱公民的效能感和政治制度的合法性？一个由印度教民族主义政党印度人民党领导的政府会威胁到这个国家脆弱的世俗结构吗？国家和民主政治过程有能力击败与印度当地支持与“基地”组织有关的全球恐怖主义和分离主义运动吗？

本章对这些问题做出回应，将考察印度现代政治制度在与以下两种情形互动时产生的困境：一是该国的社会多样性，二是受经济快速变化的影响而出现的持续社会转型。世俗和民主治理的制度化是印度的关键问题之一。联邦主义、选举、非正式和制度化的权力分享形式与政党竞争、积极参与社会事务的司法机构、日益增加的市场和全球化、印度和全球媒体警觉的目光以及人权运动结合在一起相互作用，进而产生一种有助于支撑民主与发展的政治环境。

印度民主的韧性对于民主转型和民主巩固理论而言是一个谜。这些理论通常认为，读写能力、社会同质性、繁荣和财富的平等分配等先决条件是脱离封建社会实现民主的必要条件。正如我们在本章的后文要讨论的那样，这些条件在1947年几乎是不存在的，当时，印度在英国长达数世纪的殖民统治后赢得独立。尽管如此，印度还是成为一个稳定的选举民主国家。与大多数后殖民国家的民主消亡形成鲜明对比的是，印度的民主为什么存活下来了？本章将深入研究这些问题，它们对发展的比较政治至关重要。现代和传统政治规范与价值的叠加所产生的杂交反应，新制度创新，以及在从殖民统治过渡到新兴民主的特定时刻都会出现诸如甘地、尼赫鲁和帕特尔这样的领袖人物，所有这一切对印度民主的成功发挥了关键作用。这些领袖都受过法律训练，他们通过反对殖民统治的长期斗争在议会政治中磨炼了自己的技能。他们把从欧洲舶来的制度适用于印度的情境与文化①。除了解释印度弹性民主（resilient democracy）的异常之外，本章还将基于阿尔蒙德（Almond）的比较框架、在理性选择新制度主义的调和下、参考迈向自由民主的比较历史路径来洞察印度体现出来的丰富性与复杂性②。

---

① 参见Mitra（2005，2011）and Mitra and Singh（2009）对这一论题的详尽阐述。

② 参见Moore（1996）对资本主义、社会主义和法西斯主义发展模式以及他将印度归类为一种反常例证的分析。

目前的政策挑战

15.1 讨论印度不断提升的国际形象及其崛起带来的挑战

印度是一个快速发展的经济体。不断增长的核武库和导弹运载能力，大量购买军事硬件，印度农场在全球市场上地位的不断上升，以及对印度城市和军营的大规模恐怖主义袭击，所有这一切引起了世界对当代印度的广泛兴趣。印度作为重要的新兴市场的地位，与印度做生意的进入门槛越来越低，在印度和外国公司之间存在大量的合资企业，擅长信息技术的熟练、低成本、年轻、接受过英语教育的技术人才随处可得，所有这一切为企业家们提供了新的机会。这种新的连通性给印度传统的**不结盟**（nonalignment）政策——在印度梵文中被称为**和平共处五项原则**（panchasheela）——带来了严峻挑战，该原则是印度战后尼赫鲁总理时期典型的外交政策。在莫迪总理的领导下，印度的现有政策是参与建立新的伙伴关系。

当代印度正日益展望全球和地区联系。尼赫鲁是维持国际和平和调解行动的伟大支持者，是亚洲地区合作与不结盟的坚定倡导者。莫迪领导下的印度经常宣称，不安全来源于边境，他寻求在双边层面处理问题。在地区层面联合管理安全威胁问题的成功解决方案可能会减少印度的安全负担，并在国际层面增加来自地区力量的支持，但是，由于印度与邻国巴基斯坦在克什米尔问题上长期存在的冲突，以及邻国对印度可能的霸权表示担忧，所以，印度可能会发现朝那个方面前进并不容易。在如今的多极世界中，随着**金砖国家**——由巴西、俄罗斯、印度、中国和南非组成的非正式联盟——的出现以及中印关系的解冻（目前，中国是印度的最大贸易伙伴），印度发现，与冷战时期盛行的形势相比，印度的外交政策自身正处在一个急剧变化的情境中。

印度成功的信息技术行业的国际知名度以及很多世界大公司的业务流程已经将全球注意力从印度的大规模贫困转向新的机会。基于“开放性”（openness）——出口额和进口额分别占国内生产总值的百分比——来衡量的话，印度的国际地位在稳步上升，它始于1991年的经济自由化（见图15-1）。结果可见于服务行业在经济中所占相对份额的增加，增长比例从1960—1961年的19%上升到2013年的57%。因此，农业占国内生产总值的份额同期从43%下降到18%。

就大众识字程度而言，印度仍然落后于其他工业化国家，甚至不如东亚大多数国家。印度在信息技术、生物技术和医疗研究方面的实力赖以支撑的智力基础来自一些精英机构——如印度理工学院（IIT）、印度管理学院（IIM）和一些重要的城市大学。除了这些迎合少量人口教育需求的机构之外，大众识字和经济增长所需技术培训的基础设施严重缺乏。根据联邦分权原则，教育由印度地方政府负责，这使得大众教育的协调很难在全国层面实现。

印度的基础设施（尤其是道路交通和航运设施）不足以满足经济快速增长的需要。目前，一个将印度主要城市相连的高速公路系统的工程建设体现了政府对该问题重要性的关注。这个问题有一定的历史背景。印度的交通网络（尤其是铁路系统）原初是由英国殖民统治者落实到位的。它的主要目的在于，保障军队从广阔次大陆的一个地区迅速转移到另一个地区。就其本身而言，独立的印度所继承的铁路网按照里程计算是巨大的，但是，港口与内地和矿山之间缺乏连通性。经济增长步伐的加快以及全球竞争的挑战都凸显了基础设施问题具有更大的重要性。

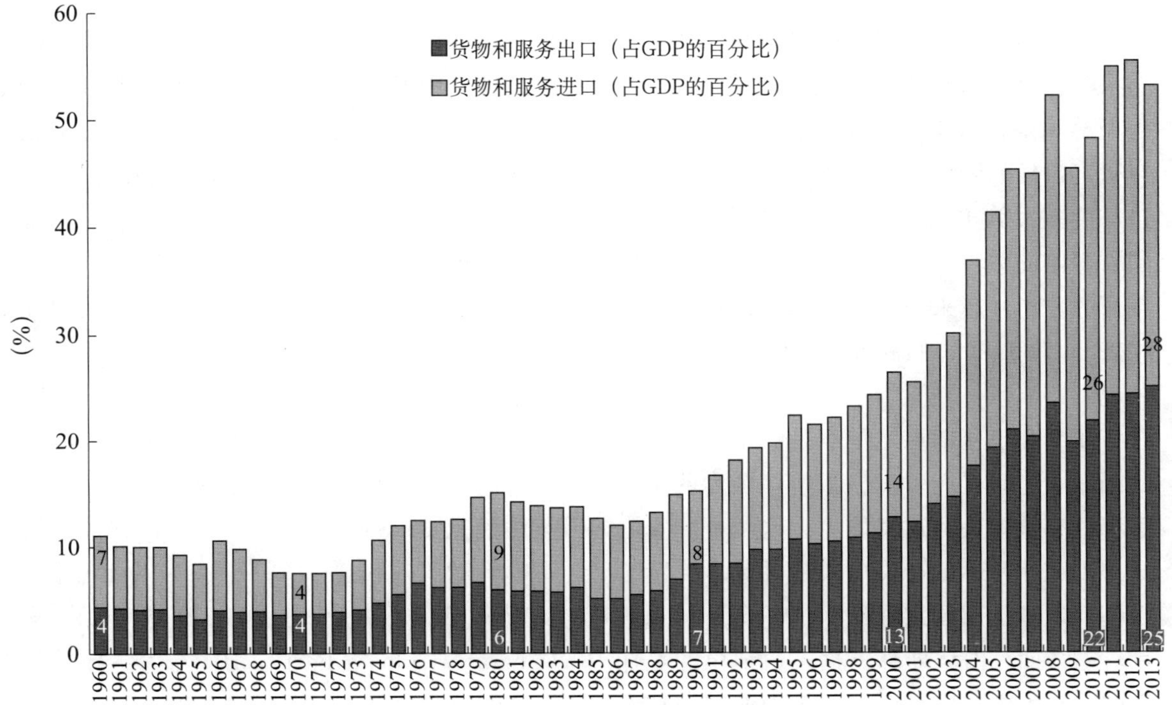

图 15-1 印度经济的开放性：印度货物和服务的进出口（占 GDP 的百分比）

过去 10 年，印度的进出口迅速增长。

资料来源：World Bank，http：//data. worldbank. org/indicator.

政治与宗教的纠缠是焦虑的来源。印度更早一代的政治专家认为，宗教信仰阻碍了现代政治与经济的功能发挥。他们将之视为社会等级转型至平等政治秩序的重大障碍。他们相信，随着现代化的推进，宗教的重要性会下降①。与之相比，最近的政治发展已经表明，宗教网络也可以成为社会运动的一种政治工具。很多现代性的捍卫者沮丧地注意到，宗教能够向那些感受到自己被其他团体所歧视或威胁的社会团体传递一种认同感。寻求认同感和政治竞争之间的这种融合在印度经常出现②。如果某种宗教的支持

① “从现在起 20 年内，将出现一次绝好的机会，届时，印度很多有关世俗国家的宪法异常现象将会消失。人们可以合理地期望，到那时，将有一部统一的民法典，印度法……就其本身而言将不复存在。由于立法已经设法解决了印度教地区最为严重的恶习，因此，几乎没有必要让国家进一步进行干预。”具体参见：D. E. Smith，*India as a Secular State* (Princeton，NJ：Princeton University Press，1963)，134.

② Subrata Mitra，“The DNA and the Politics of ‘Minorities’ in India，” in Katherine Adeney and Lawrence Sáez，eds.，*Coalition Politics and Hindu Nationalism* (London：Routledge，2005)，77 - 96.

者在地区层面聚集，如旁遮普邦的锡克教徒和克什米尔的穆斯林，那么，宗教、地区认同和政治多数派之间就会出现一种趋同。这种趋同会产生一种相应的要求，即地区政府应该将宗教的神圣信仰具体化。这严重超越了印度世俗国家的界限，该界限在宪法上禁止宗教在公共机构中发挥任何作用[①]。印度穆斯林和基督教少数派——他们面对着越来越坚定自信的团体，这些团体的政治愿景来自印度教民族主义——的困境吸引了印度和国外媒体的关注。国内政治问题（如对少数族裔的攻击）越来越与外交政策、内部安全和来自印度邻国的跨境恐怖主义交织在一起。

印度和巴基斯坦之争仍是一个令人担忧的问题，它有可能引发核战争，因为两个国家都拥有核弹头和运载能力。这两个国家之间关于克什米尔的冲突可以追溯到 1947 年。巴基斯坦基于**双国家理论**（two-nation theory）主张拥有由穆斯林占据多数地位的克什米尔，它为建立巴基斯坦作为南亚穆斯林专属家园奠定了基础。印度主张拥有克什米尔的正当理由在于，克什米尔在印度独立后合法加入印度，而且，印度持续拥有这个由穆斯林占据多数地位的地区并视之为印度联邦不可或缺的一部分，这对印度作为世俗国家地位的可信度至关重要。克什米尔冲突导致印度和巴基斯坦分别在 1947—1948 年、1965 年和 1999 年爆发战争。在 1998 年**核试验**（nuclear tests）之后，国际社会就已对南亚的军备竞赛和冲突升级做好了准备。但是，与这种担心相反的是，就在核试验后不久，印度和巴基斯坦启动了一系列协商和建立信任措施（confidence-building measures）的议程。印度和巴基斯坦之间的**综合对话**（composite dialogue）始于 2004 年[②]，这是两国协商谈判的基础，该对话似乎在偶尔爆发的冲突中发挥了主导作用。这场对话因恐怖主义在 2008 年袭击孟买后被暂停，但是幕后渠道的交换仍然以这样或那样的形式在继续。尽管如此，克什米尔冲突仍然是印度国内政治和国际关系的热点问题。

由于克什米尔联合政府的努力，采取加强民主的措施和有效的反恐行动，以及物质奖励，近年来叛乱的规模总体上有所下降（见图 15－2）。对于克什米尔冲突，印度人支持通过协商解决的意见在 1996 年至 2004 年之间从 33.5%增加到 59.3%，支持通过军事行动解决的意见同期从 11.1%下降到 8.8%。最初的努力是以**印度人民党**（Bharatiya Janata Party，BJP）为主导并联合**全国民主联盟**（National Democratic Alliance，NDA）组成的联合政府在时任总理瓦杰帕伊的带领下与巴基斯坦进行谈判，随后，印度国民大会党于 2004—2014 年执政期间带领**团结进步联盟**（United Progressive Alliance，UPA）继续付出努力。在全国民主联盟于 2014 年赢得国会选举后，莫迪总理动议重启与巴基斯坦的双边谈判。然而，这些努力并没有产生任何惊人的结果。尽管如此，针对全球恐怖主义战争和不断增加的军事能力所形成的心照不宣的共识增强了印

① Subrata Mitra, "Desecularizing the State: Religion and Politics in India after Independence," *Comparative Studies in Society and History* 33 (October 1991): 755－777.

② Padder, "The Composite Dialogue between India and Pakistan: Structure, Process and Agency," *Heidelberg Papers in South Asian and Comparative Politics*, 65 (February 2012), http://www.ub.uni-heidelberg.de/archiv/1.

③ 这些数据按照党派支持程度交叉排列，详细的分析参见：Mitra (2005, 128).

度政府在国家安全和领土完整问题上采取大胆立场的能力（见图 15-2）①。

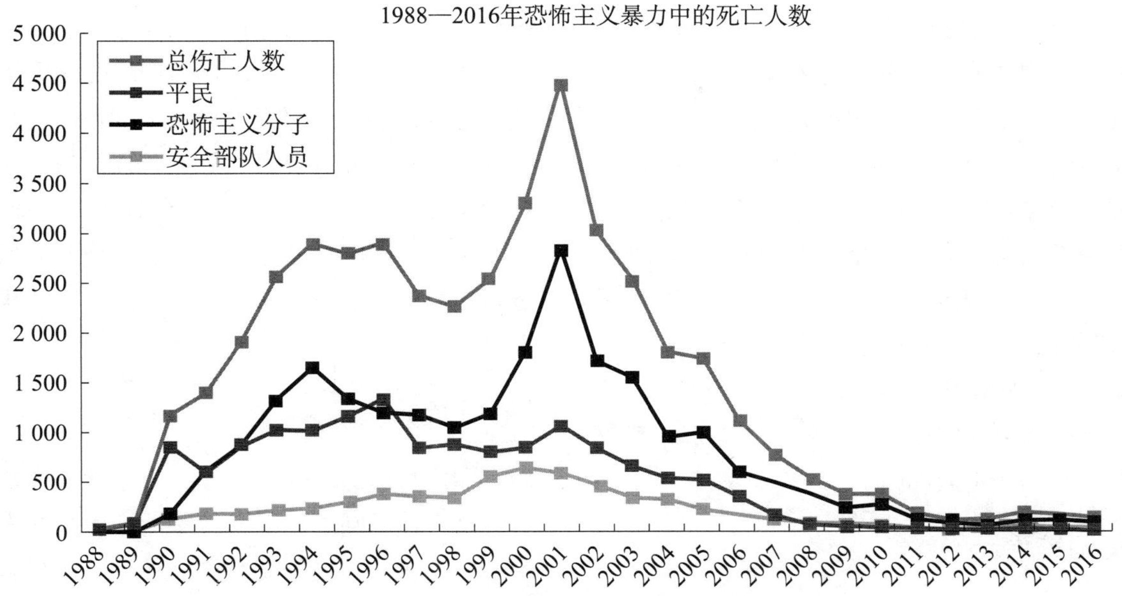

图 15-2　伤亡人数年表：查谟和喀什米尔（1988—2016 年）

资料来源：www. satp. org.

路径依赖：当代政治形成史

15.2　描述现代印度的创建并将其演变与南亚其他国家相比较

印度的历史（不管是殖民史还是前现代史）都以一种不同于西方自由民主国家的方式影响当下政治。印度没有经历一个相当于工业革命的阶段，这种革命在欧洲造成与传统的巨大决裂；印度也没有经历社会主义革命。印度也不是整个领土被白人殖民者大规模殖民化的结果，就像美国、加拿大或澳大利亚的情形那样。相反，印度有一种古老的文明，它由连续不断的移民浪潮转型而成，这些移民不仅定居下来，而且带来的文化、礼仪和社会网络构成这种多样化文明不可或缺的部分。在印度这个国家，过去似乎与现在无缝对接，诸如伊斯兰入侵者破坏印度教寺庙这样的历史事件在当下政治中可以作为具有重大情感意义的问题重现。公众对印度史诗——如《摩诃婆罗多》（*Mahabharata*）和《罗摩衍那》（*Ramayana*），它们被拍成电视连续剧在黄金时段播放——的兴趣表明了这种趋势。在前现代化时期，组织化政治权威的存在体现在像《政事论》（*Arthashastra*）这样的文本中，这些权威有能力进行城

① 在对国家能力的大胆断言中（或许，也是出于对 2014 年大选的敏锐观察），印度政府处决了 2009 年和 2012 年年底袭击孟买的恐怖主义分子中唯一的幸存者阿吉马尔·卡萨布（Ajmal Kasab）以及 2001 年和 2013 年 2 月恐怖主义袭击国会案中被指控的主犯默罕默德·阿夫扎尔·古鲁（Mohammad Afzal Guru），具体参见：Smita Gupta，"The Role of Pranab Mukherjee in Afzal Guru's Hanging，" *Hindu*，February 10，2013，http：www. thehindu. com.

市规划、运用复杂的治理方式和征税①。但是，过去与现在之间的无缝连通这种理念是有争议的。伯顿·斯坦（Burton Stein）在他的开创性著作《中世纪南印度的农民、国家和社会》（*Peasant*，*State*，*and Society in Medieval South India*）中对如下传统理念表示质疑，即高度组织化的封建制国家能有一个至高无上的统治者和一个无所不能的官僚机构②。相反，他提出，早期的国家是“零碎的”，在这种国家，政治权威和控制被地方化，它是松散组织化帝国的一部分，并鼓励很多诸如农业制度、亲属关系和宗教网络这样一些不同的因素③。

英国统治

有大量的文献涉及印度为什么以及如何接受英国的殖民统治。英国先进的武器、中央化的政治组织和有效的军事情报都可以解释大英帝国不可阻挡的扩张，这种扩张在1858年达到巅峰，当时，印度士兵的叛变被镇压④。尽管英国是在一个中央权威下进行统治，但它严重依赖间接统治，这种统治通过准自治的调解人的忠诚支持予以运作，如当地首领、部落领袖和**柴明达尔**（zamindars，印地语的含义为“地主”），但他们一直处于严密的警戒之下⑤。

英国殖民统治的标志是印度的经济停滞和限制工业化，根据有些人的观点，这两者都是殖民剥削的直接结果。尽管如此，殖民统治也留下了丰富的遗产，如通过立法的社会变革，法治的政治文化，渐进式权力下放，特定区域的行政统一，一个福利国家，一支现代化军队、警察和职业官僚队伍，一批说英语且精通代表制和政治动员、治理、选举沟通技巧的中产阶级。它们成为印度服务行业以及印度市场融入全球政治经济的重要遗产。

独立运动

印度自由运动的起源具有复杂性与多样性。这场运动基于的平台战略性地将鼓动自治和有序参与殖民制度与管理相结合。尽管偶尔也会出现暴力，但自由运动总的来说在性质上是立宪主义和自由主义的。尽管存在本土主义、宗教不宽容和激进的社会主义言论等因素，但这场运动主要是在受过西方教育，追求自由价值，致力于印度现代化、世俗和民主未来的领导人的控制下进行的。这些领导人主张社会进步、政治和解、基于共识的领导能力、通过谈判和司法化来解决冲突。总的来说，他们反对利用种族和宗教来赢得政治支持。

随着1935年《印度政府法案》（Government of India Act）的通过，英国人对政治参

---

① 在印度，有关前现代国家的制度基础以及它在当代印度制度设计中的再利用的详细描述，可参见：Mitra and Liebig（2016）.

② Burton Stein，*Peasant*，*State*，*and Society in Medieval South India*（New Delhi：Oxford University Press，1980）.

③ 关于印度早期国家政治形式和社会基础历史研究的多样化的更好介绍，可以参见：Hermann Kulke，ed.，*The State in India*，*1000—1700*（New Delhi：Oxford University Press，1985）.

④ 有些历史学家将这种被称为“印度兵”（sepoys）的印度军队起义视为印度的第一场独立战争，这支军队是英国军队的主要组成部分，受一些欧洲军官领导。这次兵变（1857—1858年）起初是为了撼动东印度公司的统治，但最终还是被英国击败。

⑤ Brown（1985）.

与的强烈要求不断做出回应。该法案是印度宪制发展的一个里程碑，随后成为印度独立后宪法的重要蓝图。1935 年法案继续基于财产资格的投票权。尽管如此，选民的总数还是从 600 万增加到 3 000 万。根据《印度政府法案》举行的邦级选举使印度国民大会党积累了丰富的竞选和治理经验。在印度独立后，这两者成为建立一种有序政治进程的决定性财富。

在最后阶段，全国运动在印度国民大会和穆斯林联盟之间分裂，后者主张建立巴基斯坦作为印度穆斯林的独立国家。起初，国民大会党拒绝基于宗教的印度分治理念，但在与英国协商独立和权力移交的最后阶段勉强同意这种理念。**分治**（partition）以可怕的暴力为标志，有数百万印度教、伊斯兰教和锡克教的难民从两个方向穿越新的边境。分治留下了克什米尔长期冲突的苦涩遗产。

圣雄甘地（Mahatma Gandhi）是印度独立斗争中最杰出的领袖和持续的道德灵感源泉，他在南非为一家印度律师事务所工作时提出了**非暴力消极抵抗与不合作主义**（satyagraha）的方法——将制度参与和战略抗议相结合的非暴力抵抗。南非的经历还让甘地认识到跨社区联盟的重要性。后来，他将这种战略转换成印度教徒和穆斯林的团结统一。当甘地于 1915 年返回印度时，这种因素成为甘地政治的一个显著特征。在甘地的领导下，印度国民大会党对占据支配地位的城市中产阶级和印度群众两者之间的差距变得日益敏感，随后，该党将其关注点转向印度的农民。

甘地对印度政治的性质以及团结一个容易被种族、宗教和种姓而分裂的人口所固有的内在困难有着深刻理解。他对盐税的抵制为动员印度人民进行非暴力抵抗提供了一个共同基础。

1947 年 8 月 15 日，印度赢得独立，尽管到 1950 年才获得完整的共和国地位。印度第一位总理**贾瓦哈拉尔·尼赫鲁**是反殖民运动中的一个重要人物，也是印度不结盟政策的支持者。尼赫鲁及其同事通过建立共识而形成一个全国领导小组，该小组包容而不是排斥挑战者，并容纳一种广泛的政治谱系。这种新的政治制度的特征受印度历史及其社会多样性遗产的重大影响，但最重要的是，受地方和地区对殖民统治抵制的性质的影响。印度无论是在独立前还是独立后都没有发生过带有种族色彩的全面反英运动。殖民统治以及对殖民统治的抵制留下的复杂遗产已经成为现代印度政治基础不可或缺的一部分。

最近的政治史

印度共和国于 1950 年开始自己的政治生涯（见图 15-3）。它是在殖民统治中出现的第一个重要的第三世界民主国家，也是第一个远离以美国和苏联为首的军事联盟集团的重要国家。在尼赫鲁总理的领导下，印度决定遵循不结盟的外交政策。在国内，印度选择的是一种混合经济（mixed economy），这种经济将国家对投资、规划和分配的调控与工业、农业、服务业和贸易中的自由企业空间相结合。

尽管**英迪拉·甘地**曾以紧急状态的政权形式进行过短暂的专制统治（1975—1977 年），但印度民主还是通过选举动员，立法和宪法修正案，赋予妇女、前贱民和其他弱势社会群体权利等方式赢得其广度、深度和

1947 年独立日（8月15日），分治和权力移交。
克什米尔加入印度，在克什米尔的第一次印巴战争。

1950 年印度共和国宣告成立（1月26日）。

1951—1952 年第一次联邦和邦议会大选。

1962 年中印边境冲突。

1964 年尼赫鲁死于中风（5月26日）。

1965 年印巴战争。

1971 年印巴战争，巴基斯坦分裂——建立了孟加拉国。

1974 年第一次核试验。

1975—1977 年全国紧急状态。

1984 年印度军队袭击阿姆利则金庙以驱逐锡克教恐怖分子（6月），英迪拉·甘地被暗杀（10月31日）。

1991 年印度经济自由化开始。

1992 年阿约提亚（Ayodhya）的巴布里（Babri）清真寺被毁。

1993 年《宪法第七十三修正案》使村委会成为自治单位，并强制规定至少33%的席位为女性。

1998 年印度和巴基斯坦的核试验。

1999 年印巴之间的卡吉尔（Kargil）战争。

2002 年古吉拉特邦戈特拉（Godhra）发生反穆斯林骚乱。

2004 年印度人民党领导的全国民主联盟在全国选举中失败，团结进步联盟领导的政府总理曼莫汉·辛格宣誓就职。

2005 年国会通过《圣雄甘地全国农村就业保障法》(Mahatma Gandi Nutional Rural Employment Guarantee Act)。

2008 年印美民用核协议签署成为法律。

2009 年由索尼娅·甘地领导的团结进步联盟赢得全国大选。

2010 年《妇女保留法案》（Women's Reservation Bill）（规定为女性提供33%的下院和邦议会席位）在上院联邦院通过后未能成为法律。

2014 年在莫迪领导下的全国民主联盟赢得下院选举，使其成为全国议会更为强大的下院。

图 15－3　自从独立以来的重大事件年表

韧性（见专栏 15－1）。然而，印度国家的很多其他显著特征已经受到考验。有一些战争，如关于克什米尔问题的印巴战争，威胁到印度的领土完整，挑战了印度奉行不结盟与和平解决冲突的外交政策之决心。随着苏联解体，来自苏联的支持不复存在，而这种支持曾帮助印度得到两个邻国的支持。印度通过发展自己的军事与核能力来应对这种挑战。印美民用核协议在 2008 年签署成为法律，它给印度提供了急需的核燃料与核技术。

1991 年印度政府实施经济自由化的决心从废止计划经济体制开始。印度快速融入国际市场经济对其经济增长产生了某些积极影响。最后，尽管出现了针对巴基斯坦的数次战争，尽管激进的印度教在 1980 年代兴起并伴随着社区间暴力冲突的周期性爆发，印度还是成功地捍卫了自己作为世俗国家的地位，并寻求为所有宗教、种姓、民族和族裔群体提供公平的竞争环境。

专栏 15－1

从贾瓦哈拉尔·尼赫鲁到索尼娅·甘地：民主和王朝统治

贾瓦哈拉尔·尼赫鲁，作为杰出的民族主义领袖和莫罕达斯·甘地的（Mohandas K. Gandhi）亲密朋友莫逖拉尔·尼赫鲁（Motilal Nehru）的长子，于 1889 年出生在阿拉哈巴德（Allahabad）。与甘地一样，尼赫鲁在回到家乡担任一名律师之前也是在英国接受教育。他在 1920 年代介入全国政治，并开始了与甘地长期且密切的交往。尼赫鲁倾向于社会主义观念并梦想一种快速现代化的进程，这使他在很多方面成为独立印度的设计师。他在其著名的《午夜自由》（Freedom at Midnight）的演讲中宣布印度国家的诞生，在这次演讲中，尼赫鲁抓住了历史时刻的精髓。随后不久，尼赫鲁成为印度第一任总理，他就任该职位一直到他于 1964 年去世为止。尽管如此，尼赫鲁“王朝”继续以他的女儿英迪拉·甘地（Indira Gandhi）和后来他的外孙拉吉夫·甘地（Rajiv Gandhi）为代表控制着印度政治，前者在 1966 年当选总理，而后者则在 1984—1989 年出任总理。当拉吉夫在一场由来自斯里兰卡的泰米尔自杀式袭击者实施的爆炸中身亡后，他出生于意大利的遗孀索尼娅·甘地（Sonia Gandhi）逐渐正式介入全国政治。在她的领导下，当团结进步联盟（UPA）在 2004 年赢得胜利之后，她被邀请出任总理。她谢绝了这一邀请，因为她更愿意作为国大党主席在政府以外提供领导。在团结进步联盟赢得 2009 年选举之后，她一直担任国大党主席和团结进步联盟协调员这一角色。很多人认为，她的儿子拉胡尔·甘地（Rahul Gandhi）注定会继任索尼娅·甘地成为政党主席，目前，他已经就任国大党组织的副主席。

印度社会的“假定事实”

15.3 指出印度社会的组成部分并讨论它们如何分裂国家认同

理解印度复杂的且有时令人困惑的政治进程所产生的问题之关键，可见于印度的传统制度、社会多样性和现代民主政治过程之间的相互作用。在日常政治喧嚣与愤怒的表面之下——像往常一样的抗议运动、叛乱、激烈的言辞、选举和政治——仍然存在一套共享的规则和制度，人们可以据此进行重要的交易。这就可以解释，尽管阶级、种姓、部落和地区冲突屡屡发生，而且大规模贫困持续存在，为什么印度还能成功地建立一种富有韧性的民主和平等的政治秩序。

宗教多样性和政治冲突

印度是一个多文化、多教派的世俗国家。印度每十年一次的人口普查数据表明，这是一个印度教徒占“绝大多数”的国家，有 79.8%的人口被归类为印度教徒。但是，印度教徒本身被分为很多宗派和教派，他们几乎不可能被视为传统意义上的“宗教团体”。然而，印度教民族主义的印度人民党的迅速崛起使人们想起泛印度式印度教（pan-Indian Hinduism）作为一种意识形态的政治诉求。一种政治上动员起来的印度教多数派理念威胁到国家的多元化和民主性，它是少数民族焦虑的来源。有关巴布里清真寺——这是北印度城市**阿约提亚**（Ayodhya）的一个不经常使用的清真寺——被毁事件的意见体现了这种极化现象。

尽管在印度教徒和伊斯兰教徒之间偶尔会爆发社区冲突，但印度的政治过程是如此稳固，以至于可以将一定程度的自我控制注入极端的教派要求。之所以如此，这是有一些原因的。首先，文化多元性是印度教不可或缺的组成部分。它的很多教派及其独立的传统彼此相互影响，从而导致新的教派形式不断发展①。很多印度教徒相信“多元一体”的概念。每一种文化语言领域都有其自己独特的传统和当地的神灵，正是在这些地方教派内部，大多数印度教徒过着他们自己的宗教生活。在过去，高级印度教的教义和地方传统彼此自由地相互影响，结果导致地区传统、混合式礼仪和信仰以及跨地区运动的发展②。作为一种信仰的印度教和社会团体的内部边界往往是变动的，将不同宗教的惯例相结合的团体并不少见。因此，不可分割的印度教“多数派”试图消灭印度少数族裔的想法有点儿用词不当。

除了印度教之外，世界上的其他重要宗教也在印度出现。穆斯林占人口总数的 14.2%，而且在查谟和克什米尔邦是宗教多数派。大多数印度的穆斯林都是来自印度教的皈依宗教者。尽管宗教信仰发生了改变，但很多人仍然保留着他们的语言、饮食习惯、职业以及在当地社会等级中的地位。就此而言，穆斯林体现的是印度教徒的多样化——这是一个事实，即在英国的统治下，穆斯林领导人（实际上也就是当今的政治伊斯兰）寻求淡化这一问题，进而支持同质穆斯林社区的概念。

穆斯林联盟在英国殖民统治期间要求为穆斯林建立一个独立的家园，结果导致英属印度的分治和 1947 年新国家巴基斯坦的建立，该国家的目的十分明确，就是成为南亚穆斯林的家园。在分治之后，大量的印度穆斯林（尤其是来自北方的穆斯林）和大部分穆斯林联盟的领导都相继离开印度到巴基斯坦。自分治以来，印度的穆斯林社会发展了一种新的领导权、身份感和政治自信。自独立以来，穆斯林在立法机构和公共生活中的代表已经增加，政治竞争不仅提升了团体主张意识，而且增加了印度教徒和穆斯林冲突

---

① 有关印度政治机构和态度的起源的更好文献，可参见：*Sources of Indian Tradition*，Vol. 1，*From the Beginning to* 1800，Ainslie Embree，ed.（London：Penguin，1991）；and Vol. 2，*Modern India and Pakistan*，Stephen Hay，ed.（London：Penguin，1991）.

② 奥里萨邦的贾格纳特（Jagannath）信徒就是这种不同宗教信仰类别形式的一个例证。具体参见：Subrata K. Mitra，“Religion，Region，and Identity：Sacred Beliefs and Secular Power in a Regional State Tradition of India，” in Noel O. Sullivan，ed.，*Aspects of India*：*Essays on Indian Politics and Culture*（Hull，UK：University of Hull，1994），46－68.

的数量、强度和地理分布①。

锡克教——大约400年前作为反对伊斯兰入侵者的抵抗运动而诞生的宗教——表现出很多印度教和伊斯兰教的神学与组织特征。有些锡克教徒认为，他们的身份受到现代化和印度教同化的威胁。他们中很多人希望建立一个卡利斯坦（Khalistan）主权国家作为锡克教徒独有的家园。在印度北部的旁遮普邦，锡克教徒的多数地位在下降，因为很多人移民到印度其他地方和国外。有些锡克教徒担心，由于受到旁遮普邦更高工资的吸引，来自印度更贫困地区的非锡克教徒的涌入将使锡克教徒进一步丧失他们的多数地位。这些焦虑激起了一场日益演变成暴力冲突的政治运动，结果导致军队围攻锡克教圣城阿姆利则金庙，作为报复，总理英迪拉·甘地于1984年10月31日被她的两个锡克教徒保镖暗杀②。尽管如此，镇压、迁就和拉拢持不同政见者的战略组合使人们看到旁遮普邦又回归法律和秩序。

印度教民族主义运动要求将印度教文化理想体现在全国层面的现代化国家结构之中。从宗教信仰和愿望中汲取力量的政党与运动在政治和文化自我主张方面也非常强大③。尽管如此，宗教——尤其是在宗教混杂社区的礼拜场所的排他性权利和组织宗教游行的权利——仍是当今印度冲突的主要原因之一。印度北部到处都是清真寺，它们紧邻印度教的寺庙或者被建造在据说曾经有印度教寺庙矗立的地方。从公元8世纪起，对伊斯兰征服印度的集体回忆始终活在公众的意识之中。因此，很多伊斯兰教机构如今都位于政治风暴的中心，这场风暴会继续煽动宗教狂热和政治激情。

种姓和政治

地方**种姓**（castes），对应于方言中的**亚种姓**（jatis），是基本的社会单位，它们影响着印度的婚姻、社会网络、饮食禁忌和宗教仪式。在过去，种姓还影响职业选择，这些职业通常属于特定的种姓，而且可以世袭。由于现代化、立法和城市化的推进，这种情形得以迅速改变。此外，配额制——在印度被称为“保留”（reservation），一种支持社会弱势群体的积极歧视形式——开放了某些高级职位，这些职位曾经是上层种姓的特权。尽管种姓制度被认为是印度教社会的一个重要组成部分，但在诸如伊斯兰教、基督教和锡克教等其他宗教中也存在类似的结构。

印度有2 000多个亚种姓，它们传统上被分成4个具有等级顺序并被称为**瓦尔纳**（varnas）的大类：

（1）婆罗门（Brahmins）：起初执行祭司的传统功能；

（2）刹帝利（Kshatriyas）：统治者和武士；

（3）吠舍（Vaisyas）：商人阶层；

（4）首陀罗（Sudras）：服务团体、务

① Paul R. Brass, *Language, Religion, and Politics in North India* (London: Cambridge University Press, 1974); and Jaffrelot (2008).

② Gurharpal Singh, “Ethnic Conflict in India: A Case-study of Punjab,” in John McGarry and Brendan O'Leary, eds., *The Politics of Ethnic Conflict Regulation* (London: Routledge, 1993), 84-105.

③ 参见：Subrata Mitra, “Desecularising the State: Religion and Politics in India after Independence,” *Comparative Studies in Society and History*, 33, 4 (October 1999): 755-777.

农者和工匠。

起初，种姓制度预示着职业团体之间的相互依存关系，它也被称为*贾吉曼尼*（jajmani）制度[①]。亚种姓通过互惠的经济、社会和政治义务之纽带而相互联系。在这个互惠体制的中心存在着某些控制土地利益的社会团体，其他的种姓向这些团体提供服务并从中获取隶属份额。低种姓和具有高种姓身份的地主之间的关系是分等级的，但是，他们的隶属地位也包含某些传统的权利，如在自然灾害时期有权享有灾害救济。尽管如此，种姓制度内的所有行为都强调社会等级以及权力、财富和身份的不平等性。对土地的控制是社会身份和权力的重要杠杆。这些制度和传统的合法性源自统一的**达摩**（dharma）观念，这种观念表明了事物发展的自然秩序。尽管这为印度教所特有，但达摩仍然控制着地方社会、传统和信仰体系。种姓制度具有的压迫性不断受到金字塔底层人员的质疑，尤其是以前的“贱民”和较低的种姓，他们在宪法中分别被称为表列种姓（SC）、表列部落（ST）和其他落后阶层（OBC）。

前贱民通常不能与四大瓦尔纳进行社会交往，原因在于他们所从事的传统职业具有“玷污”性质。他们构成了大约 1/6 的印度人口。自独立以来，通过立法、积极行动计划和选举政治来努力提升他们在社会中的正式成员资格的进程不断加速。由于政治上的觉醒和日益自信，前贱民现在将自己称为**达利特人**（dalits），在印地语中，它的含义是“被压制的团体”。很多印度人将种姓制度视为印度社会碎片化和经济落后的原因之一。但是，种姓也是大量人口的身份和社会交往的唯一基础。因此，民主和经济变迁的运作的目的有时存在交叉，它们会产生冲突，将较大的种姓分裂成新的社会团体，并将数个现有团体融合成种姓社团。随着企业和政治联系新机会的开放，种姓日益成为社群组合的基础。新的“政治种姓”成为某些社会团体促进集体利益的一种工具，这些团体就是为了那种目的而组合在一起的。种姓在提高认识和选举动员方面发挥的工具性作用实际上破坏了社会等级制度的意识形态基础，并有助于质疑种姓统治中更为可憎的方面[②]。最近，印度北部的政治受到前贱民同盟和“落后阶层”的控制，他们通常都属于最低的社会阶层。

印度土著居民——被称为**部落**（tribals），占印度人口的 8.2%——的情形就较低的社会地位和相对被排除在社会主流之外而言与前贱民的情形大致相当。殖民实践把很大程度上由土著居民居住的地区宣称为保留地或者“表列地区”，在这些地方，非部落成员很难获得部落土地。这项政策在印度独立后继续适用。尽管部落存在于整个印度，有些生活在非部落地区的部落团体具有类似于种姓的身份，但绝大多数这样的团体都集中在三个主要地区：印度东北部（主要包括那加兰邦、梅加拉亚邦和阿鲁那恰尔邦）、印度中部的山区和印度西部。总的来说，这些地区的社会和经济落后，但是，政治竞争的精神在他们中间也非常普及。建立

---

① Alan Beals, *Gopalpur: A South Indian Village* (New York: Holt, Rinehart & Winston, 1963), 41.

② 种姓意识将种姓从一种归属身份转换成一种政治上便利的自我归类。有关努力通过保留政策来改善前贱民物质条件的讨论以及高种姓对这种讨论的强烈抵制，可以参见：Subrata Mitra, “The Perils of Promoting Equality,” *Journal of Commonwealth and Comparative Politics*, 25 (1987): 292-312.

自治区的运动表明了这种部落的自我主张。

语 言

除种姓和宗教以外，语言也是身份的重要组成部分之一。在其他南亚国家（如巴基斯坦和斯里兰卡）中，语言还是主要的社会分裂原因之一。印度的每一种重要语言都历经了几个世纪的演变，它们集中在不同的地区。这样一来，母语就成为地区身份的焦点。尽管印地语在印度北部非常普遍，但是，不同的地区（和亚地区）都有自己明显的方言。很多方言都得到高度发展，而且，它们都有自己独特的文化传统。1920 年代，以语言为基础的亚国家忠诚与民族主义运动同步发展。印度国民大会要求英国沿着语言路线重绘印度地图。早在 1920 年，议会本身的组织就是以地区性语言为基础的。后来，在 1956 年，政府重绘了印度的行政地图，从此以后，印度各邦就以母语为基础进行了重组。将主要方言提升到某个地区的官方语言的地位增强了印度政治制度的多民族特性。

印度的语言可以被分成两个主要语系：北方的印度雅利安语系（如旁遮普语、印地语、克什米尔语和孟加拉语）和南方的达罗毗荼语系（如泰卢固语、泰米尔语、埃纳德语和马拉雅拉姆语）。在印度，最大的单一的语言是印地语，它和英语一道被认为是印度的官方语言。印度北部的语言都具有一种共同的梵语基础。一个复杂的三语言准则使印地语具有了国家语言的地位，同时，通过承认英语的联系语言地位而使不讲印地语的人有机会平等地获得公共服务。在地区范围内，地区语言是官方行政的主要媒介。此外，采用地区语言作为行政语言使得政府更亲近于人民。因此，印度的语言运动不仅有助于国家的整体合法性，而且导致了政治制度的更大分化，同时又没有破坏民族融合的基础。

社会阶级

与越南不同的是，尽管出现了大规模贫困和激进政治，但印度并没有发展出一种能够跨越种姓、地区、语言、部落和其他形式种族身份障碍的农民革命运动。由于受马克思主义的鼓舞，印度独立后不久在印度南部和 1960 年代在西孟加拉邦出现了农民起义，但它们并没有蔓延到印度的其他地方。殖民统治的性质和印度人对该统治的抵抗（尤其是甘地的作用、印度的阶级结构和国家的社会碎片化）可以解释印度阶级冲突的温和性质。工业化和城市化的缓慢步伐以及超越阶级路线的种姓、部落和族群都导致一种高度不均衡的阶级组合模式。这种模式严重抑制了阶级身份的发展和基于阶级诉求的政治动员。

作为一个团体，印度的产业工人阶级规模很小，而且只有少数人加入工会组织。由于受到劳动立法的强大保护以及周围工人的工作都不稳定，成立工会的劳工在某种程度上就成为一种劳工贵族。农村的阶级制度更为复杂。1950 年代的土地改革废除了某些地主（柴明达尔）。取而代之的是出现了一种强大的新农村力量，它由一些具有混合身份的中产农民耕种者组成，他们也被称为“布洛克资本家”①。他们是印度农村一支强大的

① 这个概念由劳埃德·鲁道夫（Lloyd Rudolph）和苏珊妮·鲁道夫（Susanne Rudolph）用来意指拥有约 15 公顷土地的中等规模的自耕农，他们在 1960 年代成为印度农业突破的主要社会基础。

政治力量，他们对城市利益、高种姓控制的政党和年长的社会贵族正式占据的支配性职位形成了挑战。然而，随着前贱民们的独立动员（这些贱民所处的社会阶层正位于中产农民之下），他们的优越地位正在逐渐受到挑战。

根据阶级路线和种姓划分的无地者与小地主们（也就是那些占有土地不到 2.5 英亩的地主）并不享有某种共同利益。小地主也不认同农村无地人口的需求和愿望。在机械化的压力下（它要求大量的单位生产），土地的压力增加了，结果导致无地现象不断升级。在印度某些地方，支配性的社会团体正在承受来自前贱民（他们总是无地的农业工人）的独立政治组织提出的挑战。这些运动构成了对上流社会阶层统治地位的一种严峻挑战。

总而言之，从一种比较的观点来看，印度是一个高度多元化和分化的社会。现代化和民主化这两个进程已经将一个等级社会转型为很多自认为是合法政治行动者的团体。但是，这些团体的文化基础通常局限于地区和地方层面。这样的话，由这些团体组成的大型跨地区全国组织仅是例外，而非常规。各个地区不断要求自己在经济和政治地位方面的独特身份，当它们组成跨地区联盟时（就像现在的执政联盟“全国民主同盟”和全国反对党“团结进步联盟”的情形那样），也会对国家政治进程产生深远影响。

既然印度社会以如此深刻的多样性为标志，又是什么将政治体系凝聚在一起的呢？为什么源自多样性的离心力没有像很多转型社会那样将政治体系撕裂呢？可解释的答案是，印度社会的分裂具有交叉性而非累积性，包罗万象的政党将所有的社会团体分割开来，所有印度的公共服务系统和军队从所有地区招募人员并在此过程中变得社会异质化。最后，防止反叛组织挑战印度国家认同和领土完整的印度武装部队和准军事力量成为有效存在。

政治制度和政策过程

15.4 比较印度与美国和英国的政治体系

像很多前英国殖民地一样，印度在独立后采纳了英国议会制民主模式。这种模式以行政机关向立法机关负责、一个专业化并且在政治上保持中立的军队、职业公务员队伍和法治为基础。美国政治体系的某些显著特征也被引入，如联邦制、权力分立和最高法院保护公民的基本权利。

和很多其他的后殖民国家相比，印度开始的时候具有诸多优势，它们最终促进了议会制民主的发展。殖民统治转型的标志是接受权力移交的印度国民大会党继续处于领导地位。一个专业化的官僚机构和安全组织（它们主要受印度人操纵）可以立即获得。最重要的是，国大党——在殖民统治时期就一直活跃在自由运动的最前沿——发展成为一个全国性的选举组织有利于通过民主选举产生的领袖确保权力的有效行使。通过驱除穆斯林联盟（它是国大党的主要政治挑战者）而实现的印度分治在印度的政治舞台上产生了一种更小但更具凝聚力的政治制度。印度的领导人迅速让自己适应新的竞争性政治环境，这种政治环境与其说以民族主义理想为基础，不如说以社会经济改革、互惠制和权力获取的实用主义政治为基础。这导致了一种政治体系的建立，该体系除了给执政的国大党提供巨额资助之外，还使代表制、竞争和责任制度化。最后，尼赫鲁所采纳的将不结盟作为印度外交政策的基石产生了一代关注国内政治的政治领袖。他们将公平的定期选举和自力更生的经济增长视为合法性的主要基础。

这种基础性的制度结构在过去60年的挑战中得以幸存，这期间包括在印度独立时居于权力中枢的一代领袖的去世、更低社会阶层的向上流动、左翼和右翼激进主义、饥荒、多数人贫困和大规模的经济变革、1962年与中国发生的重大边境战争，以及与巴基斯坦的四次战争。

印度人抵抗英国统治的遗产之一是对权力的深度不信任并决定捍卫公民最大可能的自由。制宪会议的成员在1947—1950年一直在开会，他们使这些愿望在自己所设计的制度中得以具体化。在某些情况下，他们利用印度的文化和政治遗产，但在其他的情况下，他们则广泛借鉴西方世界的重要宪法。结果导致了全国层面的行政、立法和司法之间的权力分立。联邦政府和地区之间同样坚定的权力分立也确立了起来。一部成文宪法、作为个人自由看守人的司法制度以及权力与责任之间的必要平衡（基于美国政治体系赋予的灵感）增加了制度安排的可持续性。

在关注权力去中央集权化的同时，制宪会议还强烈希望权力下放到地区政府以下，并由人民的代表直接行使。这种希望在1957年初具雏形。当时，为了建立行政区、次行政区和村级代表机构，中央授权的梅塔委员会（Mehta Committee）建议建立**潘查亚特制**（panchayati raj，按照字面的理解，也就是五人统治小组）。它们被授予一定的行政自主权，承担某些发展职能，并为实现其目的而被授予财政手段。潘查亚特制的落实并不一致，但是，1993年《宪法第七十三修正案》规定，印度所有50万个村落都被直接选举产生的村委会所覆盖，而且，村委会被强制要求配备女性、表列种姓和表列部落的代表。

由印度权力制衡产生的结构存在政治碎片化的巨大可能性。但是，印度由国家支配的多元主义提供了中央指导与尊重地区、地方自治之间的正当平衡①。为了应对特殊情形（在这种情形下，迅速行动势在必行），宪法将一系列紧急权力授予国家行政机构，以便迎接重大政治危机的挑战。尽管宪法将权限正式授予总统，但行政权力和立法动议的日常行使更多地是由总理来掌管。

总　统

作为国家元首的总统的作用在设计时考虑的是与英国的君主类似。然而，在实践中，该职位将国家元首的礼仪性作用和某些实体性权力相结合。根据印度宪法规定，行政权被正式授予总统，总统由特别选举团选举产生，选举团由各邦立法议会和全国议会的成员组成。为了在联邦和各邦之间达成平衡，两组选举人的总投票人数具有同样的影响力。总统被期望在部长理事会的建议下行使这些权力，但部长理事会的首脑是总理。尽管如此，真正的控制路线所说明的问题则是另一回事（见图15-4）。

① Rudolph (1987), 247, 255-58.

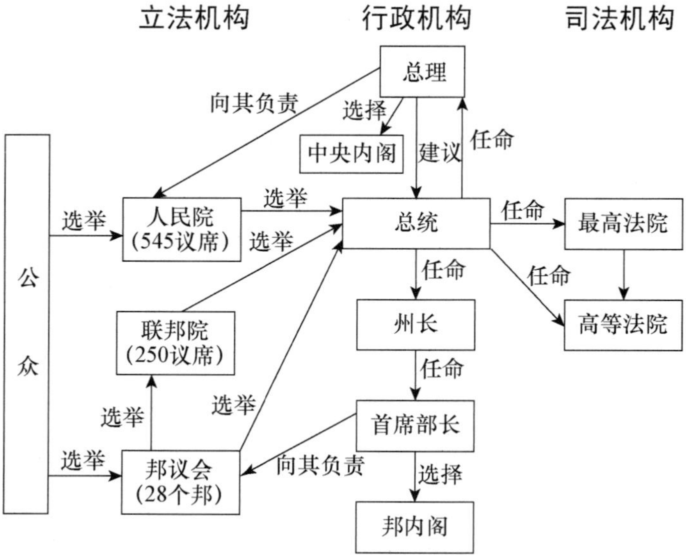

图 15-4 印度的政治机构安排：纵横相连

总统任命总理并有权解雇总理。但是，根据传统，这些权力受到严格限制。总统邀请人民院（印度议会的下院）的多数党或联盟的领袖组建政府。印度总统是按照总理的建议行使权力的。但是，这并不意味着总统只是一个橡皮图章。总统可以确定一个潜在的领导者，如果选举中没有出现明显的议会多数的话。总统选举一开始是无党派的，但随着时间的推移，它变得颇有争议，如今的投票是按照党派路线进行的。然而，一旦当选，总统就会表现出超越党派偏见的倾向，这体现了英国的做法。这有助于议会制民主功能的顺利发挥。如下事实并没有造成问题，即一位特定的总统可能由某个政党选举产生，但是，当另一个不同的政党执政时，该总统仍然继续履职（见图 15-5）。

总统的五年任期可以重新开始。议会可以通过弹劾来解除总统职务。宪法授予总统的权力范围令人印象深刻。它规定，总统有权中止基本权利并根据《宪法》第 352 条宣布国家进入**紧急状态**（emergency）。同时，总统有权在某个地区强制实行“总统管治”，在这种情况下，国家由联邦行政直接统治（《宪法》第 356 条）。《宪法》还在第 360 条规定了紧急财政权。尽管如此，即使将决定权留给总统和总理，宪法仍然规定，总统公告需要在两个月内提交议会批准，否则，它们将自动失效。

在英迪拉·甘地任总理期间，解散地区层面的民选政府并适用来自德里的直接统治变得司空见惯。尽管如此，在 1998 年，纳拉亚南总统——第一个赢得如此高位的达利特人（前贱民）——通过拒绝内阁在比哈尔邦强制实施总统管治的建议而确立了一项重要的先例①。如今，宣布紧急状态被视为写入印度宪法中的一种自我纠正程序，而不是

① 总统管治表明代议制政府的失败，根据这种管治，某个地区在特定的时期内直接受中央的统治。在印度独立后的头 20 年里，它的出现相对不太频繁，在尼赫鲁和夏斯特里任总理期间（1950—1966 年），共强加总统管治 8 次。最著名的例证当属在 1959 年解散喀拉拉邦民选的共产主义政府。尽管如此，在甘地夫人的两个任期内，总统管治被强加了 42 次。

一种独裁主义权力行使方式①。

总理（宗教）	年	总统（宗教）
贾瓦哈拉尔·尼赫鲁（H） 国大党	1947	
	1950	拉金德拉·普拉萨德（H）
	1962	萨瓦帕利·拉达克里希南（H）
古尔扎里拉尔·南达（H） 拉尔·巴哈杜尔·夏斯特里（H） 国大党	1964	
古尔扎里拉尔·南达（H） 英迪拉·甘地（H） 国大党	1966	
	1967	扎基尔·侯赛因（M）
	1969	瓦拉哈吉里·文卡塔·吉里（H）
	1974	法赫鲁丁·阿里·艾哈迈德（M）
莫拉尔吉·德赛（H） 查兰·辛格（H） 人民党	1977	巴萨帕·达纳帕·贾蒂（H） 尼兰·桑吉瓦·雷迪（H）
英迪拉·甘地（H） 国大党	1980	
	1982	吉亚尼·宰尔·辛格（S）
拉吉夫·甘地（H） 国大党	1984	
	1987	拉马斯瓦米·文卡塔拉曼（H）
维什瓦纳特·普拉塔普·辛格（H） 联合阵线	1989	
钱德拉·谢卡尔（H） 社会人民党	1990	
纳拉辛哈·拉奥（H） 国大党	1991	
	1992	尚卡尔·达亚尔·夏尔马（H）
阿塔尔·比哈里·瓦杰帕伊（H） 印度人民党 德韦·高达 联合阵线	1996	
因德尔·库马尔·古杰拉尔（H） 联合阵线	1997	科切里尔·拉曼·纳拉亚南（H）
阿塔尔·比哈里·瓦杰帕伊（H） 印度人民党	1998	
	2002	阿卜杜尔·卡拉姆（M）
曼莫汉·辛格（S） 国大党	2004	
	2007	普拉蒂巴·帕蒂尔（H）
曼莫汉·辛格（S） 国大党	2009	
	2012	普拉纳布·慕克吉（H）
纳伦德拉·莫迪（H） 印度人民党	2014	
H：印度教教徒，M：穆斯林，S：锡克教教徒		

图 15-5　印度总理和总统

印度最高政治职位的继任体现了日益增加的性别、宗教和政治立场的多样性。

① 如果印度总统认为存在严重的紧急状态，在这种状态下，因战争、外敌入侵或国内叛乱等威胁到印度全部或部分领土的安全时，他或她就可以宣布全国或在公告中指明的国家某一部分进入紧急状态（《宪法》第352条）。当紧急状态公告生效时，《宪法》第19条的任何规定“都不能限制国家制定法律或采取行政行为的权力”（《宪法》第358条）。《宪法》第356条同样对中止某个地区的民主政府做出了规定。应该指出的是，紧急状态被认为是临时措施，立法问责的范围并不完全缺失。

总　理

鉴于内阁和总统以及行政部门和议会之间的联系，正如尼赫鲁过去常常描述的那样，总理仍然是“政府的关键”（再次见图15－4）。在当代印度，当总理领导的是一个多党联盟时，在执政多数内部形成共识的工作是一项艰巨的任务，它需要多次耐心的协商。有时，这会导致公开表达对总理权威的蔑视，在尼赫鲁时期，这种情形是无法想象的。总理和各个部长共同控制与协调政府部门，并通过向议会提交行动计划来决定政策。如果总理在任何重大问题上被挫败，或者说一项不信任动议被通过，那么，根据惯例，他必须辞职。这种情形曾经发生过几次。

在印度，内阁政府的其他做法也被制度化。在总理的领导下，内阁帮助制定国家政策。这种模式在英迪拉·甘地任职期间受到严峻考验，她的威权主义倾向和同僚的不信任降低了内阁作为制定政策来源与行政领导的作用，这一点与先前的实践形成了鲜明对比。这种现象被描述为“去制度化”①。随后的政府恢复了议会制政府的传统和集体责任的原则。

专栏15－2

纳伦德拉·莫迪总理

从一个茶童到总理，纳伦德拉·莫迪已经确立了如下事实：雄心抱负、持续的组织工作、敏锐的判断和远见能够帮助超越卑微的出身，并为赢得印度最高政治职位铺平道路。安迪·莫里诺（Andy Morino）的《纳伦德拉·莫迪：一个政治传记》是最早尝试描述莫迪总理的人生和政治生涯的作品之一。莫迪出生于古吉拉特邦的一个贫困低种姓家庭，在儿童时期，他常常在父亲开在火车站的茶摊帮忙。莫迪同当代印度的很多第一代政治和企业领导人有相似之处，他们都是从卑微的社会阶层出生一直晋升到高位。早年应召进入民族卫队（Rashtriya Swayamsevak Sangh，RSS）——印度志愿军，这个社会组织是印度教民族主义的印度人民党（BJP）的前生组织——帮助莫迪在社会工作领域和政治事业中不断发展。在这过程中，他在党的组织派系中迅速崛起，最终被派往古吉拉特邦领导印度人民党并担任首席部长。2002年的戈特拉骚乱发生在他首任古吉拉特邦首席部长的初期，这给他的政治生涯带来了某种阴影，并导致美国和很多欧洲国家拒绝给他入境签证。然而，他本人参与反穆斯林大屠杀的直接指控未在法庭上得到证实。随着他所领导的印度教民族主义政党印度人民党在2014年议会选举中取得巨大胜利，他受到很多国家的欢迎，其中包括美国。在任期的中期，莫迪的总理领导地位在德里和比哈尔邦的重大选举失败中幸存下来，并挫败诸如“清洁印度”（swachh bharat）这样的动议，但是，他的一些思想——优先发展胜过政党意识形态——已经进入印度的主流政治话语。

① 詹姆斯·曼诺尔（James Manor）以前讨论过印度的“去制度化”问题，随后，他又在讨论制度的“复兴”。具体参见：James Manor，*From Nehru to Nineties：The Changing Office of the Prime Minister in India*（London：Hurst，1994）.

1990年代，总理纳拉辛哈·拉奥的地位稳步上升就是该职位制度化的一个有力证明。尽管开始的时候只是作为对拉吉夫·甘地的临时替代，然后才作为一个折中的领导人，但拉奥在其财政部部长曼莫汉·辛格的帮助下启动了印度的经济自由化——即使没有获得坚实的议会多数。在拉吉夫·甘地被暗杀之后和在后阿约提亚时期，拉奥的领导才华对确保一种顺利过渡具有非常宝贵的价值。真正的考验仅仅出现在1998年，当时，总理瓦杰帕伊领导了印度第一个印度教民族主义政府，他将很多先前缺乏部长任职经验的个人引入中央政府。尽管如此，印度人民党政府继续通过在联盟内达成共识而进行统治，从而保持改革和安全政策领域的连续性。灵活性——曼莫汉·辛格正是利用它继续总理领导的传统，尽管在联盟政治以及与索尼娅·甘地（国大党主席和独立的国家领导来源）的有效协调中面临多重压力——进一步证明了印度内阁政府的适应能力。这种模式在莫迪总理时期似乎得到进一步发展，他的领导风格倾向于在强烈的个人主动性和回归内阁寻求支持与共识之间摇摆。

在印度，总理职位是政治家生涯的顶峰。尽管存在如下事实，即这个职位政治色彩浓厚并因此具有党派之分，但是，多年来，这个职位的拥有者“通常实现一种超越”并“为这个国家提供道德领导力，这一点对于那些属于党派人物的领导人而言是令人惊奇的”①。对这种显著变化的解释源自与其密切相关的协调、主动性和领导能力所发挥的关键作用，该解释还发现印度总理职位结合了英国和美国国家元首的要素以及行政首长的要素。总理提供了凝聚力、团结和制度目标（在该制度中，权限划分是沿着权力的分离与分立路线进行的），很多地区中心都在竞争独立的政策。考虑到总理对于印度治理能够顺利进行的重要性，一个新的政府机构——总理办公室（PMO）——已经居于相当突出的地位。

议　会

很多印度自由运动的领导者们都受过英国传统教育，在他们看来，独立提供了以英国议会制民主为榜样来设计印度宪法的机会。印度议会由两院组成，分别是**下院**（人民院）和**上院**（联邦院）（再次见图15－4）。人民院由545名议员组成，其中，543名由直接选举产生，另外2名由印度总统提名作为英属印度社区的代表。人民院的成员从单一选区中依据简单多数（最高票者当选的制度）原则选举产生。大量的席位保留给属于前贱民种姓（表列种姓）和部落（表列部落）的候选人，从而确保这些弱势社区在全国最高立法机构有自己的代表。在总理的建议下，总统可以在人民院5年任期结束之前将之解散，或者将它的任期延长到5年以上。英国下议院中拥有大量土地的贵族具有世袭成员资格的原则在印度找不到同等的对应。除此之外，和英国不同的是，印度是一个联邦。就其本身而言，上院（**联邦院**）具有美国参议院的某些特征。尽管如此，印度的联邦成员在联邦院并不享有同等的代表地位，而且，上院与下院在权力上也不对等。

议会是民主问责的一种主要工具。宪法规定，人民院必须每年至少开2次会，每次

① Manor, *From Nehru to Nineties*, 13.

会议的间隔时间不超过 6 个月。议会事务主要用英语或印地语处理，但是，也规定了可以使用其他的印度语言。为了遵守英国的做法，大量的议会委员会为议会的功能发挥注入一种连续性和专业化。有些委员会主要关注组织和议会程序，另一些委员会（最为著名的是 3 个财政委员会）则充当行政机关的监督者。特别委员会负责审查预算和政府支出、拨款、被授予的权力的行使以及部长做出的保证和承诺的执行情况。

议会日的第一个重要时刻，也被称为“决定性时刻”（zero hour），所致力解决的问题是对各个部长进行公共审查。“决定性时刻”延伸了议会和公共问责原则。书面问题需要事先提交，在“决定性时刻”期间，也可以通过补充问题的方式予以提交，这些问题都是为了检验部长掌握治理技术细节的能力。

人民院对行政机关的最后控制在于可以推翻政府的不信任动议。在国大党带着巨大多数优势连续统治经历多年的冬眠之后，议会在最近的联盟政治和不稳定多数阶段行使自己的权利，从而使政府负起应有的责任。尽管如此，这并没有产生战后法兰西第四共和国所出现的那种瘫痪。大量的领导人都具有在政府和反对派中任职部长的经历，这不仅可以确保议会是持续挑战政府的舞台，而且同时提供了在治理利益方面的合作机会。

人民院的成员总数是 545 人，一个政党或者政党联盟要想组建政府需要至少获得 273 个议席。尽管如此，团结进步联盟在 2004 年和 2009 年组建联合政府时没有达到这个神奇的数字。全国民主联盟（NDA）联合执政在 2014 年的议会选举胜出，印度人民党赢得人民院 282 个议席（见表 15－1 和图 15－6）。

表 15－1　政党联盟或政党在 2014 年人民院的选举结果（和得票率）

政党联盟/政党	所获席位	席位百分比	得票百分比
全国民主联盟	**336**	**61.85**	**37.67**
BJP	282	51.93	31
SHS	18	3.31	1.85
TDP	16	2.95	2.55
LJP	6	1.1	0.41
SAD	4	0.74	0.66
RLSP	3	0.55	0.19
AD	2	0.37	0.15
PMK	1	0.18	0.33
SWP	1	0.18	0.2
AINRC	1	0.18	0.05
NPP	1	0.18	0.1
NPF	1	0.18	0.18
团结进步联盟	**60**	**11.04**	**23.09**
INC	44	8.1	19.31
NCP	6	1.1	1.56
RJD	4	0.74	1.34
IUML	2	0.37	0.2
JMM	2	0.37	0.3
KEC（M）	1	0.18	0.08
RSP	1	0.18	0.3
其他全国/地区政党	**147**	**27.06**	**15.84**
CPI	1	0.18	0.78
CPI（M）	9	1.66	3.25
AIADMK	37	6.81	3.27
AITMC	34	6.26	3.84
BJD	20	3.68	1.71
独立人士	3	0.55	2.99
其他	43	7.92	23.04
总计	**543**	**100**	**100**

资料来源：Election Commission of India，http：//eciresults. nic. in/PartyWiseResult. htm.

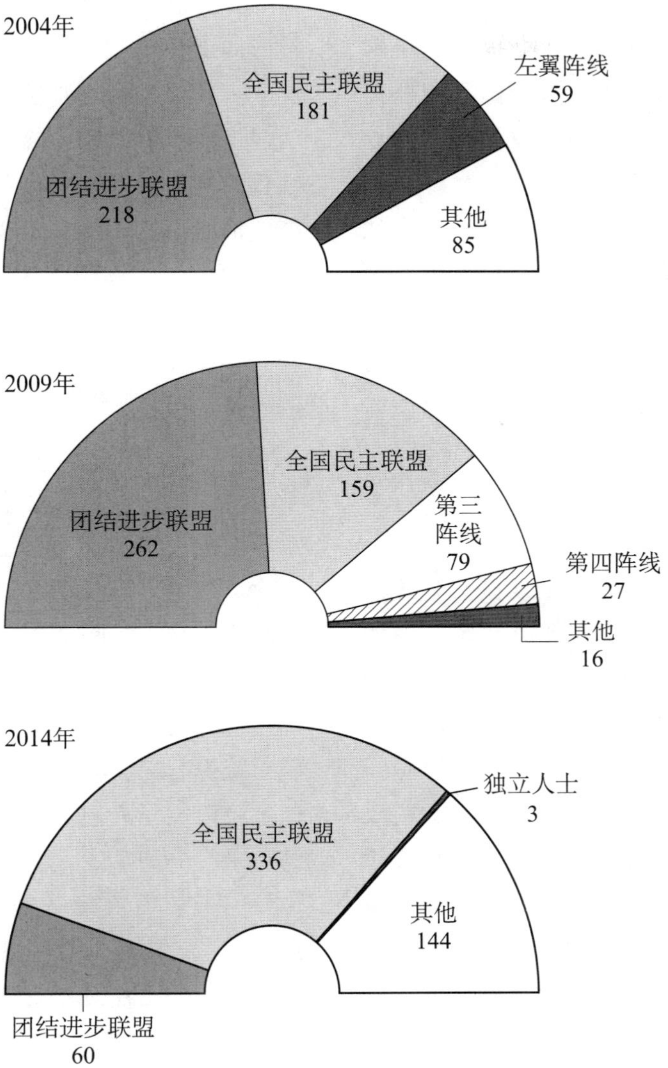

图 15-6　2004 年、2009 年和 2014 年人民院选举：赢得的席位数

资料来源：World Bank，http：//data. worldbank. org/indicator.

联邦院最多由 250 名议员组成，其中 12 名在文学、科学、艺术或社会服务等方面具有“特别知识或实践经验”的议员由总统提名。鉴于联邦原则，剩余席位的分配与各地区相关人口的规模保持一致，例外的情形是，有些小邦占有的席位份额比它们真正的人口比例所代表的席位大一些。邦立法议会的成员选举产生联邦院的议员，任期 6 年。这些任期是交错排列的，因此，每两年就要举行 1/3 席位的选举。

在国大党具有支配性统治地位的早期阶段（当时该党控制着议会两院），联邦院仅被视为一个“无实权的委员会”（talking shop）。由于大部分问责和财政的真正权力在人民院，其政治重心自然远远超越更小的、宪法上不太强大的联邦院的范围。尽管如此，印度政治过程所具有的日益竞争的性质也增加了联邦院的重要性。在 2014 年议会选举之后的两年时间里（在 2014 年议会选举中，团结进步联盟仅在人民院赢得 60 席），联邦院成为在议会抵制全国民主联盟的主要阵地，它们阻碍主要立法，延缓实施很多新的动议。

通常来说，议会的作用局限于审查立法的技术方面。立法者并不享有美国政治制度授予其众议员和参议员那样的财力和人力。印度的委员会听证并不是公共活动，因此，它们并不具有美国参议院或众议院委员会听证的权力①。

立法过程

立法过程通常遵循英国的实践。立法以政府议案或私人议员议案的形式启动。后者更是一种表达不满和吸引关注的机会，因为考虑到执政党或执政联盟的多数意见，它们几乎很少（如果有的话）成为法律。显然，大多数立法的启动属于政府的责任。除财政法案（它的内容涉及开支、税收、借贷或印度的财政储备）之外的所有议案都可以在任何一个议院中提起。可以向印度司法部和总检察长征求有关法律和宪法方面的意见。普通议案要求在每个议院通过三读。第二读最为重要，因为在该阶段，议案要接受最详细和最精确的审查，而且可能被提交议会两院的特别委员会或联合委员会处理。这些委员会所具有的地位或资源不同于美国众议院或参议院的委员会。它们既不被要求在公共听证中调查政府事务，也不被允许批准行政任命。就此而言，它们只是提供一个广泛的政治协商论坛②（见图 15－7）。

一旦两个议院通过某项议案，它在成为法律之前需要得到总统同意。这种同意不是纯粹的例行公事。总统——置身于日常的党派政治纷争之外，并被期望体现整个国家的最佳利益——在表示同意之前为了审查该议案的宪法意义，有权要求提供某些技术细节和专家建议。如果总统决定延迟或阻碍立法的通过，他只要略施简单的权宜之计就可以实现，即在本次议会会期结束之前对议案不予答复，此时，总统既不表示同意，也不表示不同意。实际上，这意味着，政府要在下一次会期中为该议案重复整个立法过程。如果总统拒绝表示同意而且议会又再次通过该议案，总统将有义务表示同意。但是，这些都是例外情形。和美国不同的是，人们不指望总统提起立法动议，而且，也不存在一种通过政策过程影响来源或者实施牵制与平衡的总统否决的实践③。

由于某项议案必须得到议会两院的通过，联合会议经常被用来解决冲突。在这种会议中，人民院因其规模更大而发挥着支配性的作用。在涉及启动财政法案的问题中，人民院享有排他性的权力，联邦院只能建议变更，不能启动、延迟或拒绝。如果人民院的执政党或执政联盟的多数优势非常有限，而且反对派在联邦院又占据着多数地位，那么，在联合会议中潜在的失败危险将促使政府考虑合作而不是对抗。如果议会选举出现

①② 更为详细的讨论，可以参见：Subhas Kashyap，“The Legislative Process：How Laws Are Made，” in *Our Parliament*（New Delhi：National Book Trust of India，1989），121－156.

③ 在吉亚尼·宰尔·辛格总统任职的最后几年的短暂时间内，总统同意成为延缓立法的一种有效工具。但是，印度的政治评论者认为，与其将之归因于辛格和总理拉吉夫·甘地之间任何明确的政策差异，不如将之归因于辛格对甘地的个人嫉恨。

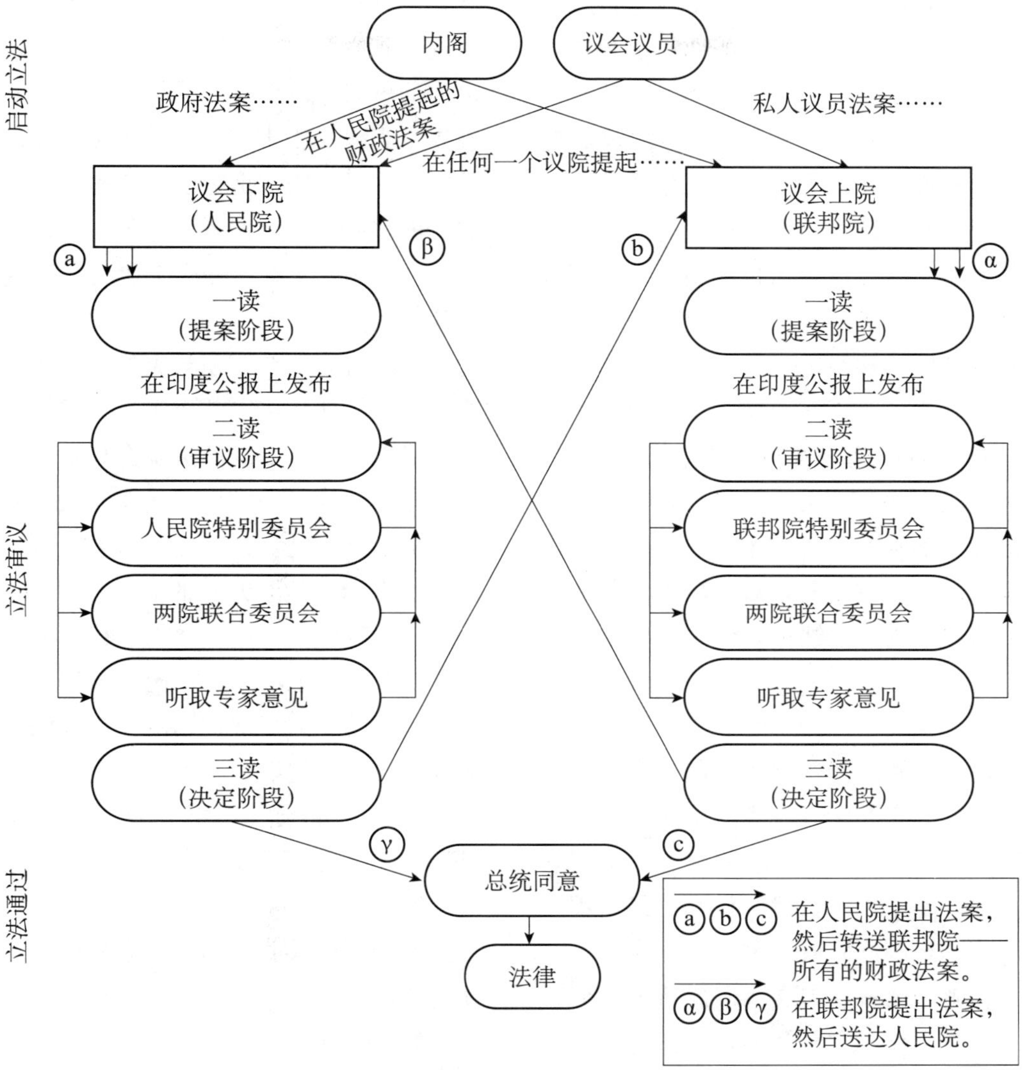

图 15－7　印度的立法过程

某项议案在议会两院获得通过表明两院制在起作用。

了这样一种情形，即议会两院的多数派不相一致，那么，联邦院就获得权力，并尽力在审查和问责等问题上发挥某种独立的作用①。这种情形已经出现在 1996 年、1998 年和 2004 年的选举中，更近的一次涉及《货物与服务法案》（2016 年）的通过，这是在全国民主联盟和团结进步联盟之间进行大量的讨价还价后实现的。

缺乏政党纪律是议会制民主无法回避的问题，在像印度这样一个现代化制度缺乏深厚历史基础的国家尤为如此。跨党投票和脱党都可能导致政府瘫痪，并使议会制民主还

① 这样的情形在议会制民主中司空见惯。但是，法国对总统和分属不同政党的立法机构多数派之间的“共生”的解决办法或者德国的“大联盟”仍然不可取，尽管它们不可能在未来被排除。

原为个人主权或无政府状态。1960年代因国大党霸权地位的终结所导致的政府不稳定提醒了印度要注意这种潜在的危险①。从此以后，政府对立法的控制因1985年《反脱党法》的通过而得到极大的巩固。根据该法的规定，违背政党路线的投票被认为是一种脱党行为，它会导致议会席位的丧失。这部法律和选民对政治机会主义的反对保证了中央和各邦政府的某种稳定。

有时，当议会不在会期却又需要紧急立法时，可以通过总统颁布的法令予以解决。这些法令具有法律效力，但必须在六周内由议会通过，否则即告失效。在全球化时代，当快速行动至关重要时，颁布法令的能力有助于立法过程的有效性和灵活性②。

司法机构

宪法大会致力于实现个人的平等权和自由权。然而，它并没有在宪法中体现美国的"自然正义"观念，根据这种观念，美国联邦最高法院是个人"自然"权利的最后捍卫者。印度的最高法院既独立于外部控制，又可以自由解释法律，但它为了履行这项职责经历了漫长之路。它最初的目的只是在"法定程序"的英国实践范围内具有至上性。尽管如此，在大量的情形下，最高法院强烈捍卫自己对立法控制的排他性权利。

对联邦政府和一个或更多的邦之间的争端，或者两个或更多的邦之间的争端，最高法院享有原初和排他性管辖权。它对任何民事或刑事案件都享有上诉管辖权，这种权限被界定为解决法律含义及其宪法意图的实体性问题。最高法院是宪法（它是印度的最高法）的解释者和保护者。和英国制度不同的是（在英国，不存在一个全国性的法院来判定议会的法案无效），印度全国或各邦政府通过的所有立法都必须与宪法保持一致。最高法院判定任何法案的合宪性。司法审查的一个显著特征是，最高法院有权裁定某项宪法修正案无效——如果它违反宪法"基本结构"的话。但是，在印度，司法审查的范围在宪法设计上不像美国那样广泛。

尽管现代化法律体系很大程度上已经替代了传统的习惯法，但传统的团体都是为了自己的目的而利用现代制度。最高法院的标志性判决——例如，1995年的判定：作为印度人民党意识形态之核心的**印度教特性**（hindutva）是印度文化的一部分，而不必然是某种宗教的一部分——对印度政治对话的性质产生了深远的影响。最近的调查结果表明，印度最高法院和选举委员会是最值得信任的制度设计③。

尽管印度宪法的核心司法学说以"法定程序"为基础，就法律的权威性解释而言，最高法院起初被授予的地位在议会之下，但高于全国行政机关。但是，最高法院也逐渐

---

① 具体参见：Subrata Mitra，*Governmental Instability in Indian States*（New Delhi：Ajanta，1978）. 其中，作者分析了1960年代印度各邦政府的迅速崛起和衰落。

② 印度政府结束了两大调控机构——保险监管与发展局（IRDA）和印度证券交易委员会（SEBI）——之间一场复杂的权力斗争，内容涉及将保险与投资相结合的混合产品的监管权。由总统普拉蒂巴·帕蒂尔于2010年6月颁布的法令修改了《印度储备银行法》《保险法》《印度证券交易委员会法案》《证券合同调控法案》的相关内容，从而厘清了对基金连锁保险产品（ULIPs）的调控。

③ 这次调查于1996年5—6月在第十一届议会选举之后通过面对面采访的方式进行。在德里发展中社会研究中心的指导下，大约抽样采访了10 000名成年人。

开始在这些问题上主张自己的至上地位。这种演变受到如下因素的促进：印度独立以后的头几十年里大量的政府立法机构多数派被持续腐蚀、媒体影响力的上升、利益团体在全国层面的动员。英迪拉·甘地的紧急状态统治（1975—1977 年）损害了最高法院的权威性和自主性。但是，自此以后，最高法院迅速恢复活力①。通过利用所提起的动议以及司法实践和程序的改革，最高法院在印度公众的心目中已经获得相当高的尊重和信任。最高法院行使广泛的司法审查权，所涉及的问题范围从高度抽象的技术性问题（如属人法和工业判例）到时下关注的争议性问题。最高法院还指定自己为社会弱势群体的监护人，并忽视公共生活领域（如环境）。所谓的公益诉讼（PIL），就是印度最高法院最著名且最具争议的改革之一。

如今，印度最高法院被认为是自由、世俗主义和社会正义的一个重要制度保护者。它的权力与合法性是如下事实的结果：殖民统治下司法文化的长期演进和律师在自由斗争中发挥的重要作用。

官僚体制

印度政治体制的行政支持来自其官僚机构，它不仅具有组织上的专业化，而且具有政治上的担当性。印度官僚体制是一个复杂的庞大体系，它将全国性的或整个印度的公共机构与地区性和地方性的公共机构以及负责公共事业部门的技术和管理人员结合在一起。通过艰难的竞争性考试并基于成绩进行的公开招聘（为表列种姓和表列部落的考生预留的配额被放置在一边）是一般规则，诸如美国那样的政治任命仅是极少的例外。官僚机构在殖民统治时期享有很高的廉洁声誉，但这因腐败指控而受损，而且，这些指控通常指向政治阶层的成员②。作为促进公共交易中的透明度和反腐败的一种措施，政府已经通过了**《信息权法案 2005》**（Right to Information Act 2005）。根据该法案的规定，任何公民都可以要求公共当局提供信息，公共当局必须迅速回复或者在 30 天内回复。法案还要求每个公共机关将其记录输入计算机系统以便广泛宣传。腐败仍然是印度吸引国外投资的一个抑制因素。

印度主要的中央服务机构——如印度行政局（IAS）和印度警察局（IPS）——保留了各自独立前的某些结构特征。但是，和印度其他的高层机构一样，它们也被重组，以便在人员募集过程中形成一种联邦平衡。人员招募受联邦公共服务委员会（一个由总统任命的独立咨询机构）监督，而且有大量新的机构来培训这些被招募人员。尽管候选人是从中央层面被招募的，但印度行政局由联邦内各邦的独立干部组成。这种组成强化了联邦纽带，因为如下规定使地区忠诚得以平衡，即印度行政局至少一半的干部成员来自地区之外。这种实践带来了外地官员的语言

① 下书讲述了这个成功的故事：S. K. Verma and Kusum，eds.，*Fifty Years of the Supreme Court of India：Its Grasp and Reach*（New Delhi：Oxford University Press，2000）。

② 在对最近的一次腐败丑闻进行评论时，印度备受尊敬的大众传媒报纸《印度教徒报》发表的意见如下："在国家安全的遮掩下完成的国防交易因缺乏透明度而臭名昭著……显然，为了从印度政府获得订单，所有制造商都被迫按照一定比例的佣金形式向中间人和说客行贿。"（2013 年 2 月 16 日《印度教徒报》社论）参见一位前公务员对印度官僚腐败的简要分析：*Public Office，Private Interest：Bureaucracy and Corruption in India*（New Delhi：Oxford University Press，2001）by S. K. Das。

障碍，但它也鼓励了印度高级行政管理人员学习地方语言，从而有助于国家建设进程和跨地区联系。地区政府成员寻求将法治、有效的管理和协调以及日益增加的地方民主结合在一起。

联邦结构

15.5 区分印度联邦与各邦拥有的权力

与很多后殖民国家（尤其是邻国巴基斯坦）相比，印度的统一经受住了时间考验。印度成功地将地区性特征融入联邦结构中，已经将联邦的各邦总数增加到 29 个，包括 7 个联邦属地。要求在印度邦内被承认为独立政治单位的地方运动在独立初期因这种煽动而引发对“巴尔干化”（balkanization）的恐惧，如今，这些运动则被视为对合法利益的民主表达。印度的合作联邦主义是中央协调的矛盾需要加以调和的结果，它符合致力于中央计划发展并同时承认区域认同的政治体制。

印度宪法的诸多重要特征使其具有了高度中央集权化的形式。在这些特征中，最为重要的两个是，中央政府和各邦之间的权力分立（人们总是带有某种偏见似地支持中央）和影响收入分配的财政条款，这些条款也倾向于支持中央政府。跟美国不同的是，印度联邦的各邦没有自己独立的宪法。查谟和克什米尔邦是个例外，因为印度《宪法》第 370 条规定了它们邦具有特殊地位①。

按照中央政府和各邦之间书面协议的传统，印度《宪法》在它的第 7 附表中界定了双方之间的权力分立。联邦职权表赋予中央在具有全国重要性的问题上享有行动的排他性权力。这份职权表包括 97 款内容，如国防、外交事务、货币、金融和所得税。各邦职权表将立法的排他性权力分配给各个邦，它包括具有地方和地区重要性的 66 款内容，如公共秩序和警察、福利、卫生、教育、地方政府、工业、农业和土地收入。联邦和各邦共有职权表包括中央和各邦共享立法权的 47 款内容。如果出现冲突，中央的法律效力优先。民事和刑事法律以及社会和经济规划都是这份职权表中的重要条款，因为这些议题对于身份和经济发展问题而言至关重要。剩余的权力由联邦行使。与联邦主义的古典模式不同的是，在印度，中央政府（它通过议会采取行动）可以创建新的邦、改变现有各邦的界限，甚至无须求助于宪法修正案而可以直接通过普通的立法程序废除某个邦。

中央政府根据联邦职权表的规定不仅享有广泛的权力，而且这些权力被不断加强，因为中央政府所享有的大量权力使其在某些情况下能够将自己的职权延伸到邦的范围之内。这些特别的权力表现为三种形式：(1) 根据《宪法》第 352 条、356 条和 360 条享有的紧急状态权力；(2) 根据《宪法》第 256 条、257 条和 360 条所行使的联邦行政权力；(3)《宪法》第 249 条授予的特别立法权。

印度宪法规定的紧急状态权力能够授权联邦行政当局将联邦暂时变成一个单一制国家，如果总统在宣布紧急状态时带有那样的意思的话。根据这些紧急状态条款的规定，中央行政当局和立法机构可以轻易地替换地区政府的相关机构。即使在非紧急状态下，

① 根据印度《宪法》第 1 条的规定，中央政府（central government）指的是联邦政府（union government），印度联邦（Indian federation）指的是由各邦组成的合众邦（union of states）。

中央政府也可能以“国家”利益的名义对地区政府行使行政权。这些权力由总统在总理的建议下行使，它们受议会、媒体和司法机构的严密监督。在这种情况下，联邦院充当了各邦利益的监护人。

中央影响联邦权力分立的权力因宪法的财政条款而增强。中央政府享有大量的权力来征收和分配税收，这使得各邦严重依赖中央政府的财政支持。财政援助以多种方式从中央政府流向各邦。大多数有利可图的税收（如所得税、企业税和进出口税）都由中央政府征收。中央和各邦根据财政委员会设计的方案共享这些资金，该委员会由总统任命，但独立行使职权，不受中央和各邦干涉。只有中央对货币、金融和国际借贷享有权力。各邦也有自己的收入来源。但是，这些税收（如土地收入或灌溉税）并不是特别有利可图。农业收入很难确定，对这种收入的税收也就很难征收。

由于更有利可图的收入来源被分配给联邦政府，各邦就会出现常规性的资金短缺。这些缺口通过贷款、财政补贴和透支等形式的中央援助予以填补。为了确保联邦政府享有如此优越的财政地位而不会危及各邦的自治权，独立的财政委员会控制资源分配与共享方案。由于这些宪法规定以及自独立以来多年的实践发展，印度的政治体制形成了一种独特的中央和各邦之间的合作模式。这种合作的促进因素在有些情况下是快速的经济增长，在另一些情况下则是文化认同和自治的主张。由于国大党支配性地位的衰落（该党在独立后的早年间不仅统治中央，而且统治很多邦）和 1991 年以来的经济自由化，印度联邦主义从中央统治的监护中解放出来。最近几年，这种联邦主义变得更具活力。如今，印度各邦首席部长被视为其所在地区权力和繁荣的代理人，他们周游全国各地和全国以外的不同地方招揽商业机会。

利益表达

15.6 描述印度代表特殊利益的组织类型及其参与方式

这一部分将考察利益团体和压力团体以及各种各样的抗议运动如何在国家、地区和地方层面从事政治交易。

在印度，正式的利益代表体现为三个重要特征。第一个特征是代表模式的范围广泛，从一个极端的高效安排的雇主、商人、实业家和劳动者等现代化组织延伸到另一个极端的传统形式，包括种姓、部落和族群。而且，还有一些非传统的政治形式，如非暴力抵抗、*长坐绝食*、抵制或者堵住街道游行抗议（rasta roko）——作为一种集体抗议的方式切断交通——这只是受甘地启发而采取的土著和混合形式的直接政治行动中的一小部分。除此之外，还有一些采取集体暴力和自杀作为抗议形式的激进组织。第二个特征是不存在“唯工会会员雇佣制”（closed shop）或者欧洲社团主义这样的实践，在这种实践中，具体的组织对特殊利益的代表享有垄断性控制。尽管如此，总的来说，各个工会从有限的工人中招募成员而展开的激烈竞争分裂了印度的工会运动。这种情形妨碍了利益表达本身作为一种独立且强大现象的发展，而这通常是工业化多元主义民主国家的情形。第三个特征是具有某种动机或不满的人有效地将各种形式的行动和组织结合在一起，如政党、利益团体和压力团体、社会运动和轰动的政治抗议。因此，印度的利益表达和集聚水平仍然是有效的，即使在正式组织非常有限且薄弱的情况下也是如此。

工会和雇主协会

根据印度劳动法的规定，任何 7 名工人都可以正式建立一个工会。由国家任命的劳工督查负责提供咨询并调查工人的工作条件。如今，在印度，工会制度建立在某些重要工会和雇主组织历史遗产的基础之上，这可以追溯到英国的殖民统治时期。例如，作为印度最大的中央工会组织之一的印度全国工会大会（AITUC）成立于 1920 年，它是历史最悠久的印度工会。它是印度独立运动期间的一个主流劳工组织，由印度国大党创建，在独立运动期间发挥了重要作用。另一个例证是印度全国铁路工人联盟（AIRF），它成立于 1925 年，如今拥有的铁路工人成员已超过 100 万。

与工人的利益代表相同的是，在印度也可以发现几个组织良好的雇主的利益代表。著名的例证之一是作为工程及钢铁贸易协会成立于 1895 年的印度工业联合会（CII），如今，印度工业联合会是印度最有名的商业协会，它包括 8 100 多家成员公司、9 家海外办事处，并与 90 个国家的 223 个组织建立了制度性伙伴关系。同样，印度工商会联合会（FICCI）和印度联合工商会（ASSOCHAM）所发挥的作用达到了印度贸易协会与行业的最高点。这两个团体是政策制定和国家社会经济转型的重要行动者。它们还在政府经济政策制定过程中发挥重要作用。

与一些多元主义民主国家不同的是（在这些国家，利益团体关注的是工作条件，而且，它们寻求通过集体谈判来改善这些条件），印度工会严格隶属于各个政党，因此，它们在选举时特别活跃。由于有效的集体谈判文化并不深厚，印度工会通常求助于非法停工——也被称为“未经工会允许的突然罢工”（wildcat strikes）——并依赖国家为了它们的利益进行干预从而获得更好的条件，而不是利用组织化罢工和抗议运动。除此之外，它们被高度碎片化，工会的总数不断增加但可供争取的工人数量却十分有限。而且，工会内部的长期争斗也降低了工会运动的有效性①。

工会制度在印度独立后经历了几个大的阶段，并与经济的结构性变化相一致。1980—1991 年，这一阶段的特征表现为不对称的经济发展，因此，分散谈判和独立的工会制度变得更为强大。各地区之间在劳动力管理制度上的变化显得更为广泛，工会在某些更为繁荣的经济部门得到加强。一个新的阶段开始于 1990 年代早期的经济改革。它的特征表现为要求更灵活的劳动力市场，尤其是在就业和劳资纠纷管理方面。改革对于刺激印度制造业而言至关重要，但是，它们受到抵制，尤其是受到左派政党的抵制。

地方政治：基层民主

1975—1977 年的紧急状态将广泛的政治力量团结在一起捍卫公民自由。这些团队——它们由律师、记者、学者、社会工作者和政治活动家组成——从 1980 年代开始就成为重要的压力团体。它们的出现和干预宣传了社

① 劳埃德·鲁道夫和苏珊妮·鲁道夫将这两种现象分别称为“国家支配的多元主义”（state dominated pluralism）和“复杂多元主义”（involuted pluralism），具体参见：Rudolph and Rudolph（1987），259 - 289.

会弱势群体的斗争，揭发了行政不公正行为和更为极端情形下的国家镇压行为。

这种发展导致在政治过程中出现了一个新的调解人社会阶层，他们一般被称为“社会活动家”。这些人通常都是上层和中产阶级公民，他们亲自感受更下层的社会秩序，并支持捍卫少数人和妇女的权利、环境保护和其他公共事业。有一种新的具有经济内容的运动类型，但这些运动是多维度的并在实践中的覆盖面极广。这种新的类型包括备受瞩目的环境运动、妇女运动、公民自由运动、地区自决、自治运动和农民运动。还有其他的团体关注和平、裁军和无核化。在印度，由传统的和非传统的政治行动组成的公民社会行动主义已经接受了更广范围内的社会运动。公民社会行动主义的这种发展强化了印度的民主巩固过程。

从系统的层面看，这种新的民权意识的提升为威权主义趋势的演进和强大发展型国家（这种国家致力于理性管理和现代化技术）的主张提供了一种平衡因素以及对民主过程的一种新的理解。印度的民主转型与巩固因政治舞台上的新演员、政治表达的新形式、政治内容的新界定，以及政治领域招募新的社会精英的不断兴起而得以强化，从而丰富了这个国家的领导范围①。作为一种表达利益和要求行政救济的方法，地方抗议运动的发展受到如下因素的促进：广泛接受游说、接触决策者以及其他的直接行动技巧，如通过**长坐绝食**（dharna，一种静坐的罢工形式）或者通过粗暴地包围公共官员（**挟持**）而迫使他们进行谈判②。

安全、法律和秩序

印度的军事和准军事部队的男女总数超过 100 万人，这一点值得特别关注。与邻国巴基斯坦不同的是，印度的平民政府仍然具有强大的掌控力。传统上习惯于平民控制且在训练过程中被灌输适当倾向的印度军官团保持了自己的超党派地位，即使在政治动乱时期也是如此。武装部队由多种形式的准军事部队和警察部队予以补充，共同执行法律，维持秩序。根据印度的联邦权力分立，法律和秩序是一个邦的问题。这样的话，印度警察部队的招募、训练和部署由地区政府负责。尽管如此，中央政府也通过不同的方法行使相当大的法律和秩序管理权。首先，中央政府会招募和训练一些特别的警察力量。原则上说，中央部队在邦政府的请求下可以被派往各个地区的动乱事发场所，而且，一旦部署完成，这些部队将接受邦官员的命令。地方治安法官和警司通常分别隶属于印度行政局和印度警察局，这两个局都是中央公共机构。因此，这些官员在他们的职业判断中典型地对中央政府承担某种责任；尽管如此，他们也对地区政府负责，受地区政客管理。这样的话，法律和秩序的管理也就成为一个国家和地区之间协商的主题，进而有助于潜在问题和社会力量的表达与聚集。

《宪法》第 356 条规定了中央在极端情况下的直接统治权（也就是前文已经讨论过的总统管治）。在 1980 年代，中央基于同样

① 有关印度新的社会运动的讨论，可以参见：Gail Omvedt，*Reinventing Revolution*：*New Social Movements and the Socialist Tradition in India*（London：East Gate，1993）.

② Mitra（1992）.

的条件（也就是，地区政府被证明或者不愿意，或者无能力采取有效措施）干预旁遮普邦和克什米尔邦。当然，有效的法律和秩序管理有助于旁遮普邦政治过程的恢复。印度的各个地区和邦本身不断地彼此共享法律和秩序管理的知识，这导致新的行政力量的产生或者警察和准军事力量在设备、训练和服务条件方面的重大变化。

正如美国政治学家塞缪尔·亨廷顿在1960年代已经警告的那样，如果政治要求超过制度满足这些要求的能力，两者之间的差距可能增强政治的无序化①。但是，如果在一个对反体制力量进行适应和镇压相结合的国家情境中出现政治参与，这种共同努力可能导致民主政治过程的迅速恢复力。就此而论，印度在法律和秩序管理方面的记录已经成功地使每百万名居民中的暴乱总数从1980年代中期的最高水平向下回落（见图15-8），这一点值得特别关注，尤其是因为印度最近受到国内外人权组织对人权侵犯行为的严重关切。

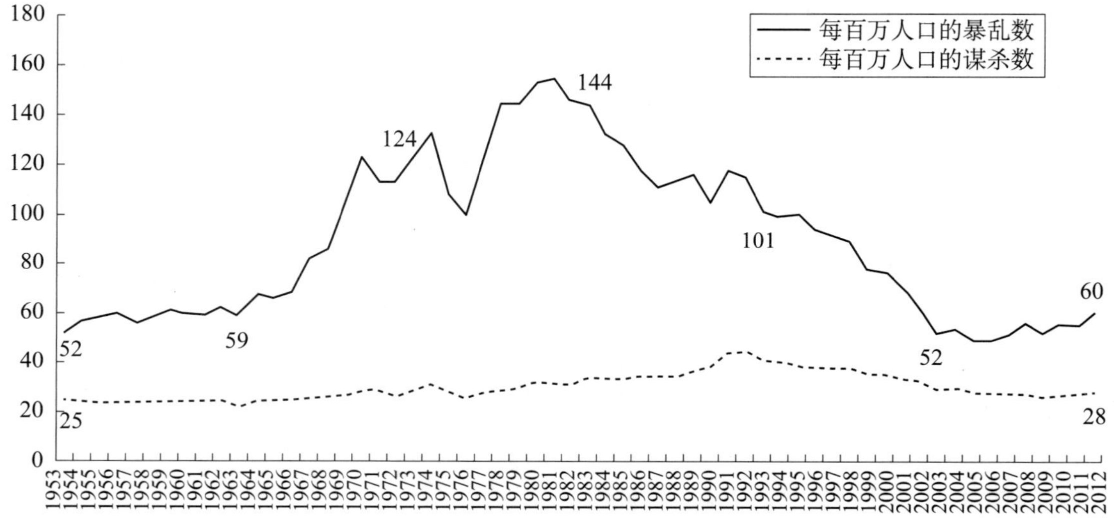

图15-8 印度的暴乱和谋杀（1953—2012年）

资料来源：Government of India，Ministry of Home Affairs，National Crime Records Bureau，Crime in India，various years. Riots and Murders，after declining in past decades，appear to have gone up slightly.

性别不平等以及针对妇女的暴力犯罪

印度宪法和印度独立后的现代化领导人采取了很多立法和行政措施来促进妇女拥有平等的权利。尽管如此，不平等地位和针对妇女的犯罪并没有消失。针对妇女的犯罪大致可以分为两大类管辖：印度刑法典（IPC）和特别地方法律（SLL）。2014年报告的案例总数为337 922，与之相比，2010年的总数为213 585，这表明在四年时间里大幅度增加了58.21%。“存心冒犯女性的谦逊而进行人身攻击”同期增加了一倍之多，而强奸

① Huntington（1968）.

事件则迅速增加了 65.7%。根据联合国的报告[①]，每年国际上发生的 1/5 的荣誉谋杀案件出现在印度。非政府组织宣称这还是一种被低估的结果。尽管数字增加的部分原因可以归结为更强的意识、更好的报告和社交媒体的影响，但如下事实依然存在：印度无法有效解决越来越多针对性别的犯罪。

印度需要有效执行反对强奸的现有法律，而不是制定大量新的试图保护妇女但又未能实现的议案和法案。一项令人鼓舞的发展表明，政府、非政府组织和公民社会活动人士采取了协调一致的行动来公布对妇女的人身侵犯，并努力确保为妇女提供更安全的环境。

政党制度

15.7　讨论印度全国和地区政党的组成和影响

当代印度政党制度建立的基础是印度独立以前英国殖民统治 60 年的发展以及印度独立后 60 年的发展。这是一个复杂的制度，它的特征表现为：国大党于独立后的头十年在全国政治舞台上的持续存在、出现了强大的印度教民族主义运动、在印度不同地区长时间掌权的强大共产主义运动、强大的地区运动（这些运动已经形成了根深蒂固的地区性政党）的发展。如果我们将后独立时期分成“一党专制体制”时期（1952—1977 年）和随后向多党制的转型时期，这幅图景将变得更为清晰[②]。

成人的普遍选举权于 1952 年引入。当时存在的所有政党——包括共产党和印度教右翼政党人民同盟（Jan Sangh）——都被准许参与选举。选举权的扩展，使选民范围扩大了，将大量先前没有选举经历的选民带入政治舞台。这种新选民的突然大量涌入可能是造成民主和政治秩序灾难的因素，尤其当它与印度分治相伴随的暴力行为联系在一起时更是如此。但是，随后议会制民主的进程（由于国家制度以及领导人和选民关系结构的连续性）见证了政党和选举成为印度独立后政治文化的一个重要组成部分。

印度国民大会党

就在全国议会和邦议会赢得的席位总数而言，国民大会党（国大党）在独立后的 40 年间一直在印度政治中占据支配地位。有关该党衰落的情况（见表 15－1）表明了印度政党竞争的性质和政党社会基础的转变。

独立前　国大党成立于 1885 年，很快就发起了一场谋求职位和反殖民的运动，它既是改革的发起人，又是改革的受益人。1909 年的莫莱-明托改革承认印度人有限的代表性，并划定一些独立选区让印度的非印度教少数族群社会享有额外的权重。1919 年的改革对地方和联邦赋予了相对较大的责任，它主要涉及那些未被“保留”或者被认为对殖民控制至关重要的领域，如教育、卫生和公共建设工程。国大党充分利用这些改革参与地方和市级选举，这大大提升了印度

① http：//www.aljazeera.com/indepth/opinion/2013/11/honour-killings-india-crying-shame-20131127105910392176.html.南非被报告的强奸案最高，每 10 万人就有 132.4 起，瑞典则达到 63.5 起。在英国，被报告的数字是每 10 万人有 28.8 起，随后是美国 27.3 起，巴西 21.09 起，法国 16.2 起，墨西哥 13.2 起。印度每 10 万人是 1.8 起，它并不是世界上强奸犯罪率最高的 10 个国家之一（UN Crime Trends Survey，2010）。

② 参见：Mitra，Enskat，and Spiess（2004）.

独立之后民主政府出现的可能性。通过建立与中产阶级共同愿望的事业，该党赢得了中产阶级的信任和忠诚，同时对英国统治的权威和合法性发起挑战。在甘地的领导下，国大党发展与农民和工人的长远关系。这些社会群体成为支持国大党更为重要的社会基础。除此之外，通过积极参与选举，尤其是那些根据 1935 年《印度政府法案》而举行的邦级立法机构选举，国大党提升了自己利益集聚的能力、持续协调政治行动的才华和某些管理技能。国大党的领袖们还赢得了反殖民运动几乎无法提供的财富，也就是，一种真正的政治竞争体验以及将互利互惠视为政治交易工具和权力手段的经历。

在超过半个多世纪的时间里，国大党一直是反对英国殖民统治斗争的中心。它所采取的战略是将政治目标与社会改革和国家建设目标相结合。这种与外国统治者既竞争又合作的复杂剧目成为国大党的标志。它稳步扩大政治议程，实际上涵盖了国家生活的方方面面，结果变成在国大党的旗帜下将农民、工人、妇女、少数民族和学生纳入反殖民运动主流的一场全方位运动，同时对英国人施加压力，让他们将更多的权力还给印度人。它利用权力和因权力而获得的资源来强化其群众组织以及与社会精英、印度工商业领袖、国际反殖民运动之间的政治网络。

独立后　1947 年独立后的头 20 年（大致对应于尼赫鲁对印度政治管理的时间）对于从一个殖民地国家过渡到一个民主政府而言至关重要。1950—1967 年，国大党具有连续的支配地位，它通过利用甘地、尼赫鲁和自由运动的政治遗产在中央和各邦进行统治。

国大党本质上是通过逐步扩大其社会基础来确立自己的统治地位的，这样一来，它就可以不断获得新层次的招募和支持，从而使它能够在大部分地区向有利于自己的多数人倾斜并继续保持它的统治地位[①]。这种扩大表现在多个方面。在印度独立之后不久，国大党就吸纳乡绅、商人、自耕农、新的实业家和在乡农民进入自己的组织。基于甘地对村庄的认同以及尼赫鲁对现代性、社会主义、现代科学观和世俗主义的偏好，国大党典型地塑造了一个包罗万象的政党形象。此外，国大党还发展了一种复杂的互利互惠网络，它使如下情形成为可能：作为对经济与社会利益的回报，国大党可以和广泛的社会团体进行讨价还价以谋取它们的政治支持[②]。因此，在独立后头 20 年的印度政治中，国大党稳固的支配地位可以从它的领导层来解释，他们带着独立前的显赫光环，具有行政和政治上的敏锐度，以及拥有受政府控制的资源。最为重要的是，国大党与农村“选票银行”（vote banks）之间的联系提高了该党的选举机会。

然而，当更低的社会阶级发现党内阶层中向上流动的机会受到更高种姓的限制时，持续的动员会导致新的社会精英转投反对党。对国大党支配地位的反对采取了一种庞大的反国大党联盟的形式，该联盟将国大党的竞争者聚集在一起协调自己的选举战略。这样做的结果在 1967 年全国人民院的选举

① 参见：Weiner（1968）.

② 参见：Subrata Mitra，“Party Organization and Policy Making in a Changing Environment：The Indian National Congress，”in Kay Lawson，ed.，*How Political Parties Work*：*Perspectives from Within*（Westport，CT：Praeger，1994），153－177.

中显而易见，在这次选举中，国大党赢得席位总数从 1962 年的 361 席降到 283 席。它仍然在人民院拥有组建政府所必要的多数席位，但选举失败造成的政治后果对国大党的党内政治而言是严重的。

1969 年出现了政党分裂，党的组织和议会派系分道扬镳。议会派系将自己组建成国大党（组织派）（requisitionist），并在英迪拉·甘地的领导下于 1971 年赢得压倒性胜利后组建了中央政府。尽管如此，1975—1977 年出现的紧急状态统治导致人民党（the Janata Party）在 1977 年获胜——该党是社会主义党、印度教民族主义的印度人民党（the Hindu nationalist Bharatiya Jana Sangh Party）、自由党（the Swatantra Party）基于经济自由主义的一种联盟。这个联盟的内部矛盾很快浮出水面，印度第一个非国大党的短命政府于 1980 年倒台，结果导致举行新的选举。国大党（组织派）在 1978 年再次分裂，并在 1980 年带着新的政党标签——国大党（英迪拉派）——凯旋，在此过程中暴露了印度政治中大众威权主义（popular authoritarianism）的范围。在英迪拉于 1984 年被她的锡克教徒保镖暗杀后——暗杀是为了报复政府采取军事行动打击以阿姆利则金庙为基地的锡克教恐怖主义分子，该金庙是锡克教最神圣的圣地——她的儿子拉吉夫·甘地正式就任国大党（英迪拉派）的全国领袖。在随后的人民院选举中，由于受到同情因素的鼓舞，该党以有史以来最好的选举表现卷土重来，在 1984 年获得 415 个席位和 48%的得票率。

国大党在随后的 10 年里经历了选举衰败，但又在团结进步联盟的带领下东山再起。1999 年似乎是国大党选举的最低点，当时，它在人民院的选举中仅获得 543 个总席位中的 114 席。尽管如此，它在 2009 年的选举中获得 206 席，使得团结进步联盟在很大程度上变成一个真正的国大党政府。然而，2014 年的议会选举被证明对国大党而言是一场灾难，它在人民院只赢得 44 席——这个票数尚不足以满足被指定为正式反对党的要求。

目前，备受尊敬的国大党在整个时间跨度上处于最低点，它正在印度政治的广泛领域中寻求一种新的身份、战略和政治空间。国大党从先前的突出地位中跌落下来是由很多原因引起的。除了在职效应之外，国大党也有自身的具体问题，例如，缺乏党内透明度，不能充分利用社交媒体和其他新的通信技术，以及很多人认为拉胡尔·甘地——党的副主席且被推定为继任索尼娅·甘地成为政党领袖——软弱且优柔寡断。国大党还要为团结进步联盟政府的失败付出代价，如腐败和丑闻、对总理曼莫汉·辛格的权威造成的系统性动摇以及最后几年的政策瘫痪。印度人民党成功地利用了这些问题并有效地将莫迪塑造成一个有能力的管理者和果断的领导人。

印度人民党

印度人民党的缘起可以追溯到独立后不久成立的印度人民同盟（Bharatiya Jana Sangh，BJS）。尽管印度人民同盟具有内在一致的意识形态且组织严密，但它在独立后的头 20 年里从未成功地赢得任何职位。当它加入其他反对党以组建人民党时，机会来了，当时，人民党在 1977 年人民院选举中击败了国大党。然而，人民党组成成员之间深刻的意识形态和个人差异使其政府无法运行，结果导致政府倒台。在 1980 年的人民院选举中，大多数以前的印度人民同盟的成员退出人民党，组建了印度人民党。印度人民党的第一次选举表现乏善可陈，但是，靠着坚定的印度教民族主义议程并得到强大的政党组织和印度教民族主义团体［如民族卫队（RSS）］的支持，它逐渐地迈向一个更加突出的政治地位。

在迅速攫取权力的过程中，印度人民党充分利用了很多印度教徒的如下欲求：希望看到印度教文化在世俗国家的制度中发挥更为突出的作用，并拒绝对少数民族特别对待，如对穆斯林占据绝大多数的查谟和克什米尔邦提供一种特别地位。乘着印度教民族主义的巅峰浪潮并承诺在阿约提亚市巴布里清真寺所矗立的地方建造一座**罗摩**（Rama）神庙，印度人民党才获得了执政权。在1991年的选举中，印度人民党确立了自己作为国大党主要挑战者的地位，它赢得120个议席和超过20%的普选票。当清真寺被狂热的印度教暴徒拆除时，由印度人民党领导的北方邦（Uttar Pradesh）——阿约提亚位于该邦——政府对其无力维持法律和秩序承担责任，并因而辞职。随后，印度联盟政治的必要性迫使印度人民党在文化和宗教问题上持一种温和立场。在瓦杰帕伊任总理短暂的第一任期内（1998—1999年），印度人民党更多地讨论善治，更少地提及印度民族主义。在1999年再次执政并在全国民主同盟（印度人民党是该同盟在人民院中的最大伙伴）中占据明显的多数地位（182席）时，瓦杰帕伊总理宣布，他的政府将致力于遵循自己在前一任期所制定的同样的温和政策。

2004年的人民院大选在印度人民党领导的全国民主同盟政府5年任期结束之前6个月左右举行。当政府要求提前举行选举时，几乎所有的民意调查都根据该党执政时期的良好记录和瓦杰帕伊总理个人的受欢迎程度预测印度人民党将轻松胜选。因此，国大党领导的团结进步联盟在2004年的议会选举中意外胜出让每一个人都感到吃惊。尽管如此，在2014年的议会选举中，印度人民党获得大胜，赢得人民院282席，这使得它成为30年来第一个基于自己的多数地位在中央实施统治的政党，并将自己塑造成印度一个有效且可行的替代者[①]。然而，正如它在全国议会选举之后不久举行的邦议会选举中败选所显示的那样，以下两者的结合可能会遏制印度人民党的崛起：一是缺乏强大的地区基础，二是以世俗主义的名义将反对印度人民党的所有政党联合在一起。

共产党

印度共产党建立于1927年，它是世界上历史最悠久的共产党之一。在英国统治的大部分时间里，共产党是被禁止的，但在英国统治临近结束之际除外，当时，共产党公开表明，一旦苏联受到来自纳粹德国的攻击，它将支持作战。在印度独立之后，共产党经历过派系斗争和几次以意识形态为基础的分裂。1946年和1947年仿效中国革命的特伦甘纳起义（the Telengana uprising）被印度军队迅速镇压。这败坏了左翼派系的声誉。在亲议会制组织（右翼派系）的领导下，共产党作为仅次于国大党的第二大政党第一次参与大选，尽管就实际的议席数量而

---

① 有关竞选和选举结果的详细讨论，参见：“The 2014 General Elections：A Critical Realignment in Indian Politics?” *Asian Survey*，56，4（July 2016）.

言，它远远落后于国大党。随后，共产党于1957年在南部喀拉拉邦赢得地区性选举，这是共产主义在民主选举中第一次获得胜利。根据苏联共产党支持的向民主和平过渡的决议，印度共产党似乎准备在印度政治中发挥更大作用。然而，事情并非如此。执政两年后，喀拉拉邦的共产主义政府被中央的国大党根据《宪法》第356条的规定解散，正如共产党左翼派系争辩的那样，这表明了"资产阶级民主"的局限性。更多坏的消息接踵而至。与中国的边界分歧导致1962年的边境冲突，左翼派系的成员公开表明支持中国，结果被监禁。1964年，随着印度马克思主义共产党（CPM）的建立，这种分裂被正式化。与印度共产党（CPI，该党坚持比较温和的、亲国大党和亲苏联路线）相比，印度马克思主义共产党遵循一种激进的亲中国路线。五年后，印度马克思主义共产党分裂，当时，该党的左翼派系作为一个新的政党——印度马克思列宁主义共产党——出现。随后，它分裂成好几个组织，这些组织被集体称为纳萨尔派（Naxalites），这表明最初的组织是在喜马拉雅山脉丘陵地带的西孟加拉邦（West Bengal）纳萨尔巴里（Naxalbari）地区形成的。

印度马克思主义共产党（该党于1970年代末在西孟加拉邦执政）成为世界上执政时间最长且由民主选举产生的共产主义政府之一。在中央层面，共产党在议会选举中获得的选票通常不到10%（见图15-9）。尽管如此，革命的强烈愿望仍然在印度的不同部分以不同的名义继续存在，这种愿望得到纳萨尔派的有力阐述。他们的暴力行动继续成为印度政府焦虑的来源。2014年的议会选举是共产党的另一个低谷，它们在议会中3%的联合力量也表明左派的急剧衰落。

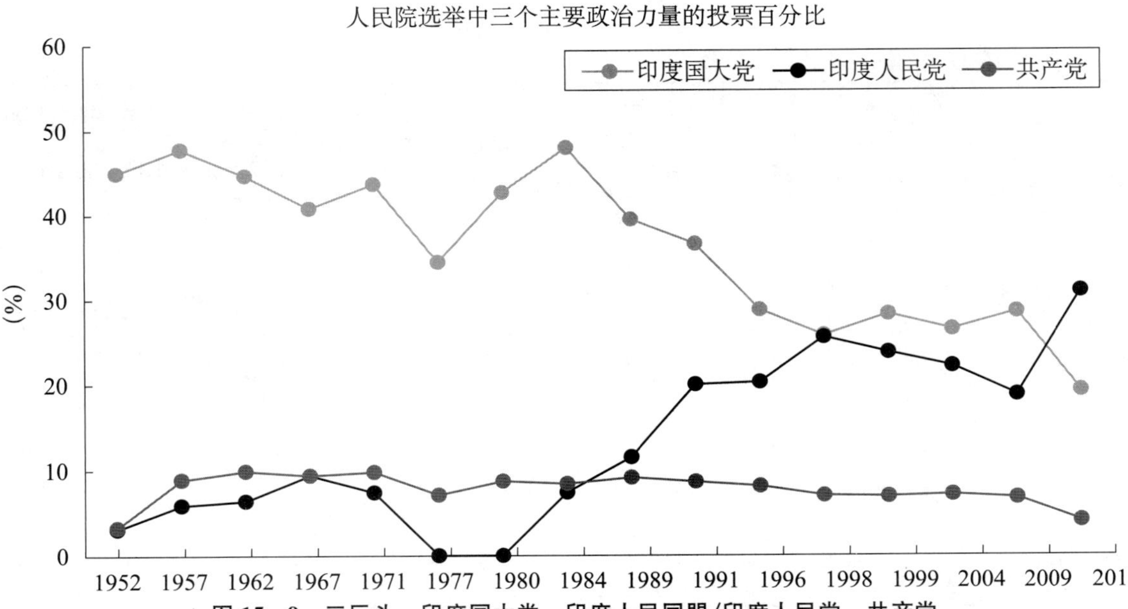

图15-9　三巨头：印度国大党、印度人民同盟/印度人民党、共产党

主要政党得票率的相对份额表明国大党和左派政党的衰落以及印度人民党的崛起。

注：INC包括印度国民大会党（1967年）、国大党（组织派）（1971年）、国大党（英迪拉派）（1980年）。BJP（印度人民党）在1976年之前一直被称为印度人民同盟（BJS）。印度人民同盟并没有以自己的名义参与1977年和1980年选举，因为它当时是人民联盟的一部分。CPI包括印度共产党和印度马克思主义共产党，前者简称CPI，后者简称CPI（M）。

政党的社会基础

民意调查提供了如下问题的基本信息：即各个社会阶层对主要政党支持的分布情况（见表 15－2）。国大党的社会基础超越了印度所有的社会团体及其分裂组织，这使其成为印度典型的全能型政党。尽管如此，相对而言，国大党在较低社会阶层和宗教少数民族中享有的支持率更高。

印度教民族主义的印度人民党的社会基础呈现出一个鲜明的反差。它过去曾是一个“印度教和印地语区域”的政党，局限于印度北部恒河平原地带的印度教上流社会阶层。但是，它的发展已经开始超越这些限制，并首次在东北部的阿萨姆邦组建政府，同时让印度西部和南部感受到了它的存在。尽管印度人民党继续争取更多来自上流社会团体和印度教高等种姓的支持，但它已经成功地将自己的范围延伸到前贱民和部落，延伸到印度的南方、西部和东北部，甚至延伸到一小部分穆斯林选民和政治家。

根据全国性支持基础的标准，从比例上看，左派（由印度共产党和印度马克思主义共产党这两个共产党组成）不仅吸引了教育程度更高的选民支持，而且更多地吸引来自低等社会阶层的支持。相对而言，印度地区性政党的崛起是一种新近现象。和国大党一样，在地区层面，这些政党超越所有的社会团体，并同国大党争夺同样的社会基础，但其他落后阶层（OBC）除外，这些群体是夹在印度教上流阶层和前贱民之间的一个社会团体。很多印度地区性政党的领导人都来自其他落后阶层，这往往又成比例地为地区性政党提供了更多支持。

表 15－2　2009 年选举

政党和政党联盟的社会基础。

		团结进步联盟中的国大党	全国民主同盟中的印度人民党	左派	大众社会党	革命社会党第四阵线	在 2009 年调查样本中所占份额
地区	农村	35	24	8	7	6	71.9
	城市	41	24	6	5	2	28.1
性别	男性	36	25	7	7	5	54.1
	女性	37	23	8	6	5	45.9
种姓/社区	高等种姓	33	42	10	3	2	14.0
	自耕农	38	23	3	2	4	7.3
	上等 OBC	31	26	3	3	10	22.8
	下等 OBC	31	29	9	4	4	12.6
	达利特人	34	15	11	20	4	16.2
	阿迪瓦西族人	46	26	7	1	1	7.8
	穆斯林	47	6	11	6	9	12.6
	锡克教徒	45	46	1	3	<1	1.9

续前表

		团结进步联盟中的国大党	全国民主同盟中的印度人民党	左派	大众社会党	革命社会党第四阵线	在2009年调查样本中所占份额
教育	文盲	37	21	7	8	7	31.4
	小学以上文化	38	22	11	5	4	22.5
	中学以上文化	35	25	8	6	4	25.3
	大学及以上文化	35	30	6	5	5	20.7

注：本表列举的是每个社会团体对每个政党的支持率。大众社会党（BSP）和革命社会党（SP）都是地区性政党，主要以北方邦为基础。两党都深陷激烈的竞争，分别从前贱民种姓和落后阶级中寻求选票。这分裂了与团结进步联盟和全国民主同盟相对的政治力量，进而挫败了建立同一阵线的努力。

资料来源：A 2009 post-poll party vote by social background，from the Center for the Study of Developing Societies（CSDS），2010.

表15－3列举的2009—2014年的调查数据表明，与国大党相比，印度人民党继续受上流社会和中产阶级的偏爱。正如我们在表15－4中看到的那样，受教育的年轻一代人对印度人民党的支持——这反映了他们对该党所描绘的“印度崛起”之愿景的渴望——远远高于对国大党的支持。穆斯林支持国大党的人数多于印度人民党，但是，即使在穆斯林中——以及诸如前贱民和部落人民这样传统的小群体——印度人民党已经取得了很大的进展（见表15－5）。

表15－3 阶层上的政党偏好（2009年和2014年）

阶层	国大党		印度人民党	
	2009年	2014年	2009年	2014年
贫困	27	20	16	24
下等	29	19	19	31
中等	29	20	22	32
上等	29	17	25	38
总计	29	19	19	31

资料来源：NES CSDS data unit，Delhi.

发生在印度的社会动员及政治遏制似乎是两个独立但最终趋同的进程。社会改革立法、吸纳新的社会精英进入政治舞台、通过选举参与实现的政治动员都加快了社会变革的步伐。它们对政治体制稳定性的总体影响因地区和地方层面的中介功能和政党而有所节制。劳埃德·鲁道夫和苏珊妮·鲁道夫将这个过程描述为纵向的、横向的和有差别的动员①。通常而言，当边缘化的社会团体在独立后的最初几年发现投票的可转让价值时，它们就成为地方和地区层面政治舞台上的热心参与者。已确立的**贾吉曼尼制度**（jajmani systems）——以服务交换和职业专业化为基础的互惠社会关系——的崩溃导致了新的组合的产生。最后，基于共同社会和经济利益的种姓协会成为政党和社会之间的纽带②。这些发展为全国、地区和地方层面的精英们创造了有效的周旋空间③。

---

① 纵向动员指的是利用和增强社会与经济支配地位的政治联系。横向动员发生的情形是，位于相同社会和经济水平的人们聚集在一起，以便利用他们的联合政治力量来改善自己的处境。有差别的动员指的是超越社会阶层的联盟。具体参见：Rudolph and Rudolph（1967）.

② 根据印度选举和社会变革的一种分析框架（该框架以一种选举规范模式以及与这些规范相应的组织结构为基础）对这些理念展开的确切阐述，可以参见：Subrata Mitra，“Caste，Democracy and the Politics of Community Formation in India，” in Mary Searle-Chatterjee and Ursula Sharma，eds.，*Contextualising Caste*（London：Blackwell，1994），49－72.

③ 适用这种概念作为一种框架来讨论印度的政治参与，可参见：Mitra（1991）：390－413.

表 15-4 不同阶层和年龄团体的选民的政党偏好（2014 年）

年龄团体	贫困		下等		中等		上等	
	国大党	印度人民党	国大党	印度人民党	国大党	印度人民党	国大党	印度人民党
18～22 岁	23	24	18	35	17	40	11	44
23～25 岁	24	25	18	34	21	32	16	43
26～35 岁	19	27	21	33	19	33	17	40
36～45 岁	18	24	17	30	20	32	15	36
46～55 岁	19	22	21	31	20	31	20	35
56 岁及以上	20	22	18	28	23	29	21	35
总计	20	24	19	31	20	32	17	38

资料来源：NES CSDS data unit，Delhi.

表 15-5 不同阶层和种姓/社区的选民的政党偏好（2014 年）

种姓/社区	贫困		下等		中等		上等	
	国大党	印度人民党	国大党	印度人民党	国大党	印度人民党	国大党	印度人民党
高等种姓	13	37	11	48	15	46	13	55
其他落后阶层	15	28	15	37	16	33	14	37
表列种姓	17	22	18	22	20	27	17	25
表列部落	28	33	31	36	25	39	26	53
穆斯林	41	4	34	10	42	11	27	7
其他	19	17	23	18	22	24	31	16
总计	20	24	19	31	20	32	17	38

资料来源：NES CSDS data unit，Delhi.

政治文化

15.8 列举莫里斯-琼斯关于印度政治的三个惯用语并讨论它们在政治文化中的相互作用

尽管一些地区存在大规模的贫困和较低的识字率，印度仍然维持着它在独立时期采取的民主政府形式。一方面是大规模贫困和识字率不高，另一方面是民主具有一定的适应力，这两者的共存令人困惑。为了解释这种现象，很有必要分析支撑印度社会政治行为的政治态度和人们是如何养成这种态度的。

传统与现代性的互动

对印度政治不甚熟悉的那些人可能对如下情形感到吃惊：在现代国家的框架内，现代化制度与前现代的实践、信仰和符号混合在一起。在对印度政治文化进行介绍时，莫里斯-琼斯（W. H. Morris-Jones）根据三个不同的惯用语来解释这种现象：现代的、传统的和神圣的[①]。惯用语“现代”将政治理解为利益表达和集聚的一种竞争性过程。印度政治的这种现代用语由宪法和法院、议会辩论、更高等级的政府、高层次的所有主要政党、所有的英语媒体和大部分印度语媒体组成。印度政治的主要论辩（例如，有关联邦主义、经济发展、规划或国防开支等问题）是以现代的政治语言来进行的，这样的话，学习印度政治的西方学生对此可以表示理解[②]。然而，几乎不可能存在的一种情形是，印度政治家不会求助于某些传统的概念，如亚种姓或达利特人，或者某些植根于印度宗教和价值观念中的概念，如殉教（shaheed）、非暴力（ahimsa）或自由斗士（jihadi）。惯用语“神圣”——它被甘地的非暴力抵抗以不可逾越的技巧动员起来——反映了社会的核心价值，这些价值超越了现代和传统的分歧，而且并不必然意指精神世界或来世。放弃物质财富，拒绝在可能的情况下担任高级职务，或者为超越家庭、种姓或亲属的事业而做出重大个人牺牲，这些品质都被视为神圣。诸如甘地这样的领导人以这种方式所表达的主题思想可以在整个社会延伸开来，并“唤起进步激进分子的想象，也同样唤起保守传统主义者的想象”[③]。在当代印度，这些价值一直备受重视，并用来解释圣人（神圣的男人和女人）的存在，尤其是在印度教民族主义的行列中，他们穿着神圣的服装，装饰着议会席位，在社会运动中扮演领导角色，有时还会在暴力抗议运动中走在前列。

尽管这三种政治惯用语在概念上是截然不同的，但在现实中它们交织在一起。实际上，同一个人可能会将这三个惯用语结合起来：工作地点设立在班加罗尔的一位由加利福尼亚大学培养的电脑工程师可能与他在加利福尼亚硅谷的商业伙伴每天都有生意往来。他可能在自己的亚种姓和语言地区举行一场包办的婚宴，并谨小慎微地遵循该种姓的食物禁忌和社会礼仪。他还可能属于某个互联网网络，并渴望与印度教徒世界理事会（VHP）在全球范围内的网络系统中交换信息。

某种惯用语可能比另一种惯用语得到更为明确的表达，这取决于不同的地区、地方、殖民统治的广度和深度，以及个人的阶级地位、性别和年龄。就他们对特定情形和背景的认识而言，政治人（political actors）控制着所有这些惯用语。因此，在印度竞争性的政治市场中，这三种惯用语的功能似乎彼此相连。部落或者亚种姓网络（作为一个种姓协会而运转）能够很好地将现代化的个人权利、资格（entitlement）和选举偏好的信息传递给第一代选民。同时，现代化的卫星电视（在播放《罗摩衍那》和《摩诃婆罗多》这样的印度教宗教经典时）可以传播有关土著印度人身份的信息，这种身份被认为是独特的、正宗的和排他性的。自印度独立以来，这种相互影响不仅产生了印度政治文化的两个新主题（政治的工具性和身份政治），而且创造了新的政治形式和过程。

① Morris-Jones（1987），58.

② 对这一主题的深入挖掘，参见：J. Dasgupta（1989），62。

③ Morris-Jones（1987），61. 1962 年的首次声明被证明是有预见性的，因为纳拉扬（J. P. Narayan）成为反对 1975 年紧急状态的一种号召力。

基于现代化制度和传统符号与网络而同时利用参与和抗议，已经导致这三种政治惯用语相互混合。其结果是，印度的政治过程充当了一种机制，并根据该机制将不同身份编织成一种国家的集体身份。这种身份寻求不仅根据民族运动（如那些与印度教民族主义有关的运动）予以表达，而且在主张旁遮普邦锡克教徒身份和恰尔肯德（Jharkhand）在南比哈尔邦的部落身份的过程中予以表达。对福利和身份的同样渴望还为克什米尔和印度东北部的政治（它们彼此严重冲突）以及印度各邦决定主张自己对国家和民族的看法奠定了基础。然而，一旦掌权，文化民族主义政党就淡化分离主义主题，如泰米尔家园或者一个专属于土地之子的家园，而且，它们逐渐使自己在印度联邦和蓬勃发展的印度市场中保持适应。

事实上，所有这三个惯用语构成了日常政治的一部分，它们为普通民众提供了参与、功效、合法性和信任的补充路径。有关政治功效与合法性的数据呈现出印度政治文化两个有趣的面向。功效——它衡量个人对权力的自我认知——在过去几年稳步上升，从1971年占全国人口的48.5%上升到2004年的67.5%。政治体制的合法性也在攀升，从1971年的43.4%上升到2004年的72.2%。与邻国政体相比，认可印度民主政府形式的人口比例稳步上升，从43.4%上升到70.5%①。

这些数据表明，普通大众觉得自己有足够的能力“把流氓赶出去”。当民主的重要基础受到政治冒险家们的威胁时，他们的支持率就会下降，此时，民主制度就会重新出现。正如我们从1975—1977年全国紧急状态的例证中所看到的那样，在印度政治体制所经历的情形中，这种潜力转变成民主的崩溃和大众威权主义的兴起，但民主最终还是重整旗鼓。

◇ 选举和参与

15.9 讨论印度全国和地方选举中选民投票率的增加以及公民参与的其他政治活动

在独立之后，政治交易和选举竞选成为印度政治社会化的主要工具。印度领导人采取了一种大胆的行动，即在1951—1952年首次大选的一开始，他们就将一切问题置于选举政治的拍卖台。即使是对国家的真正界定，它的物理界限、经济组织的基本原则都没有超越政治的范围予以考虑。从此以后，各种选举都成为个人意识到自己投票价值的一次机会。尽管存在大规模的贫困和文盲，而且通信困难，但印度的独立选举委员会还是定期组织选举，这些选举涉及大量的选民。竞选本身受到严格监督。如果遇到选举舞弊或暴力，投票被停止并要求重新投票也是司空见惯的②。在1962年至2009年的15次选举中，参与率大约稳定在60%的水平（见图15-10），并在2014年达到66%，创

① 有关衡量功效与合法性等问题的详细讨论以及这些问题与亚种群的交叉列表，具体参见：Mitra（2011），60-61.注意到以下这一点很有趣，即少数族群和前贱民并没有落后于印度人口的平均水平。

② 在印度北部阿米提（Amethi）选区（总理拉吉夫·甘地是该选区的一名候选人）遭到违规行为的指控后，选举委员会（监督投票行为的独立机构）命令重新进行投票。因此，人们可以注意到在制度层面将贿选行为降至最小化的政治意愿和制度能力。

下了历史新高。男性的投票率往往比女性的更高，但是，多年来女性的参与水平不断提升。同样有趣的一个现象是，前贱民种姓的参与水平（无论是男性还是女性）与整个人口的水平保持同步，考虑到他们在过去受到上流社会阶层的压迫性排斥，这确实是一项非常伟大的成就。

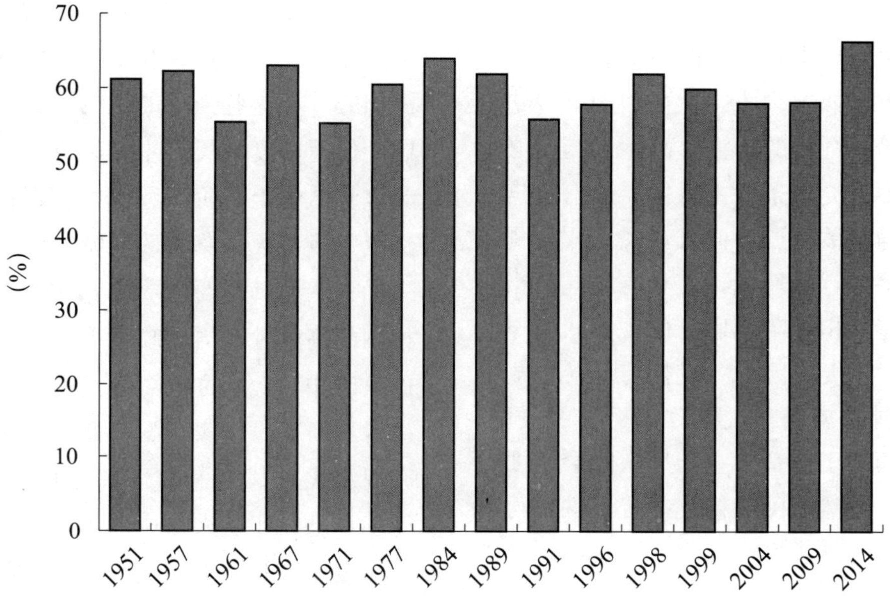

图 15-10　走出去投票：选民投票率趋势

资料来源：Election Commission of India，various years，http：//eci. nic. in.

在自由运动的鼎盛时期，印度领导人（他们中很多人都在接受训练后成为律师）已经学会如何将制度性参与和战略性抗议相结合。这个战略由圣雄甘地精心制定，他成功地利用诸如非暴力抵抗与不合作这样的政治武器来获得农民、工人、中产阶级以及种姓制度中下等种姓的支持。这种双轨战略迫使殖民统治的国家制度在现代政治制度中更具有包容性。将传统与非传统的政治形式相结合使很多社会制度和礼仪行为融入政治领域。如下实践——将选举、压力团体和游说与非传统的直接行动方法相结合——丰富了独立后政治中政治工具的范围。这样产生的结果是双重的。一方面，它使得一个选举历史不如西方民主国家那么长的社会的民主政治过程具有了合法性。另一方面，非选举政治手段的可得性促使一大批行动者，包括那些未能在选举舞台上留下自己印记的人以及那些正在试图开启自己事业的雄心勃勃的政治家，在不首先穷尽选举选择的情况下采取直接政治行动。正如诺贝尔奖获得者印度作家维·苏·奈保尔（V. S. Naipaul）的名言所说，这已经将印度转变成一个“百万次叛乱”的国家[1]。

---

① V. S. Naipaul，*India：A Million Mutinies Now*（London：Heinemann，1990）.

政治招募

15.10 评估印度不同社会团体在政治机构中的代表性

如果政治参与是民主治理的最低标准，那么，就可以提出颇具说服力的理由证明印度已经赶上了西方国家。然而，为了促进向民主和政治社会化的转型，高度参与是必要条件，但不是充分条件。人们需要有证据证明政治参与至关重要，而且，民主程序提供了一个公平的竞争环境，使具有相同社会背景的人可能有担任高级职务的现实机会。政治募员非常重要，因为一旦拥有系统的规范性的结构制度知识和从事政治交易的技能，人们往往倾向于选举那些能反映社会主要分歧的代表。当然，民选精英的代表性不可能具有数学上的准确性，因为非常小的团体通常因选举中“得票最多者当选”的制度设计而处于不利地位。尽管如此，通过研究不同时期和不同地区的数据，人们可以得出某些普遍的结论。因此，我们需要两个进一步的证据：全国最高立法机构的政治募员和地方精英的社会构成。

在人民院，来自农村的政治家所占的比例多年来一直在增加，相应的，“农学家”的影响力也在不断增加。女性所占的比例翻了一番，但仍然远远低于她们所占的人口份额[①]。婆罗门所占的比例大幅下降[②]。前贱民和部落继续占据人民院成员总数的1/5以上，这反映了他们在国家人口中的重要性。这源于一种“保留”制度，该制度为表列种姓和表列部落设置了一种配额。《宪法第七十三修正案》强制规定，至少为女性在第三级选举委员会中保留1/3的席位。尽管如此，努力在邦和全国立法机构建立同样的配额制并不成功。颇具讽刺意味的是，没有成功的原因在于，左翼和中间派政党中的反对派担心，在这些强大的机构中设置妇女配额制会使得印度教民族主义政党享有特权，因为该党从中上层阶级和受教育群体中吸引的选民数量更大。莫迪政府特别强调女性的代表性——尤其是要削弱本党作为一个基于父权制的高种姓、男性政党形象。在目前的莫迪政府中，1/4的内阁部长是女性。议会选举对穆斯林没有实行配额制（选举规则也没有规定比例代表制），他们的总议员数远远低于自己在印度人口中所占的比例。尽管如此，穆斯林是印度一支强大的政治力量——这一事实可见于印度教民族主义政府中出现的穆斯林部长和全国发言人。

政策产出：经济、福利和贫困

15.11 总结印度经济的波动、政府的回应和结果

在多年的殖民统治期间，印度的经济几乎停滞不前，增长率只有0.7%，尚不足以与人口增长保持同步。独立后，上述情形明显好转，但是，1.5%的净增长率赢得了一个绰号：“印度人增长率”。根据最近的统计数据，2007—2009年，印度的经济年增长率

---

① 就绝对数量而言，印度最高立法机构中女性代表的占比很低，但是，与发达的欧洲民主国家相比，印度并不处于劣势地位。1995年英国下议院只有6%的成员是女性。参见：“United Nations Economic Commission for Europe,” *Economist*, March 18-24, 1995, 33.

② Jaffrelot (2008).

预计超过 9%（见图 15－11）①。在过去的 20 年里，经济的快速增长使印度经济从一种低增长状态转变成与新兴市场齐名的水平。印度的经济年增长率大约在 7.5%。根据购买力平价和目前的美元计算，截至 2009 年，印度的人均 GDP 已经达到 3 920 美元的水平。这一数据已经上升到 6 089 美元（World Bank，2015）。在亚洲，只有中国经济比印度经济展现出更高的增长率。最近印度的增长率已经赶上并超过中国。

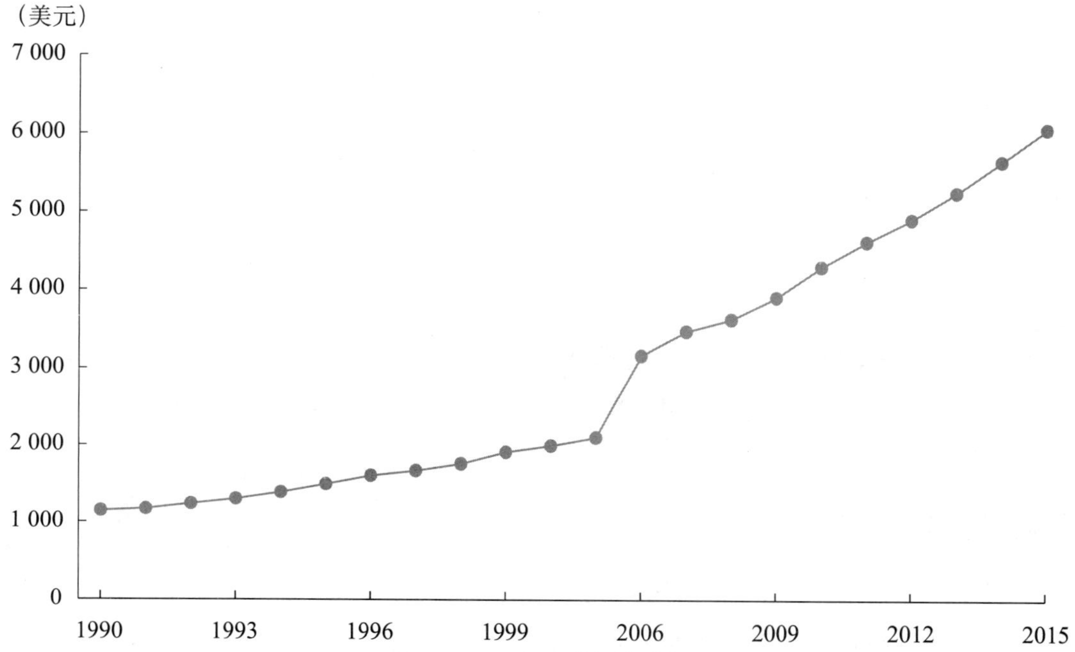

图 15－11 印度的经济增长

人均 GDP（按购买力平价和目前的美元计算）。
资料来源：The World Bank.

就绝对贫困人口（以每天生活费用不足 1.25 美元的人口总数为标志）而言，印度所占的比例从 1978 年的 66%下降到 1994 年的 49%，并在 2010 年进一步下降到 33%。但是，每天生活费用不足 1.25 美元的绝对人口总数因人口增长原因而从 1990 年的 4.36 亿增加到 2005 年的 4.56 亿②。

自从 1980 年以来，印度 GDP 已经增长了六倍多。如下事实并不令人感到惊奇，即 2008—2009 年的国际金融危机似乎并没有影响印度的经济增长。在那个阶段，印度经济与全球经济的融合度不像欧洲和东南亚那么紧密，因此，经济增长率并没有受到太大的影响。

印度经济的结构性变化可见图 15－12，该图描绘了农业、工业和服务业所占份额的

① 数据来自：CIA World Factbook，https：//www.cia.gov/library/publications/the-world-factbook/index.html，accessed February 13，2014.

② World Bank，Database 2013，http：//data.worldbank.org/indicator/SI.POV.DDAY，accessed February 15，2013. 如果采用人均每天 2 美元的贫困线，减贫看上去似乎没有那么令人印象深刻，生活在贫困中的人口占比分别是 1978 年 89%，1994 年 82%和 2010 年 69%。

变化。尽管总体增长速度很快，但印度仍是一个以农业占支配地位的国家，有超过一半的人口依赖农业，尽管农业对 GDP 的边际贡献已经下降到大约 18%。尽管如此，在当代，工业作为经济组成部分的影响力已经发生了极大变化（见图 15－12）。

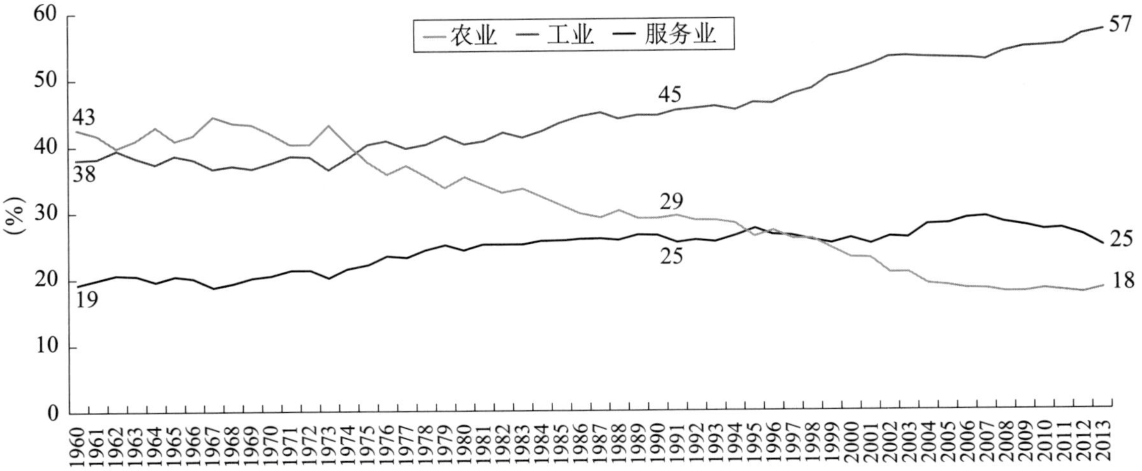

图 15－12 GDP 的部门分布：农业、工业和服务业

资料来源：World Bank，http：//data. worldbank. org.

增量发展和再分配的政治

尼赫鲁政府采纳的发展政策带来的首批成果是 1950 年代耕地和灌溉工程面积的扩大。在 1960 年代，通过一系列技术革新加速了农业生产，如高产量的各种种子、新农药、化肥和有关天气和市场条件的更准确的信息。这场“绿色革命”将印度从一个纯粹的粮食进口国转化成一个自给自足的国家。到 1970 年代，政府建立了一种有关储存和市场干预的复杂系统，该系统被称为“粮食采购”，它通过确保价格来维持粮食生产和向消费者供应的稳定流动。印度粮食政策的演变是为了回应长期的粮食短缺，这种短缺使粮食进口成为必要，而且花费了巨大的财政和政治成本，尤其是在越南战争期间，当时，印度反对美国的政策。粮食计划最终于 1980 年代产生了丰厚的回报。印度的粮食安全制度具有如此强大的适应力，以至于 1987 年的严重干旱都没有导致农产品价格的大幅波动①。

以尼赫鲁为核心的现代化领导层希望通过一种混合经济来提高普遍的生活标准，并保护本国新近赢得的自由。这种进口替代、计划经济发展和自力更生政策的模式并没有为印度融入国际市场提供太多的空间。从某种程度上说，这种情形不仅体现了对**抵制英国货运动**（swadeshi）——主张只消费本国生产的产品——的一种甘地式怀恋，而且体现了对西方的严重不信任。在 1900 年代的头 50 年（1900—1946 年），印度在殖民统治时期全国收入的年增长率为 0.7%，而它的人口以 0.8%的速度增长。这一教训在尼赫鲁那代人中并没有消失。由于从 1950 年代

① 参见：John Wall，“Foodgrain Management：Pricing，Procurement，Distribution，Import，and Storage Policy in India，” World Bank Staff Working Paper no. 279（Washington，DC：World Bank，1978），88－89.

到1990年代的发展性动议，印度的经济规模增加了100%以上。尽管它的增长率远远高于独立前的水平，但它却远远低于人们的预期。印度明显低于亚洲快速增长的其他国家和地区（如日本、韩国和新加坡）8%～10%的水平，也远落后于中国。印度经济的慢速增长以及进口替代基本模式的低效率已经成为一场根本性变革的推动因素。

经济自由化

以混合经济为基础的计划发展模式——在这种模式下，经济的*"制高点"*（commanding heights）受到公共部门的支配——实现了一定程度的福利，但它也产生了某些人们不太想看到的负面效应。尽管国家对市场的控制同时使通货膨胀率和预算赤字按照发展中国家的标准处于低位，但该制度产生了一种所谓的*"配额许可证统治"*（quota-permit-raj）①。结果是发展速度普遍放慢，对此，政府在1980年代早期试图通过向国际市场借款来促进经济增长。然而，这对经济管理结构并没有带来任何根本性变化，结果导致1980年代末发生了严重的金融危机。最让印度政策制定者和国际金融机构感到担心的是，印度的债务和国内生产总值之比在10年的时间跨度内增加了100%。1991年，财政部部长曼莫汉·辛格和总理纳拉辛哈·拉奥首次引入经济的结构性改革，这在后来逐渐被称为**自由化**（见专栏15-3）。

专栏 15-3

曼莫汉·辛格和印度经济的自由化

当印度在1991年面临严重的财政危机时，财政部部长曼莫汉·辛格在总理纳拉辛哈·拉奥强大的政治支持下启动了印度经济的结构性改革。当团结进步联盟在2004年的议会选举中获胜之后，曼莫汉·辛格被力推为联盟的领导人。结果，印度总统邀请他组建中央内阁。国大党领袖索尼娅·甘地使自己和总理之间的定期协商过程制度化，并在这个过程中确立了联盟内部两个权力中心各自的范围。如此一来，索尼娅·甘地和曼莫汉·辛格之间的协调似乎运行得相当有效，这促进了改革政策、自由化以及印度市场持续融入全球政治经济继续发展。

曼莫汉·辛格引入的第一批政策旨在寻求大幅减少国家对市场的控制，不管是公开的还是隐蔽的。政府减少了对很多项目的补贴，放宽了严格的进出口控制。如下制度被修正以期为市场带来新的活力：对新的产业进入市场实施许可，对那些不再有利可图但又因劳动保护立法而不能关闭的企业停业整顿。在1970年代基于"必需日用品"（essential commodities）观念而实行国有化的鼎盛时期，受政府控制的生产领域逐步回归市场。一些重要的生产领域，如发电、部分石油工业、国内航空运输、道路运输和某些电信行业，向私人和企业开放。政府欢迎外资进入并通过合资企业参与生产过程。印度

① 该术语通常意指国大党政权践行裙带政治的倾向。自由化试图通过消除政府对这些企业领域的控制而终止这些行为。

试图通过降低关税来吸引外国投资者，并放弃了先前进口替代和闭关自守的政策。进口的速度在放慢，同时，在 1991 年，辛格又通过将卢比贬值 24％来鼓励出口。卢比在某种程度上还可以自由兑换成外币。政府逐步减少对企业家所征收的重税，对直接所得税也是如此。所得税的最高税率从 56％下降到 40％，企业税也从最高的 57.5％下降到 46％①。

这些措施因对广播电视放松管制的一场通信革命而得到强化。这种发展使印度的消费者有机会轻易购买外国制造的电视和收音机，也有机会通过卫星和有线电视频道收看在此之前无法收看的节目。国家接受了这种挑战并通过内部竞争引入适度的差异。

在某些方面，1991 年经济自由化和对公共部门企业实行私有化的财政政策有悖于印度政治的本质。就古代印度传统而言，《政事论》已经将大量的重要经济部门分配给享有排他性权力的国王。在实践中，印度所有的统治者都继续这种国家垄断的传统，并在英国殖民统治时期达到顶峰。印度的商业和工业企业对英国的垄断以及对自己经营范围扩大所遇到的殖民障碍感到非常恼火，它们满腔热情地支持圣雄甘地的抵制英国货运动计划。在独立后，它们对自己能够在混合经济结构内找到一种安全的商机感到满意。自由企业的每一种障碍同时也是可见的强大既得利益的一部分。因此，人们不会感到奇怪的是，削弱国家权力的任何尝试都会导致来自强大联盟的一种强烈抵制：社会主义者希望保护穷人和弱势群体免受资本主义的掠夺，富裕的农民担心失去政府的补贴，抵制英国货运动的游说团体对印度政治自主和文化认同的丧失表示焦虑，地区领导人担心印度的贫富差距在没有出现一个强大的再分配中心的情况下不断扩大。

自由化引起印度政党之间的激烈辩论。如预期的一样，印度共产党公开表示坚决反对贸易调控的自由化。它们认为，这些改革是国际金融机构（如国际货币基金组织和世界银行）试图对印度发号施令的表现。它们要求，外国资本的进入应该受到印度技术“需求”的控制，这可能取决于印度的规划者。对左派而言，作为整体的公共部门（尤其是公共部门的就业）需要提防可能导致就业机会丧失的私有化侵袭。首次引入自由化措施的国大党在捍卫自由化的过程中也保持了沉默，因为他们意识到自由化缺乏选举吸引力。传统上依赖贸易团体、接受良好教育者和城市人口支持的印度人民党对这个问题采取了一种复杂的立场。该党的宣言主张“全面的自由化和标准的全球化”，它支持主动精神和进取心，但又希望保留国家在保护民族工业和贸易免受“不公平”国际竞争中所发挥的作用。印度人民党还打算在对印度安全利益至关重要的领域排除外国入侵，在那些具有动听的口号（如“支持电脑芯片，反对马铃薯片”）的消费品行业排除外国竞争。

根据过去几年的记录来看，印度政府已经变得非常擅长平衡经济的多重压力。2007 年开始于美国的次贷危机最终在 2008 年演变成一场国际金融危机，导致全球经济增长下滑和股市暴跌。尽管出现了这场危机，印度仍是世界上为数不多的保持经济增长的国

① *Economist*，January 21－26，1995，7.

家之一。但是，印度国内生产总值的增长率放缓，贸易和股票市场表现萎缩。国内生产总值从2005年到2007年超过9%的增长率下降到2008年末的6%左右，但在2010年的第一个季度增长率又恢复到8%以上①。应该指出的是，在危机爆发之前，经济增长率就已经在下降，这在一定程度上是为了防止人们担心经济过热而精心制定政策产生的影响，也是阻碍进一步增长的结构性改革滞后的结果②。

在2008年的最后一个季度和2009年，进出口的增长率为负值，但在2010年的第一个季度又恢复正增长③。受影响最为严重的是出口导向型的制造业（例如，工程产品和汽车零部件）。印度最重要的股票市场指数Sensex30——在孟买证券交易所列出了印度最大的30家公司——在2008年1至3月之间下跌了2/3，这引起了巨大震荡④。除了国际金融危机的影响之外，分析人士争辩道，这一下跌也反映了市场再调整到达了更具代表性的水平。在这次严重下跌之后，截至2010年年中，Sensex30指数挽回了一半以上的损失⑤。

为了应对经济下滑，政府从2008年12月开始启动了三套经济刺激一揽子计划。这些措施主要涉及削减消费税和服务税、基础设施开支和银行资本总额。对印度财政刺激规模的预估从占国内生产总值的0.5%（国际货币基金组织的预估）到3.5%（印度财政部部长的预估）不等。根据一些分析人士的意见，财政刺激并没有达到预期效果，这导致政府强调社会保护政策和基础设施投资计划，这一点在2009年和2010年的预算中有明确表述⑥。这些社会政策措施，再加上对负债农民的大量贷款减免以及经济刺激一揽子计划，进一步增加了已经很高的预算赤字。一个主要的担忧是通货膨胀的增加，尤其是与食品价格相关的。但总的来说，人们普遍注意到，印度储备银行（也就是，印度中央银行）采取果断且迅速的行动来解决信贷供应问题。

为什么印度在面临国际金融危机时具有相对的适应力，分析人士给出了很多理由。最突出的论点是，在过去20年里，尽管在更高的程度上融入世界经济，但印度的财政部门仍在很大程度上受到监管，银行部门的总资产有超过2/3为公立银行所有。总的来说，印度银行部门在资本化和监管方面被认为是稳健的。而且，它们对美国金融市场金融不良资产的敞口有限。其他的原因包括印度的渐进式改革，尤其是私有化领域的改

① 参见：Economist Intelligence Unit，“Country Report India，December 2009”（Kiel，Germany：Leibniz Information Centre for Economists），19；and Economist Intelligence Unit，ViewsWire，“India Economy：GDP Growth Picks Up”（London：Economist Intelligence Unit，June 1，2010).

② Ajay Chhibber and Thangavel Palanivel，“India Manages Global Crisis but Needs Serious Reforms for Sustained Inclusive Growth，” paper presented at the Tenth Annual Conference on Indian Economic Policy Reform，Stanford，CA，October 22－23，2009.

③ 参见：Economist Intelligence Unit，“Country Report India，June 2010”（Kiel，Germany：Leibniz Information Centre for Economists)，17；and The Hindu Business Line，“India's Q4 Export Growth Highest among Top Economies，” *Hindu*，June 5，2010，http：//www.thehindubusinessline.com/2010/06/05/stories/2010060552980400.htm.

④⑤参见：Historical Stock Prices of Sensex 30，e.g.，at Yahoo Finance BSE Sensex 30，http：//finance.yahoo.com/q/hp?s%3D%5EBSESN%2BHistorical%2BPrices，accessed February 13，2014.

⑥ Chhibber and Palanivel，“India Manages Global Crisis，” 33.

革——可见，公共部门仍占据主导地位。除此之外，与中国相比，印度近年来与经济合作与发展组织国家（尤其是与中东和中国）的贸易量在下降，这有利于南南贸易。

但问题仍然有很多：较差的基础设施、对教育配额制激烈的政治争论、大量的贫困和文盲、悲剧性的农民以自杀作为抗议全球化副作用的一种形式。但最为重要的是，印度社会对经济增长还存在一种乐观主义，并对印度不断提升的全球形象感到自豪。最近的民调数据证实了这种轻松的感觉①。

结论：双重目标——印度的民主与发展

在印度开始其多党制民主进程仅 10 年后，塞利格·哈里森（Selig Harrison）在表达很多西方观察家的悲观论调时就警告称，"不利的条件几乎总是完全反对自由的存在……实际上，问题在于，是否有任何一个印度邦能够幸存下来"②。这些意见回应了对引起混乱的自治所表现出来的疑虑③。在 60 年的民主统治和 16 次全国性选举之后，印度作为一个民主国家的幸存问题很可能从政治议程中消失。

基于印度过去 60 年的制度发展和政策进程，本书认为，印度的民主巩固、经济增长、稳定和安全将会继续，尽管核能（见专栏 15－4）和恐怖主义这样的问题在不久的将来很可能还会出现在议程中④。乐观主义的情绪由广大公众和全国精英所共享，他们理解印度经济融入全球市场经济的益处以及国内包容性发展的需要。

专栏 15－4

一场核惊奇

印度 1998 年的核试验（巴基斯坦也在之后的几个星期内组织了核试验）给世界上主要的国家敲响了警钟。印度和巴基斯坦不是《不扩散核武器条约》（NPT）的签署国。因此，尽管核试验本身没有违反条约协议，但人们担心，它们会危及核不扩散事业，并因此增加核冲突的可能性。自印度和巴基斯坦之间的"建立信任措施"（CBMs）到位以来，南亚似乎进入了一个适度稳定时期。

实际上，印度的核计划开始于 1946 年。随后，原子能委员会（AEC）在 1948 年建立，头两个民用核反应堆分别于 1956 年和 1960 年

---

① 在 2004 年的一次全国民意调查中，当被问到他们所期望的财政前景时，全国被抽样的调查者中有 49.2%的人认为他们的财政状况会得到改善，6.2%的人认为他们的状况将变得更糟，19.4%的人认为他们维持原状，大约 25%的人表示没有把握。在同样的调查中，67.5%的人认为他们的投票对本国的形势如何发展具有某种影响作用，与之相比，17.5%的人表达了相反的观点。参见：Center for the Study of Developing Societies，"National Elections Survey"（New Delhi：Center for the Study of Developing Societies，2004）.

② Harrison（1960），338.

③ 在英国，在印度教徒和穆斯林之间的共有问题找到一种可接受的解决方案之前，保守主义的意见通常是反对印度独立的。这种谨慎的方法遭到某些人的批评，他们的依据是 1937 年选举（这些选举都是根据 1935 年《印度政府法案》举行的）之后 11 个邦中 8 个邦的民选政府都成功地发挥了各自的功能。具体参见：Henry Noel Brailsford，*Democracy for India*（London：Fabian Society，1942）.

④ 有关这些观点的详细阐述，参见：Mitra（1999）；Mitra and Singh（2009）.

启用。同时，随着基于和平目的的核能开发，印度倡导全球性的普遍裁军，其中尤其包括核武器。然而，由于中国（1964 年）的核弹实验以及印度领导人担心世界强国不可能抛弃它们的核武器，印度在 1974 年试图以一种“和平的核装置”进入核俱乐部。在接下来的 30 年里，其他国家对印度实施了严厉制裁，切断了它的核技术、工艺和充分的燃料供应。在 1998 年核试验之后，印度领导人为自己所主张的专属核俱乐部的成员资格进行强烈辩护。除了国家的军事与政治声誉之外，考虑到印度长期依赖石油进口，核能还对印度持续的经济增长具有决定性的重要意义。由于 1998 年的核试验，印度最终加入了专属的核联盟。2005 年启动并在 2008 年 10 月 8 日签署成法律的《美印核合作批准与防扩散加强法案》有助于印度的核项目融入国际市场以及裂变材料的控制管理（美国在其中扮演着关键角色）。

印度的情形表明，在国家确立并强力捍卫的牢固边界内，民主政治如何有助于代议制政治制度的功能发挥。它们为有抱负的社会精英提供了政治招募渠道，也为社会底层的向上流动提供了手段。其中的后果之一是，那些感觉到自己受到歧视的重要社会团体都没有进行集体反抗。尽管如此，诸如负债和贫穷的农民自杀、查谟和克什米尔以及东北部持续的动乱等事件表明，印度采取的将压制和迁就相结合的战略有其局限性。

印度的经验与南亚其他国家（尤其是巴基斯坦）形成了鲜明对比，而这些国家又共享印度的某些文化、政治和历史遗产。在这些国家，民主过程所面临的困难证实了传统社会理论的假设：成功的政治民主要求以扫盲和经济发展作为前提条件①，在引入公众参与之前使政治权力制度化②，或者有一个胜利的资产阶级作为民主制度的社会基础③。因此，印度的“反例”提出了一个主要问题：为什么印度（尽管存在一种基于社会等级和威权主义的文化、大规模贫困和大量的文盲）能够建立一种成功的民主政治秩序?④

和大多数后殖民国家不同的是，印度保留了它的领土、宪法和政治制度，这是它在 1947 年作为一个独立国家出现的标志。尽管存在外部冲突和内部叛乱，但相对自由和公平的选举都会定期举行，并受印度独立的选举委员会监督。印度在农业上已经实现自给自足，并建立了公共分配制度，该制度成功地解决了长期存在的饥荒问题。通货膨胀和爆炸性人口增长得以控制；如今，随着印度经济的自由化的推进，对印度的国际商业信心非常高，而且，印度一直保持着 7%左右的可观经济增长率。尽管取得了这些成就，但有些问题继续存在，如性别暴力、对他人

① Lipset (1959)：69－105. 李普塞特（Lipset）提出，要想成功地成为一个民主国家，一个社会必须维持某种程度的社会和经济发展。

② Huntington (1968)，55.

③ 这道难题对穆尔（Moore，1966）的悲观主义预测具有一种直接的影响。

④ 印度的经验与其南亚的邻国形成了鲜明对比。在印度的某些邦能够获得有限的选举权之前，成人普遍选举权已于 1930 年代早期在锡兰（今斯里兰卡）被引入。穆斯林联盟——它在真纳的领导下捍卫巴基斯坦的事业——在独立后成为新国家的执政党。这两个国家在维持民主方面都不如印度成功。具体参见：Mick Moore，“Sri Lanka：The Contradictions of the Social Democratic State，” and Hamza Alavi，“Authoritarianism and the Legitimation of State Power in Pakistan，” in Subrata Mitra，ed.，*The Post-colonial State in Asia*：*The Dialectics of Politics and Culture* (Hemel Hempstead，UK：Wheatsheaf，1990)，155－192 and 19－71.

意见的不宽容、一些地方的发展不足①。印度民主的困惑根源于这些问题②。

本章还通过利用印度的政治资源来确切地阐述这些问题的部分答案，这些资源包括：受人信任和尊重的现代政治制度，该制度为社会和文化多样性架起了一座桥梁并产生了一个政治共同体；殖民统治的经历及对该统治的抵制；在国家和邦的建设过程中努力寻找一种现代化且有远见的领导层；自印度独立以来的重要政策过程，其目的在于推动加强公民身份的战略性经济社会改革。这些都是自由化时代促进民主统治和国家有序收缩的主要因素。

由于本书涉及政党、运动、选举、多重冲突和冲突的解决机制等方面的内容，因此，印度是比较政治学学生丰富的资料来源，尤其是关于比较政治学主要理论概念的阐释——从利益表达、集聚和裁判到政治、政策和经济发展的相互作用。印度民主政治体制的这种适应力似乎更令人震惊，因为印度的主要政治机构——立法机构、行政机构、司法机构和个人权利——并不是完全从社会和文化内部演化而来的。相反，很多这些制度都是殖民移植而来。尽管如此，它们的合法性并未受到印度主要政党的质疑，包括那些沿着宗教分歧或阶级冲突路线进行动员从而获取影响力的政党。

印度民主和治理的挑战（它们来自政治叛乱、社区暴动、政治犯罪化③和民众威权主义的崛起）并不是印度政治体制中意外或附带的特征。具有讽刺意味的是，它们有时源自最初产生并维持代议制政治制度的同一过程。印度的民主过程仍是开放和包容的，这种开放和包容的程度是如此之大，以至于地方上一些有影响力的政治家（尽管他们具有犯罪记录）有时能够成功地在立法机构当选，有些政治活动家诉诸强有力的抗议方式，结果导致公共秩序的紊乱。这些实践即使得不到民主政治过程的承认，也是可以被容忍的。但是，印度民主、联邦主义以及诸如联邦最高法院和选举委员会这样的调控机构所具有的制衡性力量确保了它们不会超越某个界限，否则，它们会使民主过程和法治的活力完全窒息④。

总而言之，印度实践的普遍意义在于体现了“自下而上政治”（politics from below）的潜力。当它与代议制政治制度相结合并与政治竞争和战略性社会改革紧密联系时，它就可能产生意想不到的结果，这些结果支持和促进民主的转型和巩固。尽管缺乏物质上的富裕或者个人权利的文化基础，但这一过程依然会出现。尽管印度的情形总的来说证实了这一点，但必须记住的是，争论（甚至

① 有关印度教徒和穆斯林冲突的原因与可能性，学者们的争议很大。相反的观点可参见：Varshney（2002）and Brass（2003）. “Communal Riots in Gujarat：The State at Risk?” *Heidelberg Papers in South Asian and Comparative Politics* 17（2003），http：//archiv. ub. uni-heidelberg. de/volltextserver/4127/. 贾弗雷洛特（Jaffrelot，2003）生动地描述了古吉拉特邦印度教徒和穆斯林之间的骚乱。威尔金森（Steven Wilkinson）提出，印度的选举竞争和种族骚乱之间存在某种联系。

② “在印度，一切都是不确定的，仅仅提出一个问题就可能导致该问题消失或者合并成其他东西。”参见：E. M. Forster，*A Passage to India*（Harmondsworth，UK：Penguin，1985；first published in 1924），92.

③ 有几个学者正在研究无秩序状态的崛起以及政治的犯罪化。具体参见：Morris-Jones（1987）259－272。

④ 1975—1977 年的紧急状态是印度政治发展中的一个重要标志，它被视为印度政治过程中的一种反常现象。有关进一步的信息，可以参见：“Images of the Emergency，” the theme of a symposium on the subject in *Seminar* 212（March 1977），and P. B. Mayer，“Congress（I），Emergency（I）：Interpreting Indira Gandhi's India，” *Journal of Commonwealth and Comparative Politics* 22（1984）：128－150.

是暴力抗议）仍然是印度民主的灰色地带。像世界上其他地方一样，在印度，对边缘社会团体的授权（尽管它对印度体制的功能发挥至关重要）也面临根深蒂固的社会特权团体的挑战。但是，印度的核心机构（如司法机关、议会、媒体、军队、官僚机构、全国和地区领袖）致力于民主和世俗主义的决心非常坚定。印度的情形表明，置身于一个回应型国家和负责任的精英（他们精通治理、选举动员和政治谈判）之背景下的现代制度和民主政治进程是如何向民主过渡以及巩固并铺平道路的，尽管人们的预测与之相反①。

复习问题

1. 印度的政治制度是如何成功地将一个以语言、宗教、阶层和发展水平具有极端多样性为标志且幅员辽阔的国家凝聚在一起的？
2. 与大多数后殖民国家不同，印度为什么能成功地维持一种民主的政府形式和经济发展？参考印度政治制度结构和国家-社会关系予以解释。
3. 印度的经济自由化和全球化对经济增长和社会正义有哪些影响？
4. 与更早的时期相比，印美关系在最近几十年发生了哪些变化？为什么？
5. 将印度行政部门相对于政府立法和司法部门的回旋余地与美国和英国展开比较。
6. 与美国相比，印度联邦政府有哪些特殊性？
7. 如今，印度有秩序的民主治理面临哪些主要威胁？政府如何能够迎接这些挑战？

关键词

阿约提亚	印度教特性	分治
印度人民党	贾吉曼尼制度	上院（联邦院）
金砖国家	亚种姓	罗摩
种姓	自由化	《信息权法案 2005》
综合对话	下院（人民院）	非暴力消极抵抗与不合作主义
达利特人	混合经济	抵制英国货运动
达摩	全国民主联盟	部落
长坐绝食	贾瓦哈拉尔·尼赫鲁	双国家理论
紧急状态	不结盟	团结进步联盟
英迪拉·甘地	核试验	瓦尔纳
圣雄甘地	和平共处五项原则	柴明达尔
挟持	潘查亚特制	

① 有关这种观点的详细分析，参见：Mitra（2011 and 2017，forthcoming）.

建议阅读材料

Alavi, Hamza. "Authoritarianism and the Legitimation of State Power in Pakistan," in *The Post-colonial State in Asia: The Dialectics of Politics and Culture*, ed. Subrata Mitra. Hemel Hempstead, UK: Wheatsheaf, 1990.

Bajpai, Nirupam. *Global Financial Crisis, Its Impact on India and the Policy Response.* New York: Columbia Global Centers, 2011.

Brass, Paul R. *Routledge Handbook of South Asian Politics.* Milton Park, Abingdon, Oxon: Routledge, 2010.

Brown, Judith. *Modern India: The Origins of an Asian Democracy*. New Delhi: Oxford University Press, 1985.

Das, S. K. *Public Office, Private Interest: Bureaucracy and Corruption in India.* New Delhi: Oxford University Press, 2001.

Dasgupta, Jyotirindra. "India: Democratic Becoming and Combined Development," in *Democracy in Developing Countries*, ed. Larry Diamond, Juan Linz, and Seymour Martin Lipset. Boulder, CO: Lynne Rienner, 1989.

Forster, E. M. *A Passage to India.* Harmondsworth, UK: Penguin, 1985; first published in 1924.

Harrison, Selig. *India: The Most Dangerous Decades.* New Delhi: Oxford University Press, 1960.

Huntington, Samuel. *Political Order in Changing Societies.* New Haven, CT: Yale University Press, 1968.

Jaffrelot, Christophe. *Rise of the Plebeians? The Changing Face of the Indian Legislative Assemblies.* London: Routledge, 2008.

———. *Religion, Caste, and Politics in India.* Cambridge: Cambridge University Press, 2011.

Jenkins, R. *Democratic Politics and Economic Reform in India.* Cambridge: Cambridge University Press, 2000.

Kohli, Atul. *The Success of India's Democracy.* Cambridge: Cambridge University Press, 2001.

Lipset, Seymour M. "Some Social Requisites of Democracy: Economic Development and Political Legitimacy," *American Political Science Review* 53 (1959).

Manor, James. *From Nehru to Nineties: The Changing Office of the Prime Minister in India.* London: Hurst, 1994.

Mitra, Subrata K., and V. B. Singh. *When Rebels Become Stakeholders: Democracy, Agency and Social Change in India.* New Delhi: Sage, 2009.

Mitra, Subrata K., Mike Enskat, and Clemens Spiess, eds. *Political Parties in South Asia.* Westport, CT: Praeger, 2004.

Mitra, Subrata K. "Room to Maneuver in the Middle: Local Elites, Political Action and the State in India." *World Politics* 43, 3 (April 1991).

Mitra, Subrata K., and Michael Liebig. *Kautilya's Arthashastra, an Intellectual Portrait—Classical Roots of Modern Politics in India.* Baden Baden: NOMOS, 2016.

Mitra, Subrata K. *Citizenship in the Era of Globalization: Structure, Agency, Power, and the Flow of Ideas.* New Delhi: Samskriti, 2012.

———. *Culture and Rationality.* New Delhi: Sage, 1999.

———. *Governmental Instability in Indian States.* New Delhi: Ajanta, 1978.

———. *Politics in India: Structure, Process, Policy*. London: Routledge, 2011, revised second edition, 2017 (forthcoming).

———. *Power, Protest, and Participation: Local Elites and the Politics of Development in India.* London: Routledge 1992.

———. *The Puzzle of India's Governance: Culture, Context and Comparative Theory*. London: Routledge, 2005.

Mitra, Subrata, and Jivanta Schoettli. "The 2014 General Elections: A Critical Realignment in Indian Politics?" *Asian Survey* 56, 4 (July 2016).

Moore, Barrington. *Social Origins of Dictatorship and Democracy: Lord and Peasant in the Making of the Modern World.* Boston: Beacon Press, 1966.

Morris-Jones, W. H. *The Government and Politics of India.* Wistow, UK: Eothen Press, 1987.

Naipaul, V. S. *India: A Million Mutinies Now*. London: Heinemann, 1990.

Panagariya, Arvind. *India: The Emerging Giant*. New York: Oxford University Press, 2008.

Rudolph, Lloyd, and Susanne Rudolph. *The Modernity of Tradition: Political Development in India.* Chicago: University of Chicago Press, 1967.

Rudolph, Lloyd, and Susanne Rudolph. *In Pursuit of Lakshmi: The Political Economy of the Indian State.* Chicago: University of Chicago Press, 1987.

Sen, Kunal. *Trade Policy, Inequality and Performance in Indian Manufacturing*. New York: Routledge, 2009.

Varshney, Ashutosh. *Ethnic Conflict and Civic Life: Hindus and Muslims in India.* New Haven, CT: Yale University Press, 2002.

Verma, S. K., and Kusum, eds. *Fifty Years of the Supreme Court of India: Its Grasp and Reach.* New Delhi: Oxford University Press, 2000.

Weiner, Myron. *Party Building in a New Nation: The Indian National Congress*. Chicago: University of Chicago Press, 1968.

Wilkinson, Steven. *Votes and Violence: Electoral Competition and Ethnic Riots in India.* Cambridge: Cambridge University Press, 2004.

第十六章
尼日利亚政治

A. 卡尔·勒万（A. Carl LeVan）
亚哈亚·巴巴（Yahaya Baba）

国家概况

尼日利亚

人口：1.82亿
领土：35.666 8万平方英里
独立时间：1960年
现行宪法的颁布时间：1999年宪法，该宪法以1979年宪法为基础（包括2011年修正案）
国家元首：总统穆罕马杜·布哈里
政府首脑：总统穆罕马杜·布哈里
语言：英语（官方语言）、豪萨语、约鲁巴语、伊博语和250个其他族群的本土语言
宗教：伊斯兰教（50%）、基督教（40%）、本土信仰（10%）

学习目标

16.1 讨论尼日利亚领导人选择中的一些主要问题
16.2 描述殖民前和殖民时期尼日利亚政治结构的碎裂性
16.3 讨论殖民、环境和全球因素对尼日利亚现状的影响
16.4 列举尼日利亚存在的亚文化类型，并讨论它们如何影响政治文化
16.5 列举政治社会化的四种原动力
16.6 描述并比较尼日利亚政治地位的军事和教育路线
16.7 解释尼日利亚政治结构的演变，并讨论国家权力与联邦权力
16.8 列举五种利益表达形式，并比较它们在尼日利亚北部和南部的影响
16.9 描述主要的政党及其支持基础，讨论选举的曲折历史
16.10 讨论诸如石油和族群多样性等因素如何影响经济表现
16.11 描述尼日利亚在该地区和世界上影响力的来源和形式

尼日利亚是非洲人口最多的国家，有5%的世界语言称尼日利亚为其发源地，因此，它是丰富的文化多样性的源泉。它的历史传统包括北部大规模的酋长国和南部的小型王国与分散管理的农村社区。自从1960年独立以来，它就一直在同政变、内战和无数次的经济形势恶化做斗争，最近，尼日利亚又面临危险的恐怖主义威胁。无论是专制政权还是民主政府同样都要面对基督教徒和穆斯林之间民族政治和宗教差异的斗争。但是，尼日利亚有一种蔑视悲观预言——在毁灭性暴力之后有关民主可行性、经济机会与和平建设的预言——的方式。因此，了解尼日利亚是了解非洲的一种有效路径。

在非洲，每个国家无疑都是独一无二的，但是，熟知尼日利亚的经历是理解非洲政治研究中某些共同主题的好办法。尼日利亚的殖民起源意味着，在1950年代，民族主义者必须阐明一种将各个民族联合起来的新的国家认同。1960年从英国赢得独立后，尼日利亚开创了一个无拘无束、或许也是不切实际的乐观主义时代，但这种乐观主义很快就消失了。同1970年代和1980年代的很多发展中国家一样，一系列的统治者承诺，一个强大的领导人可以将国家团结在一起并克服发展困难。依赖单一石油出口的经济使得尼日利亚很容易受到商品价格变化的影响，这导致在1980年代出现大规模的外债和不受欢迎的经济改革。1990年代的政治自由化和民主化推翻了残暴的独裁者并帮助国家远离这些麻烦。选举的公正性已经在慢慢改善，在2015年，公民们投票使控制国家和国家权力杠杆长达16年之久的政党下台。相比较而言，这种权力改变通常意味着，国家不太可能再次滑入专制统治。但是，民主仍然是不完善的，自2009年以来发生了一波血腥的恐怖主义，腐败盛行，服务糟糕。外债已经归还。同很多依赖单一商品生产的国家一样，尼日利亚无法将经济增长转化为普通民众生活条件的改善。

本章将考察尼日利亚的经济、社会和政治转型，并在更广泛的背景下审视最近的进展和持续的挑战。同很多非洲国家一样，新的政治结构、领导人或者政策是否能够摆脱历史遗产的影响仍是探究的中心路线。尼日利亚最近迈向民主与发展的措施值得研究，因为这个国家有如此多的特点，从而使得这样的进步具有特别的挑战性。

目前的政策挑战

16.1 讨论尼日利亚领导人选择中的一些主要问题

尼日利亚正享受着其历史上最长的文官统治时期，但它面临着治理失败和持续的宪法权威挑战，这使得民主处于危险境地。最近几年，尼日利亚的种族、地区和宗教分裂日益加剧。如果政治权力和经济资源得不到更为公正的分配，主要的政治精英和一些暴力团体会支持将国家分解成一个弱联邦或者甚至是完全独立的不同国家。选举暴力、持续的不平等、最近的叛乱、政府的失败都导致公众对民主的怀疑。1999年，随着**奥卢塞贡·奥巴桑乔**当选为总统以及几个星期之后新的民主立法机构经选举产生，富有希望的民主转型开始了。2003年，奥巴桑乔总统以压倒性的优势再次当选，他的政党也赢得了大多数其他重要的政治职位。2007年，当奥巴桑乔的支持者试图修改宪法以延长他的任期失败之后，新的总统**奥马鲁·穆萨·亚拉**

杜瓦当选。2009 年 11 月，总统亚拉杜瓦因患重病而脱离了公众视线，此时，尼日利亚宪法面临新的考验。在几个月无人履职之后，国民大会投票任命副总统担任执行总统——尽管这样做缺乏明确的宪法权威。当亚拉杜瓦于 2010 年 5 月去世后，副总统**古德勒克・乔纳森**正式宣誓就任总统，尼日利亚似乎又躲过了另一场考验。继位也引起了争议，因为它将权力从北部的穆斯林转移到南部的基督徒。之所以出现这种争议，原因在于，上述权力转移违反了南北之间非正式的权力轮换安排，这又重新点燃了尼日利亚政治中南北对立的局面。当乔纳森在 2011 年赢得全国范围内的选举时，几乎有 1 000 人在突然发生的一波暴力中丧生，很多北方人非常生气，因为执政党没有坚持将总统职位留给北方。

除了这些政治考验之外，尼日利亚人依然对民主制度感到失望，因为它无法利用国家的财富来满足基本的人类需求，如教育、饮用水、可靠的道路和公共安全。自 1999 年以来，发电量普遍下降，结果导致私人投资进入快速发展的经济要面临一种代价高昂的艰难环境。尼日利亚人均收入水平仅为美国或西欧国家的 1/10；在 2016 年，联合国人类发展指数排序的 188 个国家中，尼日利亚位居第 152 位。自 2013 年以来——当时，尼日利亚在 187 个国家中排在第 153 位——这种微不足道的改善表明，尼日利亚在“中等发展中国家”中仍处于最底层。

对民主的失望也体现在公共部门的腐败猖獗以及“博科圣地”的恐怖主义上。“博科圣地”是位于尼日利亚东北部的一个暴力极端主义组织（见专栏 16－1）。所有这些问题使得全体进步大会（All Progressives Congress，APC）在 2015 年作为执政党遭到了历史性溃败。**穆罕马杜・布哈里**的当选重新燃起了人们的希望，腐败和反对“博科圣地”的军事进攻都会受到如同军事行动般细致的审判。“博科圣地”的暴力活动引发了国内外公众的愤怒和人民民主党（PDP）领导的政府的谴责。在布哈里当选之后，新的政府取得了军队的领导权，同时解放了“博科圣地”控制的大部分领土。然而，布哈里政府无法有效地回应人道主义危机。联合国儿童基金会在 2016 年年末的报告中称，有 400 多万人正在面临食物短缺，至少有 65 000人生活在“类似于饥荒的条件下”。很多流离失所者（IDPs）因政府公款挪用或效率低下而得不到任何支持。

政府在调查腐败指控方面取得了一些进展。其中值得注意的案件是，前总统国家安全事务助理以及前陆军、空军和海军将领涉嫌贪污挪用 21 亿美元。尽管付出这些努力，但根据 2015 年透明国际的清廉指数（Corruption Perceptions Index），在被研究的 163 个国家中，尼日利亚仍然排在第 136 位。问题之一在于，尽管反腐败调查很常见，但高层官员很少被定罪。另一个问题与调查的明显选择性有关：很多人认为，政府的反腐败努力过于关注被赶下台的人民民主党的成员，执政的全体进步大会的高级成员很少面临调查。

因此，该政权停止了以往民主尝试的努力。由于政府表现不佳，基于种族、地区和宗教路线的持续宗派紧张关系，以及民主制度的挣扎，威权主义的魅力尚未完全消失。目前，在全体进步大会的民主政权下，尼日利亚还在努力应对重新出现的武装力量。挑战之一来自南部的产油区，在这里，新的武装组织已经出现并在破坏石油基础设施。这样的侵害降低了尼日利亚的石油出口，也因此减少了国家的主要收入来源。很多分析人士认为，新的武装激进分子与总统乔纳森的败选有关，该总统就来自尼日利亚的三角洲。同样，政府正面临分裂主义在东部的复苏，在那里，1967—1970 年爆发了血腥的内战。由于该地区是人民民主党的大本营，这些重新点燃的种族紧张情绪在重复着内战中要求建立一个独立的比亚法拉（Biafra）国家的呼声，这似乎也是为了惩罚新的全体进步大会领导的政府。

由此可见，2015 年的大选似乎又重新揭开了旧伤疤，尽管它也导致一个占据支配地位的政党失败，促进了恐怖主义暴力的减少，并为反腐败斗争注入新的活力。在接下来的讨论中，读者不仅应该考虑尼日利亚所面临挑战的历史性和结构性根源，而且应该考虑不断发展并影响政治行为的社会价值观。这个国家是巩固民主还是回到破坏性的政治模式取决于有效的领导、公民积极行为和能激发公民与投资者信心的健全制度之间的某种结合。

历史影响

16.2 描述殖民前和殖民时期尼日利亚政治结构的碎裂性

尼日利亚这个概念可以追溯到 1914 年，当时，名称和边界都由殖民法令强行规定。因此，如今一些持不同政见的声音将“1914 年的错误”视为一种对地区差异表示失望的表达方式[①]。在我们能够考察尼日利亚的当代政治以及它如何在令人困惑的多样性中生存下来之前，这一部分将讨论其丰富文化的古老根源。因此，从某种意义上说，这里有很多“尼日利亚”。在下文中，我们将考察不同政治文化的缘起，以及来自当今尼日利亚北部、东部和西部人们不同的殖民经历。

殖民前事件的持久影响

我们对殖民前非洲的印象常因误解而苦恼，有时这些误解表现为简单无知，但更多是偏见的结果。在工业化世界里，很多人仍然将传统非洲视为由一系列“部落”组成的“原始社会”[②]。然而，正如我们将要看到的那样，即使是在村落层面形成的早期文明也建立了复杂的制度从政治层面限制其统治者。在如今的民族国家被建立之前，所有这些民族在贸易、文化传播和战争等方面相互影响长达数世纪之久，它们的信仰体系同世界上任何民族一样复杂和明显。然而，在一个世纪之前并不存在单独的尼日利亚。**豪萨人**（Hausa）在公元 1000—1200 年开始在尼日利亚北部建立城邦，并在不迟于 15 世纪受到伊斯兰教的影响。在接下来的一个世纪里，清真寺和学习《古兰经》的学校兴旺发达，豪萨族的王子们在政治影响力和经济可及度方面与摩洛哥和奥斯曼帝国相匹敌。几个世纪以来，这些体制的命运跌宕起伏，但是，当非豪萨族的宫廷官员在 19 世纪初起来反抗时，它们发生了决定性的变化。这些官员是**富拉尼人**（Fulani）——一个起源于

① Editorial, “Don’t Celebrate 1914 Amalgamation,” *Punch*, August 19, 2012.

② “部落”这一术语被不加选择地适用于村落里的小群体或整个国家，而且，通常与形容词“原始的”相连用。因此，“部落”已经失去了任何具体的意义并被赋予了偏见的观念。

苏丹西部的民族，他们起初作为牧民进入豪萨人的领地，当然，更为重要的是他们成为教师、商人并最终成为宫廷顾问。一位富拉尼人的学者兼传教士乌斯曼·丹·福迪奥（Usman dan Fodio）鼓励人们举行反对豪萨族国王的宗教和政治暴动。一个由富拉尼人控制的伊斯兰王权在当今尼日利亚北部的索科托（Sokoto）建立起来。这个富拉尼王国控制着大部分北部地区，直到英国于1903年将其击败。直到现在，索科托仍然保留其作为尼日利亚伊斯兰宗教首府的地位。豪萨族和富拉尼族的文化是如此交织在一起（这两个民族之间广泛通婚，而且豪萨语成为其主要语言），以至于北部占据支配地位的文化通常意指**豪萨-富拉尼文化**（Hausa-Fulani）。豪萨-富拉尼王国统治者的后裔们——按照伊斯兰的称号，他们被称为埃米尔（*emir*）——继续占据着尼日利亚北部重要城市的宫廷。

在西南部的森林地区，**约鲁巴族**（Yoruba）和比尼族（Bini）于12—15世纪开始在奥约（Oyo）、伊费（Ife）和贝宁（Benin）等地建立王国。17—18世纪，奥约王国征服了它的对手，并将其控制范围延伸到尼日利亚整个西南部地区。这些政治体制发展了复杂的方法来限制统治者的权力。例如，奥约王国的统治者阿拉芬（the Alafin）由酋长理事会选举产生。历史学家们认为，如果酋长理事会觉得阿拉芬超越了自己的权限，他们可以迫使阿拉芬自杀。为了确保酋长理事会不会滥用权力，某位理事会成员要同阿拉芬一道死亡①。居住在这片土地上的其他民族自己建立组织，但没有形成王国或国家，如今，他们已成为尼日利亚的一部分。例如，位于东南部的**伊博族**（Igbo）社区是在村落或者家庭的延伸层面进行治理。"政治体制是教会会议的，且具有竞争性，"一项人类学研究解释道，"领导地位在性质上是民主的，村委会给了年轻人太多的自由。胜任领导地位的是*能力*，而不是*年龄*。"② 约鲁巴和伊博的例证表明，责任和有限政府是如何呈现出不同形式的。

由于尼日利亚是基于殖民经历被界定的，因此，我们必须探究英国的最终统治是如何以及为什么出现的。英国对西非感兴趣的直接原因是贸易，第一个具有特别重要性的国际贸易是奴隶。早在16世纪，靠近海岸的团体就开始用俘虏同欧洲商船交换商品。不同王国之间的战争确保了俘虏的大量供应，尤其是在尼日利亚西南部。在接下来的300年里，这种贸易一直被长期维持：贝宁、拉各斯（Lagos）、邦尼（Bonny）和卡拉巴尔（Calabar）发展成为奴隶贸易中心，每年向美洲输出2万多人。

1807年，英国议会宣布奴隶贸易非法。在一次非同寻常的转变中，英国海军取代了英国的奴隶商船，并开始在西非海岸巡逻从而切断奴隶贸易，这种贸易大约到1850年才被完全消除。已确立的奴隶贸易模式逐渐转向运输其他商品。英国领事确立了自己在非洲海岸的地位之后就开始干预地方政治，并支持那些给予自己商业利益超过其他欧洲贸易者的候选人获得统治地位。英国人成功

① Michael Crowder, *The Story of Nigeria* (London: Faber and Faber, 1978).

② Victor Chikezie Uchendu, *The Igbo of Southeast Nigeria* (Fort Worth, TX: Harcourt Brace Jovanovich College Publishers, 1965), 103.

地赢得自己在海岸沿线的保护和贸易条约。这些条约是不平等主体之间的条约，随着英国人首先确立自己的贸易控制和随后的政治控制，它们就日益对英国人有利。

殖民地插曲（1900—1960 年）

欧洲的工业革命不仅加大了对原材料的需求，而且强化了对新市场的探索。为了避免因争夺殖民地而爆发战争，重要的欧洲强国于 1884—1885 年在柏林召开会议，并将非洲划分成各个不同的势力范围。实际上，欧洲国家决定控制整个非洲大陆，而不仅仅是同它的统治者和商人进行贸易。在一系列的谈判、帝国主义战争和征服之后，它们的努力获得了成功。截至 1914 年第一次世界大战爆发，根据欧洲列强所主张的控制范围，非洲地图已经明显地被不同颜色的画线所标示。因此，在 1886 年，皇家尼日尔公司（the Royal Niger Company）被授予控制尼日利亚贸易的皇家许可证。该许可证在 1900 年因拉各斯殖民地以及尼日利亚北部和南部受保护领地的建立而被取代。同大多数非洲人一样，尼日利亚人对这段外部干预的历史非常敏感。实际上，“尼日利亚”这个名称本身是由一位英国女人首次使用的，她后来与殖民地尼日利亚的设计师弗雷德里克·卢加德（Frederick Lugard）爵士结婚。

在殖民渗透和西非的自然环境之间存在着一种不幸的相互作用：由于人们在热带雨林、草地或沙漠要适应不同的生活，因此文化也往往受到气候和生态的影响。在西非，主要的气候和生态地带是东西走向的。然而，殖民的推力是从几内亚海湾沿岸向内陆延伸的，殖民边界随之在沿岸被建立并向北部拓展，从而与气候带交叉在一起。因此，这一点实际上确保了所建立的殖民地由文化背景截然不同的各个民族组成。

1914 年，尼日利亚首次成为一个实体。当时，北部和南部的受保护领地（加上拉各斯城）都被控制在单一的殖民政府之下。然而，由于它的两个部分继续被单独治理，这种统一行动在很大程度上具有象征意义。北部和南部州替代了受保护领地，每个州都有一个代理州长。然而，两者的发展速度截然不同。例如，北方人直到 1947 年才成为尼日利亚立法会的成员。实际上，按照州长卢加德爵士的阐述，北方被证明是“间接统治”的完美场景：英国政府没有直接干预殖民地的日常生活，而是支持传统领导人的统治，如富拉尼的埃米尔。卢加德认为，这是控制殖民地和促进经济自给自足最为有效的手段，并因此降低了殖民主义的经济成本。作为理解的一部分，英国人还禁止基督教传教士在北方这个以穆斯林为主的地区传教。在尼日利亚南部，在传统统治者存在的地方（如在约鲁巴族），接受西方教育的精英们就挑战他们的权威；这使得间接统治战略变得复杂化。在尼日利亚东南部（如在伊博族和其他民族），实际上根本不存在传统的国王或酋长。有时，在这种概念不为人熟知的地方试图建立部落酋长导致了某些滑稽但通常是悲剧性的结果。由于这些不同的传统，间接统治的适用进一步区分了不同地区的政治经验。

英国殖民政府还面临着目标不相容的问题。为了使殖民地能够自我维持，英国需要一种出口经济。然而，从一个维持生存的农民社会转向一个以市场为导向的社会削弱了传统统治的基础。除了北部以外，酋长和国王没有传统的征税权，但是这在殖民体制中甚至成为一种中心义务。而且，现代化交通和通信的发展（这对刺激商业尤为必要）鼓励人们从农村流向城市，从国家的一个地区流向另一个地区，这一切都受到殖民当局的保护。城市化人口和来自其他文化背景的移民几乎不可能被期望对传统的统治者表示尊重，他们也找不到任何纳税的理由。

除了商业和行政之外，英国人还带来了传教士。很多教派（圣公会、长老会、天主教、浸礼会、基督复临派等）的传教士都将福音带到尼日利亚。尽管如此，北部的酋长国和英国人达成如下共识：在它们的领域范围内不允许进行基督教传教。这就埋下了地区不平等的种子，因为它意味着传教士只能在南方建立学校和医院。由于尼日利亚儿童学习英国人的语言和风俗，他们获得了某些工具，从而根据统治者自己的主张对殖民统治发起挑战。然而，所出现的接受西方教育的精英大部分来自南方。因此，文化沿着宗教路线出现了南北分裂，但是，它们之间的社会经济差异也可以在很大程度上归因于殖民起源。

现代化的宪制发展始于尼日利亚作为单一的殖民地被建立之后的头几年，并于 1922 年首次提供民选职位。一位早期的民族主义领袖赫伯特·麦考利（Herbert Macaulay）随后很快组建了一个政党。随着以尼日利亚人为中心的政治生活在那些正规教育的接受者中不断发展，其他的组织纷纷出现，英国殖民政府面临参与要求的巨大压力。

从此以后，由各个州长颁布的宪法（通常以他们的名字进行命名）总是在某种程度上落后于尼日利亚政治活动家的预期。然而，南方政治家所认为的保守主义者通常被北方的保守主义精英们视为激进主义者。尼日利亚人所持的这些不同意见于 1954 年导致在北部、东部和西部三个地区建立了联邦制。每个地区都受一个单一的族群支配：北部的豪萨-富拉尼族、东部的伊博族和西部的约鲁巴族。由于受到领导人施加的压力，东部和西部地区在 1957 年接受自治政府，北部地区于 1959 年在全国独立前几个月实现自治。

尼日利亚独立

在尼日利亚临近独立之际，人们达成的普遍共识是，尼日利亚应该作为一个单独的国家而独立。独立的尼日利亚诞生于 1960 年 10 月 1 日。尼日利亚独立的联邦和州政府经历了非常短暂的“蜜月期”。在两年之内，冲突就将西部地区的执政联盟痛苦地分开了。第二年对全国人口普查的怀疑（我们将在后面讨论）破坏了这些地区之间已经很微弱的信任关系。最后，在 1965 年，因与选举有关的欺诈和暴力导致西部地区的法律和秩序崩溃，军方在 1966 年 1 月的政变中推翻了第一共和国。随后的独裁统治对民主发展制造了新的障碍，我们将在后文进行详细考察。

环境和人口对发展的限制

16.3　讨论殖民、环境和全球因素对尼日利亚现状的影响

1999—2014 年，尼日利亚似乎在经济上取得了巨大进步，成了产生乐观主义的源泉。2000—2011 年，尼日利亚的国内生产总值（GDP）年平均增长率达到 6.6%。在购买力平价（PPP）——它可以控制各国货币价值的相对差异——方面，尼日利亚的人均 GDP 在此期间从 1 130 美元上升到 2 533 美

元（我们将在本章的后面讨论尼日利亚的GDP；参见表16-4和附随文本）。这标志着与早期相比有了巨大进步，1980—1991年人均GDP实际上每年下降1.7%。自2000年以来的经济增长使得尼日利亚很好地度过了2008—2009年发生的国际金融危机，这似乎也证实了民主可以带来经济效益的广泛主张。

然而，尼日利亚的GDP随后从2014年的5 680亿奈拉跌至2015年的4 810亿奈拉，进而凸显了可持续发展始终面临的结构性挑战。全球石油价格的急剧下跌被证明对经济造成了毁灭性冲击，因为尼日利亚75%的预算收入和90%的政府出口收入都来自石油。另一个问题是，利好的宏观经济和财政迹象未能转化成普通公民日常生活的具体改善；即使在经济扩张的年代，贫困率仍上升。对石油的依赖只是尼日利亚政策选择的根本性限制之一。该国国内社会和经济发展不平衡的殖民遗留问题妨碍了促进经济多样化的政策改革，而这些改革能够稳定经济收益。这一部分将强调加剧尼日利亚社会经济复杂性的一些因素。环境、人口和历史背景都使得尼日利亚很难维持近年来的社会经济进展。

影响农业生产和初级商品销售的条件

殖民政策不仅妨碍了尼日利亚的政治发展，而且对其经济具有深远影响——如果它们混杂在一块的话。在殖民早期，南部尼日利亚人一直在生产可可粉、棕榈油、木材和橡胶。主要作为热带硬木的木材被销售用于家具和建筑，它来自南方正在不断减少的热带雨林。在北方，主要的市场产品是牛、兽皮、棉花和坚果。

这些商品的贸易增长并不完全是自发的。英国人对尼日利亚的兴趣主要是商业性的，它起源于联合非洲公司（UAC）。1886年，当联合非洲公司作为皇家尼日尔公司而被授予许可证时，它就被赋予了警察和司法权力，它还被授予征税权和贸易监督权。并不令人感到奇怪的是，它的政策旨在发展与英国需要相适应的尼日利亚经济。而且，在英国，公众情感从未坚定地支持建立一个殖民帝国，国会中强大的声音也是支持将帝国成本维持在最低水平。殖民政府面临自给自足的强大压力，即它们要发展地方税收来源，用于支付自己的行政成本。因此，殖民地的行政官员向小农们施加压力，让他们远离温饱型农业，并从事商业性耕作，尤其是出口作物。而且，有成本效益的市场营销意味着强调某些最急需的产品。在尼日利亚（和西非的其他地方），这些产品最终被证明是棕榈油、可可粉、坚果和棉花。因此，英国对原材料的需求以及提供一种自给自足的殖民行政的需要造成了扭曲的经济发展：尼日利亚依赖少量的农产品出口，而不是为国内工业创造有利可图的制成品。

人口增长和农业的商业化相结合使长达数世纪之久的农业技术和生态之间的关系变得紧张。有时，殖民官员假定，即使不承认热带地区存在不同的生态生产条件，热带地区的生产力也可能因为“现代化”方法的引入而被大幅提高。郁郁葱葱的热带雨林不可能简单地被种植所替代。雨量、温度和土壤条件意味着，在英国或北美有效的农业技术在尼日利亚可能并不成功，或者甚至具有灾难性。在新的技术能增加农业生产之前，需要时间和实验来检验。

尼日利亚幅员辽阔、生态多样的环境有

助于农业生产的多样化。但与此同时，对外汇的需求意味着，农业继续强调可出口产品，即使投资资本很大程度上导向工业化。工业化国家和第三世界国家的经济学家们都将工业和繁荣联系在一起，农业则被视为“摇钱树”，从中提取储蓄用于其他领域的投资。而且，尼日利亚的政府官员（他们都接受了平衡预算需求的培训）在拨款议案和过于乐观的“预期收入”估计之间进行平衡。当两者不相一致时，所缺的差额由中央农产品营销委员会（the Central Produce Marketing Board）——它是一家负责从农民手中购买所有货物的政府机构——积累的现金储备予以补足。然而，“由于这些储备源自以下两者之间的差价，即支付给农民的费用和中央农产品营销委员会在出口创汇中所挣得的收入……在将近十年的时间里，尼日利亚只有通过剥削农民才能维持生存”①。

除了通过压低农产品价格来提供这些储备之外，尼日利亚政府在整个1960年代还通过控制国内市场支付给农民的价格来满足城市对廉价食物的要求。这种行动造成了农业工作吸引力的丧失，并提升了城市的诱惑力。

疾　病

身体疾病是人类境况的一部分，较贫穷国家更高的疾病发生率在很大程度上可以通过缺乏获得医药、医疗设施和人员的资源而得以解释。但是，环境也是原因之一。某些最常见的人类疾病（包括疟疾）只能出现在热带气候中。实际上，在热带气候的非洲，每一个长期定居的居民都带有疟疾病毒，相当比例的人口都被该病毒感染。它通常并不具有致命性，但使人极度虚弱，而且，它确实影响劳动生产力。各种各样因河水带来的疾病也可以解释非洲的长期疾病和死亡，尤其有助于解释儿童较高的死亡率。正如农业问题一样，研究可以消除这些疾病。然而，世界上适用于健康问题的资源份额在相当程度上不成比例地关注工业化世界更为常见的疾病。

艾滋病位列非洲最可怕的疾病清单之首。在2013年，世界银行的报告称，在所有15～49岁的尼日利亚人中，有3.7%的人被感染。这逆转了2000年代中期的一段改善期的结果，当时，奥巴桑乔政府承诺抗击艾滋病毒，并成功地将感染率降到只有3%。在很多非洲国家，艾滋病疫情降低了国家生产力，尤其是农业生产力，因为它需要大量的劳动。小儿麻痹症，在全球范围内几乎消失的一种疾病，于2016年再次出现在尼日利亚东北部的孤立地区。

人口增长

对到尼日利亚的游客而言，没有什么比年轻人口的总数给人留下更为深刻的印象；到处都是成群的儿童。大约44%的尼日利亚人不到15岁②。在劳动密集型的农业社会中，儿童被认为是一种有价值的资源，同时，在一个婴儿死亡率很高并且没有任何社会保障制度的国家里，如果父母亲不生育足够的孩子以便他们当中某些人长大后赡养年迈的父母，是非常不明智的。当然，这种行为在社会层面变得功能失

① Billy Dudley, *An Introduction to Nigerian Government and Politics* (Bloomington: University of Indiana Press, 1982), 230.

② World Bank, “World Development Indicators,” in *World Development Report* 2015 (Washington, DC: World Bank, 2016).

调，因为日益增加的人口要为生存而斗争。尼日利亚的预期寿命——在 2014 年预计 53 岁——证实了这一点，因为它甚至比一些更穷的邻国（如贝宁）还要低得多。

图 16－1 表明了联合国对 2100 年之前预计人口增长的最佳预估。截至 2050 年，尼日利亚的人口将会超过美国，如果它保持目前的发展轨迹的话。1975—2000 年，尼日利亚的人口平均每年增长 2.9％。自 2000 年以来，尽管经济增长率高达 6.6％，但快速的人口增长使该数据按人均计算降到了 4％。在这种快速的人口增长和城市化环境下，儿童成了经济负担。因此，自 1960 年代早期以来，“抚养率”（dependency ratio，非工作人口占工作人口的比率）稳步上升，这给尼日利亚发展不足的社会福利和教育设施带来了巨大压力[①]。

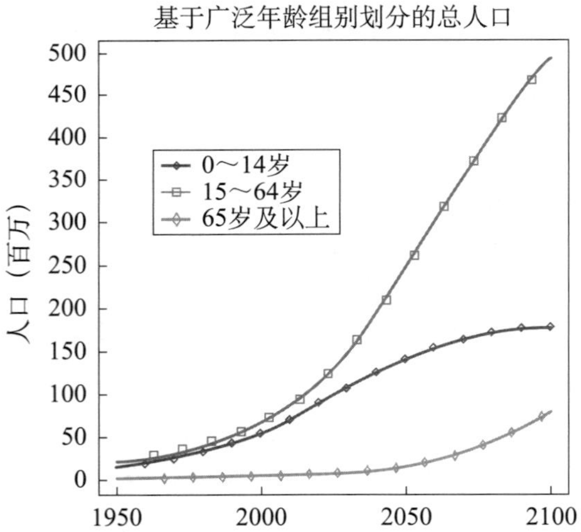

图 16－1 1950—2100 年尼日利亚人口增长的推算

尼日利亚是世界上人口增长速度最快的国家之一，从而带来了重大的发展挑战。

在尼日利亚，人口统计总是饱受争议，因为它具有资源分配和政治区划的意义。2006 年最近一次官方人口普查之后，出现了抗议和一些暴力事件，实际上，自 1963 年以来，就不存在一个广为接受的普查结果。从这种意义上说，布哈里总统没有按照要求在 2016 年进行人口普查也就不足为奇了。但是，缺乏准确的人口数据也使得长期政策规划更为困难。

城市化

尼日利亚共享非洲常见的一种城市化模式：尽管本国仍然主要表现为农村性质，但它的城市化进程非常迅速。1970—1995 年，尼日利亚城市人口的份额从 20％增加到 39％。按照联合国的预计，48％的人口如今生活在城市地区。

很多因素正在推动国内人口向城市迁移。例如，数百万人已经纷纷涌向联邦首都**阿布贾**。有超过 60％的所有政府活动都发生在那里，这就意味着公务员和服务部门的很多岗位都在那里。阿布贾之所以吸引人，还因为首都的公共服务往往更好；而更小的城市通常提供的是劣质服务。迁移也可能是由国内的逃离所致。按照国家难民委员会的预计，2004—2008 年，有 320 万人因尼日尔三角洲的武装暴力而流离失所，2011 年的洪水使得其他几个州的另外 48 万人远离家园。最近，有数百万人逃离恐怖主义暴力，并在东北部城市或其附近定居。例如，仅在博尔诺州（Borno），至少有 120 万国内流离失所

① Patrick Smith，“Economy，” in *Africa South of the Sahara* 1994（London：Europa 1994），660.

者生活在该州的大都市迈杜古里（Maiduguri）①。

尼日利亚的最大城市是拉各斯，其所在的州名与城市名相同。最近，拉各斯州通过增加税收执行、吸引新的海外投资、投资基础设施等方式扭转了多年的经济衰退。直到2015年布哈里总统当选，拉各斯仍是为数不多的由属于本国反对党的州长来治理的州之一。因此，很多观察者想知道，该州相对良好的治理是否是它在反对党中的突出地位的结果，以及它的表现是否会影响其他州②。

人口迁移意味着，农业工作可以利用的劳动力比例变得更小。当然，那是现代化的一种正常模式，但是，除非农业工人的生产率增加，否则，它就意味着粮食产量的下降。城市化也会带来政治影响，因为密集的居住安排有利于政治组织。实际上，军方为什么从头开始建立首都阿布贾的原因之一在于，拉各斯的大量人口非常有利于抗议和反抗。

石　油

同前面个别章讨论的国家一样，尼日利亚是一个食利者国家。1950年代，随着1958年出口第一船原油，尼日利亚的石油储备规模变得十分明显。

在独立之初，联邦政府向西方私营石油公司收取适度的提成费用。1971年，尼日利亚加入**石油输出国组织**（OPEC），它也成立了一个政府实体直接参与石油生产。在几年之内，政府就获得所有石油生产活动的多数股权。这种情形发生在油价急剧上升之际：从1972年的每桶3.3美元到1979年的每桶21.6美元。如今，石油开采与出口依靠石油资源部和尼日利亚国家石油公司，但它们与私营石油公司签订了联合经营协议。因此，由尼日利亚联邦政府直接将原油销售给跨国石油公司逐渐为联邦政府带来更多的收入，并通过联邦制度提供给州和地方。

1967—1970年，尼日利亚笼罩在一片血腥的内战之中，这阻碍了它的石油出口。然而，在战争结束之后，尼日利亚的石油生产在整个1970年代都以一种惊人的速度增长。尽管这样一种有价值的矿产资源对任何国家都是一项资产，但它对尼日利亚的影响并不完全是有利的。该国经济因石油和传统农产品之间的价值存在巨大差异而被扭曲。很快，年轻的工人放弃了他们的农场和农村，成群结队地涌向城市和油田。图16－2表明，在1970年代初，尼日利亚的硬通货来源从农产品急剧转向石油。

尼日利亚财政史上出现过两次不同的石油收入高峰。第一次高峰是在1979年，随后，石油需求连续四年下降。尼日利亚的设计师们反应迟钝，未能意识到供给上升和需求停滞的影响。由于尼日利亚在1970年代已经开始了大规模的发展项目，这就意味着它要拖欠债务。和很多第三世界的国家一样，这迫使政府在1980年代强行实施令人不悦的紧缩政策。

如今，石油占据了大约90%的出口收

---

① Medecines sans Frontiers, "Crisis Info on Borno Situation," http://www.msf.org/en/article/nigeria-crisis-info-borno-emergency-august-2016, accessed October 17, 2016.

② Diane de Gramont, *Governing Lagos: Unlocking the Politics of Reform* (Washington, DC: Carnegie Endowment for International Peace, 2015).

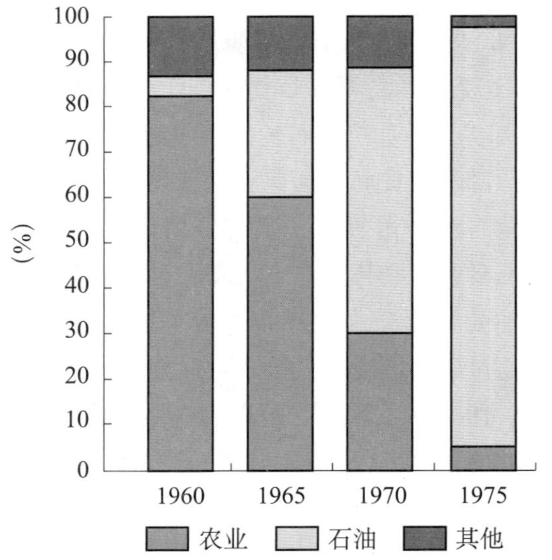

图 16－2　1960—1975 年尼日利亚出口构成

随着农业减少和石油出口的增加，尼日利亚经济没有那么多样化了，而且在某些方面变得更加脆弱。

资料来源：Peter O. Olayivola，*Petroleum and Structural Change in a Developing Country*（New York：Praeger，1987）.

入。由于 2003 年爆发的伊拉克战争，世界油价开始上涨，尼日利亚随后再次开始获得巨大收益。例如，它在 2006 年偿还了大部分外债，从而建设性地使用了这笔意外之财的一部分。这对该国免受 2008—2009 年国际金融危机的影响是有帮助的。因石油带来的某些意外之财还刺激了经济多样化和新的投资。最为明显的是，服务业从 2000 年占 GDP 的 25%上升到 2011 年占 GDP 的 37%；批发和零售业占服务业增长的一半，通信（包括手机的普及业的）占比也在增加。这些令人备受鼓舞的趋势激励着非洲发展银行和一些私人投资者，他们想知道尼日利亚人是否已经治愈了石油的“资源诅咒”。尽管如此，2014 年油价下跌后的经济衰退和货币崩盘凸显出克服那种诅咒以及可持续发展的其他历史障碍是多么艰难。

自然资源的地理分布：政治影响

尼日利亚的油田分布在尼日尔三角洲盆地，它的面积有 4.35 万平方英里，占全国面积的 8%。作为一种地理位置上比较集中并且远比其他任何资源更具有价值的自然资源，尼日利亚的石油提出了一个典型的分配正义问题。它的潜在价值是东部地区于 1967 年宣布独立并成立**比亚法拉**国的重要动因，石油当然有助于解释尼日利亚的其他地区为什么如此顽固地决定将比亚法拉保留在尼日利亚之内。但是，如果比亚法拉赢得独立，油田所有权问题就不会丧失，因为世代居住在该地区的人民都是由伊博人控制的比亚法拉地区的少数民族。即使联邦政府赢得内战，地方各个民族仍继续对如下事实表示抗议：石油财富惠及整个国家，但又由它们所在的地方承担因石油作业导致的环境退化的代价。很多团体组织了抗议活动，如比亚法拉主权国家实现运动（MASSOB），这是在唤起人们对内战的记忆，从而考验尼日利亚对民主自由的承诺（见专栏 16－2）。

对资源分配不均的暴力抗议可以追溯到 1960 年代。但是，在 21 世纪头 10 年的中期，随着**尼日尔三角洲解放运动**（Movement for the Emancipation of the Niger Delta，MEND，这是反叛团体的一个保护伞组织）的成立，这些挫折感有了新的转机。就在几年之内，这些团体就劫持了数百名外国人质来抗议产油区的条件。尼日尔三角洲解放运动提出环境清洁要求，同时要求增加返还给产油州的收入份额。有时，这些行动与犯罪团伙通过偷盗石油来谋取利益的活动相叠加，这种偷盗行为也被称为“装仓”（bunkering），2003—2008 年，它至少花去了政府1 000亿美元。在2008—2009年叛乱活动的高峰期，每天有多达30万桶石油被“血油”（blood oil）所淹没，它们要么被用来资助叛军，要么被串通一气的政府官员中饱私囊①。叛乱得以平息，这在很大程度上是因为一项由政府支持的“特赦”，它使35 000名青年男子复员，他们上缴枪支以换取报酬和职业培训。尽管如此，不满情绪依然存在，尤其是因为很多先前的叛乱者觉得特赦带给精英们的利益更多。如今，一个新的团体尼日尔三角洲复仇者（Niger Delta Avengers）在威胁石油供应。布哈里总统也不得不面对是否继续特赦这样的问题。由于经济衰退导致的现金短缺使得这项任务更为复杂，这就像如下认识同样复杂一样：来自北方穆斯林的布哈里以某种方式对三角洲地区存有偏见，他的前任来自三角洲地区。

尽管如此，南南地缘政治区域的六个核心产油州并不是这个国家唯一因石油财富而招致怨恨的地区。就在特赦发生之后的数月内，一个新的甚至更为残暴的叛乱组织深深扎根于东北部（见专栏16－1）。民主政府努力通过代表制、资源分配或其他方式来容纳各种各样的不满。政府通常诉诸暴力来制止叛乱，并努力与反叛组织实施可信赖的和平进程。

专栏16－1

伊斯兰激进主义者对民主的挑战

大约从2009年开始，尼日利亚遭到伊斯兰极端主义者的暴力袭击不断增加，袭击的目标主要是教堂、警察局，甚至是学校。他们自称“致力于宣传先知的教义和圣战之人”，但他们现在已经成为众所周知的“**博科圣地**”（这是豪萨语里的一个术语，大致可翻译成“西方教育是罪恶的”）。根据外交关系委员会汇编的数据，自2011年以来，至少有26 000人在暴力中丧生。恐怖分子袭击政府大楼、宗教场所，甚至小学学校［其中包括2014年那起臭名昭著的绑架奇博克（Chibok）一所学校内近300名女生的案件］。大部分袭击发生在东北部。但是，2011年，炸弹也造成联合国在阿布贾的办公场所的几十人被杀害，在2012年1月又在中北部城市卡诺（Kano）杀害了200人。

“博科圣地”的意识形态、目标和战术是逐步形成的。它成立于2002年，是一个虔诚的、相对默默无闻的伊斯兰教派，总部设在博尔诺州的迈杜古里，受一位富有魅力的阿訇（宗教学者）领导。这些年来，“博科圣地”与政府当局之间的一系列变化都升级了，它们涉及的通常都是一些小事，如交通停运和送葬等。在2009年7月，最后的摊牌是以其领导人穆罕默德·优素福（Mohammed Yusuf）被军方抓捕而告终。优素福立即被警方公开处以极刑。按照人权组织的记录，在持续几天的冲突中，约有800人死亡。直到最近，暴力似乎伴随着袭击与报复的痛苦循环，结果导致一些学者和分析人士因该团体的激进化而谴责这次事件。2013年4月，政府袭击了博尔诺州的另一个村庄，又有数百人在众所周知的巴加大屠杀中丧生。国际特赦组织的2015年报告组织对500多人进行采访，旨在记录安全部门严重且

① Judith Burdin Asuni, “Blood Oil in the Niger Delta,” Special Report 229 (Washington, DC: U.S. Institute of Peace, August 2009).

系统的职权滥用。自从布哈里总统 2015 年宣誓就职以来，恐怖主义袭击有所减少，但是，很难就此宣称“博科圣地”已经被击败。数百万流离失所者仍然不太愿意返回家乡，一是担心他们的安全，二是因为大规模地区建设规划被搁置了。

“博科圣地”突出了尼日利亚的几个重要现象：尽管它的策略被几乎所有尼日利亚人拒绝，但它对伊斯兰法的支持以及它对北方欠发达程度的根本批判实际上一直是主流的政治话语。很多尼日利亚人将伊斯兰教法视为刑事司法系统（该系统无法减少犯罪，而且组成该系统的法律与文化传统相脱节）之外一个颇具吸引力的选择。但是，对伊斯兰教义的某些解释非常严厉，例如，砍断小偷的手或者惩罚人们的道德越轨行为，如通奸。基督徒（包括越来越多的北部基督徒）都视伊斯兰教法是对自己信仰的威胁，是对尼日利亚宪制核心的世俗妥协的违反。因此，“博科圣地”体现了南北之间复杂的关系——这是两个截然不同的地区，100 多年前因帝国法令而结合在一起，有时，它们也会努力追求共同的事业。该教派的大本营驻扎在东北部边境以及担心它与全球恐怖主义组织的联系也突出强调了极端主义意识形态（和武器）是如何在全球化的世界中传播的。

国际环境

同大多数非洲国家一样，尼日利亚深受其诞生于冷战的高峰期和因苏联解体而导致的两极战争突然结束的影响。冷战期间，新的国家被施加压力选择站在哪一边。西方和东方都向发展中国家提供对外援助作为对其忠诚的一种回报。独立时的尼日利亚被认为是保守和“亲西方的”。

然而，很多尼日利亚知识分子将西方的资本主义等同于殖民主义，他们主张，殖民主义在独立后仍将通过**新殖民主义**（neocolonial）经济联系而继续存在。在尼日利亚独立后的头 30 年里，政治对话通常以资本主义和社会主义的意识形态极点为基础，同主要强国之间的关系包括在两极之间表明立场。因比亚法拉 1967 年在东部地区宣布独立而导致的内战中，苏联支持尼日利亚联邦政府，而美国政府试图保持中立，尽管比亚法拉运动得到美国普通民众的广泛支持。经济最终决定了尼日利亚的国际地位：西方最胜任于勘探尼日利亚的油田，只有西方具有提取和销售这种自然资源的技术。因此，尼日利亚联邦政府和世界上某些重要的石油公司之间建立了某种紧密联系。

冷战的结束为尼日利亚（和其他更贫穷国家）同工业化世界的关系开启了一个崭新时代。西方人对共产主义传播的担心导致他们关注很多贫穷的小国，这样的结果通常是支持一些国家的亲西方专制统治，如扎伊尔（今刚果民主共和国）、象牙海岸和尼日利亚。截至 1990 年代，西方政府更加强调民主化的重要性。在那些缺乏重要资源或战略价值的第三世界国家，支持暴君似乎不再值得。这促成人们持有一种普遍看法，即非洲正在被边缘化。随着巴西、印度和中国不断增长的经济试图寻求非洲资源并在非洲大陆进行投资，上述情形似乎正在改变。贸易也越来越伴随着援助。例如，在 2001—2008 年小布什政府时期，美国与非洲的整体贸易增加了 3 倍，同时，美国和英国都承诺提供数十亿美元的新的国外援助。

在1973年石油危机之后，由于尼日利亚积压了大量的国际债务，它同样分享了第三世界的一种共同经历。油价的突然上涨导致世界银行出现大量新的储蓄，这使得信贷非常充裕。十年的军政府在奢侈品和不可持续的基础设施项目上挥霍无度；由于精英们购买廉价的进口商品，对货币估价过高导致了通货膨胀。在商品价格暴跌之前，举债消费似乎对各方都是有意义的。1980年代，第三世界的债务迅速增长，有好几个政府都无法偿还债务。尼日利亚的负债从1980年的89亿美元上升到1991年的345亿美元；到了1995年，它相当于该国年出口价值的274.5%，国民生产总值（GNP）的140.5%。在1999年转向民主之后，奥巴桑乔总统使减少债务成为本届政府的首要选择。到2006年，很大程度上是由于高油价带来的收入，尼日利亚成为第一个还清巴黎俱乐部（来自多边贷款机构）债务的非洲国家，并将它的总债务减少了300亿美元。自从2010年以来，政府再次回到巨额借款的状态。因此，尼日利亚中央银行的报告称，2015年期间的公共债务增长了12%。如同很多发展中国家一样，以预期的经济增长为抵押进行贷款的诱惑往往难以抗拒。由于石油价格较低和经济多样化受限，借款很可能会继续下去。尼日利亚庞大的国内生产总值已经缓冲了债务的某些影响，但也减缓了经济增长的速度。

尼日利亚国际环境的最后一个方面是其位于西非的地理背景。作为殖民统治的一种意外遭遇，尼日利亚完全被前法国殖民地所包围，如贝宁（原达荷美共和国）、尼日尔和喀麦隆。尼日利亚正在不断地成为地区领袖，参与非洲大陆的维和行动，并在地区组织（如非盟）中发挥自己的影响力。

伊斯兰激进组织的崛起是尼日利亚地区认同的一个日益重要的特征。自2009年以来，“博科圣地”在东北部的出现（见专栏16-1）引发了人们对暴力极端主义在萨赫勒（Sahel，延伸到北非的一个广阔地区）蔓延的担忧。在2011年利比亚独裁者穆阿迈尔·卡扎菲（Muammar Gaddafi）倒台后，武器可以通过利比亚漏洞百出的边境线过境，有些武器最终落入伊斯兰激进分子手中，他们在2012年短暂占领了马里北部。尼日利亚政府和西方一样对恐怖主义表示担忧，安全部门的高压政策引起人权活动人士和那些对文官控制军队表示担忧之人的争议。

政治文化和亚文化

16.4　列举尼日利亚存在的亚文化类型，并讨论它们如何影响政治文化

尼日利亚的政治文化具有极度的多样化和复杂性。对它的分析必须考虑覆盖在各种前殖民传统之上的一种西方价值体系，必须评估各种宗教信仰的影响以及基督教徒和穆斯林传教努力带来的日益增加的影响。尼日利亚自沦为殖民地以来，出现了以社会阶级以及城市和农村居民不同经历为基础的新的分裂。在此，我们将最大限度地关注族群认同、宗教信仰、社会和经济地位、与城市生活的联系和社会组织所具有的政治意义。

族群认同

尼日利亚人很容易根据语言和文化特质来识别。最大的三个群体——豪萨-富拉尼族（豪萨族）、伊博族和约鲁巴族——共同占据了全国人口的约2/3，而且在本国政治

中尤其具有影响力。这种专横的影响力引起少数族群的担忧。由于尼日利亚族群往往存在地域上的分离性，尼日利亚人可以轻易地通过观察他们的方言（或者英语口音）、衣着方式（如果它是传统的）和某些情况下的“部落标志”（也就是由图案组成的面部疤痕，刻上这些疤痕先前是通过种族认同的一种仪式）来识别其同胞的来源。这些特征使得族群和部落群体在地理上的流动变得缓慢，在某种程度上留有烙印甚至有时非常危险。族群认同也会产生定居者与原住民（移民和本地居民）之间的二分法，这是整个尼日利亚公共、伦理和宗教冲突与暴力的根源。另外，在财富和政治意识方面也存在诸多差异。

由于缺乏广泛接受的人口普查数据，尼日利亚族群的规模只能被估算。全国至少有一半的人口生活在北部，大约各有 1/4 的人口生活在东南部和西南部。豪萨族大约占北部总人口的 2/3，伊博族大约占东部总人口的 2/3，约鲁巴族则大约占西部总人口的 2/3。因此，其他族群在每个地区大约只占当地人口的 1/3，其总量也只是总人口的 1/3。在此，我们将简要地讨论这三个最大的族群。

豪萨-富拉尼族 豪萨-富拉尼族主要生活在国家北部的半个疆域。正如前面指出的，这种带有连字符的种族身份来自富拉尼族在 19 世纪对豪萨人强加的统治。这两种文化错综复杂地交织在一起，尽管它们从来没有被完全均质化。因此，“豪萨族”通常是“豪萨-富拉尼族”的简称。实际上，“豪萨族领土”横跨尼日利亚和北部前法国殖民地尼日尔之间的边界线，这两个国家的人民保留了很多文化和商业往来。与南部尼日利亚人的真实情形相比，更大比例的豪萨人从事温饱型农业生产并生活在农村。在尼日利亚全国的各个城市都有相当数量的豪萨族社区，在这些社区，人们从事贸易和商业活动，同时与家乡地区保持着亲属和客户关系。绝大多数豪萨人是穆斯林。豪萨族的中心地带本身仍然是作为一系列酋长国来组织的：尼日利亚北部每一个重要的城市都有一个埃米尔席位，每个埃米尔都是一个国王，英国人正是通过他来实现间接统治的。在现代尼日利亚，埃米尔没有被赋予官方的地位，他们的非官方地位受到激烈辩论，即使在北方也是这样。然而，他们通过豪萨族在全国政治和其他地方的突出地位保留着对地方的巨大影响。

伊博族 伊博族占据了本国的东南部地区，从尼日尔河两岸一直向东延伸。该地区的大部分都被开发成市场农业，伊博族农民种植油棕、水稻和甘薯。伊博人生活在政治上独立并在社会层面盛行同族婚姻的农村，这些农村通常不超过 8 000 名村民，而且，直到殖民时期才具有一种共同的伊博人身份感。

伊博族因其热衷于采纳西方文化而出名。尽管钦努阿·阿契贝（Chinua Achebe）的小说《瓦解》（*Things Fall Apart*）将英国殖民主义的突然遭遇强行描述为一种痛苦的冲击，但伊博族仍对西方教育和传播教育的传教士予以热心回应。他们利用自己新的技术和知识寻求现代商业和民事服务的提升。伊博人还广泛移居全国各个地方，与其他族群相比，他们似乎不太关心维持独立的社区，在这些社区，他们都是“陌生人”。（在尼日利亚，“陌生人”这一术语具体指的是一个生活在他或她的“家乡”社区之外的人。）他们基于自己的教育和现代化技术而在全国各地受到雇用，其中包括北方。

伊博族的高级官员领导了1966年的第一次军事政变，在回应那场政变时，成千上万生活在北部城市的伊博人遭到攻击和杀害。随后，伊博人撤回到他们的家乡地区。第二年，他们响应与自己同族的陆军中校奥杜梅格伍·奥朱古（Odumegwu Ojukwu）的号召，宣布由伊博人占据支配地位的比亚法拉脱离尼日利亚。1970年以比亚法拉宣告失败而终结的三年内战带来了很大困难，但是，在几年之内（当时，他们被普遍禁止参与其他地方的政府工作），伊博人再次在全国范围内积极从事贸易活动。然而，比亚法拉的经历和内战导致了伊博人和其他尼日利亚人之间长期的不信任。

约鲁巴族　约鲁巴人主要生活在尼日利亚的西南部地区，其中包括**拉各斯**（前联邦首都）庞大的都会区。作为传统上的温饱型农民，生活在农村的约鲁巴人在殖民时期就开始种植可可树和油棕用于出口。尽管他们拥有共同的语言、传统的宗教和神话起源，但前殖民时期的约鲁巴人被分成大量独立且处于交战状态的王国，这些王国使他们如今具有了独立的身份。约鲁巴族具有悠久的商业传统，男性和女性在整个西非的贸易网络和市场中都具有卓越的表现。

平衡国王（*Oba*）和宗族酋长之间权力的复杂制度成为约鲁巴王国的标志。为了努力加强间接统治，英国人通过支持国王并反对所有挑战者来推翻这些结构。在此过程中，国王经常成为专制统治者，并在本国人民面前失去很多合法性；他们在当代政治中的影响具有很大的差异，但这种影响通常远不如北部的埃米尔。

由于约鲁巴族一方面具有一个包括国王在内的高度分层的社会，另一方面又乐于接受传教士及其学校，因此，他们通常被认为居于分层且抵制变化的豪萨族和平等主义且革新的伊博族之间的一个中间位置。有时，在他们强烈主张自己的身份和利益时，他们也会引起其他尼日利亚人之间的彼此不信任。伊博人的主导地位，尤其是在经济活动甚至是在他们的东道主社区的主导地位，仍然是尼日利亚其他族群怀疑和不信任的根源。例如，在尼日利亚最大的商业城市拉各斯，商业和工业活动被认为受伊博人支配。

如今，考虑到以种族为基础的冲突在世界范围内如此常见，人们不应该感到惊奇的是，尼日利亚的族群身份也是如此根深蒂固并充满情感。种族对抗总是根植于前殖民时期的战争状态，并经常因经济对抗而恢复。尽管民族主义可以作为全国所有人民共享情感的一种纽带，但是，同样的情感在地方层面可能破坏某种政治体制。这种风险因某种法律传统而被加剧，该传统有时使得尼日利亚人要成为另一个州的“公民”远比其获得外国公民资格更为困难。对“非土著居民”——指的是那些可能在几十年前移民到某个特定州的人——的歧视通常与紧张关系，有时甚至是严重的暴力相联系[①]。

多样化的种族身份甚至在地方层面也会对政治结构产生一种碎片化影响。尤其是自1976年以来，对地方政府总部的选址出现了大量的争论，“失败者”通常向州和联邦政府请愿，要求对地方政府的区域进行划分。奥

① A. Carl LeVan and Patrick Ukata, “Nigeria,” in *Countries at the Crossroads* (New York: Freedom House, 2010).

孙州奥然密亚（Oranmiyan）地方政府下的伊费（Ife）和莫达科科（Modakeke）之间的冲突仅仅是我们可以引用的很多例证之一①。地方种族冲突还影响政策产出，这其中包括有些地方政府建造的健康中心或市场不被某些族群使用，进而完全偏离规划者的设想。

宗　教

在基督教和伊斯兰教到达之前的很长时间里，前文提到的每一个族群都有自己适当的传统宗教制度和信仰。在某些情况下，这些早期的信仰保持了自己的活力，尤其是在很多约鲁巴人之间。然而，传教士在输入正规教育的同时也在南部地区带来了自己的宗教；大多数主要的基督教教堂在南方建立得很好，本土的基督教教派以无数宗派的形式从中分离。并不让人感到惊奇的是，基督教宗派本身往往基于地理位置和种族而被集中在一起，例如，在伊博人中有相当比例的罗马天主教徒，在西北部奥约州的奥博莫绍（Ogbomoso）地区约鲁巴人中有浸礼会集中营，在中北部地区的伊博米纳和夸拉州有占据支配地位的西非福音教会等。相当比例的约鲁巴人（或许达到一半）是穆斯林。根据殖民政府和北部酋长国之间的协议，基督教传教士的活动在北部仅限于生活在那儿的"陌生人"以及少量的非穆斯林少数民族。几乎所有的北部人口至少名义上是穆斯林，当豪萨人移至南方时，他们也带来了自己的宗教。这场运动因主要来自南方的移民在北方各个城市建立教堂而被抵消。

在殖民时期，绝大多数学校都由传教士建立并配备师资。因此，南北之间的教育差距和它对政治意识的影响、对民权的态度和诸如此类的事情本身源自北方对传教士的禁止。

此外，宗教在种族上的叠加加剧了南北文化的分裂，可以这样说，现在最敏感的问题是宗教而非种族渊源。这些重叠性分歧更加危险，因为它们突出强调地区差异。由于基督教徒和穆斯林中的一些激进者认为，生活在一个多元化的社会是不可接受的，因此，在尼日利亚，寻求政治稳定基础的那些人必须对如下问题保持敏感，即找到两个主要宗教信仰团体（每个团体都有约一半的全国人口组成）之间的平衡。尽管如此，当更多的因素强调这些分歧时，宗教和谐就一直难以捉摸。在1980年代，梅塔齐纳伊斯兰运动（the Maitatsine Islamic movement）——主要由当时被社会经济变革边缘化的年轻男人组成——聚众反对基督教在尼日利亚北部的存在（也反对警方的压制），在此过程中，估计有成千上万的人丧生。在这之后不久，当总统**易卜拉欣·巴班吉达**于1986年提议尼日利亚加入伊斯兰会议组织（OIC，一个由50多个主要的伊斯兰国家组成的团体）时，南方人表示强烈抗议。

在1999年转型之后不久，尼日利亚经历了一波新的种族和宗教紧张局势。在北部城市卡杜纳（Kaduna），信奉基督教的伊博人和当地的穆斯林之间爆发的骚乱导致数百人死于残酷的暴力。2002年，基督徒和穆斯林之间的紧张关系又一次爆发，有200

① P. Babajimi, "Ife-Modakeke conflicts in Osun State," in Thomas A. Imobighe, ed., *Civil Society and Ethnic Conflict Management in Nigeria* (Ibadan: Spectrum Books, 2003).

多人丧生其中①。根据《尼日利亚观察》(*Nigeria Watch*)的报道，在2006年6月至2014年5月，至少有11 384人死于与宗教相关的暴力冲突中。在这些暴力中有很大一部分是由“博科圣地”于2013—2014年发起的②。

2015年12月，尼日利亚军方发起了一场致命性袭击，进而引发人们对宗教暴力新变体的恐惧。尼日利亚军队杀害了数百名尼日利亚伊斯兰运动（IMN）——这是一个位于卡杜纳扎里亚（Zaria）的宗教少数民族组织——的成员。根据州负责这次事件调查的司法调查小组的意见，对公路的封锁阻止了军方车队的通行。军方声称，尼日利亚伊斯兰运动随后试图暗杀陆军参谋长。军队的报复是杀害了数百名尼日利亚伊斯兰运动的追随者，其中包括该组织领袖易卜拉欣·雅格布·埃尔·扎克扎齐（Sheikh Ibraheem Yaqoub El-Zakzaky）族长的三个孩子。与尼日利亚大多数穆斯林不同的是，尼日利亚伊斯兰运动的追随者是什叶派教徒，因此，军方的镇压引起了来自伊朗的关注。对埃尔·扎克扎齐的拘留也激怒了整个尼日利亚北部很多的穆斯林和一些律师。

民主的回归可能有助于增强宗教和地区认同。2008年的调查报告显示，几乎有3/4的尼日利亚人认为，他们属于宗教组织，有一半的尼日利亚人将自己描述为积极的成员。伊斯兰法获得广泛支持，尤其是在穆斯林占据支配地位的北部——尽管对伊斯兰法的含义以及如何实施存在巨大的差异。有时，这会导致出现一些极端的观点和行为，如“美坦辛运动”（Maitatsine movement）或者最近的“博科圣地”。诸如尼日利亚基督教协会（Christian Association of Nigeria）这样的组织都反对实施伊斯兰刑法，并认为它违反了规定宗教和良心自由的尼日利亚宪法。因此，民主巩固面临的核心挑战是，用一种尼日利亚国家意识来平衡这些地区认同，同时也要解决持续性的国家与宗教的关系问题。

尼日利亚民族主义的演变

我们对尼日利亚亚文化的所有关注不应该掩盖如下事实：当1960年尼日利亚独立时，英国殖民政府正在对尼日利亚民族主义力量做出回应。民族主义情感有三种主要来源。第一种是少量来自北美的自由奴隶和其他来自加勒比海具有非洲血统的奴隶，他们定居在西非海岸，并发展了一种与该国任何本土文化不相关的文化。第二种民族主义热情源自第二次世界大战中为英国人而战的尼日利亚人的经历，当他们的工作得不到承认时，他们倍感挫折。第三种民族主义者由那些在英国尤其是在美国学习过的尼日利亚人组成，他们当中最为杰出的一位是**纳姆迪·阿齐克韦**（见专栏16-2）。尽管他们有不同的种族背景，但在要求独立时，这些积极分子发展了一种尼日利亚民族主义感，并成功地建立了跨种族联盟。

所有政治文化的研究都必须考虑公民对联邦政府的态度。在尼日利亚，这取决于诸多因素。例如，更倾向于公共政治活动的那些人往往有更多的机会接受正规教育，他们

① Associated Press, “Hundreds Flee Nigerian City Swept by Riots,” November 25, 2002.

② Nigeria Watch, “Muslims, Christians and Religious Violence in Nigeria: Patterns and Mapping,” http://www.nigeriawatch.org/media/html/WP3OLOJO-Final.pdf, accessed October 24, 2016.

与正式经济的联系也更强。在农村地区，尼日利亚人可能对政治上普遍关注的问题不太感兴趣。文盲率高和受教育程度低也可能阻碍了公民对公共事务的参与。然而，就那些影响他们自己及其家人的问题而言，即使是农村居民仍然需要和地方政府官员打交道。同在非洲和第三世界的其他地方一样，在尼日利亚，这些问题很可能通过个人利益联系予以解决。在大多数情况下，这种联系是侍从主义安排的一部分：公民寻求那些在政治上具有影响力的个人给予帮助，并期望通过一种长期的安排来“回报”这种帮助，这种安排可能包括实物回报（如进行贿赂），或者在被要求的情况下走出去投票，尽管他们对政治仍然毫无兴趣。

专栏 16-2

两代伊博人的民族主义

尽管是伊博人，但纳姆迪·阿齐克韦（Nnamdi Azikiwe）于 1904 年出生在尼日利亚北部的宗盖鲁（Zungeru）。他在尼日利亚接受了基础教育，然后去了美国。在美国，他分别在宾夕法尼亚州林肯大学、西弗吉尼亚州斯托里斯学院和宾夕法尼亚大学学习。他还作为一名煤矿工人、体力劳动者和洗碗工在美国工作。他在返回家乡后，立即加入了尼日利亚年轻人运动（Nigerian Youth Movement）。他对自治的兴趣促使他参与建立了尼日利亚和喀麦隆国民议会（NCNC），也使他创建了一份赞成自治的报纸《西非导航报》（*West African Pilot*）。然后，他移居黄金海岸（今加纳），在那里，他发表了一篇文章《非洲有一位上帝吗?》，结果导致他被指控犯煽动罪。赢得上诉后，他继续担任东部地区的总理，并于 1963—1966 年担任尼日利亚总统。他于 1996 年去世，享年 92 岁。

新一代民族主义于最近几年重新浮出水面，并再次唤起比亚法拉民族主义。自从 1966 年伊龙西（Ironsi）短暂的军事政权执政以来，就再也没有伊博人担任州的领导人。很多伊博人抱怨他们自内战以来一直被边缘化，2015 年，当他们以压倒性的多数投票反对总统布哈里时，总统拒绝任命伊博人担任要职。可以说，这种情形助长了分裂主义要求。如今，诸如**比亚法拉主权国家实现运动**（MASSOB）这样的团体和比亚法拉独立民族（IPOB）都要求建立伊博人的主权国家。现任政府对比亚法拉独立民族的支持者进行严厉打击，并在和平的抗议和集会中造成多人伤亡。在比亚法拉独立民族的领导人被指控期间，联邦政府拒绝对他进行保释，从而进一步激怒了他的支持者。比亚法拉民族主义的再次出现可能对尼日利亚的存在构成威胁。

民主规范和价值

为了评价尼日利亚实现政治民主的机会，我们必须首先考虑那些可能支持民主制度的规范。反对派的合法性（具体表现为对批判、对抗和竞争控制的容忍）显然是稳定民主制度的前提条件之一①。在尼日利亚，从 1960 年至今，政治实践主义的历史提出

① Robert A. Dahl，*After the Revolution*（New Haven，CT：Yale University Press，1971）；参见：the discussion in Dudley，*An Introduction to Nigerian Government*，80-83.

了很多问题，即使在民主的平民政权下也是如此。由于在每个地区只有单一的政党赢得控制，反对者通常受到粗暴对待，当权者雇用武装暴徒来扰乱反对者的会议并攻击其领导人。政府对政治反对派的骚扰时有发生，在位者总是利用他们的职位获得不公平的优势。

自军方在 1999 年退出以来，尼日利亚人将本国描述为民主国家的比例（42%）在下降。然而，支持民主治理的强大规范已经出现。例如，在 2008 年，72%的尼日利亚人同意如下说法，“民主制度比任何其他的政府形式更为可取”。这样的信息表明，在民主需求和民主供给之间存在巨大鸿沟；它还意味着对当下政府表现的大量幻想破灭了[①]。来自 2016 年非洲晴雨表（afrobarometer）的数据表明，鸿沟继续存在：65%的尼日利亚人支持民主，但只有 29%的人对目前的民主状态非常满意或者相当满意。总的来说，74%的尼日利亚人认为，国家的前进方向是错误的。这种巨大的鸿沟与腐败、贫困、失业、不安全以及破坏整个国家人民生活质量的很多其他结构性挑战有关联。

女性的政治作用

由于尼日利亚存在的种族多样性，女性的地位差异很大。在伊博族、约鲁巴族和其他南部尼日利亚传统中，女性对自己的事务享有巨大的控制力，人类学家将其归类为“双重性别”体制。也就是说，对男性和女性而言，存在政治和社会组织的平行体制。研究殖民史的学者们主张，在殖民主义时期，女性失去了大部分自治权，因为英国当时的习惯赋予女性对自己事务的控制力小于英国人对非洲社会的控制力。尽管如此，女性的社会运动也是去殖民化的一个关键部分。

在北方，伊斯兰风俗严重限制了女性在社会中的作用。尽管豪萨族妇女比她们在中东地区的同人享有的自由多得多，其中包括在地方生产和贸易中发挥的重要作用，但是，总的来说，她们不被允许在独立时期发挥一种积极的政治作用。北方妇女在 1979 年首次参加投票。

当代妇女对政治领导层的介入远远落后于其他非洲国家，如利比里亚或卢旺达。尼日利亚妇女享有同男性平等的投票权，但她们在政治中的代表性不足。女性在转型之后的头几年赢得的适度利益已经遇到了某些挫折。在 2007 年的选举中，女性获得众议院 360 个议席中的 26 席，获得参议院 109 个议席中的 9 席。在 2011 年选举之后，这些数字减少了，只有 12 人进入众议院，7 人进入参议院。在 2015 年选举之后，情形稍微有所改观，有 20 名女性当选为众议员（仅占 5.6%），7 名女性当选为参议员。男性仍然占据着绝大多数（或许高达 90%）民选和委任职位。在州政府中，女性的代表性往往更为糟糕。

政治腐败

自殖民后期以来，腐败成风已经成为一个问题，它体现在社会的各个阶层。警察经常在沿路的检查站收取小额贿赂，公务人员有时会索要“检查”费。由于石油繁荣而带

① Afrobarometer，“Neither Consolidating nor Fully Democratic：The Evolution of African Political Regimes，1999—2008” Briefing Paper no. 67（Legon-Accra，Ghana：Afrobarometer，May 2009）.

来的经官员之手的大量金钱使这个问题更加恶化。当石油收入开始在1970年代初填满联邦国库时，史无前例的公然腐败形式出现了。1975年反对雅库布·戈文（Yakubu Gowon）的政变就是一种直接的结果，1976年他的继任者穆尔塔拉·穆罕默德（Murtala Muhammed）将军被暗杀也缘于此[①]。**萨尼·阿巴查**（Sani Abacha）及其家人在1990年代广泛开辟渠道，将石油收入账户中的大量金钱转入自己的私人账户。由于将促进政府透明和同腐败做斗争作为自己竞选的一部分，奥巴桑乔政府成功地从阿巴查家族中挽回20亿美元。

自从1999年转向民主以来，国民议会已经撤换了几位领导人，其中包括众议院的一位议长，她用公共资金来改建自己的私房。2002年，国民议会通过了《**经济和金融犯罪委员会**设立法案》。该法案的目的在于"预防、调查、指控和惩罚经济与金融犯罪"。受该委员会管辖的犯罪包括洗钱、互联网诈骗、银行欺诈、贿赂和滥用公共资金。经济和金融犯罪委员会因为选择性指控总统的政敌而经常受到谴责。例如，它在2006年启动对副总统阿提库·阿布巴卡尔（Atiku Abubakar）的调查，当时，他正在竞选总统。该委员会的批判者怀疑，之所以提起这些指控，是因为阿布巴卡尔反对奥巴桑乔总统修改宪法以便使自己有资格第三次连任总统的努力[②]。经济和金融犯罪委员会的委员在奥巴桑乔政府时期声称已经收回了50多亿美元，并成功地起诉82人。

在亚拉杜瓦总统短暂的任期内，经济和金融犯罪委员会的起诉实际上停止了运转，出于对经济和金融犯罪委员会的诚信的担忧，美国中止了它的部分技术援助。反腐败调查很少有高层人员被定罪，典型的例外是前州长詹姆斯·伊博里（James Ibori）——尽管他在尼日利亚神秘地逃脱监禁之后还是在英国被成功起诉。对腐败的指责也需要分享：在2010年，在与美国司法部就向尼日利亚官员支付不当款项的分歧解决中，美国石油承包商哈里伯顿（Halliburton）支付了3 500万美元[③]。

在乔纳森总统时期，只有少数的腐败案件被起诉。有一个重要的案件涉及法鲁克·拉万（Farouk Lawan），一位著名的众议院议员。在被揭露通过复杂的燃料补贴系统改变数十亿美元资金的用途之后，拉万被指控从一家被调查的石油公司收取贿赂，然而，他实际上从未被起诉。自从布哈里总统2015年任职以来，两起腐败案件登上了全国新闻头条。一起案件涉及21亿美元的军事装备拨款，据称这笔款项被桑博·达苏基（Sambo Dasuki）上校领导下的国家安全顾问办公室挪用。在另一起丑闻中，参议院主席被指控虚报财产。这些备受瞩目的案件被起诉提高了尼日利亚的国际声誉。例如，尼日利亚在2016年申请并加入开放政府伙伴关系（OGP）。这表明政府在某种程度上承诺提高透明度并实施负责任的治理。

① 参见：the discussion in Dudley, *An Introduction to Nigerian Government*, 80－83.

② BBC News, "Nigerian Leaders 'Stole' $380 Billion," October 20, 2006; BBC News, "Nigeria Governors in Graft Probe," September 28, 2006; and BBC News, "Obasanjo Accuses Deputy of Fraud," September 7, 2006.

③ "Halliburton to Pay Nigeria $35 Million to Settle Bribery Case," *Wall Street Journal*, December 22, 2010.

政治社会化

16.5　列举政治社会化的四种原动力

尼日利亚人通过社会化"原动力"（如家庭、宗教组织、中小学校、大专院校、媒体和政府赞助的活动）的影响培育了自己的政治信念和态度①。然而，在将尼日利亚的政治社会化过程与已经建立自由民主的国家相比时，某种附加说明是必要的。发达世界的政治社会化是通过相当稳定的制度出现的。在尼日利亚，人们是在不断转型的政治安排中成长的。大规模的城市化和石油收入的突然涌入也推动了社会化进程。尽管如此，对于我们已经识别的社会化的原动力，其重要性存在一种普遍属性。例如，家庭制度正在被日益增加的贫困、流离失所和剥夺所弱化。学校和教育机构的质量也在下降，大众媒体只有有限的自由和独立。这些局限性使得社会化任务变得更为艰难。

家　庭

家庭（不管是小家庭还是大家庭）仍然是尼日利亚政治活动的核心单位。在很多尼日利亚人的传统中，家庭被视为等同于社会中一种特殊的贸易或作用。因此，在约鲁巴人中，一个战士家庭被称为勇士（Jagunjagun），一个农民家庭被称为农场主（Agbe），而一个贸易者家庭则被称为商人（Onisowo）。就具有传统思想的尼日利亚人而言，这样的认同对于确定一个人在政治中的适当作用仍然至关重要。

很多尼日利亚人是在多配偶制家庭中成长的②。没有任何法律阻止男人娶 1 个以上的妻子，尽管穆斯林在理论上被限制最多娶 4 名妻子，主流教派的基督徒被限制只能娶 1 名妻子。在尼日利亚，所有的本土传统都接受一夫多妻制，对这种行为几乎没有附属任何耻辱性标签。有些尼日利亚的基督教教派强制执行一夫一妻制，但对象仅限于那些在教会中拥有职位的男性。

源自多配偶制家庭的庞大家庭单位和对家庭更为广义的界定使亲属关系具有特别的政治重要性。一位政治家可能确实依靠数以百计的真正亲属的支持，这些数量甚至可以更多，如果人们考虑到以亲属感为基础的家族背景。在这种情况下，即使可能无法证明确切的宗谱关系也无妨。在尼日利亚和非洲的其他地方，对很多人而言，亲属关系提供了最为强大的身份感和忠诚感，它是侍从关系的模式（通常也是真实世界的基础）。

"博科圣地"的叛乱已经在很多方面影响了家庭作为一个社会单位的生存能力与功能。成千上万的家庭被东北部的暴力拆散，从而弱化了政治社会化的一个重要原动力。男性的死亡或去服兵役也增加了女性的负担，后者必须付出更多来供养庞大的家庭。东北部地区很多家庭的流离失所已经造成了广泛的社会危机，因为很多受害人一直回避正式的难民营，相反，他们都去寻求来自大家庭或朋友的支持。尽管这样会给家庭带来过重的负担，但它也因人们将陌生人留在家中而造就了其他人难以做到的慷慨神话。

---

① 接下来的讨论利用了扬格（Crawford Young）在本书早期版本"非洲政治"这一章中对社会化的处理。

② 按照社会学的用法，多配偶制（polygamy）是配偶超过一个以上的婚姻的一种普遍用语。多配偶制更多地被用来描述一夫多妻制的婚姻，一妻多夫制（polyandry）被用来描述相反的情形。然而，一夫多妻制是尼日利亚和其他说英语的非洲国家的常见形式。

学　校

在大多数当代民族国家，学校在培育一种社区感的过程中发挥着中心作用。显然，这是尼日利亚学校的一项重要使命，平衡各种忠诚是尼日利亚教育者一项微妙的任务。而且，正规教育是尼日利亚人期望从政府获取的主要收益之一。学校教育在整个发展中世界都被高度视为经济和社会提升的一种手段，这一点在尼日利亚尤为真实。

1950年代，随着尼日利亚临近独立，两个南部地区大规模投资扩展自己教育，尤其是在小学层面。人们达成的广泛共识是，小学教育应该免费和普及。然而，除此基本共识之外，尼日利亚还同如何设计课程、如何使人们获得教育机会展开了艰苦的斗争。

1948年，尼日利亚只有1所大学，到1962年增加到了5所。1970年代的石油繁荣刺激了一股大规模的中学和大专院校的扩张浪潮，尽管在这样的繁荣期各级学校仍然缺乏训练有素的教育者。在1999年转型之后的几年里，大学的数量暴增，以回应民主社会的巨大需求。如今，尼日利亚有141所大学，其中包括44所联邦大学、43所州立大学和61所私立教育机构。然而，即使高等教育机构不断增加，大学能够录取的有入学资格的申请者还不到一半。大学的迅速扩张也给腐败提供了新的机会，在2013年，经济和金融犯罪委员会的一起调查使得41所非法运营的大学关闭①。

在1960年代、1970年代和1980年代，尼日利亚的大学入学率每4～5年都会翻一番。在1990年代，入学率稍微有所放缓，但在1999年转向民主后又开始增加。2005—2010年，小学的入学率从67%下降到57%，这很大程度上是因为公共资助降低和贫困的增加，然而，中学的入学率却从34%增加到44%。尽管近些年的入学率在提升，但仍有大约470万小学适龄儿童未在学校上学。由于超过40%的小学适龄儿童不上学，尼日利亚的就学率是全世界最低的国家之一。随着一个人从小学到中学，再到后来的大学，这个问题变得更加尖锐。这种偏见一方面表现为社会经济层面（精英家庭的孩子不成比例地占据了注册入学人数的份额），另一方面体现在性别差异上。2005—2010年，小学阶段女孩的入学率从62%下降到54%，但在中学阶段所有学生的入学率又从31%上升到41%。

另一项重要的差异存在于南北之间②。不同地区之间的教育差距存在间接的政治影响。随着独立后南方中学毕业生的总数增加，很多人到北方去寻找工作，但因遭到拒绝而怨恨不已。与此同时，北方人对自己可能被受过教育的南方人所湮没的前景表示担忧。因此，教育成就上的差异导致了1966年以暴力形式爆发的憎恨。如果人们再考虑性别和地区因素，教育差距甚至表现得更为明显：联合国儿童基金会的数据显示，学校女孩对男孩的比例在某些南部州是1∶3，而在整个北部地区，该比例为1∶2。伊斯兰极端组织“博科圣地”（见专栏16-1）对学校的袭击导致入学率下降，尤其是女孩。

人们想当然地认为，语言是社区建设的一个方面，但是，语言在学校的使用可能对

---

① Bode Gbadebo, “NUC Shuts Down 41 Illegal Universities,” *Leadership*, May 16, 2013.

② *A Handbook of Information on Basic Education* 2003 (Abuja: Federal Ministry of Education, 2003).

政治态度产生重大影响。正如先前注意的那样，英语是尼日利亚的官方语言，并成为尼日利亚从小学到大学期间的教学用语。而且，英语是政府语言，在很大程度上也是媒体语言。对大多数尼日利亚家庭而言，由于英语是第二语言，因此，学校在允许人们进入政治体制的过程中发挥了尤为关键的作用。

作为一项民族建设的努力，三种主要的本土语言——豪萨语、伊博语和约鲁巴语——也在整个中学阶段予以教授，而且成为高中文凭考试的主题。熟练掌握英语是进入大学的前提条件，在大学，地方语言仅仅适用于那些可能有特别要求的项目。使用英语和政府活动之间的联系为教育和政治效能之间的正常关系增加了额外的分量。因此，除了发展人力资本来促进科学、技术和经济进步之外，《尼日利亚国家教育政策》还规定利用公民教育来促进公民参与公共事务。

大众传媒

出现一种充满活力并且政治上独立的媒体至少要追溯到阿齐克韦的《西非导航报》。在独立时，尼日利亚有相当数量的竞争性报纸。1966—1999 年的威权主义政权对媒体强加了大量的限制。根据“自由言论中心”（尼日利亚的一个监督机构）统计的数据，军方在 1966—1995 年颁布了 21 条法令，限制媒体自由或者甚至直接禁止某些特殊的出版物。军政府和媒体的关系高度紧张，政府控制着主要的电台和电视台。很多记者都被逮捕，1986 年，一位著名的政府批判者被一个信件炸弹炸死。在尼日利亚，新闻业仍然具有挑战性。政府当局经常骚扰、恐吓或攻击记者。政府尤其限制记者进入受到叛乱影响的东北部地区进行采访。

在一个 1/3 成人都是文盲的国家，媒体的政治影响自然受到限制。2015 年的一份调查发现，只有 24%的尼日利亚人至少每周有几次从报纸中获取新闻。大多数尼日利亚人仍然从广播中获取新闻，70%的尼日利亚人将电视列为一种至少每周一次的新闻来源。但是，同样的调查还发现，60%的尼日利亚人对公共事务有点兴趣或者非常感兴趣，社交媒体已经改变了公共参与的方式。自从 1999 年以来，公民可以拥有独立的电台、卫星新闻和几十份新的私营报纸。尤其是，互联网已经改变了尼日利亚人获取新闻的方式。尽管很少有尼日利亚人能买得起电脑，但廉价智能手机迅速普及，网吧随处可见。在 2015 年，31%的尼日利亚人说，他们或者每天，或者每周数次使用脸书或推特来浏览新闻。

1999 年颁布的宪法推翻了由先前军事统治者对媒体设定的很多限制。尽管宪法确保媒体的广泛自由，但记者仍可能因为诽谤公共官员而面临刑事处罚，1999 年颁布的一项法令要求他们必须得到由政府运营的媒体理事会的认可。除了政府偶尔骚扰之外，记者们还面临很大的风险。有三名记者在 2010 年报道叛乱事件时被杀害，“博科圣地”于 2011 年在迈杜古里杀害了一名记者，并宣称他是一位间谍。尽管新闻自由与正式民主相一致，有些记者和博客人不得不因为安全问题而逃离这个国家①。

---

① Committee to Protect Journalists，“Attacks on the Press 2012：Nigeria，” http：//www.cpj.org/2013/02/attacks-on-the-press-in-2012-nigeria.php，accessed February 15，2013.

国　家

尼日利亚人的政治态度与其说由国家直接有目的地塑造而成，不如说更可能受其与国家的日常接触所影响。在尼日利亚的联邦体制下，直接接触在很大程度上要通过地方官员来实现。不精通英语语言的农村居民发现，即使在地方层面，官员们受到的教育也要比他们多得多，这些官员赢得了尊重。政府是遥远的，必须通过某种形式的非正式调解才能接近。对那些接受正规教育的人而言，与地方政府的接触相对简单，而且，由于尼日利亚人的政策是从他们的家乡雇用公务人员，因此，在接受教育的公民和公务员之间既不存在一种社会差异，也不存在一种文化差异。尼日利亚人期待因快捷有效的服务获得报偿，根本不管诚信与伦理的公共规范。

一般来说，尼日利亚人对各个层面决策者的动机表示严重不信任。石油在经济中的作用受到了高层的关注。石油销售带来的利润通过中央政府进行流动，结果导致在联邦政府获取这些利润的赌注非常高。这给了精英们强大的动力来获取公共资源的特权或者通过获得政治职位来控制这些资源。因此，经验丰富的政治家和有权势的精英们往往主导政治领域。

◇ 政治募员

16.6　描述并比较尼日利亚政治地位的军事和教育路线

表 16－1 列举了自独立以来所有的行政首长。尼日利亚的政治领导层有几个突出的特点。南方和北方的人口大致相同，这促使人们有了一种普遍的期望，即南北任何一方都不应该统治这个国家过久。但是，政府的组成并不总是体现这样一种平衡。在去殖民化时代，北方人在公务员队伍中的代表名额不足，但却支配着军方的军官团。

表 16－1　1960—2007 年尼日利亚行政首长

日期	姓名	职位	种族	离任原因
1960 年至 1966 年 1 月	塔法瓦・巴勒瓦	总理	豪萨-富拉尼族（北方）	政变（被杀害）
1963 年至 1966 年 1 月	纳姆迪・阿齐克韦	总统（被任命）	伊博族（东部）	政变（被免职）
1966 年 1 月至 7 月	阿吉伊・伊龙西	国家军事首领	伊博族（东部）	政变（被杀害）
1966 年 7 月至 1975 年	雅库布・戈文	国家军事首领	蒂夫族（中间带）	政变（被免职）
1975 年至 1976 年	穆尔塔拉・穆罕默德	国家军事首领	豪萨-富拉尼族（北方）	政变（被杀害）
1976 年至 1979 年	奥卢塞贡・奥巴桑乔	国家军事首领	约鲁巴族（西南部）	政权让渡给平民政府
1979 年至 1983 年	谢胡・萨格里	总统	豪萨-富拉尼族（北方）	政变（被免职）

续前表

日期	姓名	职位	种族	离任原因
1983 年至 1985 年	穆罕默德·布哈里	国家军事首领	豪萨-富拉尼族（北方）	政变（被免职）
1985 年至 1993 年	易卜拉欣·巴班吉达	国家军事首领	瓜里族（北方）	被迫离任
1993 年 8 月至 11 月	欧内斯特·肖内坎	临时国家元首（被任命）	约鲁巴族（西南部）	被迫离任
1993 年 11 月至 1998 年 6 月	萨尼·阿巴查	临时执政委员会首领	卡努里族（北方）	在任期间死亡
1998 年 5 月至 1999 年 5 月	阿布杜萨拉姆·阿布巴卡尔	临时执政委员会首领	瓜里族（北方）	政权让渡给平民政府
1999 年 5 月至 2007 年 5 月	奥卢塞贡·奥巴桑乔	总统	约鲁巴族（西南部）	平民政府之间的让渡
2007 年 5 月至 2010 年 4 月	奥马鲁·穆萨·亚拉杜瓦	总统	豪萨-富拉尼族（北方）	在任期间死亡
2010 年 5 月至 2015 年 5 月	古德勒克·乔纳森	总统	伊乔族（南南）	选举失败
2015 年 5 月至今	穆罕马杜·布哈里	总统	豪萨-富拉尼族和卡努里族的混合	

在独立后的头几年，军事生涯缺乏威信，在受过良好教育的南方人中尤其如此。在努力加速替代剩余的英国军官时，巴勒瓦政府积极将大学毕业生募员至军官队伍中来。这样导致的结果之一是，大量受过教育的伊博人被引入军官队伍，另一个结果则是军队的政治化。

第一次政变的领袖在 1966 年对干预的必要性公开表示莫大的遗憾。戈文将军的政权继续挑起内战，然后为平民统治设立了一个宪法框架。在戈文政权被推翻后，奥巴桑乔将军设定并遵守自己 1979 年离任的最后期限。在整个第一阶段的军事统治期间，就很多军事领袖而言，尽管存在着很大的获利空间，但他们没有一个人期望拥有长期的政治事业。当军方在 1983—1999 年再次控制这个国家时，军官的官职逐步被视为获得政治权力最为常规的路径。但是，第二轮军事权力在某些军官看来逐步产生了变化。截至 1990 年代中期，在掌权几年之后，独裁者阿巴查面临着严重的内部异议和外部抵制。在 1999 年转型之后，退休的军官们仍然认为政治对他们的事业非常重要，例如，很多人都与人民民主党（PDP）有关联。如今，有很多路径可以促进职业发展，而不仅仅是参军，正如可提出证据加以证明的那样，教育已经变得更为重要。

尼日利亚的大学培养了大量训练有素的公共管理者，他们在联邦、州或地方政府经营自己长远的职业生涯，这种生涯通常不受上层变化的影响。截至 1979 年的过渡期，在助理秘书或常任秘书这个层面，有 89%的官僚都拥有大学学位①。公务人员被逐渐期望获得一种合适的教育水平。

一般来说，地方和州层面的政治职位募员排斥“陌生人”，也就是从本国另一个地方移民至此的那些人。这种情形导致了歧视，尽管这些陌生人可能是该社区的永久居民，当然也是尼日利亚的公民。大多数州和地方的政党都制定了一些规范，要求实现某种种族和地域的平衡与轮换，这两者都有助于缓解挫败感。例如，在河流州，如果现任州长来自“山地”（upland）社区，那么，下一任州长就应该来自“河川”（riverine）社区或者少数民族。这有助于减少摩擦，进而在某种程度上确保权力共享，但是，它也经常会导致一些合格的政治家因其地域来源而没有资格担任公职。

政治或行政职位募员的另一个相关特征是努力忠诚地“体现尼日利亚的**联邦性**”。这已经成为尼日利亚版的平权行动，它在填补政府职位时考虑身份关系。这样做降低了对政治排外的恐惧，因为它试图确保政府就是受其控制的地方或州的种族缩影。任命军事人员就职政府职位从而体现联邦性似乎在过去能讲得通，因为尼日利亚在独立后的几年里一直在努力实现民族融合。尽管如此，基于身份而不是严格的功绩任命人员的优点仍然存有争议。在小说家阿契贝于 2013 年去世之前不久，他将联邦性称为“道德沦丧和极度腐败”②。

政党、国民大会和其他联邦机构也根据尼日利亚的 6 个地缘政治区进行任命。毕竟，根据 6 个单位而不是 36 个州来分配任命名额更为容易。有些政治家甚至想基于“区域划分”来轮换总统职位，这种安排要求总统职位在不同区域自动轮换，使得每个主要群体都有机会。国民议会在 2001 年和 2012 年分别提出了同样的宪法改革。这些改革面临的主要障碍在于，在 6 个区轮换意味着，在特定的候选人有资格获得 4 年任期之前要等待很长时间。

政治结构

16.7 解释尼日利亚政治结构的演变，并讨论国家权力与联邦权力

在我们评估，或者说理解尼日利亚的政治结构之前，先理解现有“分配”（dispensation）的不稳定性至关重要，尽管尼日利亚人通常指的是政权。独立后的几十年经历了 5 次成功的政变和 3 次平民宪法的制定。在 2003 年和 2007 年民主政权下举行的有缺陷的选举也表明了这是一段动荡的历史。但是，在 1999 年转向平民统治期间，奥巴桑乔当选为总统是一个里程碑，2007 年平民政权第一次实现了和平移交。在某种程度上说，尼日利亚要求民主稳定处在正确的方向上。人民民主党在 2015 年的选举中被全体进步大会击败尤其重新点燃了如下希望：尼日利亚民主经受住了时间的考验。因此，现有政权不同于尼日利亚之前两次（1960—1966 年和 1979—1983 年）短暂的民主尝试。

尼日利亚人参与的第一项政治制度是 1922 年《克利福德宪法》（Clifford Constitution）授权的立法会，它规定了来自拉各斯的

① Peter H. Koehn, *Public Policy and Administration in Africa: Lessons from Nigeria* (Boulder, CO: Westview, 1990), 16.

② Chinua Achebe, *There Was a Country: A Personal History of Biafra* (New York: Penguin Press, 2012).

民选代表。选举以这种方式被引入，并刺激了政治活动。通过1940年代和1950年代连续的宪法变迁，选举性职位被拓展到地方和地区政府，第一批联邦结构的规定被引入。

由于在独立后发生了大量的军事事件，宪法起草和大规模的改革努力似乎成为政治的常规组成部分。尼日利亚分别在1963年、1979年和1989年通过了新的宪法，并于1995年在萨尼·阿巴查专制统治时期展开长期辩论。现行宪法于1999年5月被过渡政府仓促颁布。在2005年，奥巴桑乔试图通过“全国政治改革会议”来修订宪法。乔纳森总统于2014年为了实现更具有抱负的宪法改革目标而召开了一次被称为“商谈”（confab）的会议。这次会议也以失败而告终。参会者在第一个月就规则展开辩论，并因在酬金问题上出现争吵或者有时在审议时睡觉而受到媒体的严厉批评。

1999年宪法的发展

从1983年到1999年，尼日利亚政治表现为连续军事政权的形式，它们不断地计划回归民主。现行宪法是一次成功过渡的顶峰，体现了各种各样政治上的讨价还价。很多人相信，莫斯胡德·阿比奥拉（Moshood Abiola），一位来自西南部的约鲁巴族人，会赢得1993年的总统选举——选举委员会公布的初步结果证实了这一点。但是，巴班吉达宣布选举无效，并推迟了民主回归，全国爆发了抗议活动。一个短暂的临时政府在8月接管，但整个国家仍然动荡不安。萨尼·阿巴查将军于1993年11月发动了一场政变，和他的前任们一样，他承诺回归平民政府。1994年6月，当阿比奥拉在很多社会团体的支持下宣称自己当选总统时，他被逮捕并被指控犯有叛国罪。

1998年8月，在阿巴查死后仅3个月，阿比奥拉也死于监狱，很多尼日利亚人认为这是完全不可能发生的一系列事件。由于民主继承人不复存在，而且在阿巴查残暴政权统治之后的军队破败不堪，政治精英们迅速寻求以1979年宪法为模板制定一部新宪法。在宪法制定过程中，公众实际上没有发挥任何作用，这鼓励了很多被边缘化的群体质疑宪法的合法性。虽然这样，宪法还是得以颁布通过，这不同于1990年代以来的大多数过渡期，那时，新宪法由全民公投予以批准。诸如比亚法拉主权国家实现运动和**尼日尔三角洲解放运动**这样的团体经常谈论有必要召开一次“主权国家会议”，并由其从基层起草一部新宪法。然而，现行宪法比任何其他宪法持续的时间都长，这种持久性确实产生了某种忠诚度。现行宪法的总体结构在图16-3中予以概述。

联邦主义

在一个像尼日利亚这样庞大且复杂的国家，很多政治决定不是在全国层面做出的。当尼日利亚于1954年走向独立时，联邦制就被确立了。从此以后，每部宪法原则上都体现以联邦主义作为一种手段来确保整个国家很多种族和地区的利益。然而，在面对正式的联邦主义时，存在一种对联邦概念表示质疑的财政条件：各级政府最大比例的收入来自石油，它由全国政府予以分配。除了这种财政上无法更改的事实之外，尼日利亚自独立以来的绝大部分时间（从1960年以来有29年）都受军政府控制。在一种军事指挥链的影响下，联邦主义很难被界定。如今，尼日尔三角洲的组织和东部的分裂主义者经常用武力要求更大的地方控制权。

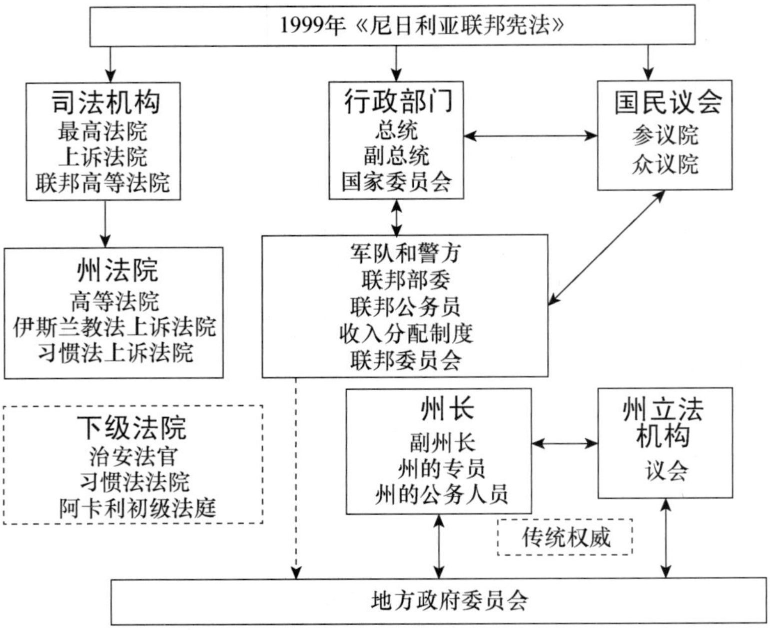

图 16－3　1999 年宪法确立的政府结构

尼日利亚是总统制国家，议会是两院制。

资料来源：United Nations Development Program，Human Development Report 2009.

类似于地方层面的那些压力导致了州的总数增加。成为尼日利亚联邦之州的 3 个殖民地区迅速变成 4 个。随着 1967 年内战的爆发，尼日利亚被分成 12 个州，并在 1976 年增加到 19 个，到 1991 年增加到 30 个，在 1996 年增加到 36 个（还要加上联邦首都特区）。州内地方政府地区的总数也在逐步增加，并由不同的种族或亚种族群体争夺代表席位。

联邦性有助于减缓这些紧张关系，因为它确保不同的种族群体按比例获得相应份额的公务员职位。如果完全根据能力进行任命，最南端的人口所拥有的教育优势将导致他们获得不成比例的公务员职位份额。如果基于人口规模进行任命，北方可能具有支配地位。促进民族融合的另一种工具是全国青年服务团（NYSC）。该项目强制要求大学毕业生开展民族服务，他们必须在自己出生地之外的地方做一年志愿者工作。这样做的目的是加强联系，感受尼日利亚民族的多样性。

宪法确立了一种三层联邦主义。在诸如美国、加拿大和澳大利亚这样一些庞大的其他联邦中，宪法关注联邦和州之间的关系，将地方政府主要置于州或省的管辖范围之内。如下事实非同寻常：尼日利亚宪法为地方政府规定了一种统一结构和常用功能。毫无疑问，尽管这种结构和功能的统一性具有某些优势，但它并不允许地方政府体现本国所存在的地方文化的多样性。自殖民时期以来，地方政府实际上仅仅是在实施联邦政策的地方管理，这种局面在地方政府获得独立的收入来源之前不可能改变。显然，在一个石油中央化的体制下，地方政府的要求不可能通过控制决策予以解释。相反，越来越多的地方政府因支持地方活动的公式驱动型（formula-driven）资金分配而具有吸引力。现行宪法安排规定了给地方政府的直接拨款，如今，这些拨款占联邦收入的 20%。

细分行政和政治单元的过程促进了公共部门的发展。公共服务部门的就业是政府发展的指数之一。在独立时期，联邦和地区政府共有 71 693 名雇员；到了 1974 年，大约有 63 万名雇员，这还不包括在军队服役的 25 万人。在 1978 年和 1979 年对地方政府的一项研究发现，地方政府层面另有 386 600 个职位，这还不包括普通的劳动者或者地区或农村首领。1980 年代中期，石油收入的下降使政府发展的进程结束①。自 1999 年以来，各州之间因联邦收入的分配在两个领域展开了激烈的竞争：其一，在总统和国民议会之间无法就应该返还给产油区的金钱总额达成一致，尼日利亚人将其称为“推导公式”（derivation formula）。其二，在 2002 年最高法院的一系列重大判决中，各州和联邦政府之间的争议持续不断，这其中涉及各州对离岸石油收入的资格和联邦政府有权从基于推导公式获得的资金中免除某些费用。

有些观察人士提出，真正的联邦主义有助于解决尼日利亚的政治问题，但是，在中央化的石油收入的诱惑下以及由此产生的竞争中，联邦主义很难实现。

议会制政府还是总统制政府

毫无例外，英国殖民地在独立时都采用了以宗主国威斯敏斯特模式为基础的议会制。起初，尼日利亚遵循了英联邦的模式，有一个由英国国王任命的仪式总督。1963 年，正式的结构被重新改名为共和国，纳姆迪·阿齐克韦成为总统，他主要履行仪式性的权力；议会制被保留下来，总理成为政府首脑。由于尼日利亚第一次平民统治的经历在 1966 年以灾难而告终，因此，当新的宪法框架在 1970 年代被构想时，先前的制度受到质疑，对于这一点人们不应该感到奇怪。宪法的起草者们商定，威斯敏斯特议会制模式提倡多数人统治，几乎没有牵制与平衡，这疏远了大部分的尼日利亚人口。他们的解决方案是，第二共和国的宪法毫不掩饰地仿效美国的总统制模式：在联邦层面，有一个独立的民选总统来平衡两院制的国民议会，州层面的州长和立法机构也遵循同样的模式。第二共和国的动荡可能使总统制的声誉丧失殆尽，但是，总统制还是在宪法中得以保留。

1999 年宪法在联邦层面规定了一个独立的民选总统和一个两院制的国民议会。州层面的州长和一院制立法机构遵循同样的模式。众议院议长负责主持众议院工作，参议院主席则主持参议院工作，他在继任总统的顺序中仅位于共和国副总统之后。尼日利亚 36 个州中的每个州都有 3 名参议员（另外加上阿布贾联邦首都特区的 1 名参议员），在总共 360 名众议员中，人口决定了每个州的选区总数。参议员和众议员的任期都是 4 年，他们被同时选举产生，而不是交错选举产生。最近几年，常务委员会的总数在增加，众议院的常务委员会从 2010 年的 86 个增加到 2015 年的 92 个。参议院虽然只有 109 个议员，但也拥有同样惊人的 68 个常务委员会。成员们都需要获得主席的身份，因为它们可以带来额外的资源、利益和权力。但是，设置如此多的委员会碎化了对一些问题的管辖权，进而使得成员们不太可能履行

① Koehn, *Public Policy and Administration in Africa*, 17-18, cites various sources for these totals.

职责。

正如宪法所允许的那样，行政部门提出联邦预算和其他重要的立法事项，国民议会能够或者应该在多大程度上修改这些议案成为一个被激烈争论的问题。政府两个部门之间的意见分歧是巨大的，尽管自 1999 年以来，总统的政党在立法机构的两院中总是占据多数地位。

尼日利亚在实现稳定的宪法统治过程中所面临的问题使之成为如下争论的一个重要个案研究对象：在文化多元主义条件下议会制和总统制的相对优势。从表面上看，缺陷似乎可能是因不同宪法框架而形成的，但是，实际的原因可能是尼日利亚多元主义的顽固性质。一份宪法文件不可能掩饰一个国家亚文化间的信任缺失。

司法机构

尼日利亚在独立时有一个完善的法律体系，它包括具有英国传统的一个法院体系和一个蓬勃发展的法律职业。联邦和州的法院被整合成一个单一的初审和上诉法院体系。因此，1999 年宪法规定了具有原初管辖权和上诉管辖权的最高法院、上诉法院以及州和联邦高等法院。传统的权威保留了他们在司法权中的最大影响力，因为各州明确允许设立习惯法法院和伊斯兰教法（《古兰经》法）法院，它们既是初审法院，也是上诉法院。北部的 12 个州保留了伊斯兰教法法院，这成为穆斯林权威和认为这种官方认可是导致分裂的原因的那些人之间的一个争议焦点。

连续的军事政权通过政令治理以及随时设立的特别军事法庭（即使针对诸如抢劫这样的普通犯罪也是如此）破坏了整个司法系统。在 1999 年之后，司法机构开始主张自己是一个独立的政府部门。在一些重要的案例中，司法机构的判决反对奥巴桑乔政府：如同拉各斯州政府有关建立地方政府的争论，在阿提库·阿布巴卡尔（Atiku Abubakar）已经背叛反对党之后作为副总统的地位，以及联邦政府主张的离岸石油收入①。这种自信在亚拉杜瓦政府时期继续存在，当时，选举法庭宣布执政的人民民主党候选人在很多州的选举无效，结果将胜利送给了反对党候选人。

最近几年，法院遭受了某些挫折。乔纳森政府经常被指控破坏了司法机构的独立性。例如，上诉法院的院长被立即解雇，理由是他被怀疑在索科托州针对有争议的州长选举而展开的持久性法律争斗中可能不会判定支持执政党。自 2015 年上台以来，全体进步大会一直遵循这种模式，指责司法机构干预布哈里总统反腐败的努力，同时抱怨法院向被告人发出保释令的频次过高。布哈里政府批准了对上诉法院一名法官的免职，并指示他因贪污指控而应该受到起诉。还有两个法官被迫退休。可以肯定，法院内存在腐败，但是，行政干预引起了人们的如下担忧：如何在不牺牲司法独立的情况下提高司法廉洁。

另一个问题是司法效率低下。法院面临大量的案件积压。很多刑事案件要持续多年，尽管宪法保证要快速审理。如果有人被指控是“博科圣地”恐怖主义组织的成员，尤其会成为一个问题。

① Rotimi T. Suberu，“The Supreme Court and Federalism in Nigeria，” *The Journal of Modern African Studies* 46，no. 03（2008）：451－485.

利益表达

16.8 列举五种利益表达形式，并比较它们在尼日利亚北部和南部的影响

在尼日利亚，组织化利益团体已经很好地建立起来了，如工会、贸易协会和宗教机构，尽管它们的政治影响因区域和时间的不同而不同。例如，在1990年代，石油工人在鼓动民主方面发挥着关键作用，而在2000年代，宗教组织来动员支持和反对伊斯兰法的扩张。在很多非洲国家，这样的自愿协会在1960年代和1970年代的军事政权下失去了它们的组织自由。正如可提出证据加以证明的那样，尼日利亚的情形并没有那么严重，在尼日利亚，诸如尼日利亚妇女联盟这样的组织可以保持它们的政治独立。

如果不将其他更为非正式的参与形式包括在内，就不可能理解尼日利亚的政治影响。尤其是，侍从主义总是通过个人关系来组织参与。例如，为了赢得选举，有抱负的政治家通常会依赖有钱的赞助人进入精英网络。理解以下这一点非常重要：侍从主义可能是双向受益的，即使它是不平等主体之间的一种关系，即使它扭曲了更正式的政治结构的运作。尼日利亚政治的这些细微差别构成了这部分的主要内容。

族群与宗教协会

在尼日利亚，头一批自愿协会中有很多具有种族基础。例如，由东部的知识分子组建的伊博族联邦联盟（the Igbo Federal Union）后来成了伊博族国家联盟①。奥杜杜瓦后裔协会（the Egbe Omo Oduduwa）是在年轻的、城市的约鲁巴族专业人士中组建的。少数民族尤其能从正式协会中得到安慰，如伊比比奥国家联盟（the Ibibio State Union）、埃多民族联盟（the Edo National Union）、乌尔霍博复兴会议（the Urhobo Renascent Convention）等。这些协会通常构成了政党的组织基础，并有助于以后的协会形成自己的种族倾向。在北方，个人的侍从主义关系相对更为强大，即使是种族类型的协会发挥的作用也不会太大。

具有当代重要性的一个种族协会是奥戈尼人民生存运动（MOSOP），它由**肯·萨罗-维瓦**（Ken Saro-Wiwa）所创建。奥戈尼人民生存运动主张代表50万奥戈尼人民的利益，他们的土地现在被壳牌石油（Shell Oil）的钻机所侵占。在1990年代，奥戈尼人民抱怨道，他们首当其冲地承受了尼日利亚石油工业带来的环境破坏，但他们几乎没有获得回报。当4位奥戈尼酋长被年轻的激进分子谋杀后，紧张局势达到了顶峰。萨罗-维瓦和14位其他的奥戈尼人被逮捕，并被指控煽动年轻人谋杀。在典型的阿巴查政府破坏法庭的明目张胆的阴谋诡计中，1995年，萨罗-维瓦和8名共同被告被立即宣告有罪。这让世界各国领导人感到震惊，并凸显了尼日利亚糟糕透顶的人权状况。当时，南非领导人纳尔逊·曼德拉（他本人也是刚从监狱里释放出来）说："萨尼·阿巴查将军正坐在一座火山上，我敢肯定火山在他身下爆发了。"② 11月，奥戈尼人被处以绞刑，尽管

① Richard Sklar and C. S. Whitaker, Jr., "Nigeria," in James S. Coleman and Carl G. Rosberg, Jr., eds. *Political Parties and National Integration in Tropical Africa* (Berkeley: University of California Press, 1964), 636.

② Wole Soyinka, *You Must Set Forth at Dawn* (New York: Random House, 2006), 421.

全世界都在请求宽大处理。

萨罗-维瓦的遗产仍然具有敏感性，直到2002年，联邦政府才允许他们的家人将肯·萨罗-维瓦和其他人的尸体从坟墓中挖出并进行适当的安葬。萨罗-维瓦的儿子小肯（Ken，Jr.）很快就承担起保护少数民族权利和生态环境的重任。在2016年因中风而意外死亡之前不久，他帮助录制了一部有关气候变化对尼日利亚具有毁灭性影响的纪录片《无处可逃》（*Nowhere to Run*）。

同很多其他国家一样，宗教机构和协会在尼日利亚政治中发挥着重要作用。这些团体尤其具有持久性和适应力，因为当政治活动被压制的时候，它们仍然围绕教派目的而组织在一起，而且，在一个种族协会可能必须发挥不太明显的作用时，基督教或伊斯兰教的宗教团体和领袖都认为没有必要隐瞒自己的身份。如同在其他国家一样，以宗教为基础的利益团体采取了几种形式：正式的机构（教会、《古兰经》学校）；诸如主教、牧师和马拉姆（mallam，穆斯林教师和有学问的人）的领导作用以及志愿教派协会。宗教机构向政府表达利益关注的有效性因团体间冲突而被降低，这种冲突经常发生在基督教徒和穆斯林之间，它使政府发挥了调解人的作用。

在快速发展的城市里，以种族为基础成立的社区自助组织不断增加，因为它们能通过很多方式帮助新来者适应城市生活。北方是伊斯兰“神秘兄弟会”（mystic brotherhood）提扎尼亚（Tijaniyya）的家乡，它在较低阶层的豪萨族穆斯林中间尤其具有影响力，并被正统伊斯兰教——另一个兄弟会卡提里亚（Khadiriyya）被认为是北方的传统精英——的代表投以怀疑的目光。这些团体的存在模糊了“现代”协会和“传统”机构之间的界限。一种新型的种族组织在民主制度下出现，主要包括诸如阿雷瓦协商论坛（Arewa Consultative Forum）和奥杜瓦人民大会（Odua People's Congress）这样的团体，前者宣称自己的使命是“捍卫北部利益”，后者希望对西南部约鲁巴族的利益产生影响。

协会团体

在尼日利亚，自愿协会有各种各样的形式。它们在早期很大程度上与民族主义运动交织在一起，而它们在现代则与1990年代的社会民主运动密切关联。专业组织——如尼日利亚律师协会、尼日利亚医疗协会和尼日利亚记者联盟——在军方统治时期经常被骚扰，这导致它们的政治化和不断增加的民主需求。

自从殖民时期以来，工会一直在尼日利亚政治中发挥作用。大学学生和教员是军事统治最早的一些批判者。如今，教职员工和学生罢工非常普遍；因此，一个学生的本科教育要花去6～7年时间并不罕见。如果某些劳动力部门采取劳动行动，它们往往对政治产生特别的影响。尤其是，代表石油工人的工会拥有巨大的影响力，因为石油对国民经济而言是如此重要。1994年，由全国石油和天然气工人工会、石油和天然气高级职员协会发起的罢工有助于向军事政府施加压力。其他的劳动行动都是通过尼日利亚劳工大会（Nigeria Labour Congress，NLC）及其附属工会集体组织实施。自1999年以来，尼日利亚劳工大会一直领导抗议活动来争取更好的工资和工作条件，而且，它一直在为人为压低燃料价格的补贴进行辩护。如果经济继续增长并体现多样化，尼日利亚可能会大量出现新的工会和专业协会。当“占领华尔街”运动于 2011—2012 年在美国兴起时，与劳动有关的组织在尼日利亚和其他非洲国家突然涌现出来。

一些社会团体——如全国民主联盟（NADECO）——位于民主斗争的最前沿。在 1998 年阿巴查去世之后，一个新的联盟“过渡监察团体”（TMG）应运而生，它是以倡导选举形式和为监督选举舞弊而出现的。在最近的每次选举期间，它都会培训成千上万的选举监督员，他们分布在各个投票站，报告选举的质量。有时，他们会准备一些报告来批评总统的治理记录或者提供政策改革的建议。

非协会团体

尼日利亚非协会利益团体的一个明显但又界定模糊的例证是著名的**卡杜纳精英组织**（Kaduna Mafia）。理查德·约瑟夫（Richard Joseph）提供的描述如下：

> 从一般意义上说，卡杜纳精英组织指的是北部知识分子中的成员，他们在内战后的十年军事统治期间担任某些具有政治和社会影响力的职务。总的来说，这些人比他们在北部酋长国的前任们受过更好的教育，后者在独立后的头十年拥有同样的职位。他们也不太依赖传统统治者的恩惠来推动自己的事业。①

这个团体在巴班吉达统治时期具有高度的影响力，但是，萨尼·阿巴查却与它保持距离。谢胡·穆萨·亚拉杜瓦将军（Shehu Musa Yar'Adua）——政治改革家，卡杜纳精英组织的杰出成员，就职于 1970 年代的军事政府——在 1997 年死于监狱。当他的弟弟奥马鲁·穆萨·亚拉杜瓦于 2007 年当选为总统时，有人将之视为卡杜纳精英组织影响力的回归。

鉴于大多数尼日利亚的劳动力从事农业，人们期望从农民中组织强大的协会活动。然而，该国的种族分裂妨碍了任何全国性农业组织的形成。现有团体通常致力于地方性合作活动，对超越地区层面之外的活动表现不太积极。正如我们将在后文讨论的那样，农民经常依赖侍从关系获得自己的利益。

有一个组织机构不是一个利益团体，那就是军队。士兵和下级军官都没有从军事统治中看到任何直接的收益，他们中很多人都支持回归平民统治的努力。尼日利亚军队不是一个具有凝聚力的利益团体。在军队，有一种根深蒂固的军事职业精神。而且，在奥巴桑乔执政时期，军官在政党中的突出地位下降了。

恩从网络

利益代表的另一种替代结构可以在**恩从网络**（patron-client networks）中寻求。强大的尼日利亚政治人物能够通过自己与下属的个人“联系”来动员他们的支持，这些下属本身又可能对更下一级的“侍从”发挥相应的“恩主”作用。在更大规模的豪萨族、约鲁巴族和其他种族的前殖民体制中，侍从主义是政治生活中不可或缺的一个方面。没有被正式协会所代表的那些人可能利用他们的联系来实现政治目的，尤其是在地方层面

① Richard A. Joseph, *Democracy and Prebendal Politics in Nigeria* (Cambridge: Cambridge University Press, 1987), 133-134.

以及传统统治者和他们的政治制度仍然维持某种影响力的地方。而且，个人接触模式具有根深蒂固的文化基础，因此，作为一种独立于任何地方传统情境的方法来接近强大的现代化人物，它仍然非常重要。

在尼日利亚，对这些恩从网络的依赖是一种互利互惠体制，在这种体制下，统治者或者官员将某个公共职位提供给某位侍从，以换取他在某种地方层面忠诚地提供政治支持。这种体制在尼日利亚的盛行并不取决于特殊的平民或军事政权①。实际上，民主的回归使很多州出现了**教父**（godfathers）的崛起，他们试图通过财政手段和操纵选举来控制候选人的选择。他们作为非正式机构的顽固坚守使得尼日利亚政府的重组变得困难。但是，在 2011 年和 2015 年选举之后，他们可能在走下坡路。毕竟，一旦某位州长就职后，他（或者或许在某一天变成她）有资源建立一个足够强大的联盟，从而脱离自己先前的恩主。

政治参与

由于或者缺乏充分的普查数据，或者缺乏可靠的选民登记人数，很难精确地得出选民的投票率。但是，自独立以来，选民投票率的范围预估为 40%～60%，由于绝大多数人口贫困并且目不识丁，这样的参与水平给人留下深刻印象。部分解释可以归于恩从体制的盛行，这种“机器政治”因为通过与政治活动家的人格关联而将普通选民与选举过程联系在一起。

在尼日利亚 1999 年之前持续漫长的威权主义统治期内，人们对选举的兴趣在下降，因为当过渡期的每项承诺被打破时，公民们觉得自己被背叛了。但是，回归平民统治重新引发人们对选举参与的兴趣。在 1999 年 2 月的总统选举中，选民投票率估计为 52%。2003 年选举的选民投票率估计为 69%。回想 2007 年选举的潜在问题，官方对选民投票率的预估还无法获取，但非官方预计在 57%左右。根据可靠的预估报告，总统选举的投票率为 54%，但立法机构的选举投票率只有 29%。在 2011 年的总统选举中，投票率再次高达 54%，但在 2015 年下降到 44%。

暴力也是政治参与的一个不幸的现实。在巴班吉达政权的最后时期以及在挑战阿巴查攫取权力的过程中，西南部发生的与警察对抗的事件非常普遍。即使在民主政权时期，政党也会利用暴徒来恐吓对手或者压制参与。国家暴力也是尼日利亚政治反复出现的一个特征：50 多人因为参加 1986 年和 1990 年以失败而告终的政变被处以极刑。当然，政治暴力最显著的例证当属 1967—1970 年的比亚法拉内战。在 1999 年转型之后，政府仍然是侵犯人权的同谋，在安全部队受到攻击后，暴力通常是采取报复的形式。随着 2009 年“博科圣地”叛乱的爆发，暴力发生的规模和频率变得更加糟糕。根据国际特赦组织的报告，军方在司法程序之外处决了 1 200 多人，而且实施了酷刑，至少有 7 000多人死于军事拘留场所，如臭名昭著

① Joseph，*Democracy and Prebendal Policy in Nigeria*. 约瑟夫将尼日利亚互利互惠式的受俸主义（prebendalism）称为“基于如下正当性原则的政治行为模式：这些职位应该由竞争所得，然后，它们不仅被用于职位占有者自己的参考或者用于支持团体，而且被用于他们的个人利益。某个职位的官方公共目的通常成为一种次要的关注，不管那种目的在该职位被创立或者为填补该职位而展开的定期竞争中被最初援引的程度有多大”。

的基瓦营房（Giwa Barracks）[①]。

自独立以来，尼日利亚一直是一个高度政治化的国家。如果民主能带来更好的代表性和法治，人们希望这将减少暴力，并通过利益团体、游说或投票来增加和平参与的机会。

政党和选举

16.9 描述主要的政党及其支持基础，讨论选举的曲折历史

对尼日利亚政党和选举进行的任何分析都会贯穿一些共同的主题。正如前文注意到的那样，暴力在某些情形下已经爆发，结果在某种程度上导致第一共和国和第二共和国的瓦解，诸如教父这样的非正式制度使政治改革的努力变得复杂。这一部分将关注政党形成史、影响选举行为的因素、轮换政治权力的非正式传统以及最近在选举管理方面的一些改进。总的来说，正如可提出证据加以证明的那样，尼日利亚循环出现的选举周期已经削弱了政治依恋的传统来源（如种族），而且，它增加了如下预期：政治领导人可以通过可信的参与式过程予以选择。2015 年，一个主宰政治长达 16 年之久的政党在选举中惨遭失败，这是继 2007 年一个总统向另一个总统和平移交权力和 1999 年从军事统治过渡之后，向民主深化迈出的又一步。

尼日利亚的早期政党受殖民主义分裂效应的影响，这对地区依恋是一种强化。1944 年，尼日利亚和喀麦隆国民议会（NCNC）作为一种多元化的民族主义运动在纳姆迪·阿齐克韦的领导下应运而生[②]。在一位年轻的约鲁巴族律师奥巴费米·阿沃洛沃（Obafemi Awolowo）的领导下还出现了一个反对党“行动小组”（AG），它的大本营位于尼日利亚西部。从一开始各个政党内部就存在某些力量，它们支持一种多文化的、以问题为基础的、跨地区的联盟构建。但是，在 1950 年代，强大的地区政府和选举改革建立了各种激励机制，以吸引各个政党寻求各自种族地区的支持（见表 16-2）。

表 16-2　政党领袖的种族分布（1958 年）（%）

政党*	伊博族	约鲁巴族	豪萨-富拉尼族
NCNC	49.3	26.7	2.8
AG	4.5	68.2	3.0
NPC	—	6.8	51.3

* NCNC：尼日利亚和喀麦隆国民议会，AG：行动小组，NPC：北方人民代表大会。

资料来源：Richard Sklar and C. S. Whitaker, Jr., “Nigeria,” in *Political Parties and National Integration in Tropical Africa*, *ed.* James S. Coleman and Carl Rosberg (Berkeley: University of California Press, 1964).

与尼日利亚和喀麦隆国民议会和行动小组不同的是，主要的北方政党从来没有真正尽力获得它们所在地区之外的政治支持。在北方，英国对间接统治的成功适用导致了殖民政府和传统埃米尔之间形成了一个联盟，后者阻碍现代政治运动的发展。改革派的政治组织，如北方团体进步联盟（NEPU），具有的吸引力更为有限。一项更为保守的运动——北方人民代表大会（NPC）——受统

---

① Amnesty International, *Stars on the Shoulders, Blood on Their Hands: War Crimes Committed by the Nigerian Military* (London: Amnesty International, 2015).

② 这里的“喀麦隆”指的是尼日利亚东部边界的现代国家喀麦隆（法属喀麦隆）国内说英语的地区。作为前德国殖民地的喀麦隆于第一次世界大战后在英国和法国的控制下被分立成国际联盟托管领土。尼日利亚和喀麦隆国民议会不仅包括来自尼日利亚的成员，而且包括来自英国托管领土的成员，但是，在独立前的一次公民投票中，说英语的喀麦隆人选择加入喀麦隆。随后，尼日利亚和喀麦隆国民议会被重新改名为尼日利亚公民全国大会。

治的贵族阶层公然控制，由索科托的酋长（一种传统的头衔）和一位豪萨族的平民阿布巴卡尔·塔法瓦·巴勒瓦（Abubakar Tafawa Balewa）进行组织和协调。这种政治结构是在一个受教育程度（基于西方的教育标准，不到15%的人有读写能力）不如南方的人口群体中出现的，它对传统权威更为忠诚。北方人民代表大会在竞选活动中没有强调国家独立，它经常在宗教基础上发出呼吁。

自1966年第一次政变以来，军事政权或者废止政党，或者对政党实施监控。每一个独裁者都想消除政治竞争，以期巩固权力或者将权力作为受监督的民主转型的一部分加以限制。在雅库布·戈文将军1966—1975年的任期内，尼日利亚是在没有政党的情况下运作的。在他的继任者穆尔塔拉·穆罕默德推行改革之后，各个政党被要求向选举委员会进行登记，它们的治理委员会必须要体现国家的“联邦性”。为了当选总统，宪法仍然要求候选人必须在2/3以上的每个州至少获得25%的选票。在1979年过渡期的选举中，当没有候选人满足这项起点要求时，胜选者由最高法院予以决定。在1983年的军事政变后，尼日利亚经过了近十年时间才又开始举行全国选举，政党被反复取缔、取消取缔和操纵。

1998年，阿布巴卡尔领导的过渡政府允许建立新的政党，他成立了**全国独立选举委员会**（Independent National Election Commission，INEC）来组织选举。有9个政党被证明有资格参与1998年12月的地方选举竞争。然后，在774个地方政府中获得选票最多的前3个政党被允许角逐1999年州和全国选举的竞争：它们分别是**人民民主党**（PDP）、全民党（APP）和民主联盟（AD）。全民党和民主联盟党结盟，并推举一个候选人。在1999年的总统选举中，最终只有两个候选人参与竞选：他们分别是代表人民民主党的奥卢塞贡·奥巴桑乔和领导全民党/民主同盟党的奥卢·法雷（Olu Falae）。由全国独立选举委员会确认的选举结果宣布奥巴桑乔胜选，他赢得62.8%的选票，与之相比，法雷只赢得37.2%的选票。尽管如此，作为仓促包装而成的政党组织，几乎所有的政党都缺乏清晰的意识形态基础。

2003年，奥巴桑乔以压倒性优势赢得连任，所获选票几乎是对手的两倍；前军事统治者穆罕马杜·布哈里代表全民党参选，并将该党重新命名为全尼日利亚人民党（All Nigeria People's Party，ANPP）。人民民主党在国民议会两院中的多数席位在增加，并且赢得36个州长职位中的28个。民主联盟党以“尼日利亚行动大会”（ACN）的新形象示人，该名称让人想起阿沃洛沃与民主联盟党的历史。2007年的选举季始于奥巴桑乔总统支持者的一场竞选活动，他们想修改宪法从而允许奥巴桑乔竞选第三个总统任期。由于他的副总统阿提库·阿布巴卡尔也想参选，这在人民民主党内引发了一场激烈的斗争，同时造成地区层面的影响，因为阿布巴卡尔来自北方。阿布巴卡尔在高度受到怀疑的初选中未能赢得提名，这场争论给政党留下了持久的创伤。

在奥巴桑乔第三任期的尝试失败之后，奥马鲁·穆萨·亚拉杜瓦赢得提名，并继续在2007年当选总统。国际和国内的观察人士都普遍谴责选举存在欺诈行为，法院至少否决了11次州长选举和9次参议院选举的结果。实际上，亚拉杜瓦总统2007年的选举直到2008年12月才得到最高法院的支持。

在2011年选举之前，尼日利亚面临另一场严重的宪法危机，当时，生病的总统亚拉杜瓦在2009年11月就从公众的视线中消失了。内阁（在总统制中要效忠于行政首长）拒绝评价总统的健康状况，但现行宪法对此又有要求。在全球领导人和社会的施压下，国民大会使副总统古德勒克·乔纳森宣誓就任"执行总统"。当亚拉杜瓦于2010年5月去世后，乔纳森正式宣誓就任总统，从而终结了一场尴尬、且具有潜在爆发性的僵局。乔纳森总统承诺要推行雄心勃勃的改革议程，他兑现了自己的一个重要承诺，那就是，他拒绝重新任命全国独立选举委员会（INEC）对2003年和2007年陷入困境的选举负有监管之责的高级官员。从2011年公正的选举候选人名单开始，全国独立选举委员会成功地在短短的三周时间内就注册了7 300万选民，并从名册上剔除了87万重复投票人。

乔纳森以59%的得票率赢得2011年总统选举。布哈里赢得32%的选票，他是在"进步变革大会"（CPC）这个新的政党旗帜下参选的。人民民主党在各级政府中都保持强劲势头。国际和国内观察人士判断选举是自由和公正的，但它伴随着一波暴力浪潮。大约有800人随后被杀，他们大多数都来自布哈里具有最强大基础的北方。

人民民主党在长达16年的时间里拥有总统职位、大多数州长职位以及在国民大会轻松领先的多数席位，布哈里连续在三次选举（2003年、2007年和2011年）中被击败。这使得布哈里在2015年的胜利更加引人注目（见表16-3），如下事实同样引人注目：他的政党全体进步大会（APC）成立还不到两年时间。2013年，反对派的政治家们开始与其他主要政党商谈合并事宜，其中包括全尼日利亚人民党（ANPP）和尼日利亚行动大会（ACN）。第二年，主要的反对党——其中包括进步变革大会（CPC）、行动大会（AC）、全尼日利亚人民党（ANPP）和全体进步大联盟（APGA）的一个分支——同意合并并创立全体进步大会。执政的人民民主党的内部分裂也给了反对党很大的鼓舞，当时，有5位人民民主党的州长和几十位参众两院的议员集体背叛并加入全体进步大会。这一轮操作造成了人民民主党在2015年的败选，但是，全体进步大会内的分歧已经出现。例如，前人民民主党的成员指责布哈里将最好的政治任命都给了他的以前的**进步变革大会（CPC）的同事**①。

表16-3　2015年全国选举的结果

	APC	PDP	其他
总统选举得票份额（%）	54	45	1
众议院议席	212	140	8
参议院议席	60	48	—
州长职位	22	13	1

注：APC：全体进步大会；PDP：人民民主党。由于存在有争议的结果，参议院的议席不到109席。

资料来源：The Independent National Electoral Commission and the Inter-Parliamentary Union.

① 在尼日利亚的第四共和国，有多达50个政党，但是，只有一些政党在选举政治中表现积极，并具有某种影响力。从1999年至今，也存在很多政党的转型、合并和重组。例如，主要的政党包括：人民民主党（PDP），该党没有转型或参与任何合并；全民党（APP），该党于2003年转型为全尼日利亚人民党（ANPP），后来又参与合并并于2015年成立全体进步大会（APC）；民主联盟（AD）转型为行动大会（AC），后来在博拉·艾哈迈德·蒂尼布（Bola Ahmed Tinibu）酋长的强大影响下又改称尼日利亚行动大会（ACN）。对全国选举带来影响的新政党包括：全体进步大联盟（APGA），该党由比亚法拉军阀首领埃梅卡·奥朱库乌（Emeka Ojukwu）创立；进步变革大会（CPC），由现任总统穆罕马杜·布哈里所创建，它也是在2015年选举中产生超级政党全体进步大会（APC）的合并党之一。

族群团结和政党忠诚

正如可提出证据加以证明的那样，种族渊源仍然是尼日利亚大部分政治组织活动的驱动力，政治领导人通过种族诉求破坏真正的民族政党。图 16-4 描绘了尼日利亚政党的形成轨迹。一个明显的趋势是，在奥巴桑乔当选之前，北方人经常夺取高层的民选职位。另一个值得注意的模式是，政党的形成总是围绕不同的种族基础。这一点非常重要，因为种族渊源和地方主义使政党作为利益集聚和利益表达工具的作用变得复杂。这种情绪在 1993 年选举被取消之后就表现出来了，这样做的结果剥夺了南方获得的明显胜利，也因此加剧了西南部约鲁巴人的沮丧，他们觉得自己在 1979 年也被剥夺了总统职位。因此，约鲁巴人认为，他们被亏欠了某种“政治债务”。在 1999 年的转型过渡期，这种因素被融入政党的形成过程，从而使得具有影响力的北方人支持奥巴桑乔和人民民主党。全体进步大会的成立以及 2015 年支持选举的地域分布带来了某种希望，即政党正在种族和地区层面变得日益一体化。

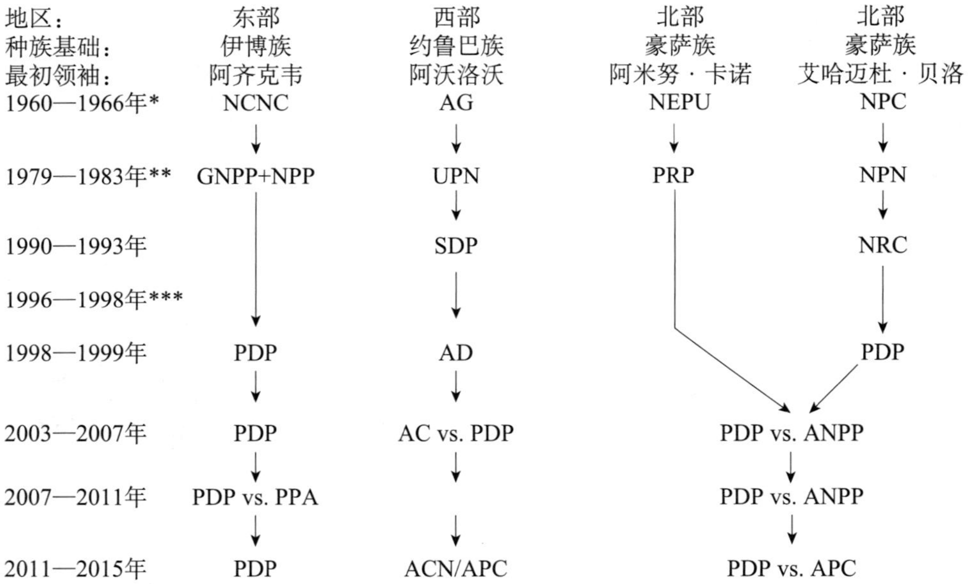

*NCNC和NPC在选举之后的（议会制政权期间）结成同盟。
**GNPP和NPP在选举之后的（总统制政权期间）结成同盟。
***在阿巴查领导下人为形成的政党（1996—1998年）不属于演变的一部分。

图 16-4　尼日利亚政党的演变

尽管人民民主党承诺要克服尼日利亚主要政党在历史上具有的地区性，但它对政治竞争的支配地位受到批评。

资料来源：Federal Republic of Nigeria，www. nigeria. gov. ng.

第一共和国和第二共和国政党之间最为重要的区别被认为在于将原初的 3 个地区切割成 19 个州。在很多这些州具有支配地位的是族群，而绝不是“三巨头”，因此，这些族群冲破了地区种族支配地位的藩篱。从此以后，政党战略家们将以下两者紧密结合在一起：一是某个主要族群地区的强大基础，二是在另外两个重要团体的大本营成功地呼吁少数种族和潜在的持不同政见者团体的支持。1979 年，由豪萨族支配的尼日利亚全国党（NPN）赢得了最后的奖赏（总统职位），它基本上是基于北部选民和南部地区少数种族选民相结合而实现的胜选。

在第二共和国的整个 4 年期间，同样的 5 个政党继续存在。截至 1983 年，最小的两个政党——人民赎回党（PRP）和伟大的尼日利亚人民党（GNPP）——因为缺乏获取资源的机会而被削弱。正如总统制的常规情形那样（总统职位由赢家通吃选举产生），两个主要反对党面临着联合起来反对现任总统的诸多压力。阿齐克韦和阿沃洛沃都不愿意将对方视为总统候选人。在一场以暴力和投票舞弊为标志的竞选中，尼日利亚全国党赢得决定性的胜利，但是，胜利是短暂的。三个月后，尼日利亚第四次军事政变推翻了第二共和国。这一次，军方废除政党赢得了某种政治支持，因为政党被认为是腐败的。

穆罕马杜·布哈里的统治（1983—1985 年）起初受到欢迎，这在某种程度上是因为政党被认为是腐败的。但是，他并没有提供回归民主的时间表。与之相比，巴班吉达似乎使转型计划成为其政府的永久特征。他成立了一个新的选举委员会，并在 1987 年组织地方选举。他的军政府通过政令建立了两党制——在政治谱系中，一个政党“稍微偏左”，另一个政党“稍微偏右”。甚至是政党的名称都由政府确定：偏左的政党是社会民主党（SDP），而偏右的政党是民族共和大会（NRC）。

转型过程在 1992 年遭受第一次挫折，当时的政权取消了政党总统初选的结果。尼日利亚人越来越怀疑军方是否真的打算离开。巴班吉达安排在 1993 年 6 月举行新的选举，命令各个政党推选新的候选人，并将 1993 年 8 月 27 日定为向平民政府移交权力的日期。民族共和大会选择了一位相对不太知名的人物巴希尔·托法（Bashir Tofa），他是一位来自东北部的卡努里人，而社会民主党当时提名了一位来自西南部的富有商人莫斯胡德·阿比奥拉（Moshood Abiola）。选举最终于 **1993 年 6 月 12 日**举行。根据尼日利亚人和国际观察人士的报道，总的来说，这是一次公平的选举，民族共和大会没有宣布对选举结果提出异议的任何计划。阿比奥拉似乎在北部的 9 个州赢得绝大多数选票，其中包括对手的家乡卡诺州。这些结果似乎表明，在两党制下，每个地区和州的派系主义可以被用来阻止严格意义上的地区性结果。

然而，1993 年的选举结果从未被官方公布，两个星期之后，转型期的第二次挫折出现了，当时，巴班吉达宣布选举无效。“6 月 12 日”成为永远铭刻在尼日利亚人记忆中的一天，对西南部的政治活动家而言尤其如此，他们领导了大规模抗议，宣称约鲁巴族已被第二次剥夺了总统职位。巴班吉达被迫让位。阿巴查政权在 1996 年 6 月宣布成立新政党的指导方针。但是，反对派团体谴责这种行为是一个假象，因为当时所有被确认有资格于 1997 年 3 月参加地方选举的 5 个政党一致提名阿巴查竞选总统职位。随着阿巴查于 1998 年去世之后，过渡政府解散了这 5 个政党，宣布地方和州的选举无效，重新启动以自由组建的政党迈向民主。1998 年 10 月，全国独立选举委员会（INEC）确认了 9 个政党。经历地方选举而幸存的 3 个政党在某种程度上代表了早期政党组织的连续性，因为每个政党都在三大主要族群中的某一个族群拥有自己的基础。尽管如此，政党需要具有全国基础这一要求似乎减少了地区优势的机会。即使是人民民主党中的北方人也同意支持奥巴桑乔将军，他刚从阿巴查的监狱中被释放出来。作为一个南方人（他和他的主要对手奥卢·法雷都是约鲁巴人）和一个前军事统治者，奥巴桑乔被很多人认为是最可能在后军事国家提供有效领导的人选。由于要克服南方人的不信任（他们对人民民主党内北方人的支持表示怀疑）以及社会活动家对奥巴桑乔民主承诺的质疑，军方仍然留在军营，奥巴桑乔直到 1999 年 5 月 29 日才宣誓就任总统。

在尼日利亚，2003 年的选举是 20 年来第一次由平民组织的选举，这代表着向制度化民主迈进了一大步。卡齐纳州州长奥马鲁·穆萨·亚拉杜瓦在 2007 年的总统选举中胜出是第二大步。它标志着尼日利亚历史上第一次平民政权之间的权力移交，而且是从南方人向北方人和平的权力移交。这种改变被人民民主党内的非正式共识奉为神圣，这就是所谓的**权力转移**（power shift）。亚拉杜瓦获得将近 70%的选票，这意味着人民民主党仍然主导着政治，排在第二位的政党的得票率不到 13%。但是，这次选举的瑕疵较之 2003 的选举要多得多。一个称作“过渡监控小组”（the Transition Monitoring Group）的社会组织要求立即取消选举结果。欧洲联盟观察团（the European Union’s Observation Mission）认为，“州和联邦选举根本无法满足民主选举基本的国际和地区标准”。选举法庭推翻了一些州长选举，进而证实了上述观察的正确性。当亚拉杜瓦于 2010 年去世时，很多北方人争辩道，允许当时的副总统古德勒克·乔纳森继任总统职位违反了权力转移，因为他来自南方。对这种紧张关系的解决方案相当于向深化民主迈出了第三步。但它也强调南北地区之间政治平衡的持续重要性。实际上，乔纳森在 2011 年的总统选举中未能在任何单个的北方州赢得多数。尽管如此，选举胜利的地理分布可能正在超越简单的南北二分法。

2011—2015 年，有两个问题支配着政治辩论。第一个问题是东北部的暴力叛乱。当近 300 名中学女生被“博科圣地”绑架时，乔纳森政府颜面扫地，而且，直到社交媒体活动**“把我们的女孩带回来”**（BringBackOurGirls）令政府尴尬不已时，它似乎才表现出某种兴趣。全国民意调查显示，2/3（67%）的尼日利亚人认为，政府在与恐怖主义的有效斗争中“做得不够”①。第二个问题是，腐败问题在奥巴桑乔政府似乎取得某些进步之后再次回归。政府高级官员的腐败破坏了政府的国内外声誉，反腐败机构经济和金融犯罪委员会（EFCC）的调查逐渐停顿下来。当中央银行行长声称石油部长还没有将 200 亿美元汇入财政部时，腐败情形达到了高潮。政府迫使行长辞职，而不是去调查所涉指控。这些问题为全体进步大会提供了有利竞选因素，同时导致几十名人民民主党的政治家投向反对党。

在选举前夕，人民民主党控制了 18 个州，而全体进步大会拥有 15 个州。当国家安全顾问漫不经心地说安全部门无法确保和平时，选举被推迟，此时，人们对政治暴力

① Jay Loschky and Robin Sanders, “Nigeria’s Big Chance,” Gallup, http://www.gallup.com/opinion/gallup/182345/nigeria-big-chance.aspx, accessed October 25, 2016.

的担忧开始加剧。很多人将之视为操控选举过程或者煽动全体进步大会支持者暴力反应的一种战略。联合国前秘书长科菲·安南领导的和平委员会制定了《阿布贾和平协议》(the Abuja Peace Accord)，主要的政党都在协议中承诺非暴力。其他的担心涉及全国独立选举委员会采取电子选民登记的决定，这种登记方式会导致审查和认证过程出现技术故障，这一点很快被人民民主党予以强调。

选举的结果似乎已经终结一党执政的年代。在尼日利亚的民主史中首次出现反对党击败了执政党。乔纳森总统发表了具有历史意义的败选演说，他宣称："没有人的野心值得让任何一个尼日利亚人付出鲜血。"权力从执政党向反对党的顺利过渡意味着，尼日利亚的民主克服了民主巩固与可持续发展的另一个重大障碍。

政策的形成与实施

16.10　讨论诸如石油和族群多样性等因素如何影响经济表现

在比较尼日利亚各种平民和军事政权时，最后的问题一定是回到它们的绩效。当然，这是尼日利亚人的"底线"，他们对这些不同政权的支持是以自己在各个政权下所经历的生活质量为基础的。因此，这一部分将集中研究政府做出的决定，尤其是增加收入、分散资金和实施计划等方面的决定；另外，也讨论某些背景问题，如规划和实施联盟人口普查，普查的结果将构成所有政策的基础；介绍外部世界对尼日利亚决策所强加的限制，尤其是针对世界银行所支持的**结构调整计划**(Structural Adjustment Program, SAP)强加的限制。了解"结构调整计划"将我们带回最初所讨论的环境问题。与尼日利亚国际经济形势相关的政策已经回应了来自其他非洲国家、世界大国、国际组织和跨国公司的动议。在此，我们将分析世界经济对某个第三世界国家（甚至包括像尼日利亚这样一个如此庞大和资源丰富的国家）可以获取的选择机会所强加的严重制约因素。

汲取绩效

尼日利亚在1960年所继承的财政收入主要依赖国际贸易的税收。间接税提供了总收入的64%，直接税仅占16.5%，其他收入占19%。殖民政府所发展的税收制度通过农产品销售局(agricultural marketing boards)进行运作。尽管从表面上看建立农产品销售局是为农民提供稳定的价格，但该局在丰收年中会集聚大量的盈余资金，这些资金总是诱使政府官员考虑某些发展项目。农民也要缴纳不受欢迎的直接税。1968年和1969年在西部地区爆发了税收暴动，最终导致建立了一种更低、更简单的统一税。

在第一共和国和戈文政府时期，各州政府征收个人所得税、营业税和人头税。由于新建立的州没有适当的财政制度，而且，税基也比原有的地区更小，因此，总的来说，税收会下降。与此同时，石油收入的增加巩固了联邦政府（和那些拥有油田的州）的财政地位。

根据第三世界石油输出国的一种典型模式，如今，尼日利亚几乎完全依赖这个单一产业带来的收入。由于没有任何迹象表明世界对石油的需求将在不久的将来下降，它依然是一种替代各种形式的个人所得税的可靠收入来源。这使得尼日利亚的威权主义军事政权不仅可以建立恩从网络，而且在支付各种社会项目时无须面临纳税人的愤怒带来的风险。石油收入也削弱了各州在内部产生收入的动因，尽管有迹象表明这种情形正在改变。到目前为止，拉各斯州从内部提高的收入比任何其他州都多，它的优势在于拥有庞大的私营部门。很多观察人士将该州政府绩效的改善归因于这些新的税收，因为它们使公民们更有能力要求更好的服务[①]。

大量的石油储备也意味着，尼日利亚会花更少的时间去寻求直接国外援助，这与很多非洲国家截然不同。尽管如此，在 1970 年代和 1980 年代，政府利用国家的石油储备作为从外国和国际银行大量借债的抵押。这些资金支持了大规模的资本支出，并使尼日利亚成为一个巨大的外债国，1980—1995 年，这种外债占 GNP 的比例从 10%增加到 140.5%。石油财富并没有给尼日利亚带来财政独立，相反，债务使国际债权人主导着尼日利亚公共资金分配的话语权。正如可以提出证据加以证明的那样，随着 2006 年债务的还清，尼日利亚不再受这些外部力量的影响，但是，自 2010 年以来，大规模借债的回归可能会使国外贷款人的影响力上升。

分配绩效

作为高档石油的一个生产国，尼日利亚具有非同寻常的巨大潜力从欠发达国家行列迈入中等收入国家行列。1970 年代，诸如道路发展、灌溉工程和将国家首都迁往阿布贾这样一些令人印象深刻的项目都是潜力可能变成现实的征兆。遗憾的是，政治腐败急速增长。当石油收入于 1980 年突然开始下降时，“经济陷入萧条，所欠的国际债务越来越多……因腐败、管理不善和经济衰退而耗尽所有的收入后，各州政府无力支付教师和公务人员的薪水或者无力为医院购买药品，很多机构（包括学校）都因罢工而关闭”[②]。

尽管本国存在资源优势，但是，尼日利亚人并没有看见自己的生活在最近几年得到改善。联合国开发计划署基于以下三个因素公布了人类发展指数（HDI）：出生时的预期寿命、成人识字率和人均 GDP（见表 16-4）。就人类发展指数而言，尼日利亚在 188 个国家中排名第 152 位，人均 GDP（按照美元计算）仅排名第 155 位。在这些列表中发现欠发达国家的排名较低并不足为奇。就尼日利亚而言，经济的高增长率在很大程度上被人口的高增长率抵消了。而且，尽管 2001—2014 年经济在扩张，但人类发展指数的排名表明，来自石油收入上的优势几乎没有对整体生活质量产生任何明显的影响。

预算重点在分析分配绩效时至关重要。对于一个在历史上大部分时间都受军事政权统治的国家而言，人们可能认为军事开支将显得尤为突出。在尼日利亚，2000—2009 年，军事预算从 2.34 亿美元增加到将近 15 亿美元。2016 年，尼日利亚的军事预算预计超过 20 亿美元。尽管尼日利亚的武装力量在独立时的规模非常适中，但它在比亚法拉内战的高峰时期增加到 25 万人。随后，戈文政权启动了一项逐步减员计划，并在 1980 年代中期将武装力量减少到大约 10 万人。

---

① Diane de Gramont, *Governing Lagos*: *Unlocking the Politics of Reform*, (Washington, DC: Carnegie Endowment for International Peace, 2015).

② *Class*, *Ethnicity*, *and Democracy in Nigeria*: *The Failure of the First Republic* (Syracuse, NY: Syracuse University Press, 1988), 53..

在 1999 年转型之后，它又缩减到大约 8.5 万人。这仍然使尼日利亚成为一支重要的军事力量。正如我们后文将要讨论的那样，尼日利亚领导人正是利用这种军事力量来维持自己在西非的高大形象的。自 2010 年以来，军队规模增加到大约 10 万士兵，以及对侵犯人权的行为有罪不罚，这引起了人们对文官控制军队的担忧。

表 16-4　尼日利亚人均 GDP 和人类发展指数（HDI）的排名

国家	出生时的预期寿命（2014 年）	成人识字率（%）（2012/2013 年）	人均 GDP（购买力平价计算）（2013 年）	HDI 排名（2014 年）
美国	79.1	—[a]	51 340	8
日本	83.5	—[a]	35 614	20
英国	80.7	—[a]	37 017	14
墨西哥	76.8	94.2	16 290	74
博茨瓦纳	64.5	86.7	15 246	106
印度尼西亚	68.9	92.8	9 254	110
尼日利亚	52.8	51.1[b]	5 422	152
贝宁	59.6	42.4	1 733	166

a 没有向联合国开发计划署报告任何数据。

b 基于联合国儿童基金会 2008—2012 年的数据，这也是最新的可得数据。

资料来源：United Nations Development Programme，Human Development Report 2015（New York：UNDP 2016）.

尼日利亚人对教育投入巨大的热情，各个政党和政权都承诺普遍的受教育机会。某种程度的进步也有目共睹。1964 年，尼日利亚 5%的小学学龄儿童注册入学，这在非洲国家中排在第 29 位；5%的中学适龄人口注册入学，这排在第 19 位。10 年后，24%的学龄人口在学校就读，根据这一标准，尼日利亚居非洲国家的第 15 位。年轻人的识字率在 2015 年达到 73%，而在 1985 年只有 65%。尽管统计数据参差不齐，但入学率已经得到改善，尤其在 2004 年通过《全民基础教育法》（the Universal Basic Education Law）之后更是如此。但是，尼日利亚儿童，尤其是女孩，在涉及上学时会面临社会经济障碍。

尼日利亚政府在健康领域的表现非常平庸。尼日利亚的婴儿死亡率（每1 000名活产婴儿中）从 1960 年的 185 人持续下降到 1970 年的 139 人、1980 年的 114 人和 2013 年的 78 人。然而，在所有的儿童中有将近 1/5 的人活不到 5 岁。这些统计数据体现了一种不幸且令人吃惊的趋势，并真实反映在老年群体中：在 2014 年，预期寿命只有 51 岁，与更早期的数据相比几乎没有改进，这一点令人吃惊。最近，政府向卫生部门投入了更多的资源，但是，按照人均计算，支出仍然很低——这再次体现了人口快速增长带来的挑战。

由于石油被坚定地确立为尼日利亚重要的外汇来源，而且，石油工业受政府控制，因此，财富的分配受到政策决定的严重影响。随着石油收入在 1970 年代的剧增（大约是每年 8%的增长率），私人消费急剧上升。这种平均数据掩盖了高层财富的巨大增长，最底层的 40%的人口几乎没有任何受益。无论是就绝对数字还是其所占 GDP 的比例而言，政府开支的增长速度都比私人消费快得多①。当然，这方面的开支包括用于向个人行贿的数额。在 1994 年，经济学家派厄斯·奥基博（Pius Okigbo）核查了尼日利亚中央银行的账簿。当他离开尼日利亚时，他宣称有 126 亿美元没有被计算在内。

收入分配还受通货膨胀的影响，它源自 1970 年代石油繁荣时期带来的货币供应量的迅速增加以及随后的继续急速增加，因为政府在收入下降时遵循了一种由来已久的预算平衡法：印制钞票。这样做产生的结果是继续的通货膨胀，正如图 16-5 所示，这个问题在 1990 年代变得尤为严重。一项个案研究（见专栏 16-3）说明了这种通货膨胀对个人收入的影响。消费者通货膨胀率在 1995 年达到了 75%的峰值。自回归民主以来，通货膨胀率一直在波动，但自 2007 年以来始终徘徊在 13%～19%。对一个贫困国家的大多数人而言，这仍然是一个巨大的财政负担，而且，自 2014 年以来，货币贬值加剧了这一负担。

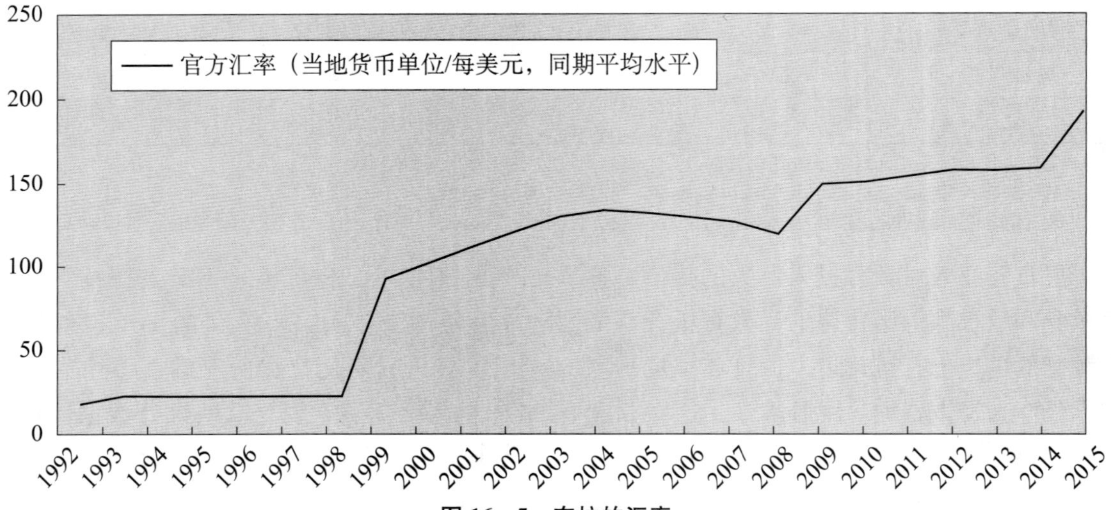

图 16-5 奈拉的汇率

尽管强大的奈拉曾经使得尼日利亚人的外国进口非常便宜，但最近几十年，奈拉的价值一直在下跌。

资料来源：world development indicators 2016.

政府试图通过强制执行**奈拉**（尼日利亚的国家货币）的官方汇率来应对通货膨胀问题。其结果是，官方汇率和市场汇率之间出现了巨大差异，从而导致金融系统的混乱。那种混乱耗尽了所有投资并刺激了腐败，因为任何一个有机会以官方汇率获得外汇的人随后就可以“在大街上”将之出售，从而赚取较大的利润。自 1999 年以来，政府已经减少自己在稳定货币过程中的作用，并允许奈拉的价值在很大程度上由供求力量来决定。

---

① I. William Zartman and Sayre Schatz, “Introduction,” in I. William Zartman, ed., *The Political Economy of Nigeria* (New York: Praeger, 1983), 13. 这里所援引的军事数据取自：Ruth Sivard, “*World Military and Social Expenditures 1996*” (Leesburg, VA: WMSE Publications, 1996), and Sivard, *The Military Balance 2001—2002*” (London: Oxford University Press, 2001).

专栏 16－3

通货膨胀的影响：一项个案研究

1977 年，一位获得博士学位的年轻毕业生在尼日利亚大学谋得了一个讲师的职位。他的薪水和奖金总计是每年 6 000 奈拉。当时，1 奈拉相当于 1.5 美元，因此，他的薪水相当于 9 000 美元——按照工业化世界的标准，这种薪水较为适中，但在尼日利亚，它就让人觉得非常安逸。20 年后，这位博士已经获得正教授的职称，薪水是每年 5.1 万奈拉，再加上额外福利，使年度总报酬可以达到 9 万奈拉。然而，按照当时的平行市场汇率 1 美元值 80 奈拉，这位教授的薪水相当于每年 1 125 美元，这一数据还没有考虑自 1977 年以来通货膨胀对美元购买力的影响。1998 年，对教师工资的全国审查结果出来后，将教授的薪水增加到相当于每年 5 000 美元。

这场讨论意味着薪水被定期支付。然而，在 1999 年初，阿布巴卡尔政府遇到严重的金融困境，以至于它根本无法支付薪水。2000 年，奥巴桑乔总统普遍提高了工人的工资，并将大学老师的月工资增加到 13 万奈拉，相当于每个月 1 000 美元。他这样做的目的是阻止尼日利亚的人才外流，并促进各个部门高水平的生产力。

自 2015 年当选以来，布哈里总统就一直面临降低通货膨胀的严峻压力。石油收入的减少意味着该国的外汇的减少，从而使得进口很贵。它还意味着，政府为了实施刺激消费计划不得不借债，这已经成为布哈里发展战略的基石。这种组合可能会导致通胀压力。

在诸如尼日利亚这样一个大国，资源分配是一个地理问题，而不仅仅是优先考虑的政策之一。尼日利亚人通常将预算视为一块“国家蛋糕”，州和地方政府是“蛋糕切块”的主要接受者。如今，2/3～3/4 的公共资金由联邦政府开支，而且，它对州政府如何支出经费享有某种控制力。随着州和地方政府的总数在增加，政府选定了相对简单的公式予以解决，即将平等（向所有的州全面分配）和人口相结合。目前，除拉各斯州之外的各州都依赖联邦收入分配体系（RAS）获得 70%～90%的周期性收入。为了给地方政府拨款，收入分配体系在 1981 年被拓展从而直接包括地方政府在内。从 1982 年开始，联邦收入在三级政府之间根据设定的百分比进行分配。考虑到收入分配体系中设定的公式，以下情形也就不足为奇了：各个地区和地方都努力争取获得州的地位和地方自治，而且，人口数量作为一个政治问题显得尤为突出。

处理债务和结构调整

2006—2007 年，尼日利亚的债务偿还和重新安排解决了一个始于 1970 年代石油繁荣时期因缺乏财政纪律而产生的问题，当时，高水平的公共支出破坏了生产力，而且，金融政策导致了腐败。同 1980 年代的很多非洲政府一样，尼日利亚向国际金融机构大规模借债，主要是国际货币基金组织和世界银行。截至 1991 年，其负债额相当于该国年出口价值的 257%和国民生产总值（GNP）的 109%。每年偿还债务的费用消耗了出口价值的 25%（从 1980 年的 4%开始增加）；这种负担的影响使得债务偿还几乎不太可能，而且，债务偿还很可能从社会部门转移开支。

当易卜拉欣·巴班吉达于 1985 年上台时，他启动了对上述问题的一场“全国辩论”。他声称要塑造一种尼日利亚式的结构调整（同时与国际货币基金组织展开协商）。当结构调整计划（SAP）的紧缩措施带来的影响开始显现时，该计划变得极为不得人心。巴班吉达禁止候选人批评这项计划，但同时又对必要的紧缩措施采取缓和手段。由此产生的最终结果是，结构调整计划既没有减少债务，也没有对陷入困境的金融体系进行改革。阿巴查还抵制了国际货币基金组织建议的浮动汇率，1995 年有限的改革几乎没有对经济产生多大帮助。对外负债总额几乎达到了 80 亿美元，尼日利亚全国原油公司欠其外国合伙人超过 10 亿美元。尽管汽油短缺，但它还是降低了对原油产品的补贴，结果导致消费者的成本增加。尼日利亚曾经拥有世界上最低的燃油价格，但是，1994 年，汽油价格上涨了 400%——但仍然居于世界上燃油价格范围的下线。低价格使该国汽油供应短缺，因为库存汽油被秘密地运往边界线以获取更高的价格或者以“非官方”价格在路边销售。然而，对那些较低的固定收入者而言，价格的急剧上升似乎是他们又要承受的一场灾难，他们已经遭受了快速通货膨胀的痛苦。1997 年，当燃油极度短缺再次出现时，不适感继续增加。官方加油站所排的长队促使黑市的价格飙升到每升（大约是 1/4 加仑）80 奈拉（3.60 美元），或者说大约是正常价格的 7 倍。这种短缺不仅归因于维修基金的管理不善和挪用以及政府高级官员将石油大规模走私到国外以谋取个人利益，而且归因于尼日利亚 4 个炼油厂的条件日益恶化。

政府在每次试图消除补贴时都会遇到大量的抗议并引起加油站排起长队。普通市民担心这样的改革不仅影响公共交通的成本，而且影响食物和其他的日常必需品。根据奥比奥拉·奇内杜·奥卡福（Obiora Chinedu Okafor）的说法：“实际上，政府宣布的每一次原油涨价都非常不受欢迎，而且，几乎在所有的情况下都会受到大多数尼日利亚人的抵制。”① 这一点在如下事件中显得尤为明显：由尼日利亚劳工大会（NLC）和其他工会组织的全国罢工几乎使国家处于停滞状态，起因是 2012 年 1 月财政部部长突然宣布取消补贴。几乎不可能存在一种更戏剧化的政策失败的例证：一个盛产石油的国家除了通过一种腐败的、严重补贴的燃油分配制度之外无力为其公民提供燃油。在乔纳森政府时期，随着政府和各州对经济增长充满信心，该国的债务再次开始增加。在 2014 年全球油价下跌后，各个层面的借债因石油收入的急剧下降而继续增加。

调控绩效

在 1960 年独立时，尼日利亚的警察力量基本上是地区化的。由于 1960 年代的政治混乱无序，警方经常基于政治目的被动员起来，因此，军事政权决定在全国层面加强警察的作用。目前，执行交通法和其他政府立法的正是这些全国的警察力量。在农村社区，传统的领导人通常仍然在以下方面发挥作用：裁判争端、维持法律和秩序、对来到本地区的“陌生人”负责。尽管如此，自

① Obiora Chinedu Okafor, “Between Elite Interests and Pro-Poor Resistance: The Nigerian Courts and Labour-Led Anti-Fuel Hike Struggles (1999—2007),” *Journal of African Law* 54 (2010), 95-118.

2009年以来，随着恐怖主义暴力的增加，军队在执法中的作用变得尤为重要。

如今，尼日利亚的司法制度富有活力，但是，军事政权仍然干涉法治。布哈里政权强制执行1984年制定的《国家安全（拘留人）法》，该法允许未经审判就拘留那些“被怀疑对国家安全构成威胁的人”。在涉及政治问题的情况下，国家官员干预司法制度的频率似乎在不断增加，这一点我们在政党形成的复杂故事中可以看到。尽管尼日利亚民主政权似乎致力于结束这样的权力任意行使现象，但因效率低下、资源不充分和严重缺乏公共辩护人而使得未经审判的拘留仍然是一个严重问题。

人口普查问题（the Census Issue）　自独立以来，有一个政策问题使所有其他的问题都相形见绌，因为政治物品如何被分配通常取决于这个问题的结果。尽管在某些国家这是一个次要的政策问题，但在尼日利亚，人口统计一直充满冲突。在一个各级预算分配的最大份额都由联邦补贴构成的国家，人口的分布直接影响资源的分布。

在对1963年人口普查数据继续依赖长达几乎20年之后，巴班吉达政府委托全国人口委员会组织一次新的人口普查。通过有条不紊的预试和抽样，1991年11月的人口普查显示尼日利亚的总人口达到8 850万，这比原先预计的超过1亿人口有了大幅下降。根据这次人口普查，人口密度最高的地区位于北方的包奇州、卡杜纳州、卡诺州、卡齐纳州和索科托州，以及南方的拉各斯州、奥约州和河流州。这次普查在南方产生了新的惊恐，在南方，人们的如下情绪高昂：人口普查数据再次为了支持北方而被“篡改”。正如前述，2006年的人口普查努力的进展也只是稍有好转。“政治上的可接受性、而不是统计的准确性或人口结构的可靠性是尼日利亚人口普查命运最为重要的决定因素，”一位人口统计方面的专家写道，“同样，这是对该国基本人口信息持续种族政治化的一种令人无法接受的评论。”① 应该于2016年发生的人口普查从来没有成为现实，因为布哈里政府的注意力集中在“博科圣地”组织、经济稳定性和其他的问题上。

关于绩效的结论

就像过去十年很多非洲国家一样，我们对尼日利亚绩效的判断需要基于其复杂性的细微差别和公平对待来做出。一方面，它的政治文化已经孕育了如下理念：公共政策只是分配“国家蛋糕”的一种手段——这样一种类比表明，政府资源应该只能在不同选区政治影响力的基础上按比例分配。这种思维方式引发了反复出现的种族冲突，加剧了社会各个层面的腐败，破坏了民主巩固。另一方面，公民和社会团体越来越展现出自己有能力让政治家们担负责任。在国民大会和总统之间有关联邦预算的争斗增加了联邦开支的透明度，鼓励公众就优先支出项目展开对话。提高政府绩效可能不仅需要选出回应性领导的政治制度，而且需要公民教育和尼日利亚政治文化的改变。社区参与的规范以及根植于尼日利亚古老文化中的公共目标表达都可能需要被重新发现。

① Rotimi T. Suberu, *Federalism and Ethnic Conflict in Nigeria* (Washington, DC: US Institute of Peace, 2001), 169.

非洲的尼日利亚和世界的尼日利亚

16.11 描述尼日利亚在该地区和世界上影响力的来源和形式

尼日利亚具有成为地区强国的人口和资源基础，这种潜力已经在其邻国之间产生了希望和恐惧。在第一共和国时期（1960—1966年），总的来说，尼日利亚关注的重点在国内，它对非洲大陆动荡的政治所发挥的作用微不足道。但是，随后在1966年爆发了比亚法拉内战，尼日利亚的军队从1万人增加到25万人，该国的石油潜力众所周知，而且，正如我们前面看到的那样，世界列强对内战结果很感兴趣。

有些西非国家的政府明确表示支持比亚法拉，尼日利亚人怀疑，这种支持的目的在于看到自己的国家分裂，从而减少它的影响力。就乌弗埃-博瓦尼（Houphouet-Boigny）总统领导下的科特迪瓦（Cote d'Ivoire，旧称象牙海岸）而言，情形尤其被认为如此，他利用法国的援助来支持比亚法拉。当战争结束后，可想而知，这些国家之间的关系变得非常紧张。

后来，戈文将军统治下的尼日利亚在1975年建立**西非国家经济共同体**（Economic Community of West African States）的过程中发挥了主要作用，从而希望将尼日利亚和其他西非国家的距离拉得更近，同时对抗法国在该地区的影响力。科特迪瓦政府也积极领导成立了西非经济共同体（这是一个完全说法语的组织），并担心尼日利亚可能在一个更为广泛的地区组织中占据支配地位。但是，尼日利亚首先成功地疏通了多哥（Togo）、贝宁和尼日尔，实际上，尼日利亚和这些说法语的国家保持着密切的联系，并向它们提供颇具吸引力的经济诱因，其中包括特别的石油价格。有了这组国家的支持，尼日利亚的外交官将他们的网撒得更广，16个西非国家政府的代表签署了《拉各斯条约》（Treaty of Lagos）。《西非国家经济共同体条约》规定，共同体内部的关税将在2年时间内冻结，然后在8年的时间内取消成员国之间的贸易关税。最终，一个共同的对外关税壁垒被建立。

因此，在尼日利亚领导下的西非正在迈向自由贸易区。然而，取得进展相当困难。自1980年以来，成员国在共同体内部的贸易占该国国际贸易总额的比例一直没有发生变化。在成立后10年，西非国家经济共同体的报告称，它们"在实践中没有取得切实的进展"。截至1989年，成员国政府拖欠该组织的会费高达8 000万美元。到了2003年，西非国家经济共同体引入了一种社区税（Community Levy），该税种在2008年将共同体的税收收入增加到97%。2003—2008年，尼日利亚对西非国家经济共同体的收入所做贡献几乎高达60%，到目前为止这使得尼日利亚成为最大的财政贡献者。作为一个地区性政治组织，西非国家经济共同体已经获得更大的成功，尤其是成功地协调了成员国之间的争端，而且，在1990年，尼日利亚提出建立一个常设调解委员会的建议获得批准①。

由于尼日利亚在非洲大陆具有突出的地位，该国的国际金融问题尤其令人尴尬。尽管同其他非洲国家一道被迫接受来自世界银行和国际货币基金组织严格的结构调整计划，但尼日利亚还是以沮丧和愤怒予以回应。它领导该地区的各国政府批评国际债权人的政策，主办会议形成拉各斯行动计划，并以此作为对国际债务结构化建议的一种回应。当奥巴桑乔政府协商并偿还本国的大部分债务后，这一进展被视为将尼日利亚从外国压力中解放出来，进而允许尼日利亚恢复其作为非洲大陆巨人的应有地位。撒哈拉以南非洲地区的大国——尼日利亚、肯尼亚和南非——越来越认为，非洲应该获得联合国安理会常任理事国代表席位。最近，获得联合国安理会常任理事国非洲席位的活动势头大增。尼日利亚是一个主要竞争者，这主要是考虑到尼日利亚在非洲统一组织（OAU）向非洲联盟（AU）转型过程中发挥了决定性的领导作用。尼日利亚在非洲和全球事务中的领导地位还在继续。例如，在2000年，奥巴桑乔在日本举行的G8峰会上就与世界上其他国家的领导人共同致力于与八国集团成员国建立伙伴关系的战略。这最终导致非洲发展新伙伴计划（NEPAD）的演变。非洲发展新伙伴计划平台代表了非洲领导人在改善治理透明度和问责制方面付出的全新努力，以及国际伙伴对非洲发展需求的建设性参与。根据非洲发展新伙伴计划，非洲同行评审（APR）机制被建立，旨在独立衡量非洲各国政府对透明度和问责制的承诺。尽管如此，几乎没有政府支持这种想法。

在所有的世界强国中，法国在西非发挥的作用最为显著。尽管法国专注于自己的前殖民地利益，但法国仍积极促进其与尼日利亚更为紧密的经济联系。有时，这使得尼日利亚说法语的邻国很苦恼。西方列强（尤其是英国和美国）公开批判尼日利亚的军事统治者并支持该国回归平民统治。它们还谴责巴班吉达宣布1993年的选举无效，并暂停了对尼日利亚的援助。但是，它们不会走到强制实施石油禁运的地步。大多数观察人士认为，阿巴查政权对持不同政见者的处理方式，是在衡量不引发更严厉国际制裁的情况下，它能在多大程度上让反对者噤声。

在奥巴桑乔1999年宣誓就职后，西方的支持就不那么模棱两可了。尼日利亚和美国建立了一个双边国家委员会（BNC），旨在增加安全合作，尤其是在“博科圣地”异常活跃的乍得湖（the Lake Chad）地区；共同承诺在尼日利亚帮助难民和国内流离失所者并协助他们自愿返回；规划长期安全和稳定。

尼日利亚通过承诺建立庞大的军事力量而在本地区发挥突出的作用，典型的情形是为西非国家经济共同体监督小组（ECOMOG）提供领导和大部分部队，它是由西非国家经济共同体赞助并驻留利比里亚的维和部队。那场军事行动被认为是成功的，武装冲突被停止，选举正常举行。尼日利亚的部队还驻扎在塞拉利昂，以保护该国边界免受利比里亚叛逆者的入侵。同时，尼日利亚部队还要对抗塞拉利昂的

① 前面对成立西非国家经济共同体的讨论取自：Carol Lancaster，“The Lagos Three：Economic Regionalism in Sub-Saharan Africa，” in John W. Harbeson and Donald Rothchild，eds.，*Africa in World Politics*（Boulder，CO：Westview Press，1991），249－267.

军人执政团，该集团推翻了由选举产生的平民政府，考虑到阿巴查政权的起源，这样一种行动多少有点讽刺意味。尼日利亚广泛参与联合国在黎巴嫩、卢旺达、原南斯拉夫和索马里的行动。

在奥巴桑乔政府和亚拉杜瓦政府期间，尼日利亚的行动已经超越了维持和平本身的范围，从而表明它在很多其他外交政策问题上的地区领导地位。2010年，国防参谋长肯定了军方对平民当局的尊重，然后继续指出，军方需要“更加积极地回应非军事刺激和发展”[①]。这一点体现在诸如毒品和人口贩运这样的问题上，上述问题导致政府建立新的机构来对抗这些不断发展的跨国犯罪网络。例如，尼日利亚承认，有些这样的安全问题源自其边境内，因为一些激进组织的国际背景已经被曝光。

美国非常担心伊斯兰极端主义在北部的酝酿以及尼日尔三角洲石油供应受到威胁。通常，尼日利亚更喜欢将这样的挑战首先视为国内问题，尽管西非国家经济共同体在其外交政策中变得越来越重要，而且作为一种透镜来准确地表达对恐怖主义和其他安全威胁的理解[②]。2015年，穆罕马杜·布哈里当选总统，这使得许多尼日利亚人和国际社会对尼日利亚的国内稳定以及恢复其在非洲和全球事务中的领导地位充满热情。布哈里是一位纪律严明的军事领袖，他的政策以反腐败斗争为中心。他对打击“博科圣地”的承诺导致很多俘虏飞地被解放。但是，即使采取了这些积极的措施，政府体现出来的经济管理能力还是有限的。截至2015年，尼日利亚正在陷入经济衰退，并且面临尼日尔三角洲地区的暴力回归。而且，2017年，随着年迈的总统疾病缠身以及由副总统奥新巴乔（Osinbajo）承担日常治理责任，此时，很难阻挡人们将之与2010年亚拉杜瓦的缺席相比较。因此，除了政治稳定与可持续发展的持续挑战之外，政府可能还潜在地面临有关继任问题的内部争论。

结论：发展前景

尼日利亚的政治和经济挫折并不等同于卢旺达、苏丹或索马里的悲剧，但是，这些挫折却是深刻和持久的。迫切需要的几十亿奈拉被浪费，少数人以牺牲穷人的利益为代价而变得富有，而且，政府的问责已经被证明具有高度的隐蔽性。

在世界的大部分地区，民主的吸引力在于它和繁荣联系在一起。和其他的民族一样，尼日利亚人对政治过程的结果比对过程本身更有兴趣。呼吁更好的领导阶层和延伸至最初对某些军事政权的欢迎表明，尼日利亚人的最高优先选择是经济安全和法治。如果将军们能够提供这些东西，国家很可能会接受一种威权主义体制。然而，至少自柏拉图以来，我们已经知道，仁慈的威权主义只是一个难以捉摸的概念。西方民主得以发展的前提是，民主是领导阶层承担责任的一个必要条件，而不是充分条件。尼日利亚人似乎已经彻底拒绝了“铁腕”统治，但他们也对民主不平衡的现实记录感到不耐烦。

这种讨论强调了如此多的问题（同时还

① Air Chief Marshal Paul Dike, "Preface," in Ebere Onwudiwe and Eghosa Osaghae, eds. *Winning Hearts and Minds: A Community Relations Approach for the Nigerian Military* (Ibadan, Nigeria: John Archers, 2010).

② Cyril Obi, "Nigeria's Foreign Policy and Transnational Security Challenges in West Africa," *Journal of Contemporary African Studies* 46 (April 2008), 183 - 196.

包括一些充满希望的解决方案），以至于读者可能对尼日利亚情形的纯粹复杂性感到不知所措。尽管如此，有一些持久的问题成为尼日利亚过去、现在和未来挑战的典型特征。首先是国家和经济的关系。“稳定的民主制度与一个自治的、本土的资产阶级联系在一起，反之则与国家对经济的广泛控制相联系，”拉里·戴蒙德（Larry Diamond）写道，“在尼日利亚和整个非洲的大部分地区，臃肿的国家已经将政治变成了一种零和游戏，在这场游戏中，一切有价值的东西都在选举中岌岌可危，因此，候选人、社区和政党都被迫不惜一切代价赢得胜利。”①

石油财富加剧了这个问题的严重性，因为如此多的钱归中央政府所有，进而使得联邦政客们享有巨大的资源来实现恩从庇护。解决这个问题的部分答案似乎是出现一个充满活力的私营部门，该部门有能力制衡来自首都的政治权力。尼日利亚人的创业精神享誉全世界，最近，拉各斯的经济繁荣让我们对本土发展看上去是什么样子有了某种概念。另一方部分答案则在于创造一种有利于此类投资的环境，在这种环境中，法治保护公民的政治权力，企业家不需要花费大量的资本来发电或者在糟糕的道路上求生存。

另一个相关问题源自石油本身的开发性与破坏性。整个尼日尔三角洲出现的大规模环境破坏导致了奥戈尼（Ogoni）运动，后来，又出现了更多的激进组织，如尼日尔三角洲解放运动（MEND）。尽管如此，与比亚法拉分离运动不同的是，他们的战斗口号经常是“资源控制”，而不是要求政治独立。古德勒克·乔纳森是第一个来自尼日尔三角洲的总统，但让这些社区克服多年的背叛与忽略仍然很难。一项广泛的特赦计划将数千名武装分子从沼泽中解救出来，并从2009年开始进入恢复和重新融入社会进程。尽管如此，很多激进分子将布哈里在2015年的当选视为不受欢迎地回归北方人的统治，而且对特赦计划是一大威胁。在布哈里政府时期，新的激进组织突然纷纷涌现，如尼日尔三角洲复仇者，结果导致有关公民权被剥夺、发展不足和环境破坏等抱怨声再次复活。

最后，代表性仍然是政治结构内部和整个社会争论的中心议题。在一个世纪之前，因由两个截然不同的殖民地尴尬合并而成，尼日利亚的北方和南方地区总是不太可能和谐共存，但它们确实建立了一种政治平衡，从而帮助这个国家生存下来。在北方长时间占据支配地位之后，尼日利亚在1999年需要有一位南方人成为总统，人们对这一点达成了广泛共识。8年后，在2007年，同样的共识在执政党内存在，即根据权力转移原则，一位北方人应该成为总统。这促进了权力移交，深化了民主。2015年，古德勒克·乔纳森的败选进一步推进了民主，并证明了公民可以让一个强大的政党承担责任。提高代表性和参与性对解决东北部和尼日尔三角洲的暴力问题也非常重要。尼日利亚人有丰富的思想、丰富的资源和丰富的历史，可以借鉴这些为“非洲21世纪的巨人”制订解决方案。

---

① Diamond, “Nigeria,” 69.

复习问题

1. 哪些因素——文化的、历史的或者其他的——可以解释尼日利亚持续的欠发达状态，尽管它有巨大的石油财富？
2. 在多次民主转型失败之后，为什么1999年的转型成功了？
3. 尼日利亚的宪法结构和政治传统如何试图解决本国巨大的种族和宗教多样性？
4. 殖民主义在尼日利亚独立后对政治有哪些持久的影响？
5. 在尼日利亚，政治的非正式性有哪些例证？政治募员和利益集聚通常在哪儿发生？
6. 考虑到尼日利亚制造分裂感的诸多因素，它作为一个国家是如何持续存在的？

关键词

萨尼·阿巴查
阿布贾
纳姆迪·阿齐克韦
易卜拉欣·巴班吉达
比亚法拉
把我们的女孩带回来
“博科圣地”
穆罕马杜·布哈里
经济和金融犯罪委员会
西非国家经济共同体
联邦性
富拉尼人
教父
豪萨族人
豪萨-富拉尼文化
伊博族
全国独立选举委员会
古德勒克·乔纳森
1993年6月12日
卡杜纳精英组织
拉各斯
比亚法拉主权国家实现运动
尼日尔三角洲解放运动
约鲁巴族
奈拉
新殖民主义
尼日利亚劳工大会
奥卢塞贡·奥巴桑乔
石油输出国家组织
恩从网络
人民民主党
权力转移
肯·萨罗-维瓦
结构调整计划
奥马鲁·穆萨·亚拉杜瓦

建议阅读材料

Achebe, Chinua. *A Man of the People*. New York: Doubleday-Anchor, 1967.
———. *There Was a Country: A Personal History of Biafra*. New York: Penguin, 2012.
Adichie, Chimamanda Ngozi. *Half of a Yellow Sun*. New York: Random House, 2006.
Adunbi, Omolade. *Oil Wealth and Insurgency in Nigeria*. Bloomington: Indiana University Press, 2015.
Balogun, M. J. *The Route to Power in Nigeria*. New York: Palgrave Macmillan, 2009.
Beckett, Paul, and Crawford Young, eds. *Dilemmas of Democracy in Nigeria*. Rochester, NY: University of Rochester Press, 1997.
Campbell, John. *Nigeria: Dancing on the Brink*. 2nd ed. Lanham, MD: Rowman and Littlefield, 2013.
Coleman, James S. *Nigeria: Background to Nationalism*. Berkeley: University of California Press, 1958.
Collier, Paul, Catherine Soludo, and Charles Pattillo, eds. *Economic Policy Options for a Prosperous Nigeria*. New York: Palgrave Macmillan, 2008.
Cunliffe-Jones, Peter. *My Nigeria: Five Decades of Independence*. New York: Palgrave Macmillan, 2010.
Diamond, Larry. *Class, Ethnicity, and Democracy in Nigeria: The Failure of the First Republic*. Syracuse, NY: Syracuse University Press, 1988.
Diamond, Larry, Anthony Kirk-Greene, and O.

Oyediran, eds. *Transition without End: Nigerian Politics and Civil Society under Babangida.* Boulder, CO: Lynne Rienner, 1997.

Falola, Toyin, and Matthew Heaton. *A History of Nigeria.* Cambridge: Cambridge University Press, 2008.

Hill, J. N. C. *Nigeria since Independence: Forever Fragile?* New York: Palgrave Macmillan, 2012.

Ikein, Augustine, D. S. P. Alamieyeseigha, and Steve Azaiki, eds. *Oil, Democracy, and the Promise of Federalism in Nigeria.* Boulder, CO: University Press of America, 2008.

Jega, Attahiru, and Jacqueline Farris, eds. *Nigeria at Fifty: Contributions to Peace, Democracy & Development.* Abuja, Nigeria: Shehu Musa Yar'Adua Foundation, 2015.

Joseph, Richard A. *Democracy and Prebendal Politics in Nigeria: The Rise and Fall of the Second Republic.* Cambridge: Cambridge University Press, 1987.

Koehn, Peter H. *Public Policy and Administration in Africa: Lessons from Nigeria.* Boulder, CO: Westview, 1990.

LeVan, A. Carl. *Dictators and Democracy in African Development: the Political Economy of Good Governance in Nigeria.* New York: Cambridge University Press, 2015.

Lewis, Peter M., Pearl T. Robinson, and Barnett R. Rubin. *Stabilizing Nigeria: Sanctions, Incentives, and Support for Civil Society.* Washington, DC: Brookings Institution Press, 1998.

Nafziger, E. Wayne. *The Economics of Political Instability: The Nigeria-Biafran War.* Boulder, CO: Westview, 1983.

Obadare, Ebenezer, and Wale Adebanwi, eds. *Encountering the Nigerian State.* New York: Palgrave Macmillan, 2010.

Oyediran, Oye, ed. *Nigerian Government and Politics under Military Rule 1968–79.* London: Macmillan, 1979.

Paden, John. *Muslim Civic Cultures and Conflict Resolution.* Washington, DC: Brookings Institution Press, 2005.

Pierce, Steven. *Moral Economies of Corruption: State Formation and Political Culture in Nigeria.* Durham: Duke University Press, 2016.

Soyinka, Wole. *You Must Set Forth at Dawn.* New York: Random House, 2006.

Suberu, Rotimi T. *Federalism and Ethnic Conflict in Nigeria.* Washington, DC: U.S. Institute of Peace, 2001.

第十七章
美国政治

萨德·考塞尔（Thad Kousser）
奥斯汀·兰尼（Austin Ranney）

国家概况

美国

人口：3.24 亿
领土：347.503 1 万平方英里
独立时间：1776 年
现行宪法的颁布时间：1787 年 9 月 17 日颁布，1789 年 3 月 4 日生效
国家元首：总统唐纳德·特朗普
政府首脑：总统唐纳德·特朗普
语言：英语、西班牙语（相当数量的少数民族的语言）
宗教：新教（47%）、罗马天主教（21%）、犹太教（2%）、摩门教（2%）、伊斯兰教（1%）、其他信仰（4%）、无宗教信仰或宗教信仰不详（23%）

学习目标

17.1　描述美国面临的国内外挑战，关注不同党派在这些问题上的冲突

17.2　指出美国政治史三个分裂的领域并讨论它们的现状

17.3　从地理、人口和经济三个方面阐述美国的规模

17.4　列举美国宪制的三个显著特征，并描述其权力之间的相互关联性

17.5　指出并讨论美国的两种文化融合理论、大众传播媒体在美国政治中的作用，以及政府调控媒体的能力

17.6　将美国的提名、投票过程与投票率与其他国家进行比较，并描述政治参与的其他形式

17.7　指出美国领导人通常具有的特征，以及这些特征如何使他们有别于一般民众

17.8　描述利益团体、政治行动委员会和超级政治行动委员会，并把美国的方法与其他国家类似团体的方法进行比较

17.9　讨论美国主要政党之间的极化程度及其对决策的影响

17.10　解释美国的政策制定过程，政策通常由国会制定，偶尔也由总统制定

17.11　比较美国和其他国家的税收水平和类型

17.12　解释美国例外主义理念，并讨论你是否认为这在当今世界仍然是正确的

他们应该知道英国什么？
只有英国人才知道英国。
——拉迪亚德·基普林①

为什么在一本有关比较政治学的著作中有美国这一章？原因之一在于，这本书的英文版的大部分读者是美国人，美国政治对我们生活的影响远远大于任何其他国家的政治。而且，不管我们认为自己的个人力量对政府行为的影响是多么微弱，但它肯定大于我们的个人力量对其他国家政府行为的影响。

拉迪亚德·基普林在上述引文中对英国人提出的问题同样可以用来对美国人提问。当然，有很多关于美国政治制度的优秀教科书，它们由美国作者撰写并对美国学生适用。但是，大多数这些教科书几乎没有提及（更不用说系统地比较）其他的政治制度。因此，以一种特别的方式关注美国政治与其他国家政治的异同从而对前者展开考察将有助于我们更好地迎接基普林版本对我们的挑战。它甚至可以为我们提供如下问题的某种洞见：美国政治与众不同的方式如何可能影响美国迎接未来数年所面临的巨大挑战的能力。

目前的政策挑战

17.1 描述美国面临的国内外挑战，关注不同党派在这些问题上的冲突

正如 2016 年唐纳德·特朗普和希拉里·克林顿之间混乱而激烈的总统竞选所表明的那样，美国人基于国家面临严峻的政策挑战之信念而联合在一起，但他们又对如何应对这些挑战出现分裂。美国从国际经济危机中复苏，失业率降到 5%以下，但是，经济的复苏是不平衡的，并且加剧了**经济不平等**（economic inequality），这种不平等在过去的 30 多年里持续增加。由于美国的富人变得更加富裕，而工人阶级的工资却停滞不前，无论是左翼（如占领运动，紧随其后的是参议员伯尼·桑德斯的总统竞选），还是右翼（如茶党运动，紧随其后的是特朗普的候选人资格）的民粹主义运动，都对同样的问题提出截然不同的解决方案。医疗保健费用的持续上升，没有保险的美国人的总数不断增加，结果导致 2010 年在奥巴马总统任职期间通过了**《平价医疗法案》**（Affordable Care Act）。尽管该法案自 2014 年实施以来已经为 2 000 万美国人提供了新的保险，而且减缓了大部分保费的上涨，但是，“奥巴马医改计划”（Obamacare）仍然具有深度分裂性，因为很多人反对由自己购买保险的指令，有 19 个州抵制联邦政府扩大医疗补助计划的激励措施。在长达十年时间受到国际冲突——从 2001 年 9 月 11 日的恐怖主义袭击到常年在伊拉克和阿富汗的战争——的支配之后，两党中的部分选民已经对美国在海外的纠缠感到厌倦和警惕，即使来自宗教极端组织的威胁似乎在增加。美国在一系列国内问题上都存在分歧。美国应该在其与墨西哥的边境上建立一堵墙或者为全国 1 100 万非法移民成为美国公民创建一条路径吗？美国不断增加的**国债**（public debt）能减少吗？美国未来几代人能够支付他们的退休金和医疗保健的成本吗？随着公共舆论在诸如大麻

① Rudyard Kipling, “The English Flag,” in *Barrack-Room Ballads and Other Verses* (London: Methuen, 1892), stanza 1.

和变性人权利等问题上的迅速变化，政治领袖和机构将如何协商解决这个国家备受争议的社会分裂？

具有历史意义的2016年总统选举——特朗普反败为胜，这让政治派系中所有各方的公共舆论专家和评论家们感到震惊——回答了如下问题：谁将来领导这个国家，即使国内的分裂问题仍未解决。特朗普总统在选举人团（这是一个由宪法设立来决定总统职位的机构）中赢得大胜，但却失去了将近300万张普选票。在整个竞选过程中，特朗普和希拉里都没有受到大多数美国选民的欢迎，特朗普在获得全国不到一半选民支持的情况下开始自己的总统任职。美国的党派极化只会进一步固化，这也是其当下典型的政治特征。然而，随着特朗普总统合法胜出以及共和党控制参众两院，特朗普政府从一开始就准备大规模地改变现有政策。总统和国会领袖立誓要废除并取代奥巴马医改计划，要推翻奥巴马总统通过行政行动执行的环境调控和移民政策，要继续推进修建边境墙计划。每一项这样的举措肯定都会引起强烈反应。

由于面临国际竞争和一个肯定会带来意外外交政策危机的世界，所有这些国内争论都将在经济转型中发挥作用。这些争论的解决办法将通过一种民主制度予以实现，尽管这种制度沿着政党路线被极化，也经常在华盛顿陷入僵局，但它已经被证明对社会变革具有高度的适应性，在面临持续的治理挑战时具有弹性。

就像在任何民主国家中一样，美国的政治制度充当了应对这些挑战的思想战场。美国民主不仅允许而且鼓励内部冲突，进而在竞选和立法辩论期间将截然相反的政策挑战方法之间的竞争公开化。这种民主通常显得喧闹、苦涩和混乱。实际上，如今的美国政治以历史上最昂贵的竞选活动为特征，尽管政党极化的程度——共和党和民主党民选官员之间意识形态上的巨大鸿沟——在新一代人中有增无减。快速浏览有线电视新闻或者主要政治家的推特账户就可以发现文明衰落的证据。

这些趋势带来了政治挑战，但这些挑战并非不可克服。美国解决政策挑战的不同方法之间存在争论。如今充满敌意的美国民主通过将这些争论向选民公开从而为他们提供明确的选择。在过去十年里，经过一系列令人紧张的重大选举，选民们在2000年将对政府的控制完全置于共和党之手，然后在2008年又将权力完全转移给民主党，最后在2010年由民主党的总统和共和党的众议院议长分开控制权力。2016年那场喧闹的选举使得共和党人在参议院获得微弱多数并牢牢控制着众议院，这让人们可以预见未来数年中存在更多的政治冲突。在此次竞选中，尽管两党出现了内部分裂，但大多数候选人仍然保留在坚定的自由派或保守派阵营，并寻求在截然不同的方向施政。

如此说来，美国的政治制度在应对国家紧迫的政策挑战时只会带来冲突和僵局吗？回顾最近的历史表明，即使极化的政党会争夺对由宪法规定应保持分立的政府部门的控制权，但美国好斗的政治仍然能够在国际和国内政策上带来广泛的改变。

尽管在2000年以微弱的优势当选，但布什（George W. Bush）总统迅速摆脱佛罗里达州蝶式选票和悬空票（hanging chads）带来的争议，从而在美国的政策方向上留下自己的印记。布什总统在任职后的第一年就推动并成功开展一项重大的减税计划。随着“9・11”事件的爆发，美国面临的政策挑战彻底从国内转向国际。这是在美国本土对美国发动的最为致命的恐怖主义袭击。这些袭击由“基地”组织的成员计划并实施，该组织是本・拉登领导的国际恐怖主义组织，它受到由美国领导的反恐战争的回击。这场战争不仅打击“基地”组织，而且打击以任何方式为恐怖主义者提供避难场所、资金和支持的任何组织或民族国家。这场战争采用的战术——在其他几十个国家的陆地和空中通过拦截无线通信进行监视，有些通信来自美国本土——是新颖的且备受争议的。2013 年，泄密者爱德华・斯诺登（Edward Snowden）披露的美国国家安全局（NSA）的全球监控项目引发国际社会的强烈抗议。通过法律案件和国会争论，美国对加强安全和放松自由之间的适当平衡展开了公开且持续的讨论。尽管奥巴马总统在 2008 年竞选时承诺关闭关塔那摩监狱，但关闭这个无期限拘留被指控的恐怖主义者且不会产生安全风险的场所面临的挑战使得奥巴马的承诺在其整个执政期间都未能实现。2013 年波士顿马拉松爆炸案、2015 年圣贝纳迪诺袭击案，以及 2016 年奥兰多酒吧枪击案都提醒美国，恐怖主义仍然是一大威胁，不管是来自国际恐怖主义者还是国内恐怖主义者。

“9・11”事件还促使美国人卷入两场常规战争，一是阿富汗战争，二是伊拉克战争。由于“基地”组织策划对纽约市的袭击来自遥远的阿富汗“基地”，并得到执政的塔利班政府的暗中相助，因此，美国领导的对这个孤立国家的入侵是迅速的，且在国内和国际政治界没有引起任何争论。很多其他国家向这场战争提供军队和支持，战争似乎立即取得了成功。这场战争在“9・11”事件后不到一个月内启动，截至当年 12 月，塔利班政权被推翻，“基地”组织被迫隐藏起来。2004 年，哈米德・卡尔扎伊（Hamid Karzai）成为阿富汗首任民选总统，但是，2009 年，当他在一场因欺诈而蒙羞的竞选中再次当选时，他的政府已被腐败指控所玷污，并在控制坎大哈省等边远地区方面步履维艰。当 2011 年美国海军海豹突击队在巴基斯坦附近击杀本・拉登后，他们完成了一项关键的干预目标，从而允许美国在该地区的介入逐步结束。尽管美国在阿富汗的伤亡人数相对较低，在行动中有 2 384 名军人被杀害，但这场冲突从 2001 年一直延续到 2014 年，并超过越南成为美国持续时间最长的战争。

紧随“9・11”事件之后的第二场战争无论是在美国还是在国际社会都备受争议。尽管在 2001 年入侵阿富汗时只有一位国会议员投反对票，但授权打击伊拉克的决议——伊拉克并未直接介入恐怖主义袭击——受到 133 名众议员和 23 名参议员的反对。2003 年 3 月，尽管美国未能赢得联合国安理会的支持，布什总统仍决定入侵伊拉克，但也遭到诸如法国、德国等传统盟友的反对（英国、澳大利亚和波兰对美国的行动提供了支持）。这场战争速战速决，萨达姆・侯赛因（Saddam Hussein）在巴格达的政权在数周内垮台。然而，实现和平被证明要比赢得战争艰难得多，很显然，美国投入的军队太少，而且对自己作为解放者受到欢迎的希望过于乐观。与叛乱分子的持续冲突夺走 4 486 名美国士兵的生命，尽管这场战争的强度在 2007 年达到最高水平后有所减弱。奥巴马从一开始就批评这场战争，他在总统竞选时公开反对布什政府的政策，并在宣誓就职后不久就开始撤军，截至 2011 年 12 月完成美国军事人员的撤离。然而，在美国撤军之后，作为外交政策的挑战或者国内政治争议的缘由，伊拉克问题并没有简单地逐步消失。宗教极端组织（这个极端激进的恐怖主义组织控制了伊拉克和叙利亚的领土）的出现导致奥巴马下令空袭并支持伊拉克和库尔德的地面部队，以期“削弱和摧毁”这个组织。特朗普总统在竞选时承诺要比奥巴马更具侵略性，并将同中东、北约甚至俄罗斯进行合作。布什总统和奥巴马总统能够推动外交政策向着他们自己、他们的顾问以及他们的支持者所偏爱的不同方向发展，尽管这些急剧的政策转变已经导致在国内引起同样强烈的政治反应。

美国的政策制定者对那场在 2008—2009 年期间达至顶峰的国际金融危机的控制有所减弱，这场危机导致美国的失业在随后的数年中持续上升。随着房屋止赎（home foreclosures）和信贷危机使美国乃至世界大部分地区陷入一种螺旋式经济衰退，美国股市在 2008 年出现急剧下跌。几乎每一个发达国家的经济突然收缩，消费者支出大幅度下降，失业率达到自 1930 年代大萧条以来美国从未见过的持续水平。美国人迫切需要某种改变，选民们对股市暴跌的回应是将一个新的政党选入白宫，结果在 2008 年 11 月，民主党人奥巴马以一种巨大的优势胜选，这在很大程度上是因为选民们对共和党执政时期的经济表现不甚满意。

由于民主党控制了国会的参众两院，奥巴马迅速扭转了国家的经济和政策方向。2009 年 2 月，总统及其盟友在众议院没有一名共和党人投票支持的情况下通过了一项高达 7 870 亿美元的经济刺激计划，这项计划是减税和增加支出的混合物。尽管受欢迎程度不佳，但在国会拥有忠诚的多数席位，奥巴马总统敦促通过了另外两项立法，这些立法和经济刺激法案一道可能成为自罗斯福总统新政以来最为显著的政策转变。在汲取之前杜鲁门总统、尼克松总统和克林顿总统失败的教训后，奥巴马总统成功推行了一项**医疗改革方案**（health care reform package），从而使美国走上了一条通过政府补贴私人保险进而实现全民医疗覆盖的道路。经过近一年就全面改革展开的争议性辩论之后，国会于 2010 年 3 月以微弱优势通过了医疗改革法案，最高法院也在 2012 年 6 月勉强判决支持该项法案。另一项以微弱多数通过的重大法案是金融改革法案，该法案于 2010 年 7 月公布了一套强有力的消费者保护和银行监管的规定。

作为对这些急剧左倾政策波动以及经济复苏步伐缓慢的回应，选民们在 2010 年中期选举中再次将众议院交到共和党人的手中。尽管总统所在的政党几乎总是在中期选举中失去议席，但当时的众议院议长南希·佩洛西领导的民主党所失去的 63 个议席意味着一种重大的选举摇摆，同时几乎可以肯定，奥巴马总统将被迫在国会与即将上任的众议院议长约翰·博纳领导的共和党多数产生冲突。在接下来的两年里，随着 2012 年总统选举的临近，事实证明双方都不愿意对当下这个具有决定意义的问题进行妥协：如何减少国债。由于美国打了两场代价高昂的战争，并在经济衰退导致税收减少的同时为一揽子经济刺激计划买单，美国国债不断增加。在奥巴马再次赢得选举之后，他与共和党领袖达成一项税收政策协议，该协议阻止了美国在2013年新年之际因严重的税收增加和支出减少而跌入“财政悬崖”，尽管如此，双方仍将在那年春天继续就一项永久性预算平衡协议展开协商。与此同时，一个被称为“八人帮”的两党参议员联盟在推动对移民法进行全面改革，这是近期美国政治中的争论焦点。

这些移民改革的努力未能成功，因为很多美国人，尤其是那些红州（投票给共和党的州）的美国人反而支持一种收紧边境的方法，在过去十年里，这些红州的外国出生居民的总数有所增加。由于抓住人们呼吁建立隔离墙并阻止穆斯林移民这股力量，特朗普在16名共和党候选人中占据了上风，并赢得该党总统候选人提名。在那些蓝州，民主党选民转向左翼，接受民主社会主义者伯尼·桑德斯提出的全民医保和大学学费免费的解决方案。警察暴力成为一个越来越有争议的问题，全国每年有近1 000名美国人被警察杀害。一些新出现的社会问题进一步搅乱了政治辩论，如许多州娱乐性大麻的合法化以及跨性别群体的权利等。2016年的总统竞选在移民、财富、种族和性取向等问题的激烈争辩中展开，结果导致这场选举让美国人深陷其中，但又出现明显分裂（见专栏17－4）。

21世纪动荡不安的头几十年发生的事件表明了美国在世界舞台上的脆弱性和实力以及美国政治制度的回应性。美国在这十年时间里发生了急剧变化：从经济繁荣到经济萧条；从共和党对政府的统一控制到民主党对政府的统一控制，再到分裂政府后又回到共和党控制；从一系列减税到大规模扩大政府服务；从一个无可挑战的超级大国到一个四面楚歌但仍然强大的世界强国。美国的政治制度并不总是出现如此剧烈的政党摇摆或者对政策挑战做出如此敏捷的回应，但是，它在本章被描述的基本特征一直保持不变。

历史

17.2　指出美国政治史三个分裂的领域并讨论它们的现状

自从成为世界上第一个现代化民主国家以来，美国始终在急剧地扩大自己在世界上的地位。美国人一直对谁将被融入我们的民主体系进行重新协商。纵观历史，美国在国际社会中的地位变得越来越突出，从一个由13个州组成并被欧洲列强的殖民地所包围的松散邦联，转变成一个大陆国家，然后是一个半球国家，最后取得目前世界超级大国的地位。

建　国

美国的民主之路不像美国的全球影响力之路那样直接和明显。在开国之父们的那个年代，美国是一个由拥有财产的男性组成的民主国家。（在1787年之后，唯一的例外是新泽西州授予女性选举权，但在1807年撤销了这项权利。）选民的人数增长缓慢，有时美国会逆向而行，从那些曾经拥有投票权的人手中夺走这些权利。如今，任何种族或民族的男性和女性都能够投票，尽管这些不同群体的投票率存在差异。美国历史的故事有很多都可以讲述，因此，本章将关注美国在世界上所处地位的变化以及美国民主的包容性。

由不同的殖民地发起的反抗英国王权的革命从一开始就是一种鲜有机会成功的尝试，这种尝试在美国早期历史中是一个危险的提议。《独立宣言》的起草者们不顾自己的生命和大量财富处于危险境地，开始了反对英国的游击战争，当时，英国是世界上最强大的帝国主义国家。乔治·华盛顿及其殖民者同胞们利用他们在法国和印度战争中为英国人而战所接受的军事训练以及他们的军队更加坚定地恪守承诺，从而赢得一场令人震惊的胜利。他们根据《邦联条例》精心组织的第一个政府在很大程度上是失败的，该政府过于弱小以至于无法提供一种共同防御来抵抗外国势力的威胁，或者无法团结新成立的各州追求统一目标。接下来，标志着美国历史道路具有独特和神奇地位的真正非凡的一步是，脆弱的邦联不是被一个强大的独裁者而是被一种强劲有力的民主制度所取代。世界上的其他重大革命——在法国和俄罗斯——最终导致了暴政，但是，美国的 1776 年革命导致的结果是在 1787 年起草了《美利坚合众国宪法》。这项成功的制度创造了世人已经看到的最稳定的西方民主，并影响世界各国政府系统的设计。它的基本特征——分权与制衡、总统制、司法独立以及限制政府权力的宪法修正案头十条的《权利法案》——全部或部分出现在从菲律宾到拉丁美洲再到现代俄罗斯的宪法之中。

尽管如此，由于处在欧洲列强控制的大陆边缘，美国人的处境仍然很危险。在 1812 年战争中，英国人烧毁了新的首都华盛顿，从而提醒人们年轻的美国是脆弱的。然而，凭借一部强有力的宪法，以农业为基础、依赖奴隶的南方殖民地和工业化的、反对奴隶制的北方殖民地之间保持着一种紧张却可行的联盟，基于此，美国变得繁荣了，并利用部分财富购买法国（在 1803 年购买路易斯安那）和俄罗斯（在 1867 年获得阿拉斯加）的土地。美国组建了一支成为西半球超级力量的军队，并在 1848 年结束美墨战争之后将其边境扩展到太平洋。

19 世纪，美国有资格参与投票的选民规模也在扩大。在革命之后，各州强加了各种不同的投票要求，如白人男性必须拥有财产或者持有财富，各州都禁止女性参与大部分选举，只有某些北方的州授予非裔美国人选举权。截至 1792 年，法国的民主范围已经超越美国，当时，法国的新生共和国授予男性普选权（尽管这种权利扩张随着共和国成为拿破仑帝国而终结）。1800 年代初期，美国各州逐渐迎头赶上，并降低拥有财产的投票要求，以便让每个阶层的男性都能够参与投票。在富有魅力的战争英雄安德鲁·杰克逊和组织天才、职业政治家马丁·范布伦的领导下，当民主共和党（the Democratic-Republican Party）的基层政党团体开创了白人男性投票率超高的时代后，该党帮助将这种合法权利转变为选举现实。当 20 个州允许女性在全民公投中投票禁止卖酒以及当怀俄明州在 1869 年成为美国第一个授予女性选举权的州时，女性投票权的积极倡导者们赢得了部分胜利，并将美国推向并靠近妇女选举权运动的最前沿。尽管如此，这场运动的最终胜利直到 1920 年《宪法第十九修正案》批准通过后才来临，该修正案授予所有美国妇女享有投票权。更加令人沮丧的是非裔美国人争取投票权的斗争，他们曾经赢得了投票权，但在内战后南方又废止了这项权利。

内　战

内战（1861—1865 年）是美国重大的历史转折点。在 1861 年之前，如下问题备受争议，即美国是一个独立主权州（这些州有权在自己希望的任何时候选择退出）之间的便利联盟，还是一个不可分割的主权国家，该国人民选择在中央政府和州政府之间划分权力。美国随着宪法的通过而成为一个联邦，但是，各州是否有权选择退出联邦这一争论始终未有定论。在 1865 年之后，无论在法律层面还是事实层面，正如每一个美国学生被教育的那样，人们确信美国是"一个不可分割的国家"，而不是一个主权州的联盟。

在 1861 年之前，很多美国人（尤其是那些选择退出并组建邦联的 11 个南方州的美国人）都认为，他们首先并永远是州的公民，他们所拥有的美国公民资格源自本州在联盟中的成员资格——最著名的例证当属罗伯特·李（Robert E. Lee）。他强烈反对奴隶制度和分离主义，然而，当弗吉尼亚州选择分离时，他拒绝向联盟军队发出命令并决定与弗吉尼亚州共命运，因为他觉得自己首先要忠诚于州，而不是他的国家。1868 年通过的《宪法第十四修正案》消除了所有疑虑，它宣称："凡在合众国出生或归化合众国并受其管辖的人，都是合众国的和其居住州的公民。"简而言之，如今，所有美国人首先是美国公民，然后才是他们所居住州的公民。

然而，这并没有完全解决如下问题：什么是州的权利？什么是联邦特权？从此以后，内战的基本问题一直是冲突的根源，联邦最高法院在联邦法律和州法之间裁决了很多纠纷。1973 年，联邦最高法院罗伊诉韦德（Roe v. Wade）一案的判决推翻了很多州调控堕胎问题的法律，其在 2015 年对奥伯格费尔诉霍奇斯（Obergefell v. Hodges）一案的判决迫使很多州授予同性夫妇与异性夫妇享有同样的婚姻权。这两个案例激怒了主张州权利的保守派。然而，自由派也在很多他们支持州法（如控枪法案或者允许娱乐性使用大麻的法律）的领域内支持州的自主权。在内战结束后的 150 多年里，造成内战的冲突类型仍在争论中，但有一个关键区别：冲突是在统一国家的政府部门内和平解决。

通过加强美国各州的联盟，内战也巩固了美国的海外实力。聚集庞大的军事力量来打这场内战使得美国甚至能够挑战欧洲列强，正如他们在 1898 年美西战争中取得成功那样。更难的斗争则是将美国变成一个共同接受公民权利的国家。在内战结束后通过的《宪法第十五修正案》保证美国公民享有投票权，不论其"种族、肤色或者先前的奴役状况"。尽管如此，仍然需要北方的军事力量来占领南方才能使投票站向先前的奴隶开放。当军队在 1876 年离开南方时，大规模的政治暴力使非裔美国选民的处境非常危险，而且，一系列的州法［统称为"黑人歧视法"（Jim Crow laws）］使得非裔美国人几乎不可能参与投票。截至 1900 年，这些法律——包括向所有选民强加费用的人头税，以一种歧视方式实施的识字测试，以及诸如"白人预选"这样更为生硬的工具——推翻了在内战中赢得的投票权，并导致南方黑人选民的投票率低于 10%。

20 世纪

在经历了 1800 年代末期惊人的，甚至是不平衡的工业增长之后，美国已经在世纪之交准备好在世界舞台上取得经济和军事领袖地位。西奥多·罗斯福对日俄战争的调停（1905 年）和美国对第一次世界大战（1914—1918 年）姗姗来迟的参与（1917 年）表明美国愿意参与西半球以外的事务。

自从美国作为一个明显的军事胜利者和最强大的现有经济体出现在第二次世界大战以来，就一直是世界舞台上的主要领导者。当然，超级大国地位总是伴随着巨大的风险和代价。1948—1989 年，世界政治受制于两个超级大国及其盟友之间的“冷战”：一个是美国，它领导着西方资本主义国家的一个联盟；另一个是苏联，它领导着东方共产主义国家的一个联盟。冷战结束于 1990 年代初，当时，苏联正式解体，东欧国家确立了自己的独立地位。

在这百年期间，美国政治具有决定意义的内部斗争再次是为非裔美国人的政治权利而战。在第二次世界大战期间，很多黑人在国外英勇作战，而其他黑人则从南方迁移到全国各个城市并在工厂里工作。这些地理上和经济上的移民带来了社会变革，并有序推动了南方乃至全国的民权运动。受 1954 年联邦最高法院布朗诉托皮卡教育委员会（Brown v. Board of Education of Topeka）一案判决的影响，推动学校和其他公共机构的整合行动从堪萨斯州转移到小石城（Little Rock），再转移到亚拉巴马大学。当一些南方领导人以明显的种族主义言论做出反应、警察以暴力回应小马丁·路德·金（Martin Luther King，Jr.）的和平抗议时，全国民众的意见转向支持非裔美国人的权利。国会在 1957 年和 1964 年通过了重要的《民权法案》，但是，直到 1965 年的《选举权法案》才在实践中最终赋予美国黑人选举权，并授权联邦法院和美国司法部负责执行。随后，在南方以及全国其他地区出现的政治和社会转型为世界各地的民权倡导者提供了榜样，从而表明将法律变革转化为巨大社会变革的潜力。

当今美国

随着选民范围的不断扩展，如今美国的民选领导人更加多样化。2016 年，在美国 535 名众议员和参议员中，有 108 名女性、47 名非裔美国人、38 名西班牙裔、14 名亚裔或太平洋岛民、2 名美国原住民。较之其他民主国家女性代表的占比，美国的排名超过俄罗斯、伊朗、爱尔兰、日本和韩国，但落后于英国、墨西哥和法国，更是与德国、荷兰和阿根廷相去甚远。作为非裔美国人的奥巴马当选总统明显成为种族和少数民族代表性的分水岭事件，但是，这应该被视为一系列进步的顶峰，而不是一个单一事件。小布什政府邀请两位非裔美国人担任国务卿，分别是鲍威尔（Colin Powell）和赖斯（Condoleezza Rice）。尽管美国还从未选举一位女性总统，但希拉里在 2016 年成为首位主要政党的总统候选人，佩林（Sarah Palin）在 2008 年作为副总统候选人为共和党赢得选票发挥了至关重要的作用，而且早在 1984 年民主党就提名费拉罗（Geraldine Ferraro）作为副总统候选人。

当然，政治权利和平等也无法确保经济平等。在美国，女性的平均收入低于男性，非裔美国人的经济和社会地位问题仍然是国家议程中的重大议题。尽管现在的非裔美国人在很多方面都比他们的上一代过得更好，但他们在很多领域仍然落后于白人，其中包括家庭收入、犯罪率和监禁率、正规教育、居住质量、家庭稳定性、诸如艾滋等疾病的易感率、平均寿命等。2005 年 8 月，当卡特里娜飓风淹没并摧毁新奥尔良（一个非裔美国人聚居的城市）的很多地区之后，全国关注的焦点再次集中到这些不平等问题的诸多方面。在密歇根州宣布本州的弗林特城（主要人口为黑人）进入紧急状态后，所有不同种族的美国人都想知道，为什么州、联邦和地方的监管机构对该城市水供应中的铅中毒危机反应如此迟钝，这场危机在 2014 年 4 月就已经出现了。

移民到美国不仅增加了社会多元化，也使多元化政治超越了黑白界限。在新的千年里，这样一个移民国家将会再次就移民政策和美国公民资格的性质展开争论。最近几十年，几乎每个州在种族和语言多元化方面的加速发展以及非法移民总数的增加引发人们对一种更加包容的公民资格政策的需求，同时要求增加边境安全。当来自芝加哥到达拉斯再到洛杉矶的数百万民众加入 2006 年 5 月 1 日开始的游行示威，以抗议国会制定法律将非法移民以及向他们提供帮助的任何人归类为重罪犯时，移民维权积极分子充分展示了他们的组织能力。该法案最终夭折了，但是，关注非法移民的选民们到 2010 年 4 月才赢得胜利，当时，亚利桑那州制定了一项法律，强硬打击这样一个边境州的非法移民。美国就如何处理非法移民问题尚未达成全国共识，所以这成为 2016 年总统竞选中的决定性问题之一。具有讽刺意味的是如下事实：在 2008 年经济衰退期间，非法移民人口的规模下降了，并自此以后一直保持稳定。美国的移民正在变得越来越种族多元化，来自墨西哥的移民比率在下降，如今，来自亚洲的美国移民多于拉丁美洲。美国正在变得更加多元化，正如以往一样，这种多元化会带来政治冲突。

社会条件

17.3　从地理、人口和经济三个方面阐述美国的规模

美国的地理、人口和经济塑造了它的政治发展。

地　理

美国享有管辖权的地域范围总计 347.503 1万平方英里。这使得美国在地理上成为世界上第四大国家，仅次于俄罗斯、加拿大和中国①。美国的东部是大西洋，西部是太平洋，北部是加拿大，南部是墨西哥。这种安全的地理位置（两面环洋，另外两面是军事上的弱国）使得美国在 19 世纪结束之前追求如下外交政策具有了可行性：孤立于盟国和他国而免于战争。然而，在如今洲际弹道导弹、轨道间谍卫星和国际恐怖主义的环境中，任何一个国家（包括美国）都不能依赖地理位置让自己孤立于世界政治。

人　口

美国人口普查局估计，美国的人口在 2016 年已超过 3.24 亿。这使得美国成为世界上第三人口大国，仅次于中国和印度（这两个国家的人口都远远超过 10 亿人）②。美国的人口增长率令人印象深刻。1790 年的第一次人口普查所报告的人口是 390 万，因此，2016 年的普查数据表明，在 226 年里人口增长令人难以置信地达到了8 307%。从世

① *The World Almanac and Book of Facts 2002* (New York: World Almanac Books, 2002), 782, 804.

② *Statistical Abstract of the United States: 2010* (Washington, DC: U. S. Census Bureau, 2012), Table 1296.

界其他地区来到美国的人口超过 5 000 万——英国分析家尼古拉斯（H. G. Nicholas）将这种现象描述为“西方历史中最伟大的人口运动”[1]。因此，了解美国的一个最为重要的事实是，作为一个移民国家，它胜过历史上任何其他国家。人口普查仅将 1.7% 的人口归类为土著美国人、阿拉斯加土著人或具有夏威夷血统；其余的人都是来自全世界的移民或者移民们的后代。

大多数移民都是在三次历史性浪潮中的某一次涌入美国的：第一次浪潮发生在 1840—1860 年，移民主要来自西欧、英国和爱尔兰；第二次浪潮发生在 1870—1920 年，移民主要来自亚洲、东欧、意大利和斯堪的纳维亚半岛；第三次浪潮则是从 1965 年至今，移民主要来自拉丁美洲和亚洲。1920 年代，国会对被允许的移民总数强加了一个上限，导致移民率大幅下降。在 1965 年修订《移民和国籍法案》从而消除每个国家可以移入的人口总数的上限之后，移民率开始反弹。如今，每年至少有 100 万合法移民来到美国。而且，估计大约有 1 100 万非法移民——他们出生在外国，没有经过审查或者违反签证条件就直接进入美国——居住在美国[2]。图 17－1 根据出生地对美国的外国出生人口（包括合法和非法的移民）进行了划分。

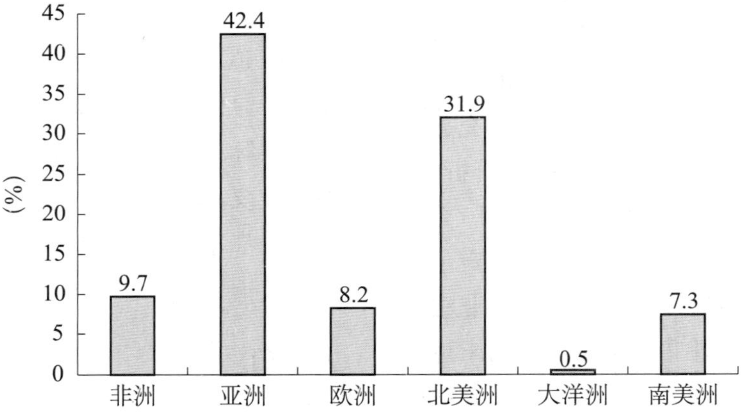

图 17－1　美国外国出生人口的出生地（2014 年）

资料来源：Department of Homeland Security，Yearbook of Immigration statistics：lawful permanent residents.

因此，从一开始，美国接受的移民就远远多于历史上任何其他国家，它成为世界上所能看到的人口种族和文化最多元化的国家（只有印度的情形与之比较接近）。我们将在后文讨论这种多元化对美国政治造成的某些后果。

经　济

即使在 2008—2009 年的国际金融危机之后，美国仍然是世界上最大的经济体。2015 年，美国的国民总收入（GNI）或者说它所生产的所有商品和服务的总价值加上来

---

① H. G. Nicholas，*The Nature of American Politics*，2nd ed.（New York：Oxford University Press，1986），4.

② 有关合法移民的数据，参见：*Statistical Abstract of the United States*，2010，Table 4；有关非法（或未授权）移民的预估数据和界定，参见：*Statistical Abstract of the United States*，2010，Table 47.

自国外的收入共计 18.1 万亿美元，与之相比，中国为 10.8 万亿美元，日本为 4.3 万亿美元，德国为 3.4 万亿美元①。美元继续是世界上基本的货币单位，大多数国家的货币价值习惯于通过如下方式进行衡量：1 美元全部或者部分可以兑换多少欧元、英镑、卢布、日元和其他货币单位。

有些经济学家认为，美国的经济支配地位已经结束了。多年来，美国一直是世界上最大的债权国，但现在已成为世界上最大的债务国，这在一定程度上是因为美国购买外国商品的总额比外国人购买美国商品的总额多出几十亿美元，在某种程度上也是因为联邦政府的预算长期以来存在巨大的赤字。从 1980 年到 1997 年，联邦政府的开支总额比它的收入多出 3.1 万亿美元，随后，从 1998 年到 2001 年，联邦政府的运行有了适度的盈余，但从此以后，又回到创纪录的赤字阶段。截至 2016 年，美国的累计国家债务总额达到 19.4 万亿美元②。将之与上文提到的经济规模相比，美国的债务总额略高于国家的年度总收入。

长期以来，美国一直被认为是资本主义经济理念和制度的堡垒，是信仰社会主义的国家和人民的主要敌人。然而，美国的经济制度和行为从来没有接近于满足诸如 18 世纪的亚当·斯密（Adam Smith）和 20 世纪的米尔顿·弗里德曼（Milton Friedman）等自由放任的经济学家所提出的完全自由企业的标准。这些经济学家主张政府对经济事务进行最低限度的干预，其中包括政府对成功企业的运营、利润和支付的薪水不予调控以及政府对不成功企业不予补贴或“救助”。

然而，除了国会于 2008 年对金融机构和其他大型公司授权一份 7 000 亿美元的救助之外，美国政府也以很多方式补贴美国企业。它们开展研究以便企业可以用来开发新的产品，并为美国产品在其他国家的销售提供补贴。州、地方和联邦政府共同努力提供公共产品，如教育和交通基础设施。国会对某些外国制造品强加了关税和进口配额，以便阻止它们以低于美国制造商的价格出售商品。联邦法律确保所有工人将被支付某种最低限度的工资，而不管他们在真正的自由市场中获得什么。而且，这种工资在最近几十年不断增加。2017 年，联邦最低工资标准为每小时 7.25 美元，但是，有 19 个州的州最低工资标准更高，其中包括亚利桑那州（每小时 10 美元）、加利福尼亚州（每小时 10.5 美元）和马萨诸塞州（每小时 11 美元）。像房利美（Fannie Mae）和房地美（Freddie Mac）这样的准公共企业在 2008 年被联邦政府完全接管，从而使得购房者更容易获得贷款。联邦税法对企业向其雇员提供的养老金和健康计划实施补贴，结果创造了一种混合式公共/私人安全网络，它的运作类似于欧洲的福利国家，尽管该网络仅针对那些获得工作且待遇丰厚之人③。随着 2010 年通过的医疗改革法案的影响开始逐步显现出来，美国因强制执行并补贴全民医保而看起来更像是一个欧洲国家。大多数这些政策都来自商业协会、工会和其他压力团体施加的政治压

① *Statistical Abstract of the United States：2012*（Washington，DC：U. S. Census Bureau，2012），Table 1348.

② *Statistical Abstract of the United States：2012*，Table 470.

③ 参见：Jacob Hacker，*The Divided Welfare State：The Battle over Public and Private Benefits in the United States*（New York：Cambridge University Press，2002）.

力。因此，似乎可以公平地说，尽管大多数美国人认为他们信仰自由企业，但他们更喜欢经营安全企业。最近的经济灾难以及由此引发的对私营企业的大规模救助提醒人们，在危机时期，自由市场意识形态可能会迅速做出让步，而且公共财政承担了那些被认为“太大而不能倒闭”的私营企业的风险。

宪法制度

17.4 列举美国宪制的三个显著特征，并描述其权力之间的相互关联性

如同大多数现代化国家一样（其中，英国和以色列是两个典型的例外），美国政府系统的基本结构由一部成文宪法——《美利坚合众国宪法》予以规定，这部宪法文件草拟于1787年，在1788年获得批准并于1789年生效。它是世界上仍然有效的最古老的成文宪法。

当然，如今的宪法在很多重要的方面不同于1789年的宪法。它被正式修正过27次，最近的一次修正发生在1992年，该修正案规定，在众议院举行议员选举之前，任何改变国会议员报酬的法律都不会生效①。被统称为**《权利法案》**（Bill of Rights）的头十个修正案列举了禁止全国政府剥夺的个人权利（见专栏17－1）。

专栏17－1

美国《权利法案》

1. 宗教、言论和出版自由。
2. 携带武器的权利。
3. 未经房主同意，免于士兵驻扎住宅的自由。
4. 不受无理搜查和扣押的权利。
5. 公民只有在大陪审团起诉之后才能接受审判；没有双重危险；禁止被迫自证其罪；不经正当法律程序，不得剥夺生命、自由或财产；不给予公平补偿，私有财产不得充作公用。
6. 在一切刑事诉讼中，被告有权要求公正陪审团做出迅速和公开的审判；被告必须被告知指控的性质和理由；被告有权以强制程序取得对其有利的证人证言；被告有权获得律师的帮助。
7. 在争执价额超过20美元的情况下，由陪审团审判的权利应该得到保护。
8. 不得要求过多的保释金，不得处以过重的罚金，不得施加残酷和非常的惩罚。
9. 本宪法对某些权利的列举不应该被解释为否定或减少由人民保留的其他权利。
10. 宪法未授予合众国也未禁止各州行使的权力，由各州或其人民自行保留。

在内战之后批准的《宪法第十四修正案》是最重要的修正案之一。它规定国家公民资格在法律上优先于州的公民资格，并禁止州侵犯美国公民的“特权和豁免权”——

① 《宪法第二十一修正案》废除了《宪法第十八修正案（禁令）》。因此，实际上只有25个修正案。对修正宪法的抵制（即使相关的规定非常受人欢迎）在2006年6月得到充分证明，当时，一项授权国会禁止焚烧国旗的修正案在美国参议院仅差1票就达到所要求的2/3多数。具体参见：Johanna Neuman and Faye Fiore, “Flag Measure Fails by 1 Vote,” *Los Angels Times*, June 28, 2006.

根据司法解释，该修正案意味着头十个修正案所列举的几乎所有权利都得到保护，从而免受全国政府的侵犯。其他重要的修正案包括取缔奴隶制的《宪法第十三修正案》、确保前奴隶投票权的《宪法第十五修正案》和确保妇女投票权的《宪法第十九修正案》、限制总统两个选任任期的《宪法第二十二修正案》以及详细阐述可以替代无行为能力的总统之条件的《宪法第二十五修正案》。尽管存在这些修正案，1789 年宪法的大部分基本要素仍然有效，与之相反，很多其他国家和大多数美国各州的成文宪法已经被完全更新过很多次。因此，如果持久性是宪法影响力的一个标志，《美利坚合众国宪法》将是历史上最强大的宪法之一。

然而，宪法文本并没有告诉我们有关美国宪制基本结构的所有内容。大量的风俗、惯例和司法判决在没有改变宪法用语的情况下却严重改变了我们的治理方式。具体的例子包括司法审查的增加、政党的发展和总统的遴选过程从内部人小集团的封闭过程转化成向所有公民开放的普选。

总的来说，成文的《美利坚合众国宪法》的规定及其相关风俗和惯例结合在一起形成一种具有三个明显特征的宪制：联邦主义、权力分立和司法审查。

联邦主义

联邦主义（federalism）是一种制度，在这种制度下，政府权力在全国政府和诸多地方各级政府之间进行划分，每个地方政府在指定的范围内具有法律上至高无上的地位。某些古代的先驱者曾践行过这种制度，最著名的当属公元前 3 世纪希腊城邦的阿卡亚联盟（Achaean League）和 16 世纪建立的瑞士联邦。但是，美国宪法的起草者建立了第一个现代的联邦主义形式。他们之所以这样做，是因为他们不得已而为之。召开 1787 年费城制宪会议的原因在于，邦联的各个成员认为，新的国家需要一个比《邦联条例》的规定强大得多的全国政府，但是，来自各个小州的代表们拒绝加入任何不能保留其大部分既定权力的全国政府。宪法的制定者通过在全国政府和州政府之间的权力划分，从而打破上述情形所产生的僵持局面，他们赋予各个州在全国参议院中享有平等的代表席位。只有这样，大州和小州才能对新的宪法达成一致意见。

然而，有些宪法的起草者认为，联邦主义不仅仅是一项政治权宜之计。例如，詹姆斯·麦迪逊（James Madison）相信，在一个大众政府（popular government）中，对人权的最大威胁来自大众多数人的暴政，如果某个派系攫取对政府整个权力的控制并利用这种控制以牺牲所有其他利益为代价而促进自己的特殊利益，暴政就会出现。他认为，全国政府和州政府之间的权力划分与权力分立是防止这样一种灾难的最好办法。

联邦主义被广泛称赞为美国人对政府艺术的最大贡献之一。大量的国家采用联邦主义方式使那些具有截然不同的文化和利益的不同地区能够联合起来成为一个国家。如今，这些国家最为明显的例证是澳大利亚、加拿大、德国、尼日利亚、俄罗斯和瑞士，但是，联邦主义的重要因素也可以在巴西、印度和墨西哥全然不同的制度中发现。

美国的联邦制按照如下的主要方式划分政府权力：

● 专门配置给联邦政府的权力，如宣战的权力、同外国缔结条约的权力、铸造货币的权力和调控州际贸易的权力。

●《宪法第十修正案》规定了保留给各州的权力。该类别的主要权力涉及教育、结婚和离婚、州内贸易，以及机动车辆的调控。尽管如此，联邦政府经常拨款给各州以帮助它们建立和经营学校、建造和修复公路、向穷人和病人支付福利金等。各州不是必须要接受这些经费，但是，一旦表示接受，它们必须同时接受控制这些经费如何被开支的联邦标准，接受联邦监督以确保这些经费按照那种方式被开支。

● 联邦政府和各州都可以行使的权力，如征税的权力和认定并惩罚犯罪的权力。

● 禁止联邦政府行使的权力，主要是头八个修正案的规定，如限制言论、出版和宗教自由，以及对被指控犯罪的人公平审判的各种保障。

● 禁止各州政府行使的权力。这些权力有的被规定在宪法正文之中，但主要还是体现在《宪法第十四修正案》的要求之中，即任何一州都不得“削弱合众国公民的特权或豁免权；不经正当法律程序，不得剥夺任何人的生命、自由或财产；对于在其管辖下的任何人，亦不得拒绝给予平等的法律保护”。美国联邦最高法院的一系列判决在解释这些措辞时意味着，受头八个修正案保护并免于联邦政府侵犯的几乎所有的具体自由同时得到了《宪法第十四修正案》的保护并免于各州政府的侵犯。

然而，当一切都说到做到之时，或许，有关美国联邦主义的性质需要注意的最为重要的一点体现在《宪法》第 6 条的规定之中：

> 本宪法和依本宪法所制定的合众国法律，以及根据合众国的权力已缔结或将缔结的一切条约，都是全国的最高法律；每个州的法官都应受其约束，即使州的宪法和法律中有与之相抵触的内容。

简言之，尽管联邦政府不能从宪法层面干预配置给各州的排他性权力，但是，无论何时州的宪法和法律与联邦政府根据其适当权力而通过的法律或条约不相一致，冲突的州宪法和法律必须被取代。而且，只能由美国联邦最高法院（联邦政府的一个机构，而非各州政府的机构）来判定联邦政府和各州政府的哪些行动在各自的权限范围之内。因此，就美国联邦制是全国政府和各州之间的一种竞争而言，主裁判则是这两个竞争小组中某一个小组的成员。

权力分立

既然大多数美国制度的分析家们主张权力分立是美国制度［被称为**总统制民主**(presidential democracy)］和大部分其他民主制度（被称为**议会制民主**）(parliamentary democracies）之间最为重要的唯一区别，那么就让我们来澄清该制度的主要特征。

权力分立（separation of powers）意指政府权力在独立的立法、行政和司法部门之间进行的宪法划分（见图 17－2）。具体地说，美国宪法将立法权授予国会（第 1 条），将行政权授予总统（第 2 条），将司法权授予联邦法院，它们受联邦最高法院的领导（第 3 条）。很多其他国家（包括大部分拉美民主国家）的宪法都是效仿美国权力分立制度的总统制。

这三个部门在很多方面是独立的，其中，最重要的一个方面是《宪法》第 1 条第 6 款的要求：“凡在合众国下供职者，在继续任职期间不得担任任何一院议员。”这款规定意味着，每个部门的工作人员完全不同于另外两个部门的工作人员。因此，例如，当参议员约翰·克里（John Kerry）2013 年被任命为国务卿时，他在就任新的职位之前必须辞去自己在参议院的席位。当然，这与很多议会制民主国家（如英国）中的权力融合（fusion-of-powers）规则构成了直接对立，后者要求行政部门的首脑必须是国会议员。

美国政府各个部门的领导人员是经过不同的程序选拔产生的，他们的任期也各不相同。众议院议员由选民直接选举产生，任期 2 年，他们的任期次数没有限制。参议院议员由选民直接选举产生，任期 6 年，任期次数没有限制，但他们的任期是错开的，每 2 年都有 1/3 的议会席位由选举或连选产生①。

总统由**选举人团**（Electoral College）（它由直接普选产生）间接选举产生，任期 4 年，而且限于两次完整的选举任期。所有的联邦法官（包括联邦最高法院的成员）都由总统任命，并经参议院多数批准，这些法官任职一直到其死亡、辞职或被国会免职。

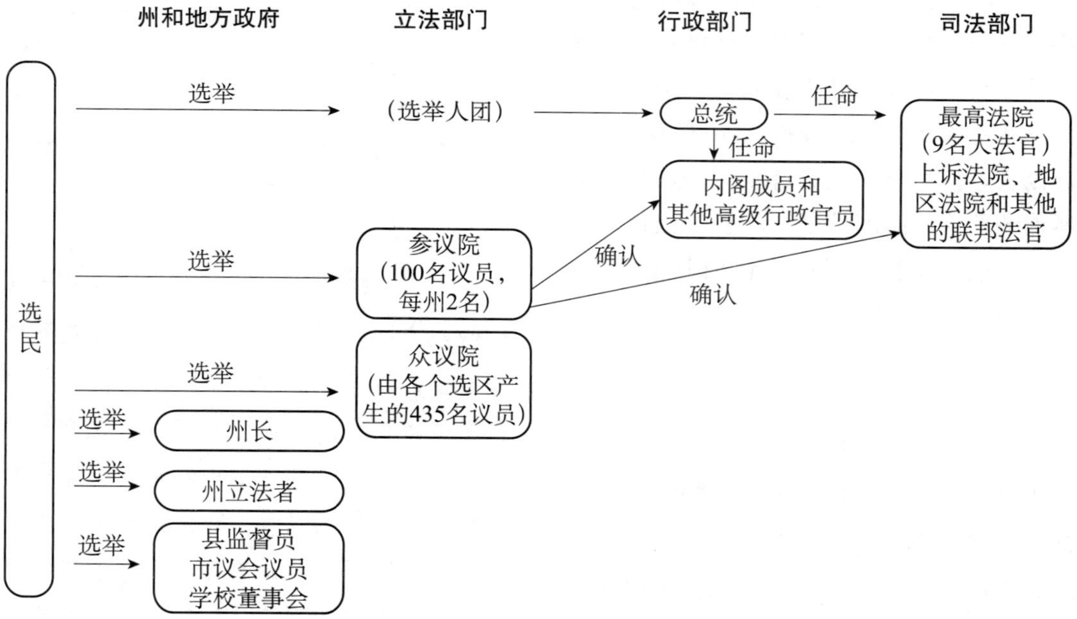

图 17－2　美国政府

资料来源：*The United States Government Manual* 2005/2006（Washington，DC：U. S. Government Printing Office，2005），21.

确保权力分立的其他主要手段包括**牵制与平衡**（checks and balances），通过这种手段，每个部门都可以防止另外两个部门侵犯它的宪法权力。例如，参议院可以不赞成总统的高级任命，可以拒绝批准条约。国会两院共同行动可以弹劾、指控和罢免现任总统

① 15 个州的立法机构成员具有任期限制。还有大量的州试图对它们的议会成员施加同样的限制，但是，美国联邦最高法院 1995 年在美国任期限制诉桑顿（U. S. Term Limits，Inc. v. Thornton）一案中判定，各州不享有限制全国立法者任期的宪法权力。

或联邦法官。它们可以（而且经常这样做）拒绝总统所要求的立法、拨款和税收。反过来，总统可以否决国会的任何法案，如果要推翻总统的否决，宪法要求获得国会两院2/3以上的多数投票。总统还任命最初的所有联邦法官。通常而言，总统提名的法官很可能同意他们的政治哲学和政策偏好，但是，一旦任命并确认之后，法官的判决就不受政治监督。

有些学者认为，美国的制度应该被更加准确地描述为“分离的部门行使共享的权力”，因为获得政府行动通常要求国会和总统采取某种联合行动，还要得到联邦最高法院的默认。自《联邦党人文集（1787—1788年）》（*Federalist Papers*（*1787—1788*））发表以来，权力分立就具有了大多数政治学家所称谓的这种制度特征。不管它被称为什么，这种宪法特征（远胜于任何其他特征）使得美国制度不同于大多数其他的民主制度①。

司法审查

美国的联邦司法机构由 1 个联邦最高法法院、13 个上诉法院、94 个进行审判的地区法院和各种不同的专门法院组成。各州拥有相似的司法制度，处理大量的刑事和民事案件。**司法审查**（judicial review）可以被界定为法院有权基于违宪而宣布立法或行政法案无效。所有的美国法院，包括较低的联邦法院和各级州的法院，都会偶尔行使这种权力。但是，有关解释全国宪法（正如我们所看到的那样，它是“国家的最高法律”）所有问题的最后发言权都属于美国联邦最高法院。联邦最高法院可以宣称总统或国会的任何法案无效，理由是它违反了宪法。这样的决定只有通过宪法修正案或者联邦最高法院出现新的成员并改变主意的情况下才能被推翻。

尽管每一种民主制度都必须决定谁对宪法允许什么和禁止什么享有最后的发言权，但美国是为数不多的将那种权力授予普通法院系统中最高上诉法院的几个民主国家之一。有些国家（如意大利）将这种最后的发言权授予特别法庭，而不是本国普通法院系统中的某些机构，而在另一些国家（如墨西哥和瑞士），这种权力仅包括“联邦裁判”权，而不包括推翻全国行政机构和立法机构决定的权力。因此，司法审查是美国宪制中的一个显著却并非排他性的特征。

由于美国宪法授予联邦最高法院一些重要职权，该法院在制定影响美国人日常生活的政策方面发挥着积极作用。堕胎权利无论是对生命权的捍卫者还是堕胎合法的倡导者都至关重要。1973 年，联邦最高法院对罗伊诉韦德案做出的判决主张对基本堕胎权利的联邦保护，从此以后，推翻或支持这项判决的动力引发了很多政治参与。这项具有里程碑意义的判决将宪法隐私权适用于堕胎权利，而那些生命权的捍卫者则通过国会和联邦最高法院赢得对晚期堕胎行为、等待期以及哪些医生可以实施堕胎等问题的某些限制。这并不是近年来联邦最高法院判定的唯一重大争论问题。仅在 2010 年的庭审中，联邦最高法院就发布了一些具有里程碑意义

① 最近几年，原先的一场辩论在大量政治分析家的推动下又重新复活，他们认为，总统制民主比议会制民主更具有内在的劣势，美国应该转向同英国一样的议会民主制。其他的分析家回应道，基于结果判断——有效的政策、忠诚的公民和稳定性——美国的制度至少和议会制民主制度一样成功。

的判决意见，如授权公司不受限制地在选举上投入经费，通过质疑州和地方枪支控制法的合宪性而扩大《宪法第二修正案》的保护范围，减少刑事案件被告的权利。2012 年，联邦最高法院仅以微弱多数支持《平价医疗法案》(奥巴马总统的全民医保法律)，支持该法案的判决还对未来国会和总统调控州际贸易的权力设定了重大限制。2016 年初，在大法官斯卡利亚（Antonin Scalia）去世前的最后一次重大判决中，联邦最高法院陷入 4∶4 的僵局，最终的微弱多数阻碍了奥巴马总统清洁能源计划的实施，从而使其环境遗产的关键部分处于不确定状态。特朗普的当选以及他任命尼尔·戈萨奇（Neil Gorsuch）大法官来填补斯卡利亚在联邦最高法院的位置使得这项计划处于明显的危险之中。鉴于联邦最高法院的影响力如此之大，同时考虑到总统可以提名新的成员来替代离去的大法官从而对联邦最高法院进行重新塑造，司法部门的方向成为美国总统选举的一个重要组成部分。

政治文化和社会化

17.5　指出并讨论美国的两种文化融合理论、大众传播媒体在美国政治中的作用，以及政府调控媒体的能力

尽管美国的宪制对于美国人如何做出政治决定至关重要，但它不是故事的全部。在相当程度上，美国的政治制度之所以能这样发挥作用，是因为它是由美国人运作的，而不是由英国人、意大利人、墨西哥人或伊拉克人运作的；它之所以完成了它所完成的事情，是因为美国人具有一种独特的**政治文化**(political culture)，这种文化支撑、激励并塑造了我们已经考察的全部正式制度。

本书第三章从比较的视角讨论了政治文化和社会化，美国独特的政治文化在此值得密切关注。

是熔炉还是拼布被?

大多数美国人都是移民或移民的后代，他们来自非洲、亚洲、西欧和东欧、拉丁美洲等很多不同的文化背景地区。从这个意义上说，全球化总是在塑造美国的过程中发挥某种作用。在它的大部分历史中，美国不得不解决如何最好地将移民及其不同的文化与美国的经济、社会和政治生活融为一体。

在我们的整个历史中，有关移民应该如何融入社会的两种意见在知识分子对话、政策辩论和实际行动中产生了碰撞。一种意见是将美国视为一个**“熔炉”**(melting pot)——将所有不同的移民文化融合成一种独特的美国文化，这种文化以一种语言（美式英语）予以表达和传递。同时为诸如波兰婚礼、爱尔兰守灵和墨西哥食品等特殊的民族风俗留下了空间，但教育制度被赋予的首要任务是将每一个人都变成一个说英语的美国人，他们被灌输美国政治文化的主流价值和态度。这种意见体现了一种对公民爱国主义的规范性承诺，即任何公民的核心身份都应该是一个美国人，国家的政治传统和宪法取代每个人的种族或宗教身份，这些共同原则将国家凝聚在一起。

另一种形成鲜明对比的意见将美国视为一个真正的文化**“拼布被”**(patchwork quilt)，这是公民权利领袖杰西·杰克逊(Jesse Jackson)的用语，意指本国每一个重要族群的一系列语言、历史、风俗和价值，而且，每个族群都和其他任何族群一样获得

同样的关注和尊重并具有同样的重要性，任何族群都不具有某种支配地位。这种观点拒绝如下熔炉理念，即移民团体古老而独特的文化应该被均化成一种盛行的国家文化——他们认为，这种文化并不是所有文化的一种真正融合，而是西欧尤其是英国的文化。尽管拼布被的隐喻仅是新近被创造的，而且，它如今与非裔美国人、拉丁美洲人和亚裔社区的某些领导人相关联，但各种移民团体的成员一个多世纪以来一直都在寻求固守自己的文化特性和母语。意大利、爱尔兰，尤其是德国的移民通常拒绝融入美国的风俗和语言，并重新塑造主流文化甚至是英语。

“拼布被”意见的支持者所倡导的政策包括双语教育（用他们的母语教育少数族裔的孩子，而不是强迫他们学习英语并将其作为自己的主要语言）；用除英语之外的语言印刷选票和其他的官方文件；拓展学校的课程，以便在关注英国和西欧文化的贡献之外，全面且公平地关注非洲、亚洲和拉丁美洲文化的贡献。

某种反对意见已经开始针对这场运动。具体的表现之一在于，几个州通过的法律和美国参议院 2006 年 5 月的投票都宣称英语是官方语言。政治学家亨廷顿（Sam Huntington）在其著作《我们是谁？——对美国民族认同的挑战》(*Who are We? The Challenges to America's National Identity*）中饱受争议地提出了捍卫盎格鲁新教文化，以防止它受到如今来自拉丁美洲移民浪潮的危险性腐蚀。有关移民同化的竞争性“熔炉”意见和“拼布被”意见之间的冲突很可能在整个 21 世纪继续存在。

传统美国政治文化的主要因素

政治学家通常考虑的政治文化的首要方面是一国居民所表现出来的对政府的信任程度。1958 年，当国家选举研究（National Election Study）首次询问美国人是否信任他们的政府在做正确的事情时，有 73%的人回答，他们总是或者在绝大多数时间内都信任自己的政府。在那之后的几十年里，对政府的信任已经丧失，并在越南战争期间和水门事件之后出现急剧下降，随后的波动反映了国家经济的走势。在过去的 30 年里，美国人在经济繁荣时期就信任政府，但在经济萧条时期看上去对华盛顿则充满怀疑。在 2008 年和 2009 年国际金融危机之后，失业率达到了历史新高，同时公民对政府的信任则骤然跌至历史新低。到 2010 年，只有 22%的美国人信任政府在任何时候或大部分时候做的事情都是正确的，尽管这一比例在 2016 年随着经济的复苏回升到 24%。

然而，并不总是信任政府的美国人依然对自己的国家拥有深深的自豪感并愿意为自己的祖国做出牺牲。将美国人与西欧人在这些方面进行比较是有意义的。研究已经表明，与英国、西班牙、意大利、法国和德国的公民相比，更多的美国人认为他们对自己的国家感到非常骄傲（80%）并愿意为自己的祖国而战（71%）（这一比例在英国分别为 55%和 62%，而在德国则下降到 21%和 35%）[①]。因此，尽管美国人可能对政府行为的正当性所持的信任度不如一些西欧人，但他们还是比很多西欧人更爱国。我们如何解释这种悖论？

---

① James Q. Wilson and John J. DiIulio, *American Government*, 6th ed. (Lexington, MA: D. C. Health, 1995), 81, Table 4.3.

答案可能存在于如下事实之中：纵观历史，大多数美国人都强烈持有两种可能在逻辑上（但并不是在情感上）不相一致的理念。一种理念是，普通的美国人都是拥有大量常识的善良、实在和可靠的人，而且，美国是一个美好的国家。相反的是，他们也认为，与国家并非等同的政府正如前总统里根所言恰恰是“问题所在，而非解决问题的办法”。他们还认为，就任职位、领导政党和开展业务活动的职业政治家都是一些追逐私利的无足轻重的人物，与其说这些政治家对制定大胆且具有前瞻性的政策从而解决国家的问题感兴趣，不如说他们对赢得选票并谋取连任感兴趣。因此，很多美国人热爱他们的国家，但却不信任管理政府的政治家。

政治文化的另一个方面是，普通人在多大程度上相信自己的偏好能够明显对公共官员造成影响。对政治文化第一次展开的重大比较研究结果发现，美国人在这方面的得分比英国人、德国人、意大利人和墨西哥人更高，而且，在所有 5 个国家中，受过良好教育的人的得分比未受过良好教育的人的得分更高①。随后的研究证实，在这个意义上，美国人一般来说要比大多数其他国家的公民觉得更具有“政治上的有效性”。

美国另一个独有的特征是，大多数美国人（黑人和白人、男性和女性、年轻人和老年人）持有如下信念，即他们拥有某些基本的权利，而且，通常而言，确保他们实现这些权利的最好办法不是等待行政机关、立法机构和官僚主义者去做正确的事情，而是提起诉讼从而迫使公共官员（和其他的私人个体）尊重他们的权利。美国人的**好讼**（litigiousness）——也就是，他们倾向于提起诉讼以对抗政府官员和其他私人公民侵犯自己的权利——使得法院在美国发挥着中心作用。美国法学家罗伯特·卡根（Robert Kagan）认为，在美国，诉讼实现的目标与欧洲国家通过调控实现的目标相同，但前者的成本要高得多②。美国之所以追求这样一条截然不同的道路，很可能是缘于诸如杰克逊总统这样的民粹主义者所支持的如下理念，即普通人拥有足够的智慧来监督一切，甚至是他们的政府。

政治社会化

政治社会化是一种过程，通过这种过程，社会的价值和态度被介绍给孩子，从而塑造他们有关政治世界像什么以及哪些民族、政策和制度是善的或恶的这样一些理念。在美国，政治社会化过程大致等同于任何其他的现代化人口密集的西方工业化民主国家。决定美国人政治社会化发展方向的主要媒介是他们的家人（尤其是他们的父母）、学校老师、朋友、同学、工作同事和大众传播媒体。尽管从历史上看父母对社会化有着最为强大的影响，但在过去几十年里，大众传播媒体的影响尤其是过去几年社交网站的影响已经开始塑造政治社会化过程。

大众传播媒体（mass communication media）这一术语包括被用来向无法面对面地看到传播者的观众传递信息、思想或情感

---

① Gabriel A. Almond and Sidney Verba, *The Civic Culture*: *Political Attitudes and Democracy in Five Nations* (Princeton, NJ: Princeton University Press, 1962), 186.

② Robert A. Kagan, *Adversarial Legalism*: *The American Way of Law* (Cambridge, MA: Harvard University Press, 2003).

的所有手段。它们被分成两类：印刷媒体（如报纸、杂志、图书和宣传小册）和电子媒体（如互联网、广播电视、电缆和卫星电视以及收音机）。

与大多数其他的西方工业化民主国家一样，美国的电视台、广播电台和互联网既有公有的，也有私有的。在美国，私有媒体要比公有媒体重要得多；私有广播电台的数量是公有广播电台的 3 倍，而且，公有广播电台的听众大约只有 10%。除此之外，几乎所有大量发行的报纸和杂志以及网站都是私人所有，它们依靠广告收入和用户来维持运营。

由于《宪法第一修正案》保护出版自由，印刷媒体产生的政治内容几乎完全不受政府调控（再次参见专栏 17－1）。有关印刷内容的唯一限制是诽谤和中伤的法律规定，但是，在标志性的《纽约时报》诉沙利文（New York Times v. Sullivan，1964）一案中，美国联邦最高法院判定，公共官员和公共人物不能因印刷媒体中针对他们的言论而获得损害赔偿，除非这些评论（1）明知错误或者“不计后果地无视”真相；（2）被证明“具有恶意”并蓄意地图谋损毁受害人的公共声誉和地位——但这种指控很难被证明①。

较之印刷媒体，广播电台和电视台受到的监管要严格得多。它们只有被联邦通信委员会（FCC）授予许可才能播送节目。那种许可要求节目的政治内容应该满足特定的标准。例如，广播电台或电视台必须使某个特定政治职位的所有候选人获得平等的机会来提出他们的诉请。它们不必给予任何候选人免费的时间，但是，如果它们给某个候选人这样的时间，它们就必须同等对待所有候选人。如果它们把时间卖给某个候选人，它们必须以同样的定价卖给所有的候选人，而且要提供类似令人满意的时间段。它们对政治广告商索取的费率不得高于对商业广告商索取的费率。

美国联邦最高法院始终支持政府有权对电子媒体强加这些限制，同时拒绝政府对印刷媒体享有任何类似的权力。原因与通常所谓的**稀缺原则**（scarcity doctrine）密切相关：联邦最高法院发现，除了经济限制之外，对可以印刷和流通的报纸、图书、杂志或宣传小册的总量没有任何限制。但是，在某个特定范围的播放频谱中可以运作的广播电台和电视台的总量受到有形的限制。因此，联邦最高法院认为，广播是一种公共资源，非常类似于全国公园或可通航河流。这使得政府不仅有权分配频率，而且有权设定标准从而确保这些频率的使用可以促进“公共便利、利益或需要”②。

对网站、脸书专页、推特简讯的调控要少得多，但它们如今在传播政治事实和意见以及揭露丑闻（无论是真实的还是捏造的）方面扮演着越来越重要的角色。独立的网站不受制于许可要求，不必受到大量广告客户的充分青睐，而且，如果它们发布的新闻报告毫不可信，它们也不会因此失去任何声誉。由来自每一种意识形态谱系中的积极分子所撰写的博客正在竞选中发挥着日益重要（而且通常也是被批评）的作用，它们有能

① *New York Times v. Sullivan*，376 U. S. 254（1964）.

② 两个关键的案例是：*National Broadcasting Co. v. United States*，319 U. S. 190（1943），and *Red Lion Broadcasting Co. v. Federal Communications Commission*，395 U. S. 367（1969）.

力以一种不受限制的速度在整个网络空间传播事实、谣言和没有根据的指控。然而，即使在这样一个智能手机能让我们与社交媒体和其他互联网资源保持持续联系的美丽新世界，许多传统的新闻来源已经适应并蓬勃发展。根据皮尤研究中心（Pew Research Center）的研究结论，有一半的手机用户和超过一半的平板电脑所有人使用他们的设备访问新闻，并通常浏览他们信任的知名网站，如美国有线电视新闻网（CNN）和《纽约时报》（当然，尽管如此，两党成员对他们所信任的新闻来源如今存在高度极化现象，有67%的共和党人信任《福克斯新闻》，而只有37%的民主党人信任它，有关《纽约时报》的数据几乎与此如出一辙）。皮尤研究中心的另一项研究发现，40%的美国人"经常"上网阅读新闻，与之相比，有57%的美国人通常在电视上获得新闻。与计算机还只是台式电脑和笔记本电脑的早年相比，移动连接使很多人在新闻网站上花费更多的时间，进而加深了他们与政治的联系。

政治参与和募员

17.6 将美国的提名、投票过程与投票率与其他国家进行比较，并描述政治参与的其他形式

在美国，尽管投票是最常见的政治参与形式，但它只是普通公民寻求影响政府的众多路径之一。

通过投票参与

既然选举投票已经成为所有民主国家普通公民实际参与本国治理过程的主要方式，大多数政治学家认为，**选举投票率**（voting turnout，实际参与投票的人占所有有资格投票总人数的百分比）是衡量任何民主制度是否健康最为重要的指标之一。对世界民主国家选举投票率的研究（见图 17－3）通常表明，美国的选举投票率低于大多数其他的民主国家。

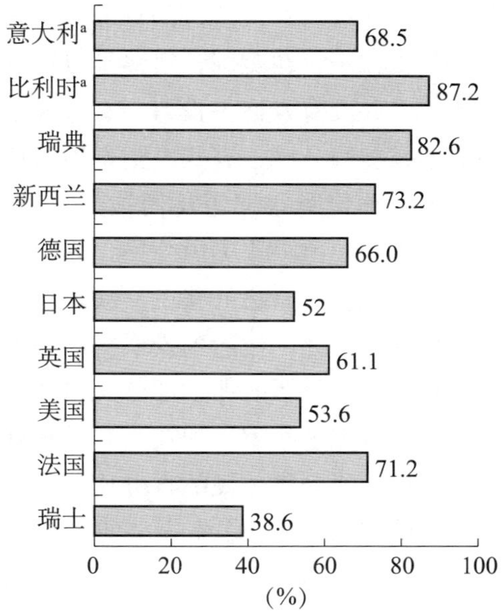

图 17－3 比较投票率水平

在美国为总统选举投票率，在其他国家为议会选举投票率。

a 强制投票法。

资料来源：Turnout as a percentage of the voting age population，taken from Pew Research Foundation，"U. S. Voter Turnout Trails Most Developed Countries，" http：//www. pewresearch. org/fact-tank/2016/08/02/u-s-voter-turnout-trails-most-developed-countries/，accessed August 2016.

在美国，很多评论者还指出某些数据，从而表明选民投票率在过去的几十年里已经大幅下降，并认为这是美国政治病入膏肓的迹象。他们从不同的方面宣称，这是如下情形的一种症状：太多的消极竞选、太少的优秀候选人、金钱的作用在竞选中日益增加、政党在基层政治中的作用逐渐减小和很多其他的弊端。然而，最近的研究表明，这些只是对一个被证明为健康的病人做出的错误诊断；在过去的 30 多年里，美国的投票率保持得相当稳定。

投票率已经下降这种传统的普遍看法是错误的，因为它依赖一种误导性的投票率近似值，这种数值只计算那些足以达到投票年龄并实际参加投票的人所占的百分比。这种方法的问题在于，在美国，很多足以达到投票年龄的人并没有资格去投票，有些人是因为他们不是美国公民，有些人则是因为他们被所生活的州定为重罪犯从而被禁止投票。在最近几十年，由于非美国公民（既包括合法的移民，也包括非法的移民）或重罪犯的比例在增加，因此，在达到投票年龄的人口中，有资格参加投票的那一部分人口变得更少。有些学者把这些团体加在一起并正确计算出参加投票的合格选民的百分比，他们发现，自 1972 年以来，总统选举的投票率一直稳定在 55%～60%（在《宪法第二十六修正案》赋予 18 周岁的公民享有投票权之后，投票率实际上下降了）①。

进一步审视这些投票率数据的构成要素发现美国的情形看上去比世界上其他国家的情形更好，而且，它在此指出了选民参与的一个重大障碍。如果美国选举投票率的计算方法完全类似于其他西方民主国家（占登记选民的百分比），美国的记录看上去要好得多。如同世界上大多数其他西方民主国家一样，在美国，公民在能够合法投票之前，他们的姓名必须出现在投票选民登记册上。但是，美国在一个重要的方面不同于其他国家：在大多数其他国家，选民登记册的登记不需要选民付出任何努力。公共当局主动登记所有合格的选民，在拥有全国居民名单的国家，这份登记工作通常变得更为容易。因此，几乎每一个达到选举年龄的公民都被登记投票。

相比之下，在美国，不存在居民名单，**选举登记**（voting registration）由各州调控。在大多数州，要想成为选民，必须努力出现在选民登记册上；任何公共官员都不会为他们做这些事情。而且，在大多数民主国家，当选民从国内的某个地方迁移到另一个地方时，他们被自动从离开之地的选民登记册上删除，并被补充至到达地的选民登记册上，所有这一切都不需要他们付出任何努力。相反，当人们从美国的一个州迁移到另一个州时，他们不会被自动补充至新到达的州的选民登记册上②。

对美国较低的选举投票率的另一种解释来自如下事实：美国选民被要求投票的次数远远多于任何其他国家的公民。美国人投票选举很多职位，要在中期国会选举中投票，有时还要在特别的州和地方竞选中投票，就像在大多数其他国家一样，在全国国会选举中的每 4～5 年时间里，仅单个职位的投票次数就可能不止一次。最后，直接民主制使得美国很多州和城市的投票变成一项要求很高（但通常成效也很高）的工作。

---

① 参见：Michael P. McDonald and Samuel Popkin，"The Myth of the Vanishing Voter，" *American Political Science Review* 95，4（December 2001），963－974.

② 1993 年，国会通过了《"摩托选民"法案》，该法案旨在使选民登记更为容易，从而提高选民投票率。该法案要求各州允许公民在申请驾照时登记，允许邮寄登记，允许在公共援助机构（如分发失业补偿金和福利支票的机构）提供登记表格。尽管大多数政治分析家对这部新法表示称赞，但它的有效性仍不明朗。适格选民的投票率在 1992 年的总统选举中达到 61%，但在 1996 年下降到 53%。在 2000 年它又上升到 56%，2004 年继续上升到 61%。

直接民主过程，例如，**直接动议**（direct initiative）和**全民公决**（popular referendum），使很多美国人在投票箱前有更多的选择。直接动议是一项将新的法律交由选民投票决定的建议，如果足够多的选民签署请愿书的话；全民公决意指投票决定是否维持一部现有的法律。尽管美国联邦政府从未举行过直接的民主选举，但 24 个州和很多地方政府都可以启动动议程序，这意味着大约 70%的美国人生活在一个可以动议的州或城市①。有时，这会在选票上增加多达 30 项复杂的政策选择。有罢免条款的各州选民还将面临更多的选举，因为在任议员必须在特别的竞选中为自己的政治生命而战，如果有足够的选民签署罢免请愿书的话。这种情况最近发生在科罗拉多州、威斯康星州和加利福尼亚州。

因此，与除瑞士（在该国，很多州的选民也拥有直接民主）之外的任何其他民主国家的公民相比，美国公民被要求投票的次数更多，所针对的问题也更多。毫无疑问，有机会在自由、公平和竞争的选举中投票是民主政府的一个必要条件，因此，也是一件好事。然而，一种常见的说法是，过量就不再是件好事，很多美国人在投下自己当年第 90 张（或更多的）选票并离开投票站时，很可能会得出如下结论：在美国，投票决定的绝对数量就是个佐证②。

通过其他方式参与

当然，投票只是公民参与政治的诸多方式中的一种。他们还可以就任某个职位，在政党中工作，向候选人、政党和某些事业捐款，参加集会，参与街头游行示威，向自己的民选代表传递信件、电报、传真和电子邮件，给报纸写信和撰写专栏，给广播和电视访谈节目打电话，尽力说服家人和朋友，提起反对公共官员的诉讼等。对这些其他参与形式的研究不如投票那么广泛，尽管如此，拉塞尔·道尔顿（Russell Dalton）收集了美国和一些西欧国家传统和非传统参与形式的有趣的比较数据（见表 17-1）。

表 17-1　四个民主政治参与的非投票形式　（%）

活动	美国	英国	法国	德国
竞选活动				
试图说服他人如何投票	44	44	28	29
参与竞选活动	30	25	7	7
被政党/候选人联络	47	26	13	7
社区活动				
过去五年在社区与他人合作	35	23	20	26

① 参见：John G. Matsusaka, *For the Many or the Few: The Initiative, Public Policy, and American Democracy* (Chicago: University of Chicago Press, 2004).

② 一位美国杰出的外国观察家颇具说服力地争辩道，美国公共官员（如众议院议员）面临选举的频率远远高于其他民主国家与之具有同样地位的官员。因此，该观察家认为，这些官员在任职期间必须花费大量的时间募集经费、在各个选区巡回宣传、在电视上露面，并以其他的方式准备下一次选举。这些迫切的需要使他们没有太多的时间认真研究公共问题和制定良好的公共政策。具体参见：Anthony S. King, *Running Scared: Why America's Politicians Campaign Too Much and Govern Too Little* (New York: Martin Kessler Books, 1997).

续前表

活动	美国	英国	法国	德国
抗议活动				
过去一年签署请愿书	35	34	21	35
过去一年抵制某种产品	24	23	29	34
过去五年参加抗议	6	12	24	12

资料来源：Russell J. Dalton，*Citizen Politics in Western Democracies*，5th ed.（Washington，DC：CQ Press，2008）. 其中，"竞选活动"的数据取自第44～46页，"社区活动"的数据取自第49页和第68页，"抗议活动"的数据取自第68页。

表17－1的答案表明，法国公民比美国、英国和德国公民更可能参与游行示威和政治罢工，相反，美国人更可能说服他人如何投票、参加竞选会议或集会、与公民团体合作、签署请愿书，或加入抵制活动。

一些其他的研究还发现，美国人最经常诉求的参与形式是选举投票（53%），随后依次为将自己的政治意见陈述给他人（32%）、给竞选活动捐款（12%）、展示粘贴在汽车保险杠上的政治小标语和标示（9%）以及参加政治会议或集会（8%）。只有4%的人认为自己属于某个政治俱乐部或为某个政党工作①。

简言之，除选举投票之外，美国人参与政治的方式和其他西方民主国家的公民（我们对他们拥有可靠的信息）一样多或者更多。当然，这些数据并不支持如下结论：美国人在任何方面都比其他西方民主国家的公民更为疏远或懒惰。

领导人募员

17.7 指出美国领导人通常具有的特征，以及这些特征如何使他们有别于一般民众

募员是在数百万全国公民中遴选几百人或几千人的过程，这些被遴选者就任选任性公职和委派性公职，在政党和压力团体中发挥主要作用，决定大众传媒如何描述政治，在公众允许的范围内制定公共政策。

很多学者研究了很多国家领导人的募员并发现了某种普遍的趋势，这些趋势在美国政治中也非常明显。例如，与其他国家的领导人一样，美国领导人也大多不成比例地来自经济和社会地位的中上层，尽管像奥巴马总统、克林顿总统、参议员马可·卢比奥（Marco Rubio，佛罗里达州的共和党人）以及州长约翰·卡西奇（John Kasich，俄亥俄州的共和党人）的出身都要卑微得多。之所以如此，原因并不在于对下层阶级有任何压制的阴谋，而在于一个人要想赢得当选领导人需要的支持所必须具备的知识和技能种类。接受良好教育的人获得和发展这些技能的可能性大于教育程度较低的人。例如，如果人们能够在公开场合很好地表达自己，民选官员能够在电视上不断展现自己的良好形象，那么他们在政党和压力团体中晋升、被选中担任公职或者被任命到更高行政职位的机会将大幅提升。

联邦和州政府都是基于程序和标准选择大多数行政雇员，而不是通过那种在19世

① Robert S. Erikson，Norman R. Luttbeg，and Kent L. Tedin，*American Public Opinion*，4th ed.（New York：Macmillan，1991），5，Table 1.2.

纪末之前盛行且毫不掩饰的政治恩惠。在当下的体制中，最初的选择是根据申请人在标准化考试中获得高分的能力或者拥有雇主所期望的其他能力与经验来进行的，薪水的增加和晋升取决于工作业绩，而不是政党关系。自考绩制度在1883年被确立以来，越来越多的联邦职位都根据该制度或者“普通等级”类别来设定，如今，大约只有1%的职位可以通过纯粹的政治任命来获得。

因此，在大多数方面，美国的精英募员无异于其他发达的工业化民主国家。但是，美国募员过程中有一个方面完全不同于世界上任何其他国家，那就是，选任职位候选人的提名。

独特的直接初选

我们可以将选举公共官员的过程分为三个部分：(1) 候选人遴选：政党通过该过程决定谁被确定为本党的领袖并参与竞选；(2) 提名：公共当局通过该过程决定哪一个人的名字将被印到官方选票上；(3) 选举：选民通过该过程在不同的被提名人之间做出选择。

很多政治学家认为，候选人遴选是三个过程中最为重要的。毕竟，公共官员的募员本质上是将从很多人中进行选择缩减到选择一个人。例如，在2010年，大约有1.76亿美国人满足当选总统的宪法要求。从理论上说，所有这1.76亿美国人的名字都可以被印在选票上，每个选民都享有绝对的自由在他们中间进行选择。然而，选民当然不可能在1.76亿可选对象中做出有意义的选择，因此，实践中的民主选举要求，选择必须被缩减到一个可控的范围之内。在所有的民主国家，职位选举的情形都是如此。

同每一个其他民主国家一样，在美国，上述缩减过程主要由政党来完成。每个政党选择自己的候选人并将他们的姓名提交给选举当局，这些姓名会出现在选票上①。因此，在2016年，共和党人在一个庞大的可选范围内确定特朗普做他们的总统候选人，其中包括参议员马可·卢比奥、参议员泰德·克鲁兹（Ted Cruz，得克萨斯州）、前州长杰布·布什（Jeb Bush，佛罗里达州）、本·卡森（Ben Carson）、州长约翰·卡西奇、参议员兰德·保罗（Rand Paul，肯塔基州）、卡莉·费奥莉娜（Carly Fiorina）、州长克里斯·克里斯蒂（Chris Christie，新泽西州）、前州长迈克·哈克比（Mike Huckabee，阿肯色州）、前州长吉姆·吉尔摩（Jim Gilmore，弗吉尼亚州）和前参议员里克·桑托勒姆（Rick Santorum，宾夕法尼亚州），而前国务卿希拉里·克林顿则击败参议员伯尼·桑德斯（佛蒙特州）和前州长马丁·奥马雷（Martin O'Malley，马里兰州）赢得民主党提名。通过将15名候选人的范围压缩至2名候选人，这些提名使得选民们在特朗普和希拉里之间做出最终选择变得相对容易。

鉴于候选人遴选在民主选举中的关键性作用，意识到如下情形就显得尤为重要：美国是世界上通过直接初选进行大多数提名的

---

① 如同在很多民主国家一样，在美国，选民可以写下选票上政党提名人之外的姓名，但是，几乎没有选民这样做，而且，选票上未列名的候选人几乎从来没有获得过很多选票。在2004年圣迭戈市市长的竞选中出现了一个例外，当时，选票上未列名的候选人唐纳·弗赖伊（Donna Frye）仅差几百张选票（此次选举的投票制表程序饱受争议）就能当选这个美国第七大城市的市长。

唯一国家。在几乎所有的议会制民主国家中，国会的政党候选人由政党领袖或少量正式支付党费的政党成员选择产生。还有些国家（如德国和芬兰）要求政党通过地方政党成员秘密投票的方式选择自己的候选人，这有点类似于直接初选，但严格说来并不是直接初选。因此，在除美国之外的所有国家，候选人是通过几百个或者最多几千个政党内幕人士选择产生①。

在美国，几乎所有重要的选任公共职位的提名都通过**直接初选**（direct primaries）产生，在该初选中，候选人由选民在政府组织的选举中直接选择，而不是由政党领袖在政党高层会议和政党代表大会中间接选择。将选择权由政党领袖转移至普通选民开启了向更广泛的决策者（他们比任何其他国家授权的决策者都要多）开放选择候选人的过程。而且，决定谁有资格在特定的政党初选中投票的是公共法律而不是政党规则，这一点是美国直接初选和上述其他国家类似初选程序之间的重要区别。2016 年，有 21 个州至少为一个政党的总统竞选而举行了**封闭初选**（closed primaries），其中，只有那些事先登记为某个特定政党的成员才可以参与本党初选的投票。25 个州举行了**开放初选**（open primaries），这种初选不需要任何政党登记，选民可以选择参加任何一个政党初选的投票（然而，在任何特定的选举中，他们只能选择参加一个政党初选的投票），而且，他们的选择不会被公开。剩下的州或者为每个政党采用不同的制度，或者举行交叉初选（crossover primaries），这种初选除以下情形之外等同于封闭初选：选民直到选举当日才公开选择自己参加投票的政党初选。在 2000 年*加利福尼亚州民主党诉琼斯*（California Democratic Party v. Jones）一案的判决中，美国联邦最高法院禁止加利福尼亚州的**综合初选**（blanket primary，允许选民在投票选择特定职位的候选人时可以在不同政党之间来回改变），理由是它违反了《宪法第一修正案》规定的政党的结社自由权。这次判决明确了受政府调控并由宪法架构的正式提名程序的范围，它还导致阿拉斯加州和华盛顿州初选制度的改变。加利福尼亚州和华盛顿州在大多数职位中用**头两名初选**（top-two primaries）替代它们的综合初选，在该初选中获得选票前两名的候选人将参加普选，即使他们属于同一个政党。

直接初选使美国的候选人遴选成为世界上到目前为止最具公开性和参与性的遴选方式。正如前面注意到的那样，在所有其他国家，最多只有几千名支付党费的政党成员参与选择候选人。在美国，任何注册选民都可以参与，在每个选举周期中都有成百万的选民参与选举。仅举一例予以说明：尽管美国总统候选人由全国提名大会正式选举产生，但绝大多数两党提名大会的代表由直接初选选定。2016 年，民主党和共和党的总统初选共计投票 35 446 103 张②。

美国选举总统的制度也许比其他西方民主国家选择高层政治领袖的方式更明智或更

① 参见：Reuven Y. Hazan，“Candidate Selection，” in Lawrence LeDuc，Richard Niemi，and Pippa Norris，eds.，*Comparing Democracies 2：New Challenges in the Study of Elections and Voting*（Thousand Oaks，CA：Sage Publications，2002）.

② Federal Election Commission，*Election Results for the U. S. President*，*the U. S. Senate and the U. S. House of Representatives*（Washington，DC：Federal Election Commission，2008）.

愚蠢，但是，它的参与性要强得多。

利益表达：政治行动委员会和压力团体

17.8　描述利益团体、政治行动委员会和超级政治行动委员会，并把美国的方法与其他国家类似团体的方法进行比较

正如我们在整本书中看到的那样，每个社会都有大量不同且相互冲突的政治利益，而且，经济越发达，社会越多元化，就会有更多个人和团体的利益在某种程度上与其他个人和团体的利益相冲突。这些不可避免的利益冲突所产生的政治过程由两个主要部分组成：（1）利益表达，通过这种表达，个人和团体使自己对政府作为和不作为的欲求公开化；（2）利益集聚，通过这种集聚，各种各样的要求被动员和融合从而迫切需要有利的政府政策。

在大多数西方民主国家，利益主要通过压力团体和政党进行表达，而且，执政党还集聚利益来制定和实施它的计划。然而，美国的政党比大多数其他民主制度下的政党要弱得多，而且凝聚力更低。因此，在美国，压力团体在利益表达和利益集聚中发挥着重要作用。

美国独特政治的外国观察家尤其对美国组织化政治团体的巨大多样性和力量留下了深刻印象①。如今，它们甚至比过去更多也更为重要。它们表现出两种主要形式，每种形式都有某种善于影响政府的特殊技能：（1）政治行动委员会和竞选捐赠；（2）压力团体和游说。

政治行动委员会和竞选捐赠

严格来说，**政治行动委员会**（political action committee，PAC）是一种组织，它与某个特定的政党或候选人没有正式的关联，而且，它花钱影响选举结果。政治行动委员会与政党在两个主要方面存在区别。首先，和政党不同的是，它们不提名候选人，也不以政治行动委员会的标签将他们置于选票之上。相反，它们支持或反对由政党提名的候选人。其次，政治行动委员会主要对公共官员制定的政策感兴趣，而不是对那些官员所具有的政党标签感兴趣。因此，只要两大主要政党的候选人对政治行动委员会特定的政策偏好表示赞同，它们通常都会支持这些候选人。

至少自内战以来，这样的组织就已经在美国政治中运作，而且，有些组织还获得了巨大成功。例如，1893 年建立的反沙龙联盟（the Anti-Saloon League），旨在拥护民主党和共和党的国会候选人，他们发誓要支持通过一项宪法修正案从而宣布生产和销售含酒精饮料的行为不合法。大多数历史学家认为，1919 年通过的《宪法第十八修正案（禁令）》在相当程度上值得称赞（抑或谴责）。在 20 世纪后半叶，最强大的组织之一是美国劳工联合会-产业工会联合会（AFL-CIO）中的政治教育委员会（COPE），它为支持组

① 例如，可以参见：Alexis de Tocqueville，*Democracy in America*：*The Henry Reeve Text*，Vol. 1，revised by Francis Bowen，ed. Phillips Bradley（New York：Alfred A. Knopf，1945），191－193；and Michel Crozier，*The Trouble with America*，trans. Peter Heinegg（Berkeley：University of California Press，1984），81.

织化劳工的候选人（主要但并不完全是民主党人）提供了数百万美元的经费和数千名选举工作人员。

自1974年以来，作为当年《联邦选举竞选法案》（the Federal Election Campaign Act）修正案一种意想不到的（也是很多人所不需要的）结果，政治行动委员会的总数和活动出现了美国历史上最大幅度的增加。这些修正案为个人可以向某位候选人或某个政党捐赠的经费总额设定了底线，但对组织能够捐赠的总数所设定的限制要高得多。它们还规定，尽管工会和企业法人不能直接为选举竞选捐款，但它们可以赞助政治行动委员会，然后由政治行动委员会进行竞选捐赠，只要这些资金来自支持者个人的自愿捐赠，而不是对工会和企业资金的直接征收。

在判定这些修正案的合宪性时，联邦最高法院确认了对直接捐赠的限制，但同时认为，限制个人或组织能够为候选人支出的钱数（也就是，通过广播或发布不受候选人或政党控制的广告）违反了《宪法第一修正案》对言论自由的保障①。

有关竞选筹款法的基本内容和解释的这些变化导致大多数政治上积极的利益团体得出结论，成立政治行动委员会是影响选举结果的最好办法，这也正是它们已经在做的事情。1974年，只有608个政治行动委员会在全国性选举中运作，到了2009年，该总数已经暴增至8 169个。从专栏17－2可见目前正在运作的一些大型政治行动委员会的名单。几乎所有的政治行动委员会都代表着某些工会，但是，诸如艾米莉名单（EMILY'S List，一个致力于帮助女性赢得选举的团体）和霍尼韦尔国际（Honeywell International，一个大型公司）这样的政治行动委员会也会加入其中。

专栏17－2

排名前十位的政治行动委员会的总开支（2015年）

排名	政治行动委员会名称	总开支（美元）
1	服务业雇员国际工会政治教育委员会	37 183 563.62
2	艾米莉名单	33 233 161.76
3	民主共和独立选民教育（国际卡车司机兄弟会的政治行动委员会）	9 796 344.46
4	终端联合公民	9 148 096.06
5	“继续前进”政治行动委员会	9 094 376.53
6	1199服务业雇员国际工会联邦政治行动基金会	8 102 952.21
7	国际电气工人兄弟会地方政治教育98委员会	7 758 593.57
8	国际电气工人兄弟会政治行动委员会	7 690 036.82
9	工程师政治教育委员会（EPEC）/国际操作工程师联合会	7 197 499.49
10	霍尼韦尔国际政治行动委员会	7 196 613.61

资料来源：Federal Elections Commission，“Top 50 PACs by Disbursements，January 1，2015 through June 30，2016，” http：//www. fec. gov/press/summ aries/2016/ElectionCycle/18mPAC. Shtml，accessed September 2016.

① *Buckley v. Valeo*，424 U. S. 1（1976）.

目前，每个政治行动委员会都要在联邦选举委员会进行登记，并定期报告它的收入（捐赠的主体和数额）和支出（它把捐赠支付给哪些候选人、支付了多少以及它为自己的独立竞选开支了多少）。每个政治行动委员会可以在初选中向某个特定的候选人捐赠 5 000 美元并在普选中再捐赠 5 000美元。然而，政治行动委员会可以捐赠给所有候选人和政党委员会的总额不受限制。

与政治行动委员会密切关联的是超级政治行动委员会——另一个重要的媒介，利益团体通过该媒介可以影响选举。这些组织可以募集经费且总量不受限制，它们可以随心所欲地为候选人花钱，只要它们不与该候选人进行协商。也就是说，超级政治行动委员会必须与候选人及其战略家团队保持一定距离，但是，它可以发布尽可能多的广告来支持该候选人的竞选或攻击他的对手。利益团体和富人们通常愿意放弃协商的权利来换取向超级政治行动委员会不受限制地支付经费的能力。在此基础上，超级政治行动委员会变得极为活跃；在 2016 年总统竞选期间，候选人直接募集的经费刚刚超过 10 亿美元，但独立于候选人工作的超级政治行动委员会就为他们募集了 5 亿多美元。政治行动委员会和超级政治行动委员会在众议院和参议院的竞选中也非常积极。

最重要的政治行动委员会可以归类为下列三种：

（1）狭隘的物质利益政治行动委员会。这些政治行动委员会的主要关注点在于，它们所拥护的候选人要支持通过那种有利于某种特定企业或企业类型的立法（例如，克莱斯勒汽车、可口可乐、通用电气、通用汽车、德士古以及很多公司都有自己的政治行动委员会。很多工会也是这样，其中包括航空公司飞行员协会，美国州、县和市政雇员联合会以及美国教师联合会）。除此之外，还有大量的政治行动委员会代表某个行业的整体利益，如达拉斯能源政治行动委员会（石油）、爱迪生电力研究所（电力）和美国国家广播电视协会（广播和电视）。

（2）单一的非物质利益政治行动委员会。这些政治行动委员会所推崇的候选人要支持它们在某个特定非物质问题上的立场。例如，美国堕胎权利行动联盟（支持选择）和美国生命权委员会（反堕胎）都关注堕胎问题，美国步枪协会（支持持有枪支的权利）和手枪管制有限公司（赞成枪支控制）都关注枪支控制问题。

（3）意识形态政治行动委员会。大量的政治行动委员会支持候选人致力于强烈的自由主义或保守主义意识形态和问题。自由主义政治行动委员会包括“继续前进”政治行动委员会、全国有效国会委员会和好莱坞妇女政治委员会。保守主义政治行动委员会包括共和问题竞选政治行动委员会和保守主义胜利委员会。

压力团体和游说

政治行动委员会用以促进自己利益的另一种策略是通过它们在华盛顿的代表进行**游说**（lobbying）。这种策略关注的焦点在于劝导现任公共官员支持压力团体所赞成的政府行动（不仅包括立法法案，而且包括行政和司法裁决），并制止压力团体所反对的政府行动。

在过去糟糕的岁月里，压力团体通常以现金支付或确保退休后提供高薪水的工作的方式进行直接贿赂。令人悲哀的是，贿赂仍然时有发生并被接受，但是，禁止贿赂的法律非常严格，大众媒体的调查记者也热衷于揭露受贿行为。在最近的一个例证中，圣迭戈《联合论坛报》（*Union-Tribune's*）在2005年对国会议员兰德尔·坎宁安（Randall Cunningham）"公爵"（加利福尼亚州共和党人）展开调查，作为对影响国防合同的交换，他的受贿总额超过200万美元，最终坎宁安被判监禁8年，该报纸也因此获得普利策奖。国会对坎宁安丑闻和调查做出了回应，这迫使众议院多数派领袖汤姆·迪莱（Tom DeLay，得克萨斯州共和党人）辞职，并通过审议新的伦理立法将游说者杰克·阿布拉莫夫（Jack Abramoff）送去坐牢。这些丑闻对民主党在2006年国会选举中获得大胜发挥了重要作用。2010年国会选举前夕对民主党的重要众议员查理·兰格尔（Charlie Rangel，纽约州）和玛克辛·沃特斯（Maxine Waters，加利福尼亚州）展开的伦理调查使民主党陷于困境，尽管该调查不如坎宁安丑闻那么严重。然而，随着丑闻成为过去，改革的要求很可能逐渐消失。1920年代的蒂波特山（Teapot Dome）招权纳贿丑闻就属于这种情形，它在当时引起了巨大的愤怒，但现在也只是一个新奇有趣的历史注脚而已。在美国日常政治中，贿赂非常罕见，因为大多数利益团体和公共官员认为行贿和受贿或者太不道德，或者风险太大，或者两者兼而有之。

如今，游说者的主要策略是说服——使国会议员（及其工作人员，他们在大多数议员做出决定的过程中发挥关键性作用）确信，游说者所寻求通过的立法符合国家和该议员所属的特定地区或州的最佳利益。毕竟，几乎所有的国会议员都觉得，他们的工作就是尽自己最大的努力实现特定选民的利益。既然正是这些选民而不是全国的其他成员决定国会议员是否将连任，选民们的可能反应肯定是国会议员的首要关注。

因此，各种利益的游说者利用他们能找到的最具说服力的证据和观点使某个特定的国会议员相信，他们的团体所需要的行动符合每个人的最佳利益——特定地区或州的选民、国会议员和国家。有时，为拥有政治行动委员会的利益团体工作的游说者可能会暗示，他们的政治行动委员会将为立法者的竞选活动提供捐赠，如果这些立法者理会他们的问题的话。尽管如此，令人感到奇怪的是，大多数游说者和政治行动委员会的工作都彼此独立，政治学家进行的大量研究没能提供任何确切的证据证明，竞选捐赠将影响立法者的投票。学者们发现，捐赠可能确保接近政治家的机会，但是，它不能购买选票。

尽管美国的利益团体最经常采用的方式是拉选票和游说，但它们有时也会利用那些在其他国家更为广泛使用的策略，如大众政治宣传、游行示威、罢工和抵制、非暴力公民不服从以及有时甚至是暴力。然而，美国人所采用的一种策略在全世界具有领先地位：利用**诉讼**（litigation）实现政治目的。在著作《其他方式的政治：美国选举重要性的下降》（*Politics by Other Means: The Declining Importance of Elections in America*）中，政治学家本杰明·金斯伯格（Benjamin Ginsberg）和马丁·舍夫特（Martin Shefter）指出，从1955年到1985年，诉至联邦地区法院的民事案件的总数从每年5万件增加到每年超过25万件。他们认为，这种急剧增加背后的诸多原因之一在于如下事实：在选举和游说中表现都非常糟糕且日益增加的大量利益团体向法院提起诉讼，以期扭转它们在其他领域的损失：

> 通过联邦法院诉讼，公民权利团体成功地对南方学校制度、州和地方政府以及立法区划计划发起了冲击……环境团体利用法院来阻止高速公路、大坝和其他公共工程项目的建设，这些建设不仅威胁破坏环境，而且为它们的政治对手提供了经费和其他资源。女性团体不仅能够推翻劳动力市场歧视妇女的立法，而且能够推翻限制堕胎的州的法律。

保守主义团体尽力通过确保如下事实予以对抗：**保守主义者**（conservatives）而不是自由主义者或女性主义者被任命到联邦最高法院和其他的联邦法官职位。为了让那些自己的目标支持者来填补司法部门的空缺，自由主义团体也组织各种活动以期影响任命和确认过程中的斗争。自参议院的民主党人在 1987 年拒绝确认里根总统将罗伯特·博克（Robert Bork）提名至联邦最高法院以来，国家最高法院的几乎每一次任命都会遇到强大的游说、公众压力甚至是应接不暇的电视广告。在美国，利益团体卷入司法斗争的程度远远大于任何其他民主国家，这一事实不应该使我们感到惊奇，因为通过诉讼追求个人权利的普遍性是美国政治文化截然不同于大多数其他国家政治文化的一种方式。

然而，在美国，利益表达和集聚最重要的特殊性体现在它们所运行的政党环境完全不同。在本书所讨论的绝大多数民主国家中，大部分利益团体都是严格限定在政党内部进行运作的。（实际上，在有些情形下，特定的利益团体与特定的政党具有正式的关联性，如工会与英国工党。）它们的主要策略是，说服那些与自己密切相关的政党将它们的要求置于政党计划和行动中的突出地位。

相比之下，美国政党在政策制定过程中是如此软弱且微不足道，以至于利益团体在很大程度上游离于政党之外运作，它们也几乎不关心自己是在帮助还是在损害政党。例如，1980 年，全国妇女组织（NOW）在民主党内进行斗争，以期确立一项规则禁止该党帮助选举任何反对平等权利修正案的民主党候选人。在 1984 年，全国妇女组织主张，它将拒绝支持该党的全国候选人名单，除非提名一位妇女担任副总统职位——实际上，杰拉尔丁·费拉罗（Geraldine Ferraro）获得提名。正如专栏 17－2 所示，在 2015—2016 年的选举周期，艾米莉名单（一个支持女性候选人的政治行动委员会）花费了 3 300多万美元来资助妇女的竞选活动，它的开支总额在所有政治行动委员会中位居第二①。

同样的观察适用于共和党。在 1994 年之前的一段时间，很多企业政治行动委员会捐赠给现任民主党人的竞选经费远远大于它们的共和党挑战者，尽管共和党的政治哲学更接近于企业领袖们的哲学。共和党全国领袖痛苦地抱怨他们所认为的对政党的背叛和对保守主义的背叛，但是，美国房地产经纪人协会的领袖唐·汤普森（Dong Thompson）拒绝接受共和党人的抱怨，并详细阐

① Stanley and Niemi，*Vital Statistics on American Politics 2009—2010*，Table 2－13.

述了他的政治行动委员会的政治重点：

> 我们是一个特殊的利益团体。我们的利益是不动产和住房问题。它不是为反对而援助，不是堕胎，不是最低工资……我们的成员要求的是更多的责任。我们挥霍无度的日子一去不复返了，当时，我们将大量的金钱注入了一个被称为“挑战者候选人”的黑洞。我们对政治行动委员会捐赠的步调非常明确：停止在失败者身上浪费金钱。①

专栏 17-3

2014 年国会选举

在 2014 年中期选举来临之际，意识形态谱系两端的权威专家们一致认为，共和党需要采取重大行动来重获种族和少数族裔群体（尤其是移民）的支持。在 2012 年的总统竞选中，这些选民强烈支持奥巴马。几乎所有的黑人选民、绝大多数拉丁美洲裔以及大多数源自不同民族的亚裔美国人（如越南裔、华裔和韩国裔，他们曾在过去投票支持共和党）都支持奥巴马。在专家们看来，随着少数群体在选民中的比例不断上升，大佬党（GOP）需要缓和其明显的反移民立场。所谓的“八人帮”（一个由两党参议员组成的工作组）在整个 2013 年都在见面并协商妥协有关移民改革的方案，其中包括为非法移民提供获得公民资格的路径。然而，他们的努力未能成功，因为众议院的共和党人拒绝接受他们眼中的“大赦”。共和党在这个关键问题上的立场变得更加强硬，从表面上看，他们在 2014 年似乎要走向灾难性的失败。

相反的是，共和党人赢得了彻底胜利，重新夺回了对参议院的控制，巩固了在众议院的支配地位，并赢得很多州长和州立法机构的选举。只有 36.4%的选民参与投票，投票率创造了自 1942 年（这是第二次世界大战期间举行的一次选举）以来任何全国性选举的最低水平。共和党人在众议院赢得 13 席，从而巩固了他们的多数地位，达到 247—188。这并不太令人感到意外，因为上次选区重划时，许多州的选区线都偏向支持共和党，而且人口统计趋势也为共和党创造了优势。更令人惊奇的是，在 36 个参议院议席的竞选中，共和党人赢得 24 席，这是中期选举的重大胜利，也是半个世纪以来参议院获得的最大胜利。为什么大佬党能够做得如此之好，即使是在移民改革协议失败之后？有一种解释是，在参议院竞选中，居住在那些可争夺州的移民相对较少，它们都是美国种族比较单一的州，而且很多都是“红”州，在这些州，选民们希望他们的领袖对非法移民采取强硬的反对立场。这样的做法让共和党人在 2014 年赢得一系列历史性胜利，尽管它并没有对如下问题做出回答：在一个不断多元化的国家，该党的地位是否会导致它在未来走向成功。

简言之，在美国，利益表达和集聚在很多方面存在不同，因为它的政党在大多数方面不同于任何其他民主国家的政党。

① *New York Times*, November 21, 1988.

美国政党的特殊性

17.9　讨论美国主要政党之间的极化程度及其对决策的影响

美国政党的突出之处在于：意识形态极化程度很高，但社会凝聚力却很低，权力结构具有分散性，两党制具有稳定性。

两党制

一般认为，美国政党制度几乎是一种纯粹的两党制。也就是说，在这种政党制度下，两个主要政党彼此展开高度竞争，它们合在一起几乎赢得选举中所有的选票和职位①。

自 1930 年代以来，如图 17－4 所示，最明显的例外出现在 1992 年，当时，独立候选人罗斯·佩罗（Ross Perot）赢得 19%的总统选举普选票——民主党候选人克林顿赢得 43%的选票，老布什赢得 38%的选票。在选举之后，佩罗成立了改革党，并在 1996 年作为该党候选人参与竞选，但是，正如数据显示的，他获得的选票份额下降到 8.6%。在 2000 年，他没有参与竞选，但是改革党的总统候选人帕特·布坎南（Pat Buchanan）只赢得不到 1%的选票②。

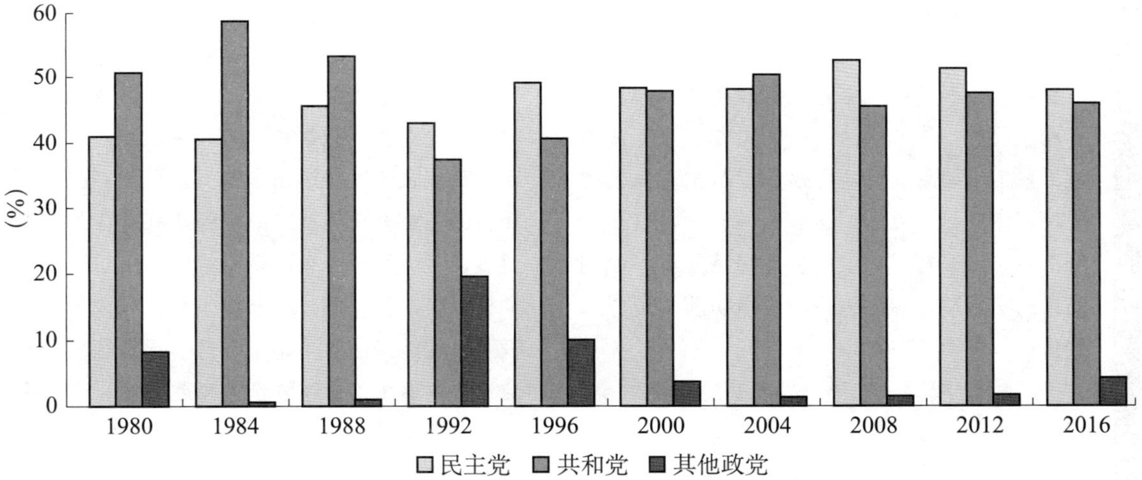

图 17－4　1980—2016 年总统选举投票中的政党份额

资料来源：*Statistical Abstract of the United States*：2010（Washington，DC：Bureau of the Census，2010），Table 385；and Federal Elections Commission for 2012.

在 2016 年，除了共和党的唐纳德·特朗普和民主党的希拉里·克林顿之外（见专栏 17－4），具有候选人资格的自由意志论者加里·约翰逊（Gary Johnson）、绿党的候

---

① 在有效的立法政党数量最少的西方民主国家中，阿伦·利普哈特（Arend Lijphart）将美国置于这份国家名单的最前列，新西兰、英国和奥地利紧随其后，具体参见：*Democracies：Patterns of Majoritarian and Consensus Governments in Twenty-One Countries*（New Haven，CT：Yale University Press，1984），Table 7.3，122. 奥斯汀·兰尼基于某种程度上不同的“政党划分”标准（其中包括有效政党的总数和政党之间选举竞争的不相上下）对“两党制”进行排序时将美国政党排在第二位，仅次于新西兰（尽管在 1995 年新西兰采纳了比例代表制，而且，从此以后，该国就实行了多党制），具体参见：*Governing：An Introduction to Political Science*，8th ed.（Englewood Cliffs，NJ：Prentice Hall，2001），Table 8.6，181.

② Richard Scammon，Alice McGillivray，and Rhodes Cook，*America Votes*，24（Washington，DC：CQ Press，2001），8.

选人吉尔·斯坦因（Jill Stein）和独立党人埃文·麦克马林（Evan McMullin）吸引了人们的大量关注。他们合在一起总共赢得近5%的普选票，尽管没有一个人似乎能获得通往白宫的可行路径。除此之外，在过去的几十年里，几乎所有的参众两院议员都隶属于两大政党之一。尽管2010年的选举以“茶党”（Tea Party）的出现让人始料未及，但这个团体实际上并不是一个政党，而是一个由充满活力的选民和组织者组成的派系，他们几乎完全在共和党内部工作，以期提名并支持在财政上持保守立场的共和党候选人。美国是世界上最与众不同的两党制国家。

专栏 17-4

2016 年的总统选举

在民主党人贝拉克·奥巴马以绝对优势赢得两次大选后，美国人以微弱的优势重新将共和党送入白宫掌权，同时控制了参众两院。特朗普共计以100 297张选票的优势在宾夕法尼亚、密歇根和威斯康星等关键战场州取得出乎意料的胜利，这几乎让所有的舆论调查专家和政治预言家感到震惊。他是通过激励选民们的支持而做到这一点的，这些选民认为，自全球经济衰退以来，他们没有参与经济复苏，他们对自己在日益全球化的经济中所扮演的角色感到焦虑。特朗普的口号——“让美国再次伟大”——集中体现在他的两个重要承诺之上。第一，他承诺要恢复美国已经失去的制造业工作岗位，并将失业归咎于谈判不力的贸易协议（尽管经济学家们指出，其他国家竞争的加剧以及各地的技术创新都是导致失业的因素）。第二，特朗普发誓要采取强硬立场反对非法移民，并承诺要沿着南部边境造墙，而且由墨西哥支付费用。

这两个承诺在大佬党（共和党）2016年初选期间获得巨大关注，从而使得这位房地产投资人和真人秀电视明星在早期的民调中处于领先地位。尽管特朗普坦率且又常常骇人的言论似乎注定了任何传统候选人的命运，但它们也只是增加了他的支持率。在艾奥瓦州的党团会议上，他吹嘘道：“我可以站在第五大道的中央向某人开枪，而且我也不会失去选民。”尽管特朗普并没有在那场竞选中占据上风，但在这个由经验丰富、资金充足的政客组成的领域里，没有任何一位其他的候选人能够遥遥领先。佛罗里达州前州长杰布·布什、得克萨斯州参议员泰德·克鲁兹、俄亥俄州州长约翰·卡西奇以及佛罗里达州参议员马可·卢比奥都比特朗普拥有更丰富的政治履历和更多的竞选资金，但没有一个人获得持续的人气。随着早期在新罕布什尔州、南卡罗来纳州和内华达州获胜，特朗普接管了整个竞选。尽管很多共和党选民对这个非正统候选人感到不安，但没有出现任何竞争对手可以成为“绝不选特朗普”派系的焦点，他得以获得共和党提名。在民主党这边，希拉里·克林顿的竞选团队预计成为本党提名人的加冕之路会很轻松，但却出人意料地遭到民主社会主义者伯尼·桑德斯（一位来自佛蒙特州的资深参议员）的挑战。桑德斯从左翼发起对希拉里的攻击，并提出许多与特朗普关于自由贸易如何侵蚀经济的相同主张，他在早期赢得新罕布什尔州和一些其他州的支持。尽管桑德斯绝不可能逆转希拉里在选票总数上的领先优势，但如下事实——桑德斯直到初选季结束之际仍具有竞争力——确是希拉里竞选吸引力具有局限性的早期信号。

在11月的选举日，希拉里比特朗普多赢得

近300万张选票，但是，她在中西部地区关键战场州的损失成就了特朗普赢得选举人团的最终胜利。“锈带”（rust belt）州的选民成为决定性的投票阵营，他们认为整个国家在朝着错误的方向前进。特朗普在白人选民中获得巨大优势，在只有高中学历的选民中做得尤为出色。希拉里赢得千禧一代选民、非裔美国选民、拉美裔美国选民和亚裔美国选民的绝大多数支持，但在这些选民中又没有其前任奥巴马做得好。正如选民们经常做的那样，他们对执政党的经济表现进行明确的溯及既往判断，结果有足够多的选民表示不满进而要求做出改变。美国历史告诉我们，一个政党很少能执政超过8年，因此，共和党在2016年赢得胜利就不应该令人感到惊奇。尽管如此，最不可能当选的候选人特朗普赢得大选这一事实在全世界引发了政治冲击波。

候选人	普选票	选举人票
唐纳德·特朗普（共和党）	62 979 879（46.1%）	306
希拉里·克林顿（民主党）	65 844 954（48.2%）	232
其他	6 674 811（5.7%）	0

拉票活动的“美国化”

自1950年代以来，拉票活动（政党和候选人在竞选活动中采取行动使自己的选举得票最大化）在大多数西方民主国家已经发生了巨大变化，一般来说，美国在引领这场变革的方向时或者受到称赞，或者受到谴责。在1950年代之前，西方民主国家的拉票活动主要由政党领袖和工作人员实施。政党工作人员同本党候选人的已知和潜在支持者保持直接联系，并主要利用大众传媒发布报纸广告，印刷宣传册和传单让政党工作人员分发。

自1950年代以来，美国政党和候选人采用了新的、更为复杂的策略替代过去的旧技术。如今，他们主要依赖有偿的电视广告以及广播公司的采访和谈话节目向选民们展示自己的候选人与政策。他们雇用专家经常性开展选民民意调查，从而检验自己的战略运行的良好程度。在电脑化的“微目标”数据库中，他们储存并分析有关人口统计资料、过去的选举行为，以及大量的消费者个人行为等信息。他们还将拉票活动的控制权从政党的政治家转移至有偿的专业竞选顾问，这些顾问受到广告机构而不是政党组织的培训。在竞选中，他们使不同候选人之间的电视辩论成为最重要的事件。

其他民主国家的政党领导人和候选人一直在关注美国的拉票活动。很多人对此表示强烈反对，还有一些人发誓绝不使他们的竞选活动“美国化”（这是他们的用语）。尽管如此，大多数民主国家的竞选者部分或全部采用了美国的高科技方法来满足自己的需要。例如，美国在1960年首次举行了总统候选人之间的全国电视辩论。如今，在几乎每一个现代化西方民主国家，主要政党及其候选人之间的类似辩论都会定期播出。在大多数西方民主国家，大部分政党如今都雇用专业的竞选顾问（有些顾问就是美国人或者在美国接受培训）来规划自己的竞选活动。它们还利用私人民意调查来评估自己竞选活动的有效性，利用大众传媒尤其是电视作为自己的主要手段来争取选民们的支持。有些政党遵循美国的示范做法，不断增加使用否定性广告来锐化候选人之间的对比或者诋毁对手的声誉。简言之，尽管拉票活动的“美国化”可能是也可能不是一种健康的发展，但它还是在某种程度上出现于所有的西方民主国家并在相当程度上出现于很多西方民主国家[①]。

主要政党之间的差异

在整个1950年代和1960年代，外国观察家（和很多美国人）在民主党和共和党之间几乎看不到任何差异。然而，如今，两大主要政党之间的分歧是尖锐的和有意义的。民主党选民与共和党选民在医疗保健、堕胎权和移民等问题上的观点存在巨大分歧（相比之下，在诸如自由贸易和外交政策等问题上，两党之间没有那么两极分化，尽管确实存在内部分裂）。在国会，民主党的党团会议自1970年以来越来越进一步滑向左派，正如共和党人已经变得日益保守一样[②]。因此，在美国，如今的平民和精英**党派极化**（partisan polarization）水平相当高，大多数欧洲国家也是如此。

这并不意味着，美国政治谱系中不存在任何一个中间派系；实际上，大多数美国人都视自己为温和主义者，他们只是略微倾向于自由主义和保守主义。相反，党派极化的增加体现了如下事实，即如今的美国人都将自己归类为最能准确体现他们意识形态的政党[③]。在南方不再有很多保守主义的民主党人，或者在新英格兰地区或中西部地区不再有很多自由主义的共和党人。这种归类同样发生在民选官员、政党积极分子和普通选民之间。正因为如此，就对政党表示认同的选民的社会构成和民选领袖所采纳的政策立场而言，如今的政党之间存在重大区别。

如图 17－5 所示，到 2012 年，美国人更可能认为自己是民主党人的比例要高于是共和党人或独立人士的比例。（同样应该注意的是，大多数这些独立人士都倾向于某个政党并且十分忠诚地投票支持该党的被提名人。[④]）女性比男性、黑人比白人、收入和教育程度较低者比上层人士对民主党人的支持更大。其他研究表明，在最近几十年，收入和政党隶属关系之间的联系已经增加：“相对意义上的穷人正日益成为民主党人，富人则成为共和党人。”[⑤]

当然，在美国，有很多富裕的民主党人，在 2016 年总统选举中，很多不太富裕的选民支持特朗普，但总体趋势是更高收入的美国人更可能是共和党人。因此，随着美国收入不平等的增加，两党之间的差距扩大了。最后，就政党成员如何笃行宗教而言，各政党之间与以往任何时候都截然不同，共和党的总统候选人经常去做礼拜者比民主党候选人做得更好[⑥]。

① 有关最近美国和其他西方民主国家竞选活动变化的民意调查，可以参见：David Butler and Austin Ranney，eds.，*Electioneering：A Comparative Study of Continuity and Change*（New York：Oxford University Press，1992）.

② Gary C. Jacobson，*A Divider，Not a Uniter：George W. Bush and the American People*（New York：Pearson-Longman，2007），Chapters 1 and 2.

③ Morris P. Fiorina，*Culture War? The Myth of a Polarized America*（New York：Pearson-Longman，2005）18，5.

④ Bruce E. Keith et al.，*The Myth of the Independent Voter*（Berkeley：University of California Press，1992）.

⑤ Nolan McCarty，Keith T. Poole，and Howard Rosenthal，*Polarized America：The Dance or Ideology and Unequal Riches*（Cambridge，MA：MIT Press，2006），12. 但是，需要注意的是，极其富有之人经常投票支持民主党人并向他们提供捐赠，从而使比弗利山庄（Beverly Hills）成为民主党一个首要的资金募集领域。

⑥ Fiorina，*Culture War?*，70.

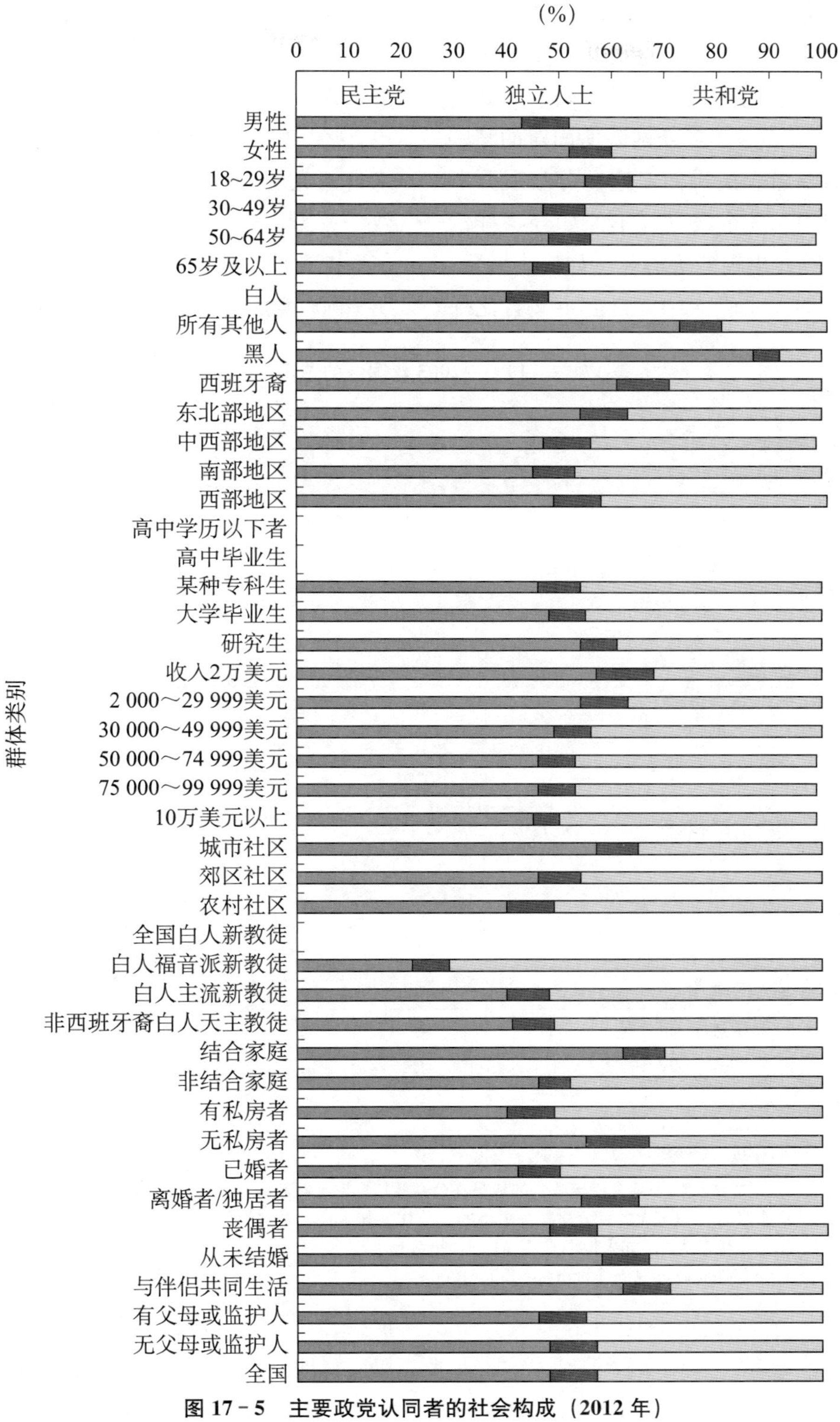

图 17－5 主要政党认同者的社会构成（2012 年）

资料来源：Harold W. Stanley and Richard G. Niemi，*Vital Statistics on American Politics* 2015—2016（Washington，DC：CQ Press，2016），Table 3－2.

各个政党的社会基础之间日益增加的差异有助于解释为什么民主党与共和党的国会议员不断采取不同的政策立场。表 17－2 通过研究 1993—2003 年参众两院所面对的某些重要问题的唱名表决进而对这些分歧展开考察，在此期间，各个政党并不像如今这样沿着意识形态路线出现两极分化。如该表所示，在国会两院的民主党人中，自由主义者比保守主义者多得多，在共和党人中，保守主义者比自由主义者多得多——尽管在大多数问题上，有些民主党人会投票支持保守主义立场，也有些共和党人投票支持自由主义立场。尽管来自两党的立法者能够在某些问题上达成一致——实际上，国会的很多法案都是全体议员一致投票通过的，但大量有争议的问题仍然表明美国政党之间存在日益加深的分歧。

表 17－2　1993—2003 年国会的选择性投票

	共和党人			民主党人		
	自由主义者	保守主义者	凝聚力指数*	自由主义者	保守主义者	凝聚力指数*
众议院						
解除禁令，将军队中的同性恋问题留给克林顿	101	157	22	163	11	88
福利改革	30	165	70	226	4	96
因作伪证弹劾克林顿	5	223	98	200	5	98
2001 年小布什提出的减税案	0	219	100	197	10	91
伊拉克战争	6	215	95	126	81	22
部分出生堕胎禁令	4	218	96	137	63	37
2003 年小布什提出的减税案	1	224	99	198	7	93
参议院						
控制手枪的《布雷迪法》	8	47	70	28	16	28
福利改革	1	51	96	23	23	0
2001 年小布什提出的减税案	0	50	100	38	12	52
麦凯恩-法因戈尔德竞选资金改革	12	38	52	47	3	88
伊拉克战争	1	48	96	21	29	16
部分出生堕胎禁令	3	47	88	30	17	28
2003 年小布什提出的减税案	3	48	88	46	2	92

* 凝聚力指数是指立法机构中某个特定政党的成员在公共政策问题上投相同票的程度的衡量标准。在各个方面投票的成员百分比是被计算出来的，用更大的百分比减去更小的百分比。如果他们的投票完全一致，凝聚力指数为 100。如果他们赞成和反对的票相同，指数为 0。如果他们是 75 对 25，指数是 50。

资料来源：Congressional Quarterly Reports，1993—2003.

去中央化组织

在大多数民主国家，大多数政党都是按照等级分层（hierarchies）进行组织的，在顶层有一个全国领袖和全国性组织，他们有权监督地方和地区政党组织的活动。形成鲜明对比的是，用塞缪尔·厄尔德斯维德（Samuel Eldersveld）的话来说，美国的共和党和民主党是按照“独立分层”（stratarchies）进行组织的①。也就是说，它们在全国、州和地方层面的组织对其他层面的组织几乎不享有任何法定的或超法定的权力。而且，就每个层面而言，大多数政党都有行政组织和立法组织，每个组织都不对其他组织享有任何权力。

例如，就全国层面而言，民主党人和共和党人都各自有一个**总统党**（presidential party）和**国会党**（congressional party）。对拥有总统职位的政党来说，总统党由总统、全国委员会、全国主席和全国提名大会组成。不拥有总统职位的政党中没有任何一个人担任其公认的领袖。

在国会的两院中，每个政党都有一个党团会议，它由特定议院中的所有政党成员组成（因此，它相当于大多数民主国家所谓的议会党）。议会中的党派领袖由政党党团会议选定，并由其担任本党立法战略和策略的主要协调人。由党团会议选定的一个政策委员会为党派领袖和政党党团会议提供有关实质性政策和立法性策略等问题的建议。党团会议选定政党纪律委员来充当政党领袖和普通党员之间的沟通渠道。党团会议还选定竞选委员会来募集资金，并分配给选定的候选人参加特定议院的竞选。

就州的层面而言，两大政党通常都有州长党和州议会党。每个州的州长党和州议会党彼此不对对方拥有任何权力，全国性政党也不对任何州的政党拥有权力。全国性政党和州政党只是不同的层级，而不是在一个由全国机构领导的命令链中居于更高和更低的地位。最后，就各种地方层面而言，存在着国会地区委员会、县委员会、市委员会、区与专区委员会和其他各种委员会，这些委员会种类繁多以至于无法在此全部列举出来。在大多数州，地方政党委员会和大会无论是在法律上还是在事实上都独立于州和全国的政党机构。因此，它们构成了另一种层级，该层级独立于州的机构，就如同州的机构独立于全国的机构一样。

另外，美国的政党组织远远多于几乎任何其他现代化民主国家中的任何重要政党，它们聚集了数百个不同的领袖和委员会，并在不同的组织层级之间进行分配，每个层级几乎没有或根本就没有任何权力命令或者有义务遵从本层级内的任何其他机构，更不用说任何其他层级中的任何机构。佐治亚州前州长和参议员泽尔·米勒（Zell Miller）的演讲经历证明了这一点。作为一个温和派的民主党人（他所在的州有很多这样的温和派选民），他在1992年向民主党全国大会发表了主题演讲。在对全国民主党人越来越不抱有任何幻想并支持小布什总统之后，米勒于2004年在共和党全国大会上发表了主题演讲，但他仍然是一个民主党人。更加引人注目的是，康涅狄格州参议员乔·利伯曼（Joe Lieberman）经历了从2000年阿尔·戈尔（Al Gore）的副总统竞选伙伴，到2006年在民主党参议院初选中失利，再到当年作为第三党（政党标签是“利伯曼的康涅狄格党”）的候选人参选并获胜。在美国，如果政党有助于竞选，候选人就可以利用它们，如果政党成为选举障碍，候选人就会放弃它们——这种候选人-政党关系与大多数国家的情形相反。

① Samuel J. Eldersveld, *Political Parties in American Society* (New York: Basic Books, 1982), 133-136.

较低的凝聚力

大多数议会制国家的政党都具有较高的**政党凝聚力**（party cohesion），该术语意指立法机构政党的成员在公共政策问题上共同投票的程度。在这些政党中，弃权甚至是投票反对政党领袖的情况不是没有发生过，而且，在有些国家，它们出现的频率在最近几年还在缓慢增加。但是，这些情形充其量只是略微偏离如下规范，即在其他国家，议会政党的所有成员在大多数议会投票中都会坚定地站在一起投票。

形成鲜明对比的是，美国国会两院只有在与“组织”议院有关的问题上——选择众议院议长、参议院临时议长和主要常务委员会的主席——才会出现所有的民主党人经常以一种方式投票，而所有的共和党人又以另一种方式投票。在所有其他问题上，他们几乎很少票决一致，尽管大多数人通常都会共同投票。

就表 17－2 所示的问题而言，一般来说，众议院中的民主党人的政党凝聚力要高于参议院中的民主党人，而且比参众两院中的共和党人的政党凝聚力高得多。在有些问题上，一个政党或另一个政党可能接近其他民主国家大多数主要政党的凝聚力水平。例如，众议院中的民主党人对弹劾克林顿总统的反对之声非常高，而众议院中的共和党人对布什总统 2001 年的减税计划表现出绝对的凝聚力。与之相比，众议院中的民主党人对军队中的同性恋问题和小布什总统的减税计划出现的分裂更为均衡。

因此，国会党具有某种政党凝聚力。这种凝聚力在诸如社会福利措施上的更高支出和对企业的更大调控等问题上表现得尤为强烈——在这些问题上，民主党人通常都是绝大多数但并非完全一致投票表示支持，而共和党人通常则是绝大多数但并非完全一致投票表示反对。在那些明显跨越党派界限的问题上，尤其是诸如堕胎、死刑和色情规制这样的道德问题，两党的分裂通常显得相对均衡。因此，与大多数其他民主国家的主要议会政党相比，美国国会中的民主党人和共和党人在大多数问题上的凝聚力较低。

这种情形对美国政党在决策过程中的作用发挥产生了重要影响，这一点我们将在后文进行讨论。它还有很多原因，其中最为重要的原因是：与大多数其他民主政党相比，美国民主党人和共和党人的领袖具有很弱的纪律处分权。

弱纪律

在西方民主国家中，大多数主要政党的领导人都拥有大量的手段以确保具有本党标签的立法者在全国立法机构中支持本党的政策。举例来说，他们可以确保对政党立场没有异常明显或持续的反抗就可以获得一个部长职位或者任何形式的升迁。如果那样做还不能使倔强的成员保持一致，他们可以将其完全驱逐出议会政党。很多国家的很多政党都赋予本党领袖最后的武器：有权在下一次选举中拒绝反叛者再次当选为正式的政党候选人。

与此形成鲜明对比的是，在美国，任何人只要在任何国会选区或州赢得众议院或参议院的政党初选，他就会自动成为该职位的本党法定候选人，任何全国政党机构都无权否决提名。在一个值得注意且被历史学家称为“1938 年清洗”的事件中，作为一个备受欢迎且非常强大的全国政党领袖，富兰克林·罗斯福试图干预几个州的初选，以期阻止重新提名那些反对其新政政策的民主党参议员。他在 13 次尝试中失败了 12 次，从此以后，大多数人得出结论，全国政党领袖在州和地方层面干预候选人选择的任何努力都注定是徒劳的。

可以肯定，总统及其政党在国会的领袖能够也确实经常恳请本党的坚定拥护者为了政党忠诚，以及（或者）增加本党在下一次选举中的机会，或者避免使本党看上去非常愚蠢而支持总统的政策。如果劝说没有任何作用，政党领袖可以（但几乎不这样做）承诺给某个勉为其难的成员提供未来的竞选资金，或者授权对由该成员提起但又被搁置的议案组织一次听证。除非他们有某种强烈的原因采取另外的行动，否则，大多数国会成员都会保持一致。尽管如此，和大多数其他国家主要政党领袖不同的是，总统及其政党的国会领袖都不享有任何有效的纪律处分权来迫使本党的国会议员以违背自己良心——或者他们认为有悖于选民利益和希望——的方式进行投票。

一种特殊的结果：政府的分党控制

在纯粹的议会制民主中，不可能出现一个政党控制立法机构，而另一个政党控制行政机构的情形。如果议会拒绝内阁要求，或者内阁辞职并由一个议会可以接受的新的内阁取而代之，或者议会解散从而举行新的选举，新内阁的组建需要获得新的议会多数的支持。绝不可能出现一种短暂的过渡期，在此期间，议会多数和内阁对公共政策的重要问题持有不同看法。

与之相比，在美国，权力分立以及总统、众议院议员与参议院议员独立的任期和选区使得如下情形成为可能：一个政党赢得对总统职位的控制，另一个政党则赢得对国会两院或一院的控制。这种情况实际发生的频率有多高呢？从 1832 年选举（当时，大多数历史学家认为现代化的选举和政党制度才开始）一直到 2014 年选举（见专栏 17－3），共有 92 次总统选举和中期选举。每一次选举都可能导致分党或者合党控制。实际上，56 次选举（占 61%）产生了合党控制，36 次选举（占 39%）导致了分党控制。

更为值得注意的是如下事实：自富兰克林·罗斯福于 1945 年去世以来，**分党控制**（divided party control）的出现是如此频繁，以至于很多观察家认为，这种情形已经成为一种常态，而不是例外。1946—2008 年，总共举行了 35 次选举。只有 13 次选举（占 37%）产生了合党控制（其中 10 次是民主党的总统和国会，3 次是共和党的总统和国会），22 次（占 63%）产生了分党控制（见图 17－6）。

2000 年的选举起初产生了共和党的合党控制，共和党人小布什任总统，而且由共和党控制国会。但是，这种情形持续的时间并不长；2001 年，来自佛蒙特州的参议员詹姆斯·杰福兹（James Jeffords）宣布他将退出共和党而成为独立人士，而且，他将投票支持民主党人。这一结果仅使民主党人具有了 50 比 49 的边际优势，但正是杰福兹的支持，使他们获得对参议院的控制，并再次成为分立政府的一部分。2002 年，选民再次将国会两院的控制权交回共和党人，但在 2006 年又将参议院和众议院交给民主党人，并在 2008 年将总统职位也交给民主党人。在 2010 年的中期选举中，选民们再次将众议院的控制权转移给共和党，同时让民主党在参议院中勉强占据微弱优势地位。2014 年，民主党失去了参议院的多数地位（见图 17－6）。

年份	国会	总统
1946	共和党	
1948	民主党	民主党人杜鲁门
1950	民主党	
1952	共和党	共和党人艾森豪威尔
1954	民主党	
1956	民主党	
1958	民主党	
1960	民主党	民主党人肯尼迪
1962	民主党	
1963	民主党	民主党人约翰逊
1964	民主党	
1966	民主党	
1968	民主党	共和党人尼克松
1970	民主党	
1972	民主党	
1973	民主党	共和党人福特
1974	民主党	
1976	民主党	民主党人卡特
1978	民主党	
1980	参议院:共和党 众议员:民主党	共和党人里根
1982	参议院:共和党 众议员:民主党	
1984	参议院:共和党 众议员:民主党	
1986	民主党	
1988	民主党	共和党人老布什
1990	民主党	
1992	民主党	民主党人克林顿
1994	共和党	
1996	共和党	
1998	共和党	
2000	参议院:民主党 众议员:共和党	共和党人小布什
2002	共和党	
2004	共和党	
2006	民主党	
2008	民主党	民主党人奥巴马
2010	参议院:民主党 众议员:共和党	
2012	参议院:民主党 众议员:共和党	
2014	参议院:共和党 众议员:共和党	
2016	参议院:共和党 众议员:共和党	共和党人特朗普

图 17－6　1946—2016 年总统职位和国会的合党/分党控制

导致这种情形最显而易见的原因（这种原因在议会制民主国家中既不为人所知，也不可能存在）在于如下事实：正如我们所知，行政首长和国会两院议员是由重叠的选民单独选举产生的，而且，他们具有不同的任期。因此，宪法结构使得如下情形成为可能：美国选民能够做大多数议会制民主国家的选民所不能做的事情，即“分散他们的选票”——也就是说，投票支持一个政党的成员担任总统，同时投票支持另一个政党的成员就任国会议员。

选票分散（ticket-splitting）可以解释为什么分党控制出现的频率越来越高。图 17－7显示了 1952—2008 年所有总统选举中国家选举研究受调查人员分散投票的百分比的变化，这些受访者承认投票支持一个政党的总统候选人，同时又投票支持另一个政党的众议院候选人。图中数据表明，分散投票从 1952 年到 1980 年一直稳步增长。此后，随着选民党派极化的增加，这一数据有所下降，但在 2008 年，它仍然高于 1952 年的水平。2012 年，分散投票水平甚至进一步下降，仅占选民的 9%，然而，对国会和总统职位的政党控制仍然是分裂的。当选民们在 2016 年选择共和党合党控制政府时，他们在党派的选择上保持惊人的一致。

尽管如此，分立政府好像并没有严重削弱（或巩固）联邦政府制定公共政策的能力。戴维·梅休对 1946—1990 年通过的最为重要的立法展开了仔细研究，结果发现，立法的速度在分党控制和合党控制期间几乎持平①。

① David Mayhew, *Divided We Govern* (New Haven, CT: Yale University Press, 1991).

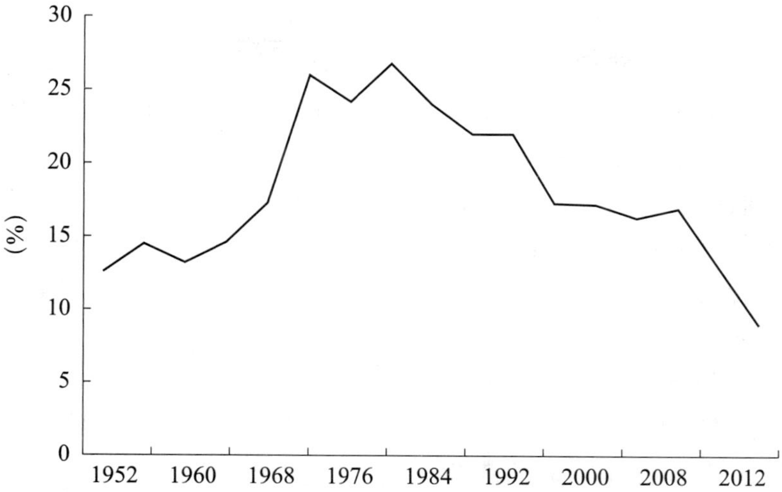

图 17－7　1952—2012 年分散投票的趋势

资料来源：American National Election Studies，Inter-University Consortium for Political and Social Research，University of Michigan，compiled by Gary Jacobson. 数据点代表在总统和众议院选举中投不同票的百分比，第三党候选人没有被包括在计算之列。

美国的政策制定过程

17.10　解释美国的政策制定过程，政策通常由国会制定，偶尔也有总统制定

我们在考虑美国的政策制定过程时，必须首先理解，政策制定过程运行所基于的宪法框架是被精心设计，从而防止政府做坏事的，而不是让政府做好事变得更容易。毫无疑问，在起草宪法时，制宪者们希望获得一个比《邦联条例》规定更为有效的全国政府。但是，制定和执行有效、连贯且强有力的全国政策并不是他们的首要目标。

他们相信，政府绝不应该被视为某种仁慈的母亲，去做一切必要的事情让自己所有的孩子营养充足并感觉良好。他们警告到，我们绝不应该忘记，政府是一个由易犯错误的人们创建的强大且危险的机构。它的首要目标（实际上是它存在和被服从的唯一合法原因）在于确保每一个人的生命、自由和财产权。他们认为，除此之外，政府所做的任何事情不仅是不重要的，而且甚至是不可接受的，如果它以任何方式限制那些基本权利的话。

他们认为，让政府足以强大到保护公民的权利，但又不会变得强硬到凌驾于公民权利之上，最好的办法就是在很多不同的机构之间分散权力——通过联邦制在联邦政府和州政府之间分权，通过权力分立在联邦政府内部分权。他们主张，权力应该被分立，以至于任何单一的派系都不可能控制整个政府的权力并以牺牲所有其他利益为代价来促进自己的利益①。

因此，他们并不认为，政策僵局（在该僵局中，政府因一个部门受到其他部门的限制而无法采取行动）是某种可怕的失败，而且这种失败在任何可能的地方都应

① 对这种哲学最全面的阐述当属《联邦党人文集》，尤其是麦迪逊的第十篇。具体参见：Alexander Hamilton，James Madison，and John Jay，*The Federalist Papers*，ed. Clinton Rossiter（New York：New American Library，1961）.

该避免，都应该尽早地消除障碍。相反，他们将这种僵局视为比任何政府行动更具有高度的可取性，如果这种行动凌驾于任何社会重要组成部分的利益和反对之上的话。因此，每当僵局妨碍当下政府制定有效的政策来应对预算赤字、增长的国家债务、犯罪、医疗保健、竞选资助、反恐怖主义战争或者任何其他的公共问题时，我们至少可以说，政策制定过程正按照制宪者们所希望的方式在运作。

图 17－8 描述了政府机构的目的是以一种审慎的速度放慢政策行动过程。这样一个法案如何成为法律的粗略示意图阐释了立法必须通过国会两院采取的平行路线，而国会两院代表的是完全不同选区的选民。要想成为法律，各种议案版本必须首先在众议院（435 名众议员代表不同选区投票，涉及的居民大约有 65 万人）和参议院（每州的 2 名参议员代表本州投票，涉及的人口范围从怀俄明州的 58.6 万人到加利福尼亚州的 3 900 万人不等）获得通过。在每个机构，立法被分派给某个委员会，这使得它容易受到委员会主席及其成员意志的影响，然后立法必须在全体议员会议上获得通过。这在参议院是一个特别难以克制的障碍。在参议院，除了年度预算决议以及有必要在法律和新的预算之间进行协调的政策变化之外，任何议案的通过都可能受到阻碍，此时，需要 100 票中的 60 票才能结束这种潜在的阻碍。（这种“协调”过程为通过具有某种财政效果的重大立法打开了方便之门，如奥巴马总统的医疗改革法案，它只获得了 51 票，而不是 60 票，但这样的做法很少被采纳。）即使在参众两院协同行动之后，他们还必须就已经消除参众两院不同版本之间任何差异的最终议案达成一致，并予以通过。然后，议案被送到总统的办公桌，在这里，行政部门的领导可能总是会否决该议案并要求做出立法修改。与议会制（将立法部门和行政部门相融合，并通常赋予一个议院享有高于另一个议院的特权）相比，美国的政策制定体系设置了许多阻挠某项议案通过的障碍。

避免僵局的传统方式

从 1789 年美国召开第一届国会到 21 世纪，美国人发现，不管可能对人权具有多大程度的危险，美国政府必须至少制定和执行某些政策。它必须调控州际和国外贸易、增加或减少货币供应、发展与外国的关系、征税、拨款等。美国人已经形成了某些政策制定的方法，尽管宪法制度存在诸多障碍和趋向惯性的总体趋势。在平时，有一套传统方法被使用；在重大的危机时期，则有另一套方法被采用。

在平时，美国的公共政策主要基于如下方式制定：通过协商和减少代表之间的交易而将临时的、涉及具体问题的利益联盟集中在一起。主要的联盟缔造者包括各种公共官员，如总统及其内阁和总统行政办公室的主要政治助手、国会议员及其专业工作人员、政治领袖以及行政部门和独立机构的永久公务人员、联邦法官及其书记员。与这些内部参与者至少同样积极而且通常同样强大的是那些外部参与者，尤其是那些代表重要组织化利益团体的游说者，这些团体认为自己与政策结果具有重大的利害关系。通常的结果是，尽管每项政策的每次竞争都会有胜利者和失败者，但是，对那种具有高度相关性的利益，它绝不会产生全面的胜利或彻底的失败。每一个竞争者都会得到他所需要的某种

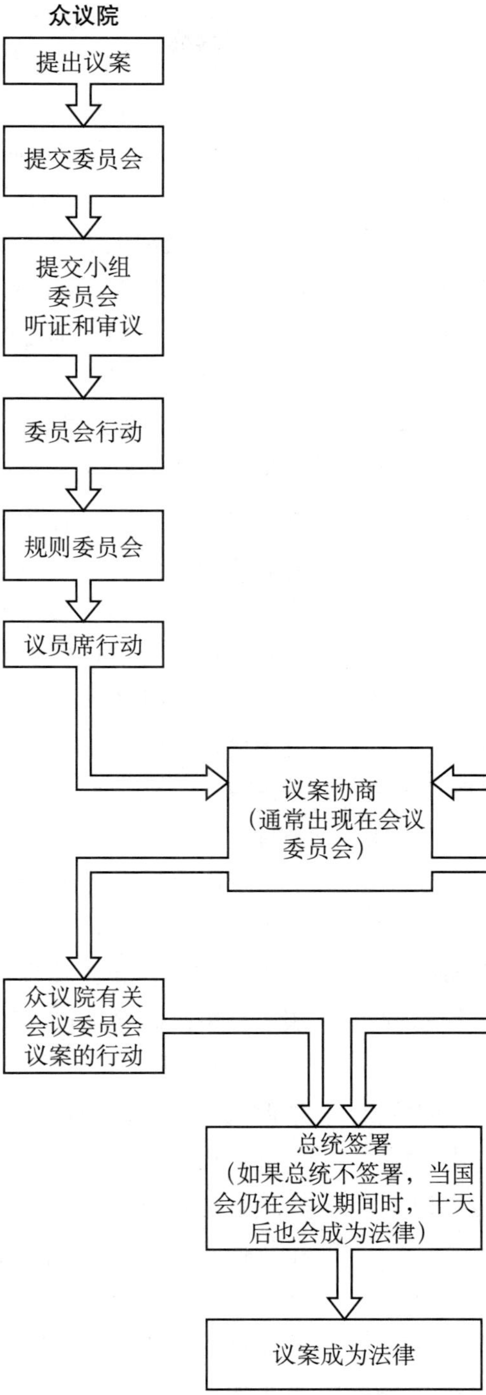

图 17－8　在美国议案如何成为法律

东西，但绝不会是全部；每个人都会成功地避开玉石俱焚。

很多过去和现在的评论者都严厉批评这种过程。他们宣称，完成所有的事情通常需要花去很长时间，已经做的事情一般较为混乱、充满矛盾、弄巧成拙而且需要不断纠正。还给他们留下深刻印象的是，终止对任何重大政策的辩论十分困难。典型的情形是，如果一个联盟在总统班底中失败，它会在国会中进行尝试；如果它在国会中失败，它会在官僚机构中尝试；如果它不能说服现任的由民选产生的官员和被任命的官员，它会尽力取而代之；如果它在任何其他地方都以失败而告终，它会求助法院推翻或削弱其他机构制定的政策。

例如，在最近几年，环境主义者日益将他们的精力集中于游说执行自然资源立法的联邦机构，而不仅仅是通过立法的国会议员。又如，当民权倡导者在1950年代未能说服国会废除学校的种族隔离时，他们求助美国联邦最高法院并在布朗诉教育委员会（Brown v. Board of Education，1954）一案具有里程碑意义的判决中赢得胜利。另一个具有里程碑意义的民权案件为婚姻平等的倡导者们带来了胜利，当时，联邦最高法院在奥伯格费尔诉霍奇斯一案中判定，宪法保障同性夫妇结婚的权利。

毫无疑问，平时的过程远非议会制民主国家通常享有的简洁、有序和迅速的政策制定过程，原因在于后者的行政机关和立法机关之间存在着权力融合以及随之而来的不可能的长期僵局。然而，美国的政策制定过程也无可争辩地产生了大量重要的全国政策，而且，很多政策相当成功。例如亚历山大·汉密尔顿（Alexander Hamilton）在1790年代确立了经济发展计划、美国在19世纪的西进政策、吸纳上百万的移民、1900年代初的进步主义改革、新政、自废除奴隶制度以来非裔美国人的地位持续提高（尽管对某些人而言过于缓慢）、1960年代的大社会福利和健康保健计划、1986年对税收制度的彻底改革等。然而，即使在最好的情况下，平时的政策制定过程仍然要花去大量的时间才能见效。有时，在美国历史中还会出现这样一些危险的情形，即政策制定过程的运行如此缓慢以至于无法满足要求，这迫使国家转向一种不太僵硬但更具争议的政策制定过程，即由总统采取单方面行动。

1861年，当南部各州开始脱离联邦时，亚伯拉罕·林肯采取了大量远远超出平时政策制定过程之外的措施。通过行政公告，林肯暂时取消了人身保护令；号召志愿者加入联邦军队；利用政府开支为他们购买食物、制服和武器；做出重大决定，即为萨姆特要塞（Fort Sumter）提供所需物品，尽管他预料到这样的行动可能引发一场内战。当时，在做完这一切之后，林肯召集国会开会，告诉国会议员们他所做的一切，并要求获得追溯授权——议员们别无选择，只能授权给林肯。

从此以后，总统们经常采纳如下观点：当国家利益要求采取迅速行动时，他们或者独立采取行动（如林肯做的那样），或者说服国会快速通过重大的改革法案（如富兰克林·罗斯福在1930年代做的那样，当时，情形似乎非常清楚，如果缺乏特别的措施，经济会在大萧条的压力下崩溃）。

总统们经常在国外危机而不是国内危机中行使这些特别权力，就像杜鲁门总统在1950年命令美国军队进入朝鲜；肯尼迪总统和约翰逊总统在1960年代相继出兵越南；老布什总统在1980年代和1990年代初命令军队进入巴拿马、波斯湾和索马里；克林顿总统分别在1994年和1995年派遣军队到海地和波斯尼亚；小布什总统在2001—2002年将美国士兵和飞行员派往阿富汗，以期推翻庇护恐怖主义者的塔利班政府，而且，在2003年，他又派遣武装部队入侵伊拉克并推翻了萨达姆·侯赛因政权。1974年的《战争权力法案》（the War Powers Act）旨在限制总统未经国会批准采取这种行动的权力，但是，实际上，它对总统的限制几乎名存实亡。没有人怀疑，在任何未来的危机中，尤其是在外交事务方面，总统将再次绕过普通的政策制定过程，并做他们认为需要做的事情。

尽管如此，最近的经历使得如下情形非常清楚：总统独裁的逃生阀并不是无限开放的。如果军事行动拖延几个月甚至几年，而且造成巨大的开支、很多人员伤亡和几乎无望获得最终明确的胜利——到目前为止，朝鲜和越南是主要的例证，伊拉克和阿富汗可能也会出现在这份名单上——总统最终会失去公众和国会随后的支持，国家又回归到普通的政策制定过程。无论如何，在每4年的自由选举中主张对其行动负责的领导人绝不是一个独裁者。

他还可能受到法院和媒体的牵制，这一点发生在小布什总统身上的频率不断增加。《纽约时报》在2005年12月披露，在总统的要求下，美国国家安全局未获得法院的授权就对国内和国际电话实施监听，这不符合《外国情报监视法案》（the Foreign Intelligence Surveillance Act）的规定。布什政府争辩道，总统职位内在的权力为他在战争时期绕过这项国会法案提供了正当理由。然而，在这个问题上，总统仍然面临来自记者和国会议员的严重质疑。2006年6月，美国联邦最高法院判定，监禁在关塔那摩湾的被拘留者不能由秘密的军事委员会审判，这在某种程度上是因为这些委员会的建立没有获得国会的授权。这一具有里程碑意义的判例指出了对行政权的限制，即使在战争时期也是如此。

政策绩效

17.11　比较美国和其他国家的税收水平和类型

当考虑美国的政策绩效时，重要的是记住以下这一点：我们正在处理的是很多政府的产出，而不仅仅是华盛顿特区一个政府的产出①。2016年，美国的政府单位超过90 000个，其中包括联邦政府、50个州、3 031个郡、19 519个市、16 360个乡镇、12 880个地方学区和38 266个特区——它们都享有制定政策的某种宪法或法律权力②。

税收政策

在所有这90 106个行政管理机构中，联邦政府提取的收入份额最大，它拿走所有各种收入的57%。当然，它的份额要少于单一制国家（如英国、日本和瑞典）的中央政府所提取的份额，但又要高于任何联邦制国家（奥地利除外）的联邦政府所提取的份额③。

表17-3显示了2014年美国和其他几

① 有关美国公共政策和其他国家公共政策的比较，已有几百本著作问世。我们主要参考其中的两本：Arnold J. Heidenheimer，Hugh Heclo，and Carolyn Teich Adams，*Comparative Public Policy*，3rd ed.（New York：St. Martin's Press，1990）；and Harold Wilensky and Lowell Turner，*Democratic Corporatism and Policy Linkages*（Berkeley：Institute of International Studies，University of California，1987）.

② *Statistical Abstract of the United States*，2010，Tables 416，418，and 457.

③ Heidenheimer，Heclo，and Adams，*Comparative Public Policy*，Table 6.5，198.

个主要工业化国家中主要类型的税收占总收入的比例。该表的数据表明，美国比任何其他国家都更依赖个人所得税。美国依赖营业税和其他消费税的程度比任何其他国家都要低。出现这种情形的部分原因在于，和大多数欧洲政府不同的是，美国联邦政府从来没有征收过营业税或增值税，尽管大多数美国州政府既征收所得税，也征收营业税。因此，在美国联邦制度下，作为一个整体的税收结构要比大多数但并非所有其他国家更具有累进性（这就是说，将最重的纳税负担置于那些最有能力支付的人）。

表 17－3　不同税源占总收入的比例（2014 年）　（%）

	个人所得税	企业利润税	社会保障税	财产税	商品和服务税
英国	27.51	7.51	18.67	12.616	33.13
加拿大	36.56	9.92	16.07	10.109	24.11
法国	18.64	4.51	37.71	8.608	24.36
德国	26.32	4.21	38.73	2.393	27.9
意大利	26.64	6.3	30.03	5.85	26.88
日本	19.22	13.24	40.86	8.836	17.58
美国	38.21	9.99	23.96	10.683	17.15

资料来源：OECD，Tax Sources as a Percent of Total Taxation，2014，https：//data. oecd. org/tax/tax-on-personal-income _ htm#indicator-chart，accessed September，2016. 这些数据是综合联邦、州和地方的税收数据而成。

美国人经常抱怨他们所承担的沉重的税收负担，共和党总统里根、老布什和小布什都将减税作为自己经济计划的奠基石。与其他工业化民主国家的居民所承担的税收负担相比，美国人的税收负担到底有多大？

答案取决于采用何种衡量标准。如果以占国内生产总值的百分比来表示，美国人的税收仅占 25.6%，这一数据在主要的工业化国家中最低（最高的是瑞典，占 50.6%）。而且，自 1980 年以来，它所占国内生产总值比例的增长速度要比任何其他的工业化民主国家都低（瑞典的增长速度再次位居第一）[①]。总而言之，与大多数其他工业化国家的税制相比，美国的税制结构更具有累进性，但它占国内生产总值的比例又少于任何其他的税制。

评价税收制度的另一种方法是，政府是否募集到足够的经费来兑现它所做出的支出承诺。由于国会和总统不受通过平衡预算的限制——也不像欧洲国家通常那样面临施加财政纪律的外部压力——美国承诺的支出通常比它增加的税收还要多。国会预算办公室预计 2013 年的联邦赤字高达 8 450 亿美元，或者说占国内生产总值的 5.3%。自 1950 年代早期以来，经济衰退、刺激性支出以及为应对经济衰退而实施的减税措施共同推高了美国国债相对于国家经济的比例。尽管在 2016 年赤字水平下降到 5 900 亿美元，但债务依然存在。毫无疑问，两大政党从长远来看都会兜售自己的减债计划。然而，这样的做法将会要求增加税收、减少开支或者兼而有之，华盛顿特区极化的政党是否能够就实

① OECD，*Revenue Statistics* 1965—2004（Washington，DC：OECD，2005），Table 3，68.

施每项政策的力度达成一致意见仍有待观察。

分配绩效

图 17－9 概述了联邦政府在 2015 年是如何分配其预算的。图中数据表明，72％的预算被联邦政府用于国内福利和教育领域，17％被用于与国防相关的领域，6％被用于支付国家债务的利息，5％被用于其他领域。美国州和地方政府也单独支出 3.2 万亿美元，其中大部分用于教育、医疗保健和福利。

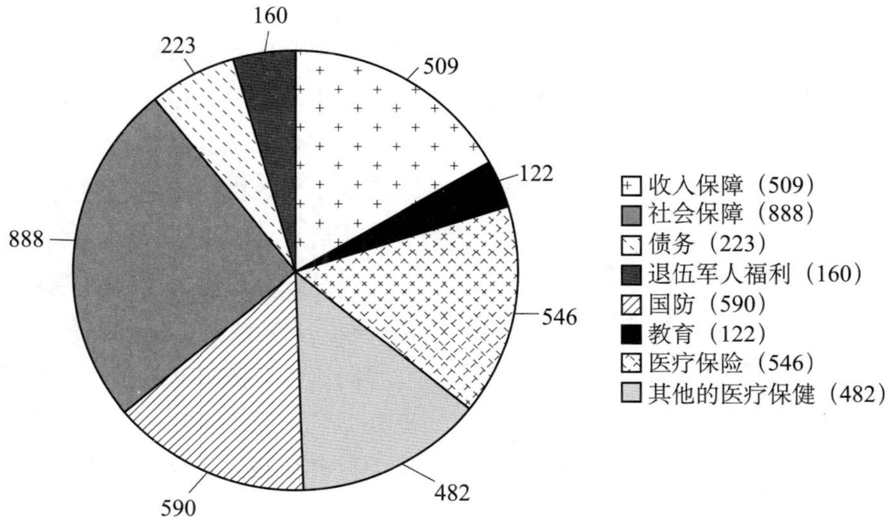

图 17－9　2015 年不同领域的联邦开支（单位：十亿美元）

资料来源：Office of Management and Budget，*Federal Spending by Function*，http：//www.whitehouse.gov/omb/budget/Historicals，accessed September 2016.

在世界上其他的西方民主政府中，只有以色列用于国防开支的预算比例和美国一样高。（诸如朝鲜、阿曼和沙特阿拉伯这样的发展中国家用于国防开支的比例要高得多。）有些美国人认为，国防开支太高了，尤其是现在冷战已经结束。其他人则反驳道，“9·11”事件表明，世界仍然充满危险，美国无论需要花多少钱都要赢得**反恐战争**（war on terror）。不管这些立场的优点是什么，截至 2001 年，总的趋势是联邦国防开支的比例在下降，但随后从 2002 年开始，国防开支一直在上升。

其他的国际比较表明，美国医疗保健的人均开支到目前为止是世界上最高的，瑞士、挪威、荷兰和德国紧随其后，但都有不小的差距①。就教育开支占国内生产总值的比例而言，美国（6.4％）位于新西兰（6.9％）和韩国（6.7％）之后，高于英国（6.3％）和加拿大（6％）②。

---

① Organisation for Economic Co-operation and Development，“Healthcare Expenditure and Financing，” http：//stats.oecd.org/Index.aspx? DataSetCode＝SHA，accessed September 2016.

② Organisation for Economic Co-operation and Development，“Educational Finance Indicators，” http：//stats.oecd.org/Index.aspx? DataSetCode＝SHA，accessed September 2016.

调控绩效

同所有现代工业化民主国家一样，美国的很多政策都产生于如下信念：政府有义务保障所有公民（尤其是那些自己无力提供的公民）获得某种最低水平的生活基本必需品，从这个意义上说，美国是一个福利国家。然而，就政府应该提供的满足基本需要的特定商品和它们应该被提供的程度而言，不同国家之间存在明显的差异。在这一部分，我们将简单地考察美国政府在三个主要问题领域所采纳的重要政策。

社会保险 美国是最后接受福利国家目标的现代工业化国家之一，如今，它用于公共福利计划的开支占本国国内生产总值的比例要低于大多数工业化国家。即便如此，联邦、州和地方政府还是制定了大量的政策，试图为穷人的收入和生活条件设定一个下线。基于此种原因，政府采用了两种主要工具：社会保险与福利和公共援助。

（1）**社会保险与福利。**这一类别包括保护公民免受因年老、退休、疾病、工业事故和失业而引起的收入损失的风险计划。基本的联邦立法是1935年的《社会保障法案》（the Social Security Act），该法建立了一项由雇员和雇主强制捐赠的基金，所有的雇佣劳动者都有权在退休或达到一定年龄后从这项基金中获得现金支付。由于所有捐赠的人都可以获得收益，因此，大多数美国人将这种收益视为有权获得的东西，而不是施舍物。获得社会保障支票与耻辱没有任何关联，各个收入阶层的大多数美国人都支持这项计划。

（2）**公共援助。**这一类别包括直接支付给穷人的现金和实物，如对有子女供养家庭给予的现金补助、粮票、幼儿免费牛奶和低收入工作母亲的儿童日托费。与社会保障不同的是，这些计划无须职工分担缴款，因此，它明显构成了从高收入人群向低收入人群的收入转移。其结果是，接受公共援助收益确实与某种程度的社会耻辱相关联，这些福利计划要比社会保险计划更有争议得多。

多年来，一直存在很多抱怨，即福利制度，尤其是有子女供养家庭补助正在侵蚀受领者的工作动机并使他们终生依赖政府的施舍物。后来，在1996年，共和党国会通过并由克林顿总统签署了一份**福利改革**（welfare reform）法案。这部新的法律终止了由联邦向所有适格家庭直接支付有子女供养家庭补助。相反，联邦政府拿出164亿美元的分类财政补贴分配给各个州并由它们来发展和资助自己新的福利计划，条件是各州要对福利受领者强加工作要求，为他们制定就业培训计划，并对福利收益设定时间限制（因此，根据新法倡导者的意见，政府的福利制度要被“工作福利制”取代）①。

教育 如同在其他的工业化国家一样，在美国，教育主要由政府资助和运作的学校提供，尽管美国比大多数其他国家（在日本和英国，私立学校也很重要）拥有更多私人所有和运作的学校，尤其是大学。

使美国学校制度和其他国家学校制度截然不同的是其高度的去中央化。从幼儿园到大学的大多数学校都受州和地方政府资助与调控，尽管联邦政府基于很多特殊计划提供相当数量的补贴，当然，每项计划都对经费

---

① 有关法律的细节，可以参见：*Congressional Quarterly Almanac*，1996（Washington，DC：CQ Press，1997），6-13 to 6-24.

如何开支设定诸多限制。例如，在授予学生联邦资助的奖学金和其他形式的财政援助时，学校不能基于他们的种族或性别对申请人实施歧视。学校资助和调控的地方性带来很多后果，其中很重要的一点是：一般来说，贫穷的州和地区的学校用于每个学生的经费要比富有的州和地区的学校少得多。

不管这些区别带来的后果是什么，美国具有大学学历的人口比例比任何其他国家都要高。许多工业化国家依据如下理论进行操作：高等教育应该只留给那些最有才能和前途的学生。因此，这些国家要求，只有那些在完成一个阶段的学业之后参加国家组织的考试并取得优异成绩的学生才能够继续到下一个更高阶段的学校学习。与之相比，美国依据的操作理论是，尽可能多的学生应该被给予接受大学教育的机会。因此，年满 18 周岁的美国人要比任何其他国家的同龄人更容易接受某种后中等教育，即 4 年制的大学教育或 2 年制的社区大学教育，很多美国人也是这么做的。根据美国人口普查局的数据，25 岁以上的美国人中有 33% 的人受过大学教育——这一数据几乎高于任何其他的工业化民主国家（尽管韩国、加拿大、日本和爱尔兰等国家正在迅速赶上美国）。

美国人的教育质量如何呢？尽管很多美国学者、学校管理人员和政治家长期以来一直对这一问题展开辩论，但仍无定论，而且，有关这一主题的文献是如此繁多和复杂，以至于无法在此详细地全面评述。我们仅仅注意到，美国学生在综合阅读等级的得分略高于工业化国家的平均水平，但在数学和科学的得分略低于工业化国家的平均水平[①]。在大学层面，美国教育制度的质量毋庸置疑，美国的大学、专业学校和博士项目都位居世界前列。

环境保护　就这里考虑的政策领域而言，环境保护是最近才居于中心地位的，不仅美国是如此，大多数其他工业化国家也是如此。从 18 世纪末工业革命开始一直到第二次世界大战结束之后，各个国家的最高目标之一都是经济增长——持续提高国家的商品和服务供给，它们不仅在国内消费，而且销往国外。

出于很多目的，经济增长的目标在如今仍然具有高度的可取性，因为经济增长允许政府实现各种各样的政策目标，其中包括提高政府的军事实力和外交影响力，为穷人提供更多的食物、居所和医疗保健，或者扩大健康和教育的覆盖面并提高它们的质量。然而，在最近几年，包括美国在内的很多国家的政策制定者逐渐意识到，经济增长（尤其是无节制的快速增长）需要付出巨大的代价。这种代价之高昂在任何地方都不可能超越作为大规模工业化的副产品的有毒物质排放和固体废物领域。

因此，美国和其他地方的政策制定者越来越清楚地知道，他们必须尽力解决环境问题。有些国家（尤其是日本和英国）已经着手处理这些问题，它们不是依赖政府调控，而是更多地鼓励公司和工会共同合作，从而制订自己处理污染问题的计划。在环境政策出台的早期，美国采取了一种截然不同的方法。从 1970 年制定《清洁空气法案》（the Clean Air Act）开始，美国颁布了一系列严格的法律。这些法律要求生产商大幅减少对

---

① Organisation for Economic Co-Operation and Development, "PISA 2012 Results: What Students Know and Can Do," http://www.oecd.org/pisa/keyfindings/pisa-2012-results-volume-i.htm, accessed September 2016.

空气和水造成污染的排放，具体方法是安装昂贵的设备（如烟雾净化器和净水器）来回收固体废物，并主要依靠自费和（或）他们的保险公司来清除他们先前制造的有毒废物。联邦政府还建立了一个特别机构——美国国家环境保护局（EPA）来确保这些法律的严格执行。

随着政治潮流的转向，美国政策制定者一直在以下两者之间摇摆：一是强加严格的调控，二是强调激励措施、自愿的行业目标和可交易许可证，从而寻求以最具成本效益的可能方式来减少污染。小布什政府关注的焦点是激励措施，并没有推动对全球气候变化采取强有力的行动。在竞选期间，奥巴马反对这种立场，承诺迅速采取行动限制温室气体排放，同时表示美国要在应对气候变化方面发挥更具活力的领导作用。尽管他的国内提议遭到国会的严厉抵制，但 2014 年奥巴马与中国达成一项协议，2015 年在巴黎联合国气候变化大会上通过框架公约，从而使其在气候问题上取得重大突破。这代表了很多国家在减排方面的重大举措。但是特朗普在竞选期间反对《巴黎气候协定》。

美国例外主义：是神话还是现实？

17.12 解释美国例外主义理念，并讨论你是否认为这在当今世界仍然是正确的

在美国的大部分历史中，很多美国领导人和公民——以及一些外国评论者和成百万离开自己祖国并成为美国人的移民——都不是将美国视为世界上很多政体中的一个政体，而是将其视为与其他政治制度截然不同的政治制度。还有一些人将美国视为一场伟大的社会试验，所有的政治制度在建立和改革自己的相关制度时都可以也应该从中汲取经验。

历史中的理念

在乔治·华盛顿的首次就职演说中，他说道：“人们理所当然地、满怀觉悟地，也许是最后一次把维护神圣的自由之火与共和制政府的命运，系于美国人所遵命进行的实验上。”①

1862 年 12 月，当时，美国制度在内战期间濒临崩溃，亚伯拉罕·林肯总统向国会阐述道：“我们，本届国会和本届政府，将不可避免地被载入史册……我们通过的这场艰难审判将使我们或者光荣地或者耻辱地历代相传……我们将要么高尚地挽救，要么卑鄙地丧失人间最后一丝最美好的希望。”②

它在多大程度上是真实的？

我们并不打算通过询问**美国例外主义**（American exceptionalism）的理念是高尚的还是虚荣的这种方式来结束本章，相反，我们要问这种理念在多大程度上是真实的，这一点似乎是完全恰当的。也就是说，美国制度在哪个方面以及何种程度上类似于并不同于世界上其他的政治制度？我们将在表 17－4

---

① *The Addresses and Messages of Presidents of the United States*, vol. 1, compiled by Edwin Williams (New York: Edward Walker, 1846), 32.

② Address to Congress, December 1, 1862, in Roy P. Basler, ed., *The Collected Works of Abraham Lincoln*, *vol.* 5, (New Brunswick, NJ: Rutgers University Press, 1953), 537.

中进行总结。

表 17-4 美国制度和其他国家的比较：概要

特征	美国制度何以酷似其他制度	美国制度何以类似于某些国家但又不同于大多数国家	美国制度何以是或者几乎是独特的
社会	● 由很多具有不同利益的不同团体组成	● 大量的移民人口和移民的后代 ● 高度的宗教多元化	
政治制度	● 有一个制定和执行法律的政府	● 是一个民主国家	● 宪法在表达和解决政治和政策争端时具有中心地位
政府结构		● 以宪法原则为基础的联邦制	● 牵制和平衡制度的广泛适用
行政部门	● 有一个行政首长	● 总统制而不是议会制 ● 国家元首和政府首脑由同一个人担任 ● 总统由选举人团直接选举产生	
立法部门	● 有一个全国立法机构	● 立法机构的两院都由直接选举产生	● 立法委员会发挥至关重要的作用
司法部门	● 法院解决民事和刑事争端	● 所有的联邦法官都由任命产生；有些州和地方法官经选举产生 ● 大多数法院都享有司法审查权	● 很多政治问题都由法院而不是政党或立法机构解决
政党和选举	● 定期举行选举	● 两党制 ● 选举采取单一选区和多数决定制 ● 选举在固定的日期举行；没有解散权力 ● 政党受法律严格调控 ● 行政和立法部门也常被不同的政党控制	● 候选人由直接初选产生 ● 选民登记是去中央化的并由选民本人负责 ● 选民参加很多选举，而且每次选举都有很多选择 ● 政党领袖没有权力接受或开除政党成员 ● 政党是去中央化的而且很大程度上没有纪律性和凝聚力

美国制度何以酷似其他的制度 它也是一个对特定领土和人民享有管辖权的政府。它制定法律来调控人们的行为，并利用包括死刑在内的各种手段强制法律的执行。

美国社会由很多具有不同利益的不同团体组成，它的政治过程本质上就是这些团体为了促进自己的利益而展开的竞争。为数极少的政策（如果有的话）能让所有的团体和利益方平等受益，相对而言，大多数政治决定都会产生某些胜利者和某些失败者。

另外，本书有关政府比较的基本理论体系既可以适用于美国，也可以适用于任何其他国家。

美国制度何以类似于某些国家但又不同于大多数国家 正如表 17-4 特别提到的那样，美国和其他民主国家一样也是一个民主国家。它以宪法原则为基础。在美国社会，居民的种族和宗教组成是多元的。

美国是总统制民主而不是议会制民主，它以权力分立而不是权力融合为基础。政府首脑由民选产生，而不是世袭产生。而且，国家元首和政府首脑的职责由同一人履行。

美国是一个联邦制国家，而不是一个单一制国家，因此，它也与众不同。州政府以及由其产生的地方政府对美国人的生活发挥着强大且独立的影响力，从而在更小、更容易获得的范围内为选民们提供有意义的代表性。

立法制度也显示出与其他制度的差异。议会两院的主持人具有党派性，而不是中立的。立法委员会在立法过程中发挥至关重要的作用。美国的立法者在很大程度上不受政党纪律约束，他们对自己的投票享有控制权。

美国的法律体系以英国的普通法而不是欧洲大陆的民法为基础。这就意味着，美国的法律判例来自法官的先前判决，而不是来自立法或行政部门官员所建构的大规模法典编纂原则。而且，美国的最高法院有权宣布其他政府官员和机构的行为违宪，因而使它们无效。

美国选举采取单一选区制和多数决定制而不是比例代表制。正是由于这种原因，选举几乎总是只在两大主要政党之间展开竞争。不同的政党可以同时控制不同的政府部门，而且它们经常这样做。美国选举是在固定的日期举行，而且谁都没有解散的权力。如下实践得到法律和习俗的公认，即全国立法机构的成员必须生活在他们所代表的州和地区。在某些州和地方（尽管不是在全国层面），广泛存在着公众动议和全民公决。

美国制度何以是或者几乎是独特的 最后，表 17－4 突出了美国政治制度的很多独特之处。例如，在美国的日常政治生活中，简洁而辉煌的宪法比几乎任何其他国家的执政计划都更为突出。美国宪法授予的权利保证了信息通过新闻媒体实现自由流动，并从刑事逮捕到调控等各个不同领域监督政府官员的行为。美国人对有关枪支控制和同性婚姻等问题的政治辩论都诉求宪法。在勾勒美国政府应该如何运作的大致轮廓时，美国的建国文件从 1787 年至今只通过了很少的修正案就发挥了作用。

在西方民主如何运作的许多关键细节上，美国也与众不同。国会内部的委员会几乎比任何一个其他国家立法机构的委员会却更为强大和自治。美国政党通过直接初选选择它们大多数职位的被提名人，这些初选受公共法律而不是政党规则引导和调控。很多行政官员（尤其在州和地方层面）由直接初选选举和提名，因此，与任何其他民主国家（瑞士除外）的选民相比，美国选民面临更为频繁的选举，而且，在每次选举中要做出更多的决定。除此之外，美国的选民登记制度在很大程度上是去中央化的，绝大多数的负担由选民自己承担。

政党受法律严格调控。但是，政党并不控制谁将成为本党党员和保留本党党籍，与其他民主制度下的政党相比，美国政党不具有凝聚力、混乱无纪律而且去中央化。

由于候选人是作为个人而不是作为全国政党队伍的地方代表参与竞选，也由于政党或候选人无法获得公共资助的自由媒体时间，因此，大量经费的募集和开支在美国选举中要比在大多数其他民主国家更为重要。

法院制度也非同寻常。与任何其他西方民主国家相比，更高比例的政治问题在法院得以解决。因此，律师在美国政治制度中要比在任何其他西方政治制度中发挥更为重要的作用。

结论

通过引用最伟大的外国观察家之一、英国学者兼政治家布赖斯勋爵（Lord Bryce）的话结束本章美国政治制度和世界上其他政治制度的比较似乎是恰当的：

> 所有政府都是有缺陷的；对英国、法国或德国宪法同样精确的分析将表明，它们的危害与我们在美国制度中所注意到的危害一样严重。对任何一个熟悉自由政府实际运转的人而言，如果它们能够完全运转，就是一个永久的奇迹……使自由政府有效运转的是其人民的良好意识和爱国主义……美国比任何其他国家受公众舆论（也就是全国公众的普遍情绪）控制的程度都要高，联邦政府的所有机构和州政府的所有机构都要面对与遵从这种舆论。①

复习问题

1. 美国的选民投票率为什么低于大多数民主国家？
2. 在过去的一个世纪里，移民政策发生了何种变化？这种变化对美国政治文化产生了何种影响？
3. 初选对美国政党权力产生何种影响？为什么？
4. 美国对环境问题采取的传统方法如何不同于欧洲所寻求的战略？最近，美国的方法在哪些方面发生了变化？
5. 美国政府在哪些领域的开支比世界上的其他政府更多？

关键词

《平价医疗法案》
美国例外主义
《权利法案》
综合初选
牵制与平衡
封闭初选
国会党
保守主义者
直接动议
直接初选
分党控制
经济不平等
选举人团
联邦主义
医疗改革方案
司法审查
诉讼
好讼
游说
大众传播媒体
熔炉
开放初选
议会制民主
党派极化
政党凝聚力
拼布被
政治行动委员会
政治文化
全民公决
总统制民主
总统党
国债
稀缺原则
权力分立
选票分散
头两名初选
选举登记
选举投票率
反恐战争
福利改革

① James Bryce, *The American Commonwealth*, Vol. 1, 2nd ed. (London: Macmillan, 1889), 300–301.

建议阅读材料

Bryce, James. *The American Commonwealth*. 2nd ed. London: Macmillan, 1889.

Davidson, Roger H., Walter J. Oleszek, Frances Lee, and Eric Schickler. *Congress and Its Members*. 14th ed. Washington, DC: CQ Press, 2014.

Fiorina, Morris P. *Culture War? The Myth of a Polarized America*. New York: Pearson-Longman, 2005.

Ginsberg, Benjamin, and Martin Shefter. *Politics by Other Means: The Declining Importance of Elections in America*. Rev. ed. New York: Basic Books, 1999.

Hamilton, Alexander, James Madison, and John Jay. *The Federalist Papers*, ed. Clinton Rossiter. New York: New American Library, 1961.

Issenberg, Sasha. *The Victory Lab: The Secret Science of Winning Campaigns*. New York: Crown Publishers, 2012.

Jacobson, Gary C. *A Divider, Not a Uniter: George W. Bush and the American People*. New York: Pearson-Longman, 2007.

King, Anthony S. *Running Scared: Why American Politicians Campaign Too Much and Govern Too Little*. New York: Martin Kessler Books, 1997.

Mayhew, David R. *Divided We Govern: Party Control, Lawmaking, and Investigations, 1946–1988*. New Haven, CT: Yale University Press, 1991.

McCarty, Nolan, Keith T. Poole, and Howard Rosenthal. *Polarized America: The Dance of Ideology and Unequal Riches*. Cambridge, MA: MIT Press, 2006.

Neustadt, Richard E. *Presidential Power and the Modern Presidents: The Politics of Leadership from Roosevelt to Reagan*. New York: Free Press, 1990.

Sides, John, and Lynn Vavrek. *The Gamble: Choice and Chance in the 2012 Presidential Election*. Princeton, NJ: Princeton University Press, 2013.

Tocqueville, Alexis de. *Democracy in America: The Henry Reeve Text*, 2 vols. Revised by Francis Bowen, ed. Phillips Bradley. New York: Alfred A. Knopf, 1945.

图书在版编目（CIP）数据

当今比较政治学：世界视角：第十二版 /（美）小 G. 宾厄姆·鲍威尔等著；顾肃，吕建高，向青山译．-- 北京：中国人民大学出版社，2023.3
（人文社科悦读坊）
ISBN 978-7-300-31333-7

Ⅰ.①当… Ⅱ.①小… ②顾… ③吕… ④向… Ⅲ.①比较政治学-教材 Ⅳ.①D0

中国版本图书馆 CIP 数据核字（2022）第 254835 号

人文社科悦读坊
当今比较政治学：世界视角（第十二版）
［美］小 G. 宾厄姆·鲍威尔（G. Bingham Powell，Jr.）
卡雷·W. 斯特罗姆（Kaare W. Strøm）
梅勒妮·马尼恩（Melanie Manion）
拉塞尔·J. 多尔顿（Russell J. Dalton） 著
顾　肃　吕建高　向青山　译
Dangjin Bijiao Zhengzhixue：Shijie Shijiao

出版发行	中国人民大学出版社		
社　址	北京中关村大街 31 号	**邮政编码**	100080
电　话	010－62511242（总编室）		010－62511770（质管部）
	010－82501766（邮购部）		010－62514148（门市部）
	010－62511173（发行公司）		010－62515275（盗版举报）
网　址	http://www.crup.com.cn		
经　销	新华书店		
印　刷	涿州市星河印刷有限公司		
开　本	787 mm×1092 mm　1/16	**版　次**	2023 年 3 月第 1 版
印　张	46.5 插页 1	**印　次**	2025 年 6 月第 2 次印刷
字　数	976 000	**定　价**	178.00 元